TSE UNIFICADO
AGENTE DA POLÍCIA JUDICIAL DO TRIBUNAL

EDITORA
AlfaCon
Concursos Públicos

Diretor Geral: Evandro Guedes
Diretor de TI: Jadson Siqueira
Diretor Editorial: Javert Falco
Gerente Editorial: Mariana Passos
Editor(a): Mateus Ruhmke Vazzoller
Gerente de Editoração: Alexandre Rossa
Diagramador(a): Carlos Crinstian Santos

Língua Portuguesa
Adriano Paccielo, Giancarla Bombonato, Glaucia Cansian, Pablo Jamilk, Priscila Conte

Noções de Direito Administrativo
Evandro Guedes

Segurança Judiciária
Eduardo Labruna, Evandro Guedes, Rafael Medeiros, Lucas Favero, André Adriano, Felipe Ávila, Guilherme de Luca, Nilton Matos, Rafael Medeiros

Direitos Humanos
Diogo Medeiros, Nilton Matos

Noções de Direito e Processo Penal
Eduardo Labruna, Evandro Guedes, Rafael Medeiros, Lucas Favero, Roberto Fernandes

Dados Internacionais de Catalogação na Publicação (CIP)
Angélica Ilacqua CRB-8/7057

U49

Unificado : agente da polícia judicial do tribunal regional : superior eleitoral / Equipe de professores Alfacon. - Cascavel, PR : AlfaCon, 2024.
366 p

Bibliografia
ISBN 978-65-5918-778-2

1. Tribunal Superior Eleitoral - Concursos - Brasil 2. Língua portuguesa 3. Direito 4. Segurança judiciária

24-2877 **CDD 351.81076**

Índices para catálogo sistemático:
1. Serviço público - Brasil - Concursos

Dúvidas?
Acesse: www.alfaconcursos.com.br/atendimento

Núcleo Editorial:
Rua: Paraná, nº 3193, Centro - Cascavel/PR
CEP: 85810-010

Núcleo Comercial/Centro de Distribuição:
Rua: Dias Leme, nº 489, Mooca - São Paulo/SP
CEP: 03118-040

SAC: (45) 3037-8888

Data de fechamento 1ª impressão: 07/06/2024

EDITORA AlfaCon Concursos Públicos
www.alfaconcursos.com.br/apostilas

APRESENTAÇÃO

A chance de fazer parte do Serviço Público chegou, e a oportunidade está no concurso para **TSE Unificado Agente da Polícia Judicial do Tribunal**. Neste universo dos concursos públicos, estar bem-preparado faz toda a diferença e para ingressar nesta carreira, é fundamental que esteja preparado com os conteúdos que o AlfaCon julga mais importante cobrados na prova:

Aqui, você encontrará os conteúdos básicos de

> Língua Portuguesa
> Noções de Direito Administrativo
> Segurança Judiciária
> Noções de Direitos Humanos
> Noções de Direito Penal e de Direito Processual Penal

O AlfaCon preparou todo o material com explicações, reunindo os principais conteúdos relacionados a prova, dando ênfase aos tópicos mais cobrados. ESTEJA ATENTO AO CONTEÚDO ONLINE POR MEIO DO CÓDIGO DE RESGATE, para que você tenha acesso a todo conteúdo do solicitado pelo edital.

Desfrute de seu material o máximo possível, estamos juntos nessa conquista!

Bons estudos e rumo à sua aprovação!

EDITORA
AlfaCon
Concursos Públicos

COMO ESTUDAR PARA UM CONCURSO PÚBLICO!

AlfaCon
Concursos Públicos

Para se preparar para um concurso público, não basta somente estudar o conteúdo. É preciso adotar metodologias e ferramentas, como plano de estudo, que ajudem o concurseiro em sua organização.

As informações disponibilizadas são resultado de anos de experiência nesta área e apontam que estudar de forma direcionada traz ótimos resultados ao aluno.

Curso on-line GRATUITO

- Como montar caderno
- Como estudar
- Como e quando fazer simulados
- O que fazer antes, durante e depois de uma prova!

Ou pelo link: alfaconcursos.com.br/cursos/material-didatico-como-estudar

ORGANIZAÇÃO

Organização é o primeiro passo para quem deseja se preparar para um concurso público.

Conhecer o conteúdo programático é fundamental para um estudo eficiente, pois os concursos seguem uma tendência e as matérias são previsíveis. Usar o edital anterior - que apresenta pouca variação de um para outro - como base é uma boa opção.

Quem estuda a partir desse núcleo comum precisa somente ajustar os estudos quando os editais são publicados.

PLANO DE ESTUDO

Depois de verificar as disciplinas apresentadas no edital, as regras determinadas para o concurso e as características da banca examinadora, é hora de construir uma tabela com seus horários de estudo, na qual todas as matérias e atividades desenvolvidas na fase preparatória estejam dispostas.

PASSO A PASSO

VEJA AS ETAPAS FUNDAMENTAIS PARA ORGANIZAR SEUS ESTUDOS

PASSO 1	PASSO 2	PASSO 3	PASSO 4	PASSO 5
Selecionar as disciplinas que serão estudadas.	Organizar sua rotina diária: marcar pontualmente tudo o que é feito durante 24 horas, inclusive o tempo que é destinado para dormir, por exemplo.	Organizar a tabela semanal: dividir o horário para que você estude 2 matérias por dia e também destine um tempo para a resolução de exercícios e/ou revisão de conteúdos.	Seguir rigorosamente o que está na tabela, ou seja, destinar o mesmo tempo de estudo para cada matéria. Por exemplo: 2h/dia para cada disciplina.	Reservar um dia por semana para fazer exercícios e também simulados.

Esta tabela é uma sugestão de como você pode organizar seu plano de estudo. Para cada dia, você deve reservar um tempo para duas disciplinas e também para a resolução de exercícios e/ou revisão de conteúdos. Fique atento ao fato de que o horário precisa ser determinado por você, ou seja, a duração e o momento do dia em que será feito o estudo é você quem escolhe.

AlfaCon Concursos Públicos

TABELA SEMANAL

SEMANA	SEGUNDA	TERÇA	QUARTA	QUINTA	SEXTA	SÁBADO	DOMINGO
1							
2							
3							
4							

SUMÁRIO

Sumário

Sumário

Sumário

Sumário

Sumário

Sumário

Sumário

Sumário

LÍNGUA PORTUGUESA

1. FONOLOGIA

Para escrever corretamente, dentro das normas aplicadas pela gramática, é preciso estudar o menor elemento sonoro de uma palavra: o fonema. A fonologia, então, é o estudo feito dos fonemas.

Os fonemas podem ser classificados em vogais, semivogais e consoantes. Esta qualificação ocorre de acordo com a forma como o ar passa pela boca e/ou nariz e como as cordas vocais vibram para produzir o som deles.

Cuidado para não confundir fonema com letra! A letra é a representação gráfica do fonema. Uma palavra pode ter quantidades diferentes de letras e fonemas.

Por exemplo:

Manhã: 5 letras

m/ /a/ /nh/ /ã/: 4 fonemas

- **Vogais:** existem **vogais nasais**, quando ocorre o movimento do ar saindo pela boca e pelo nariz. Tais vogais acompanham as letras m e n, ou também podem estar marcadas pelo til (~). No caso das **vogais orais**, o som passa apenas pela boca.

  Por exemplo:

  M**ã**e, l**i**ndo, tr**o**mba → vogais nasais

  Fl**o**r, c**a**l**o**r, f**e**sta → vogais orais
- **Semivogais:** os fonemas /i/ e /u/ acompanhados por uma vogal na mesma sílaba da palavra constituem as semivogais. O som das semivogais é mais fraco do que o das vogais.

  Por exemplo: automóve**l**, históri**a**.
- **Consoantes:** quando o ar que sai pela boca sofre uma quebra formada por uma barreira como a língua, os lábios ou os dentes. São elas: b, c, d, f, g, j, k, l, lh, m, n, nh, p, rr, r, s, t, v, ch, z.

Lembre-se de que estamos tratando de fonemas, e não de letras. Por isso, os dígrafos também são citados como consoantes: os dígrafos são os encontros de duas consoantes, também chamados de encontros consonantais.

O encontro de dois sons vocálicos, ou seja, vogais ou semivogais, chama-se encontro vocálico. Eles são divididos em: ditongo, tritongo e hiato.

- **Ditongo:** na mesma sílaba, estão uma vogal e uma semivogal.

  Por exemplo: **pai** (**A** → vogal, **I** → semivogal).
- **Tritongo:** na mesma sílaba, estão juntas uma semivogal, uma vogal e outra semivogal.

  Por exemplo: Urug**uai** (**U** → semivogal, **A** → vogal, **I** → semivogal).
- **Hiato:** são duas vogais juntas na mesma palavra, mas em sílabas diferentes.

  Por exemplo: juíza (ju-í-za).

1.1 Partição silábica

Quando um fonema é falado em uma só expiração, ou seja, em uma única saída de ar, ele recebe o nome de sílaba. As palavras podem ser classificadas de diferentes formas, de acordo com a quantidade de sílabas ou quanto à sílaba tônica.

Pela quantidade de sílabas, as palavras podem ser:

- Monossílaba: 1 sílaba.

  Por exemplo: céu (monossílaba).
- Dissílaba: 2 sílabas.

  Por exemplo: jovem (jo-vem).
- Trissílaba: 3 sílabas.

  Por exemplo: palhaço (pa-lha-ço).
- Polissílaba: 4 ou mais sílabas.

  Por exemplo: dignidade (dig-ni-da-de,), particularmente (par-ti-cu-lar-men-te).

Pela tonicidade, ou seja, pela força com que a sílaba é falada e sua posição na palavra:

- **Oxítona:** a última sílaba é a tônica.
- **Paroxítona:** a penúltima sílaba é a tônica.
- **Proparoxítona:** a antepenúltima sílaba é a tônica.

A identificação da posição da sílaba tônica de uma palavra é feita de trás para frente. Desta forma, uma palavra oxítona possui como sílaba tônica a sílaba final da palavra.

Para realizar uma correta divisão silábica, é preciso ficar atento às regras.

- Não separe ditongos e tritongos.

  Por exemplo: sau-da-de, sa-guão.
- Não separe os dígrafos **CH**, **LH**, **NH**, **GU**, **QU**.

  Por exemplo: ca-**ch**o, a-be-**lh**a, ga-li-**nh**a, Gui-**lh**er-me, **qu**e-ri-do.
- Não separe encontros consonantais que iniciam sílaba.

  Por exemplo: **ps**i-có-lo-go, a-**gl**u-ti-nar.
- Separe as vogais que formam um hiato.

  Por exemplo: pa-r**a**-**í**-so, s**a**-**ú**-de.
- Separe os dígrafos **RR**, **SS**, **SC**, **SÇ**, **XC**.

  Por exemplo: ba**r**-**r**i-ga, a**s**-**s**a-do, pi**s**-**c**i-na, cre**s**-**ç**o, e**x**-**c**e-der.
- Separe as consoantes que estejam em sílabas diferentes.

  Por exemplo: a**d**-**j**un-to, sub**s**-**t**an-ti-vo, pra**g**-**m**á-ti-co.

2. ACENTUAÇÃO GRÁFICA

Antes de começar o estudo, é importante que você entenda quais são os padrões de tonicidade da Língua Portuguesa e quais são os encontros vocálicos presentes na Língua. Assim, fica mais fácil entender quais são as regras e como elas surgem.

2.1 Padrões de tonicidade

- **Palavras oxítonas:** última sílaba tônica (*so*-**fá**, *ca*-**fé**, *ji*-**ló**).
- **Palavras paroxítonas:** penúltima sílaba tônica (fer-**ru**-gem, a-**du**-bo, sa-**ú**-de).
- **Palavras proparoxítonas:** antepenúltima sílaba tônica (**â**-ni-mo, **ví**-ti-ma, **ó**-ti-mo).

2.2 Encontros vocálicos

- **Hiato: encontro vocálico que se separa** (pi-**a**-no, sa-**ú**-de).
- **Ditongo: encontro vocálico que permanece unido na sílaba** (cha-**péu**, to-**néis**).
- **Tritongo: encontro vocálico que permanece unido na sílaba** (sa-**guão**, U-ru-**guai**).

2.3 Regras gerais

2.3.1 Quanto às proparoxítonas

Acentuam-se todas as palavras proparoxítonas:

- Por exemplo: **ví**-ti-ma, **â**-ni-mo, hi-per-**bó-li-co.**

2.3.2 Quanto às paroxítonas

Não se acentuam as paroxítonas terminadas em **A**, **E**, **O** (seguidas ou não de S) **M** e **ENS**.

- Por exemplo: castelo, gra**na**da, pa**ne**la, pe**pi**no, **pa**jem, i**ma**gens etc.

Acentuam-se as terminadas em **R**, **N**, **L**, **X**, **I** ou **IS**, **US**, **UM**, **UNS**, **PS**, **Ã** ou **ÃS** e ditongos.

Por exemplo: susten**tá**vel, **tó**rax, **hí**fen, **tá**xi, **ál**bum, **bí**ceps, prin**cí**pio etc.

Fique de olho em alguns casos particulares, como as palavras terminadas em **OM**, **ON**, **ONS**.

- Por exemplo: **iân**dom; **pró**ton, **nêu**trons etc.

Com a reforma ortográfica, deixam de se acentuar as paroxítonas com **OO** e **EE**:

- Por exemplo: **voo**, enj**oo**, perd**oo**, mag**oo**, **leem**, **veem**, **deem**, **creem** etc.

2.3.3 Quanto às oxítonas

São acentuadas as terminadas em:

- **A** ou **AS**: so**fá**, Pa**rá**.
- **E** ou **ES**: ra**pé**, ca**fé**.
- **O** ou **OS**: a**vô**, ci**pó**.
- **EM** ou **ENS**: tam**bém**, para**béns**.

2.3.4 Acentuação de monossílabos

Acentuam-se os monossílabos tônicos terminados em **A**, **E O**, seguidos ou não de **S**.

- Por exemplo: **pá**, **pó**, **pé**, **já**, **lá**, **fé**, **só**.

2.3.5 Acentuação dos hiatos

Acentuam-se os hiatos quando forem formados pelas letras **I** ou **U**, sozinhas ou seguidas de **S**:

- Por exemplo: sa**ú**va, ba**ú**, bala**ús**tre, pa**ís**.

Exceções:

- Seguidas de **NH**: **tainha.**
- Paroxítonas antecedidas de ditongo: fei**u**ra.
- Com o **I** duplicado: xi**i**ta.

2.3.6 Ditongos abertos

Serão acentuados os ditongos abertos **ÉU**, **ÉI** e **ÓI**, com ou sem **S**, quando forem oxítonos ou monossílabos.

- Por exemplo: cha**péu**, **réu**, to**néis**, he**rói**, pas**téis**, ho**téis**, len**çóis** **etc.**

Com a reforma ortográfica, caiu o acento do ditongo aberto em posição de paroxítona.

- Por exemplo: id**ei**a, onomatop**ei**a, jib**oi**a, paran**oi**a, her**oi**co etc.

2.3.7 Formas verbais com hífen

Para saber se há acento em uma forma verbal com hífen, deve-se analisar o padrão de tonicidade de cada bloco da palavra:

- Aju**dá**-lo (oxítona terminada em "a" → monossílabo átono).
- Con**tar**-lhe (oxítona terminada em "r" → monossílabo átono).
- Convi**dá**-la-íamos (oxítona terminada em "a" → proparoxítona).

2.3.8 Verbos "ter" e "vir"

Quando escritos na 3ª pessoa do singular, não serão acentuados:

- Ele **tem/vem**.

Quando escritos na **3ª pessoa do plural**, receberão o **acento circunflexo**:

- Eles **têm/vêm.**

Nos verbos derivados das formas apresentadas anteriormente:

- Acento agudo para singular: contém, convém.
- Acento circunflexo para o plural: contêm, convêm.

2.3.9 Acentos diferenciais

Alguns permanecem:

- Pôde/pode (pretérito perfeito/presente simples).
- Pôr/por (verbo/preposição).
- Fôrma/forma (substantivo/verbo ou ainda substantivo).

Caiu o acento diferencial de:

- Para/pára (preposição/verbo).
- Pelo/pêlo (preposição + artigo/substantivo).
- Polo/pólo (preposição + artigo/substantivo).
- Pera/pêra (preposição + artigo/substantivo).

3. ACORDO ORTOGRÁFICO DA LÍNGUA PORTUGUESA

O Acordo Ortográfico busca simplificar as regras ortográficas da Língua Portuguesa e unificar a nossa escrita e a das demais nações de língua portuguesa: Portugal, Angola, Moçambique, Cabo Verde, Guiné-Bissau, São Tomé e Príncipe e Timor-Leste.

Sua implementação no Brasil passou por algumas etapas:

- **2009:** vigência ainda não obrigatória.
- **2010-2015:** adaptação completa às novas regras.
- **A partir de 1º de janeiro de 2016:** emprego obrigatório. O acordo ortográfico passa a ser o único formato da língua reconhecido no Brasil.

Entre as mudanças na língua portuguesa decorrentes da reforma ortográfica, podemos citar o fim do trema, alterações na forma de acentuar palavras com ditongos abertos e que sejam hiatos, supressão dos acentos diferenciais e dos acentos tônicos, novas regras para o emprego do hífen e inclusão das letras w, k e y ao idioma.

3.1 Trema

Não se usa mais o trema (¨), sinal colocado sobre a letra u para indicar que ela deve ser pronunciada nos grupos **gue**, **gui**, **que**, **qui**.

- Por exemplo: aguentar, bilíngue, cinquenta, delinquente, eloquente, ensanguentado, frequente, linguiça, quinquênio, sequência, sequestro, tranquilo etc.

Obs.: o trema permanece apenas nas palavras estrangeiras e em suas derivadas. Exemplos: Müller, mülleriano.

3.2 Regras de acentuação

3.2.1 Ditongos abertos em paroxítonas

Não se usa mais o acento dos ditongos abertos **EI** e **OI** das palavras paroxítonas (palavras que têm acento tônico na penúltima sílaba).

- Por exemplo: alcat**ei**a, andr**oi**de, ap**oi**a, ap**oi**o (verbo), aster**oi**de, b**oi**a, celul**oi**de, clarab**oi**a, colm**ei**a, Cor**ei**a, debil**oi**de, epop**ei**a, est**oi**co, estr**ei**a, gel**ei**a, her**oi**co, id**ei**a, jib**oi**a, j**oi**a, odiss**ei**a, paran**oi**a, paran**oi**co, plat**ei**a, tram**oi**a etc.

Obs.: a regra vale somente para palavras paroxítonas. Assim, continuam a ser acentuadas as palavras oxítonas e os monossílabos tônicos terminados em ÉI(**S**), ÓI(**S**).

- Por exemplo: papéis, herói, heróis, dói (verbo doer), sóis etc.

A palavra **ideia** não leva mais acento, assim como **heroico**, mas o termo **herói** é acentuado.

3.2.2 I e U tônicos depois de um ditongo

Nas palavras paroxítonas, não se usa mais o acento no **I** e no **U** tônicos quando vierem depois de um ditongo.

- Por exemplo: bai**u**ca, bocai**u**va (tipo de palmeira), cau**i**la (avarento).

Obs.:

- Se a palavra for oxítona e o I ou o U estiverem em posição final (ou seguidos de S), o acento permanece. Exemplos: tuiuiú, tuiuiús, Piauí.
- Se o I ou o U forem precedidos de ditongo crescente, o acento permanece. Exemplos: guaíba, Guaíra.

3.2.3 Hiatos EE e OO

Não se usa mais acento em palavras terminadas em **EEM** e **OO(S)**.

- Aben**ç**o**o**, cr**eem**, d**eem**, d**oo**, enj**oo**, l**eem**, mag**oo**, perd**oo**, pov**oo**, v**eem**, v**oos**, z**oo**.

3.2.4 Acento diferencial

Não se usa mais o acento que diferenciava os pares pára/para, péla(s)/pela(s), pêlo(s)/pelo(s), pólo(s)/polo(s) e pêra/pera. Por exemplo:

Ele para o carro.
Ele foi ao polo Norte.
Ele gosta de jogar polo.
Esse gato tem pelos brancos.
Comi uma pera.

Obs.:

- Permanece o acento diferencial em **pôde/pode**. **Pôde** é a forma do passado do verbo poder (pretérito perfeito do indicativo), na 3ª pessoa do singular. **Pode** *é* a forma do presente do indicativo, na 3ª pessoa do singular.
  - Por exemplo: Ontem, ele não **pôde** sair mais cedo, mas hoje ele **pode**.
- Permanece o acento diferencial em pôr/por. Pôr é verbo. Por é preposição.
  - Por exemplo: Vou **pôr** o livro na estante que foi feita **por** mim.
- Permanecem os acentos que diferenciam o singular do plural dos verbos ter e vir, assim como de seus derivados (manter, deter, reter, conter, convir, intervir, advir etc.). Por exemplo:

  Ele **tem** dois carros. Eles **têm** dois carros.
  Ele **vem** de Sorocaba. Eles **vêm** de Sorocaba.
  Ele **mantém** a palavra. Eles **mantêm** a palavra.
  Ele **convém** aos estudantes. Eles **convêm** aos estudantes.
  Ele **detém** o poder. Eles **detêm** o poder.
  Ele **intervém** em todas as aulas. Eles **intervêm** em todas as aulas.
- É facultativo o uso do acento circunflexo para diferenciar as palavras **forma/fôrma**. Em alguns casos, o uso do acento deixa a frase mais clara. Por exemplo: Qual é a forma da fôrma do bolo?

3.2.5 Acento agudo no U tônico

Não se usa mais o acento agudo no **U** tônico das formas (tu) arguis, (ele) argui, (eles) arguem, do presente do indicativo dos verbos **arguir** e **redarguir**.

3.3 Hífen com compostos

3.3.1 Palavras compostas sem elementos de ligação

Usa-se o hífen nas palavras compostas que não apresentam elementos de ligação.

- Por exemplo: guarda-chuva, arco-íris, boa-fé, segunda-feira, mesa-redonda, vaga-lume, joão-ninguém, porta-malas, porta-bandeira, pão-duro, bate-boca etc.

Exceções: não se usa o hífen em certas palavras que perderam a noção de composição, como girassol, madressilva, mandachuva, pontapé, paraquedas, paraquedista, paraquedismo.

3.3.2 Compostos com palavras iguais

Usa-se o hífen em compostos que têm palavras iguais ou quase iguais, sem elementos de ligação.

- Por exemplo: reco-reco, blá-blá-blá, zum-zum, tico-tico, tique-taque, cri-cri, glu-glu, rom-rom, pingue-pongue, zigue-zague, esconde-esconde, pega-pega, corre-corre.

3.3.3 Compostos com elementos de ligação

Não se usa o hífen em compostos que apresentam elementos de ligação.

- Por exemplo: pé de moleque, pé de vento, pai de todos, dia a dia, fim de semana, cor de vinho, ponto e vírgula, camisa de força, cara de pau, olho de sogra.

Obs.: incluem-se nesse caso os compostos de base oracional.

- Por exemplo: Maria vai com as outras, leva e traz, diz que diz que, Deus me livre, Deus nos acuda, cor de burro quando foge, bicho de sete cabeças, faz de conta.

Exceções: água-de-colônia, arco-da-velha, cor-de-rosa, mais-que-perfeito, pé-de-meia, ao deus-dará, à queima-roupa.

3.3.4 Topônimos

Usa-se o hífen nas palavras compostas derivadas de topônimos (nomes próprios de lugares), com ou sem elementos de ligação. Por exemplo:

- Belo Horizonte: belo-horizontino.
- Porto Alegre: porto-alegrense.
- Mato Grosso do Sul: mato-grossense-do-sul.
- Rio Grande do Norte: rio-grandense-do-norte.
- África do Sul: sul-africano.

3.4 Uso do hífen com palavras formadas por prefixos

3.4.1 Casos gerais

Antes de H

Usa-se o hífen diante de palavra iniciada por **H**.

- Por exemplo: anti-higiênico, anti-histórico, macro-história, mini-hotel, proto-história, sobre-humano, super-homem, ultra-humano.

Letras iguais

Usa-se o hífen se o prefixo terminar com a mesma letra com que se inicia a outra palavra.

- Por exemplo: micro-ondas, anti-inflacionário, sub-bibliotecário, inter-regional.

Letras diferentes

Não se usa o hífen se o prefixo terminar com letra diferente daquela com que se inicia a outra palavra.

- Por exemplo: aeroespacial agroindustrial autoescola, antiaéreo, intermunicipal, supersônico, superinteressante, semicírculo.

Obs.: se o prefixo terminar por vogal e a outra palavra começar por **R** ou **S**, dobram-se essas letras.

- Por exemplo: minissaia, antirracismo, ultrassom, semirreta.

3.4.2 Casos particulares

Prefixos SUB- e SOB-

Com os prefixos **SUB-** e **SOB-**, usa-se o hífen também diante de palavra iniciada por **R**.

- Por exemplo: sub-região, sub-reitor, sub-regional, sob-roda.

Prefixos CIRCUM- e PAN-

Com os prefixos **CIRCUM-** e **PAN-**, usa-se o hífen diante de palavra iniciada por **M**, **N** e vogal.

- Por exemplo: circum-murado, circum-navegação, pan-americano.

Outros prefixos

Usa-se o hífen com os prefixos **EX-**, **SEM-**, **ALÉM-**, **AQUÉM-**, **RECÉM-**, **PÓS-**, **PRÉ-**, **PRÓ-**, **VICE-**.

- Por exemplo: além-mar, além-túmulo, aquém-mar, ex-aluno, ex-diretor, ex-hospedeiro, pós-graduação, pré-história, pré-vestibular, pró-europeu, recém-casado, recém-nascido, sem-terra, vice-rei.

Prefixo CO

O prefixo **CO** junta-se com o segundo elemento, mesmo quando este se inicia por **O** ou **H**. Neste último caso, corta-se o **H**. Se a palavra seguinte começar com **R** ou **S**, dobram-se essas letras.

- Por exemplo: coobrigação, coedição, coeducar, cofundador, coabitação, coerdeiro, corréu, corresponsável, cosseno.

Prefixos PRE- e RE-

Com os prefixos **PRE-** e **RE-**, não se usa o hífen, mesmo diante de palavras começadas por **E**.

- Por exemplo: preexistente, reescrever, reedição.

Prefixos AB-, OB- e AD-

Na formação de palavras com **AB-**, **OB-** e **AD-**, usa-se o hífen diante de palavra começada por **B**, **D** ou **R**.

- Por exemplo: ad-digital, ad-renal, ob-rogar, ab-rogar.

3.4.3 Outros casos do uso do hífen

NÃO e QUASE

Não se usa o hífen na formação de palavras com **não** e **quase**.

- Por exemplo: (acordo de) não agressão, (isto é, um) quase delito.

MAL

Com **mal**, usa-se o hífen quando a palavra seguinte começar por vogal, **H** ou **L**.

- Por exemplo: mal-entendido, mal-estar, mal-humorado, mal-limpo.

Obs.: quando **mal** significa doença, usa-se o hífen se não houver elemento de ligação.

- Por exemplo: mal-francês.

Se houver elemento de ligação, escreve-se sem o hífen.

- Por exemplo: mal de Lázaro, mal de sete dias.

Tupi-guarani

Usa-se o hífen com sufixos de origem tupi-guarani que representam formas adjetivas: **açu**, **guaçu**, **mirim**:

- Por exemplo: capim-açu, amoré-guaçu, anajá-mirim.

Combinação ocasional

Usa-se o hífen para ligar duas ou mais palavras que ocasionalmente se combinam, formando não propriamente vocábulos, mas encadeamentos vocabulares.

- Por exemplo: ponte Rio-Niterói, eixo Rio-São Paulo.

Hífen e translineação

Para clareza gráfica, se no final da linha a partição de uma palavra ou combinação de palavras coincidir com o hífen, ele deve ser repetido na linha seguinte.

- Por exemplo: O diretor foi receber os ex-
  -alunos.

3.4.4 Síntese das principais regras do hífen

	Síntese do hífen	Exemplos
Letras diferentes	Não use hífen	Infraestrutura, extraoficial, supermercado
Letras iguais	Use hífen	Anti-inflamatório, contra-argumento, inter-racial, hiper-realista
Vogal + R ou S	Não use hífen (duplique R ou S)	Corréu, cosseno, minissaia, autorretrato
Bem	Use hífen	Bem-vindo, bem-humorado

3.4.5 Quadro resumo do emprego do hífen com prefixos

Prefixos	Letra que inicia a palavra seguinte
Ante-, anti-, contra-, entre-, extra-, infra-, intra-, sobre-, supra-, ultra-	H/VOGAL IDÊNTICA À QUE TERMINA O PREFIXO Exemplos com H: ante-hipófise, anti-higiênico, anti-herói, contra-hospitalar, entre-hostil, extra-humano, infra-hepático, sobre-humano, supra-hepático, ultra-hiperbólico. Exemplos com vogal idêntica: anti-inflamatório, contra-ataque, infra-axilar, sobre-estimar, supra-auricular, ultra-aquecido.
Ab-, ad-, ob-, sob-	B/R/D (Apenas com o prefixo "Ad") Exemplos: ab-rogar (pôr em desuso), ad-rogar (adotar), ob-reptício (astucioso), sob-roda, ad-digital
Circum-, pan-	H/M/N/VOGAL Exemplos: circum-meridiano, circum-navegação, circum-oral, pan-americano, pan-mágico, pan-negritude.
Ex- (no sentido de estado anterior), sota-, soto-, vice-, vizo-	DIANTE DE QUALQUER PALAVRA Exemplos: ex-namorada, sota-soberania (não total), soto-mestre (substituto), vice-reitor, vizo-rei.
Hiper-, inter-, super-	H/R Exemplos: hiper-hidrose, hiper-raivoso, inter-humano, inter-racial, super-homem, super-resistente.
Pós-, pré-, pró- (tônicos e com significados próprios)	DIANTE DE QUALQUER PALAVRA Exemplos: pós-graduação, pré-escolar, pró-democracia. Obs.: se os prefixos não forem autônomos, não haverá hífen. Exemplos: predeterminado, pressupor, pospor, propor.
Sub-	B /H/R Exemplos: sub-bloco, sub-hepático, sub-humano, sub-região. Obs.: "subumano" e "subepático" também são aceitas.
Pseudoprefixos (diferem-se dos prefixos por apresentarem elevado grau de independência e possuírem uma significação mais ou menos delimitada, presente à consciência dos falantes.) Aero-, agro-, arqui-, auto-, bio-, eletro-, geo-, hidro-, macro-, maxi-, mega, micro-, mini-, multi-, neo-, pluri-, proto-, pseudo-, retro-, semi-, tele-	H/VOGAL IDÊNTICA À QUE TERMINA O PREFIXO Exemplos com H: geo-histórico, mini-hospital, neo-helênico, proto-história, semi-hospitalar. Exemplos com vogal idêntica: arqui-inimigo, auto-observação, eletro-ótica, micro-ondas, micro-ônibus, neo-ortodoxia, semi-interno, tele-educação.

Não se utilizará o hífen:

- Em palavras iniciadas pelo prefixo **CO**-.
    - Por exemplo: Coadministrar, coautor, coexistência, cooptar, coerdeiro corresponsável, cosseno.
- Em palavras iniciadas pelos prefixos **DES**- ou **IN**- seguidos de elementos sem o "h" inicial.
    - Por exemplo: desarmonia, desumano, desumidificar, inábil, inumano etc.
- Com a palavra não.
    - Por exemplo: Não violência, não agressão, não comparecimento.

- Em palavras que possuem os elementos **BI, TRI, TETRA, PENTA, HEXA** etc.
    - Por exemplo: bicampeão, bimensal, bimestral, bienal, tridimensional, trimestral, triênio, tetracampeão, tetraplégico, pentacampeão, pentágono etc.
- Em relação ao prefixo **HIDRO-**, em alguns casos pode haver duas formas de grafia.
    - Por exemplo: hidroelétrica e hidrelétrica.
- No caso do elemento **SOCIO**, o hífen será utilizado apenas quando houver função de substantivo (= de associado).
    - Por exemplo: sócio-gerente / socioeconômico.

4. ORTOGRAFIA

A ortografia é a parte da Gramática que estuda a escrita correta das palavras. O próprio nome da disciplina já designa tal função. É oriunda das palavras gregas *ortho* que significa "correto" e *graphos* que significa "escrita".

4.1 Alfabeto

As letras **K, W** e **Y** foram inseridas no alfabeto devido a uma grande quantidade de palavras que são grafadas com tais letras e não podem mais figurar como termos exóticos em relação ao português. Eis alguns exemplos de seu emprego:

- Em abreviaturas e em símbolos de uso internacional: **kg** - quilograma / **w** - watt.
- Em palavras estrangeiras de uso internacional, nomes próprios estrangeiros e seus derivados: Kremlin, Kepler, Darwin, Byron, byroniano.

O alfabeto, também conhecido como abecedário, é formado (a partir do novo acordo ortográfico) por 26 letras.

FORMA MAIÚSCULA	FORMA MINÚSCULA	FORMA MAIÚSCULA	FORMA MINÚSCULA
A	a	N	n
B	b	O	o
C	c	P	p
D	d	Q	q
E	e	R	r
F	f	S	s
G	g	T	t
H	h	U	u
I	i	V	v
J	j	W	w
K	k	X	x
L	l	Y	y
M	m	Z	z

4.2 Emprego da letra H

A letra **H** demanda um pouco de atenção. Apesar de não possuir verdadeiramente sonoridade, ainda a utilizamos por convenção histórica. Seu emprego, basicamente, está relacionado às seguintes regras:

- No início de algumas palavras, por sua origem: hoje, hodierno, haver, Helena, helênico.
- No fim de algumas interjeições: Ah! Oh! Ih! Uh!
- No interior de palavra compostas que preservam o hífen, nas quais o segundo elemento se liga ao primeiro: super-homem, pré-história, sobre-humano.
- Nos dígrafos **NH, LH** e **CH**: tainha, lhama, chuveiro.

4.3 Emprego de E e I

Existe uma curiosidade a respeito do emprego dessas letras nas palavras que escrevemos: o fato de o "e", no final da palavra, ser pronunciado como uma semivogal faz com que muitos falantes pensem ser correto grafar a palavra com **I**.

Aqui, veremos quais são os principais aspectos do emprego dessas letras.

- Escreveremos com "e" palavras formadas com o prefixo **ANTE-** (que significa antes, anterior).
  - Por exemplo: antebraço, antevéspera, antecipar, antediluviano etc.
- A sílaba final de formas conjugadas dos verbos terminados em **–OAR** e **–UAR** (quando estiverem no subjuntivo).
  - Por exemplo: abençoe (abençoar), continue (continuar), pontue (pontuar).
- Algumas palavras, por sua origem.
  - Por exemplo: arrepiar, cadeado, creolina, desperdiçar, desperdício, destilar, disenteria, empecilho, indígena, irrequieto, mexerico, mimeógrafo, orquídea, quase, sequer, seringa, umedecer etc.
- Escreveremos com "i" palavras formadas com o prefixo **ANTI-** (que significa contra).
  - Por exemplo: antiaéreo, anticristo, antitetânico, anti-inflamatório.
- A sílaba final de formas conjugadas dos verbos terminados em **-AIR, -OER** e **-UIR**.
  - Por exemplo: cai (cair), sai (sair), diminui (diminuir), dói (doer).
- Os ditongos AI, OI, ÓI, UI.
  - Por exemplo: pai, foi, herói, influi.
- As seguintes palavras: aborígine, chefiar, crânio, criar, digladiar, displicência, escárnio, implicante, impertinente, impedimento, inigualável, lampião, pátio, penicilina, privilégio, requisito etc.

Vejamos alguns casos em que o emprego das letras **E** e **I** pode causar uma alteração semântica:

- Escrito com **E**:

  Arrear = pôr arreios.
  Área = extensão de terra, local.
  Delatar = denunciar.
  Descrição = ação de descrever.
  Descriminação = absolver.
  Emergir = vir à tona.
  Emigrar = sair do país ou do local de origem.
  Eminente = importante.

- Escrito com **I**:

  Arriar = abaixar, desistir.
  Ária = peça musical.
  Dilatar = alargar, aumentar.
  Discrição = separar, estabelecer diferença.
  Imergir = mergulhar.
  Imigrar = entrar em um país estrangeiro.
  Iminente = próximo, prestes a ocorrer.

O Novo Acordo Ortográfico explica que, agora, escreve-se com **I** antes de sílaba tônica. Veja alguns exemplos: acriano (admite-se, por ora, acreano, de Acre), rosiano (de Guimarães Rosa), camoniano (de Camões), nietzschiano (de Nietzsche) etc.

4.4 Emprego de O e U

Apenas por exceção, palavras em português com sílabas finais átonas (fracas) terminam por **US**; o comum é que se escreva com **O** ou **OS**. Por exemplo: carro, aluno, abandono, abono, chimango etc.

Exemplos das exceções a que aludimos: bônus, vírus, ônibus etc.

Em palavras proparoxítonas ou paroxítonas com terminação em ditongo, são comuns as terminações em **-UA, -ULA, -ULO**: tábua, rábula, crápula, coágulo.

As terminações em **-AO**, **-OLA**, **-OLO** só aparecem em algumas palavras: mágoa, névoa, nódoa, agrícola, vinícola, varíola etc.

Fique de olho na grafia destes termos:

- **Com a letra O:** abolir, boate, botequim, bússola, costume, engolir, goela, moela, moleque, mosquito etc.
- **Com a letra U:** bulício, buliçoso, bulir, camundongo, curtume, cutucar, jabuti, jabuticaba, rebuliço, urtiga, urticante etc.

4.5 Emprego de G e J

Essas letras, por apresentarem o mesmo som, eventualmente, costumam causar problemas de ortografia. A letra **G** só apresenta o som de **J** diante das letras **E** e **I**: gesso, gelo, agitar, agitador, agir, gíria.

4.5.1 Escreveremos com G

- Palavras terminadas em **-AGEM**, **-IGEM**, **-UGEM**. Por exemplo: garagem, vertigem, rabugem, ferrugem, fuligem etc.

  Exceções: pajem, lambujem (doce ou gorjeta), lajem (pedra da sepultura).
- Palavras terminadas em -ÁGIO, -ÉGIO, -ÍGIO, -ÓGIO, -ÚGIO: contágio, régio, prodígio, relógio, refúgio.
- Palavras derivadas de outras que já possuem a letra **G**. Por exemplo: **viagem** – viageiro; **ferrugem** – ferrugento; **vertigem** – vertiginoso; **regime** – regimental; **selvagem** – selvageria; **regional** – regionalismo.
- Em geral, após a letra "r". Por exemplo: aspergir, divergir, submergir, imergir etc.
- Palavras:

  De origem latina: agir, gente, proteger, surgir, gengiva, gesto etc.

  De origem árabe: álgebra, algema, ginete, girafa, giz etc.

  De origem francesa: estrangeiro, agiotagem, geleia, sargento etc.

  De origem italiana: gelosia, ágio etc.

  Do castelhano: gitano.

  Do inglês: gim.

4.5.2 Escreveremos com J

- Os verbos terminados em **-JAR** ou **-JEAR** e suas formas conjugadas:

  Gorjear: gorjeia (lembre-se das "aves"), gorjeiam, gorjearão.

  Viajar: viajei, viaje, viajemos, viajante.

Cuidado para não confundir os termos **viagem** (substantivo) com **viajem** (verbo "viajar"). Vejamos o emprego:

Ele fez uma bela viagem.

Tomara que eles viajem amanhã.

- Palavras derivadas de outras terminadas em -**JA**. Por exemplo: **granja:** granjeiro, granjear; **loja:** lojista, lojinha; **laranja:** laranjal, laranjeira; **lisonja:** lisonjeiro, lisonjeador; **sarja:** sarjeta.
- Palavras cognatas (raiz em comum) ou derivadas de outras que possuem o J. Por exemplo:

  Laje: lajense, lajedo.

  Nojo: nojento, nojeira.

  Jeito: jeitoso, ajeitar, desajeitado.
- Palavras de origem ameríndia (geralmente tupi-guarani) ou africana: canjerê, canjica, jenipapo, jequitibá, jerimum, jia, jiboia, jiló, jirau, Moji, pajé.
- Palavras: conjetura, ejetar, injeção, interjeição, objeção, objeto, objetivo, projeção, projeto, rejeição, sujeitar, sujeito, trajeto, trajetória, trejeito, berinjela, cafajeste, jeca, jegue, Jeremias, jerico, jérsei, majestade, manjedoura, ojeriza, pegajento, rijeza, sujeira, traje, ultraje, varejista.

4.6 Orientações sobre a grafia do fonema /s/

Podemos representar o fonema /s/ por:

- S: ânsia, cansar, diversão, farsa.
- SS: acesso, assar, carrossel, discussão.
- C, Ç: acetinado, cimento, açoite, açúcar.
- SC, SÇ: acréscimo, adolescente, ascensão, consciência, nasço, desça.
- X: aproximar, auxiliar, auxílio, sintaxe.
- XC: exceção, exceder, excelência, excepcional.

4.6.1 Escreveremos com S

- A correlação **ND** – **NS**:

  Pretender – pretensão, pretenso.

  Expandir – expansão, expansivo.
- A correlação **RG** – **RS**:

  Aspergir – aspersão.

  Imergir – imersão.

  Emergir – emersão.
- A correlação **RT** – **RS**:

  Divertir – diversão.

  Inverter – inversão.
- O sufixo -**ENSE**:

  Paranaense.

  Cearense.

  Londrinense.

4.6.2 Escreveremos com SS

- A correlação **CED** – **CESS**:

  Ceder – cessão.

  Interceder – intercessão.

  Retroceder – retrocesso.
- A correlação **GRED** – **GRESS**:

  Agredir – agressão, agressivo.

  Progredir – progressão, progresso.
- A correlação **PRIM** – **PRESS**:

  Imprimir – impressão, impresso.

  Oprimir – opressão, opressor.

  Reprimir – repressão, repressivo.
- A correlação **METER** – **MISS**:

  Submeter – submissão.

  Intrometer – intromissão.

4.6.3 Escreveremos com C ou com Ç

- Palavras de origem tupi ou africana. Por exemplo: açaí, araçá, Iguaçu, Juçara, muçurana, Paraguaçu, caçula, cacimba.
- **O Ç só será usado antes das vogais A, O e U.**
- Com os sufixos:

  -AÇA: barcaça.

  -AÇÃO: armação.

  -*ÇAR*: aguçar.

  -ECER: esmaecer.

-**IÇA:** carniça.
-**NÇA:** criança.
-**UÇA:** dentuça.

- Palavras derivadas de verbos terminados em -**TER** (não confundir com a regra do -**METER** - -**MISS**):
  - **Abster**: abstenção.
  - **Reter**: retenção.
  - **Deter**: detenção.
- Depois de ditongos:
  - Feição; louça; traição.
- Palavras de origem árabe:
  - Açúcar; açucena; cetim; muçulmano.

4.6.4 Emprego do SC

Escreveremos com **SC** palavras que são termos emprestados do latim. Por exemplo: adolescência; ascendente; consciente; crescer; descer; fascinar; fescenino.

4.6.5 Grafia da letra S com som de /z/

Escreveremos com S:

- Terminações em -**ÊS**, -**ESA** e -**ISA**, que indicam nacionalidade, título ou origem:
  - **Japonês** – japonesa.
  - **Marquês** – marquesa.
  - **Camponês** – camponesa.
- Após ditongos: causa; coisa; lousa; Sousa.
- As formas dos verbos **pôr** e **querer** e de seus compostos:
  - Eu pus, nós pusemos, pusésseis etc.
  - Eu quis, nós quisemos, quisésseis etc.
- Terminações -**OSO** e -**OSA**, que indicam qualidade. Por exemplo: gostoso; garboso; fervorosa; talentosa.
- Prefixo **TRANS**-: transe; transação; transoceânico.
- Em diminutivos cujo radical termine em **S**:
  - **Rosa** – rosinha.
  - **Teresa** – Teresinha.
  - **Lápis** – lapisinho.
- Na correlação **D** – **S**:
  - **Aludir** – alusão, alusivo.
  - **Decidir** – decisão, decisivo.
  - **Defender** – defesa, defensivo.
- Verbos derivados de palavras cujo radical termina em **S**:
  - **Análise** – analisar.
  - **Presa** – apresar.
  - **Êxtase** – extasiar.
  - **Português** – aportuguesar.
- Substantivos com os sufixos gregos -**ESE**, -**ISA** e -**OSE**: catequese, diocese, poetisa, virose, (obs.: "catequizar" com **Z**).
- Nomes próprios: Baltasar, Heloísa, Isabel, Isaura, Luísa, Sousa, Teresa.
- Palavras: análise, cortesia, hesitar, reses, vaselina, avisar, defesa, obséquio, revés, vigésimo, besouro, fusível, pesquisa, tesoura, colisão, heresia, querosene, vasilha.

4.7 Emprego da letra Z

Escreveremos com **Z**:

- Terminações -**EZ** e -**EZA** de substantivos abstratos derivados de adjetivos:
  - **Belo** – beleza.
  - **Rico** – riqueza.
  - **Altivo** – altivez.
  - **Sensato** - sensatez.
- Verbos formados com o sufixo -**IZAR** e palavras cognatas: balizar, inicializar, civilizar.
- As palavras derivadas em:
  - -**ZAL:** cafezal, abacaxizal.
  - -**ZEIRO:** cajazeiro, açaizeiro.
  - -**ZITO:** avezita.
  - -**ZINHO:** cãozinho, pãozinho, pezinho
- Derivadas de palavras cujo radical termina em **Z**: cruzeiro, esvaziar.
- Palavras: azar, aprazível, baliza, buzina, bazar, cicatriz, ojeriza, prezar, proeza, vazamento, vizinho, xadrez, xerez.

4.8 Emprego do X e do CH

A letra X pode representar os seguintes fonemas:

- **/ch/:** xarope.
- **/cx/:** sexo, tóxico.
- **/z/:** exame.
- **/ss/:** máximo.
- **/s/:** sexto.

4.9 Escreveremos com X

- Em geral, após um ditongo. Por exemplo: caixa, peixe, ameixa, rouxinol, caixeiro. **Exceções**: recauchutar e guache.
- Geralmente, depois de sílaba iniciada por **EN**-: enxada; enxerido; enxugar; enxurrada.
- Encher (e seus derivados); palavras que iniciam por **CH** e recebem o prefixo **EN**-. Por exemplo: encharcar, enchumaçar, enchiqueirar, enchumbar, enchova.
- Palavras de origem indígena ou africana: abacaxi, xavante, xará, orixá, xinxim.
- Após a sílaba **ME** no início da palavra. Por exemplo: mexerica, mexerico, mexer, mexida. **Exceção**: mecha de cabelo.
- Palavras: bexiga, bruxa, coaxar, faxina, graxa, lagartixa, lixa, praxe, vexame, xícara, xale, xingar, xampu.

4.10 Escreveremos com CH

- As seguintes palavras, em razão de sua origem: chave, cheirar, chuva, chapéu, chalé, charlatão, salsicha, espadachim, chope, sanduíche, chuchu, cochilo, fachada, flecha, mecha, mochila, pechincha.
- **Atente para a divergência de sentido com os seguintes elementos:**
  - Bucho – estômago.
  - Buxo – espécie de arbusto.
  - Cheque – ordem de pagamento.
  - Xeque – lance do jogo de xadrez.
  - Tacha – pequeno prego.
  - Taxa – imposto.

5. NÍVEIS DE ANÁLISE DA LÍNGUA

A Língua Portuguesa possui quatro níveis de análise. Veja cada um deles:

- **Nível fonético/fonológico:** estuda a produção e articulação dos sons da língua.
- **Nível morfológico:** estuda a estrutura e a classificação das palavras.
- **Nível sintático:** estuda a função das palavras dentro de uma sentença.
- **Nível semântico:** estuda as relações de sentido construídas entre as palavras.

Na **Semântica**, entre outras coisas, estuda-se a diferença entre linguagem de sentido denotativo (ou literal, do dicionário) e linguagem de sentido conotativo (ou figurado).

- Rosa é uma flor.
  - **Morfologia:**

    Rosa: substantivo;
    É: verbo ser;
    Uma: artigo;
    Flor: substantivo
  - **Sintaxe:**

    Rosa: sujeito;
    É uma flor: predicado;
    Uma flor: predicativo do sujeito.
  - **Semântica:**

    Rosa pode ser entendida como uma pessoa ou como uma planta, depende do sentido.

6. ESTRUTURA E FORMAÇÃO DE PALAVRAS

6.1 Estrutura das palavras

Para compreender os termos da Língua Portuguesa, deve-se observar, nos vocábulos, a presença de algumas estruturas como **raiz**, **desinências** e **afixos**:

- **Raiz ou radical (morfema lexical):** parte que guarda o sentido da palavra.
  Pedreiro.
  Pedrada.
  Em**pedr**ado.
  Pedregulho.
- **Desinências:** fazem a flexão dos termos.
  Nominais:
  Gênero: jogador/jogadora.
  Número: aluno/alunos.
  Grau: cadeira/cadeirinha.
  Verbais:
  Modo-tempo: cantá**va**mos, vendê**ra**mos.
  Número-pessoa: fize**mos**, compra**stes.**
- **Afixos: conectam-se às raízes dos termos.**
  Prefixos: colocados antes da raiz.
  Infeliz, **des**fazer, **re**tocar.
  Sufixos: colocados após a raiz.
  Feliz**mente**, capac**idade**, igual**dade.**

Também é importante atentar aos termos de ligação. São eles:

- **Vogal de ligação:**
  Gas**ô**metro, bar**ô**metro, caf**ei**cultura, carn**í**voro.
- **Consoante de ligação:**
  Gira**s**sol, cafe**t**eira, pau**l**ada, cha**l**eira.

6.2 Radicais gregos e latinos

O conhecimento sobre a origem dos radicais é, muitas vezes, importante para a compreensão e memorização de inúmeras palavras.

6.2.1 Radicais gregos

Os radicais gregos têm uma importância expressiva para a compreensão e fácil memorização de diversas palavras que foram criadas e vulgarizadas pela linguagem científica.

Podemos observar que esses radicais se unem, geralmente, a outros elementos de origem grega e, frequentemente, sofrem alterações fonéticas e gráficas para formarem palavras compostas.

Seguem alguns radicais gregos, seus respectivos significados e algumas palavras de exemplo:

- ***Ácros* (alto):** acrópole, acrobacia, acrofobia.
- ***Álgos* (dor):** algofilia, analgésico, nevralgia.
- ***Ánthropos* (homem):** antropologia, antropófago, filantropo.
- ***Astér, astéros* (estrela):** asteroide, asterisco.
- ***Ástron* (astro):** astronomia, astronauta.
- ***Biblíon* (livro):** biblioteca, bibliografia, bibliófilo.
- ***Chéir, cheirós* (mão – cir-, quiro):** cirurgia, cirurgião, quiromante.
- ***Chlorós*, (verde):** cloro, clorofila, clorídrico.
- ***Chróma, chrómatos*, (cor):** cromático, policromia.
- ***Dáktylos* (dedo):** datilografia, datilografar.
- ***Déka* (dez):** decálogo, decâmetro, decassílabo.
- ***Gámos*, (casamento):** poligamia, polígamo, monogamia.
- ***Gastér, gastrós*, (estômago):** gastrite, gastrônomo, gástrico.
- ***Glótta, glóssa*, (língua):** poliglota, epiglote, glossário.
- ***Grámma* (letra, escrito):** gramática, anagrama, telegrama.
- ***Grápho* (escrevo):** grafia, ortografia, caligrafia.
- ***Heméra* (dia):** herneroteca, hernerologia, efêmero.
- ***Híppos* (cavalo):** hipódromo, hipismo, hipopótamo.
- ***Kardía* (coração):** cardíaco, cardiologia, taquicardia.
- ***Mésos*, (meio, do meio):** mesocarpo, mesóclise, mesopotâmia.
- ***Mnéme* (memória, lembrança):** mnemônico, amnésia, mnemoteste.
- ***Morphé* (forma):** morfologia, amorfo, metamorfose.
- ***Nekrós* (morto):** necrotério, necropsia, necrológio.
- ***Páis, paidós* (criança):** pedagogia, pediatria, pediatra.
- ***Pyr, pyrós* (fogo):** pirosfera, pirotécnico, antipirético.
- ***Rhis, rhinós* (nariz):** rinite, rinofonia, otorrino.
- ***Theós* (deus):** teologia, teólogo, apoteose.
- ***Zóon* (animal):** zoologia, zoológico, zoonose.

6.2.2 Radicais latinos

Outras palavras da língua portuguesa possuem radicais latinos. A maioria delas entrou na língua entre os séculos XVIII e XX. Seguem algumas das que vieram por via científica ou literária:

- ***Ager, agri* (campo):** agrícola, agricultura.
- ***Ambi* (de ambo, ambos):** ambidestro, ambíguo.
- ***Argentum, argenti* (prata):** argênteo, argentífero, argentino.
- ***Capillus, capilli* (cabelo):** capilar, capiliforme, capilaridade.
- ***Caput, capitis* (cabeça:** capital, decapitar, capitoso.
- ***Cola-, colere* (habitar, cultivar):** arborícola, vitícola.
- ***Cuprum, cupri* (cobre):** cúpreo, cúprico, cuprífero.
- ***Ego* (eu):** egocêntrico, egoísmo, ególatra.
- ***Equi-, aequus* (igual):** equivalente, equinócio, equiângulo.
- ***-fero, ferre* (levar, conter):** aurífero, lactífero, carbonífero.
- ***Fluvius* (rio):** fluvial, fluviômetro.
- ***Frigus, frigoris* (frio):** frigorífico, frigomóvel.
- ***Lapis, lapidis* (pedra):** lápide, lapidificar, lapidar.
- ***Lex, legis* (lei):** legislativo, legislar, legista.
- ***Noceo, nocere* (prejudicar, causar mal):** nocivo, inocente, inócuo.
- ***Pauper, pauperis* (pobre):** pauperismo, depauperar.
- ***Pecus* (rebanho):** pecuária, pecuarista, pecúnia.
- ***Pluvia* (chuva):** pluvial, pluviômetro.
- ***Radix, radieis* (raiz):** radical, radicar, erradicar.
- ***Sidus, sideris* (astro):** sideral, sidéreo, siderar.
- ***Stella* (estrela):** estelar, constelação.
- ***Triticum, tritici* (trigo):** triticultura, triticultor, tritícola.
- ***Vinum, vini* (vinho):** vinicultura, vinícola.
- ***Vitis* (videira):** viticultura, viticultor, vitícola.
- ***Volo, volare* (voar):** volátil, noctívolo.
- ***Vox, vocis* (voz):** vocal, vociferar.

6.3 Origem das palavras de Língua Portuguesa

As palavras da Língua Portuguesa têm múltiplas origens, mas a maioria delas veio do latim vulgar, ou seja, o latim que era falado pelo povo duzentos anos antes de Cristo.

No geral, as palavras que formam o nosso léxico podem ser de origem latina, de formação vernácula ou de importação estrangeira.

Quanto às palavras de origem latina, sabe-se que algumas datam dos séculos VI e XI, aproximadamente, e outras foram introduzidas na língua por escritores e letrados ao longo do tempo, sobretudo no período áureo, o século XVI, e de forma ainda mais abundante durante os séculos que o seguiram, por meios literário e científico. As primeiras, as formas populares, foram grandemente alteradas na fala do povo rude, mas as formas eruditas tiveram leves alterações.

Houve, ao longo desses séculos, com incentivo do povo luso-brasileiro, a criação de palavras que colaboraram para enriquecer o vocabulário. Essas palavras são chamadas criações vernáculas.

Desde os primórdios da língua, diversos termos estrangeiros entraram em uso, posteriormente enriquecendo definitivamente o patrimônio léxico, porque é inevitável que palavras de outros idiomas adentrem na língua por meio das relações estabelecidas entre os povos e suas culturas.

Devido a isso, encontramos, no vocabulário português, palavras provenientes:

- Do grego: por influência do cristianismo e do latim literário: anjo, bíblia, clímax. E por criação de sábios e cientistas: nostalgia, microscópio.
- Do hebraico: veiculadas pela Bíblia: aleluia, Jesus, Maria, sábado.
- Do alemão: guerra, realengo, interlância.
- Do árabe: algodão, alfaiate, algema.
- Do japonês: biombo, micado, samurai.
- Do francês: greve, detalhe, pose.
- Do inglês: bife, futebol, tênis.
- Do turco: lacaio, algoz.
- Do italiano: piano, maestro, lasanha.
- Do russo: vodca, esputinique.
- Do tupi: tatu, saci, jiboia, pitanga.
- Do espanhol: cavalheiro, ninharia, castanhola.
- De línguas africanas: macumba, maxixe, marimbondo.

Atualmente, o francês e o inglês são os idiomas com maior influência sobre a língua portuguesa.

6.4 Processos de formação de palavras

Há dois processos mais fortes (presentes) na formação de palavras em Língua Portuguesa: a composição e a derivação. Vejamos suas principais características.

6.4.1 Composição

É uma criação de vocábulo. Pode ocorrer por:

- **Justaposição:** sem perda de elementos.

  Guarda-chuva, girassol, arranha-céu etc.
- **Aglutinação:** com perda de elementos.

  Embora, fidalgo, aguardente, planalto, boquiaberto etc.
- **Hibridismo:** união de radicais oriundos de línguas distintas.

  Automóvel (latim e grego); sambódromo (tupi e grego).

6.4.2 Derivação

É uma transformação no vocábulo. Pode ocorrer das seguintes maneiras:

- **Prefixal (prefixação):** reforma, anfiteatro, cooperação.
- **Sufixal (sufixação):** pedreiro, engenharia, florista.
- **Prefixal – sufixal:** infelizmente, ateísmo, desordenamento.
- **Parassintética:** prefixo e sufixo simultaneamente, sem a possibilidade de remover umas das partes.

  Avermelhado, anoitecer, emudecer, amanhecer.
- **Regressão (regressiva) ou deverbal:** advinda de um verbo.

  Abalo (abalar), luta (lutar), fuga (fugir).
- **Imprópria (conversão):** mudança de classe gramatical.

  O jantar, um não, o seu sim, o pobre.

6.4.3 Estrangeirismo

Pode-se entender como um empréstimo linguístico.

- **Com aportuguesamento:** abajur (do francês *abat-jour*), algodão (do árabe *al-qutun*), lanche (do inglês *lunch*) etc.
- **Sem aportuguesamento:** *networking*, *software*, *pizza*, *show*, *shopping* etc.

6.5 Acrônimo ou sigla

- **Silabáveis:** podem ser separados em sílabas.

  Infraero (Infraestrutura Aeroportuária), **Petrobras** (Petróleo Brasileiro) etc.
- **Não-silabáveis:** não podem ser separados em sílabas.

  FMI, MST, SPC, PT, INSS, MPU etc.

6.6 Onomatopeia ou reduplicação

- **Onomatopeia:** tentativa de representar um som da natureza.

  Pow, paf, tum, psiu, argh.
- **Reduplicação:** repetição de palavra com fim onomatopaico.

  Reco-reco, tique-taque, pingue-pongue.
- **Redução ou abreviação:** eliminação do segmento de alguma palavra.

  Fone (telefone), cinema (cinematógrafo), pneu (pneumático) etc.

7. MORFOLOGIA

Antes de adentrar nas conceituações, veja a lista a seguir para facilitar o estudo. Nela, temos uma classe de palavra seguida de um exemplo.

Artigo: o, a, os, as, um, uma, uns, umas.

Adjetivo: legal, interessante, capaz, brasileiro, francês.

Advérbio: muito, pouco, bem, mal, ontem, certamente.

Conjunção: que, caso, embora.

Interjeição: Ai! Ui! Ufa! Eita!

Numeral: sétimo, vigésimo, terço.

Preposição: a, ante, até, após, com, contra, de, desde, em, entre.

Pronome: cujo, o qual, quem, eu, lhe.

Substantivo: mesa, bicho, concursando, Pablo, José.

Verbo: estudar, passar, ganhar, gastar.

7.1 Substantivos

É a palavra variável que designa qualidades, sentimentos, sensações, ações etc.

Quanto à sua classificação, o substantivo pode ser:

- **Primitivo** (sem afixos): pedra.
- **Derivado** (com afixos): pedreiro/empedrado.
- **Simples** (1 núcleo): guarda.
- **Composto** (mais de 1 núcleo): guarda-roupas.
- **Comum** (designa ser genérico): copo, colher.
- **Próprio** (designa ser específico): Maria, Portugal.
- **Concreto** (existência própria): cadeira, lápis.
- **Abstrato** (existência dependente): glória, amizade.

7.1.1 Substantivos concretos

Designam seres de existência própria, como: padre, político, carro e árvore.

7.1.2 Substantivos abstratos

Nomeiam qualidades ou conceitos de existência dependente, como: beleza, fricção, tristeza e amor.

7.1.3 Substantivos próprios

São sempre concretos e devem ser grafados com iniciais maiúsculas. Alguns substantivos próprios, no entanto, podem vir a se tornar comuns pelo processo de derivação imprópria que, geralmente, ocorre pela anteposição de um artigo e a grafia do substantivo com letra minúscula (um judas = traidor/um panamá = chapéu). As flexões dos substantivos podem se dar em gênero, número e grau.

7.1.4 Gênero dos substantivos

Quanto à distinção entre masculino e feminino, os substantivos podem ser:

- **Biformes:** quando apresentam uma forma para o masculino e outra para o feminino. Por exemplo: gato, gata, homem, mulher.
- **Uniformes:** quando apresentam uma única forma para ambos os gêneros. Nesse caso, eles estão divididos em:
    - **Epicenos:** usados para animais de ambos os sexos (macho e fêmea). Por exemplo: besouro, jacaré, albatroz.
    - **Comum de dois gêneros:** aqueles que designam pessoas. Nesse caso, a distinção é feita por um elemento ladeador (artigo, pronome). Por exemplo: o/a terrícola, o/a estudante, o/a dentista, o/a motorista.
    - **Sobrecomuns:** apresentam um só gênero gramatical para designar seres de ambos os sexos. Por exemplo: o indivíduo, a vítima, o algoz.

Em algumas situações, a mudança de gênero altera também o sentido do substantivo:

- O cabeça (líder).
- A cabeça (parte do corpo).

7.1.5 Número dos substantivos

Tentemos resumir as principais regras de formação do plural nos substantivos.

TERMINAÇÃO	VARIAÇÃO	EXEMPLO
vogal ou ditongo	acréscimo do S	barco – barcos
M	NS	pudim – pudins
ÃO (primeiro caso)	ÕES	ladrão – ladrões
ÃO (segundo caso)	ÃES	pão – pães
ÃO (terceiro caso)	S	cidadão – cidadãos
R	ES	mulher – mulheres
Z	ES	cartaz – cartazes
N	ES	abdômen – abdômenes
S (oxítonos)	ES	inglês – ingleses
AL, EL, OL, UL	IS	tribunal – tribunais
IL (oxítonos)	S	barril – barris
IL (paroxítonos)	EIS	fóssil – fósseis
ZINHO, ZITO	S	anelzinho – aneizinhos

Alguns substantivos são grafados apenas no plural: alvíssaras, anais, antolhos, arredores, belas-artes, calendas, cãs, condolências, esponsais, exéquias, fastos, férias, fezes, núpcias, óculos, pêsames.

7.1.6 Grau do substantivo

Aumentativo/diminutivo

Analítico: quando se associam os adjetivos ao substantivo. Por exemplo: carro grande, pé pequeno.

Sintético: quando se adiciona ao substantivo sufixos indicadores de grau, carrão, pezinho.

- **Sufixos:**
    - **Aumentativos:** -ÁZIO, -ORRA, -OLA, -AZ, -ÃO, -EIRÃO, -ALHÃO, -ARÃO, -ARRÃO, -ZARRÃO.
    - **Diminutivos:** -ITO, -ULO-, -CULO, -OTE, -OLA, -IM, -ELHO, -INHO, -ZINHO. O sufixo -ZINHO é obrigatório quando o substantivo terminar em vogal tônica ou ditongo: cafezinho, paizinho etc.

O aumentativo pode exprimir tamanho (casarão), desprezo (sabichão, ministraço, poetastro) ou intimidade (amigão); enquanto o diminutivo pode indicar carinho (filhinho) ou ter valor pejorativo (livreco, casebre), além das noções de tamanho (bolinha).

7.2 Artigo

O artigo é a palavra variável que tem por função individualizar algo, ou seja, possui como função primordial indicar um elemento, por meio de definição ou indefinição da palavra que, pela anteposição do artigo, passa a ser substantivada. Os artigos se subdividem em:

- **Artigos definidos (O, A, OS, AS):** definem o substantivo a que se referem. Por exemplo:

  Hoje à tarde, falaremos sobre **a** aula da semana passada.

  Na última aula, falamos **do** conteúdo programático.

- **Artigos indefinidos (um, uma, uns, umas):** indefinem o substantivo a que se referem. Por exemplo:

  Assim que eu passar no concurso, eu irei comprar **um** carro.

  Pela manhã, papai, apareceu **um** homem da loja aqui.

É importante ressaltar que os artigos podem ser contraídos com algumas preposições essenciais, como demonstrado na tabela a seguir:

PREPOSIÇÕES	ARTIGO							
	DEFINIDO				INDEFINIDO			
	O	A	OS	AS	UM	UMA	UNS	UMAS
A	ao	à	aos	às	-	-	-	-
De	do	da	dos	das	dum	duma	duns	dumas
Em	no	na	nos	nas	num	numa	nuns	numas
Per	pelo	pela	pelos	pelas	-	-	-	-
Por	polo	pola	polos	polas	-	-	-	-

O artigo é utilizado para substantivar um termo. Ou seja, quer transformar algo em um substantivo? Coloque um artigo em sua frente.

Cantar alivia a alma. (Verbo)

O **cantar** alivia a alma. (Substantivo)

7.2.1 Emprego do artigo com a palavra "todo"

Quando inserimos artigos ao lado da palavra "todo", em geral, o sentido da expressão passa a designar totalidade. Como no exemplo abaixo:

Pobreza é um problema que acomete **todo país**. (todos os países)

Pobreza é um problema que acomete **todo o país**. (o país em sua totalidade).

7.3 Pronome

Em uma definição breve, podemos dizer que pronome é o termo que substitui um substantivo, desempenhando, na sentença em que aparece, uma função coesiva. Podemos dividir os pronomes em sete categorias, são elas: pessoais, tratamento, demonstrativos, relativos, indefinidos, interrogativos, possessivos.

Antes de partir para o estudo pormenorizado dos pronomes, vamos fazer uma classificação funcional deles quando empregados em uma sentença:

- **Pronomes substantivos:** são aqueles que ocupam o lugar do substantivo na sentença. Por exemplo:

  Alguém apareceu na sala ontem.

  Nós faremos todo o trabalho.

- **Pronomes adjetivos:** são aqueles que acompanham um substantivo na sentença. Por exemplo:

  Meus alunos são os mais preparados.

  Pessoa **alguma** fará tal serviço por **esse** valor.

7.3.1 Pronomes substantivos e adjetivos

É chamado **pronome substantivo** quando um pronome substitui um substantivo.

É chamado **pronome adjetivo** quando determina o substantivo com o qual se encontra.

7.3.2 Pronomes pessoais

Referem-se às pessoas do discurso, veja:

- Quem fala (1ª pessoa).
- Com quem se fala (2ª pessoa).
- De quem se fala (3ª pessoa).

Classificação dos pronomes pessoais (caso **reto** × caso **oblíquo**):

PESSOA GRAMATICAL	RETOS	OBLÍQUOS	
		ÁTONOS	TÔNICOS
1ª - Singular	eu	me	mim, comigo
2ª - Singular	tu	te	ti, contigo
3ª - Singular	ele, ela	o, a, lhe, se	si, consigo
1ª - Plural	nós	nos	nós, conosco
2ª - Plural	vós	vos	vós, convosco
3ª - Plural	eles, elas	os, as, lhes, se	si, consigo
Função	Sujeito	Complemento/Adjunto	

Veja a seguir o emprego de alguns pronomes (**certo** × **errado**).

Eu e tu × mim e ti

1ª regra: depois de preposição essencial, usa-se pronome oblíquo. Observe:

Entre mim e ti, não há acordo.

Sobre Manoel e ti, nada se pode falar.

Devo **a** ti esta conquista.

O presente é **para** mim.

Não saia **sem** mim.

Comprei um livro **para** ti.

Observe a preposição essencial destacada nas sentenças.

2ª regra: se o pronome utilizado na sentença for sujeito de um verbo, deve-se empregar os do caso reto.

Não saia sem **eu** deixar.

Comprei um livro para **tu** leres.

O presente é para **eu** desfrutar.

Observe que o pronome desempenha a função de sujeito do verbo destacado. Ou seja: "mim" não faz nada!

Não se confunda com as sentenças em que a ordem frasal está alterada. Deve-se, nesses casos, tentar colocar a sentença na ordem direta.

Para mim, fazer exercícios é muito bom. → Fazer exercícios é muito bom para mim.

Não é tarefa para mim realizar esta revisão. → Realizar esta revisão não é para mim.

Com causativos e sensitivos

Regra com verbos causativos (mandar, fazer, deixar) ou sensitivos (ver, ouvir, sentir): quando os pronomes oblíquos átonos são empregados com verbos causativos ou sensitivos, pode haver a possibilidade de desempenharem a função de sujeito de uma forma verbal próxima. Veja os exemplos:

Fiz **Juliana** chorar. (Sentença original).

Fi-**la** chorar. (Sentença reescrita com a substituição do termo Juliana pelo pronome oblíquo).

Em ambas as situações, a "Juliana é a chorona". Isso quer dizer que o termo feminino que está na sentença é sujeito do verbo "chorar". Pensando dessa maneira, entenderemos a primeira função da forma pronominal "la" que aparece na sentença reescrita.

Outro fator a ser considerado é que o verbo "fazer" necessita de um complemento, portanto, é um verbo transitivo. Ocorre que o complemento do verbo "fazer" não pode ter outro referente senão "Juliana". Então, entendemos que, na reescrita da frase, a forma pronominal "la" funciona como complemento do verbo "fazer" e sujeito do verbo "chorar".

Si e consigo

Esses pronomes somente podem ser empregados se se referirem ao sujeito da oração, pois possuem função reflexiva. Observe:

Alberto só pensa em si. ("Si" refere-se a "Alberto": sujeito do verbo "pensar").

O aluno levou as apostilas consigo. ("consigo" refere-se ao termo "aluno").

Estão erradas, portanto, frases como estas:

Creio muito em si, meu amigo.

Quero falar consigo.

Corrigindo:

Creio muito em você, meu amigo.

Quero falar contigo.

Conosco e convosco

As formas **"conosco"** e **"convosco"** são substituídas por **"com nós"** e **"com vós"** quando os pronomes pessoais são reforçados por palavras como **outros, mesmos, próprios, todos, ambos** ou **algum numeral**. Por exemplo:

Ele disse que iria com nós três.

Ele(s), ela(s) × o(s), a(s)

É muito comum ouvirmos frases como: "vi **ela** na esquina", "não queremos **eles** aqui". De acordo com as normas da Língua Portuguesa, é errado falar ou escrever assim, pois o pronome em questão está sendo utilizado fora de seu emprego original, ou seja, como um complemento (ao passo que deveria ser apenas sujeito). O certo é: "vi-**a** na esquina", "não **os** queremos aqui".

"O" e "a"

São complementos diretos, ou seja, são utilizados juntamente aos verbos transitivos diretos, ou nos bitransitivos, como no exemplo a seguir:

Comprei **um carro** para minha namorada = Comprei-**o** para ela. (Ocorreu a substituição do objeto direto)

É importante lembrar que há uma especificidade em relação à colocação dos pronomes "o" e "a" depois de algumas palavras:

- Se a palavra terminar em **R, S** ou **Z**: tais letras devem ser suprimidas e o pronome será empregado como **lo, la, los, las.**

  Fazer as tarefas = fazê-**las.**

  Querer o dinheiro = querê-**lo**.

- Se a palavra terminar com **ÃO, ÕE** ou **M**: tais letras devem ser mantidas e o pronome há de ser empregado como **no, na, nos, nas**.

  Compraram a casa = compraram-**na**.

  Compõe a canção = compõe-**na**.

Lhe

É um complemento indireto, equivalente a "a ele" ou "a ela". Ou seja, é empregado juntamente a um verbo transitivo indireto ou a um verbo bitransitivo, como no exemplo:

- Comprei um carro **para minha namorada** = comprei-**lhe** um carro. (Ocorreu a substituição do objeto indireto).

Muitas bancas gostam de trocar as formas "o" e "a" por "lhe", o que não pode ser feito sem que a sentença seja totalmente reelaborada.

7.3.3 Pronomes de tratamento

São pronomes de tratamento **você, senhor, senhora, senhorita, fulano, sicrano, beltrano** e as expressões que integram o quadro seguinte:

PRONOME	ABREVIATURA SINGULAR	ABREVIATURA PLURAL
Vossa Excelência(s)	V. Ex.ª	V. Ex.ªs
USA-SE PARA:		
Presidente (sem abreviatura), ministro, embaixador, governador, secretário de Estado, prefeito, senador, deputado federal e estadual, juiz, general, almirante, brigadeiro e presidente de câmara de vereadores.		
PRONOME	**ABREVIATURA SINGULAR**	**ABREVIATURA PLURAL**
Vossa(s) Magnificência(s)	V. Mag.ª	V. Mag.ªs
USA-SE PARA:		
Reitor de universidade para o qual também se pode usar V. Ex.ª.		
PRONOME	**ABREVIATURA SINGULAR**	**ABREVIATURA PLURAL**

Vossa(s) Senhoria(s)	V. Sª	V. S.^{as}
USA-SE PARA:		
Qualquer autoridade ou pessoa civil não citada acima.		
PRONOME	**ABREVIATURA SINGULAR**	**ABREVIATURA PLURAL**
Vossa(s) Santidade(s)	V. S	VV. SS.
USA-SE PARA:		
Papa.		
PRONOME	**ABREVIATURA SINGULAR**	**ABREVIATURA PLURAL**
Vossa(s) Eminência(s)	V. Em.ª	V.Em.^{as}
USA-SE PARA:		
Cardeal.		
PRONOME	**ABREVIATURA SINGULAR**	**ABREVIATURA PLURAL**
Vossa(s) Excelência(s) Reverendíssima(s)	V. Exª. Rev.ma	V. Ex.^{as}. Rev.^{mas}
USA-SE PARA:		
Arcebispo e bispo.		
PRONOME	**ABREVIATURA SINGULAR**	**ABREVIATURA PLURAL**
Vossa(s) Reverendíssima(s)	V. Rev.^{ma}	V.Rev.^{mas}
Usa-se para:		
Autoridade religiosa inferior às acima citadas.		
PRONOME	**ABREVIATURA SINGULAR**	**ABREVIATURA PLURAL**
Vossa(s) Reverência(s)	V. Rev.ª	V. Rev.^{mas}
USA-SE PARA:		
Religioso sem graduação.		
PRONOME	**ABREVIATURA SINGULAR**	**ABREVIATURA PLURAL**
Vossa(s) Majestade(s)	V. M.	VV. MM.
USA-SE PARA:		
Rei e imperador.		
PRONOME	**ABREVIATURA SINGULAR**	**ABREVIATURA PLURAL**
Vossa(s) Alteza(s)	V. A.	VV. AA.
USA-SE PARA:		
Príncipe, arquiduque e duque.		

Todas essas expressões se apresentam também com “Sua” para cujas abreviaturas basta substituir o “V” por “S”.

Emprego dos pronomes de tratamento

- **Vossa Excelência** etc. × **Sua Excelência** etc.

Os pronomes de tratamento iniciados com “Vossa(s)” empregam-se em uma relação direta, ou seja, indicam o nosso interlocutor, pessoa com quem falamos:

Soube que V. Ex.ª, Senhor Ministro, falou que não estava interessado no assunto da reunião.

Empregaremos o pronome com a forma “sua” quando a relação não é direta, ou seja, quando falamos sobre a pessoa:

A notícia divulgada é de que Sua Excelência, o Presidente da República, foi flagrado em uma boate.

Utilização da 3ª pessoa

Os pronomes de tratamento são de 3ª pessoa; portanto, todos os elementos relacionados a eles devem ser empregados também na 3ª pessoa, para que se mantenha a uniformidade:

É preciso que V. Ex.ª **diga** qual será o **seu** procedimento no caso em questão, a fim de que seus assessores possam agir a tempo.

Uniformidade de tratamento

No momento da escrita ou da fala, não é possível ficar fazendo "dança das pessoas" com os pronomes. Isso quer dizer que se deve manter a uniformidade de tratamento. Para tanto, se for utilizada 3ª pessoa no início de uma sentença, ela deve permanecer ao longo de todo o texto. Preste atenção para ver como ficou estranha a construção abaixo:

Quando **você** chegar, eu **te** darei o presente.

"Você" é de 3ª pessoa e "te" é de 2ª pessoa. Não há motivo para cometer tal engano. Tome cuidado, portanto. Podemos corrigir a sentença:

Quando tu chegares, eu te darei o presente.
Quando você chegar, eu lhe darei o presente.

7.3.4 Pronomes possessivos

São os pronomes que atribuem posse de algo às pessoas do discurso.

Eles podem estar em:

- **1ª pessoa do singular:** meu, minha, meus, minhas.
- **2ª pessoa do singular:** teu, tua, teus, tuas.
- **3ª pessoa do singular:** seu, sua, seus, suas.
- **1ª pessoa do plural:** nosso, nossa, nossos, nossas.
- **2ª pessoa do plural:** vosso, vossa, vossos, vossas.
- **3ª pessoa do plural:** seu, sua, seus, suas.

Emprego

- Ambiguidade: "seu", "sua", "seus" e "suas" são os reis da ambiguidade (duplicidade de sentido).

  O policial prendeu o maconheiro em **sua** casa. (casa de quem?).
  Meu pai levou meu tio para casa em **seu** carro. (no carro de quem?).
- Corrigindo:

  O policial prendeu o maconheiro na casa **deste**.
  Meu pai, em **seu** carro, levou meu tio para casa.
- Emprego especial: não se usam os possessivos em relação às partes do corpo ou às faculdades do espírito. Devemos, pois, dizer:

  Machuquei a mão. (E não "a minha mão").
  Ele bateu a cabeça. (E não "a sua cabeça").
  Perdeste a razão? (E não "a tua razão").

7.3.5 Pronomes demonstrativos

São os que localizam ou identificam o substantivo ou uma expressão no espaço, no tempo ou no texto.

- **1ª pessoa:**

  Masculino: este(s).
  Feminino: esta(s).
  Neutro: isto.
  No espaço: com o falante.
  No tempo: presente.
  No texto: o que se pretende dizer ou o imediatamente retomado.
- **2ª pessoa**

  Masculino: esse(s).
  Feminino: essa(s).
  Neutro: isso.
  No espaço: pouco afastado.
  No tempo: passado ou futuro próximos.
  No texto: o que se disse anteriormente.
- **3ª pessoa**

  Masculino: aquele(s).
  Feminino: aquela(s).
  Neutro: aquilo.
  No espaço: muito afastado.
  No tempo: passado ou futuro distantes.
  No texto: o que se disse há muito ou o que se pretende dizer.

Quando o pronome retoma algo já mencionado no texto, dizemos que ele possui função **anafórica**. Quando aponta para algo que será dito, dizemos que possui função **catafórica**. Essa nomenclatura começou a ser cobrada em algumas questões de concurso público, portanto, é importante ter esses conceitos na ponta da língua.

Exemplos de emprego dos demonstrativos:

Veja **este** livro que eu trouxe, é muito bom.
Você deve estudar mais! **Isso** é o que eu queria dizer.
Vê **aquele** mendigo lá na rua? Terrível futuro o aguarda.

Há outros pronomes demonstrativos: **o, a, os, as**, quando antecedem o relativo que e podem ser permutados por **aquele(s), aquela(s), aquilo**. Veja os exemplos:

Não entendi o que disseste. (Não entendi aquilo que disseste.).
Esta rua não é a que te indiquei. (Esta rua não é aquela que te indiquei.).

Tal: quando puder ser permutado por qualquer demonstrativo:

Não acredito que você disse **tal** coisa. (Aquela coisa).

Semelhante: quando puder ser permutado por qualquer demonstrativo:

Jamais me prestarei a **semelhante** canalhice. (Esta canalhice).

Mesmo: quando modificar os pronomes eu, tu, nós e vós:

Eu **mesmo** investiguei o caso.

De modo análogo, classificamos o termo "**próprio**" (eu próprio, ela própria).

O termo "**mesmo**" pode ainda funcionar como pronome neutro em frases como: "é o mesmo", "vem a ser o mesmo".

Vejamos mais alguns exemplos:

José e **João** são alunos do ensino médio. Este gosta de matemática, **aquele** gosta de português.

Veja que a verdadeira relação estabelecida pelos pronomes demonstrativos focaliza, por meio do "este" o elemento mais próximo, por meio do "aquele" o elemento mais afastado.

Esta sala precisa de bons professores.
Gostaria de que esse órgão pudesse resolver meu problema.

Este(s), esta(s), isto indicam o local de onde escrevemos. **Esse(s), essa(s), isso** indicam o local em que se encontra o nosso interlocutor.

7.3.6 Pronomes relativos

São termos que relacionam palavras em um encadeamento. Os relativos da Língua Portuguesa são:

- **Que:** quando puder ser permutado por "o qual" ou um de seus termos derivados. Utiliza-se o pronome "que" para referências a pessoas ou coisas.

  O peão a **que** me refiro é Jonas.
- **O qual:** empregado para referência a coisas ou pessoas.

  A casa **na qual** houve o tiroteio foi interditada.
- **Quem:** é equivalente a dois pronomes: "aquele" e "que".

  O homem para **quem** se enviou a correspondência é Alberto.

- **Quanto:** será relativo quando seu antecedente for o termo "tudo".

  Não gastes tudo **quanto** tens.
- **Onde:** é utilizado para estabelecer referência a lugares, sendo permutável por "em que" ou "no qual" e seus derivados.

  O estado para **onde** vou é Minas Gerais.
- **Cujo:** possui um sentido possessivo. Não permite permuta por outro relativo. Também é preciso lembrar que o pronome "cujo" não admite artigo, pois já é variável (cujo/cuja, jamais "cujo o", "cuja a").

  Cara, o pedreiro em **cujo** serviço podemos confiar é Marcelino.

A preposição que está relacionada ao pronome é, em grande parte dos casos, oriunda do verbo que aparece posteriormente na sentença.

7.3.7 Pronomes indefinidos

São os pronomes que se referem, de forma imprecisa e vaga, à 3ª pessoa do discurso.

Eles podem ser:

- **Pronomes indefinidos substantivos:** têm função de substantivo: alguém, algo, nada, tudo, ninguém.
- **Pronomes indefinidos adjetivos:** têm função de adjetivo: cada, certo(s), certa (s).
- **Que variam entre pronomes adjetivos e substantivos:** variam de acordo com o contexto: algum, alguma, bastante, demais, mais, qual etc.

VARIÁVEIS				INVARIÁVEIS
MASCULINO		FEMININO		
SINGULAR	PLURAL	SINGULAR	PLURAL	
Algum	Alguns	Alguma	Algumas	Alguém
Certo	Certos	Certa	Certas	Algo
Muito	Muitos	Muita	Muitas	Nada
Nenhum	Nenhuns	Nenhuma	Nenhumas	Ninguém
Outro	Outros	Outra	Outras	Outrem
Qualquer	Quaisquer	Qualquer	Quaisquer	Cada
Quando	Quantos	Quanta	Quantas	-
Tanto	Tantos	Tanta	Tantas	-
Todo	Todos	Toda	Todas	Tudo
Vário	Vários	Vária	Várias	-
Pouco	Poucos	Pouca	Poucas	-

Fique bem atento para as alterações de sentido relacionadas às mudanças de posição dos pronomes indefinidos.

Alguma pessoa passou por aqui ontem. (Alguma pessoa = ao menos uma pessoa).

Pessoa alguma passou por aqui ontem. (Pessoa alguma = ninguém).

Locuções pronominais indefinidas

"Cada qual", "cada um", "seja qual for", "tal qual", "um ou outro" etc.

7.3.8 Pronomes interrogativos

Chamam-se interrogativos os pronomes **que, quem, qual** e **quanto**, empregados para formular uma pergunta direta ou indireta:

Que conteúdo estão estudando?

Diga-me **que** conteúdo estão estudando.

Quem vai passar no concurso?

Gostaria de saber **quem** vai passar no concurso.

Qual dos livros preferes?

Não sei **qual** dos livros preferes.

Quantos de coragem você tem?

Pergunte **quanto** de coragem você tem.

7.4 Verbo

É a palavra com que se expressa uma ação (cantar, vender), um estado (ser, estar), mudança de estado (tornar-se) ou fenômeno da natureza (chover).

Quanto à noção que expressam, os verbos podem ser classificados da seguinte maneira:

- **Verbos relacionais:** exprimem estado ou mudança de estado. São os chamados verbos de ligação.
- **Verbos de ligação: ser, estar, continuar, andar, parecer, permanecer, ficar, tornar-se etc.**
- **Verbos nocionais:** exprimem ação ou fenômeno da natureza. São os chamados verbos significativos.

Os verbos nocionais podem ser classificados da seguinte maneira:

- **Verbo Intransitivo (VI):** diz-se daquele que não necessita de um complemento para que se compreenda a ação verbal. Por exemplo: "morrer", "cantar", "sorrir", "nascer", "viver".
- **Verbo Transitivo (VT):** diz-se daquele que necessita de um complemento para expressar o afetado pela ação verbal. Divide-se em três tipos:
  - **Diretos (VTD):** não possuem preposição para ligar o complemento verbal ao verbo. São exemplos os verbos "querer", "comprar", "ler", "falar" etc.
  - **Indiretos (VTI):** possuem preposição para ligar o complemento verbal ao verbo. São exemplos os verbos "gostar", "necessitar", "precisar", "acreditar" etc.
  - **Diretos e Indiretos (VTDI) ou bitransitivos:** possuem dois complementos, um não preposicionado, outro com preposição. São exemplos os verbos "pagar", "perdoar", "implicar" etc.

Preste atenção na dica que segue:

João morreu. (Quem morre, morre. Não é preciso um complemento para entender o verbo).

Eu quero um aumento. (Quem quer, quer alguma coisa. É preciso um complemento para entender o sentido do verbo).

Eu preciso de um emprego. (Quem precisa, precisa "de" alguma coisa. Deve haver uma preposição para ligar o complemento ao seu verbo).

Mário pagou a conta ao padeiro. (Quem paga, paga algo a alguém. Há um complemento com preposição e um complemento sem preposição).

7.4.1 Estrutura e conjugação dos verbos

Os verbos possuem:

- **Raiz:** o que lhes guarda o sentido (**cant**ar, **corr**er, **sorr**ir).
- **Vogal temática:** o que lhes garante a família conjugacional (AR, ER, IR).
- **Desinências:** o que ajuda a conjugar ou nominalizar o verbo (cant**ando**, cant**ávamos**).

Os verbos apresentam três conjugações, ou seja, três famílias conjugacionais. Em função da vogal temática, podem-se criar três paradigmas verbais. De acordo com a relação dos verbos com esses paradigmas, obtém-se a seguinte classificação:

- **Regulares:** seguem o paradigma verbal de sua conjugação sem alterar suas raízes (amar, vender, partir).
- **Irregulares:** não seguem o paradigma verbal da conjugação a que pertencem. As irregularidades podem aparecer na raiz ou nas desinências (ouvir – ouço/ouve, estar – estou/estão).
- **Anômalos:** apresentam profundas irregularidades. São classificados como anômalos em todas as gramáticas os verbos "ser" e "ir".
- **Defectivos:** não são conjugados em determinadas pessoas, tempo ou modo, portanto, apresentam algum tipo de "defeito" ("falir", no presente do indicativo, só apresenta a 1ª e a 2ª pessoa do plural). Os defectivos distribuem-se em grupos:
    - Impessoais.
    - Unipessoais: vozes ou ruídos de animais, só conjugados nas terceiras pessoas.
    - Antieufônicos: a sonoridade permite confusão com outros verbos – "demolir"; "falir", "abolir" etc.
- **Abundantes:** apresentam mais de uma forma para uma mesma conjugação.

Existe abundância **conjugacional** e **participial**. A primeira ocorre na conjugação de algumas formas verbais, como o verbo "haver", que admite "nós havemos/hemos", "vós haveis/heis". A segunda ocorre com as formas nominais de particípio.

A seguir segue uma lista dos principais abundantes na forma participial.

VERBOS	PARTICÍPIO REGULAR – EMPREGADO COM OS AUXILIARES "TER" E "HAVER"	PARTICÍPIO IRREGULAR – EMPREGADO COM OS AUXILIARES "SER", "ESTAR" E "FICAR"
aceitar	aceitado	aceito
acender	acendido	aceso
benzer	benzido	bento
eleger	elegido	eleito
entregar	entregado	entregue
enxugar	enxugado	enxuto
expressar	expressado	expresso
expulsar	expulsado	expulso
extinguir	extinguido	extinto
matar	matado	morto
prender	prendido	preso
romper	rompido	roto
salvar	salvado	salvo
soltar	soltado	solto
suspender	suspendido	suspenso
tingir	tingido	tinto

7.4.2 Flexão verbal

Relativamente à flexão verbal, anotamos:

- **Número:** singular ou plural.
- **Pessoa gramatical:** 1ª, 2ª ou 3ª.

Tempo: referência ao momento em que se fala (pretérito, presente ou futuro). O modo imperativo só tem um tempo, o presente.

- **Voz:** ativa, passiva, reflexiva e recíproca (que trabalharemos mais tarde).
- **Modo:** indicativo (certeza de um fato ou estado), subjuntivo (possibilidade ou desejo de realização de um fato ou incerteza do estado) e imperativo (expressa ordem, advertência ou pedido).

7.4.3 Formas nominais do verbo

As três formas nominais do verbo (infinitivo, gerúndio e particípio) não possuem função exclusivamente verbal.

- **Infinitivo:** assemelha-se ao substantivo, indica algo atemporal – o nome do verbo, sua desinência característica é a letra R: ama**r**, realça**r**, ungi**r** etc.
- **Gerúndio:** equipara-se ao adjetivo ou advérbio pelas circunstâncias que exprime de ação em processo. Sua desinência característica é -**NDO**: ama**ndo**, realça**ndo**, ungi**ndo** etc.
- **Particípio:** tem valor e forma de adjetivo – pode também indicar ação concluída, sua desinência característica é -**ADO** ou -**IDO** para as formas regulares: am**ado**, realç**ado**, ung**ido** etc.

7.4.4 Tempos verbais

Dentro do **modo indicativo**, anotamos os seguintes tempos:

- **Presente do indicativo:** indica um fato situado no momento ou época em que se fala.

    Eu amo, eu vendo, eu parto.
- **Pretérito perfeito do indicativo:** indica um fato cuja ação foi iniciada e concluída no passado.

    Eu amei, eu vendi, eu parti.
- **Pretérito imperfeito do indicativo:** indica um fato cuja ação foi iniciada no passado, mas não foi concluída ou era uma ação costumeira no passado.

    Eu amava, eu vendia, eu partia.
- **Pretérito mais-que-perfeito do indicativo:** indica um fato cuja ação é anterior a outra ação já passada.

    Eu amara, eu vendera, eu partira.
- **Futuro do presente do indicativo:** indica um fato situado em momento ou época vindoura.

    Eu amarei, eu venderei, eu partirei.
- **Futuro do pretérito do indicativo:** indica um fato possível, hipotético, situado num momento futuro, mas ligado a um momento passado.

    Eu amaria, eu venderia, eu partiria.

Dentro do **modo subjuntivo**, anotamos os seguintes tempos:

- Presente do subjuntivo: indica um fato provável, duvidoso ou hipotético, situado no momento ou época em que se fala. Para facilitar a conjugação, utilize a conjunção "que".

    Que eu ame, que eu venda, que eu parta.

- Pretérito imperfeito do subjuntivo: indica um fato provável, duvidoso ou hipotético, cuja ação foi iniciada, mas não concluída no passado. Para facilitar a conjugação, utilize a conjunção "se".

    Se eu amasse, se eu vendesse, se eu partisse.

- Futuro do subjuntivo: indica um fato provável, duvidoso, hipotético, situado num momento ou época futura. Para facilitar a conjugação, utilize a conjunção "quando".

    Quando eu amar, quando eu vender, quando eu partir.

7.4.5 Tempos compostos da voz ativa

Constituem-se pelos verbos auxiliares "**ter**" ou "**haver**" + particípio do verbo que se quer conjugar, dito principal.

No **modo indicativo**, os tempos compostos são formados da seguinte maneira:

- **Pretérito perfeito:** presente do indicativo do auxiliar + particípio do verbo principal (tenho amado).
- **Pretérito mais-que-perfeito:** pretérito imperfeito do indicativo do auxiliar + particípio do verbo principal (tinha amado).
- **Futuro do presente:** futuro do presente do indicativo do auxiliar + particípio do verbo principal (terei amado).
- **Futuro do pretérito:** futuro do pretérito indicativo do auxiliar + particípio do verbo principal (teria amado).

No **modo subjuntivo**, a formação se dá da seguinte maneira:

- **Pretérito perfeito:** presente do subjuntivo do auxiliar + particípio do verbo principal (tenha amado).
- **Pretérito mais-que-perfeito:** imperfeito do subjuntivo do auxiliar + particípio do verbo principal (tivesse amado).
- **Futuro composto:** futuro do subjuntivo do auxiliar + particípio do verbo principal (tiver amado).

Quanto às **formas nominais**, elas são formadas da seguinte maneira:

- **Infinitivo composto:** infinitivo pessoal ou impessoal do auxiliar + particípio do verbo principal (ter vendido/teres vendido).
- **Gerúndio composto:** gerúndio do auxiliar + particípio do verbo principal (tendo partido).

7.4.6 Vozes verbais

Quanto às vozes, os verbos apresentam voz:

- **Ativa:** o sujeito é agente da ação verbal.

    O corretor vende casas.

- **Passiva:** o sujeito é paciente da ação verbal.

    Casas são vendidas **pelo corretor**.

- **Reflexiva:** o sujeito é agente e paciente da ação verbal.

    A garota feriu-**se** ao cair da escada.

- **Recíproca:** há uma ação mútua descrita na sentença.

    Os amigos entreolh**aram-se**.

Voz passiva: sua característica é possuir um sujeito paciente, ou seja, que é afetado pela ação do verbo.

- **Analítica:** verbo auxiliar + particípio do verbo principal. Isso significa que há uma locução verbal de voz passiva.

    Casas **são *vendidas*** pelo corretor.

    Ele fez o trabalho – O trabalho **foi feito** por ele (mantido o pretérito perfeito do indicativo).

    O vento ia levando as folhas – As folhas iam **sendo levadas** pelo vento (mantido o gerúndio do verbo principal em um dos auxiliares).

    Vereadores entregarão um prêmio ao gari – Um prêmio **será entregue** ao gari por vereadores (veja como a flexão do futuro se mantém na locução).

- **Sintética:** verbo apassivado pelo termo "se" (partícula apassivadora) + sujeito paciente.

    Roubou-se **o dinheiro do povo**.

    Fez-se **o trabalho** com pressa.

É comum observar, em provas de concurso público, questões que mostram uma voz passiva sintética como aquela que é proveniente de uma ativa com sujeito indeterminado.

Alguns verbos da língua portuguesa apresentam **problemas de conjugação**:

Compraram um carro novo (ativa).

Comprou-se um carro novo (passiva sintética).

7.4.7 Verbos com a conjugação irregular

Abolir: defectivo – não possui a 1ª pessoa do singular do presente do indicativo, por isso não possui presente do subjuntivo e o imperativo negativo. (= banir, carpir, colorir, delinquir, demolir, descomedir-se, emergir, exaurir, fremir, fulgir, haurir, retorquir, urgir).

Acudir: alternância vocálica O/U no presente do indicativo – acudo, acodes etc. Pretérito perfeito do indicativo com U. (= bulir, consumir, cuspir, engolir, fugir).

Adequar: defectivo – só possui a 1ª e a 2ª pessoa do plural no presente do indicativo.

Aderir: alternância vocálica E/I no presente do indicativo – adiro, adere etc. (= advertir, cerzir, despir, diferir, digerir, divergir, ferir, sugerir).

Agir: acomodação gráfica G/J no presente do indicativo – ajo, ages etc. (= afligir, coagir, erigir, espargir, refulgir, restringir, transigir, urgir).

Agredir: alternância vocálica E/I no presente do indicativo – agrido, agrides, agride, agredimos, agredis, agridem. (= prevenir, progredir, regredir, transgredir).

Aguar: regular. Presente do indicativo – águo, águas etc. Pretérito perfeito do indicativo – aguei, aguaste, aguou, aguamos, aguastes, aguaram. (= desaguar, enxaguar, minguar).

Aprazer: irregular. Presente do indicativo – aprazo, aprazes, apraz etc. Pretérito perfeito do indicativo – aprouve, aprouveste, aprouve, aprouvemos, aprouvestes, aprouveram.

Arguir: irregular com alternância vocálica O/U no presente do indicativo – arguo (ú), arguis, argui, arguimos, arguis, arguem. Pretérito perfeito – argui, arguiste etc.

Atrair: irregular. Presente do indicativo – atraio, atrais etc. Pretérito perfeito – atraí, atraíste etc. (= abstrair, cair, distrair, sair, subtrair).

Atribuir: irregular. Presente do indicativo – atribuo, atribuis, atribui, atribuímos, atribuís, atribuem. Pretérito perfeito – atribuí, atribuíste, atribuiu etc. (= afluir, concluir, destituir, excluir, instruir, possuir, usufruir).

Averiguar: alternância vocálica O/U no presente do indicativo – averiguo (ú), averiguas (ú), averigua (ú), averiguamos, averiguais, averiguam (ú). Pretérito perfeito – averiguei, averiguaste etc. Presente do subjuntivo – averigue, averigues, averigue etc. (= apaziguar).

Cear: irregular. Presente do indicativo – ceio, ceias, ceia, ceamos, ceais, ceiam. Pretérito perfeito indicativo – ceei, ceaste, ceou, ceamos, ceastes, cearam. (= verbos terminados em -ear: falsear, passear... - alguns apresentam pronúncia aberta: estreio, estreia...).

Coar: irregular. Presente do indicativo – coo, côas, côa, coamos, coais, coam. Pretérito perfeito – coei, coaste, coou etc. (= abençoar, magoar, perdoar).

Comerciar: regular. Presente do indicativo – comercio, comerciais etc. Pretérito perfeito – comerciei etc. (= verbos em -iar, exceto os seguintes verbos: mediar, ansiar, remediar, incendiar, odiar).

Compelir: alternância vocálica E/I. Presente do indicativo – compilo, compeles etc. Pretérito perfeito indicativo – compeli, compeliste.

Compilar: regular. Presente do indicativo – compilo, compilas, compila etc. Pretérito perfeito indicativo – compilei, compilaste etc.

Construir: irregular e abundante. Presente do indicativo – construo, constróis, constrói, construímos, construís, constroem. Pretérito perfeito indicativo – construí, construíste etc.

Crer: irregular. Presente do indicativo – creio, crês, crê, cremos, credes, creem. Pretérito perfeito indicativo – cri, creste, creu, cremos, crestes, creram. Imperfeito indicativo – cria, crias, cria, críamos, críeis, criam.

Falir: defectivo. Presente do indicativo – falimos, falis. Pretérito perfeito indicativo – fali, faliste etc. (= aguerrir, combalir, foragir-se, remir, renhir).

Frigir: acomodação gráfica G/J e alternância vocálica E/I. Presente do indicativo – frijo, freges, frege, frigimos, frigis, fregem. Pretérito perfeito indicativo – frigi, frigiste etc.

Ir: irregular. Presente do indicativo – vou, vais, vai, vamos, ides, vão. Pretérito perfeito indicativo – fui, foste etc. Presente subjuntivo – vá, vás, vá, vamos, vades, vão.

Jazer: irregular. Presente do indicativo – jazo, jazes etc. Pretérito perfeito indicativo – jázi, jazeste, jazeu etc.

Mobiliar: irregular. Presente do indicativo – mobílio, mobílias, mobília, mobiliamos, mobiliais, mobíliam. Pretérito perfeito indicativo – mobiliei, mobiliaste.

Obstar: regular. Presente do indicativo – obsto, obstas etc. Pretérito perfeito indicativo – obtei, obstaste etc.

Pedir: irregular. Presente do indicativo – peço, pedes, pede, pedimos, pedis, pedem. Pretérito perfeito indicativo – pedi, pediste etc. (= despedir, expedir, medir).

Polir: alternância vocálica E/I. Presente do indicativo – pulo, pules, pule, polimos, polis, pulem. Pretérito perfeito indicativo – poli, poliste etc.

Precaver-se: defectivo e pronominal. Presente do indicativo – precavemo-nos, precaveis-vos. Pretérito perfeito indicativo – precavi-me, precaveste-te etc.

Prover: irregular. Presente do indicativo – provejo, provês, provê, provemos, provedes, proveem. Pretérito perfeito indicativo – provi, proveste, proveu etc.

Reaver: defectivo. Presente do indicativo reavemos, reaveis. Pretérito perfeito indicativo – reouve, reouveste, reouve etc. (verbo derivado do haver, mas só é conjugado nas formas verbais com a letra v).

Remir: defectivo. Presente do indicativo – remimos, remis. Pretérito perfeito indicativo – remi, remiste etc.

Requerer: irregular. Presente do indicativo – requeiro, requeres etc. Pretérito perfeito indicativo – requeri, requereste, requereu etc. (Derivado do querer, diferindo dele na 1ª pessoa do singular do presente do indicativo e no pretérito perfeito do indicativo e derivados, sendo regular).

Rir: irregular. Presente do indicativo – rio, rir, ri, rimos, rides, riem. Pretérito perfeito indicativo – ri, riste. (= sorrir).

Saudar: alternância vocálica. Presente do indicativo – saúdo, saúdas etc. Pretérito perfeito indicativo – saudei, saudaste etc.

Suar: regular. Presente do indicativo – suo, suas, sua etc. Pretérito perfeito indicativo – suei, suaste, sou etc. (= atuar, continuar, habituar, individuar, recuar, situar).

Valer: irregular. Presente do indicativo – valho, vales, vale etc. Pretérito perfeito indicativo – vali, valeste, valeu etc.

Também merecem atenção os seguintes verbos irregulares:

▹ **Pronominais:** apiedar-se, dignar-se, persignar-se, precaver-se.

- **Caber**

  Presente do indicativo: caibo, cabes, cabe, cabemos, cabeis, cabem.

  Presente do subjuntivo: caiba, caibas, caiba, caibamos, caibais, caibam.

  Pretérito perfeito do indicativo: coube, coubeste, coube, coubemos, coubestes, couberam.

  Pretérito mais-que-perfeito do indicativo: coubera, couberas, coubera, coubéramos, coubéreis, couberam.

  Pretérito imperfeito do subjuntivo: coubesse, coubesses, coubesse, coubéssemos, coubésseis, coubessem.

  Futuro do subjuntivo: couber, couberes, couber, coubermos, couberdes, couberem.

- **Dar**

  Presente do indicativo: dou, dás, dá, damos, dais, dão.

  Presente do subjuntivo: dê, dês, dê, demos, deis, deem.

  Pretérito perfeito do indicativo: dei, deste, deu, demos, destes, deram.

  Pretérito mais-que-perfeito do indicativo: dera, deras, dera, déramos, déreis, deram.

  Pretérito imperfeito do subjuntivo: desse, desses, desse, déssemos, désseis, dessem.

  Futuro do subjuntivo: der, deres, der, dermos, derdes, derem.

- **Dizer**

  Presente do indicativo: digo, dizes, diz, dizemos, dizeis, dizem.

  Presente do subjuntivo: diga, digas, diga, digamos, digais, digam.

  Pretérito perfeito do indicativo: disse, disseste, disse, dissemos, dissestes, disseram.

  Pretérito mais-que-perfeito do indicativo: dissera, disseras, dissera, disséramos, disséreis, disseram.

  Futuro do presente: direi, dirás, dirá etc.

  Futuro do pretérito: diria, dirias, diria etc.

  Pretérito imperfeito do subjuntivo: dissesse, dissesses, dissesse, disséssemos, dissésseis, dissessem.

  Futuro do subjuntivo: disser, disseres, disser, dissermos, disserdes, disserem.

- **Estar**

  Presente do indicativo: estou, estás, está, estamos, estais, estão.

  Presente do subjuntivo: esteja, estejas, esteja, estejamos, estejais, estejam.

  Pretérito perfeito do indicativo: estive, estiveste, esteve, estivemos, estivestes, estiveram.

  Pretérito mais-que-perfeito do indicativo: estivera, estiveras, estivera, estivéramos, estivéreis, estiveram.

Pretérito imperfeito do subjuntivo: estivesse, estivesses, estivesse, estivéssemos, estivésseis, estivessem.

Futuro do subjuntivo: estiver, estiveres, estiver, estivermos, estiverdes, estiverem.

- **Fazer**

Presente do indicativo: faço, fazes, faz, fazemos, fazeis, fazem.

Presente do subjuntivo: faça, faças, faça, façamos, façais, façam.

Pretérito perfeito do indicativo: fiz, fizeste, fez, fizemos, fizestes, fizeram.

Pretérito mais-que-perfeito do indicativo: fizera, fizeras, fizera, fizéramos, fizéreis, fizeram.

Pretérito imperfeito do subjuntivo: fizesse, fizesses, fizesse, fizéssemos, fizésseis, fizessem.

Futuro do subjuntivo: fizer, fizeres, fizer, fizermos, fizerdes, fizerem.

Seguem esse modelo os verbos: desfazer, liquefazer e satisfazer.

Os particípios destes verbos e seus derivados são irregulares: feito, desfeito, liquefeito, satisfeito etc.

- **Haver**

Presente do indicativo: hei, hás, há, havemos, haveis, hão.

Presente do subjuntivo: haja, hajas, haja, hajamos, hajais, hajam.

Pretérito perfeito do indicativo: houve, houveste, houve, houvemos, houvestes, houveram.

Pretérito mais-que-perfeito do indicativo: houvera, houveras, houvera, houvéramos, houvéreis, houveram.

Pretérito imperfeito do subjuntivo: houvesse, houvesses, houvesse, houvéssemos, houvésseis, houvessem.

Futuro do subjuntivo: houver, houveres, houver, houvermos, houverdes, houverem.

- **Ir**

Presente do indicativo: vou, vais, vai, vamos, ides, vão.

Presente do subjuntivo: vá, vás, vá, vamos, vades, vão.

Pretérito imperfeito do indicativo: ia, ias, ia, íamos, íeis, iam.

Pretérito perfeito do indicativo: fui, foste, foi, fomos, fostes, foram.

Pretérito mais-que-perfeito do indicativo: fora, foras, fora, fôramos, fôreis, foram.

Pretérito imperfeito do subjuntivo: fosse, fosses, fosse, fôssemos, fôsseis, fossem.

Futuro do subjuntivo: for, fores, for, formos, fordes, forem.

- **Poder**

Presente do indicativo: posso, podes, pode, podemos, podeis, podem.

Presente do subjuntivo: possa, possas, possa, possamos, possais, possam.

Pretérito perfeito do indicativo: pude, pudeste, pôde, pudemos, pudestes, puderam.

Pretérito mais-que-perfeito do indicativo: pudera, puderas, pudera, pudéramos, pudéreis, puderam.

Pretérito imperfeito do subjuntivo: pudesse, pudesses, pudesse, pudéssemos, pudésseis, pudessem.

Futuro do subjuntivo: puder, puderes, puder, pudermos, puderdes, puderem.

- **Pôr**

Presente do indicativo: ponho, pões, põe, pomos, pondes, põem.

Presente do subjuntivo: ponha, ponhas, ponha, ponhamos, ponhais, ponham.

Pretérito imperfeito do indicativo: punha, punhas, punha, púnhamos, púnheis, punham.

Pretérito perfeito do indicativo: pus, puseste, pôs, pusemos, pusestes, puseram.

Pretérito mais-que-perfeito do indicativo: pusera, puseras, pusera, puséramos, puséreis, puseram.

Pretérito imperfeito do subjuntivo: pusesse, pusesses, pusesse, puséssemos, pusésseis, pusessem.

Futuro do subjuntivo: puser, puseres, puser, pusermos, puserdes, puserem.

Todos os derivados do verbo pôr seguem exatamente este modelo: antepor, compor, contrapor, decompor, depor, descompor, dispor, expor, impor, indispor, interpor, opor, pospor, predispor, pressupor, propor, recompor, repor, sobrepor, supor, transpor são alguns deles.

- **Querer**

Presente do indicativo: quero, queres, quer, queremos, quereis, querem.

Presente do subjuntivo: queira, queiras, queira, queiramos, queirais, queiram.

Pretérito perfeito do indicativo: quis, quiseste, quis, quisemos, quisestes, quiseram.

Pretérito mais-que-perfeito do indicativo: quisera, quiseras, quisera, quiséramos, quiséreis, quiseram.

Pretérito imperfeito do subjuntivo: quisesse, quisesses, quisesse, quiséssemos, quisésseis, quisessem.

Futuro do subjuntivo: quiser, quiseres, quiser, quisermos, quiserdes, quiserem.

- **Saber**

Presente do indicativo: sei, sabes, sabe, sabemos, sabeis, sabem.

Presente do subjuntivo: saiba, saibas, saiba, saibamos, saibais, saibam.

Pretérito perfeito do indicativo: soube, soubeste, soube, soubemos, soubestes, souberam.

Pretérito mais-que-perfeito do indicativo: soubera, souberas, soubera, soubéramos, soubéreis, souberam.

Pretérito imperfeito do subjuntivo: soubesse, soubesses, soubesse, soubéssemos, soubésseis, soubessem.

Futuro do subjuntivo: souber, souberes, souber, soubermos, souberdes, souberem.

- **Ser**

Presente do indicativo: sou, és, é, somos, sois, são.

Presente do subjuntivo: seja, sejas, seja, sejamos, sejais, sejam.

Pretérito imperfeito do indicativo: era, eras, era, éramos, éreis, eram.

Pretérito perfeito do indicativo: fui, foste, foi, fomos, fostes, foram.

Pretérito mais-que-perfeito do indicativo: fora, foras, fora, fôramos, fôreis, foram.

Pretérito imperfeito do subjuntivo: fosse, fosses, fosse, fôssemos, fôsseis, fossem.

Futuro do subjuntivo: for, fores, for, formos, fordes, forem.

As segundas pessoas do imperativo afirmativo são: sê (tu) e sede (vós).

- **Ter**

Presente do indicativo: tenho, tens, tem, temos, tendes, têm.

Presente do subjuntivo: tenha, tenhas, tenha, tenhamos, tenhais, tenham.

Pretérito imperfeito do indicativo: tinha, tinhas, tinha, tínhamos, tínheis, tinham.

Pretérito perfeito do indicativo: tive, tiveste, teve, tivemos, tivestes, tiveram.

Pretérito mais-que-perfeito do indicativo: tivera, tiveras, tivera, tivéramos, tivéreis, tiveram.

Pretérito imperfeito do subjuntivo: tivesse, tivesses, tivesse, tivéssemos, tivésseis, tivessem.

Futuro do subjuntivo: tiver, tiveres, tiver, tivermos, tiverdes, tiverem.

Seguem esse modelo os verbos: ater, conter, deter, entreter, manter, reter.

- **Trazer**

Presente do indicativo: trago, trazes, traz, trazemos, trazeis, trazem.

Presente do subjuntivo: traga, tragas, traga, tragamos, tragais, tragam.

Pretérito perfeito do indicativo: trouxe, trouxeste, trouxe, trouxemos, trouxestes, trouxeram.

Pretérito mais-que-perfeito do indicativo: trouxera, trouxeras, trouxera, trouxéramos, trouxéreis, trouxeram.

Futuro do presente: trarei, trarás, trará etc.

Futuro do pretérito: traria, trarias, traria etc.

Pretérito imperfeito do subjuntivo: trouxesse, trouxesses, trouxesse, trouxéssemos, trouxésseis, trouxessem.

Futuro do subjuntivo: trouxer, trouxeres, trouxer, trouxermos, trouxerdes, trouxerem.

- **Ver**

Presente do indicativo: vejo, vês, vê, vemos, vedes, veem.

Presente do subjuntivo: veja, vejas, veja, vejamos, vejais, vejam.

Pretérito perfeito do indicativo: vi, viste, viu, vimos, vistes, viram.

Pretérito mais-que-perfeito do indicativo: vira, viras, vira, víramos, víreis, viram.

Pretérito imperfeito do subjuntivo: visse, visses, visse, víssemos, vísseis, vissem.

Futuro do subjuntivo: vir, vires, vir, virmos, virdes, virem.

Seguem esse modelo os derivados antever, entrever, prever, rever. Prover segue o modelo acima apenas no presente do indicativo e seus tempos derivados; nos demais tempos, comporta-se como um verbo regular da segunda conjugação.

- **Vir**

Presente do indicativo: venho, vens, vem, vimos, vindes, vêm.

Presente do subjuntivo: venha, venhas, venha, venhamos, venhais, venham.

Pretérito imperfeito do indicativo: vinha, vinhas, vinha, vínhamos, vínheis, vinham.

Pretérito perfeito do indicativo: vim, vieste, veio, viemos, viestes, vieram.

Pretérito mais-que-perfeito do indicativo: viera, vieras, viera, viéramos, viéreis, vieram.

Pretérito imperfeito do subjuntivo: viesse, viesses, viesse, viéssemos, viésseis, viessem.

Futuro do subjuntivo: vier, vieres, vier, viermos, vierdes, vierem.

Particípio e gerúndio: vindo.

7.4.8 Emprego do infinitivo

Apesar de não haver regras bem definidas, podemos anotar as seguintes ocorrências:

- Usa-se o **impessoal**:
  - Sem referência a nenhum sujeito:
    É proibido **estacionar** na calçada.
  - Nas locuções verbais:
    Devemos **pensar** sobre a sua situação.
  - Se o infinitivo exercer a função de complemento de adjetivos:
    É uma questão fácil de **resolver**.
  - Se o infinitivo possuir valor de imperativo:
    O comandante gritou: "**marchar**!"
- Usa-se o **pessoal**:
  - Quando o sujeito do infinitivo é diferente do sujeito da oração principal:
    Eu não te culpo por **seres** um imbecil.
  - Quando, por meio de flexão, se quer realçar ou identificar a pessoa do sujeito:
    Não foi bom **agires** dessa forma.

7.5 Adjetivo

É a palavra variável que expressa uma qualidade, característica ou origem de algum substantivo ao qual se relaciona.

- Meu terno é azul, elegante e italiano.

Analisando, entendemos assim:

Azul: característica.
Elegante: qualidade.
Italiano: origem.

7.5.1 Estrutura e a classificação dos adjetivos

Com relação à sua formação, eles podem ser:

- **Explicativos:** quando a característica é comum ao substantivo referido.
  Fogo **quente**, homem **mortal**. (Todo fogo é quente, todo homem é mortal).
- **Restritivos:** quando a característica não é comum ao substantivo, ou seja, nem todo substantivo é assim caracterizado.
  Terno **azul**, casa **grande**. (Nem todo terno é azul, nem toda casa é grande).
- **Simples:** quando possui apenas uma raiz.
  Amarelo, brasileiro, competente, sagaz, loquaz, inteligente, grande, forte etc.
- **Composto:** quando possui mais de uma raiz.
  Amarelo-canário, luso-brasileiro, verde-escuro, vermelho-sangue etc.
- **Primitivo:** quando pode dar origem a outra palavra, não tendo sofrido derivação alguma.
  Bom, legal, grande, rápido, belo etc.
- **Derivado:** quando resultado de um processo de derivação, ou seja, oriundo de outra palavra.
  Bondoso (de bom), grandioso (de grande), maléfico (de mal), esplendoroso (de esplendor) etc.

Os adjetivos que designam origem de algum termo são denominados adjetivos pátrios ou gentílicos.

Adjetivos pátrios de estados:

Acre: acriano.
Alagoas: alagoano.
Amapá: amapaense.
Aracaju: aracajuano ou aracajuense.

Amazonas: amazonense ou baré.
Belém (PA): belenense.
Belo Horizonte: belo-horizontino.
Boa Vista: boa-vistense.
Brasília: brasiliense.
Cabo Frio: cabo-friense.
Campinas: campineiro ou campinense.
Curitiba: curitibano.
Espírito Santo: espírito-santense ou capixaba.
Fernando de Noronha: noronhense.
Florianópolis: florianopolitano.
Fortaleza: fortalezense.
Goiânia: goianiense.
João Pessoa: pessoense.
Macapá: macapaense.
Maceió: maceioense.
Manaus: manauense.
Maranhão: maranhense.
Marajó: marajoara.
Natal: natalense ou papa-jerimum.
Porto Alegre: porto alegrense.
Ribeirão Preto: ribeiropretense.
Rio de Janeiro (estado): fluminense.
Rio de Janeiro (cidade): carioca.
Rio Branco: rio-branquense.
Rio Grande do Norte: rio-grandense-do-norte, norte-riograndense ou potiguar.
Rio Grande do Sul: rio-grandense-do-sul, sul-rio-grandense ou gaúcho.
Rondônia: rondoniano.
Roraima: roraimense.
Salvador: salvadorense ou soteropolitano.
Santa Catarina: catarinense ou barriga verde.
Santarém: santarense.
São Paulo (estado): paulista.
São Paulo (cidade): paulistano.
Sergipe: sergipano.
Teresina: teresinense.
Tocantins: tocantinense.

Adjetivos pátrios de países:

Croácia: croata.
Costa Rica: costarriquense.
Curdistão: curdo.
Estados Unidos: estadunidense, norte-americano ou ianque.
El Salvador: salvadorenho.
Guatemala: guatemalteco.
Índia: indiano ou hindu (os que professam o hinduísmo).
Israel: israelense ou israelita.
Irã: iraniano.
Moçambique: moçambicano.
Mongólia: mongol ou mongólico.
Panamá: panamenho.
Porto Rico: porto-riquenho.
Somália: somali.

Na formação de adjetivos pátrios compostos, o primeiro elemento aparece na forma reduzida e, normalmente, erudita.

Observe alguns exemplos de adjetivos pátrios compostos:

África: afro-americana.
Alemanha: germano- ou teuto-: competições teutoinglesas.
América: Américo-: companhia américo-africana.
Ásia: ásio-: encontros ásio-europeus.
Áustria: austro-: peças austro-búlgaras.
Bélgica: belgo-: acampamentos belgo-franceses.
China: sino-: acordos sino-japoneses.
Espanha: hispano- + mercado: hispano-português.
Europa: euro + negociações euro-americanas.
França: franco- ou galo-: reuniões franco-italianas.
Grécia: greco-: filmes greco-romanos.
Índia: indo-: guerras indo-paquistanesas.
Inglaterra: anglo-: letras anglo-portuguesas.
Itália: ítalo-: sociedade ítalo-portuguesa.
Japão: nipo-: associações nipo-brasileiras.
Portugal: luso-: acordos luso-brasileiros.

7.5.2 Locução adjetiva

Expressão que tem valor adjetival, mas que é formada por mais de uma palavra. Geralmente, concorrem para sua formação uma preposição e um substantivo. Veja alguns exemplos de locução adjetiva seguida de adjetivo:

De águia: aquilino.
De aluno: discente.
De anjo: angelical.
De bispo: episcopal.
De cabelo: capilar.
De cão: canino.
De dedo: digital.
De estômago: estomacal ou gástrico.
De fera: ferino.
De gelo: glacial.
De homem: viril ou humano.
De ilha: insular.
De lago: lacustre.
De madeira: lígneo.
De neve: níveo ou nival.
De orelha: auricular.
De paixão: passional.
De quadris: ciático.
De rio: fluvial.
De serpente: viperino.
De trigo: tritício.
De urso: ursino.
De velho: senil.

7.5.3 Flexão do adjetivo

O adjetivo pode ser flexionado em gênero, número e grau.

Flexão de gênero (masculino/feminino)

Com relação ao gênero, os adjetivos podem ser classificados de duas formas:

- Biformes: quando possuem uma forma para cada gênero.
  Homem **belo**/mulher **bela.**
  Contexto **complicado**/questão **complicada.**
- Uniformes: quando possuem apenas uma forma, como se fossem elementos neutros.
  Homem **fiel**/mulher **fiel.**
  Contexto **interessante**/questão **interessante.**

Flexão de número (singular/plural)

Os adjetivos simples seguem a mesma regra de flexão que os substantivos simples. Serão, por regra, flexionados os adjetivos compostos que, em sua formação, possuírem dois adjetivos. A flexão ocorrerá apenas no segundo elemento da composição.

Guerra greco-**romana** – Guerras greco-**romanas.**

Conflito **socioeconômico** – Análises **socioeconômicas.**

Por outro lado, se houver um substantivo como elemento da composição, o adjetivo fica invariável.

Blusa **amarelo-canário** – Blusas **amarelo-canário.**

Mesa **verde-musgo** – Mesas **verde-musgo.**

O caso em questão também pode ocorrer quando um substantivo passa a ser, por derivação imprópria, um adjetivo, ou seja, também serão invariáveis os "substantivos adjetivados".

Terno cinza – Ternos cinza.

Vestido rosa – Vestidos rosa.

E também:

Surdo mudo – surdos mudos.

Pele vermelha – peles vermelhas.

Azul- marinho e azul-celeste são invariáveis.

7.5.4 Flexão de grau (comparativo e superlativo)

Há duas maneiras de se estabelecer o grau do adjetivo: por meio do **grau comparativo** e por meio do **grau superlativo.**

Grau comparativo: estabelece um tipo de comparação de características, sendo estabelecido de três maneiras:

- **Inferioridade:** o açúcar é **menos** doce (do) **que** os teus olhos.
- **Igualdade:** o meu primo é **tão** estudioso **quanto** o meu irmão.
- **Superioridade:** gramática **é mais legal** (do) **que** matemática.

Grau superlativo: reforça determinada qualidade em relação a um referente. Pode-se estabelecer o grau superlativo de duas maneiras:

▷ **Relativo:** em relação a um grupo.

- **De superioridade:** José é o **mais** inteligente dos alunos.
- **De inferioridade:** o presidente foi o **menos** prestigiado da festa.

▷ **Absoluto:** sem relações, apenas reforçando as características:

- **Analítico:** com auxílio de algum termo:

  Pedro é muito magro.

  Pedro é magro, magro, magro.

- **Sintético** (com o acréscimo de -íssimo ou -érrimo):

  Pedro é macérrimo.

  Somos todos estudiosíssimos.

Veja, agora, alguns exemplos de superlativos sintéticos:

Ágil: agilíssimo.

Bom: ótimo ou boníssimo.

Capaz: capacíssimo.

Difícil: dificílimo.

Eficaz: eficacíssimo.

Fiel: fidelíssimo.

Geral: generalíssimo.

Horrível: horribilíssimo.

Inimigo: inimicíssimo.

Jovem: juveníssimo.

Louvável: laudabilíssimo.

Mísero: misérrimo.

Notável: notabilíssimo.

Pequeno: mínimo ou pequeníssimo.

Sério: seríssimo.

Terrível: terribilíssimo.

Vão: vaníssimo.

Atente à mudança de sentido provocada pela alteração de posição do adjetivo.

Homem **grande** (alto, corpulento).

Grande homem (célebre).

Mas isso nem sempre ocorre. Se você analisar a construção "giz azul" e "azul giz", perceberá que não há diferença semântica.

7.6 Advérbio

É a palavra invariável que se relaciona ao verbo, ao adjetivo ou a outro advérbio para atribuir-lhes uma circunstância. Veja os exemplos:

Os alunos saíram **apressadamente.**

O caso era muito **interessante.**

Resolvemos **muito bem** o problema.

7.6.1 Classificação do advérbio

- **Afirmação:** sim, certamente, efetivamente etc.
- **Negação:** não, nunca, jamais.
- **Intensidade:** muito, pouco, assaz, bastante, mais, menos, tão, tanto, quão etc.
- **Lugar:** aqui, ali, aí, aquém, acima, abaixo, atrás, dentro, junto, defronte, perto, longe, algures, alhures, nenhures etc.
- **Tempo:** agora, já, depois, anteontem, ontem, hoje, jamais, sempre, outrora, breve etc.
- **Modo:** assim, bem, mal, depressa, devagar, melhor, pior e a maior parte das palavras formadas de um adjetivo, mais a terminação "mente" (leve + mente = levemente; calma + mente = calmamente).
- **Inclusão:** também, inclusive.
- **Designação:** eis.
- **Interrogação:** onde, como, quando, por que.

Também existem as chamadas locuções adverbiais que vêm quase sempre introduzidas por uma preposição: à farta (= fartamente), às pressas (= apressadamente), à toa, às cegas, às escuras, às tontas, às vezes, de quando em quando, de vez em quando etc.

Existem casos em que utilizamos um adjetivo como forma de advérbio. É o que chamamos de adjetivo adverbializado. Veja os exemplos:

Aquele orador fala **belamente.** (Advérbio de modo).

Aquele orador fala **bonito.** (Adjetivo adverbializado que tenta designar modo).

7.7 Conjunção

É a palavra invariável que conecta elementos em algum encadeamento frasal. A relação em questão pode ser de natureza lógico-semântica (relação de sentido) ou apenas indicar uma conexão exigida pela sintaxe da frase.

7.7.1 Coordenativas

São as conjunções que conectam elementos que não possuem dependência sintática, ou seja, as sentenças que são conectadas por meio desses elementos já estão com suas estruturas sintáticas (sujeito / predicado / complemento) completas.

- **Aditivas:** e, nem (= e não), também, que, não só..., mas também, não só... como, tanto ... como, assim... como etc.

  José não foi à aula **nem** fez os exercícios.

  Devemos estudar **e** apreender os conteúdos.

- **Adversativas:** mas, porém, contudo, todavia, no entanto, entretanto, senão, não obstante, aliás, ainda assim.

Os países assinaram o acordo, **mas** não o cumpriram.

A menina cantou bem, **contudo** não agradou ao público.

- **Alternativas:** ou... ou, já ... já, seja... seja, quer... quer, ora... ora, agora... agora.

  Ora diz sim, **ora** diz não.

  Ou está feliz, **ou** está no ludibriando.

- **Conclusivas:** logo, pois (depois do verbo), então, portanto, assim, enfim, por fim, por conseguinte, conseguintemente, consequentemente, donde, por onde, por isso.

  O **concursando** estudou muito, **logo**, deverá conseguir seu cargo.

  É professor, **por conseguinte** deve saber explicar o conteúdo.

- **Explicativas:** isto é, por exemplo, a saber, ou seja, verbi gratia, pois (antes do verbo), pois bem, ora, na verdade, depois, além disso, com efeito, que, porque, ademais, outrossim, porquanto etc.

  Deve ter chovido, **pois** o chão está molhado.

  O homem é um animal racional, **porque** é capaz de raciocinar.

  Não converse agora, **que** eu estou explicando.

7.7.2 Subordinativas

São as conjunções que denotam uma relação de subordinação entre orações, ou seja, a conjunção subordinativa evidencia que uma oração possui dependência sintática em relação a outra. O que se pretende dizer com isso é que uma das orações envolvidas nesse conjunto desempenha uma função sintática para com sua oração principal.

Integrantes

- Que, se:

  Sei **que** o dia do pagamento é hoje.

  Vejamos **se** você consegue estudar sem interrupções.

Adverbiais

▷ **Causais:** indicam a causa de algo.

- Já que, porque, que, pois que, uma vez que, sendo que, como, visto que, visto como, como etc.

  Não teve medo do perigo, **já que** estava protegido.

  Passou no concurso, **porque** estudou muito.

▷ **Comparativas:** estabelecem relação de comparação:

- Como, mais... (do) que, menos... (do) que, tão como, assim como, tanto quanto etc.

  Tal como procederes, receberás o castigo.

  Alberto é aplicado **como** quem quer passar.

▷ **Concessivas (concessão):** estabelecem relação de quebra de expectativa com respeito à sentença à qual se relacionam.

- Embora, ainda que, dado que, posto que, conquanto, em que, quando mesmo, mesmo que, por menos que, por pouco que, apesar de (que).

  Embora tivesse estudado pouco, conseguiu passar.

  Conquanto estudasse, não conseguiu aprender.

▷ **Condicionais:** estabelecem relação de condição.

- Se, salvo se, caso, exceto se, contanto que, com tal que, caso, a não ser que, a menos que, sem que etc.

  Se tudo der certo, estaremos em Portugal amanhã.

  Caso você tenha dúvidas, pergunte a seu professor.

▷ **Consecutivas:** estabelecem relação de consequência.

- Tanto que, de modo que, de sorte que, tão...que, sem que etc.

  O aluno estudou **tanto que** morreu.

  Timeto Amon era **tão** feio **que** não se olhava no espelho.

▷ **Conformativas:** estabelecem relação de conformidade.

- Conforme, consoante, segundo, da mesma maneira que, assim como, como que etc.

  Faça a prova **conforme** teu pai disse.

  Todos agem **consoante** se vê na televisão.

▷ **Finais:** estabelecem relação de finalidade.

- Para que, a fim de que, que, porque.

  Estudou muito **para que** pudesse ter uma vida confortável.

  Trabalhei **a fim de que** o resultado seja satisfatório.

▷ **Proporcionais:** estabelecem relação de proporção.

- À proporção que, à medida que, quanto mais... tanto mais, quanto menos... tanto menos, ao passo que etc.

  À medida que o momento de realizar a prova chegava, a ansiedade de todos aumentava.

  Quanto mais você estudar, **tanto mais** terá a chance de ser bem-sucedido.

▷ **Temporais:** estabelecem relação de tempo.

- Quando, enquanto, apenas, mal, desde que, logo que, até que, antes que, depois que, assim que, sempre que, senão quando, ao tempo que, apenas que, antes que, depois que, sempre que etc.

  Quando todos disserem para você parar, continue.

  Depois que terminar toda a lição, poderá descansar um pouco.

  Mal chegou, já quis sair.

7.8 Interjeição

É o termo que exprime, de modo enérgico, um estado súbito de alma. Sem muita importância para a análise a que nos propomos, vale apenas lembrar que elas possuem uma classificação semântica:

- **Dor:** ai! ui!
- **Alegria:** ah! eh! oh!
- **Desejo:** oxalá! tomara!
- **Admiração:** puxa! cáspite! safa! quê!
- **Animação:** eia! sus! coragem!
- **Aplauso:** bravo! apoiado!
- **Aversão:** ih! chi! irra! apre!
- **Apelo:** ó, olá! psit! pitsiu! alô! socorro!
- **Silêncio:** psit! psiu! caluda!
- **Interrogação, espanto:** hem!

Há, também, locuções interjeitivas: **minha nossa! Meu Deus!**

A despeito da classificação acima, o que determina o sentido da interjeição é o seu uso.

7.9 Numeral

É a palavra que indica uma quantidade, multiplicação, fração ou um lugar em uma série. Os numerais podem ser divididos em:

- **Cardinais:** quando indicam um número básico: um, dois, três, cem mil etc.
- **Ordinais:** quando indicam um lugar numa série: primeiro, segundo, terceiro, centésimo, milésimo etc.
- **Multiplicativos:** quando indicam uma quantidade multiplicativa: dobro, triplo, quádruplo etc.
- **Fracionários:** quando indicam parte de um inteiro: meio, metade, dois terços etc.

ALGARISMO		CARDINAIS	ORDINAIS
ROMANOS	ARÁBICOS		
I	1	um	primeiro
II	2	dois	segundo
III	3	três	terceiro
IV	4	quatro	quarto
V	5	cinco	quinto
VI	6	seis	sexto
VII	7	sete	sétimo
VIII	8	oito	oitavo
IX	9	nove	nono
X	10	dez	décimo
XI	11	onze	undécimo ou décimo primeiro
XII	12	doze	duodécimo ou décimo segundo
XIII	13	treze	décimo terceiro
XIV	14	quatorze ou catorze	décimo quarto
XV	15	quinze	décimo quinto
XVI	16	dezesseis	décimo sexto
XVII	17	dezessete	décimo sétimo
XVIII	18	dezoito	décimo oitavo
XIX	19	dezenove	décimo nono
XX	20	vinte	vigésimo
XXI	21	vinte e um	vigésimo primeiro
XXX	30	trinta	trigésimo
XXXL	40	quarenta	quadragésimo
L	50	cinquenta	quinquagésimo
LX	60	sessenta	sexagésimo
LXX	70	setenta	septuagésimo ou setuagésimo
LXXX	80	oitenta	octogésimo
XC	90	noventa	nonagésimo
C	100	cem	centésimo
CC	200	duzentos	ducentésimo
CCC	300	trezentos	trecentésimo
CD	400	quatrocentos	quadringentésimo
D	500	quinhentos	quingentésimo
DC	600	seiscentos	seiscentésimo ou sexcentésimo
DCC	700	setecentos	septingentésimo
DCCC	800	oitocentos	octingentésimo
CM	900	novecentos	nongentésimo ou noningentésimo
M	1.000	mil	milésimo
X'	10.000	dez mil	dez milésimos
C'	100.000	cem mil	cem milésimos
M'	1.000.000	um milhão	milionésimo
M''	1.000.000.000	um bilhão	bilionésimo

Lista de numerais multiplicativos e fracionários:

Algarismos	Multiplicativos	Fracionários
2	duplo, dobro, dúplice	meio ou metade
3	triplo, tríplice	terço
4	quádruplo	quarto
5	quíntuplo	quinto
6	sêxtuplo	sexto
7	sétuplo	sétimo
8	óctuplo	oitavo
9	nônuplo	nono
10	décuplo	décimo
11	undécuplo	onze avos
12	duodécuplo	doze avos
100	cêntuplo	centésimo

7.9.1 Cardinais

Para realizar a leitura dos cardinais, é necessário colocar a conjunção "e" entre as centenas e dezenas, assim como entre as dezenas e a unidade.

Exemplo: 3.068.724 = três milhões, sessenta **e** oito mil, setecentos **e** vinte **e** quatro.

7.9.2 Ordinais

Quanto à leitura do numeral ordinal, há duas possibilidades: quando é inferior a 2.000, lê-se inteiramente segundo a forma ordinal.

- 1.766º = milésimo septingentésimo sexagésimo sexto.

Acima de 2.000, lê-se o primeiro algarismo como cardinal e os demais como ordinais. Hodiernamente, entretanto, tem-se observado a tendência a ler os números redondos segundo a forma ordinal.

- 2.536º = dois milésimos quingentésimo trigésimo sexto.
- 8 000º = oitavo milésimo.

7.9.3 Fracionários

O numerador de um numeral fracionário é sempre lido como cardinal. Quanto ao denominador, há dois casos:

- Primeiro: se for inferior ou igual a 10, ou ainda for um número redondo, será lido como ordinal 2/6 = dois sextos; 9/10 = nove décimos; centésimos (se houver). São exceções: 1/2 = meio; 1/3 = um terço.
- Segundo: se for superior a 10 e não constituir número redondo, é lido como cardinal, seguido da palavra "avos". 1/12 = um doze avos; 4/25 = quatro vinte e cinco avos.

Ao se fazer indicação de reis, papas, séculos, partes de uma obra, usam-se os numerais ordinais até décimo. A partir daí, devem-se empregar os cardinais. Século V (século quinto), século XX (vinte), João Paulo II (segundo), Bento XVI (dezesseis).

7.10 Preposição

É a palavra invariável que serve de ligação entre dois termos de uma oração ou, às vezes, entre duas orações. Costuma-se denominar "regente" o termo que exige a preposição e "regido" aquele que recebe a preposição:

Ele comprou um livro **de** poesia.

Ele tinha medo **de** ficar solitário.

Como se vê, a preposição "de", no primeiro caso, liga termos de uma mesma oração; no segundo, liga orações.

7.10.1 Preposições essenciais

São aquelas que têm como função primordial a conexão das palavras:

- a, ante, até, após, com contra, de, desde, em, entre, para, per, perante, por, sem, sob, sobre, trás.

Veja o emprego de algumas preposições:

Os manifestantes lutaram **contra** a polícia.

O aluno chegou **ao** salão rapidamente.

Aguardo sua decisão **desde** ontem.

Entre mim e ti, não há qualquer problema.

7.10.2 Preposições acidentais

São palavras que pertencem a outras classes, empregadas, porém, eventualmente como preposições: conforme, consoante, durante, exceto, fora, agora, mediante, menos, salvante, salvo, segundo, tirante.

O emprego das preposições acidentais é mais comum do que parece, veja os exemplos:

Todos saíram da sala, **exceto** eu.

Tirante as mulheres, o grupo que estava na sala parou de falar.

Escreveu o livro **conforme** o original.

7.10.3 Locuções prepositivas

Além das preposições simples, existem também as chamadas locuções prepositivas, que terminam sempre por uma preposição simples:

- abaixo de, acerca de, acima de, a despeito de, adiante de, a fim de, além de, antes de, ao lado de, a par de, apesar de, a respeito de, atrás de, através de, de acordo com, debaixo de, de cima de, defronte de, dentro de, depois de, diante de, embaixo de, em cima de, em frente de(a), em lugar de, em redor de, em torno de, em vez de, graças a, junto a (de), para baixo de, para cima de, para com, perto de, por baixo de, por causa de, por cima de, por detrás de, por diante de, por entre, por trás de.

7.10.4 Conectivos

Os conectivos têm a função de ligar palavras ou orações. Eles podem ser coordenativos (ligam orações coordenadas) ou subordinativos (ligam orações subordinadas).

Coordenativos

- Conjunções coordenativas que iniciam as orações coordenadas:

  Aditivas: e.

  Adversativas: mas.

  Alternativas: ou.

  Conclusivas: logo.

  Explicativas: pois.

Subordinativos

- Pronomes relativos que iniciam as orações adjetivas:

  Que.

  Quem.

  Cujo/cuja.

  O qual/a qual.

- Conjunções subordinativas que iniciam as orações adverbiais:

  Causais: porque.

  Comparativas: como.

  Concessivas: embora.

  Condicionais: se.

  Conformativas: conforme.

  Consecutivas: (tão) que.

  Finais: para que.

  Proporcionais: à medida que.

  Temporais: quando.

- **Conjunções subordinativas que iniciam as orações substantivas:**

  Integrantes: que, se.

7.10.5 Formas variantes

Algumas palavras possuem mais de uma forma, ou seja, junto à forma padrão existem outras formas variantes.

Em algumas situações, é irrelevante a variação utilizada, mas em outros deve-se escolher a variação mais generalizada.

Exemplos:

Assobiar, assoviar.

Coisa, cousa.

Louro, loiro.

Lacrimejar, lagrimejar.

Infarto, enfarte.

Diabete, diabetes.

Transpassar, traspassar, trespassar.

8. SINTAXE BÁSICA

Sintaxe é a parte da Gramática que estuda a função das palavras ou das expressões em uma oração ou em um período.

Antes de iniciar o estudo da sintaxe, faz-se necessário definir alguns conceitos, tais como: frase, oração e período (conceitos essenciais).

- **Frase**: qualquer sentença dotada de sentido.
  Eu adoro estudar português!
  Fogo! Socorro!
- **Oração**: frase organizada em torno de uma forma verbal.
  Os alunos farão a prova amanhã!
- **Período**: conjunto de orações.
  - Período simples: 1 oração.
    Ex.: **Estudarei** português.
  - Período composto: mais de 1 oração.
    Ex.: **Estudarei** português e **farei** a prova.

8.1 Período simples (oração)

A oração é dividida em termos. Assim, o estudo fica organizado e impossibilita a confusão. São os termos da oração:

- Essenciais.
- Integrantes.
- Acessórios.

8.1.1 Termos essenciais da oração

Sujeito e predicado: são chamados de essenciais, porque são os elementos que dão vida à oração. Quer dizer, sem um deles (o predicado, ao menos) não se pode formar oração.

- O **Brasil** caminha para uma profunda transformação social.
  O Brasil: sujeito.
  Para uma profunda transformação social: predicado.

Sujeito

Sujeito é o termo sintático sobre o qual se declara ou se constata algo. Deve-se observar que há uma profunda relação entre o verbo que comporá o predicado e o sujeito da oração. Usualmente, o sujeito é formado por um substantivo ou por uma expressão substantivada.

O sujeito pode ser: simples; composto; oculto, elíptico ou desinencial; indeterminado; inexistente ou oracional.

- **Sujeito simples:** aquele que possui apenas um núcleo.
  O país deverá enfrentar difíceis rivais na competição.
  A perda de fôlego de algumas das grandes economias também já foi notada por outras gigantes do setor.
- **Sujeito composto:** é aquele que possui mais de um núcleo.
  João e Maria são amigos inseparáveis.
  Eu, meus **amigos** e todo o **resto** dos alunos faremos a prova.
- **Sujeito oculto, elíptico ou desinencial:** aquele que não se encontra expresso na oração, porém é facilmente subentendido pelo verbo apresentado.
  Acord**amos** cedo naquele dia. (Nós)
  Abr**i** o blusão, tirei o 38, e perguntei com tanta raiva que uma gota de meu cuspe bateu na cara dele. (R. Fonseca) (eu)
  Vanderlei caminh**ou** pela manhã. À tarde pass**eou** pelo lago municipal, onde encontr**ou** a Anaconda da cidade. (Ele, Vanderlei)

Perceba que o sujeito não está grafado na sentença, mas é facilmente recuperável por meio da terminação do verbo.

- ▹ **Sujeito indeterminado:** ocorre quando o verbo não se refere a um núcleo determinado. São situações de indeterminação do sujeito:
  - Terceira pessoa do plural sem um referente:
    Nunca lhe **deram** nada.
    Fizeram comentários maldosos a seu respeito.
  - Com verbos transitivos indiretos, intransitivo e relacionais (de ligação) acompanhados da partícula "se" que, no caso, será classificada como índice de indeterminação de sujeito:
    Vive-se muito bem.
    Precisa-se de força e coragem na vida de estudante.
    Nem sempre **se está** feliz na riqueza.
- ▹ **Sujeito inexistente ou oração sem sujeito:** ocorre em algumas situações específicas.
  - Com verbos impessoais (principalmente os que denotam fenômeno da natureza).
    Em setembro **chove** muito.
    Nevava em Palotina.
  - Com o verbo haver, desde que empregado nos sentidos de existir, acontecer ou ocorrer.
    Há poemas perfeitos, não **há** poetas perfeitos.
    Deveria haver soluções para tais problemas.
  - Com os verbos ir, haver e fazer, desde que empregado fazendo alusão a tempo transcorrido.
    Faz um ano que não viajo. (verbo "fazer" no sentido de "tempo transcorrido")
    Há muito tempo que você não aparece. (verbo "haver" no sentido de "tempo")
    Vai para dois meses que não recebo salário. (verbo "ir" no sentido de "tempo")
  - Com os verbos ser ou estar indicando tempo.
    Era noite fechada.
    É tarde, eles não vêm!
  - Com os verbos bastar e chegar indicando cessamento.
    Basta de tanta corrupção no Senado!
    Chega de ficar calado quando a situação aperta!
  - Com o verbo ser indicando data ou horas.
    São dez horas no relógio da torre.
    Amanhã **serão** dez de dezembro.
- ▹ **Sujeito oracional:** ocorre nas análises do período composto, quando se verifica que o sujeito de um verbo é uma oração.
  É preciso **que você estude Língua Portuguesa**.

Predicado

É o termo que designa aquilo que se declara acerca do sujeito. É mais simples e mais prudente para o aluno buscar identificar o predicado antes do sujeito, pois, se assim o fizer, terá mais concretude na identificação do sujeito.

O predicado pode ser nominal, verbal ou verbo-nominal.

- **Predicado Nominal:** o predicado nominal é formado por um verbo relacional (de ligação) + predicativo.

Principais verbos de ligação: ser, estar, permanecer, continuar, ficar, parecer, andar e torna-se.

A economia da Ásia parecia derrotada após a crise.
O deputado, de repente, virou patriota.
Português é legal.

- **Predicado Verbal:** o predicado verbal tem como núcleo um verbo nocional.
  Empresários **investirão R$ 250 milhões em novo berço para o Porto de Paranaguá.**

- **Predicado Verbo-nominal:** ocorre quando há um verbo significativo (nocional) + um predicativo do sujeito.

  O trem chegou atrasado. ("atrasado" é uma qualidade do sujeito que aparece após o verbo, portanto, é um predicativo do sujeito).

  Pedro Paladino já nasceu rico.

  Acompanhei a indignação de meus alunos preocupado.

Predicativo

O predicativo é um termo componente do predicado. Qualifica sujeito ou objeto.

Josefina era **maldosa, ruim, sem valor.** (predicativo do sujeito)

Leila deixou o garoto **louco.** (predicativo do objeto)

O diretor nomeou João **chefe da repartição.** (predicativo do objeto)

8.2 Termos integrantes da oração

Os termos integrantes da oração são: objeto direto (complemento verbal); objeto indireto (complemento verbal); complemento nominal e agente da passiva.

- **Objeto Direto:** é o complemento de um verbo transitivo direto.

  Os bons cidadãos cumprem **as leis.** (quem cumpre, cumpre algo)

  Em resumo: ele queria **uma mulher.** (quem quer, quer algo)

- **Objeto Indireto:** é o complemento de um verbo transitivo indireto.

  Os bons cidadãos obedecem **às leis.** (quem obedece, obedece a algo)

  Necessitamos **de manuais mais práticos** nos dias de hoje. (quem necessita, necessita de algo)

- **Complemento Nominal:** é o complemento, sempre preposicionado, de adjetivos, advérbios e substantivos que, em determinadas circunstâncias, pedem complemento, assim como os verbos transitivos indiretos.

  O filme era impróprio para crianças.

  Finalizou-se a construção do prédio.

  Agiu favoravelmente ao réu.

- **Agente da Passiva:** é o complemento que, na voz passiva, designa o ser praticante da ação sofrida ou recebida pelo sujeito. Veja os exemplos:

  Voz ativa: o zagueiro executou a jogada.

  Voz passiva: a jogada foi executada **pelo zagueiro. (Agente da passiva)**

  Conversas foram interceptadas pela **Polícia Federal.** (Agente da passiva)

8.3 Termos acessórios da oração

Os termos acessórios da oração são: adjunto adnominal; adjunto adverbial; aposto e vocativo.

▷ **Adjunto Adnominal:** a função do adjunto adnominal é desempenhada por qualquer palavra ou expressão que, junto de um substantivo ou de uma expressão substantivada, modifica o seu sentido. Vejamos algumas palavras que desempenham tal função.

- **Artigos: as** alunas serão aprovadas.
- **Pronomes adjetivos: aquela** aluna será aprovada.
- **Numerais adjetivos: duas** alunas serão aprovadas.
- **Adjetivos:** aluno **estudioso** é aprovado.
- **Locuções adjetivas:** aluno **de gramática** passa no concurso.

▷ **Adjunto Adverbial:** o adjunto adverbial é o termo acessório (que não é exigido por elemento algum da sentença) que exprime circunstância ao verbo e, às vezes, ao adjetivo ou mesmo ao advérbio.

- **Advérbios:** os povos antigos trabalhavam mais.
- **Locuções Adverbiais:** li vários livros **durante as férias.**
- **Alguns tipos de adjuntos adverbiais:**

  Tempo: ontem, choveu muito.

  Lugar: gostaria de que me encontrasse **na esquina da padaria.**

  Modo: Alfredo executou a aria **fantasticamente.**

  Meio: fui para a escola **a pé.**

  Causa: por amor, cometem-se loucuras.

  Instrumento: quebrou a **vidraça com uma pedra.**

  Condição: se estudar muito, será aprovado.

  Companhia: faremos sucesso **com essa banda.**

▷ **Aposto:** o aposto é o termo sintático que, possuindo equivalência semântica, esclarece seu referente. Tipos de aposto:

  Explicativo: Alencar, **escritor romântico,** possui uma obra vastíssima.

  Resumitivo ou recapitulativo: estudo, esporte, cinema, **tudo** o chateava.

  Enumerativo: preciso de duas coisas: **saúde e dinheiro.**

  Especificativo: a notícia foi publicada na revista **Veja.**

  Distributivo: havia grupos interessados: **o da direita e o da esquerda.**

  Oracional: desejo só uma coisa: **que vocês passem no concurso.**

  Vocativo: é uma interpelação, é um chamamento. Normalmente, indica com quem se fala.

▷ **Ó mar,** por que não me levas contigo?

- Vem, **minha amiga,** abraçar um vitorioso.

8.4 Período composto

O período composto possui dois processos: coordenação e subordinação.

- **Coordenação:** ocorre quando são unidas orações independentes sintaticamente. Ou seja, são autônomas do ponto de vista estrutural. Vamos a um exemplo:
  - Altamiro pratica esportes e estuda muito.
- **Subordinação:** ocorre quando são unidas orações que possuem dependência sintática. Ou seja, não estão completas em sua estrutura. O processo de subordinação ocorre de três maneiras:
  - **Substantiva:** quando a oração desempenhar a função de um substantivo na sentença (**sujeito, predicativo, objeto direto, objeto indireto, complemento nominal ou aposto**).
  - **Adjetiva:** quando a oração desempenhar a função de adjunto adnominal na sentença.
  - **Adverbial:** quando a oração desempenhar a função de adjunto adverbial na sentença.

    Eu quero **que vocês passem no concurso.** (Oração subordinada substantiva objetiva direta – a função de objeto direto está sendo desempenhada pela oração)

    O Brasil, **que é um belíssimo país,** possui vegetação exuberante. (Oração subordinada adjetiva explicativa)

    Quando José entrou na sala, Manoel saiu. (Oração subordinada adverbial temporal)

8.4.1 Processo de coordenação

Há dois tipos de orações coordenadas: **assindéticas** e **sindéticas**.

- **Assindéticas:**

O nome vem da palavra grega *sýndetos*, que significa conjunção, união. Ou seja, oração que não possui conjunção quando está colocada ao lado de outra.

> Valdevino **correu (oração coordenada assindética), correu (oração coordenada assindética), correu (oração coordenada assindética)** o dia todo.

Perceba que não há conjunções para ligar os verbos, ou seja, as orações estão colocadas uma ao lado da outra sem síndeto, portanto, são **orações coordenadas assindéticas**.

- **Sindéticas:**

Contrariamente às assindéticas, as sindéticas possuem conjunção para exprimir uma relação lógico-semântica. Cada oração recebe o nome da conjunção que a introduz. Por isso é necessário decorar as conjunções.

- **Aditivas:** são introduzidas pelas conjunções e, nem, mas também, também, como (após "não só"), como ou quanto (após "tanto"), mais etc., dando a ideia de adição à oração anterior.

> A seleção brasileira venceu a Dinamarca / **e empatou com a Inglaterra**. (Oração coordenada assindética / **oração coordenada sindética aditiva**)

- **Adversativas:** são introduzidas pelas conjunções: mas, porém, todavia, contudo, entretanto, no entanto, não obstante, senão, apesar disso, embora etc., indicando uma relação de oposição à sentença anterior.

> O time batalhou muito, / **mas não venceu o adversário.** (Oração coordenada assindética / **oração coordenada sindética adversativa**)

- **Alternativas:** são introduzidas pelas conjunções ou... ou, ora... ora, já... já, quer... quer, seja... seja, nem... nem etc., indicando uma relação de alternância entre as sentenças.

> Ora estuda, / ora trabalha. (**Oração coordenada sindética alternativa / oração coordenada sindética alternativa**)

- **Conclusivas:** são introduzidas pelas conjunções: pois (posposto ao verbo), logo, portanto, então, por conseguinte, por consequência, assim, desse modo, destarte, com isso, por isto, consequentemente, de modo que, indicando uma relação de conclusão do período anterior.

> Comprei a carne e o carvão, / **portanto podemos fazer o churrasco**. (Oração coordenada assindética / **oração coordenada sindética conclusiva**)
>
> Estou muito doente, / **não posso, pois, ir à aula**. (Oração coordenada assindética/ **oração coordenada sindética conclusiva**)

- **Explicativas:** são introduzidas pelas conjunções que, porque, porquanto, por, portanto, como, pois (anteposta ao verbo), ou seja, isto é, indicando uma relação de explicação para com a sentença anterior.

> Não converse, / **pois estou estudando**. (Oração coordenada assindética / **oração coordenada sindética explicativa**)

8.4.2 Processo de subordinação

As orações subordinadas substantivas se dividem em seis tipos, introduzidas, geralmente, pelas conjunções "**que**" e "**se**".

- **Subjetiva:** exerce função de sujeito do verbo da oração principal.

> É interessante / **que todos joguem na loteria**. (Oração principal / **oração subordinada substantiva subjetiva**)

- **Objetiva direta:** exerce função de objeto direto.

> Eu quero / **que você entenda a matéria**. Quem quer, quer algo ou alguma coisa. (Oração principal / **oração subordinada substantiva objetiva direta**)

- **Objetiva indireta:** exerce função de objeto indireto.

> Os alunos necessitam / **de que as explicações fiquem claras**. Quem necessita, necessita de algo. (Oração principal / **oração subordinada substantiva objetiva indireta**)

- **Predicativa:** exerce função de predicativo.

> O bom é / **que você faça exercícios todos os dias**. (Oração principal / **oração subordinada substantiva predicativa**)

- **Completiva nominal:** exerce função de complemento nominal de um nome da oração principal.

> Jonas tem vontade / **de que alguém o mande calar a boca**. (Oração principal / **oração subordinada substantiva completiva nominal**)

- **Apositivas:** possuem a função de aposto da sentença principal, geralmente são introduzidas por dois-pontos (:).

> Eu quero apenas isto: / **que você passe no concurso**. (Oração principal / **oração subordinada substantiva apositiva**)

- **Orações subordinadas adjetivas:** dividem-se em dois tipos. Quando desenvolvidas, são introduzidas por um pronome relativo.

O nome oração subordinada adjetiva se deve ao fato de ela desempenhar a mesma função de um adjetivo na oração, ou seja, a função de adjunto adnominal. Na Gramática de Portugal, são chamadas de orações relativas pelo fato de serem introduzidas por pronome relativo.

- **Restritivas:** restringem a informação da oração principal. Não possuem vírgulas.

> O homem / **que mora ao lado** / é mal-humorado. (Oração principal / **oração subordinada adjetiva restritiva** / oração principal)

Para entender basta perguntar: qualquer homem é mal-humorado? Não. Só o que mora ao lado.

- **Explicativas:** explicam ou dão algum esclarecimento sobre a oração principal.

> João, / **que é o ex-integrante da comissão,** / chegou para auxiliar os novos contratados. (Oração principal / **oração subordinada adjetiva explicativa** /oração principal)

- **Orações subordinadas adverbiais:** dividem-se em nove tipos. Recebem o nome da conjunção que as introduz. Nesse caso, teremos uma principal (que não está negritada) e uma subordinada adverbial (que está em negrito).

Essas orações desempenham a função de adjunto adverbial da oração principal.

- **Causais:** exprimem a causa do fato que ocorreu na oração principal. Introduzidas, principalmente, pelas conjunções porque, visto que, já que, uma vez que, como que, como.

> **Já que precisamos de dinheiro**, vamos trabalhar.

- **Comparativas:** representam o segundo termo de uma comparação. Introduzidas, na maior parte dos casos, pelas conjunções que, do que, como, assim como, (tanto) quanto.

> Tiburcina fala **como uma gralha** (fala - o verbo está elíptico).

- **Concessivas:** indica uma concessão entre as orações. Introduzidas, principalmente, pelas conjunções embora, a menos que, ainda que, posto que, conquanto, mesmo que, se bem que, por mais que, apesar de que. Fique de olho na relação da conjunção com o verbo.

> **Embora não tivesse tempo disponível**, consegui estudar.

- **Condicionais:** expressa ideia de condição. Introduzidas, principalmente, pelas conjunções se, salvo se, desde que, exceto, caso, desde, contanto que, sem que, a menos que.

  Se ele não se defender, acabará como "boi-de-piranha" no caso.

- **Conformativas:** exprimem acordo, concordância entre fatos ou ideias. Introduzidas, principalmente, pelas conjunções como, consoante, segundo, conforme, de acordo com etc.

  Realize as atividades **conforme eu expliquei**.

- **Consecutivas:** indicam a consequência ou o efeito daquilo que se diz na oração principal. Introduzidas, principalmente, pelas conjunções que (precedida de tal, tão, tanto, tamanho), de sorte que, de modo que.

  Estudei tanto, **que saiu sangue dos olhos**.

- **Finais:** exprimem finalidade da ação primeira. Introduzidas, em grande parte dos casos, pelas conjunções para que, a fim de que, que e porque.

  Estudei muito **para que pudesse fazer a prova**.

- **Proporcionais:** expressa uma relação de proporção entre as orações. Introduzidas, principalmente, pelas conjunções (locuções conjuntivas) à medida que, quanto mais... mais, à proporção que, ao passo que, quanto mais.

  - José piorava, **à medida que abandonava seu tratamento**.

- **Temporais:** indicam circunstância de tempo. Introduzidas, principalmente, pelas conjunções quando, antes que, assim que, logo que, até que, depois que, mal, apenas, enquanto etc.

  Logo que iniciamos o trabalho os alunos ficaram mais tranquilos.

9. FUNÇÕES DO "SE"

A palavra "se", assim como o "que", possui diversas funções e costuma gerar muitas dúvidas. Por isso, para entender cada função e identificá-las, observe os exemplos a seguir.

9.1 Partícula apassivadora

Vendem-**se** plantas. (É possível passar a oração para a voz passiva analítica: plantas são vendidas).

Neste caso, o "se" nunca será seguido por preposição.

9.2 Pronome reflexivo

Nesse caso, o pronome expressa a igualdade entre o sujeito e o objeto da ação, exercendo a função de complemento verbal.

Penteou-**se** com capricho.

9.3 Pronome recíproco

Denota a ocorrência de que houve uma ação trocada entre os elementos do sujeito.

Amaram-**se** durante anos.

9.4 Partícula expletiva (de realce)

Tem o papel de realçar ou enfatizar um vocábulo ou um segmento da frase. Pode ser retirada da frase sem prejuízo sintático ou semântico.

Foi-**se** o tempo em que confiávamos nos políticos. (Não possui função na oração, apenas realça o que foi dito).

9.5 Pronome indeterminador do sujeito

O pronome "se" serve como índice de indeterminação do sujeito. O sujeito indeterminado é o sujeito que não quer ou não se pode identificar.

Precisa-**se** de secretária. (Não se pode passar a oração para a voz passiva analítica).

Nessa casa, come-**se** muito.

9.6 Parte do verbo pronominal

Alguns verbos exigem a presença da partícula "se" para indicar que a ação é referente ao sujeito que a pratica. Veja os exemplos:

Arrependeu-**se** de ter ligado.

Outros exemplos de verbos pronominais: lembrar-**se**, queixar-**se**, enganar-**se**, suicidar-**se**.

9.7 Conjunção

A conjunção "se" pode assumir várias funções, veja alguns exemplos:

Vou chegar no horário **se** não chover. (Conjunção condicional).

Não sei **se** dormirei em casa hoje. (Conjunção integrante).

Se vai ficar aqui, então fale comigo. (Conjunção adverbial causal).

Se queria ser mãe, nunca demonstrou amor pelas crianças. (Conjunção concessiva).

10. FUNÇÕES DO "QUE"

A palavra "que" possui diversas funções e costuma gerar muitas dúvidas. Por isso, para entender cada função e identificá-las, observe os exemplos a seguir:

10.1 Substantivo

Senti um **quê** de falsidade naquela fala.

Neste caso, o que está precedido por um determinante – um artigo –, e é acentuado, pois assume o papel de um substantivo. Poderia ser substituído por outro substantivo:

Senti um **ar** de falsidade naquela fala.

Quanto atua como substantivo, o quê será sempre acentuado e precedido por um artigo, pronome ou numeral.

10.2 Pronome

Exemplos:

Que beleza de festa! (Pronome exclamativo)

O livro **que** comprei estava em promoção. (Pronome relativo)

Que dia é a prova? (Pronome interrogativo)

10.3 Interjeição

Exemplos:

Quê? Não entendi.

Quê! Ela sabe sim!

10.4 Preposição

Temos **que** chegar cedo.

Observe que a regência do verbo ter exige a preposição "de": *temos de chegar cedo*. No entanto, na fala coloquial, já é aceito o uso do "que" como preposição.

10.5 Advérbio

Que bela está a casa!

Neste caso, antecede um adjetivo, modificando-o: **como** a casa está bela!

Que longe estava da cidade!

Neste caso, antecede um advérbio, intensificando-o: Estava **muito longe** da cidade.

10.6 Conjunção

Exemplos:

Que gostem ou **que** não gostem, tomei minha decisão. (Conjunção alternativa).

Pode entrar na fila **que** não será atendida. (Conjunção adversativa).

Não falte à aula **que** o conteúdo é importante. (Conjunção explicativa).

10.7 Conjunção subordinativa

Exemplos:

Estava tão cansada **que** não quis recebê-lo. (Conjunção subordinativa consecutiva).

Gostei da viagem, cara **que** tenha sido. (Conjunção subordinativa concessiva).

Não corra **que** o chão está molhado! (Conjunção subordinativa causal).

10.8 Partícula expletiva (de realce)

Que bonito **que** está o seu cabelo! (Não tem função na oração, apenas realça o que está sendo falado)

11. CONCORDÂNCIA VERBAL E NOMINAL

Trata-se do processo de flexão dos termos a fim de se relacionarem harmoniosamente na frase. Quando se pensa sobre a relação do verbo com os demais termos da oração, o estudo focaliza a concordância verbal. Quando a análise se volta para a relação entre pronomes, substantivos, adjetivos e demais termos do grupo nominal, diz-se que o foco é concordância nominal.

11.1 Concordância verbal

11.1.1 Regra geral

O verbo concorda com o sujeito em número e pessoa.

O **primeiro-ministro** russo **acusou** seus inimigos.

Dois **parlamentares rebateram** a acusação.

Contaram-se **mentiras** no telejornal.

Vós sois os responsáveis por vosso destino.

Regras para sujeito composto

- Anteposto se colocado antes do verbo, o verbo vai para o plural:

  Eu e meus irmãos vamos à praia.

- Posposto se colocado após o verbo, o verbo concorda com o mais próximo ou vai para o plural:

  Morreu (morreram), no acidente, **o prefeito e o vereador**.

- Formado por pessoas (gramaticais) diferentes: plural da predominante.

  Eu, você e os alunos **estudaremos** para o concurso. (a primeira pessoa é a predominante, por isso, o verbo fica na primeira pessoa do plural).

- Com núcleos em correlação, a concordância se dá com o mais próximo ou fica no plural:

  O professor assim como o monitor auxilia(m) os estudantes.

- **Ligado por NEM o verbo concordará:**
  - No singular: se houver exclusão.

    Nem Josias nem Josué **percebeu** o perigo iminente.

  - No singular: quando se pretende individualizar a ação, aludindo a um termo em específico.

    Nem os esportes nem a leitura **o entretém**.

  - No plural: quando não houver exclusão, ou seja, quando a intenção for aludir ao sujeito em sua totalidade.

    Nem a minha rainha nem o meu mentor **serão** tão convincentes a ponto de me fazerem mudar de ideia.

- **Ligado por COM o verbo concorda com o antecedente do COM ou vai para o plural:**

  O vocalista com os demais integrantes da banda **realizaram (realizou)** o show.

- **Ligado por OU o verbo fica no singular (se houver exclusão) ou no plural (se não houver exclusão):**

  Ou Pedro Amorim ou Jurandir Leitão **será** eleito vereador da cidade.

  O aviso ou o ofício **deveriam** ser expedidos antes da data prevista.

- **Se o sujeito for construído com os termos:** um e outro, nem um nem outro, o verbo fica no singular ou plural, dependendo do sentido pretendido.

  Um e outro **passou (passaram)** no concurso.

  Um ou outro: verbo no singular.

  Um ou outro fez a lição.

- **Expressões partitivas seguidas de nome plural:** verbo no singular ou plural.

  A maior parte das pessoas **fez (fizeram)** o exercício recomendado.

- **Coletivo geral:** verbo no singular.

  O cardume **nadou** rio acima.

- **Expressões que indicam quantidade aproximada seguida de numeral:** o verbo concorda com o substantivo.

  Aproximadamente 20% dos eleitores **compareceram** às urnas.

  Aproximadamente 20% do eleitorado **compareceu** às urnas.

- **Pronomes (indefinidos ou interrogativos) seguidos dos pronomes "nós" e/ou "vós":** o verbo fica no singular ou plural.

  Quem de nós **fará (faremos)** a diferença?

- **Palavra QUE (pronome relativo):** o verbo concorda com o antecedente do pronome "que".

  Fui eu que **fiz** a diferença.

- **Palavra QUEM:** verbo na 3ª pessoa do singular.

  Fui eu *quem* **fez** a diferença.

Pela repetida utilização errônea, algumas gramáticas já toleram a concordância do verbo com a pessoa gramatical distinta da terceira, no caso de se utilizar um pronome pessoal como antecedente do "quem".

- **Um dos que**: verbo no singular ou plural.

  Ele foi *um dos que* **fez (fizeram)** a diferença.

- **Palavras sinônimas**: verbo concorda com o mais próximo ou fica no plural.

  A ruindade, a maldade, a vileza **habita (habitam)** a alma do ser humano.

- **Quando os verbos estiverem acompanhados da palavra "SE":** fique atento à função da palavra "SE".
  - **SE na função de pronome apassivador:** o verbo concorda com o sujeito paciente.

    Vendem-se casas e sobrados em Alta Vista.

    Presenteou-se o aluno aplicado com uma gramática.

  - **SE na função de índice de indeterminação do sujeito:** o verbo fica sempre na 3ª pessoa do singular.

    Precisa-se de empregados com capacidade de aprender.

    Vive-se muito bem na riqueza.

A dica é ficar de olho na transitividade do verbo. Se o verbo for VTI, VI ou VL, o termo "SE" será índice de indeterminação do sujeito.

- **Casos de concordância com o verbo "ser":**
  - **Quando indicar tempo ou distância**: concorda com o predicativo.

    Amanhã **serão** 7 de fevereiro.

    São 890 quilômetros daqui até Florianópolis.

  - **Quando houver sujeito que indica quantidade e predicativo que indica suficiência ou excesso**: concorda com o predicativo.

    Vinte milhões **era** muito por aquela casa.

    Sessenta centavos **é** pouco por aquele lápis.

  - **O verbo "dar", no sentido de "bater" ou "soar", acompanhado do termo "hora(s)":** concorda com o sujeito.

    Deram cinco horas no relógio do juiz.

    Deu cinco horas o relógio juiz.

  - **Verbo "parecer" somado a infinitivo:** flexiona-se um dos dois.

    Os alunos **pareciam** estudar novos conteúdos.

    Os alunos **pareciam estudarem** novos conteúdos.

- **Quando houver sujeito construído com nome no plural,** com artigo no singular ou sem artigo: o verbo fica no singular.

  Memórias Póstumas de Brás Cubas **continua** sendo lido por jovens estudantes.

  Minas Gerais **é** um lindo lugar.

- Com artigo plural: o verbo fica no plural.

  Os Estados Unidos **aceitaram** os termos do acordo assinado.

11.2 Concordância nominal

A concordância nominal está relacionada aos termos do grupo nominal. Ou seja, relaciona-se com o substantivo, o pronome, o artigo, o numeral e o adjetivo. Vamos à regra geral para a concordância.

11.2.1 Regra geral

O artigo, o numeral, o adjetivo e o pronome adjetivo devem concordar com o substantivo a que se referem em gênero e número.

Meu belíssimo e **antigo** carro **amarelo** quebrou, ontem, em **uma** rua **estreita.**

Os termos destacados acima, mantém uma relação harmoniosa com o núcleo de cada expressão. Relação essa que se estabelece em questões de gênero e de número.

A despeito de a regra geral dar conta de grande parte dos casos de concordância, devemos considerar a existência de casos particulares, que merecem atenção.

11.2.2 Casos que devem ser estudados

Dependendo da intencionalidade de quem escreve, pode-se realizar a concordância atrativa, primando por concordar com apenas um termo de uma sequência ou com toda a sequência. Vejamos:

Vi um carro e uma **moto** *vermelha.* (concordância apenas com o termo "moto")

Vi um carro e uma **moto** *vermelhos.* (concordância com ambos os elementos)

A palavra "**bastante**", por exemplo, varia de acordo com o contexto. Se "bastante" é pronome adjetivo, será variável; se for advérbio (modificando o verbo), será invariável, ou seja, não vai para o plural.

Há *bastantes* **motivos** para sua ausência. (adjetivo)

Os alunos **falam** *bastante.* (advérbio)

Troque a palavra "bastante" por "muito". Se "muito" for para o plural, "bastante" também irá.

Anexo, incluso, apenso, obrigado, mesmo, próprio: são adjetivos que devem concordar com o substantivo a que se referem.

O *relatório* segue **anexo** ao documento.

Os *documentos* irão **apensos** ao relatório.

A expressão "em anexo" é invariável (não vai para plural nem para o feminino).

As planilhas irão **em anexo.**

É bom, é necessário, é proibido, é permitido: variam somente se o sujeito vier antecedido de um artigo ou outro termo determinante.

Maçã **é bom** para a voz. / A maçã **é boa** para a voz.

É necessário **aparecer** na sala. / É necessária **sua aparição** na sala.

"Menos" e "alerta" são sempre invariáveis, contanto que respeitem sua classe de origem - advérbio: se forem derivadas para substantivo, elas poderão variar.

Encontramos **menos** alunos na escola. / Encontramos **menos** alunas na escola.

O policial ficou **alerta.** / Os policiais ficaram **alerta.**

"Só" e "sós" variam apenas quando forem adjetivos: quando forem advérbios, serão invariáveis.

Pedro apareceu **só** (sozinho) na sala. / Os meninos apareceram **sós** (sozinhos) na sala. (adjetivo)

Estamos **só** (somente) esperando sua decisão. (advérbio)

- A expressão "a sós" é invariável.

  A menina ficou **a sós** com seus pensamentos.

Troque "só" por "sozinho" (vai para o plural) ou "somente" (fica no singular).

12. REGÊNCIA VERBAL E NOMINAL

Regência é a parte da Gramática Normativa que estuda a relação entre dois termos, verificando se um termo serve de complemento a outro e se nessa complementação há uma preposição.

Dividimos a regência em:

- Regência verbal (ligada aos verbos).
- Regência nominal (ligada aos substantivos, adjetivos ou advérbios).

12.1 Regência verbal

Deve-se analisar, nesse caso, a necessidade de complementação, a presença ou ausência da preposição e a possibilidade de mudança de sentido do texto.

Vamos aos casos:

- **Agradar e desagradar:** são transitivos indiretos (com preposição a) nos sentidos de satisfazer, contentar.

  A biografia de Aníbal Machado **agradou/desagradou** à maioria dos leitores.

  A criança **agradava** ao pai por ser muito comportada.

- **Agradar:** pode ser transitivo direto (sem preposição) se significar acariciar, afagar.

  Agradar a esposa.

  Pedro passava o dia todo **agradando** os seus gatos.

- **Agradecer:** transitivo direto e indireto, com a preposição a, no sentido de demonstrar gratidão a alguém.

  Agradecemos a Santo Antônio o milagre alcançado.

  Agradecemos-lhes a benesse concedida.

O verbo em questão também pode ser transitivo direto no sentido de mostrar gratidão por alguma coisa:

  Agradeço a dedicação de todos os estudantes.

  Os pais **agradecem** a dedicação dos professores para com os alunos.

- **Aspirar:** é transitivo indireto (preposição "a") nos sentidos de desejar, pretender ou almejar.

  Sempre **aspirei** a um cargo público.

  Manoel **aspirava** a ver novamente a família na Holanda.

- **Aspirar:** é transitivo direto na acepção de inalar, sorver, tragar, ou seja, mandar para dentro.

  Aspiramos o perfume das flores.

  Vimos a empregada **aspirando** a poeira do sofá.

- **Assistir:** é transitivo direto no sentido de ajudar, socorrer etc.

  O professor **assistia** o aluno.

  Devemos **assistir** os mais necessitados.

- **Assistir:** é transitivo indireto (complemento regido pela preposição "a") no sentido de ver ou presenciar.

  Assisti ao comentário da palestra anterior.

  Você deve **assistir** às aulas do professor!

- **Assistir:** é transitivo indireto (complemento regido pela preposição "a") no sentido de "ser próprio de", "pertencer a".

  O direito à vida **assiste** ao ser humano.

  Esse comportamento **assiste** às pessoas vitoriosas.

- **Assistir:** é intransitivo no sentido de morar ou residir.

  Maneco **assistira** em Salvador.

- **Chegar:** é verbo intransitivo e possui os adjuntos adverbiais de lugar introduzidos pela preposição "a".

  Chegamos a Cascavel pela manhã.

  Este é o ponto a que pretendia **chegar**.

Caso a expressão indique posição em um deslocamento, admite-se a preposição em:

  Cheguei no trem à estação.

Os verbos ir e vir têm a mesma regência de chegar:

  Nós **iremos** à praia amanhã.

  Eles **vieram** ao cursinho para estudar.

- **Custar no sentido de** ter valor ou preço: verbo transitivo direto.

  O avião **custa** 100 mil reais.

- **Custar no sentido de** ter como resultado certa perda ou revés é verbo transitivo direto e indireto:

  Essa atitude **custou**-lhe a vida.

- **Custar no sentido de** ser difícil ou trabalhoso é intransitivo:

  Custa muito entender esse raciocínio.

- **Custar no sentido de** levar tempo ou demorar é intransitivo:

  Custa a vida para aprender a viver.

- **Esquecer/lembrar:** possuem a seguinte regra – se forem pronominais, terão complemento regido pela preposição "de"; se não forem, não haverá preposição.

  Lembrei-**me de** seu nome.

  Esqueci-**me de** seu nome.

  Lembrei seu nome.

  Esqueci seu nome.

- **Gostar:** é transitivo indireto no sentido de apreciar (complemento introduzido pela preposição "de").

  Gosto de estudar.

  Gosto muito de minha mãe.

- **Gostar:** como sinônimo de experimentar ou provar é transitivo direto.

  Gostei a sobremesa apenas uma vez e já adorei.

  Gostei o chimarrão uma vez e não mais o abandonei.

- **Implicar** pode ser:
  - **Transitivo direto** (sentido de acarretar):

    Cada escolha **implica** uma renúncia.

  - **Transitivo direto e indireto** (sentido de envolver alguém em algo):

    Implicou a irmã no crime.

  - **Transitivo indireto** (sentido de rivalizar):

    Joana estava **implicando** com o irmão menor.

- **Informar:** é bitransitivo, ou seja, é transitivo direto e indireto. Quem informa, informa:

  Algo a alguém: **informei** o acontecido para Jonas.

  Alguém de algo: **informei**-o do acontecido.

  Alguém sobre algo: **informei**-o sobre o acontecido.

- **Morar/residir:** verbos intransitivos (ou, como preconizam alguns dicionários, transitivo adverbiado), cujos adjuntos adverbiais de lugar são introduzidos pela preposição "em".

  José **mora** em Alagoas.

  Há boas pessoas **residindo** em todos os estados do Brasil.

- **Obedecer:** é um verbo transitivo indireto.

  Os filhos **obedecem** aos pais.

  Obedeça às leis de trânsito.

Embora transitivo indireto, admite forma passiva:

  Os pais são obedecidos pelos filhos.

O antônimo "desobedecer" também segue a mesma regra.

- **Perdoar:** é transitivo direto e indireto, com objeto direto de coisa e indireto de pessoa.

Jesus **perdoou** os pecados aos pecadores.

Perdoava-lhe a desconsideração.

Perdoar admite a voz passiva:

Os pecadores foram perdoados por Deus.

- **Precisar:** é transitivo indireto (complemento regido pela preposição de) no sentido de "necessitar".

  Precisaremos de uma nova Gramática.

- **Precisar:** é transitivo direto no sentido de indicar com precisão.

  Magali não soube **precisar** quando o marido voltaria da viagem.

- **Preferir:** é um verbo bitransitivo, ou seja, é transitivo direto e indireto, sempre exigindo a preposição a (preferir alguma coisa à outra).

  Adelaide **preferiu** o filé ao risoto.

  Prefiro estudar a ficar em casa descansando.

  Prefiro o sacrifício à desistência.

É incorreto reforçar o verbo "preferir" ou utilizar a locução "do que".

- **Proceder:** é intransitivo na acepção de "ter cabimento":

  Suas críticas são vazias, não **procedem**.

- **Proceder:** é também intransitivo na acepção de "portar-se":

Todas as crianças **procederam** bem ao lavarem as mãos antes do lanche.

- **Proceder:** no sentido de "ter procedência" é utilizado com a preposição de:

  Acredito que a dúvida **proceda** do coração dos curiosos.

- **Proceder:** é transitivo indireto exigindo a preposição a no sentido de "dar início":

  Os investigadores **procederam** ao inquérito rapidamente.

- **Querer:** é transitivo direto no sentido de "desejar":

  Eu **quero** um carro novo.

- **Querer:** é transitivo indireto (com o complemento de pessoa) no sentido de "ter afeto":

  Quero muito a meus alunos que são dedicados.

- **Solicitar:** é utilizado, na maior parte dos casos, como transitivo direto e indireto. Nada impede, entretanto, que se construa como transitivo direto.

  O juiz **solicitou** as provas ao advogado.

  Solicito seus documentos para a investidura no cargo.

- **Visar:** é transitivo direto na acepção de mirar.

  O atirador **visou** o alvo e disparou um tiro certeiro.

- **Visar:** é transitivo direto também no sentido de "dar visto", "assinar".

  O gerente havia **visado** o relatório do estagiário.

- **Visar:** é transitivo indireto, exigindo a preposição a, na acepção de "ter em vista", "pretender", "almejar".

  Pedro **visava** ao amor de Mariana.

  As regras gramaticais **visam** à uniformidade da expressão linguística.

12.2 Regência nominal

Alguns nomes (substantivos, adjetivos e advérbios) são comparáveis aos verbos transitivos indiretos: precisam de um complemento introduzido por uma preposição.

Acompanhemos os principais termos que exigem regência especial.

SUBSTANTIVO		
Admiração a, por	Devoção a, para, com, por	Medo a, de
Aversão a, para, por	Doutor em	Obediência a
Atentado a, contra	Dúvida acerca de, em, sobre	Ojeriza a, por
Bacharel em	Horror a	Proeminência sobre
Capacidade de, para	Impaciência com	Respeito a, com, para com, por
Exceção a	Excelência em	Exatidão de, em
Dissonância entre	Divergência com, de, em, entre, sobre	Referência a
Alusão a	Acesso a	Menção a

ADJETIVOS		
Acessível a	Diferente de	Necessário a
Acostumado a, com	Entendido em	Nocivo a
Afável com, para com	Equivalente a	Paralelo a
Agradável a	Escasso de	Parco em, de
Alheio a, de	Essencial a, para	Passível de
Análogo a	Fácil de	Preferível a
Ansioso de, para, por	Fanático por	Prejudicial a
Apto a, para	Favorável a	Prestes a
Ávido de	Generoso com	Propício a
Benéfico a	Grato a, por	Próximo a
Capaz de, para	Hábil em	Relacionado com
Compatível com	Habituado a	Relativo a
Contemporâneo a, de	Idêntico a	Satisfeito com, de, em, por
Contíguo a	Impróprio para	Semelhante a
Contrário a	Indeciso em	Sensível a
Curioso de, por	Insensível a	Sito em
Descontente com	Liberal com	Suspeito de
Desejoso de	Natural de	Vazio de
Distinto de, em, por	Dissonante a, de, entre	Distante de, para

ADVÉRBIOS		
Longe de	Perto de	Relativamente a
Contemporaneamente a	Impropriamente a	Contrariamente a

É provável que você encontre muitas listas com palavras e suas regências, porém a maneira mais eficaz de se descobrir a regência de um termo é fazer uma pergunta para ele e verificar se, na pergunta, há uma preposição. Havendo, descobre-se a regência.

- A descoberta era **acessível** a todos.

Faz-se a pergunta: algo que é acessível é acessível? (a algo ou a alguém). Descobre-se, assim, a regência de acessível.

13. PARALELISMO

Ocorre quando há uma sequência de expressões com estrutura idêntica.

13.1 Paralelismo sintático

O paralelismo sintático é possível quando a estrutura de termos coordenados entre si é idêntica. Nesse caso, entende-se que "termos coordenados entre si" são aqueles que desempenham a mesma função sintática em um período ou trecho.

João comprou **balas** e **biscoitos**.

Perceba que "balas" e "biscoitos" têm a mesma função sintática (objeto direto). Além disso, ambas são expressões nominais. Assim, apresentam, na sentença, uma estrutura sintática idêntica.

Os formandos **estão pensando na carreira, isto é, no futuro.**

Tanto "na carreira" quanto "no futuro" são complementos do verbo pensar. Ademais, as duas expressões são formadas por preposição e substantivo.

13.2 Paralelismo semântico

Estrutura-se pela coerência entre as informações.

Lucélia **gosta de maçã e de pera**.

Percebe-se que há uma relação semântica entre maçã e pera, pois ambas são frutas.

Lucélia **gosta de livros de ação e de pizza**.

Observa-se que os termos "livros de ação" e "pizza" não possuem sentidos semelhantes que garantam a sequência lógica esperada no período.

14. COLOCAÇÃO PRONOMINAL

Esta parte do conteúdo é relativa ao estudo da posição dos pronomes oblíquos átonos em relação ao verbo. Antes de iniciar o estudo, memorize os pronomes em questão.

PRONOMES OBLÍQUOS ÁTONOS
me
te
o, a, lhe, se
nos
vos
os, as, lhes, se

Quatro casos de colocação:

- **Próclise** (anteposto ao verbo):
  Nunca **o** vi.
- **Mesóclise** (medial em relação ao verbo):
  Dir-te-ei algo.
- **Ênclise** (posposto ao verbo):
  Passa-**me** a resposta.
- **Apossínclise** (intercalação de uma ou mais palavras entre o pronome e o verbo):
  - Talvez tu **me** já não creias.

14.1 Regras de próclise

- Palavras ou expressões negativas:
  Não **me** deixe aqui neste lugar!
  Ninguém **lhe** disse que seria fácil.
- Pronomes relativos:
  O material de que **me** falaste é muito bom.
  Eis o conteúdo que **me** causa nojo.
- Pronomes indefinidos:
  Alguém **me** disse que você vai ser transferido.
  Tudo **me** parece estranho.
- Conjunções subordinativas:
  Confiei neles, assim que **os** conheci.
  Disse que **me** faltavam palavras.
- Advérbios:
  Sempre **lhe** disse a verdade.
  Talvez **nos** apareça a resposta para essa questão.
- Pronomes interrogativos:
  Quem **te** contou a novidade?
  Que **te** parece essa situação?
- "Em + gerúndio"
  Em **se** tratando de Gramática, eu gosto muito!
  Nesta terra, em **se** plantando, tudo há de nascer.
- Particípio
  Ele havia avisado-**me.** (errado)
  Ele **me** havia avisado. (certo)
- Sentenças optativas:
  Deus **lhe** pague!
  Deus **o** acompanhe!

14.2 Regras de mesóclise

Emprega-se o pronome oblíquo átono no meio da forma verbal, quando ela estiver no futuro do presente ou no futuro simples do pretérito do indicativo.

Chamar-**te**-ei, quando ele chegar.
Se houver tempo, contar-**vos**-emos nossa aventura.
Contar-**te**-ia a novidade.

14.3 Regras de ênclise

Não se inicia sentença, em Língua Portuguesa, por pronome oblíquo átono. Ou seja, o pronome átono não deve ficar no início da frase.

Formas verbais:

- Do **infinitivo impessoal** (precedido ou não da preposição "a");
- Do **gerúndio**;
- Do **imperativo afirmativo**:
  Alcança-**me** o prato de salada, por favor!
  Urge obedecer-**se** às leis.
  O garoto saiu da sala desculpando-**se**.
  Tratando-**se** desse assunto, não gosto de pensar.
  Dá-**me** motivos para estudar.

Se o gerúndio vier precedido da preposição "em", deve-se empregar a próclise.

Em **se** tratando de Gramática, eu gosto muito.

14.4 Casos facultativos

Sujeito expresso, próximo ao verbo.

O menino se machucou **(-se)**.
Eu **me** refiro **(-me)** ao fato de ele ser idiota.

Infinitivo antecedido de "não" ou de preposição.

Sabemos que não se habituar **(-se)** ao meio causa problemas.
O público o incentivou a se jogar **(-se)** do prédio.

15. CRASE

O acento grave é solicitado nas palavras quando há a união da preposição "a" com o artigo (ou a vogal dependendo do caso) feminino "a" ou com os pronomes demonstrativos (aquele, aquela, aquilo e "a").

- Mário foi **à** festa ontem.

  Tem-se o "a" preposição e o "a" artigo feminino.

  Quem vai, vai a algum lugar. "Festa" é palavra feminina, portanto, admite o artigo "a".

- Chegamos **àquele** assunto (a + aquele).
- A gravata que eu comprei é semelhante **à** que você comprou (a + a).

Decore os casos em que não ocorre crase, pois a tendência da prova é perguntar se há crase ou não. Sabendo os casos proibitivos, fica muito fácil.

15.1 Crase proibitiva

Não se pode usar acento grave indicativo de crase:

- Antes de palavras masculinas.

  Fez uma pergunta **a** Mário.

- Antes de palavras de sentido indefinido.

  Não vai **a** festas, **a** reuniões, **a** lugar algum.

- Antes de verbos.

  Todos estão dispostos **a** colaborar.

- Antes de pronomes pessoais.

  Darei um presente **a ela**.

- Antes de nomes de cidade, estado ou país que não utilizam o artigo feminino.

  Fui **a** Cascavel.

  Vou **a** Pequim.

- Antes da palavra "casa" quando tem significado de próprio lar, ou seja, quando ela aparecer indeterminada na sentença.

  Voltei a casa, pois precisava comer algo.

Quando houver determinação da palavra casa, ocorrerá crase.

"Voltei à casa de meus pais."

- Da palavra "terra" quando tem sentido de solo.

  Os tripulantes vieram a terra.

A mesma regra da palavra "casa" se aplica à palavra terra.

- De expressões com palavras repetidas.

  Dia a dia, mano a mano, face a face, cara a cara etc.

- Diante de numerais cardinais referentes a substantivos que não estão determinados pelo artigo.

  Assistirei a duas aulas de Língua Portuguesa.

No caso de locuções adverbiais que exprimem hora determinada e nos casos em que o numeral estiver precedido de artigo, acentua-se:

"Chegamos às oito horas da noite."

"Assisti às duas sessões de ontem."

No caso dos numerais, há uma dica para facilitar o entendimento dos casos de crase. Se houver o "a" no singular e a palavra posterior no plural, não ocorrerá o acento grave. Do contrário, ocorrerá.

15.2 Crase obrigatória

Deve-se usar acento grave indicativo de crase:

- Antes de locução adverbial feminina.

  À noite, à tarde, às pressas, às vezes, à farta, à vista, à hora certa, à esquerda, à direita, à toa, às sete horas, à custa de, à força de, à espera de, à vontade, à toa.

- Antes de termos femininos ou masculinos com sentido da expressão "à moda de" ou "ao estilo de".

  Filé à milanesa, servir à francesa, brigar à portuguesa, gol à Pelé, conto à Machado de Assis, discurso à Rui Barbosa etc.

- Antes de locuções conjuntivas proporcionais.

  À medida que, à proporção que.

- Antes de locuções prepositivas.

  À procura de, à vista de, à margem de, à beira de, à custa de, à razão de, à mercê de, à maneira de etc.

- Para evitar ambiguidade: receberá o acento o termo afetado pela ação do verbo (objeto direto preposicionado).

  Derrubou a menina **à panela**.

  Matou a vaca **à cobra**.

  Diante da palavra distância quando houver determinação da distância em questão:

  Achava-se à **distância de cem** (ou de alguns) **metros**.

- Antes das formas de tratamento "senhora", "senhorita" e "madame" = não há consenso entre os gramáticos, no entanto, opta-se pelo uso.

  Enviei lindas flores **à senhorita**.

  Josias remeteu uma carta **à senhora**.

15.3 Crase facultativa

- Após a preposição até.

  As crianças foram até **à escola**.

- Antes de pronomes possessivos femininos.

  Ele fez referência **à nossa causa!**

- Antes de nomes próprios femininos.

  Mandei um SMS **à Joaquina**.

- Antes da palavra "Dona".

  Remeti uma carta à **Dona Benta**.

  Não se usa crase antes de nomes históricos ou sagrados.

  O padre fez alusão a Nossa Senhora.

  Quando o professor fez menção a Joana D'Arc, todos ficaram entusiasmados.

16. PONTUAÇÃO

A pontuação assinala a melodia de nossa fala, ou seja, as pausas, a ênfase etc.

16.1 Principais sinais e usos

16.1.1 Vírgula

É o sinal mais importante para concurso público.

Usa-se a vírgula para:

- Separar termos que possuem mesma função sintática no período.

  José, **Maria**, **Antônio** e **Joana** foram ao mercado. (Função de núcleo do sujeito).
- Isolar o vocativo.

  Então, **minha cara**, não há mais o que se dizer!
- Isolar um aposto explicativo (cuidado com essa regra, veja que não há verbo no aposto explicativo).

  O João, **ex-integrante da comissão**, veio fazer parte da reunião.
- Isolar termos antecipados, como: complemento, adjunto ou predicativo.

  Na semana passada, comemos camarão no restaurante português. (Antecipação de adjunto adverbial).
- Separar expressões explicativas, conjunções e conectivos.

  Isto é, ou seja, por exemplo, além disso, pois, porém, mas, no entanto, assim etc.
- Separar os nomes dos locais de datas.

  Cascavel, 2 de maio de 2012.
- Isolar orações adjetivas explicativas (pronome relativo + verbo + vírgula).

  O Brasil, **que é um belíssimo país**, possui ótimas praias.
- Separar termos de uma enumeração.

  Vá ao mercado e traga **cebola**, **alho**, **sal**, **pimenta e coentro**.
- Separar orações coordenadas.

  Esforçou-se muito, **mas não venceu o desafio**. (Oração coordenada sindética adversativa).

  Roubou todo o dinheiro, **e ainda apareceu na casa**. (Oração coordenada sindética aditiva).

A vírgula pode ser utilizada antes da conjunção aditiva "e" caso se queira enfatizar a oração por ela introduzida.

- Omitir um termo, elipse (no caso da elipse verbal, chamaremos "zeugma").
  - De dia era um anjo, de noite um **demônio**. (Omissão do verbo "ser").
- Separar termos de natureza adverbial deslocados dentro da sentença.

  Na semana passada, trinta alunos foram aprovados no concurso. (Locução adverbial temporal)

  Se estudar muito, você será aprovado no concurso. (Oração subordinada adverbial condicional)

16.1.2 Ponto final

Usa-se o ponto final:

- Ao final de frases para indicar uma pausa total; é o que marca o fim de um período.

  Depois de passar no concurso, comprarei um carro.

Em abreviaturas:

Sr., a. C., Ltda., num., adj., obs., máx., *bat.*, *brit. etc.*

16.1.3 Ponto e vírgula

Usam-se ponto e vírgula para:

- Separar itens que aparecem enumerados.
  - Uma boa dissertação apresenta:

    Coesão;

    Coerência;

    Progressão lógica;

    Riqueza lexical;

    Concisão;

    Objetividade;

    Aprofundamento.
- Separar um período que já se encontra dividido por vírgulas.

  Não gostava de trabalhar; queria, no entanto, muito dinheiro no bolso.
- Separar partes do texto que se equilibram em importância.

  Os pobres dão pelo pão o trabalho; os ricos dão pelo pão a fazenda; os de espíritos generosos dão pelo pão a vida; os de nenhum espírito dão pelo pão a alma. (Vieira)

  O capitalismo é a exploração do homem pelo homem; o socialismo é exatamente o contrário.

16.1.4 Dois pontos

São usados dois pontos quando:

- Se vai fazer uma citação ou introduzir uma fala.

  José respondeu:

  – Não, muito obrigado!
- Se quer indicar uma enumeração.

  Quero apenas uma coisa: que vocês sejam aprovados no concurso!

16.1.5 Aspas

São usadas aspas para indicar:

- Citação presente no texto.

  "Há distinção entre categorias do pensamento" – disse o filósofo.
- Expressões estrangeiras, neologismos, gírias.

  Na parede, haviam pintado a palavra "love". (Expressão estrangeira).

  Ficava "bailarinando", como diria Guimarães. (Neologismo).

  "Velho", esconde o "cano" aí e "deixa baixo". (Gíria).

16.1.6 Reticências

São usadas para indicar supressão de um trecho, interrupção na fala, ou dar ideia de continuidade ao que se estava falando.

[...] Profundissimamente hipocondríaco. Este ambiente me causa repugnância. Sobe-me à boca uma ânsia análoga à ânsia. Que se escapa pela boca de um cardíaco [...]

Eu estava andando pela rua quando...

Eu gostei da nova casa, mas da garagem...

16.1.7 Parênteses

- São usados quando se quer explicar melhor algo que foi dito ou para fazer simples indicações.

  Foi o homem que cometeu o crime (o assassinato do irmão).

16.1.8 Travessão

- Indica a fala de um personagem.

  Ademar falou.

  Amigo, preciso contar algo para você.

- Isola um comentário no texto.

  O estudo bem realizado – **diga-se de passagem, que quase ninguém faz** – é o primeiro passo para a aprovação.

- Isola um aposto na sentença.

  A Semântica – **estudo sobre as relações de sentido** – é importantíssima para o entendimento da Língua.

- Reforçar a parte final de um enunciado.

  Para passar no concurso, é preciso estudar muito – **muito mesmo.**

16.1.9 Trocas

A banca, eventualmente, costuma perguntar sobre a possibilidade de troca de termos, portanto, atenção!

Vírgulas, travessões e parênteses, quando isolarem um aposto, podem ser trocados sem prejuízo para a sentença.

Travessões podem ser trocados por dois pontos, a fim de enfatizar um enunciado.

16.1.10 Regra de ouro

Na ordem natural de uma sentença, é proibido:

- Separar sujeito e predicado com vírgulas:

  Aqueles maravilhosos velhos ensinamentos de meu pai foram de grande utilidade. (Certo)

  Aqueles maravilhosos velhos ensinamentos de meu pai, foram de grande utilidade. (Errado)

- Separar verbo de objeto:

  "O presidente do maravilhoso país chamado Brasil assinou uma lei importante. (Certo)

  O presidente do maravilhoso país chamado Brasil assinou, uma lei importante. (Errado)

17. PARÁFRASE

Parafrasear, em sentido lato, significa reescrever uma sequência de texto sem alterar suas informações originais. Isso quer dizer que o texto resultante deve apresentar o mesmo sentido do texto original, modificando, evidentemente, apenas a ordem frasal ou o vocabulário. Há algumas exigências para uma paráfrase competente. São elas:

- Usar a mesma ordem das ideias que aparecem no texto original.
- Em hipótese alguma é possível omitir informações essenciais.
- Não tecer comentários acerca do texto original, apenas parafrasear, sem frescura.
- Usar construções sintáticas e vocabulares que, apesar de manterem o sentido original, sejam distintas das do texto base.

17.1 Passos da paráfrase

Há alguns recursos para parafrasear um texto:

- Utilização de termos sinônimos.

  O presidente assinou o documento, **mas** esqueceu-se de pegar sua caneta.

  O presidente assinou o documento, **contudo** esqueceu-se de pegar sua caneta.

- Uso de palavras antônimas, valendo-se de palavra negativa.

  José era um **covarde.**

  José **não** era um **valente.**

- Emprego de termos anafóricos.

  São Paulo e Palmeiras são dois times brasileiros. O São Paulo venceu o Palmeiras na semana passada.

  São Paulo e Palmeiras são dois times brasileiros. **Aquele** (São Paulo) venceu **este** (Palmeiras) na semana passada.

- Permuta de termo verbal por nominal, e vice-versa.

  É importante que chegue cedo.

  Sua chegada é importante.

- Deixar termos elípticos.

  Eu preciso da colaboração de todos.

  Preciso da colaboração de todos.

- Alteração da ordem frasal.

  Adalberto venceu o último desafio de sua vida ontem.

  Ontem, Adalberto venceu o último desafio de sua vida.

- Transposição de voz verbal.

  Joel cortou a seringueira centenária. A seringueira centenária foi cortada por Joel.

- Troca de discurso.

  Naquela manhã, Oséas dirigiu-se ao pai dizendo: "Cortarei a grama sozinho." (Discurso direto).

  Naquela manhã, Oséas dirigiu-se ao pai dizendo que cortaria a grama sozinho. (Discurso indireto).

- Troca de palavras por expressões perifrásticas.

  O Rei do Futebol esteve presente durante as celebrações.

  Pelé esteve presente durante as celebrações.

- Troca de locuções por palavras de mesmo sentido.

  A turma **da noite** está comprometida com os estudos.

  A turma **noturna** está mais comprometida com os estudos.

18. REESCRITURA DE FRASES

A reescrita de frases é uma paráfrase que visa à mudança da forma de um texto. Para que o novo período esteja correto, é preciso que sejam respeitadas a correção gramatical e o sentido do texto original. Desse modo, quando há qualquer inadequação do ponto de vista gramatical e/ou semântico, o trecho reescrito deve ser considerado incorreto.

Assim, para resolver uma questão que envolve reescrita de trechos ou períodos, é necessário verificar os aspectos gramaticais (principalmente, pontuação, elementos coesivos, ortografia, concordância, emprego de pronomes, colocação pronominal, regência etc.) e aspectos semânticos (significação de palavras, alteração de sentido etc.).

Existem diversas maneiras de se parafrasear uma frase, por isso cada banca examinadora pode formular questões a partir de muitas formas. Nesse sentido, é essencial conhecer e dominar as variadas estruturas que uma sentença pode assumir quando ela é reescrita.

18.1 Substituição de palavras ou de trechos de texto

No processo de reescrita, pode haver a substituição de palavras ou trechos. Ao se comparar o texto original e o que foi reestruturado, é necessário verificar se essa substituição mantém ou altera o sentido e a coerência do primeiro texto.

18.1.1 Locuções × palavras

Em muitos casos, há locuções (expressões formadas por mais de uma palavra) que podem ser substituídas por uma palavra, sem alterar o sentido e a correção gramatical. Isso é muito comum com verbos.

> Os alunos **têm buscado** formação profissional. (Locução: têm buscado).
>
> Os alunos **buscam** formação profissional. (Uma palavra: buscam).

Ambas as frases têm sentido atemporal, ou seja, expressam ações constantes, que não têm fim.

18.1.2 Significação das palavras

Ao avaliarmos a significação das palavras, devemos ficar atentos a alguns aspectos: sinônimos, antônimos, polissemia, homônimos e parônimos.

Sinônimos

Palavras que possuem significados próximos, mas não são totalmente equivalentes.

> Casa – lar – moradia – residência.
>
> Carro – automóvel.

Para verificar a validade da substituição, deve-se também ficar atento ao significado contextual. Por exemplo, na frase "as fronteiras entre o bem e o mal", não há menção a limites geográficos, pois a palavra "fronteira" está em sentido conotativo (figurado).

Além disso, nem toda substituição é coerente. Por exemplo, na frase "eu comprei uma casa", fica incoerente reescrever "eu comprei um lar".

Antônimos

Palavras que possuem significados diferentes, opostos, contrários.

> Mal – bem.
>
> Ausência – presença.
>
> Subir – descer.
>
> Cheio – vazio.
>
> Possível – impossível.

Polissemia

Ocorre quando uma palavra apresenta mais de um significado em diferentes contextos.

> Banco (instituição comercial financeira; assento).
>
> Manga (parte da roupa; fruta).

A polissemia está relacionada ao significado contextual, ou seja, uma palavra tem um sentido específico apenas no contexto em que está inserida. Por exemplo:

> A eleição foi marcada por debates explosivos (ou seja: debates acalorados, e não com sentido de explodir algo).

Homônimos

Palavras com a mesma pronúncia (algumas vezes, a mesma grafia), mas com significados diferentes.

> Acender: colocar fogo. Ascender: subir.
>
> Concerto: sessão musical. Conserto: reparo.

Homônimos perfeitos

Palavras com a mesma grafia e o mesmo som.

> Eu **cedo** este lugar você. (**Cedo** = verbo).
>
> Cheguei **cedo** para jantar. (**Cedo** = advérbio de tempo).

Percebe-se que o significado depende do contexto em que a palavra aparece. Portanto, deve-se ficar atento à ortografia quando a questão é de reescrita.

Parônimos

Palavras que possuem significados diferentes, mas são muito parecidas na pronúncia e na escrita.

> Absolver: perdoar, inocentar. Absorver: aspirar.
>
> Comprimento: extensão. Cumprimento: saudação.

18.2 Conectores de mesmo valor semântico

Há palavras, principalmente as conjunções, que possuem valores semânticos específicos, os quais devem ser levados em conta no momento de fazer uma substituição.

Logo, pode-se reescrever um período, alterando a conjunção. Para tanto, é preciso que a outra conjunção tenha o mesmo valor semântico. Além disso, é importante verificar como ficam os tempos verbais após a substituição.

> **Embora** fosse tarde, fomos visitá-lo. (Conjunção subordinativa concessiva).
>
> **Apesar de** ser tarde, fomos visitá-lo. (Conjunção subordinativa concessiva).

No exemplo anterior, o verbo também sofreu alteração.

> Toque o sinal **para que** todos entrem na sala. (Conjunção subordinativa final).
>
> Toque o sinal **a fim de que** todos entrem na sala. (Conjunção subordinativa final).

No exemplo anterior, o verbo permaneceu da mesma maneira.

18.3 Retextualização de diferentes gêneros e níveis de formalidade

Na retextualização, pode-se alterar o nível de linguagem do texto, dependendo de qual é a finalidade da transformação proposta. Nesse caso, são possíveis as seguintes alterações: linguagem informal para a formal; tipos de discurso; vozes verbais; oração reduzida para desenvolvida; inversão sintática; dupla regência.

18.3.1 Linguagem formal × linguagem informal

Um texto pode estar escrito em linguagem coloquial (informal) ou formal (norma padrão). A proposta de reescrita pode mudar de uma linguagem para outra. Veja o exemplo:

Pra que serve a política? (Informalidade)

Para que serve a política? (Formalidade)

A oralidade, geralmente, é mais informal. Portanto, fique atento: a fala e a escrita são diferentes, ou seja, a escrita não reproduz a fala e vice-versa.

18.3.2 Tipos de discurso

Discurso está relacionado à construção de textos, tanto orais quanto escritos, portanto, ele é considerado uma prática social.

Em um texto, podem ser encontrados três tipos de discurso: o discurso direto, o indireto e o indireto livre.

Discurso direto

São as falas das personagens. Esse discurso pode aparecer em forma de diálogos e citações, e vêm marcados com alguma pontuação (travessão, dois pontos, aspas etc.). Ou seja, o discurso direto reproduz fielmente a fala de alguém.

O médico disse à paciente:

Você precisa fazer exercícios físicos regularmente.

Discurso indireto

É a reprodução da fala de alguém, a qual é feita pelo narrador. Normalmente, esse discurso é escrito em terceira pessoa.

O médico disse à paciente que ela precisava fazer exercícios regulamente.

Discurso indireto livre

É a ocorrência do discurso direto e indireto ao mesmo tempo. Ou seja, o narrador conta a história, mas as personagens também têm voz própria.

No exemplo a seguir, há um discurso direto: "que raiva", que mostra a fala da personagem.

Retirou as asas e estraçalhou-a. Só tinham beleza. Entretanto, qualquer urubu... que raiva...

(Ana Maria Machado)

No trecho a seguir, há uma fala da personagem, mesclada com a narração: "Para que estar catando defeitos no próximo?".

D. Aurora sacudiu a cabeça e afastou o juízo temerário. Para que estar catando defeitos no próximo? Eram todos irmãos. Irmãos.

(Graciliano Ramos)

Exemplo de uma transposição de discurso direto para indireto:

Ana perguntou:

– Qual é a resposta correta?

Ana perguntou qual era a resposta correta.

Nas questões de reescrita que tratam da transposição de discursos, é mais frequente a substituição do direto pelo indireto. Nesse caso, deve-se ficar atento aos tempos verbais.

18.3.3 Voz verbal

Um verbo pode apresentar-se na voz ativa, passiva ou reflexiva.

Ativa

Ocorre quando o sujeito é agente, ou seja, pratica a ação expressa pelo verbo.

O aluno resolveu o exercício.

Passiva

Ocorre quando o sujeito é paciente, ou seja, recebe a ação expressa pelo verbo.

O exercício foi resolvido pelo aluno.

Reflexiva

Ocorre quando o sujeito é agente e paciente ao mesmo tempo, ou seja, pratica e recebe a ação.

A criança feriu-se com a faca.

Não confunda o emprego reflexivo do verbo com a reciprocidade. Por exemplo:

Os lutadores de MMA feriram-se. (Um ao outro)

Formação da voz passiva

A voz passiva pode ocorrer de forma analítica ou sintética.

- **Voz passiva analítica:** verbo SER + particípio do verbo principal.

    A academia de polícia **será pintada**.

    O relatório é **feito** por ele.

- A variação de tempo é determinada pelo verbo auxiliar (SER), pois o particípio é invariável.

    João **fez** a tarefa. (Pretérito perfeito do indicativo)

    A tarefa **foi** feita por João. (Pretérito perfeito do indicativo)

    João **faz** a tarefa. (Presente do indicativo)

    A tarefa **é** feita por João. (Presente do indicativo)

    João **fará** a tarefa. (Futuro do presente)

    A tarefa **será** feita por João. (Futuro do presente)

- **Voz passiva sintética:** verbo na 3ª pessoa, seguido do pronome apassivador SE.

    Abriram-se as inscrições para o concurso.

Transposição da voz ativa para a voz passiva

Pode-se mudar de uma voz para outra sem alterar o sentido da frase.

Os médicos brasileiros **lançaram** um tratamento para o câncer.

Um tratamento para o câncer **foi lançado** pelos médicos brasileiros.

Nas questões de concursos, costuma-se cobrar a transposição da voz ativa para a passiva, e da voz passiva sintética para a analítica.

Veja os exemplos:

A fiscalização exige o passaporte.

O passaporte é exigido pela fiscalização.

Exige-se comprovante de pagamento.

É exigido comprovante de pagamento.

18.3.4 Oração reduzida × oração desenvolvida

As orações subordinadas podem ser reduzidas ou desenvolvidas. Não há mudança de sentido se houver a substituição de uma pela outra. Veja os exemplos:

Ao terminar a aula, todos podem sair. (Reduzida de infinitivo)

Quando terminarem a prova, todos podem sair. (Desenvolvida)

Os vizinhos ouviram uma criança chorando na rua. (Reduzida de gerúndio)

Os vizinhos ouviram uma criança que chorava na rua. (Desenvolvida)

Terminada a reforma, a família mudou-se para a nova casa. (Reduzida de particípio)

Assim que terminou a reforma, a família mudou-se para a nova casa. (Desenvolvida)

18.3.5 Inversão sintática

Um período pode ser escrito na ordem direta ou indireta. Nesse caso, quando ocorre a inversão sintática, a correção gramatical é mantida. Apenas é necessário ficar atento ao sentido do período.

- Ordem direta: sujeito – verbo – complementos/adjuntos adverbiais.

  Os documentos foram levados para o gerente. (Direta)

  Foram levados os documentos para o gerente. (Indireta)

18.3.6 Dupla regência

Há verbos que exigem a presença da preposição e outros não. Deve-se ficar atento ao fato de que a regência pode influenciar no significado de um verbo.

Verbos transitivos diretos ou indiretos

Sem alterar o sentido, alguns verbos admitem duas construções: uma transitiva direta e outra indireta. Portanto, a ocorrência ou não da preposição mantém um trecho com o mesmo sentido.

- Almejar

  Almejamos **a** paz entre os países que estão em guerra.

  Almejamos **pela** paz entre os países que estão em guerra.

- Atender

  O gerente atendeu **os** meus pedidos.

  O gerente atendeu **aos** meus pedidos.

- Necessitar

  Necessitamos algumas horas para organizar o evento.

  Necessitamos **de** algumas horas para organizar o evento.

Transitividade e mudança de significado

Existem alguns verbos que, conforme a mudança de transitividade, têm o sentido alterado.

- **Aspirar:** é **transitivo direto** no sentido de sorver, inspirar (o ar), inalar.

  Aspirava o suave perfume. (Aspirava-o.)

- **Aspirar:** é **transitivo indireto** no sentido de desejar, ter como ambição.

  Aspirávamos ao cargo de diretor.

19. FIGURAS DE LINGUAGEM

As figuras de linguagem (também chamadas de figuras de pensamento) são construções que se relacionam com a função **poética da linguagem**, ou seja, estão articuladas em razão de modificar o código linguístico para dar ênfase no sentido de uma frase.

É comum vermos exemplos de figuras de linguagem em propagandas publicitárias, poemas, músicas etc. Essas figuras estão presentes em nossa fala cotidiana, principalmente na fala de registro **informal**.

O registro dito informal é aquele que não possui grande preocupação com a situação comunicativa, uma vez que não há tensão para a comunicação entre os falantes. Gírias, erros de concordância e subtração de termos da frase são comuns nesse baixo nível de formalidade comunicativa. Até grandes poetas já escreveram textos sobre esse assunto, veja o exemplo do escritor Oswald de Andrade, que discute a norma gramatical em relação à fala popular do brasileiro:

Pronominais
Dê-me um cigarro
Diz a gramática
Do professor e do aluno
E do mulato sabido
Mas o bom negro e o bom branco
Da Nação Brasileira
Dizem todos os dias
Deixa disso camarada
Me dá um cigarro

ANDRADE, Oswald de Andrade. **Os Cem Melhores Poemas Brasileiros do Século** - Seleção e Organização de Ítalo Moriconi. Rio de Janeiro: Editora Objetiva, 2001.

Vejamos agora algumas das principais figuras de linguagem que costumam ser cobradas em provas de concursos públicos:

- **Metáfora:** uma figura de linguagem, que consiste na comparação de dois termos sem o uso de um conectivo.

  Rosa **é uma flor**. (A pessoa é como uma flor: perfumada, delicada, bela etc.).

  Seus olhos **são dois oceanos**. (Os olhos possuem a profundidade do oceano, a cor do oceano etc.).

  João **é fera**. (João é perito em alguma coisa, desempenha determinada tarefa muito bem etc.).

- **Metonímia:** figura de linguagem que consiste em utilização de uma expressão por outra, dada a semelhança de sentido ou a possibilidade de associação lógica entre elas.

Há vários tipos de metonímia, vejamos alguns deles:

Efeito pela causa: O carrasco ergueu **a morte**. (O efeito é a morte, a causa é o machado)

Marca pelo produto: Vá ao mercado e traga um Nescau. (Achocolatado em pó)

Autor pela obra: Li Camões com entusiasmo. (Quem leu, leu a obra, não o autor)

Continente pelo conteúdo: Comi dois pratos de feijão. (Comeu o feijão, ou seja, o conteúdo do prato)

Parte pelo todo: Peço sua **mão em casamento**. (Pede-se, na verdade, o corpo todo)

Possuidor pelo possuído: Mulher, vou **ao médico**. (Vai-se ao consultório que pertence ao médico, não ao médico em si)

- **Antítese**: figura de linguagem que consiste na exposição de ideias opostas.

*Nasce o **Sol** e **não dura mais que um dia***
*Depois da **Luz** se segue à **noite escura***
*Em **tristes sombras** morre a formosura,*
*Em contínuas **tristezas** e **alegrias**.*

(Gregório de Matos)

Os termos em negrito evidenciam relações semânticas de distinção (oposição). Nascer é o contrário de morrer, assim como sombra é o contrário de luz. Essa figura foi muito utilizada na poesia brasileira, em especial pelo autor dos versos citados anteriormente: Gregório de Matos Guerra.

- **Paradoxo**: expressão que contraria o senso comum. Ilógica.

*Amor é fogo que **arde sem se ver;***
*É ferida que **dói e não se sente;***
*É um **contentamento descontente;***
*É dor que **desatina sem doer**.*

(Luís de Camões)

A construção semântica apresentada é totalmente ilógica, pois é impossível uma ferida doer e não ser sentida, assim como não é possível o contentamento ser descontente.

- **Perífrase:** expressão que tem por função substituir semanticamente um termo:

  A última flor do Lácio anda muito judiada. (Português é a última flor do Lácio)

  O país do futebol é uma grande nação. (Brasil)

  O Bruxo do Cosme Velho foi um grande escritor. (Machado de Assis era conhecido como o Bruxo do Cosme Velho)

  O anjo de pernas tortas foi o melhor jogador do mundo. (Garrincha)

- **Eufemismo:** figura que consiste em atenuar uma expressão desagradável:

  José **pegou emprestado sem avisar**. (Roubou)

  Maurício **entregou a alma a Deus.** (Morreu)

  Coitado, só porque **é desprovido de beleza**. (Feio)

- **Disfemismo:** contrário ao eufemismo, é a figura de linguagem que consiste em tornar uma expressão desagradável em algo ainda pior.

  O homem **abotoou o paletó de madeira**. (Morreu)

  Está chupando cana pela raiz. (Morreu)

  Sentou no colo do capeta. (Morreu)

- **Prosopopeia:** atribuição de características animadas a seres inanimados.

  O vento sussurrou em meus ouvidos.

  Parecia que a **agulha odiava o homem**.

- **Hipérbole:** exagero proposital de alguma característica.

  Estou morrendo de rir.

  Chorou rios de lágrimas.

- **Hipérbato:** inversão sintática de efeito expressivo.

  Ouviram do Ipiranga as margens plácidas. / De um povo heroico o brado e retumbante.

  - **Colocando na ordem direta:**

  As margens plácidas do Ipiranga ouviram o brado retumbante de um povo heroico.

- **Gradação:** figura que consiste na construção de uma escala de termo que fazem parte do mesmo campo semântico.

  Plantou **a semente**, zelou pelo **broto**, regou a **planta** e colheu o **fruto**. (A gradação pode ser do campo semântico da palavra semente – broto, planta e fruto – ou da palavra plantar – zelar, regar, colher)

- **Ironia:** figura que consiste em dizer o contrário do que se pensa.

  Lamento por ter sido eu o vencedor dessa prova. (Evidentemente a pessoa não lamenta ser o vencedor de alguma coisa)

- **Onomatopeia:** tentativa de representar um som da natureza. Figura muito comum em histórias em quadrinhos.

  Pof, tic-tac, click, bum, vrum!

- **Sinestesia:** confusão dos sentidos do corpo humano para produzir efeitos expressivos.

  Ouvi uma **voz suave** saindo do quarto.

  O seu **perfume doce** é extremamente inebriante.

19.1 Vícios de linguagem

Em âmbito geral, vício de linguagem é toda expressão contrária à lógica da norma gramatical. Vejamos quais são os principais deslizes que se transformam em vícios.

- **Pleonasmo vicioso:** consiste na repetição desnecessária de ideias.

  Subir para cima.

  Descer para baixo.

  Entrar para dentro.

  Cardume de peixes.

  Enxame de abelhas.

  Elo de ligação.

  Fato real.

OBSERVAÇÃO

Pode existir o plágio expressivo em um texto poético. Na frase "ele penetrou na escura treva" há pleonasmo, mas não é vicioso.

- **Ambiguidade:** ocorre quando a construção frasal permite que a sentença possua dois sentidos.

  Tenho de buscar **a cadela da sua irmã.**

  A empregada disse para o chefe que o cheque estava sobre **sua mesa.**

- **Cacofonia:** ocorre quando a pronúncia de determinadas palavras permite a construção de outra palavra.

  Dei um beijo na bo**ca dela**. (Cadela)

  Noss**o hino** é belo. (Suíno)

  Na **vez passada**, esca**pei de** uma. (Vespa assada)

- **Barbarismo:** é um desvio na forma de falar ou grafar determinada palavra.

  Mortandela (em vez de mortadela).

  Poblema (em vez de problema).

  Mindingo (em vez de mendigo).

  Salchicha (em vez de salsicha).

Esse conteúdo costuma ser simples para quem pratica a leitura de textos poéticos, portanto, devemos sempre ler poesia.

19.2 Funções da linguagem

Deve-se a Roman Jakobson a discriminação das seis funções da linguagem na expressão e na comunicação humanas, conforme o realce particular que cada um dos componentes do processo de comunicação recebe no enunciado. Por isso mesmo, é raro encontrar em uma única mensagem apenas uma dessas funções, ou todas reunidas em um mesmo texto. O mais frequente é elas se superporem, apresentando-se uma ou outra como predominante.

Em que pese tal fato, é preciso considerar que há particularidades com relação às funções da linguagem, ou seja, cada função descreve algo em particular. Com isso, pretendo dizer que, antes de o estudante se ater às funções em si, é preciso que ele conheça o sistema que é um pouco mais amplo, ou seja, o ato comunicativo. Afinal, a teoria de Roman Jakobson se volta à descrição do ato comunicativo em si.

Na obra *Linguística e comunicação*, o linguista Roman Jakobson, pensando sobre o ato comunicativo e seus elementos, identifica seis funções da linguagem.

- Nesse esquema, identificamos:
  - **Emissor:** quem enuncia.
  - **Mensagem:** aquilo que é transmitido pelo emissor.
  - **Receptor:** quem recebe a mensagem.
  - **Código:** o sistema em que a mensagem é codificada. O código deve ser comum aos polos da comunicação.
  - **Canal:** meio físico porque ocorre a comunicação.

Pensando sobre esses elementos, Jakobson percebeu que cada função da linguagem está centrada em um elemento específico do ato comunicativo. É o que veremos agora.

As funções da linguagem são:

- **Referencial:** centrada na mensagem, ou seja, na transmissão do conteúdo. Como possui esse caráter, a objetividade é uma constante para a função referencial. É comum que se busque a imparcialidade quando dela se faz uso. É também conhecida como função denotativa. Como a terceira pessoa do singular é predominante, podem-se encontrar exemplos de tal função em textos científicos, livros didáticos, textos de cunho apenas informativo etc.
- **Emotiva:** centrada no emissor, ou seja, em quem enuncia a mensagem. Basicamente, a primeira pessoa predomina quando o texto se apoia sobre a função emotiva. É muito comum a observarmos em depoimentos, discursos, em textos sentimentais, e mesmo em textos líricos.
- **Apelativa:** centrada no receptor, ou seja, em quem recebe a mensagem. As características comuns a manifestações dessa função da linguagem são os verbos no modo imperativo, a tentativa de persuadir o receptor, a utilização dos pronomes de tratamento que tangenciem o interlocutor. É comum observar a função apelativa em propaganda, em discursos motivacionais etc.
- **Poética:** centrada na transformação da mensagem, ou seja, em como modificar o conteúdo da mensagem a fim de torná-lo mais expressivo. As figuras de linguagem são abundantes nessa função e, por sua presença, convencionou-se chamar, também, função poética de função conotativa. Textos literários, poemas e brincadeiras com a mensagem são fontes em que se pode verificar a presença da função poética da linguagem.
- **Fática:** centrada no canal comunicativo. Basicamente, busca testar o canal para saber se a comunicação está ocorrendo. Expressões como "olá", "psiu" e "alô você" são exemplos dessa função.
- **Metalinguística:** centrada no código. Quando o emissor se vale do código para explicar o próprio código, ou seja, num tipo de comunicação autorreferente. Como exemplo, podemos citar um livro de gramática, que se vale da língua para explicar a própria língua; uma aula de didática (sobre como dar aula); ou mesmo um poema que se refere ao processo de escrita de um poema. O poema a seguir é um ótimo exemplo de função metalinguística.

Catar feijão

Catar feijão se limita com escrever:
jogam-se os grãos na água do alguidar
e as palavras na da folha de papel;
e depois, joga-se fora o que boiar.
Certo, toda palavra boiará no papel,
água congelada, por chumbo seu verbo:
pois para catar esse feijão, soprar nele,
e jogar fora o leve e oco, palha e eco.

Ora, nesse catar feijão entra um risco:
o de que entre os grãos pesados entre
um grão qualquer, pedra ou indigesto,
um grão imastigável, de quebrar dente.
Certo não, quando ao catar palavras:
a pedra dá à frase seu grão mais vivo:
obstrui a leitura fluviante, flutual,
açula a atenção, isca-a com risco.

MELO NETO, João Cabral de. **Obra completa**. Rio de Janeiro: Nova Aguilar, 1995.

20. TIPOLOGIA TEXTUAL

O primeiro item que se deve ter em mente na hora de analisar um texto segundo sua tipologia é o caráter da predominância. Isso quer dizer que um mesmo agrupamento textual pode possuir características de diversas tipologias distintas, porém as questões costumam focalizar qual é o "tipo" predominante, o que mais está evidente no texto. Um pouco de bom-senso e uma pequena dose de conhecimento relativo ao assunto são necessários para obter sucesso nesse conteúdo.

Trabalharemos com três tipologias básicas: **narração, dissertação e descrição.**

20.1 Texto narrativo

Facilmente identificável, a tipologia narrativa guarda uma característica básica: contar algo, transmitir a ocorrência de fatos e/ou ações que possuam um registro espacial e temporal. Quer dizer, a narração necessita, também, de um espaço bem-marcado e de um tempo em que as ações narradas ocorram. Discorramos sobre cada aspecto separadamente.

São elementos de uma narração:

- **Personagem:** quem pratica ação dentro da narrativa, é claro. Deve-se observar que os personagens podem possuir características físicas (altura, aparência, cor do cabelo etc.) e psicológicas (temperamento, sentimentos, emoções etc.), as quais podem ser descritas ao longo do texto.
- **Espaço:** trata-se do local em que a ação narrativa ocorre.
- **Tempo:** é o lapso temporal em que a ação é descrita. O tempo pode ser enunciado por um simples "era uma vez".
- **Ação:** não existe narração sem ação! Ou seja, os personagens precisam fazer algo, ou sofrer algo para que haja ação narrativa.
- **Narrador:** afinal, como será contada uma estória sem uma voz que a narre? Portanto, este é outro elemento estruturante da tipologia narrativa. O narrador pode estar inserido na narrativa ou apenas "observar" e narrar os acontecimentos.

Note-se que, na tipologia narrativa, os verbos flexionados no pretérito são mais evidentes.

Eis um exemplo de narração, tente observar os elementos descritos anteriormente, no texto a seguir:

Um apólogo

Era uma vez uma agulha, que disse a um novelo de linha:

— Por que está você com esse ar, toda cheia de si, toda enrolada, para fingir que vale alguma cousa neste mundo?

— Deixe-me, senhora.

— Que a deixe? Que a deixe, por quê? Por que lhe digo que está com um ar insuportável? Repito que sim, e falarei sempre que me der na cabeça.

— Que cabeça, senhora? A senhora não é alfinete, é agulha. Agulha não tem cabeça. Que lhe importa o meu ar? Cada qual tem o ar que Deus lhe deu. Importe-se com a sua vida e deixe a dos outros.

— Mas você é orgulhosa.

— Decerto que sou.

— Mas por quê?

— É boa! Porque coso. Então os vestidos e enfeites de nossa ama, quem é que os cose, senão eu?

— Você? Esta agora é melhor. Você é que os cose? Você ignora que quem os cose sou eu e muito eu? – Você fura o pano, nada mais; eu é que coso, prendo um pedaço ao outro, dou feição aos babados...

— Sim, mas que vale isso? Eu é que furo o pano, vou adiante, puxando por você, que vem atrás obedecendo ao que eu faço e mando...

— Também os batedores vão adiante do imperador.

— Você é imperador?

— Não digo isso. Mas a verdade é que você faz um papel subalterno, indo adiante; vai só mostrando o caminho, vai fazendo o trabalho obscuro e ínfimo. Eu é que prendo, ligo, ajunto...

Estavam nisto, quando a costureira chegou à casa da baronesa. Não sei se disse que isto se passava em casa de uma baronesa, que tinha a modista ao pé de si, para não andar atrás dela. Chegou à costureira, pegou do pano, pegou da agulha, pegou da linha, enfiou a linha na agulha, e entrou a coser. Uma e outra iam andando orgulhosas, pelo pano adiante, que era a melhor das sedas, entre os dedos da costureira, ágeis como os galgos de Diana – para dar a isto uma cor poética. E dizia a agulha:

— Então, senhora linha, ainda teima no que dizia há pouco? Não repara que esta distinta costureira só se importa comigo; eu é que vou aqui entre os dedos dela, unidinha a eles, furando abaixo e acima...

A linha não respondia; ia andando. Buraco aberto pela agulha era logo enchido por ela, silenciosa e ativa, como quem sabe o que faz, e não está para ouvir palavras loucas. A agulha, vendo que ela não lhe dava resposta, calou-se também, e foi andando. E era tudo silêncio na saleta de costura; não se ouvia mais que o plic-plic-plic-plic da agulha no pano. Caindo o sol, a costureira dobrou a costura, para o dia seguinte. Continuou ainda nessa e no outro, até que no quarto acabou a obra, e ficou esperando o baile.

Veio a noite do baile, e a baronesa vestiu-se. A costureira, que a ajudou a vestir-se, levava a agulha espetada no corpinho, para dar algum ponto necessário. E enquanto compunha o vestido da bela dama, e puxava de um lado ou outro, arregaçava daqui ou dali, alisando, abotoando, acolchetando, a linha para mofar da agulha, perguntou-lhe:

— Ora, agora, diga-me, quem é que vai ao baile, no corpo da baronesa, fazendo parte do vestido e da elegância? Quem é que vai dançar com ministros e diplomatas, enquanto você volta para a caixinha da costureira, antes de ir para o balaio das mucamas? Vamos, diga lá.

Parece que a agulha não disse nada; mas um alfinete, de cabeça grande e não menor experiência, murmurou à pobre agulha:

— Anda, aprende, tola. Cansas-te em abrir caminho para ela e ela é que vai gozar da vida, enquanto aí ficas na caixinha de costura. Faze como eu, que não abro caminho para ninguém. Onde me espetam, fico.

Contei esta história a um professor de melancolia, que me disse, abanando a cabeça:

— Também eu tenho servido de agulha a muita linha ordinária!

ASSIS, Machado de. Um apólogo. In: **Para Gostar de Ler**. v. 9, Contos. São Paulo: Ática, 1984, p. 59.

20.2 Texto dissertativo

O texto dissertativo, também chamado por alguns de informativo, possui a finalidade de discorrer sobre determinado assunto, apresentando fatos, opiniões de especialistas, dados quantitativos ou mesmo informações sobre o assunto da dissertação. É preciso entender que nem sempre a dissertação busca persuadir o seu interlocutor, ela pode simplesmente transmitir informações pertinentes ao assunto dissertado.

Quando a persuasão é objetivada, o texto passa a ter também características argumentativas. A rigor, as questões de concurso público focalizam a tipologia, não seus interstícios, portanto, não precisa ficar desesperado com o fato de haver diferença entre texto dissertativo-expositivo e texto dissertativo-argumentativo. Importa saber que ele é dissertativo.

Ressalta-se que toda boa dissertação possui a **introdução** do tema, o **desenvolvimento** coeso e coerente, que está vinculado ao que se diz na introdução, e uma **conclusão** lógica do texto, evidenciando o que se permite compreender por meio da exposição dos parágrafos de desenvolvimento.

A tipologia dissertativa pode ser facilmente encontrada em editoriais, textos de divulgação acadêmica, ou seja, com caráter científico, ensaios, resenhas, artigos científicos e textos pedagógicos.

Exemplo de dissertação:

> ***Japão foi avisado sobre problemas em usinas dois anos antes, diz Wikileaks***
>
> *O Wikileaks, site de divulgação de informações consideradas sigilosas, vazou um documento que denuncia que o governo japonês já havia sido avisado pela vigilância nuclear internacional que suas usinas poderiam não ser capazes de resistir a terremotos. O relatório, assinado pelo embaixador Thomas Schieffer obtido pelo WikiLeaks foi publicado hoje pelo jornal britânico, The Guardian.*

O documento revela uma conversa de dezembro de 2008 entre o então deputado japonês, Taro Kono, e um grupo diplomático norte-americano durante um jantar. Segundo o relatório, um membro da Agência Internacional de Energia Atômica (AIEA) disse que as normas de segurança estavam obsoletas para aguentar os fortes terremotos, o que significaria "um problema grave para as centrais nucleares". O texto diz ainda que o governo do Japão encobria custos e problemas associados a esse ramo da indústria.

Diante da recomendação da AIEA, o Japão criou um centro de resposta de emergência em Fukushima, capaz de suportar, apenas, tremores até magnitude 7,0.

Como visto anteriormente, conceituar, polemizar, questionar a lógica de algum tema, explicar ou mesmo comentar uma notícia são estratégias dissertativas. Vamos dividir essa tipologia textual em dois tipos essencialmente diferentes: o **dissertativo-expositivo** e o **dissertativo-argumentativo**.

Padrão dissertativo-expositivo

A característica fundamental do padrão expositivo da dissertação é utilizar a estrutura da prosa não para convencer alguém de alguma coisa, e sim para apresentar uma ideia, apresentar um conceito. O princípio do texto expositivo não é a persuasão, é a informação e, justamente por tal fato, ficou conhecido como informativo. Para garantir uma boa interpretação desse padrão textual, é importante buscar a ideia principal (que deve estar presente na introdução do texto) e, depois, entender quais serão os aspectos que farão o texto progredir.

- **Onde posso encontrar esse tipo de texto?** Jornais revistas, sites sobre o mundo de economia e finanças. Diz-se que esse tipo de texto focaliza a função referencial da linguagem.
- **Como costuma ser o tipo de questão relacionada ao texto dissertativo-expositivo?** Geralmente, os elaboradores questionam sobre as informações veiculadas pelo texto. A tendência é que o elaborador inverta as informações contidas no texto.
- **Como resolver mais facilmente?** Toda frase que mencionar o conceito ou a quantidade de alguma coisa deve ser destacada para facilitar a consulta.

Padrão dissertativo-argumentativo

No texto do padrão dissertativo-argumentativo, existe uma opinião sendo defendida e existe uma posição ideológica por detrás de quem escreve o texto. Se analisarmos a divisão dos parágrafos de um texto com características argumentativas, perceberemos que a introdução apresenta sempre uma tese (ou hipótese) que é defendida ao longo dos parágrafos.

Uma vez feito isso, o candidato deve entender qual é a estratégia utilizada pelo produtor do texto para defender seu ponto de vista. Na verdade, agora é o momento de colocar "a mão na massa" para valer, uma vez que aqueles enunciados que iniciam com "infere-se da argumentação do texto", "depreende-se dos argumentos do autor" serão vencidos caso se observem os fatores de interpretação corretos:

- Conexão entre as ideias do texto (atenção para as conjunções).
- Articulação entre as ideias do texto (atenção para a combinação de argumentos).
- Progressão do texto.

Recursos argumentativos

Quando o leitor interage com uma fonte textual, deve observar – tratando-se de um texto com o padrão dissertativo-argumentativo – que o autor se vale de recursos argumentativos para construir seu raciocínio dentro do texto. Vejamos alguns recursos importantes:

- **Argumento de autoridade:** baseado na exposição do pensamento de algum especialista ou alguma autoridade no assunto. Citações, paráfrases e menções ao indivíduo podem ser tomadas ao longo do texto. É importante saber diferenciar se a opinião colocada em foco é a do autor ou se é a do indivíduo que ele cita ao longo do texto.
- **Argumento com base em consenso:** parte de uma ideia tomada como consensual, o que leva o leitor a entender apenas aquilo que o elaborador mostra. Sentenças do tipo "todo mundo sabe que", "é de conhecimento geral que" identificam esse tipo de argumentação.
- **Argumento com fundamentação concreta:** basear aquilo que se diz em algum tipo de pesquisa ou fato que ocorre com certa frequência.
- **Argumento silogístico (com base em um raciocínio lógico):** do tipo hipotético – "Se ... então".
- **Argumento de competência linguística:** consiste em adequar o discurso ao panorama linguístico de quem é tido como possível leitor do texto.
- **Argumento de exemplificação:** utilizar casos ou pequenos relatos para ilustrar a argumentação do texto.

20.3 Texto descritivo

Em um texto descritivo, faz-se um tipo de retrato por escrito de um lugar, uma pessoa, um animal ou um objeto. Os adjetivos são abundantes nessa tipologia, uma vez que a sua função de caracterizar os substantivos é extremamente exigida nesse contexto. É possível existir um texto descritivo que enuncie características de sensações ou sentimentos, porém não é muito comum em provas de concurso público. Não há relação temporal na descrição. Os verbos relacionais são mais presentes para poder evidenciar aspectos e características. Significa "criar" com palavras uma imagem.

Exemplo de texto descritivo:

Texto extraído da prova do BRB (2010) – Banca CESPE/UnB

Nome científico: *Ginkgo biloba L.*
Nome popular: *Nogueira-do-japão*
Origem: *Extremo Oriente*
Aspecto: *as folhas dispõem-se em leque e são semelhantes ao trevo; a altura da árvore pode chegar a 40 metros; o fruto lembra uma ameixa e contém uma noz que pode ser assada e comida*

20.4 Conotação × denotação

É interessante, quando se estuda o conteúdo de tipologia textual, ressaltar a distinção conceitual entre o sentido conotativo e o sentido denotativo da linguagem. Vejamos como se opera essa distinção:

Sentido conotativo: figurado, ou abstrato. Relaciona-se com as figuras de linguagem.

- Adalberto **entregou sua alma a Deus.**

  A ideia de entregar a alma a Deus é figurada, ou seja, não ocorre literalmente, pois não há um serviço de entrega de almas. Essa é uma figura que convencionamos chamar de **metáfora.**

Sentido denotativo: literal, ou do dicionário. Relaciona-se com a função **referencial** da linguagem.

- Adalberto **morreu.**

  Quando dizemos função referencial, entende-se que o falante está preocupado em transmitir precisamente o fato ocorrido, sem apelar para figuras de pensamento. Essa frase do exemplo serviu para mostrar o sinônimo da figura de linguagem anterior.

21. GÊNEROS TEXTUAIS

Os gêneros textuais podem ser textos orais ou escritos, formais ou informais. Eles possuem características em comum, como a intenção comunicativa, mas há algumas características que os distinguem uns dos outros.

21.1 Gêneros textuais e esferas de circulação

Cada gênero textual está vinculado a uma esfera de circulação, ou seja, um lugar comum em que ele pode ser encontrado.

Cotidiana: adivinhas, diário, álbum de família exposição oral, anedotas, fotos, bilhetes, músicas, cantigas de roda, parlendas, carta pessoal, piadas, cartão, provérbios, cartão postal, quadrinhas, causos, receitas, comunicado, relatos de experiências vividas, convites, trava-línguas, *curriculum vitae*.

Literária/artística: autobiografia, letras de músicas, biografias, narrativas de aventura, contos, narrativas de enigma, contos de fadas, narrativas de ficção, contos de fadas contemporâneos, narrativas de humor, crônicas de ficção, narrativas de terror, escultura, narrativas fantásticas, fábulas, narrativas míticas, fábulas contemporâneas, paródias, haicais, pinturas, histórias em quadrinhos, poemas, lendas, romances, literatura de cordel, tankas, memórias, textos dramáticos.

Científica: artigos, relatos históricos, conferências, relatórios, debates, palestras, verbetes, pesquisas.

Escolar: atas, relatos históricos, cartazes, relatórios, debates, regrados, relatos de experiências, diálogos/discussões argumentativas científicas, exposições orais, resenhas, júris simulados, resumos, mapas, seminários, palestras, textos argumentativos, pesquisas, textos de opinião, verbetes de enciclopédias.

Jornalística: imprensas, agendas culturais, fotos, anúncios de emprego, horóscopos, artigos de opinião, infográficos, caricaturas, manchetes, cartas ao leitor, mapas, mesas redondas, cartuns, notícias, charges, reportagens, classificados, resenhas críticas, crônicas jornalísticas, sinopses de filmes, editoriais, tiras, entrevistas (orais e escritas).

Publicidade: anúncios, músicas, caricaturas, **paródias**, cartazes, placas, comerciais para televisão, publicidades comerciais, *e-mails*, publicidades institucionais, *folders*, publicidades oficiais, fotos, textos políticos, *slogans*.

Política: abaixo-assinados, debates regrados, assembleias, discursos políticos, cartas de emprego, fóruns, cartas de reclamação, manifestos, cartas de solicitação, mesas redondas, debates, panfletos.

Jurídica: boletins de ocorrência, estatutos, constituição brasileira, leis, contratos, ofícios, declaração de direitos, procurações, depoimentos, regimentos, discursos de acusação, regulamentos, discursos de defesa, requerimentos.

Social: bulas, relatos históricos, manuais técnicos, relatórios, placas, relatos de experiências científicas, resenhas, resumos, seminários, textos argumentativos, textos de opinião, verbetes de enciclopédias.

Midiática: *blogs*, *realities show*, *chats*, *talks show*, desenhos animados, telejornais, e-mails, telenovelas, entrevistas, torpedos, filmes, vídeos clip, fotoblogs, videoconferências, *home page*.

21.2 Exemplos de gêneros textuais

Artigo: o artigo de opinião é um gênero textual que faz parte da esfera jornalística e tem por finalidade a exposição do ponto de vista sobre um determinado assunto. Assim como a dissertação, ele também se compõe de um título, uma introdução, um desenvolvimento e uma conclusão.

Ata: a ata tem como finalidade registrar ocorrências, resoluções e decisões de reuniões, sessões realizadas por algum órgão, setor, entidade etc.

Estrutura da ata:

- Dia, mês, ano e hora (por extenso);
- Local da reunião;
- Pessoas presentes, devidamente qualificadas;
- Ordem do dia (pauta);
- Fecho.

Observações:

- Não há disposição quanto à quantidade de pessoas que deve assinar a ata; pode ser assinada apenas pelo presidente e pelo secretário.
- A ata deve ser redigida de modo que não sejam possíveis alterações posteriores à assinatura (há o emprego de expressões "digo" e "em tempo").
- Não há parágrafos ou alíneas.
- A ata é o registro fiel.

Atestado: atestado é o documento mediante o qual a autoridade comprova um fato ou situação de que tenha conhecimento em razão do cargo que ocupa ou da função que exerce. Destina-se à comprovação de fatos ou situações passíveis de modificações frequentes. É uma mera declaração, ao passo que a certidão é uma transcrição. Ato administrativo enunciativo, o atestado é, em síntese, afirmação oficial de fatos.

Partes:

- **Título ou epígrafe:** denominação do ato (atestado).
- **Texto:** exposição do objeto da atestação. Pode-se declarar, embora não seja obrigatório, a pedido de quem e com que finalidade o documento é emitido.
- **Local e data:** cidade, dia, mês e ano da emissão do ato, podendo também citar, preferentemente sob forma de sigla, o nome do órgão em que a autoridade signatária do atestado exerce suas funções.
- **Assinatura:** nome e cargo ou função da autoridade que atesta.

Apostila: apostila é a averbação, feita abaixo dos textos ou no verso de decretos e portarias pessoais (nomeação, promoção, ascensão, transferência, readaptação, reversão, aproveitamento, reintegração, recondução, remoção, exoneração, demissão, dispensa, disponibilidade e aposentadoria), para que seja corrigida flagrante inexatidão material do texto original (erro na grafia de nomes próprios, lapso na especificação de datas etc.), desde que essa correção não venha a alterar a substância do ato já publicado.

Tratando-se de erro material em decreto pessoal, a apostila deve ser feita pelo Ministro de Estado que o propôs. Se o lapso houver ocorrido em portaria pessoal, a correção por apostilamento estará a cargo do ministro ou secretário signatário da portaria. Nos dois casos, a apostila deve sempre ser publicada no Boletim de Serviço ou Boletim Interno correspondente e, quando se tratar de ato referente a ministro de Estado, também no Diário Oficial da União.

A finalidade da correção de inexatidões materiais por meio de apostila é evitar que se sobrecarregue o Presidente da República com a assinatura de atos repetidos, e que se onere a Imprensa Nacional com a republicação de atos.

Forma e estrutura:

- Título, em maiúsculas e centralizado sobre o texto.
- Texto, no qual deve constar a correção que está sendo feita, a ser iniciada com a remissão ao decreto que autoriza esse procedimento.

- Local e data, por extenso:
  - Por exemplo: Brasília, em 12 de novembro de 1990.
- Identificação do signatário, abaixo da assinatura:
  - Por exemplo: NOME (em maiúsculas)
    Secretário da Administração Federal

No original do ato normativo, próximo à apostila, deverá ser mencionada a data de publicação da apostila no Boletim de Serviço ou no Boletim Interno.

Carta: pode ter caráter argumentativo quando se trata de uma carta aberta ou carta do leitor. Quando se trata de carta pessoal, há a presença de aspectos narrativos ou descritivos.

Charge: é um gênero textual em que é feita uma ilustração cômica, irônica, por meio de caricaturas, com o objetivo de satirizar, criticar ou fazer um comentário sobre algum acontecimento, que é atual, em sua grande maioria.

A charge é um dos gêneros textuais mais cobrados em questões de concurso. Deve-se dar atenção à crítica feita pelo autor, a qual pode ser percebida pela relação texto verbal e não verbal (palavras e imagens).

Certidão: certidão é o ato pelo qual se procede à publicidade de algo relativo à atividade Cartorária, a fim de que não haja dúvidas. Possui formato padrão próprio, termos essenciais que lhe dão suas características. Exige linguagem formal, objetiva e concisão.

Termos essenciais da certidão:

- **Afirmação:** certidão e dou fé que.
- **Identificação do motivo de sua expedição:** a pedido da parte interessada.
- **Ato a que se refere:** revendo os assentamentos constantes deste cartório, não logrei encontrar ação movida contra (nome).
- **Data:** de sua expedição.
- **Assinatura:** do escrivão.

Circular: é utilizada para transmitir avisos, ordens, pedidos ou instruções, dar ciência de leis, decretos, portarias etc.

- Destina-se a uma ou mais de uma pessoa/órgão/empresa. No caso de mais de um destinatário, todas as vias distribuídas devem ser iguais.
- A paragrafação pode seguir o estilo americano (sem entradas de parágrafo), ou estilo tradicional. No caso de estilo americano, todo o texto, a data e a assinatura devem ser alinhados à margem esquerda. No estilo tradicional, devem ser centralizados.

Partes:

- **Timbre:** impresso no alto do papel.
- **Título e número:** cerca de três linhas do timbre e no centro da folha. O número pode vir seguido do ano.
- **Data:** deve estar próxima do título e número, ao lado ou abaixo, podendo se apresentar de várias formas:
  - Por exemplo:
  - CIRCULAR Nº 01, DE 2 MARÇO DE 2002
  - CIRCULAR Nº 01
  - De 2 de março de 2002
  - CIRCULAR Nº 01/02
  - Rio de Janeiro, 2 de março de 2002
- **Ementa (opcional):** deve vir abaixo do título e data, cerca de três linhas.
  - Ementa: Material de consumo.
  - Ref.: Material de consumo.
- **Invocação:** cerca de quatro linhas do título. Dependendo do assunto e destinatários, a invocação é dispensável.
  - Excelentíssimo Senhor:
  - Senhor Prefeito:
  - Senhores Pais:
- **Texto:** cerca de três linhas do título. Deve conter:
  - Exposição do assunto, desenvolvida a partir dos objetivos.
  - A sensibilização do receptor/destinatário;
  - Convite a agir.
  - Cumprimento final:
  - Respeitosamente,
  - Atenciosamente,
- **Assinatura:** cerca de quatro linhas do cumprimento final. É composta do nome do emissor (só as iniciais maiúsculas) e cargo ou função (todo em maiúscula):
  - Por exemplo:
    Herivelto Nascimento
    DIRETOR
- **Anexos:** quando houver documentos a anexar, escreve-se a palavra anexo à margem esquerda, seguida da relação do que está anexado:
  - Por exemplo:
    Anexo: quadro de horários.
    Anexa: cópia do documento.
    Anexas: tabela de horários e cópia dos documentos.
- **Iniciais:** na última linha útil do papel, à esquerda, devemos escrever as iniciais de quem elaborou o texto (redator), seguidas das iniciais de quem a datilografou/digitou (em maiúscula ou minúscula, tanto faz). Quando o redator e o datilógrafo forem a mesma pessoa, basta colocar a barra seguida das iniciais:
  - PPS/AZ
  - Pps/az
  - /pps
  - /PPS
- **Declaração:** a declaração deve ser fornecida por pessoa credenciada ou idônea que nele assume a responsabilidade sobre uma situação ou a concorrência de um fato. Portanto, é uma comprovação escrita com caráter de documento. A declaração pode ser manuscrita em papel almaço simples ou digitada. Quanto ao aspecto formal, divide-se nas seguintes etapas:
  - **Timbre:** impresso com cabeçalho, contendo o nome do órgão ou empresa. Nas declarações particulares, usa-se papel sem timbre.
  - **Título:** no centro da folha, em caixa alta.
  - **Texto:**
    - Identificação do emissor.
    - O verbo atestar ou declarar deve aparecer no presente do indicativo, terceira pessoa do singular ou do plural.
    - Finalidade do documento: em geral, costuma-se usar o termo "para os devidos fins". Também se pode especificar: "para fins de trabalho", "para fins escolares" etc.
    - Nome e dados de identificação do interessado.
    - Citação do fato a ser atestado.

- **Local e data:** deve-se escrevê-lo acerca de três linhas do texto.

Editorial: é um gênero textual dissertativo-argumentativo que apresenta o posicionamento de uma empresa, revista, jornal sobre determinado assunto.

Entrevista: é um gênero textual em que aparece o diálogo entre o entrevistador e o(s) entrevistado(s), para obter informações sobre o entrevistado ou algum assunto. Podem aparecer elementos expositivos, argumentativos e narrativos.

Edital: é um documento em que são apresentados avisos, citações, determinações.

São diversos os tipos de editais, de acordo com o objetivo: pode comunicar uma citação, um proclame, um contrato, uma exoneração, uma licitação de obras, serviços, tomada de preço etc.

Entre eles, os editais mais comuns são os de concursos públicos, que determinam as etapas dos processos seletivos e as competências necessárias para a sua execução.

22. COMPREENSÃO E INTERPRETAÇÃO DE TEXTOS

22.1 Ideias preliminares sobre o assunto

Para interpretar um texto, o indivíduo precisa de muita atenção e de muito treino. Interpretar pode ser comparado com o disparar de uma arma: apenas temos chance de acertar o alvo se treinarmos muito e soubermos combinar todos os elementos externos ao disparo: velocidade do ar, direção, distância etc.

Quando o assunto é texto, o primordial é estabelecer uma relação contextual com aquilo que estamos lendo. Montar o contexto significa associar o que está escrito no texto-base com o que está disposto nas questões. Lembre-se de que as questões são elaboradas com a intenção de testar os concursandos, ou seja, deve ficar atento para todas as palavras e para todas as possibilidades de mudança de sentido que possa haver nas questões.

É preciso, para entender as questões de interpretação de qualquer banca, buscar o raciocínio que o elaborador da questão emprega na redação da questão. Usualmente, objetiva-se a depreensão dos sentidos do texto. Para tanto, destaque os itens fundamentais (as ideias principais contidas nos parágrafos) para poder refletir sobre tais itens dentro das questões.

22.2 Semântica ou pragmática?

Existe uma discussão acadêmica sobre o que possa ser considerado como semântica e como pragmática. Em que pese o fato de os universitários divergirem a respeito do assunto, vamos estabelecer uma distinção simples, apenas para clarear nossos estudos.

- **Semântica:** disciplina que estuda o **significado** dos termos. Para as questões relacionadas a essa área, o comum é que se questione acerca da troca de algum termo e a manutenção do sentido original da sentença.
- **Pragmática:** disciplina que estuda o **sentido** que um termo assume dentro de determinado contexto. Isso quer dizer que a identificação desse sentido depende do entorno linguístico e da intenção de quem exprime a sentença.

Para exemplificar essa situação, vejamos o exemplo a seguir:

- **Pedro está na geladeira.**

Nesse caso, é possível que uma questão avalie a capacidade de o leitor compreender que há, no mínimo, dois sentidos possíveis para essa sentença: um deles diz respeito ao fato de a expressão "na geladeira" poder significar algo como "ele foi até a geladeira buscar algo", o que – coloquialmente – significaria uma expressão indicativa de lugar.

O outro sentido diz respeito ao fato de "na geladeira" significar que "foi apartado de alguma coisa para receber algum tipo de punição".

A questão sobre **semântica** exigiria que o candidato percebesse a possibilidade de trocar a palavra "geladeira" por "refrigerador" – havendo, nesse caso, uma relação de sinonímia.

A questão de **pragmática** exigiria que o candidato percebesse a relação contextualmente estabelecida, ou seja, a criação de uma figura de linguagem (um tipo de metáfora) para veicular um sentido particular.

22.3 Questão de interpretação

Como se faz para saber que uma questão de interpretação é uma questão de interpretação?

Respondendo a essa pergunta, entende-se que há pistas que identificam a questão como pertencente ao rol de questões para interpretação. Os indícios mais precisos que costumam aparecer nas questões são:

- Reconhecimento da intenção do autor.
- Ponto de vista defendido.
- Argumentação do autor.
- Sentido da sentença.

Apesar disso, não são apenas esses os indícios de que uma questão é de intepretação. Dependendo da banca, podemos ter a natureza interpretativa distinta, principalmente porque o critério de intepretação é mais subjetivo que objetivo. Algumas bancas podem restringir o entendimento do texto; outras podem extrapolá-lo.

22.4 Dicas para interpretação

Há três elementos fundamentais para boa interpretação:

- Eliminação dos vícios de leitura.
- Organização.
- Sagacidade.

22.4.1 Vícios de leitura

A pior coisa que pode acontecer com o concursando, quando recebe um texto complexo para ler e interpretar, é cair num vício de leitura. Veja se você possui algum deles. Caso possua, tente eliminar o quanto antes.

Movimento

Como tudo inicia. O indivíduo pega o texto para ler e não para quieto. Troca a maneira de sentar, troca a posição do texto, nada está bom, nada está confortável. Em casa, senta para estudar e o que acontece? Fome. Depois? Sede. Então, a pessoa fica se mexendo para pegar comida, para tomar água, para ficar mais sossegado e o fluxo de leitura vai para o espaço. Fique quieto! O conceito é militar! Sente-se e permaneça assim até acabar a leitura, do contrário, vai acabar com a possibilidade de entender o que está escrito. Estudar com televisão, rádio, redes sociais e qualquer coisa dispersiva desse gênero só vai atrapalhar você.

Apoio

Não é aconselhável utilizar apoios para a leitura, tais como: réguas, acompanhar a linha com a caneta, ler em voz baixa, passar o dedo pelo papel etc. Basta pensar que seus olhos são muito mais rápidos que qualquer movimento ou leitura em voz alta.

"Garoto da borboleta"

Se você possui os vícios anteriores, certamente é um "garoto da borboleta" também. Isso quer dizer que é desatento e fica facilmente (fatalmente) disperso. Tudo chama sua atenção: caneta batendo na mesa, o concorrente barulhento, a pessoa estranha que está em sua frente, o tempo passando etc. Você vai querer ficar voltando ao início do texto porque não conseguiu compreender nada e, finalmente, vai perder as questões de interpretação.

22.4.2 Organização da leitura

Para que ocorra organização, é necessário compreender que todo texto possui:

- **Posto:** aquilo que é dito no texto. O conteúdo expresso.
- **Pressuposto:** aquilo que não está dito, mas que é facilmente compreendido.
- **Subentendido:** o que se pode interpretar por uma soma de dito com não-dito.

Veja um exemplo:

Alguém diz: "felizmente, meu tio parou de beber." É certo que o dito se compõe pelo conteúdo da mensagem: o homem parou de beber. O não-dito, ou pressuposto, fica a cargo da ideia de que o homem bebia e, agora, não bebe mais. Por sua vez, o subentendido pode ser abstraído como "meu tio possuía problemas com a bebida e eu assumo isso por meio da sentença que profiro". Não é difícil! É necessário, no entanto, possuir uma certa "malandragem linguística" para perceber isso de início.

22.5 Dicas para organização

As dicas de organização não são novas, mas são eficazes, vamos lá:

- **Ler mais de uma vez o texto (quando for curto, é lógico)**

A primeira leitura é para tomar contato com o assunto, a segunda, para observar como o texto está articulado.

Ao lado de cada parágrafo, escreva a principal ideia (tópico frasal) ou argumento mais forte do trecho. Isso ajuda você a ter clareza da temática e como ela está sendo desenvolvida.

Se o texto for muito longo, recomenda-se ler primeiro a questão de interpretação, para, então, buscá-la na leitura.

- **Observar as relações entre parágrafos**

Observar que há relações de exemplificação, oposição e causalidade entre os parágrafos do texto, por isso, tente compreender as relações intratextuais nos parágrafos.

Ficar de olho aberto para as conjunções adversativas: *no entanto*, *contudo*, *entretanto* etc.

- **Atentar para o comando da questão**

Responda àquilo que foi pedido.

  - **Dica:** entenda que modificar e prejudicar o sentido não são a mesma coisa.

- **Palavras de alerta (polarizadoras)**

Sublinhar palavras como: *erro*, *incorreto*, *correto* e *exceto*, para não se confundir no momento de responder à questão.

Inaceitável, *incompatível* e *incongruente* também podem aparecer.

- **Limitar os horizontes**

Não imaginar que você sabe o que o autor quis dizer, mas sim entender o que ele disse: o que ele escreveu. Não extrapolar a significação do texto. Para isso, é importante prestar atenção ao significado das palavras.

Pode até ser coerente o que você concluiu, mas se não há base textual, descarte.

> O homem **pode** morrer de infarto. / O homem **deve** morrer de infarto.

- **Busque o tema central do texto**

Geralmente aparece no primeiro parágrafo do texto.

- **Desenvolvimento**

Se o enunciado mencionar a argumentação do texto, você deve buscar entender o que ocorre com o desenvolvimento dos parágrafos.

Verificar se o desenvolvimento ocorre por:

  - Causa e consequência.
  - Enumeração de fatos.
  - Retrospectiva histórica.
  - Fala de especialista.
  - Resposta a um questionamento.
  - Sequência de dados.
  - Estudo de caso.
  - Exemplificação.

- **Relatores**

Atentar para os pronomes relativos e demonstrativos no texto. Eles auxiliam o leitor a entender como se estabelece a coesão textual.

Alguns deles: *que*, *cujo*, *o qual*, *onde*, *esse*, *este*, *isso*, *isto* etc.

- **Entender se a questão é de interpretação ou de compreensão**
  - Interpretação

Parte do texto para uma conclusão. As questões que solicitam uma inferência costumam apresentar as seguintes estruturas:

> "É possível entender que..."
> "O texto possibilita o entendimento de que..."
> "O texto encaminha o leitor para..."
> "O texto possibilita deduzir que..."
> "Depreende-se do texto que..."
> "Com apoio no texto, infere-se que..."
> "Entende-se que..."
> "Compreende-se que..."
> "Compreensão"

Buscam-se as informações solicitadas pela questão no texto. As questões dessa natureza possuem as seguintes estruturas:

> "De acordo com o texto, é possível afirmar..."
> "Segundo o texto..."
> "Conforme o autor..."
> "No texto..."
> "Conforme o texto..."

- **Tome cuidado com as generalizações**

Na maior parte das vezes, o elaborador da prova utiliza a generalização para tornar a questão incorreta.

Atenção para as palavras: *sempre*, *nunca*, *exclusivamente*, *unicamente*, *somente*.

O que você não deve fazer!
"Viajar" no texto: interpretar algo para além do que o texto permite.
Interpretar apenas um trecho do texto.
Entender o contrário: fique atento a palavras como "pode", "não", "deve" etc.

22.5.1 Astúcia da banca

Talvez seja essa a característica mais difícil de se desenvolver no concursando, pois ela envolve o conhecimento do tipo de interpretação e dos limites estabelecidos pelas bancas. Só há uma maneira de ficar esperto estudando para concurso público: realizando provas! Pode parecer estranho, mas depois de resolver 200 questões da mesma banca, você já consegue prever como será a próxima questão. Prever é garantir o acerto! Então, faça exercícios até cansar e, quando cansar, faça mais um pouco.

Vamos trabalhar com alguns exemplos agora:

- **Exemplo I**

> *Entre os maiores obstáculos ao pleno desenvolvimento do Brasil, está a educação. Este é o próximo grande desafio que deve ser enfrentado com paciência, mas sem rodeios. É a bola da vez dentro das políticas públicas prioritárias do Estado. Nos anos 1990 do século passado, o país derrotou a inflação – que corroía salários, causava instabilidade política e irracionalidade econômica. Na primeira década deste século, os avanços deram-se em direção a uma agenda social, voltada para a redução da pobreza e da desigualdade estrutural. Nos próximos anos, a questão da melhoria da qualidade do ensino deve ser uma obrigação dos governantes, sejam quais forem os ungidos pelas decisões das urnas.*
>
> **Jornal do Brasil**, Editorial, 21/1/2010 (com adaptações).

Agora o mesmo texto, devidamente marcado.

> *Entre* ***os maiores obstáculos*** *ao pleno desenvolvimento do Brasil, está a educação. Este é o* ***próximo grande desafio*** *que deve ser enfrentado com paciência, mas sem rodeios. É a* ***bola da vez*** *dentro das políticas públicas prioritárias do Estado.* ***Nos anos 90 do século passado,*** *o país derrotou a inflação – que corroía salários, causava instabilidade política e irracionalidade econômica.* ***Na primeira década deste século,*** *os avanços deram-se em direção a uma agenda social, voltada para a redução da pobreza e da desigualdade estrutural.* ***Nos próximos anos,*** *a questão da melhoria da qualidade do ensino deve ser uma* ***OBRIGAÇÃO DOS GOVERNANTES****, sejam quais forem os ungidos pelas decisões das urnas.*

Observe que destacamos para você elementos que podem surgir, posteriormente como questões. O texto inicia falando que há mais obstáculos além da educação. Também argumenta, posteriormente, que já houve outros desafios além desse que ele chama de "próximo grande desafio". Utilizando uma expressão de sentido **conotativo** (bola da vez), o escritor anuncia que a educação ocupa posição de destaque quando o assunto se volta para as políticas públicas prioritárias do Estado.

No decorrer do texto, que se desenvolve por um tipo de retrospectiva histórica (veja o que está destacado), o redator traça um panorama dessas políticas públicas ao longo da história do país, fazendo uma previsão para os anos vindouros (o que foi destacado em caixa alta).

- **Exemplo II**

> *Um passo fundamental para que não nos enganemos quanto à* ***natureza do capitalismo contemporâneo*** *e o significado das políticas empreendidas pelos países centrais para enfrentar a recente* ***crise econômica*** *é problematizarmos, com cuidado, o termo* ***neoliberalismo****: "começar pelas palavras talvez não seja coisa vã", escreve Alfredo Bosi em Dialética da Colonização.*
>
> ***A partir da década de 1980****, buscando exprimir a natureza do capitalismo contemporâneo, muitos, principalmente os críticos, utilizaram esta palavra que, por fim, se generalizou. Mas o que, de fato, significa? O prefixo neo quer dizer novo; portanto, novo liberalismo. Ora, durante o século* ***XIX deu-se a construção de um liberalismo*** *que viria encontrar a sua crise definitiva na I Guerra Mundial em 1914 e na crise de 1929. Mas desde o período entre guerras e, sobretudo, depois, com o término da II Guerra Mundial, em 1945, tomou corpo um novo modelo, principalmente na Europa, que de certa forma se contrapunha ao velho liberalismo: era* ***o mundo da socialdemocracia****, da presença do Estado na vida econômica, das ações políticas inspiradas na reflexão teórica do economista britânico John Keynes, um crítico do liberalismo econômico clássico que viveu na primeira metade do século XX. Quando esse modelo também entrou em crise, no princípio da década de 1970, surgiu a perspectiva de* ***reconstrução da ordem liberal****. Por isso, novo liberalismo, neoliberalismo.*

Grupo de São Paulo, disponível em: http://www.correiocidadania.com.br/content/view/5158/9/. Acesso em: 28/10/2010. (Adaptado)

- **Exemplo III**

> ***Em Defesa do Voto Obrigatório***
>
> *O voto, direito duramente conquistado,* ***deve ser considerado um dever*** *cívico, sem o exercício do qual o* ***direito se descaracteriza ou se perde****, afinal liberdade e democracia são fins e não apenas meios. Quem vive em uma comunidade política não pode estar* ***desobrigado*** *de opinar sobre os rumos dela. Nada contra a desobediência civil, recurso legítimo para o protesto cidadão, que, no caso eleitoral, se pode expressar no voto nulo (cuja tecla deveria constar na máquina utilizada para votação). Com o* ***voto facultativo****, o direito de votar e o de não votar ficam inscritos, em pé de igualdade, no corpo legal. Uma parte do eleitorado deixará voluntariamente de opinar sobre a constituição do poder político. O desinteresse pela política e a descrença no voto são registrados como mera "escolha", sequer como desobediência civil ou protesto.* ***A consagração da alienação política*** *como um direito legal interessa aos conservadores, reduz o peso da soberania popular e desconstitui o sufrágio como universal.*
>
> *Para o* ***cidadão ativo****, que, além de votar, se organiza para garantir os direitos civis, políticos e sociais, o enfoque é inteiramente outro. O tempo e o* ***trabalho dedicados ao acompanhamento continuado da política não se apresentam como restritivos da liberdade individual.*** *Pelo contrário, são obrigações auto assumidas no esforço de construção e aprofundamento da democracia e de vigília na defesa das liberdades individuais e públicas. A ideia de que a democracia se constrói nas lutas do dia a dia se contrapõe, na essência, ao modelo liberal. O cidadão escolado na disputa política sabe que a liberdade de não ir votar é uma armadilha. Para que o sufrágio continue universal, para que todo poder emane do povo e não, dos donos do poder econômico, o voto, além de ser um direito,* ***deve conservar a sua condição de dever cívico.***

23. INTERPRETAÇÃO DE TEXTO POÉTICO

Cada vez mais comum em provas de concursos públicos, o texto poético possui suas particularidades. Nem todas as pessoas possuem a capacidade de ler um texto poético, quanto mais interpretá-lo. Justamente por esse fato, ele tem sido o predileto dos examinadores que querem dificultar a vida dos candidatos.

Antes de passar à interpretação propriamente dita, é preciso identificar a nomenclatura das partes de um poema. Cada "linha" do poema é chamada de "**verso**", o conjunto de versos é chamado de "**estrofe**". A primeira sugestão para quem pretende interpretar um poema é segmentar a interpretação por estrofe e anotar o sentido trazido ao lado e cada trecho.

Geralmente, as bancas pecam ao diferenciar **autor** de **eu-lírico**. O primeiro é realmente a pessoa por detrás da caneta, ou seja, é quem efetivamente escreve o texto; o segundo é a "voz" do poema, a "pessoa" fictícia, abstrata que figura como quem traz o poema para o leitor.

Outra dificuldade muito comum é a leitura do texto. Como o texto está em uma disposição que não é mais tão usual, as pessoas têm dificuldade para realizar a leitura. Eis uma dica fundamental: só interrompa a leitura quando chegar a um ponto ou a uma vírgula, porque é dessa maneira que se lê um texto poético. Além disso, é preciso que, mesmo mentalmente, o indivíduo tente dar ênfase na leitura, pois isso pode ajudar na interpretação.

Comumente, o vocabulário do texto poético não é acessível e, em razão disso, costuma haver notas explicativas com o significado das palavras, jamais ignore essa informação! Pode ser a salvação para a interpretação do texto lido.

Veja um exemplo:

Nel mezzo del camin
Cheguei. Chegaste. Vinhas fatigada
E triste, e triste e fatigado eu vinha.
Tinhas a alma de sonhos povoada,
E a alma de sonhos povoada eu tinha...

E paramos de súbito na estrada
Da vida: longos anos, presa à minha
A tua mão, a vista deslumbrada
Tive da luz que teu olhar continha.

Hoje, segues de novo... Na partida
Nem o pranto os teus olhos umedece,
Nem te comove a dor da despedida.
E eu, solitário, volto a face, e tremo,
Vendo o teu vulto que desaparece
Na extrema curva do caminho extremo.

(Olavo Bilac)

Existe outro fator extremamente importante na hora de tentar entender o conteúdo de um texto poético: o **título**! Nem todo poema possui um título, é claro, mas os que possuem ajudam, e muito, na compreensão do "assunto" do poema.

É claro que ter conhecimento do autor e do estilo de escrita por ele adotado é a ferramenta mais importante para que o candidato compreenda com profundidade o que está sendo veiculado pelo texto, porém, como grande parte das bancas ainda não chegou a esse nível de aprofundamento interpretativo, apenas o reconhecimento da superfície do texto já é suficiente para responder às questões.

Vejamos alguns textos para explanar melhor:

Bem no fundo
No fundo, no fundo,
Bem lá no fundo,
A gente gostaria
De ver nossos problemas
Resolvidos por decreto

A partir desta data,
Aquela mágoa sem remédio
É considerada nula
E sobre ela – silêncio perpétuo

Extinto por lei todo o remorso,
Maldito seja quem olhar pra trás,
Lá pra trás não há nada,
E nada mais

Mas problemas não se resolvem,
Problemas têm família grande,
E aos domingos saem todos passear
O problema, sua senhora
E outros pequenos probleminhas

(Paulo Leminski)

Interpretação: por mais que trabalhemos para resolvermos nossos problemas, a única certeza é a de que eles continuarão existindo, pois é isso o que nos move.

23.1 Tradução de sentido

As questões de tradução de sentido costumam ser o "calcanhar de Aquiles" dos candidatos. A maneira mais eficaz de resolvê-las é buscar relações de sinonímia em ambos os lados da sentença. Com isso, fica mais fácil acertar a questão.

Consideremos a relação de sinonímia presente entre "alegria" e "felicidade". Esses dois substantivos não significam, rigorosamente, a mesma coisa, mas são considerados sinônimos contextuais, se considerarmos um texto. Disso, entende-se que o sinônimo é identificado contextualmente e não depende, necessariamente, do conhecimento do sentido de todas as palavras.

Seria bom se fosse sempre dessa maneira. Ocorre que algumas bancas tentam selecionar de maneira não rigorosa os candidatos, cobrando deles o chamado "conhecimento que não é básico". O melhor exemplo é pedir o significado da palavra "adrede", o qual pouquíssimas pessoas conhecem.

23.2 Organização de texto

Em algumas bancas, é comum haver questões que apresentam um texto desordenado, para que o candidato o reordene, garantido a **coesão** e a **coerência**. Além disso, não é raro haver trecho de texto com lacunas para preencher com alguns parágrafos. Para que isso ocorra, é mister saber o que significa coesão e coerência. Vamos a algumas definições simples.

23.2.1 Coesão

Coesão é o conjunto de procedimentos e mecanismos que estabelecem conexão dentro do texto, o que busca garantir a progressão daquilo que se escreve nas sentenças. Pronomes, perífrases e sinônimos estão entre os mecanismos de coesão que podem ser empregados na sentença.

23.2.2 Coerência

Coerência diz respeito à organização de significância do texto, ou seja, o sentido daquilo que se escreve. A sequência temporal e o princípio de não contradição são os dispostos mais emergentes da coerência.

Em questões dessa natureza, busque analisar as sequências de entrada e saída dos textos. Veja se há definições e conectivos que encerram ideias, ou se há pronomes que buscam sequenciar as sentenças. Desse modo, fica mais fácil acertar a questão.

23.3 Significação das palavras

23.3.1 Compreensão, interpretação e intelecção

O candidato que é concurseiro de longa data sabe que, dentre as questões de interpretação de texto, é muito comum surgirem nomenclaturas distintas para fenômenos não tão distintos assim. Quer dizer que, se no seu edital há elementos como leitura, compreensão, intelecção ou interpretação de texto, no fundo, o conceito é o mesmo. Ocorre que, dentro desse processo de interpretação, há elementos importantes para a resolução dos certames.

O que se diz e o que se pode ter dito

Sempre que há um momento de enunciação, o material linguístico serve de base para que os interlocutores negociem o sentido daquilo que está na comunicação. Isso ocorre por meio de vários processos. É possível destacar alguns mais relevantes:

- **Dito:** consiste na superfície do enunciado. O próprio material linguístico que se enuncia.
- **Não-dito:** consiste naquilo que se identifica imediatamente, quando se trabalha com o que está posto (o dito).
- **Subentendido:** consiste nos sentidos ativados por um processo inferencial de análise e síntese do material linguístico somado ao não-dito.

Vejamos isso em uma sentença para compreendermos a teoria.

- "A eleição de Barack Obama não é um evento apenas americano."

  Dito: é o próprio conteúdo da sentença – o fato de a eleição em questão não ser um evento apenas americano.

  Não-dito: alguém poderia pensar que a eleição teria importância apenas para os americanos.

  Subentendido: pode-se concluir que a eleição em questão terá grandes repercussões, a um nível global.

23.4 Inferência

Para a finalidade dos concursos públicos, vamos considerar que a inferência é o resultado do processamento na leitura, ou seja, é aquilo que se pode "concluir" ou "depreender" da leitura de um texto.

No momento de responder a uma questão dessa natureza, recomenda-se prudência. Existe um conceito que parece fundamental para facilitar a resolução dessas questões. Ele se chama **ancoragem lexical.** Basicamente, entende-se como ancoragem lexical a inserção de algum elemento que dispara pressuposições e fomenta inferências, ou seja, se alguma questão pedir se é possível inferir algo, o candidato só poderá responder afirmativamente, se houver uma palavra ou uma expressão (âncora lexical) que permita associar diretamente esses elementos.

Semântica (sentido)

Evidentemente, o conteúdo relativo à significação das palavras deve muito a uma boa leitura do dicionário. Na verdade, o vocabulário faz parte do histórico de leitura de qualquer pessoa: quanto mais você lê, maior é o número de palavras que você vai possuir em seu vocabulário. Como é impossível receitar a leitura de um dicionário, podemos arrolar uma lista com palavras que possuem peculiaridades na hora de seu emprego. Falo especificamente de **sinônimos, antônimos, homônimos e parônimos**. Mãos à obra!

- **Sinônimos:**
  - Sentido aproximado: não existem sinônimos perfeitos:

    Feliz – alegre – contente.

    Palavra – vocábulo.

    Professor – docente.

    O professor Mário chegou à escola. O **docente** leciona matemática.

- **Antônimos:**
  - Oposição de sentido:

    Bem – mal.

    Bom – mau.

    Igual – diferente.

- **Homônimos:** são palavras com escrita ou pronúncia iguais (semelhantes), porém com significado (sentido) diferente.

  Adoro comer **manga** com sal.

  Derrubei vinho na **manga** da camisa.

Há três tipos de homônimos: homógrafos, homófonos e homônimos perfeitos.

- **Homógrafos** – palavras que possuem a mesma grafia, mas o som é diferente.

  O meu **olho** está doendo.

  Quando eu **olho** para você, dói.

- **Homófonos** – apresentam grafia diferente, mas o som é semelhante.

  A **cela** do presídio foi incendiada.

  A **sela** do cavalo é novinha.

- **Homônimos perfeitos** – possuem a mesma grafia e o mesmo som.

  O **banco** foi assaltado.

  O **banco** da praça foi restaurado ontem.

  Ele não **para** de estudar.

  Ele olhou **para** a prova.

- **Parônimos:** são palavras que possuem escrita e pronúncia semelhantes, mas com significado distinto.

  O professor fez a **descrição** do conteúdo.

  Haja com muita **discrição,** Marivaldo.

Aqui vai uma lista para você se precaver quanto aos sentidos desses termos:

- **Ascender** (subir) e **acender** (pôr fogo, alumiar).

  Quando Nero **ascendeu** em Roma, ele **acendeu** Roma.

- **Acento** (sinal gráfico) e **assento** (lugar de sentar-se).

  O **acento** grave indica crase.

  O **assento** 43 está danificado.

- **Acerca de** (a respeito de) e **cerca de** (aproximadamente).

  Há cerca de (faz aproximadamente).

  Falamos **acerca de** Português ontem.

  José mora **cerca de** mim.

  Há cerca de 10 anos, leciono Português.

- **Afim** (semelhante a) e **a fim de** (com a finalidade de).

  Nós possuímos ideias **afins.**

  Nós estamos estudando **a fim** de passar.

- **Aprender** (instruir-se) e **apreender** (assimilar).
  Quando você **apreender** o conteúdo, saberá que **aprendeu** o conteúdo.
- Área (superfície) e **ária** (melodia, cantiga).
  O tenor executou a ária.
  A polícia cercou a área.
- **Arrear** (pôr arreios) e **arriar** (abaixar, descer).
  Precisamos **arrear** o cavalo.
  Joaquim **arriou** as calças.
- **Caçar** (apanhar animais) e **cassar** (anular).
  O veado foi **caçado**.
  O deputado teve sua candidatura **cassada**.
- **Censo** (recenseamento) e **senso** (raciocínio).
  Finalizou-se o **censo** no Brasil.
  Argumentou com bom-**senso**.
- **Cerração** (nevoeiro) **serração** (ato de serrar).
  Nos dias de chuva, pode haver **cerração**.
  Rolou a maior **serração** na madeireira ontem.
- **Cerrar** (fechar) e **serrar** (cortar).
  Cerrou os olhos para a verdade.
  Marina **serrou**, acidentalmente, o nariz na serra.
- **Cessão** (ato de ceder), **seção** (divisão), **secção** (corte) e **sessão** (reunião).
  O órgão pediu a **cessão** do espaço.
  Compareça à **seção** de materiais.
  Fez-se uma **secção** no azulejo.
  Assisti à **sessão** de cinema ontem. Passava "A Lagoa Azul".
- **Concerto** (sessão musical) e **conserto** (reparo).
  Vamos ao **concerto** hoje.
  Fizeram o **conserto** do carro.
- **Mal** (antônimo de bem) e **mau** (antônimo de bom).
  O homem **mau** vai para o inferno.
  O **mal** nunca prevalece sobre o bem.
- **Ratificar** (confirmar) e **retificar** (corrigir).
  O documento **ratificou** a decisão.
  O documento **retificou** a decisão.
- **Tacha** (pequeno prego, mancha) e **taxa** (imposto, percentagem).
  Comprei uma **tacha**.
  Paguei outra **taxa**.
  Bucho (estômago) **e buxo** (arbusto)
- **Calda** (xarope) e **cauda** (rabo)
- **Cela** (pequeno quarto) **e sela** (arreio)
- **Chá** (bebida) e **xá** (título do soberano da Pérsia, atual Irã, antes da revolução islâmica)
- **Cheque** (ordem de pagamento) **e xeque** (lance do jogo de xadrez)
- **Comprimento** (extensão) e **cumprimento** (saudação)
- **Conjetura** (hipótese) **e conjuntura** (situação)
- **Coser** (costurar) e **cozer** (cozinhar)
- **Deferir** (costurar) **e diferir** (distinguir-se)
- **Degredado** (desterrado, exilado) e **degradado** (rebaixado, estragado)
- **Descrição** (ato de descrever) **e discrição** (reserva, qualidade de discreto)
- **Descriminar** (inocentar) e **discriminar** (distinguir)
- **Despensa** (lugar de guardar mantimentos) **e dispensa** (isenção, licença)
- **Despercebido** (não notado) e **desapercebido** (desprovido, despreparado)
- **Emergir** (vir à tona) **e imergir** (mergulhar)
- **Eminente** (notável, célebre) e **iminente** (prestes a acontecer)
- **Esbaforido** (ofegante, cansado) **e espavorido** (apavorado)
- **Esperto** (inteligente) e **experto** (perito)
- **Espiar** (observar) **e expiar** (sofrer castigo)
- **Estada** (ato de estar, permanecer) e **estadia** (permanência, estada por tempo limitado)
- **Estático** (imóvel) **e extático** (pasmo)
- **Estrato** (tipo de nuvem) e **extrato** (resumo)
- **Flagrante** (evidente) **e fragrante** (perfumado)
- **Fluir** (correr) e **fruir** (gozar, desfrutar)
- **Incidente** (episódio) **e acidente** (acontecimento grave)
- **Incipiente** (principiante) e **insipiente** (ignorante)
- **Inflação** (desvalorização do dinheiro) **e infração** (violação, transgressão)
- **Infligir** (aplicar castigo) e **infringir** (transgredir)
- **Intercessão** (ato de interceder) **e interseção ou intersecção** (ato de cortar)
- **Laço** (nó) e **lasso** (frouxo)
- **Mandado** (ordem judicial) **e mandato** (período político)
- **Ótico** (relativo ao ouvido) e **óptico** (relativo à visão)
- **Paço** (palácio) **e passo** (passada)
- **Peão** (empregado/peça de xadrez) e **pião** (brinquedo)
- **Pequenez** (pequeno) **e pequinês** (ração de cão, de Pequim)
- **Pleito** (disputa) e **preito** (homenagem)
- **Proeminente** (saliente) **e preeminente** (nobre, distinto)
- **Prescrição** (ordem expressa) e **proscrição** (eliminação, expulsão)
- **Prostrar-se** (humilhar-se) **e postar-se** (permanecer por muito tempo)
- **Ruço** (grisalho, desbotado) e **russo** (da Rússia)
- **Sexta** (numeral cardinal), **cesta** (utensílio) **e sesta** (descanso depois do almoço)
- **Sortido** (abastecido) e **surtido** (produzido, causado)
- **Sortir** (abastecer) **e surtir** (efeito ou resultado)
- **Sustar** (suspender) e **suster** (sustentar)
- **Tilintar** (soar) e **tiritar** (tremer)
- **Tráfego** (trânsito) **e tráfico** (comércio ilícito)
- **Vadear** (passa a pé ou a cavalo, atravessar o rio) e **vadiar** (vagabundear)
- **Viagem** (substantivo) **e viajem** (verbo)
- **Vultoso** (volumoso, grande vulto) e **vultuoso** (inchado)

24. TIPOS DE DISCURSO

Discurso está relacionado à construção de textos, tanto orais quanto escritos, portanto, ele é considerado uma prática social.

Em um texto, podem ser encontrados três tipos de discurso: o discurso **direto,** o **indireto** e o **indireto livre**.

24.1 Discurso direto

São as falas das personagens. Esse discurso pode aparecer em forma de diálogos e citações, e vem marcado com alguma pontuação (travessão, dois pontos, aspas etc.). Ou seja, o discurso direto reproduz fielmente a fala de alguém.

- Por exemplo:

  O médico disse à paciente:

  Você precisa fazer exercícios físicos regularmente.

24.2 Discurso indireto

É a reprodução da fala de alguém, a qual é feita pelo narrador. Normalmente, esse discurso é escrito em terceira pessoa.

- Por exemplo:

  O médico disse à paciente que ela precisava fazer exercícios regulamente.

24.3 Discurso indireto livre

É a ocorrência do discurso direto e indireto ao mesmo tempo. Ou seja, o narrador conta a história, mas as personagens também têm voz própria.

No exemplo a seguir, há um discurso direto: "que raiva", que mostra a fala da personagem.

> "Retirou as asas e estraçalhou-a. Só tinham beleza. Entretanto, qualquer urubu... que raiva..." (Ana Maria Machado)

No trecho a seguir, há uma fala da personagem, mesclada com a narração: "Para que estar catando defeitos no próximo?".

> "D. Aurora sacudiu a cabeça e afastou o juízo temerário. Para que estar catando defeitos no próximo? Eram todos irmãos. Irmãos." (Graciliano Ramos)

Exemplo de uma transposição de discurso direto para indireto:

Ana perguntou:

– Qual a resposta correta?

Ana perguntou qual era a resposta correta.

Ressalta-se que nas questões de reescrita que tratam da transposição de discursos, é mais frequente a substituição do direto pelo indireto.

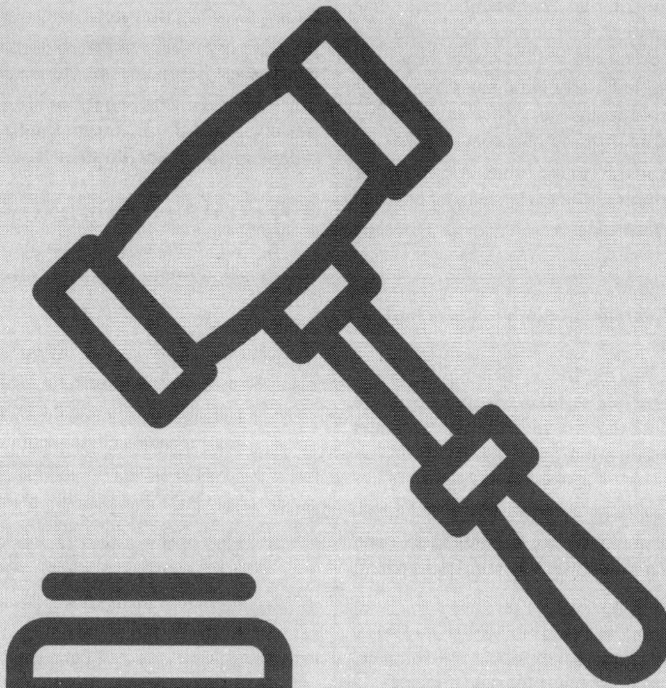

NOÇÕES DE DIREITO ADMINISTRATIVO

1. INTRODUÇÃO AO DIREITO ADMINISTRATIVO

Na introdução ao Direito Administrativo, conheceremos algumas características do Direito Administrativo, seu conceito, sua finalidade e seu regime jurídico peculiar que orienta toda a sua atividade administrativa, seja ela exercida pelo próprio Estado-administrador, ou por particular. Para entendermos melhor tudo isso, é preciso iniciar os estudos pela compreensão adequada do papel do Direito na vida social.

O Direito é um conjunto de normas (regras e princípios) impostas coativamente pelo Estado que regulam a vida em sociedade, possibilitando a coexistência pacífica das pessoas.

1.1 Ramos do Direito

O Direito é historicamente dividido em dois grandes ramos: o **direito público** e o **direito privado.**

Em relação ao **direito privado**, vale o princípio da igualdade (isonomia) entre as partes; aqui não há que se falar em superioridade de uma parte sobre a outra. Por esse motivo, dizemos que estamos em uma relação jurídica horizontal ou em uma horizontalidade nas relações jurídicas.

O **direito privado** é regulado pelo princípio da autonomia da vontade, o que traduz a regra que diz que o particular pode fazer tudo aquilo que não é proibido (art. 5º, inciso II, da Constituição Federal de 1988).

No **direito público**, temos uma relação jurídica vertical, com o Estado em um dos polos, representando os interesses da coletividade, e um particular no outro, desempenhando seus próprios interesses. O Estado é tratado com superioridade ante ao particular, pois o Estado é o procurador da vontade da coletividade, que, representada pelo próprio Estado, deve ser tratada de forma prevalente ante a vontade do particular.

O fundamento dessa relação jurídica vertical é encontrado no princípio da supremacia do interesse público, que estudaremos com mais detalhes no tópico referente aos princípios. Já podemos, no entanto, adiantar que, o interesse público é supremo. Desse modo, são disponibilizadas ao Estado prerrogativas especiais para que este possa atingir os seus objetivos. Essas prerrogativas são os poderes da Administração Pública.

Os dois princípios norteadores do Direito Administrativo são: Supremacia do Interesse Público (gera os poderes) e Indisponibilidade do Interesse Público (gera os deveres da administração).

1.2 Conceito de Direito Administrativo

Na doutrina, podem ser encontrados vários conceitos para o Direito Administrativo. A seguir, descreveremos dois deles, trazidos pela doutrina contemporânea:

- O Direito Administrativo é o ramo do direito público que tem por objeto órgãos, agentes e pessoas jurídicas administrativas que integram a Administração Pública. A atividade jurídica não contenciosa que exerce e os bens que se utiliza para a consecução de seus fins são de natureza pública.
- O Direito Administrativo é o conjunto harmônico de princípios jurídicos que regem órgãos, agentes e atividades públicas que tendem a realizar concreta, direta e imediatamente os fins desejados pelo Estado.

Os conceitos de Direito Administrativo foram desenvolvidos de forma que se desdobram em uma sequência natural de tópicos que devem ser estudados ponto a ponto para que a matéria seja corretamente entendida.

1.3 Objeto do Direito Administrativo

Por meio desses conceitos, podemos constatar que o objeto do Direito Administrativo são as relações da Administração Pública, sejam elas de natureza interna entre as entidades que a compõem, seus órgãos e agentes, ou de natureza externa entre a administração e os administrados.

Além de ter por objeto a atuação da Administração Pública, também é foco do Direito Administrativo o desempenho das atividades públicas quando exercidas por algum particular, como no caso das concessões, permissões e autorizações de serviços públicos.

Resumidamente, podemos dizer que o Direito Administrativo tem por objeto a Administração Pública e as atividades administrativas, independentemente de quem as exerçam.

1.4 Fontes do Direito Administrativo

É o lugar de onde provém algo, no nosso caso, no qual emanam as regras do Direito Administrativo. Esse não está codificado em um único livro. Dessa forma, para o estudarmos de maneira completa, temos que recorrer às fontes, ou seja, a institutos esparsos. Por esse motivo, dizemos que o Direito Administrativo está tipificado (escrito), mas não está codificado em um único instituto.

- **Lei:** fonte principal do Direito Administrativo. A lei deve ser compreendida em seu sentido amplo, o que inclui a Constituição Federal, as normas supralegais, as leis e também os atos normativos da própria Administração Pública. Temos como exemplo os arts. 37 ao 41 da Constituição Federal, as Leis nºs 8.666/1993, 14.133/2021, 8.112/1990, 8.429/1992 (Lei de Improbidade Administrativa), 14.230/2021, 9.784/1999 (Processo Administrativo Federal) etc.
- **Súmulas Vinculantes:** são instruções jurídicas que norteiam a interpretação e aplicação das normas constitucionais. Ou seja, as decisões trazidas pelo STF nas súmulas devem ser seguidas pelo Poder Judiciário e pela Administração Pública.
- **Jurisprudência:** são decisões que são editadas pelos tribunais e não possuem efeito vinculante; são resumos numerados que servem de fonte de pesquisa do direito materializados em livros, artigos e pareceres.
- **Doutrina:** tem a finalidade de tentar sistematizar e melhor explicar o conteúdo das normas de Direito Administrativo. A doutrina pode ser utilizada como critério de interpretação de normas, bem como para auxiliar a produção normativa.
- **Costumes:** conjunto de regras não escritas, porém, observadas de maneira uniforme, as quais suprem a omissão legislativa acerca de regras internas da Administração Pública.

Segundo o doutrinador do Direito Administrativo, Hely Lopes Meirelles, em razão da deficiência da legislação, a prática administrativa vem suprindo o texto escrito e, sedimentada na consciência dos administradores e administrados, a praxe burocrática passa a saciar a lei e atuar como elemento informativo da doutrina.

Leis e súmulas vinculantes são consideradas fontes principais do Direito Administrativo. Jurisprudência, súmulas, doutrinas e costumes são considerados fontes secundárias.

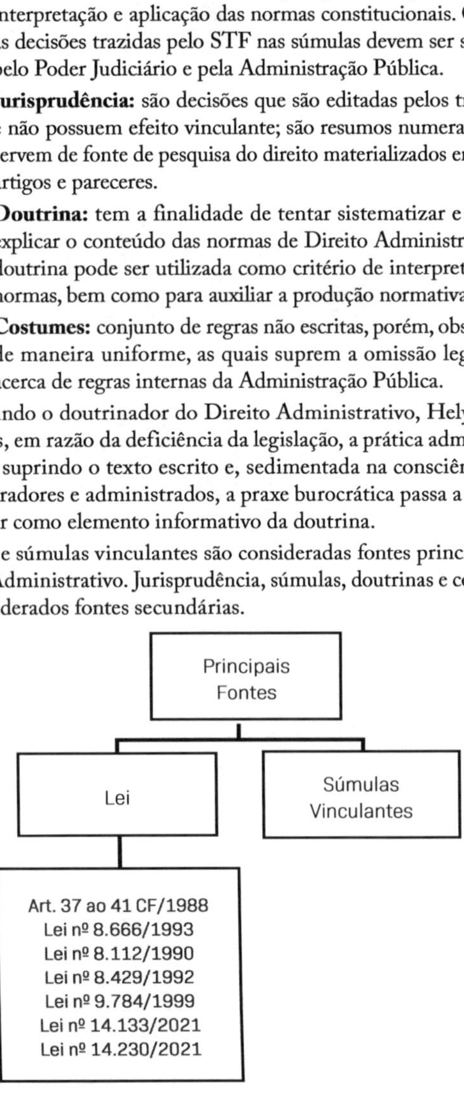

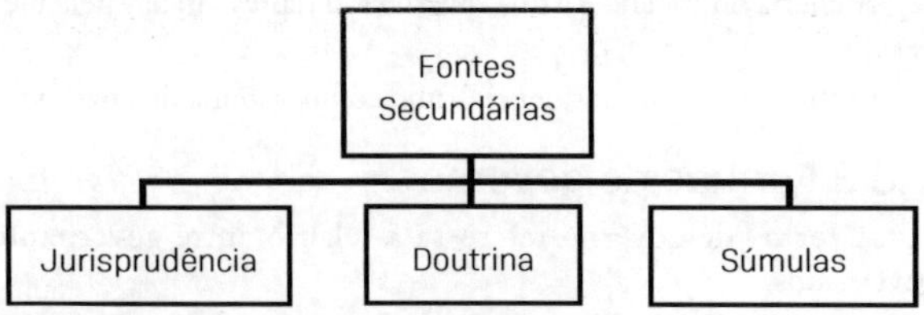

1.5 Sistemas Administrativos

É o regime que o Estado adota para o controle dos atos administrativos ilegais praticados pelo poder público nas diversas esferas e em todos os poderes. Existem dois sistemas que são globalmente utilizados:

- O **sistema francês** (do contencioso administrativo), não utilizado no Brasil, determina que as lides administrativas podem transitar em julgado, ou seja, as decisões administrativas têm força de definibilidade. Nesse sentido, falamos em dualidade de jurisdição, já que existem tribunais administrativos e judiciais, cada qual com suas competências.
- O **sistema inglês** (do não contencioso administrativo), também chamado de jurisdicional único ou unicidade da jurisdição, é o sistema que atribui somente ao Poder Judiciário a capacidade de tomar decisões sobre a legalidade administrativa com caráter de coisa julgada ou definitividade.

Atenção!

A Constituição Federal de 1988 adotou o Sistema Inglês, do não contencioso administrativo.

O Direito Administrativo, no nosso sistema, não pode fazer coisa julgada e todas as decisões administrativas podem ser revistas pelo Poder Judiciário, pois somente ele pode dar resolução em caráter definitivo. Ou seja, não cabem mais recursos, por isso, falamos em trânsito em julgado das decisões judiciais e nunca das decisões administrativas.

1.5.1 Via administrativa de curso forçado

São situações em que o particular é obrigado a seguir todas as vias administrativas até o fim, antes de recorrer ao Poder Judiciário. Isso é exceção, pois a regra é que, ao particular, é facultado recorrer-se ao Poder Judiciário, por força do art. 5º, inciso XXXV, da Constituição Federal de 1988.

Aqui, o indivíduo deve esgotar as esferas administrativas obrigatoriamente antes de ingressar com ação no Poder Judiciário.

> *XXXV - A lei não excluirá da apreciação do Poder Judiciário lesão ou ameaça a direito.*

Exemplos:

- **Justiça Desportiva:** só são admitidas pelo Poder Judiciário ações relativas à disciplina e às competições desportivas depois de esgotadas as instâncias da Justiça Desportiva. Art. 217, § 1º, CF/1988.
- **Ato administrativo ou omissão da Administração Pública que contrarie súmula vinculante:** só pode ser alvo de reclamação ao STF depois de esgotadas as vias administrativas. Lei nº 11.417/2006, art. 7º, § 1º.
- ***Habeas data*:** é indispensável para caracterizar o interesse de agir no *habeas data* a prova anterior do indeferimento do pedido de informação de dados pessoais ou da omissão em atendê-lo sem que se confirme situação prévia de pretensão. (STF, HD, 22-DF Min. Celso de Mello).

1.6 Regime jurídico administrativo

É o conjunto de normas e princípios de direito público que regulam a atuação da Administração Pública. Tais regras se fundamentam nos princípios da Supremacia e da Indisponibilidade do Interesse Público, conforme estudaremos adiante.

O princípio da supremacia do interesse público é o fundamento dos poderes da Administração Pública, afinal de contas, qualquer pessoa que tenha como fim máximo da sua atuação o interesse da coletividade, somente conseguirá atingir esses objetivos se dotadas de poderes especiais.

O princípio da indisponibilidade do interesse público é o fundamento dos deveres da Administração Pública, pois essa tem o dever de nunca abandonar o interesse público e de usar os seus poderes com a finalidade de satisfazê-lo.

Desses dois princípios, decorrem todos os outros princípios e regras que se desdobram no regime jurídico administrativo.

1.7 Noções de Estado

1.7.1 Conceito de Estado

- **Estado:** é a pessoa jurídica territorial soberana.
- **Pessoa:** capacidade para contrair direitos e obrigações.
- **Jurídica:** é constituída por meio de uma formalidade documental e não por uma mulher, tal como a pessoa física.
- **Territorial soberana:** quer dizer que, dentro do território do Estado, esse detém a soberania, ou seja, sua vontade prevalece ante a das demais pessoas (sejam elas físicas ou jurídicas). Podemos definir soberania da seguinte forma: soberania é a independência na ordem internacional (lá fora ninguém manda no Estado) e supremacia na ordem interna (aqui dentro quem manda é o Estado).

1.7.2 Elementos do Estado

- **Território**: é a base fixa do Estado (solo, subsolo, mar, espaço aéreo).
- **Povo**: é o componente humano do Estado.
- **Governo soberano**: é o responsável pela condução do Estado. Por ser tal governo soberano, ele não se submete a nenhuma vontade externa, apenas aos desígnios do povo.

1.7.3 Formas de Estado

- **Estado unitário:** é caracterizado pela centralização política; não existe divisão em Estados-membros ou municípios, há somente uma esfera política central que emana sua vontade para todo o país. É o caso do Uruguai.
- **Estado federado:** caracteriza-se pela descentralização política. Existem diferentes entidades políticas autônomas que são distribuídas regionalmente e cada uma exerce o poder político dentro de sua área de competência. É o caso do Brasil.

1.7.4 Poderes do Estado

Os poderes do Estado estão previstos no texto Constitucional.

> ***Art. 2º*** *São Poderes da União, independentes e harmônicos entre si, o Legislativo, o Executivo e o Judiciário.*

Os poderes podem exercer as funções para que foram investidos pela Constituição Federal (funções típicas) ou executar cargos diversos das suas competências constitucionais (funções atípicas). Por esse motivo, não há uma divisão absoluta entre os poderes, e sim relativa, pois o Poder Executivo pode executar suas funções típicas (administrar) e pode também iniciar o processo legislativo em alguns casos (pedido de vagas para novos cargos). Além disso, é possível até mesmo legislar no caso de medidas provisórias com força de lei.

Poderes	Funções típicas	Funções atípicas
Legislativo	Criar leis Fiscalizar (Tribunal de Contas)	Administrar Julgar conflitos
Executivo	Administrar	Criar leis Julgar conflitos
Judiciário	Julgar conflitos	Administrar Criar leis

É importante notar que a atividade administrativa está presente nos três poderes. Por isso, o Direito Administrativo, por ser um dos ramos do Direito Público, disciplina não somente a atividade administrativa do Poder Executivo, mas também as do Poder Legislativo e do Judiciário.

1.8 Noções de governo

Governar é atividade política e discricionária, tendo conduta independente. O ato de governar está relacionado com as funções políticas do Estado: de comandar, coordenar, direcionar e fixar planos e diretrizes de atuação do Estado.

O governo é o conjunto de Poderes e órgãos constitucionais responsáveis pela função política do Estado. Ele está diretamente ligado às decisões tomadas pelo Estado, exercendo direção suprema e geral. Ao fazer uma analogia, podemos dizer que o governo é o cérebro do Estado.

1.8.1 Função de governo e função administrativa

É comum aparecer em provas de concursos públicos questões que confundem as ideias de governo e de Administração Pública. Para evitar esse erro, analisaremos as diferenças entre as expressões.

O governo é uma atividade política e discricionária e que possui conduta independente. Para ele, a administração é uma atividade neutra, normalmente vinculada à lei ou à norma técnica, e exercida mediante conduta hierarquizada.

Não podemos confundir governo com Administração Pública, pois o governo se encarrega de definir os objetivos do Estado e as políticas para o alcance desses objetivos. A Administração Pública, por sua vez, se encarrega de atingir os objetivos traçados pelo governo.

O governo atua mediante atos de soberania ou, ao menos, de autonomia política na condução dos negócios públicos. A administração é atividade neutra, normalmente vinculada à lei ou à norma técnica. Governo é conduta independente, enquanto a administração é hierarquizada.

O governo deve comandar com responsabilidade constitucional e política, mas sem responsabilidade técnica e legal pela execução. A administração age sem responsabilidade política, mas com responsabilidade técnica e legal pela execução dos serviços públicos.

1.8.2 Sistemas de governo

Sistema de governo refere-se ao grau de dependência entre o Poder Legislativo e Executivo.

- **Parlamentarismo**

É caracterizado por uma grande relação de dependência entre o Poder Legislativo e o Executivo.

A chefia do Estado e a do Governo são desempenhadas por pessoas distintas.

Chefe de Estado: responsável pelas relações internacionais.

Chefe de governo: responsável pelas relações internas, o chefe de governo é o da Administração Pública.

- **Presidencialismo**

É caracterizado por não existir dependência, ou quase nenhuma, entre os Poderes Legislativo e Executivo.

A chefia do Estado e a do Governo são representadas pela mesma pessoa.

O Brasil adota o presidencialismo como sistema de governo.

1.8.3 Formas de governo

A forma de governo refere-se à relação entre governantes e governados.

- **Monarquia**

Hereditariedade: o poder é passado de pai para filho.

Vitaliciedade: o detentor do poder fica no cargo até a morte e não necessita prestar contas.

- **República**

Eletividade: o governante precisa ser eleito para chegar ao poder.

Temporalidade: ao chegar ao poder, o governante ficará no cargo por tempo determinado e deve prestar contas.

O Brasil adota a república como forma de governo.

2. ADMINISTRAÇÃO PÚBLICA

Antes de fazermos qualquer conceituação doutrinária sobre Administração Pública, podemos entendê-la como a ferramenta utilizada pelo Estado para atingir os seus objetivos. O Estado possui objetivos, e quem escolhe quais são eles é seu governo, pois a esse é que cabe a função política (atividade eminentemente discricionária) do Estado e que determina as suas vontades, ou seja, o Governo é o cérebro do Estado. Para poder atingir esses objetivos, o Estado precisa fazer algo, e o faz por meio de sua Administração Pública. Assim, essa é a responsável pelo exercício das atividades públicas do Estado.

2.1 Classificação de Administração Pública

2.1.1 Sentido material/objetivo

Em sentido material ou objetivo, a Administração Pública compreende o exercício de atividades pelas quais se manifesta a função administrativa do Estado.

Compõe a Administração Pública material qualquer pessoa jurídica, seus órgãos e agentes que exercem as atividades administrativas do Estado. Como exemplo de tais atividades, há a prestação de serviços públicos, o exercício do poder de Polícia, o fomento, a intervenção e as atividades da Administração Pública.

Essas são as chamadas atividades típicas do Estado e, pelo critério formal, qualquer pessoa que exerce alguma dessas é de Administração Pública, não importa quem seja. Por esse critério, teríamos, por exemplo, as seguintes pessoas na Administração Pública: União, estados, municípios, Distrito Federal, Autarquias, Fundações Públicas prestadoras de serviços públicos, Empresa Pública prestadora de serviço público, Sociedade de Economia Mista prestadora de serviços públicos e, ainda, as concessionárias, autorizatárias e permissionárias de serviço público.

Esse critério não é o adotado pelo Brasil. Assim sendo, a classificação feita acima não descreve a Administração Pública brasileira, que, conforme veremos a seguir, adota o modelo formal de classificação.

2.1.2 Sentido formal/subjetivo

Em sentido formal ou subjetivo, a Administração Pública compreende o conjunto de órgãos e pessoas jurídicas encarregadas, por determinação legal, do exercício da função administrativa do Estado.

Pelo modelo formal, segundo Meirelles, a Administração Pública é o conjunto de entidades (pessoas jurídicas, seus órgãos e agentes) que o nosso ordenamento jurídico identifica como Administração Pública, pouco interessa a sua área de atuação, ou seja, pouco importa a atividade, mas, sim, quem a desempenha. A Administração Pública brasileira que adota o modelo formal é classificada em Administração Direta e Indireta.

2.2 Organização da Administração

A Administração Pública foi definida pela Constituição Federal de 1988 no art. 37.

> *Art. 37 A Administração Pública Direta e indireta de qualquer dos Poderes da União, dos Estados, do Distrito Federal e dos Municípios obedecerá aos princípios de legalidade, impessoalidade, moralidade, publicidade e eficiência e, também, ao seguinte [...].*

O Decreto-lei nº 200/1967 determina quem é Administração Pública Direta e Indireta.

> *Art. 4º A Administração Federal compreende:*
>
> *I - A Administração Direta, que se constitui dos serviços integrados na estrutura administrativa da Presidência da República e dos Ministérios.*
>
> *II - A Administração Indireta, que compreende as seguintes categorias de entidades, dotadas de personalidade jurídica própria:*
>
> *a) Autarquias;*
>
> *b) Empresas Públicas;*
>
> *c) Sociedades de Economia Mista.*
>
> *d) Fundações públicas.*

Dessa forma, temos somente quatro pessoas que representam a Administração Direta. Elas são consideradas pessoas jurídicas de direito público e possuem várias características. As pessoas da Administração Direta recebem o nome de pessoas políticas do estado.

A Administração Indireta também representa um rol taxativo e não cabe ampliação. Existem quatro pessoas da Administração Indireta e nenhuma outra. Elas possuem características marcantes, contudo, não possuem a mais importante e que as diferencia das pessoas políticas do Estado: a capacidade de legislar (capacidade política).

2.3 Administração Direta

A Administração Direta é representada pelas entidades políticas. São elas: União, estados, Distrito Federal e municípios.

A definição no Brasil foi feita pelo Decreto-lei nº 200/1967, que dispõe sobre a organização da Administração Federal e estabelece diretrizes para a Reforma Administrativa.

É importante observar que esse decreto dispõe somente sobre a Administração Pública Federal, todavia, pela aplicação do princípio da simetria, tal regra é aplicada uniformemente por todo o território nacional. Assim sendo, tal classificação utilizada nesse decreto define expressamente a Administração Pública Federal e também, implicitamente, a Administração Pública dos demais entes da federação.

Os entes políticos possuem autonomia política (capacidade de legislar), administrativa (capacidade de se auto-organizar) e capacidade financeira (capacidade de julgar as próprias contas). Não podemos falar aqui em hierarquia entre os entes, mas sim em cooperação, pois um não dá ordens aos outros, visto que eles são autônomos.

As principais características da Administração Direta são:

- São pessoas jurídicas de direito público interno – têm autonomia.
- Unidas formam a República Federativa do Brasil: pessoa jurídica de direito público externo – tem soberania (independência na ordem externa e supremacia na interna).
- Regime jurídico de direito público.
- **Autonomia política:** administrativa e financeira.
- **Sem subordinação:** atuam por cooperação.
- **Competências:** extraídas da CF/1988.
- Responsabilidade civil – regra – objetiva.
- **Bens:** públicos, não podem ser objeto de sequestro, arresto, penhora etc.
- **Débitos judiciais:** são pagos por precatórios.
- **Regime de pessoal:** regime jurídico único.
- Competência para julgamento de ações judiciais da União é a Justiça Federal; dos demais Entes Políticos é a Justiça Estadual.

Algumas noções de centralização, descentralização e desconcentração são importantes para compreender a Administração Direta:

- **Centralização Administrativa:** órgãos e agentes trabalhando para a Administração Direta.
- **Descentralização administrativa:** técnica administrativa em que a Administração Direta passa a atividade administrativa, serviço ou obra pública para outras pessoas jurídicas ou físicas (para pessoa física somente por delegação por colaboração). A descentralização pode ser feita por outorga legal (titularidade + execução) ou diante delegação por colaboração (somente execução). A outorga legal cria as pessoas da Administração Indireta. A Delegação por colaboração gera os concessionários, permissionários e autorizatários de serviços públicos.
- **Descentralização por outorga legal:** também chamada de descentralização técnica, por serviços, ou funcional, é feita por lei e transfere a titularidade e a execução da atividade administrativa por prazo indeterminado para uma pessoa jurídica integrante da Administração Indireta.
- **Descentralização por delegação:** também chamada de descentralização por colaboração, é feita em regra por um contrato administrativo e, nesses casos, depende de licitação. Também pode acontecer descentralização por delegação por meio de um ato administrativo. Transfere somente a execução da atividade administrativa, e não a sua titularidade, por prazo determinado para um particular, pessoa física ou jurídica.

▷ **Outorga legal:**
- Feita por lei;
- Transfere a titularidade e a execução do serviço público;
- Não tem prazo.

▷ **Delegação:**
- Feita por contrato, exceto as autorizações;
- Os contratos dependem de licitação;
- Transfere somente a execução do serviço público e não a titularidade;
- À fiscalização do Poder Público. Tal fiscalização decorre do exercício do poder disciplinar;
- Tem prazo.
- **Desconcentração administrativa:** técnica de subdivisão de órgãos públicos para que melhor desempenhem o serviço público ou atividade administrativa. Em outras palavras, na desconcentração, a pessoa jurídica distribui competências no âmbito de sua própria estrutura. É a distribuição de competências entre os diversos órgãos integrantes da estrutura de uma pessoa jurídica da Administração Pública. Somente ocorre na Administração Direta ou Indireta, jamais para particulares, uma vez que não existem órgãos públicos entre particulares.

2.4 Administração Indireta

Pessoas/entes/entidades administrativas

- Fundações públicas;
- Autarquias;
- Sociedades de economia mista;
- Empresas públicas.

Características

- Tem personalidade jurídica própria;
- Tem patrimônio e receita próprios;
- Tem autonomia: administrativa, técnica e financeira.
- Não tem autonomia política;
- Finalidade definida em lei;
- Controle do Estado.

Não há subordinação nem hierarquia entre os entes da Administração Direta e indireta, mas sim vinculação que se manifesta por meio da **supervisão ministerial** realizada pelo ministério ou secretaria da pessoa política responsável pela área de atuação da entidade administrativa. Tal supervisão tem por finalidade o exercício do denominado **controle finalístico** ou **poder de tutela.**

Em alguns casos, a entidade administrativa pode estar diretamente vinculada à chefia do Poder Executivo e, nesse contexto, caberá a essa chefia o exercício do controle finalístico de tal entidade.

Nomeação de dirigentes: os dirigentes das entidades administrativas são nomeados pelo chefe do poder a que está vinculada a respectiva entidade, ou seja, as entidades administrativas ligadas ao Poder Executivo Federal têm seus dirigentes nomeados pelo chefe de tal poder, que, nesse caso, é o Presidente da República.

É válido lembrar que, em todos os poderes, existe a função administrativa no Executivo, de forma típica, e nos demais poderes, de forma atípica. Além disso, a função administrativa de todos os poderes é exercida pela sua Administração Pública (Administração Direta e Indireta), assim, existe Administração Pública Direta e Indireta nos três poderes e, caso uma entidade administrativa seja vinculada ao Poder Legislativo ou Judiciário, caberá ao chefe do respectivo poder a nomeação de tal dirigente.

Excepcionalmente, a nomeação de um dirigente pode depender ainda de aprovação do Poder Legislativo. Na esfera federal, temos como exemplo a nomeação dos dirigentes das agências reguladoras. Tais nomeações são feitas pelo Presidente da República e, para terem efeito, dependem de aprovação do Senado Federal.

Via de regra, lembraremos que a nomeação do dirigente de uma entidade administrativa é feita pelo chefe do Poder Executivo, sendo que, em alguns casos, é necessária a prévia aprovação de outro poder. Excepcionalmente, o Judiciário e o Legislativo poderão nomear dirigentes para essas entidades, desde que vinculadas ao respectivo poder.

Criação dos entes da Administração Indireta: a instituição das entidades administrativas depende sempre de uma lei ordinária específica. Essa lei pode criar a entidade administrativa. Nesse caso, nasce uma pessoa jurídica de direito público, a autarquia. A lei também pode autorizar a criação das entidades administrativas. Nessa circunstância, nascem as demais entidades da Administração Indireta: fundações públicas, empresas públicas e sociedades de economia mista. Pelo fato dessas entidades serem autorizadas por lei, elas são pessoas jurídicas de direito privado.

A lei que cria ou que autoriza a criação de uma entidade administrativa é uma **lei ordinária específica.**

Quando a lei autoriza a criação de uma entidade da Administração Indireta, a sua construção será consumada após o registro na serventia registral pertinente (cartório ou junta comercial, conforme o caso).

Ocorre extinção dos entes da Administração Indireta nas seguintes condições:

- Só lei revoga lei.
- Se a lei cria, a lei extingue.
- Se a lei autoriza a criação, autoriza também a extinção.

Relação da Administração Pública Direta com a Indireta: as entidades compreendidas na Administração Indireta vinculam-se ao Ministério em cuja área de competência estiver enquadrada sua principal atividade. Dessa forma, não há que se falar em hierarquia ou subordinação, mas, sim em vinculação.

A vinculação entre a Administração Direta e a Administração Indireta gera o chamado controle finalístico ou supervisão ministerial. Assim, a Administração Direta não pode intervir nas decisões da Indireta, salvo se ocorrer a chamada fuga de finalidade.

2.4.1 Autarquias

Autarquia é a pessoa jurídica de direito público, criada por lei, com capacidade de autoadministração, para o desempenho de serviço público descentralizado (atividade típica do Estado). É o próprio serviço público personificado.

Vejamos a seguir as suas características:

- **Personalidade jurídica:** direito público.
- Recebem todas as prerrogativas do direito público.
- **Finalidade:** atividade típica do Estado.
- **Regime jurídico:** público.
- **Responsabilidade civil:** objetiva.
- **Bens públicos:** não podem ser objeto de penhora, arresto ou sequestro.
- Ao serem constituídas, recebem patrimônio do ente instituidor e, a partir desse momento, seguem com sua autonomia.
- **Débitos judiciais:** pagamento por precatórios.
- **Regime de pessoal:** regime jurídico único.
- Competência para o julgamento de suas ações judiciais:
    - Autarquia Federal = Justiça Federal.
    - Outras Esferas = Justiça Estadual. Por exemplo: Instituto Nacional do Seguro Social (INSS), Banco Central do Brasil.

A seguir estão presentes as espécies de autarquias:

- **Comum ou ordinária (de acordo com Decreto-lei nº 200/1967):** são as autarquias que recebem as características principais, ou seja, criadas diretamente por lei, pessoas jurídicas de direito público e que desempenham um serviço público especializado; seu ato constitutivo é a própria lei.
- **Sob regime especial:** as autarquias em regime especial são submetidas a um regime jurídico peculiar, diferente do jurídico relativo às autarquias comuns. Por autarquia comum deve-se entender as ordinárias, aquelas que se submetem a regime jurídico comum das autarquias. Na esfera federal, o regime jurídico comum das autarquias é o Decreto-lei nº 200/1967. Se a autarquia, além das regras do regime jurídico comum, ainda é alcançada por alguma regra especial, peculiar às suas atividades, será considerada uma autarquia em regime especial.
- **Agências reguladoras:** são responsáveis por regular, normatizar e fiscalizar determinados serviços públicos que foram delegados ao particular. Em razão dessa característica, elas têm mais liberdade e maior autonomia, se comparadas com as Autarquias comuns. Por exemplo: Agência Nacional do Cinema (Ancine); Agência Nacional de Águas e Saneamento Básico (ANA); Agência Nacional de Aviação Civil (Anac); Associação Nacional de Tecnologia do Ambiente Construído (Antaq); Agência Nacional de Telecomunicações (Anatel); Agência Nacional de Energia Elétrica (Aneel); Agência Nacional do Petróleo, Gás Natural e Biocombustíveis (ANP); Agência Nacional de Transportes Terrestres (ANTT) etc.
- **Autarquia territorial:** é classificado como Autarquia Territorial o espaço que faça parte do território da União, mas que não se enquadre na definição de Estado-membro, Distrito Federal ou município. No Brasil atual, não existem exemplos de autarquias territoriais, mas elas podem vir a ser criadas. Nesse caso, esses territórios fazem parte da Administração Direta e são autarquias territoriais, pois são criados por lei e assumem personalidade jurídica de direito público.
- **Associações públicas (autarquias interfederativas ou multifederativas):** também chamadas de consórcio público de Direito Público. O consórcio público é a pessoa jurídica formada exclusivamente por entes da Federação, na forma da Lei nº 11.107/2005, para estabelecer relações de cooperação federativa, inclusive a realização de objetivos de interesse comum, constituída como associação pública, com personalidade jurídica de direito público e natureza autárquica, ou como pessoa jurídica de direito privado, sem fins econômicos. Assim, não é todo consórcio público que representa uma autarquia interfederativa, mas somente os públicos de Direito Público.

- **Autarquia fundacional ou fundação autárquica:** as fundações públicas de Direito Público (exceção) são consideradas, na verdade, uma espécie de autarquia.
- **Agências executivas:** as agências executivas não se configuram como pessoas jurídicas, menos ainda outra classificação qualquer. Representam, na prática, um título que é dado às autarquias e fundações públicas que assinam contrato de gestão com a Administração Pública, conforme art. 37, § 8º, CF/1988.
- **Conselhos fiscalizadores de profissões:** são considerados autarquias, contudo, comportam uma exceção muito importante:

> *ADI 3.026-DF Min. Eros Graus. 08/06/2006. OAB: Considerada entidade sui generis, um serviço independente não sujeita ao controle finalístico da Administração Direta.*

2.4.2 Fundação Pública

A Fundação Pública é a entidade dotada de personalidade jurídica de direito privado, sem fins lucrativos, criada em virtude de autorização legislativa, para o desenvolvimento de atividades que não exijam execução por órgãos ou entidades de direito público, com autonomia administrativa, patrimônio próprio gerido pelos respectivos órgãos de direção e funcionamento custeado por recursos da União e de outras fontes.

Regra

- Autorizada por lei;
- Pessoa jurídica de direito privado;
- Depende de registro dos atos constitutivos na junta comercial;
- Depende de lei complementar que especifique o campo de atuação.

Exceção

- Criada diretamente por lei;
- Pessoa jurídica de direito público;
- Possui um capital personalizado (diferença meramente conceitual);
- Considerada pela doutrina como autarquia fundacional.

Atenção!

As fundações públicas de Direito Público, são espécie de autarquia, sendo chamadas pela doutrina como autarquias fundacionais.

Características

- **Personalidade jurídica:** direito privado.
- **Finalidade:** lei complementar definirá – sem fins lucrativos.
- **Regime jurídico:** híbrido (regras de Direito Público + direito privado) incontroverso.
- **Responsabilidade civil:** se for prestadora de serviço público, é objetiva; caso contrário, é subjetiva.
- **Bens privados, com exceção:** bens diretamente ligados à prestação de serviço público são bens públicos.
- **Débitos judiciais:** são pagos por meio do seu patrimônio, com exceção dos bens diretamente ligados à prestação de serviços públicos, que são bens públicos e não se submetem a pagamento de débitos judiciais.
- **Regime de pessoal:** Regime Jurídico Único (RJU).

Competência para o julgamento de suas ações judiciais:

- Justiça Federal.
- Outras esferas = Justiça Estadual.
- Instituto Brasileiro de Geografia e Estatística (IBGE), Biblioteca Nacional, Fundação Nacional do Índio (Funai).

2.4.3 Empresas Públicas e Sociedades de Economia Mista

São pessoas jurídicas de direito privado, criadas pela Administração Direta por meio de autorização da lei, com o respectivo registro, para a prestação de serviços públicos ou a exploração da atividade econômica.

A Lei nº 13.303/2016 dispõe sobre o estatuto jurídico da empresa pública, da sociedade de economia mista e de suas subsidiárias, no âmbito da União, dos estados, do Distrito Federal e dos municípios.

A referida lei apresenta os seguintes conceitos:

> ***Art. 3º*** *Empresa pública é a entidade dotada de personalidade jurídica de direito privado, com criação autorizada por lei e com patrimônio próprio, cujo capital social é integralmente detido pela União, pelos Estados, pelo Distrito Federal ou pelos Municípios.*
>
> ***Art. 4º*** *Sociedade de economia mista é a entidade dotada de personalidade jurídica de direito privado, com criação autorizada por lei, sob a forma de sociedade anônima, cujas ações com direito a voto pertençam em sua maioria à União, aos Estados, ao Distrito Federal, aos Municípios ou a entidade da Administração Indireta.*

2.4.4 Empresas Públicas e Sociedades de Economia Mista Exploradoras da Atividade Econômica

> ***Art. 173*** *Ressalvados os casos previstos nesta Constituição, a exploração direta de atividade econômica pelo Estado só será permitida quando necessária aos imperativos da segurança nacional ou a relevante interesse coletivo, conforme definidos em lei.*
>
> *§ 1º A lei estabelecerá o estatuto jurídico da Empresa Pública, da sociedade de economia mista e de suas subsidiárias que explorem atividade econômica de produção ou comercialização de bens ou de prestação de serviços, dispondo sobre:*
>
> *I - Sua função social e formas de fiscalização pelo Estado e pela sociedade;*
>
> *II - A sujeição ao regime jurídico próprio das empresas privadas, inclusive quanto aos direitos e obrigações civis, comerciais, trabalhistas e tributários;*
>
> *III -. Licitação e contratação de obras, serviços, compras e alienações, observados os princípios da Administração Pública;*
>
> *IV - A constituição e o funcionamento dos conselhos de administração e fiscal, com a participação de acionistas minoritários;*
>
> *V - Os mandatos, a avaliação de desempenho e a responsabilidade dos administradores.*
>
> *§ 2º As empresas públicas e as sociedades de economia mista não poderão gozar de privilégios fiscais não extensivos às do setor privado.*
>
> *§ 3º A lei regulamentará as relações da Empresa Pública com o Estado e a sociedade.*
>
> *§ 4º A lei reprimirá o abuso do poder econômico que vise à dominação dos mercados, à eliminação da concorrência e ao aumento arbitrário dos lucros.*
>
> *§ 5º A lei, sem prejuízo da responsabilidade individual dos dirigentes da pessoa jurídica, estabelecerá a responsabilidade desta, sujeitando-a as punições compatíveis com sua natureza, nos atos praticados contra a ordem econômica e financeira e contra a economia popular.*

2.4.5 Empresas Públicas e Sociedades de Economia Mista Prestadoras de Serviço Público

Essas entidades são criadas para a exploração da atividade econômica em sentido amplo, o que inclui o exercício delas em sentido estrito e também a prestação de serviços públicos que podem ser explorados com o intuito de lucro.

Segundo o art. 175 da Constituição Federal de 1988:

> ***Art. 175*** *Incumbe ao Poder Público, na forma da lei, diretamente ou sob regime de concessão ou permissão, sempre através de licitação, a prestação de serviços públicos.*
>
> ***Parágrafo único.*** *A lei disporá sobre:*
>
> *I - O regime das empresas concessionárias e permissionárias de serviços públicos, o caráter especial de seu contrato e de sua prorrogação, bem como as condições de caducidade, fiscalização e rescisão da concessão ou permissão;*
>
> *II - Os direitos dos usuários;*
>
> *III - Política tarifária;*
>
> *IV - A obrigação de manter serviço adequado.*

Não se inclui nessa categoria os serviços públicos relativos aos direitos sociais, pois esses não podem ser prestados com o intuito de lucro pelo Estado e, também, não são de titularidade exclusiva do Estado, podendo ser livremente explorados por particulares.

2.4.6 Sociedade de Economia Mista

A sociedade de economia mista é uma entidade dotada de personalidade jurídica de direito privado, autorizada por lei para a exploração de atividade econômica, sob a forma de sociedade anônima, cujas ações com direito a voto pertençam em sua maioria à União ou a entidade da Administração Indireta:

- Autorizada por lei;
- Pessoa jurídica de direito privado;
- Capital 50% + 1 ação no controle da Administração Pública;
- Constituição obrigatória por Sociedade Anônima (SA);
- Competência da Justiça Estadual.

2.4.7 Empresa Pública

Entidade dotada de personalidade jurídica de direito privado, com patrimônio próprio e capital exclusivo da União, autorizado por lei para a exploração de atividade econômica que o governo seja levado a exercer por força de contingência ou de conveniência administrativa, podendo revestir-se de qualquer das formas admitidas em direito.

Principais características:

- Autorizado por lei;
- Pessoa jurídica de direito privado;
- 100% na constituição de capital público;
- Constituído de qualquer forma admitido em direito;
- Competência da Justiça Federal.

Algumas características comuns das empresas públicas e sociedades de economia mista:

- **Personalidade jurídica:** direito privado.
- **Finalidade:** prestação de serviço público ou a exploração da atividade econômica.
- **Regime jurídico híbrido:** se for prestadora de serviço público, o regime jurídico é mais público; se for exploradora da atividade econômica, o regime jurídico é mais privado.
- **Responsabilidade civil:** se for prestadora de serviço público, a responsabilidade civil é objetiva, se for exploradora da atividade econômica, a civil é subjetiva.
- **Bens privados, com exceção:** bens diretamente ligados à prestação de serviço público são bens públicos.
- **Débitos judiciais:** são pagos por meio do seu patrimônio, com exceção dos bens diretamente ligados à prestação de serviços públicos, que são bens públicos e não se submetem a pagamento de débitos judiciais.
- **Regime de pessoal:** Consolidação das Leis do Trabalho (CLT) – Emprego Público.
- **Exemplos de empresas públicas:** Caixa Econômica Federal, Correios.
- **Exemplo de sociedades de economia mista:** Banco do Brasil e Petrobras.

O quadro a seguir foi desenvolvido para memorização das características mais importantes das pessoas da Administração Pública Indireta.

Tabela comparativa das características dos entes da Administração Pública

Característica	Entidades políticas	Autarquia	Fundação pública	Empresa pública	Sociedade de economia mista
Personalidade jurídica	Direito Público	Direito Público	direito privado	direito privado	direito privado
Finalidade	Competências constitucionais	Atividade típica do Estado	Lei complementar definirá	Exploração da atividade econômica ou prestação de serviço público	Exploração da atividade econômica ou prestação de serviço público
Regime jurídico	Direito Público	Direito Público	Híbrido: se PSP + público. Caso desenvolva outra atividade, mais privado.	Híbrido: se EAE + privado; se PSP + público	Híbrido: se EAE + privado; se PSP + público
Responsabilidade civil	Objetiva: ação Subjetiva: omissão	Objetiva: ação Subjetiva: omissão	PSP = Objetiva, nos demais casos, subjetiva	PSP = Objetiva, EAE = Subjetiva	PSP = Objetiva, EAE = Subjetiva
Bens	Públicos	Públicos	Privados, exceção: bens diretamente ligados à prestação de serviços públicos são bens públicos.	Privados, exceção: bens diretamente ligados à prestação de serviços públicos são bens públicos.	Privados, exceção: bens diretamente ligados à prestação de serviços públicos são bens públicos.
Débitos judiciais	Precatórios	Precatórios	Patrimônio	Patrimônio	Patrimônio
Regime de pessoal	Regime Jurídico Único	Regime Jurídico Único	Regime Jurídico Único	CLT	CLT
Competência para Julgamento	União: Justiça Federal; Demais: Justiça Estadual.	Federal: Justiça Federal; Demais: Justiça Estadual.	Federal: Justiça Federal; Demais: justiça Estadual.	Federal: Justiça Federal; Demais: justiça Estadual.	Todas: Justiça Estadual.

* EAE: Exploração da Atividade Econômica.

* PSP: Prestação de Serviço Público.

3. ÓRGÃO PÚBLICO

É importantíssimo para o estudo do Direito Administrativo estudar a respeito dos órgãos públicos, sua finalidade, seu papel na estrutura da Administração Pública, bem como as diversas teorias e classificações relativas ao tema. Começaremos a partir das teorias que buscam explicar o que é o órgão público.

3.1 Teorias

São três as teorias criadas para caracterizar e conceituar a ideia de órgão público: a Teoria do Mandato, Teoria da Representação e Teoria Geral do Órgão.

3.1.1 Teoria do mandato

Essa teoria preceitua que o agente, pessoa física, funciona como o mandatário da pessoa jurídica, agindo sob seu nome e com a responsabilidade dela, em razão de outorga específica de poderes (não adotado).

3.1.2 Teoria da representação

O agente funciona como um tutor ou curador do Estado.

3.1.3 Teoria geral do órgão

Tem-se a presunção de que a pessoa jurídica exterior a sua vontade por meio dos órgãos, os quais são parte integrante da própria estrutura da pessoa jurídica, de tal modo que, quando os agentes que atuam nesses órgãos manifestam sua vontade, considera-se que essa foi manifestada pelo próprio Estado. Falamos em imputação da atuação do agente, pessoa natural, à pessoa jurídica (adotado pela Constituição Federal de 1988).

Alguns órgãos possuem uma pequena capacidade de impetrar mandado de segurança para garantir prerrogativas próprias. Contudo, somente os órgãos independentes e autônomos têm essa capacidade.

Os órgãos não possuem personalidade jurídica, tampouco vontade própria, agem em nome da entidade a que pertencem, mantendo relações entre si e com terceiros, e não possuem patrimônio próprio. Os órgãos manifestam a vontade da pessoa jurídica à qual pertencem. Dizemos que os agentes, quando atuam para o Estado, estão em imputação à pessoa jurídica à qual estão efetivamente ligados. Assim, falamos em imputação à pessoa jurídica.

Constatamos que órgãos são meros centros de competência, e que os agentes que trabalham nesses órgãos estão em imputação à pessoa jurídica a que estão ligados; suas ações são imputadas ao ente federativo. Assim, quando um servidor público federal atua, suas ações são imputadas (como se o próprio Estado estivesse agindo) à União, pois o agente é ligado a um órgão que pertence a esse ente.

Por exemplo: quando um policial federal está trabalhando, ele é um agente público que atua dentro de um órgão (Departamento de Polícia Federal) e suas ações, quando feitas, são consideradas como se a União estivesse agindo. Por esse motivo, os atos que gerem prejuízo a terceiros são imputados à União, ou seja, é a União que paga o prejuízo e, depois, entra com ação regressiva contra o agente público.

3.2 Características

3.2.1 Não possui personalidade jurídica

Muitas pessoas se assustam com essa regra devido ao fato de o órgão público ter Cadastro Nacional da Pessoa Jurídica (CNPJ), realizar licitações e também por celebrar contratos públicos. Todavia, essas situações não devem ser levadas em consideração nesse momento.

O CNPJ não é suficiente para conferir personalidade jurídica para o órgão público, a sua instituição está ligada ao direito tributário. O órgão faz licitação, celebra contratos, no entanto, ele não possui direitos, não é responsável pela conduta dos seus agentes e tudo isso porque não possui personalidade jurídica, uma vez que órgão público não é pessoa.

3.2.2 Integram a estrutura da pessoa jurídica a que pertencem

O órgão público é o integrante essencial da estrutura corporal (orgânica) da pessoa jurídica a que está ligado.

Algumas características sobre o tema:

- Não possui capacidade processual, salvo os órgãos independentes e autônomos que podem impetrar Mandado de Segurança em defesa de suas prerrogativas constitucionais, quando violadas por outro órgão.
- Não possui patrimônio próprio.
- É hierarquizado.
- É fruto da desconcentração.
- Está presente na Administração Direta e Indireta.
- **Criação e extinção:** por meio de Lei.
- **Estruturação:** pode ser feita por meio de decreto autônomo, desde que não implique em aumento de despesas.
- Os agentes que trabalham nos órgãos estão em imputação à pessoa jurídica que estão ligados.

3.3 Classificação

Dentre as diversas classificações pertinentes ao tema, a partir de agora, abordaremos as classificações quanto à posição estatal que leva em consideração a relação de subordinação e hierarquia, a estrutura que se relaciona com a desconcentração e a composição ou atuação funcional que se relaciona com a quantidade de agentes que agem e manifestam vontade em nome do órgão.

3.3.1 Posição estatal

Quanto à posição estatal, os órgãos são classificados em independentes, autônomos, superiores e subalternos:

- **Órgãos independentes**
  - São considerados o mais alto escalão do Governo.
  - Não exercem subordinação.
  - Seus agentes são inseridos por eleição.
  - Têm suas competências determinadas pelo texto constitucional.
  - Possuem alguma capacidade processual.

- **Órgãos autônomos**
  - São classificados como órgãos diretivos.
  - Possuem capacidade administrativa, financeira e técnica.
  - São exemplos os ministérios e as secretarias.
  - Possuem alguma capacidade processual.

- **Órgãos superiores**
  - São órgãos de direção, controle e decisão.
  - Não possuem autonomia administrativa ou financeira.
  - Exemplos são as coordenadorias, gabinetes etc.

- **Subalternos**
  - Exercem atribuições de mera execução.
  - Exercem reduzido poder decisório.
  - São exemplos as seções de expediente ou de materiais.

3.4 Estrutura

A classificação quanto à estrutura leva em consideração, a partir do órgão analisado, se existe ou não um processo de desconcentração, se há ramificações que levam a órgãos subordinados ao órgão analisado.

- **Simples:** são aqueles que representam um só centro de competências, sem ramificações, independentemente do número de cargos.
- **Compostos:** são aqueles que reúnem em sua estrutura diversos órgãos, ou seja, existem ramificações.

A Presidência da República é um órgão composto, pois dela se originam outros órgãos de menor hierarquia, dentre esses o Ministério da Justiça, por exemplo, que também é órgão composto, pois, a partir dele, tem-se novas ramificações, como o Departamento Penitenciário Nacional, o Departamento de Polícia Federal, entre outros.

A partir da Presidência da República, tem-se também um órgão chamado de gabinete. Ele é considerado simples, pois, a partir dele, não há novos órgãos, ou seja, não nasce nenhuma ramificação a partir do gabinete da Presidência da República.

3.5 Atuação funcional/composição

Os órgãos públicos podem ser classificados em singulares ou colegiados:

- **Órgãos singulares ou unipessoais**: a sua atuação ou decisões são atribuições de um único agente. Por exemplo: Presidência da República.
- **Órgãos colegiados ou pluripessoais**: a atuação e as decisões dos órgãos colegiados acontecem mediante obrigatória manifestação conjunta de seus membros. Por exemplo: Congresso Nacional, Tribunais de Justiça.

3.6 Paraestatais

A expressão "paraestatais" gera divergência em nosso ordenamento jurídico, sendo que podemos mencionar três posicionamentos:

- As paraestatais são as autarquias – posição de José Cretella Júnior – entendimento ultrapassado.
- As paraestatais são: as fundações públicas, empresas públicas, sociedades de economia mista e os serviços sociais autônomos – posição de Hely Lopes Meirelles – corrente minoritária.
- As paraestatais são os serviços sociais autônomos, as fundações de apoio, as Organizações Sociais (OSs), as Organizações da Sociedade Civil de Interesse Público (Oscips) e as Organizações da Sociedade Civil (OSCs) – posição de Maria Silvia Zanella Di Pietro, entre outros – é o entendimento majoritário.
- Observação: nesse terceiro sentido, as paraestatais equivalem ao chamado terceiro setor. O primeiro setor é o Estado e o segundo setor é o mercado (iniciativa privada que visa ao lucro).

Serviços sociais autônomos: são pessoas jurídicas de direito privado sem fins lucrativos, instituídas por lei e vinculadas a categorias profissionais, sendo mantidas por dotações orçamentárias ou contribuições parafiscais. É o chamado sistema "S".

Por exemplo: Serviço Social da Indústria (Sesi), Serviço Social do Comércio (Sesc), Serviço Nacional de Aprendizagem Industrial (Senai), Serviço Nacional de Aprendizagem Comercial (Senac), Serviço Brasileiro de Apoio às Micro e Pequenas Empresas (Sebrae) etc. Não integram a Administração Pública nem direta e nem indireta.

Fundações de apoio: são pessoas jurídicas de direito privado que se destinam a colaborar com instituições de ensino e pesquisa, sendo instituídas por professores, pesquisadores ou universitários (Lei nº 8.958/1994). Por exemplo: Fundação Universitária para o Vestibular (Fuvest), Fundação Instituto de Pesquisas Econômicas (Fipe), Conselho Nacional de Desenvolvimento Científico e Tecnológico (CNPQ) etc.

Organizações Sociais (OSs) e Organizações da Sociedade Civil de Interesse Público (Oscips): são pessoas jurídicas de direito privado sem fins lucrativos, instituídas por particulares que desempenham serviços não exclusivos de Estado, como a saúde, cultura, preservação do meio ambiente etc.

Existem **características comuns** entre as Organizações Sociais (Lei nº 9.637/1998) e as Organizações da Sociedade Civil de Interesse Público (Lei nº 9.790/1999):

- São pessoas jurídicas de direito privado.
- Não têm fins lucrativos.
- Instituídas por particulares.
- Desempenham serviços não exclusivos de Estado.
- Não integram a Administração Pública (seja direta ou indireta).
- Integram o chamado terceiro setor.
- Sujeitam-se ao controle da Administração Pública e do Tribunal de Contas.
- Gozam de imunidade tributária, desde que atendidos os requisitos legais, conforme prevê o art. 150, inciso VI, alínea "c", da Constituição Federal de 1988.

Principais diferenças entre OS e OSCIP
Organizações Sociais: o vínculo com o Estado se dá por contrato de gestão; o ato de qualificação é discricionário, dado pelo ministro da pasta competente; pode ser contratada pela Administração com dispensa de licitação (hipótese de licitação dispensável); o conselho deve ser formado por representantes do poder público; regulada pela Lei nº 9.637/1998. Exs.: Associação Roquette Pinto, Instituto Nacional de Matemática Pura e Aplicada (IMPA). **Organizações da Sociedade Civil de Interesse Público:** o vínculo com o Estado se dá por Termo de Parceria; o ato de qualificação é vinculado, dado pelo Ministro da Justiça; não há essa previsão; não há essa exigência; regulada pela Lei nº 9.790/1999. Exs.: Amigo do Índio (AMI), Associação de Amparo às Mães de Alto Risco (AMAR).

Observações sobre as Organizações Sociais (OSs)

- O poder público pode destinar para as OSs recursos orçamentários e bens necessários ao cumprimento do contrato de gestão, mediante permissão de uso.
- O poder público pode ceder servidores públicos para as OSs com ônus para a origem.
- A Administração poderá dispensar a licitação nos contratos de prestação de serviços celebrados com as OSs (art. 24, inciso XXIV da Lei nº 8.666/1993).

3.7 Organizações da Sociedade Civil (OSC)

As Organizações da Sociedade Civil (OSCs) são entidades do terceiro setor criadas com a finalidade de atuar junto ao Poder Público, em regime de mútua cooperação, na execução de serviços públicos e tem o seu regime jurídico regulado pela Lei nº 13.019/2014.

Essas entidades atuam na prestação de serviço público não exclusivo do Estado e têm vínculo com a Administração Pública, de modo que essa conexão se dá mediante celebração de Termo de Fomento, Termo de Colaboração e Acordo de Cooperação. Vejamos tais conceitos:

- **Termo de Colaboração (art. 2º, inciso VII e art. 16):** instrumento por meio do qual são formalizadas as parcerias estabelecidas pela Administração Pública com organizações da sociedade civil para a consecução de finalidades de interesse público e recíproco propostas pela Administração Pública que envolvam a transferência de recursos financeiros. Assim, o Termo de Colaboração é utilizado para a execução de políticas públicas nas mais diversas áreas, para consecução de **planos de trabalho de iniciativa da própria Administração**, nos casos em que esta já tem parâmetros consolidados, com indicadores e formas de avaliação conhecidos, abarcando, reitere-se, o **repasse de valores por parte do erário**;

- **Termo de Fomento (art. 2º, inciso VIII, e art. 17):** instrumento por meio do qual são formalizadas as parcerias estabelecidas pela Administração Pública com organizações da sociedade civil para a consecução de finalidades de interesse público e recíproco propostas pelas organizações da sociedade civil, que envolvam a transferência de recursos financeiros. Note, portanto, que o Termo de Fomento, ao contrário do Termo de Colaboração, tem como objetivo **incentivar iniciativas das próprias OSCs, para consecução de planos de trabalho por elas propostos,** buscando albergar nas políticas públicas tecnologias sociais inovadoras, promover projetos e eventos nas mais diversas áreas e expandir o alcance das ações desenvolvidas pelas organizações. Assim como no Termo de Colaboração, o Termo de Fomento também enseja a transferência de recursos financeiros por parte da Administração Pública;
- **Acordo de Cooperação (art. 2º, inciso VIII-A):** instrumento por meio do qual são formalizadas as parcerias estabelecidas pela Administração Pública com organizações da sociedade civil para a consecução de finalidades de interesse público e recíproco que não envolvam a transferência de recursos financeiros. Portanto, o grande diferencial do Acordo de Cooperação com os demais é justamente a **ausência de repasse de valores financeiros**. O acordo, como regra, também não exige prévia realização de chamamento público como ocorre no caso do Termo de Fomento e do Termo de Colaboração, salvo quando envolver alguma forma de compartilhamento de recurso patrimonial (comodato, doação de bens etc.).
- **Chamamento público**: trata-se do procedimento que o poder público deverá realizar, obrigatoriamente, na prospecção de organizações. É a partir desse chamamento que serão avaliadas diferentes propostas para escolher a OSC mais adequada à parceria, ou ainda um grupo de OSCs trabalhando em rede, a fim de tornar mais eficaz a execução do objeto. Tal procedimento deverá adotar métodos claros, objetivos e simplificados que orientem os interessados e facilitem o acesso direto aos órgãos e às instâncias decisórias.
- Observação: não se aplicará a Lei nº 8.666/1993 às relações de parceria com as OSCs (art. 84 da Lei nº 13.019/2014), uma vez que agora há lei própria.

3.8 Organizações Não Governamentais (ONGs)

A ONG é uma entidade civil sem fins lucrativos, formada por pessoas interessadas em determinado tema, o qual se constitui em seu objetivo e interesse principal. Por exemplo: Instituto Brasileiro de Defesa do Consumidor (Idec).

Normalmente, são iniciativas de pessoas ou grupos que visam colaborar com a solução de problemas da comunidade, como mobilizações, educação, conscientização e organização de serviços ou programas para o atendimento de suas necessidades.

Do ponto de vista jurídico, o termo ONG não se aplica. O Código Civil brasileira prevê apenas dois formatos institucionais para entidades civis sem fins lucrativos, sendo a Associação Civil (art. 44, inciso I e art. 53, ambos do Código Civil) e a Fundação Privada (art. 44, III e 62, ambos do Código Civil).

4. ATO ADMINISTRATIVO

4.1 Conceito de ato administrativo

Ato administrativo é toda manifestação unilateral de vontade da Administração Pública, que, agindo nessa qualidade, tenha por fim imediato adquirir, resguardar, transferir, modificar, extinguir e declarar direitos, ou impor obrigações aos administrados ou a si própria.

Da prática dos atos administrativos gera-se superioridade e efeitos jurídicos.

4.2 Elementos de validade do ato administrativo

4.2.1 Competência

Poderes que a lei confere aos agentes públicos para exercer funções com o mínimo de eficácia. A competência tem caráter instrumental, ou seja, é um instrumento outorgado para satisfazer interesses públicos – finalidade pública.

Características da competência:

- **Obrigatoriedade:** ela é obrigatória para todos os agentes e órgãos públicos.
- **Irrenunciabilidade:** a competência é um poder-dever de agir e não pode ser renunciada pelo detentor do poder-dever. Contudo, tem caráter relativo uma vez que a competência pode ser delegada ou pode ocorrer a avocação.
- **Intransferível:** mesmo após a delegação, a competência pode ser retomada a qualquer tempo pelo titular do poder-dever, por meio da figura da revogação.
- **Imodificável:** pela vontade do agente, pois somente a lei determina competências.
- **Imprescritível:** a competência pode ser executada a qualquer tempo. Somente a lei pode exercer a função de determinar prazos prescricionais. Por exemplo: o art. 54 da Lei nº 9.784/1999 determina o prazo decadência de cinco anos para anular atos benéficos para o administrado de boa-fé.

4.2.2 Finalidade

Visa sempre ao interesse público e à finalidade específica prevista em lei. Por exemplo: remoção de ofício.

4.2.3 Forma

O ato administrativo é, em regra, formal e escrito.

4.2.4 Motivo

O motivo é a causa imediata do ato administrativo. É a situação de fato e de direito que determina ou autoriza a prática do ato, ou, em outras palavras, o pressuposto fático e jurídico (ou normativo) que enseja a prática do ato.

> ***Art. 40, § 1º, II, "a", CF/1988*** *Trata da aposentadoria por tempo de contribuição.*

Atenção!

A Lei nº 9.784/1999, que trata dos processos administrativos no âmbito da União, reza pelo princípio do informalismo, admitindo que existam atos verbais ou por meio de sinais (de acordo com o contexto).

4.2.5 Objeto

É o ato em si, ou seja, no caso da remoção o ato administrativo é o próprio instituto da remoção.

Por exemplo: demissão – quanto ao ato de demissão deve ter o agente competente para determiná-lo (competência), depois disso, deve ser revertido de forma escrita (forma), a finalidade deve ser o interesse público (finalidade), o motivo deve ser embasado em lei, ou seja, os casos do art. 132 da Lei nº 8.112/1990, o objeto é o próprio instituto da demissão que está prescrito em lei.

4.2.6 Motivação

É a exteriorização por escrito dos motivos que levaram a produção do ato.

- Faz parte do elemento "forma" e não do "motivo".
- Teoria dos motivos determinantes.

A motivação é elemento de controle de validade dos atos administrativos. Se ela for falsa, o ato é ilegal, independentemente da sua qualidade (discricionário ou vinculado).

Devem ser motivados:

- Todos os atos administrativos vinculados;
- Alguns atos administrativos discricionários (atos punitivos, que geram despesas, dentre outros).

A Lei nº 9.784/1999, em seu art. 50, traz um rol dos atos que devem ser motivados:

> ***Art. 50*** *Os atos administrativos deverão ser motivados, com indicação dos fatos e dos fundamentos jurídicos, quando:*
>
> *I - Neguem, limitem ou afetem direitos ou interesses;*
>
> *II - Imponham ou agravem deveres, encargos ou sanções;*
>
> *III - Decidam processos administrativos de concurso ou seleção pública;*
>
> *IV - Dispensem ou declarem a inexigibilidade de processo licitatório;*
>
> *V - Decidam recursos administrativos;*
>
> *VI - Decorram de reexame de ofício;*
>
> *VII - Deixem de aplicar jurisprudência firmada sobre a questão ou discrepem de pareceres, laudos, propostas e relatórios oficiais;*
>
> *VIII - Importem anulação, revogação, suspensão ou convalidação de ato administrativo.*
>
> ***§ 1º*** *A motivação deve ser explícita, clara e congruente, podendo consistir em declaração de concordância com fundamentos de anteriores pareceres, informações, decisões ou propostas, que, nesse caso, serão parte integrante do ato.*
>
> ***§ 2º*** *Na solução de vários assuntos da mesma natureza, pode ser utilizado meio mecânico que reproduza os fundamentos das decisões, desde que não prejudique direito ou garantia dos interessados.*
>
> ***§ 3º*** *A motivação das decisões de órgãos colegiados e comissões ou de decisões orais constará da respectiva ata ou de termo escrito.*

4.3 Atributos do ato administrativo

São as qualidades especiais dos atos administrativos que lhes asseguram uma qualidade jurídica superior à dos atos de direito privado.

4.3.1 Presunção de legitimidade e veracidade

Presume-se, em caráter relativo, que os atos da administração foram produzidos em conformidade com a lei e os fatos deles. Para os administrados, são obrigatórios. Ocorre, aqui, a inversão do ônus da prova (cabe ao administrado provar que o ato é vicioso).

4.3.2 Consequências

Imediata executoriedade do ato administrativo, mesmo impugnado pelo administrado. Até decisão que reconhece o vício ou susta os efeitos do ato.

Impossibilidade de o Poder Judiciário analisar, de ofício, elementos de validade do ato não expressamente impugnados pelo administrado.

4.3.3 Imperatividade

Imperativo, ou seja, é impositivo e independe da anuência do administrado, com exceção de:

- **Atos negociais:** a Administração concorda com uma pretensão do administrado ou reconhece que ela satisfaz os requisitos para o exercício de certo direito (autorização e permissão – discricionário; licença – vinculado).

- **Atos enunciativos:** declaram um fato ou emitem uma opinião sem que tal manifestação produza por si só efeitos jurídicos.

Atenção!
Relacionado ao ***poder extroverso*** do Estado (expressão italiana do autor Renato Aless), esse poder é usado como sinônimo para imperatividade nas provas de concurso.

4.3.4 Autoexecutoriedade

O ato administrativo, uma vez produzido pela Administração, é passível de execução imediata, independentemente de manifestação do Poder Judiciário.

Deve haver previsão legal, a exceção existe em casos de emergência. Esse atributo incide em todos os atos, com exceção dos enunciativos e negociais. A Administração não goza de autoexecutoriedade na cobrança de débito, quando o administrado resiste ao pagamento.

4.3.5 Tipicidade

O ato deve observar a forma e o tipo previsto em lei para sua produção.

4.4 Classificação dos atos administrativos

- **Atos vinculados:** são os que a Administração pratica sem margem alguma de liberdade de decisão, pois a lei previamente determinou o único comportamento possível a ser obrigatoriamente adotado sempre que se configure a situação objetiva descrita na lei. Não cabe ao agente público apreciar a situação objetiva descrita nela.
- **Atos discricionários:** a Administração pode praticar, com certa liberdade de escolha, nos termos e limites da lei, quanto ao seu conteúdo, seu modo de realização, sua oportunidade e sua conveniência administrativa.
- **Atos gerais:** caracterizam-se por não possuir destinatários determinados. Os atos gerais são sempre determinados e prevalecem sobre os individuais. Podem ser revogados a qualquer tempo. Por exemplo: são os decretos regulamentares. Esses atos necessitam ser publicados em meio oficial.
- **Atos individuais:** são aqueles que possuem destinatários certos (determinados), produzindo diretamente efeitos concretos, constituindo ou declarando situação jurídicas subjetivas. Por exemplo: nomeação em concurso público e exoneração. Os atos podem ser discricionários ou vinculados e sua revogação somente é passível caso não tenha gerado direito adquirido.
- **Atos simples:** decorrem de uma única manifestação de vontade, de um único órgão.
- **Atos complexos:** necessitam, para formação de seu conteúdo, da manifestação de vontade de dois ou mais órgãos.
- **Atos compostos:** o seu conteúdo depende de manifestação de vontade de um único órgão, contudo, para funcionar, necessita de outro ato que o aprove.

Diferenças entre Ato Complexo e Ato Composto

Ato Complexo
1 ato, 2 vontades e 2 ou + órgãos
Ato Composto
2 atos, 2 vontades, 1 órgão com aprovação de outro

Ato complexo	Ato composto
1 ato	2 atos
2 vontades	2 vontades
2 ou + órgãos	1 órgão com a aprovação de outro

Espécies de Atos Administrativos

- Normativo;
- Ordinatórios;
- Negociais;
- Enunciativos;
- Punitivos.

4.4.1 Atos normativos

São atos caracterizados pela generalidade e pela abstração, isto é, um ato normativo não é prescrito para uma situação determinada, mas para todos os eventos assemelhados; a abstração deriva do fato desse ato não representar um caso concreto, determinado, mas, sim, um caso abstrato, descrito na norma e possível de acontecer no mundo real. A regra abstrata deve ser aplicada no caso concreto.

Finalidade: regulamentar as leis e uniformizar procedimentos administrativos.

Características:

- Não possuem destinatários determinados;
- Correspondem aos atos gerais;
- Não pode inovar o ordenamento jurídico;
- Controle.

Regra: os atos administrativos normativos não podem ser atacados mediante recursos administrativos ou judiciais.

Exceção: atos normativos que gerarem efeitos concretos para determinado destinatário podem ser impugnados pelo administrado na via judicial ou administrativa. Por exemplo: decretos regulamentares, instruções normativas, atos declaratórios normativos.

4.4.2 Atos ordinários

São atos administrativos endereçados aos servidores públicos em geral.

Finalidade: divulgar determinações aplicáveis ao adequado desempenho de suas funções.

Características

- Atos internos;
- Decorrem do exercício do poder hierárquico;
- Vinculam os servidores subordinados ao órgão que o expediu;
- Não atingem os administrados;
- Estão hierarquicamente abaixo dos atos normativos;
- Devem obediência aos atos normativos que tratem da mesma matéria relacionada ao ato ordinatório.
- Por exemplo: instruções, circulares internas, portarias, ordens de serviço.

4.4.3 Atos negociais

São atos administrativos editados quando o ordenamento jurídico exige que o particular obtenha anuência prévia da Administração para realizar determinada atividade de interesse dele ou exercer determinado direito.

Finalidade: satisfação do interesse público, ainda que essa possa coincidir com o interesse do particular que requereu o ato.

Características:

- Os atos negociais não são imperativos, coercitivos e autoexecutórios;
- Os atos negociais não podem ser confundidos com contratos, pois, nesses existe manifestação de vontade bilateral e, nos atos negociais, nós temos uma manifestação de vontade unilateral da Administração Pública, que é provocada mediante requerimento do particular.

Os atos negociais também são divididos em vinculados, discricionários, definitivos e precários:

- **Atos negociais vinculados:** reconhecem um direito subjetivo do particular, mediante um requerimento, desse particular, comprovando preencher os requisitos que a lei exige para a anuência do direito, a Administração obrigatoriamente deve praticar o ato.
- **Atos negociais discricionários:** não reconhecem um direito subjetivo do particular, pois, mesmo que esse atenda às exigências necessárias para a obtenção do ato, a Administração poderá não o praticar, decidindo se executa ou não o ato por juízo de conveniência e oportunidade.
- **Atos negociais definitivos:** não comportam revogação, são atos vinculados, mas podem ser anulados ou cassados. Assim, esses atos geram, ao particular, apenas uma expectativa de definitividade.
- **Atos negociais precários:** podem ser revogados a qualquer tempo, são atos discricionários; geralmente, a revogação do ato negocial não gera direito de indenização ao particular.

Os atos negociais apresentam as seguintes espécies:

- **Licença:** fundamenta-se no poder de polícia da Administração. É ato vinculado e definitivo, pois reconhece um direito subjetivo do particular, mediante um requerimento desse, comprovando preencher os requisitos que a lei exige. Para a anuência do direito, a Administração, obrigatoriamente, deve praticar o ato. A licença não comporta revogação, mas ela pode ser anulada ou cassada. Assim, esses atos geram, ao particular, apenas uma expectativa de definitividade.

  Por exemplo: alvará para a realização de uma obra, alvará para o funcionamento de um estabelecimento comercial, licença para dirigir, licença para exercer uma profissão.
- **Admissão:** é o ato unilateral e vinculado pelo qual a Administração faculta a alguém a inclusão em estabelecimento governamental para o gozo de um serviço público. O ato de admissão não pode ser negado aos que preencham as condições normativas requeridas.

  Por exemplo: ingresso em estabelecimento oficial de ensino na qualidade de aluno; o desfrute dos serviços de uma biblioteca pública como inscrito entre seus usuários.
- **Aprovação:** é o ato unilateral e discricionário pelo qual a Administração faculta a prática de ato jurídico (aprovação prévia) ou manifesta sua concordância com ato jurídico já praticado (aprovação *a posteriori*).
- **Homologação:** é o ato unilateral e vinculado de controle pelo qual a Administração concorda com um ato jurídico ou série de atos (procedimento) já praticados, verificando a consonância deles com os requisitos legais condicionadores de sua válida emissão.
- **Autorização:** na maior parte das vezes em que é praticado, fundamenta-se no poder de polícia do Estado quando a lei exige a autorização como condicionante para prática de uma determinada atividade privada ou para o uso de bem público. Todavia, a autorização também pode representar uma forma de descentralizar, por delegação, serviços públicos para o particular.
  - A autorização é caracterizada por uma predominância do interesse do particular que solicita o ato, todavia, também existe interesse público na prática desse ato.
  - É um ato discricionário, pois não reconhece um direito subjetivo do particular; mesmo que esse atenda às exigências necessárias para a obtenção do ato, a Administração poderá não o praticar, decidindo se desempenha ou não o ato por juízo de conveniência e oportunidade.
  - É um ato precário, pois pode ser revogado a qualquer tempo. Via de regra, a revogação da autorização não gera direito de indenização ao particular, mas, caso a autorização tenha sido concedida por prazo certo, pode haver o direito de indenização para o particular.
- **Prazo:** a autorização é concedida sem prazo determinado, todavia, pode havê-la outorgada por prazo certo.
  - Por exemplo: atividades potencialmente perigosas e que podem colocar em risco a coletividade, por isso, a necessidade de regulação do Estado; autorização para porte de arma de fogo; autorização para a prestação de serviços privados de educação e saúde; autorização de uso de bem público; autorização de serviço público: prestação de serviço de táxi.
- **Permissão:** é o ato administrativo discricionário e precário, pelo qual a Administração Pública consente ao particular o exercício de uma atividade de interesse predominantemente da coletividade.
  - A permissão apresenta as seguintes características: pode ser concedida por prazo certo e pode ser imposta condições ao particular.
  - A permissão é um ato precário, pois pode ser revogada a qualquer tempo. Via de regra, a revogação da permissão não gera direito de indenização ao particular, mas, caso a autorização tenha sido concedida por prazo certo ou sob condições, pode haver o direito de indenização para o particular.
  - A permissão concedida ao particular, por meio de um ato administrativo, não se confunde com a permissão para a prestação de serviços públicos. Nesse último caso, representa uma espécie de descentralização por delegação realizada por meio de contrato.
  - Por exemplo: permissão de uso de bem público.

4.4.4 Atos enunciativos

São atos administrativos enunciativos aqueles que têm por finalidade declarar um juízo de valor, uma opinião ou um fato.

Características:

- Não produzem efeitos jurídicos por si só;
- Não contêm uma manifestação de vontade da administração.

Seguem alguns exemplos de atos enunciativos:

- **Certidão:** é uma cópia de informações registradas em banco de dados da Administração. Geralmente, é concedida ao particular mediante requerimento da informação registrada pela Administração.
- **Atestado:** declara uma situação de que a Administração tomou conhecimento em virtude da atuação de seus agentes. O atestado não se assemelha à certidão, pois essa declara uma informação constante em banco de dados e aquele declara um fato que não corresponde a um registro de um arquivo da Administração.
- **Parecer:** é um documento técnico, confeccionado por órgão especializado na respectiva matéria tema do parecer, em que o órgão emite sua opinião relativa ao assunto.
- **Apostila:** apostilar significa corrigir, emendar, complementar um documento. É o aditamento de um contrato administrativo ou de um ato administrativo. É um ato de natureza aditiva, pois sua finalidade é adicionar informações a um registro já existente.
  - Por exemplo: anotar alterações na situação funcional de um servidor.

4.4.5 Atos punitivos

São os atos administrativos por meio dos quais a Administração Pública impõe sanções a seus servidores ou aos administrados.

Fundamento:

- **Poder disciplinar:** quando o ato punitivo atinge servidores públicos e particulares ligados à Administração por algum vínculo jurídico específico.

DIR ADM

- **Poder de polícia:** quando o ato punitivo atinge particulares não ligados à Administração Pública por um vínculo jurídico específico.

Os atos punitivos podem ser internos e externos:

- **Atos punitivos internos:** têm como destinatários os servidores públicos e aplicam penalidades disciplinares, ou seja, os atos punitivos internos decorrem sempre do poder disciplinar.
- **Atos punitivos externos:** têm como destinatários os particulares. Podem ter fundamento decorrente do poder disciplinar, quando punem particulares sujeitos à disciplina administrativa, ou podem ter fundamento no poder de polícia, quando punem particulares não ligados à Administração Pública.

Todo ato punitivo interno decorre do poder disciplinar, mas nem todo ato que decorre do poder punitivo que surge do poder disciplinar é um ato punitivo interno, pois, quando a Administração Pública aplica punição aos particulares ligados à administração, essa punição decorre do poder disciplinar, mas também representa um ato punitivo externo.

Todo ato punitivo decorrente do poder de polícia é um ato punitivo externo, pois, nesse caso, temos a Administração punindo sempre o particular.

4.5 Extinção dos atos administrativos

4.5.1 Anulação ou controle de legalidade

É o desfazimento do ato administrativo que decorre de vício de legalidade ou de legitimidade na prática do ato.

Cabimento

- Ato discricionário;
- Ato vinculado.

Competência para anular

- **Entidade da Administração Pública que praticou o ato:** pode anular o ato a pedido do interessado ou de ofício em razão do princípio da autotutela.
- **Poder Judiciário:** pode anular somente por provocação do interessado.

Efeitos da anulação: *ex tunc*, retroagem desde a data da prática do ato, impugnando a validade do ato.

Prazo: 5 anos.

- Contagem;
- Prática do ato.

No caso de efeitos patrimoniais contínuos, a partir do primeiro pagamento.

4.5.2 Revogação ou controle de mérito

É o desfazimento do ato administrativo por motivos de conveniência e oportunidade.

Cabimento

- Ato discricionário legal, inconveniente e inoportuno;
- Não é cabível a revogação de ato vinculado.

A competência para revogar é apenas a entidade da Administração Pública que praticou o ato.

Não pode o controle de mérito ser feito pelo Poder Judiciário na sua função típica de julgar. Todavia, a Administração Pública está presente nos três poderes da União e, caso uma entidade dos Poderes Judiciário, Legislativo ou Executivo pratique ato discricionário legal, que com o passar do tempo, se mostre inconveniente e inoportuno, somente a entidade que criou o ato tem competência para revogá-lo.

Assim, o Poder Judiciário não tem competência para exercer o controle de mérito dos atos da Administração Pública, mas essa prática atos administrativos e cabe somente a ela a revogação de seus atos.

Efeitos da revogação: *ex nunc*, não retroagem, ou seja, a revogação gera efeitos prospectivos, para frente.

4.5.3 Cassação

É o desfazimento do ato administrativo decorrente do descumprimento dos requisitos que permitem a manutenção do ato. Na maioria das vezes, a cassação representa uma sanção aplicada ao particular que deixou de atender às condições exigidas para a manutenção do ato.

Como exemplo, temos a cassação da carteira de motorista, que nada mais é do que a cassação de um ato administrativo classificado como licença. A cassação da licença para dirigir decorre da prática de infrações de trânsito praticadas pelo particular, assim, nesse caso, essa cassação é uma punição.

4.5.4 Convalidação

Convalidação é a correção com efeitos retroativos do ato administrativo com defeito sanável, o qual pode ser considerado:

- **Vício de competência relativo à pessoa**
  - **Exceção:** competência exclusiva (não cabe convalidação).
  - O vício de competência relativo à matéria não é considerado um defeito sanável e também não cabe convalidação.
- **Vício de forma**
  - **Exceção:** a lei determina que a forma seja elemento essencial de validade de determinado ato (também não cabe convalidação).
- **Convalidação tácita**
  - O art. 54 da Lei nº 9.784/1999 prevê que a Administração tem o direito de anular os atos administrativos de que decorram efeitos favoráveis para os destinatários. O prazo é de 5 anos, contados da data em que forem praticados, salvo comprovada má-fé. Transcorrido esse prazo, o ato foi convalidado, pois não pode ser mais anulado pela Administração.
- **Convalidação expressa**

  Art. 55, Lei nº 9.784/1999 *Em decisão na qual se evidencie não acarretarem lesão ao interesse público nem prejuízo a terceiros, os atos que apresentarem defeitos sanáveis poderão ser convalidados pela própria Administração.*

5. AGENTES PÚBLICOS

Estudaremos a seguir os agentes públicos, sua finalidade, seu papel na estrutura da Administração Pública, bem como as diversas classificações relativas ao tema.

5.1 Conceito

Considera-se agente público toda pessoa física que exerça, ainda que transitoriamente ou sem remuneração, por eleição, nomeação, designação, contratação ou qualquer outra forma de investidura ou vínculo, mandato, cargo, emprego ou função pública.

5.2 Classificação

- Agentes políticos.
- Agentes administrativos.
- Particulares em colaboração com o poder público.

5.2.1 Agentes políticos

Os agentes políticos estão nos mais altos escalões do Poder Público. São responsáveis pela elaboração das diretrizes governamentais e pelas funções de direção, orientação e supervisão geral da Administração Pública.

- **Características**
- Sua competência é haurida da Constituição Federal.
- Não se sujeitam às regras comuns aplicáveis aos servidores públicos em geral.
- Normalmente, são investidos em seus cargos por meio de eleição, nomeação ou designação.
- Não são hierarquizados, subordinando-se tão somente à Constituição Federal.

Exceção: auxiliares imediatos dos chefes do Executivo são, hierarquizados, pois se subordinam ao líder desse poder.

Exemplos: ministros de Estado e secretários estaduais e municipais.

Tabela de Agentes Políticos

Poder	Federal	Estadual	Municipal
Executivo	Presidente da República; Ministros de estados	Governadores; secretários estaduais	Prefeitos; secretários municipais
Legislativo	Deputados federais; senadores	Deputados estaduais	Vereadores
Judiciário	Membros do Poder Judiciário Federal	Membros do Poder Judiciário Estadual	Não há
Ministério Público	Membros do Ministério Público Federal	Membros do Ministério Público Estadual	Não há

5.2.2 Agentes administrativos

São as pessoas que exercem atividade pública de natureza profissional, permanente e remunerada, estão sujeitos à hierarquia funcional e ao regime jurídico estabelecido pelo ente ao qual pertencem. O vínculo entre esses agentes e o ente ao qual estão ligados é um vínculo de natureza permanente.

- **Servidores públicos (estrito):** são os titulares de cargos públicos (efetivos e comissionados), são vinculados ao seu cargo por meio de um estatuto estabelecido pelo ente contratante.
- **Empregados públicos:** são os ocupantes de Emprego Público; são vinculados ao seu emprego por meio da Consolidação das Leis do Trabalho (CLT).
- **Temporários:** são contratados por tempo determinado para atender necessidade temporária de excepcional interesse público. Exercem função pública temporária e remunerada, estão vinculados à Administração Pública por meio de um contrato de direito público e não de natureza trabalhista. O meio utilizado pelo Estado para selecionar os temporários é o processo seletivo simplificado e não o concurso público.

Algumas doutrinas dividem a classificação dos servidores públicos em sentido amplo e em estrito. Nesse último caso, servidor público é o que consta acima, ou seja, somente os titulares de cargos públicos; já em sentido amplo, adota-se a seguinte regra: servidor público é um gênero que comporta três espécies: os servidores estatutários, os empregados públicos e os servidores temporários. Então, caso se adote o conceito de servidor público em sentido amplo, este será sinônimo de agente administrativo.

Servidor público (amplo)
Servidor estatutário = servidor público (estrito) Empregado público = empregado público Servidor temporário = temporário

5.2.3 Particulares em colaboração com o Poder Público

- **Agentes honoríficos:** são cidadãos que transitoriamente são requisitados ou designados para prestar certos serviços públicos específicos em razão da sua honra, da sua conduta cívica ou de sua notória capacidade profissional. Geralmente atuam sem remuneração. São os mesários, jurados, entre outros.
- **Agentes delegados:** são particulares que recebem a incumbência de exercer determinada atividade, obra ou serviço, por sua conta e risco e em nome próprio, sob permanente fiscalização do poder contratante, ou seja, são aquelas pessoas que recebem a incumbência de prestar certas atividades do Estado por meio da descentralização por delegação. São elas:
  - Autorizatárias de serviços públicos;
  - Concessionárias de serviços públicos;
  - Permissionárias de serviços públicos.
- **Agentes credenciados:** são os particulares que recebem a incumbência de representar a administração em determinado ato ou praticar certa atividade específica, mediante remuneração do poder público credenciante.

6. DEVERES E PODERES ADMINISTRATIVOS

Para um desempenho adequado do papel que compete à Administração Pública, o ordenamento jurídico confere a ela poderes e deveres especiais. Conheceremos seus deveres e poderes de modo a diferenciar a aplicabilidade de um ou de outro poder ou dever na análise de casos concretos, bem como apresentado nas questões de concurso público.

6.1 Deveres

Os deveres da Administração Pública são um conjunto de obrigações de direito público que a ordem jurídica confere aos agentes públicos com o objetivo de permitir que o Estado alcance seus fins.

O fundamento desses deveres é o princípio da indisponibilidade do interesse público, pois, como a Administração Pública é uma ferramenta do Estado para alcançar seus objetivos, não é permitido ao agente público usar dos seus poderes para satisfazer interesses pessoais ou de terceiros. Com base nessa regra, concluímos que esses agentes não podem dispor do interesse público, por não ser o seu proprietário, e sim o povo. A ele cabe a gestão da Administração Pública em prol da coletividade.

A doutrina, de modo geral, enumera como alguns dos principais deveres impostos aos agentes administrativos pelo ordenamento jurídico quatro obrigações administrativas, a saber:

- Poder-dever de agir;
- Dever de eficiência;
- Dever de probidade;
- Dever de prestar contas.

6.1.1 Poder-dever de agir

O poder-dever de agir determina que toda a Administração Pública tem que agir em caso de determinação legal. Contudo, essa é temperada, uma vez que o administrador precisa ter possibilidade real de atuar.

> ***Art. 37, § 6°, CF/1988*** *Policiais em serviço que presenciam um cidadão ser assaltado e morto e nada fazem. Nessa situação, além do dever imposto por lei, havia a possibilidade de agir. Nesse caso concreto, gera-se a possibilidade de indenização por parte do Estado, com base na responsabilidade civil do Estado.*

Enquanto, no direito privado, agir é uma faculdade do administrador, no direito público, agir é um dever legal do agente público.

Em decorrência dessa regra temos que os **poderes** administrativos são **irrenunciáveis**, devendo ser **obrigatoriamente exercidos** por seus titulares nas situações cabíveis.

A inércia do agente público acarreta responsabilização a ela por abuso de poder na modalidade omissão. A Administração Pública também responderá pelos danos patrimoniais ou morais decorrentes da omissão na esfera cível.

6.1.2 Dever de eficiência

A Constituição implementou o dever de eficiência com a introdução da Emenda Constitucional nº 19 de 1998, a chamada reforma administrativa. Esse novo modelo instituiu a denominada "administração gerencial", tendo vários exemplos dispostos no corpo do texto constitucional, como:

- Possibilidade de perda do cargo de servidor estável em razão de insuficiência de desempenho (art. 41, § 1º, inciso III);
- O estabelecimento como condição para o ganho da estabilidade de avaliação de desempenho (art. 41, § 4º);
- A possibilidade da celebração de contratos de gestão (art. 37, § 8º);
- A exigência de participação do servidor público em cursos de aperfeiçoamento profissional como um dos requisitos para a promoção na carreira (art. 39, § 2º).

6.1.3 Dever de probidade

O dever de probidade determina que todo administrador público, no desempenho de suas atividades, atue sempre com ética, honestidade e boa-fé, em consonância com o princípio da moralidade administrativa.

> ***Art. 37, § 4º, CF/1988*** *Os atos de improbidade administrativa importarão a suspensão dos direitos políticos, a perda da função pública, a indisponibilidade dos bens e o ressarcimento ao erário, na forma e gradação previstas em lei, sem prejuízo da ação penal cabível.*

Efeitos

- A suspensão dos direitos políticos;
- Perda da função pública;
- Ressarcimento ao erário;
- Indisponibilidade dos bens.

6.1.4 Dever de prestar contas

O dever de prestar contas decorre diretamente do princípio da indisponibilidade do interesse público, sendo pertinente à função do agente público, que é simples gestão da coisa pública.

> ***Art. 70, Parágrafo único, CF/1988*** *Prestará contas qualquer pessoa física ou jurídica, pública ou privada, que utilize, arrecade, guarde, gerencie ou administre dinheiros, bens e valores públicos ou pelos quais a União responda, ou que, em nome dessa, assuma obrigações de natureza pecuniária.*

6.2 Poderes administrativos

São mecanismos que, utilizados isoladamente ou em conjunto, permitem que a Administração Pública possa cumprir suas finalidades. Dessa forma, os poderes administrativos representam um conjunto de prerrogativas de direito público que a ordem jurídica confere aos agentes administrativos para o fim de permitir que o Estado alcance os seus fins.

O fundamento desses poderes é o princípio da supremacia do interesse público, pois, como a Administração Pública é uma ferramenta do Estado para alcançar seus objetivos, e tais objetivos são de interesse de toda coletividade, é necessário que o Estado possa ter prerrogativas especiais na busca de seus objetivos. Como exemplo, podemos citar a aplicação de uma multa de trânsito. Imagine que a lei fale que ultrapassar o sinal vermelho é errado, mas que o Estado não tenha o poder de aplicar a multa. De nada vale a previsão da infração na lei.

São poderes administrativos descritos pela doutrina pátria:

- Poder vinculado;
- Poder discricionário;
- Poder hierárquico;
- Poder disciplinar;
- Poder regulamentar;
- Poder de polícia.

6.2.1 Poder vinculado

O poder vinculado determina que o administrador somente pode fazer o que a lei determina; aqui não se gera poder de escolha, ou seja, está o administrador preso (vinculado) aos ditames da lei.

O agente público não pode fazer considerações de conveniência e oportunidade. Caso descumpra a única hipótese prevista na lei para orientar a sua conduta, praticará um ato ilegal, assim, deve o ato ser anulado.

6.2.2 Poder discricionário

O poder discricionário gera a margem de escolha, que é a conveniência e a oportunidade, o mérito administrativo. Diz-se que o agente público pode agir com liberdade de escolha, mas sempre respeitando os parâmetros da lei.

Duas são as vertentes que autorizam o poder discricionário: a lei e os conceitos jurídicos indeterminados. Esses últimos são determinações da própria lei, por exemplo: quando a lei prevê a boa-fé, quem decide se o administrado está de boa ou má-fé é o agente público, sempre sendo razoável e proporcional.

6.2.3 Poder hierárquico

Manifesta a noção de um escalonamento vertical da Administração Pública, já que temos a subordinação entre órgãos e agentes, sempre no âmbito de uma mesma pessoa jurídica.

É interessante salientar que não há subordinação nem hierarquia:

- Entre pessoas distintas.
- Entre os poderes da república.
- Entre a administração e o administrado.

Suas prerrogativas são:

- **Dar ordens:** cabe ao subordinado o dever de obediência, salvo nos casos de ordens manifestamente ilegais.
- Fiscalizar a atuação dos subordinados.
- Revisar os atos dos subordinados e, nessa atribuição:
- Manter os atos vinculados legais e os atos discricionários legais convenientes e oportunos.
- Convalidar os atos com defeitos sanáveis.
- Anular os atos ilegais.
- Revogar os atos discricionários legais inconvenientes e inoportunos.
- Aplicar sanções aos servidores que praticarem infrações funcionais.

A caraterística marcante é o grau de subordinação entre órgãos e agentes, sempre dentro da estrutura da mesma pessoa jurídica. O controle hierárquico permite que o superior aprecie todos os aspectos dos atos de seus subordinados (quanto à legalidade e quanto ao mérito administrativo) e pode ocorrer de ofício ou a pedido, quando for interesse de terceiros, por meio de recurso hierárquico.

- **Delegação**

Competência: é o ato discricionário, revogável a qualquer tempo, mediante o qual o superior hierárquico confere o exercício temporário de algumas de suas atribuições, originariamente pertencentes ao seu cargo, a um subordinado.

É importante alertar que, excepcionalmente, a lei admite a delegação para outro órgão que não seja hierarquicamente subordinado ao delegante, conforme podemos constatar da redação do art. 12 da Lei nº 9.784/1999:

> ***Art. 12*** *Um órgão administrativo e seu titular poderão, se não houver impedimento legal, delegar parte da sua competência a outros órgãos ou titulares, ainda que estes não lhe sejam hierarquicamente subordinados, quando for conveniente, em razão de circunstâncias de índole técnica, social, econômica, jurídica ou territorial.*

São características da delegação:

- **Não podem ser delegados:**
  - Edição de atos de caráter normativo;
  - A decisão de recursos administrativos;
  - As matérias de competência exclusiva do órgão ou autoridade.
- **Consequências:**
  - **Não acarreta renúncia de competências;**
  - Transfere o exercício da atribuição e não a titularidade, pois pode ser revogada a delegação a qualquer tempo pela autoridade delegante;
  - O ato de delegação e sua revogação deverão ser publicados em meio oficial.
  - **Avocação.**

Competência: avocar é o ato discricionário mediante o qual o superior hierárquico traz para si o exercício temporário de determinada competência, atribuída por lei a um subordinado.

Cabimento: é uma medida excepcional e deve ser fundamentada.

Restrições: não podem ser avocadas competências exclusivas do subordinado.

Consequências: desonera o agente de qualquer responsabilidade relativa ao ato praticado pelo superior hierárquico.

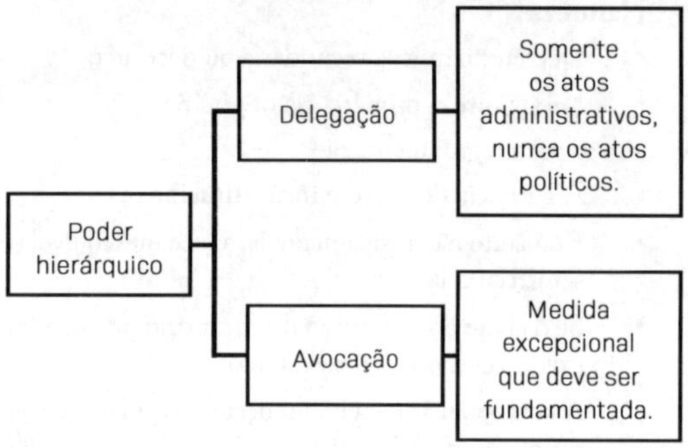

Atenção!

Segundo a Lei nº 9.784/1999, que trata do processo administrativo federal:

Art. 13. ***Não podem ser objeto de delegação:***
I - a edição de atos de caráter normativo;
II - a decisão de recursos administrativos;
III - as matérias de competência exclusiva do órgão ou autoridade.

6.2.4 Poder disciplinar

O poder disciplinar é uma espécie de poder-dever de agir da Administração Pública. Dessa forma, o administrador público atua de forma a punir internamente as infrações cometidas por seus agentes e, em exceção, atua de forma a punir particulares que mantenham um vínculo jurídico específico com a Administração.

O poder disciplinar não pode ser confundido com o *jus puniendi* do Estado, ou seja, com o poder do Estado de aplicar a lei penal a quem comete uma infração penal.

Em regra, o poder disciplinar é discricionário, algumas vezes, é vinculado. Essa discricionariedade se encontra na escolha da quantidade de sanção a ser aplicada dentro das hipóteses previstas na lei, e não na faculdade de punir ou não o infrator, pois puni-lo é um dever. Assim, a punição não é discricionária, quantidade de punição que em regra é, porém, é importante lembrar que, quando a lei apontar precisamente a penalidade ou a quantidade dela que deve ser aplicada para determinada infração, o poder disciplinar será vinculado.

6.2.5 Poder regulamentar

Quando a Administração atua punindo particulares (comuns) que cometeram falta, ela está usando o poder de polícia. Contudo, quando atua penalizando particulares que mantenham um vínculo jurídico específico (plus), estará utilizando o poder disciplinar.

Existem duas formas de manifestação do poder regulamentar: o decreto regulamentar e o autônomo, sendo que o primeiro é a regra e o segundo é a exceção.

- **Decreto regulamentar**

Também denominado decreto executivo ou regulamento executivo.

O decreto regulamentar é uma prerrogativa dos chefes do poder executivo de regulamentar a lei para garantir a sua fiel aplicação.

- **Restrições**
  - Não inova o ordenamento jurídico;
  - Não pode alterar a lei;
  - Não pode criar direitos e obrigações;
  - Caso o decreto regulamentar extrapole os limites da lei, haverá quebra do princípio da legalidade. Nessa situação, se do decreto regulamentar for federal, caberá ao Congresso Nacional sustar os seus dispositivos violadores da lei.

- **Exercício**
  - Somente por decretos dos chefes do poder Executivo (presidente da República, governadores e prefeitos), sendo uma competência exclusiva, indelegável a qualquer outra autoridade.
- **Natureza**
  - Decreto: natureza secundária ou derivada;
  - Lei: natureza primária ou originária.
- **Prazo para regulamentação**
  - A ausência do prazo é inconstitucional;
  - Enquanto não regulamentada, a lei é inexequível (não pode ser executada);
  - Se o chefe do Executivo descumprir o prazo, a lei se torna exequível (pode ser executada);
  - A competência para editar decreto regulamentar não pode ser objeto de delegação.
- **Decreto autônomo**

A Emenda Constitucional nº 32, alterou o art. 84 da Constituição Federal e deu ao seu inciso VI a seguinte redação:

> ***Art. 84*** *Compete privativamente ao Presidente da República: [...]*
> *VI. dispor, mediante decreto, sobre:*
> *a) organização e funcionamento da administração federal, quando não implicar aumento de despesa nem criação ou extinção de órgãos públicos;*
> *b) extinção de funções ou cargos públicos, quando vagos; [...]*

Essa previsão se refere ao que a doutrina chama de decreto autônomo, pois se refere à predição para o presidente da república tratar mediante decreto de determinados assuntos, sem lei anterior, balizando a sua atuação, pois a baliza foi a própria Constituição Federal. O decreto é autônomo porque não depende de lei.

Características:

- Inova o ordenamento jurídico;
- O decreto autônomo tem natureza primária ou originária;
- Somente pode tratar das matérias descritas no art. 84, inciso VI, da Constituição Federal de 1988;
- O presidente da República poderá delegar as atribuições mencionadas para edição de decretos autônomos aos ministros de Estado, ao procurador-geral da República ou ao advogado-geral da União, que observarão os limites traçados nas respectivas delegações, conforme prevê o inciso único do art. 84.

As regras relativas às competências do presidente da República no uso do decreto regulamentar e do autônomo são estendidas aos demais chefes do executivo nacional dentro das suas respectivas administrações públicas. Assim, governadores e prefeitos podem tratar, mediante decreto autônomo, dos temas estaduais e municipais de suas respectivas administrações que o presidente da República pode resolver, mediante decreto autônomo, na esfera da Administração Pública federal.

6.2.6 Poder de polícia

O Código Tributário Nacional, em seu art. 78, ao tratar dos fatos geradores das taxas, assim conceitua poder de polícia:

> ***Art. 78*** *Considera-se poder de polícia atividade da Administração Pública que, limitando ou disciplinando direito, interesse ou liberdade, regula a prática de ato ou abstenção de fato, em razão de interesse público concernente à segurança, à higiene, à ordem, aos costumes, à disciplina da produção e do mercado, ao exercício de atividades econômicas dependentes de concessão ou autorização do Poder Público, à tranquilidade pública ou ao respeito à propriedade e aos direitos individuais ou coletivos.*

O **conceito** de poder de polícia é a faculdade que dispõe a Administração Pública para condicionar, restringir o uso, o gozo de bens, atividades e direitos individuais, em benefício da coletividade ou do próprio Estado.

É competente para exercer o poder de polícia administrativa sobre uma dada atividade o ente federado, ao qual a Constituição da República atribui competência para legislar sobre essa mesma atividade, para regular a prática dessa.

Assim, podemos dizer que o poder de polícia é discricionário em regra, podendo ser vinculado nos casos em que a lei determinar. Ele dispõe que toda a Administração Pública pode condicionar ou restringir os direitos dos administrados em caso de não cumprimento das determinações legais.

O poder de polícia **fundamenta-se no império** do Estado **(poder extroverso)**, que decorre do princípio da supremacia do interesse público, pois, por meio de imposições limitando ou restringindo a esfera jurídica dos administrados, visa à Administração Pública à defesa de um bem maior, que é proteção dos direitos da coletividade, pois o interesse público prevalece sobre os particulares.

- **Atributos do Poder de Polícia**

Discricionariedade: o poder de polícia, em regra, é discricionário, pois dá margem de liberdade dentro dos parâmetros legais ao administrador público para agir; contudo, se a lei exigir, tal poder pode ser vinculado.

O Estado escolhe as atividades que sofrerão as fiscalizações da polícia administrativa. Essa escolha é manifestação da discricionariedade do poder de polícia do Estado. Também é manifestação da discricionariedade do poder de polícia a majoração da quantidade de pena aplicada a quem cometer uma infração sujeita à disciplina do poder de polícia.

Nos casos em que a lei prevê uma pena que tenha duração no tempo e não fixar exatamente a quantidade, dando uma margem de escolha de quantidade ao julgador, temos o exercício do poder discricionário na atuação de polícia e, como limite desse poder de punir, temos a própria lei que traz a ordem de polícia e ainda os princípios da razoabilidade e da proporcionalidade que vedam a aplicação da pena em proporção superior à gravidade do fato ilícito praticado.

O cabimento se aplica em autorização da lei e medida urgente.

Autoexecutoriedade: é a prerrogativa da Administração Pública de executar diretamente as decisões decorrentes do poder de polícia, por seus próprios meios, sem precisar recorrer ao judiciário.

A autoexecutoriedade no uso do poder de polícia não é absoluta, tendo natureza relativa, ou seja, não são todos os atos decorrentes do poder de polícia que são autoexecutórios. Para que um ato assim ocorra, é necessário que ele seja exigível e executório ao mesmo tempo.

Exigibilidade: exigível é aquela conduta prevista na norma que, caso seja infringida, pode ser aplicada uma **coerção indireta**, ou seja, caso a pessoa venha a sofrer uma penalidade e se recuse a aceitar a aplicação da sanção, a aplicação dessa somente poderá ser executada por decisão judicial. É o caso das multas, por exemplo, que podem ser lançadas a quem comete uma infração de trânsito, a administração não pode receber o valor devido por meio da coerção, caso a pessoa penalizada se recuse a pagar a multa, o seu recebimento dependerá de execução judicial pela Administração Pública. A exigibilidade é uma característica de todos os atos praticados no exercício do poder de polícia.

Executoriedade: executória é a norma que, caso seja desrespeitada, permite a aplicação de uma **coerção direta**, ou seja, a administração pode utilizar da força coercitiva para garantir a aplicação da penalidade, sem precisar recorrer ao Judiciário.

É o caso das sanções de interdição de estabelecimentos comerciais, suspensão de direitos, entre outras. Não são todas as medidas decorrentes do poder de polícia executórias.

O ato de polícia para ser autoexecutório precisa ser ao mesmo tempo exigível e executório, ou seja, nem todos os atos decorrentes do poder de polícia são autoexecutórios.

Coercibilidade: esse atributo informa que as determinações da Administração Pública podem ser impostas coercitivamente ao administrado, ou seja, o particular é obrigado a observar os ditames da administração. Caso ocorra resistência por parte desse, a Administração Pública estará autorizada a usar força, independentemente de autorização judicial, para fazer com que seja cumprida a regra de polícia. Todavia, os meios utilizados pela administração devem ser legítimos, humanos e compatíveis com a urgência e a necessidade da medida adotada.

- **Classificação**

O poder de polícia pode ser originário, no caso da Administração Pública Direta e derivada. Quando diz respeito às autarquias, a doutrina orienta que fundações públicas, sociedade de economia mista e empresas públicas não possuem o poder de polícia em suas ações.

Poder de polícia originário:

- Dado à Administração Pública Direta.

Poder de polícia delegado:

- Dado às pessoas da Administração Pública Indireta que possuem personalidade jurídica de direito público. Esse poder somente é proporcionado para as autarquias ligadas à Administração Indireta.

O poder de polícia não pode ser exercido por particulares ou por pessoas jurídicas de direito privado da Administração Indireta, entretanto, o STJ em uma recente decisão entendeu que os atos de consentimento de polícia e de fiscalização dessa, que por si só não têm natureza coercitiva, podem ser delegados às pessoas jurídicas de direito privado da Administração Indireta.

- **Meios de atuação**

O poder de polícia pode ser exercido tanto preventivamente quanto repressivamente.

Prevenção: manifesta-se por meio da edição de atos normativos de alcance geral, como leis, decretos, resoluções, entre outros, e também por meio de várias medidas administrativas, como a fiscalização, a vistoria, a notificação, a licença, a autorização, entre outras.

Repressão: manifesta-se por meio da aplicação de punições, como multas, interdição de direitos, destruição de mercadorias etc.

- **Ciclo de polícia**

O ciclo de polícia se refere às fases de atuação desse poder, ordem de polícia, consentimento, fiscalização e sanção de polícia. Para se completar, esse ciclo pode passar por quatro fases distintas:

Ordem de polícia: é a lei inovadora que tem trazido limites ou condições ao exercício de atividades privadas ou uso de bens.

Consentimento: é a autorização prévia fornecida pela Administração para a prática de determinada atividade privada ou para usar um bem.

Fiscalização: é a verificação, por parte da Administração Pública, para certificar-se de que o administrado está cumprindo as exigências contidas na ordem de polícia para a prática de determinada atividade privada ou uso de bem.

Sanção de Polícia: é a coerção imposta pela administração ao particular que pratica alguma atividade regulada por ordem de polícia em descumprimento com as exigências contidas.

É importante destacar que o ciclo de polícia não precisa necessariamente comportar essas quatro fases, pois as de ordem e fiscalização devem sempre estar presentes em qualquer atuação de polícia administrativa, todavia, as fases de consentimento e de sanção não estarão presentes em todos os ciclos de polícia.

- **Prescrição**

O prazo de prescrição das ações punitivas decorrentes do exercício do poder de polícia é de **5 anos** para a esfera federal, conforme constata-se na redação do art. 1º da Lei nº 9.873/1999:

> ***Art. 1º*** *Prescreve em cinco anos a ação punitiva da Administração Pública Federal, direta e indireta, no exercício do poder de polícia, objetivando apurar infração a legislação em vigor, contados da data da prática do ato ou, no caso de infração permanente ou continuada, do dia em que tiver cessado.*

Polícia Administrativa x Polícia Judiciária

Polícia Administrativa: atua visando evitar a prática de infrações administrativas, tem natureza preventiva, entretanto, em alguns casos ela pode ser repressiva. A polícia administrativa atua sobre atividades privadas, bens ou direitos.

Polícia Judiciária: atua com o objetivo de reprimir a infração criminal, tem natureza repressiva, mas, em alguns casos, pode ser preventiva. Ao contrário da polícia administrativa que atua sobre atividades privadas, bens ou direitos, a atuação da judiciária recai sobre as pessoas.

- **Poder de polícia prestação de serviços públicos**

Não podemos confundir toda atuação estatal com a prestação de serviços públicos, pois, dentre as diversas atividades desempenhadas pela Administração Pública, temos, além da prestação de serviços públicos, o exercício do poder de polícia, o fomento, a intervenção na propriedade privada, entre outras.

Distingue-se o poder de polícia da prestação de serviços públicos, pois essa é uma atividade positiva, que se manifesta numa obrigação de fazer.

Poder de polícia: atividade negativa, que traz a noção de não fazer, proibição, excepcionalmente pode trazer uma obrigação de fazer. Seu exercício sofre tributação mediante taxa e é indelegável a particulares.

Serviço público: atividade positiva, que traz a noção de fazer algo. Sua remuneração se dá por meio da tarifa, que não é um tributo, mas, sim, uma espécie de preço público, e o serviço público, mesmo sendo de titularidade exclusiva do Estado, é delegável a particulares.

6.2.7 Abuso de poder

O administrador público tem de agir, obrigatoriamente, em obediência aos princípios constitucionais, do contrário, sua ação pode ser arbitrária e, consequentemente, ilegal, o que gerará o chamado abuso de poder.

- **Excesso de poder:** quando o agente público atua fora dos limites de sua esfera de competência.
- **Desvio de poder:** quando a atuação do agente, embora dentro de sua órbita de competência, contraria a finalidade explícita ou implícita na lei que determinou ou autorizou a sua atuação, tanto é desvio de poder a conduta contrária à finalidade geral (ou mediata) do ato – o interesse público –, quanto a que discrepe de sua finalidade específica (ou imediata).
- **Omissão de poder:** ocorre quando o agente público fica inerte diante de uma situação em que a lei impõe o uso do poder.

Atenção!

Todos os atos que forem praticados com abuso de poder são ilegais e devem ser anulados; essa anulação pode acontecer tanto pela via administrativa quanto pela via judicial.
O remédio constitucional para combater o abuso de poder é o Mandado de Segurança.

7. LEI Nº 14.133/2021 - NOVA LEI DE LICITAÇÕES

7.1 Aplicabilidade

A Lei nº 14.133/2021 aplica-se à União, aos estados, ao Distrito Federal e aos municípios, ou seja, é uma norma de caráter nacional. Assim, prevê a nova Lei:

> ***Art. 1º*** *Esta Lei estabelece normas gerais de licitação e contratação para as Administrações Públicas diretas, autárquicas e fundacionais da União, dos Estados, do Distrito Federal e dos Municípios, e abrange:*
>
> *I - Os órgãos dos Poderes Legislativo e Judiciário da União, dos Estados e do Distrito Federal e os órgãos do Poder Legislativo dos Municípios, quando no desempenho de função administrativa;*
>
> *II - Os fundos especiais e as demais entidades controladas direta ou indiretamente pela Administração Pública.*
>
> ***§ 1º*** *Não são abrangidas por esta Lei as empresas públicas, as sociedades de economia mista e as suas subsidiárias, regidas pela Lei nº 13.303, de 30 de junho de 2016, ressalvado o disposto no art. 178 desta Lei.*
>
> ***Art. 2º*** *Esta Lei aplica-se a:*
>
> *I - Alienação e concessão de direito real de uso de bens;*
>
> *II - Compra, inclusive por encomenda;*
>
> *III - Locação;*
>
> *IV - Concessão e permissão de uso de bens públicos;*
>
> *V - Prestação de serviços, inclusive os técnico-profissionais especializados;*
>
> *VI - Obras e serviços de arquitetura e engenharia;*
>
> *VII - Contratações de tecnologia da informação e de comunicação.*
>
> ***Art. 3º*** *Não se subordinam ao regime desta Lei:*
>
> *I - Contratos que tenham por objeto operação de crédito, interno ou externo, e gestão de dívida pública, incluídas as contratações de agente financeiro e a concessão de garantia relacionadas a esses contratos;*
>
> *II - Contratações sujeitas a normas previstas em legislação própria.*

7.2 Princípios

O art. 5º da Lei nº 14.133/2021 estabelece os seguintes preceitos:

> ***Art. 5º*** *Na aplicação desta Lei, serão observados os princípios da legalidade, da impessoalidade, da moralidade, da publicidade, da eficiência, do interesse público, da probidade administrativa, da igualdade, do planejamento, da transparência, da eficácia, da segregação de funções, da motivação, da vinculação ao edital, do julgamento objetivo, da segurança jurídica, da razoabilidade, da competitividade, da proporcionalidade, da celeridade, da economicidade e do desenvolvimento nacional sustentável, assim como as disposições do Decreto-lei nº 4.657, de 4 de setembro de 1942 (Lei de Introdução às Normas do Direito Brasileiro).*

Percebe-se que a nova disposição abrange princípios já consolidados no art. 37 da Constituição Federal de 1988 e na Lei nº 8.666/1993. Contudo, merece destaque a inovação trazida pela Lei nº 14.133/2021 acerca do princípio da segregação de funções. O novo preceito objetiva evitar a concentração de competências em um ou em poucos agentes públicos, ou seja, o princípio busca evitar que a mesma pessoa seja responsável por diversas fases do procedimento licitatório, a fim de reduzir os riscos presentes nos controles internos da Administração Pública.

Nesse sentido, vale destacar o art. 7º, § 1º da nova Lei de Licitação:

> ***Art. 7º*** *Caberá à autoridade máxima do órgão ou da entidade, ou a quem as normas de organização administrativa indicarem, promover gestão por competências e designar agentes públicos para o desempenho das funções essenciais à execução desta Lei que preencham os seguintes requisitos:*
>
> *[...]*
>
> ***§ 1º*** *A autoridade referida no caput deste artigo deverá observar o princípio da segregação de funções, vedada a designação do mesmo agente público para atuação simultânea em funções mais suscetíveis a riscos, de modo a reduzir a possibilidade de ocultação de erros e de ocorrência de fraudes na respectiva contratação.*

7.3 Objetivos da licitação

A Lei nº 14.133/2021 dispõe em seu art. 11 que o procedimento licitatório possui os seguintes objetivos:

> ***Art. 11*** *O processo licitatório tem por objetivos:*
>
> *I - Assegurar a seleção da proposta apta a gerar o resultado de contratação mais vantajoso para a Administração Pública, inclusive no que se refere ao ciclo de vida do objeto;*
>
> *II - Assegurar tratamento isonômico entre os licitantes, bem como a justa competição;*
>
> *III - Evitar contratações com sobrepreço ou com preços manifestamente inexequíveis e superfaturamento na execução dos contratos;*
>
> *IV - Incentivar a inovação e o desenvolvimento nacional sustentável.*
>
> ***Parágrafo único.*** *A alta administração do órgão ou entidade é responsável pela governança das contratações e deve implementar processos e estruturas, inclusive de gestão de riscos e controles internos, para avaliar, direcionar e monitorar os processos licitatórios e os respectivos contratos, com o intuito de alcançar os objetivos estabelecidos no caput deste artigo, promover um ambiente íntegro e confiável, assegurar o alinhamento das contratações ao planejamento estratégico e às leis orçamentárias e promover eficiência, efetividade e eficácia em suas contratações.*

7.4 Fases da licitação

De acordo com o art. 17 da nova Lei de Licitações, a licitação desenvolve-se nas seguintes fases:

> ***Art. 17*** *O processo de licitação observará as seguintes fases, em sequência:*
>
> *I - Preparatória;*
>
> *II - De divulgação do edital de licitação;*
>
> *III - De apresentação de propostas e lances, quando for o caso;*
>
> *IV - De julgamento;*
>
> *V - De habilitação;*
>
> *VI - Recursal;*
>
> *VII - De homologação.*

Ao contrário da disposição da Lei nº 8.666/1993, a fase de habilitação, como regra geral, ocorre posteriormente às etapas de apresentação de propostas e lances e de julgamento. No entanto, o § 1º do art. 17, prevê que a fase de habilitação poderá, mediante ato motivado com explicitação dos benefícios decorrentes, anteceder as fases de apresentação de propostas e lances e de julgamento, desde que expressamente previsto no edital de licitação.

Ademais, as licitações serão realizadas preferencialmente sob a forma eletrônica, admitida a utilização da forma presencial, desde que motivada, devendo a sessão pública ser registrada em ata e gravada em áudio e vídeo.

Também, é importante mencionar que a Administração poderá convocar, com antecedência mínima de 8 dias úteis, **audiência pública**, presencial ou a distância, na forma eletrônica, sobre licitação que pretenda realizar, com disponibilização prévia de informações pertinentes, inclusive de estudo técnico preliminar e elementos do edital de licitação, e com possibilidade de manifestação de todos os interessados.

7.5 Modalidades de licitação

De acordo com o art. 28 da Lei nº 14.133/2021, são cinco as modalidades de licitação:

> ***Art. 28*** *São modalidades de licitação:*
>
> *I - Pregão;*
>
> *II - Concorrência;*
>
> *III - Concurso;*
>
> *IV - Leilão;*
>
> *V - Diálogo competitivo.*

Destaca-se que a lei veda a criação de outras modalidades de licitação ou, ainda, a combinação das previstas no art. 28.

Como se observa, merece destaque algumas diferenças entre a Lei nº 8.666/1993 e a Lei nº 14.133/2021. Veja que o **pregão** passou expressamente a constar como modalidade de licitação, sendo a sua utilização obrigatória para aquisição de bens e serviços comuns, e quanto ao critério de julgamento, não há restrição quanto ao de menor preço, pois foi acrescentado a possibilidade de se utilizar o critério de maior desconto.

A **concorrência** não mais pode ser utilizada para alienações, nem para a aquisição de bens e serviços comuns.

Ademais, o **leilão** passou a ser a única modalidade utilizada para alienações da Administração Pública. A modalidade **concurso**, agora está sujeita aos critérios de julgamento de melhor técnica ou conteúdo artístico.

Ainda, dentre a previsão do art. 28, merece destaque "o **diálogo competitivo**". A nova modalidade de licitação é aplicada para a contratação de obras, serviços e compras em que a Administração Pública realiza diálogos com licitantes previamente selecionados mediante critérios objetivos, com o intuito de desenvolver uma ou mais alternativas capazes de atender às suas necessidades, devendo os licitantes apresentar proposta final após o encerramento dos diálogos.

O diálogo competitivo é restrito a determinadas situações, conforme estabelece o art. 32 da Lei nº 14.133/2021:

> ***Art. 32*** *A modalidade diálogo competitivo é restrita a contratações em que a Administração:*
>
> *I - Vise a contratar objeto que envolva as seguintes condições:*
>
> *a) inovação tecnológica ou técnica;*
>
> *b) impossibilidade de o órgão ou entidade ter sua necessidade satisfeita sem a adaptação de soluções disponíveis no mercado; e*
>
> *c) impossibilidade de as especificações técnicas serem definidas com precisão suficiente pela Administração;*
>
> *II - Verifique a necessidade de definir e identificar os meios e as alternativas que possam satisfazer suas necessidades, com destaque para os seguintes aspectos:*
>
> *a) a solução técnica mais adequada;*
>
> *b) os requisitos técnicos aptos a concretizar a solução já definida;*
>
> *c) a estrutura jurídica ou financeira do contrato;*
>
> *III - (Vetado).*

7.6 Critérios de julgamento

Conforme prevê o art. 33 da Lei nº 14.133/2021, o julgamento das propostas será realizado de acordo com os seguintes critérios:

> *I - Menor preço;*
>
> *II - Maior desconto;*
>
> *III - Melhor técnica ou conteúdo artístico;*
>
> *IV - Técnica e preço;*
>
> *V - Maior lance, no caso de leilão;*
>
> *VI - Maior retorno econômico.*

O julgamento por **menor preço** ou **maior desconto** e, quando couber, por técnica e preço considerará o menor dispêndio para a Administração, atendidos os parâmetros mínimos de qualidade definidos no edital de licitação.

O julgamento **por maior desconto** terá como referência o preço global fixado no edital de licitação, e o desconto será estendido aos eventuais termos aditivos.

Já o julgamento por **melhor técnica** ou conteúdo artístico considerará exclusivamente as propostas técnicas ou artísticas apresentadas pelos licitantes, e o edital deverá definir o prêmio ou a remuneração que será atribuída aos vencedores.

7.7 Inexigibilidade e dispensa de licitação – contratação direta

Assim como a Lei nº 8.666/1993, a Lei nº 14.133/2021 prevê as situações que permitem a contratação direta pela Administração Pública. Trata-se da inexigibilidade e dispensa de licitação.

A inexigibilidade configura-se quando inviável a competição, ou seja, a licitação não é juridicamente possível.

Por sua vez, a dispensa ocorre quando a competição é possível, mas a licitação poderá deixar de ocorrer. A dispensa pode ser subdividida em: licitação dispensável e licitação dispensada.

Na **licitação dispensável**, o administrador possui discricionariedade (conveniência e oportunidade) para, em cada caso, decidir se realizará, ou não, a licitação.

Por outro lado, na **licitação dispensada** não há discricionariedade, a lei, desde logo, dispensa a licitação.

O art. 74 da Lei nº 14.133/2021 prevê as hipóteses de **inexigibilidade** da licitação:

> ***Art. 74*** *É inexigível a licitação quando inviável a competição, em especial nos casos de:*
>
> *I - Aquisição de materiais, de equipamentos ou de gêneros ou contratação de serviços que só possam ser fornecidos por produtor, empresa ou representante comercial exclusivos;*
>
> *II - Contratação de profissional do setor artístico, diretamente ou por meio de empresário exclusivo, desde que consagrado pela crítica especializada ou pela opinião pública;*
>
> *III - Contratação dos seguintes serviços técnicos especializados de natureza predominantemente intelectual com profissionais ou empresas de notória especialização, vedada a inexigibilidade para serviços de publicidade e divulgação:*
>
> *a) estudos técnicos, planejamentos, projetos básicos ou projetos executivos;*
>
> *b) pareceres, perícias e avaliações em geral;*
>
> *c) assessorias ou consultorias técnicas e auditorias financeiras ou tributárias;*
>
> *d) fiscalização, supervisão ou gerenciamento de obras ou serviços;*
>
> *e) patrocínio ou defesa de causas judiciais ou administrativas;*
>
> *f) treinamento e aperfeiçoamento de pessoal;*
>
> *g) restauração de obras de arte e de bens de valor histórico;*
>
> *h) controles de qualidade e tecnológico, análises, testes e ensaios de campo e laboratoriais, instrumentação e monitoramento de parâmetros específicos de obras e do meio ambiente e demais serviços de engenharia que se enquadrem no disposto neste inciso;*
>
> *IV - Objetos que devam ou possam ser contratados por meio de credenciamento;*
>
> *V - Aquisição ou locação de imóvel cujas características de instalações e de localização tornem necessária sua escolha.*

O art. 75 estabelece as hipóteses de licitação dispensável:

> ***Art. 75*** *É dispensável a licitação:*
>
> *I - Para contratação que envolva valores inferiores a R$ 100.000,00 (cem mil reais), no caso de obras e serviços de engenharia ou de serviços de manutenção de veículos automotores; (Vide Decreto nº 10.922, de 2021)*
>
> *II - Para contratação que envolva valores inferiores a R$ 50.000,00 (cinquenta mil reais), no caso de outros serviços e compras; (Vide Decreto nº 10.922, de 2021) (Vigência)*
>
> *III - Para contratação que mantenha todas as condições definidas em edital de licitação realizada há menos de 1 (um) ano, quando se verificar que naquela licitação:*
>
> *a) não surgiram licitantes interessados ou não foram apresentadas propostas válidas;*
>
> *b) as propostas apresentadas consignaram preços manifestamente superiores aos praticados no mercado ou incompatíveis com os fixados pelos órgãos oficiais competentes;*
>
> *IV - Para contratação que tenha por objeto:*
>
> *a) bens, componentes ou peças de origem nacional ou estrangeira necessários à manutenção de equipamentos, a serem adquiridos do fornecedor original desses equipamentos durante o período de garantia técnica, quando essa condição de exclusividade for indispensável para a vigência da garantia;*
>
> *b) bens, serviços, alienações ou obras, nos termos de acordo internacional específico aprovado pelo Congresso Nacional, quando as condições ofertadas forem manifestamente vantajosas para a Administração;*

c) produtos para pesquisa e desenvolvimento, limitada a contratação, no caso de obras e serviços de engenharia, ao valor de R$ 300.000,00 (trezentos mil reais); (Vide Decreto nº 10.922, de 2021)

d) transferência de tecnologia ou licenciamento de direito de uso ou de exploração de criação protegida, nas contratações realizadas por instituição científica, tecnológica e de inovação (ICT) pública ou por agência de fomento, desde que demonstrada vantagem para a Administração;

e) hortifrutigranjeiros, pães e outros gêneros perecíveis, no período necessário para a realização dos processos licitatórios correspondentes, hipótese em que a contratação será realizada diretamente com base no preço do dia;

f) bens ou serviços produzidos ou prestados no País que envolvam, cumulativamente, alta complexidade tecnológica e defesa nacional;

g) materiais de uso das Forças Armadas, com exceção de materiais de uso pessoal e administrativo, quando houver necessidade de manter a padronização requerida pela estrutura de apoio logístico dos meios navais, aéreos e terrestres, mediante autorização por ato do comandante da força militar;

h) bens e serviços para atendimento dos contingentes militares das forças singulares brasileiras empregadas em operações de paz no exterior, hipótese em que a contratação deverá ser justificada quanto ao preço e à escolha do fornecedor ou executante e ratificada pelo comandante da força militar;

i) abastecimento ou suprimento de efetivos militares em estada eventual de curta duração em portos, aeroportos ou localidades diferentes de suas sedes, por motivo de movimentação operacional ou de adestramento;

j) coleta, processamento e comercialização de resíduos sólidos urbanos recicláveis ou reutilizáveis, em áreas com sistema de coleta seletiva de lixo, realizados por associações ou cooperativas formadas exclusivamente de pessoas físicas de baixa renda reconhecidas pelo poder público como catadores de materiais recicláveis, com o uso de equipamentos compatíveis com as normas técnicas, ambientais e de saúde pública;

k) aquisição ou restauração de obras de arte e objetos históricos, de autenticidade certificada, desde que inerente às finalidades do órgão ou com elas compatível;

l) serviços especializados ou aquisição ou locação de equipamentos destinados ao rastreamento e à obtenção de provas previstas nos incisos II e V do caput do art. 3º da Lei nº 12.850, de 2 de agosto de 2013, quando houver necessidade justificada de manutenção de sigilo sobre a investigação;

m) aquisição de medicamentos destinados exclusivamente ao tratamento de doenças raras definidas pelo Ministério da Saúde;

V – Para contratação com vistas ao cumprimento do disposto nos arts. 3º, 3º-A, 4º, 5º e 20 da Lei nº 10.973, de 2 de dezembro de 2004, observados os princípios gerais de contratação constantes da referida Lei;

VI – Para contratação que possa acarretar comprometimento da segurança nacional, nos casos estabelecidos pelo Ministro de Estado da Defesa, mediante demanda dos comandos das Forças Armadas ou dos demais ministérios;

VII – Nos casos de guerra, estado de defesa, estado de sítio, intervenção federal ou de grave perturbação da ordem;

VIII – Nos casos de emergência ou de calamidade pública, quando caracterizada urgência de atendimento de situação que possa ocasionar prejuízo ou comprometer a continuidade dos serviços públicos ou a segurança de pessoas, obras, serviços, equipamentos e outros bens, públicos ou particulares, e somente para aquisição dos bens necessários ao atendimento da situação emergencial ou calamitosa e para as parcelas de obras e serviços que possam ser concluídas no prazo máximo de 1 (um) ano, contado da data de ocorrência da emergência ou da calamidade, vedadas a prorrogação dos respectivos contratos e a recontratação de empresa já contratada com base no disposto neste inciso;

IX – Para a aquisição, por pessoa jurídica de direito público interno, de bens produzidos ou serviços prestados por órgão ou entidade que integrem a Administração Pública e que tenham sido criados para esse fim específico, desde que o preço contratado seja compatível com o praticado no mercado;

X – Quando a União tiver que intervir no domínio econômico para regular preços ou normalizar o abastecimento;

XI – Para celebração de contrato de programa com ente federativo ou com entidade de sua Administração Pública Indireta que envolva prestação de serviços públicos de forma associada nos termos autorizados em contrato de consórcio público ou em convênio de cooperação;

XII – Para contratação em que houver transferência de tecnologia de produtos estratégicos para o Sistema Único de Saúde (SUS), conforme elencados em ato da direção nacional do SUS, inclusive por ocasião da aquisição desses produtos durante as etapas de absorção tecnológica, e em valores compatíveis com aqueles definidos no instrumento firmado para a transferência de tecnologia;

XIII – Para contratação de profissionais para compor a comissão de avaliação de critérios de técnica, quando se tratar de profissional técnico de notória especialização;

XIV – Para contratação de associação de pessoas com deficiência, sem fins lucrativos e de comprovada idoneidade, por órgão ou entidade da Administração Pública, para a prestação de serviços, desde que o preço contratado seja compatível com o praticado no mercado e os serviços contratados sejam prestados exclusivamente por pessoas com deficiência;

XV – Para contratação de instituição brasileira que tenha por finalidade estatutária apoiar, captar e executar atividades de ensino, pesquisa, extensão, desenvolvimento institucional, científico e tecnológico e estímulo à inovação, inclusive para gerir administrativa e financeiramente essas atividades, ou para contratação de instituição dedicada à recuperação social da pessoa presa, desde que o contratado tenha inquestionável reputação ética e profissional e não tenha fins lucrativos;

XVI – Para aquisição, por pessoa jurídica de direito público interno, de insumos estratégicos para a saúde produzidos por fundação que, regimental ou estatutariamente, tenha por finalidade apoiar órgão da Administração Pública Direta, sua autarquia ou fundação em projetos de ensino, pesquisa, extensão, desenvolvimento institucional, científico e tecnológico e de estímulo à inovação, inclusive na gestão administrativa e financeira necessária à execução desses projetos, ou em parcerias que envolvam transferência de tecnologia de produtos estratégicos para o SUS, nos termos do inciso XII do caput deste artigo, e que tenha sido criada para esse fim específico em data anterior à entrada em vigor desta Lei, desde que o preço contratado seja compatível com o praticado no mercado.

XV – Para contratação de instituição brasileira que tenha por finalidade estatutária apoiar, captar e executar atividades de ensino, pesquisa, extensão, desenvolvimento institucional, científico e tecnológico e estímulo à inovação, inclusive para gerir administrativa e financeiramente essas atividades, ou para contratação de instituição dedicada à recuperação social da pessoa presa, desde que o contratado tenha inquestionável reputação ética e profissional e não tenha fins lucrativos;

XVI – Para aquisição, por pessoa jurídica de direito público interno, de insumos estratégicos para a saúde produzidos por fundação que, regimental ou estatutariamente, tenha por finalidade apoiar órgão da Administração Pública Direta, sua autarquia ou fundação em projetos de ensino, pesquisa, extensão, desenvolvimento institucional, científico e tecnológico e de estímulo à inovação, inclusive na gestão administrativa e financeira necessária à execução desses projetos, ou em parcerias que envolvam transferência de tecnologia de produtos estratégicos para o SUS, nos termos do inciso XII do caput deste artigo, e que tenha sido criada para esse fim específico em data anterior à entrada em vigor desta Lei, desde que o preço contratado seja compatível com o praticado no mercado.

No que se refere às hipóteses de **licitação dispensada**, o art. 76, incisos I e II da Lei nº14.133/2021 prevê o seguinte:

> ***Art. 76*** *A alienação de bens da Administração Pública, subordinada à existência de interesse público devidamente justificado, será precedida de avaliação e obedecerá às seguintes normas:*
>
> *I – Tratando-se de bens imóveis, inclusive os pertencentes às autarquias e às fundações, exigirá autorização legislativa e dependerá de licitação na modalidade leilão, dispensada a realização de licitação nos casos de:*

a) dação em pagamento;

b) doação, permitida exclusivamente para outro órgão ou entidade da Administração Pública, de qualquer esfera de governo, ressalvado o disposto nas alíneas "f", "g" e "h" deste inciso;

c) permuta por outros imóveis que atendam aos requisitos relacionados às finalidades precípuas da Administração, desde que a diferença apurada não ultrapasse a metade do valor do imóvel que será ofertado pela União, segundo avaliação prévia, e ocorra a torna de valores, sempre que for o caso;

d) investidura;

e) venda a outro órgão ou entidade da Administração Pública de qualquer esfera de governo;

f) alienação gratuita ou onerosa, aforamento, concessão de direito real de uso, locação e permissão de uso de bens imóveis residenciais construídos, destinados ou efetivamente usados em programas de habitação ou de regularização fundiária de interesse social desenvolvidos por órgão ou entidade da Administração Pública;

g) alienação gratuita ou onerosa, aforamento, concessão de direito real de uso, locação e permissão de uso de bens imóveis comerciais de âmbito local, com área de até 250 m² (duzentos e cinquenta metros quadrados) e destinados a programas de regularização fundiária de interesse social desenvolvidos por órgão ou entidade da Administração Pública;

h) alienação e concessão de direito real de uso, gratuita ou onerosa, de terras públicas rurais da União e do Instituto Nacional de Colonização e Reforma Agrária (Incra) onde incidam ocupações até o limite de que trata o § 1º do art. 6º da Lei nº 11.952, de 25 de junho de 2009, para fins de regularização fundiária, atendidos os requisitos legais;

i) legitimação de posse de que trata o art. 29 da Lei nº 6.383, de 7 de dezembro de 1976, mediante iniciativa e deliberação dos órgãos da Administração Pública competentes;

j) legitimação fundiária e legitimação de posse de que trata a Lei nº 13.465, de 11 de julho de 2017;

II - tratando-se de bens móveis, dependerá de licitação na modalidade leilao, dispensada a realizaçao de licitaçao nos casos de:

a) doação, permitida exclusivamente para fins e uso de interesse social, após avaliação de oportunidade e conveniência socioeconômica em relação à escolha de outra forma de alienação;

b) permuta, permitida exclusivamente entre órgãos ou entidades da Administraçao Pública;

c) venda de ações, que poderão ser negociadas em bolsa, observada a legislação específica;

d) venda de títulos, observada a legislação pertinente;

e) venda de bens produzidos ou comercializados por entidades da Administração Pública, em virtude de suas finalidades;

f) venda de materiais e equipamentos sem utilização previsível por quem deles dispõe para outros órgãos ou entidades da Administração Pública.

8. CONTRATOS ADMINISTRATIVOS

Para conceituarmos os contratos administrativos, em primeiro lugar, devemos isolar seus termos. A partir de então, podemos definir:

> **Contratos:** são acordos de vontades, manifestações bilaterais que formam um vínculo jurídico entre as partes, estipulando obrigações recíprocas para o atingimento de determinado objetivo comum.

Os contratos podem ser classificados como contratos públicos e contratos privados.

- **Contratos privados:** são contratos regulados integralmente pelo direito privado. A principal característica dos contratos privados é a absoluta igualdade entre as partes.
- **Contratos Públicos:** são contratos regulados predominantemente pelo direito público, mas com observância de algumas regras gerais relativas ao direito privado. Em um contrato público, predomina a relação da desigualdade entre as partes, pois dentre de um contrato público figura alguma entidade da Administração Pública e tal entidade é dotada de poderes especiais que a outra parte (particular) não possui e obrigatoriamente deve aceitar.

Os contratos, sejam eles públicos ou privados, são acordos de vontades, ou seja, são manifestações bilaterais de vontade.

Os contratos administrativos são públicos, e a diferença marcante entre os contratos administrativos e os privados é que aqueles são regidos predominantemente por um regime jurídico de direito público e estes são predominantemente regidos por normas de direito privado.

O jurídico de direito público dos contratos administrativos se manifesta por meio da existência das cláusulas exorbitantes.

Apesar de os contratos administrativos serem regidos predominantemente por um regime jurídico de direito público, aplica-se a esses a teoria geral dos contratos, na qual se manifesta o núcleo de disposições de direito privado dos contratos administrativos.

Em algumas situações, a Administração celebra contratos que são regidos precipuamente por normas de direito privado, nesse caso, temos os contratos da administração.

- **Contratos administrativos:** regidos predominantemente por normas de direito público, ou seja, normas de direito privado e normas de direito público (cláusulas exorbitantes).
- **Contratos da administração:** regidos predominantemente por normas de direito privado.

8.1 Conceito

Segundo o parágrafo único do art. 2º da Lei nº 8.666/1993, considera-se contrato todo e qualquer ajuste entre órgãos ou entidades da Administração Pública e particulares em que haja um acordo de vontades para a formação de vínculo e a estipulação de obrigações recíprocas, seja qual for a denominação utilizada.

Contrato administrativo é o ajuste que a Administração Pública, agindo nessa qualidade, firma com particular ou com outra entidade administrativa para a consecução de objetivos de interesse público, nas condições estabelecidas pela própria Administração.

Quando o autor utiliza a expressão "ajuste", fica claro que o contrato administrativo é um negócio jurídico firmado com a Administração, ou seja, um negócio em que a mesma será uma das partes. Porém, a expressão "agindo nessa qualidade" deixa claro que, em função da importância do objeto dessa avença, a administração deverá ter cuidados especiais, acautelando-se na proteção do interesse público.

Para tanto, a Administração necessita de mecanismos legais que lhe permitam firmar contratos que a coloquem em posição de supremacia. Isso para que possa, utilizando seu poder de império, fazer cumprir o contrato com o máximo de ganho para a sociedade. Afinal, ambas as partes representam interesses opostos, quando, por exemplo, em um contrato de concessão de serviços públicos, a sociedade deseja serviços públicos de qualidade, enquanto o particular deseja o lucro.

Como em qualquer estado de direito, em que ninguém será obrigado a fazer ou deixar de fazer alguma coisa, senão em virtude de lei, é ela que estabelece os mecanismos para que a Administração Pública possa garantir a supremacia do interesse público sobre o particular quando firma contratos administrativos, estabelecendo um regime jurídico que se caracteriza pelo estabelecimento de prerrogativas e sujeições.

8.2 Normas constitucionais

A Carta Magna de 1988 estabeleceu como privativa da União a competência para legislar sobre normas gerais de licitação e contratação, em todas as modalidades, para as Administrações Públicas Diretas, Autárquicas e Fundacionais da União, estados, Distrito Federal e municípios, obedecido o disposto no art. 37, inciso XXI, também para as empresas públicas e sociedades de economia mista.

O art. 37, inciso XXI, estabelece que, ressalvados os casos especificados na legislação, as obras, os serviços, as compras e as alienações serão contratados mediante processo de licitação pública que assegure igualdade de condições a todos os concorrentes, com cláusulas que estabeleçam obrigações de pagamento, mantidas as condições efetivas da proposta, nos termos da lei, que somente permitirá as exigências de qualificação técnica e econômica indispensáveis à garantia do cumprimento das obrigações.

Como a regra geral é de competência da União, cabe a estados e municípios estabelecerem regras suplementares.

8.3 Leis nº 8.666/1993 e nº 14.133/2021

Como principal mandamento legal que disciplinam a matéria, essas leis regulamentam o art. 37, inciso XXI, da Constituição Federal, instituem normas para licitações e contratos da Administração Pública e dão outras providências.

As Leis nº 8.666/1993 e nº 14.133/2021 estabelecem normas gerais sobre licitações e contratos administrativos pertinentes a obras, serviços, inclusive de publicidade, compras, alienações e locações no âmbito dos Poderes da União, dos estados, do Distrito Federal e dos municípios.

Subordinam-se ao regime dessas Leis, além dos órgãos da Administração Direta, os Fundos Especiais, as Autarquias, as Fundações Públicas, as empresas públicas, as sociedades de economia mista e demais entidades controladas direta ou indiretamente pela União, estados, Distrito Federal e municípios.

8.4 Outras leis sobre contratos

Várias leis versam sobre contrato, mas, de forma específica tratam sobre à matéria que se referem, sendo aplicadas as regras da Lei nº 8.666/1993 e Lei nº 14.133/2021 de forma subsidiária. São elas:

8.4.1 Lei nº 8.987/1995

Essa lei dispõe sobre o regime de concessão e permissão da prestação de serviços públicos, previsto no art. 175 da Constituição Federal de 1988, e dá outras providências.

Estabelece a lei que as concessões de serviços e de obras públicas e as permissões de serviços públicos reger-se-ão pelos termos do art. 175 da Constituição Federal, por essa Lei, pelas normas legais pertinentes e pelas cláusulas dos indispensáveis contratos.

8.4.2 Lei nº 9.074/1995

Estabelece normas para outorga e prorrogações das concessões e permissões de serviços públicos e dá outras providências.

Sujeitam-se ao regime de concessão ou, quando couber, de permissão, nos termos da Lei nº 8.987/1995, os seguintes serviços e obras públicas de competência da União:

- Vias federais, precedidas ou não da execução de obra pública;
- Exploração de obras ou serviços federais de barragens, contenções, eclusas, diques e irrigações, precedidas ou não da execução de obras públicas;

- Estações aduaneiras e outros terminais alfandegados de uso público, não instalados em área de porto ou aeroporto, precedidos ou não de obras públicas;
- Os serviços postais.

Outras leis esparsas foram editadas visando à regulamentação de serviços específicos, como as Leis nº 9.427/1997 (energia elétrica) e nº 9.472/1997 (telecomunicações), além da Lei nº 11.079/2004, que regulamenta as parecerias público privadas.

8.5 Características

8.5.1 Formalismo

Os contratos administrativos devem ser **formais** e **escritos**.

Em regra, é nulo e sem efeito o contrato verbal com a administração, salvo o de pequenas compras de pagamento imediato (compras de valor não superior a R$ 4.000,00).

8.5.2 Cláusulas essenciais

Todo contrato deve mencionar os nomes das partes e os de seus representantes, a finalidade, o ato que autorizou a sua lavratura, o número do processo da licitação, da dispensa ou da inexigibilidade, a sujeição dos contratantes às normas dessa Lei e às cláusulas contratuais.

De acordo com o art. 55 da Lei nº 8.666/1993, são cláusulas necessárias em todo contrato as que estabeleçam:

- O objeto e seus elementos característicos;
- O regime de execução ou a forma de fornecimento;
- O preço e as condições de pagamento, os critérios, data-base e periodicidade do reajustamento de preços, os critérios de atualização monetária entre a data do adimplemento das obrigações e a do efetivo pagamento;
- Os prazos de início de etapas de execução, de conclusão, de entrega, de observação e de recebimento definitivo, conforme o caso;
- O crédito pelo qual correrá a despesa, com a indicação da classificação funcional programática e da categoria econômica;
- As garantias oferecidas para assegurar sua plena execução, quando exigidas;
- Os direitos e as responsabilidades das partes, as penalidades cabíveis e os valores das multas;
- Os casos de rescisão;
- O reconhecimento dos direitos da Administração, em caso de rescisão administrativa prevista no art. 77 dessa Lei;
- As condições de importação, a data e a taxa de câmbio para conversão, quando for o caso;
- A vinculação ao edital de licitação ou ao termo que a dispensou ou a inexigiu, ao convite e à proposta do licitante vencedor;
- A legislação aplicável à execução do contrato e especialmente aos casos omissos;
- A obrigação do contratado de manter, durante toda a execução do contrato, em compatibilidade com as obrigações por ele assumidas, todas as condições de habilitação e qualificação exigidas na licitação.

A publicação na imprensa oficial do resumo do instrumento de contrato é um requisito de eficácia dos contratos administrativos.

Ainda, dispondo no mesmo sentido, o art. 92 da Lei nº 14.133/2021 prevê que são necessárias em todo contrato cláusulas que estabeleçam:

- O objeto e seus elementos característicos;
- A vinculação ao edital de licitação e à proposta do licitante vencedor ou ao ato que tiver autorizado a contratação direta e à respectiva proposta;
- A legislação aplicável à execução do contrato, inclusive quanto aos casos omissos;
- O regime de execução ou a forma de fornecimento;
- O preço e as condições de pagamento, os critérios, a data-base e a periodicidade do reajustamento de preços e os critérios de atualização monetária entre a data do adimplemento das obrigações e a do efetivo pagamento;
- Os critérios e a periodicidade da medição, quando for o caso, e o prazo para liquidação e para pagamento;
- Os prazos de início das etapas de execução, conclusão, entrega, observação e recebimento definitivo, quando for o caso;
- O crédito pelo qual correrá a despesa, com a indicação da classificação funcional programática e da categoria econômica;
- A matriz de risco, quando for o caso;
- O prazo para resposta ao pedido de repactuação de preços, quando for o caso;
- O prazo para resposta ao pedido de restabelecimento do equilíbrio econômico-financeiro, quando for o caso;
- As garantias oferecidas para assegurar sua plena execução, quando exigidas, inclusive as que forem oferecidas pelo contratado no caso de antecipação de valores a título de pagamento;
- O prazo de garantia mínima do objeto, observados os prazos mínimos estabelecidos nesta lei e nas normas técnicas aplicáveis, e as condições de manutenção e assistência técnica, quando for o caso;
- Os direitos e as responsabilidades das partes, as penalidades cabíveis e os valores das multas e suas bases de cálculo;
- As condições de importação e a data e a taxa de câmbio para conversão, quando for o caso;
- A obrigação do contratado de manter, durante toda a execução do contrato, em compatibilidade com as obrigações por ele assumidas, todas as condições exigidas para a habilitação na licitação, ou para a qualificação, na contratação direta;
- A obrigação de o contratado cumprir as exigências de reserva de cargos prevista em lei, bem como em outras normas específicas, para pessoa com deficiência, para reabilitado da Previdência Social e para aprendiz;
- O modelo de gestão do contrato, observados os requisitos definidos em regulamento;
- Os casos de extinção.

8.6 Obrigatoriedade e exceção dos contratos

Obrigatoriedade: o instrumento de contrato é obrigatório nos casos de concorrência e de tomada de preços, bem como nas dispensas e inexigibilidades cujos preços estejam compreendidos nos limites dessas duas modalidades de licitação.

Os contratos decorrentes de dispensa ou de inexigibilidade de licitação devem atender aos termos do ato que os autorizou e da respectiva proposta.

Facultativo: nos demais em que a Administração puder substituí-lo por outros instrumentos hábeis, como carta-contrato, nota de empenho de despesa, autorização de compra ou ordem de execução de serviço.

É importante observar que nos casos em que o contrato é facultativo, esse será substituído por algum outro instrumento hábil, tal como a carta-contrato, a nota de empenho, entre outros.

Dispensável: é dispensável o "termo de contrato" e facultada à substituição por outro instrumento, a critério da Administração e independentemente de seu valor, nos casos de compra com entrega imediata e integral dos bens adquiridos, dos quais não resultem obrigações futuras, inclusive assistência técnica.

8.7 Contratos de adesão

Os contratos administrativos são de adesão, pois a Administração cria as regras do contrato e a outra parte não pode propor alterações.

Uma minuta do contrato integrará o edital de licitação, para que os interessados em o celebrar possam conhecer suas cláusulas. Os particulares não propõem alterações no contrato, mas em contrapartida não estão obrigados a aceitá-lo. Todavia, uma vez concordando participar da licitação, o particular já sabe que, caso saia vencedor, será obrigado a celebrar o contrato, no entanto, caso não aceite participar, não há se falar em obrigatoriedade de celebrar o contrato.

8.8 Pessoalidade/*intuitu personae*

A execução do contrato deve ser feita pela pessoa física ou jurídica que aceitou as obrigações contratuais.

Em decorrência dessa característica, em regra, é vedada a subcontratação para a execução ou fornecimento do objeto do contrato.

Exceção: o contratado, na execução do contrato, sem prejuízo das responsabilidades contratuais e legais, poderá subcontratar partes da obra, serviço ou fornecimento, até o limite admitido, em cada caso, pela Administração. Nesse caso, as regras da subcontratação deverão integrar o edital de licitação e o próprio contrato.

Na situação de prestação de serviços técnicos especializados em que a empresa apresente relação de integrantes do seu corpo técnico como elemento de justificação de dispensa ou inexigibilidade de licitação, ficará a empresa obrigada a garantir que os referidos integrantes realizem pessoal e diretamente os serviços objeto do contrato. Nesse caso, temos uma vedação absoluta à subcontratação, ou seja, nessas circunstâncias, não há que se falar em subcontratação.

8.9 Cláusulas exorbitantes

As cláusulas exorbitantes são regras que extrapolam as comuns do direito privado; nesse, tais cláusulas seriam inaceitáveis, pois elas conferem mais poderes a uma parte do que a outra, e, no direito privado, as partes gozam de uma relação jurídica horizontal, igual.

Essas cláusulas exorbitantes representam as prerrogativas de direito público da Administração Pública nos contratos administrativos, indicam a supremacia da vontade do Estado diante da vontade individual e confere a esses contratos uma relação jurídica vertical entre a Administração e o particular que celebra o contrato.

As principais cláusulas exorbitantes estão descritas no art. 58 da Lei nº 8.666/1993:

> ***Art. 58*** *O regime jurídico dos contratos administrativos instituído por esta Lei confere à Administração, em relação a eles, a prerrogativa de:*
>
> *I - Modificá-los, unilateralmente, para melhor adequação às finalidades de interesse público, respeitados os direitos do contratado;*

As cláusulas econômico-financeiras do contrato deverão ser revistas para que se mantenha o equilíbrio contratual.

> *II - Rescindi-los, unilateralmente, nos casos especificados no inciso I do art. 79 desta Lei;*
>
> *III - Fiscalizar lhes a execução;*
>
> *IV - Aplicar sanções motivadas pela inexecução total ou parcial do ajuste;*
>
> *V - Nos casos de serviços essenciais, ocupar provisoriamente bens móveis, imóveis, pessoal e serviços vinculados ao objeto do contrato, na hipótese da necessidade de acautelar apuração administrativa de faltas contratuais pelo contratado, bem como na hipótese de rescisão do contrato administrativo.*

Além dessas hipóteses, nós temos as restrições à oposição pelo contratado da "exceção do contrato não cumprido" e as normas acerca da exigência de garantia pela Administração.

Ademais, é importante pontuar que o art. 104 da Lei nº 14.133/2021 trata sobre as cláusulas exorbitantes:

> ***Art. 104*** *O regime jurídico dos contratos instituído por esta Lei confere à Administração, em relação a eles, as prerrogativas de:*
>
> *I - Modificá-los, unilateralmente, para melhor adequação às finalidades de interesse público, respeitados os direitos do contratado;*
>
> *II - Extingui-los, unilateralmente, nos casos especificados nesta Lei;*
>
> *III - Fiscalizar sua execução;*
>
> *IV - Aplicar sanções motivadas pela inexecução total ou parcial do ajuste;*
>
> *V - Ocupar provisoriamente bens móveis e imóveis e utilizar pessoal e serviços vinculados ao objeto do contrato nas hipóteses de:*
>
> *a) risco à prestação de serviços essenciais;*
>
> *b) necessidade de acautelar apuração administrativa de faltas contratuais pelo contratado, inclusive após extinção do contrato.*
>
> *§ 1º As cláusulas econômico-financeiras e monetárias dos contratos não poderão ser alteradas sem prévia concordância do contratado.*
>
> *§ 2º Na hipótese prevista no inciso I do caput deste artigo, as cláusulas econômico-financeiras do contrato deverão ser revistas para que se mantenha o equilíbrio contratual.*

8.10 Poder de alteração unilateral do contrato (mutabilidade)

De acordo com o art. 65 da Lei nº 8.666/1993, os contratos regidos por normas de direito público podem ser alterados, com as devidas justificativas, nos seguintes casos:

Unilateralmente pela Administração:

- Quando houver modificação do projeto ou das especificações, para melhor adequação técnica aos seus objetivos (alteração qualitativa);
- Quando necessária a modificação do valor contratual em decorrência de acréscimo ou diminuição quantitativa de seu objeto, nos limites permitidos em lei (alteração quantitativa).

A alteração quantitativa sofre um limite, conforme veremos a seguir.

O contratado fica obrigado a aceitar, nas mesmas condições contratuais, os acréscimos ou supressões que se fizerem nas obras, serviços ou compras, até 25% do valor inicial atualizado do contrato, e, no caso particular de reforma de edifício ou de equipamento, até o limite de 50% para os seus acréscimos.

Nenhum acréscimo ou supressão poderá exceder os limites estabelecidos.

No caso de supressão de obras, bens ou serviços, se o contratado já houver adquirido os materiais e posto no local dos trabalhos, esses deverão ser pagos pela Administração pelos custos de aquisição regularmente comprovados e monetariamente corrigidos, podendo caber indenização por outros danos eventualmente decorrentes da supressão, desde que regularmente comprovados.

Quaisquer tributos ou encargos legais criados, alterados ou extintos, bem como a superveniência de disposições legais, quando ocorridas após a data da apresentação da proposta, de comprovada repercussão nos preços contratados, implicarão a revisão desses para mais ou para menos, conforme o caso.

Havendo alteração unilateral do contrato que aumente os encargos do contratado, a Administração deverá restabelecer, por aditamento, o equilíbrio econômico-financeiro inicial.

A variação do valor contratual para fazer face ao reajuste de preços previsto no próprio contrato, as atualizações, compensações ou penalizações financeiras decorrentes das condições de pagamento nele previstas, bem como o empenho de dotações orçamentárias suplementares até o limite do seu valor corrigido, não caracterizam alteração do mesmo, podendo ser registrados por simples apostila, dispensando a celebração de aditamento.

Por acordo das partes:

- Quando conveniente a substituição da garantia de execução;
- Quando necessária a modificação do regime de execução da obra ou serviço, bem como do modo de fornecimento, em face de verificação técnica da inaplicabilidade dos termos contratuais originários;
- Quando necessária a modificação da forma de pagamento, por imposição de circunstâncias supervenientes, mantido o valor inicial atualizado, vedada a antecipação do pagamento, com relação ao cronograma financeiro fixado, sem a correspondente contraprestação de fornecimento de bens ou execução de obra ou serviço;
- Para restabelecer a relação que as partes pactuaram inicialmente entre os encargos do contratado e a retribuição da Administração

para a justa remuneração da obra, serviço ou fornecimento, objetivando a manutenção do equilíbrio econômico-financeiro inicial do contrato, na hipótese de sobrevirem fatos imprevisíveis, ou previsíveis, porém, de consequências incalculáveis, retardadores ou impeditivos da execução do ajustado, ou, ainda, em situação de força maior, caso fortuito ou fato do príncipe, configurando álea econômica extraordinária e extracontratual.

A respeito da alteração dos contratos, o art. 124 da Lei nº 14.133/2021 dispõe o seguinte:

> ***Art. 124.*** *Os contratos regidos por esta Lei poderão ser alterados, com as devidas justificativas, nos seguintes casos:*
>
> *I - Unilateralmente pela Administração:*
>
> *a) quando houver modificação do projeto ou das especificações, para melhor adequação técnica a seus objetivos;*
>
> *b) quando for necessária a modificação do valor contratual em decorrência de acréscimo ou diminuição quantitativa de seu objeto, nos limites permitidos por esta Lei;*
>
> *II - Por acordo entre as partes:*
>
> *a) quando conveniente a substituição da garantia de execução;*
>
> *b) quando necessária a modificação do regime de execução da obra ou do serviço, bem como do modo de fornecimento, em face de verificação técnica da inaplicabilidade dos termos contratuais originários;*
>
> *c) quando necessária a modificação da forma de pagamento por imposição de circunstâncias supervenientes, mantido o valor inicial atualizado e vedada a antecipação do pagamento em relação ao cronograma financeiro fixado sem a correspondente contraprestação de fornecimento de bens ou execução de obra ou serviço;*
>
> *d) para restabelecer o equilíbrio econômico-financeiro inicial do contrato em caso de força maior, caso fortuito ou fato do príncipe ou em decorrência de fatos imprevisíveis ou previsíveis de consequências incalculáveis, que inviabilizem a execução do contrato tal como pactuado, respeitada, em qualquer caso, a repartição objetiva de risco estabelecida no contrato.*
>
> ***§ 1º*** *Se forem decorrentes de falhas de projeto, as alterações de contratos de obras e serviços de engenharia ensejarão apuração de responsabilidade do responsável técnico e adoção das providências necessárias para o ressarcimento dos danos causados à Administração.*
>
> ***§ 2º*** *Será aplicado o disposto na alínea "d" do inciso II do caput deste artigo às contratações de obras e serviços de engenharia, quando a execução for obstada pelo atraso na conclusão de procedimentos de desapropriação, desocupação, servidão administrativa ou licenciamento ambiental, por circunstâncias alheias ao contratado.*

8.11 Fiscalização da execução do contrato

A execução do contrato deverá ser acompanhada e fiscalizada por um representante da Administração especialmente designado, permitida a contratação de terceiros para assisti-lo e subsidiá-lo de informações pertinentes a essa atribuição.

O representante da Administração anotará, em registro próprio, todas as ocorrências relacionadas com a execução do contrato, determinando o que for necessário à regularização das faltas ou defeitos observados.

As decisões e providências que ultrapassarem a competência do representante deverão ser solicitadas a seus superiores em tempo hábil para a adoção das medidas convenientes.

A fiscalização pelo poder público não isenta o particular contratado das suas responsabilidades legais.

8.12 Deveres do contratado quanto à fiscalização

O contratado deverá manter preposto, aceito pela Administração, no local da obra ou serviço, para representá-lo na execução do contrato. Ele é obrigado a reparar, corrigir, remover, reconstruir ou substituir, às suas expensas, no total ou em parte, o objeto do contrato em que se verificarem vícios, defeitos ou incorreções resultantes da execução ou de materiais empregados.

Além disso, é responsável pelos danos causados diretamente à Administração ou a terceiros decorrentes de sua culpa ou dolo na execução do contrato, não excluindo ou reduzindo essa responsabilidade à fiscalização ou ao acompanhamento pelo órgão interessado. Nesse caso, estamos diante da responsabilidade civil subjetiva do contrato, pois depende de dolo ou culpa, entretanto, quando se tratar de obra pública, se o dano causado for pelo simples fato da obra, então, estaremos diante da responsabilidade civil objetiva da Administração, não importando quem esteja realizando a obra.

O contratado é responsável pelos encargos trabalhistas, previdenciários, fiscais e comerciais resultantes da execução do contrato.

A inadimplência do contratado, com referência aos encargos trabalhistas, fiscais e comerciais não transfere à Administração Pública a responsabilidade por seu pagamento, nem poderá onerar o objeto do contrato ou restringir a regularização e o uso das obras e edificações, inclusive perante o Registro de Imóveis.

A Administração Pública responde solidariamente com o contratado pelos encargos previdenciários resultantes da execução do contrato.

8.13 Aplicação de sanções

O atraso injustificado na execução do contrato sujeitará o contratado à multa de mora, na forma prevista no instrumento convocatório ou no contrato.

- A multa aplicada após regular processo administrativo será descontada da garantia do respectivo contratado.
- Se a multa for de valor superior ao da garantia prestada, além da perda dessa, responderá o contratado pela sua diferença, a qual será descontada dos pagamentos eventualmente devidos pela Administração ou ainda, quando for o caso, cobrada judicialmente.

Pela inexecução total ou parcial do contrato a Administração poderá, garantida a prévia defesa, aplicar ao contratado as seguintes sanções:

- Advertência;
- Multa na forma prevista no instrumento convocatório ou no contrato;
- Suspensão temporária de participação em licitação e impedimento de contratar com a Administração, por prazo não superior a 2 anos.
- Declaração de inidoneidade para licitar ou contratar com a Administração Pública enquanto perdurarem os motivos determinantes da punição ou até que seja promovida a reabilitação perante a própria autoridade que aplicou a penalidade, que será concedida sempre que o contratado ressarcir a Administração pelos prejuízos resultantes e após decorrido o prazo da sanção aplicada com base no inciso anterior.

Esta última sanção é de competência exclusiva (não pode ser delegada) do ministro de Estado, do secretário estadual ou municipal, conforme o caso, facultada a defesa do interessado no respectivo processo, no prazo de 10 dias da abertura de vista, podendo a reabilitação ser requerida após dois anos de sua aplicação.

As sanções podem ser aplicadas de forma cumulativa, facultada a defesa prévia do interessado, no respectivo processo, no prazo de 5 dias úteis.

8.14 Ocupação temporária

Nos casos de serviços essenciais, a Administração pode ocupar provisoriamente bens móveis, imóveis, pessoais e serviços vinculados ao objeto do contrato.

Finalidade: necessidade de acautelar apuração administrativa de faltas contratuais pelo contratado, bem como na hipótese de rescisão do contrato administrativo.

Essa regra decorre do princípio da continuidade dos serviços públicos.

Nos contratos de concessão e permissão de serviços públicos, a ocupação temporária aparece com o nome de intervenção.

8.15 Exceção do contrato não cumprido/ *exceptio non adimpleti contractus*

No direito privado, caso uma das partes descumpra as cláusulas contratuais, é permitido a outra suspender a execução de sua parte até o adimplemento da outra parte.

Nos contratos de direito público, à exceção do contrato não cumprido, tem a seguinte aplicação:

▹ **Particular descumpre sua parte**

A Administração pode descumprir sua parte até o adimplemento do particular, e além disso, é possível que a administração aplique diretamente sanções ao particular.

▹ **Administração descumpre sua parte**

Regra: o particular é obrigado a continuar executando sua parte do contrato, não podendo alegar a exceção do contrato não cumprido.

Exceção: é facultado ao particular suspender a execução das suas obrigações diante de atraso superior a 90 dias dos pagamentos devidos pela administração decorrentes de obras, serviços ou fornecimento, ou parcelas desses, já recebidos ou executados, até a normalização da situação, salvo em caso de calamidade pública, grave perturbação da ordem interna ou guerra.

8.16 Exigência de garantia

A Administração pode exigir dos licitantes garantias cuja finalidade é assegurar o adequado cumprimento do contrato ou, no caso de inexecução, facilitar o ressarcimento dos prejuízos sofridos pela administração.

8.16.1 Modalidades

A critério da autoridade competente, em cada caso, desde que prevista no instrumento convocatório, poderá ser exigida prestação de garantia nas contratações de obras, serviços e compras.

Caberá ao contratado optar por uma das seguintes modalidades de garantia:

- Caução em dinheiro ou em títulos da dívida pública, devendo esses terem sido emitidos sob a forma escritural, mediante registro em sistema centralizado de liquidação e de custódia autorizado pelo Banco Central do Brasil e avaliados pelos seus valores econômicos, conforme definido pelo Ministério da Fazenda;
- Seguro-garantia;
- Fiança bancária.

8.16.2 Valor da garantia

Regra: não excederá a cinco por cento do valor do contrato e terá seu valor atualizado nas mesmas condições daquele.

Exceção: para obras, serviços e fornecimentos de grande vulto envolvendo alta complexidade técnica e riscos financeiros consideráveis, demonstrados por meio de parecer tecnicamente aprovado pela autoridade competente, o limite de garantia poderá ser elevado para até dez por cento do valor do contrato.

Nos casos de contratos que importem na entrega de bens pela Administração, dos quais o contratado ficará depositário, ao valor da garantia deverá ser acrescido o valor desses bens.

8.16.3 Restituição da garantia

A garantia prestada pelo contratado será liberada ou restituída após a execução do contrato e, quando em dinheiro, atualizada monetariamente.

8.17 Prazo de duração dos contratos administrativos

> ***Art. 57*** *A duração dos contratos ficará adstrita à vigência dos respectivos créditos orçamentários, exceto quanto aos relativos:*
>
> *I - Aos projetos cujos produtos estejam contemplados nas metas estabelecidas no Plano Plurianual, os quais poderão ser prorrogados se houver interesse da Administração e desde que isso tenha sido previsto no ato convocatório;*
>
> *II - À prestação de serviços a serem executados de forma contínua, que poderão ter a sua duração prorrogada por iguais e sucessivos períodos com vistas à obtenção de preços e condições mais vantajosas para a administração, limitada a sessenta meses;*

Em caráter excepcional, devidamente justificado e mediante consentimento superior, o prazo poderá ser prorrogado por até 12 meses.

> *IV - Ao aluguel de equipamentos e à utilização de programas de informática, podendo a duração estender-se pelo prazo de até 48 (quarenta e oito) meses após o início da vigência do contrato.*
>
> *V - Às hipóteses previstas nos incisos IX, XIX, XXVIII e XXXI do Art. 24, cujos contratos poderão ter vigência por até 120 (cento e vinte) meses, caso haja interesse da administração:*
>
> ***Art. 24, Lei nº 8.666/1993*** *É dispensável a licitação:*
>
> *IX - Quando houver possibilidade de comprometimento da segurança nacional, nos casos estabelecidos em decreto do Presidente da República, ouvido o Conselho de Defesa Nacional;*
>
> *XIX - Para as compras de material de uso pelas Forças Armadas, com exceção de materiais de uso pessoal e administrativo, quando houver necessidade de manter a padronização requerida pela estrutura de apoio logístico dos meios navais, aéreos e terrestres, mediante parecer de comissão instituída por decreto;*
>
> *XXVIII - Para o fornecimento de bens e serviços, produzidos ou prestados no País, que envolvam, cumulativamente, alta complexidade tecnológica e defesa nacional, mediante parecer de comissão especialmente designada pela autoridade máxima do órgão.*
>
> *XXXI - Nas contratações visando ao cumprimento do disposto nos arts. 3º, 4º, 5º e 20 da Lei nº 10.973 , de 2 de dezembro de 2004, observados os princípios gerais de contratação dela constantes.*
>
> ***Art. 57, § 1º, Lei nº 8.666/1993*** *Os prazos de início de etapas de execução, de conclusão e de entrega admitem prorrogação, mantidas as demais cláusulas do contrato e assegurada a manutenção de seu equilíbrio econômico-financeiro, desde que ocorra algum dos seguintes motivos, devidamente autuados em processo:*
>
> *I - Alteração do projeto ou especificações, pela Administração;*
>
> *II - Superveniência de fato excepcional ou imprevisível, estranho à vontade das partes, que altere fundamentalmente as condições de execução do contrato;*
>
> *III - Interrupção da execução do contrato ou diminuição do ritmo de trabalho por ordem e no interesse da Administração;*
>
> *IV - Aumento das quantidades inicialmente previstas no contrato, nos limites permitidos por esta Lei;*
>
> *V - Impedimento de execução do contrato por fato ou ato de terceiro reconhecido pela Administração em documento contemporâneo à sua ocorrência;*
>
> *VI - Omissão ou atraso de providências a cargo da Administração, inclusive quanto aos pagamentos previstos de que resulte, diretamente, impedimento ou retardamento na execução do contrato, sem prejuízo das sanções legais aplicáveis aos responsáveis.*
>
> ***§ 2º*** *Toda prorrogação de prazo deverá ser justificada por escrito e previamente autorizada pela autoridade competente para celebrar o contrato.*

Já a Lei nº 14.133/2021 dispõe o seguinte sobre a duração dos contratos:

> ***Art. 105*** *A duração dos contratos regidos por esta Lei será a prevista em edital, e deverão ser observadas, no momento da contratação e a cada exercício financeiro, a disponibilidade de créditos orçamentários, bem como a previsão no plano plurianual, quando ultrapassar 1 (um) exercício financeiro.*

Atenção!

É vedado o contrato com prazo de vigência indeterminado.

8.18 Recebimento do objeto do contrato

Art. 73 Executado o contrato, o seu objeto será recebido:

I - Em se tratando de obras e serviços:

a) provisoriamente, pelo responsável por seu acompanhamento e fiscalização, mediante termo circunstanciado, assinado pelas partes em até 15 (quinze) dias da comunicação escrita do contratado;

b) definitivamente, por servidor ou comissão designada pela autoridade competente, mediante termo circunstanciado, assinado pelas partes, após o decurso do prazo de observação, ou vistoria que comprove a adequação do objeto aos termos contratuais. Este prazo não poderá ser superior a 90 (noventa) dias, salvo em casos excepcionais, devidamente justificados e previstos no edital.

II - Em se tratando de compras ou de locação de equipamentos:

a) provisoriamente, para efeito de posterior verificação da conformidade do material com a especificação;

b) definitivamente, após a verificação da qualidade e quantidade do material e consequente aceitação.

§ 1º - Nos casos de aquisição de equipamentos de grande vulto, o recebimento far-se-á mediante termo circunstanciado e, nos demais, mediante recibo.

[...]

§ 4º Na hipótese de o termo circunstanciado ou a verificação não serem, respectivamente, lavrado ou procedida dentro dos prazos fixados, reputar-se-ão como realizados, desde que comunicados à Administração nos 15 (quinze) dias anteriores à exaustão dos mesmos. [...]

§ 2º O recebimento provisório ou definitivo não exclui a responsabilidade civil pela solidez e segurança da obra ou do serviço, nem ético-profissional pela perfeita execução do contrato, dentro dos limites estabelecidos pela lei ou pelo contrato.

Por sua vez, a Lei nº 14.133/2021 dispõe que:

Art. 140 O objeto do contrato será recebido:

I - Em se tratando de obras e serviços:

a) provisoriamente, pelo responsável por seu acompanhamento e fiscalização, mediante termo detalhado, quando verificado o cumprimento das exigências de caráter técnico;

b) definitivamente, por servidor ou comissão designada pela autoridade competente, mediante termo detalhado que comprove o atendimento das exigências contratuais;

II - Em se tratando de compras:

a) provisoriamente, de forma sumária, pelo responsável por seu acompanhamento e fiscalização, com verificação posterior da conformidade do material com as exigências contratuais;

b) definitivamente, por servidor ou comissão designada pela autoridade competente, mediante termo detalhado que comprove o atendimento das exigências contratuais.

§ 1º O objeto do contrato poderá ser rejeitado, no todo ou em parte, quando estiver em desacordo com o contrato.

§ 2º O recebimento provisório ou definitivo não excluirá a responsabilidade civil pela solidez e pela segurança da obra ou serviço nem a responsabilidade ético-profissional pela perfeita execução do contrato, nos limites estabelecidos pela lei ou pelo contrato.

§ 3º Os prazos e os métodos para a realização dos recebimentos provisório e definitivo serão definidos em regulamento ou no contrato.

§ 4º Salvo disposição em contrário constante do edital ou de ato normativo, os ensaios, os testes e as demais provas para aferição da boa execução do objeto do contrato exigidos por normas técnicas oficiais correrão por conta do contratado.

§ 5º Em se tratando de projeto de obra, o recebimento definitivo pela Administração não eximirá o projetista ou o consultor da responsabilidade objetiva por todos os danos causados por falha de projeto.

§ 6º Em se tratando de obra, o recebimento definitivo pela Administração não eximirá o contratado, pelo prazo mínimo de 5 (cinco) anos, admitida a previsão de prazo de garantia superior no edital e no contrato, da responsabilidade objetiva pela solidez e pela segurança dos materiais e dos serviços executados e pela funcionalidade da construção, da reforma, da recuperação ou da ampliação do bem imóvel, e, em caso de vício, defeito ou incorreção identificados, o contratado ficará responsável pela reparação, pela correção, pela reconstrução ou pela substituição necessárias.

8.19 Dispensa do recebimento provisório

Art. 74 Poderá ser dispensado o recebimento provisório nos seguintes casos:

I - Gêneros perecíveis e alimentação preparada;

II - Serviços profissionais;

III - Obras e serviços de valor até o valor de R$ 80.000,00, desde que não se componham de aparelhos, equipamentos e instalações sujeitos à verificação de funcionamento e produtividade.

***Parágrafo único.** Nesses casos o recebimento será feito mediante recibo.*

8.20 Extinção do contrato

Com a extinção do contrato, temos a abolição das obrigações de ambas as partes, que pode acontecer em decorrência das seguintes situações:

- Conclusão do objeto do contrato;
- Término do seu prazo de duração;
- Anulação do contrato;
- Rescisão do contrato.

8.20.1 Anulação do contrato

A anulação do contrato é idêntica à abolição de um ato administrativo, assim, se um contrato foi celebrado com ilegalidade, ele deve ser extinto. Essa regra se estende à fase da licitação, pois, se houve alguma ilegalidade na tramitação do processo licitatório, tal ilegalidade acarretará a nulidade do contrato.

A anulação pode ser feita pela própria Administração Pública de ofício ou a pedido e também pode ser feita pelo Poder Judiciário, somente por provocação.

A declaração de nulidade do contrato administrativo opera retroativamente impedindo os efeitos jurídicos que ele, ordinariamente, deveria produzir, além de desconstituir os já produzidos.

A nulidade não exonera a Administração do dever de indenizar o contratado pelo que esse houver executado até a data em que ela for declarada e por outros prejuízos regularmente comprovados, contanto que não lhe seja imputável, promovendo-se a responsabilidade de quem lhe deu causa.

8.20.2 Rescisão do contrato

A rescisão do contrato, em algumas hipóteses, se dá unilateralmente pela Administração e, em outras, de forma amigável ou via judicial.

- **Rescisão unilateral pela Administração**

Em regra, estamos diante de situações que caracterizam culpa do particular, entretanto, a rescisão unilateral do contrato administrativo também pode ter por motivo razões supervenientes de interesse público, o caso fortuito e a força maior. Nessas três últimas situações, a rescisão unilateral do contrato não resulta de culpa do particular. Seguem as hipóteses que acarretam a rescisão unilateral pela Administração Pública:

Art. 78 Constituem motivo para rescisão do contrato:

I - O não cumprimento de cláusulas contratuais, especificações, projetos ou prazos;

II - O cumprimento irregular de cláusulas contratuais, especificações, projetos e prazos;

III - A lentidão do seu cumprimento, levando a Administração a comprovar a impossibilidade da conclusão da obra, do serviço ou do fornecimento, nos prazos estipulados;

IV - O atraso injustificado no início da obra, serviço ou fornecimento;

V - A paralisação da obra, do serviço ou do fornecimento, sem justa causa e prévia comunicação à Administração;

VI - A subcontratação total ou parcial do seu objeto, a associação do contratado com outrem, a cessão ou transferência, total ou parcial, bem como a fusão, cisão ou incorporação, não admitidas no edital e no contrato;

VII - O desatendimento das determinações regulares da autoridade designada para acompanhar e fiscalizar a sua execução, assim como as de seus superiores;

VIII - O cometimento reiterado de faltas na sua execução, anotadas na forma do § 1º do art. 67 desta Lei;

IX - A decretação de falência ou a instauração de insolvência civil;

X - A dissolução da sociedade ou o falecimento do contratado;

XI - A alteração social ou a modificação da finalidade ou da estrutura da empresa, que prejudique a execução do contrato;

XII - Razões de interesse público, de alta relevância e amplo conhecimento, justificadas e determinadas pela máxima autoridade da esfera administrativa a que está subordinado o contratante e exaradas no processo administrativo a que se refere o contrato; (Não há culpa do particular)

XVII - A ocorrência de caso fortuito ou de força maior, regularmente comprovada, impeditiva da execução do contrato (não há culpa do particular);

Parágrafo Único. Os casos de rescisão contratual serão formalmente motivados nos autos do processo, assegurado o contraditório e a ampla defesa.

XVIII - Desrespeitar o art. 7º, inciso XXXIII, da CF: a proibição de trabalho noturno, perigoso ou insalubre a menores de dezoito e de qualquer trabalho a menores de dezesseis anos, salvo na condição de aprendiz, a partir de quatorze anos;

Sobre o assunto, a Lei nº 14.133/2021 dispõe que:

Art. 137 *Constituirão motivos para extinção do contrato, a qual deverá ser formalmente motivada nos autos do processo, assegurados o contraditório e a ampla defesa, as seguintes situações:*

I - Não cumprimento ou cumprimento irregular de normas editalícias ou de cláusulas contratuais, de especificações, de projetos ou de prazos;

II - Desatendimento das determinações regulares emitidas pela autoridade designada para acompanhar e fiscalizar sua execução ou por autoridade superior;

III - Alteração social ou modificação da finalidade ou da estrutura da empresa que restrinja sua capacidade de concluir o contrato;

IV - Decretação de falência ou de insolvência civil, dissolução da sociedade ou falecimento do contratado;

V - Caso fortuito ou força maior, regularmente comprovados, impeditivos da execução do contrato;

VI - Atraso na obtenção da licença ambiental, ou impossibilidade de obtê-la, ou alteração substancial do anteprojeto que dela resultar, ainda que obtida no prazo previsto;

VII - Atraso na liberação das áreas sujeitas a desapropriação, a desocupação ou a servidão administrativa, ou impossibilidade de liberação dessas áreas;

VIII - Razões de interesse público, justificadas pela autoridade máxima do órgão ou da entidade contratante;

IX - Não cumprimento das obrigações relativas à reserva de cargos prevista em lei, bem como em outras normas específicas, para pessoa com deficiência, para reabilitado da Previdência Social ou para aprendiz.

§ 1º Regulamento poderá especificar procedimentos e critérios para verificação da ocorrência dos motivos previstos no caput deste artigo.

§ 2º O contratado terá direito à extinção do contrato nas seguintes hipóteses:

I - Supressão, por parte da Administração, de obras, serviços ou compras que acarrete modificação do valor inicial do contrato além do limite permitido no art. 125 desta Lei;

II - Suspensão de execução do contrato, por ordem escrita da Administração, por prazo superior a 3 (três) meses;

III - Repetidas suspensões que totalizem 90 (noventa) dias úteis, independentemente do pagamento obrigatório de indenização pelas sucessivas e contratualmente imprevistas desmobilizações e mobilizações e outras previstas;

IV - Atraso superior a 2 (dois) meses, contado da emissão da nota fiscal, dos pagamentos ou de parcelas de pagamentos devidos pela Administração por despesas de obras, serviços ou fornecimentos;

V - Não liberação pela Administração, nos prazos contratuais, de área, local ou objeto, para execução de obra, serviço ou fornecimento, e de fontes de materiais naturais especificadas no projeto, inclusive devido a atraso ou descumprimento das obrigações atribuídas pelo contrato à Administração relacionadas a desapropriação, a desocupação de áreas públicas ou a licenciamento ambiental.

§ 3º As hipóteses de extinção a que se referem os incisos II, III e IV do § 2º deste artigo observarão as seguintes disposições:

I - Não serão admitidas em caso de calamidade pública, de grave perturbação da ordem interna ou de guerra, bem como quando decorrerem de ato ou fato que o contratado tenha praticado, do qual tenha participado ou para o qual tenha contribuído;

II - Assegurarão ao contratado o direito de optar pela suspensão do cumprimento das obrigações assumidas até a normalização da situação, admitido o restabelecimento do equilíbrio econômico-financeiro do contrato, na forma da alínea "d" do inciso II do caput do art. 124 desta Lei.

§ 4º Os emitentes das garantias previstas no art. 96 desta Lei deverão ser notificados pelo contratante quanto ao início de processo administrativo para apuração de descumprimento de cláusulas contratuais.

Art. 138. *A extinção do contrato poderá ser:*

I - Determinada por ato unilateral e escrito da Administração, exceto no caso de descumprimento decorrente de sua própria conduta;

II - Consensual, por acordo entre as partes, por conciliação, por mediação ou por comitê de resolução de disputas, desde que haja interesse da Administração;

III - Determinada por decisão arbitral, em decorrência de cláusula compromissória ou compromisso arbitral, ou por decisão judicial.

§ 1º A extinção determinada por ato unilateral da Administração e a extinção consensual deverão ser precedidas de autorização escrita e fundamentada da autoridade competente e reduzidas a termo no respectivo processo.

§ 2º Quando a extinção decorrer de culpa exclusiva da Administração, o contratado será ressarcido pelos prejuízos regularmente comprovados que houver sofrido e terá direito a:

I - Devolução da garantia;

II - Pagamentos devidos pela execução do contrato até a data de extinção;

III - Pagamento do custo da desmobilização.

Art. 139 *A extinção determinada por ato unilateral da Administração poderá acarretar, sem prejuízo das sanções previstas nesta Lei, as seguintes consequências:*

I - Assunção imediata do objeto do contrato, no estado e local em que se encontrar, por ato próprio da Administração;

II - Ocupação e utilização do local, das instalações, dos equipamentos, do material e do pessoal empregados na execução do contrato e necessários à sua continuidade;

III. Execução da garantia contratual para:

a) ressarcimento da Administração Pública por prejuízos decorrentes da não execução;

b) pagamento de verbas trabalhistas, fundiárias e previdenciárias, quando cabível;

c) pagamento das multas devidas à Administração Pública;

d) exigência da assunção da execução e da conclusão do objeto do contrato pela seguradora, quando cabível;

IV - Retenção dos créditos decorrentes do contrato até o limite dos prejuízos causados à Administração Pública e das multas aplicadas.

§ 1º A aplicação das medidas previstas nos incisos I e II do caput deste artigo ficará a critério da Administração, que poderá dar continuidade à obra ou ao serviço por execução direta ou indireta.

§ 2º Na hipótese do inciso II do caput deste artigo, o ato deverá ser precedido de autorização expressa do ministro de Estado, do secretário estadual ou do secretário municipal competente, conforme o caso.

- **Rescisão amigável ou judicial**

A rescisão amigável ou judicial decorre de hipóteses que caracterizam culpa da Administração em relação as suas obrigações contratuais.

Art. 78, Constituem motivo para rescisão do contrato: [...]

XIII - A supressão, por parte da Administração, de obras, serviços ou compras, acarretando modificação do valor inicial do contrato além do limite permitido no § 1º do art. 65 desta Lei;

XIV - A suspensão de sua execução, por ordem escrita da Administração, por prazo superior a 120 (cento e vinte) dias, salvo em caso de calamidade pública, grave perturbação da ordem interna ou guerra, ou ainda por repetidas suspensões que totalizem o mesmo prazo, independentemente do pagamento obrigatório de indenizações pelas sucessivas e contratualmente imprevistas desmobilizações e mobilizações e outras previstas, assegurado ao contratado, nesses casos, o direito de optar pela suspensão do cumprimento das obrigações assumidas até que seja normalizada a situação;

XV - O atraso superior a 90 (noventa) dias dos pagamentos devidos pela Administração decorrentes de obras, serviços ou fornecimento, ou parcelas destes, já recebidos ou executados, salvo em caso de calamidade pública, grave perturbação da ordem interna ou guerra, assegurado ao contratado o direito de optar pela suspensão do cumprimento de suas obrigações até que seja normalizada a situação;

XVI - A não liberação, por parte da Administração, de área, local ou objeto para execução de obra, serviço ou fornecimento, nos prazos contratuais, bem como das fontes de materiais naturais especificadas no projeto;

8.20.3 Consequências da rescisão

As consequências da rescisão variam de acordo com a existência ou não de culpa do contratado, é importante observar que o simples fato da rescisão acontecer de forma unilateral por parte da Administração Pública não define as consequências, mas sim, a presença de culpa ou não do contratado.

- **Consequências da rescisão unilateral quando não há culpa do contratado**

O contratado será ressarcido dos prejuízos regularmente comprovados que houver sofrido, tendo ainda direito a:

Art. 79, § 2º, [...]

I - Devolução de garantia;

II - Pagamentos devidos pela execução do contrato até a data da rescisão;

III - Pagamento do custo da desmobilização.

- **Consequências da rescisão unilateral quando há culpa do contratado**

Art. 80 [...]

I - Assunção imediata do objeto do contrato, no estado e local em que se encontrar, por ato próprio da Administração;

II - Ocupação e utilização do local, instalações, equipamentos, material e pessoal empregados na execução do contrato, necessários à sua continuidade.

Esse ato deverá ser precedido de autorização expressa do ministro de Estado competente, ou secretário estadual ou municipal, conforme o caso.

III - Execução da garantia contratual, para ressarcimento da Administração, e dos valores das multas e indenizações a ela devidos;

IV - Retenção dos créditos decorrentes do contrato até o limite dos prejuízos causados à Administração.

8.21 Tipos de contrato

8.21.1 Contrato de obra pública

É todo ajuste entre a Administração Pública e o particular que tenha por objeto construção, reforma, fabricação, recuperação ou ampliação de móvel ou imóvel cuja finalidade seja à população em geral ou a prestação de serviços públicos.

8.21.2 Contrato de serviço

É todo ajuste entre a Administração Pública e o particular que tenha por objeto atividade destinada a obter determinada utilidade de interesse para a Administração, como: demolição, conserto, instalação, montagem, operação, conservação, reparação, adaptação, manutenção, transporte, locação de bens, publicidade, seguro ou trabalhos técnico-profissionais.

A diferença marcante entre o contrato de obra pública e o de serviço é que, neste caso, a Administração contrata um particular para exercer uma atividade de caráter contínuo, e no primeiro caso, a administração contrata o particular para realizar algo em que predomina o emprego de materiais, não havendo caráter contínuo, pois a obra um dia terminará. O mesmo raciocínio não é válido para a contratação de serviços.

8.21.3 Contrato de fornecimento

É todo ajuste entre a Administração Pública e o particular que tenha por objeto a aquisição remunerada de bens para fornecimento de uma só vez ou parceladamente.

8.21.4 Contrato de concessão

Contrato de concessão é o contrato administrativo pelo qual a Administração confere ao particular a execução remunerada de serviço público ou de obra pública, ou lhe cede o uso de bem público, para que o explore por sua conta e risco, pelo prazo e nas condições regulamentares e contratuais.

8.21.5 Convênio

É um acordo, ajuste ou qualquer outro instrumento que discipline a transferência de recursos financeiros de dotações consignadas no orçamento fiscal e no orçamento da Seguridade Social da União e tenha como partícipe, de um lado, órgão ou entidade da Administração Pública Federal, direta ou indireta, e, de outro, órgão ou entidade da Administração Pública estadual, distrital ou municipal, direta ou indireta, ou ainda, entidades privadas sem fins lucrativos, visando à execução de programa de governo, envolvendo a realização de projeto, atividade, serviço, aquisição de bens ou evento de interesse recíproco, em regime de mútua cooperação.

8.21.6 Contrato de repasse

É o instrumento administrativo por meio do qual a transferência dos recursos financeiros se processa por intermédio de instituição ou agente financeiro público federal, atuando como mandatário da União.

8.21.7 Termo de cooperação

É o instrumento por meio do qual é ajustada a transferência de crédito de órgão da Administração Pública Federal Direta, autarquia, fundação pública, ou empresa estatal dependente, para outro órgão ou entidade federal da mesma natureza.

8.21.8 Consórcio público

É a pessoa jurídica formada exclusivamente por entes da Federação, na forma da Lei nº 11.107/2005, para estabelecer relações de cooperação federativa, inclusive a realização de objetivos de interesse comum, constituída como associação pública, com personalidade jurídica de direito público e natureza autárquica, ou como pessoa jurídica de direito privado sem fins econômicos.

8.22 Contratação temporária

A Lei nº 8.745/1993 trata da contratação por tempo determinado para atender à necessidade temporária de excepcional interesse público, no serviço federal, nos termos do inciso IX do art. 37 da Constituição Federal.

Para atender à necessidade temporária de excepcional interesse público, os órgãos da Administração Federal Direta, as autarquias e as fundações públicas poderão efetuar contratação de pessoal por tempo determinado, devem observar as condições e prazos fixados na Lei nº 8.745/1993.

> ***Art. 2º*** *Considera-se necessidade temporária de excepcional interesse público:*
>
> *I - Assistência a situações de calamidade pública; (prazo máximo de 6 meses)*
>
> *II - Assistência a emergências em saúde pública; (prazo máximo de 6 meses)*
>
> *III - Realização de recenseamentos e outras pesquisas de natureza estatística efetuadas pela Fundação Instituto Brasileiro de Geografia e Estatística - IBGE; (prazo máximo de 1 ano)*
>
> *IV - Admissão de professor substituto e professor visitante; (prazo máximo de 1 ano)*
>
> *V - Admissão de professor e pesquisador visitante estrangeiro; (prazo máximo de 4 anos)*
>
> *VI - Atividades:*
>
> *a) Especiais nas organizações das Forças Armadas para atender à área industrial ou a encargos temporários de obras e serviços de engenharia; (prazo máximo de 4 anos)*
>
> *b) De identificação e demarcação territorial; (prazo máximo de 2 anos)*
>
> *c) Revogado.*
>
> *d) Finalísticas do Hospital das Forças Armadas; (prazo máximo de 1 ano)*
>
> *e) De pesquisa e desenvolvimento de produtos destinados à segurança de sistemas de informações, sob responsabilidade do Centro de Pesquisa e Desenvolvimento para a Segurança das Comunicações - CEPESC; (prazo máximo de dois anos)*
>
> *f) De vigilância e inspeção, relacionadas à defesa agropecuária, no âmbito do Ministério da Agricultura e do Abastecimento, para atendimento de situações emergenciais ligadas ao comércio internacional de produtos de origem animal ou vegetal ou de iminente risco à saúde animal, vegetal ou humana; (prazo máximo de 1 ano)*
>
> *g) Desenvolvidas no âmbito dos projetos do Sistema de Vigilância da Amazônia - SIVAM e do Sistema de Proteção da Amazônia - SIPAM; (prazo máximo de 4 anos)*
>
> *h) Técnicas especializadas, no âmbito de projetos de cooperação com prazo determinado, implementados mediante acordos internacionais, desde que haja, em seu desempenho, subordinação do contratado ao órgão ou entidade pública; (prazo máximo de três anos)*
>
> *i) Técnicas especializadas necessárias à implantação de órgãos ou entidades ou de novas atribuições definidas para organizações existentes ou as decorrentes de aumento transitório no volume de trabalho que não possam ser atendidas mediante a aplicação do art. 74 da Lei nº 8.112, de 11 de dezembro de 1990; (prazo máximo de 4 anos)*
>
> *j) Técnicas especializadas de tecnologia da informação, de comunicação e de revisão de processos de trabalho, não alcançadas pela alínea i e que não se caracterizem como atividades permanentes do órgão ou entidade; (prazo máximo de 4 anos)*
>
> *l) Didático-pedagógicas em escolas de governo; (prazo máximo de três anos)*
>
> *m) De assistência à saúde para comunidades indígenas; (prazo máximo de 2 anos)*
>
> *VII - Admissão de professor, pesquisador e tecnólogo substitutos para suprir a falta de professor, pesquisador ou tecnólogo ocupante de cargo efetivo, decorrente de licença para exercer atividade empresarial relativa à inovação; (prazo máximo de três anos)*
>
> *VIII - Admissão de pesquisador, de técnico com formação em área tecnológica de nível intermediário ou de tecnólogo, nacionais ou estrangeiros, para projeto de pesquisa com prazo determinado, em instituição destinada à pesquisa, ao desenvolvimento e à inovação;*
>
> *IX - Combate a emergências ambientais, na hipótese de declaração, pelo Ministro de Estado do Meio Ambiente, da existência de emergência ambiental na região específica; (prazo máximo de 6 meses)*
>
> *X - Admissão de professor para suprir demandas decorrentes da expansão das instituições federais de ensino, respeitados os limites e as condições fixados em ato conjunto dos Ministérios do Planejamento, Orçamento e Gestão e da Educação; (prazo máximo de 1 ano)*
>
> *XI - Admissão de professor para suprir demandas excepcionais decorrentes de programas e projetos de aperfeiçoamento de médicos na área de Atenção Básica em saúde em regiões prioritárias para o Sistema Único de Saúde (SUS), mediante integração ensino-serviço, respeitados os limites e as condições fixados em ato conjunto dos Ministros de Estado do Planejamento, Orçamento e Gestão, da Saúde e da Educação; (prazo máximo de três anos)*
>
> *XII - Admissão de profissional de nível superior especializado para atendimento a pessoas com deficiência, nos termos da legislação, matriculadas regularmente em cursos técnicos de nível médio e em cursos de nível superior nas instituições federais de ensino, em ato conjunto do Ministério do Planejamento, Desenvolvimento e Gestão e do Ministério da Educação.*

As contratações dessas atividades serão feitas exclusivamente por projeto, **vedado o aproveitamento** dos contratados em qualquer área da Administração Pública.

A **contratação de professor substituto** poderá ocorrer para suprir a falta de docente efetivo em razão de:

- Vacância do cargo;
- Afastamento ou licença, na forma do regulamento;
- Nomeação para ocupar cargo de direção de reitor, vice-reitor, pró-reitor e diretor de campus.

O número total de professores substitutos e visitantes não poderá ultrapassar 20% do total de docentes efetivos em exercício na instituição federal de ensino.

Ato do Poder Executivo disporá, para efeitos dessa lei, sobre a declaração de emergências em saúde pública.

A contratação de professor visitante e de professor visitante estrangeiro tem por objetivo:

- Apoiar a execução dos programas de pós-graduação *stricto sensu*;
- Contribuir para o aprimoramento de programas de ensino, pesquisa e extensão;
- Colaborar para a execução de programas de capacitação docente;
- Viabilizar o intercâmbio científico e tecnológico.

Essas contratações (professor visitante e professor visitante estrangeiro) deverão:

- Atender a requisitos de titulação e competência profissional; ou
- Ter reconhecido renome em sua área profissional, atestado por deliberação do Conselho Superior da instituição contratante.

São requisitos mínimos de titulação e competência profissional para a contratação:

- Ser portador do título de doutor, no mínimo, há 2 anos;
- Ser docente ou pesquisador de reconhecida competência em sua área;
- Ter produção científica relevante, preferencialmente nos últimos 5 anos.

Excepcionalmente, no âmbito das instituições da rede federal de educação profissional, científica e tecnológica, poderão ser contratados professor visitante ou professor visitante estrangeiro, **sem o título de doutor, desde que possuam comprovada competência** em ensino, pesquisa e extensão tecnológicos ou reconhecimento da qualificação profissional pelo mercado de trabalho, na forma prevista pelo Conselho Superior da instituição contratante.

A contratação de professores substitutos, visitantes e visitantes estrangeiros poderá ser autorizada pelo dirigente da instituição, condicionada à existência de recursos orçamentários e financeiros para fazer frente às despesas decorrentes da contratação e ao quantitativo máximo de contratos estabelecido para a instituição.

A contratação dos professores substitutos fica limitada ao regime de trabalho de 20 horas ou 40 horas.

O recrutamento do pessoal a ser contratado, nos termos da Lei nº 8.745/1993, será feito mediante **processo seletivo simplificado** sujeito à ampla divulgação, inclusive por meio do Diário Oficial da União, **prescindindo de concurso público** (não precisa de concurso público).

A contratação para atender às necessidades decorrentes de calamidade pública, de emergência ambiental e de emergências em saúde pública prescindirá de processo seletivo. Nesses casos, a contratação dispensa até mesmo o processo seletivo.

Algumas contratações poderão ser efetivadas em vista de notória capacidade técnica ou científica do profissional, mediante análise do *curriculum vitae:*

- Relacionadas a um professor visitante.
- Referentes a um professor e pesquisador visitante estrangeiro.
- Especiais nas organizações das Forças Armadas para atender à área industrial ou a encargos temporários de obras e serviços de engenharia.
- Finalísticas do Hospital das Forças Armadas.
- De pesquisa e desenvolvimento de produtos destinados à segurança de sistemas de informações, sob responsabilidade do Centro de Pesquisa e Desenvolvimento para a Segurança das Comunicações (Cepesc).
- Desenvolvidas no âmbito dos projetos do Sistema de Vigilância da Amazônia (Sivam) e do Sistema de Proteção da Amazônia (Sipam).
- Didático-pedagógicas em escolas de governo.
- De assistência à saúde para comunidades indígenas.
- Admissão de pesquisador, nacional ou estrangeiro, para projeto de pesquisa com prazo determinado, em instituição destinada à pesquisa.

As seguintes contratações de pessoal serão feitas mediante processo seletivo simplificado, observados os critérios e condições estabelecidos pelo Poder Executivo:

- Técnicas especializadas, no âmbito de projetos de cooperação com prazo determinado, implementados mediante acordos internacionais, desde que haja, em seu desempenho, subordinação do contratado ao órgão ou entidade pública;
- Técnicas especializadas necessárias à implantação de órgãos ou entidades ou de novas atribuições definidas para organizações existentes ou as decorrentes de aumento transitório no volume de trabalho que não possam ser atendidas mediante a aplicação do art. 74 da Lei nº 8.112/1990.

8.22.1 Prorrogação dos contratos

Prazo total não excedente a 2 anos

- Admissão de professor substituto e professor visitante.
- De identificação e demarcação territorial.
- Finalísticas do Hospital das Forças Armadas.
- De vigilância e inspeção, relacionadas à defesa agropecuária, no âmbito do Ministério da Agricultura e do Abastecimento, para atendimento de situações emergenciais ligadas ao comércio internacional de produtos de origem animal ou vegetal ou de iminente risco à saúde animal, vegetal ou humana.
- Admissão de professor para suprir demandas decorrentes da expansão das instituições federais de ensino, respeitados os limites e as condições fixados em ato conjunto dos Ministérios do Planejamento, Orçamento e Gestão e da Educação.

Prazo total não excedente a 3 anos

- Realização de recenseamentos e outras pesquisas de natureza estatística efetuadas pela Fundação Instituto Brasileiro de Geografia e Estatística (IBGE).
- De pesquisa e desenvolvimento de produtos destinados à segurança de sistemas de informações, sob responsabilidade do Centro de Pesquisa e Desenvolvimento para a Segurança das Comunicações (Cepesc).

Prazo total não excedente a 4 anos

- Admissão de professor e pesquisador visitante estrangeiro.
- Especiais nas organizações das Forças Armadas para atender à área industrial ou a encargos temporários de obras e serviços de engenharia.
- Técnicas especializadas, no âmbito de projetos de cooperação com prazo determinado, implementados mediante acordos internacionais, desde que haja, em seu desempenho, subordinação do contratado ao órgão ou entidade pública.
- Didático-pedagógicas em escolas de governo.
- De assistência à saúde para comunidades indígenas.
- Admissão de pesquisador, nacional ou estrangeiro, para projeto de pesquisa com prazo determinado, em instituição destinada à pesquisa.

Prazo total não excedente a 5 anos

- Desenvolvidas no âmbito dos projetos do Sistema de Vigilância da Amazônia (Sivam) e do Sistema de Proteção da Amazônia (Sipam).
- Técnicas especializadas necessárias à implantação de órgãos ou entidades ou de novas atribuições definidas para organizações existentes ou as decorrentes de aumento transitório no volume de trabalho que não possam ser atendidas mediante a aplicação do art. 74 da Lei nº 8.112/1990.
- Técnicas especializadas de tecnologia da informação, de comunicação e de revisão de processos de trabalho, não alcançadas pela alínea "i" e que não se caracterizem como atividades permanentes do órgão ou entidade.

Prazo total não excedente a 6 anos

- Admissão de professor, pesquisador e tecnólogo substitutos para suprir a falta de professor, pesquisador ou tecnólogo ocupante de cargo efetivo, decorrente de licença para exercer atividade empresarial relativa à inovação.
- Admissão de professor para suprir demandas excepcionais decorrentes de programas e projetos de aperfeiçoamento de médicos na área de Atenção Básica em saúde em regiões prioritárias para o Sistema Único de Saúde (SUS), mediante integração ensino-serviço, respeitados os limites e as condições fixados em ato conjunto dos ministros de Estado do Planejamento, Orçamento e Gestão, da Saúde e da Educação.

Pelo prazo necessário **à superação da situação de calamidade pública ou das situações de emergências em saúde pública, desde que não exceda a 2 anos,** nos casos de:

- Assistência a situações de calamidade pública.
- Assistência a emergências em saúde pública.

As contratações somente poderão ser feitas com observância da dotação orçamentária específica e mediante prévia autorização do Ministro de Estado do Planejamento, Orçamento e Gestão e do Ministro de Estado sob cuja supervisão se encontrar o órgão ou entidade contratante, conforme estabelecido em regulamento.

Os órgãos e entidades contratantes encaminharão à Secretaria de Recursos Humanos do Ministério do Planejamento, Orçamento e Gestão, para controle do disposto na Lei nº 8.745/1993, síntese dos contratos efetivados.

É proibida a contratação, nos termos Lei nº 8.745/1993, de servidores da Administração Direta ou Indireta da União, dos estados, do Distrito Federal e dos municípios, bem como de empregados ou servidores de suas subsidiárias e controladas.

Essa proibição, entretanto, não se aplica no caso de formal comprovação da compatibilidade de horários, a contratação de:

- **Professor substituto nas instituições federais de ensino,** desde que o contratado não ocupe cargo efetivo integrante das carreiras de magistério de que trata a Lei nº 7.596/1987.
- **Profissionais de saúde em unidades hospitalares,** quando administradas pelo Governo Federal e para atender às necessidades decorrentes de calamidade pública, desde que o contratado não ocupe cargo efetivo ou emprego permanente em órgão ou entidade da Administração Pública Federal Direta e Indireta.

No caso de violação dessa proibição, sem prejuízo da nulidade do contrato, essa infração importará responsabilidade administrativa da autoridade contratante e do contratado, inclusive, se for a situação, solidariedade quanto à devolução dos valores pagos ao contratado.

A remuneração do pessoal contratado temporariamente nos termos da Lei nº 8.745/1993 será fixada: em importância não **superior ao valor da remuneração fixada para os servidores de final de Carreira das mesmas categorias, nos planos de retribuição ou nos quadros de cargos** e salários do órgão ou entidade contratante.

Admissão de professor substituto e professor visitante.

Admissão de professor para suprir demandas decorrentes da expansão das instituições federais de ensino, respeitados os limites e as condições fixados em ato conjunto dos Ministérios do Planejamento, Orçamento e Gestão e da Educação.

Admissão de professor para suprir demandas excepcionais decorrentes de programas e projetos de aperfeiçoamento de médicos na área de Atenção Básica em saúde em regiões prioritárias para o SUS, mediante integração ensino-serviço, respeitados os limites e as condições fixados em ato conjunto dos Ministros de Estado do Planejamento, Orçamento e Gestão, da Saúde e da Educação.

Em importância não superior ao valor da remuneração constante dos planos de retribuição ou nos quadros de cargos e salários do serviço público, para servidores que desempenhem função semelhante, ou, não existindo a semelhança, às condições do mercado de trabalho:

- Assistência a situações de calamidade pública.
- Assistência a emergências em saúde pública.
- Realização de recenseamentos e outras pesquisas de natureza estatística efetuadas pelo IBGE.
- Admissão de professor e pesquisador visitante estrangeiro.
- Atividades do inciso VI.
- Admissão de pesquisador, nacional ou estrangeiro, para projeto de pesquisa com prazo determinado, em instituição destinada à pesquisa.

Quando se tratar de coleta de dados, o valor da remuneração poderá ser formado por unidade produzida, desde que obedecido à mesma regra acima disposta:

- Realização de recenseamentos e outras pesquisas de natureza estatística efetuadas pelo IBGE.

Para os efeitos do cálculo dessa remuneração, não se consideram as vantagens de natureza individual dos servidores ocupantes de cargos tomados como paradigma.

Caberá ao Poder Executivo fixar as tabelas de remuneração para as hipóteses de contratações previstas nas alíneas "h", "i", "j", "l" e "m" do inciso VI do *caput* do art. 2º da Lei nº 8.745/1993.

Ao pessoal contratado nos termos da Lei nº 8.745/1993 aplica-se o disposto na Lei nº 8.647/1993 (lei que trata da vinculação do servidor público civil, ocupante de cargo em comissão sem vínculo efetivo com a Administração Pública Federal, ao Regime Geral de Previdência Social).

O pessoal contratado nos termos da Lei nº 8.745/1993, art. 9º **não** poderá:

> *I - Receber atribuições, funções ou encargos não previstos no respectivo contrato.*
>
> *II - Ser nomeado ou designado, ainda que a título precário ou em substituição, para o exercício de cargo em comissão ou função de confiança.*
>
> *III. Ser novamente contratado, com fundamento nessa Lei, antes de decorridos 24 meses do encerramento de seu contrato anterior (salvo nas hipóteses dos incisos I e IX do art. 2º desta Lei, mediante prévia autorização, conforme determina o art. 5º da Lei nº 8.745/1993).*

A inobservância dessas proibições importará na **rescisão do contrato** (nos casos dos incisos I e II) ou na **declaração da sua insubsistência** (no caso do inciso III), **sem prejuízo da responsabilidade administrativa** das autoridades envolvidas na transgressão.

As infrações disciplinares atribuídas ao pessoal contratado nos termos da Lei nº 8.745/1993 serão apuradas mediante sindicância, concluída no prazo de **30 dias e assegurada ampla defesa.**

8.23 Extinção do contrato (sem direito a indenizações)

- Pelo término do prazo contratual (comunicada com antecedência mínima de 30 dias).
- Por iniciativa do contratado (comunicada com antecedência mínima de 30 dias).
- Pela extinção ou conclusão do projeto, definidos pelo contratante, nos casos da alínea "h" do inciso VI do art. 2º da Lei nº 8.745/1993.

A extinção do contrato, por iniciativa do órgão ou entidade contratante, decorrente de **conveniência administrativa**, importará no pagamento ao **contratado de indenização correspondente à metade** do que lhe caberia referente ao restante do contrato.

O tempo de serviço prestado em virtude de contratação temporária nos termos dessa Lei será contado para todos os efeitos.

9. CONTROLE DA ADMINISTRAÇÃO PÚBLICA

O Controle da Administração Pública é um conjunto de instrumentos que o ordenamento jurídico estabelece a fim de que a própria Administração Pública, os três poderes, e, ainda, o povo, diretamente ou por meio de órgãos especializados, possam exercer o poder de fiscalização, orientação e revisão da atuação de todos os órgãos, entidades e agentes públicos, em todas as esferas do poder.

9.1 Classificação

9.1.1 Quanto à origem

Controle Interno: acontece dentro do próprio poder, decorrente do princípio da autotutela.

Finalidade:

> ***Art. 74, CF/1988*** *Os Poderes Legislativo, Executivo e Judiciário manterão, de forma integrada, sistema de controle interno com a finalidade de:*
>
> *I - Avaliar o cumprimento das metas previstas no plano plurianual, a execução dos programas de governo e dos orçamentos da União;*
>
> *II - Comprovar a legalidade e avaliar os resultados, quanto à eficácia e eficiência, da gestão orçamentária, financeira e patrimonial nos órgãos e entidades da administração federal, bem como da aplicação de recursos públicos por entidades de direito privado;*
>
> *III - Exercer o controle das operações de crédito, avais e garantias, bem como dos direitos e haveres da União;*
>
> *IV - Apoiar o controle externo no exercício de sua missão institucional.*
>
> ***§ 1º*** *Os responsáveis pelo controle interno, ao tomarem conhecimento de qualquer irregularidade ou ilegalidade, dela darão ciência ao Tribunal de Contas da União, sob pena de responsabilidade solidária.*

Por exemplo:

- Pode ser exercido no âmbito hierárquico ou por órgãos especializados (sem hierarquia);
- O controle finalístico (controvérsia doutrinária, alguns autores falam que é modalidade de controle externo);
- A fiscalização realizada por um órgão da Administração Pública do Legislativo sobre a atuação dela própria;
- O controle realizado pela Administração Pública do Poder Judiciário nos atos administrativos praticados pela própria Administração Pública desse poder.

Controle externo: é exercido por um poder sobre os atos administrativos de outro poder.

A exemplo, temos o controle judicial dos atos administrativos, que analisa aspectos de legalidade dos atos da Administração Pública dos demais poderes; ou o controle legislativo realizado pelo poder legislativo, nos atos da Administração Pública dos outros poderes.

Controle popular: é o controle exercido pelos administrados na atuação da Administração Pública dos três poderes, seja por meio da ação popular, do direito de petição ou de outros.

É importante lembrar que os atos administrativos devem ser publicados, salvo os sigilosos. Todavia, uma outra finalidade da publicidade dos atos administrativos é o desenvolvimento do controle social da Administração Pública.

9.1.2 Quanto ao momento de exercício

Controle prévio: é exercido antes da prática ou antes da conclusão do ato administrativo.

Finalidade: é um requisito de validade do ato administrativo.

Por exemplo: a aprovação do Senado Federal da escolha de ministros do STF ou de dirigente de uma agência reguladora federal. Em tais situações, a referida aprovação antecede a nomeação de tais agentes.

Controle concomitante: é exercido durante a prática do ato.

Finalidade: possibilitar a aferição do cumprimento das formalidades exigidas para a formação do ato administrativo.

Por exemplo: fiscalização da execução de um contrato administrativo; acompanhamento de uma licitação pelos órgãos de controle.

Controle subsequente/corretivo/posterior: é exercido após a conclusão do ato.

Finalidade:

- Correção dos defeitos sanáveis do ato;
- Declaração de nulidade do ato;
- Revogação do ato discricionário legal inconveniente e inoportuno;
- Cassação do ato pelo descumprimento dos requisitos que são exigidos para a sua manutenção;
- Conferir eficácia ao ato.

Por exemplo: homologação de um concurso público.

9.1.3 Quanto ao aspecto controlado

Controle de legalidade: sua finalidade é verificar se o ato foi praticado em conformidade com o ordenamento jurídico, e, por esse, entendemos que o ato tem que ser praticado de acordo com as leis e também com os princípios fundamentais da Administração Pública.

A lei deve ser entendida, nessa situação, em sentido amplo, ou seja, a Constituição Federal, as leis ordinárias, complementares, delegadas, medidas provisórias e as normas infralegais.

- ▹ **Exercício:** são três as possibilidades:
  - **Própria Administração Pública:** pode realizar o controle de legalidade a pedido ou de ofício. Em decorrência do princípio da autotutela, é espécie de controle interno.
  - **Poder Judiciário:** no exercício da função jurisdicional, pode exercer o controle de legalidade somente por provocação. Nesse caso, é uma espécie de inspeção externo.
  - **Poder Legislativo:** somente pode exercer controle de legalidade nos casos previstos na Constituição Federal. É forma de controle externo.
- ▹ **Consequências:** são três as possibilidades:
  - **Confirmação** da validade do ato.
  - **Anulação** do ato com vício de validade (ilegal).
  - Um ato administrativo pode ser anulado pela própria Administração que o praticou, por provocação ou de ofício (controle interno) ou pelo Poder Judiciário. Nesse caso, somente por provocação (controle externo). A anulação gera efeitos retroativos (*ex tunc*), desfazendo todas as relações do ato resultadas, salvo, entretanto, os efeitos produzidos para os terceiros de boa-fé.
  - Prazo para anulação na via administrativa: 5 anos, contados a partir da prática do ato, salvo comprovada má-fé.
  - Segundo o STF, quando o controle interno acarretar o desfazimento de um ato administrativo que implique em prejuízo à situação jurídica do administrado, a administração deve antes instaurar um procedimento que garanta a ele o contraditório e a ampla-defesa, para que, dessa forma, possa defender os seus interesses.
  - **Convalidação:** é a correção do ato com efeitos retroativos do ato administrativo com defeito sanável. Considera-se problema reparável:
    - **Vício de competência relativo à pessoa**
      - Exceção: competência exclusiva (também não cabe convalidação).
      - O vício de competência relativo à matéria não é caracterizado como um defeito sanável.
    - **Vício de forma**
      - Exceção: lei determina que a forma seja elemento essencial de validade de determinado ato (também não cabe convalidação).

Assim, somente os vícios nos elementos forma e competência podem ser convalidados. Em todos os demais casos, a administração somente pode anular o ato.

Mesmo quando o defeito admite convalidação, a Administração Pública tem a possibilidade de anular, pois a regra é a anulação e a convalidação uma faculdade disponível ao agente público em hipóteses excepcionais.

Convalidação tácita: o art. 54 da Lei nº 9.784 /1999 prevê que a Administração tem o direito de anular os atos administrativos de que decorram efeitos favoráveis; para os destinatários, decai em cinco anos, contados da data em que forem praticados, salvo comprovada má-fé. Transcorrido esse prazo, o ato foi convalidado, pois não pode ser mais anulado pela administração.

Convalidação expressa: o prazo que a Administração Pública tem para convalidar um ato é o mesmo que ela tem para anular, ou seja, 5 anos contados a partir da data da prática do feito. Como analisamos, a convalidação, se trata de um controle de legalidade que verificou que o ato foi praticado com vício, todavia, na hipótese descrita no art. 55 da Lei nº 9.784/1999, a autoridade com competência para anular tal ato, pode optar pela sua convalidação.

> ***Art. 55, Lei nº 9.784/1999*** *Em decisão na qual se evidencie não acarretar lesão ao interesse público nem prejuízo a terceiros, os atos que apresentarem defeitos sanáveis poderão ser convalidados pela própria Administração.*

Controle de mérito: sua finalidade é verificar a conveniência e a oportunidade dos atos administrativos discricionários.

Exercício: em regra, é exercido discricionariamente pelo próprio poder que praticou o feito.

Excepcionalmente, o Poder Legislativo tem competência para verificar o mérito de atos administrativos dos outros poderes, esse é um controle de mérito de natureza política.

Não pode ser exercido pelo Poder Judiciário na sua função típica, mas pode ser executado pela Administração Pública do Poder Judiciário nos atos dela própria.

Consequências

- Manutenção do ato discricionário legal, conveniente e oportuno.
- Revogação do ato discricionário legal, inconveniente e inoportuno.

Nas hipóteses em que o Poder Legislativo exerce controle de mérito da atuação administrativa dos outros poderes, não lhe é permitida a revogação de tais atos.

9.1.4 Quanto à amplitude

Controle hierárquico: decorre da hierarquia presente na Administração Pública, que se manifesta na subordinação entre órgãos e agentes, sempre no âmbito de uma mesma pessoa jurídica. Acontece na Administração Pública dos três poderes.

Consequências: é um controle interno permanente (antes/durante/após a prática do ato) e irrestrito, pois verifica aspectos de legalidade e de mérito de um ato administrativo praticado pelos agentes e órgãos subordinados.

Esse controle está relacionado às atividades de supervisão, coordenação, orientação, fiscalização, aprovação, revisão, avocação e aplicação de meios corretivos dos desvios e irregularidades verificados.

Controle finalístico/tutela administrativa/supervisão ministerial: é exercido pela Administração Direta sobre as pessoas jurídicas da Administração Indireta.

Efeitos: depende de norma legal que o estabeleça, não se enquadrando como um controle específico, e sua finalidade é verificar se a entidade está atingindo as suas intenções estatutárias.

9.2 Controle administrativo

É um controle interno, fundado no poder de autotutela, exercido pelo Poder Executivo e pelos órgãos administrativos dos poderes legislativo e judiciário sobre suas próprias condutas, tendo em vista aspectos de legalidade e de mérito administrativo.

> ***Súmula nº 473 – STF*** *A Administração pode anular seus próprios atos, quando eivados de vícios que os tornam ilegais, porque deles não se originam direitos; ou revogá-los, por motivo de conveniência ou oportunidade, respeitados os direitos adquiridos, e ressalvada, em todos os casos, a apreciação judicial.*

O controle administrativo é sempre interno. Pode ser hierárquico, quando é feito entre órgãos verticalmente escalonados integrantes de uma mesma pessoa jurídica, seja da Administração Direta ou Indireta; ou não hierárquico, quando exercido entre órgãos que, embora integrem uma só pessoa jurídica, não estão na mesma linha de escalonamento vertical e também no controle finalístico exercido entre a Administração Direta e a Indireta.

O controle administrativo é um controle permanente, pois acontece antes, durante e depois da prática do ato; também é irrestrito, pois como já foi dito, analisa aspectos de legalidade e de mérito.

Ainda é importante apontar que o controle administrativo pode acontecer de ofício ou a pedido do administrado.

Quando interessado em provocar a atuação da Administração Pública, o administrado pode se valer da reclamação administrativa, que é uma expressão genérica para englobar um conjunto de instrumentos, como o direito de petição, a representação, a denúncia, o recurso, o pedido de reconsideração, a revisão, dentre outros meios.

O meio utilizado pela Administração Pública para processar o pedido do interessado é o processo administrativo, que, na esfera federal, é regulado pela Lei nº 9.784/1999.

9.3 Controle legislativo

É a fiscalização realizada pelo Poder Legislativo, na sua função típica de fiscalizar, na atuação da Administração Pública dos três poderes.

Quando exercido na atuação administrativa dos outros poderes, é espécie de controle externo; quando realizado na Administração Pública do próprio poder legislativo, é espécie de controle interno.

9.3.1 Hipóteses de controle legislativo

O controle legislativo na atuação da Administração Pública somente pode ocorrer nas hipóteses previstas na Constituição Federal, não sendo permitidas às Constituições Estaduais ou às leis orgânicas criarem novas modalidades de controle legislativo no respectivo território de sua competência. Caso se crie nova forma de controle legislativo por instrumento legal diverso da Constituição Federal, tal norma será inconstitucional.

Como as normas estaduais e municipais não podem criar novas modalidades de controle legislativo, nessas esferas, pelo princípio da simetria, são aplicadas as hipóteses de controle legislativo previstas na Constituição Federal para os estados e municípios. Todavia, vale ressaltar que como o sistema legislativo federal adota o bicameralismo, as hipóteses de controle do Congresso Nacional, do Senado, das comissões e do Tribunal de Contas da União são aplicadas às assembleias legislativas na esfera estadual e às câmaras de vereadores nas esferas municipais.

O controle legislativo apresenta as seguintes modalidades:

Controle de legalidade: quando se analisa aspectos de legalidade da atuação da Administração Pública dos três poderes, como dos atos e contratos administrativos.

Controle de mérito (político): é um controle de natureza política, que possibilita ao Poder Legislativo, nas hipóteses previstas na Constituição Federal, a intervir na atuação da Administração Pública do Poder Executivo, controlando aspectos de eficiência da atuação e também de conveniência da tomada de determinadas decisões do poder executivo.

Por exemplo: quando o Senado tem que aprovar o ato do presidente da República, que nomeia um dirigente de uma agência reguladora.

Efeitos: não acarreta revogação do ato, pois esse ainda não conclui o seu processo de formação enquanto não for aprovado pelo poder legislativo, ou seja, tal ato não gera efeitos até a aprovação, por isso, não há o que se falar em revogação.

Controle exercido pelo Congresso Nacional: a competência exclusiva do Congresso Nacional vem descrita no art. 40 da Constituição Federal de 1988:

> *V - Sustar os atos normativos do Poder Executivo que exorbitem do poder regulamentar ou dos limites de delegação legislativa;*

Tal situação acontece quando, no exercício do poder regulamentar, o presidente da R

epública edite um decreto para complementar determinada lei e, nesse decreto, ele venha a inovar o ordenamento jurídico, ultrapassando os limites da lei. Todavia, a sustação do ato normativo pelo Congresso Nacional não invalida todo o decreto, mas somente o trecho dele que esteja exorbitando do exercício do poder regulamentar.

> *IX - Julgar anualmente as contas prestadas pelo Presidente da República e apreciar os relatórios sobre a execução dos planos de governo;*
>
> *X - Fiscalizar e controlar, diretamente, ou por qualquer de suas Casas, os atos do Poder Executivo, incluídos os da Administração Indireta;*

Controle exercido privativamente pelo Senado Federal: as competências privativas do Senado Federal vêm descritas no art. 52 da Constituição Federal, dentre essas, algumas se referem ao exercício de atividades de controle:

> *I - Processar e julgar o Presidente e o Vice-Presidente da República nos crimes de responsabilidade, bem como os Ministros de Estado e os Comandantes da Marinha, do Exército e da Aeronáutica nos crimes da mesma natureza conexos com aqueles;*
>
> *II - Processar e julgar os Ministros do Supremo Tribunal Federal, os membros do Conselho Nacional de Justiça e do Conselho Nacional do Ministério Público, o Procurador-Geral da República e o Advogado-Geral da União nos crimes de responsabilidade;*

Nesses dois primeiros casos, o julgamento será presidido pelo presidente do STF, limitando-se este à condenação, que somente será proferida por dois terços dos votos do Senado Federal.

> *III - Aprovar previamente, por voto secreto, após arguição pública, a escolha de:*
>
> *a) Magistrados, nos casos estabelecidos nesta Constituição;*
>
> *b) Ministros do Tribunal de Contas da União indicados pelo Presidente da República;*
>
> *c) Governador de Território;*
>
> *d) Presidente e diretores do Banco Central;*
>
> *e) Procurador-Geral da República;*
>
> *f) titulares de outros cargos que a lei determinar.*
>
> *IV - Aprovar previamente, por voto secreto, após arguição em sessão secreta, a escolha dos chefes de missão diplomática de caráter permanente;*
>
> *V - Autorizar operações externas de natureza financeira, de interesse da União, dos Estados, do Distrito Federal, dos Territórios e dos Municípios;*
>
> *VI - Fixar, por proposta do Presidente da República, limites globais para o montante da dívida consolidada da União, dos Estados, do Distrito Federal e dos Municípios;*
>
> *VII - Dispor sobre limites globais e condições para as operações de crédito externo e interno da União, dos Estados, do Distrito Federal e dos Municípios, de suas autarquias e demais entidades controladas pelo Poder Público Federal;*
>
> *VIII - dispor sobre limites e condições para a concessão de garantia da União em operações de crédito externo e interno;*
>
> *IX - Estabelecer limites globais e condições para o montante da dívida mobiliária dos Estados, do Distrito Federal e dos Municípios;*
>
> *X - Aprovar, por maioria absoluta e por voto secreto, a exoneração, de ofício, do Procurador-Geral da República antes do término de seu mandato;*
>
> *XI - Avaliar periodicamente a funcionalidade do Sistema Tributário Nacional, em sua estrutura e seus componentes, e o desempenho das administrações tributárias da União, dos Estados e do Distrito Federal e dos Municípios.*

Controle exercido pela Câmara dos Deputados: a competência da Câmara dos Deputados vem descrita no art. 51 da Constituição Federal, e nesse momento analisaremos as competências relativas à área de controle da administração:

> ***Compete privativamente à Câmara dos Deputados:***
>
> *I - Autorizar, por dois terços de seus membros, a instauração de processo contra o Presidente e o Vice-Presidente da República e os Ministros de Estado;*
>
> *II - Proceder à tomada de contas do Presidente da República, quando não apresentadas ao Congresso Nacional dentro de sessenta dias após a abertura da sessão legislativa;*

Fiscalização Contábil, Financeira e Orçamentária na Constituição Federal: também chamado de **Controle Financeiro Amplo,** vem descrito no art. 70 da CF/1988, que traz as seguintes regras:

> ***Art. 70, CF/1988*** *A fiscalização contábil, financeira, orçamentária, operacional e patrimonial da União e das entidades da Administração Direta e indireta, quanto à legalidade, legitimidade, economicidade, aplicação das subvenções e renúncia de receitas, será exercida pelo Congresso Nacional, mediante controle externo, e pelo sistema de controle interno de cada Poder.*

Como podemos observar, segundo os ditames do art. 70 da Constituição Federal, a fiscalização contábil, financeira e orçamentária é realizada tanto por meio de controle interno como de externo.

Áreas alcançadas pelo controle financeiro (amplo):

- **Contábil:** controla o cumprimento das formalidades no registro de receitas e despesas.
- **Financeira:** controla a entrada e a saída de capital, sua destinação.
- **Orçamentária:** fiscaliza e acompanha a execução do orçamento anual, plurianual.
- **Operacional:** controla a atuação administrativa, observando se estão sendo respeitadas as diretrizes legais que orientam a atuação da Administração Pública, bem como avaliando aspectos de eficiência e economicidade.
- **Patrimonial:** controle do patrimônio público, seja ele móvel ou imóvel.
- **Aspectos controlados:** as áreas alcançadas pelo controle financeiro (sentido amplo) abrangem os seguintes aspectos:
- **Legalidade:** atuação conforme a lei.
- **Legitimidade:** atuação conforme os princípios orientadores da atuação da Administração Pública.

O controle financeiro realizado pelo Congresso Nacional não analisa aspectos de mérito.

Para que o controle financeiro seja eficiente, é necessária a prestação de contas por parte das pessoas físicas ou jurídicas que, de qualquer forma, administrem dinheiro ou direito patrimonial público; tal regra vem descrita no parágrafo único do art. 70:

> ***Art. 70*** *[...]*
>
> ***Parágrafo único.*** *Prestará contas qualquer pessoa física ou jurídica, pública ou privada, que utilize, arrecade, guarde, gerencie ou administre dinheiros, bens e valores públicos ou pelos quais a União responda, ou que, em nome desta, assuma obrigações de natureza pecuniária.*

Controle exercido pelos Tribunais de Contas: os Tribunais de Contas são órgãos de controle vinculados ao Poder Legislativo. A finalidade que possuem é auxiliar na função de exercer o controle externo da Administração Pública.

Apesar da expressão órgãos auxiliares, os tribunais de contas não se submetem ao Poder Legislativo, ou seja, não existe hierarquia nem subordinação entre os tribunais de contas e o Poder Legislativo.

A Constituição Federal, no art. 71, estabelece as competências do Tribunal de Contas da União (TCU), e, pelo princípio da simetria, os tribunais de contas estaduais e municipais detêm as mesmas competências nas suas esferas de fiscalização, não sendo permitidas às Constituições Estaduais e às leis orgânicas municipais criar novas hipóteses de controle. Veja as competências dos Tribunais de Contas a seguir.

> *Art. 71 O controle externo, a cargo do Congresso Nacional, será exercido com o auxílio do Tribunal de Contas da União, ao qual compete:*
>
> *I - Apreciar as contas prestadas anualmente pelo Presidente da República, mediante parecer prévio que deverá ser elaborado em sessenta dias a contar de seu recebimento;*
>
> *II - Julgar as contas dos administradores e demais responsáveis por dinheiros, bens e valores públicos da Administração Direta e indireta, incluídas as fundações e sociedades instituídas e mantidas pelo Poder Público federal, e as contas daqueles que derem causa a perda, extravio ou outra irregularidade de que resulte prejuízo ao erário público;*
>
> *III - Apreciar, para fins de registro, a legalidade dos atos de admissão de pessoal, a qualquer título, na Administração Direta e indireta, incluídas as fundações instituídas e mantidas pelo Poder Público, excetuadas as nomeações para cargo de provimento em comissão, bem como a das concessões de aposentadorias, reformas e pensões, ressalvadas as melhorias posteriores que não alterem o fundamento legal do ato concessório;*
>
> *IV - Realizar, por iniciativa própria, da Câmara dos Deputados, do Senado Federal, de Comissão técnica ou de inquérito, inspeções e auditorias de natureza contábil, financeira, orçamentária, operacional e patrimonial, nas unidades administrativas dos Poderes Legislativo, Executivo e Judiciário, e demais entidades referidas no inciso II;*
>
> *V - Fiscalizar as contas nacionais das empresas supranacionais de cujo capital social a União participe, de forma direta ou indireta, nos termos do tratado constitutivo;*
>
> *VI - Fiscalizar a aplicação de quaisquer recursos repassados pela União mediante convênio, acordo, ajuste ou outros instrumentos congêneres, a Estado, ao Distrito Federal ou a Município;*
>
> *VII - Prestar as informações solicitadas pelo Congresso Nacional, por qualquer de suas Casas, ou por qualquer das respectivas Comissões, sobre a fiscalização contábil, financeira, orçamentária, operacional e patrimonial e sobre resultados de auditorias e inspeções realizadas;*
>
> *VIII - Aplicar aos responsáveis, em caso de ilegalidade de despesa ou irregularidade de contas, as sanções previstas em lei, que estabelecerá, entre outras cominações, multa proporcional ao dano causado ao erário;*
>
> *IX - Assinar prazo para que o órgão ou entidade adote as providências necessárias ao exato cumprimento da lei, se verificada ilegalidade;*
>
> *X - Sustar, se não atendido, a execução do ato impugnado, comunicando a decisão à Câmara dos Deputados e ao Senado Federal;*
>
> *XI - Representar ao Poder competente sobre irregularidades ou abusos apurados.*
>
> *§ 1º No caso de contrato, o ato de sustação será adotado diretamente pelo Congresso Nacional, que solicitará, de imediato, ao Poder Executivo as medidas cabíveis.*
>
> *§ 2º Se o Congresso Nacional ou o Poder Executivo, no prazo de noventa dias, não efetivar as medidas previstas no parágrafo anterior, o Tribunal decidirá a respeito.*
>
> *§ 3º As decisões do Tribunal de que resulte imputação de débito ou multa terão eficácia de título executivo.*
>
> *§ 4º O Tribunal encaminhará ao Congresso Nacional, trimestral e anualmente, relatório de suas atividades.*

9.3.2 Pontos relevantes

A partir dessas regras, analisaremos alguns aspectos relevantes referentes ao controle da Administração Pública quando feito pelos tribunais de contas, nas suas respectivas áreas de competências.

Apreciação e julgamento das contas públicas: o TCU tem a competência de apreciar e julgar as contas dos administradores públicos.

> **Atenção!**
>
> Contas do Presidente da República são somente apreciadas mediante parecer prévio do tribunal de contas, a competência para julgá-las é do Congresso Nacional.

O julgamento das contas feito pelo Tribunal de Contas da União (TCU) não depende de homologação ou parecer do Poder Legislativo, pois, lembrando, os Tribunais de Contas não são subordinados ao Poder Legislativo.

Julgamento das contas do próprio Tribunal de Contas: como a Constituição Federal não se preocupou em estabelecer quem é que detém a competência para julgar as contas dos Tribunais de Contas, o Supremo Tribunal Federal (STF) entendeu que podem as Constituições Estaduais e Leis Orgânicas Municipais submeterem as contas dos Tribunais de Contas a julgamentos das suas respectivas casas legislativas.

Controle dos atos administrativos: o TCU tem o poder de sustar a execução do ato e, nesse caso, deve dar ciência dessa decisão à Câmara dos Deputados e ao Senado Federal.

> ***Súmula Vinculante nº 3*** *Nos processos perante ao Tribunal de Contas da União, asseguram-se o contraditório e a ampla defesa quando da decisão puder resultar anulação ou revogação de ato administrativo que beneficie o interessado, excetuada a apreciação da legalidade do ato de concessão inicial de aposentadoria, reforma e pensão.*

Controle dos Contratos Administrativos

- **Regra:** o TCU não pode sustar os contratos administrativos, pois tal competência é do Congresso Nacional, que deve solicitar de imediato ao Poder Executivo a adoção das medidas cabíveis.
- **Exceção:** caso o Congresso Nacional ou o Poder Executivo não tomem as medidas necessárias para a sustação do contrato em 90 dias, o TCU terá competência para efetuar a sua sustação.

Declaração de inconstitucionalidade das leis: segundo o STF, os tribunais de contas, no exercício de suas competências, podem declarar uma norma inconstitucional e afastar a sua aplicação nos processos de sua apreciação. Todavia, tal declaração de inconstitucionalidade deve ser feita pela maioria absoluta dos membros dos tribunais de contas.

> ***Súmula nº 347 – STF*** *O Tribunal de Contas, no exercício de suas atribuições, pode apreciar a constitucionalidade das leis e dos atos do poder público.*

9.4 Controle judiciário

É um controle de legalidade (nunca de mérito) realizado pelo Poder Judiciário, na sua função típica de julgar, nos atos praticados pelas Administração Pública de qualquer poder.

Esse controle por abranger somente aspectos de legalidade, fica restrito à possibilidade de anulação dos atos administrativos ilegais, não podendo o Poder Judiciário realizar o controle de mérito dos atos administrativos e, em consequência, não podendo revogar os atos administrativos praticados pela Administração Pública.

O controle judiciário somente será exercido por meio da provocação do interessado, não podendo o Poder Judiciário apreciar um ato administrativo de ofício, em decorrência do atributo da presunção de legitimidade dos atos administrativos.

É importante lembrar que a própria Administração Pública faz o controle de legalidade da sua própria atuação, todavia as decisões administrativas não fazem coisa julgada. Assim sendo, a decisão administrativa pode ser reformada pelo Poder Judiciário, pois somente as decisões desse poder é que tem o efeito de coisa julgada.

Os meios para provocar a atuação do Poder Judiciário são vários, dentre eles, encontramos:

- Mandado de Segurança.
- Ação Popular.
- Ação Civil Pública.
- Dentre outros.

DIR ADM

10. RESPONSABILIDADE CIVIL DO ESTADO

A Responsabilidade Civil consubstancia-se na obrigação de indenizar um dano patrimonial decorrente de um fato lesivo voluntário. É modalidade de obrigação extracontratual e, para que ocorra, são necessários alguns elementos previstos no art. 37, § 6º, da Constituição Federal:

> *§ 6º As pessoas jurídicas de direito público e as pessoas jurídicas de direito privado prestadoras de serviço público responderão pelos danos seus agentes, nessa qualidade, causarem a terceiros, assegurado o direito de regresso contra o responsável nos casos de dolo ou culpa.*

10.1 Teoria do risco administrativo

É a responsabilidade objetiva do Estado, que paga o terceiro lesado, desde que ocorra o dano por ação praticada pelo agente público, mesmo o agente não agindo com dolo ou culpa.

Enquanto para a Administração a responsabilidade independe da culpa, para o servidor, ela depende: aquela é objetiva, esta é subjetiva e se apura pelos critérios gerais do Código Civil.

Atenção!

As pessoas jurídicas de direito privado prestadoras de serviço público estão também sob a responsabilidade na modalidade risco administrativo.

10.1.1 Requisitos

- O fato lesivo causado pelo agente em decorrência de culpa em sentido amplo, a qual abrange o dolo (intenção), e a culpa em sentido estrito, que engloba a negligência, a imprudência e a imperícia.
- A ocorrência de um dano patrimonial ou moral.
- O nexo de causalidade entre o dano havido e o comportamento do agente, o que significa ser necessário que o dano efetivamente haja decorrido diretamente, da ação ou omissão indevida do agente.
- Situações de quebra do nexo causal da Administração Pública (Rompimento do Nexo Causal). Veja os casos a seguir:
- **Caso I:** culpa exclusiva de terceiros ou da vítima.

  Por exemplo: Marco, agente federal, dirigindo regularmente viatura oficial em escolta, atropela Sérgio, um suicida. Nessa situação, a Administração Pública não está obrigada a indenizar, pois o prejuízo foi causado exclusivamente pela vítima.
- **Caso II:** caso fortuito, evento da natureza imprevisível e inevitável.

  Por exemplo: a Polícia Rodoviária Federal (PRF) apreende um veículo em depósito. No local, cai um raio e destrói por completo o veículo apreendido. Nessa situação, a Administração não estará obrigada a indenizar o prejuízo sofrido, uma vez que não ocorreu culpa.
- **Caso III:** motivo de força maior, evento humano imprevisível e inevitável.

  Por exemplo: a PRF apreende um veículo em depósito Uma manifestação popular intensa invade-o e depreda todo o veículo, inutilizando-o. Nessa situação, a Administração não estará obrigada a indenizar o prejuízo sofrido, uma vez que não ocorreu culpa.

Atenção!

Estão incluídas todas as pessoas jurídicas de direito público, ou seja, a Administração Direta, as autarquias e as fundações públicas de direito público, independentemente de suas atividades.

10.2 Teoria da culpa administrativa

Segundo a teoria da culpa administrativa, também conhecida como teoria da culpa anônima ou falta de serviço, o dever do Estado de indenizar o dano sofrido pelo particular somente existe caso seja comprovada a existência de falta de serviço. É possível, ainda, ocorrer a responsabilização do Estado aos danos causados por fenômenos da natureza quando ficar comprovado que o Estado concorreu de alguma maneira para que se produzisse o evento danoso, seja por dolo ou culpa. Nessa situação, vigora a responsabilidade subjetiva, pois temos a condição de ter ocorrido com dolo ou culpa. A culpa administrativa pode decorrer de uma das três formas possíveis de falta do serviço:

- Inexistência do serviço.
- Mau funcionamento do serviço.
- Retardamento do serviço.

Cabe sempre ao particular prejudicado pela falta comprovar sua ocorrência para fazer justa indenização.

Para os casos de omissão, a regra geral é a responsabilidade subjetiva. No entanto, há casos em que mesmo na omissão a responsabilidade do Estado será objetiva, por exemplo, no caso de atendimento hospitalar deficiente e de pessoas sob a custódia do Estado, ou seja, o preso, pois, nesse caso, o Estado tem o dever de assegurar integridade física e mental do custodiado.

10.3 Teoria do risco integral

A Teoria do risco integral representa uma exacerbação da responsabilidade civil da Administração. Segundo essa teoria, basta a existência de evento danoso e do nexo causal para que surja a obrigação de indenizar para a administração, mesmo que o dano decorra de culpa exclusiva do particular.

Alguns autores consideram essa teoria para o caso de acidente nuclear.

10.4 Danos decorrentes de obras públicas

Só o fato da obra: sem qualquer irregularidade na sua execução.

- Responsabilidade Civil Objetiva da Administração Pública ou particular (tanto faz quem execute a obra).

Má execução da obra

- **Administração Pública:** responsabilidade civil objetiva, com direito de ação regressiva.
- **Particular:** responsabilidade civil subjetiva.

10.5 Responsabilidade civil decorrente de atos legislativos

Regra: irresponsabilidade do Estado.

Exceção 1: leis inconstitucionais:

- Depende de declaração de inconstitucionalidade do STF;
- Depende de ajuizamento de ação de reparação de danos.

Exceção 2: leis de efeitos concretos.

10.6 Responsabilidade civil decorrente de atos jurisdicionais

Regra: irresponsabilidade do Estado.

Exceção: erro judiciário – esfera penal, ou seja, erro do judiciário que acarretou a prisão de um inocente ou na manutenção do preso no cárcere por tempo superior ao prolatado na sentença, art. 5º, inciso LXXV, da Constituição Federal de 1988. Segundo o STF, essa responsabilidade não alcança outras esferas.

Caso seja aplicada uma prisão cautelar a um acusado criminal e ele venha a ser absolvido, o Estado não responderá pelo erro judiciário, pois se entende que a aplicação da medida não constitui erro do judiciário, mas, sim, uma medida cautelar pertinente ao processo.

10.7 Ação de reparação de Danos

Administração Pública Particular

- Pode ser amigável ou judicial.
- Não pode ser intentada contra o agente público cuja ação acarretou o dano.

Ônus da prova

- **Particular:** nexo de causalidade direto e imediato entre o fato lesivo e o dano.
- **Administração Pública**
  - Culpa exclusiva da vítima.
  - Força maior.
  - Culpa concorrente da vítima.

Valor da indenização destina-se à cobertura das seguintes despesas:

- O que a vítima perdeu;
- O que a vítima gastou (advogados);
- O que a vítima deixou de ganhar.
- **Em caso de morte:**
  - Sepultamento;
  - Pensão alimentícia para os dependentes com base na expectativa de vida da vítima.

Prescrição

De acordo com o art. 1º da Lei nº 9.494/1997: 5 anos.

Tal prazo aplica-se inclusive às delegatárias de serviço público.

10.8 Ação regressiva

Administração Pública agente público

O art. 37, § 6º, da CF/1988 permite à Administração Pública ou delegatária (concessionárias, autorizatárias e permissionárias) de serviço público a ingressar com uma ação regressiva contra o agente cuja atuação acarretou o dano, desde que comprovado dolo ou culpa.

Requisitos

- Trânsito em julgado da sentença que condenou a Administração ou delegatária a indenizar.
- Culpa ou dolo do agente público (responsabilidade civil subjetiva).

Regras especiais

- O dever de reparação se estende aos sucessores até o limite da herança recebida.
- Pode acontecer após a quebra do vínculo entre o agente público e a Administração Pública.
- A ação de ressarcimento ao erário é imprescritível.

O agente ainda pode ser responsabilizado nas esferas administrativa e criminal se a conduta que gerou o prejuízo ainda incorrer em crime ou em falta administrativa, conforme o caso, podendo as penalidades serem aplicadas de forma cumulativa.

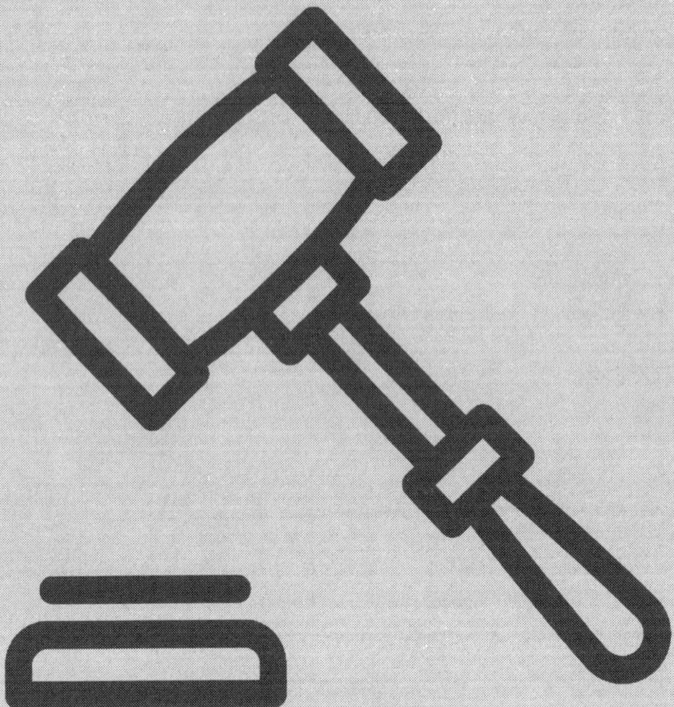

SEGURANÇA JUDICIÁRIA

1 CRIMES CONTRA A ADMINISTRAÇÃO PÚBLICA

1.1 Crimes funcionais

Antes de adentrarmos aos tipos penais propriamente ditos, é mister ressaltar que aqui estaremos diante dos **crimes funcionais,** ou seja, aqueles em que o agente, no exercício de suas funções ou a pretexto dela, aproveita-se da facilidade e do grau de confiança de sua função para tirar algum proveito ilícito.

Naturalmente, que embora os crimes não envolvam necessariamente o uso de violência, mostram-se reprováveis na medida em que quebram um dever de lealdade do servidor para com a Administração Pública.

Inclusive, a reprovabilidade destes delitos é de tamanha dimensão, que a orientação jurisprudencial é a de não permitir a aplicação do princípio da insignificância, pois a conduta fere o aspecto material e moral da Administração Pública (Sumula nº 599, STJ).

Além disso, os crimes funcionais podem ser divididos em:

- Próprios (puros); e
- Impróprios (impuros).

1.1.1 Crimes funcionais próprios

Serão próprios aqueles em que, faltando a qualidade de funcionário público ao autor, o fato passa a ser tratado como conduta atípica. Pode-se dizer, então, que nos crimes funcionais próprios, desaparecendo a condição funcional do agente, opera-se a atipicidade total da conduta.

Fique ligado

É o que acontece, por exemplo, com o crime de prevaricação do art. 319, do CP ("Retardar ou deixar de praticar, indevidamente, ato de ofício, ou praticá-lo contra disposição expressa de lei, para satisfazer interesse ou sentimento pessoal).

Perceba que o crime só pode ser praticado pelo funcionário público. Não haverá punição, a título de exemplo, de um particular que deixa de praticar indevidamente um ato de ofício em ato de satisfação de interesse pessoal.

Poderá ocorrer uma sanção administrativa de acordo com as disposições da CLT (Consolidação das Leis do Trabalho), mas jamais um crime.

1.1.2 Crimes funcionais impróprios

Por outro lado, os crimes funcionais **impróprios** são aqueles em que, não mais subsistindo a qualidade de servidor do agente, desaparece o crime funcional, ocorrendo, porém, uma responsabilidade subsidiária (**atipicidade relativa**).

É o que ocorre, a título de exemplo, no crime de peculato, do art. 312, do CP, que traz a seguinte conduta: "Apropriar-se o funcionário público de dinheiro, valor ou qualquer outro bem móvel, público ou particular, de que tem a posse em razão do cargo, ou desviá-lo, em proveito próprio ou alheio".

Analisando o núcleo da primeira conduta (apropriar-se), percebe-se que, se o funcionário público se apropria do bem de que tem a posse em razão do cargo, haverá o crime mencionado. Porém, afastando a condição de funcionário público do agente, se um particular, em situação de trabalho, apropria-se de patrimônio alheio, haverá o crime de apropriação indébita.

Fique ligado

Destaco, por fim, que, é possível o concurso de pessoas entre civil e funcionário público, sendo que ambos poderão responder pelo crime funcional. Entretanto, é **imprescindível** que o particular conheça a condição funcional do agente.

1.2 Conceito de funcionário público

O conceito daquilo que se entende por funcionário público, deriva do art. 327, do CP, conforme abaixo:

> ***Art. 327*** *Considera-se funcionário público, para os efeitos penais, quem, embora transitoriamente ou sem remuneração, exerce cargo, emprego ou função pública.*
>
> *§ 1º Equipara-se a funcionário público quem exerce cargo, emprego ou função em entidade paraestatal, e quem trabalha para empresa prestadora de serviço contratada ou conveniada para a execução de atividade típica da Administração Pública.*
>
> *§ 2º A pena será aumentada da terça parte quando os autores dos crimes previstos neste Capítulo forem ocupantes de cargos em comissão ou de função de direção ou assessoramento de órgão da administração direta, sociedade de economia mista, empresa pública ou fundação instituída pelo poder público.*

Perceba que, destoando da técnica empregada pelo direito administrativo, o Código Penal emprega um conceito em sentido amplo do que se entende por funcionário público.

Para fins penais, será considerado funcionário, todo aquele que exerce cargo, emprego ou função pública, ainda que transitoriamente (temporariamente) e sem remuneração (de maneira gratuita, não onerosa).

Nesse contexto, o jurado, o mesário, médico voluntário que atua em hospital credenciado ao SUS, serão considerados funcionários públicos à luz do direito penal.

Vale ressaltar que o §1º, do art. 327, apresenta os chamados FUNCIONÁRIOS PÚBLICOS POR EQUIPARAÇÃO, que alcança todos aqueles que exerçam cargo, emprego ou função pública em entidades paraestatais (ONG's), OSCIPS, Sistema S).

Aplica-se também àqueles que trabalham para empresa prestadora de serviço contratada ou conveniada para a execução de atividade típica da Administração Pública. Neste caso, podemos mencionar as empresas particulares que, por contratação direta ou licitação, atuam em atribuição do poder público.

> **Ex.:** empresa ALFA que, por contrato ou convênio, estabelecido com o poder público, é responsável pela implantação e atualização de um programa de computador por meio do qual se dão os atos e procedimentos administrativos.

Logo, laborando numa interpretação inversa do dispositivo, temos que aqueles que são contratados pelo poder público para exercer função **não típica de Estado,** não serão considerados funcionários públicos por equiparação. É o que ocorre, por exemplo, com prestadores de serviço de limpeza ou segurança privada.

Em arremate ao art. 327, vale destacar a causa de aumento de pena contida no §2º, que dispõe que a pena será aumentada da terça parte quando os autores dos crimes previstos neste Capítulo forem ocupantes de cargos em comissão ou de função de direção ou assessoramento de **órgão da administração direta, sociedade de economia mista, empresa pública ou fundação** instituída pelo poder público.

Logo, a partir da análise, importante traçar dois cenários relevantes para a melhor compreensão:

- **O primeiro** é que as autarquias não se incluem neste rol.
- **O segundo** é que o STF tem entendimento consolidado no sentido de que Prefeitos, Governadores e o Presidente da República, quando autores de crimes funcionais, estão incluídos na causa de aumento.

1.3 Crimes praticados por funcionário público contra a administração em geral

1.3.1 Peculato

> ***Art. 312*** *Apropriar-se o funcionário público de dinheiro, valor ou qualquer outro bem móvel, público ou particular, de que tem a posse em razão do cargo, ou desviá-lo, em proveito próprio ou alheio:*
>
> *Pena - reclusão, de dois a doze anos, e multa.*
>
> *§ 1º Aplica-se a mesma pena, se o funcionário público, embora não tendo a posse do dinheiro, valor ou bem, o subtrai, ou concorre para que seja subtraído, em proveito próprio ou alheio, valendo-se de facilidade que lhe proporciona a qualidade de funcionário.*
>
> *Peculato culposo*
>
> *§ 2º Se o funcionário concorre culposamente para o crime de outrem:*
>
> *Pena - detenção, de três meses a um ano.*
>
> *§ 3º No caso do parágrafo anterior, a reparação do dano, se precede à sentença irrecorrível, extingue a punibilidade; se lhe é posterior, reduz de metade a pena imposta.*
>
> *Peculato mediante erro de outrem*
>
> ***Art. 313*** *Apropriar-se de dinheiro ou qualquer utilidade que, no exercício do cargo, recebeu por erro de outrem:*
>
> *Pena - reclusão, de um a quatro anos, e multa.*
>
> *Inserção de dados falsos em sistema de informações.*
>
> ***Art. 313-A*** *Inserir ou facilitar, o funcionário autorizado, a inserção de dados falsos, alterar ou excluir indevidamente dados corretos nos sistemas informatizados ou bancos de dados da Administração Pública com o fim de obter vantagem indevida para si ou para outrem ou para causar dano:*
>
> *Pena – reclusão, de 2 (dois) a 12 (doze) anos, e multa.*
>
> *Modificação ou alteração não autorizada de sistema de informações*
>
> ***Art. 313-B*** *Modificar ou alterar, o funcionário, sistema de informações ou programa de informática sem autorização ou solicitação de autoridade competente:*
>
> *Pena – detenção, de 3 (três) meses a 2 (dois) anos, e multa.*
>
> ***Parágrafo único.*** *As penas são aumentadas de um terço até a metade se da modificação ou alteração resulta dano para a Administração Pública ou para o administrado.*

Podemos classificar o peculato em 5 espécies:

- Peculato apropriação → art. 312, *caput*, 1ª parte;
- Peculato desvio → art. 312, *caput*, 2ª parte;
- Peculato furto → art. 312, §1º;
- Peculato culposo → art. 312, §2º;
- Peculato mediante erro de outrem ou peculato estelionato → art. 313;
- Peculato eletrônico → arts. 313-A e B.

Antes de adentrarmos especificamente em cada figura, é prudente uma análise de circunstâncias comuns, que se aplicam a todas as modalidades do delito.

O peculato é **crime próprio**, na medida em que só pode ser praticado por funcionário público.

Porém, mesmo sendo próprio, admite-se o concurso de pessoas para punir igualmente o particular se este detiver conhecimento da condição funcional do coautor, caso contrário, o particular (mesmo agindo em concurso, mas desconhecendo a condição funcional do agente), responderá por modalidade de apropriação indébita ou furto, no caso do art. 312, §1°, por exemplo.

O sujeito passivo do delito é o Estado, que é lesado na sua esfera patrimonial.

Na figura do **peculato apropriação,** o agente apodera-se de dinheiro, valor ou qualquer outro bem móvel do qual detenha a posse legítima, passando, contudo, a comportar-se como se fosse dono da coisa. Tornando prático: trata-se de uma modalidade especial de apropriação indébita.

No peculato desvio (ou malversação), o funcionário público dá destinação diversa à coisa, em benefício próprio ou de outrem, auferindo vantagem de qualquer natureza. Inclusive, essa modalidade exige um dolo específico do agente, qual seja, o desvio em proveito (patrimonial ou moral) próprio ou alheio. Se o desvio for praticado em benefício da própria administração, poderá ocorrer outro delito (como é o caso do crime de emprego irregular de verbas ou rendas públicas — CP, art. 315), mas não o peculato.

Como já ressaltado nas Condições Gerais, ao crime em comento não se aplica o princípio da insignificância, por força da **Súmula nº 599, do STJ**. Não obstante, não se extingue a punibilidade pela reparação integral do dano. O que pode ocorrer é a figura do arrependimento posterior (art. 16, CP).

> **Fique ligado**
>
> Embora o arrependimento posterior possa ser aplicado ao crime de peculato, não se entende pela sua aplicação do crime de **moeda falsa.**

Diferente da conduta de se apropriar, o **peculato furto** (ou peculato impróprio) previsto no art. 312, §1°, incrimina o servidor público que subtrai, ou concorre para a subtração de coisa que se encontra sob a guarda ou custódia da Administração. Em resumo, o agente, servidor público, não tem a posse do bem, mas vale-se da facilidade que a função lhe proporciona e subtrai – ou concorre para que seja subtraída -, coisa do ente público ou de particular depositada junto à Administração.

Na conduta "subtrair", é o próprio funcionário quem subtrai o bem, como no crime de furto (art. 155, do CP). Já na hipótese de concorrer para a subtração, o servidor público, de forma voluntária e consciente, concorre para que terceira pessoa subtraia o objeto material. Neste caso, há concurso necessário entre o funcionário e o terceiro responsável pela subtração, lembrando-se que a condição funcional do servidor se comunicará a esse, porque se trata de circunstância elementar ao crime (art. 30, CP). É imprescindível que o particular tenha conhecimento da qualidade de funcionário público do agente principal.

Outra figura prevista, com punição mais branda, é o **peculato culposo,** previsto no §2°, do art. 312.

Nesta modalidade, o agente, por meio de manifesta quebra do dever objetivo de cuidado (negligência, imprudência ou imperícia), cria condições favoráveis para a prática do peculato doloso, em qualquer de suas modalidades.

> **Ex.:** Funcionário que sai da repartição às pressas e deixa aberta a porta de um armário onde se depositavam bens apreendidos de alto valor. Assim, se durante a madrugada uma pessoa, ciente da situação, invade o departamento e subtrai os bens armazenados, haverá o crime patrimonial deste, enquanto que o servidor descuidado responderá pelo peculato culposo.

Ainda, no peculato culposo, prevê o § 3 que, **se o agente promove a reparação do dano antes da sentença transitada em julgado, haverá extinção da punibilidade. Se posterior ao trânsito em julgado, não haverá extinção da punibilidade, mas, sim, redução da metade da pena imposta.**

A figura mencionada **somente se aplica ao peculato culposo.**

As questões tendem a suscitar a possibilidade da aplicação do §3º no peculato doloso, o que, evidentemente, não se aplica.

O **peculato mediante erro de outrem (art. 313)** é uma forma especial de apropriação havida por erro de outrem. Aqui, o agente se apodera do bem ou valor em razão do erro de outra pessoa, ou seja, o agente não estava na posse de dinheiro ou qualquer utilidade, mas pelo erro de terceiro que se engana na entrega da coisa, o servidor público se apropria do objeto. Nesta modalidade, diz-se que o dolo é superveniente, na medida em que este não existe no momento em que o agente recebe a coisa por erro, mas, sim, no momento em que dela se apropria.

Ademais, a pessoa que se engana na entrega tanto pode ser particular como outro funcionário público.

Por derradeiro, vejamos a figura típica do chamado peculato eletrônico (digital). O delito se divide em duas modalidades:

▷ A primeira, disposta no art. 313-A, do CP, corresponde à tutela da proteção dos dados, que somente podem ser alterados para atender ao interesse público.

Aqui, o sujeito ativo é o funcionário público autorizado, ou seja, o que está investido na função de cuidar dos sistemas informatizados.

▷ A segunda, prevista no art. 313-B, diz respeito à modificação ou alteração, praticada por funcionário, em sistema de informações ou programa de informática sem autorização ou solicitação da autoridade responsável.

Diferentemente do que ocorre com o tipo penal art. 313-A, que protege os dados de um sistema, na figura do art. 313-B, tutela-se o próprio sistema de informações ou programa de informática, por isso mais branda.

O sujeito ativo é o funcionário público.

Para a modalidade trabalhada no segundo item, haverá aumento de pena de um terço até a metade, se da modificação ou alteração resulta dano para a Administração Pública ou para o administrado.

1.3.2 Modificação ou alteração não autorizada de sistema de informações

Se a conduta não for inserir, facilitar, alterar ou excluir dados, mas, sim modificar, temos a tipificação do art. 313-B, que tem uma pena bem mais branda:

> ***Art. 313-B*** *Modificar ou alterar, o funcionário, sistema de informações ou programa de informática sem autorização ou solicitação de autoridade competente:*
>
> *Pena - detenção, de 3 (três) meses a 2 (dois) anos, e multa.*
>
> ***Parágrafo único.*** *As penas são aumentadas de um terço até a metade se da modificação ou alteração resulta dano para a Administração Pública ou para o administrado.*

O parágrafo único do art. 313-B prevê uma modalidade majorada em razão do resultado, ou seja, se da modificação ou alteração resultar dano para a Administração Pública ou para o administrado, as penas serão aumentadas de 1/3 até 1/2.

1.3.3 Extravio, sonegação ou inutilização de livro ou documento

> ***Art. 314*** *Extraviar livro oficial ou qualquer documento, de que tem a guarda em razão do cargo; sonegá-lo ou inutilizá-lo, total ou parcialmente:*
>
> *Pena - reclusão, de um a quatro anos, se o fato não constitui crime mais grave.*

São três os verbos núcleos do tipo: **extraviar, inutilizar ou sonegar** livro ou documento.

Trata-se de crime de mão própria, pois somente o funcionário público que detém a guarda do livro ou documento, em razão do cargo, pode praticar o aludido delito.

Note que nos dias atuais, praticamente todos os dados da Administração Pública são armazenados em sistemas informatizados, mas ainda existem livros e documentos (em menor quantidade do que antigamente).

O elemento subjetivo do delito é o dolo, ou seja, exige-se a vontade livre e consciente de extraviar, sonegar ou inutilizar livro oficial ou documento.

Por se tratar de **crime doloso**, a mera desorganização do funcionário público não enseja a caracterização do delito, apesar de estar sujeito a procedimento administrativo disciplinar.

▷ **Extraviar** significa propositalmente dar outra destinação ao documento que deveria estar naquele determinado setor (determinado livro que deveria estar no setor "A" foi, propositalmente, colocado no setor "B").

▷ **Inutilizar** significa deteriorar, destruir o documento e pode se dar de forma total (quando é completamente destruído) ou parcial (manchado, destruído ou deteriorado, mas não em sua totalidade).

▷ **Sonegar** significa esconder determinado livro ou documento da administração pública (ato comumente chamado de "engavetamento" de documentos).

O funcionário público pode extraviar, inutilizar ou sonegar documentos da administração por qualquer motivo que seja. No entanto, quando o funcionário público extravia, inutiliza ou sonega livro ou documento público por solicitar ou aceitar vantagem indevida ou aceitar promessa de **vantagem indevida**, incorre o agente na conduta do art. 317, do Código Penal (corrupção passiva) ou ainda no delito de **concussão (art. 316, CP)**, caso tenha havido a exigência de vantagem indevida.

Note que na cominação da pena para o crime de do art. 314, o legislador prevê reclusão de um a quatro anos **se o fato não constituir crime mais grave**, já pensando na possibilidade de se caracterizar a corrupção passiva, sendo o art. 314 um crime subsidiário dos delitos mais graves.

1.3.4 Emprego irregular de verbas ou rendas públicas

> ***Art. 315*** *Dar às verbas ou rendas públicas aplicação diversa da estabelecida em lei:*
>
> *Pena - detenção, de um a três meses, ou multa.*

A conduta que se incrimina no art. 315 é a de dar aplicação diversa da estabelecida em lei às verbas ou rendas públicas. Trata-se, portanto, de norma penal em branco, em que as verbas ou rendas devem ser vinculadas, por lei, a certa destinação (educação, saúde etc.).

O elemento subjetivo do tipo é o dolo, que consiste na vontade livre e consciente de dar aplicação diferente às verbas ou rendas públicas. A consumação se dá com a efetiva aplicação diversa das verbas ou rendas, independentemente de prejuízo patrimonial ao ente público.

A primeira impressão que se tem ao realizar a leitura da conduta prevista no art. 315 é que se trata de um crime grave. No entanto, veja que se trata de um delito de menor potencial ofensivo, porquanto as penas mínima e máxima previstas são um a três meses de detenção.

No tipo penal apresentado, digamos que a verba mencionada era destinada à reforma de uma quadra poliesportiva. No entanto, a verba acabou sendo empregada irregularmente para a reforma de um hospital público. Note que ambas as obras são de interesse público, ou seja, o delito em comento trata da hipótese de o desvio ocorrer para atender outro interesse público distinto daquele que estava previsto no primeiro momento, mas ainda assim, é um desvio.

Atente-se para o fato de que a conduta prevista no art. 315, do CP, em nada se assemelha com o peculato, que é um dos crimes mais graves que podem ser cometidos contra a Administração Pública.

No crime de peculato, o funcionário público subtrai, se apropria ou desvia bem ou valor de domínio público, para si ou para outrem, ou seja, para um interesse particular, diferente do que ocorre no art. 315, em que o desvio se direciona para outro interesse público.

1.3.5 Concussão

> ***Art. 316*** *Exigir, para si ou para outrem, direta ou indiretamente, ainda que fora da função ou antes de assumi-la, mas em razão dela, vantagem indevida:*
>
> *Pena - reclusão, de 2 (dois) a 12 (doze) anos, e multa.*

O verbo núcleo do tipo é exigir, que tem o sentido de impor, ordenar etc. Trata-se da exigência (imposição, ordem) praticada pelo funcionário público contra outra pessoa, no intuito de obter vantagem indevida.

É importante não confundir o delito de concussão com o crime de corrupção passiva. A diferença está entre os verbos **exigir**, de um lado, e solicitar, receber ou aceitar, de outro. Enfim, na concussão há a imposição da vantagem indevida, sendo a vítima constrangida em razão da função pública do agente. Na corrupção passiva, a intensidade da solicitação equipara-se a uma negociação.

Trata-se de crime próprio, pois somente o funcionário público pode cometê-lo, ainda que fora da função ou antes de assumi-la, desde, entretanto, que atue em nome do cargo.

Fique ligado

Vale frisar que se admite a coautoria com particular, desde que esse tenha conhecimento da condição funcional do agente.

O sujeito passivo primário é o Estado, notadamente no aspecto da moralidade e eficiência administrativa, já que o agente atua em nome do ente que representa. De maneira secundária, o particular também é considerado sujeito passivo, porquanto é lesado pelo servidor.

O crime se consuma com a mera exigência da vantagem indevida, direta ou indiretamente (valendo-se de interposta pessoa), sendo o recebimento da vantagem mero exaurimento do crime. Em resumo, não há a necessidade de obtenção da vantagem, sendo classificado como um crime formal.

A vantagem deve ser indevida, isto é, ilegal, e será, em regra, de natureza econômica e patrimonial. Deve, em suma, beneficiar o próprio agente ou terceiro – não a administração pública.

O crime somente se pratica mediante dolo, inexistindo previsão para a modalidade culposa.

1.3.6 Excesso de exação

> *§ 1º Se o funcionário exige tributo ou contribuição social que sabe ou deveria saber indevido, ou, quando devido, emprega na cobrança meio vexatório ou gravoso, que a lei não autoriza:*
>
> ***Pena*** *- reclusão, de 3 (três) a 8 (oito) anos, e multa.*
>
> *§ 2º Se o funcionário desvia, em proveito próprio ou de outrem, o que recebeu indevidamente para recolher aos cofres públicos:*
>
> *Pena - reclusão, de dois a doze anos, e multa.*

O crime em debate constitui uma forma especial de concussão. Nesse sentido, o sujeito ativo do excesso de exação é o funcionário público encarregado da arrecadação tributária.

O sujeito passivo é o Estado e, indiretamente, o particular atingido.

O excesso de exação é previsto sob duas modalidades distintas: exigência indevida e cobrança vexatória.

A primeira consiste em **exigir tributo ou contribuição que sabe ou deveria saber indevido.**

A segunda consiste em **empregar meio vexatório (que humilha, ridiculariza) ou gravoso na cobrança de tributo devido.**

O crime só se pratica mediante dolo.

Há ainda a previsão da forma qualificada do delito no § 2°, na qual o agente desvia, em proveito próprio ou alheio, o que obteve indevidamente. Segundo se entende, a tipicidade reveste-se da peculiaridade de que o agente, após praticar a conduta delitiva a que se refere o § 1º, desvia em proveito seu ou de outrem o que recebeu ilicitamente, deixando, por conseguinte, de recolhê-lo aos cofres públicos.

Há, pois, dois momentos: no primeiro, há o recebimento indevido; e, no segundo, o posterior desvio do numerário.

A ação penal é pública incondicionada.

1.3.7 Corrupção passiva

> ***Art. 317*** *Solicitar ou receber, para si ou para outrem, direta ou indiretamente, ainda que fora da função ou antes de assumi-la, mas em razão dela, vantagem indevida, ou aceitar promessa de tal vantagem:*
>
> *Pena – reclusão, de 2 (dois) a 12 (doze) anos, e multa.*
>
> *§ 1º A pena é aumentada de um terço, se, em conseqüência da vantagem ou promessa, o funcionário retarda ou deixa de praticar qualquer ato de ofício ou o pratica infringindo dever funcional.*
>
> *§ 2º Se o funcionário pratica, deixa de praticar ou retarda ato de ofício, com infração de dever funcional, cedendo a pedido ou influência de outrem:*
>
> *Pena - detenção, de três meses a um ano, ou multa.*

Lamentavelmente, a corrupção é modalidade criminosa que se faz presente desde o alto escalão da Administração Pública até em atos corriqueiros da vida atual – como a conhecida "cervejinha" ou "cafezinho" solicitado por funcionário público. A corrupção, além de implicar aumento de custos com desvios de dinheiro público, de corroer a confiança nas instituições e na própria Democracia, acarreta efeitos indiretos que, muitas vezes, não são lembrados, gerando graves consequências no próprio crescimento econômico e no desenvolvimento social do país.

A ideia em se coibir o delito de corrupção gira em torno da preservação da moralidade administrativa e no zelo em se manter hígido o nome do Estado.

Noutro vértice, a incriminação da corrupção objetiva evitar o enriquecimento ilícito do agente público.

Trata-se de crime próprio, pois somente pode figurar como sujeito ativo, o funcionário público, ainda que fora da função ou antes de assumi-la, mas desde que pratique o crime em razão da sua função. Vale destacar, os funcionários públicos por equiparação (art. 327, §1º, CP).

É importante ressaltar que, se houver coautoria ou participação no crime de corrupção passiva, o particular (*extraneus*) responderá pelo mesmo tipo, uma vez que há comunicabilidade das circunstâncias elementares do crime, nos termos do art. 30, do Código Penal, sendo, no caso, comunicável a qualidade de funcionário público. Portanto, o particular pode figurar como sujeito ativo desse crime, quando houver concurso de pessoas.

O sujeito passivo é a Administração Pública. Eventualmente, o particular assediado pelo funcionário público também pode ser sujeito passivo, quando não houver a bilateralidade da infração penal.

O tipo objetivo compreende as condutas de **solicitar, receber ou aceitar** promessa de vantagem indevida. Solicitar significa pedir, requerer, manifestar o desejo de receber a espúria vantagem. A solicitação pode ser expressa ou tácita, predominando, nos casos concretos, esta última. A princípio, a solicitação denota um comportamento unilateral. Nesse caso, havendo a solicitação de vantagem indevida, se o particular efetuar o pagamento, este não praticará crime, configurando-se o mero exaurimento da corrupção passiva.

A segunda conduta é receber, isto é, adquirir, tomar, obter, alcançar a vantagem ilícita. Aqui, há o princípio da bilateralidade da corrupção, ou seja, encontra-se uma exceção à teoria monista do concurso de pessoas (art. 29, *caput,* do CP). Significa dizer que ao invés de os indivíduos que solicitam ou recebem a vantagem responderem pelo mesmo tipo penal, serão capitulados em delitos distintos, no caso, corrupção passiva e ativa (crime praticado pelo particular que oferece ou promete vantagem). Naturalmente, se o funcionário público recebe, é porque alguém ofertou.

O terceiro verbo é o aceitar a promessa de vantagem, que consiste em concordar, anuir a um pagamento futuro. Há, igualmente, a bilateralidade de comportamentos.

Conforme tratado anteriormente, se ao invés de solicitar a vantagem indevida, o agente público exigi-la, o crime praticado será o de concussão (art. 316, CP).

Pressupõe-se, para a caracterização do delito, que a conduta do agente deve guardar relação com o exercício da função.

O objeto material é a vantagem indevida, que constitui todo benefício ou proveito contrário ao direito, de qualquer natureza, seja material, imaterial (moeda virtual ou *bitcoin*), moral ou pessoal (favores sexuais).

O crime somente se pratica mediante dolo, ou seja, com a vontade livre e consciente de praticar as ações previstas no tipo penal, aliado ao elemento subjetivo do tipo implícito na expressão "para si ou para outrem".

O crime é formal e sua consumação independe da ocorrência do resultado pretendido. O crime se aperfeiçoa com a mera solicitação da vantagem ou aceitação da promessa, ainda que essa não se concretize. Todavia, no verbo **receber**, entende-se que o crime é material.

Cumpre registrar que, se após a consumação do delito (trata-se de crime formal), o funcionário público concretiza a ilícita "contrapartida", incidirá a causa de aumento do art. 317, § 1º, do CP.

A propósito, vale ressaltar que não se descaracteriza a prisão em flagrante do funcionário no momento do recebimento da "propina", quando, antes, já houve a solicitação da vantagem. Não há que falar em "flagrante preparado" no caso do funcionário ser capturado no momento em que colocava a "mão no dinheiro", não obstante, tecnicamente, poder ser alegado o exaurimento do delito.

Causa de aumento de pena

O §1° prevê a chamada corrupção própria exaurida. Ocorre quando o funcionário, em consequência da vantagem ou promessa, efetivamente, retarda (atrasa) ou deixa de praticar qualquer ato de ofício, ou o pratica infringindo dever funcional.

Cuida-se de hipótese de exaurimento da corrupção passiva que aumenta a reprimenda imposta, diante da maior lesão ao bem jurídico. Nesse sentido, dispõe o art. 317, § 1º, do CP que, se em consequência da vantagem ou promessa o funcionário retarda ou deixa de praticar qualquer ato de ofício ou o pratica infringindo dever funcional, a pena deve ser aumentada de um terço.

Forma privilegiada

Segundo o art. 317, § 2º, do CP, se o funcionário pratica, deixa de praticar ou retarda ato de ofício, com infração de dever funcional, **cedendo a pedido ou influência de outrem**, a pena será de detenção, de três meses a um ano, ou multa.

Nesse caso, o funcionário público não se utiliza da sua função para negociar vantagem indevida; simplesmente, ele viola o dever de fidelidade funcional para atender a um pedido de terceiro, influente ou não. Exige-se que haja pedido ou influência. É a reprovável "deferência" ou "vassalagem" do sujeito ativo que dá origem à forma especial de corrupção que, no caso, aproxima-se bastante do delito de prevaricação.

A ação penal é pública incondicionada.

1.3.8 Facilitação de contrabando ou descaminho

> ***Art. 318*** *Facilitar, com infração de dever funcional, a prática de contrabando ou descaminho (art. 334):*
>
> *Pena - reclusão, de 3 (três) a 8 (oito) anos, e multa.*

O tipo penal do art. 318 incrimina a facilitação da prática de contrabando ou descaminho, por funcionário público, com infração de dever funcional.

Trata-se de outra exceção ao princípio da unidade do delito – igualmente ao verificado no caso de corrupção passiva e ativa. Isso porque, a rigor, o funcionário público que facilita o descaminho ou o contrabando, violando o seu dever funcional, responderia como partícipe dos crimes dos arts. 334 e 334-A, caso não houvesse o aludido tipo penal.

É classificado como crime próprio, pois só o funcionário público, com dever funcional de fiscalização ou repressão ao contrabando ou descaminho, pode cometer o delito.

O sujeito passivo é o Estado, mais especificamente, a União Federal, em razão do controle de entrada e saída de mercadorias do país. É possível, ainda, ter como sujeito passivo indireto, os Estados da Federação, em razão da tributação reflexa.

O crime somente se pratica com dolo, inexistindo previsão para a forma culposa.

A ação penal é pública incondicionada.

1.3.9 Prevaricação

> ***Art. 319*** *Retardar ou deixar de praticar, indevidamente, ato de ofício, ou praticá-lo contra disposição expressa de lei, para satisfazer interesse ou sentimento pessoal:*
>
> *Pena - detenção, de três meses a um ano, e multa.*

O crime do art. 319 consiste no ato do funcionário público retardar ou deixar de praticar, indevidamente, ato de ofício, ou praticá-lo contra disposição expressa da lei, para satisfazer interesse ou sentimento pessoal.

Assim, na hipótese de omissão ou retardamento do ato de ofício, ou na prática desse *contra legem*, guiado por motivação particular, configurada estará a figura da prevaricação.

Trata-se de crime funcional próprio, pois, uma vez afastada a condição de funcionário público do agente, operar-se-á a atipicidade absoluta da conduta.

O crime só se pratica mediante dolo, inexistindo previsão para a modalidade culposa.

Demais disso, exige-se o elemento subjetivo do tipo, compreendido com a expressão "para satisfazer interesse ou sentimento pessoal." Sem essa finalidade específica, a conduta será atípica. Interesse pessoal é a vantagem pretendida pelo funcionário público, seja moral ou material.

Sentimento diz respeito à afetação do funcionário para com determinada pessoa, como simpatia, ódio, vingança etc.

Cumpre salientar, no particular, a grande "fragilidade", em termos práticos, do delito de prevaricação.

Com efeito, nos casos levados a juízo, há uma grande dificuldade de se provar que o ato praticado, omitido ou retardado, se deu em razão da motivação indevida. Isso porque sempre há uma margem de argumentação defensiva no sentido da conveniência ou oportunidade do ato praticado, retardado ou omitido pelo funcionário público. Na dúvida sobre a pertinência da "justificativa", impõe-se, como se sabe, a absolvição do réu.

A ação penal é pública incondicionada. Cabe transação penal ou suspensão condicional do processo, nos termos da Lei nº 9.099/1995.

1.3.10 Prevaricação imprópria

> ***Art. 319-A*** *Deixar o Diretor de Penitenciária e/ou agente público, de cumprir seu dever de vedar ao preso o acesso a aparelho telefônico, de rádio ou similar, que permita a comunicação com outros presos ou com o ambiente externo:*
>
> *Pena – detenção, de 3 (três) meses a 1 (um) ano.*

Trata-se de delito que visa tutelar a lisura no procedimento de recuperação do apenado, visando evitar seu acesso aos meios de comunicação.

Nesse sentido, inúmeros são os efeitos negativos da permissão, direta ou indireta, da manipulação de aparelhos de comunicação por parte dos presos: extorsões, preparações para fugas, gerenciamento da organização criminosa de dentro das prisões etc.

Quanto ao sujeito ativo, o crime somente pode ser praticado pelo Diretor de Penitenciária ou o agente público que tenha o dever de impedir o acesso dos presos a celulares e afins, como diretores de cadeia pública e centros de detenção provisória, agentes penitenciários, Delegados de Polícia ou carcereiros em cujas delegacias se achem recolhidos presos.

O objetivo é evitar que o preso tenha acesso aos meios de comunicação.

Fique ligado

Segundo o entendimento dos Tribunais Superiores, a permissão de acesso a ***chip*** de aparelho celular não configura o presente crime.

A prevaricação penitenciária somente é punida na forma dolosa, direta ou eventual. O crime se pratica mediante a omissão dolosa.

A tentativa não é possível, tendo em vista que se trata de crime omissivo próprio.

A ação penal é pública incondicionada.

1.3.11 Condescendência criminosa

> ***Art. 320*** *Deixar o funcionário, por indulgência, de responsabilizar subordinado que cometeu infração no exercício do cargo ou, quando lhe falte competência, não levar o fato ao conhecimento da autoridade competente:*
>
> *Pena - detenção, de quinze dias a um mês, ou multa.*

O delito do art. 320 contém duas modalidades. A primeira, consiste na conduta do funcionário **em deixar de responsabilizar** subordinado que cometeu infração no exercício do cargo. O agente, embora tenha competência, deixa de responsabilizar, isto é, não promove a apuração da falta nem aplica ao subordinado as cominações legais. A segunda, configura-se com a conduta do funcionário público de **não levar o fato ao conhecimento** da autoridade competente, quando lhe falte competência.

O pressuposto lógico-jurídico é o fato de que o subordinado tenha cometido infração penal ou administrativa, ou seja, que haja alguma relação com a falta e o exercício do cargo. Ao revés, caso se tratar de falta não relacionada com o serviço público, o fato é atípico.

O crime é omissivo próprio e somente se pratica mediante dolo.

A ação penal é pública incondicionada. Cabe transação penal ou suspensão condicional do processo, conforme o caso.

1.3.12 Advocacia administrativa

> ***Art. 321*** *Patrocinar, direta ou indiretamente, interesse privado perante a administração pública, valendo-se da qualidade de funcionário:*
>
> *Pena - detenção, de um a três meses, ou multa.*
>
> ***Parágrafo único.*** *Se o interesse é ilegítimo:*
>
> *Pena - detenção, de três meses a um ano, além da multa.*

O verbo núcleo do tipo é "patrocinar", que tem a significação de pleitear, advogar, defender, apadrinhar interesse alheio. Configura-se com a conduta o agente que representa, patrocina, intervém, pede, pleiteia por interesse privado perante a Administração Pública, valendo-se da qualidade de funcionário público.

Trata-se de crime próprio, pois somente pode ser praticado por funcionário público.

O delito pode ser cometido direta ou indiretamente. Na forma direta, o próprio funcionário público atua para a obtenção do atendimento do interesse particular. No meio indireto, ele se vale de interposta pessoa, estafeta ou terceiro que faz às vezes do funcionário, agindo, pois, em seu nome.

O crime somente se pratica mediante dolo. Na forma qualificada, deve existir o conhecimento da ilegitimidade do ato.

A consumação ocorre com a prática do primeiro ato de patrocínio, independentemente, de lograr obter alguma decisão favorável ao seu "cliente". Admite-se a tentativa.

Tratando-se de interesse ilegítimo, ou seja, não agasalhado em lei, incide a qualificadora do parágrafo único do art. 321, do CP.

1.3.13 Violência arbitrária

> ***Art. 322*** *Praticar violência, no exercício de função ou a pretexto de exercê-la:*
>
> *Pena - detenção, de seis meses a três anos, além da pena correspondente à violência.*

Há discussão doutrinária e jurisprudencial sobre a revogação ou não deste dispositivo por força da Nova Lei de Abuso de Autoridade (Lei nº 13.869/2019).

Há duas correntes sobre o assunto. Prevalece a orientação de que não houve revogação, consoante entendimento do STF. Entretanto, o tipo penal funcionará de maneira subsidiária.

O bem jurídico tutelado pelo delito do art. 322 é a garantia do regular desenvolvimento das atividades da administração pública. Secundariamente, tutela a integridade do particular afetado pela ação violenta.

O verbo núcleo do tipo é "praticar", que tem o sentido de cometer, fazer, executar. A figura típica pune a prática de violência, entendida essa como a "violência física sobre a pessoa visada, não bastando, portanto, a simples violência moral (ameaça).

É requisito do tipo penal que a violência seja cometida pelo agente no exercício da função, ou seja, quando o funcionário público está efetivamente desempenhando sua atividade funcional específica; ou a pretexto de exercê-la.

O elemento subjetivo é o dolo, ou seja, a vontade de praticar violência com consciência e arbitrariedade.

1.3.14 Abandono de função

Art. 323 *Abandonar cargo público, fora dos casos permitidos em lei:*

Pena - detenção, de quinze dias a um mês, ou multa.

§ 1º Se do fato resulta prejuízo público:

Pena - detenção, de três meses a um ano, e multa.

§ 2º Se o fato ocorre em lugar compreendido na faixa de fronteira:

Pena - detenção, de um a três anos, e multa.

O núcleo do tipo é "abandonar", que significa afastar-se deliberadamente, ausentar-se de maneira arbitrária do local onde exerce o cargo público. O abandono deve ser inequívoco e total, vale dizer, sem deixar espaço para substitutos. E, segundo a doutrina, este abandono deve acarretar uma probabilidade de dano ao serviço público.

Caso se trate de demissão requerida pelo servidor público, deve-se aguardar o deferimento por parte da Administração Pública. Caso se afaste sem aguardar a decisão final sobre a demissão, poderá o agente responder pelo crime em questão.

O tipo subjetivo é o dolo, consistente na vontade consciente de abandonar o efetivo exercício do cargo, abrangendo o conhecimento da irregularidade da medida.

O delito se opera com o afastamento do exercício do cargo público por tempo juridicamente relevante. Por se tratar de delito omissivo próprio, não cabe a tentativa.

Há, ainda, a presença de duas qualificadoras. Na primeira, a pena é agravada se, do abandono, redundar prejuízo público.

Na segunda qualificadora, a pena é exasperada quando o fato é cometido em lugar compreendido na faixa de fronteira. No caso, há, naturalmente, um prejuízo maior em razão da lacuna que prejudica os interesses nacionais frente aos países limítrofes. De acordo com o art. 1º, da Lei nº 6.634/1979, é considerada área indispensável à Segurança Nacional a faixa interna de 150 Km (cento e cinquenta quilômetros) de largura, paralela à linha divisória terrestre do território nacional, que será designada como Faixa de Fronteira.

1.3.15 Exercício funcional ilegalmente antecipado ou prolongado

Art. 324 *Entrar no exercício de função pública antes de satisfeitas as exigências legais, ou continuar a exercê-la, sem autorização, depois de saber oficialmente que foi exonerado, removido, substituído ou suspenso:*

Pena - detenção, de quinze dias a um mês, ou multa.

O tipo penal do art. 324, do CP, objetiva proteger a Administração Pública no que diz respeito à segurança e à regularidade do exercício do cargo público, desde a sua investidura até o afastamento do servidor, temporária ou definitivamente.

Objetiva-se evitar insegurança jurídica decorrente da anulação ou mesmo nulidade dos atos praticados por quem ainda não tomou posse, ou, em outro extremo, por quem não mais possui o direito de exercê-lo.

Cuida-se de crime próprio. Por essa razão, o sujeito ativo é o funcionário público que entra no exercício de função, antecipadamente, ou que a exerce mesmo depois de saber, oficialmente, da sua exoneração/remoção ou suspensão.

Todavia, para que haja a incriminação, exige-se que ele tenha conhecimento oficial do impedimento em questão.

Após essa ciência, a continuidade no cargo caracterizará o delito em tela.

O crime só se pratica com dolo, isto é, mediante a vontade e consciência de antecipar ou prolongar o exercício da atividade funcional, com consciência da ilegalidade.

A consumação ocorre com a realização do primeiro ato de ofício indevido. Admite-se a tentativa.

A ação penal é pública incondicionada.

1.3.16 Violação de sigilo funcional

Art. 325 *Revelar fato de que tem ciência em razão do cargo e que deva permanecer em segredo, ou facilitar-lhe a revelação:*

Pena - detenção, de seis meses a dois anos, ou multa, se o fato não constitui crime mais grave.

§ 1º Nas mesmas penas deste artigo incorre quem:

I – permite ou facilita, mediante atribuição, fornecimento e empréstimo de senha ou qualquer outra forma, o acesso de pessoas não autorizadas a sistemas de informações ou banco de dados da Administração Pública;

II – se utiliza, indevidamente, do acesso restrito.

§ 2º Se da ação ou omissão resulta dano à Administração Pública ou a outrem:

Pena – reclusão, de 2 (dois) a 6 (seis) anos, e multa.

Conforme dispõe o art. 5º, XXXIII, da CF, todos têm direito a receber dos órgãos públicos informações de seu interesse particular, ou de interesse coletivo ou geral, que serão prestadas no prazo da lei, sob pena de responsabilidade, ressalvadas aquelas cujo sigilo seja imprescindível à segurança da sociedade e do Estado.

No mesmo sentido, o art. 37, § 3º, inc. II, da Constituição de 1988, dispõe que a lei disciplinará as formas de participação do usuário na Administração Pública direta e indireta, regulando especialmente: o acesso dos usuários a registros administrativos e a informações sobre atos de governo, observado o disposto no art. 5º, X e XXXIII.

Desse modo, é evidente que as informações que encampam a atuação pública são dotadas de publicidade. Todavia, soa natural que, em determinadas situações, essa publicidade seja mitigada em prol do próprio interesse público, por exemplo, o sigilo no curso de uma investigação.

Desta feita, o funcionário que, violando seu dever de observar o sigilo, revelar fato conhecido em razão do cargo, prejudicando a Administração Pública ou algum particular, incorre no delito do art. 325, do CP.

O sujeito ativo é o funcionário público. Aliás, trata-se de crime próprio, pois somente o funcionário público que tem ciência do segredo, é que pode praticá-lo. Na hipótese de uma terceira pessoa, que não o funcionário público, receber a informação por aquele "vazada", não responde pelo crime, a não ser que tenha induzido, instigado ou auxiliado, secundariamente, o funcionário infiel.

Fique ligado

O pressuposto lógico do crime é que o funcionário tenha conhecimento do segredo em razão do cargo, vale dizer, por força do desempenho de suas funções. Se ele toma conhecimento por razões diversas, não haverá o crime em foco.

Por outro lado, caso se trate de um segredo de interesse particular, poderá caracterizar o art. 154, do CP.

O crime somente se pratica mediante dolo.

A consumação ocorre com o ato da revelação do segredo ou de sua facilitação. Trata-se de delito formal, que independe de produção efetiva de dano, bastando sua potencialidade lesiva.

A tentativa dependerá da forma pela qual o segredo chega até ao terceiro. Se for via oral, não há possibilidade de tentativa; se for por meio escrito, v.g., há possibilidade do *conatus*.

1.4 Crimes praticados por particular contra a administração em geral

1.4.1 Usurpação de função pública

> ***Art. 328*** *Usurpar o exercício de função pública:*
>
> *Pena - detenção, de três meses a dois anos, e multa.*
>
> ***Parágrafo único.*** *Se do fato o agente aufere vantagem:*
>
> *Pena - reclusão, de dois a cinco anos, e multa.*

A partir deste artigo serão analisados os crimes praticados por particulares contra a Administração Pública.

O delito do art. 328 criminaliza a conduta do sujeito que se apropria de maneira ilegítima e ilegal de função reservada a qualquer agente público. A ideia do núcleo "usurpar o exercício de função pública" significa exercer indevidamente, sem ter o direito.

Pode praticar o crime em estudo aquele que se usurpa nas funções de servidor público, de natureza vitalícia, efetiva, temporária ou delegada, sejam elas civis ou militares.

Trata-se de crime comum, que pode ser praticado por qualquer pessoa, inclusive por funcionário público quando venha a exercer uma função que não lhe compete.

Fique ligado

Vale frisar que, se o agente alega que é titular de uma função pública, mas não realiza nenhum ato a ela inerente, não há delito, mas, apenas, a contravenção do art. 45, da Lei das Contravenções Penais.

O elemento subjetivo do tipo é o dolo, consistente na vontade de usurpar a função, com consciência da ilegitimidade do exercício.

O parágrafo único prevê a figura qualificado do delito, se o agente ao usurpar a função pública, aufere vantagem moral ou material, para si ou para terceiro.

A ação penal é pública incondicionada.

1.4.2 Resistência

> ***Art. 329*** *Opor-se à execução de ato legal, mediante violência ou ameaça a funcionário competente para executá-lo ou a quem lhe esteja prestando auxílio:*
>
> *Pena - detenção, de dois meses a dois anos.*
>
> *§ 1º Se o ato, em razão da resistência, não se executa:*
>
> *Pena - reclusão, de um a três anos.*
>
> *§ 2º As penas deste artigo são aplicáveis sem prejuízo das correspondentes à violência.*

Trata-se da conduta daquele que se opõe à execução de um ato **legal**, por exemplo, impedir um oficial de justiça de cumprir um mandado, exercendo violência ou ameaça (não precisa ser grave) contra ele.

Destacamos que a "oposição" referida no dispositivo legal deve-se a uma resistência denominada **ativa**, não caracterizando o delito em tela a resistência passiva, que é o ato de esbravejar, espernear ou manifestar discordância contra o ato praticado.

O crime em tela tem por objetivo proteger a higidez e credibilidade dos servidores públicos.

Além disso, se a resistência se dá para evitar um ato ilegal, a conduta configura fato atípico, na medida em que o particular estará agindo amparado por alguma excludente de ilicitude.

O crime só se pratica com dolo.

O crime será qualificado se o ato, em razão da resistência, não se executa.

A pena do crime de resistência será somada à pena de eventual violência, aplicando-se a regra do concurso material de infrações.

A ação penal é pública incondicionada.

1.4.3 Desobediência

> ***Art. 330*** *Desobedecer a ordem legal de funcionário público:*
>
> *Pena - detenção, de quinze dias a seis meses, e multa.*

Distintamente do que ocorre no crime anterior, na desobediência, pune-se a conduta de quem desobedece à ordem **legal** de funcionário público. Por isso, é muito comum que, havendo resistência, haverá desobediência. Todavia, é possível desobedecer sem resistir, já que a resistência é condicionada à existência de violência ou ameaça ao servidor que cumpre ato legal.

Além disso, para a tipificação da desobediência é indispensável que o destinatário da ordem tenha o dever jurídico de obedecê-la, isto é, a obrigação de acatá-la.

Nesse contexto, não obedecer a ordem legal do funcionário público (ficar parado, em silêncio ou outra conduta) configura o crime em estudo.

Merece destaque o entendimento majoritário no sentido de que até mesmo o servidor público pode cometer este crime, desde que a ordem não seja relacionada às suas funções.

O elemento subjetivo do crime é o dolo, ou seja, a vontade livre e consciente de desobedecer a ordem legal que tem obrigação de cumprir. O erro ou o motivo de força maior exclui o elemento subjetivo.

Admite-se a tentativa somente na forma comissiva, não sendo possível na omissiva.

A ação é pública incondicionada.

1.4.4 Desacato

> ***Art. 331*** *Desacatar funcionário público no exercício da função ou em razão dela:*
>
> *Pena - detenção, de seis meses a dois anos, ou multa.*

O crime de desacato tutela a moralidade, a dignidade e o prestígio da função pública.

Embora o STJ tenha se posicionado pela inconstitucionalidade deste delito, por – de acordo com o antigo entendimento – violar o direito de liberdade de expressão, prevalece a orientação de que todos os direitos comportam mitigação, razão pela qual o delito contido no art. 331 é plenamente constitucional e tem por objetivo proteger a Administração Pública.

O verbo núcleo do delito é "desacatar" que consiste na conduta de humilhar, menosprezar, achincalhar, menoscabar etc. o funcionário público quando no exercício de sua função ou em razão dela. Assim, o entendimento é de que, para que se configure desacato, faz-se necessário que a ofensa seja dirigida diretamente ao funcionário público. Entende-se também que não é admissível que o crime de desacato seja cometido por telefone, fax, telegrama, correspondência eletrônica, carta ou pela imprensa. Nessas situações, estaremos diante de crimes contra a honra.

Ademais, o entendimento predominante é que um funcionário público pode praticar o crime em tela quando desacatar outro, pouco importando a posição hierárquica.

Fique ligado

Em resumo, é elementar para a consumação do crime que a conduta seja realizada contra funcionário público **no exercício da função ou em razão dela, vale dizer, o chamado nexo funcional.**

A prática delitiva se dá mediante dolo, consistente na vontade livre e consciente de proferir palavra ou praticar ato injurioso ou difamatório, com finalidade de desprestigiar a função pública do ofendido.

Vale destacar que não haverá crime se o funcionário houver dado causa ao desacato, pois neste caso será retorsão ou justa repulsa, em que ausente o dolo inerente ao tipo.

A ação penal é pública incondicionada.

1.4.5 Tráfico de influência

Art. 332 *Solicitar, exigir, cobrar ou obter, para si ou para outrem, vantagem ou promessa de vantagem, a pretexto de influir em ato praticado por funcionário público no exercício da função:*

Pena - reclusão, de 2 (dois) a 5 (cinco) anos, e multa.

Parágrafo único. *A pena é aumentada da metade, se o agente alega ou insinua que a vantagem é também destinada ao funcionário.*

O delito do art. 332 tutela o prestígio (bom nome) da Administração Pública. O tipo penal tem como finalidade evitar a chamada comercialização da suposta influência em atividade de funcionário público.

O objetivo deste tipo penal é dizimar a conduta de qualquer indivíduo que tenha por intuito obter vantagem pessoal sob o argumento de intervir em atividade funcional de servidor público.

A característica do delito está na razão da conduta do agente a pretexto de influir em ato praticado por funcionário público no exercício da função. O sujeito ativo solicita, exige, cobra ou obtém a vantagem ou promessa de vantagem a pretexto de influir em ato praticado por funcionário público.

Note-se, desde logo, que do tipo legal está excluída a alegação de que se possa exercer influência sobre servidores da justiça, tais quais juiz, jurado, órgão do Ministério Público, funcionário de justiça, perito, tradutor, intérprete ou testemunha, uma vez que esses se inserem no rol taxativo do art. 357, do CP (exploração de prestígio).

O crime pode ser praticado por qualquer pessoa, até mesmo por funcionário público.

O delito somente se pratica mediante dolo.

Haverá aumento de pena (1/2), caso o agente dê a entender que a importância ou qualquer outra vantagem, também será destinada ao funcionário público.

1.4.6 Corrupção ativa

Art. 333 *Oferecer ou prometer vantagem indevida a funcionário público, para determiná-lo a praticar, omitir ou retardar ato de ofício:*

Pena – reclusão, de 2 (dois) a 12 (doze) anos, e multa.

Parágrafo único. *A pena é aumentada de um terço, se, em razão da vantagem ou promessa, o funcionário retarda ou omite ato de ofício, ou o pratica infringindo dever funcional.*

Trata-se de mais um tipo penal que tutela a credibilidade do Estado frente a seus agentes.

Os núcleos do tipo são "oferecer" e "prometer" vantagem indevida para determinar que funcionário público pratique, omita ou retarde ato que deveria praticar de ofício. Oferecer tem o sentido de pôr à disposição, apresentar para que seja aceito. Prometer, por sua vez, tem o sentido de obrigar-se, comprometer-se, garantir dar alguma coisa.

É a clássica forma de corrupção, o chamado "cafezinho" ou "ajudinha".

O entendimento que prevalece nos tribunais superiores é o de que a entrega de lembranças, cestas de natal ou outras regalias ao funcionário público, sem o ânimo de corrompê-lo, não caracteriza o crime em questão.

Vale destacar que se houver imposição do funcionário para o oferecimento ou promessa, não há corrupção ativa, mas concussão praticada pelo funcionário (CP, art. 316).

O crime em estudo é formal e se consuma com a simples promessa ou oferecimento da vantagem indevida.

Caso o agente aceite, poderá haver a responsabilização do particular por corrupção ativa e do servidor que aceita ou recebe por corrupção passiva (art. 317, CP).

Fique ligado

Se a corrupção for de testemunha ou perito, tradutor ou intérprete, aplicar-se-á a norma incriminadora do art. 343, do CP, em homenagem ao princípio da especialidade.

O crime só se pratica mediante dolo, que se representa pela vontade, livre e consciente de oferecer ou prometer vantagem indevida a funcionário público, acrescido do elemento subjetivo do injusto, manifestado pelo especial fim de agir, que, no caso, é a intenção manifesta de levar o funcionário a praticar ato de ofício, ou omiti-lo ou retardá-lo.

O delito será qualificado quando, em razão da vantagem ou promessa, o funcionário retarda ou omite ato de ofício, ou o pratica infringindo dever funcional.

A ação penal é pública incondicionada.

1.4.7 Descaminho

Art. 334 *Iludir, no todo ou em parte, o pagamento de direito ou imposto devido pela entrada, pela saída ou pelo consumo de mercadoria.*

Pena - reclusão, de 1 (um) a 4 (quatro) anos.

§ 1º Incorre na mesma pena quem:

I - pratica navegação de cabotagem, fora dos casos permitidos em lei;

II - pratica fato assimilado, em lei especial, a descaminho;

III - vende, expõe à venda, mantém em depósito ou, de qualquer forma, utiliza em proveito próprio ou alheio, no exercício de atividade comercial ou industrial, mercadoria de procedência estrangeira que introduziu clandestinamente no País ou importou fraudulentamente ou que sabe ser produto de introdução clandestina no território nacional ou de importação fraudulenta por parte de outrem;

IV - adquire, recebe ou oculta, em proveito próprio ou alheio, no exercício de atividade comercial ou industrial, mercadoria de procedência estrangeira, desacompanhada de documentação legal ou acompanhada de documentos que sabe serem falsos.

§ 2º Equipara-se às atividades comerciais, para os efeitos deste artigo, qualquer forma de comércio irregular ou clandestino de mercadorias estrangeiras, inclusive o exercido em residências.

§ 3º A pena aplica-se em dobro se o crime de descaminho é praticado em transporte aéreo, marítimo ou fluvial.

O crime de descaminho, hoje, encontra previsão isolada, mas, ao longo do tempo, sempre fora trabalhado em conjunto ao contrabando. Entretanto, em 2014, por força da Lei nº 13.008/2014, houve a divisão do dispositivo, que passou a prever as condutas em dispositivos apartados (separados), notadamente, por se perceber um maior grau de reprovabilidade do contrabando, que é punido com maior rigor.

Em rápida síntese, é necessário apresentar distinções breves entre os delitos de descaminho e contrabando. O primeiro consiste em fraude no pagamento de impostos devidos para o mesmo fim (entrada ou saída de mercadorias permitidas do País), enquanto que o segundo consiste na importação ou exportação de mercadoria proibida no Brasil.

No crime de descaminho, protege-se o interesse tributário e alfandegário, enquanto que, no de contrabando, a conduta atinge a Administração Pública no aspecto de fiscalização e controle dos serviços de saúde, segurança pública, moralidade etc.

Conforme se extrai do *caput* do art. 334, o tipo penal incrimina a conduta de iludir, no todo ou em parte, o pagamento de direito ou imposto devido pela entrada, pela saída ou pelo consumo de mercadoria.

O descaminho é crime comum, que pode ser praticado por qualquer pessoa.

Fique ligado

O funcionário público que concorre com o crime, facilitando-o com infração de dever funcional, pratica a conduta do art. 318, do CP.

Como dito, o descaminho protege a regularidade tributária no país. Por exemplo, na importação é obrigatório o pagamento do Imposto de Importação, contribuições sociais (PIS/PASEP/COFINS) e, eventualmente, do ICMS. Na saída da mercadoria são devidos, em regra, o Imposto de Exportação e tributação reflexa. Como se vê, na conduta, o agente ilude a arrecadação tributária da União e, eventualmente, dos Estados.

Há ainda as figuras equiparadas do delito, que recebem a mesma pena do *caput*, estando elas dispostas no § 1º do artigo. A primeira é a navegação de cabotagem fora dos casos permitidos em lei (§ 1º, I). Essa hipótese delitiva consiste em norma penal em branco, pois depende de uma norma extrapenal para dar os contornos da tipificação, disciplinando, assim, a navegação de cabotagem (ou seja, aquela circunscrita ao território nacional, tendo por escopo a comunicação e o comércio entre os portos do país).

A segunda é a prática de fato assimilado, em lei especial, a descaminho (§ 1º, II). Trata-se de outra norma penal em branco, exigindo preceito em Lei especial que a complemente.

A terceira é o uso comercial ou industrial de mercadoria que o próprio agente importou ou introduziu, ou que sabe ser produto de importação fraudulenta (§ 1º, III). Este inciso trata de condutas múltiplas, relacionadas, na primeira parte, com atividade comercial ou industrial, ainda que irregular ou clandestina (§ 2º), mas sempre revestida de habitualidade ou continuidade.

Observe-se que o tipo descreve condutas do próprio autor do contrabando ou descaminho. Nesse caso, pelo princípio da especialidade, o conflito aparente se resolve pela aplicação exclusiva do § 1º, "I", afastando a incidência do *caput*.

Na segunda parte, definem-se fatos que deveriam ser, em tese, crime de receptação. O agente vende etc., mercadoria, objeto de contrabando ou descaminho cometido por terceiro ("ou que sabe ser produto de introdução clandestina no território nacional ou de importação fraudulenta por parte de outrem"). Nesse caso, não basta a realização de um dos vários verbos, mas deve haver, necessariamente, ciência da origem delituosa da coisa para que se complete o elemento do dolo direto. Pelo mesmo princípio da especialidade, o dispositivo afasta a aplicação do art. 180, do CP.

Por fim, a quarta figura assimilada é a receptação de produtos de descaminho (§ 1º, IV). Nela, encontram-se definidas várias condutas, igualmente praticadas no exercício de atividade comercial ou industrial, que constituiriam, a rigor, o tipo de receptação do art. 180 § 1º, do CP, mas que, em razão da regra da especialidade, serão punidas pelo presente dispositivo.

As ações, no caso, pressupõem a entrada ilícita no País de mercadoria estrangeira, que chega ao sujeito:

- Sem a documentação exigida pela lei;
- Com documentação falsa, de conhecimento do agente.

Há, portanto, a exigência de dolo na ação do comerciante etc. Se ele age de forma culposa, violando dever de cuidado, há a incidência da receptação culposa do art. 180, § 3º, do CP.

A conduta deve ser praticada no exercício de atividade comercial ou industrial, ainda que irregular ou clandestina (§ 2º). Exige-se, pois, a continuidade ou habitualidade do comportamento, vale dizer, a reiteração na prática delituosa, com destinação comercial ou industrial da mercadoria.

O crime só se pratica mediante dolo.

É considerado delito formal, bastando a entrada ou saída da mercadoria do território nacional para que a conduta se materialize.

Considerando a natureza estabelecida para o crime, segundo a jurisprudência do STF, para a configuração do delito em estudo, não se faz necessária a consolidação do débito na via administrativa.

A ação penal é pública incondicionada.

1.4.8 Contrabando

> ***Art. 334-A*** *Importar ou exportar mercadoria proibida:*
>
> *Pena - reclusão, de 2 (dois) a 5 (cinco) anos.*
>
> *§ 1º Incorre na mesma pena quem:*
>
> *I - pratica fato assimilado, em lei especial, a contrabando;*
>
> *II - importa ou exporta clandestinamente mercadoria que dependa de registro, análise ou autorização de órgão público competente;*
>
> *III - reinsere no território nacional mercadoria brasileira destinada à exportação;*
>
> *IV - vende, expõe à venda, mantém em depósito ou, de qualquer forma, utiliza em proveito próprio ou alheio, no exercício de atividade comercial ou industrial, mercadoria proibida pela lei brasileira;*
>
> *V - adquire, recebe ou oculta, em proveito próprio ou alheio, no exercício de atividade comercial ou industrial, mercadoria proibida pela lei brasileira.*
>
> *§ 2º Equipara-se às atividades comerciais, para os efeitos deste artigo, qualquer forma de comércio irregular ou clandestino de mercadorias estrangeiras, inclusive o exercido em residências.*
>
> *§ 3º A pena aplica-se em dobro se o crime de contrabando é praticado em transporte aéreo, marítimo ou fluvial.*

Num primeiro momento, e, inclusive, já foi objeto de questão de prova para a Polícia Federal, destaca-se que o crime de contrabando é punível em razão do princípio da continuidade normativo típica, tendo em vista que a Lei nº 13.008/2014 deslocou o conteúdo criminoso do contrabando para o art. 334-A, do CP, operando-se uma revogação formal do tipo penal, permanecendo típica, a conduta.

As disposições específicas assemelham-se ao crime de descaminho. Inclusive, o funcionário público que facilita o contrabando responde pelo crime do art. 318, do CP.

No contrabando, a mercadoria (coisa móvel de qualquer natureza), pode ser absoluta ou relativamente proibida, sendo que, no primeiro caso, a mercadoria não pode ingressar ou sair em hipótese nenhuma. Já no segundo caso, é possível, desde que satisfeitas as condições previstas na legislação especial.

Há ainda as figuras equiparadas, estando elas dispostas no § 1º do artigo. A primeira figura assimilada (§ 1º, I) consiste na prática de fato assimilado, em lei especial, ao contrabando. Trata-se de outra norma penal em branco, exigindo preceito em Lei especial que a complemente. Como exemplo, temos os decretos que regulamentam as zonas francas.

A segunda forma equiparada (§ 1º, II) é a importação ou exportação clandestina de mercadoria que depende de registro, análise ou autorização de órgão público competente (Ex.: cigarros, agrotóxicos...)

No § 1º, III, o que se proíbe é a reinserção em território nacional de mercadoria brasileira destinada à exportação. Será o caso de se punir aqueles que desviam produtos destinados, especificamente, para exportação.

O quarto caso de contrabando por assimilação é o de uso comercial ou industrial de mercadoria proibida pela lei brasileira (§ 1º, IV). Este inciso trata de condutas múltiplas, relacionadas com atividade comercial ou industrial, ainda que irregular ou clandestina (§ 2º), mas sempre revestida de habitualidade ou continuidade. Trata-se de situação que se assemelha ao inciso III, do artigo anterior.

A última conduta equiparada é a de receptação de produtos de contrabando (§ 1º, V). Semelhante ao inciso IV, do artigo anterior, aqui, novamente, encontram-se definidas várias condutas ("adquire, recebe ou oculta"), igualmente, praticadas no exercício de atividade comercial ou industrial, que constituiriam, a rigor, o tipo de receptação do art. 180, § 1º, do CP, mas que, em razão do princípio da especialidade, serão punidas pelo presente dispositivo.

Diferente do caso de receptação de produto de descaminho, para a receptação de contrabando, somente importará que o sujeito receba mercadoria que é proibida pela lei brasileira. Em caso de necessário conhecimento da situação, há então a exigência de dolo da ação do comerciante ou industrial. Se ele age culposamente, violando dever de cuidado, há a incidência da receptação culposa do art. 180, § 3º, do CP.

Reitere-se que a conduta deve ser praticada no exercício de atividade comercial ou industrial, ainda que irregular ou clandestina (conforme o §2º, do art. 334-A, do CP). Exige-se, pois, a continuidade ou habitualidade do comportamento, vale dizer, reiterada prática delituosa, com destinação comercial ou industrial da mercadoria.

O crime só se pratica mediante dolo, que consiste na vontade livre e consciente de importar ou exportar mercadoria proibida.

A ação penal é pública incondicionada.

1.4.9 Inutilização de edital ou de sinal

> ***Art. 336*** *Rasgar ou, de qualquer forma, inutilizar ou conspurcar edital afixado por ordem de funcionário público; violar ou inutilizar selo ou sinal empregado, por determinação legal ou por ordem de funcionário público, para identificar ou cerrar qualquer objeto:*
>
> *Pena – detenção, de um mês a um ano, ou multa.*

Cumpre ressaltar que edital é um documento afixado no mural da repartição para emanar alguma ordem ao funcionário público. Por outro lado, sinal é um objeto empregado para identificar ou lacrar alguma coisa. Consuma-se quando da prática das condutas, independentemente, de qual dano material à Administração Pública.

1.4.10 Subtração ou inutilização de livro ou documento

> ***Art. 337*** *Subtrair, ou inutilizar, total ou parcialmente, livro oficial, processo ou documento confiado* ***à custódia de funcionário****, em razão de ofício, ou de particular em serviço público:*
>
> *Pena – reclusão, de dois a cinco anos,* ***se o fato não constitui crime mais grave.***

A conduta é subtrair ou inutilizar, total ou parcialmente livro oficial, processo ou documento entregue em confiança a funcionário público ou a particular em serviço público. Consuma-se no momento da prática de quaisquer das condutas previstas no tipo. O crime do art. 337 é absolutamente assemelhado com o crime do art. 314, ambos do CP. As peculiaridades são:

O crime do art. 314 é praticado por funcionário público, o que não ocorre com o crime do art. 337.

No crime do art. 314 do CP, o autor, além de ser funcionário público, deve ter a guarda do documento em razão de sê-lo. Já no crime do art. 337, o autor do crime não tem a posse do livro ou documento. Quem desfruta da posse é o funcionário público ou o particular em serviço público.

1.4.11 Sonegação de contribuição previdenciária

> ***Art. 337-A*** *Suprimir ou reduzir contribuição social previdenciária e qualquer acessório, mediante as seguintes condutas:*
>
> *I – omitir de folha de pagamento da empresa ou de documento de informações previsto pela legislação previdenciária segurados empregado, empresário, trabalhador avulso ou trabalhador autônomo ou a este equiparado que lhe prestem serviços;*
>
> *II – deixar de lançar mensalmente nos títulos próprios da contabilidade da empresa as quantias descontadas dos segurados ou as devidas pelo empregador ou pelo tomador de serviços;*
>
> *III – omitir, total ou parcialmente, receitas ou lucros auferidos, remunerações pagas ou creditadas e demais fatos geradores de contribuições sociais previdenciárias:*
>
> *Pena – reclusão, de 2 (dois) a 5 (cinco) anos, e multa.*

O STJ se manifestou acerca do sujeito ativo do crime, o que é divergente da doutrina. Para o STJ, qualquer pessoa pode ser o sujeito ativo do crime!

Extinção da punibilidade

> *§ 1º É extinta a punibilidade se o agente,* ***espontaneamente****, declara e confessa as contribuições, importâncias ou valores e presta as informações devidas à previdência social, na forma definida em lei ou regulamento, antes do início da ação fiscal.*

Faculdade do juiz

> *§ 2º É facultado ao juiz* ***deixar de aplicar*** *a pena ou aplicar* ***somente a de multa*** *se o agente for primário e de bons antecedentes, desde que:*
>
> *II – o valor das contribuições devidas, inclusive acessórios, seja igual ou inferior àquele estabelecido pela previdência social, administrativamente, como sendo o mínimo para o ajuizamento de suas execuções fiscais.*

Aumento de pena

> *§ 3º Se o empregador não é pessoa jurídica e sua folha de pagamento mensal não ultrapassa R$ 1.510,00 (um mil, quinhentos e dez reais), o juiz poderá reduzir a pena de* ***um terço até a metade*** *ou aplicar* ***apenas a de multa.***
>
> *§ 4º O valor a que se refere o parágrafo anterior será reajustado nas mesmas datas e nos mesmos índices do reajuste dos benefícios da previdência social.*

1.5 Crimes em licitações e contratos administrativos

Antes de avançar à análise dos tipos penais, é importante tecer algumas considerações sobre os crimes envolvendo licitações e contratos administrativos.

Primeiramente, a licitação consiste no procedimento utilizado pela administração pública para a execução de uma função do Estado. O contrato administrativo, por sua vez, representa o vínculo formal estabelecido entre a administração e o vencedor da licitação, no qual serão estabelecidas as condições para o desenvolvimento dos trabalhos (chamado de contrato vertical ou leonino).

A antiga (ainda vigente) Lei de Licitações (Lei nº 8.666/1990) já representava um tormento para quem a estudava. Não obstante, o Congresso aprovou e já se encontra em vigência a nova Lei de Licitações – Lei nº 14.133/2021.

Em resumo, as duas leis possuem vigência simultânea.

Evidentemente, que aqui buscaremos analisar tão somente os aspectos penais da Nova Lei de Licitações, que transferiu todas as condutas tidas por ilícitas para o Código Penal.

Como o conteúdo é muito recente, naturalmente que haverá reflexo jurisprudencial sobre o tema.

1.5.1 Contratação direta ilegal

> ***Art. 337-E*** *Admitir, possibilitar ou dar causa à contratação direta fora das hipóteses previstas em lei:*
>
> *Pena – reclusão, de 4 (quatro) a 8 (oito) anos, e multa.*

A nova Lei de Licitações estabelece em seus arts. 71 a 73 as hipóteses de contratação direta. Nesse contexto, sempre que o funcionário público admitir, possibilitar ou dar causa à realização de contratação direta fora das hipóteses legais, haverá o crime em tela.

Estamos diante de uma norma penal em branco, na medida em que as hipóteses de contratação direta estão inseridas na Lei Específica.

Trata-se de crime comum, podendo qualquer pessoa figurar como sujeito ativo, tanto o particular (contratante, por exemplo), como o agente público responsável por viabilizar a contratação direta ilegal.

O crime é formal e se consuma com a mera permissão ou instauração de contratação direta fora do estabelecido pela legislação.

Fique ligado

Como mencionado no preâmbulo, os Tribunais Superiores exigem dolo específico (benefício próprio ou de terceiro, ou para prejudicar o processo licitatório) para a consumação deste delito.

O crime se processa mediante ação penal pública incondicionada.

1.5.2 Frustração do caráter competitivo de licitação

> ***Art. 337-F*** *Frustrar ou fraudar, com o intuito de obter para si ou para outrem vantagem decorrente da adjudicação do objeto da licitação, o caráter competitivo do processo licitatório:*
>
> *Pena – reclusão, de 4 (quatro) anos a 8 (oito) anos, e multa.*

O bem jurídico tutelado tipo penal é a preservação do caráter competitivo da licitação, de modo a assegurar a seleção da proposta mais vantajosa para a Administração Pública.

O crime em análise tem por intuito impedir que haja um procedimento licitatório hígido, no qual os licitantes, por meio de artifícios, pretendem frustrar o resultado do procedimento, como uma combinação de preços, por exemplo.

O crime é formal (não se exige a obtenção da vantagem) e, como no delito anterior, exige-se o dolo específico.

O elemento subjetivo do delito é o dolo, consistente na consciência e vontade do agente de frustrar ou fraudar a natureza competitiva do processo licitatório.

Trata-se de crime comum, o qual pode ser cometido por qualquer pessoa, particular ou agente público. Quando a conduta for cometida pelo servidor público responsável por zelar pela higidez do certame, haverá a incidência da agravante genérica do art. 61, II, *g*, do Código, relativa a cometer o delito com violação de dever inerente ao cargo público.

A ação penal é pública incondicionada.

1.5.3 Patrocínio de contratação indevida

> ***Art. 337-G*** *Patrocinar, direta ou indiretamente, interesse privado perante a Administração Pública, dando causa à instauração de licitação ou à celebração de contrato cuja invalidação vier a ser decretada pelo Poder Judiciário:*
>
> *Pena – reclusão, de 6 (seis) meses a 3 (três) anos, e multa.*

O delito do art. 337-G é uma modalidade específica do delito contido no art. 321, do CP.

O crime é próprio, pois só pode ser praticado por funcionário público.

Assim, o crime se consuma quando o funcionário público representa interesses privados junto à Administração Pública, dando causa à instauração do procedimento licitatório ou quando firmar contrato que seja desconstituído pelo Judiciário (condição específica para punição).

A doutrina entende que o crime é material, eis que depende de resultado naturalístico.

O crime somente se pratica mediante dolo e é processado por ação penal pública incondicionada.

1.5.4 Modificação ou pagamento irregular em contrato administrativo

> ***Art. 337-H*** *Admitir, possibilitar ou dar causa a qualquer modificação ou vantagem, inclusive prorrogação contratual, em favor do contratado, durante a execução dos contratos celebrados com a Administração Pública, sem autorização em lei, no edital da licitação ou nos respectivos instrumentos contratuais, ou, ainda, pagar fatura com preterição da ordem cronológica de sua exigibilidade:*
>
> *Pena – reclusão, de 4 (quatro) anos a 8 (oito) anos, e multa.*

Trata-se de tipo misto alternativo (vários núcleos), que incrimina a conduta do funcionário público (crime próprio) que admite, possibilita ou dá causa a qualquer modificação ou a obtenção de vantagem ou permite a prorrogação contratual sem autorização nos instrumentos regulatórios.

A segunda forma de conduta prevista, diz respeito ao pagamento de fatura fora da ordem cronológica de exigibilidade, ou seja, sem qualquer autorização, altera-se a ordem dos pagamentos, dando-se preferência a uns em detrimento de outros.

O crime é doloso e processado mediante ação penal pública incondicionada.

1.5.5 Perturbação de processo licitatório

> ***Art. 337-I*** *Impedir, perturbar ou fraudar a realização de qualquer ato de processo licitatório:*
>
> *Pena – detenção, de 6 (seis) meses a 3 (três) anos, e multa.*

Trata-se de crime que pune a conduta daquele que atrapalha a realização de qualquer ato de processo licitatório.

O crime é comum, pois pode ser praticado por qualquer pessoa.

As ações nucleares são **impedir** (obstar, obstruir, impossibilitar a execução ou o prosseguimento), **perturbar** (turbar, atrapalhar, embaraçar, tumultuar) ou **fraudar** (enganar, iludir).

O tipo é misto alternativo e, deveras, subjetivo, na medida em que competirá ao magistrado tecer um juízo de valor ao comportamento do agente, para aferir se se amolda ao tipo legal.

O crime é material, pois se exige o efetivo impedimento, perturbação ou fraude à realização dos atos do processo licitatório.

O tipo é doloso e processado por ação penal pública incondicionada.

1.5.6 Violação de sigilo em licitação

> ***Art. 337-J*** *Devassar o sigilo de proposta apresentada em processo licitatório ou proporcionar a terceiro o ensejo de devassá-lo:*
>
> *Pena – detenção, de 2 (dois) anos a 3 (três) anos, e multa.*

O tipo penal do art. 337-J objetiva tutelar a competitividade, imparcialidade, impessoalidade e a lisura do procedimento licitatório.

A conduta incriminada é a de quebrar o sigilo de proposta apresentada no bojo de processo de licitação ou propiciar que um terceiro pratique a conduta.

Trata-se de crime próprio, pois o sujeito ativo deve ser o agente público responsável pela manutenção do segredo em torno da proposta apresentada. Além disso, é crime formal, se consumando pela efetiva ciência indevida do teor da proposta licitatória.

Só pode ser praticado mediante dolo.

A ação penal é pública incondicionada.

1.5.7 Afastamento de licitante

> ***Art. 337-K*** *Afastar ou tentar afastar licitante por meio de violência, grave ameaça, fraude ou oferecimento de vantagem de qualquer tipo:*
>
> *Pena - reclusão, de 3 (três) anos a 5 (cinco) anos, e multa, além da pena correspondente à violência.*
>
> ***Parágrafo único.*** *Incorre na mesma pena quem se abstém ou desiste de licitar em razão de vantagem oferecida.*

Trata-se de tipo misto alternativo (vários núcleos), no qual se incrimina a conduta daquele que afasta ou tenta afastar licitante, valendo-se de violência, grave ameaça, fraude ou oferecimento de vantagem.

Fique ligado

Aqui, estamos diante de um crime de empreendimento ou atentado, tendo em vista que se pune a conduta consumada e a tentada com a mesma pena.

O parágrafo único deste artigo prevê a modalidade equiparada, ao permitir a punição de quem se abstém ou desiste de licitar, em razão de vantagem oferecida.

Percebe-se, dessa forma, que, se uma pessoa aceita a vantagem e se afasta do procedimento licitatório, será punido com a mesma pena daquele que lhe ofereceu efetivamente a vantagem.

O crime é doloso e processado mediante ação penal pública incondicionada.

1.5.8 Fraude em licitação ou contrato

> ***Art. 337-L*** *Fraudar, em prejuízo da Administração Pública, licitação ou contrato dela decorrente, mediante:*
>
> *I - entrega de mercadoria ou prestação de serviços com qualidade ou em quantidade diversas das previstas no edital ou nos instrumentos contratuais;*
>
> *II - fornecimento, como verdadeira ou perfeita, de mercadoria falsificada, deteriorada, inservível para consumo ou com prazo de validade vencido;*
>
> *III - entrega de uma mercadoria por outra;*
>
> *IV - alteração da substância, qualidade ou quantidade da mercadoria ou do serviço fornecido;*
>
> *V - qualquer meio fraudulento que torne injustamente mais onerosa para a Administração Pública a proposta ou a execução do contrato:*
>
> *Pena - reclusão, de 4 (quatro) anos a 8 (oito) anos, e multa.*

No crime em tela, há a punição daquele que aplica fraude em prejuízo da Administração Pública, licitação ou contrato dela decorrente. Para tanto, a fraude aplicada deve se dar da seguinte forma:

- Entrega de mercadoria ou prestação de serviços com qualidade ou em quantidades diversas das previstas no edital ou nos instrumentos contratuais;
- Fornecimento, como verdadeira ou perfeita, de mercadoria falsificada, deteriorada, inservível para consumo ou com prazo de validade vencido;
- Entrega de uma mercadoria por outra;
- Alteração da substância, qualidade ou quantidade da mercadoria ou do serviço fornecido;
- Qualquer meio fraudulento que torne injustamente mais onerosa para a Administração Pública a proposta ou a execução do contrato.

O crime é comum, podendo ser praticado por qualquer pessoa.

O elemento subjetivo do tipo é o dolo, que consiste na vontade e consciência de fraudar a licitação ou contrato administrativo dela decorrente. Há, ainda, elemento subjetivo específico, traduzido no propósito de gerar prejuízo à Administração Pública.

Trata-se de crime material porque sua consumação depende da efetiva produção de prejuízo à Administração Pública, mediante a realização dos comportamentos arrolados no tipo penal.

A ação penal pública incondicionada.

1.5.9 Contratação inidônea

> ***Art. 337-M*** *Admitir à licitação empresa ou profissional declarado inidôneo:*
>
> *Pena - reclusão, de 1 (um) ano a 3 (três) anos, e multa.*
>
> *§ 1º Celebrar contrato com empresa ou profissional declarado inidôneo:*
>
> *Pena - reclusão, de 3 (três) anos a 6 (seis) anos, e multa.*
>
> *§ 2º Incide na mesma pena do caput deste artigo aquele que, declarado inidôneo, venha a participar de licitação e, na mesma pena do § 1º deste artigo, aquele que, declarado inidôneo, venha a contratar com a Administração Pública.*

O *caput* do art. 337-M incrimina a conduta de **permitir a participação de** empresa ou profissional declarado inidôneo.

O mero fato de uma pessoa, seja física ou jurídica, ter sido admitida no processo licitatório macula o procedimento, motivo pelo qual a conduta é tida como ilícita. O crime é próprio, pois apenas o funcionário público com competência para admitir os licitantes é quem pratica o crime em tela.

Desconectando a ordem dos dispositivos, vale mencionar que o parágrafo terceiro equipara à figura do *caput* a conduta do particular declarado inidôneo que **participe da licitação. Neste parágrafo, o crime é comum, pois qualquer empresa participante pode praticá-lo.**

Retomando a sequência, o parágrafo primeiro prevê a **forma qualificada do delito**, com a previsão da conduta de **celebrar contrato** com empresa ou profissional declarado inidôneo, ou seja, mesmo depois de atestada a inidoneidade do participante, celebra-se o contrato.

O crime é doloso, exigindo para a sua consumação a vontade e consciência de admitir ao certame ou celebrar o vínculo contratual com profissional ou empresa, ciente de que foram declarados inidôneos.

É processado mediante ação penal pública incondicionada.

1.5.10 Impedimento indevido

> ***Art. 337-N*** *Obstar, impedir ou dificultar injustamente a inscrição de qualquer interessado nos registros cadastrais ou promover indevidamente a alteração, a suspensão ou o cancelamento de registro do inscrito:*
>
> *Pena - reclusão, de 6 (seis) meses a 2 (dois) anos, e multa.*

A conduta incriminada na primeira parte é a de obstar, impedir ou dificultar injustamente a inscrição de qualquer interessado nos registros cadastrais. Exige-se, para a tipificação da conduta, o elemento normativo "injustamente", de modo que se o obstáculo imposto, por exemplo, possuir fundamento legal, a conduta nem sequer será típica.

O crime é próprio, de acordo com a doutrina, porquanto só pode ser cometido pelo agente público responsável pela inscrição do profissional ou empresa no cadastro, ou pela manutenção desses como inscritos no registro.

Nas modalidades de "obstar" e "impedir", é necessário que a inscrição não ocorra para a consumação do delito, razão pela qual o crime é material. Na modalidade de "dificultar", não é imprescindível tal resultado, de modo que o crime é de mera conduta. Na figura de promover, o crime também é material, consumando-se com a efetiva alteração, suspensão ou cancelamento do registro.

O crime é doloso e se processa mediante ação penal pública incondicionada.

1.5.11 Omissão grave de dado ou de informação por projetista

> ***Art. 337-O*** *Omitir, modificar ou entregar à Administração Pública levantamento cadastral ou condição de contorno em relevante dissonância com a realidade, em frustração ao caráter competitivo da licitação ou em detrimento da seleção da proposta mais vantajosa para a Administração Pública, em contratação para a elaboração de projeto básico, projeto executivo ou anteprojeto, em diálogo competitivo ou em procedimento de manifestação de interesse:*
>
> *Pena – reclusão, de 6 (seis) meses a 3 (três) anos, e multa.*
>
> *§ 1º Consideram-se condição de contorno as informações e os levantamentos suficientes e necessários para a definição da solução de projeto e dos respectivos preços pelo licitante, incluídos sondagens, topografia, estudos de demanda, condições ambientais e demais elementos ambientais impactantes, considerados requisitos mínimos ou obrigatórios em normas técnicas que orientam a elaboração de projetos.*
>
> *§ 2º Se o crime é praticado com o fim de obter benefício, direto ou indireto, próprio ou de outrem, aplica-se em dobro a pena prevista no caput deste artigo.*

A conduta incriminada no art. 337-O é omitir, modificar ou entregar à Administração **levantamento cadastral ou condição de entorno** nas seguintes condições: **em relevante dissonância com a realidade** (projeto que não se adequa à real necessidade); **em frustração ao caráter competitivo da licitação** (projeto, por exemplo, feito sob medida para determinado contratante); **ou em detrimento da seleção da proposta mais vantajosa para a Administração Pública** (projeto que busque evitar a seleção da proposta mais vantajosa, frustrando a finalidade da licitação).

Essas condutas, para a configuração do delito, devem ocorrer em:

- Contratação para a elaboração de projeto básico, projeto executivo ou anteprojeto;
- Diálogo competitivo; ou
- Procedimento de manifestação de interesse.

O **levantamento cadastral** é a pesquisa ou investigação, culminando na coleta de dados, envolvendo informações cadastrais.

Já a condição de contorno é definida pelo parágrafo primeiro. Assim, consideram-se **condição de contorno** as informações e os levantamentos suficientes e necessários para a definição da solução de projeto e dos respectivos preços pelo licitante, incluídos sondagens, topografia, estudos de demanda, condições ambientais e demais elementos ambientais impactantes, considerados requisitos mínimos ou obrigatórios em normas técnicas que orientam a elaboração de projetos.

A Administração, antes de proceder à licitação de obras, por exemplo, pode contratar a elaboração de um projeto básico, que será utilizado para seleção das melhores propostas para execução de obras.

O § 2º prevê causa de aumento de pena, que será aplicada no caso de o crime ser praticado **com a finalidade de obter benefício, direto ou indireto, próprio ou de outrem**.

O crime é doloso e se processa mediante ação penal pública incondicionada.

1.5.12 Pena de multa

> ***Art. 337-P*** *A pena de multa cominada aos crimes previstos neste Capítulo seguirá a metodologia de cálculo prevista neste Código e não poderá ser inferior a 2% (dois por cento) do valor do contrato licitado ou celebrado com contratação direta.*

No tocante à aplicação da pena de multa, deve-se observar as disposições estabelecidas pela própria lei penal, sendo que a sanção não pode ser inferior a 2% do valor do contrato.

1.6 Crimes contra a administração da justiça

1.6.1 Reingresso de estrangeiro expulso

> ***Art. 338*** *Reingressar no território nacional o estrangeiro que dele foi expulso:*
>
> *Pena – reclusão, de um a quatro anos, sem prejuízo de nova expulsão após o cumprimento da pena.*

É um delito pouco explorado pelas bancas, mas é de fácil compreensão. Trata simplesmente do reingresso de estrangeiro expulso, conduta bastante rara de ser encontrada.

Além disso, claramente é crime de competência investigativa da Polícia Federal e será processado e julgado perante a Justiça Federal.

Vale destacar que é pressuposto do crime que o sujeito tenha, antes de praticá-lo, sido regularmente expulso por ato legal (ex: decreto presidencial de expulsão).

1.6.2 Denunciação caluniosa

> ***Art. 339*** *Dar causa à instauração de inquérito policial, de procedimento investigatório criminal, de processo judicial, de processo administrativo disciplinar, de inquérito civil ou de ação de improbidade administrativa contra alguém, imputando-lhe crime, infração ético-disciplinar ou ato ímprobo de que o sabe inocente:*
>
> *Pena – reclusão, de dois a oito anos, e multa.*
>
> *§ 1º A pena é aumentada de sexta parte, se o agente se serve de anonimato ou de nome suposto.*
>
> *§ 2º A pena é diminuída de metade, se a imputação é de prática de contravenção.*

O crime do art. 339 tem por objetivo evitar o andamento de investigações baseado em falsas imputações.

A conduta indicada no tipo penal é "dar causa", que significa provocar, motivar, originar. A imputação feita pelo agente requer a indicação de pessoa determinada, a descrição do crime, da infração ético-disciplinar ou ato ímprobo, supostamente cometido.

Ainda, o agente deve saber que o imputado é inocente, seja porque não foi o autor do crime, seja porque o delito não existiu.

Assim, estará consumado o delito quando o sujeito, que pode ser qualquer pessoa, dá causa:

- A instauração de IP;
- A procedimento investigatório criminal (PIC);
- A processo judicial;
- A processo administrativo disciplinar;
- A inquérito civil; ou
- A ação de improbidade administrativa, imputando a alguém crime, contravenção, infração ético-disciplinar ou ato de improbidade administrativa de que sabe ser a pessoa inocente.

Ademais, o paradigma para a correta percepção deste delito é que, aqui, o agente, imputando falsamente um fato a outrem, provoca a ação da autoridade.

A pena será aumentada de 1/6 se o agente se valer do anonimato.

A pena será diminuída de metade se a imputação é de contravenção penal.

O crime em estudo não se confunde com a calúnia, já que nesta, o *animus* é de "lesionar" a imagem do imputado, enquanto que no art. 339 a finalidade especial do agente é prejudicar o imputado, mediante a utilização da máquina pública.

O crime somente se pratica por dolo e a ação penal é pública incondicionada.

1.6.3 Comunicação falsa de crime

> ***Art. 340*** *Provocar a ação de autoridade, comunicando-lhe a ocorrência de crime ou de contravenção que sabe não se ter verificado:*
>
> *Pena - detenção, de um a seis meses, ou multa.*

Consiste na conduta de provocar a ação de autoridade a partir de uma informação falsa de crime ou contravenção.

É o popular **trote.**

Igualmente, não se pode confundir o crime de denunciação caluniosa com a comunicação falsa de crime. Neste, o agente comunica um fato inexistente, enquanto que, naquela, o fato existe, mas imputa-se a autoria a quem se sabe não ter praticado a infração.

O crime somente se pratica mediante dolo e a ação penal é pública incondicionada.

1.6.4 Autoacusação falsa

> ***Art. 341*** *Acusar-se, perante a autoridade, de crime inexistente ou praticado por outrem:*
>
> *Pena - detenção, de três meses a dois anos, ou multa.*

Trata-se da conduta de imputar a si mesmo, assumir a autoria de delito que não ocorreu ou que foi perpetrado por terceiro. Enfim, é confessar ter cometido um crime imaginário ou, se existente, que foi praticado por outra pessoa.

Fique ligado

Consiste na autoimputação falsa de **crime** inexistente ou praticado por outrem, não se incluindo a contravenção.

Além disso, é necessário que se faça "perante" a autoridade, não configurando o crime quando a confissão é feita a particular ou pessoa sem a qualidade de autoridade.

O elemento subjetivo do tipo é o dolo, consistente na vontade livre de acusar-se, com consciência de que o crime inexistiu ou foi cometido por outrem.

A ação penal é pública incondicionada.

1.6.5 Falso testemunho ou falsa perícia

> ***Art. 342*** *Fazer afirmação falsa, ou negar ou calar a verdade como testemunha, perito, contador, tradutor ou intérprete em processo judicial, ou administrativo, inquérito policial, ou em juízo arbitral:*
>
> *Pena - reclusão, de 2 (dois) a 4 (quatro) anos, e multa.*
>
> *§ 1º As penas aumentam-se de um sexto a um terço, se o crime é praticado mediante suborno ou se cometido com o fim de obter prova destinada a produzir efeito em processo penal, ou em processo civil em que for parte entidade da administração pública direta ou indireta.*
>
> *§ 2º O fato deixa de ser punível se, antes da sentença no processo em que ocorreu o ilícito, o agente se retrata ou declara a verdade.*
>
> ***Art. 343*** *Dar, oferecer ou prometer dinheiro ou qualquer outra vantagem a testemunha, perito, contador, tradutor ou intérprete, para fazer afirmação falsa, negar ou calar a verdade em depoimento, perícia, cálculos, tradução ou interpretação:*
>
> *Pena - reclusão, de três a quatro anos, e multa.*
>
> ***Parágrafo único.*** *As penas aumentam-se de um sexto a um terço, se o crime é cometido com o fim de obter prova destinada a produzir efeito em processo penal ou em processo civil em que for parte entidade da administração pública direta ou indireta.*

O bem jurídico tutelado pelo art. 342 é a administração da justiça e veracidade das provas.

O objetivo de um processo, administrativo ou judicial é, basicamente, buscar a verdade dos fatos.

Naturalmente, que qualquer sujeito processual que interfira calando com a verdade ou, simplesmente, não participando de maneira honesta, compromete o resultado do feito.

O delito incrimina os comportamentos de "**fazer afirmação falsa**", que consiste na conduta comissiva, na qual o agente afirma uma inverdade, "**negar a verdade**", conduta na qual o agente nega o que sabe, e "**calar a verdade**", circunstância em que o agente silencia, omite o que sabe.

O crime pode ser praticado por qualquer pessoa. Na segunda parte, somente o perito, tradutor, contador, podem incorrer no delito.

Fique ligado

Lembre-se, prevalece no STF e no STJ a orientação no sentido de que a pessoa que não presta juramento de dizer a verdade também poderá responder por este crime.

Por sua vez, o perito é um auxiliar da justiça, consistindo em especialista chamado a opinar acerca de questão concernente ao seu âmbito de conhecimento. Tradutor é o perito incumbido de traduzir do estrangeiro. Intérprete é quem medeia a comunicação entre a autoridade e alguma pessoa que desconhece o idioma nacional ou que não pode falar (Ex.: Libras). Contador é o especialista em cálculos, muitas vezes, o único apto a avaliar balanços empresariais, importantes, principalmente, para casos de crimes falimentares.

O falso testemunho ou falsa perícia podem ser praticados em:

- Processo judicial, aquele presidido por autoridade judiciária;
- Processo administrativo, o meio de apuração e punição de faltas de servidores públicos e demais pessoas sujeitas a regime funcional estatutário;
- Inquérito policial, o procedimento administrativo que realiza a persecução criminal pré-processual;
- Juízo arbitral, um meio alternativo de solução de litígio, ou qualquer outra corte administrativa de mediação de conflitos.;

O crime só se pratica mediante dolo e a ação penal é pública incondicionada.

Por outro lado, não haverá o crime de falso testemunho se a testemunha mentir, ainda que compromissada, para não se incriminar (autodefesa), pois há inexigibilidade de conduta diversa da sua parte.

1.6.6 Coação no curso do processo

> ***Art. 344*** *Usar de violência ou grave ameaça, com o fim de favorecer interesse próprio ou alheio, contra autoridade, parte, ou qualquer outra pessoa que funciona ou é chamada a intervir em processo judicial, policial ou administrativo, ou em juízo arbitral:*
>
> *Pena - reclusão, de um a quatro anos, e multa, além da pena correspondente à violência.*

O direito penal como última instância de atuação deve manter preservada a estrutura da justiça e o bom andamento processual, por esta razão é que o prosseguimento íntegro de um processo também recebe a chancela do direito penal quando maculado ou quando esteja na iminência de ser comprometido.

O crime do art. 344 consiste em usar o agente de violência ou grave ameaça no intuito de favorecer interesse próprio ou alheio, contra quem venha a funcionar no processo judicial, policial, administrativo ou arbitral.

O crime somente se pratica mediante dolo e se consuma com o uso da violência ou grave ameaça, não sendo necessário que o agente consiga o efetivo favorecimento ou que a vítima se sinta intimidada.

A ação penal é pública incondicionada.

1.6.7 Exercício arbitrário das próprias razões

> ***Art. 345*** *Fazer justiça pelas próprias mãos, para satisfazer pretensão, embora legítima, salvo quando a lei o permite:*
>
> *Pena - detenção, de quinze dias a um mês, ou multa, além da pena correspondente à violência.*
>
> ***Parágrafo único.*** *Se não há emprego de violência, somente se procede mediante queixa.*
>
> ***Art. 346*** *Tirar, suprimir, destruir ou danificar coisa própria, que se acha em poder de terceiro por determinação judicial ou convenção:*
>
> *Pena - detenção, de seis meses a dois anos, e multa.*

O art. 345 criminaliza a conduta do agente que tendo ou acreditando ter direito contra outra pessoa, em vez de recorrer à justiça, arbitrariamente satisfaz sua pretensão, fazendo justiça pelas próprias mãos, conforme a expressão utilizada pelo tipo penal. Como visto, o direito penal é controlado e aplicado pelo Estado, não sendo permitida a aplicação do direito pelo próprio particular, como ocorria, por exemplo, no período da vingança privada.

O crime somente se consuma quando a pretensão do agente é satisfeita.

A ação penal será pública incondicionada se houver o uso de violência. Não havendo violência, por expressa previsão legal, a ação penal será privada, sendo promovida mediante queixa.

Por sua vez, o art. 346, do CP, prevê a figura mais grave do crime de exercício arbitrário das próprias razões, que elenca em seu *caput* as condutas que serão punidas: tirar, suprimir, destruir, danificar coisa própria que esteja em poder de terceiro, o que pode ocorrer devido a uma ordem judicial (medida liminar, penhora, guarda, fiel depositário etc.) ou em decorrência de um contrato (convenção, acordo, convênio etc.) bilateral entre as partes.

Importa destacar que para a caracterização aludido delito, é necessário que a coisa (objeto do delito) pertença ao sujeito ativo; caso contrário, a conduta poderá ser tipificada como crime contra o patrimônio ou desobediência à ordem judicial.

O elemento subjetivo do tipo é o dolo. A consumação do delito se dá com a efetiva tirada, supressão, destruição ou danificação. A tentativa é possível e o crime se processa mediante ação penal pública incondicionada.

1.6.8 Fraude processual

> ***Art. 347*** *Inovar artificiosamente, na pendência de processo civil ou administrativo, o estado de lugar, de coisa ou de pessoa, com o fim de induzir a erro o juiz ou o perito:*
>
> *Pena - detenção, de três meses a dois anos, e multa.*
>
> ***Parágrafo único.*** *Se a inovação se destina a produzir efeito em processo penal, ainda que não iniciado, as penas aplicam-se em dobro.*

O processo é o meio pelo qual o Estado-Juiz aplica as disposições do direito material, a fim de aplicá-lo de maneira imparcial e dirimir os conflitos sociais. Sob esta ótica, a fraude processual, crime descrito no art. 347, do CP, tem como finalidade impedir o bom êxito do processo.

O sujeito ativo pode ser qualquer pessoa, mesmo que não seja interessada ou não tenha participação no processo.

O sujeito passivo é o Estado.

A ideia central da figura criminosa consiste na inovação artificiosa, consistente em alterar ou mudar o estado de um lugar, coisa ou pessoa, com a finalidade específica de induzir a erro o juiz da causa ou o perito responsável pela reconstituição (apenas os dois envolvidos).

A inovação artificiosa significa a transformação de algo utilizando-se de um meio fraudulento (artifício ou ardil), ou seja, que visa ocultar a constatação da modificação realizada.

A inovação artificiosa, para configurar a hipótese do *caput*, deverá ocorrer na pendência do julgamento de processo civil ou administrativo. Se a inovação ocorrer no curso de processo penal, haverá causa de aumento de pena (em dobro).

O crime só se pratica com dolo e com a finalidade específica de ludibriar o juiz ou perito.

A ação penal é pública incondicionada.

1.6.9 Favorecimento pessoal

> ***Art. 348*** *Auxiliar a subtrair-se à ação de autoridade pública autor de crime a que é cominada pena de reclusão:*
>
> *Pena - detenção, de um a seis meses, e multa.*
>
> *§ 1º Se ao crime não é cominada pena de reclusão:*
>
> *Pena - detenção, de quinze dias a três meses, e multa.*
>
> *§ 2º Se quem presta o auxílio é ascendente, descendente, cônjuge ou irmão do criminoso, fica isento de pena.*

O **crime** de favorecimento pessoal caracteriza-se pela assistência prestada depois da prática de um delito, com o intuito de auxiliar o autor do crime, a que é cominada pena de **reclusão**, a subtrair-se (fugir) da ação da autoridade competente (tanto judicial como a policial).

Se o autor do crime a que se presta o auxílio, é cominada pena de detenção, haverá a forma privilegiada do delito, conforme prevê o §1º, do art. 348.

O crime é praticado com dolo de favorecimento de outrem, mediante a vontade livre de auxiliar, com consciência de que o favorecido está ou irá ser perseguido pela autoridade.

A consumação se dá no momento que o favorecido consegue subtrair-se à ação da autoridade pública.

Fique ligado

Lição importantíssima trazida pelo §2º, do art. 348, do CP, diz respeito à chamadas escusas absolutórias. Assim, se o auxílio é prestado ao **cônjuge, ascendente, descendente ou irmão,** o sujeito será isento de pena. Mas cuidado, pois esta disposição não se aplica aos crimes subsequentes, especialmente no favorecimento real.

A ação penal é pública incondicionada.

1.6.10 Favorecimento real

> ***Art. 349*** *Prestar a criminoso, fora dos casos de coautoria ou de receptação, auxílio destinado a tornar seguro o proveito do crime:*
>
> *Pena - detenção, de um a seis meses, e multa.*

Diferentemente do favorecimento pessoal, o favorecimento real se materializa pelo auxílio prestado a criminoso, a fim de garantir o sucesso do ilícito praticado anteriormente, assegurando-se o proveito do crime.

Merece atenção a expressão “fora dos casos de coautoria ou de receptação”. Perceba que a configuração do delito exige que o auxílio seja prestado após a prática do crime, pois se o auxílio for praticado antes ou durante a prática criminosa, configurar-se-á a coautoria ou participação. Nesse sentido, a descrição do tipo penal é clara na expressão “que o agente não seja coautor, partícipe ou receptador”.

A conduta de prestar indica comportamento ativo direcionado a tornar seguro o proveito do crime de outrem.

O crime somente se pratica com dolo.

Se o agente desconhece que o proveito é oriundo de delito precedente, haverá erro de tipo.

A ação penal é pública incondicionada.

1.6.11 Favorecimento real impróprio

> ***Art. 349-A*** *Ingressar, promover, intermediar, auxiliar ou facilitar a entrada de aparelho telefônico de comunicação móvel, de rádio ou similar, sem autorização legal, em estabelecimento prisional.*
>
> *Pena: detenção, de 3 (três) meses a 1 (um) ano.*

Trata-se de delito que visa tutelar a integridade de estabelecimento prisional, evitando que os visitantes ingressem ou facilitem a entrada de aparelhos telefônicos ou qualquer outro meio que permita contato com o meio externo.

O tipo penal prevê cinco verbos núcleos alternativos: ingressar, promover, intermediar, auxiliar ou facilitar.

As condutas incriminadas devem ser praticadas sem autorização legal (elemento normativo do tipo) e em estabelecimento prisional, pois caso contrário, o fato é atípico.

Com relação ao sujeito ativo é importante ter cuidado. Em regra, pode ser qualquer pessoa, inclusive o próprio apenado (que se encontre em regime aberto ou semiaberto).

Reitere-se que se o sujeito ativo for funcionário público, poderá responder pelo delito do art. 319-A, do CP.

Ademais, o preso que utiliza o celular nas dependências do estabelecimento prisional não pratica crime, apenas falta grave.

O crime se pratica mediante dolo, ou seja, a vontade livre e consciente de praticar as condutas previstas no tipo penal, a fim de fazer chegar ao preso o equipamento de comunicação.

A ação penal é pública incondicionada.

1.6.12 Fuga de pessoa presa ou submetida à medida de segurança

> ***Art. 351*** *Promover ou facilitar a fuga de pessoa legalmente presa ou submetida a medida de segurança detentiva:*
>
> *Pena - detenção, de seis meses a dois anos.*
>
> *§ 1º Se o crime é praticado a mão armada, ou por mais de uma pessoa, ou mediante arrombamento, a pena é de reclusão, de dois a seis anos.*
>
> *§ 2º Se há emprego de violência contra pessoa, aplica-se também a pena correspondente à violência.*
>
> *§ 3º A pena é de reclusão, de um a quatro anos, se o crime é praticado por pessoa sob cuja custódia ou guarda está o preso ou o internado.*
>
> *§ 4º No caso de culpa do funcionário incumbido da custódia ou guarda, aplica-se a pena de detenção, de três meses a um ano, ou multa.*

No rol dos crimes praticados em face do sistema prisional, o tipo penal do art. 351 possui grande relevância.

O bem jurídico tutelado é a administração da justiça.

Inicialmente, vale destacar que o crime de **fuga de pessoa presa ou submetida à medida de segurança não é praticado pelo preso**, mas sim, pela pessoa que promove ou facilita a sua fuga.

Fique ligado

Ainda, é prudente ressaltar que, caso o funcionário público promova ou facilite a fuga, esse responde a título de dolo ou culpa, conforme §4º, do art. 351, do CP.

Retirada a exceção do quadro acima, quando o crime é próprio, a regra é que o crime seja comum, podendo ser praticado por qualquer pessoa.

O art. 351 criminaliza a conduta de quem promove ou facilita a fuga de pessoa legalmente presa (inclusive menor que cumpre medida socioeducativa) ou submetida à medida de segurança detentiva. Ademais, cuida-se de crime de ação livre, podendo ser praticado com emprego de qualquer meio executivo: ameaça, fraude, violência contra a pessoa ou coisa, dentre outros meios.

Ademais, é indispensável a **legalidade** da prisão (provisória ou definitiva) ou medida de segurança, pois, em se tratando de prisão ilegal, não haverá o preenchimento dos elementos que constituem o tipo penal, porquanto a legalidade da prisão é elemento normativo do tipo.

O crime se pratica mediante dolo, admitindo-se a culpa quando o sujeito ativo é o funcionário público, conforme acima destacado.

O §1° prevê a forma qualificada pelo meio de execução. De acordo com o dispositivo, se o crime é praticado à mão armada (arma branca ou de fogo), ou por mais de uma pessoa, ou mediante arrombamento, a pena será de reclusão de dois a seis anos.

O § 2° trata do concurso de crimes no caso de emprego de violência contra pessoa, sendo aplicada cumulativamente à pena correspondente à violência com a sanção do delito do art. 351.

Por fim, o § 3°, prevê circunstância qualificadora em razão da condição do agente, incidindo quando o crime é praticado por pessoa sob cuja custódia ou guarda está o preso ou internado. No caso, identifica-se uma falha funcional, cuidando-se, pois, de qualificadora, na qual o sujeito ativo é especial próprio. Dessa maneira, o servidor responsável pelos detentos que facilitar a fuga do custodiado é quem responde pela forma qualificada.

A ação penal é de iniciativa pública incondicionada.

1.6.13 Evasão mediante violência

> ***Art. 352*** *Evadir-se ou tentar evadir-se o preso ou o indivíduo submetido a medida de segurança detentiva, usando de violência contra a pessoa:*
>
> *Pena - detenção, de três meses a um ano, além da pena correspondente à violência.*

O crime em questão visa evitar a rebeldia daquele que se encontra custodiado.

Trata-se de crime próprio, pois somente a pessoa presa ou submetida à medida de segurança pode praticar o delito, sendo indispensável que a prisão ou internação seja formalmente legal.

Entretanto, o crime somente restará consumado se o detento fugir ou tentar fugir valendo-se de violência contra a pessoa.

Logo, se a fuga é desprovida de violência, não há que se falar no crime do art. 352.

Fique ligado

É relevante mencionar que o crime do art. 352 é punido com a mesma pena tanto para aquele que efetivamente foge quanto para aquele que tenta fugir, mas não consegue, recebendo a nomenclatura de crime de empreendimento ou de atentado.

O crime só se pratica com dolo, consistente na vontade livre e consciente de evadir-se, usando de violência contra pessoa.

A ação penal é pública incondicionada.

1.6.14 Arrebatamento de preso

> ***Art. 353*** *Arrebatar preso, a fim de maltratá-lo, do poder de quem o tenha sob custódia ou guarda:*
>
> *Pena - reclusão, de um a quatro anos, além da pena correspondente à violência.*

A conduta consiste em arrebatar preso do poder de quem o tenha sob custódia ou guarda, a fim de maltratá-lo. O verbo é arrebatar, que significa tomar à força, arrancar, subtrair o preso.

O tipo alude ao preso, seja a prisão legal ou ilegal. Não há menção àquele que cumpre medida de segurança.

A seu turno, o preso pode ser arrebatado do seu cubículo ou de outro local que se encontre sob a tutela pública, como uma sala de audiência, por exemplo.

A conduta somente se pratica com o dolo de arrebatamento somado ao especial fim de agir (maltratar o preso).

A ação penal é pública incondicionada.

1.6.15 Motim de presos

> ***Art. 354*** *Amotinarem-se presos, perturbando a ordem ou disciplina da prisão:*
>
> *Pena - detenção, de seis meses a dois anos, além da pena correspondente à violência.*

Para se evitar rebeliões e o mau comportamento carcerário, houve a necessidade de tipificação desta conduta.

O crime é plurissubjetivo, pois, seguindo o entendimento que prevalece, deve ser praticado por um número significativo de pessoas. Portanto, é crime coletivo ou de concurso necessário.

Amotinarem-se significa rebelarem-se, revoltarem-se, promover algazarra.

Para a consumação do crime, que só se pratica mediante dolo, é imperioso que a revolta conjunta tumultue a ordem ou disciplina do estabelecimento prisional, mediante atos de violência contra os agentes penitenciários e as instalações.

A ação penal é pública incondicionada.

1.6.16 Patrocínio infiel

> ***Art. 355*** *Trair, na qualidade de advogado ou procurador, o dever profissional, prejudicando interesse, cujo patrocínio, em juízo, lhe é confiado:*
>
> *Pena - detenção, de seis meses a três anos, e multa.*

Trata-se de crime próprio, que só pode ser praticado pelo advogado legitimamente constituído ou por procurador.

No crime em estudo há uma traição envolvendo o dever profissional, prejudicando a pessoa que o constituiu para atuar em juízo.

O crime é material e somente praticado mediante dolo.

A ação penal é pública incondicionada.

1.6.17 Patrocínio simultâneo ou tergiversação

> ***Parágrafo único.*** *Incorre na pena deste artigo o advogado ou procurador judicial que defende na mesma causa, simultânea ou sucessivamente, partes contrárias.*

Na mesma pena do artigo anterior incorre o advogado ou o procurador (crime próprio), que patrocina (representa, defende) interesses simultâneos (ao mesmo tempo) ou de maneira sucessiva (inicia representando uma parte e, posteriormente, passa a representar a outra).

Aqui, contudo, o crime é de consumação antecipada (formal), na medida em que não se exige o prejuízo efetivo.

O crime é doloso e processado mediante ação penal pública incondicionada.

1.6.18 Sonegação de papel ou objeto de valor probatório

> ***Art. 356*** *Inutilizar, total ou parcialmente, ou deixar de restituir autos, documento ou objeto de valor probatório, que recebeu na qualidade de advogado ou procurador:*
>
> *Pena - detenção, de seis meses a três anos, e multa.*

O crime é próprio, pois só pode ser praticado pelo advogado ou procurador (exigência do tipo penal).

Assim, sempre que o patrocinador da causa destruir ou tornar sem valor documento ou não o restituir, configurar-se-á o crime em tese.

A consumação do delito ocorre com a não restituição dos autos ou com a inutilização daquilo que tenha valor probatório.

O crime é doloso e processado mediante ação penal pública incondicionada.

1.6.19 Exploração de prestígio

> ***Art. 357*** *Solicitar ou receber dinheiro ou qualquer outra utilidade, a pretexto de influir em juiz, jurado, órgão do Ministério Público, funcionário de justiça, perito, tradutor, intérprete ou testemunha:*
>
> *Pena - reclusão, de um a cinco anos, e multa.*
>
> ***Parágrafo único.*** *As penas aumentam-se de um terço, se o agente alega ou insinua que o dinheiro ou utilidade também se destina a qualquer das pessoas referidas neste artigo.*

Trata-se de modalidade especial do delito de tráfico de influência.

O sujeito ativo é qualquer pessoa que solicita ou recebe dinheiro (propina) sob a mera alegação de que irá influir em funcionário da justiça. Inclusive, o tipo penal cita taxativamente os servidores, não se estendendo a outras pessoas: juiz, jurado, órgão do MP, funcionários da justiça (oficial de justiça, técnicos, analistas e demais serventuários), perito, tradutor, intérprete ou testemunha.

Registre-se que para a consumação do crime, o funcionário público mencionado **não precisa ter conhecimento da situação**, na medida em que o autor do fato está se utilizando de um suposto interesse sobre o serventuário.

Fique ligado

> No tráfico de influência (art. 332, CP), os núcleos são os mesmos ("solicitar, exigir, cobrar ou obter, para si ou para outrem), vantagem ou promessa de vantagem, a pretexto de influir em ato praticado por funcionário público no exercício da função", mas a suposta influência é exercida sobre um funcionário público que não seja atuante nas etapas relacionadas ao processo.

A mera solicitação consiste em crime formal (de consumação antecipada), enquanto o recebimento é crime material.

O parágrafo único prevê causa especial de aumento de pena de 1/3 (um terço), se o agente alegar ou insinuar que o dinheiro ou utilidade também se destina a qualquer das pessoas referidas no tipo penal.

Vale frisar que o funcionário que, supostamente, será influenciado não terá o conhecimento da situação, pois, se o tiver, poderá praticar o crime do art. 317, do CP.

Além disso, não há a necessidade de o sujeito ativo do crime de exploração de prestígio exercer efetivamente a influência sobre o funcionário, porquanto é punível a mera alegação do agente de que irá influir. Se a referida influência ocorrer, haverá mero exaurimento do crime (fato posterior não punível).

O crime é doloso e processado mediante ação penal pública incondicionada.

1.6.20 Violência ou fraude em arrematação judicial

Art. 358 Impedir, perturbar ou fraudar arrematação judicial; afastar ou procurar afastar concorrente ou licitante, por meio de violência, grave ameaça, fraude ou oferecimento de vantagem:

Pena - detenção, de dois meses a um ano, ou multa, além da pena correspondente à violência.

Trata-se de crime comum, podendo ser praticado por qualquer pessoa.

O tipo penal tutela a administração da justiça, objetivando inibir práticas lesivas em arrematação judicial promovida por particular. O art. 358 criminaliza a conduta daquele que tumultua, impede a realização de uma arrematação judicial ou, por meio de violência ou grave ameaça, impede que o interessado participe.

O crime é doloso e processado mediante ação penal pública incondicionada.

1.6.21 Desobediência à decisão judicial sobre perda ou suspensão de direito

Art. 359 Exercer função, atividade, direito, autoridade ou múnus, de que foi suspenso ou privado por decisão judicial:

Pena - detenção, de três meses a dois anos, ou multa.

Da mesma forma que a lei penal pune aquele que se diz funcionário público ou que exerce a função pública antes de nomeado ou depois de formalmente afastado, há a previsão daquele que exerce uma função, atividade, direito, autoridade ou múnus (serviço privado, mas com relevância pública, por exemplo, a advocacia) de que foi afastado por decisão judicial.

O crime é classificado como próprio, pois somente aquele afastado por decisão judicial é que pode praticá-lo.

Para tanto, é preciso que o agente exerça atos relacionados à função mesmo depois de ter sido afastado por decisão judicial.

O crime é doloso e processado mediante ação penal pública incondicionada.

1.7 Crimes contra as finanças públicas

Buscando preservar a saúde das finanças públicas, a Lei Complementar n° 101/2000 (Lei de Responsabilidade Fiscal) estabeleceu normas voltadas para a responsabilidade na gestão fiscal, a fim de prevenir riscos e corrigir desvios capazes de afetar o equilíbrio das contas públicas. A partir da LC nº 101/2000, foi editada a Lei n° 10.028/2000, que acrescentou o Capítulo IV (Dos Crimes contra as Finanças Públicas) ao Título XI (Dos Crimes contra a Administração Pública) da Parte Especial do CP (arts. 359-A a 359-H).

Importante lembrar que a depender da operação de crédito realizada com finanças públicas, vai se estabelecer a justiça competente para processar e julgar o caso, ora justiça federal ora justiça estadual.

1.7.1 Sujeitos do crime contra as finanças públicas

Trata-se de crime próprio, pois somente pode ser praticado pelos agentes públicos que detenham atribuição legal para realizar operação de crédito com finanças públicas.

1.7.2 Contratação de operação de crédito

Art. 359-A *Ordenar, autorizar ou realizar operação de crédito, interno ou externo, sem prévia autorização legislativa:*

Pena – reclusão, de 1 (um) a 2 (dois) anos.

Parágrafo único. *Incide na mesma pena quem ordena, autoriza ou realiza operação de crédito, interno ou externo:*

I – Com inobservância de limite, condição ou montante estabelecido em lei ou em resolução do Senado Federal.

II – Quando o montante da dívida consolidada ultrapassa o limite máximo autorizado por lei.

O art. 359-A criminaliza a conduta do sujeito ativo que **ordenar autorizar ou realizar operação de crédito de maneira interna ou externa sem a prévia autorização legislativa.** Isso quer dizer que não pode existir operação de crédito sem autorização prévia da câmara de vereadores, no âmbito municipal ou da assembleia legislativa em nível estadual, ou autorização do Congresso Nacional no âmbito federal. Note que estamos diante do **sistema de freios e contrapesos,** tão comentado por todo o ordenamento jurídico, que consiste no controle do poder pelo próprio poder.

Importante ressaltar que quando se fala em operações de créditos é preciso destacar o art. 29, inciso III, da Lei de Responsabilidade Fiscal (LC n° 101/2000), que apresenta o conceito de operação de crédito:

Lei Complementar n° 101/2000

Art. 29 *Para os efeitos desta Lei Complementar, são adotadas as seguintes definições:*

III - operação de crédito: compromisso financeiro assumido em razão de mútuo, abertura de crédito, emissão e aceite de título, aquisição financiada de bens, recebimento antecipado de valores provenientes da venda a termo de bens e serviços, arrendamento mercantil e outras operações assemelhadas, inclusive com o uso de derivativos financeiros;

Outra importante característica do tipo penal do art. 359–A diz respeito à sua consumação. Trata-se de **crime formal,** consumando-se quando o **sujeito ativo** pratica alguma das condutas típicas consistente em **ordenar ou autorizar operação de crédito.** Por outro lado, a conduta de **realizar operação de crédito trata-se de uma conduta material,** pois a consumação só ocorrerá com a efetiva contratação da operação de crédito.

Note que no elementar **ordenar**, poderá existir uma relação de hierarquia e subordinação, de modo que o subordinado ao agir praticar a conduta, de forma dolosa (com consciência e vontade), responderá como partícipe do crime. No entanto, se a operação de crédito é realizada sem a observância de ilegalidade por parte do subordinado, esse pode alegar **erro de proibição e ser isento de pena**, visto que só está cumprindo uma ordem.

Vale destacar que para a configuração do delito exige-se que as condutas sejam praticadas "sem prévia autorização legislativa", que vem a ser o elemento normativo do tipo. Existindo autorização, não há que se falar no crime do art. 359-A.

Outro detalhe que merece atenção é que o crime do art. 359-A não admite a modalidade **culposa**, admitindo-se por parte do funcionário público somente a atuação com dolo direto ou dolo eventual.

Fique ligado

Em razão da sanção cominada ao delito do art. 359-A ser de 1 a 2 anos, incide a lei do juizado especial criminal (JECRIM) Lei nº 9.099/1995, ainda que bem criticada pela doutrina haja vista que o delito visa lesar às finanças públicas.

1.7.3 Inscrição de despesas não empenhadas em restos a pagar

Art. 359-B *Ordenar ou autorizar a inscrição em restos a pagar, de despesa que não tenha sido previamente empenhada ou que exceda limite estabelecido em lei:*

Pena – detenção, de 6 (seis) meses a 2 (dois) anos.

Perceba que, novamente, trata-se de um crime de natureza formal, não exigindo resultado naturalístico para sua consumação. Note que o simples fato de o agente **ordenar ou autorizar** a inscrição em restos a pagar **sem estar previamente empenhada** ou que exceda o limite estabelecido, já configura a conduta do art. 359-B.

Conforme o art. 36 da Lei n° 4.320/1964, consideram-se restos a pagar as despesas empenhadas, mas não pagas até o dia 31 de dezembro, distinguindo-se as processadas das não processadas.

Trata-se de crime próprio, sendo sujeito ativo o agente público que possua atribuição legal para ordenar ou autorizar a inscrição em restos a pagar.

Portanto, incorre na conduta criminosa tipificada no art. 359-B o agente público que ordenar ou autorizar a inscrição em restos a pagar, de **dívida que não foi empenhada ou excedeu o limite previsto.**

1.7.4 Assunção de obrigação no último ano do mandato ou legislatura

> ***Art. 359-C*** *Ordenar ou autorizar a assunção de obrigação, nos dois últimos quadrimestres do último ano do mandato ou legislatura, cuja despesa não possa ser paga no mesmo exercício financeiro ou, caso reste parcela a ser paga no exercício seguinte, que não tenha contrapartida suficiente de disponibilidade de caixa:*
>
> *Pena – reclusão, de 1 (um) a 4 (quatro) anos.*

Note que a preocupação deste tipo penal é com o futuro Governo, haja vista que incorrerá nesse crime o agente que ordenar ou autorizar a assunção de obrigação nos dois últimos quadrimestres do último ano do mandato legislativo ou legislatura e que a despesa não possa ser paga no mesmo exercício financeiro ou que não tenha disponibilidade de caixa.

Outro detalhe desse dispositivo que deve ser observado trata-se de os **dois últimos quadrimestres do mandato ou legislatura, na qual a despesa não possa ser paga.** É importante também se atentar para o fato de que esse tipo penal trata de **assunção de despesa**, enquanto que os arts. 359-F e 359-G tratam do **não cancelamento de restos a pagar e o aumento de despesa total com pessoal no último ano do mandato ou legislatura,** respectivamente.

Note que existe um lapso temporal diferente que pode ser cobrado na sua prova. Veja que no art.359-C a conduta de **ordenar ou autorizar** a assunção de obrigação, deve se dar **nos dois últimos quadrimestres do último ano do mandato ou legislatura,** ao passo que no art. 359-G a conduta de **ordenar, autorizar ou executar** ato que acarrete aumento de **despesa** total com pessoal, deve ocorrer nos **180 dias anteriores** ao final do mandato ou da legislatura.

1.7.5 Ordenação de despesa não autorizada

> ***Art. 359-D*** *Ordenar despesa **não** autorizada por lei:*
>
> *Pena – reclusão, de 1 (um) a 4 (quatro) anos.*

No art.359-D é apresentada uma conduta genérica, no sentido de que o servidor público não pode ordenar despesas, quando não autorizadas por lei (lei orçamentária anual).

Trata-se de crime formal, não se exigindo resultado naturalístico, ou seja, que a despesa tenha sido efetuada, bastando a efetiva ordem da despesa não autorizada por lei, para a sua consumação.

Também se trata de crime próprio, pois somente pode ser praticado por agente público com atribuição legal para ordenar despesa.

O tipo penal abre algumas exceções, como no caso de uma despesa imprevisível ou um fato decorrente da força da natureza, que exigem uma atenção maior do Estado com a sociedade. Nesse caso, abre-se exceção para uma despesa não autorizado por lei.

Não haverá crime se a despesa tiver sido autorizada na lei orçamentária.

1.7.6 Prestação de garantias graciosas

> ***Art. 359-E*** *Prestar garantia em operação de crédito sem que tenha sido constituída contragarantia em valor igual ou superior ao valor da garantia prestada, na forma da lei:*
>
> *Pena – detenção, de 3 (três) meses a 1 (um) ano.*

O crime de prestação de garantias graciosas prevê conduta de menor potencial ofensivo. Observe que a definição de **operações de crédito** encontra-se no art. 29 da LRF, conforme acima mencionado.

A conduta típica do art. 359-E é prestar garantia, que significa dar, conceder. A garantia é prestada sem ter sido constituída contragarantia em valor igual ou superior àquela, na forma da lei.

Assim, por exemplo, o Estado (União, DF, Estado ou Município), em uma relação contratual, realiza uma operação de crédito com o particular (terceiro) e nessa transação o ente público oferece uma garantia para o terceiro, com objetivo de assegurar o cumprimento do contrato. Contudo, nessa relação contratual, o particular **não ofereceu uma contragarantia de valor igual ou superior ao valor ofertado pelo Estado.**

Portanto, o crime se consuma com a prestação de garantia sem a correspondente contragarantia, em valor igual ou superior àquela.

Fique ligado

Note que se não ocorrer uma contragarantia na relação contratual entre o Estado e o particular, estará configurado o crime de prestação de garantias graciosas.

1.7.7 Não cancelamento de restos a pagar

> ***Art. 359-F*** *Deixar de ordenar, de autorizar ou de promover o cancelamento do montante de restos a pagar inscrito em valor superior ao permitido em lei:*
>
> *Pena – detenção, de 6 (seis) meses a 2 (dois) anos.*

Como já foi visto anteriormente, o resto a pagar trata-se de despesa que já foi, previamente, empenhada, mas que não será paga até o fim do período orçamentário ou até 31/12.

O crime de não cancelamento de restos a pagar, previsto no art. 359-F, exige uma conduta dolosa do agente, consistente na vontade livre e consciente de deixar de ordenar, de autorizar ou de promover o cancelamento do montante de restos a pagar inscrito em valor superior ao permitido em lei.

Este delito ocorre da seguinte forma: o Estado, inicialmente, inscreve uma dívida em restos a pagar para realizar o pagamento em ano posterior, no entanto, diante da impossibilidade financeira para o pagamento da dívida, o agente público deixa de forma dolosa de promover o cancelamento do montante inscrito em restos a pagar.

1.7.8 Aumento de despesa total com pessoal no último ano do mandato ou legislatura

> ***Art. 359-G*** *Ordenar, autorizar ou executar ato que acarrete aumento de despesa total com pessoal, nos 180 dias anteriores ao final do mandato ou da legislatura:*
>
> *Pena – reclusão, de 1 (um) a 4 (quatro) anos.*

Assim como nos delitos anteriores, o tipo penal do art. 359-G tutela o equilíbrio das contas públicas, principalmente, a proteção da administração seguinte.

O crime do art. 359-G tem como verbos núcleos as condutas de ordenar, autorizar ou executar, **ato que acarrete aumento com**

despesa total com pessoal, 180 dias anteriores ao final do mandato ou legislatura.

O conceito de despesa total com pessoal está previsto no art. 18 da LCnº101/2000 (LRF):

> ***Art. 18*** *Para os efeitos desta Lei Complementar,* ***entende-se como despesa total com pessoal****: o somatório dos gastos do ente da Federação com os ativos, os inativos e os pensionistas, relativos a mandatos eletivos, cargos, funções ou empregos, civis, militares e de membros de Poder, com quaisquer espécies remuneratórias, tais como vencimentos e vantagens, fixas e variáveis, subsídios, proventos da aposentadoria, reformas e pensões, inclusive adicionais, gratificações, horas extras e vantagens pessoais de qualquer natureza, bem como encargos sociais e contribuições recolhidas pelo ente às entidades de previdência.*

O delito se consuma com o aumento da despesa total com pessoal, no prazo de 180 dias anteriores ao final do mandato ou legislatura.

Vale destacar que esse delito difere do **art. 359-C** visto anteriormente.

1.7.9 Oferta pública ou colocação de títulos no mercado

> ***Art. 359-H*** *Ordenar, autorizar ou promover a oferta pública ou a colocação no mercado financeiro de títulos da dívida pública sem que tenham sido criados por lei ou sem que estejam registrados em sistema centralizado de liquidação e de custódia:*
>
> *Pena - reclusão, de 1 (um) a 4 (quatro) anos.*

O delito de oferta pública ou colocação de títulos no mercado, previsto no art. 359-H criminaliza a conduta do agente público que ordenar, autorizar ou promover a oferta pública ou a colocação no mercado financeiro de títulos da dívida pública, sem que esses tenham sido criados por lei ou sem que estejam registrados em sistema centralizado de liquidação e de custódia.

Como se observa, a oferta pública ou a colocação no mercado financeiro, constituem o elemento normativo do tipo, porquanto se os títulos da dívida pública tenham sido criados por lei, ou esses tenham sido registrados em sistema centralizado de liquidação e de custódia, não restará configurado o delito do art. 359-H.

Trata-se de crime formal, que dispensa a ocorrência de resultado naturalístico para sua consumação.

A ação penal é pública incondicionada.

2 LEI Nº 9.099/1995 – JUIZADOS ESPECIAIS CÍVEIS E CRIMINAIS

Os Juizados Especiais Cíveis e Criminais, órgãos da Justiça Ordinária, serão criados pela União, no Distrito Federal e nos territórios, e pelos estados, para conciliação, processo, julgamento e execução, nas causas de sua competência.

Essa lei aplica-se para a Justiça Comum Estadual. Na **Justiça Federal**, ela pode ser utilizada de forma **subsidiária**, pois o Juizado Especial Federal tem legislação própria (Lei nº 10.259/2001).

O processo orientar-se-á pelos critérios da **oralidade, simplicidade, informalidade, economia processual e celeridade**, buscando, sempre que possível, a conciliação ou a transação.

O sistema dos **Juizados Especiais Civis** (JEC) aplica-se para **causas cíveis de menor complexidade**, enquanto os **Juizados Especiais Criminais** (JECrim) são utilizados **em infrações penais de menor potencial ofensivo.**

2.1 Juizados Especiais Cíveis

2.1.1 Competência

O Juizado Especial Cível tem competência para conciliação, processo e julgamento das causas cíveis de **menor complexidade**, sendo que essa Lei define quais são esses casos.

Podem ser apreciadas pelo JEC:

- Causas que não excedam 40 vezes o salário-mínimo;
- Hipóteses enumeradas no art. 275, II, do Código de Processo Civil (rito sumário do CPC);
- A ação de despejo para uso próprio;
- As ações possessórias sobre bens imóveis de valor não excedente a 40 salários-mínimos.

Essa competência é **facultativa**, isto é, o autor pode optar por ingressar com ação na Justiça Comum, mesmo que esteja enquadrada uma dessas hipóteses.

Se determinada ação for de valor superior a 40 salários-mínimos e a parte optar por esse procedimento, estará **renunciando ao crédito excedente ao teto** estabelecido, salvo conciliação (as partes podem fazer um acordo de valor superior).

O Juizado Especial também é competente para **executar seus próprios julgados e dos títulos executivos extrajudiciais de valor até 40 salários-mínimos** (observadas as restrições estabelecidas na Lei nº 9.099/1995).

Algumas ações, independentemente do valor, não podem ser apreciadas pelo Juizado Especial Cível, devendo tramitar na via comum.

São **excluídas** da competência do JEC as causas:

- De natureza alimentar, falimentar e fiscal;
- De interesse da Fazenda Pública;
- Relativas a acidentes de trabalho, a resíduos e ao estado das pessoas (ainda que de cunho patrimonial).

Mesmo quando o valor for igual ou inferior a 40 salários-mínimos, essas causas não poderão tramitar no JEC. A Lei nº 9.099/1995 também traz algumas regras de competência (locais em que a ação deve ser proposta).

Competência do foro:

- **Domicílio do réu:** autor pode optar pelo local onde o réu exerça atividades profissionais ou econômicas ou mantenha estabelecimento, filial, agência, sucursal ou escritório;
- **Local onde a obrigação deva ser satisfeita;**
- **Domicílio do autor ou do local do ato/fato:** reparação de danos de qualquer natureza.

Apesar dessas regras, em qualquer hipótese o autor pode optar por propor a ação no domicílio do réu.

2.1.2 Juiz, conciliadores e juízes leigos

A Lei nº 9.099/1995 traz um procedimento simplificado. O juiz possui **ampla liberdade** para determinar as provas a serem produzidas, para apreciá-las e dar especial valor às regras de experiência comum ou técnica.

Ele adotará em cada caso a decisão que reputar **mais justa e equânime**, atendendo aos **fins sociais da lei** e às **exigências do bem comum**.

O Juizado Especial é fortemente caracterizado pelos princípios da **conciliação** e da **celeridade**. Para privilegiar esses princípios, a Lei nº 9.099/1995 traz a figura de dois auxiliares da justiça no âmbito da competência dessa lei.

São auxiliares da Justiça:

- **Conciliadores** (bacharéis em Direito);
- **Juízes leigos** (advogados com mais de 5 anos de experiência – impedidos de exercer a advocacia perante os Juizados Especiais enquanto no desempenho de suas funções).

2.1.3 Partes no Juizado Especial

No Juizado Especial **não podem ser partes**:

- O incapaz;
- O preso;
- As pessoas jurídicas de direito público;
- As empresas públicas da União;
- A massa falida;
- O insolvente civil.

Independentemente do valor da causa ou matéria tratada, não poderão ser partes no JEC qualquer um dos acima indicados. Somente podem **propor ação** perante o Juizado Especial (legitimados ativos):

- **Pessoas físicas capazes** (cessionários de direito de pessoas jurídicas são excluídos; considera-se capaz o **maior de 18 anos**, inclusive para conciliação);
- **Microempresas**;
- **Oscip** (pessoas jurídicas qualificadas como Organização da Sociedade Civil de Interesse Público);
- **Sociedades de crédito ao microempreendedor.**

Nos termos dessa Lei, a obrigatoriedade de assistência por advogado depende do valor da causa:

- **Até 20 salários-mínimos: facultativa** (as partes comparecem pessoalmente, elas constituem advogados apenas se quiserem).
- **Valor superior: obrigatória** (devem obrigatoriamente constituir um advogado, não podem praticar os atos processuais pessoalmente).

No caso de **assistência facultativa**, se uma das partes comparecer assistida por advogado, ou se o réu for pessoa jurídica ou firma individual, terá a **outra parte, se quiser, assistência judiciária prestada por órgão instituído junto ao Juizado Especial, na forma da lei local.**

O juiz alertará as partes da conveniência do patrocínio por advogado, quando a causa o recomendar.

O mandato ao advogado **poderá ser verbal**, salvo quanto aos poderes especiais (não precisa de procuração escrita para conferir poderes gerais de foro para o advogado).

Não é admitida, no processo, nenhuma forma de intervenção de terceiro ou de assistência (mas o litisconsórcio é admitido).

O Ministério Público intervirá nos casos previstos em lei.

2.2 Atos processuais

Os atos processuais são **públicos** e poderão ser realizados em **horário noturno**, de acordo com o disposto nas **normas de organização judiciária**.

Na contagem de prazo em dias, estabelecido por lei ou pelo juiz, para a prática de qualquer ato processual, inclusive para a interposição de recursos, computar-se-ão somente os dias úteis. Sempre que **preencherem as finalidades** para as quais forem realizados, eles serão **considerados válidos** (atendidos os critérios definidos no art. 2º da Lei nº 9.099/2005).

Aqui, a lei adota o princípio da **instrumentalidade das formas**, isto é, caso a lei preveja determinada forma para a prática de um ato, sem cominação de nulidade, e o ato seja praticado de forma diversa, tendo ele alcançado a sua finalidade essencial, não será o mesmo anulado.

A prática de atos processuais em outras comarcas poderá ser solicitada por qualquer meio idôneo de comunicação.

- **Registro dos atos:** serão registrados apenas aqueles atos que forem considerados essenciais (de forma resumida), em notas manuscritas, datilografada ou estenotipadas.
  - Os demais atos (não considerados essenciais) poderão ser gravados em fita magnética ou equivalente, que será **inutilizada após o trânsito em julgado da decisão.**

2.2.1 Pedido

O processo é instaurado com a **apresentação do pedido** à Secretaria do Juizado (isso pode ser feito **por escrito** ou de **forma oral**). Nele, constará de forma simples e em linguagem acessível:

- O nome, a qualificação e o endereço das partes;
- Os fatos e os fundamentos, de forma sucinta;
- O objeto e seu valor (pode ser formulado pedido genérico quando não for possível determinar, desde logo, a extensão da obrigação).

No caso de **pedido oral**, ele será **reduzido a escrito pela Secretaria do Juizado**, podendo ser utilizado o sistema de fichas ou formulários impressos.

Os pedidos poderão ser **alternativos** ou **cumulados**. No caso de cumulação de pedidos, eles devem ser conexos e a **soma não deve ultrapassar o limite fixado na lei** (40 salários-mínimos).

Registrado o pedido, independentemente de distribuição e autuação, a Secretaria do Juizado designará a sessão de conciliação, a realizar-se no prazo de **15 dias.** Comparecendo inicialmente ambas as partes, instaurar-se-á, desde logo, a sessão de conciliação, dispensados o registro prévio de pedido e a citação.

Havendo pedidos contrapostos, poderá ser dispensada a contestação formal e ambos serão apreciados na mesma sentença.

2.2.2 Citações e intimações

A citação é a forma pela qual o réu tem ciência de que contra ele, corre um processo, sendo, nesse ato, chamado para integrar a relação processual.

A **citação** é feita:

- Por correspondência, com aviso de recebimento em mão própria;
- Tratando-se de pessoa jurídica ou firma individual, mediante entrega ao encarregado da recepção, que será obrigatoriamente identificado;
- Sendo necessário, por oficial de justiça, independentemente de mandado ou carta precatória.

O **comparecimento espontâneo suprirá a falta ou nulidade da citação.** Dessa forma, caso o réu não tenha sido citado ou a citação tenha ocorrido de maneira nula (citou por engano o vizinho, por exemplo), mas ele compareça espontaneamente em juízo, esse vício estará sanado.

A citação conterá cópia do pedido inicial, dia e hora para comparecimento do citando e advertência de que, não comparecendo este, considerar-se-ão verdadeiras as alegações iniciais, e será proferido julgamento, de plano (efeitos gerados pela revelia do réu).

- **Intimações:** feitas na forma prevista para citação, ou por qualquer outro meio idôneo de comunicação.

Dos atos praticados na audiência, considerar-se-ão, desde logo, cientes as partes (não precisam ser intimados, pois tiveram ciência desses atos quando eles foram praticados).

As partes devem comunicar as mudanças de endereço que ocorrerem no curso do processo. Se não o fizerem, as intimações enviadas ao local anteriormente indicado serão **reputadas eficazes.**

2.2.3 Revelia

Não comparecendo o demandado à sessão de conciliação ou à audiência de instrução e julgamento, reputar-se-ão verdadeiros os fatos alegados no pedido inicial, salvo se o contrário resultar da convicção do Juiz.

2.2.4 Conciliação e juízo arbitral

Aberta a sessão, o juiz togado ou leigo esclarecerá as partes presentes sobre as vantagens da conciliação, mostrando-lhes os riscos e as consequências do litígio, especialmente quanto ao disposto no § 3º do art. 3º desta alei (renúncia ao crédito que exceder a 40 salários-mínimos).

A conciliação será conduzida pelo juiz togado ou leigo ou por conciliador sob sua orientação. Obtida a conciliação, esta será **reduzida a escrito e homologada** pelo juiz togado, mediante **sentença com eficácia de título executivo.**

É cabível a conciliação não presencial conduzida pelo Juizado mediante o emprego dos recursos tecnológicos disponíveis de transmissão de sons e imagens em tempo real, devendo o resultado da tentativa de conciliação ser reduzido a escrito com os anexos pertinentes.

Se o demandado não comparecer ou recusar-se a participar da tentativa de conciliação não presencial, o juiz togado proferirá sentença.

Não obtida a conciliação, as partes poderão optar, de comum acordo, pelo juízo arbitral. O juízo arbitral considerar-se-á instaurado, **independentemente de termo de compromisso**, com a escolha do árbitro pelas partes. Se este não estiver presente, o juiz convocá-lo-á e designará, de imediato, a data para a audiência de instrução. Esse árbitro será escolhido dentre os juízes leigos.

O árbitro conduzirá o processo com os mesmos critérios do juiz (dirigirá o processo com liberdade para determinar as provas a serem produzidas, para apreciá-las e para dar especial valor às regras de experiência comum ou técnica), **podendo decidir por equidade.**

O árbitro apresentará o **laudo ao juiz togado para homologação por sentença irrecorrível** ao término da instrução, ou nos 5 dias subsequentes.

2.2.5 Instrução e julgamento

Caso não seja instituído o juízo arbitral, proceder-se-á imediatamente à audiência de instrução e julgamento, desde que não resulte prejuízo para a defesa.

Não sendo possível sua realização imediata, será a audiência designada para um dos **15 dias subsequentes**, cientes, desde logo, as partes e testemunhas eventualmente presentes.

Na audiência de instrução e julgamento, serão ouvidas as partes, colhidas as provas e, em seguida, proferida a sentença (as partes serão inquiridas ou interrogadas antes da produção das demais provas).

Serão **decididos de plano** (imediatamente) todos os incidentes que **possam interferir** no regular prosseguimento da audiência. As demais questões serão decididas na sentença.

As partes se **manifestarão imediatamente** sobre os documentos apresentados pela parte contrária, **sem interrupção da audiência.**

2.2.6 Resposta do réu

A contestação pode ser apresentada de **forma escrita ou oral**. Na contestação, deve estar contida **toda a matéria de defesa**, exceto arguição de suspeição ou impedimento do Juiz, que se processará na forma da legislação em vigor.

No âmbito dos Juizados Especiais, não se admitirá a reconvenção. Entretanto, é lícito ao réu, na contestação, formular pedido em seu favor, nos limites do art. 3º desta lei, desde que fundado nos mesmos fatos que constituem objeto da controvérsia (pedido contraposto).

O autor poderá responder ao pedido do réu na própria audiência ou requerer a designação da nova data, que será desde logo fixada, cientes todos os presentes.

2.2.7 Provas

Todos os meios de prova moralmente legítimos, ainda que não especificados em lei, são hábeis para provar a veracidade dos fatos alegados pelas partes.

Dessa forma, mesmo que determinado meio de prova não esteja previsto na legislação, mas seja moralmente legítimo, ele poderá ser utilizado para demonstrar a veracidade dos fatos narrados pelas partes.

Todas as provas serão produzidas na audiência de instrução e julgamento, **ainda que não requeridas previamente**, podendo o juiz limitar ou excluir as que considerar excessivas, impertinentes ou protelatórias. Assim, não é requisito para a produção da prova que a parte a tenha requerido previamente.

No Juizado Especial Cível, é possível trazer até **três testemunhas**. Essas testemunhas comparecem à audiência de instrução e julgamento levadas pela parte que as tenha arrolado, **independentemente de intimação**, ou mediante esta, se assim for requerido (só ocorre a intimação de testemunha se a parte o requerer).

Esse requerimento para intimação das testemunhas será apresentado à Secretaria, no **mínimo, 5 dias antes** da audiência de instrução e julgamento.

Se, mesmo após regularmente intimada, a testemunha não comparecer, o juiz poderá determinar sua imediata condução, valendo-se, se necessário, do auxílio da Força Pública (condução coercitiva).

Quando a prova do fato exigir, o juiz poderá inquirir técnicos de sua confiança, permitida às partes a apresentação de parecer técnico. No curso da audiência, poderá o juiz, de ofício ou a requerimento das partes, realizar inspeção em pessoas ou coisas, ou determinar que o faça pessoa de sua confiança, que lhe relatará informalmente o verificado.

A prova oral não será reduzida a escrito; a sentença deverá referir, no essencial, os informes trazidos nos depoimentos.

A instrução do processo poderá ser dirigida por juiz leigo, sob a supervisão de juiz togado.

2.2.8 Sentença

A sentença mencionará os elementos de convicção do juiz (com breve resumo dos fatos relevantes ocorridos em audiência), **dispensado o relatório**.

Não se admitirá sentença condenatória por quantia ilíquida, **ainda que genérico o pedido**. Dessa forma, mesmo que a parte tenha formulado um pedido genérico, o juiz não pode proferir sentença ilíquida, ela já deve apresentar o valor da condenação.

É ineficaz a sentença condenatória na parte que exceder a alçada estabelecida nesta lei. Dessa forma, caso a sentença condene o réu em quantia superior a 40 salários-mínimos, ela será ineficaz (sem produção de efeitos) no que ultrapassar esse valor.

O juiz leigo que tiver dirigido a instrução proferirá sua decisão e, imediatamente a submeterá ao juiz togado, que **poderá homologá-la, proferir outra em substituição** ou, antes de se manifestar, determinar a realização de atos probatórios indispensáveis.

Da sentença proferida, caberá recurso para o próprio Juizado (excetuada a homologatória de conciliação ou laudo arbitral). Esse recurso será julgado por uma turma composta por três juízes togados, em exercício no primeiro grau de jurisdição, reunidos na sede do Juizado (Turma Recursal).

Apesar de, em determinados casos, a assistência de advogado ser facultativa no âmbito dos Juizados Especiais, no recurso, as partes serão obrigatoriamente representadas por advogado.

O prazo para interposição de recurso é de **10 dias**, contados da ciência da sentença, por petição escrita, da qual constarão as razões e o pedido do recorrente.

Após a interposição, a parte recorrente tem que realizar o preparo em 48 horas, independentemente de intimação, sob pena de deserção. Após o preparo, a Secretaria intimará o recorrido para oferecer resposta escrita no prazo de 10 dias.

O recurso terá somente efeito devolutivo, mas o juiz poderá dar-lhe efeito suspensivo, para evitar dano irreparável para a parte.

O julgamento em segunda instância constará apenas da ata, com a indicação suficiente do processo, fundamentação sucinta e parte dispositiva. **Se a sentença for confirmada pelos próprios fundamentos, a súmula do julgamento servirá de acórdão**.

2.2.9 Embargos de declaração

Os embargos de declaração constituem o recurso cabível quando, na sentença ou acórdão, houver **obscuridade, contradição, omissão ou dúvida**. Tratando-se apenas de erros materiais, esses podem ser corrigidos de ofício.

Os embargos de declaração serão interpostos **por escrito ou oralmente**, no prazo de **5 dias**, contados da ciência da decisão. Os embargos de declaração interrompem o prazo para a interposição de recurso.

2.2.10 Extinção do processo sem julgamento do mérito

O processo será extinto (sem resolução do mérito), além dos casos previstos em lei, quando:

- O autor deixar de comparecer a qualquer das audiências do processo (caso comprove ter sido por motivo de força maior, a parte poderá ser isentada pelo juiz do pagamento das custas);
- Inadmissível o procedimento instituído por esta lei ou seu prosseguimento, após a conciliação;
- For reconhecida a incompetência territorial;

- Falecido o autor, a habilitação depender de sentença ou não se der no prazo de 30 dias;
- Falecido o réu, o autor não promover a citação dos sucessores no prazo de 30 dias da ciência do fato.

A extinção do processo **independerá**, em qualquer hipótese, de prévia intimação pessoal das partes.

2.2.11 Execução

O juizado possui competência para executar suas próprias decisões. A execução da sentença processar-se-á, no próprio juizado, aplicando-se, no que couber, o disposto no Código de Processo Civil, com as seguintes alterações:

- As sentenças serão necessariamente líquidas, contendo a conversão em Bônus do Tesouro Nacional (BTN) ou índice equivalente;
- Os cálculos de conversão de índices, de honorários, de juros e de outras parcelas serão efetuados por servidor judicial;
- A intimação da sentença será feita, sempre que possível, na própria audiência em que for proferida. Nessa intimação, o vencido será instado a cumprir a sentença tão logo ocorra seu trânsito em julgado, e advertido dos efeitos do seu descumprimento (inciso V);
- Não cumprida voluntariamente a sentença transitada em julgado, e tendo havido solicitação do interessado, que poderá ser verbal, proceder-se-á desde logo à execução, dispensada nova citação;
- Nos casos de obrigação de entregar, de fazer, ou de não fazer, o juiz, na sentença ou na fase de execução, cominará multa diária, arbitrada de acordo com as condições econômicas do devedor, para a hipótese de inadimplemento. Não cumprida a obrigação, o credor poderá requerer a elevação da multa ou a transformação da condenação em perdas e danos, que o juiz de imediato arbitrará, seguindo-se a execução por quantia certa, incluída a multa vencida de obrigação de dar, quando evidenciada a malícia do devedor na execução do julgado;
- Na obrigação de fazer, o juiz pode determinar o cumprimento por outrem, fixado o valor que o devedor deve depositar para as despesas, sob pena de multa diária;
- Na alienação forçada dos bens, o juiz poderá autorizar o devedor, o credor ou terceira pessoa idônea a tratar da alienação do bem penhorado, a qual se aperfeiçoará em juízo até a data fixada para a praça ou leilão. Sendo o preço inferior ao da avaliação, as partes serão ouvidas. Se o pagamento não for à vista, será oferecida caução idônea, nos casos de alienação de bem móvel, ou hipotecado o imóvel;
- É dispensada a publicação de editais em jornais, quando se tratar de alienação de bens de pequeno valor;
- O devedor poderá oferecer embargos, nos autos da execução, versando sobre:
  - Falta ou nulidade da citação no processo, se ele correu à revelia;
  - Manifesto excesso de execução;
  - Erro de cálculo;
  - Causa impeditiva, modificativa ou extintiva da obrigação, superveniente à sentença.

A execução de **título executivo extrajudicial**, no valor de **até 40 salários-mínimos**, obedecerá ao disposto no Código de Processo Civil, com as modificações introduzidas por esta lei.

Efetuada a penhora, o devedor será intimado a comparecer à audiência de conciliação, quando poderá oferecer embargos (art. 52, IX, Lei nº 9.099/1995), por escrito ou verbalmente.

Na audiência, será buscado o **meio mais rápido e eficaz para a solução do litígio**, se possível com dispensa da alienação judicial, devendo o conciliador propor, entre outras medidas cabíveis, o pagamento do débito a prazo ou a prestação, a dação em pagamento ou a imediata adjudicação do bem penhorado.

Não apresentados os embargos em audiência, ou julgados improcedentes, qualquer das partes poderá requerer ao juiz a adoção de uma das alternativas descritas anteriormente.

Não encontrado o devedor ou inexistindo bens penhoráveis, o processo será imediatamente extinto, devolvendo-se os documentos ao autor.

2.2.12 Despesas

Em primeiro grau de jurisdição, o acesso ao Juizado Especial independerá do pagamento de custas, taxas ou despesas.

O preparo do recurso, na forma do § 1º do art. 42 desta lei (o preparo será feito, independentemente de intimação, nas 48 horas seguintes à interposição, sob pena de deserção), compreenderá todas as despesas processuais, inclusive aquelas dispensadas em primeiro grau de jurisdição, ressalvada a hipótese de assistência judiciária gratuita.

Em primeiro grau de jurisdição, não há condenação do vencido em custas e honorários de advogado (salvo se configurada litigância de má-fé).

Em segundo grau, o recorrente, vencido, **pagará as custas e honorários de advogado**, que serão fixados entre 10% e 20% do valor de condenação (não havendo condenação, utiliza-se do valor corrigido da causa como base de cálculo).

Na execução não serão contadas custas, salvo quando:

- Reconhecida a litigância de má-fé;
- Improcedentes os embargos do devedor;
- Tratar-se de execução de sentença que tenha sido objeto de recurso improvido do devedor.

2.2.13 Disposições finais

Instituído o Juizado Especial, serão implantadas as curadorias necessárias e o serviço de assistência judiciária.

O **acordo extrajudicial**, de qualquer natureza ou valor, **poderá ser homologado**, no juízo competente, independentemente de termo, valendo a sentença como **título executivo judicial**.

Valerá como **título extrajudicial** o acordo celebrado pelas partes, por instrumento escrito, **referendado pelo órgão competente do Ministério Público**.

Nas causas sujeitas ao procedimento instituído pela Lei nº 9.099/1995, **não é admitida a ação rescisória.**

2.3 Juizados Especiais Criminais (JECRIM)

2.3.1 Disposições gerais

O Juizado Especial Criminal, **provido por juízes togados ou togados e leigos**, tem competência para a conciliação, o julgamento e a execução das **infrações penais de menor potencial ofensivo**, respeitadas as regras de conexão e continência.

Na hipótese de reunião de processos, perante o juízo comum ou o tribunal do júri, decorrentes da aplicação das regras de conexão e continência, **observar-se-ão os institutos da transação penal e da composição dos danos civis.**

- Consideram-se infrações penais de menor potencial ofensivo (para os efeitos da Lei nº 9.099/1995):
  - As contravenções penais;
  - Os crimes a que a lei comine pena máxima não superior a 2 anos (cumulada ou não com multa).

O processo perante o Juizado Especial orientar-se-á pelos critérios de oralidade, simplicidade, informalidade, economia processual e celeridade, objetivando, sempre que possível, a reparação dos danos sofridos pela vítima e a aplicação de pena não privativa de liberdade.

2.3.2 Competência e atos processuais

A competência do Juizado é determinada pelo lugar em que foi praticada a infração penal.

Os atos processuais serão públicos e poderão realizar-se em horário noturno e em qualquer dia da semana, conforme dispuserem as normas de organização judiciária.

Os atos processuais serão válidos sempre que preencherem as finalidades para as quais foram realizados, atendidos os critérios indicados no art. 62 da Lei nº 9.099/1995 (critérios da oralidade, informalidade, economia processual e celeridade, objetivando, sempre que possível, a reparação dos danos sofridos pela vítima e a aplicação de pena não privativa de liberdade).

No âmbito do Juizado Especial Criminal, a nulidade somente será pronunciada se houver prejuízo para alguma das partes.

A prática de atos processuais em outras comarcas poderá ser solicitada por qualquer meio hábil de comunicação.

Somente serão registrados por escrito os atos havidos por essenciais. Os atos realizados em audiência de instrução e julgamento poderão ser gravados em fita magnética ou equivalente.

A citação será pessoal e far-se-á no próprio Juizado, sempre que possível, ou por mandado. Não encontrado o acusado para ser citado, o juiz encaminhará as peças existentes ao Juízo comum para adoção do procedimento previsto em lei.

A intimação far-se-á por correspondência, com aviso de recebimento pessoal ou, tratando-se de pessoa jurídica ou firma individual, mediante entrega ao encarregado da recepção, que será obrigatoriamente identificado, ou, sendo necessário, por oficial de justiça, independentemente de mandado ou carta precatória, ou ainda por qualquer meio idôneo de comunicação.

Dos atos que forem praticados em audiência, são consideradas intimadas desde logo cientes as partes, os interessados e defensores.

Do ato de intimação do autor do fato e do mandado de citação do acusado, constará a necessidade de seu comparecimento acompanhado de advogado, com a advertência de que, na sua falta, ser-lhe-á designado defensor público.

2.3.3 Fase preliminar

A autoridade policial que tomar conhecimento da ocorrência lavrará termo circunstanciado e o encaminhará imediatamente ao Juizado, com o autor do fato e a vítima, providenciando-se as requisições dos exames periciais necessários.

Depois da ocorrência do fato, a autoridade policial lavra o Termo Circunstanciado (TC) e encaminha para o Juizado. Não há inquérito nesse momento.

Se o autor do fato (trata-se do réu, mas a lei usa o termo "autor do fato") que, após a lavratura do termo, for imediatamente encaminhado ao juizado ou assumir o compromisso de a ele comparecer, não se imporá prisão em flagrante nem se exigirá fiança.

Em caso de violência doméstica, o juiz poderá determinar, como medida de cautela, seu afastamento do lar, domicílio ou local de convivência com a vítima.

Comparecendo o autor do fato e a vítima, e não sendo possível a realização imediata da audiência preliminar, será designada data próxima, da qual ambos sairão cientes.

Na falta do comparecimento de qualquer dos envolvidos, a Secretaria providenciará sua intimação e, se for o caso, a do responsável civil (intimação feita na forma dos arts. 67 e 68 da Lei nº 9.099/1995).

Na audiência preliminar, presente o representante do Ministério Público, o autor do fato e a vítima e, se possível, o responsável civil, acompanhados por seus advogados, o juiz esclarecerá sobre a possibilidade da composição dos danos e da aceitação da proposta de aplicação imediata de pena não privativa de liberdade.

A conciliação será conduzida pelo juiz ou também por conciliador (sob orientação do juiz).

Esses conciliadores são auxiliares da Justiça, recrutados, na forma da lei local, **preferentemente** entre bacharéis em Direito (mas aqueles que exerçam funções na administração da Justiça Criminal estão excluídos, não podem atuar como conciliadores).

Na audiência de conciliação, devem estar presentes o juiz, o promotor, a vítima e o autor do fato. Nessa audiência, eles podem fazer acordo.

A composição (acordo) dos danos civis:

- Será reduzida a escrito;
- Homologada pelo juiz (sentença irrecorrível);
- Eficácia de título a ser executado no juízo civil competente.

Tratando-se de ação penal de iniciativa privada ou de ação penal pública condicionada à representação, o acordo homologado acarreta a **renúncia ao direito de queixa ou representação**.

Não obtida a composição dos danos civis, será dada imediatamente ao ofendido a oportunidade de exercer o direito de **representação verbal, que será reduzida a termo**. O não oferecimento da representação na audiência preliminar não implica decadência do direito, que poderá ser exercido no prazo previsto em lei.

Havendo representação ou tratando-se de crime de ação penal pública incondicionada, não sendo caso de arquivamento, o Ministério Público poderá propor a aplicação imediata de pena restritiva de direitos ou multas, a ser especificada na proposta.

Nas hipóteses de ser a pena de multa a única aplicável, o juiz poderá reduzi-la **até a metade**.

Entretanto, **não se admitirá a proposta** se ficar comprovado:

- Ter sido o autor da infração **condenado**, pela prática de crime, à pena **privativa de liberdade**, por **sentença definitiva**;
- Ter sido o agente beneficiado anteriormente, no prazo de **5 anos**, pela aplicação de pena restritiva ou multa;
- **Não indicarem** os antecedentes, a conduta social e a personalidade do agente, bem como os motivos e as circunstâncias, **ser necessária e suficiente a adoção da medida**.

Se a proposta for aceita pelo autor da infração e seu defensor, será submetida à apreciação do juiz.

Se acolher essa proposta, o juiz aplicará a pena restritiva de direitos ou multa, que não importará em reincidência, sendo registrada apenas para impedir novamente o mesmo benefício no prazo de 5 anos.

A imposição dessa sanção não constará de certidão de antecedentes criminais, salvo para os fins previstos no mesmo dispositivo, e não terá efeitos civis, cabendo aos interessados propor ação cabível no juízo cível.

Dessa sentença cabe apelação (mas ela segue as regras previstas para esse recurso na Lei nº 9.099/1995).

2.3.4 Procedimento sumaríssimo

Na ação penal de iniciativa pública, quando não houver aplicação de pena, pela ausência do autor do fato (ou pela não ocorrência da aceitação da proposta), o Ministério Público oferecerá ao juiz, de imediato, denúncia oral, se não houver necessidade de diligências imprescindíveis.

Para o oferecimento da denúncia, que será elaborada com base no termo de ocorrência, com dispensa do inquérito policial, prescindir-se-á do exame do corpo de delito quando a materialidade do crime estiver aferida por boletim médico ou prova equivalente (nesse caso, então, não é preciso o exame de corpo de delito).

Se a complexidade ou circunstâncias do caso não permitirem a formulação da denúncia, o Ministério Público poderá requerer ao juiz o encaminhamento das peças existentes, na forma do parágrafo único do art. 66 da Lei nº 9.099/1995. Não encontrado o acusado para ser citado, o juiz encaminhará as peças existentes ao Juízo comum para adoção do procedimento previsto em lei.

Na ação penal **de iniciativa do ofendido**, poderá ser oferecida **queixa oral**, cabendo ao juiz verificar se a complexidade e as circunstâncias do caso determinam a adoção das providências previstas no parágrafo único do art. 66 dessa lei.

Oferecida a denúncia ou queixa, será reduzida a termo, entregando-se cópia ao acusado, que com ela ficará citado e imediatamente cientificado da designação de dia e hora para a audiência de instrução e julgamento, da qual também tomarão ciência o Ministério Público, o ofendido, o responsável civil e seus advogados.

Se o acusado não estiver presente, será citado na forma dos arts. 66 e 68 da Lei nº 9.099/1995 (pessoalmente no próprio Juizado ou por mandado) e cientificado da data da audiência de instrução e de julgamento, devendo a ela trazer suas testemunhas ou apresentar requerimento para intimação, no mínimo, 5 dias antes de sua realização.

Não estando presentes o ofendido e o responsável civil, serão intimados nos termos do art. 67 desta lei para comparecerem à audiência de instrução e julgamento (intimado por carta com aviso de recebimento ou qualquer outro meio idôneo).

As testemunhas arroladas serão intimadas por correspondência com aviso de recebimento ou qualquer outro meio idôneo.

No dia e hora designados para a audiência de instrução e julgamento, se na fase preliminar não tiver havido possibilidade de tentativa de conciliação e de oferecimento de proposta pelo Ministério Público, proceder-se-á a tentativa de conciliação (na forma estudada – fase preliminar).

Nenhum ato será adiado, determinando o juiz, **quando imprescindível a condução coercitiva** de quem deva comparecer.

Aberta a audiência, será dada a palavra ao defensor para responder à acusação. Após isso, o juiz receberá, ou não, a denúncia ou queixa; havendo recebimento, serão ouvidas a vítima e as testemunhas de acusação e defesa, interrogando-se a seguir o acusado, se presente, passando-se imediatamente aos debates orais e à prolação da sentença.

Todas as provas serão produzidas na audiência de instrução e julgamento, podendo o juiz limitar ou excluir as que considerar excessivas, impertinentes ou protelatórias.

> ***Art. 81** [...]*
>
> *§ 1º-A Durante a audiência, todas as partes e demais sujeitos processuais presentes no ato deverão respeitar a dignidade da vítima, sob pena de responsabilização civil, penal e administrativa, cabendo ao juiz garantir o cumprimento do disposto neste artigo, vedadas:*
>
> *I – a manifestação sobre circunstâncias ou elementos alheios aos fatos objeto de apuração nos autos;*
>
> *II – a utilização de linguagem, de informações ou de material que ofendam a dignidade da vítima ou de testemunhas.*

De todo o ocorrido na audiência, será lavrado termo, assinado pelo juiz e pelas partes, contendo breve resumo dos fatos relevantes ocorridos em audiência e a sentença. A sentença, dispensado o relatório, mencionará os elementos de convicção do juiz.

O recurso cabível no caso de decisão que rejeite a denúncia ou queixa e também da sentença é a **apelação**, que poderá ser julgada por turma composta de três juízes em exercício no primeiro grau de jurisdição, reunidos na sede do Juizado.

A apelação será interposta no prazo de **10 dias**, contados da ciência da sentença pelo Ministério Público, pelo réu e seu defensor, por petição escrita, da qual constarão as razões e o pedido do recorrente (o recorrido será intimado para oferecer resposta escrita também no prazo de 10 dias).

As partes poderão requerer a transcrição da gravação da fita magnética e serão intimadas da data da sessão de julgamento pela imprensa.

Se a sentença for confirmada pelos próprios fundamentos, a súmula do julgamento servirá de acórdão (nesse caso, a turma recursal confirmou a sentença dada, o acórdão é simplificado, consistirá apenas na súmula do julgamento).

Embargos de declaração:

- Recurso cabível quando houver obscuridade, contradição, omissão ou dúvida (em sentença ou em acórdão);
- Serão opostos por escrito ou oralmente;
- Opostos no prazo de cinco dias (contados da ciência da decisão).

Os embargos de declaração interrompem o prazo para a interposição de recurso.

Os erros materiais podem ser corrigidos de ofício (o próprio juiz corrige, sem que ninguém requeira).

2.3.5 Execução

Se a única pena aplicada for a de multa, seu cumprimento se dará mediante pagamento na Secretaria do Juizado. Efetuado o pagamento, o juiz declarará extinta a punibilidade, determinando que a condenação **não fique constando** dos registros criminais, exceto para fins de requisição judicial.

Mas, caso não seja efetuado o pagamento de multa, será feita a conversão **em pena privativa da liberdade**, ou **restritiva de direitos**, nos termos previstos em lei.

A execução das penas privativas de liberdade e restritivas de direitos, ou de multa cumulada com estas, será processada perante o órgão competente, nos termos da lei.

2.3.6 Despesas processuais

Nos casos de homologação do acordo civil e aplicação de pena restritiva de direitos ou multa, as despesas processuais serão reduzidas, conforme dispuser lei estadual.

2.3.7 Disposições finais

Além das hipóteses do Código Penal e da legislação especial, dependerá de representação a ação penal relativa aos crimes de lesões corporais leves e lesões culposas.

Nos crimes em que a pena mínima cominada for igual ou inferior a 1 ano, abrangidas ou não por esta lei, o Ministério Público, ao oferecer a denúncia, poderá propor a suspensão do processo, por 2 a 4 anos, desde que o acusado não esteja sendo processado ou não tenha sido condenado por outro crime, presentes os demais requisitos que autorizariam a suspensão condicional da pena (os requisitos para suspensão da pena são tratados no art. 77 do Código Penal).

Aceita a proposta pelo acusado e seu defensor, na presença do juiz, este, recebendo a denúncia, **poderá suspender o processo**, submetendo o acusado **a período de prova**, sob as **seguintes condições**:

- Reparação do dano (salvo impossibilidade de fazê-lo);
- Proibição de frequentar determinados lugares;
- Proibição de ausentar-se da comarca onde reside, sem autorização do juiz;
- Comparecimento pessoal e obrigatório a juízo, mensalmente, para informar e justificar suas atividades.

O juiz **poderá especificar outras condições** a que fica subordinada a suspensão, desde que adequadas ao fato e à situação pessoal do acusado.

A suspensão poderá ser revogada se o acusado vier a ser processado, no curso do prazo, por contravenção, ou descumprir qualquer outra condição imposta.

Se no curso do prazo da suspensão o beneficiário vier a ser processado por outro crime ou não efetuar a reparação do dano (sem motivo justificado), a suspensão será revogada.

Expirado o prazo sem revogação, o juiz declarará extinta a punibilidade. Não correrá a prescrição durante o prazo de suspensão do processo.

Se o acusado não aceitar a proposta para que seja feita a suspensão, o processo prosseguirá em seus ulteriores termos.

As disposições desta lei não se aplicam aos processos penais cuja instrução já estiver iniciada.

Sobre esse assunto, veja a ADIN nº 1.719/1990 do STF:

> *O Tribunal, por votação unânime, deferiu, em parte, o pedido de medida cautelar, para, sem redução de texto e dando interpretação conforme à Constituição, excluir, com eficácia ex tunc, da norma constante do art. 90 da Lei nº 9099/1995, o sentido que impeça a aplicação de normas de direito penal, com conteúdo mais favorável ao réu, aos processos penais com instrução já iniciada à época da vigência desse diploma legislativo.*

As disposições previstas na Lei nº 9.099/1995 **não se aplicam no âmbito da Justiça Militar.**

Nos casos em que esta lei passa a exigir representação para a propositura da ação penal pública, o ofendido ou seu representante legal será **intimado para oferecê-la no prazo de 30 dias, sob pena de decadência.**

Aplicam-se subsidiariamente as disposições dos Códigos Penal e de Processo Penal, no que não forem incompatíveis com esta lei.

2.3.8 Disposições finais comuns

A lei estadual disporá sobre o Sistema de Juizados Especiais Cíveis e Criminais, sua organização, composição e competência.

Os serviços de cartório poderão ser prestados, e as audiências realizadas fora da sede da Comarca, em bairros ou cidades a ela pertencentes, ocupando instalações de prédios públicos, de acordo com audiências previamente anunciadas.

Os estados, o Distrito Federal e os territórios criarão e instalarão os Juizados Especiais no prazo de 6 meses, a contar da vigência desta Lei.

No prazo de 6 meses, contado da publicação da Lei nº 9.099/1995, serão criados e instalados os Juizados Especiais Itinerantes, que deverão dirimir, prioritariamente, os conflitos existentes nas áreas rurais ou nos locais de menor concentração populacional.

3 LEI Nº 13.869/2019 – ABUSO DE AUTORIDADE

3.1 Aspectos gerais

3.1.1 Contexto da lei

Em setembro de 2019 tivemos a publicação da Lei nº 13.869/2019, nossa nova Lei de Abuso de Autoridade, a qual revogou expressamente a Lei nº 4.898/1965 – antiga Lei de Abuso de Autoridade - além de alterar diversos dispositivos de outras leis em vigor.

3.1.2 Finalidade da lei

Estudamos em Direito Administrativo que o Estado e seus agentes possuem algumas prerrogativas não extensíveis aos particulares, como por exemplo a presunção de legitimidade de seus atos (são, a princípio, considerados praticados de acordo com a lei). Contudo, não raro temos a ocorrência de condutas praticadas por agentes estatais que extrapolam ou se desviam dos limites da lei, caracterizando-se em verdadeiro abuso da autoridade legitimamente conferida a eles.

Com isso, surge a necessidade de contenção e punição desses atos praticados em desconformidade com a legislação. Várias são as normas, administrativas, cíveis e penais, que visam punir o agente público que abusa de seu poder. Temos como exemplo os crimes do Código Penal, notadamente os cometidos contra a Administração Pública, que buscam, mesmo que de forma indireta quanto ao abuso, punir tais atos praticados por agentes públicos. Da mesma forma, há normas administrativas, como a Lei de Improbidade, que sancionam administrativamente tais condutas.

Ao lado dessas normas, tínhamos a Lei mº 4.898/1965, a qual, como vimos, foi revogada pela nova Lei de Abuso de Autoridade - Lei nº 13.869/2019 – atualmente em vigor e que, nas palavras de Greco e Sanches, tem por finalidade: *modernizar a prevenção e repressão aos comportamentos abusivos de poder no trato dos direitos fundamentais do cidadão, colocando em mira a conduta de autoridades e agentes públicos*[1].

3.1.3 Organização

Vale ressaltar ainda que a Lei nº 13.869/2019 é dividida nos seguintes Capítulos:

Capítulo I	DISPOSIÇÕES GERAIS
Capítulo II	DOS SUJEITOS DO CRIME
Capítulo III	DA AÇÃO PENAL
Capítulo IV	DOS EFEITOS DA CONDENAÇÃO E DAS PENAS RESTRITIVAS DE DIREITOS
Capítulo V	DAS SANÇÕES DE NATUREZA CIVIL E ADMINISTRATIVA
Capítulo VI	**DOS CRIMES E DAS PENAS**
Capítulo VII	DO PROCEDIMENTO
Capítulo VIII	DISPOSIÇÕES FINAIS

3.2 Sujeitos do crime e características gerais

Art. 1º *Esta Lei define os crimes de abuso de autoridade, cometidos por agente público, servidor ou não, que, no exercício de suas funções ou a pretexto de exercê-las, abuse do poder que lhe tenha sido atribuído.*

§ 1º *As condutas descritas nesta Lei constituem crime de abuso de autoridade quando praticadas pelo agente com a finalidade específica de prejudicar outrem ou beneficiar a si mesmo ou a terceiro, ou, ainda, por mero capricho ou satisfação pessoal.*

§ 2º *A divergência na interpretação de lei ou na avaliação de fatos e provas não configura abuso de autoridade.*

Art. 2º *É sujeito ativo do crime de abuso de autoridade qualquer agente público, servidor ou não, da administração direta, indireta ou fundacional de qualquer dos Poderes da União, dos Estados, do Distrito Federal, dos Municípios e de Território, compreendendo, mas não se limitando a:*

I - Servidores públicos e militares ou pessoas a eles equiparadas;

II - Membros do Poder Legislativo;

III - membros do Poder Executivo;

IV - Membros do Poder Judiciário;

V - Membros do Ministério Público;

VI - Membros dos tribunais ou conselhos de contas.

Parágrafo único. *Reputa-se agente público, para os efeitos desta Lei, todo aquele que exerce, ainda que transitoriamente ou sem remuneração, por eleição, nomeação, designação, contratação ou qualquer outra forma de investidura ou vínculo, mandato, cargo, emprego ou função em órgão ou entidade abrangidos pelo caput deste artigo.*

3.2.1 Sujeitos ativo

Quanto ao sujeito ativo (quem pratica o crime), como se extrai da leitura do art. 1°, *caput* c/c art. 2°, os crimes da Lei nº 13.869/2019 são próprios (exigirão uma condição especial do sujeito ativo), os quais somente poderão ser cometidos por **agente público**.

Mas qual o conceito "Agente Público" para os fins da mencionada Lei?

É um conceito bastante amplo. Resumindo e esquematizando o disposto no art. 2°, temos que se trata:

Aquele que exerce cargo, emprego, função ou mandato na admnistração direta ou indireta ou funcional de qualquer dos poderes da União dos Poderes da União, dos Estados, do Distrito Federal, dos Municípios e de Território	
Ainda que de forma transitória ou sem remuneração (Ex.: mesários eleitorais, jurados).	Por qualquer forma de investidura ou vínculo (Ex.: eleição, nomeação, designação, contratação).

O art. 2°, em seus incisos, traz um rol exemplificativo de sujeitos ativos, sem prejuízo de vários outros exemplos: servidores públicos; empregados públicos; agentes políticos; militares, etc.

3.2.2 No exercício de suas funções ou a pretexto de exercê-las

Segundo o art. 1°, os crimes da Lei poderão ser cometidos por agente público: que estiver **no exercício da sua função pública** (Ex.: policial em serviço); bem como por aquele que, embora não esteja no exercício da função (Ex.: policial de folga), cometer o ato invocando a sua condição de autoridade pública, ou seja, **a pretexto de exercê-la**.

Exige-se, portanto, que a conduta cometida guarde relação com a função pública do sujeito ativo para que tenhamos a configuração de crime contido na lei (que pode estar exercendo-a efetivamente ou mesmo atuando a pretexto de exercê-la).

3.2.3 Agente público de férias ou licença

Poderá ser sujeito ativo de crime da Lei nº 13.869/2019. Isso porque quando está de férias ou licença o agente público conserva o seu vínculo com a Administração Pública e, como vimos, é possível que

1 GRECO, Rogério. CUNHA, Rogério Sanches. Abuso de Autoridade Lei n° 13.869/2019 comentada artigo por artigo. Salvador: Juspodivm, 2020, p. 12.

S E G J U R

o abuso seja cometido não só no exercício da função, mas também a pretexto de exercê-la.

3.2.4 Agente público aposentado ou demitido

Nesses casos, o sujeito não mais possui vínculo funcional com a Administração Pública (não é mais "agente público" para fins da lei), não podendo cometer, em regra, crime de abuso de autoridade.

3.2.5 Múnus público

Aquele que exerce múnus público (um tipo de encargo imposto pela lei) - como por exemplo o tutor, curador, inventariante - não é "agente público" para os fins da Lei de Abuso de Autoridade, não podendo assim ser considerado sujeito ativo dos delitos tipificados na mencionada norma.

3.2.6 Concurso de pessoas

Como são crimes próprios, os delitos da Lei nº 13.869/2019 admitem tanto coautoria quanto participação.

Assunto interessante diz respeito à possibilidade de o particular cometer crime da nova Lei de Abuso de Autoridade: **via de regra não cometerá**, haja vista que não é "agente público" para os fins do mencionado art. 2°.

Contudo, existe uma possibilidade de o particular responder pelo delito: quando pratica-lo conjuntamente com um "agente público", ou seja, atuando como coautor ou partícipe (concurso de pessoas). Dessa forma, sozinho, o particular nunca cometerá crime da Lei de Abuso de Autoridade.

E por qual razão o particular também responderá por crime da Lei nº 13.869/2019, nesse caso de concurso de pessoas? Explicamos. O art. 30 do Código Penal dispõe que *não se comunicam as condições de caráter pessoal, salvo quando elementares do crime*. Ou seja, quando houver uma **elementar**, essa irá se comunicar (aos coautores e partícipes do delito).

Elementares são, basicamente, os dados fundamentais/principais de uma conduta criminosa. Nos crimes da Lei nº 13.869/2019, a condição de "agente público" é uma elementar, portanto ela irá se comunicar, se transmitir do agente público ao particular, respondendo, ambos, por crime de Abuso de Autoridade. Obviamente se o particular desconhecer a condição de agente público do seu parceiro, não responderá por crime de abuso

3.3 Bem jurídico e sujeito passivo

Os bens jurídicos tutelados, ou seja, os valores fundamentais que a Lei nº 13.869/2019 buscou proteger ao criminalizar as condutas de abuso de autoridade são dois: **o regular funcionamento da Administração Pública**, a qual não pode admitir que as condutas de seus agentes estejam em desconformidade com a lei; **os direitos fundamentais das vítimas**, as quais sofreram o ato de abuso por parte do agente estatal.

Analisando os bens jurídicos protegidos pela Lei, teremos que, à semelhança, são dois os sujeitos passivos (vítimas) do crime de abuso: tanto o **Estado**, responsável pela "máquina pública", quanto a pessoa (física ou jurídica) que sofreu a conduta ilegal por parte do agente estatal

3.4 Elemento subjetivo

Todos os crimes previstos na Lei nº 13.869/2019 são **dolosos** - não há delito de abuso de autoridade culposo - e exigem, além do dolo genérico (presente em todo crime doloso), um especial fim de agir, o qual encontra-se previsto no art. 1°, §1°

3.5 Ação penal e competência

> ***Art. 3º*** *Os crimes previstos nesta Lei são de ação penal pública incondicionada.*
>
> *§ 1º Será admitida ação privada se a ação penal pública não for intentada no prazo legal, cabendo ao Ministério Público aditar a queixa, repudiá-la e oferecer denúncia substitutiva, intervir em todos os termos do processo, fornecer elementos de prova, interpor recurso e, a todo tempo, no caso de negligência do querelante, retomar a ação como parte principal.*
>
> *§ 2º A ação privada subsidiária será exercida no prazo de 6 (seis) meses, contado da data em que se esgotar o prazo para oferecimento da denúncia.*

3.5.1 Ação penal

Todos os crimes da Lei de Abuso de Autoridade serão processados e julgados mediante ação penal pública incondicionada.

O art. 3°, em seus §§ 1° e 2°, traz a chamada ação penal privada subsidiária da pública, que consiste na possibilidade de admissão da ação penal privada para crimes que se processam originariamente sob ação penal pública, caso essa não seja intentada no prazo legal[2] pelo Ministério Público (titular dessa espécie de ação penal). Aqui a lei praticamente repetiu o já previsto no Código de Processo Penal, o qual aborda essa temática com mais detalhamento.

Observe que, mesmo no caso de admissão da ação penal privada subsidiária da pública, o Ministério Público continua tendo um amplo poder de gerência, podendo: aditar ou repudiar a queixa (oferecendo denúncia substitutiva); intervir em todos os termos do processo; fornecer elementos de prova; interpor recurso; e, a todo tempo, no caso de negligência do querelante, retomar a ação como parte principal. Além disso, note que o prazo de exercício dessa espécie de ação será de 6 meses, a contar da data em que se esgotar o prazo para oferecimento da denúncia. Transcorrido o prazo mencionado sem que a vítima tenha oferecido a queixa subsidiária, opera-se a decadência do direito de ação (o MP continua legitimado a oferecer a denúncia enquanto não extinta a punibilidade do crime, Ex.: prescrição).

3.5.2 Competência

A competência para julgamento dos crimes de abuso de autoridade é, via de regra, da **Justiça Comum Estadual**.

Poderemos ter também o julgamento pela **Justiça Comum Federal** se vislumbrarmos, no caso concreto, alguma das hipóteses previstas no art. 109 da CF, com destaque para o inciso IV (ofensa a algum bem, serviço ou interesse da União, suas autarquias ou empresas públicas).

> **Ex.:** crime de abuso de autoridade cometido no interior de órgão público federal (bem da União).

E o crime da Lei nº 13.869/2019 praticado por militar? De qual Justiça é a competência?

Segundo a melhor doutrina, se praticado por militar **no exercício de suas funções/em serviço**, competência da **Justiça Militar**. Vamos explicar melhor. Esse é um ponto que tem que ficar bem claro, pois trata-se de uma novidade introduzida pela **Lei nº 13.491/2017**.

Antes da edição da **Lei nº 13.491/2017**, mesmo praticado por militar, os crimes previstos nas leis penais especiais seriam sempre de competência da Justiça Comum. Isso porque a Justiça Militar julga apenas crimes militares e, anteriormente à lei citada, crime militar era definido como aquele contido no Código Penal Militar. Porém, a partir da vigência da mencionada norma, houve **alteração no conceito de crime militar** (em tempo de paz), de forma que atualmente os crimes militares são,

2 O prazo para oferecimento da denúncia encontra-se previsto no art. 46 do CPP: 5 dias estando o réu preso; 15 dias estando o réu solto ou afiançado.

além dos previstos no CPM: **aqueles contidos nas leis penais especiais e também no Código Penal (comum),** desde **que sejam praticados em alguma das situações elencadas no art. 9°, II do CPM.**

Dessa forma, o crime de abuso de autoridade cometido por militar, em alguma das situações do art. 9, II do CPM (Ex.: em serviço), será julgado pela **Justiça Militar** (haja vista se tratar de crime militar por extensão/equiparação).

3.6 Efeitos da condenação e penas restritivas de direitos

> ***Art. 4º*** *São efeitos da condenação:*
>
> *I - Tornar certa a obrigação de indenizar o dano causado pelo crime, devendo o juiz, a requerimento do ofendido, fixar na sentença o valor mínimo para reparação dos danos causados pela infração, considerando os prejuízos por ele sofridos;*
>
> *II - A inabilitação para o exercício de cargo, mandato ou função pública, pelo período de 1 (um) a 5 (cinco) anos;*
>
> *III - a perda do cargo, do mandato ou da função pública.*
>
> ***Parágrafo único.*** *Os efeitos previstos nos incisos II e III do caput deste artigo são condicionados à ocorrência de reincidência em crime de abuso de autoridade e não são automáticos, devendo ser declarados motivadamente na sentença.*

3.6.1 Efeitos da condenação

No art. 4° da Lei estão previstos os efeitos extrapenais aplicáveis a quem for condenado por crime de abuso de autoridade. É interessante pontuar que alguns desses efeitos são automáticos, não necessitando de fundamentação pelo juiz quando da prolação da sentença condenatória (inciso I[3]) uma vez condenado por crime da lei, automaticamente lhe será imposto tal efeito, quando for o caso.

Contudo, outros deles exigirão a devida fundamentação pelo magistrado para a sua caracterização (incisos II e III) – se o juiz, na sentença condenatória, nada diz a respeito desses efeitos, eles não serão impostos ao condenado. Quanto a esses, também é obrigatória a presença de reincidência específica, ou seja, que o condenado seja reincidente **em crime da Lei nº 13.869/2019** (foi condenado definitivamente por delito da Lei de Abuso de Autoridade e, posteriormente).

Para além do mencionado, o desafio do futuro aprovado aqui é memorizar o texto legal. Dessa forma, segue um esquema com as principais informações a serem gravadas:

São efeitos da condenação		
Perda de cargo, do mandato ou da função pública.	Inabilitação para o exercício de cargo, mandato ou função pública - 1 a 5 anos.	Torna certa a obrigação de indenizar o dano causado pelo crime + devendo o juiz, a requerimento do ofendido, fixar na sentença o valor minímo para reparação dos danos, considerando os prejuízos sofridos.
Esse efeito é condicionado a ocorrência de reincidência em crime de abuso de autoridade e não automático.		

> ***Art. 5º*** *As penas restritivas de direitos substitutivas das privativas de liberdade previstas nesta Lei são:*
>
> *I - Prestação de serviços à comunidade ou a entidades públicas;*
>
> *II - Suspensão do exercício do cargo, da função ou do mandato, pelo prazo de 1 (um) a 6 (seis) meses, com a perda dos vencimentos e das vantagens;*
>
> ***Parágrafo único.*** *As penas restritivas de direitos podem ser aplicadas autônoma ou cumulativamente.*

3.6.2 Penas restritivas de direitos

O art. 5° traz as penas restritivas de direitos substitutivas das penas privativas de liberdade específicas para crimes da lei de abuso de autoridade, as quais podem ser aplicadas de forma autônoma (apenas uma delas) ou cumulativa (as duas em conjunto). Embora a lei anuncie quais são as penas substitutivas possíveis, nada diz a respeito dos requisitos para se operar essa substituição (quanto a esse ponto, deveremos observar o previsto no art. 44 do Código Penal).

Da mesma forma que o art. 4°, para provas de concursos a memorização do dispositivo é fundamental. Portanto, saiba:

Art. 5º - Penas Restritivas de Direito Substitutivas (aplicadas - autônoma ou cumulativamente):	
Prestação de serviços à comunidade ou entidades públicas.	Suspensão do exercício do cargp, função ou do mandato, pelo prazo de 1 a 6 meses + com a perda dos vencimentos e das vantagens.

3.7 Sanções de natureza civil e administrativa

> ***Art. 6°*** *As penas previstas nesta Lei serão aplicadas independentemente das sanções de natureza civil ou administrativa cabíveis.*
>
> ***Parágrafo único.*** *As notícias de crimes previstos nesta Lei que descreverem falta funcional serão informadas à autoridade competente com vistas à apuração.*
>
> ***Art. 7°*** *As responsabilidades civil e administrativa são independentes da criminal, não se podendo mais questionar sobre a existência ou a autoria do fato quando essas questões tenham sido decididas no juízo criminal.*
>
> ***Art. 8°*** *Faz coisa julgada em âmbito cível, assim como no administrativo-disciplinar, a sentença penal que reconhecer ter sido o ato praticado em estado de necessidade, em legítima defesa, em estrito cumprimento de dever legal ou no exercício regular de direito.*

3.7.1 Princípio da independência das instâncias

Via de regra, quanto à diversidade de punições a um ato ilícito vigora o princípio da independência das instâncias: as esferas cível, administrativa e penal são autônomas, ou seja, não guardam qualquer relação de dependência entre si. Por exemplo, para que se apure a responsabilização criminal de um ato de abuso de autoridade, não é necessário aguardar a instauração ou mesmo o encerramento do processo administrativo disciplinar (e vice-versa). É nesse sentido o teor do art. 6°, *caput* da Lei.

Além disso, é possível que um único ato de abuso de autoridade dê ensejo a três espécies diferentes de responsabilização: ADMINISTRATIVA + CIVIL + PENAL (as quais, em regra, são independes).

Contudo, pela leitura dos dispositivos seguintes – art. 7° e 8° - inferimos que o princípio mencionado não é absoluto, comportando duas exceções positivadas na Lei nº 13.869/2019:

Se o juízo do crime já decidiu a respeito da existência ou autoria do fato (materialidade e autoria):	→	Essas questões não poderão ser novamente questionadas nas esferas cível e administrativa

3 Sendo mais específico, doutrina especializada entende que a primeira parte do inciso I é efeito automático da condenação, enquanto a segunda parte do dispositivo (*devendo o juiz, a requerimento do ofendido, fixar na sentença o valor mínimo para reparação dos danos causados pela infração, considerando os prejuízos por ele sofridos*) exigirá requerimento do ofendido para sua incidência (efeito não automático).

S E G J U R

Ou seja, o que foi decidido na esfera criminal em relação a existência ou autoria do fato, por meio de sentença penal condenatória (ou absolutória), torna-se imutável para as demais, retirando parcela da "independência" dessas instâncias.

A senteça penal que reconhecer ter sido o ato praticado em estado de necessidade, legitima defesa, estrito cumprimento de dever legal ou exercício regular de direito:	→	Faz coisa julgada no âmbito cívil e administrativo

A sentença penal que reconhecer alguma das causas de exclusão da ilicitude do art. 23 CP, de igual modo, é imodificável nas demais esferas, esvaziando também parte da "independência" das mesmas.

3.7.2 Notificação falta funcional

Conforme disposto no art. 6°, parágrafo único no caso de notícia de crime que descreva também alguma falta funcional (âmbito administrativo), tal fato será comunicado à autoridade competente com vistas à respectiva apuração da responsabilidade disciplinar.

As condutas descritas na Lei constituem criem de abuso de autoridade quando praticadas pelo agente com finalidade específica de (solo específico):	
Prejudicar outrem	Benificiar a terceiro
Benificiar a si mesmo	Ou, ainda, por mero capricho ou satisfação pessoal

Portanto, pelo menos em regra, sem a existência de alguma dessas finalidades específicas não há que se falar em crime da Lei de Abuso de Autoridade. Ok!

Então para a caracterização dos delitos da Lei nº 13.869/2019 é necessário que se alcance alguma das finalidades citadas?

Não é necessário que se alcance, mas apenas que haja a pretensão, a intenção, o fim específico de abusar de seu poder, praticando alguma das condutas tipificadas na lei, para se chegar a qualquer dessas finalidades (mesmo que ela não seja alcançada).

3.8 Divergência na interpretação de lei ou na avaliação de fatos e provas

É certo que o operador do Direito, rotineiramente, se vê diante da necessidade de interpretar leis ou dispositivos de leis, bem como avaliar fatos e provas nas mais diversas situações. É comum que existam divergências entre os operadores quanto a interpretação ou avaliação desses fatos, isso é inclusive muito salutar. A divergência leva ao aprofundamento da questão, o que poderá gerar um raciocínio melhor construído, uma tese melhor trabalhada.

Atento a isso, o legislador previu no art. 1°, §2° que:

> ***Art. 1°, § 2º*** *A divergência na interpretação de lei ou na avaliação de fatos e provas não configura abuso de autoridade.*

Dessa forma, não que se falar em crime de abuso de autoridade no caso de mera divergência na interpretação de lei ou na avaliação de fatos e provas.

3.9 Procedimento

> ***Art. 39*** *Aplicam-se ao processo e ao julgamento dos delitos previstos nesta Lei, no que couber, as disposições do Decreto-Lei nº 3.689, de 3 de outubro de 1941 (Código de Processo Penal), e da Lei nº 9.099, de 26 de setembro de 1995.*

Diferentemente do previsto na antiga lei de abuso de autoridade (Lei nº 4.898/1965), a qual previa um procedimento especial aos seus crimes, a Lei nº 13.869/2019 dispõe em seu art. 39 que aplicam-se aos delitos as normas de processo e julgamento contidas no Código de Processo Penal ou na Lei nº 9.099/1995 (Juizados Especiais Criminais).

De forma objetiva, saiba que a nova Lei de Abuso de Autoridade traz um padrão quanto à sanção penal privativa de liberdade, de modo que os delitos são punidos de duas uma:

- **Ou detenção de 6 meses a 2 anos (menor potencial ofensivo): nesse caso, aplicar-se-ão as disposições da Lei nº 9.099/1995:** procedimento sumaríssimo, institutos despenalizadores e demais disposições da lei.
- **Ou detenção de 1 a 4 anos (médio potencial ofensivo):** para esses, aplicar-se-ão as disposições do CPP. Sendo mais específico, em regra incidirá o procedimento especial reservado ao processo e julgamento dos crimes de responsabilidade dos funcionários públicos (arts. 513 a 518 do CPP), aplicando-se subsidiariamente as normas do procedimento ordinário.

Ressaltamos, por fim, a possibilidade de aplicação da Lei nº 9.099/1995 (no que for compatível), em especial o instituto da suspensão condicional do processo (pois todos os crimes da nova lei de abuso de autoridade possuem pena mínima igual ou inferior a 1 ano).

3.10 Crimes em espécie

A partir do art. 9° nós temos a previsão dos crimes em espécie da nova lei de abuso de autoridade. Certamente a maior parte das questões irão exigir do candidato o conhecimento da letra da lei, principalmente nesse momento inicial, no qual são escassas as decisões jurisprudenciais sobre o tema e as discussões doutrinárias ainda embrionárias.

Inicialmente, como forma de sistematizar os temas, elencaremos aqui ensinamentos sobre os seguintes pontos (alguns já abordados anteriormente, mas que merecem atenção do futuro aprovado, pois aproveitam a todos os crimes da lei): **elemento subjetivo; modalidades da conduta; objeto material.**

3.10.1 Elemento subjetivo

Os crimes previstos na lei são todos dolosos (não há abuso de autoridade culposo). Além disso, não basta o chamado "dolo genérico" (ou simplesmente "dolo"), pois, como já estudado, os delitos exigirão também uma finalidade específica (dolo específico), constante no art. 1°, §1° da Lei.

3.10.2 Modalidades comissiva e omissiva

Em regra, os crimes da lei serão cometidos mediante ação (crimes comissivos), contudo, alguns outros delitos exigirão uma omissão por parte do agente público para sua caracterização (crimes omissivos). Saiba, portanto, que a Lei prevê tanto crimes comissivos quanto omissivos.

3.10.3 Objeto material

É a pessoa ou coisa sob a qual recai a conduta do agente, no caso dos delitos da Lei nº 13.869/2019, cuida-se da pessoa física ou jurídica que sofreu o ato consistente em crime de abuso de autoridade.

3.10.4 Art. 9°

> ***Art. 9º*** *Decretar medida de privação da liberdade em manifesta desconformidade com as hipóteses legais:*
> *Pena – detenção, de 1 (um) a 4 (quatro) anos, e multa.*
> ***Parágrafo único.*** *Incorre na mesma pena a autoridade judiciária que, dentro de prazo razoável, deixar de:*
> ***I*** *– Relaxar a prisão manifestamente ilegal;*

II - Substituir a prisão preventiva por medida cautelar diversa ou de conceder liberdade provisória, quando manifestamente cabível;

III - deferir liminar ou ordem de habeas corpus, quando manifestamente cabível.

Conduta Típica

Estamos diante da conduta de agente público que decreta medida de privação da liberdade em **manifesta**[4] desconformidade com a lei. O conceito de "medida de privação de liberdade" é amplo, abrangendo a **prisão cautelar** (flagrante, preventiva, temporária), **prisão definitiva** (em razão de sentença condenatória transitada em julgado), **prisão civil** (dívida de alimentos) e internação de menor infrator (Lei nº 8.069/1990).

Portanto, trata-se da situação na qual o sujeito ativo, em manifesta desconformidade com o previsto em lei e abusando de seu poder, ordena a privação de liberdade de uma pessoa.

> **Ex.:** juiz que decreta a prisão temporária de um sujeito em razão do cometimento do crime de ameaça (art. 147 CP). Tal ordem é manifestamente ilegal, haja vista que o delito do art. 147 CP não consta no rol da Lei nº 7.960/1989 (prisão temporária).

Figuras equiparadas

No parágrafo único nós temos algumas figuras equiparadas, ou seja, cada inciso constitui um crime autônomo, mas que receberá a mesma consequência penal da conduta prevista no *caput*, incorrendo na mesma pena a autoridade judiciária que, **dentro de prazo razoável, deixar de:**

- **Relaxar prisão manifestamente ilegal:** juiz que ao receber o preso em flagrante, na audiência de custódia, e verificada nítida ilegalidade na prisão, deixa de relaxa-la, convertendo-a em prisão preventiva;
- **Substituir a prisão preventiva por medida cautelar diversa ou de conceder liberdade provisória, quando manifestamente cabível:** conduta do juiz que ao receber preso em flagrante na audiência de custódia - sendo caso de flagrante lícito - e diante da evidente ausência dos requisitos para decretação da prisão preventiva (art. 312 c/c art. 313 do CPP), mesmo assim decide ordena-la, deixando de conceder a liberdade provisória manifestamente cabível;
- **Deferir liminar ou ordem de *habeas corpus*, quando manifestamente cabível:** imagine que um juiz esteja há vários meses com um pedido liminar ou de *habeas corpus* concluso para seu julgamento em processo criminal e, ainda, é manifestamente cabível o pleiteado pela defesa. Mesmo diante de tal situação, o juiz dolosamente se mantém inerte, não deferindo o pedido nitidamente cabível.

Sujeitos do crime

Sujeito ativo: em relação ao *caput*, poderá ser qualquer agente público, na forma do art. 2°, pois todo agente estatal é passível de decretar medida de privação de liberdade em **manifesta** desconformidade com a lei; quanto ao parágrafo único, será apenas quem se enquadrar na qualidade de autoridade judiciária: Juiz, Desembargador, Ministro.

Sujeito passivo: tanto o Estado quanto a pessoa que sofreu a conduta ilegal por parte do agente público.

Modalidades comissiva e omissiva

O verbo "decretar" (*caput*) exige uma ação por parte do sujeito ativo (crime comissivo). Contudo, no tocante ao verbo "deixar" parágrafo único) temos delito praticado por omissão (crime omissivo próprio).

3.10.5 Art. 10

***Art. 10** Decretar a condução coercitiva de testemunha ou investigado manifestamente descabida ou sem prévia intimação de comparecimento ao juízo:*

Pena - detenção, de 1 (um) a 4 (quatro) anos, e multa.

Conduta típica

Em breves palavras, condução coercitiva consiste em levar alguém, ainda que contra a sua vontade, à presença de determinada autoridade para que possa realizar algum ato proveitoso à persecução penal. Segundo o CPP, existe a possibilidade de condução coercitiva em relação aos seguintes sujeitos: **vítima** (art. 201, §1°); **acusado** (art. 260); **testemunha** (art. 218); **perito** (art. 278).

Embora haja todas essas possibilidades, teremos o crime do art. 10 quando o agente público legitimado decretar condução coercitiva, de **testemunha ou investigado** (apenas esses), em uma de duas situações:

- **Quando manifestamente descabida a medida:** citamos como exemplo uma condução coercitiva do investigado para interrogatório em sede policial. O STF recentemente reconheceu a impossibilidade de condução coercitiva de investigado ou réu objetivando a realização de interrogatório na fase investigatória ou judicial, considerando não recepcionada a parte do art. 260 do CPP que dispõe sobre a possibilidade de aplicação da medida "*para interrogatório*";
- **Quando não tenha havido prévia intimação de comparecimento ao juízo:** sem intimação prévia e o subsequente não comparecimento na data agendada de forma injustificada, a condução coercitiva de testemunha ou investigado configurará o crime do art. 10.

Sujeitos do crime

Sujeito ativo: para melhor doutrina, a condução coercitiva pode ser determinada por várias autoridades, como por exemplo: juiz; autoridade policial; membro do Ministério Público. Dessa forma, não só o juiz como também qualquer agente público com atribuição para determinar a medida poderá ser sujeito ativo do crime

3.10.6 Art. 12

***Art. 12** Deixar injustificadamente de comunicar prisão em flagrante à autoridade judiciária no prazo legal:*

Pena - detenção, de 6 (seis) meses a 2 (dois) anos, e multa.

***Parágrafo único.** Incorre na mesma pena quem:*

I - Deixa de comunicar, imediatamente, a execução de prisão temporária ou preventiva à autoridade judiciária que a decretou;

II - Deixa de comunicar, imediatamente, a prisão de qualquer pessoa e o local onde se encontra à sua família ou à pessoa por ela indicada;

III - deixa de entregar ao preso, no prazo de 24 (vinte e quatro) horas, a nota de culpa, assinada pela autoridade, com o motivo da prisão e os nomes do condutor e das testemunhas;

IV - Prolonga a execução de pena privativa de liberdade, de prisão temporária, de prisão preventiva, de medida de segurança ou de internação, deixando, sem motivo justo e excepcionalíssimo, de executar o alvará de soltura imediatamente após recebido ou de promover a soltura do preso quando esgotado o prazo judicial ou legal.

Conduta típica

Os delitos do art. 12 criminalizam o descumprimento de certos deveres legais, inerentes ao momento da prisão ou à execução da pena e de observância obrigatória pelos agentes públicos encarregados. Não se trata de discutir a legalidade da prisão em si, mas sim o cumprimento ou não de deveres correlatos, previstos em lei.

O art. 12, inicialmente, pune o agente público que deixa injustificadamente[5] de comunicar prisão em flagrante à autoridade judiciária no prazo legal. Esse dever de comunicação encontra-se previsto no art. 306, *caput* do CPP (bem como no art. 5°, LXII, CF) que anuncia, dentre outros, a exigência de comunicação imediata da prisão em flagrante de qualquer pessoa ao juiz competente, o qual, uma vez descumprido, caracterizará o crime em questão.

Perceba que o prazo legal dessa comunicação - conforme extraído da letra do art. 306, *caput, CPP* - é **imediatamente**. Contudo, ressaltamos que para boa parte da **doutrina é lícito que a comunicação da prisão se dê no prazo de 24 horas** (aplicando-se, por extensão, o

4 Cuida-se de um elemento normativo a ser esclarecido pelo intérprete. Os mesmo acontece em relação aos termos "dentro de prazo razoável", "manifestamente cabível", presentes no parágrafo único e incisos.

5 Se houver justo motivo, por exemplo falha nos sistemas de comunicação, não há crime.

prazo para remessa do auto de prisão em flagrante ao juiz - art. 306, §1°, CPP), sem que haja crime algum.

Por outro lado, também encontramos entendimento que interpreta literalmente o art. 306, *caput*, CPP, assim se a comunicação da prisão ao juiz não ocorrer imediatamente haverá o delito do art. 12, *caput* da Lei nº 13.869/2019. Para prova objetiva, recomendamos essa interpretação literal do dispositivo.

Figuras equiparadas

No parágrafo único nós temos algumas figuras equiparadas, ou seja, cada inciso constitui um crime autônomo, mas que receberá a mesma consequência penal da conduta prevista no *caput*, incorrendo na mesma pena quem:

- **Deixa de:** comunicar, imediatamente, a **execução** de prisão temporária ou **preventiva à autoridade judiciária** que a decretou. Cuida-se de um dever prescrito pelo art. 289-A, §3° do CPP. Quanto ao alcance da expressão "imediatamente" – aqui e no inciso II - valem as mesmas observações feitas ao *caput*;

Fique ligado

Autoridade policial que cumpre prisão preventivamente legalmente autorizada por juiz, porém não o comunica imediatamente sobre a execução da medida.

- **Deixa de:** comunicar, imediatamente, a prisão de qualquer pessoa e o local onde se encontra **à sua família ou à pessoa por ela indicada**. Esses também são deveres, à semelhança do *caput*, previstos no art. 306 do CPP (bem como no art. 5°, LXII, CF);
- **Deixa de:** entregar ao preso, no prazo de 24 (vinte e quatro) horas, a **nota de culpa**, assinada pela autoridade, com o motivo da prisão e o nome do condutor e das testemunhas. O dever de entrega da nota de culpa no prazo de 24 horas encontra-se previsto no art. 306, §2° do CPP;
- **Deixa:** sem justo e excepcionalíssimo motivo, de **executar imediatamente** alvará de soltura de preso ou **promover a sua soltura** quando esgotado o prazo judicial ou legal, prolongando, dessa forma, a execução de **pena privativa de liberdade**, de **prisão temporária ou preventiva, de medida de segurança ou de internação**.

É certo que se houver justo motivo para a não execução imediata do alvará/não promoção de soltura, não há crime.

> **Ex.:** atraso em virtude de rebelião no presídio ou diante de falha nos sistemas de comunicação, etc.

Sujeitos do crime

Sujeito ativo: será qualquer agente público com atribuição de praticar as condutas previstas nos tipos penais.

Modalidade omissiva

O crime do art. 12 (*caput* ou parágrafo único) reclama conduta omissiva por parte do sujeito ativo (crime omissivo próprio). Excepcionalmente aqui, não há modalidade comissiva do delito.

3.10.7 Art. 13

> *Art. 13 Constranger o preso ou o detento, mediante violência, grave ameaça ou redução de sua capacidade de resistência, a:*
>
> *I - Exibir-se ou ter seu corpo ou parte dele exibido à curiosidade pública;*
>
> *II - Submeter-se a situação vexatória ou a constrangimento não autorizado em lei;*
>
> *III - produzir prova contra si mesmo ou contra terceiro:*
>
> *Pena - detenção, de 1 (um) a 4 (quatro) anos, e multa, sem prejuízo da pena cominada à violência.*

Conduta típica

O crime do art. 13 objetiva tutelar a integridade física e moral do preso ou detento, a qual encontra respaldo em dispositivos constitucionais (art. 5°, XLIX - *é assegurado aos presos o respeito à integridade física e moral*) e legais (art. 41, VIII, LEP - *constituem direitos do preso: proteção contra qualquer forma de sensacionalismo*). Nesse sentido, o mencionado delito tipifica a conduta do agente público que constrange/obriga o preso ou detento, mediante violência, grave ameaça ou redução de sua capacidade de resistência (violência imprópria), a:

- **Exibir-se ou ter seu corpo ou parte dele exibido à curiosidade pública:** essa última expressão indica a ausência de finalidade pública na exibição da pessoa presa ou detida, ou seja, o objetivo é saciar a curiosidade de terceiros e não uma efetiva e razoável contribuição à persecução penal;

> **Ex.:** policial que coloca pessoa presa em flagrante dentro do "baú" da viatura (bagageiro adaptado) e comunica à imprensa para que possam fotografá-lo e exibi-lo à curiosidade pública. Nessa situação, o constrangimento foi realizado mediante violência imprópria, pois o preso, subjugado na parte traseira da viatura, encontrava-se com sua capacidade de resistência reduzida.

Ressaltamos que a exposição da imagem de pessoa presa, mesmo que contra sua vontade, mas com o objetivo de auxiliar na elucidação do delito e desde que dentro de limites razoáveis e proporcionais ao atingimento da finalidade pública, não configurará o delito em questão. Podemos citar a divulgação à imprensa das fotos de pessoa presa suspeita de cometer vários delitos contra a dignidade sexual, para que seja possível a identificação de outras possíveis vítimas.

- **Submeter-se a situação vexatória ou a constrangimento não autorizado em lei:** policial que, mediante grave ameaça, constrange pessoa presa a gravar um vídeo de desculpas, chorando e se auto ofendendo, em razão dos delitos praticados;

Vale ressaltar que se a situação causar vexame ou constrangimento, porém for autorizada pela lei, não há crime.

> **Ex.:** prisão preventiva lícita, decretada pelo juiz e executada na empresa do detido, na presença de seus funcionários.

- **Produzir prova contra si mesmo ou contra terceiro:** O tipo penal consagra o princípio do *nemo tenetur se detegere* ou direito a não auto incriminação, o qual garante ao réu o direito de não praticar nenhum comportamento ativo que possa auto incriminá-lo. Tipifica também o constrangimento à produção de prova contra terceiro.

> **Ex.:** escrivão de polícia que constrange pessoa detida, mediante grave ameaça, a fornecer um fio de seu cabelo para que se realize exame de DNA, necessário a comprovar a materialidade de um crime de estupro (art. 213 CP).

Sem prejuízo da pena cominada à violência

Observe que, se para cometer o delito do art. 13 o agente público se valer do emprego de violência à vítima, teremos concurso de crimes - por expressa disposição legal: *detenção, de 1 (um) a 4 (quatro) anos, e multa,* ***sem prejuízo da pena cominada à violência.***

Sujeitos do crime

Sujeito ativo: é o agente público que praticar a conduta prevista no tipo penal (não se enquadram como sujeito ativo do delito, os profissionais da imprensa que, porventura, venham a capturar imagens do preso ou detento – não são "agentes públicos").

3.10.8 Art. 15

> *Art. 15* ***Constranger*** *a depor,* ***sob ameaça de prisão,*** *pessoa que, em razão de função, ministério, ofício ou profissão, deva guardar segredo ou resguardar sigilo:*
>
> *Pena - detenção, de 1 (um) a 4 (quatro) anos, e multa.*

Parágrafo único. Incorre na mesma pena quem prossegue com o interrogatório:

I - de pessoa que tenha decidido exercer o direito ao silêncio; ou

II - de pessoa que tenha optado por ser assistida por advogado ou defensor público, sem a presença de seu patrono.

O núcleo do tipo (verbo) deste crime é **constranger**. Este delito só poder ser praticado por ação, não cabe imputação por omissão.

Sujeito passivo: Os sujeitos passivos deste crime estão previstos no art. 207 do Código de Processo Penal.

Art. 207 São proibidas de depor as pessoas que, em razão de função, ministério, ofício ou profissão, devam guardar segredo, salvo se, desobrigadas pela parte interessada, quiserem dar o seu testemunho.

Exemplos:

- Um padre em relação a uma confissão;
- Um psicólogo em relação ao seu paciente;
- Advogado.

Essas pessoas não podem ser constrangidas a depor, ainda que estejam desobrigadas pela parte interessada.

Esse constrangimento não é feito de qualquer forma para a caracterização deste delito. O constrangimento deve ser feito sobre a ameaça de prisão.

Pois, a maioria da doutrina, Renato Brasileiro, Renee do O', Rogério Greco e **Rogério Sanches Cunha, entende que esse crime é um crime de ação vinculada.**

Já no parágrafo único do art. 15 da Lei nº 13.869/2019 trata de um crime em que o sujeito passivo do crime só podem ser o **acusado ou réu**, uma vez que se trata de interrogatório.

O interrogatório divide-se em duas fases.

- A 1º fase trata-se da qualificação do interrogando. Na qual a autoridade policial coleta dados de identificação do acusado/réu, por exemplo, seu nome, endereço, idade;
- Já na 2º fase trata-se do mérito, do fato em si.

O crime em análise recai sobre a segunda fase do interrogatório, na qual se discute o mérito, ou seja, o que aconteceu de fato.

Fique ligado

Um delegado de polícia inicia o interrogatório. Porém, o interrogando suscita seu direito ao silêncio e o delegado continua estimulando-o a fala, não respeitando assim o direito ao silêncio do acusado. Caracteriza-se o crime do art. 15, parágrafo único, I da Lei nº 13.869/2019.

A primeira fase ou parte do interrogatório não dá ao interrogando o direito ao silêncio quanto menos a faltar com a verdade, pois trata-se de informações sobre a sua identidade. Por isso, não cabe a alegação de autodefesa neste momento do interrogatório, conforme demonstra a Súmula nº 522 do STJ.

Além disso, incorre no art. 68 da Lei de Contravenções Penais o interrogando que mentir ou silenciar seus dados pessoais na fase de qualificação do interrogatório (1º fase).

Súmula nº 522 - STJ

A conduta de atribuir-se falsa identidade perante autoridade policial é típica, ainda que em situação de alegada autodefesa.

Sujeito ativo

Qualquer agente público com atribuição de praticar as funções descritas no tipo penal.

3.10.9 Art. 15-A

Recentemente, por meio da Lei nº 14.321/2022, um novo crime foi adicionado à Lei de Abuso de Autoridade (Lei nº 13.869/2019), que trata da **violência institucional**.

Art. 15-A Submeter a vítima de infração penal ou a testemunha de crimes violentos a procedimentos desnecessários, repetitivos ou invasivos, que a leve a reviver, sem estrita necessidade:

I - a situação de violência; ou

II - outras situações potencialmente geradoras de sofrimento ou estigmatização:

Pena - detenção, de 3 (três) meses a 1 (um) ano, e multa.

§ 1º Se o agente público permitir que terceiro intimide a vítima de crimes violentos, gerando indevida revitimização, aplica-se a pena aumentada de 2/3 (dois terços).

§ 2º Se o agente público intimidar a vítima de crimes violentos, gerando indevida revitimização, aplica-se a pena em dobro.

Essa tipificação trata da possibilidade de a vítima sofrer indiretamente em razão do delito que foi praticado contra ela, através da sua submissão a procedimentos repetitivos ou desnecessários, dentro de instituições estatais (delegacia, fórum), fazendo com que ela reviva o evento traumático da violência ou sofrimento.

Esse processo de sofrimento causado é denominado de **vitimização secundária** ou **revitimização.** Em suma, são situações em que o sofrimento não decorre diretamente da violência praticada contra a vítima, mas que se dá em decorrência de procedimentos institucionais.

- Pode acontecer, por exemplo, em tomada de depoimentos ou em virtude de um mau atendimento nos órgãos públicos;

Portanto, o art. 15-A da Lei de Abuso de Autoridade visa punir a conduta de agentes públicos que submetam **vítima de infração penal ou testemunha de crime violento** a um processo de revitimização.

Outro ponto que merece destaque, diz respeito à pena cominada para o crime de violência institucional: **detenção de 3 (três) meses a 1 (um) ano.** É a menor pena da Lei nº 13.869/2019 e, por se tratar de delito de menor potencial ofensivo, é cabível o procedimento do Juizado Especial Criminal (Lei nº 9.099/1995) e os benefícios que dele decorrem.

- Ainda que incidam as causas de aumento de pena, previstas no §1º e §2º, o crime continua sendo de menor potencial ofensivo, vez que não ultrapassa o limite máximo de 2 anos.

Em seguida, vale salientar quais indivíduos podem ser vítimas desse crime:

- As vítimas de infração penal;
- A testemunha de crimes violentos. Nesse ponto, **obrigatoriamente** a testemunha deve ser de crimes violentos, não de qualquer tipo de infração penal.

Prosseguindo, ainda no *caput* do art. 15-A, a lei menciona *"procedimentos desnecessários, repetitivos ou invasivos"*. Não há especificação de quais procedimentos se enquadram nesse conceito, mas são considerados quaisquer procedimentos em que a vítima é submetida perante um agente público e que diga respeito à infração penal.

Só haverá a conduta criminosa, caso a lembrança dos eventos criminosos seja desnecessária, ou seja, quando **não houver a estrita necessidade**.

- Imagine que determinada pessoa foi vítima de uma tentativa de homicídio. Ela deverá ser ouvida em sede policial, para a elucidação do fato, ato que **obrigatoriamente** deve ocorrer e será inevitável que ela reviva os eventos traumáticos que passou;

S E G J U R

Ainda, a vítima foi intimada para prestar este depoimento em horário no qual ela poderá se locomover, após total recuperação de sua saúde. Chegando no órgão público, foi tratada com a cordialidade devida. Veja que ela não foi submetida a um procedimento desnecessário, portanto, não haverá crime por parte do agente público.

Agora, em sentido contrário, veja outro exemplo:

- Imagine uma testemunha de um crime de homicídio (crime violento). O delegado que estava conduzindo a investigação desse delito achou que o primeiro depoimento prestado por essa testemunha não seria suficiente para se chegar à identificação do autor do crime;

O delegado, por sua vez, tem a convicção de que tal testemunha sabe quem é o autor, mas não quer revelar. Diante disso, dolosamente, ordena que a testemunha seja intimada toda semana, por várias vezes, para prestar múltiplos depoimento até que ela revele o que ele deseja.

Perceba que o delegado (agente público) submeteu uma testemunha de crime violento a procedimento desnecessário e repetitivo, fazendo-a reviver os eventos traumáticos sem que houvesse estrita necessidade em fazê-lo. Nesse caso, presente o dolo específico, haverá o crime de violência institucional (art. 15-A).

Causas de aumento de pena

Primeiramente, ambas as causas de aumento possuem uma característica em comum: serão aplicadas quando há **intimidação à vítima de crime violento que cause uma indevida revitimização.**

Em segundo lugar, as duas causas são aplicáveis somente **às vítimas de crimes violentos**, de modo que as testemunhas (citadas pelo *caput*) não são abrangidas pelas causas de aumento.

Terceiro, está presente o ato de **intimidar** a vítima, que é uma postura ainda mais hostil do que aquela prevista no *caput*.

Agora, especificamente sobre o §1º, trata-se da situação em que o agente público adota uma postura omissiva e permite que um **terceiro intimide a vítima** de crime violento, causando indevida revitimização (aplica-se a pena aumentada de 2/3).

Quanto ao §2º, trata-se da situação em que o **próprio agente público intimida a vítima** de crime violento, causando indevida revitimização (aplica-se a pena em dobro).

Característica comum	§ 1º	§ 2º
Intimidação da vítima de crime violento, causando indevida revitimação.	Agente público se omite e permite que terceiro intimide a vítima.	Quando o próprio agente público pratica a intimação.

Sujeitos do crime

Em relação ao **sujeito ativo**, poderá ser qualquer agente público com atribuição de aplicar o procedimento (ex: juiz, delegado, promotor de justiça, etc). Assim, como todos os crimes da Lei de Abuso de Autoridade, trata-se de um crime próprio.

Já o **sujeito passivo** é a vítima de infração penal ou testemunha de crime violento. Lembrando que no contexto das causas de aumento (§§1º e 2º), apenas a vítima de crime violento pode figurar como sujeito passivo.

Consumação do crime

O crime de violência institucional é um **crime formal**, ou seja, consuma-se com a mera prática da conduta e não exige a ocorrência do resultado naturalístico (alteração no mundo natural).

Tal delito se consuma com a submissão da vítima aos procedimentos desnecessários, repetitivos ou invasivos que a fazem reviver, sem estrita necessidade, a situação de violência, sofrimento ou estigmatização.

A tentativa é possível. Cuida-se, ainda, de crime de perigo concreto.

3.10.10 Art. 16

> *Art. 16* ***Deixar de identificar-se ou identificar-se falsamente ao preso*** *por ocasião de sua captura ou quando deva fazê-lo durante sua detenção ou prisão:*
>
> *Pena - detenção, de 6 (seis) meses a 2 (dois) anos, e multa.*
>
> ***Parágrafo único.*** *Incorre na mesma pena quem, como responsável por* ***interrogatório*** *em sede de* ***procedimento investigatório de infração penal, deixa de identificar-se*** *ao preso* ***ou atribui a si mesmo falsa identidade, cargo ou função.***

Tem-se neste dispositivo a consagração de um direito fundamental previsto no art. 5, LXIV da CRFB/88, a saber, a identificação dos agentes responsáveis por sua prisão (art.16, caput) ou interrogatório (art. 16, parágrafo único).

> *LXIV - o preso tem direito à identificação dos responsáveis por sua prisão ou por seu interrogatório policial;*

Caput

O art. 16, *caput* pode ser praticado tanto por ação ou por omissão. Por omissão quando o agente deixar de identificar-se. Por ação quando ele utilizar-se de identificação falsa.

Sujeito passivo: é somente o **preso**, seja na captura, detenção ou prisão.

Sujeito ativo: qualquer agente público com atribuição de praticar as funções descritas no tipo penal.

Parágrafo único

É um crime equiparado ao art. 16, *caput*. Contudo, o PÚ fala em atribui a si mesmo falsa **identidade, cargo ou função** enquanto no *caput* fala-se apenas em identidade/identificação.

Neste ponto, a doutrina diverge, pois, para alguns no caput não abrangerá cargo ou função. Portanto, no art. 16, *caput*, se o agente público se identificar falsamente quanto a cargo ou função **não** haveria tipicidade.

Já no parágrafo único do mesmo dispositivo, se o agente público se identificar falsamente quanto a cargo ou função haveria tipicidade.

No parágrafo único do art. 16 também configura-se o crime por ação ou omissão.

Sujeitos do crime

Sujeito passivo: o mesmo sujeito passivo do *caput*, o preso! Contudo, apenas no momento do interrogatório de procedimento investigatório de infração penal. Por isso, a maioria da doutrina diz que este delito em fase pré-processual. Não cabe falar em caracterização do delito na fase processual penal/ fase judicial.

Sujeito ativo: qualquer agente público com atribuição de praticar as funções descritas no tipo penal, autoridade policial, membro do Ministério Público, desde que na fase pré-processual.

3.10.11 Art. 18

> *Art. 18* ***Submeter o preso a interrogatório policial durante o período de repouso noturno****, salvo se capturado em flagrante delito ou se ele, devidamente assistido, consentir em prestar declarações:*
>
> *Pena - detenção, de 6 (seis) meses a 2 (dois) anos, e multa.*

Em regra, o interrogatório não pode ser feito em horário de repouso noturno, ou seja, horário de descanso.

Contudo, há duas exceções, se o preso for capturado em flagrante delito no horário de descanso noturno ou se ele, estando assistido, desejar prestar declarações.

Sujeitos do crime

Sujeito passivo: o sujeito passivo é o preso, porém a tipificação só ocorre se o ato se der em sede de inquérito policial.

Sujeito ativo: somente a autoridade policial (Delegado de Polícia).

Repouso noturno

A lei em análise é silente a respeito do conceito de repouso noturno. Por isso, há bastante divergência doutrinária acerca do assunto.

Contudo, segundo Renato Brasileiro, aplica-se para fins de conceituação de repouso noturno o art. 22, § 1º , inciso III da Lei nº 13.869/2019, aplica-se um prazo da própria Lei de Abuso de Autoridade.

Portanto, o período compreendido entre 21h (vinte e uma horas) até 5h (cinco horas).

> *Art. 22 Invadir ou adentrar, clandestina ou astuciosamente, ou à revelia da vontade do ocupante, imóvel alheio ou suas dependências, ou nele permanecer nas mesmas condições, sem determinação judicial ou fora das condições estabelecidas em lei:*
>
> *Pena - detenção, de 1 (um) a 4 (quatro) anos, e multa.*
>
> *§ 1º Incorre na mesma pena, na forma prevista no **caput** deste artigo, quem:*
>
> *III - cumpre mandado de busca e apreensão domiciliar **após as 21h (vinte e uma horas) ou antes das 5h (cinco horas)**.*

Ex.: A autoridade policial inicia o interrogatório do preso antes das 20 horas, contudo, as 20 horas e 50 minutos, ele percebe que aquele interrogatório não está finalizado ainda e que seu término não está próximo, ou seja, ele precisaria continuar o interrogatório após as 21 horas.

Neste caso, ele pode continuar com o interrogatório, mesmo ultrapassando o horário das 21 horas ou ele deve interromper o interrogatório e dar continuidade após o horário de repouso noturno?

Para Renato Brasileiro, o Delegado de Polícia deverá interromper o interrogatório e retomá-lo no dia seguinte após as 5 horas. Num entendimento diferente do que se aplica aos mandados de busca e apreensão.

3.10.12 Art. 19

> ***Art. 19 Impedir ou retardar, injustificadamente**, o envio de pleito de preso à autoridade judiciária competente para a apreciação da legalidade de sua prisão ou das circunstâncias de sua custódia:*
>
> *Pena - detenção, de 1 (um) a 4 (quatro) anos, e multa.*
>
> ***Parágrafo único.** Incorre na mesma pena o magistrado que, ciente do impedimento ou da demora, **deixa** de tomar as providências tendentes a saná-lo ou, não sendo competente para decidir sobre a prisão, **deixa** de enviar o pedido à autoridade judiciária que o seja.*

Este artigo busca proteger o direito fundamental ao direito de petição, art. 5, XXXIV da CRFB/88.

> ***Art. 5º** Todos são iguais perante a lei, sem distinção de qualquer natureza, garantindo-se aos brasileiros e aos estrangeiros residentes no País a inviolabilidade do direito à vida, à liberdade, à igualdade, à segurança e à propriedade, nos termos seguintes:*
>
> *XXXIV - são a todos assegurados, independentemente do pagamento de taxas:*
>
> *a) o **direito de petição aos Poderes Públicos** em defesa de direitos ou contra ilegalidade ou abuso de poder;*

Caput

Para que haja a tipificação deste crime faz-se necessário que a conduta do agente público ocorra de forma **injustificada,** pois, caso exista uma justificativa a conduta será atípica.

Os núcleos do tipo penal em análise são impedir ou retardar, os quais podem ocorrer **por ação ou omissão**. Uma vez que o verbo impedir demonstra uma ação do sujeito ativo, já o verbo retardar traz uma ideia de um não fazer, ou seja, uma omissão.

Ex.: O preso redige um habeas corpus requerendo sua soltura para o juiz. Entretanto, o diretor do estabelecimento prisional, a fim de prejudicar dolosamente o preso, impede que esse habeas corpus chegue ao juiz. Restará configurado o crime do art. 19, caput da Lei nº 13.869/2019.

Sujeitos do crime

Sujeito ativo: trata-se de crime próprio, somente o agente público pode cometê-lo.

Sujeito passivo: o sujeito passivo deste crime é somente o preso.

Porém, para configuração do delito o **pedido** do preso terá de ser necessariamente **a autoridade judiciária (juiz) competente para apreciar sua prisão ou qualquer circunstância relativa a sua custódia.**

Parágrafo único

No parágrafo únci do art. 19 da Lei nº 13.869/2019 estão previstas as figuras equiparadas ao crime do *caput* do referido artigo. A conduta deste crime apenas se configura por omissão.

Sujeito ativo: também é crime próprio, porém, o sujeito ativo deste crime é somente o magistrado (juiz, desembargador ou ministro).

Art. 19 da Lei nº 13.869/2019	
Caput	Parágrafo único
Ação ou Omissão	Apenas por Omissão

3.10.13 Art. 20

> ***Art. 20** Impedir, **sem justa causa, a entrevista pessoal e reservada do preso com seu advogado**:*
>
> *Pena - detenção, de 6 (seis) meses a 2 (dois) anos, e multa.*
>
> ***Parágrafo único.** Incorre na mesma pena quem **impede o preso**, o **réu solto ou o investigado** de **entrevistar-se pessoal e reservadamente com seu advogado ou defensor, por prazo razoável, antes de audiência judicial**, e de sentar-se ao seu lado e com ele comunicar-se durante a audiência, salvo no curso de interrogatório ou no caso de audiência realizada por videoconferência.*

Caput

A conduta deste crime é impedir a entrevista pessoal e reservada do preso com seu advogado.

A entrevista pessoal e reservada do preso com seu advogado é assegurada constitucionalmente como um direito fundamental previsto no art. 5º , LXIII da CRFB/88.

> *LXIII - **o preso** será informado de seus direitos, entre os quais o de permanecer calado, sendo-lhe **assegurada a assistência** da família e **de advogado;***

Sujeitos do crime

Sujeito ativo: trata-se de crime próprio somente o agente público pode cometê-lo.

Sujeito passivo: no caput do art. 20 da Lei de Abuso de Autoridade o sujeito passivo é **apenas o preso**, diferentemente do parágrafo único do mesmo artigo.

Parágrafo único

Trata-se de uma figura equiparada ao art. 20, caput. Por isso, a conduta deste crime também é impedir a entrevista pessoal e reservada do preso com seu advogado, porém, por prazo razoável antes da audiência ou de sentar-se ao seu lado e com ele comunicar-se durante a audiência.

Exceções:

- Interrogatório em juízo;
- Audiência realizada por videoconferência.

Segundo a maioria da doutrina, a exceção do interrogatório é mencionada porque, no interrogatório, o sistema vigente é o presidencialista, ou seja, as perguntas serão realizadas diretamente do juiz para o interrogando. As partes levaram suas perguntas ao juiz e ele as fará diretamente ao acusado/réu.

Sujeito ativo: somente o magistrado/autoridade judiciária (juiz, desembargador ou ministro).

Sujeito passivo: o sujeito passivo deste crime pode ser preso, réu solto ou investigado.

3.10.14 Art. 21

> ***Art. 21*** *Manter presos de ambos os sexos na mesma cela ou espaço de confinamento:*
>
> *Pena - detenção, de 1 (um) a 4 (quatro) anos, e multa.*
>
> ***Parágrafo único.*** *Incorre na mesma pena quem mantém, na mesma cela, criança ou adolescente na companhia de maior de idade ou em ambiente inadequado, observado o disposto na Lei nº 8.069, de 13 de julho de 1990 (Estatuto da Criança e do Adolescente).*

Este crime visa proteger o direito do preso previsto no art. 82 da Lei de Execução Penal (LEP).

> ***Art. 82*** *Os estabelecimentos penais destinam-se ao condenado, ao submetido à medida de segurança, ao preso provisório e ao egresso.*
>
> ***§ 1º A mulher e o maior de sessenta anos, separadamente, serão recolhidos a estabelecimento próprio e adequado à sua condição pessoal.***
>
> *§ 2º - O mesmo conjunto arquitetônico poderá abrigar estabelecimentos de destinação diversa desde que devidamente isolados.*

Cela ou espaço de confinamento

Cela é o local onde ficam os presos definitivos ou provisórios, seja em penitenciárias ou delegacias.

Espaço de confinamento é qualquer outro local enclausurado onde fique o preso que não seja uma cela destinado ao preso provisório ou definitivo. Ex.: baú da viatura/gaiola.

Transexuais e travestis

Há uma intensa discussão doutrinária envolvendo os transexuais e travestis no que tange a questão de qual seria a cela e espaço de confinamento adequado a este grupo de pessoas.

Alguns entendem que os transexuais, de maneira geral, devem ser recolhidos em celas femininas.

Outros doutrinadores vão entender que neste caso vale a opção do indivíduo que está preso. Caso o indivíduo do gênero masculino se identifique com o gênero feminino, mesmo não tendo realizado cirurgia de redesignação sexual, sem alteração no registro civil, deve ser recolhido em unidade prisional feminina.

Segundo Nucci, "(...)Há, certamente, a omissão legislativa – e não deveria ter acontecido - onde prender travesti e transexuais. Já que inexiste clara definição, não se pode processar por abuso de autoridade o lugar onde se coloca, preso, a pessoa travesti ou transexual, vale dizer, em cela masculina ou feminina.(...)"

Cuida-se de tema que carece de uniformização pelos tribunais superiores.

Sujeitos do crime

Sujeito ativo: Somente aquele agente público com atribuição de praticar as funções descritas no tipo penal tanto para a tipificação do *caput* quanto do parágrafo único do art. 21 da Lei de Abuso de Autoridade.

Parágrafo único

A figura descrita no parágrafo único da art. 21 é equiparada a conduta do art. 21, *caput* e nela incorre o agente que, na mesma cela, colocar criança ou adolescente na companhia de maior de idade ou em ambiente inadequado. Para a interpretação do art. 21, parágrafo único faz-se necessário remeter-se aos arts. 94 e 123 do Estatuto da Criança e do Adolescente.

> ***Art. 94*** *As entidades que desenvolvem programas de internação têm as seguintes obrigações, entre outras:*
>
> *I - observar os direitos e garantias de que são titulares os adolescentes;*
>
> *II - não restringir nenhum direito que não tenha sido objeto de restrição na decisão de internação;*
>
> *III - oferecer atendimento personalizado, em pequenas unidades e grupos reduzidos;*
>
> *IV - preservar a identidade e oferecer ambiente de respeito e dignidade ao adolescente;*
>
> *V - diligenciar no sentido do restabelecimento e da preservação dos vínculos familiares;*
>
> *VI - comunicar à autoridade judiciária, periodicamente, os casos em que se mostre inviável ou impossível o reatamento dos vínculos familiares;*
>
> *VII - oferecer instalações físicas em condições adequadas de habitabilidade, higiene, salubridade e segurança e os objetos necessários à higiene pessoal;*
>
> *VIII - oferecer vestuário e alimentação suficientes e adequados à faixa etária dos adolescentes atendidos;*
>
> *IX - oferecer cuidados médicos, psicológicos, odontológicos e farmacêuticos;*
>
> *X - propiciar escolarização e profissionalização;*
>
> *XI - propiciar atividades culturais, esportivas e de lazer;*
>
> *XII - propiciar assistência religiosa àqueles que desejarem, de acordo com suas crenças;*
>
> *XIII - proceder a estudo social e pessoal de cada caso;*
>
> *XIV - reavaliar periodicamente cada caso, com intervalo máximo de seis meses, dando ciência dos resultados à autoridade competente;*
>
> *XV - informar, periodicamente, o adolescente internado sobre sua situação processual;*
>
> *XVI - comunicar às autoridades competentes todos os casos de adolescentes portadores de moléstias infecto-contagiosas;*
>
> *XVII - fornecer comprovante de depósito dos pertences dos adolescentes;*
>
> *XVIII - manter programas destinados ao apoio e acompanhamento de egressos;*
>
> *XIX - providenciar os documentos necessários ao exercício da cidadania àqueles que não os tiverem;*
>
> *XX - manter arquivo de anotações onde constem data e circunstâncias do atendimento, nome do adolescente, seus pais ou responsável, parentes, endereços, sexo, idade, acompanhamento da sua formação, relação de seus pertences e demais dados que possibilitem sua identificação e a individualização do atendimento.*
>
> *§ 1º Aplicam-se, no que couber, as obrigações constantes deste artigo às entidades que mantêm programas de acolhimento institucional e familiar.*
>
> *§ 2º No cumprimento das obrigações a que alude este artigo as entidades utilizarão preferencialmente os recursos da comunidade.*
>
> ***Art. 123*** *A internação deverá ser cumprida em entidade exclusiva para adolescentes, em local distinto daquele destinado ao abrigo, obedecida rigorosa separação por critérios de idade, compleição física e gravidade da infração.*

3.10.15 Art. 22

Art. 22 Invadir ou adentrar, clandestina ou astuciosamente, ou à revelia da vontade do ocupante, imóvel alheio ou suas dependências, ou nele permanecer nas mesmas condições, sem determinação judicial ou fora das condições estabelecidas em lei:

Pena - detenção, de 1 (um) a 4 (quatro) anos, e multa.

*§ 1º Incorre na mesma pena, na forma prevista no **caput** deste artigo, quem:*

I - coage alguém, mediante violência ou grave ameaça, a franquear-lhe o acesso a imóvel ou suas dependências;

III - cumpre mandado de busca e apreensão domiciliar após as 21h (vinte e uma horas) ou antes das 5h (cinco horas).

§ 2º Não haverá crime se o ingresso for para prestar socorro, ou quando houver fundados indícios que indiquem a necessidade do ingresso em razão de situação de flagrante delito ou de desastre (excludentes de ilicitude).

Caput

Invadir, adentrar ou permanecer clandestinamente ou astuciosamente, a â revalia da vontade do ocupante	—	Imovél alheio ou suas depedênciaas (Ex.: quintal, garagem)	—	Tudo isso sem determinação legal ou em desacordo com a lei

Quando que o ingresso ou permanência em imóvel alheio descumprirá as condições estabelecidas na lei?

***Art. 5, XI, CRFB/88** A casa é asilo inviolável do indivíduo, ninguém nela podendo penetrar sem consentimento do morador, salvo em caso de flagrante delito ou desastre, ou para prestar socorro, ou, durante o dia, por determinação judicial;*

Ou seja, quando não for hipótese de:

- Flagrante delito;
- Desastre;
- Prestação de socorro; ou
- Durante o dia, por determinação judicial.

Figura equiparada

Coage alguém, mediate violência ou grave	—	a franquear-lhe o acesso a imóvel ou suas dependências
Cumpre mandado de busca e apreensão domiciliar	—	após as 21h (vinte e uma horas) ou antes das 5h (cinco horas)

Ex.: um policial que chega na residência do suspeito da prática do crime, porém, sem ordem judicial e sem elementos para um flagrante. Esse mesmo policial começa a coagir o investigado, dizendo que já há inquérito instaurado, e que ele teria de consentir com a entrada, caso contrário ele iria "ferrar" o investigado no inquérito policial. E diz mais:

- Quem não deve não teme. Então, você tem de me deixar entrar, eu vou interpretar que você está devendo alguma coisa.

Nesta situação, há uma coação mediante grave ameaça para que o morador franqueie, ou seja, permita a entrada no imóvel ou sua dependência. Isso figura a conduta típica do art. 22, § 1º, I da **Lei nº 13.869/2019.**

O inciso III pressupõe que há um mandado judicial a ser realizado, portanto, ele precisa ser cumprido durante o dia.

A Constituição Federal não traz o conceito de dia deixando a cargo do legislador infraconstitucional e a jurisprudência definirem este conceito. A Lei nº 13.869/2019 definiu que o conceito de dia, para o cumprimento de mandado de busca e apreensão, abrange o horário de 5 (cinco) horas e 21 (vinte e uma) horas.

Portanto, cumprir ordem judicial de busca e apreensão, depois das 21 horas e antes das 5horas, configura crime de abuso de autoridade, na forma do art. 22, § 1º, inciso III da **Lei nº 13.869/2019.**

Antes da Lei de Abuso de Autoridade, para o conceito de dia utilizava-se o critério cronológico, ou seja, dia era o horário das 6 (seis) horas até as 18 (dezoito) horas.

- Imagine que policiais munidos de um mandado de busca e apreensão domiciliar ingressam no imóvel do suspeito as 20 (vinte) horas.

  Nesta situação há crime de abuso de autoridade? Não!

  Essa prova será considerada lícita?

  Para boa parte da doutrina (Renato Brasileiro, Norberto Avena, Guilherme de Souza Nucci):

  Neste caso, a prova é totalmente lícita, válida e constitucional. Isso porque o critério do art. 22, § 1º, inciso III da **Lei nº 13.869/2019, além de definir um tipo penal, também será determinante quanto a licitude da prova, ou seja, se a prova é lícita ou não.**

Sujeitos do crime

Sujeito ativo: todo o art. 22 da **Lei nº 13.869/2019 é crime próprio, apenas podendo cometê-lo o agente público.**

Conduta

- **Omissiva:** permanecer - Caput.
- **Comissiva:** demais verbos do caput e § 1º .

Faz-se necessário observar que o art. 22 da Lei de Abuso de Autoridade "equivale" ao crime de invasão de domicílio, a diferença está no sujeito ativo desses delitos.

Por isso, **a Lei nº 13.869/2019 REVOGOU o art. 150, § 2º do CP** que era uma causa de aumento de pena do crime de violação de domicílio (quando o crime fosse cometido por funcionário público).

3.10.16 Art. 23

Art. 23 Inovar artificiosamente, no curso de diligência, de investigação ou de processo, o estado de lugar, de coisa ou de pessoa, com o fim de eximir-se de responsabilidade ou de responsabilizar criminalmente alguém ou agravar-lhe a responsabilidade:

Pena - detenção, de 1 (um) a 4 (quatro) anos, e multa.

Ex.: policial, autor de crime de homicídio, que no decorrer das investigações forja uma carta de comunicação de suicídio, dando a entender ter sido redigida pela vítima, com o intento de fazer cessar a persecução penal.

Ou seja, o termo "inovar artificiosamente" significa criar, montar algo que não corresponde à realidade. Ademais, esta inovação deve estar minimamente apta a enganar alguém, caso contrário não haverá crime (crime impossível).

***Parágrafo único.** Incorre na mesma pena quem pratica a conduta com o intuito de:*

I - eximir-se de responsabilidade civil ou administrativa por excesso praticado no curso de diligência;

Imagine que em determinada diligência, o policial comete excesso no momento do cumprimento de uma ordem de busca e apreensão (quebrou vários móveis da residência). Sabendo que este excesso certamente resultaria em uma responsabilização cível ou administrativa, ele adultera as imagens das câmeras de segurança daquele local com o objetivo de eximir-se dessa provável responsabilidade.

Perceba que o agente não cometeu infração penal com o excesso, porém ele certamente lhe gerará responsabilidade na esfera cível ou administrativa. Na verdade, o crime ocorre quando, diante do excesso, o sujeito pratica a conduta para eximir-se de uma das responsabilidades mencionadas.

II - omitir dados ou informações ou divulgar dados ou informações incompletos para desviar o curso da investigação, da diligência ou do processo.

A omissão ou incompletude do dado ou informação tem como finalidade necessária embaraçar o andamento de investigação, diligência ou processo.

Neste delito (como um todo), cabe salientar que o sujeito ativo pode ser qualquer agente público capaz de praticar os atos descritos.

3.10.17 Art. 24

Art. 24 *Constranger, sob violência ou grave ameaça, funcionário ou empregado de instituição hospitalar pública ou privada a admitir para tratamento pessoa cujo óbito já tenha ocorrido, com o fim de alterar local ou momento de crime, prejudicando sua apuração:*

Pena - detenção, de 1 (um) a 4 (quatro) anos, e multa, além da pena correspondente à violência.

Imagine que um policial está com um suspeito da prática de um crime e, após espanca-lo, o suspeito acaba falecendo. Diante da situação, sabendo que o indivíduo estava morto, o policial leva-o até um hospital para que o médico receba o falecido como se vivo estivesse, com o objetivo de alterar o momento da morte. O médico nega realizar o ato ilícito proposto, então o policial o ameaça de morte para que faça sua vontade.

Nesse caso, perceba que o objetivo do agente foi o de alterar o momento da morte, **prejudicando a apuração do crime.** Além disso, destaca-se que o agente necessariamente deve saber que o indivíduo já está sem vida.

No exemplo acima o agente responderá pelo delito do art. 24 da Lei nº 13.869/2019 em concurso com o art. 121, CP (homicídio – considerando o dolo de matar), haja vista o teor do preceito secundário daquele, o qual estabelece pena de detenção, de 1 a 4 anos, e multa, além da pena correspondente à violência (a grave ameaça será absorvida pelo crime da Lei nº 13.869/2019).

Novamente, o sujeito ativo, como um todo, pode ser qualquer agente público.

3.10.18 Art. 25

Art. 25 *Proceder à obtenção de prova, em procedimento de investigação ou fiscalização, por meio manifestamente ilícito:*

Pena - detenção, de 1 (um) a 4 (quatro) anos, e multa.

Observado que o *caput* menciona procedimentos de investigação ou fiscalização, pode-se afirmar que o crime também é aplicável a procedimentos administrativos (da Receita Federal, por exemplo).

Imagine que um investigador de polícia deseje colher elementos de autoria e materialidade de determinada infração penal, mas está encontrando muita dificuldade. Posteriormente, ele toma conhecimento de que o suspeito da infração se comunica através de cartas com outro criminoso e certamente ali estarão presentes elementos de autoria e materialidade do crime. No entanto não foi concedida autorização judicial para interceptação das correspondências.

Então, mesmo sem autorização, o policial vai até a caixa de correspondências do suspeito e retira as cartas lá presentes, onde realmente constam evidências da autoria e materialidade.

Claramente o policial obteve as provas de forma ilícita, violando o sigilo da correspondência (art. 5°, XII da CF) e agindo sem autorização judicial.

Parágrafo único. *Incorre na mesma pena quem faz uso de prova, em desfavor do investigado ou fiscalizado, com prévio conhecimento de sua ilicitude.*

Perceba que no parágrafo único o agente não agiu para obter a prova ilícita (ela já existia), mas sim fez uso, em desfavor do investigado ou fiscalizado, de prova que já sabia ilícita.

O sujeito ativo desde delito, como um todo, pode ser qualquer agente público que praticar as condutas previstas no tipo.

3.10.19 Art. 27

Art. 27 *Requisitar instauração ou instaurar procedimento investigatório de infração penal ou administrativa, em desfavor de alguém, à falta de qualquer indício da prática de crime, de ilícito funcional ou de infração administrativa:*

Pena - detenção, de 6 (seis) meses a 2 (dois) anos, e multa.

Fique ligado

Existem duas ADINs (Ações Diretas de Inconstitucionalidade) em andamento cujo objeto é esse delito, mas nenhuma delas foi julgada até o momento. Portanto, o crime previsto neste artigo ainda é considerado constitucional.

Note que a instauração de procedimento investigatório deve ser contra alguém específico – não haverá crime se for uma investigação sem autoria definida.

> **Ex.:** imagine que um Delegado de Polícia tenha o seu vizinho como inimigo. Este vizinho recebeu uma ótima proposta de emprego e, sabendo disso, o delegado instaura um inquérito policial contra ele, acusando-o da prática de tráfico de drogas. O delegado sabe que este crime nunca ocorreu, mas tem como objetivo frustrar a contratação do vizinho no novo emprego.

Este artigo (entre outros da Lei de Abuso de Autoridade) é alvo de críticas, em razão da subjetividade por ele trazida – não é muito claro quando se caracteriza a "falta de qualquer indício", ficando a critério do intérprete na análise do caso concreto.

Além disso, alguns juristas afirmam que este crime pode servir como desestímulo ao início de novas investigações, quando os indícios ainda são muito frágeis, mas que poderiam ser enrijecidos no decurso do inquérito (ou procedimento administrativo).

Parágrafo único. *Não há crime quando se tratar de sindicância ou investigação preliminar sumária, devidamente justificada.*

O parágrafo único prevê que não haverá o crime quando se tratar de sindicância ou investigação preliminar sumária, devidamente justificada. Assim, havendo qualquer indício, por menor que seja, da prática de crime, infração funcional ou administrativa, não responderá pelo delito em questão o agente público que instaurar ou requisitar o procedimento (aliás, esse será o seu dever).

O sujeito ativo desde delito, como um todo, pode ser qualquer agente público que praticar as condutas previstas no tipo.

3.10.20 Art. 28

Art. 28 *Divulgar gravação ou trecho de gravação sem relação com a prova que se pretenda produzir, expondo a intimidade ou a vida privada ou ferindo a honra ou a imagem do investigado ou acusado:*

Pena - detenção, de 1 (um) a 4 (quatro) anos, e multa.

Infelizmente, o legislador não deixou claro quais tipos de gravação podem ser considerados para fins deste delito. No entanto, a doutrina entende que a "gravação" é resultado de uma anterior interceptação ou de anterior escuta realizada.

Ou seja, o crime trata da divulgação da *mídia* em que está armazenada a comunicação anteriormente interceptada. Podem ser comunicações telefônicas ou ambientais (reguladas pela Lei 9.296/96).

- **Relembrando o que se compreende por interceptação ambiental:** são sinais ópticos (filmagens), sinais acústicos (gravação de voz) ou sinais eletromagnéticos (ondas de rádio).

Ademais, ressalta-se que a gravação que foi divulgada (inteiramente ou trechos) deve ser sido interceptada de forma **lícita**. Isso porque, na hipótese de a interceptação ter ocorrido de forma ilícita, pode-se estar diante do crime do art. 10 da Lei nº 9.296/1996.

Além disso, para que tenhamos o delito do art. 28, o tipo penal exige que a conduta do sujeito ativo:

- Recaia sobre gravação ou trecho de gravação sem relação com a prova que se pretenda produzir. Portanto, caso a gravação ou trecho guarde relação com a prova a ser produzida, não haverá o crime do art. 28 (podendo estar caracterizado o delito do art. 10 ou 10-A da Lei nº 9.296/1996, a depender da espécie de comunicação – telefônica ou ambiental);
- Exponha a intimidade ou a vida privada ou fira a honra ou a imagem. Se a conduta não atacar algum desses direitos constitucionalmente garantidos, não teremos o crime;
- Tenha como destinatário o investigado (fase investigativa) ou acusado (fase judicial). Dessa forma, se a conduta recair sobre qualquer outra pessoa que não alguma das citadas, não haverá o crime.

O sujeito ativo desde delito é o agente público que deva assegurar a confidencialidade da gravação.

3.10.21 Art. 29

> ***Art. 29*** *Prestar informação falsa sobre procedimento judicial, policial, fiscal ou administrativo com o fim de prejudicar interesse de investigado:*
>
> *Pena - detenção, de 6 (seis) meses a 2 (dois) anos, e multa.*

A constitucionalidade desse delito também está sendo discutida em duas ADINs, mas até o momento não houve julgamento do feito. Por enquanto, é constitucional.

A informação falsa prestada pode estar relacionada aos âmbitos judicial, policial, fiscal ou administrativo. Outro ponto importante é que o sujeito deve saber que está prestando uma informação falsa, pois se trata de um crime doloso.

Ademais, a finalidade da informação falsa deve ser exclusivamente para prejudicar os interesses do investigado. Quando há a intenção de beneficiar o investigado, pode-se caracterizar o crime do art. 319 do Código Penal (prevaricação).

O sujeito ativo desde delito, como um todo, pode ser qualquer agente público que praticar as condutas previstas no tipo.

3.10.22 Art. 30

> ***Art. 30*** *Dar início ou proceder à persecução penal, civil ou administrativa sem justa causa fundamentada ou contra quem sabe inocente:*
>
> *Pena - detenção, de 1 (um) a 4 (quatro) anos, e multa.*

Para a caracterização deste delito, a persecução iniciada deve ser penal, civil ou administrativa, desde **que sem justa causa fundamentada** ou contra **pessoa que o sujeito ativo sabe inocente**.

- A ausência de justa causa é quando não existem elementos mínimos para que se inicie uma persecução (elementos mínimos de materialidade ou autoria), ou seja, ausência de lastro probatório mínimo.

Assim como outros artigos da Lei de Abuso de Autoridade, vários doutrinadores entendem que o art. 30 é inconstitucional, pois é muito vago o conceito do que seria uma persecução penal, civil ou **administrativa "sem justa causa"**, tornando subjetiva essa avaliação.

O sujeito ativo será o agente público que praticar a conduta prevista no tipo penal.

3.10.23 Art. 31

> ***Art. 31*** *Estender injustificadamente a investigação, procrastinando-a em prejuízo do investigado ou fiscalizado:*
>
> *Pena - detenção, de 6 (seis) meses a 2 (dois) anos, e multa.*

Primeiramente, note que o crime descrito não se restringe ao âmbito penal, pois o legislador utilizou os termos "investigado" e "fiscalizado" (englobando o âmbito administrativo também).

Outro elemento normativo fundamental é o termo *"estender injustificadamente"*. Novamente, a lei não explica o que se deve entender a partir disso. A doutrina aponta que não se trata de uma mera contagem de dias, em que há um limite máximo – deve-se considerar a **complexidade da investigação, o número de vítimas e quem de fato está procrastinando o caso.**

> ***Parágrafo único.*** *Incorre na mesma pena quem, inexistindo prazo para execução ou conclusão de procedimento, o estende de forma imotivada, procrastinando-o em prejuízo do investigado ou do fiscalizado.*

O parágrafo único traz uma conduta equiparada ao *caput*. Independentemente de haver ou não prazo para a conclusão de determinado procedimento, a procrastinação poderá ser verificada de acordo com o caso concreto.

O sujeito ativo será o agente público que incidir na conduta prevista no tipo penal.

Por sua vez, a conduta pode ser comissiva (ação) ou omissiva (omissão).

- Quando um delegado toma medidas protelatórias, com o intuito de prejudicar o investigado, há conduta **comissiva,** por exemplo;
- Quando o delegado se omite quanto ao andamento da investigação, com o intuito de prejudicar o investigado, há conduta **omissiva,** por exemplo.

3.10.24 Art. 32

> ***Art. 32*** *Negar ao interessado, seu defensor ou advogado acesso aos autos de investigação preliminar, ao termo circunstanciado, ao inquérito ou a qualquer outro procedimento investigatório de infração penal, civil ou administrativa, assim como impedir a obtenção de cópias, ressalvado o acesso a peças relativas a diligências em curso, ou que indiquem a realização de diligências futuras, cujo sigilo seja imprescindível:*
>
> *Pena - detenção, de 6 (seis) meses a 2 (dois) anos, e multa.*

Trata-se da conduta de negar ao interessado (ou ao seu defensor), o acesso aos autos ou à obtenção de cópias destes, podendo ser procedimento investigatório de infração penal, civil ou administrativa.

Existe ressalva quanto às diligências em andamento ou aquelas que estejam relacionadas com diligências futuras. Por exemplo, uma interceptação telefônica que está em curso. Portanto, como uma conclusão óbvia, não haverá crime quando a negativa de acesso aos autos estiver fundamentada na imprescindibilidade de sigilo da diligência (futura ou em andamento).

O presente texto legal possui inspiração no enunciado da Súmula Vinculante nº 14: *É direito do defensor, no interesse do representado, ter acesso amplo aos elementos de prova que, já documentados em procedimento investigatório realizado por órgão com competência de polícia judiciária, digam respeito ao exercício do direito de defesa.*

O sujeito ativo será o agente público que incidir na conduta prevista no tipo penal.

3.10.25 Art. 33

> ***Art. 33*** *Exigir informação ou cumprimento de obrigação, inclusive o dever de fazer ou de não fazer, sem expresso amparo legal:*
>
> *Pena - detenção, de 6 (seis) meses a 2 (dois) anos, e multa.*

O delito do art. 33 não deve ser confundido com o crime de **constrangimento ilegal**, previsto no art. 146 do Código Penal. Neste último, faz-se necessária a presença de violência ou grave ameaça, diferentemente do crime da Lei de Abuso de Autoridade. Outra diferença, diz respeito ao sujeito ativo – no crime do Código Penal não se exige a qualidade de agente público.

Também não se deve confundir este crime com a **extorsão**, do art. 158 do Código Penal, pelas mesmas razões apresentadas acima, além do fato de o crime de extorsão envolver vantagem de natureza patrimonial.

> ***Parágrafo único.*** *Incorre na mesma pena quem se utiliza de cargo ou função pública ou invoca a condição de agente público para se eximir de obrigação legal ou para obter vantagem ou privilégio indevido.*

Enquanto no caput o agente público exige o cumprimento de obrigação ou informação sem fundamento na lei, no parágrafo único ele utilizará o seu cargo ou função para se eximir de uma obrigação prevista na lei ou obter vantagem indevida.

Entendemos que a vantagem indevida pode ser de qualquer espécie (não necessariamente patrimonial).

> **Ex.:** policial que vai a uma boate e, na bilheteria, invoca a sua função pública para conseguir adentrar no estabelecimento de forma gratuita, obtendo assim uma vantagem indevida. Crime do art. 33, parágrafo único.

O sujeito ativo será o agente público que incidir na conduta prevista no tipo penal (*caput* e parágrafo único).

3.10.26 Art. 36

> ***Art. 36*** *Decretar, em processo judicial, a indisponibilidade de ativos financeiros em quantia que extrapole exacerbadamente o valor estimado para a satisfação da dívida da parte e, ante a demonstração, pela parte, da excessividade da medida, deixar de corrigi-la:*
>
> *Pena – detenção, de 1 (um) a 4 (quatro) anos, e multa.*

Veja que este crime possui dupla exigência para sua caracterização: **decretar** a indisponibilidade de ativos financeiros em quantia que extrapole exacerbadamente o valor estimado para a satisfação da dívida e, ante a demonstração, pela parte, da excessividade da medida, **deixar de corrigi-la**. O crime apenas estará configurado com a presença das duas condutas.

Ademais, é apresentada uma conduta comissiva (decretar) seguida de uma conduta omissiva (deixar de corrigir) – é o que a doutrina denomina de **crime de conduta mista**.

O sujeito ativo é a autoridade judiciária (juiz, desembargador, ministro), pois ela será a competente para decretar a indisponibilidade de ativos financeiros.

3.10.27 Art. 37

> ***Art. 37 Demorar demasiada e injustificadamente no exame de processo de que tenha requerido vista em órgão colegiado,*** *com o intuito de procrastinar seu andamento ou retardar o julgamento:*
>
> *Pena – detenção, de 6 (seis) meses a 2 (dois) anos, e multa.*

É bastante comum que os órgãos colegiados lidem com processos complexos, razão pela qual o pedido de vistas muitas vezes é necessário, para que o desembargador (por exemplo) analise o caso com mais atenção.

Contudo, embora salutar, em algumas ocasiões esses pedidos de vista atrasam de forma demasiada o andamento processual, podendo gerar danos irreversíveis (Ex.: prescrição). Nesse sentido foi editado o presente delito, o qual exigirá uma demora considerável e injustificada no exame de processo constante em órgão colegiado pelo sujeito ativo e, ainda, que essa conduta tenha por finalidade procrastinar seu andamento ou retardar o julgamento.

O sujeito ativo deve ser aquele que integra ou atua em órgão colegiado (desembargador, ministro, membro do Ministério Público, por exemplo). Ademais, trata-se de crime omissivo (não há modalidade comissiva do delito).

3.10.28 Art. 38

> ***Art. 38*** *Antecipar o responsável pelas investigações, por meio de comunicação, inclusive rede social, atribuição de culpa, antes de concluídas as apurações e formalizada a acusação:*
>
> *Pena – detenção, de 6 (seis) meses a 2 (dois) anos, e multa.*

Estamos diante da conduta do agente público, responsável pelas investigações, que antecipa, por meio de comunicação, inclusive rede social, atribuição de culpa, antes de concluídas as apurações (investigações) e formalizada a acusação (oferecimento da peça acusatória).

Imagine que um delegado de polícia, dolosamente, atribuía a culpa pelo cometimento de um crime a um investigado, através de um programa de televisão, mas sem indiciamento, finalização das investigações ou formalização da acusação. Nesta hipótese, temos o delito do art. 38.

Exige-se que a antecipação na atribuição de culpa se dê por meio de comunicação, inclusive rede social (crime de forma vinculada).

Renato Brasileiro acrescenta que "não haverá crime se a conduta for praticada no âmbito de uma conversa privada, por exemplo (v.g., conversa particular via whatsapp). A comunicação é o processo de informação que se realiza entre os comunicadores e a audiência, heterogênea e anônima, por meio de instrumentos que são os meios de comunicação".[6]

O sujeito ativo será o agente público que incidir na conduta prevista no tipo penal.

6 LIMA, Renato Brasileiro de. Legislação Criminal Especial Comentada. 9ª ed. Salvador: Juspodivm, 2021, p. 198.

4 LEI Nº 7.716/1989 - CRIMES RESULTANTES DE PRECONCEITO DE RAÇA OU DE COR

Serão punidos, na forma desta Lei, os crimes resultantes de discriminação ou preconceito de raça, cor, etnia, religião ou procedência nacional.

Impedir ou obstar o acesso de alguém, devidamente habilitado, a qualquer cargo da administração direta ou indireta, bem como das concessionárias de serviços públicos: Pena – reclusão de 2 a 5 anos. Incorre na mesma pena quem, por motivo de discriminação de raça, cor, etnia, religião ou procedência nacional, obstar a promoção funcional.

Negar ou obstar emprego em empresa privada: Pena – reclusão de 2 a 5 anos. Incorre na mesma pena quem, por motivo de discriminação de raça ou de cor ou práticas resultantes do preconceito de descendência ou origem nacional ou étnica:

- ▷ Deixar de conceder os equipamentos necessários ao empregado em igualdade de condições com os demais trabalhadores;
- ▷ Impedir a ascensão funcional do empregado ou obstar outra forma de benefício profissional;
- ▷ Proporcionar ao empregado tratamento diferenciado no ambiente de trabalho, especialmente quanto ao salário.

Penas de multa: ficará sujeito às penas de multa e de prestação de serviços à comunidade, incluindo atividades de promoção da igualdade racial, quem, em anúncios ou qualquer outra forma de recrutamento de trabalhadores, exigir aspectos de aparência próprios de raça ou etnia para emprego cujas atividades não justifiquem essas exigências.

Recusa: recusar ou impedir acesso a estabelecimento comercial, negando-se a servir, atender ou receber cliente ou comprador. Pena – reclusão de 1 a 3 anos.

Recusar, negar ou impedir a inscrição ou ingresso de aluno em estabelecimento de ensino público ou privado de qualquer grau: Pena – reclusão de 3 a 5 anos.

Crime for praticado contra menor de dezoito anos: a pena é agravada de 1/3.

Impedir o acesso ou recusar hospedagem em hotel, pensão, estalagem, ou qualquer estabelecimento similar: Pena – reclusão de 3 a 5 anos.

Impedir o acesso ou recusar atendimento em restaurantes, bares, confeitarias, ou locais semelhantes abertos ao público: Pena – reclusão de 1 a 3 anos.

Impedir o acesso ou recusar atendimento em estabelecimentos esportivos, casas de diversões, ou clubes sociais abertos ao público: Pena – reclusão de 1 a 3 anos.

Impedir o acesso ou recusar atendimento em salões de cabeleireiros, barbearias, termas ou casas de massagem ou estabelecimento com as mesmas finalidades: Pena – reclusão de 1 a 3 anos.

Impedir o acesso às entradas sociais em edifícios públicos ou residenciais e elevadores ou escada de acesso aos mesmos: Pena – reclusão de 1 a 3 anos.

Impedir o acesso ou uso de transportes públicos, como aviões, navios barcas, barcos, ônibus, trens, metrô ou qualquer outro meio de transporte concedido: Pena – reclusão de 1 a 3 anos.

Impedir ou obstar o acesso de alguém ao serviço em qualquer ramo das forças armadas: Pena – reclusão de 2 a 4 anos.

Impedir ou obstar, por qualquer meio ou forma, o casamento ou convivência familiar e social: Pena – reclusão de 2 a 4 anos.

Perda do cargo ou função pública: constitui efeito da condenação a perda do cargo ou função pública, para o servidor público, e a suspensão do funcionamento do estabelecimento particular por prazo não superior a 3 meses.

Efeitos desta lei: não são automáticos, devendo ser motivadamente declarados na sentença.

Praticar, induzir ou incitar a discriminação ou preconceito de raça, cor, etnia, religião ou procedência nacional: Pena – reclusão de 1 a 3 anos e multa.

Fabricar, comercializar, distribuir ou veicular símbolos, emblemas, ornamentos, distintivos ou propaganda: que utilizem a cruz suástica ou gamada, para fins de divulgação do nazismo. Pena – reclusão de 2 a 5 anos e multa.

Comunicação social ou publicação de qualquer natureza: se qualquer dos crimes previstos é cometido por intermédio dos meios de comunicação social ou publicação de qualquer natureza. Pena – reclusão de 2 a 5 anos e multa. No caso, o juiz poderá determinar, ouvido o Ministério Público ou a pedido deste, ainda antes do inquérito policial, sob pena de desobediência:

- ▷ O recolhimento imediato ou a busca e apreensão dos exemplares do material respectivo;
- ▷ A cessação das respectivas transmissões radiofônicas, televisivas, eletrônicas ou da publicação por qualquer meio;
- ▷ A interdição das respectivas mensagens ou páginas de informação na rede mundial de computadores.

Efeito da condenação: após o trânsito em julgado da decisão, a destruição do material apreendido.

5 LEI Nº 10.741/2003 - ESTATUTO DA PESSOA IDOSA

É instituído o Estatuto da Pessoa Idosa, destinado a regular os direitos assegurados às pessoas com idade igual ou superior a 60 anos.

Pessoa idosa: goza de todos os direitos fundamentais inerentes à pessoa humana, sem prejuízo da proteção integral de que trata esta Lei, assegurando-se-lhe, por lei ou por outros meios, todas as oportunidades e facilidades, para preservação de sua saúde física e mental e seu aperfeiçoamento moral, intelectual, espiritual e social, em condições de liberdade e dignidade.

Obrigações: é obrigação da família, da comunidade, da sociedade e do Poder Público assegurar à pessoa idosa, com absoluta prioridade, a efetivação do direito à vida, à saúde, à alimentação, à educação, à cultura, ao esporte, ao lazer, ao trabalho, à cidadania, à liberdade, à dignidade, ao respeito e à convivência familiar e comunitária.

Garantia de prioridade compreende:

> ***Art. 3º** [...]*
>
> *I – atendimento preferencial imediato e individualizado junto aos órgãos públicos e privados prestadores de serviços à população;*
>
> *II – preferência na formulação e na execução de políticas sociais públicas específicas;*
>
> *III – destinação privilegiada de recursos públicos nas áreas relacionadas com a proteção à pessoa idosa; (Redação dada pela Lei nº 14.423/2022)*
>
> *IV – viabilização de formas alternativas de participação, ocupação e convívio da pessoa idosa com as demais gerações; (Redação dada pela Lei nº 14.423/2022)*
>
> *V – priorização do atendimento da pessoa idosa por sua própria família, em detrimento do atendimento asilar, exceto dos que não a possuam ou careçam de condições de manutenção da própria sobrevivência; (Redação dada pela Lei nº 14.423/2022)*
>
> *VI – capacitação e reciclagem dos recursos humanos nas áreas de geriatria e gerontologia e na prestação de serviços às pessoas idosas; (Redação dada pela Lei nº 14.423/2022)*
>
> *VII – estabelecimento de mecanismos que favoreçam a divulgação de informações de caráter educativo sobre os aspectos biopsicossociais de envelhecimento;*
>
> *VIII – garantia de acesso à rede de serviços de saúde e de assistência social locais;*
>
> *IX – prioridade no recebimento da restituição do Imposto de Renda.*

Prioridades: dentre as pessoas idosas, é assegurada prioridade especial aos maiores de 80 anos, atendendo-se suas necessidades sempre preferencialmente em relação aos demais pessoas idosas.

Fique ligado!

Nenhuma pessoa idosa será objeto de qualquer tipo de negligência, discriminação, violência, crueldade ou opressão, e todo atentado aos seus direitos, por ação ou omissão, será punido na forma da lei.

Dever de todos: prevenir a ameaça ou violação aos direitos da pessoa idosa.

Obrigações: não excluem da prevenção outras decorrentes dos princípios por ela adotados.

Inobservância das normas de prevenção: importará em responsabilidade à pessoa física ou jurídica nos termos da lei.

Dever de comunicar: todo cidadão tem o dever de comunicar à autoridade competente qualquer forma de violação a esta Lei que tenha testemunhado ou de que tenha conhecimento.

5.1 Direitos fundamentais

5.1.1 Direito à vida

Envelhecimento: é um direito personalíssimo e a sua proteção um direito social, nos termos desta Lei e da legislação vigente.

Obrigação do estado: garantir à pessoa idosa a proteção à vida e à saúde, mediante efetivação de políticas sociais públicas que permitam um envelhecimento saudável e em condições de dignidade.

5.1.2 Direito à liberdade, ao respeito e à dignidade

Obrigação do estado e da sociedade: assegurar à pessoa idosa a liberdade, o respeito e a dignidade, como pessoa humana e sujeito de direitos civis, políticos, individuais e sociais, garantidos na Constituição e nas leis.

Direito à liberdade: compreende, entre outros, os seguintes aspectos: faculdade de ir, vir e estar nos logradouros públicos e espaços comunitários, ressalvadas as restrições legais; opinião e expressão; crença e culto religioso; prática de esportes e de diversões; participação na vida familiar e comunitária; participação na vida política, na forma da lei; faculdade de buscar refúgio, auxílio e orientação.

Direito ao respeito: consiste na inviolabilidade da integridade física, psíquica e moral, abrangendo a preservação da imagem, da identidade, da autonomia, de valores, ideias e crenças, dos espaços e dos objetos pessoais.

Dever de todos: zelar pela dignidade da pessoa idosa, colocando-o a salvo de qualquer tratamento desumano, violento, aterrorizante, vexatório ou constrangedor.

5.1.3 Alimentos

Alimentos: serão prestados à pessoa idosa na forma da lei civil.

Obrigação alimentar: é solidária, podendo a pessoa idosa optar entre os prestadores.

Transações relativas a alimentos: poderão ser celebradas perante o Promotor de Justiça ou Defensor Público, que as referendará, e passarão a ter efeito de título executivo extrajudicial nos termos da lei processual civil.

Fique ligado!

Se a pessoa idosa ou seus familiares não possuírem condições econômicas de prover o seu sustento, impõe-se ao Poder Público esse provimento, no âmbito da assistência social.

5.1.4 Direito à saúde

É assegurada a Fique ligado integral à saúde da pessoa idosa, por intermédio do Sistema Único de Saúde (SUS), garantindo-lhe o acesso universal e igualitário, em conjunto articulado e contínuo das ações e serviços, para a prevenção, promoção, proteção e recuperação da saúde, incluindo a Fique ligado especial às doenças que afetam preferencialmente as pessoas idosas.

Prevenção e manutenção da saúde da pessoa idosa: serão efetivadas por meio de: cadastramento da população idosa em base territorial; atendimento geriátrico e gerontológico em ambulatórios; unidades geriátricas de referência, com pessoal especializado nas áreas de geriatria e gerontologia social; atendimento domiciliar, incluindo a internação, para a população que dele necessitar e esteja impossibilitada de se locomover, inclusive para pessoas idosas abrigadas e acolhidas por instituições públicas, filantrópicas ou sem fins lucrativos e eventualmente conveniadas com o Poder Público, nos meios urbano e rural; reabilitação orientada pela geriatria e gerontologia, para redução das sequelas decorrentes do agravo da saúde.

Poder Público: incumbe ao Poder Público fornecer às pessoas idosas, gratuitamente, medicamentos, especialmente os de uso continuado, assim como próteses, órteses e outros recursos relativos ao tratamento, habilitação ou reabilitação.

É vedada a discriminação da pessoa idosa nos planos de saúde pela cobrança de valores diferenciados em razão da idade.

Pessoas idosas portadoras de deficiência ou com limitação incapacitante: terão atendimento especializado, nos termos da lei.

Comparecimento da pessoa idosa enferma: é vedado exigir o comparecimento da pessoa idosa enferma perante os órgãos públicos, hipótese na qual será admitido o seguinte procedimento: quando de interesse do Poder Público, o agente promoverá o contato necessário com a pessoa idosa em sua residência; ou quando de interesse da própria pessoa idosa, este se fará representar por procurador legalmente constituído.

Atendimento domiciliar pela perícia médica: é assegurado à pessoa idosa enfermo o atendimento domiciliar pela perícia médica do Instituto Nacional do Seguro Social (INSS), pelo serviço público de saúde ou pelo serviço privado de saúde, contratado ou conveniado, que integre o Sistema Único de Saúde (SUS), para expedição do laudo de saúde necessário ao exercício de seus direitos sociais e de isenção tributária.

Em todo atendimento de saúde, os maiores de 80 anos terão preferência especial sobre as demais pessoas idosas, exceto em caso de emergência.

É assegurado o direito a acompanhante, devendo o órgão de saúde proporcionar as condições adequadas para a sua permanência em tempo integral, segundo o critério médico.

Caberá ao profissional de saúde responsável pelo tratamento conceder autorização para o acompanhamento da pessoa idosa ou, no caso de impossibilidade, justificá-la por escrito.

Pessoa idosa que esteja no domínio de suas faculdades mentais: é assegurado o direito de optar pelo tratamento de saúde que lhe for reputado mais favorável. Não estando a pessoa idosa em condições de proceder à opção, esta será feita: pelo curador, quando a pessoa idosa for interditada; pelos familiares, quando a pessoa idosa não tiver curador ou este não puder ser contactado em tempo hábil; pelo médico, quando ocorrer iminente risco de vida e não houver tempo hábil para consulta a curador ou familiar; pelo próprio médico, quando não houver curador ou familiar conhecido, caso em que deverá comunicar o fato ao Ministério Público.

Instituições de saúde: devem atender aos critérios mínimos para o atendimento às necessidades da pessoa idosa, promovendo o treinamento e a capacitação dos profissionais, assim como orientação a cuidadores familiares e grupos de autoajuda.

Casos de suspeita ou confirmação de violência praticada contra pessoa idosa: serão objeto de notificação compulsória pelos serviços de saúde públicos e privados à autoridade sanitária, bem como serão obrigatoriamente comunicados por eles a quaisquer dos seguintes órgãos: autoridade policial; Ministério Público; Conselho Municipal do Idoso; Conselho Estadual do Idoso; Conselho Nacional do Idoso.

Qualquer ação ou omissão praticada em local público ou privado que lhe cause morte, dano ou sofrimento físico ou psicológico.

5.1.5 Educação, cultura, esporte e lazer

A pessoa idosa tem direito a educação, cultura, esporte, lazer, diversões, espetáculos, produtos e serviços que respeitem sua peculiar condição de idade.

Poder Público: criará oportunidades de acesso da pessoa idosa à educação, adequando currículos, metodologias e material didático aos programas educacionais a ele destinados.

Cursos especiais para pessoas idosas: incluirão conteúdo relativo às técnicas de comunicação, computação e demais avanços tecnológicos, para sua integração à vida moderna.

Pessoas idosas: participarão das comemorações de caráter cívico ou cultural, para transmissão de conhecimentos e vivências às demais gerações, no sentido da preservação da memória e da identidade culturais.

Currículos mínimos dos diversos níveis de ensino formal: nos currículos mínimos dos diversos níveis de ensino formal serão inseridos conteúdos voltados ao processo de envelhecimento, ao respeito e à valorização da pessoa idosa, de forma a eliminar o preconceito e a produzir conhecimentos sobre a matéria.

Participação das pessoas idosas em atividades culturais e de lazer: será proporcionada mediante descontos de pelo menos 50% nos ingressos para eventos artísticos, culturais, esportivos e de lazer, bem como o acesso preferencial aos respectivos locais.

Meios de comunicação: manterão espaços ou horários especiais voltados às pessoas idosas, com finalidade informativa, educativa, artística e cultural, e ao público sobre o processo de envelhecimento.

Instituições de educação superior: ofertarão às pessoas idosas, na perspectiva da educação ao longo da vida, cursos e programas de extensão, presenciais ou a distância, constituídos por atividades formais e não formais.

Poder Público: apoiará a criação de universidade aberta para as pessoas idosas e incentivará a publicação de livros e periódicos, de conteúdo e padrão editorial adequados à pessoa idosa, que facilitem a leitura, considerada a natural redução da capacidade visual.

5.1.6 Profissionalização e do trabalho

A pessoa idosa tem direito ao exercício de atividade profissional, respeitadas suas condições físicas, intelectuais e psíquicas.

Admissão da pessoa idosa: em qualquer trabalho ou emprego, é vedada a discriminação e a fixação de limite máximo de idade, inclusive para concursos, ressalvados os casos em que a natureza do cargo o exigir.

Primeiro critério de desempate em concurso público: será a idade, dando-se preferência ao de idade mais elevada.

Poder Público: criará e estimulará programas de: profissionalização especializada para as pessoas idosas, aproveitando seus potenciais e habilidades para atividades regulares e remuneradas; preparação dos trabalhadores para a aposentadoria, com antecedência mínima de 1 ano, por meio de estímulo a novos projetos sociais, conforme seus interesses, e de esclarecimento sobre os direitos sociais e de cidadania; estímulo às empresas privadas para admissão de pessoas idosas ao trabalho.

5.1.7 Previdência social

Benefícios de aposentadoria e pensão do regime geral da previdência social: observarão, na sua concessão, critérios de cálculo que preservem o valor real dos salários sobre os quais incidiram contribuição, nos termos da legislação vigente.

Valores dos benefícios em manutenção: serão reajustados na mesma data de reajuste do salário-mínimo, *pro rata*, de acordo com suas respectivas datas de início ou do seu último reajustamento, com base em percentual definido em regulamento.

Perda da condição de segurado: não será considerada para a concessão da aposentadoria por idade, desde que a pessoa conte com, no mínimo, o tempo de contribuição correspondente ao exigido para efeito de carência na data de requerimento do benefício.

Cálculo do valor do benefício: observará o disposto no *caput* e § 2º do art. 3º, da Lei nº 9.876/1999, ou, não havendo salários-de-contribuição recolhidos a partir da competência de julho de 1994, o disposto no art. 35, da Lei nº 8.213/1991.

Pagamento de parcelas relativas a benefícios: efetuado com atraso por responsabilidade da Previdência Social, será atualizado pelo mesmo índice utilizado para os reajustamentos dos benefícios do Regime Geral de Previdência Social, verificado no período compreendido entre o mês que deveria ter sido pago e o mês do efetivo pagamento.

data-base: Dia Mundial do Trabalho (1º de maio) é a data-base dos aposentados e pensionistas.

5.1.8 Assistência social

Será prestada, de forma articulada, conforme os princípios e diretrizes previstos na Lei Orgânica da Assistência Social, na Política Nacional do Idoso, no Sistema Único de Saúde e demais normas pertinentes.

Benefício mensal: às pessoas idosas, a partir de 65 anos, que não possuam meios para prover sua subsistência, nem de tê-la provida por sua família, é assegurado o benefício mensal de 1 salário-mínimo, nos termos da Lei Orgânica da Assistência Social (Loas).

Benefício: já concedido a qualquer membro da família nos termos do *caput* não será computado para os fins do cálculo da renda familiar per capita a que se refere a Loas.

Contrato de prestação de serviços: todas as entidades de longa permanência, ou casa-lar, são obrigadas a firmar contrato de prestação de serviços com a pessoa idosa abrigada.

Entidades filantrópicas: no caso de entidades filantrópicas, ou casa-lar, é facultada a cobrança de participação da pessoa idosa no custeio da entidade.

Conselho municipal da pessoa idosa ou o conselho municipal da assistência social: estabelecerá a forma de participação prevista no § 1º, que não poderá exceder a 70% de qualquer benefício previdenciário ou de assistência social percebido pelo pessoa idosa. Se a pessoa idosa for incapaz, caberá a seu representante legal firmar o contrato a que se refere.

Acolhimento da pessoa idosa em situação de risco social: por adulto ou núcleo familiar, caracteriza a dependência econômica, para os efeitos legais.

5.1.9 Habitação

A pessoa idosa tem direito à moradia digna, no seio da família natural ou substituta, ou desacompanhado de seus familiares, quando assim o desejar, ou, ainda, em instituição pública ou privada.

Assistência integral na modalidade de entidade de longa permanência: será prestada quando verificada inexistência de grupo familiar, casa-lar, abandono ou carência de recursos financeiros próprios ou da família.

Identificação externa visível: toda instituição dedicada ao atendimento à pessoa idosa fica obrigada a manter identificação externa visível, sob pena de interdição, além de atender toda a legislação pertinente.

Instituições que abrigarem pessoas idosas: são obrigadas a manter padrões de habitação compatíveis com as necessidades deles, bem como provê-los com alimentação regular e higiene indispensáveis às normas sanitárias e com estas condizentes, sob as penas da lei.

Programas habitacionais, públicos ou subsidiados com recursos públicos: a pessoa idosa goza de prioridade na aquisição de imóvel para moradia própria, observado o seguinte: reserva de pelo menos 3% das unidades habitacionais residenciais para atendimento às pessoas idosas; implantação de equipamentos urbanos comunitários voltados à pessoa idosa; eliminação de barreiras arquitetônicas e urbanísticas, para garantia de acessibilidade à pessoa idosa; critérios de financiamento compatíveis com os rendimentos de aposentadoria e pensão.

Unidades residenciais reservadas para atendimento a pessoas idosas: devem situar-se, preferencialmente, no pavimento térreo.

5.1.10 Transporte

Gratuidade dos transportes coletivos públicos urbanos e semiurbanos: aos maiores de 65 anos fica assegurada a gratuidade dos transportes coletivos públicos urbanos e semiurbanos, exceto nos serviços seletivos e especiais, quando prestados paralelamente aos serviços regulares.

Acesso à gratuidade: para ter acesso à gratuidade, basta que a pessoa idosa apresente qualquer documento pessoal que faça prova de sua idade.

Veículos de transporte coletivo: serão reservados 10% dos assentos para as pessoas idosas, devidamente identificados com a placa de reservado preferencialmente para pessoas idosas.

Condições: no caso das pessoas compreendidas na faixa etária entre 60 e 65 anos, ficará a critério da legislação local dispor sobre as condições para exercício da gratuidade nos meios de transporte previstos no *caput* deste artigo.

Sistema de transporte coletivo interestadual: observar-se-á, nos termos da legislação específica: a reserva de 2 vagas gratuitas por veículo para pessoas idosas com renda igual ou inferior a 2 salários-mínimos; desconto de 50%, no mínimo, no valor das passagens, para as pessoas idosas que excederem as vagas gratuitas, com renda igual ou inferior a 2 salários mínimos.

Reserva: é assegurada a reserva, para as pessoas idosas, nos termos da lei local, de 5% das vagas nos estacionamentos públicos e privados, as quais deverão ser posicionadas de forma a garantir a melhor comodidade à pessoa idosa.

Prioridade e segurança da pessoa idosa: são asseguradas a prioridade e a segurança da pessoa idosa nos procedimentos de embarque e desembarque nos veículos do sistema de transporte coletivo.

5.2 Medidas de proteção

São aplicáveis sempre que os direitos reconhecidos nesta Lei forem ameaçados ou violados: por ação ou omissão da sociedade ou do Estado; por falta, omissão ou abuso da família, curador ou entidade de atendimento; em razão de sua condição pessoal.

5.2.1 Medidas específicas de proteção

Poderão ser aplicadas, isolada ou cumulativamente, e levarão em conta os fins sociais a que se destinam e o fortalecimento dos vínculos familiares e comunitários.

Ministério Público ou poder judiciário: a requerimento daquele, poderá determinar, dentre outras, as seguintes medidas: encaminhamento à família ou curador, mediante termo de responsabilidade; orientação, apoio e acompanhamento temporários; requisição para tratamento de sua saúde, em regime ambulatorial, hospitalar ou domiciliar; inclusão em programa oficial ou comunitário de auxílio, orientação e tratamento a usuários dependentes de drogas lícitas ou ilícitas, a própria pessoa idosa ou à pessoa de sua convivência que lhe cause perturbação; abrigo em entidade; abrigo temporário.

5.3 Política de atendimento à pessoa idosa

Far-se-á por meio do conjunto articulado de ações governamentais e não-governamentais da União, dos Estados, do Distrito Federal e dos Municípios.

Linhas de ação da política de atendimento:

> ***Art. 47** [...]*
>
> *I – políticas sociais básicas, previstas na Lei no 8.842, de 4 de janeiro de 1994;*
>
> *II – políticas e programas de assistência social, em caráter supletivo, para aqueles que necessitarem;*
>
> *III – serviços especiais de prevenção e atendimento às vítimas de negligência, maus-tratos, exploração, abuso, crueldade e opressão;*
>
> *IV – serviço de identificação e localização de parentes ou responsáveis por pessoas idosas abandonados em hospitais e instituições de longa permanência; (Redação dada pela Lei nº 14.423/2022)*
>
> *V – proteção jurídico-social por entidades de defesa dos direitos das pessoas idosas; (Redação dada pela Lei nº 14.423/2022)*
>
> *VI – mobilização da opinião pública no sentido da participação dos diversos segmentos da sociedade no atendimento do idoso.*

5.3.1 Entidades de atendimento à pessoa idosa

São responsáveis pela manutenção das próprias unidades, observadas as normas de planejamento e execução emanadas do órgão competente da Política Nacional do Idoso, conforme a Lei nº 8.842, de 1994.

Entidades governamentais e não-governamentais de assistência à pessoa idosa: ficam sujeitas à inscrição de seus programas, junto ao órgão competente da Vigilância Sanitária e Conselho Municipal da Pessoa Idosa, e em sua falta, junto ao Conselho Estadual ou Nacional da Pessoa Idosa, especificando os regimes de atendimento, observados os seguintes requisitos: oferecer instalações físicas em condições adequadas de habitabilidade, higiene, salubridade e segurança; apresentar objetivos estatutários e plano de trabalho compatíveis com os princípios desta Lei; estar regularmente constituída; demonstrar a idoneidade de seus dirigentes.

Entidades que desenvolvam programas de institucionalização de longa permanência: adotarão os seguintes princípios: preservação dos vínculos familiares; atendimento personalizado e em pequenos grupos; manutenção da pessoa idosa na mesma instituição, salvo em caso de força maior; participação da pessoa idosa nas atividades comunitárias, de caráter interno e externo; observância dos direitos e garantias das pessoas idosas; preservação da identidade da pessoa idosa e oferecimento de ambiente de respeito e dignidade.

Dirigente de instituição prestadora de atendimento à pessoa idosa: responderá civil e criminalmente pelos atos que praticar em detrimento da pessoa idosa, sem prejuízo das sanções administrativas.

Obrigações das entidades de atendimento:

> ***Art. 50** [...]*
>
> *I – celebrar contrato escrito de prestação de serviço com a pessoa idosa, especificando o tipo de atendimento, as obrigações da entidade e prestações decorrentes do contrato, com os respectivos preços, se for o caso; (Redação dada pela Lei nº 14.423/2022)*
>
> *II – observar os direitos e as garantias de que são titulares as pessoas idosas; (Redação dada pela Lei nº 14.423/2022)*
>
> *III – fornecer vestuário adequado, se for pública, e alimentação suficiente;*
>
> *IV – oferecer instalações físicas em condições adequadas de habitabilidade;*
>
> *V – oferecer atendimento personalizado;*
>
> *VI – diligenciar no sentido da preservação dos vínculos familiares;*
>
> *VII – oferecer acomodações apropriadas para recebimento de visitas;*
>
> *VIII – proporcionar cuidados à saúde, conforme a necessidade da pessoa idosa; (Redação dada pela Lei nº 14.423/2022)*
>
> *IX – promover atividades educacionais, esportivas, culturais e de lazer;*
>
> *X – propiciar assistência religiosa àqueles que desejarem, de acordo com suas crenças;*
>
> *XI – proceder a estudo social e pessoal de cada caso;*
>
> *XII – comunicar à autoridade competente de saúde toda ocorrência de pessoa idosa com doenças infectocontagiosas; (Redação dada pela Lei nº 14.423/2022)*
>
> *XIII – providenciar ou solicitar que o Ministério Público requisite os documentos necessários ao exercício da cidadania àqueles que não os tiverem, na forma da lei;*
>
> *XIV – fornecer comprovante de depósito dos bens móveis que receberem das pessoas idosas; (Redação dada pela Lei nº 14.423/2022)*
>
> *XV – manter arquivo de anotações no qual constem data e circunstâncias do atendimento, nome da pessoa idosa, responsável, parentes, endereços, cidade, relação de seus pertences, bem como o valor de contribuições, e suas alterações, se houver, e demais dados que possibilitem sua identificação e a individualização do atendimento; (Redação dada pela Lei nº 14.423/2022)*
>
> *XVI – comunicar ao Ministério Público, para as providências cabíveis, a situação de abandono moral ou material por parte dos familiares;*
>
> *XVII – manter no quadro de pessoal profissionais com formação específica.*

Instituições filantrópicas ou sem fins lucrativos prestadoras de serviço à pessoa idosa: terão direito à assistência judiciária gratuita.

5.3.2 Fiscalização das entidades de atendimento

Entidades governamentais e não-governamentais de atendimento à pessoa idosa: serão fiscalizadas pelos Conselhos do Idoso, Ministério Público, Vigilância Sanitária e outros previstos em lei.

Publicidade: será dada publicidade das prestações de contas dos recursos públicos e privados recebidos pelas entidades de atendimento.

Entidades de atendimento que descumprirem as determinações desta lei: ficarão sujeitas, sem prejuízo da responsabilidade civil e criminal de seus dirigentes ou prepostos, às seguintes penalidades, observado o devido processo legal:

> ***Art. 55** [...]*
>
> *I – as entidades governamentais:*
>
> *a) advertência;*
>
> *b) afastamento provisório de seus dirigentes;*
>
> *c) afastamento definitivo de seus dirigentes;*
>
> *d) fechamento de unidade ou interdição de programa;*
>
> *II – as entidades não-governamentais:*
>
> *a) advertência;*

b) multa;

c) suspensão parcial ou total do repasse de verbas públicas;

d) interdição de unidade ou suspensão de programa;

e) proibição de atendimento a pessoas idosas a bem do interesse público. (Redação dada pela Lei nº 14.423/2022)

Danos as pessoas idosas: havendo danos às pessoas idosas abrigadas ou qualquer tipo de fraude em relação ao programa, caberá o afastamento provisório dos dirigentes ou a interdição da unidade e a suspensão do programa.

Suspensão parcial ou total do repasse de verbas públicas: ocorrerá quando verificada a má aplicação ou desvio de finalidade dos recursos.

Ocorrência de infração por entidade de atendimento: na ocorrência de infração por entidade de atendimento, que coloque em risco os direitos assegurados nesta Lei, será o fato comunicado ao Ministério Público, para as providências cabíveis, inclusive para promover a suspensão das atividades ou dissolução da entidade, com a proibição de atendimento a pessoa idosa a bem do interesse público, sem prejuízo das providências a serem tomadas pela Vigilância Sanitária.

Aplicação das penalidades: serão consideradas a natureza e a gravidade da infração cometida, os danos que dela provierem para a pessoa idosa, as circunstâncias agravantes ou atenuantes e os antecedentes da entidade.

5.3.3 Infrações administrativas

Deixar a entidade de atendimento de cumprir as determinações desta lei: Pena – multa de R$ 500,00 a R$ 3 mil, se o fato não for caracterizado como crime, podendo haver a interdição do estabelecimento até que sejam cumpridas as exigências legais.

Interdição do estabelecimento de longa permanência: no caso de interdição do estabelecimento de longa permanência, as pessoas idosas abrigadas serão transferidos para outra instituição, a expensas do estabelecimento interditado, enquanto durar a interdição.

Deixar o profissional de saúde ou o responsável por estabelecimento de saúde ou instituição de longa permanência de comunicar à autoridade competente os casos de crimes contra a pessoa idosa de que tiver conhecimento: Pena – multa de R$ 500,00 a R$ 3 mil, aplicada em dobro no caso de reincidência.

Deixar de cumprir as determinações desta lei sobre a prioridade no atendimento a pessoa idosa: Pena – multa de R$ 500,00 a R$ 1 mil e multa civil a ser estipulada pelo juiz, conforme o dano sofrido pela pessoa idosa.

5.4 Apuração administrativa de infração às normas de proteção à pessoa idosa

Valores monetários: serão atualizados anualmente, na forma da lei.

Procedimento para a imposição de penalidade administrativa por infração às normas de proteção à pessoa idosa: terá início com requisição do Ministério Público ou auto de infração elaborado por servidor efetivo e assinado, se possível, por duas testemunhas.

Procedimento iniciado com o auto de infração: poderão ser usadas fórmulas impressas, especificando-se a natureza e as circunstâncias da infração.

Verificação da infração: sempre que possível, à verificação da infração seguir-se-á a lavratura do auto, ou este será lavrado dentro de 24 horas, por motivo justificado.

Autuado: terá prazo de 10 dias para a apresentação da defesa, contado da data da intimação, que será feita: pelo autuante, no instrumento de autuação, quando for lavrado na presença do infrator; por via postal, com aviso de recebimento.

Risco para a vida ou à saúde da pessoa idosa: havendo risco para a vida ou à saúde da pessoa idosa, a autoridade competente aplicará à entidade de atendimento as sanções regulamentares, sem prejuízo da iniciativa e das providências que vierem a ser adotadas pelo Ministério Público ou pelas demais instituições legitimadas para a fiscalização.

Fique ligado!

Nos casos em que não houver risco para a vida ou a saúde da pessoa idosa abrigada, a autoridade competente aplicará à entidade de atendimento as sanções regulamentares, sem prejuízo da iniciativa e das providências que vierem a ser adotadas pelo Ministério Público ou pelas demais instituições legitimadas para a fiscalização.

5.4.1 Apuração judicial de irregularidades em entidade de atendimento

Procedimento de apuração de irregularidade em entidade governamental e não-governamental de atendimento a pessoa idosa: terá início mediante petição fundamentada de pessoa interessada ou iniciativa do Ministério Público.

Havendo motivo grave, poderá a autoridade judiciária, ouvido o Ministério Público, decretar liminarmente o afastamento provisório do dirigente da entidade ou outras medidas que julgar adequadas, para evitar lesão aos direitos da pessoa idosa, mediante decisão fundamentada.

Dirigente da entidade: será citado para, no prazo de 10 dias, oferecer resposta escrita, podendo juntar documentos e indicar as provas a produzir.

Defesa: apresentada a defesa, o juiz procederá na conformidade do art. 69 ou, se necessário, designará audiência de instrução e julgamento, deliberando sobre a necessidade de produção de outras provas.

Partes e o Ministério Público: salvo manifestação em audiência, as partes e o Ministério Público terão 5 dias para oferecer alegações finais, decidindo a autoridade judiciária em igual prazo.

Afastamento provisório ou definitivo de dirigente de entidade governamental: em se tratando de afastamento provisório ou definitivo de dirigente de entidade governamental, a autoridade judiciária oficiará a autoridade administrativa imediatamente superior ao afastado, fixando-lhe prazo de 24 horas para proceder à substituição.

Autoridade judiciária: antes de aplicar qualquer das medidas, a autoridade judiciária poderá fixar prazo para a remoção das irregularidades verificadas. Satisfeitas as exigências, o processo será extinto, sem julgamento do mérito.

Multa e advertência: serão impostas ao dirigente da entidade ou ao responsável pelo programa de atendimento.

5.5 Acesso à justiça

Procedimento sumário: aplica-se, subsidiariamente, às disposições deste Capítulo, o procedimento sumário previsto no Código de Processo Civil, naquilo que não contrarie os prazos previstos nesta Lei.

Poder Público: poderá criar varas especializadas e exclusivas da pessoa idosa.

Prioridade na tramitação: é assegurada prioridade na tramitação dos processos e procedimentos e na execução dos atos e diligências judiciais em que figure como parte ou interveniente pessoa com idade igual ou superior a 60 anos, em qualquer instância.

Fique ligado!

O interessado na obtenção da prioridade, fazendo prova de sua idade, requererá o benefício à autoridade judiciária competente para decidir o feito, que determinará as providências a serem cumpridas, anotando-se essa circunstância em local visível nos autos do processo.

Prioridade: não cessará com a morte do beneficiado, estendendo-se em favor do cônjuge supérstite, companheiro ou companheira, com união estável, maior de 60 anos.

Extensão: a prioridade se estende aos processos e procedimentos na Administração Pública, empresas prestadoras de serviços públicos e instituições financeiras, ao atendimento preferencial junto à Defensoria Pública da União, dos Estados e do Distrito Federal em relação aos Serviços de Assistência Judiciária.

Atendimento prioritário: será garantido a pessoa idosa o fácil acesso aos assentos e caixas, identificados com a destinação a pessoas idosas em local visível e caracteres legíveis.

Prioridade especial: dentre os processos de pessoas idosas, dar-se-á prioridade especial aos maiores de oitenta anos.

Legitimação do Ministério Público: para as ações cíveis não impede a de terceiros, nas mesmas hipóteses, segundo dispuser a lei.

Atribuições: não excluem outras, desde que compatíveis com a finalidade e atribuições do Ministério Público.

Representante do Ministério Público: no exercício de suas funções, terá livre acesso a toda entidade de atendimento a pessoa idosa.

Processos e procedimentos: em que não for parte, atuará obrigatoriamente o Ministério Público na defesa dos direitos e interesses de que cuida esta Lei, hipóteses em que terá vista dos autos depois das partes, podendo juntar documentos, requerer diligências e produção de outras provas, usando os recursos cabíveis.

Intimação do Ministério Público: em qualquer caso, será feita pessoalmente.

Falta de intervenção do Ministério Público: acarreta a nulidade do feito, que será declarada de ofício pelo juiz ou a requerimento de qualquer interessado.

5.5.1 Proteção judicial dos interesses difusos, coletivos e individuais indisponíveis ou homogêneos

Manifestações processuais do representante do Ministério Público: deverão ser fundamentadas.

Ações de responsabilidade por ofensa aos direitos assegurados a pessoa idosa: regem-se pelas disposições desta Lei as ações de responsabilidade por ofensa aos direitos assegurados a pessoa idosa, referentes à omissão ou ao oferecimento insatisfatório de: acesso às ações e serviços de saúde; atendimento especializado a pessoa idosa portadora de deficiência ou com limitação incapacitante; atendimento especializado a pessoa idosa portadora de doença infectocontagiosa; serviço de assistência social visando ao amparo da pessoa idosa. As hipóteses não excluem da proteção judicial outros interesses difusos, coletivos, individuais indisponíveis ou homogêneos, próprios da pessoa idosa, protegidos em lei.

Serão propostas no foro do domicílio da pessoa idosa, cujo juízo terá competência absoluta para processar a causa, ressalvadas as competências da Justiça Federal e a competência originária dos Tribunais Superiores.

Ações cíveis: para as ações cíveis fundadas em interesses difusos, coletivos, individuais indisponíveis ou homogêneos, consideram-se legitimados, concorrentemente: o Ministério Público; a União, os Estados, o Distrito Federal e os Municípios; a Ordem dos Advogados do Brasil; as associações legalmente constituídas há pelo menos 1 ano e que incluam entre os fins institucionais a defesa dos interesses e direitos da pessoa idosa, dispensada a autorização da assembleia, se houver prévia autorização estatutária.

Litisconsórcio facultativo: admitir-se-á litisconsórcio facultativo entre os Ministérios Públicos da União e dos Estados na defesa dos interesses e direitos de que cuida esta Lei.

Desistência ou abandono: em caso de desistência ou abandono da ação por associação legitimada, o Ministério Público ou outro legitimado deverá assumir a titularidade ativa.

Defesa dos interesses e direitos protegidos por esta lei: para defesa dos interesses e direitos protegidos por esta Lei, são admissíveis todas as espécies de ação pertinentes.

Atos ilegais ou abusivos de autoridade pública: contra atos ilegais ou abusivos de autoridade pública ou agente de pessoa jurídica no exercício de atribuições de Poder Público, que lesem direito líquido e certo previsto nesta Lei, caberá ação mandamental, que se regerá pelas normas da lei do mandado de segurança.

Cumprimento de obrigação de fazer ou não-fazer: na ação que tenha por objeto o cumprimento de obrigação de fazer ou não-fazer, o juiz concederá a tutela específica da obrigação ou determinará providências que assegurem o resultado prático equivalente ao adimplemento.

Relevante o fundamento da demanda: sendo relevante o fundamento da demanda e havendo justificado receio de ineficácia do provimento final, é lícito ao juiz conceder a tutela liminarmente ou após justificação prévia, na forma do art. 273 do Código de Processo Civil.

Juiz: poderá, na sentença, impor multa diária ao réu, independentemente do pedido do autor, se for suficiente ou compatível com a obrigação, fixando prazo razoável para o cumprimento do preceito.

Multa: só será exigível do réu após o trânsito em julgado da sentença favorável ao autor, mas será devida desde o dia em que se houver configurado.

Valores das multas: previstas nesta Lei reverterão ao Fundo do Idoso, onde houver, ou na falta deste, ao Fundo Municipal de Assistência Social, ficando vinculados ao atendimento a pessoa idosa.

Multas não recolhidas até 30 dias após o trânsito em julgado da decisão: serão exigidas por meio de execução promovida pelo Ministério Público, nos mesmos autos, facultada igual iniciativa aos demais legitimados em caso de inércia daquele.

Efeito suspensivo aos recursos: o juiz poderá conferir efeito suspensivo aos recursos, para evitar dano irreparável à parte.

Transitada em julgado a sentença: que impuser condenação ao Poder Público, o juiz determinará a remessa de peças à autoridade competente, para apuração da responsabilidade civil e administrativa do agente a que se atribua a ação ou omissão.

Fique ligado!

Decorridos 60 dias do trânsito em julgado da sentença condenatória favorável a pessoa idosa sem que o autor lhe promova a execução, deverá fazê-lo o Ministério Público, facultada, igual iniciativa aos demais legitimados, como assistentes ou assumindo o polo ativo, em caso de inércia desse órgão.

SEG JUR

Não haverá adiantamento de custas, emolumentos, honorários periciais e quaisquer outras despesas. Não se imporá sucumbência ao Ministério Público.

Provocação: qualquer pessoa poderá, e o servidor deverá provocar a iniciativa do Ministério Público, prestando-lhe informações sobre os fatos que constituam objeto de ação civil e indicando-lhe os elementos de convicção.

Agentes públicos em geral: os juízes e tribunais, no exercício de suas funções, quando tiverem conhecimento de fatos que possam configurar crime de ação pública contra pessoa idosa ou ensejar a propositura de ação para sua defesa, devem encaminhar as peças pertinentes ao Ministério Público, para as providências cabíveis.

Petição inicial: para instruir a petição inicial, o interessado poderá requerer às autoridades competentes as certidões e informações que julgar necessárias, que serão fornecidas no prazo de 10 dias.

Ministério Público: poderá instaurar sob sua presidência, inquérito civil, ou requisitar, de qualquer pessoa, organismo público ou particular, certidões, informações, exames ou perícias, no prazo que assinalar, o qual não poderá ser inferior a 10 dias.

Esgotadas todas as diligências, se convencer da inexistência de fundamento para a propositura da ação civil ou de peças informativas, determinará o seu arquivamento, fazendo-o fundamentadamente.

Autos do inquérito civil ou peças de informação arquivados: serão remetidos, sob pena de se incorrer em falta grave, no prazo de 3 dias, ao Conselho Superior do Ministério Público ou à Câmara de Coordenação e Revisão do Ministério Público.

Associações legitimadas: até que seja homologado ou rejeitado o arquivamento, pelo Conselho Superior do Ministério Público ou por Câmara de Coordenação e Revisão do Ministério Público, as associações legitimadas poderão apresentar razões escritas ou documentos, que serão juntados ou anexados às peças de informação.

Conselho superior ou câmara de coordenação e revisão do Ministério Público: deixando o Conselho Superior ou a Câmara de Coordenação e Revisão do Ministério Público de homologar a promoção de arquivamento, será designado outro membro do Ministério Público para o ajuizamento da ação.

5.6 Crimes

Subsidiariedade: aplicam-se subsidiariamente, no que couber, as disposições da Lei nº 7.347, de 24 de julho de 1985.

Crimes: previstos nesta Lei, cuja pena máxima privativa de liberdade não ultrapasse 4 anos, aplica-se o procedimento previsto na Lei nº 9.099, de 26 de setembro de 1995, e, subsidiariamente, no que couber, as disposições do Código Penal e do Código de Processo Penal.

5.6.1 Crimes em espécie

Ação penal pública incondicionada: os crimes definidos nesta Lei são de ação penal pública incondicionada, não se lhes aplicando os arts. 181 e 182, do Código Penal.

Discriminar pessoa idosa: impedindo ou dificultando seu acesso a operações bancárias, aos meios de transporte, ao direito de contratar ou por qualquer outro meio ou instrumento necessário ao exercício da cidadania, por motivo de idade. Pena – reclusão de 6 meses a 1 ano e multa. Na mesma pena incorre quem desdenhar, humilhar, menosprezar ou discriminar pessoa idosa, por qualquer motivo. A pena será aumentada de 1/3 se a vítima se encontrar sob os cuidados ou responsabilidade do agente.

Não constitui crime: a negativa de crédito motivada por superendividamento da pessoa idosa.

Deixar de prestar assistência a pessoa idosa: quando possível fazê-lo sem risco pessoal, em situação de iminente perigo, ou recusar, retardar ou dificultar sua assistência à saúde, sem justa causa, ou não pedir, nesses casos, o socorro de autoridade pública. Pena – detenção de 6 meses a 1 ano e multa.

Pena é aumentada de metade, se da omissão resulta lesão corporal de natureza grave, e triplicada, se resulta a morte.

Abandonar a pessoa idosa: em hospitais, casas de saúde, entidades de longa permanência, ou congêneres, ou não prover suas necessidades básicas, quando obrigado por lei ou mandado. Pena – detenção de 6 meses a 3 anos e multa.

Exposição: expor a perigo a integridade e a saúde, física ou psíquica, da pessoa idosa, submetendo-o a condições desumanas ou degradantes ou privando-o de alimentos e cuidados indispensáveis, quando obrigado a fazê-lo, ou sujeitando-o a trabalho excessivo ou inadequado. Pena – detenção de 2 meses a 1 ano e multa. Se do fato resulta lesão corporal de natureza grave. Pena – reclusão de 1 a 4 anos. Se resulta a morte. Pena – reclusão de 4 a 12 anos.

Crime punível com reclusão: constitui crime punível com reclusão de 6 meses a 1 ano e multa:

> ***Art. 100** [...]*
>
> *I – obstar o acesso de alguém a qualquer cargo público por motivo de idade;*
>
> *II – negar a alguém, por motivo de idade, emprego ou trabalho;*
>
> *III – recusar, retardar ou dificultar atendimento ou deixar de prestar assistência à saúde, sem justa causa, a pessoa idosa;*
>
> *IV – deixar de cumprir, retardar ou frustrar, sem justo motivo, a execução de ordem judicial expedida na ação civil a que alude esta Lei;*
>
> *V – recusar, retardar ou omitir dados técnicos indispensáveis à propositura da ação civil objeto desta Lei, quando requisitados pelo Ministério Público.*

Ordem judicial expedida: deixar de cumprir, retardar ou frustrar, sem justo motivo, a execução de ordem judicial expedida nas ações em que for parte ou interveniente a pessoa idosa. Pena – detenção de 6 meses a 1 ano e multa.

Apropriar-se de ou desviar bens: proventos, pensão ou qualquer outro rendimento da pessoa idosa, dando-lhes aplicação diversa da de sua finalidade. Pena – reclusão de 1 a 4 anos e multa.

Negar o acolhimento ou a permanência da pessoa idosa: como abrigado, por recusa deste em outorgar procuração à entidade de atendimento. Pena – detenção de 6 meses a 1 ano e multa.

Reter o cartão magnético de conta bancária relativa a benefícios: proventos ou pensão da pessoa idosa, bem como qualquer outro documento com objetivo de assegurar recebimento ou ressarcimento de dívida. Pena – detenção de 6 meses a 2 anos e multa.

Exibir ou veicular, por qualquer meio de comunicação, informações ou imagens depreciativas ou injuriosas à pessoa idosa: Pena – detenção de 1 a 3 anos e multa.

Induzir pessoa idosa sem discernimento: de seus atos a outorgar procuração para fins de administração de bens ou deles dispor livremente: Pena – reclusão de 2 a 4 anos.

Coagir, de qualquer modo, a pessoa idosa a doar, contratar, testar ou outorgar procuração: Pena – reclusão de 2 a 5 anos.

Lavrar ato notarial que envolva pessoa idosa sem discernimento de seus atos, sem a devida representação legal: Pena – reclusão de 2 a 4 anos.

6 ESTATUTO DA PESSOA COM DEFICIÊNCIA

Ao tratar de direitos das pessoas com deficiência, abordamos não só o Estatuto da Pessoa com Deficiência (ou lei de inclusão), mas diversas leis e normas que garantem a efetividade de diversos direitos, promovendo inclusão e igualdade.

O seu edital poderá cobrar somente o Estatuto da Pessoa com Deficiência ou abordar outras leis. Nosso foco será o Estatuto e faremos, em alguns pontos, comparativos e abordando aspectos de outras leis que garantem acessibilidade.

A Lei nº 13.146/2015 instituiu o Estatuto da Pessoa com Deficiência (EPD) que visa promover a inclusão social e a cidadania, promovendo a igualdade no exercício dos direitos e liberdades fundamentais da pessoa com deficiência.

A Lei tem por base a Convenção sobre os Direitos das Pessoas com Deficiência e seu protocolo facultativo, que foram devidamente ratificados pelo Congresso Nacional e promulgados pelo Decreto nº 6.949, de 25 de agosto de 2009.

Para aplicação do Estatuto, devemos entender que a lei conceitua como pessoa com deficiência:

> *Art. 2º Considera-se pessoa com deficiência aquela que tem impedimento de longo prazo de natureza física, mental, intelectual ou sensorial, o qual, em interação com uma ou mais barreiras, pode obstruir sua participação plena e efetiva na sociedade em igualdade de condições com as demais pessoas.*

Para acesso a alguns direitos (como aposentadoria com tempo de contribuição reduzido), faz-se necessária a avaliação da deficiência.

Conforme prevê o EPD, a avaliação da deficiência, quando necessária, será biopsicossocial (modelo que visa à análise e identificação considerando fatores biológicos, psicológicos e sociais) por uma equipe multiprofissional e interdisciplinar e considerará:

- Os impedimentos nas funções e nas estruturas do corpo;
- Os fatores socioambientais, psicológicos e pessoais;
- A limitação no desempenho de atividades; e
- A restrição de participação.

Além do conceito sobre pessoa com deficiência, o artigo 3º dispõe diversos conceitos para a aplicabilidade da lei. Para melhor compreensão e fixação, listamos abaixo os conceitos que mais são "trocados" nas provas:

- **Acessibilidade:** possibilidade e condição de alcance para utilização, com segurança e autonomia, de espaços, mobiliários, equipamentos urbanos, edificações, transportes, informação e comunicação, inclusive seus sistemas e tecnologias, bem como de outros serviços e instalações abertos ao público, de uso público ou privados de uso coletivo, tanto na zona urbana como na rural, por pessoa com deficiência ou com mobilidade reduzida.
- **Adaptações razoáveis:** adaptações, modificações e ajustes necessários e adequados que não acarretem ônus desproporcional e indevido, quando requeridos em cada caso, a fim de assegurar que a pessoa com deficiência possa gozar ou exercer, em igualdade de condições e oportunidades com as demais pessoas, todos os direitos e liberdades fundamentais.
- **Atendente pessoal:** pessoa, membro ou não da família, que, com ou sem remuneração, assiste ou presta cuidados básicos e essenciais à pessoa com deficiência no exercício de suas atividades diárias, excluídas as técnicas ou os procedimentos identificados com profissões legalmente estabelecidas.
- **Moradia para a vida independente da pessoa com deficiência:** moradia com estruturas adequadas capazes de proporcionar serviços de apoio coletivos e individualizados que respeitem e ampliem o grau de autonomia de jovens e adultos com deficiência.
- Pessoa com deficiência aquela que tem impedimento de longo prazo de natureza física, mental, intelectual ou sensorial, o qual, em interação com uma ou mais barreiras, pode obstruir sua participação plena e efetiva na sociedade em igualdade de condições com as demais pessoas.
- **Elemento de urbanização:** quaisquer componentes de obras de urbanização, tais como os referentes a pavimentação, saneamento, encanamento para esgotos, distribuição de energia elétrica e de gás, iluminação pública, serviços de comunicação, abastecimento e distribuição de água, paisagismo e os que materializam as indicações do planejamento urbanístico.
- **Residências inclusivas:** unidades de oferta do Serviço de Acolhimento do Sistema Único de Assistência Social (Suas) localizadas em áreas residenciais da comunidade, com estruturas adequadas, que possam contar com apoio psicossocial para o atendimento das necessidades da pessoa acolhida, destinadas a jovens e adultos com deficiência, em situação de dependência, que não dispõem de condições de autossustentabilidade e com vínculos familiares fragilizados ou rompidos.
- **Acompanhante:** aquele que acompanha a pessoa com deficiência, podendo ou não desempenhar as funções de atendente pessoal.
- **Pessoa com mobilidade reduzida:** aquela que tenha, por qualquer motivo, dificuldade de movimentação, permanente ou temporária, gerando redução efetiva da mobilidade, da flexibilidade, da coordenação motora ou da percepção, incluindo idoso, gestante, lactante, pessoa com criança de colo e obeso.
- **Mobiliário urbano:** conjunto de objetos existentes nas vias e nos espaços públicos, superpostos ou adicionados aos elementos de urbanização ou de edificação, de forma que sua modificação ou seu traslado não provoque alterações substanciais nesses elementos, como semáforos, postes de sinalização e similares, terminais e pontos de acesso coletivo às telecomunicações, fontes de água, lixeiras, toldos, marquises, bancos, quiosques e quaisquer outros de natureza análoga.
- **Profissional de apoio escolar:** pessoa que exerce atividades de alimentação, higiene e locomoção do estudante com deficiência e atua em todas as atividades escolares nas quais se fizer necessária, em todos os níveis e modalidades de ensino, em instituições públicas e privadas, excluídas as técnicas ou os procedimentos identificados com profissões legalmente estabelecidas.

É instituído o cordão de fita com desenhos de girassóis como símbolo nacional de identificação de pessoas com deficiências ocultas.

O uso do símbolo de que trata o **caput** deste artigo é opcional, e sua ausência não prejudica o exercício de direitos e garantias previstos em lei.

A utilização do símbolo de que trata o **caput** deste artigo não dispensa a apresentação de documento comprobatório da deficiência, caso seja solicitado pelo atendente ou pela autoridade competente.

6.1 Da igualdade e não discriminação

Determina o artigo 4º do EPD:

> *Art. 4º Toda pessoa com deficiência tem direito à igualdade de oportunidades com as demais pessoas e não sofrerá nenhuma espécie de discriminação.*

S E G J U R

§ 1º Considera-se discriminação em razão da deficiência toda forma de distinção, restrição ou exclusão, por ação ou omissão, que tenha o propósito ou o efeito de prejudicar, impedir ou anular o reconhecimento ou o exercício dos direitos e das liberdades fundamentais de pessoa com deficiência, incluindo a recusa de adaptações razoáveis e de fornecimento de tecnologias assistivas.

§ 2º A pessoa com deficiência não está obrigada à fruição de benefícios decorrentes de ação afirmativa.

A ação afirmativa se refere às ações especiais e temporárias que visam eliminar desigualdades, garantindo a compensação provocada pela discriminação e desigualdade.

A pessoa com deficiência, especialmente os considerados vulneráveis, criança, adolescente, mulher e idoso, deve ser protegida de toda forma de:

- Negligência;
- Discriminação;
- Exploração;
- Violência;
- Tortura;
- Crueldade;
- Opressão; e
- Tratamento desumano ou degradante.

A deficiência não afeta a plena capacidade civil da pessoa, inclusive para:

- Casar-se e constituir união estável;
- Exercer direitos sexuais e reprodutivos;
- Exercer o direito de decidir sobre o número de filhos e de ter acesso a informações adequadas sobre reprodução e planejamento familiar;
- Conservar sua fertilidade, sendo vedada a esterilização compulsória;
- Exercer o direito à família e à convivência familiar e comunitária; e
- Exercer o direito à guarda, à tutela, à curatela e à adoção, como adotante ou adotando, em igualdade de oportunidades com as demais pessoas.

O Estatuto prevê como dever que:

- Juízes e Tribunais no exercício da função devem remeter peças ao Ministério Público para providências;
- Todos devem comunicar ameaça ou violação de direitos.

Ainda, prevê o artigo 8º do EPD:

***Art. 8º** É dever do Estado, da sociedade e da família assegurar à pessoa com deficiência, com prioridade, a efetivação dos direitos referentes à vida, à saúde, à sexualidade, à paternidade e à maternidade, à alimentação, à habitação, à educação, à profissionalização, ao trabalho, à previdência social, à habilitação e à reabilitação, ao transporte, à acessibilidade, à cultura, ao desporto, ao turismo, ao lazer, à informação, à comunicação, aos avanços científicos e tecnológicos, à dignidade, ao respeito, à liberdade, à convivência familiar e comunitária, entre outros decorrentes da Constituição Federal, da Convenção sobre os Direitos das Pessoas com Deficiência e seu Protocolo Facultativo e das leis e de outras normas que garantam seu bem-estar pessoal, social e econômico.*

6.2 Do atendimento prioritário

Determina o art. 9º do EPD:

***Art. 9º** A pessoa com deficiência tem direito a receber atendimento prioritário, sobretudo com a finalidade de:*

I – proteção e socorro em quaisquer circunstâncias;

II – atendimento em todas as instituições e serviços de atendimento ao público;

III – disponibilização de recursos, tanto humanos quanto tecnológicos, que garantam atendimento em igualdade de condições com as demais pessoas;

IV – disponibilização de pontos de parada, estações e terminais acessíveis de transporte coletivo de passageiros e garantia de segurança no embarque e no desembarque;

V – acesso a informações e disponibilização de recursos de comunicação acessíveis;

VI – recebimento de restituição de imposto de renda;

VII – tramitação processual e procedimentos judiciais e administrativos em que for parte ou interessada, em todos os atos e diligências.

§ 1º Os direitos previstos neste artigo são extensivos ao acompanhante da pessoa com deficiência ou ao seu atendente pessoal, exceto quanto ao disposto nos incisos VI e VII deste artigo.

§ 2º Nos serviços de emergência públicos e privados, a prioridade conferida por esta Lei é condicionada aos protocolos de atendimento médico.

O dispositivo determina situações que as pessoas com deficiência terão atendimento prioritário.

Atenção com as confusões sobre prioridade de atendimento. O edital pode abordar, além do EPD, a Lei nº 10.048/2000, que trata das pessoas que terão atendimento prioritário em órgãos públicos, instituições financeiras, entre outras.

A citada lei prevê atendimento prioritário para:

- Pessoas com deficiência;
- Os idosos com idade igual ou superior a 60 (sessenta) anos;
- As gestantes;
- As lactantes;
- As pessoas com crianças de colo;
- Obesos.

A Lei nº 10.048/2000 prevê também que as empresas públicas de transporte e as concessionárias de transporte coletivo reservarão assentos, devidamente identificados, aos idosos, gestantes, lactantes, pessoas deficientes e pessoas acompanhadas por crianças de colo e os logradouros e sanitários públicos, bem como os edifícios de uso público, terão normas de construção, para efeito de licenciamento da respectiva edificação, baixadas pela autoridade competente, destinadas a facilitar o acesso e uso desses locais pelas pessoas deficientes. Veja-se:

***Art. 1º** As pessoas com deficiência, os idosos com idade igual ou superior a 60 (sessenta) anos, as gestantes, as lactantes, as pessoas com crianças de colo e os obesos terão atendimento prioritário, nos termos desta Lei. (Redação dada pela Lei nº 13.146, de 2015) (Vigência)*

***Art. 2º** As repartições públicas e empresas concessionárias de serviços públicos estão obrigadas a dispensar atendimento prioritário, por meio de serviços individualizados que assegurem tratamento diferenciado e atendimento imediato às pessoas a que se refere o art. 1º.*

Parágrafo único. É assegurada, em todas as instituições financeiras, a prioridade de atendimento às pessoas mencionadas no art. 1º.

***Art. 3º** As empresas públicas de transporte e as concessionárias de transporte coletivo reservarão assentos, devidamente identificados, aos idosos, gestantes, lactantes, pessoas portadoras de deficiência e pessoas acompanhadas por crianças de colo.*

***Art. 4º** Os logradouros e sanitários públicos, bem como os edifícios de uso público, terão normas de construção, para efeito de licenciamento da respectiva edificação, baixadas pela autoridade competente, destinadas a facilitar o acesso e uso desses locais pelas pessoas portadoras de deficiência.*

***Art. 5º** Os veículos de transporte coletivo a serem produzidos após doze meses da publicação desta Lei serão planejados de forma a facilitar o acesso a seu interior das pessoas portadoras de deficiência.*

§ 1º (Vetado)

§ 2º Os proprietários de veículos de transporte coletivo em utilização terão o prazo de cento e oitenta dias, a contar da regulamentação desta

Lei, para proceder às adaptações necessárias ao acesso facilitado das pessoas portadoras de deficiência.

Art. 6º *A infração ao disposto nesta Lei sujeitará os responsáveis:*

I - no caso de servidor ou de chefia responsável pela repartição pública, às penalidades previstas na legislação específica;

II - no caso de empresas concessionárias de serviço público, a multa de R$ 500,00 (quinhentos reais) a R$ 2.500,00 (dois mil e quinhentos reais), por veículos sem as condições previstas nos arts. 3º e 5º;

III - no caso das instituições financeiras, às penalidades previstas no art. 44, incisos I, II e III, da Lei nº 4.595, de 31 de dezembro de 1964.

Parágrafo único. As penalidades de que trata este artigo serão elevadas ao dobro, em caso de reincidência.

Art. 7º *O Poder Executivo regulamentará esta Lei no prazo de sessenta dias, contado de sua publicação.*

Art. 8º *Esta Lei entra em vigor na data de sua publicação.*

6.3 Direitos fundamentais

Os direitos fundamentais são garantidos a todos pela nossa Constituição. Portanto, não importa quem seja, fica garantido os direitos previstos na nossa Carta Magna.

O EPD prevê regras específicas tratando sobre direitos fundamentais, tendo por objetivo a garantia de inclusão e igualdade.

São previstos:

- Direito à vida;
- Direito à habilitação e à reabilitação;
- Direito à saúde;
- Direito à educação;
- Direito à moradia;
- Direito ao trabalho;
- Direito à assistência social;
- Direito à previdência social;
- Direito à cultura, ao esporte, ao turismo e ao lazer;
- Direito ao transporte e à mobilidade.

Vamos trabalhar alguns destes (é essencial a leitura da lei de todos os dispositivos).

6.3.1 Direito à vida

O Poder Público deve garantir a dignidade da pessoa com deficiência ao longo de toda a vida. E em situações de risco, emergência ou estado de calamidade pública, a pessoa com deficiência será considerada vulnerável, devendo o poder público adotar medidas para sua proteção e segurança.

A pessoa com deficiência não poderá ser obrigada a se submeter à intervenção clínica ou cirúrgica, a tratamento ou a institucionalização forçada (a curatela pode suprir o consentimento)

O consentimento prévio, livre e esclarecido da pessoa com deficiência é indispensável para a realização de tratamento, procedimento, hospitalização e pesquisa científica.

Dispensa em casos de:

- Risco de morte.
- Emergência em saúde, resguardado seu superior interesse e adotadas as salvaguardas legais cabíveis.

O EPD prevê que a pesquisa científica envolvendo pessoa com deficiência em situação de tutela ou de curatela deve ser realizada, em caráter excepcional, quando não existe a possibilidade de realização com participantes não tutelados ou curatelados, apenas quando houver indícios de benefício direto para sua saúde ou para a saúde de outras pessoas com deficiência.

6.3.2 Direito à reabilitação e habilitação

A reabilitação e habilitação é um direito garantido a toda pessoa com deficiência, visando ao desenvolvimento de potencialidades, talentos, habilidades e aptidões físicas, cognitivas, sensoriais, psicossociais, atitudinais, profissionais e artísticas que contribuam para a conquista da autonomia da pessoa com deficiência e de sua participação social em igualdade de condições e oportunidades com as demais pessoas.

Para passar por este processo, será realizada avaliação multidisciplinar, analisando potencialidades, habilidades e quais necessidades da pessoa com deficiência, seguindo as seguintes diretrizes:

> ***Art. 15*** *O processo mencionado no art. 14 desta Lei baseia-se em avaliação multidisciplinar das necessidades, habilidades e potencialidades de cada pessoa, observadas as seguintes diretrizes:*
>
> *I - diagnóstico e intervenção precoces;*
>
> *II - adoção de medidas para compensar perda ou limitação funcional, buscando o desenvolvimento de aptidões;*
>
> *III - atuação permanente, integrada e articulada de políticas públicas que possibilitem a plena participação social da pessoa com deficiência;*
>
> *IV - oferta de rede de serviços articulados, com atuação intersetorial, nos diferentes níveis de complexidade, para atender às necessidades específicas da pessoa com deficiência;*
>
> *V - prestação de serviços próximo ao domicílio da pessoa com deficiência, inclusive na zona rural, respeitadas a organização das Redes de Atenção à Saúde (RAS) nos territórios locais e as normas do Sistema Único de Saúde (SUS).*

Fica, ainda, garantido para as pessoas com deficiência:

- Organização, serviços, métodos, técnicas e recursos para atender às características de cada pessoa com deficiência;
- Acessibilidade em todos os ambientes e serviços;
- Tecnologia assistiva, tecnologia de reabilitação, materiais e equipamentos adequados e apoio técnico profissional, de acordo com as especificidades de cada pessoa com deficiência;
- Capacitação continuada de todos os profissionais que participem dos programas e serviços.

Os serviços do SUS e do SUAS deverão promover ações articuladas para garantir à pessoa com deficiência e sua família a aquisição de informações, orientações (nas mais diversas áreas: de saúde, de educação, de cultura, de esporte, de lazer, de transporte, de previdência social, de assistência social, de habitação, de trabalho, de empreendedorismo, de acesso ao crédito, de promoção, proteção e defesa de direitos e nas demais áreas que possibilitem à pessoa com deficiência exercer sua cidadania) formas de acesso às políticas públicas disponíveis, com a finalidade de propiciar sua plena participação social.

6.3.3 Direito à saúde

À pessoa com deficiência fica assegurada a atenção integral à saúde, de forma universal e igualitária, por intermédio do SUS, bem como fica assegurada a participação na elaboração de políticas de saúde.

As ações e os serviços de saúde pública destinados à pessoa com deficiência devem assegurar:

- Diagnóstico e intervenção precoces, realizados por equipe multidisciplinar;
- Serviços de habilitação e de reabilitação sempre que necessários, para qualquer tipo de deficiência, inclusive para a manutenção da melhor condição de saúde e qualidade de vida;
- Atendimento domiciliar multidisciplinar, tratamento ambulatorial e internação;
- Campanhas de vacinação;

- Atendimento psicológico, inclusive para seus familiares e atendentes pessoais;
- Respeito à especificidade, à identidade de gênero e à orientação sexual da pessoa com deficiência;
- Atenção sexual e reprodutiva, incluindo o direito à fertilização assistida;
- Informação adequada e acessível à pessoa com deficiência e a seus familiares sobre sua condição de saúde;
- Serviços projetados para prevenir a ocorrência e o desenvolvimento de deficiências e agravos adicionais;
- Promoção de estratégias de capacitação permanente das equipes que atuam no SUS, em todos os níveis de atenção, no atendimento à pessoa com deficiência, bem como orientação a seus atendentes pessoais;
- Oferta de órteses, próteses, meios auxiliares de locomoção, medicamentos, insumos e fórmulas nutricionais, conforme as normas vigentes do Ministério da Saúde.

As diretrizes aplicam-se também às instituições privadas que participem de forma complementar do SUS ou que recebam recursos públicos para sua manutenção.

O art. 19 do EPD prevê ações que devem ser desenvolvidas pelo SUS destinadas à prevenção:

> ***Art. 19*** *Compete ao SUS desenvolver ações destinadas à prevenção de deficiências por causas evitáveis, inclusive por meio de:*
>
> *I – acompanhamento da gravidez, do parto e do puerpério, com garantia de parto humanizado e seguro;*
>
> *II – promoção de práticas alimentares adequadas e saudáveis, vigilância alimentar e nutricional, prevenção e cuidado integral dos agravos relacionados à alimentação e nutrição da mulher e da criança;*
>
> *III – aprimoramento e expansão dos programas de imunização e de triagem neonatal;*
>
> *IV – identificação e controle da gestante de alto risco.*
>
> *V – aprimoramento do atendimento neonatal, com a oferta de ações e serviços de prevenção de danos cerebrais e sequelas neurológicas em recém-nascidos, inclusive por telessaúde. (Incluído pela Lei nº 14.510/2022)*

Importante também frisar que o EPD prevê no aspecto da saúde:

- As operadoras de planos e seguros privados de saúde são obrigadas a garantir à pessoa com deficiência, no mínimo, todos os serviços e produtos ofertados aos demais clientes. Também é vedada cobrança de valores diferenciados por planos e seguros privados de saúde, em razão de sua condição de pessoa com deficiência.
- Quando esgotados os meios de atenção à saúde da pessoa com deficiência no local de residência, será prestado atendimento fora de domicílio, para fins de diagnóstico e de tratamento, garantidos o transporte e a acomodação da pessoa com deficiência e de seu acompanhante.
- À pessoa com deficiência internada ou em observação é assegurado o direito à acompanhante ou à atendente pessoal, devendo o órgão ou a instituição de saúde proporcionar condições adequadas para sua permanência em tempo integral e, na impossibilidade de permanência, o profissional de saúde responsável deverá justificar, por escrito, devendo o órgão ou a instituição de saúde adotar as providências cabíveis para suprir a ausência do acompanhante ou do atendente pessoal.
- É assegurado à pessoa com deficiência o acesso aos serviços de saúde, tanto públicos como privados, e às informações prestadas e recebidas, por meio de recursos de tecnologia assistiva e de todas as formas de comunicação.
- Os espaços dos serviços de saúde, tanto públicos quanto privados, devem assegurar o acesso da pessoa com deficiência, em conformidade com a legislação em vigor, mediante a remoção de barreiras, por meio de projetos arquitetônicos, de ambientação de interior e de comunicação que atendam às especificidades das pessoas com deficiência física, sensorial, intelectual e mental.
- Os casos de suspeita ou de confirmação de violência praticada contra a pessoa com deficiência serão objetos de notificação compulsória pelos serviços de saúde públicos e privados à autoridade policial e ao Ministério Público, além dos Conselhos dos Direitos da Pessoa com Deficiência. Para efeito da lei, conceitua-se violência qualquer ação ou omissão, praticada em local público ou privado, que lhe cause morte ou dano ou sofrimento físico ou psicológico.

Aos profissionais que prestam assistência à pessoa com deficiência, especialmente em serviços de habilitação e de reabilitação, deve ser garantida capacitação inicial e continuada.

6.3.4 Direito à educação

A educação também constitui direito da pessoa com deficiência, assegurados um sistema educacional inclusivo em todos os níveis e aprendizado ao longo de toda a vida, de forma a alcançar o máximo de desenvolvimento possível de seus talentos e habilidades físicas, sensoriais, intelectuais e sociais, segundo suas características, interesses e necessidades de aprendizagem.

Cabe ao Estado, à família, à comunidade escolar e à sociedade assegurar educação de qualidade à pessoa com deficiência, colocando-a a salvo de toda forma de violência, negligência e discriminação.

Direito à educação

↓

Dever de assegurar educação de qualidade e impedir violência, negligência e discriminação

↓ ↓ ↓ ↓

Estado	Família	Comunidade escolar	Sociedade

Desta feita, determina o art. 28 do EPD:

> ***Art. 28*** *Incumbe ao poder público assegurar, criar, desenvolver, implementar, incentivar, acompanhar e avaliar:*
>
> *I – sistema educacional inclusivo em todos os níveis e modalidades, bem como o aprendizado ao longo de toda a vida;*
>
> *II – aprimoramento dos sistemas educacionais, visando a garantir condições de acesso, permanência, participação e aprendizagem, por meio da oferta de serviços e de recursos de acessibilidade que eliminem as barreiras e promovam a inclusão plena;*
>
> *III – projeto pedagógico que institucionalize o atendimento educacional especializado, assim como os demais serviços e adaptações razoáveis, para atender às características dos estudantes com deficiência e garantir o seu pleno acesso ao currículo em condições de igualdade, promovendo a conquista e o exercício de sua autonomia;*
>
> *IV – oferta de educação bilíngue, em Libras como primeira língua e na modalidade escrita da língua portuguesa como segunda língua, em escolas e classes bilíngues e em escolas inclusivas;**
>
> *V – adoção de medidas individualizadas e coletivas em ambientes que maximizem o desenvolvimento acadêmico e social dos estudantes com deficiência, favorecendo o acesso, a permanência, a participação e a aprendizagem em instituições de ensino;*
>
> *VI – pesquisas voltadas para o desenvolvimento de novos métodos e técnicas pedagógicas, de materiais didáticos, de equipamentos e de recursos de tecnologia assistiva; **

VII - planejamento de estudo de caso, de elaboração de plano de atendimento educacional especializado, de organização de recursos e serviços de acessibilidade e de disponibilização e usabilidade pedagógica de recursos de tecnologia assistiva;

VIII - participação dos estudantes com deficiência e de suas famílias nas diversas instâncias de atuação da comunidade escolar;

IX - adoção de medidas de apoio que favoreçam o desenvolvimento dos aspectos linguísticos, culturais, vocacionais e profissionais, levando-se em conta o talento, a criatividade, as habilidades e os interesses do estudante com deficiência;

X - adoção de práticas pedagógicas inclusivas pelos programas de formação inicial e continuada de professores e oferta de formação continuada para o atendimento educacional especializado;

XI - formação e disponibilização de professores para o atendimento educacional especializado, de tradutores e intérpretes da Libras, de guias intérpretes e de profissionais de apoio;

XII - oferta de ensino da Libras, do Sistema Braille e de uso de recursos de tecnologia assistiva, de forma a ampliar habilidades funcionais dos estudantes, promovendo sua autonomia e participação;

XIII - acesso à educação superior e à educação profissional e tecnológica em igualdade de oportunidades e condições com as demais pessoas;

XIV - inclusão em conteúdos curriculares, em cursos de nível superior e de educação profissional técnica e tecnológica, de temas relacionados à pessoa com deficiência nos respectivos campos de conhecimento;

XV - acesso da pessoa com deficiência, em igualdade de condições, a jogos e a atividades recreativas, esportivas e de lazer, no sistema escolar;

XVI - acessibilidade para todos os estudantes, trabalhadores da educação e demais integrantes da comunidade escolar às edificações, aos ambientes e às atividades concernentes a todas as modalidades, etapas e níveis de ensino;

XVII - oferta de profissionais de apoio escolar;

XVIII - articulação intersetorial na implementação de políticas públicas.

Às instituições privadas, de qualquer nível e modalidade de ensino, aplica-se obrigatoriamente o que determina o artigo, exceto incisos IV e VI, sendo vedada a cobrança de valores adicionais de qualquer natureza em suas mensalidades, anuidades e matrículas no cumprimento dessas determinações.

Na disponibilização de tradutores e intérpretes da Libras para o atendimento educacional especializado, de guias intérpretes e de profissionais de apoio; deve-se observar o seguinte:

- ***Educação básica: Ensino Médio + certificado de proficiência na Libras.***
- ***Os tradutores e intérpretes da Libras, quando direcionados à tarefa de interpretar nas salas de aula dos cursos de graduação e pós-graduação:*** nível superior + com habilitação, prioritariamente, em Tradução e Interpretação em Libras.

Nos processos seletivos para ingresso e permanência nos cursos oferecidos pelas instituições de ensino superior e de educação profissional e tecnológica, públicas e privadas, devem ser adotadas as seguintes medidas:

- Atendimento preferencial à pessoa com deficiência nas dependências das Instituições de Ensino Superior (IES) e nos serviços;
- Disponibilização de formulário de inscrição de exames com campos específicos para que o candidato com deficiência informe os recursos de acessibilidade e de tecnologia assistiva necessários para sua participação;
- Disponibilização de provas em formatos acessíveis para atendimento às necessidades específicas do candidato com deficiência;
- Disponibilização de recursos de acessibilidade e de tecnologia assistiva adequados, previamente solicitados e escolhidos pelo candidato com deficiência;
- Dilação de tempo, conforme demanda apresentada pelo candidato com deficiência, tanto na realização de exame para seleção quanto nas atividades acadêmicas, mediante prévia solicitação e comprovação da necessidade;
- Adoção de critérios de avaliação das provas escritas, discursivas ou de redação que considerem a singularidade linguística da pessoa com deficiência, no domínio da modalidade escrita da língua portuguesa;
- Tradução completa do edital e de suas retificações em Libras.

6.3.5 Direito à moradia

O EPD prevê que a pessoa com deficiência tem direito à moradia digna, no seio da família natural ou substituta, com seu cônjuge ou companheiro ou desacompanhada, ou em moradia para a vida independente da pessoa com deficiência, ou, ainda, em residência inclusiva.

O poder público deve adotar programas e ações estratégicas para apoiar a criação e a manutenção de moradia para a vida independente da pessoa com deficiência.

A proteção integral na modalidade de residência inclusiva será prestada no âmbito do Suas à pessoa com deficiência em situação de dependência que não disponha de condições de autossustentabilidade, com vínculos familiares fragilizados ou rompidos.

Programas habitacionais, públicos ou subsidiados devem reservar 3% das unidades habitacionais para aquisição para pessoa com deficiência, que goza de prioridade na aquisição, sendo beneficiada com prioridade uma vez apenas.

6.3.6 Direito ao trabalho

A pessoa com deficiência tem direito ao trabalho de sua livre escolha e aceitação, em ambiente acessível (sendo obrigação das pessoas jurídicas a garantir ambiente acessível e inclusivo) e inclusivo, em igualdade de oportunidades com as demais pessoas.

São direitos das pessoas com deficiência:

- Igualdade de oportunidades com as demais pessoas;
- Condições justas e favoráveis de trabalho, incluindo igual remuneração por trabalho de igual valor;
- Participação e acesso a cursos, treinamentos, educação continuada, planos de carreira, promoções, bonificações e incentivos profissionais oferecidos pelo empregador, em igualdade de oportunidades com os demais empregados;
- Acessibilidade em cursos de formação e de capacitação.

É vedada a restrição ao trabalho da pessoa com deficiência e qualquer discriminação em razão de sua condição, inclusive nas etapas de recrutamento, seleção, contratação, admissão, exames admissional e periódico, permanência no emprego, ascensão profissional e reabilitação profissional, bem como exigência de aptidão plena.

É finalidade primordial das políticas públicas de trabalho e emprego promover e garantir condições de acesso e de permanência da pessoa com deficiência no campo de trabalho. Os programas de estímulo ao empreendedorismo e ao trabalho autônomo, incluídos o cooperativismo e o associativismo, devem prever a participação da pessoa com deficiência e a disponibilização de linhas de crédito, quando necessárias.

6.3.7 Habilitação profissional e reabilitação profissional

O art. 36 do EPD prevê:

> ***Art. 36*** *O poder público deve implementar serviços e programas completos de habilitação profissional e de reabilitação profissional para que a pessoa com deficiência possa ingressar, continuar ou retornar ao campo do trabalho, respeitados sua livre escolha, sua vocação e seu interesse.*
>
> *§ 1º Equipe multidisciplinar indicará, com base em critérios previstos no § 1º do art. 2º desta Lei, programa de habilitação ou de reabilitação que possibilite à pessoa com deficiência restaurar sua capacidade e habilidade profissional ou adquirir novas capacidades e habilidades de trabalho.*
>
> *§ 2º A habilitação profissional corresponde ao processo destinado a propiciar à pessoa com deficiência aquisição de conhecimentos, habilidades e aptidões para exercício de profissão ou de ocupação, permitindo nível suficiente de desenvolvimento profissional para ingresso no campo de trabalho.*
>
> *§ 3º Os serviços de habilitação profissional, de reabilitação profissional e de educação profissional devem ser dotados de recursos necessários para atender a toda pessoa com deficiência, independentemente de sua característica específica, a fim de que ela possa ser capacitada para trabalho que lhe seja adequado e ter perspectivas de obtê-lo, de conservá-lo e de nele progredir.*
>
> *§ 4º Os serviços de habilitação profissional, de reabilitação profissional e de educação profissional deverão ser oferecidos em ambientes acessíveis e inclusivos.*
>
> *§ 5º A habilitação profissional e a reabilitação profissional devem ocorrer articuladas com as redes públicas e privadas, especialmente de saúde, de ensino e de assistência social, em todos os níveis e modalidades, em entidades de formação profissional ou diretamente com o empregador.*
>
> *§ 6º A habilitação profissional pode ocorrer em empresas por meio de prévia formalização do contrato de emprego da pessoa com deficiência, que será considerada para o cumprimento da reserva de vagas prevista em lei, desde que por tempo determinado e concomitante com a inclusão profissional na empresa, observado o disposto em regulamento.*
>
> *§ 7º A habilitação profissional e a reabilitação profissional atenderão à pessoa com deficiência.*

6.4 Inclusão da pessoa com deficiência no trabalho

Teremos inclusão quando da colocação da pessoa com deficiência de forma competitiva e em igualdade de oportunidades, observada legislação trabalhista e previdenciária.

Devem, ainda, ser observadas as normas de acessibilidade e fornecidos recursos de tecnologia assistiva e a adaptação razoável no ambiente de trabalho.

A colocação competitiva da pessoa com deficiência pode ocorrer por meio de trabalho com apoio, observadas as seguintes diretrizes:

- Prioridade no atendimento à pessoa com deficiência com maior dificuldade de inserção no campo de trabalho;
- Provisão de suportes individualizados que atendam a necessidades específicas da pessoa com deficiência, inclusive a disponibilização de recursos de tecnologia assistiva, de agente facilitador e de apoio no ambiente de trabalho;
- Respeito ao perfil vocacional e ao interesse da pessoa com deficiência apoiada;
- Oferta de aconselhamento e de apoio aos empregadores, com vistas à definição de estratégias de inclusão e de superação de barreiras, inclusive atitudinais;
- Realização de avaliações periódicas;
- Articulação intersetorial das políticas públicas;
- Possibilidade de participação de organizações da sociedade civil.

6.4.1 Assistência social

A assistência social visa à promoção da pessoa, sendo previstos serviços, programas, projetos e os benefícios no âmbito da política pública de assistência social à pessoa com deficiência e sua família têm como objetivo a garantia da segurança de renda, da acolhida, da habilitação e da reabilitação, do desenvolvimento da autonomia e da convivência familiar e comunitária, para a promoção do acesso a direitos e da plena participação social.

Os serviços socioassistenciais destinados à pessoa com deficiência em situação de dependência deverão contar com cuidadores sociais para prestar-lhe cuidados básicos e instrumentais.

É assegurado à pessoa com deficiência que não possua meios para prover sua subsistência nem de tê-la provida por sua família o benefício mensal de 1 (um) salário-mínimo, nos termos da Lei nº 8.742, de 7 de dezembro de 1993 (LOAS – Lei Orgânica da Assistência Social), que é conhecido como Benefício de Prestação Continuada da Assistência Social (BPC-LOAS).

Dentro do âmbito assistencial, o EPD trouxe a previsão do auxílio--inclusão, prevendo benefício para aquele que passe a exercer atividade remunerada e recebia o BPC-LOAS, como uma forma de incentivo para manutenção da pessoa com deficiência no mercado de trabalho (ser segurado obrigatório do RGPS – Regime Geral de Previdência Social) vejamos o que dispõe o artigo 94 do Estatuto:

> ***Art. 94*** *Terá direito a auxílio-inclusão, nos termos da lei, a pessoa com deficiência moderada ou grave que:*
>
> *I – receba o benefício de prestação continuada previsto no art. 20 da Lei nº 8.742, de 7 de dezembro de 1993, e que passe a exercer atividade remunerada que a enquadre como segurado obrigatório do RGPS;*
>
> *II – tenha recebido, nos últimos 5 (cinco) anos, o benefício de prestação continuada previsto no art. 20 da Lei nº 8.742, de 7 de dezembro de 1993, e que exerça atividade remunerada que a enquadre como segurado obrigatório do RGPS.*

Resumo dos requisitos pelo Estatuto:

Auxílio - inclusão

→ Deficiência grave ou moderada

→ Receber BPC LOAS ou ter recebido nos últimos 5 anos

→ Exercer atividade remunerada que o enquadre como segurado obrigatório do RGPS

6.4.2 Cultura, esporte, turismo e lazer

Vamos aos dispositivos legais:

> ***Art. 42*** *A pessoa com deficiência tem direito à cultura, ao esporte, ao turismo e ao lazer em igualdade de oportunidades com as demais pessoas, sendo-lhe garantido o acesso:*
>
> *I – a bens culturais em formato acessível;*
>
> *II – a programas de televisão, cinema, teatro e outras atividades culturais e desportivas em formato acessível; e*
>
> *III. a monumentos e locais de importância cultural e a espaços que ofereçam serviços ou eventos culturais e esportivos.*
>
> *§ 1º É vedada a recusa de oferta de obra intelectual em formato acessível à pessoa com deficiência, sob qualquer argumento, inclusive sob a alegação de proteção dos direitos de propriedade intelectual.*
>
> *§ 2º O poder público deve adotar soluções destinadas à eliminação, à redução ou à superação de barreiras para a promoção do acesso a todo patrimônio cultural, observadas as normas de acessibilidade, ambientais e de proteção do patrimônio histórico e artístico nacional.*

Art. 43 O poder público deve promover a participação da pessoa com deficiência em atividades artísticas, intelectuais, culturais, esportivas e recreativas, com vistas ao seu protagonismo, devendo:

I – incentivar a provisão de instrução, de treinamento e de recursos adequados, em igualdade de oportunidades com as demais pessoas;

II – assegurar acessibilidade nos locais de eventos e nos serviços prestados por pessoa ou entidade envolvida na organização das atividades de que trata este artigo; e

III – assegurar a participação da pessoa com deficiência em jogos e atividades recreativas, esportivas, de lazer, culturais e artísticas, inclusive no sistema escolar, em igualdade de condições com as demais pessoas.

Nos teatros, cinemas, auditórios, estádios, ginásios de esporte, locais de espetáculos e de conferências e similares serão reservados espaços livres e assentos para a pessoa com deficiência, de acordo com a capacidade de lotação da edificação, que devem ser distribuídos em locais diversos, de boa visibilidade, em todos os setores, próximos aos corredores, devidamente sinalizados, evitando-se áreas segregadas de público e obstrução das saídas, em conformidade com as normas de acessibilidade, devendo acomodar acompanhante da pessoa deficiente ou com mobilidade reduzida, sendo garantida também a acomodação próxima ao grupo familiar e comunitário.

No caso de não haver comprovada procura pelos assentos reservados, esses podem, excepcionalmente, ser ocupados por pessoas sem deficiência ou que não tenham mobilidade reduzida.

Devem existir rotas de fuga e saídas de emergência acessíveis, conforme padrões das normas de acessibilidade, a fim de permitir a saída segura da pessoa com deficiência ou com mobilidade reduzida, em caso de emergência.

- ***Cinema:*** deve garantir, em todas as sessões, recursos de acessibilidade para a pessoa com deficiência.
- O valor do ingresso da pessoa com deficiência não poderá ser superior ao valor cobrado das demais pessoas.

O Estatuto também prevê regras para hotéis, pousadas e similares:

Princípios do desenho universal

Hotéis, pousadas e similares

↓

Devem ser acessíveis	Já existentes
↓	↓
10% dormitórios acessíveis, garantido pelo menos uma unidade	Rotas acessíveis

6.4.3 Direito ao transporte e mobilidade

O EPD determina diversas regras com relação ao transporte e mobilidade das pessoas com deficiência. Vamos aos dispositivos e esquematizar:

Art. 46 O direito ao transporte e à mobilidade da pessoa com deficiência ou com mobilidade reduzida será assegurado em igualdade de oportunidades com as demais pessoas, por meio de identificação e de eliminação de todos os obstáculos e barreiras ao seu acesso.

§ 1º Para fins de acessibilidade aos serviços de transporte coletivo terrestre, aquaviário e aéreo, em todas as jurisdições, consideram-se como integrantes desses serviços os veículos, os terminais, as estações, os pontos de parada, o sistema viário e a prestação do serviço.

§ 2º São sujeitas ao cumprimento das disposições desta Lei, sempre que houver interação com a matéria nela regulada, a outorga, a concessão, a permissão, a autorização, a renovação ou a habilitação de linhas e de serviços de transporte coletivo.

§ 3º Para colocação do símbolo internacional de acesso nos veículos, as empresas de transporte coletivo de passageiros dependem da certificação de acessibilidade emitida pelo gestor público responsável pela prestação do serviço.

Art. 47 Em todas as áreas de estacionamento aberto ao público, de uso público ou privado de uso coletivo e em vias públicas, devem ser reservadas vagas próximas aos acessos de circulação de pedestres, devidamente sinalizadas, para veículos que transportem pessoa com deficiência com comprometimento de mobilidade, desde que devidamente identificados.

§ 1º As vagas a que se refere o caput deste artigo devem equivaler a 2% (dois por cento) do total, garantida, no mínimo, 1 (uma) vaga devidamente sinalizada e com as especificações de desenho e traçado de acordo com as normas técnicas vigentes de acessibilidade.

§ 2º Os veículos estacionados nas vagas reservadas devem exibir, em local de ampla visibilidade, a credencial de beneficiário, a ser confeccionada e fornecida pelos órgãos de trânsito, que disciplinarão suas características e condições de uso.

§ 3º A utilização indevida das vagas de que trata este artigo sujeita os infratores às sanções previstas no inciso XX do art. 181 da Lei nº 9.503, de 23 de setembro de 1997 (Código de Trânsito Brasileiro). (Redação dada pela Lei nº 13.281, de 2016) (Vigência)

§ 4º A credencial a que se refere o § 2º deste artigo é vinculada à pessoa com deficiência que possui comprometimento de mobilidade e é válida em todo o território nacional.

Art. 48 Os veículos de transporte coletivo terrestre, aquaviário e aéreo, as instalações, as estações, os portos e os terminais em operação no País devem ser acessíveis, de forma a garantir o seu uso por todas as pessoas.

§ 1º Os veículos e as estruturas de que trata o caput deste artigo devem dispor de sistema de comunicação acessível que disponibilize informações sobre todos os pontos do itinerário.

§ 2º São asseguradas à pessoa com deficiência prioridade e segurança nos procedimentos de embarque e de desembarque nos veículos de transporte coletivo, de acordo com as normas técnicas.

§ 3º Para colocação do símbolo internacional de acesso nos veículos, as empresas de transporte coletivo de passageiros dependem da certificação de acessibilidade emitida pelo gestor público responsável pela prestação do serviço.

Art. 49 As empresas de transporte de fretamento e de turismo, na renovação de suas frotas, são obrigadas ao cumprimento do disposto nos arts. 46 e 48 desta Lei. (Vigência)

Art. 50 O poder público incentivará a fabricação de veículos acessíveis e a sua utilização como táxis e vans, de forma a garantir o seu uso por todas as pessoas.

Art. 51 As frotas de empresas de táxi devem reservar 10% (dez por cento) de seus veículos acessíveis à pessoa com deficiência. (Vide Decreto nº 9.762, de 2019) (Vigência)

§ 1º É proibida a cobrança diferenciada de tarifas ou de valores adicionais pelo serviço de táxi prestado à pessoa com deficiência.

§ 2º O poder público é autorizado a instituir incentivos fiscais com vistas a possibilitar a acessibilidade dos veículos a que se refere o caput deste artigo.

Art. 52 As locadoras de veículos são obrigadas a oferecer 1 (um) veículo adaptado para uso de pessoa com deficiência, a cada conjunto de 20 (vinte) veículos de sua frota. (Vide Decreto nº 9.762, de 2019) (Vigência)

***Parágrafo único.** O veículo adaptado deverá ter, no mínimo, câmbio automático, direção hidráulica, vidros elétricos e comandos manuais de freio e de embreagem.*

Direito ao transporte e à mobilidade

↓

Estacionamentos: uso público ou privado de uso coletivo e vias públicas

↓

Vagas próximas aos acessos de pedestres | 2% do total, garantindo no mínimo uma vaga

Frotas de táxis

↓

10% de seus veículos acessíveis

Locadoras de veículos

↓

Um veículo adaptado a cada conjunto de 20 veículos da frota

7 ACESSIBILIDADE

A acessibilidade é direito que garante à pessoa com deficiência ou com mobilidade reduzida viver de forma independente e exercer seus direitos de cidadania e de participação social.

Estão sujeitas às normas de acessibilidade (previstas no EPD e outras normas):

- A aprovação de projeto arquitetônico e urbanístico ou de comunicação e informação, a fabricação de veículos de transporte coletivo, a prestação do respectivo serviço e a execução de qualquer tipo de obra, quando tenham destinação pública ou coletiva;
- A outorga ou a renovação de concessão, permissão, autorização ou habilitação de qualquer natureza;
- A aprovação de financiamento de projeto com utilização de recursos públicos, por meio de renúncia ou de incentivo fiscal, contrato, convênio ou instrumento congênere; e
- A concessão de aval da União para obtenção de empréstimo e de financiamento internacionais por entes públicos ou privados.

A acessibilidade é direito que garante à pessoa com deficiência ou com mobilidade reduzida viver de forma independente e exercer seus direitos de cidadania e de participação social.

Estão sujeitas às normas de acessibilidade (previstas no EPD e outras normas):

- A aprovação de projeto arquitetônico e urbanístico ou de comunicação e informação, a fabricação de veículos de transporte coletivo, a prestação do respectivo serviço e a execução de qualquer tipo de obra, quando tenham destinação pública ou coletiva;
- A outorga ou a renovação de concessão, permissão, autorização ou habilitação de qualquer natureza;
- A aprovação de financiamento de projeto com utilização de recursos públicos, por meio de renúncia ou de incentivo fiscal, contrato, convênio ou instrumento congênere; e
- a concessão de aval da União para obtenção de empréstimo e de financiamento internacionais por entes públicos ou privados.

Atente para o disposto no art. 55 do EPD:

> ***Art. 55*** *A concepção e a implantação de projetos que tratem do meio físico, de transporte, de informação e comunicação, inclusive de sistemas e tecnologias da informação e comunicação, e de outros serviços, equipamentos e instalações abertos ao público, de uso público ou privado de uso coletivo, tanto na zona urbana como na rural, devem atender aos princípios do desenho universal, tendo como referência as normas de acessibilidade.*
>
> *§ 1º O desenho universal será sempre tomado como regra de caráter geral.*
>
> *§ 2º Nas hipóteses em que comprovadamente o desenho universal não possa ser empreendido, deve ser adotada adaptação razoável.*
>
> *§ 3º Caberá ao poder público promover a inclusão de conteúdos temáticos referentes ao desenho universal nas diretrizes curriculares da educação profissional e tecnológica e do ensino superior e na formação das carreiras de Estado.*
>
> *§ 4º Os programas, os projetos e as linhas de pesquisa a serem desenvolvidos com o apoio de organismos públicos de auxílio à pesquisa e de agências de fomento deverão incluir temas voltados para o desenho universal.*
>
> *§ 5º Desde a etapa de concepção, as políticas públicas deverão considerar a adoção do desenho universal.*

Toda construção, reforma, ampliação e mudanças de uso de edificação abertas ao público ou privadas de uso coletivo (museus, teatros, cinemas etc.) devem ser acessíveis, sendo obrigação de entidades de fiscalização das atividades de engenharia, de arquitetura e correlatas, ao anotarem a responsabilidade técnica de projetos, devem exigir a responsabilidade profissional declarada de atendimento às regras de acessibilidade previstas em legislação e em normas técnicas pertinentes.

Para aprovar licenciamento ou emissão de certificado de projeto executivo arquitetônico, urbanístico e de instalações e equipamentos temporários ou permanentes e para o licenciamento ou a emissão de certificado de conclusão de obra ou de serviço, deve ser atestado o atendimento às regras de acessibilidade.

As edificações públicas e privadas de uso coletivo já existentes devem garantir acessibilidade à pessoa com deficiência em todas as suas dependências e serviços, tendo como referência as normas de acessibilidade vigentes.

> ***Art. 58*** *O projeto e a construção de edificação de uso privado multifamiliar devem atender aos preceitos de acessibilidade, na forma regulamentar. (Regulamento)*
>
> *§ 1º As construtoras e incorporadoras responsáveis pelo projeto e pela construção das edificações a que se refere o caput deste artigo devem assegurar percentual mínimo de suas unidades internamente acessíveis, na forma regulamentar.*
>
> *§ 2º É vedada a cobrança de valores adicionais para a aquisição de unidades internamente acessíveis a que se refere o § 1º deste artigo.*
>
> ***Art. 59*** *Em qualquer intervenção nas vias e nos espaços públicos, o poder público e as empresas concessionárias responsáveis pela execução das obras e dos serviços devem garantir, de forma segura, a fluidez do trânsito e a livre circulação e acessibilidade das pessoas, durante e após sua execução.*
>
> ***Art. 60*** *Orientam-se, no que couber, pelas regras de acessibilidade previstas em legislação e em normas técnicas, observado o disposto na Lei no 10.098, de 19 de dezembro de 2000, nº 10.257, de 10 de julho de 2001, e nº12.587, de 3 de janeiro de 2012:*
>
> *I – os planos diretores municipais, os planos diretores de transporte e trânsito, os planos de mobilidade urbana e os planos de preservação de sítios históricos elaborados ou atualizados a partir da publicação desta Lei;*
>
> *II – os códigos de obras, os códigos de postura, as leis de uso e ocupação do solo e as leis do sistema viário;*
>
> *III – os estudos prévios de impacto de vizinhança;*
>
> *IV – as atividades de fiscalização e a imposição de sanções; e*
>
> *V – a legislação referente à prevenção contra incêndio e pânico.*
>
> *§ 1º A concessão e a renovação de alvará de funcionamento para qualquer atividade são condicionadas à observação e à certificação das regras de acessibilidade.*
>
> *§ 2º A emissão de carta de habite-se ou de habilitação equivalente e sua renovação, quando esta tiver sido emitida anteriormente às exigências de acessibilidade, é condicionada à observação e à certificação das regras de acessibilidade.*
>
> ***Art. 61*** *A formulação, a implementação e a manutenção das ações de acessibilidade atenderão às seguintes premissas básicas:*
>
> *I - eleição de prioridades, elaboração de cronograma e reserva de recursos para implementação das ações; e*
>
> *II - planejamento contínuo e articulado entre os setores envolvidos.*
>
> ***Art. 62*** *É assegurado à pessoa com deficiência, mediante solicitação, o recebimento de contas, boletos, recibos, extratos e cobranças de tributos em formato acessível.*

A acessibilidade também contempla a informação e a comunicação, determinando a legislação:

- Obrigatoriedade nos sites de internet mantidos por empresas com sede ou representação comercial no País ou por órgãos de governo, para uso da pessoa com deficiência, garantindo-lhe acesso às informações disponíveis, conforme as melhores práticas e diretrizes de acessibilidade adotadas internacionalmente, devendo ter símbolos de acessibilidade em destaque.

- Telecentros comunitários que receberem recursos públicos federais para seu custeio ou sua instalação e lanhouses devem possuir equipamentos e instalações acessíveis. Os telecentros e as lanhouses devem garantir, no mínimo, 10% (dez por cento) de seus computadores com recursos de acessibilidade para pessoa com deficiência visual, sendo assegurado pelo menos 1 (um) equipamento, quando o resultado percentual for inferior a 1 (um).
- As empresas prestadoras de serviços de telecomunicações deverão garantir pleno acesso à pessoa com deficiência, conforme regulamentação específica.
- Cabe ao poder público incentivar a oferta de aparelhos de telefonia fixa e móvel celular com acessibilidade que, entre outras tecnologias assistivas, possuam possibilidade de indicação e de ampliação sonoras de todas as operações e funções disponíveis.
- ***Os serviços de radiodifusão de sons e imagens devem permitir o uso dos seguintes recursos, entre outros:*** substituição por meio de legenda oculta; janela com intérprete da Libras; audiodescrição.
- O poder público deve adotar mecanismos de incentivo à produção, à edição, à difusão, à distribuição e à comercialização de livros em formatos acessíveis, inclusive em publicações da administração pública ou financiadas com recursos públicos, com vistas a garantir à pessoa com deficiência o direito de acesso à leitura, à informação e à comunicação.
- Nos editais de compras de livros, inclusive para o abastecimento ou a atualização de acervos de bibliotecas em todos os níveis e modalidades de educação e de bibliotecas públicas, o poder público deverá adotar cláusulas de impedimento à participação de editoras que não ofertem sua produção também em formatos acessíveis. Consideram-se formatos acessíveis os arquivos digitais que possam ser reconhecidos e acessados por softwares leitores de telas ou outras tecnologias assistivas que vierem a substituí-los, permitindo leitura com voz sintetizada, ampliação de caracteres, diferentes contrastes e impressão em Braille.
- O poder público deve estimular e apoiar a adaptação e a produção de artigos científicos em formato acessível, inclusive em Libras.
- O poder público deve assegurar a disponibilidade de informações corretas e claras sobre os diferentes produtos e serviços ofertados, por quaisquer meios de comunicação empregados, inclusive em ambiente virtual, contendo a especificação correta de quantidade, qualidade, características, composição e preço, bem como sobre os eventuais riscos à saúde e à segurança do consumidor com deficiência, em caso de sua utilização, aplicando-se, no que couber, o disposto no Código de Defesa do Consumidor.
- Os fornecedores devem disponibilizar, mediante solicitação, exemplares de bulas, prospectos, textos ou qualquer outro tipo de material de divulgação em formato acessível.
- As instituições promotoras de congressos, seminários, oficinas e demais eventos de natureza científico-cultural devem oferecer à pessoa com deficiência, no mínimo, os recursos de tecnologia assistiva. Os congressos, os seminários, as oficinas e os demais eventos de natureza científico-cultural promovidos ou financiados pelo poder público devem garantir as condições de acessibilidade e os recursos de tecnologia assistiva.
- Os programas, as linhas de pesquisa e os projetos a serem desenvolvidos com o apoio de agências de financiamento e de órgãos e entidades integrantes da administração pública que atuem no auxílio à pesquisa devem contemplar temas voltados à tecnologia assistiva. Caberá ao poder público, diretamente ou em parceria com organizações da sociedade civil, promover a capacitação de tradutores e intérpretes da Libras, de guias intérpretes e de profissionais habilitados em Braille, audiodescrição, estenotipia e legendagem.

Também contempla a tecnologia, incentivando o acesso e a criação de recursos e facilidades para garantir a acessibilidade, ficando garantido à pessoa com deficiência acesso a produtos, recursos, estratégias, práticas, processos, métodos e serviços de tecnologia assistiva que maximizem sua autonomia, mobilidade pessoal e qualidade de vida.

O poder público desenvolverá plano específico de medidas, a ser renovado em cada período de 4 (quatro) anos, com a finalidade de:

- Facilitar o acesso a crédito especializado, inclusive com oferta de linhas de crédito subsidiadas, específicas para aquisição de tecnologia assistiva;
- Agilizar, simplificar e priorizar procedimentos de importação de tecnologia assistiva, especialmente as questões atinentes a procedimentos alfandegários e sanitários;
- Criar mecanismos de fomento à pesquisa e à produção nacional de tecnologia assistiva, inclusive por meio de concessão de linhas de crédito subsidiado e de parcerias com institutos de pesquisa oficiais;
- Eliminar ou reduzir a tributação da cadeia produtiva e de importação de tecnologia assistiva;
- Facilitar e agilizar o processo de inclusão de novos recursos de tecnologia assistiva no rol de produtos distribuídos no âmbito do SUS e por outros órgãos governamentais;
- Os procedimentos constantes do plano específico de medidas deverão ser avaliados, pelo menos, a cada 2 (dois) anos.

Dentro do contexto de acessibilidade, também visualizamos a participação política e na vida pública:

> ***Art. 76*** *O poder público deve garantir à pessoa com deficiência todos os direitos políticos e a oportunidade de exercê-los em igualdade de condições com as demais pessoas.*
>
> *§ 1º À pessoa com deficiência será assegurado o direito de votar e de ser votada, inclusive por meio das seguintes ações:*
>
> *I – garantia de que os procedimentos, as instalações, os materiais e os equipamentos para votação sejam apropriados, acessíveis a todas as pessoas e de fácil compreensão e uso, sendo vedada a instalação de seções eleitorais exclusivas para a pessoa com deficiência;*
>
> *II – incentivo à pessoa com deficiência a candidatar-se e a desempenhar quaisquer funções públicas em todos os níveis de governo, inclusive por meio do uso de novas tecnologias assistivas, quando apropriado;*
>
> *III – garantia de que os pronunciamentos oficiais, a propaganda eleitoral obrigatória e os debates transmitidos pelas emissoras de televisão possuam, pelo menos, os recursos elencados no art. 67 desta Lei;*
>
> *IV – garantia do livre exercício do direito ao voto e, para tanto, sempre que necessário e a seu pedido, permissão para que a pessoa com deficiência seja auxiliada na votação por pessoa de sua escolha.*
>
> *§ 2º O poder público promoverá a participação da pessoa com deficiência, inclusive quando institucionalizada, na condução das questões públicas, sem discriminação e em igualdade de oportunidades, observado o seguinte:*
>
> *I – participação em organizações não governamentais relacionadas à vida pública e à política do País e em atividades e administração de partidos políticos;*
>
> *II – formação de organizações para representar a pessoa com deficiência em todos os níveis;*
>
> *III – participação da pessoa com deficiência em organizações que a representem.*

Quanto à ciência e tecnologia é previsto:

> ***Art. 77*** *O poder público deve fomentar o desenvolvimento científico, a pesquisa e a inovação e a capacitação tecnológicas, voltados à melhoria da qualidade de vida e ao trabalho da pessoa com deficiência e sua inclusão social.*

§ 1º O fomento pelo poder público deve priorizar a geração de conhecimentos e técnicas que visem à prevenção e ao tratamento de deficiências e ao desenvolvimento de tecnologias assistiva e social.

§ 2º A acessibilidade e as tecnologias assistiva e social devem ser fomentadas mediante a criação de cursos de pós-graduação, a formação de recursos humanos e a inclusão do tema nas diretrizes de áreas do conhecimento.

§ 3º Deve ser fomentada a capacitação tecnológica de instituições públicas e privadas para o desenvolvimento de tecnologias assistiva e social que sejam voltadas para melhoria da funcionalidade e da participação social da pessoa com deficiência.

§ 4º As medidas previstas neste artigo devem ser reavaliadas periodicamente pelo poder público, com vistas ao seu aperfeiçoamento.

***Art. 78** Devem ser estimulados a pesquisa, o desenvolvimento, a inovação e a difusão de tecnologias voltadas para ampliar o acesso da pessoa com deficiência às tecnologias da informação e comunicação e às tecnologias sociais.*

Parágrafo único. Serão estimulados, em especial:

I – o emprego de tecnologias da informação e comunicação como instrumento de superação de limitações funcionais e de barreiras à comunicação, à informação, à educação e ao entretenimento da pessoa com deficiência;

II – a adoção de soluções e a difusão de normas que visem a ampliar a acessibilidade da pessoa com deficiência à computação e aos sítios da internet, em especial aos serviços de governo eletrônico.

7.1 Acesso à justiça

É um dever do poder público assegurar o acesso da pessoa com deficiência à justiça, em igualdade de oportunidades com as demais pessoas, garantindo, sempre que requeridos, adaptações e recursos de tecnologia assistiva, para, assim, garantir acesso e igualdade no judiciário. Devem ser oferecidos todos os recursos de tecnologia assistiva disponíveis para que a pessoa com deficiência tenha garantido o acesso à justiça, sempre que figure em um dos polos da ação ou atue como testemunha, partícipe da lide posta em juízo, advogado, defensor público, magistrado ou membro do Ministério Público.

A pessoa com deficiência tem garantido o acesso ao conteúdo de todos os atos processuais de seu interesse, inclusive no exercício da advocacia, pois não rara atuação de advogados com deficiência.

A fim de garantir a atuação da pessoa com deficiência em todo o processo judicial, o poder público deve capacitar os membros e os servidores que atuam no Poder Judiciário, no Ministério Público, na Defensoria Pública, nos órgãos de segurança pública e no sistema penitenciário quanto aos direitos da pessoa com deficiência.

As pessoas com deficiência submetida à medida restritiva de liberdade ficam assegurados todos os direitos e garantias a que fazem jus os apenados sem deficiência, garantida a acessibilidade.

Cabe à Defensoria Pública e ao Ministério Público tomar as medidas necessárias à garantia dos direitos previstos nesta Lei de Inclusão.

Os serviços notariais e de registro não podem negar ou criar óbices ou condições diferenciadas à prestação de seus serviços em razão de deficiência do solicitante, devendo reconhecer sua capacidade legal plena, garantida a acessibilidade, sendo o descumprimento caracterizado como discriminação em razão da deficiência.

7.2 Reconhecimento igual perante a lei

Determina a Lei:

> ***Art. 84** A pessoa com deficiência tem assegurado o direito ao exercício de sua capacidade legal em igualdade de condições com as demais pessoas.*
>
> *§ 1º Quando necessário, a pessoa com deficiência será submetida à curatela, conforme a lei.*
>
> *§ 2º É facultado à pessoa com deficiência a adoção de processo de tomada de decisão apoiada.*
>
> *§ 3º A definição de curatela de pessoa com deficiência constitui medida protetiva extraordinária, proporcional às necessidades e às circunstâncias de cada caso, e durará o menor tempo possível.*
>
> *§ 4º Os curadores são obrigados a prestar, anualmente, contas de sua administração ao juiz, apresentando o balanço do respectivo ano.*
>
> ***Art. 85** A curatela afetará tão somente os atos relacionados aos direitos de natureza patrimonial e negocial.*
>
> *§ 1º A definição da curatela não alcança o direito ao próprio corpo, à sexualidade, ao matrimônio, à privacidade, à educação, à saúde, ao trabalho e ao voto.*
>
> *§ 2º A curatela constitui medida extraordinária, devendo constar da sentença as razões e motivações de sua definição, preservados os interesses do curatelado.*
>
> *§ 3º No caso de pessoa em situação de institucionalização, ao nomear curador, o juiz deve dar preferência a pessoa que tenha vínculo de natureza familiar, afetiva ou comunitária com o curatelado.*
>
> ***Art. 86** Para emissão de documentos oficiais, não será exigida a situação de curatela da pessoa com deficiência.*
>
> ***Art. 87** Em casos de relevância e urgência e a fim de proteger os interesses da pessoa com deficiência em situação de curatela, será lícito ao juiz, ouvido o Ministério Público, de ofício ou a requerimento do interessado, nomear, desde logo, curador provisório, o qual estará sujeito, no que couber, às disposições do Código de Processo Civil.*

7.3 Crimes e infrações

O EPD prevê 4 crimes expressos, sem prejuízo de sanções penais cabíveis. A cobrança é voltada para o texto da lei:

> ***Art. 88** Praticar, induzir ou incitar discriminação de pessoa em razão de sua deficiência:*
>
> ***Pena** – reclusão, de 1 (um) a 3 (três) anos, e multa.*
>
> *§ 1º Aumenta-se a pena em 1/3 (um terço) se a vítima encontrar-se sob cuidado e responsabilidade do agente.*
>
> *§ 2º Se qualquer dos crimes previstos no caput deste artigo é cometido por intermédio de meios de comunicação social ou de publicação de qualquer natureza:*
>
> ***Pena** – reclusão, de 2 (dois) a 5 (cinco) anos, e multa.*
>
> *§ 3º Na hipótese do § 2º deste artigo, o juiz poderá determinar, ouvido o Ministério Público ou a pedido deste, ainda antes do inquérito policial, sob pena de desobediência:*
>
> *I – recolhimento ou busca e apreensão dos exemplares do material discriminatório;*
>
> *II – interdição das respectivas mensagens ou páginas de informação na internet.*
>
> *§ 4º Na hipótese do § 2º deste artigo, constitui efeito da condenação, após o trânsito em julgado da decisão, a destruição do material apreendido.*
>
> ***Art. 89** Apropriar-se de ou desviar bens, proventos, pensão, benefícios, remuneração ou qualquer outro rendimento de pessoa com deficiência:*
>
> ***Pena** – reclusão, de 1 (um) a 4 (quatro) anos, e multa.*
>
> ***Parágrafo único.** Aumenta-se a pena em 1/3 (um terço) se o crime é cometido:*
>
> *I – por tutor, curador, síndico, liquidatário, inventariante, testamenteiro ou depositário judicial; ou*
>
> *II – por aquele que se apropriou em razão de ofício ou de profissão.*
>
> ***Art. 90** Abandonar pessoa com deficiência em hospitais, casas de saúde, entidades de abrigamento ou congêneres:*
>
> ***Pena** – reclusão, de 6 (seis) meses a 3 (três) anos, e multa.*
>
> ***Parágrafo único.** Na mesma pena incorre quem não prover as necessidades básicas de pessoa com deficiência quando obrigado por lei ou mandado.*
>
> ***Art. 91** Reter ou utilizar cartão magnético, qualquer meio eletrônico ou documento de pessoa com deficiência destinados ao recebimento de benefícios, proventos, pensões ou remuneração ou à realização de operações financeiras, com o fim de obter vantagem indevida para si ou para outrem:*
>
> ***Pena** – detenção, de 6 (seis) meses a 2 (dois) anos, e multa.*
>
> ***Parágrafo único.** Aumenta-se a pena em 1/3 (um terço) se o crime é cometido por tutor ou curador.*

8 LEIS FEDERAIS, DECRETOS E RESOLUÇÕES

Segundo dados da Organização Mundial da Saúde (OMS), cerca de 10% da população mundial possuem algum tipo de deficiência. Conforme dados do Censo Demográfico de 2010, do Instituto Brasileiro de Geografia e Estatística (IBGE), 45,6 milhões de pessoas declararam possuir alguma deficiência, o que correspondia a 23,9% da população, à época. A deficiência visual atinge 18,8% da população, seguida da motora (7%), da auditiva (5,1%) e da mental ou intelectual (1,4%). Esse número pode chegar a 50 milhões de pessoas com deficiência nas projeções para o Censo Demográfico de 2020, de acordo com as perspectivas do próprio IBGE .

A partir dessa realidade, percebeu-se a necessidade de pensar a sociedade brasileira e a inclusão das pessoas com deficiência em igualdades de direitos e oportunidades, seguindo os princípios constitucionais do país, já que a Constituição prevê a igualdade material entre todos, assim sendo, é de responsabilidade do Estado criar condições capazes de fazer com que pessoas com deficiência consigam os mesmos objetivos das pessoas que não possuem deficiências.

As políticas públicas são necessárias para garantir a efetivação de direitos e essas só são possíveis se iniciadas por pesquisas referentes às situações enfrentadas pelo grupo a quem se destina a política, aos exemplos já implantados em outros países, ao contato direto com o grupo afetado, para, assim, conhecer as suas demandas, necessidades e opiniões acerca do tema. Logo, é por meio da participação popular e do comprometimento do poder público que é possível implantar uma política pública de acessibilidade de qualidade.

A acessibilidade consiste na possibilidade e condição da pessoa com deficiência ou com mobilidade reduzida de usar, com segurança e autonomia, os espaços, mobiliários e equipamentos urbanos, as edificações, os transportes e os sistemas e meios de comunicação.

Ocorre que, para a consolidação deste direito, muitas vezes é necessária a eliminação de barreiras arquitetônicas, urbanísticas, de transportes, de comunicação, tecnológicas e barreiras atitudinais. As barreiras estão previstas na Lei nº 13.146/2015, o Estatuto da Pessoa com Deficiência e podem ser lembradas a partir do mnemônico TACTAU.

Transportes
Arquitetônico
Comunicação
Tecnologia
Atitudinais
Urbanística

- **Transporte:** meios de transporte.
- **Arquitetônicas:** obstáculos existentes em edifícios públicos ou privados.
- **Comunicação e informação:** obstáculo, atitude ou comportamento que dificulte ou impossibilite expressão nos sistemas de comunicação e tecnologia da informação.
- **Tecnológicas:** dificultam ou impedem acesso às tecnologias.
- **Atitudinais:** atitudes ou comportamentos que impedem ou prejudicam a participação social igualitária.
- **Urbanísticas:** são as vias e espaços, públicos ou privados.

Infelizmente ainda é comum encontrarmos situações como calçadas esburacadas, falta de rampas, escadas sem opção de elevador ou plataforma de elevação, elevadores sem a escrita em braile e sem sinalização sonora, locais com a ausência de piso tátil, o que dificulta e até impede o acesso da pessoa com deficiência e mobilidade reduzida ao meio físico.

De acordo com a CF/88, o direito de ir e vir deve ser assegurado a todos os cidadãos, devendo ser eliminadas todas as barreiras físicas que impeçam o acesso das pessoas com deficiência e mobilidade reduzida aos prédios públicos, aos estabelecimentos comerciais, de ensino, praças, parques, cinemas e tantos outros. Há, no cenário brasileiro, farta legislação contemplando estes direitos (artigos 227, § 2º, e 244 da CF/88; Leis nº 7.853/89, nº 10.048/00 e nº 10.098/00; Decreto nº 3.298/99 e Decreto Regulamentador nº 5.296/04, além de outras legislações estaduais e municipais), devendo ser denunciado ao Ministério Público, por meio de sua ouvidoria, qualquer violação a estes direitos.

Tanto a legislação brasileira quanto as normas técnicas apresentam uma evolução na abordagem do tema acessibilidade nas diversas áreas do conhecimento. No ambiente construído, as principais referências são a Lei nº 10.098, de 19 de dezembro de 2000, que estabelece normas e critérios básicos para a promoção da acessibilidade, o Decreto nº 5.296, de 02 de dezembro de 2004, que regulamenta esta lei, e a norma brasileira que estabelece os parâmetros técnicos para a promoção da acessibilidade, que iremos tratar nesse primeiro momento.

As Leis Federais nº 10.048 e nº 10.098 de 2000 estabeleceram normas gerais e critérios básicos a fim de promover acessibilidade às pessoas com deficiência ou às pessoas com mobilidade reduzida, temporária ou terminantemente. A primeira (Lei nº 10.048/00) trata de atendimento prioritário e de acessibilidade nos meios de transportes e inova ao introduzir penalidades ao seu descumprimento; e a segunda (Lei nº 10.098/00) subdivide o assunto em acessibilidade ao meio físico, aos meios de transporte, na comunicação e informação e em ajudas técnicas.

As leis acima citadas foram regulamentadas por meio do Decreto nº 5.296, de 2 de dezembro de 2004, que estabeleceu critérios mais particulares para a implementação da acessibilidade arquitetônica e urbanística e aos serviços de transportes coletivos. No primeiro caso, no que se refere diretamente à mobilidade urbana, o decreto define condições para a construção de calçadas, instalação de mobiliário urbano e de equipamentos de sinalização de trânsito, de estacionamentos de uso público; no segundo, define padrões de acessibilidade universal para "veículos, terminais, estações, pontos de parada, vias principais, acessos e operação" do transporte rodoviário (urbano, metropolitano, intermunicipal e interestadual), ferroviário, aquaviário e aéreo.

8.1 Lei nº 10.048/2000 - atendimento prioritário

De início, é relevante ressaltar que a Lei nº 10.048/00 é a Lei de Atendimento Prioritário e não de Atendimento Exclusivo, lei essa que passou por duas alterações, como observamos abaixo:

O Presidente da República Faço saber que o Congresso Nacional decreta e eu sanciono a seguinte Lei:

> ***Art. 1º*** *As pessoas portadoras de deficiência física, os idosos com idade igual ou superior a sessenta e cinco anos, as gestantes, as lactantes e as pessoas acompanhadas por crianças de colo terão atendimento prioritário, nos termos desta Lei.*
>
> ***Art. 1º*** *As pessoas portadoras de deficiência, os idosos com idade igual ou superior a 60 (sessenta) anos, as gestantes, as lactantes e as pessoas acompanhadas por crianças de colo terão atendimento prioritário, nos termos desta Lei. (Redação dada pela Lei nº 10.741, de 2003)*
>
> ***Art. 1º*** *As pessoas com deficiência, os idosos com idade igual ou superior a 60 (sessenta) anos, as gestantes, as lactantes, as pessoas com crianças de colo e os obesos terão atendimento prioritário, nos termos desta Lei. (Redação dada pela Lei nº 13.146, de 2015) (Vigência)*

A partir da Lei Brasileira de Inclusão, o legislador incluiu os obesos no atendimento prioritário e a alteração da terminologia Pessoa Portadora por Pessoa com Deficiência.

As lactantes não necessariamente precisam estar com a criança de colo ou amamentando.

Art. 2º As repartições públicas e empresas concessionárias de serviços públicos estão obrigadas a dispensar atendimento prioritário, por meio de serviços individualizados que assegurem tratamento diferenciado e atendimento imediato às pessoas a que se refere o art. 1º.

***Parágrafo único.** É assegurada, em todas as instituições financeiras, a prioridade de atendimento às pessoas mencionadas no art. 1º*

Em 2008, a Federação Brasileira de Bancos (Febraban) assinou um Termo de Ajuste de Conduta (TAC) com o Ministério Público Federal, os Ministérios Públicos de São Paulo e Minas Gerais e também a Secretaria Especial de Direitos Humanos na Presidência da República (SEDH), para promover acessibilidade nas agências bancárias. O Termo abrange todas as agências de bancos federais, no Brasil inteiro. Em bancos estaduais e privados, a medida tem efeito apenas nos estados de São Paulo e Minas Gerais. Nesses estados, os bancos públicos e privados precisarão realizar ajustes não apenas arquitetônicos. Essa medida tem como objetivo diminuir as barreiras que dificultam o atendimento nos bancos, de forma adequada.

Os terminais de autoatendimento e caixas deverão ser acessíveis para atender as pessoas em cadeiras de rodas. Precisará, ainda, haver garantia de demarcação de local preferencial nas filas. Os bancos com mais de um pavimento precisarão adaptar obrigatoriamente apenas um deles, desde que este andar ofereça todos os serviços às pessoas com deficiência. As adaptações devem seguir as normas estabelecidas pela ABNT (Associação Brasileira de Normas Técnicas).

Art. 3º As empresas públicas de transporte e as concessionárias de transporte coletivo reservarão assentos, devidamente identificados, aos idosos, gestantes, lactantes, pessoas portadoras de deficiência e pessoas acompanhadas por crianças de colo.

Nesse artigo, vale destacar que os obesos não aparecem como prioridade.

Art. 4º Os logradouros e sanitários públicos, bem como os edifícios de uso público, terão normas de construção, para efeito de licenciamento da respectiva edificação, baixadas pela autoridade competente, destinadas a facilitar o acesso e uso desses locais pelas pessoas portadoras de deficiência.

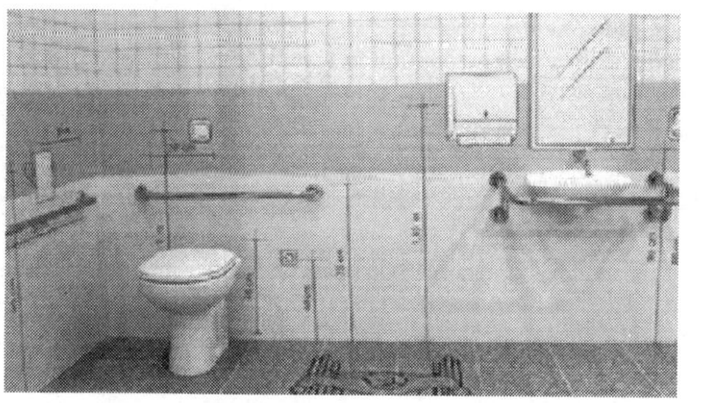

Art. 5º Os veículos de transporte coletivo a serem produzidos após doze meses da publicação desta Lei serão planejados de forma a facilitar o acesso a seu interior das pessoas portadoras de deficiência.

§ 1º (VETADO)

§ 2º Os proprietários de veículos de transporte coletivo em utilização terão o prazo de cento e oitenta dias, a contar da regulamentação desta Lei, para proceder às adaptações necessárias ao acesso facilitado das pessoas portadoras de deficiência.

Art. 6º A infração ao disposto nesta Lei sujeitará os responsáveis:

I – no caso de servidor ou de chefia responsável pela repartição pública, às penalidades previstas na legislação específica;

II – no caso de empresas concessionárias de serviço público, a multa de R$ 500,00 (quinhentos reais) a R$ 2.500,00 (dois mil e quinhentos reais), por veículos sem as condições previstas nos arts. 3º e 5º;

III – no caso das instituições financeiras, às penalidades previstas no art. 44, incisos I, II e III, da Lei no 4.595, de 31 de dezembro de 1964.

Parágrafo único. As penalidades de que trata este artigo serão elevadas ao dobro, em caso de reincidência.

Art. 7º O Poder Executivo regulamentará esta Lei no prazo de sessenta dias, contado de sua publicação.

Art. 8º Esta Lei entra em vigor na data de sua publicação.

8.2 Lei nº 10.098/2000 — Promoção da acessibilidade

CAPÍTULO I - DISPOSIÇÕES GERAIS

Art. 1º Esta Lei estabelece normas gerais e critérios básicos para a promoção da acessibilidade das pessoas portadoras de deficiência ou com mobilidade reduzida, mediante a supressão de barreiras e de obstáculos nas vias e espaços públicos, no mobiliário urbano, na construção e reforma de edifícios e nos meios de transporte e de comunicação.

No art.1º, podemos observar ainda a utilização da terminologia portador de necessidade, que foi revogado pelo Estatuto da Pessoa com Deficiência. Lembre-se de que a expressão pessoas com deficiência foi adotada oficialmente pela Assembleia Geral das Nações Unidas a partir da Convenção sobre os Direitos das Pessoas com Deficiência, de 13 de dezembro de 2006, a qual entrou em vigor em 3 de maio de 2008, subscrita e ratificada por vários países, entre eles o Brasil. Essa referida Convenção foi aprovada pelo Senado Federal em 9 de julho de 2008 pelo Decreto nº 186/2008 e, posteriormente, promulgada pela Presidência da República em 25 de agosto de 2009, a partir do Decreto nº 6.949/2009.

Em relação ao Brasil, o Decreto nº 6.949/2009 foi o primeiro documento internacional de direitos humanos que adquiriu status constitucional sob a forma de emenda à Constituição, uma vez que, nos termos do art.1º, do referido Decreto, a Convenção da ONU foi aprovada pelo Congresso brasileiros nos moldes do § 3º, do art. 5º, da Constituição Federal, o qual prevê que: "*Os tratados e convenções internacionais sobre os direitos humanos que forem aprovados, em cada Casa do Congresso Nacional, em dois turnos, por 3/5 dos votos dos respectivos membros, serão equivalentes à emendas constitucionais.*"

Art. 2º Para os fins desta Lei são estabelecidas as seguintes definições:

I – acessibilidade: possibilidade e condição de alcance para utilização, com segurança e autonomia, de espaços, mobiliários, equipamentos urbanos, edificações, transportes, informação e comunicação, inclusive seus sistemas e tecnologias, bem como de outros serviços e instalações abertos ao público, de uso público ou privados de uso coletivo, tanto na zona urbana como na rural, por pessoa com deficiência ou com mobilidade reduzida; (Redação dada pela Lei nº 13.146, de 2015)

II – barreiras: qualquer entrave, obstáculo, atitude ou comportamento que limite ou impeça a participação social da pessoa, bem como o gozo, a fruição e o exercício de seus direitos à acessibilidade, à liberdade de movimento e de expressão, à comunicação, ao acesso à informação, à compreensão, à circulação com segurança, entre outros, classificadas em: (Redação dada pela Lei nº 13.146, de 2015)

a) barreiras urbanísticas: as existentes nas vias e nos espaços públicos e privados abertos ao público ou de uso coletivo; (Redação dada pela Lei nº 13.146, de 2015)

b) barreiras arquitetônicas: as existentes nos edifícios públicos e privados; (Redação dada pela Lei nº 13.146, de 2015)

c) barreiras nos transportes: as existentes nos sistemas e meios de transportes; (Redação dada pela Lei nº 13.146, de 2015)

d) barreiras nas comunicações e na informação: qualquer entrave, obstáculo, atitude ou comportamento que dificulte ou impossibilite a expressão ou o recebimento de mensagens e de informações por intermédio de sistemas de comunicação e de tecnologia da informação; (Redação dada pela Lei nº 13.146, de 2015)

III – pessoa com deficiência: aquela que tem impedimento de longo prazo de natureza física, mental, intelectual ou sensorial, o qual, em interação com uma ou mais barreiras, pode obstruir sua participação plena e efetiva na sociedade em igualdade de condições com as demais pessoas; (Redação dada pela Lei nº 13.146, de 2015) (Vigência)

IV – pessoa com mobilidade reduzida: aquela que tenha, por qualquer motivo, dificuldade de movimentação, permanente ou temporária, gerando redução efetiva da mobilidade, da flexibilidade, da coordenação motora ou da percepção, incluindo idoso, gestante, lactante, pessoa com criança de colo e obeso; (Redação dada pela Lei nº 13.146, de 2015)

V – acompanhante: aquele que acompanha a pessoa com deficiência, podendo ou não desempenhar as funções de atendente pessoal; (Redação dada pela Lei nº 13.146, de 2015) (Vigência)

VI – elemento de urbanização: quaisquer componentes de obras de urbanização, tais como os referentes a pavimentação, saneamento, encanamento para esgotos, distribuição de energia elétrica e de gás, iluminação pública, serviços de comunicação, abastecimento e distribuição de água, paisagismo e os que materializam as indicações do planejamento urbanístico; (Redação dada pela Lei nº 13.146, de 2015)

VII – mobiliário urbano: conjunto de objetos existentes nas vias e nos espaços públicos, superpostos ou adicionados aos elementos de urbanização ou de edificação, de forma que sua modificação ou seu traslado não provoque alterações substanciais nesses elementos, tais como semáforos, postes de sinalização e similares, terminais e pontos de acesso coletivo às telecomunicações, fontes de água, lixeiras, toldos, marquises, bancos, quiosques e quaisquer outros de natureza análoga; (Incluído pela Lei nº 13.146, de 2015)

VIII – tecnologia assistiva ou ajuda técnica: produtos, equipamentos, dispositivos, recursos, metodologias, estratégias, práticas e serviços que objetivem promover a funcionalidade, relacionada à atividade e à participação da pessoa com deficiência ou com mobilidade reduzida, visando à sua autonomia, independência, qualidade de vida e inclusão social; (Incluído pela Lei nº 13.146, de 2015)

IX – comunicação: forma de interação dos cidadãos que abrange, entre outras opções, as línguas, inclusive a Língua Brasileira de Sinais (Libras), a visualização de textos, o Braille, o sistema de sinalização ou de comunicação tátil, os caracteres ampliados, os dispositivos multimídia, assim como a linguagem simples, escrita e oral, os sistemas auditivos e os meios de voz digitalizados e os modos, meios e formatos aumentativos e alternativos de comunicação, incluindo as tecnologias da informação e das comunicações; (Incluído pela Lei nº 13.146, de 2015)

X – desenho universal: concepção de produtos, ambientes, programas e serviços a serem usados por todas as pessoas, sem necessidade de adaptação ou de projeto específico, incluindo os recursos de tecnologia assistiva. (Incluído pela Lei nº 13.146, de 2015)

***Art. 3º** O planejamento e a urbanização das vias públicas, dos parques e dos demais espaços de uso público deverão ser concebidos e executados de forma a torná-los acessíveis para todas as pessoas, inclusive para aquelas com deficiência ou com mobilidade reduzida. (Redação dada pela Lei nº 13.146, de 2015)*

***Parágrafo único.** O passeio público, elemento obrigatório de urbanização e parte da via pública, normalmente segregado e em nível diferente, destina-se somente à circulação de pedestres e, quando possível, à implantação de mobiliário urbano e de vegetação. (Incluído pela Lei nº 13.146, de 2015)*

***Art. 4º** As vias públicas, os parques e os demais espaços de uso público existentes, assim como as respectivas instalações de serviços e mobiliários urbanos deverão ser adaptados, obedecendo-se ordem de prioridade que vise à maior eficiência das modificações, no sentido de promover mais ampla acessibilidade às pessoas portadoras de deficiência ou com mobilidade reduzida.*

***Parágrafo único.** No mínimo 5% (cinco por cento) de cada brinquedo e equipamento de lazer existentes nos locais referidos no caput devem ser adaptados e identificados, tanto quanto tecnicamente possível, para possibilitar sua utilização por pessoas com deficiência, inclusive visual, ou com mobilidade reduzida. (Redação dada pela Lei nº 13.443, de 2017)*

***Art. 5º** O projeto e o traçado dos elementos de urbanização públicos e privados de uso comunitário, nestes compreendidos os itinerários e as passagens de pedestres, os percursos de entrada e de saída de veículos, as escadas e rampas, deverão observar os parâmetros estabelecidos pelas normas técnicas de acessibilidade da Associação Brasileira de Normas Técnicas – ABNT.*

8.2.1 Conceitos relevantes da ABNT

Acessibilidade: possibilidade e condição de alcance, percepção e entendimento para a utilização com segurança e autonomia de edificações, espaço, mobiliário, equipamento urbano e elementos. É o processo pelo qual se atinge o acesso universal, resultado da prática do design inclusivo.

Acessível: espaço, edificação, mobiliário, equipamento urbano ou elemento que possa ser alcançado, acionado, utilizado e vivenciado por qualquer pessoa, inclusive aquelas com mobilidade reduzida. O termo acessível implica tanto em acessibilidade física como de comunicação.

Acesso universal: condição de percepção, aproximação e utilização, ampla e irrestrita, de ambientes, produtos e ou serviços por qualquer pessoa.

Adaptável: espaço, edificação, mobiliário, equipamento urbano ou elemento cujas características possam ser alteradas para que se torne acessível.

Adaptado: espaço, edificação, mobiliário, equipamento urbano ou elemento cujas características originais foram alteradas posteriormente para serem acessíveis.

Adequado: espaço, edificação, mobiliário, equipamento urbano ou elemento cujas características foram originalmente planejadas para serem acessíveis.

Barreira arquitetônica, Urbanística ou Ambiental: qualquer elemento natural, instalado ou edificado, que impeça a aproximação, transferência ou circulação no espaço, mobiliário ou equipamento urbano.

Deficiência: redução, limitação ou inexistência das condições de percepção das características do ambiente ou de mobilidade e de utilização de edificações, espaços, mobiliário, equipamento urbano e elementos em caráter temporário ou permanente.

Desenho universal: concepção de ambientes, produtos e ou serviços para atender ao maior número possível de pessoas, sem necessidade de adaptação ou projeto especializado, representando o nível mais amplo de acessibilidade. O desenho universal visa atender a maior gama de variações possíveis das características antropométricas e sensoriais da população.

Equipamento urbano: todos os bens públicos e privados, de utilidade pública, destinados à prestação de serviços necessários ao funcionamento da cidade, implantados mediante autorização do poder público, em espaços públicos e privados.

Espaço acessível: espaço que pode ser percebido e utilizado em sua totalidade por todas as pessoas, inclusive aquelas com mobilidade reduzida.

Faixa elevada: elevação do nível do leito carroçável composto de área plana elevada, sinalizada com faixa de travessia de pedestres e rampa de transposição para veículos, destinada a promover a concordância entre os níveis das calçadas em ambos os lados da via.

Inclusão: reconhecimento da diversidade humana, garantia do acesso universal e equidade.

Mobiliário urbano: todos os objetos, elementos e pequenas construções integrantes da paisagem urbana, de natureza utilitária, ou não, implantada mediante autorização do poder público em espaços públicos e privados.

Pessoa com mobilidade reduzida: aquela que temporária ou permanentemente, tem limitada sua capacidade de relacionar-se com o meio de utilizá-lo. Entende-se por pessoa com mobilidade reduzida a pessoa com deficiência, obesa, idosa, gestante, entre outros.

Piso tátil: piso caracterizado pela diferenciação de textura em relação ao piso adjacente, destinado a constituir alerta ou linha guia perceptível por pessoas com deficiência visual.

Tecnologia assistiva: conjunto de técnicas, aparelhos ou instrumentos, produtos e procedimentos que visam auxiliar a mobilidade, a percepção e a utilização do meio ambiente e dos elementos por pessoas com deficiência.

Art. 6º Os banheiros de uso público existentes ou a construir em parques, praças, jardins e espaços livres públicos deverão ser acessíveis e dispor, pelo menos, de um sanitário e um lavatório que atendam às especificações das normas técnicas da ABNT.

§ 1º Os eventos organizados em espaços públicos e privados em que haja instalação de banheiros químicos deverão contar com unidades acessíveis a pessoas com deficiência ou com mobilidade reduzida. (Incluído pela Lei nº 13.825, de 2019)

§ 2º O número mínimo de banheiros químicos acessíveis corresponderá a 10% (dez por cento) do total, garantindo-se pelo menos 1 (uma) unidade acessível caso a aplicação do percentual resulte em fração inferior a 1 (um). (Incluído pela Lei nº 13.825, de 2019)

Art. 7º *Em todas as áreas de estacionamento de veículos, localizadas em vias ou em espaços públicos, deverão ser reservadas vagas próximas dos acessos de circulação de pedestres, devidamente sinalizadas, para veículos que transportem pessoas portadoras de deficiência com dificuldade de locomoção.*

Parágrafo único. *As vagas a que se refere o caput deste artigo deverão ser em número equivalente a dois por cento do total, garantida, no mínimo, uma vaga, devidamente sinalizada e com as especificações técnicas de desenho e traçado de acordo com as normas técnicas vigentes.*

8.2.2 Desenho e localização do mobiliário urbano

Art. 8º *Os sinais de tráfego, semáforos, postes de iluminação ou quaisquer outros elementos verticais de sinalização que devam ser instalados em itinerário ou espaço de acesso para pedestres deverão ser dispostos de forma a não dificultar ou impedir a circulação, e de modo que possam ser utilizados com a máxima comodidade.*

Art. 9º *Os semáforos para pedestres instalados nas vias públicas deverão estar equipados com mecanismo que emita sinal sonoro suave, intermitente e sem estridência, ou com mecanismo alternativo, que sirva de guia ou orientação para a travessia de pessoas portadoras de deficiência visual, se a intensidade do fluxo de veículos e a periculosidade da via assim determinarem.*

Parágrafo único. *Os semáforos para pedestres instalados em vias públicas de grande circulação, ou que deem acesso aos serviços de reabilitação, devem obrigatoriamente estar equipados com mecanismo que emita sinal sonoro suave para orientação do pedestre. (Incluído pela Lei nº 13.146, de 2015)*

Art. 10 *Os elementos do mobiliário urbano deverão ser projetados e instalados em locais que permitam sejam eles utilizados pelas pessoas portadoras de deficiência ou com mobilidade reduzida.*

Art. 10-A *A instalação de qualquer mobiliário urbano em área de circulação comum para pedestre que ofereça risco de acidente à pessoa com deficiência deverá ser indicada mediante sinalização tátil de alerta no piso, de acordo com as normas técnicas pertinentes. (Incluído pela Lei nº 13.146, de 2015)*

8.3 Decreto nº 5.296/2004

O Decreto 5.296/2004:

- Regulamenta as Leis nº 10.048/2000 e nº 10.098/2000;
- Conceitua ajuda técnica, desenho universal e acessibilidade;
- Dispõe sobre acessibilidade nos serviços de transportes.

Ainda, o Capítulo IV, do Decreto nº 5.296/04, que discorre sobre a Implementação da Acessibilidade Arquitetônica e Urbanística, inicia com o art. 10, impondo que a concepção e a implantação dos projetos arquitetônicos e urbanísticos devam atender aos princípios do **desenho universal**, tendo como referências básicas as normas técnicas de acessibilidade da ABNT, a legislação específica e as regras contidas no Decreto.

O conceito de desenho universal, criado por uma comissão em Washington, Estados Unidos, nos anos 1960, foi inicialmente chamado de "Desenho Livre de Barreiras" por se voltar à eliminação de barreiras arquitetônicas nos projetos de edifícios, equipamentos e áreas urbanas. Posteriormente, esse conceito evoluiu para a concepção de Desenho Universal, pois passou a considerar não só o projeto, mas principalmente a diversidade humana, de forma a respeitar as diferenças existentes entre as pessoas e a garantir a acessibilidade a todos os componentes do ambiente.

O desenho universal deve ser concebido como gerador de ambientes, serviços, programas e tecnologias acessíveis, utilizáveis equitativamente, de forma segura e autônoma por todas as pessoas – na maior extensão possível – sem que tenham que ser adaptados ou readaptados especificamente, em virtude dos sete princípios que o sustentam, a saber:

Uso flexível	Design de produtos ou espaços que atendam pessoas com diferentes habilidades e diversas preferências, sendo adaptáveis para qualquer uso.
Uso equiparável	São espaços objetos e produtos que podem ser utilizados por pessoas com diferentes capacidades, tornando os ambientes iguais para todos.
Simples e intuitivo	De fácil entendimento para que uma pessoa possa compreender, independentemente de sua experiência, conhecimento, habilidade de linguagem, ou nível de concentração.
Informação perceptível	Quando a informação necessária é transmitida de forma a atender as necessidades do receptor, seja ela uma pessoa estrangeira, com dificuldade de visão ou audição.
Tolerante ao erro	Previsto para minimizar os riscos e possíveis consequências de ações acidentais ou não intencionais.
Com pouca exigência de esforço físico	Para ser usado eficientemente, com o mínimo de fadiga.
Dimensão e espaço para aproximação e uso	Que estabelece dimensões e espaços apropriados para o acesso, o alcance, a manipulação e o uso, independentemente do tamanho do corpo (obesos, anões etc.) da postura ou mobilidade de usuários (pessoas em cadeiras de rodas, com carrinhos de bebê, bengalas etc.).

8.4 Resolução nº 230/2016 – CNJ

A Resolução nº 230/16 do Conselho Nacional de Justiça orienta a adequação das atividades dos órgãos do Poder Judiciário e de seus serviços auxiliares às determinações exaradas pela Convenção Internacional sobre os Direitos das Pessoas com Deficiência e seu Protocolo Facultativo e pela Lei Brasileira de Inclusão da Pessoa com Deficiência por meio – entre outras medidas – da Recomendação CNJ 27, de 16/12/2009, bem como da instituição de Comissões Permanentes de Acessibilidade e Inclusão.

8.5 Princípios gerais da Convenção Internacional sobre os Direitos das Pessoas com Deficiência

Como princípios gerais citam-se:

- Respeito pela diferença e aceitação das pessoas com deficiência como parte da diversidade humana e humanidade;
- Plena e efetiva participação e inclusão na sociedade;
- Igualdade entre homem e mulher;
- Respeito pela dignidade da pessoa humana;
- Respeito pelo desenvolvimento das capacidades das crianças com deficiência e pelo direito de preservação da identidade;
- Não discriminação;
- Igualdade de oportunidades;
- Acessibilidade.

A Resolução nº 230/2016 prevê, entre outros procedimentos, atendimento e tramitação processual prioritários aos usuários com deficiência quando forem parte ou interessados. Também visa a adoção urgente de medidas apropriadas para eliminar e prevenir qualquer barreira. O intuito é assegurar a servidores, a funcionários terceirizados e a usuários em geral as adaptações necessárias para o atendimento.

8.5.1 Essência da norma

Art. 1º Esta Resolução orienta a adequação das atividades dos órgãos do Poder Judiciário e de seus serviços auxiliares em relação às determinações exaradas pela Convenção Internacional sobre os Direitos das Pessoas com Deficiência e seu Protocolo Facultativo (promulgada por meio do Decreto nº 6.949/2009) e pela Lei Brasileira de Inclusão da Pessoa com Deficiência (Lei nº 13.146/2015).

8.5.2 O que a Resolução considera

O art. 2º, da Resolução nº 230/2016, do CNJ, estabelece conceitos aplicáveis às pessoas com deficiência, dos quais se destacam:

- **Discriminação por motivo de deficiência:** significa qualquer diferenciação, exclusão ou restrição, por ação ou omissão, baseada em deficiência, com o propósito ou efeito de impedir ou impossibilitar o reconhecimento, o desfrute ou o exercício, em igualdade de oportunidades com as demais pessoas, de direitos humanos e liberdades fundamentais nos âmbitos político, econômico, social, cultural, civil ou qualquer outro, incluindo a recusa de adaptações razoáveis e de fornecimento de tecnologias assistivas;
- **Acessibilidade:** significa possibilidade e condição de alcance para utilização, com segurança e autonomia, de espaços, mobiliários, equipamentos urbanos, edificações, transportes, informação e comunicação, inclusive seus sistemas e tecnologias, bem como de outros serviços e instalações abertos ao público, de uso público ou privados de uso coletivo, tanto na zona urbana como na rural, por pessoa com deficiência ou com mobilidade reduzida;
- **Barreiras:** significa qualquer entrave, obstáculo, atitude ou comportamento que limite ou impeça a participação social da pessoa, bem como o gozo, a fruição e o exercício de seus direitos à acessibilidade, à liberdade de movimento e de expressão, à comunicação, ao acesso à informação, à compreensão, à circulação com segurança;
- **Tecnologia assistiva:** (ou "ajuda técnica") significa produtos, equipamentos, dispositivos, recursos, metodologias, estratégias, práticas e serviços que objetivem promover a funcionalidade, relacionada à atividade e à participação da pessoa com deficiência ou com mobilidade reduzida, visando à sua autonomia, independência, qualidade de vida e inclusão social;
- **Comunicação:** significa uma forma de interação dos cidadãos que abrange, entre outras opções, as línguas, inclusive a Língua Brasileira de Sinais (Libras), a visualização de textos, o Braille, o sistema de sinalização ou de comunicação tátil, os caracteres ampliados, os dispositivos multimídia, assim como a linguagem simples, escrita e oral, os sistemas auditivos e os meios de voz digitalizados e os modos, meiose formatos aumentativos e alternativos de comunicação, incluindo as tecnologias da informação e das comunicações.

8.5.3 Atendimento prioritário à pessoa com deficiência

Art. 16 *A pessoa com deficiência tem direito a receber atendimento prioritário, sobretudo com a finalidade de:*

I – proteção e socorro em quaisquer circunstâncias;

II – atendimento em todos os serviços de atendimento ao público;

III – disponibilização de recursos, tanto humanos quanto tecnológicos, que garantam atendimento em igualdade de condições com as demais pessoas;

IV – acesso a informações e disponibilização de recursos de comunicação acessíveis;

V – tramitação processual e procedimentos judiciais e administrativos em que for parte ou interessada, em todos os atos e diligências.

Parágrafo único. *Os direitos previstos neste artigo são extensivos ao acompanhante da pessoa com deficiência ou ao seu atendente pessoal, exceto quanto ao disposto no inciso V deste artigo.*

Art. 3º *A fim de promover a igualdade, adotar-se-ão, com urgência, medidas apropriadas para eliminar e prevenir quaisquer barreiras urbanísticas, arquitetônicas, nos transportes, nas comunicações e na informação, atitudinais ou tecnológicas, devendo-se garantir às pessoas com deficiência – servidores, serventuários extrajudiciais, terceirizados ou não – quantas adaptações razoáveis ou mesmo tecnologias assistivas sejam necessárias para assegurar acessibilidade plena, coibindo qualquer forma de discriminação por motivo de deficiência.*

9 RESOLUÇÃO Nº 230/2016 - CNJ

A Resolução nº 230/16 do Conselho Nacional de Justiça orienta a adequação das atividades dos órgãos do Poder Judiciário e de seus serviços auxiliares às determinações exaradas pela Convenção Internacional sobre os Direitos das Pessoas com Deficiência e seu Protocolo Facultativo e pela Lei Brasileira de Inclusão da Pessoa com Deficiência por meio – entre outras medidas – da Recomendação CNJ 27, de 16/12/2009, bem como da instituição de Comissões Permanentes de Acessibilidade e Inclusão.

9.1 Princípios Gerais da Convenção Internacional sobre os Direitos das Pessoas com Deficiência

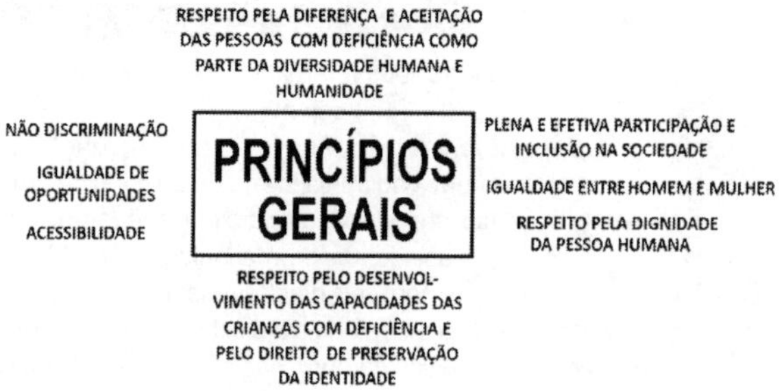

A Resolução nº 230/2016 prevê, entre outros procedimentos, atendimento e tramitação processual prioritários aos usuários com deficiência quando forem parte ou interessados. Também visa a adoção urgente de medidas apropriadas para eliminar e prevenir qualquer barreira. O intuito é assegurar a servidores, a funcionários terceirizados e a usuários em geral as adaptações necessárias para o atendimento.

9.1.1 Essência da Norma

"Art. 1º Esta Resolução orienta a adequação das atividades dos órgãos do Poder Judiciário e de seus serviços auxiliares em relação às determinações exaradas pela Convenção Internacional sobre os Direitos das Pessoas com Deficiência e seu Protocolo Facultativo (promulgada por meio do Decreto nº 6.949/2009) e pela Lei Brasileira de Inclusão da Pessoa com Deficiência (Lei nº 13.146/2015)."

9.1.2 O Que a Resolução Leva em Conta

O Art. 2º, da Resolução nº 230/2016, do CNJ, estabelece conceitos aplicáveis às pessoas com deficiência, dos quais se destacam:

- "discriminação por motivo de deficiência" significa qualquer diferenciação,exclusão ou restrição, por ação ou omissão, baseada em deficiência, com o propósito ou efeito de impedir ou impossibilitar o reconhecimento, o desfrute ou o exercício, em igualdade de oportunidades com as demais pessoas, de direitos humanos e liberdades fundamentais nos âmbitos político, econômico, social, cultural, civil ou qualquer outro, incluindo a recusa de adaptações razoáveis e de fornecimento de tecnologias assistivas;
- "acessibilidade" significa possibilidade e condição de alcance para utilização, com segurança e autonomia, de espaços, mobiliários, equipamentos urbanos, edificações, transportes, informação e comunicação,inclusive seus sistemas e tecnologias, bem como de outros serviços e instalações abertos ao público, de uso público ou privados de uso coletivo, tanto na zona urbana como na rural, por pessoa com deficiência ou com mobilidade reduzida;
- "barreiras" significa qualquer entrave, obstáculo, atitude ou comportamento que limite ou impeça a participação social da pessoa, bem como o gozo, a fruição e o exercício de seus direitos à acessibilidade,à liberdade de movimento e de expressão, à comunicação, ao acesso à informação, à compreensão, à circulação com segurança;
- "tecnologia assistiva" (ou "ajuda técnica") significa produtos, equipamentos,dispositivos, recursos, metodologias, estratégias, práticas e serviços que objetivem promover a funcionalidade, relacionada à atividade e à participação da pessoa com deficiência ou com mobilidade reduzida, visando à sua autonomia, independência, qualidade de vida e inclusão social;
- "comunicação" significa uma forma de interação dos cidadãos que abrange,entre outras opções, as línguas, inclusive a Língua Brasileira de Sinais (Libras), a visualização de textos, o Braille, o sistema de sinalização ou de comunicação tátil, os caracteres ampliados, os dispositivos multimídia, assim como a linguagem simples, escrita e oral, os sistemas auditivos e os meios de voz digitalizados e os modos, meiose formatos aumentativos e alternativos de comunicação, incluindo as tecnologias da informação e das comunicações.

9.1.3 Atendimento Prioritário à Pessoa com Deficiência

Art. 16. *A pessoa com deficiência tem direito a receber atendimento prioritário, sobretudo com a finalidade de:*

I. proteção e socorro em quaisquer circunstâncias;

II. atendimento em todos os serviços de atendimento ao público;

III. disponibilização de recursos, tanto humanos quanto tecnológicos,- que garantam atendimento em igualdade de condições com as demais pessoas;

IV.acesso a informações e disponibilização de recursos de comunicação acessíveis;

V. tramitação processual e procedimentos judiciais e administrativos em que for parte ou interessada, em todos os atos e diligências.

Parágrafo único. *Os direitos previstos neste artigo são extensivos ao acompanhante da pessoa com deficiência ou ao seu atendente pessoal,exceto quanto ao disposto no inciso V deste artigo.*

Art. 3º *A fim de promover a igualdade, adotar-se-ão,com urgência, medidas apropriadas para eliminar e prevenir quaisquer barreiras urbanísticas, arquitetônicas,nos transportes, nas comunicações e na informação,atitudinais ou tecnológicas, devendo-se garantir às pessoas com deficiência – servidores, serventuários extrajudiciais, terceirizados ou não – quantas adaptações razoáveis ou mesmo tecnologias assistivas sejam necessárias para assegurar acessibilidade plena, coibindo qualquer forma de discriminação por motivo de deficiência.*

10 LEI Nº 10.826/2003 - ESTATUTO DO DESARMAMENTO

10.1 Conceitos introdutórios

O Estatuto do Desarmamento é uma lei que possui normas de Direito Administrativo, Penal e Processual Penal, iremos focar o estudo acerca das infrações penais; contudo, para entender determinados pontos existentes na Lei, será necessário o conhecimento básico de alguns conceitos iniciais.

Por exemplo, o órgão responsável pela autorização e pelo registro de arma de fogo, em regra, é o SINARM (Sistema Nacional de Armas), alocado na Polícia Federal e instituído pelo Ministério da Justiça, cujas competências são exauridas do art. 3º da referida Lei.

10.1.1 Objetivo

- Os objetivos estão expostos na ementa da Lei, quais sejam:
  - Dispõe sobre registro, posse, porte e comercialização de armas de fogo e munição;
  - Dispõe sobre o Sistema Nacional de Armas – SINARM;
  - Define crimes; e
  - Dá outras providências.

O Estatuto tem incriminação apenas das armas de fogo, acessórios, munições e artefatos explosivos ou incendiários, não se aplicando às armas brancas (arts. 18 e 19 da LCP, ou art. 242 do ECA).

10.1.2 Norma penal em branco

- A Lei nº 10.826/2003 não definiu o conceito do que é:
  - Arma de fogo, acessório e munição;
  - De uso permitido, restrito e proibido; e
  - Artefato explosivo ou incendiário.

Tais definições e outros complementos são regulados por diversos decretos, dentre eles: Decreto nº 9.607/2018 (Política Nacional de Exportação e Importação de Produtos de Defesa), , Decreto nº 9.847/2019 (Regulamento acerca do porte, da comercialização, do SIN'ARM e do SIGMA), Decreto nº 10.030/2019 (Regulamento de Produtos Controlados pelo Comando do Exército), Decreto nº 11.366/2023, além de outros.

Definições dadas pelo Decreto nº 10.030/2019 (Anexo III) e Inclusões e alterações dadas pelo Decreto nº 10.627/2021	
Acervo de cidadão	Acervo de cidadão - Relação das armas de fogo pertencentes a uma pessoa física, destinadas à sua defesa pessoal para segurança própria.
Acessório de arma de fogo	artefatos listados nominalmente na legislação como Produto Controlado pelo Exército - PCE que, acoplados a uma arma, possibilitam a alteração da configuração normal do armamento, tal como um supressor de som.
Acessório explosivo	Engenho não muito sensível, de elevada energia de ativação, que tem por finalidade fornecer energia suficiente à continuidade de um trem explosivo e que necessita de um acessório iniciador para ser ativado.
Arma de fogo	Arma que arremessa projéteis empregando a força expansiva dos gases, gerados pela combustão de um propelente confinado em uma câmara, normalmente solidária a um cano, que tem a função de dar continuidade à combustão do propelente, além de direção e estabilidade ao projétil.
Carregador	Depósito ou receptáculo para armazenamento de cartuchos de munição para disparo em armas de fogo, integrante ou destacável do armamento.
Explosivo	Tipo de matéria que, quando iniciada, sofre decomposição muito rápida, com grande liberação de calor e desenvolvimento súbito de pressão.

Definições dadas pelo Anexo I do Decreto nº 10.030/2019	
Arma de fogo de uso permitido	As armas de fogo semiautomáticas ou de repetição que sejam: a) de porte, cujo calibre nominal, com a utilização de munição comum, não atinja, na saída do cano de prova, energia cinética superior a mil e duzentas libras-pé ou mil seiscentos e vinte joules; b) portáteis de alma lisa; ou c) portáteis de alma raiada, cujo calibre nominal, com a utilização de munição comum, não atinja, na saída do cano de prova, energia cinética superior a mil e duzentas libras-pé ou mil seiscentos e vinte joules.
Arma de fogo de uso restrito	As armas de fogo automáticas e as semiautomáticas ou de repetição que sejam: a) não portáteis; b) de porte, cujo calibre nominal, com a utilização de munição comum, atinja, na saída do cano de prova, energia cinética superior a mil e duzentas libras-pé ou mil seiscentos e vinte joules; ou c) portáteis de alma raiada, cujo calibre nominal, com a utilização de munição comum, atinja, na saída do cano de prova, energia cinética superior a mil e duzentas libras-pé ou mil seiscentos e vinte joules.
Arma de fogo de uso proibido	a) as armas de fogo classificadas de uso proibido em acordos e tratados internacionais dos quais a República Federativa do Brasil seja signatária; ou b) as armas de fogo dissimuladas, com aparência de objetos inofensivos.
Munição de uso restrito	As munições que: a) atinjam, na saída do cano de prova de armas de porte ou portáteis de alma raiada, energia cinética superior a mil e duzentas libras-pé ou mil seiscentos e vinte joules; b) sejam traçantes, perfurantes ou fumígenas; c) sejam granadas de obuseiro, de canhão, de morteiro, de mão ou de bocal; ou d) sejam rojões, foguetes, mísseis ou bombas de qualquer natureza.
Munição de uso proibido	As munições que sejam assim definidas em acordo ou tratado internacional de que a República Federativa do Brasil seja signatária e as munições incendiárias ou químicas.

Arma de fogo de porte	As armas de fogo de dimensões e peso reduzidos que podem ser disparadas pelo atirador com apenas uma de suas mãos, a exemplo de pistolas, revólveres e garruchas.
Arma de fogo portátil	As armas de fogo que, devido às suas dimensões ou ao seu peso, podem ser transportadas por uma pessoa, tais como fuzil, carabina e espingarda.
Arma de fogo não portátil art. 2º, IX)	As armas de fogo que, devido às suas dimensões ou ao seu peso, precisam ser transportadas por mais de uma pessoa, com a utilização de veículos, automotores ou não, ou sejam fixadas em estruturas permanentes.

Classificação e definição das armas de fogo: a classificação e definição das armas de fogo de uso permitido, restrito ou proibido, além das obsoletas e de valor histórico, serão disciplinadas por ato do chefe do Poder Executivo Federal, por meio de proposta do Comando do Exército, conforme expõe o caput do art. 23 do referido estatuto.

> ***Art. 23*** *A classificação legal, técnica e geral bem como a definição das armas de fogo e demais produtos controlados, de usos proibidos, restritos, permitidos ou obsoletos e de valor histórico serão disciplinadas em ato do chefe do Poder Executivo Federal, mediante proposta do Comando do Exército.*
>
> *§ 1º Todas as munições comercializadas no País deverão estar acondicionadas em embalagens com sistema de código de barras, gravado na caixa, visando possibilitar a identificação do fabricante e do adquirente, entre outras informações definidas pelo regulamento desta Lei.*
>
> *§ 2º Para os órgãos referidos no art. 6º, somente serão expedidas autorizações de compra de munição com identificação do lote e do adquirente no culote dos projéteis, na forma do regulamento desta Lei.*
>
> *§ 3º As armas de fogo fabricadas a partir de 1 (um) ano da data de publicação desta Lei conterão dispositivo intrínseco de segurança e de identificação, gravado no corpo da arma, definido pelo regulamento desta Lei, exclusive para os órgãos previstos no art. 6º.*
>
> *§ 4º As instituições de ensino policial e as guardas municipais referidas nos incisos III e IV do 'caput' do art. 6º desta Lei e no seu § 7º Poderão adquirir insumos e máquinas de recarga de munição para o fim exclusivo de suprimento de suas atividades, mediante autorização concedida nos termos definidos em regulamento.*

Em muitos lugares na referida Lei, haverá expressões que determinam a necessidade de complemento normativo, tais como: na forma [...], nas condições [...], nos termos do regulamento desta Lei; sem autorização ou em desacordo com determinação legal ou regulamentar.

10.1.3 Sinarm e registro

> ***Art. 1º*** *O Sistema Nacional de Armas – SINARM, instituído no Ministério da Justiça, no âmbito da Polícia Federal, tem circunscrição em todo o território nacional.*

O SINARM é órgão vinculado à Polícia Federal e o responsável pelo cadastramento e registro das armas de fogo em território nacional, salvo as das Forças Armadas e Auxiliares, bem como as dos órgãos que constem em seus registros próprios (art. 2º, parágrafo único) — estas serão cadastradas no SIGMA.

> ***Art. 2º*** *Ao SINARM compete:*
>
> *I – identificar as características e a propriedade de armas de fogo, mediante cadastro;*
>
> *II – cadastrar as armas de fogo produzidas, importadas e vendidas no País;*
>
> *III – cadastrar as autorizações de porte de arma de fogo e as renovações expedidas pela Polícia Federal;*
>
> *IV – cadastrar as transferências de propriedade, extravio, furto, roubo e outras ocorrências suscetíveis de alterar os dados cadastrais, inclusive as decorrentes de fechamento de empresas de segurança privada e de transporte de valores;*
>
> *V – identificar as modificações que alterem as características ou o funcionamento de arma de fogo;*
>
> *VI – integrar no cadastro os acervos policiais já existentes;*
>
> *VII – cadastrar as apreensões de armas de fogo, inclusive as vinculadas a procedimentos policiais e judiciais;*
>
> *VIII – cadastrar os armeiros em atividade no País, bem como conceder licença para exercer a atividade;*
>
> *IX – cadastrar mediante registro os produtores, atacadistas, varejistas, exportadores e importadores autorizados de armas de fogo, acessórios e munições;*
>
> *X – cadastrar a identificação do cano da arma, as características das impressões de raiamento e de microestriamento de projétil disparado, conforme marcação e testes obrigatoriamente realizados pelo fabricante;*
>
> *XI – informar às Secretarias de Segurança Pública dos Estados e do Distrito Federal os registros e autorizações de porte de armas de fogo nos respectivos territórios, bem como manter o cadastro atualizado para consulta.*
>
> ***Parágrafo único.*** *As disposições deste artigo não alcançam as armas de fogo das Forças Armadas e Auxiliares, bem como as demais que constem dos seus registros próprios.*

Armas de fogo de uso restrito: compete ao Comando do Exército autorizar a aquisição e registrar as armas de fogo de uso restrito (art. 3º, parágrafo único).

> ***Art. 3º*** *É obrigatório o registro de arma de fogo no órgão competente.*
>
> ***Parágrafo único.*** *As armas de fogo de uso restrito serão registradas no Comando do Exército, na forma do regulamento desta Lei.*
>
> ***Art. 27*** *Caberá ao Comando do Exército autorizar, excepcionalmente, a aquisição de armas de fogo de uso restrito.*
>
> ***Parágrafo único.*** *O disposto neste artigo não se aplica às aquisições dos Comandos Militares.*

10.1.4 Da posse de arma de fogo

A regra geral é que a população não tenha arma de fogo, daí o nome "Estatuto do Desarmamento". Contudo, um particular poderá obter a autorização para **posse de arma de fogo de uso permitido** (há diferença entre "posse" e "porte") caso preencha os requisitos necessários do art. 4º, que são, entre outros: curso técnico, avaliação psicológica, pagamento de taxas; bem como a idade mínima de 25 anos (art. 28).

> ***Art. 4º*** *Para adquirir arma de fogo de uso permitido o interessado deverá, além de declarar a efetiva necessidade, atender aos seguintes requisitos:*
>
> *I – comprovação de idoneidade, com a apresentação de certidões negativas de antecedentes criminais fornecidas pela Justiça Federal, Estadual, Militar e Eleitoral e de não estar respondendo a inquérito policial ou a processo criminal, que poderão ser fornecidas por meios eletrônicos;*
>
> *II – apresentação de documento comprobatório de ocupação lícita e de residência certa;*
>
> *III – comprovação de capacidade técnica e de aptidão psicológica para o manuseio de arma de fogo, atestadas na forma disposta no regulamento desta Lei.*
>
> *§ 1º O SINARM expedirá autorização de compra de arma de fogo após atendidos os requisitos anteriormente estabelecidos, em nome do requerente e para a arma indicada, sendo intransferível esta autorização.*

§ 2º A aquisição de munição somente poderá ser feita no calibre correspondente à arma registrada e na quantidade estabelecida no regulamento desta Lei.

§ 3º A empresa que comercializar arma de fogo em território nacional é obrigada a comunicar a venda à autoridade competente, como também a manter banco de dados com todas as características da arma e cópia dos documentos previstos neste artigo.

§ 4º A empresa que comercializa armas de fogo, acessórios e munições responde legalmente por essas mercadorias, ficando registradas como de sua propriedade enquanto não forem vendidas.

§ 5º A comercialização de armas de fogo, acessórios e munições entre pessoas físicas somente será efetivada mediante autorização do SINARM.

§ 6º A expedição da autorização a que se refere o §1º será concedida, ou recusada com a devida fundamentação, no prazo de 30 (trinta) dias úteis, a contar da data do requerimento do interessado.

§ 7º O registro precário a que se refere o §4º prescinde do cumprimento dos requisitos dos incisos I, II e III deste artigo.

§ 8º Estará dispensado das exigências constantes do inciso III do 'caput' deste artigo, na forma do regulamento, o interessado em adquirir arma de fogo de uso permitido que comprove estar autorizado a portar arma com as mesmas características daquela a ser adquirida.

***Art. 28** É vedado ao menor de 25 (vinte e cinco) anos adquirir arma de fogo, ressalvados os integrantes das entidades constantes dos incisos I, II, III, V, VI, VII e X do 'caput' do art. 6º desta Lei.*

Diferenciação entre posse e porte: a posse de arma de fogo restringe-se à circunscrição residencial ou empresarial – desde que seja o proprietário ou o responsável legal. Já o porte é a autorização de levar a arma de fogo consigo além desses locais.

***Art. 5º** O certificado de Registro de Arma de Fogo, com validade em todo o território nacional, autoriza o seu proprietário a manter a arma de fogo exclusivamente no interior de sua residência ou domicílio, ou dependência desses, ou, ainda, no seu local de trabalho, desde que seja ele o titular ou o responsável legal pelo estabelecimento ou empresa.*

§ 1º O certificado de registro de arma de fogo será expedido pela Polícia Federal e será precedido de autorização do SINARM.

§ 2º Os requisitos de que tratam os incisos I, II e III do art. 4º deverão ser comprovados periodicamente, em período não inferior a 3 (três) anos, na conformidade do estabelecido no regulamento desta Lei, para a renovação do Certificado de Registro de Arma de Fogo.

§ 3º O proprietário de arma de fogo com certificados de registro de propriedade expedido por órgão estadual ou do Distrito Federal até a data da publicação desta Lei que não optar pela entrega espontânea prevista no art. 32 desta Lei deverá renová-lo mediante o pertinente registro federal, até o dia 31 de dezembro de 2008, ante a apresentação de documento de identificação pessoal e comprovante de residência fixa, ficando dispensado do pagamento de taxas e do cumprimento das demais exigências constantes dos incisos I a III do 'caput' do art. 4º desta Lei.

§ 4º Para fins do cumprimento do disposto no §3º deste artigo, o proprietário de arma de fogo poderá obter, no Departamento de Polícia Federal, certificado de registro provisório, expedido na rede mundial de computadores — internet, na forma do regulamento e obedecidos os procedimentos a seguir:

I – emissão de certificado de registro provisório pela internet, com validade inicial de 90 (noventa) dias; e

II – revalidação pela unidade do Departamento de Polícia Federal do certificado de registro provisório pelo prazo que estimar como necessário para a emissão definitiva do certificado de registro de propriedade.

§5º Aos residentes em área rural, para os fins do disposto no 'caput' deste artigo, considera-se residência ou domicílio toda a extensão do respectivo imóvel rural.

Do porte de arma de fogo

***Art. 6º** É proibido o porte de arma de fogo em todo o território nacional, salvo para os casos previstos em legislação própria e para:*

I – os integrantes das Forças Armadas;

II – os integrantes de órgãos referidos nos incisos I, II, III, IV e V do 'caput' do art. 144 da Constituição Federal e os da Força Nacional de Segurança Pública (FNSP);

III – os integrantes das guardas municipais das capitais dos Estados e dos Municípios com mais de 500.000 (quinhentos mil) habitantes, nas condições estabelecidas no regulamento desta Lei;

IV – os integrantes das guardas municipais dos Municípios com mais de 50.000 (cinquenta mil) e menos de 500.000 (quinhentos mil) habitantes, quando em serviço;

V – os agentes operacionais da Agência Brasileira de Inteligência e os agentes do Departamento de Segurança do Gabinete de Segurança Institucional da Presidência da República;

VI – os integrantes dos órgãos policiais referidos no art. 51, IV, e no art. 52, XIII, da Constituição Federal;

VII – os integrantes do quadro efetivo dos agentes e guardas prisionais, os integrantes das escoltas de presos e as guardas portuárias;

VIII – as empresas de segurança privada e de transporte de valores constituídas, nos termos desta Lei;

IX – para os integrantes das entidades de desporto legalmente constituídas, cujas atividades esportivas demandem o uso de armas de fogo, na forma do regulamento desta Lei, observando-se, no que couber, a legislação ambiental.

X – integrantes das Carreiras de Auditoria da Receita Federal do Brasil e de Auditoria-Fiscal do Trabalho, cargos de Auditor-Fiscal e Analista Tributário.

XI – os tribunais do Poder Judiciário descritos no art. 92 da Constituição Federal e os Ministérios Públicos da União e dos Estados, para uso exclusivo de servidores de seus quadros pessoais que efetivamente estejam no exercício de funções de segurança, na forma de regulamento a ser emitido pelo Conselho Nacional de Justiça – CNJ e pelo Conselho Nacional do Ministério Público – CNMP.

§1º As pessoas previstas nos incisos I, II, III, V e VI do 'caput' deste artigo terão direito de portar arma de fogo de propriedade particular ou fornecida pela respectiva corporação ou instituição, mesmo fora de serviço, nos termos do regulamento desta Lei, com validade em âmbito nacional para aquelas constantes dos incisos I, II, V e VI.

§ 1º-A (Revogado)

§ 1º-B Os integrantes do quadro efetivo de agentes e guardas prisionais poderão portar arma de fogo de propriedade particular ou fornecida pela respectiva corporação ou instituição, mesmo fora de serviço, desde que estejam:

I – submetidos a regime de dedicação exclusiva;

II – sujeitos à formação funcional, nos termos do regulamento; e

III – subordinados a mecanismos de fiscalização e de controle interno.

§ 1º-C (Vetado)

§ 2º A autorização para o porte de arma de fogo aos integrantes das instituições descritas nos incisos V, VI, VII e X do 'caput' deste artigo está condicionada à comprovação do requisito a que se refere o inciso III do 'caput' do art. 4º desta Lei nas condições estabelecidas no regulamento desta Lei.

§ 3º A autorização para o porte de arma de fogo das guardas municipais está condicionada à formação funcional de seus integrantes em estabelecimentos de ensino de atividade policial, à existência de mecanismos de fiscalização e de controle interno, nas condições estabelecidas no regulamento desta Lei, observada a supervisão do Ministério da Justiça.

§ 4º Os integrantes das Forças Armadas, das polícias federais e estaduais e do Distrito Federal, bem como os militares dos Estados e do Distrito Federal, ao exercerem o direito descrito no art. 4º, ficam dispensados do cumprimento do disposto nos incisos I, II e III do mesmo artigo, na forma do regulamento desta Lei.

§ 5º Aos residentes em áreas rurais, maiores de 25 (vinte e cinco) anos que comprovem depender do emprego de arma de fogo para prover sua subsistência alimentar familiar será concedido pela Polícia Federal o porte de arma de fogo, na categoria caçador para subsistência, de uma

arma de uso permitido, de tiro simples, com 1 (um) ou 2 (dois) canos, de alma lisa e de calibre igual ou inferior a 16 (dezesseis), desde que o interessado comprove a efetiva necessidade em requerimento ao qual deverão ser anexados os seguintes documentos:

I – documento de identificação pessoal;

II – comprovante de residência em área rural; e

III – atestado de bons antecedentes.

§ 6º O caçador para subsistência que der outro uso à sua arma de fogo, independentemente de outras tipificações penais, responderá, conforme o caso, por porte ilegal ou por disparo de arma de fogo de uso permitido. (Redação dada pela Lei nº 11.706, de 2008)

§ 7º Aos integrantes das guardas municipais dos Municípios que integram regiões metropolitanas será autorizado porte de arma de fogo, quando em serviço.

***Art. 7º** As armas de fogo utilizadas pelos empregados das empresas de segurança privada e de transporte de valores, constituídas na forma da lei, serão de propriedade, responsabilidade e guarda das respectivas empresas, somente podendo ser utilizadas quando em serviço, devendo essas observar as condições de uso e de armazenagem estabelecidas pelo órgão competente, sendo o certificado de registro e a autorização de porte expedidos pela Polícia Federal em nome da empresa.*

§ 1º O proprietário ou diretor responsável de empresa de segurança privada e de transporte de valores responderá pelo crime previsto no parágrafo único do art. 13 desta Lei, sem prejuízo das demais sanções administrativas e civis, se deixar de registrar ocorrência policial e de comunicar à Polícia Federal perda, furto, roubo ou outras formas de extravio de armas de fogo, acessórios e munições que estejam sob sua guarda, nas primeiras 24 (vinte e quatro) horas depois de ocorrido o fato.

§ 2º A empresa de segurança e de transporte de valores deverá apresentar documentação comprobatória do preenchimento dos requisitos constantes do art. 4º desta Lei quanto aos empregados que portarão arma de fogo.

§ 3º A listagem dos empregados das empresas referidas neste artigo deverá ser atualizada semestralmente junto ao SINARM.

***Art. 7º-A** As armas de fogo utilizadas pelos servidores das instituições descritas no inciso XI do art. 6º serão de propriedade, responsabilidade e guarda das respectivas instituições, somente podendo ser utilizadas quando em serviço, devendo estas observar as condições de uso e de armazenagem estabelecidas pelo órgão competente, sendo o certificado de registro e a autorização de porte expedidos pela Polícia Federal em nome da instituição.*

§ 1º A autorização para o porte de arma de fogo de que trata este artigo independe do pagamento de taxa.

§ 2º O presidente do tribunal ou o chefe do Ministério Público designará os servidores de seus quadros pessoais no exercício de funções de segurança que poderão portar arma de fogo, respeitado o limite máximo de 50% (cinquenta por cento) do número de servidores que exerçam funções de segurança.

§ 3º O porte de arma pelos servidores das instituições de que trata este artigo fica condicionado à apresentação de documentação comprobatória do preenchimento dos requisitos constantes do art. 4º desta Lei, bem como à formação funcional em estabelecimentos de ensino de atividade policial e à existência de mecanismos de fiscalização e de controle interno, nas condições estabelecidas no regulamento desta Lei.

§ 4º A listagem dos servidores das instituições de que trata este artigo deverá ser atualizada semestralmente no SINARM.

§ 5º As instituições de que trata este artigo são obrigadas a registrar ocorrência policial e a comunicar à Polícia Federal eventual perda, furto, roubo ou outras formas de extravio de armas de fogo, acessórios e munições que estejam sob sua guarda, nas primeiras 24 (vinte e quatro) horas depois de ocorrido o fato.

***Art. 8º** As armas de fogo utilizadas em entidades desportivas legalmente constituídas devem obedecer às condições de uso e de armazenagem estabelecidas pelo órgão competente, respondendo o possuidor ou o autorizado a portar a arma pela sua guarda na forma do regulamento desta Lei.*

O porte de arma de fogo, geralmente, é proibido (principalmente aos particulares), porém, com regras específicas, os arts. 6º, 7º e 8º autorizam alguns agentes (a maioria se trata de órgãos públicos de segurança pública). Além de outros que possuem autorização emanada de outras leis específicas.

Basicamente, é autorizado para Agentes Públicos (em serviço ou fora dele):

Forças Armadas (art. 6º, *caput*, I)
Art. 142, *caput*, CF/1988: Marinha; Aeronáutica; Exército.
Órgãos de Segurança Pública e Força Nacional de Segurança Pública (art. 6º, caput, II)
Art. 144, *caput*, CF/1988: Polícia Federal; Polícia Rodoviária Federal; Polícia Ferroviária Federal; Polícias Civis; Polícias Militares e Corpo de Bombeiros Militares; Polícias penais federal, estaduais e distrital; Força Nacional de Segurança Pública – FNSP.
Guardas Municipais* (art. 6º, caput, III)
Capitais de Estado e Municípios com mais de 500 mil habitantes.
GSI-PR e ABIN (art. 6º, caput, V)
Agentes Operacionais da ABIN; Agentes de Segurança Presidencial do GSI-PR.
Polícia Legislativa Federal (art. 6º, caput, VI)
Polícia da Câmara dos Deputados (art. 51, IV, CF/1988); Polícia do Senado (art. 52, XIII, CF/1988).

Agentes Públicos (apenas em serviço):

Guardas Municipais* (art. 6º, caput, IV, e § 7º)
Municípios com **mais de 50** mil habitantes e **menos de 500** mil habitantes (art. 6º, caput, IV); Municípios que integrem **regiões metropolitanas** (art. 6º, § 7º).
Guardas prisionais e portuárias (art. 6º, caput, VII)
Agentes e guardas prisionais (poderão obter o porte para uso fora de serviço, desde que preencham os requisitos do § 1º-B do art. 6º); Integrantes de escolta de presos; Guardas portuários.
Auditoria Fiscal Federal Tributária e Trabalhista (art. 6º, *caput*, X).
Auditor-Fiscal da Receita Federal; Analista Tributário da Receita Federal; Auditor-Fiscal do Trabalho Federal.
Agentes de Segurança do Poder Judiciário e Ministério Público (art. 6º, caput, XI)
Porte em nome da instituição e uso em serviço: competência da **Polícia Federal** (art. 7º-A).

Particulares:

Empresas de Segurança Privada e de Transporte de Valores (art. 6º, caput, VIII)

Porte em nome da empresa e uso apenas em serviço: competência da **Polícia Federal** (art. 7º).

Caçador para subsistência (art. 6º, §§ 5º e 6º)

Porte "caçador para subsistência" (residente em área rural): competência da **Polícia Federal**.

Atiradores, caçadores e colecionadores (art. 9º)

Integrantes (art. 6º, caput, IX) e entidades desportivas (art. 8º). Registro e porte de trânsito (guia de tráfego): competência do **Comando do Exército** (art. 9º).

Estrangeiros no Brasil:

Responsáveis pela segurança de cidadãos estrangeiros em visita ou sediados no Brasil.

Autorização do porte de arma de fogo: competência do **Ministério da Justiça** (art. 9º).

Representantes estrangeiros em competição internacional oficial de tiro no Brasil.

Registro e porte de trânsito: competência do **Comando do Exército** (art. 9º).

Art. 9º Compete ao Ministério da Justiça a autorização do porte de arma para os responsáveis pela segurança de cidadãos estrangeiros em visita ou sediados no Brasil e, ao Comando do Exército, nos termos do regulamento desta Lei, o registro e a concessão de porte de trânsito de arma de fogo para colecionadores, atiradores e caçadores e de representantes estrangeiros em competição internacional oficial de tiro realizada no território nacional.

Autorização conforme os órgãos	
Ministério da Justiça	Autorização do porte de arma para: Seguranças de cidadãos estrangeiros em visita ou sediados no Brasil.
Comando do Exército	Registro e concessão de porte de trânsito de arma de fogo para: Colecionadores; Atiradores; Caçadores; e Representantes estrangeiros em competição internacional oficial de tiro realizada no território nacional.

Perda automática: aquele que for abordado ou detido em estado de embriaguez ou sob o efeito drogas perderá automaticamente a eficácia do porte de arma de fogo (art. 10, § 2º).

Art. 10 A autorização para o porte de arma de fogo de uso permitido, em todo o território nacional, é de competência da Polícia Federal e somente será concedida após autorização do SINARM.

§1º A autorização prevista neste artigo poderá ser concedida com eficácia temporária e territorial limitada, nos termos de atos regulamentares, e dependerá de o requerente:

I – demonstrar a sua efetiva necessidade por exercício de atividade profissional de risco ou de ameaça à sua integridade física;

II – atender às exigências previstas no art. 4º desta Lei;

III – apresentar documentação de propriedade de arma de fogo, bem como o seu devido registro no órgão competente.

§ 2º A autorização de porte de arma de fogo, prevista neste artigo, perderá automaticamente sua eficácia caso o portador dela seja detido ou abordado em estado de embriaguez ou sob efeito de substâncias químicas ou alucinógenas.

Fique ligado

O uso ostensivo de arma de fogo para aqueles que possuem o porte é proibido. Ou seja, o sujeito que leva a arma consigo, mas a deixa aparecer. O resultado é o mesmo para quem seja detido embriagado portando a arma de fogo: cassação do porte e apreensão da arma (art. 20, Decreto nº 9.847/2019).

Art. 11 Fica instituída a cobrança de taxas, nos valores constantes do Anexo desta Lei, pela prestação de serviços relativos:

I – ao registro de arma de fogo;

II – à renovação de registro de arma de fogo;

III – à expedição de segunda via de registro de arma de fogo;

IV – à expedição de porte federal de arma de fogo;

V – à renovação de porte de arma de fogo;

VI – à expedição de segunda via de porte federal de arma de fogo.

§ 1º Os valores arrecadados destinam-se ao custeio e à manutenção das atividades do SINARM, da Polícia Federal e do Comando do Exército, no âmbito de suas respectivas responsabilidades.

§ 2º São isentas do pagamento das taxas previstas neste artigo as pessoas e as instituições a que se referem os incisos I a VII e X e o § 5º do art. 6º desta Lei.

Art. 11-A O Ministério da Justiça disciplinará a forma e as condições do credenciamento de profissionais pela Polícia Federal para comprovação da aptidão psicológica e da capacidade técnica para o manuseio de arma de fogo.

§1º Na comprovação da aptidão psicológica, o valor cobrado pelo psicólogo não poderá exceder ao valor médio dos honorários profissionais para realização de avaliação psicológica constante do item 1.16 da tabela do Conselho Federal de Psicologia.

§ 2º Na comprovação da capacidade técnica, o valor cobrado pelo instrutor de armamento e tiro não poderá exceder R$ 80,00 (oitenta reais), acrescido do custo da munição.

§ 3º A cobrança de valores superiores aos previstos nos §§ 1º e 2º deste artigo implicará o descredenciamento do profissional pela Polícia Federal.

10.1.5 Do comércio

A **comercialização, produção, importação, exportação ou manutenção** de armas de fogo em território nacional são permitidas desde que o estabelecimento comercial tenha sido previamente *autorizado pelo Comando do Exército (art. 24) e cadastrado no SINARM* (art. 2º, IX).

Art. 24 Excetuadas as atribuições a que se refere o art. 2º desta Lei, compete ao Comando do Exército autorizar e fiscalizar a produção, exportação, importação, desembaraço alfandegário e o comércio de armas de fogo e demais produtos controlados, inclusive o registro e o porte de trânsito de arma de fogo de colecionadores, atiradores e caçadores.

Comércio entre pessoas físicas: o comércio entre pessoas físicas só é possível mediante *autorização prévia do SINARM* (art. 4º, § 5º), bem como a atividade de armeiro (art. 2º, VIII).

Fique ligado

A proibição não se restringe apenas às armas de fogo, mas também às armas de brinquedos (art. 26).

Art. 26 São vedadas a fabricação, a venda, a comercialização e a importação de brinquedos, réplicas e simulacros de armas de fogo, que com estas se possam confundir.

Parágrafo único. *Excetuam-se da proibição as réplicas e os simulacros destinados à instrução, ao adestramento, ou à coleção de usuário autorizado, nas condições fixadas pelo Comando do Exército.*

10.1.6 Das armas de fogo apreendidas

Destinatário das armas de fogo apreendidas (art. 25): deverão ser encaminhadas ao Comando do Exército pela autoridade judiciária competente, em até 48 horas, desde que já tenha sido feito o laudo pericial, a juntada aos autos e não mais interessem à persecução penal, a fim de serem destruídas ou doadas aos órgãos de segurança pública (art. 144, CF/1988) ou às Forças Armadas (art. 142, CF/1988).

> ***Art. 25*** *As armas de fogo apreendidas, após a elaboração do laudo pericial e sua juntada aos autos, quando não mais interessarem à persecução penal serão encaminhadas pelo juiz competente ao Comando do Exército, no prazo de até 48 (quarenta e oito) horas, para destruição ou doação aos órgãos de segurança pública ou às Forças Armadas, na forma do regulamento desta Lei. (Redação dada pela Lei nº 13.886/2019)*
>
> *§ 1º As armas de fogo encaminhadas ao Comando do Exército que receberem parecer favorável à doação, obedecidos o padrão e a dotação de cada Força Armada ou órgão de segurança pública, atendidos os critérios de prioridade estabelecidos pelo Ministério da Justiça e ouvido o Comando do Exército, serão arroladas em relatório reservado trimestral a ser encaminhado àquelas instituições, abrindo-se-lhes prazo para manifestação de interesse.*
>
> *§1º-A As armas de fogo e munições apreendidas em decorrência do tráfico de drogas de abuso, ou de qualquer forma utilizadas em atividades ilícitas de produção ou comercialização de drogas abusivas, ou, ainda, que tenham sido adquiridas com recursos provenientes do tráfico de drogas de abuso, perdidas em favor da União e encaminhadas para o Comando do Exército, devem ser, após perícia ou vistoria que atestem seu bom estado, destinadas com prioridade para os órgãos de segurança pública e do sistema penitenciário da unidade da federação responsável pela apreensão.*
>
> *§ 2º O Comando do Exército encaminhará a relação das armas a serem doadas ao juiz competente, que determinará o seu perdimento em favor da instituição beneficiada.*
>
> *§ 3º O transporte das armas de fogo doadas será de responsabilidade da instituição beneficiada, que procederá ao seu cadastramento no SINARM ou no SIGMA.*
>
> *§ 4º (Vetado)*
>
> *§ 5º O Poder Judiciário instituirá instrumentos para o encaminhamento ao SINARM ou ao SIGMA, conforme se trate de arma de uso permitido ou de uso restrito, semestralmente, da relação de armas acauteladas em juízo, mencionando suas características e o local onde se encontram.*

10.1.7 Do banco nacional de perfis balísticos

Criação do Banco Nacional de Perfis Balísticos: a Lei nº 13.964/2019 (Pacote Anticrime) incluiu o art. 34-A no Estatuto do Desarmamento a fim de auxiliar o trabalho pericial com sistema automatizado e integrado.

> ***Art. 34-A*** *Os dados relacionados à coleta de registros balísticos serão armazenados no Banco Nacional de Perfis Balísticos.*
>
> *§ 1º O Banco Nacional de Perfis Balísticos tem como objetivo cadastrar armas de fogo e armazenar características de classe e individualizadoras de projéteis e de estojos de munição deflagrados por arma de fogo.*
>
> *§ 2º O Banco Nacional de Perfis Balísticos será constituído pelos registros de elementos de munição deflagrados por armas de fogo relacionados a crimes, para subsidiar ações destinadas às apurações criminais federais, estaduais e distritais.*
>
> *§ 3º O Banco Nacional de Perfis Balísticos será gerido pela unidade oficial de perícia criminal.*
>
> *§ 4º Os dados constantes do Banco Nacional de Perfis Balísticos terão caráter sigiloso, e aquele que permitir ou promover sua utilização para fins diversos dos previstos nesta Lei ou em decisão judicial responderá civil, penal e administrativamente.*
>
> *§ 5º É vedada a comercialização, total ou parcial, da base de dados do Banco Nacional de Perfis Balísticos.*
>
> *§ 6º A formação, a gestão e o acesso ao Banco Nacional de Perfis Balísticos serão regulamentados em ato do Poder Executivo federal.*

Justificado no Projeto de Lei nº 882/2019, de autoria do então Ministro Sérgio Moro, segundo o qual:

> *Registre-se, ainda, a introdução do art. 34-A., que disciplina a coleta de dados e armazenamento de perfis balísticos, através de um Banco Nacional gerenciados por Unidade Oficial de Perícia Criminal. Trata-se de modalidade de prova técnica essencial para a apuração de crimes praticados com arma de fogo, entre eles o homicídio, cujos índices de apuração não têm sido positivos. A Secretaria Nacional de Segurança Pública – SENASP, em nota técnica manifestou-se afirmando: 'A Criação do Banco Nacional de Perfis Balísticos, com sistemas automatizados em rede integrada, possibilitará a elucidação dos crimes envolvendo armas de fogo como Homicídios, Feminicídios, Latrocínios, Roubos, crimes realizados por Organizações Criminosas, dentre outros.'.*

10.2 Dos crimes e das penas

Bem jurídico tutelado: é a segurança pública e a paz social (incolumidade pública): preserva-se a coletividade e não apenas uma única pessoa, ou seja, **não é a incolumidade física**. A segurança pública, de acordo com a CF/1988 (art. 144, *caput*), é dever do Estado, porém de responsabilidade de todos. Assim, aqueles que atentem contra a preservação da ordem social e da incolumidade pública serão punidos de acordo com a Lei.

Ação penal: é pública incondicionada, uma vez que o bem jurídico tutelado pela norma é a incolumidade pública.

Sujeito passivo: o sujeito passivo imediato é a coletividade, ou seja, trata-se de crime vago e, em regra, de perigo abstrato e de mera conduta. Quase todos os delitos são dolosos e comissivos; contudo, haverá um ou outro que será culposo ou omissivo, como é o caso da omissão de cautela (art. 13, *caput*).

Fiança e liberdade provisória: geralmente, os crimes previstos na Lei nº 10.826/2003 são suscetíveis de liberdade provisória (todos) e afiançáveis (salvo os arts. 16, 17 e 18).

Delitos hediondos: os arts. 16, 17 e 18 são considerados crimes hediondos (art. 1º, parágrafo único, Lei nº 8.072/1990) e, por conseguinte, insuscetíveis de anistia, graça, indulto e fiança.

Inconstitucionalidade do art. 21º e dos parágrafos únicos dos arts. 14º e 15º: tais dispositivos foram considerados inconstitucionais segundo o Supremo Tribunal Federal (STF/ADI 3.112), uma vez que não estão incluídos no rol constitucional dos delitos inafiançáveis, conforme os incisos XLII, XLIII, XLIV, do art. 5º, da Carta Magna, quais sejam: racismo, tortura, tráfico ilícito de drogas, terrorismo, crimes hediondos e ação de grupos armados contra a ordem constitucional e o Estado Democrático.

> *A **proibição de estabelecimento de fiança** para os delitos de 'porte ilegal de arma de fogo de uso permitido' e de 'disparo de arma de fogo', **mostra-se desarrazoada,** porquanto são crimes de mera conduta, que não se equiparam aos crimes que acarretam lesão ou ameaça de lesão à vida ou à propriedade. **[...] Insusceptibilidade de liberdade provisória** quanto aos delitos elencados nos arts. 16, 17 e 18. **Inconstitucionalidade reconhecida,** visto que o texto magno não autoriza a prisão 'ex lege', em face dos princípios da presunção de inocência e da obrigatoriedade de fundamentação dos mandados de prisão pela autoridade judiciária competente. [...] Ação julgada procedente, em*

parte, para declarar a ***inconstitucionalidade dos parágrafos únicos dos artigos 14 e 15 e do artigo 21*** *da Lei nº 10.826, de 22 de dezembro de 2003. STF, ADI 3.112/DF, Rel. Min. Ricardo Lewandowski, julgado em 02/05/2007, Tribunal Pleno, DJe 26/10/2007.*

Norma penal em branco: por se tratar de norma penal em branco, a definição de arma de fogo, munição e acessórios de uso permitido, restrito ou proibido e artefatos explosivos constam em outras normas infralegais. Lembre-se de que o Estatuto do Desarmamento cuida apenas de arma de fogo, acessórios e munições, mas não de arma branca (o porte dela poderá configurar contravenção penal).

Apenas um delito qualificado: somente o crime de "posse ou porte ilegal de arma de fogo de uso proibido" é qualificado (art. 16, §2º), já os arts. 19 e 20 se referem a majorantes (causas de aumento de pena).

Abolitio criminis **temporária ou vacatio legis indireta:**

> ***Art. 30*** *Os possuidores e proprietários de arma de fogo de uso permitido ainda não registrada deverão solicitar seu registro até o dia 31 de dezembro de 2008, mediante apresentação de documento de identificação pessoal e comprovante de residência fixa, acompanhados de nota fiscal de compra ou comprovação da origem lícita da posse, pelos meios de prova admitidos em direito, ou declaração firmada na qual constem as características da arma e a sua condição de proprietário, ficando este dispensado do pagamento de taxas e do cumprimento das demais exigências constantes dos incisos I a III do 'caput' do art. 4º desta Lei. (Redação dada pela Lei nº 11.706, de 19/06/2008) (Prazo prorrogado até 31/12/2009, de acordo com o art. 20 da Lei nº 11.922/2009)*
>
> ***Parágrafo único.*** *Para fins do cumprimento do disposto no 'caput' deste artigo, o proprietário de arma de fogo poderá obter, no Departamento de Polícia Federal, certificado de registro provisório, expedido na forma do §4º do art. 5º desta Lei.*
>
> ***Art. 31*** *Os possuidores e proprietários de armas de fogo adquiridas regularmente poderão, a qualquer tempo, entregá-las à Polícia Federal, mediante recibo e indenização, nos termos do regulamento desta Lei.*
>
> ***Art. 32*** *Os possuidores e proprietários de arma de fogo poderão entregá-la, espontaneamente, mediante recibo, e, presumindo-se de boa-fé, serão indenizados, na forma do regulamento, ficando extinta a punibilidade de eventual posse irregular da referida arma.*

A abolitio criminis temporária a que se referem os arts. 30 e 32 é aplicável somente à **posse de arma de fogo de uso permitido (art. 12),** contudo, há duas datas que distinguem a aplicação:

- **Até 23/10/2005:** além do art. 12, também era cabível à "posse de arma de fogo de uso permitido com numeração raspada ou suprimida" (art. 16, § 1º, IV).

  > ***Súmula nº 513* – STJ**: *A 'abolitio criminis' temporária prevista na Lei nº 10.826/2003 aplica-se ao crime de posse de arma de fogo de uso permitido com numeração, marca ou qualquer outro sinal de identificação raspado, suprimido ou adulterado, praticado somente até 23/10/2005.*

- **Após 23/10/2005 e até 31/12/2009:** somente aplicável ao art. 12, a posse de arma de fogo de uso permitido.

  > *É típica a conduta de possuir arma de fogo de uso permitido com numeração, marca ou qualquer outro sinal de identificação raspado, suprimido ou adulterado, praticada após 23/10/2005, pois, em relação a esse delito, a 'abolitio criminis' temporária cessou nessa data, termo final da prorrogação dos prazos previstos na redação original dos arts. 30 e 32 da Lei nº 10.826/2003. A nova redação do art. 32 da Lei nº 10.826/2003, trazida pela Lei nº 11.706/2008, não mais suspendeu, temporariamente, a vigência da norma incriminadora ou instaurou uma 'abolitio criminis' temporária — conforme operado pelo art. 30 da mesma lei —, mas instituiu uma causa permanente de exclusão da punibilidade, consistente na entrega espontânea da arma. A causa extintiva da punibilidade, na hipótese legal, consiste em ato jurídico (entrega espontânea da arma), e tão somente se tiver havido a sua efetiva prática é que a excludente produzirá seus efeitos. Se isso não ocorreu, não é caso de aplicação da excludente. STJ, REsp 1.311.408/RN, Rel. Min. Sebastião Reis Júnior, julgado em 13/03/2013, Terceira Seção, DJe 20/05/2013.*

10.2.1 Posse irregular de arma de fogo de uso permitido (art. 12)

> ***Art. 12*** *Possuir ou manter sob sua guarda arma de fogo, acessório ou munição, de uso permitido, em desacordo com determinação legal ou regulamentar, no interior de sua residência ou dependência desta, ou, ainda no seu local de trabalho, desde que seja o titular ou o responsável legal do estabelecimento ou empresa:*
>
> ***Pena*** *– detenção, de 1 (um) a 3 (três) anos, e multa.*

Cuida-se, aqui, exclusivamente da **posse** de arma de fogo, acessório ou munição, **de uso permitido**. Portanto, atente-se se houver a expressão "porte", "de uso restrito" ou "de uso proibido", pois incorrerá em outro tipo penal: ou art. 14, ou art. 16.

Veja que o tipo penal versa apenas sobre arma de fogo, bem como toda a Lei nº 10.826/2003. Portanto, é **fato atípico** para o Estatuto do Desarmamento a posse ou o porte de **arma branca**, mas será contravenção penal (art. 19, LCP).

Descrição do crime

Sujeito ativo: é comum na primeira parte (não necessita de qualidade especial); enquanto, na segunda, é próprio, uma vez que somente "o titular ou o responsável legal do estabelecimento ou empresa" pode cometê-lo.

Condutas: como o tipo penal possui mais de um verbo, "possuir" e "manter", é considerado de ação múltipla (de conteúdo variado, tipo misto alternativo ou multinuclear).

Delimitação espacial: em sua residência, dependências dela ou em seu local de trabalho desde que seja o titular ou responsável pela empresa.

Caminhão não é residência (STJ): se o delito é de posse de arma de fogo e ocorreu dentro do prazo da 'vacatio legis' indireta, a pena deve ser extinta, mas tal causa de extinção não se estende ao porte de arma de fogo encontrada dentro do caminhão que o paciente dirigia. O conceito de residência não se confunde com o de veículo-caminhão, pois este é mero instrumento de trabalho. STJ, HC 116.052/MG, Rel. Min. Jane Silva (Des. Conv. do TJ/MG), julgado em 20/11/2008, 6ª Turma, DJe 09/12/2008.

Caminhão não é local de trabalho (STJ): configura delito de porte ilegal de arma de fogo se a arma é apreendida no interior de caminhão. O caminhão não é um ambiente estático, não podendo ser reconhecido como local de trabalho. STJ, REsp 1.219.901/MG, Rel. Min. Sebastião Reis Júnior, julgado em 24/04/2012, 6ª Turma, DJe 10/05/2012 (Vide Inf. 496).

Objeto material: arma de fogo, acessório ou munição, de uso permitido (norma penal em branco).

Elemento normativo jurídico: em desacordo com determinação legal ou regulamentar, isto é, sem o certificado de registro de arma de fogo (norma penal em branco).

Elemento subjetivo: delito exclusivamente doloso (não há tipificação da modalidade culposa) e sem necessidade de fim específico (dolo genérico).

Consumação e tentativa: trata-se de crime de perigo abstrato e de mera conduta, não necessitando de resultado naturalístico, além de ser delito permanente em que a sua consumação se protrai no tempo, portanto, a prisão em flagrante é possível em qualquer momento enquanto perdurar a sua guarda ou posse. Ainda que seja de difícil ocorrência, a tentativa é possível (plurissubsistente).

Sursis processual: trata-se de crime de médio potencial ofensivo (a pena mínima é de até 1 ano e a máxima é superior a 2 anos), no qual será julgado pelo Juizado Comum, contudo é cabível a suspensão condicional do processo (art. 89, Lei nº 9.099/1995).

Ação penal pública incondicionada: por se tratar de crime de perigo abstrato, no qual o bem jurídico tutelado é a incolumidade pública.

Fiança policial: uma vez que a pena máxima não é superior a 4 anos nem está no rol constitucional dos crimes inafiançáveis (art. 5º, incisos XLII, XLIII e XLIV, CF/1988), é possível a liberdade provisória mediante fiança policial (art. 322, CPP).

10.2.2 Omissão de cautela (art. 13º)

> ***Art. 13*** *Deixar de observar as cautelas necessárias para impedir que menor de 18 (dezoito) anos ou pessoa portadora de deficiência mental se apodere de arma de fogo que esteja sob sua posse ou que seja de sua propriedade:*
>
> ***Pena*** *– detenção, de 1 (um) a 2 (dois) anos, e multa.*
>
> ***Parágrafo único.*** *Nas mesmas penas incorrem o proprietário ou diretor responsável de empresa de segurança e transporte de valores que deixarem de registrar ocorrência policial e de comunicar à Polícia Federal perda, furto, roubo ou outras formas de extravio de arma de fogo, acessório ou munição que estejam sob sua guarda, nas primeiras 24 (vinte e quatro) horas depois de ocorrido o fato.*

Devemos ter cuidado quanto a esse artigo, pois, **no *caput*,** é um **delito culposo**; já **no parágrafo único, é doloso** (crime autônomo). Dessa forma, analisaremos as condutas em separado, inicialmente pela omissão de cautela prevista no caput.

As penas são as mesmas para as duas condutas, tanto no caput, quanto no parágrafo único, sendo que, em ambos os casos, estamos tratando de **infração de menor potencial ofensivo**: com pena máxima de 2 anos (art. 61, Lei nº 9.099/1995). Portanto, será julgado pelo Juizado Especial Criminal (JECRIM) e é admissível as suas benesses (art. 2º, Lei nº 9.099/1995), por exemplo: a transação penal e o sursis processual (art. 89, Lei nº 9.099/1995).

Ação penal: pública e incondicionada, de igual modo toda a Lei nº 10.826/2003, por se tratar de crimes de perigo em que o bem jurídico tutelado é a incolumidade pública.

Fiança em sede policial: também é possível nas duas situações, uma vez que a pena máxima é inferior a 4 anos.

Descrição do crime (caput)

Sujeitos do crime: com relação ao sujeito ativo é próprio, na medida em que o agente é o possuidor ou proprietário da arma de fogo; já o sujeito passivo imediato é a coletividade (crime vago) e, mediatamente, qualquer menor de 18 anos ou deficiente mental que venha efetivamente a se apoderar da arma de fogo: comum.

Objeto material: somente arma de fogo, porém de qualquer porte, seja de uso permitido, restrito ou proibido. Assim, será fato atípico quando se tratar de munições ou acessórios.

Elemento subjetivo e conduta: é a culpa na modalidade negligência, com a conduta de "deixar de observar as cautelas necessárias" (omissão do dever objetivo de cuidado).

Consumação e tentativa: consuma-se no exato momento em que há o apossamento pelo menor de 18 ou deficiente mental da arma de fogo independentemente da ocorrência de deflagração de munição ou crime mais grave (crime instantâneo e de perigo). Dessa forma, caso o agente viva sozinho e esqueça a arma de fogo sobre a mesa, será fato atípico, bem como se ele tiver o zelo necessário. Por exemplo, imagine que o agente tenha guardado a arma em um cofre, mas de qualquer forma a criança venha a se apoderar dela furtando a chave do cofre: não haverá crime. Outrossim, por ser delito culposo e omissivo puro, não se admite a tentativa: ou se consuma, ou não há crime.

Concurso material: caso o menor de 18 anos, ou o deficiente mental que tenha se apoderado da arma de fogo, venha a cometer um crime, por exemplo, um homicídio, o agente possuidor ou proprietário da arma de fogo responderá pela infração do art. 13 (omissão de cautela) e pelo outro delito cometido.

Fique ligado

É muito comum as bancas de concursos cobrarem acerca desse crime relacionado ao deficiente físico, mas é incorreto. Portanto, tenha muito cuidado e lembre-se que são apenas dois sujeitos que descrevem o tipo penal sobre se apoderar da arma de fogo:

Menor de 18 anos de idade;

Pessoa com deficiência mental.

Deficiente físico: (fato atípico)

Descrição do crime (parágrafo único)

Sujeitos do crime: em relação ao sujeito ativo é próprio, pois somente "o proprietário ou diretor responsável" da empresa de segurança e transporte de valores poderá cometê-lo; já o sujeito passivo imediato é a coletividade (crime vago), contudo, há dois obstáculos nos estudos: o registro policial (qualquer delegacia) e a comunicação à Polícia Federal (especificamente).

Objeto material: arma de fogo, acessório ou munição que estejam sob sua guarda.

Elemento subjetivo e conduta: é exclusivamente doloso (não se admite a modalidade culposa) com condutas omissivas próprias de "deixar de registrar" ocorrência policial do sumiço e "deixar de comunicar" à Polícia Federal.

Consumação e tentativa: consuma-se após 24 horas do efetivo conhecimento do furto ou extravio (crime a prazo). Por conta disso, não se inicia a contagem do tempo enquanto não houver o conhecimento "do sumiço". A tentativa não é possível, por ser um crime omissivo próprio (ou omissivo puro).

10.2.3 Porte ilegal de arma de fogo de uso permitido (art. 14)

> ***Art. 14*** *Portar, deter, adquirir, fornecer, receber, ter em depósito, transportar, ceder, ainda que gratuitamente, emprestar, remeter, empregar, manter sob guarda ou ocultar arma de fogo, acessório ou munição, de uso permitido, sem autorização e em desacordo com determinação legal ou regulamentar:*
>
> ***Pena*** *– reclusão, de 2 (dois) a 4 (quatro) anos, e multa.*
>
> ***Parágrafo único.*** *O crime previsto neste artigo é inafiançável, salvo quando a arma de fogo estiver registrada em nome do agente. (Vide Adin 3.112-1)*

Semelhantemente ao art. 12, este delito prevê incriminação pelo porte de arma de fogo, acessório ou munição, de uso permitido. Cuidado, pois, caso o agente possua autorização para posse de arma de fogo de uso permitido em sua residência e a leve consigo para o seu local de trabalho, sem ser proprietário ou responsável legal, configurará crime previsto no art. 14: porte ilegal de arma de fogo de uso permitido.

Além disso, se a arma de fogo, acessório ou munição forem "de uso restrito" ou "de uso proibido", o crime será o do art. 16 (posse ou porte ilegal de arma de fogo de uso restrito ou proibido).

Fique ligado

Cuida-se apenas de arma de fogo (toda a Lei nº 10.826/2003); portanto, é fato atípico para o Estatuto do Desarmamento o porte de arma branca: será contravenção penal (art. 19, LCP).

Descrição do crime

Sujeito ativo: comum, uma vez que qualquer pessoa pode cometê-lo, até mesmo um integrante dos órgãos de segurança pública cujo porte seja deferido, basta que esteja com arma de fogo diversa da qual lhe foi autorizada. Por exemplo: um policial militar que transporte no seu carro uma Winchester.44, do século XIX, totalmente funcional, que tenha ganhado de seu avô, porém sem certificado de registro (CR).

Condutas: como possui 13 verbos, é considerado tipo misto alternativo (de ação múltipla, de conteúdo variado ou multinuclear); assim, no mesmo contexto fático, a prática de mais de uma conduta pelo mesmo agente será crime único, por força do princípio da alternatividade.

Objeto material: arma de fogo, acessório ou munição, de uso permitido (norma penal em branco).

Arma desmuniciada, com defeito parcial e totalmente inapta: com relação à capacidade lesiva da arma, devemos entender como é a jurisprudência dos Tribunais Superiores e como é cobrado em prova, havendo algumas situações.

- **Arma desmontada ou desmuniciada:** é crime, do mesmo modo que carregar apenas uma única munição.

> *O Supremo Tribunal Federal firmou o entendimento de que é de perigo abstrato o crime de porte ilegal de arma de fogo, sendo, portanto,* ***irrelevante*** *para sua configuração encontrar-se a* ***arma desmontada ou desmuniciada****. STF, HC 95.861/RJ, Rel. p/ ac. Min. Dias Toffoli, julgado em 02/06/2015, 2ª Turma, DJe 01/07/2015.*

> *Este Superior Tribunal de Justiça tem jurisprudência pacificada no sentido de que o* ***porte ilegal de arma de fogo desmuniciada ou desmontada configura hipótese de perigo abstrato****, bastando apenas a prática do ato de levar consigo para a consumação do delito. Dessa forma, eventual nulidade do laudo pericial, ou até mesmo a sua ausência,* ***não impede o enquadramento da conduta****. STJ, AgRg no REsp 1.390.999/SP, Rel. Min. Laurita Vaz, julgado em 27/03/2014, 5ª Turma, DJe 03/04/2014. Precedente: STJ, AgRg no AREsp 179.022/DF, Rel. Min. Assusete Magalhães, julgado em 07/02/2013, 6ª Turma, DJe 05/04/2013.*

- **Arma com defeito parcial:** trata-se de objeto material com impropriedade relativa e, portanto, é típica.

> *O mero fato de o* ***funcionamento de arma de fogo não ser perfeito*** *não afasta a tipicidade material do* ***crime definido*** *no art. 14 da Lei nº 10.826/2003. STF, HC 93.816/RS, Rel. Min. Joaquim Barbosa, julgado em 06/05/2008, 2ª Turma, DJe 01/08/2008 (Vide Inf. 505).*

- **Arma totalmente inidônea:** crime impossível, pela impropriedade absoluta do objeto material ou ineficácia absoluta do meio.

> ***Não está caracterizado o crime*** *de porte ilegal de* ***arma de fogo*** *quando o instrumento apreendido sequer pode ser enquadrado no conceito técnico de arma de fogo, por estar quebrado e, de acordo com laudo pericial,* ***totalmente inapto*** *para realizar disparos. STJ, AgRg no AREsp 397.473/DF, Rel. Min. Marco Aurélio Bellizze, julgado 19/08/2014, 5ª Turma, DJe 25/08/2014 (Vide Inf. 544).*

Fique ligado

Para configurar o crime impossível, não só a arma de fogo deve ser totalmente inapta, mas também a arma estar desmuniciada ou as munições serem totalmente inaptas (deflagradas e percutidas ou estragadas).

> *A Terceira Seção desta Corte pacificou entendimento no sentido de que o tipo penal de posse ou porte ilegal de arma de fogo cuida-se de delito de mera conduta ou de perigo abstrato, sendo irrelevante a demonstração de seu efetivo caráter ofensivo. Na hipótese, contudo, em que demonstrada por laudo pericial a* ***total ineficácia da arma de fogo*** *(inapta a disparar)* ***e das munições apreendidas*** *(deflagradas e percutidas), deve ser reconhecida a atipicidade da conduta perpetrada, diante da ausência de afetação do bem jurídico incolumidade pública, tratando-se de* ***crime impossível pela ineficácia absoluta do meio****. STJ, REsp 1.451.397/MG, Rel. Min. Maria Thereza de Assis Moura, julgado em 15/09/2015, 6ª Turma, DJe 01/10/2015 (Vide Inf. 570).*

É crime		
Arma desmontada ou desmuniciada.	Arma com defeito parcial.	Arma inapta e municiada.

Elemento subjetivo: delito exclusivamente doloso (não há tipificação da modalidade culposa) e sem necessidade de fim específico (dolo genérico).

Elemento normativo jurídico: sem autorização e em desacordo com determinação legal ou regulamentar (norma penal em branco).

Consumação e tentativa: é instantâneo nas condutas: adquirir, fornecer, receber, ceder, emprestar, remeter e empregar; permanente nas demais. A tentativa é possível.

Ação penal: pública incondicionada, por se tratar de crime de perigo abstrato e de mera conduta, no qual o bem jurídico tutelado é a incolumidade pública (segurança pública e paz social).

Fiança policial: o parágrafo único foi considerado inconstitucional pelo STF (ADI 3.112), portanto, é possível a fiança em sede policial (art. 322, CPP), já que sua pena máxima é de 4 anos e não está no rol constitucional dos crimes inafiançáveis (art. 5º, incs. XLII, XLIII e XLIV, CF/1988).

Concurso de crimes: normalmente, o porte ilegal de arma de fogo, tanto de uso permitido quanto de uso restrito, é crime-meio (menor e menos grave) para se atingir um crime-fim (maior e mais grave). Dessa forma, poderá ou não ocorrer a absorção do porte pelo crime mais grave (princípio da consunção), desde que seja no mesmo contexto fático. Por exemplo, o agente porta arma de fogo para o cometimento de um único homicídio ou roubo, então será possível a aplicação da consunção, havendo crime único. Portanto, tenha cuidado.

- **Roubo e porte, no mesmo contexto (logo após):** é crime único (princípio da consunção).

> *O crime de porte de arma é* ***absorvido*** *pelo de roubo quando restar evidenciado o nexo de dependência ou de subordinação entre as duas condutas e que os delitos foram praticados em um mesmo contexto fático — o que caracteriza o princípio da consunção. STJ, Jurisprudência em Teses nº 51. Precedentes: HC 315.059/SP; AgRg no AREsp 484.845/DF; HC 249.718/RJ; HC 228.062/SC; HC 206.274/SP; HC 71.696/PR; HC 156.621/SP; HC 138.530/SP.*

> *PRINCÍPIO DA CONSUNÇÃO. ABSORÇÃO DO PORTE ILEGAL DE ARMA PELO CRIME PATRIMONIAL. A posse de arma de fogo,* ***logo após*** *a execução de roubo com o seu emprego,* ***não constitui crime autônomo*** *previsto no art. 16, §1º, IV, da Lei nº 10.826/03, por se encontrar na linha de desdobramento do crime patrimonial. STF, RHC 123.399/RJ, Rel. Min. Dias Toffoli, julgado em 30/09/2014, 1ª Turma, DJe 17/11/2014.*

- **Roubo e porte, em contexto diverso (dias após):** configura concurso material de crimes (delitos autônomos).

> *PRINCÍPIO DA CONSUNÇÃO. INAPLICABILIDADE. CIRCUNSTÂNCIAS FÁTICAS DISTINTAS. DELITOS AUTÔNOMOS. [...] o acusado foi flagrado na* ***posse ilegal da arma de fogo em momento distinto*** *ao da prática do crime de roubo, caracterizando, assim, uma nova conduta autônoma e independente, o que*

> ***impede a aplicação do princípio da consunção.*** *STJ, AgRg no AREsp 988.625/ES, Rel. Min. Ribeiro Dantas, julgado em 07/03/2017, 5ª Turma, DJe 15/03/2017. No mesmo sentido: HC 241.666/SP, HC 317.337/RJ.*

- **Homicídio e porte de arma de fogo:** há duas situações possíveis:

Caso ocorra **no mesmo contexto fático**, será **crime único**. Por exemplo, imagine que, logo após a prisão do estuprador de sua filha, o pai, sob o domínio de violenta emoção, saque a arma do coldre do policial que estava levando o meliante e, então, dispare contra o bandido.

> *A jurisprudência desta Corte Superior de Justiça orienta no sentido de que* ***o crime de homicídio absorve o de porte ilegal de arma de fogo*** *quando as duas condutas delituosas guardem, entre si, uma* ***relação de meio e fim*** *estreitamente vinculadas. STJ, HC 126.944/MS, Rel. Min. Jorge Mussi, julgado em 04/03/2010, 5ª Turma, DJe 05/04/2010.*

Se o agente não possuir autorização de posse nem porte, mas tiver a arma de fogo previamente **(contexto diverso)**, haverá **concurso de crimes.**

> *A conduta de portar armas ilegalmente* ***não pode ser absorvida*** *pelo crime de homicídio qualificado, quando resta evidenciada a existência de crimes autônomos, sem nexo de dependência ou subordinação. STJ, HC 226.373/SP, Rel. Min. Laurita Vaz, julgado em 26/02/2013, 5ª Turma, DJe 06/03/2013.*

> *Embora seja admissível, não se revela possível, 'in casu', a aplicação do princípio da consunção, porquanto a conduta de portar a arma de um lado, e a tentativa de homicídio de outro, ao que se tem, decorrem de desígnios autônomos* ***não se verificando a relação de meio e fim*** *que autoriza a absorção de uma figura típica pela outra. STJ, HC 101.127/SP, Rel. Min. Felix Fischer, julgado em 02/10/2008, 5ª Turma, DJe 10/11/2008.*

- **Legítima defesa absorve o homicídio, mas não o porte ilegal de arma de fogo:** trata-se de delito autônomo.

> ***Não se comunica*** *a excludente de ilicitude que é a legítima defesa, relativa ao homicídio,* ***ao crime autônomo de porte ilegal de arma.*** *STF, HC 120.678/PR, Rel. p/ ac. Min. Marco Aurélio, julgado em 24/02/2015, 1ª Turma, DJe 06/04/2015.*

Multiplicidade de armas do mesmo tipo penal: o porte de mais de uma arma de fogo, munição ou acessório, no mesmo contexto, e do mesmo tipo penal (e.g.: ou apenas do art. 14, ou apenas do art. 16), não configura concurso de crimes, mas, sim, crime único (princípio da consunção).

> *A apreensão de* ***mais de uma*** *arma de fogo, acessório ou munição, em um* ***mesmo contexto*** *fático, não caracteriza concurso formal ou material de crimes, mas* ***delito único.*** *STJ, Jurisprudência em Teses nº 23. Precedentes: HC 228.231/SP; HC 163.783/RJ; HC 194.697/SP; HC 104.669/RJ; HC 110.800/SP; AREsp 303.312/SP (Vide Inf. 488).*

Multiplicidade de armas de tipos penais diferentes: o porte de mais de uma arma de fogo, munição ou acessório, no mesmo contexto, de uso permitido (art. 14) e de uso restrito ou proibido (art. 16), haverá concurso de crimes, porque estão em tipos penais diferentes. Quanto ser concurso material ou formal de crimes, há divergência doutrinária e, por conseguinte, a banca irá mencionar que ocorrerá apenas o concurso de crimes (sem adentrar às suas espécies, material ou formal).

> ***Não há crime único,*** *podendo haver concurso formal, quando, no mesmo contexto fático, o agente incide nas condutas dos arts. 14 (porte ilegal de arma de fogo de uso permitido) e 16 (posse ou porte ilegal de arma de fogo de uso restrito) da Lei nº 10.826/2003. STJ, Jurisprudência em Teses nº 23. Precedentes: HC 130.797/SP; HC 162.018/SP.*

Não há crime único, podendo haver concurso material, quando, no mesmo contexto fático, o agente incide nas condutas dos arts. 14 (porte ilegal de arma de fogo de uso permitido) e 16 (posse ou porte ilegal de arma de fogo de uso restrito) da Lei nº 10.826/2003. STJ, Jurisprudência em Teses nº 23. Precedentes: HC 211.834/SP; REsp 1.418.900/AL.

> **Fique ligado**
>
> O Estatuto do Desarmamento prevê a incriminação não só de armas de fogo, mas também de munições e acessórios. Sendo assim, a conduta de levar consigo munições sem a referida arma de fogo, incorrerá em crime previsto no Estatuto (Lei nº 10.826/2003), até mesmo se estiver com partes da arma de fogo ou com ela desmuniciada. Do mesmo modo, quando se tratar de acessórios, por exemplo, uma mira telescópica.

10.2.4 Disparo de arma de fogo (art. 15)

> ***Art. 15*** *Disparar arma de fogo ou acionar munição em lugar habitado ou em suas adjacências, em via pública ou em direção a ela, desde que essa conduta não tenha como finalidade a prática de outro crime:*
>
> ***Pena*** *– reclusão, de 2 (dois) a 4 (quatro) anos, e multa.*
>
> ***Parágrafo único.*** *O crime previsto neste artigo é inafiançável. (Vide Adin 3.112-1)*

Cuida-se de crime subsidiário (soldado reserva), isto é, se o agente tiver intenção de crime mais grave, então será absorvido pelo delito maior. Além disso, só existirá o crime se for praticado em local habitado ou em sua direção.

Descrição do crime

Sujeito ativo: é comum, uma vez que pode ser praticado por qualquer pessoa.

Elemento subjetivo e conduta: é o dolo (não há modalidade culposa) de "disparar" arma de fogo ou "acionar" munição (tipo misto alternativo).

Delimitação espacial: são duas situações que devem ser somadas para o crime existir: em lugar habitado ou em suas adjacências; e em via pública ou em direção a ela. Se o agente efetuar o disparo em local ermo e desabitado, por exemplo. em uma área rural sem pessoas aos arredores, será fato atípico.

Objeto material: arma de fogo ou munição, de uso permitido, restrito ou proibido (norma penal em branco). O tipo penal não mencionou sobre "acessório" (fato atípico).

Consumação e tentativa: consuma-se no momento em que se der o disparo da arma ou o acionamento da munição (delito instantâneo) e de mera conduta (não é obrigatória ocorrência de resultado naturalístico a bem jurídico individual), sendo possível a tentativa (plurissubsistente).

- **Absorção do porte pelo disparo:** há duas situações a depender do contexto.
  - **No mesmo contexto:** será **crime único,** havendo absorção do porte de arma de fogo de uso permitido (art. 14) pelo disparo de arma de fogo (princípio da consunção).

    > *A jurisprudência desta Corte possui entendimento firmado no sentido de que não é automática a aplicação do princípio da consunção para* ***absorção do*** *delito de* ***porte*** *de arma de fogo* ***pelo*** *de* ***disparo,*** *dependendo das circunstâncias em que ocorreram as condutas. [...] Na hipótese dos autos, as instâncias ordinárias reconheceram que os crimes foram praticados no* ***mesmo contexto*** *fático, devendo ser aplicado o referido postulado para que a* ***conduta menos grave*** *(porte ilegal de arma de fogo) seja* ***absorvida pela conduta mais grave*** *(disparo de arma de fogo). STJ, AgRg no REsp 1.331.199/PR, Rel. Min. Ericson Maranho (Des. Conv. do TJ/SP), julgado em 23/10/2014, 6ª Turma, DJe 10/11/2014.*

  - **Em momentos distintos (contexto diverso):** haverá **concurso de crimes** (delitos autônomos).

S E G J U R

Segundo iterativa jurisprudência desta Corte, ***não há falar em aplicação do princípio da consunção*** *quando dos delitos de porte ilegal de arma e disparo de arma de fogo são praticados em* ***momentos diversos****, em* ***contextos distintos****. STJ, CC 134.342/GO, Rel. Min. Newton Trisotto (Des. Conv. do TJ/SC), julgado em 22/04/2015, 3ª Seção, DJe 05/05/2015. Precedentes: HC 128.533/MG; AgRg no REsp 1.347.003/SC; HC 214.606/RJ.*

Concurso de crimes: normalmente, quando a finalidade for crime mais grave, então este absorverá o disparo, por se tratar de crime subsidiário, descrito no trecho: "desde que essa conduta não tenha como finalidade a prática de outro crime" (subsidiariedade explícita). Por exemplo: o agente dispara arma de fogo com a finalidade de se cometer um homicídio. Entretanto, o problema surge se o delito não for mais grave, há divergência doutrinária, como é o exemplo do disparo de arma de fogo e lesão corporal de natureza leve.

Nesse sentido, discorre Fernando Capez (apud Gonçalves & Júnior, 2016): Em resumo, o delito previsto no art. 15, 'caput', da Lei nº 10.826/2003 não é absorvido pelo crime de lesões corporais de natureza leve, em face de sua maior gravidade. Entendemos que ***o agente responde por ambos os crimes em concurso****.*

10.2.5 Posse ou porte ilegal de arma de fogo de uso restrito (art. 16)

Art. 16 *Possuir, deter, portar, adquirir, fornecer, receber, ter em depósito, transportar, ceder, ainda que gratuitamente, emprestar, remeter, empregar, manter sob sua guarda ou ocultar arma de fogo, acessório ou munição de uso restrito, sem autorização e em desacordo com determinação legal ou regulamentar: (Redação dada pela Lei nº 13.964/2019)*

Pena *– reclusão, de 3 (três) a 6 (seis) anos, e multa.*

§ 1º Nas mesmas penas incorre quem: (Redação dada pela Lei nº 13.964/2019)

I – suprimir ou alterar marca, numeração ou qualquer sinal de identificação de arma de fogo ou artefato;

II – modificar as características de arma de fogo, de forma a torná-la equivalente a arma de fogo de uso proibido ou restrito ou para fins de dificultar ou de qualquer modo induzir a erro autoridade policial, perito ou juiz;

III – possuir, detiver, fabricar ou empregar artefato explosivo ou incendiário, sem autorização ou em desacordo com determinação legal ou regulamentar;

IV – portar, possuir, adquirir, transportar ou fornecer arma de fogo com numeração, marca ou qualquer outro sinal de identificação raspado, suprimido ou adulterado;

V – vender, entregar ou fornecer, ainda que gratuitamente, arma de fogo, acessório, munição ou explosivo a criança ou adolescente; e

VI – produzir, recarregar ou reciclar, sem autorização legal, ou adulterar, de qualquer forma, munição ou explosivo.

§ 2º Se as condutas descritas no 'caput' e no §1º deste artigo envolverem arma de fogo de uso proibido, a pena é de reclusão, de 4 (quatro) a 12 (doze) anos. (Incluído pela Lei nº 13.964/2019)

Cuida-se, não só da posse, mas também do porte (além de outras 12 condutas previstas no caput e mais outras 19 figuras equiparadas no § 1º) de arma de fogo, acessório ou munição **de uso restrito (*caput*)** ou **de uso proibido** (§ 2º), bem como as formas equiparadas (§ 1º).

Delito hediondo: o art. 16 foi incluído no rol dos crimes hediondos pela Lei nº 13.497/2017. Todavia, com o advindo da Lei nº 13.964/2019, promoveu-se uma alteração nesse dispositivo prevendo ser hediondo "o crime de posse ou porte ilegal de arma de fogo de uso proibido" (art. 1º, parágrafo único, II, Lei nº 8.072/1990).

Desde a Lei nº 13.497/2017 se discutia acerca do alcance da hediondez do art. 16º do Estatuto do Desarmamento: somente o caput ou todo o artigo (caput e figuras equiparadas). De acordo com o Superior Tribunal de Justiça – STJ, todo o art. 16 possui natureza hedionda.

INFORMATIVO Nº 657 – STJ

A qualificação de hediondez aos crimes do art. 16 da Lei nº 10.826/2003, inserida pela Lei nº 13.497/2017, abrange os tipos do 'caput' e as condutas equiparadas previstas no seu parágrafo único. O art. 16 da Lei nº 10.826/2003 (Estatuto do Desarmamento) prevê gravosas condutas de contato com 'arma de fogo, acessório ou munição de uso proibido ou restrito', vindo seu parágrafo único a acrescer figuras equiparadas — em gravidade e resposta criminal. Dessa forma, ainda que algumas das condutas equiparadas possam ser praticadas com armas de uso permitido, o legislador as considerou graves ao ponto de torná-las com reprovação criminal equivalente às condutas do 'caput'. No art. 1º, parágrafo único, da Lei nº 8.072/1990, com redação dada pela Lei nº 13.497/2017, o legislador limitou-se a prever que o delito descrito no art. 16 da Lei nº 10.826/2003 é considerado hediondo. Assim, como a equiparação é tratamento igual para todos os fins, considerando equivalente o dano social e equivalente também a necessária resposta penal, salvo ressalva expressa, ao ser qualificado como hediondo o art. 16 da Lei nº 10.826/2003, as condutas equiparadas devem receber igual tratamento. STJ, Informativo nº 657, HC 526.916/SP, Rel. Min. Nefi Cordeiro, julgado em 01/10/2019, 6ª Turma, DJe 08/10/2019.

Reviveu-se a discussão pela doutrina a partir da Lei nº 13.964/2019, na medida em que o nomen juris foi alterado para "posse ou porte ilegal de arma de fogo de uso proibido", ou seja, o art. 16 do Estatuto do Desarmamento só é hediondo quando envolver arma de fogo de uso proibido.

Inafiançável e insuscetível de graça, anistia e indulto: por se tratar de delito hediondo, não há possibilidade de fiança nem perdão pelos dispositivos da graça, da anistia e do indulto (art. 2º, caput, Lei nº 8.072/1990), mas ainda é suscetível de liberdade provisória (art. 2º, § 3º, Lei nº 8.072/1990).

Descrição do crime (caput)

Sujeito ativo: é comum, uma vez que pode ser praticado por qualquer pessoa.

Elemento subjetivo e conduta: exclusivamente doloso (não há modalidade culposa) e, como possui 14 verbos, é considerado de ação múltipla (de conteúdo variado, tipo misto alternativo ou multinuclear).

Objeto material: no caput, trata-se apenas de arma de fogo, acessório ou munição de uso restrito.

Consumação e tentativa: em regra, é delito instantâneo, nas condutas: adquirir, fornecer, ceder, emprestar, remeter e empregar. Será permanente, nas condutas: possuir, deter, portar, ter em depósito, transportar, manter sob sua guarda e ocultar arma de fogo. Não há a necessidade de resultado naturalístico a integridade física individual, haja vista ser crime de mera conduta e de perigo abstrato. A tentativa é possível (plurissubsistente).

Formas equiparadas (§ 1º): as condutas previstas no § 1º sujeitam o agente às mesmas penas previstas no caput. Estende-se o alcance de incriminação da norma, abarcando as armas de fogo, acessórios e munições de uso restrito, de uso permitido (conspurcadas) e artefatos explosivos ou incendiários.

Forma qualificada (§ 2º): a pena será de reclusão de 4 (quatro) a 12 (doze) anos se a arma de fogo for de uso proibido.

Conflito aparente de normas: por força do princípio da especialidade, quando houver conflito entre normas penais e o objeto material for arma de fogo, acessório ou munição, então prevalecerá o Estatuto do Desarmamento.

Conduta	Conflito	Prevalece
Numeração, marca ou qualquer outro sinal de identificação raspado, suprimido ou adulterado	Arts. 12 e 14 (Est. do Desarmamento)	Art. 16, § 1º, I e IV (Est. do Desarmamento)
Fraude processual em arma de fogo	Art. 347 do CP	Art. 16, § 1º, II (Est. do Desarmamento)
Ceder arma de fogo, acessório, munição ou explosivo à criança ou ao adolescente	Art. 242 do ECA	Art. 16, § 1º, V (caso a arma não seja de fogo, então se aplicará o ECA)
Possuir, detiver, fabricar ou empregar artefato explosivo ou incendiário, sem autorização ou em desacordo com determinação legal ou regulamentar	Art. 253 do CP	Art. 16, § 1º, III (Est. do Desarmamento)

Arma de fogo			
	De uso permitido	Posse	Art.12
		Porte	Art.14
		Adulterada	Art.16
	De uso restrito	Posse	Art.16
		Porte	
		Adulterada	

10.2.6 Comércio ilegal de arma de fogo (art. 17)

***Art. 17** Adquirir, alugar, receber, transportar, conduzir, ocultar, ter em depósito, desmontar, montar, remontar, adulterar, vender, expor à venda, ou de qualquer forma utilizar, em proveito próprio ou alheio, no exercício de atividade comercial ou industrial, arma de fogo, acessório ou munição, sem autorização ou em desacordo com determinação legal ou regulamentar:*

***Pena** – reclusão, de 6 (seis) a 12 (doze) anos, e multa. (Redação dada pela Lei nº 13.964/2019)*

§ 1º Equipara-se à atividade comercial ou industrial, para efeito deste artigo, qualquer forma de prestação de serviços, fabricação ou comércio irregular ou clandestino, inclusive o exercido em residência. (Redação dada pela Lei nº 13.964/2019)

§ 2º Incorre na mesma pena quem vende ou entrega arma de fogo, acessório ou munição, sem autorização ou em desacordo com a determinação legal ou regulamentar, a agente policial disfarçado, quando presentes elementos probatórios razoáveis de conduta criminal preexistente. (Incluído pela Lei nº 13.964/2019)

Por mais que o nome do crime dê a impressão de ser "compra e venda" (comércio) apenas de "armas de fogo" (comércio ilegal de arma de fogo), o tipo penal abarca não só a atividade comercial, mas também a industrial e a prestadora de serviços, bem como os acessórios e as munições.

Descrição do crime

Sujeito ativo: é próprio, uma vez que somente o agente que estiver "no exercício de atividade comercial ou industrial" (habitualidade preexistente), sem autorização ou em desacordo com determinação legal ou regulamentar. Se cometido por qualquer um dos agentes listados nos arts. 6º, 7º ou 8º, haverá aumento de metade da pena (art. 20).

Atividade irregular ou residencial (§ 1º): o exercício habitual exercido de forma irregular, clandestino ou residencial será equiparado à atividade comercial ou industrial.

Armeiro: o exercício da atividade de armeiro, sem a devida licença, pode sujeitar o infrator às penas do art. 17, § 1º, da Lei nº 10.826/03.

***Art. 4º, Portaria nº 2.259/2011 (DG-DPF)** O armeiro não poderá prestar qualquer serviço aos possuidores de armas de fogo não registradas ou sem os documentos de que trata o artigo anterior, devendo, nesse caso, informar imediatamente à Polícia Federal.*

***Art. 5º** É vedado ao armeiro a realização de recarga de munição, assim como adquirir, deter ou manter em depósito equipamento ou material destinado a esse fim.*

***Art. 6º** [...]*

***§2º** É vedada a modificação das características da arma de fogo, de forma a torná-la equivalente a arma de fogo de uso proibido ou restrito ou para fins de dificultar ou de qualquer modo induzir a erro autoridade policial, perito ou juiz.*

***Art. 7º** A licença concedida ao armeiro não implica autorização para a fabricação artesanal de armas, armações, canos, ferrolhos, e nem para a comercialização do material que tiver posse em razão de seu ofício.*

Elemento subjetivo e conduta: delito exclusivamente doloso (não se admite a forma culposa) e de tipo misto alternativo (de ação múltipla, de conteúdo variado ou multinuclear), por haver 14 verbos.

Objeto material: arma de fogo, acessório ou munição, sem autorização ou em desacordo com determinação legal ou regulamentar.

Forma simples *(caput)*: a punição na modalidade simples só é cabível ao objeto material de uso permitido (reclusão, de 6 a 12 anos, e multa).

Forma majorada: se a arma de fogo, acessório ou munição forem de uso proibido ou restrito, então haverá aumento de metade da pena (art. 19).

Consumação e tentativa: instantâneo nas modalidades: adquirir, receber, desmontar, montar, remontar, adulterar, vender ou utilizar; e permanente nas demais: alugar, transportar, conduzir, ocultar, ter em depósito, expor à venda. A tentativa é admissível (plurissubsistente).

Delito hediondo: a Lei nº 13.964/2019, incluiu o art. 17 do referido Estatuto no rol dos crimes hediondos (art. 1º, parágrafo único, III, Lei nº 8.072/1990).

Inafiançável e insuscetível de graça, anistia e indulto: por se tratar de delito hediondo, não há possibilidade de fiança nem perdão pelos dispositivos da graça, da anistia e do indulto (art. 2º, caput, Lei nº 8.072/1990), mas ainda é suscetível de liberdade provisória (art. 2º, § 3º, Lei nº 8.072/1990).

Prisão por agente encoberto (§ 2º): a Lei nº 13.964/2019 (Pacote Anticrime) acrescentou a possibilidade de prisão em flagrante, por agente policial disfarçado, de quem vender ou entregar arma de fogo, acessório ou munição, desde que a conduta criminal seja preexistente. Não haverá crime impossível por obra do agente provocador, o chamado flagrante preparado (Súmula nº 145 – STF).

Justificado no Projeto de Lei nº 882/2019, de autoria do Ministro Sérgio Moro, segundo o qual:

Vale aqui lembrar que as operações policiais disfarçadas, 'undercover operations' nos Estados Unidos, são extremamente eficazes naquele país. A exigência de indícios de conduta criminal pré-existente visa evitar aquilo que os norte-americanos chamam de 'entrapment', quando um agente policial provoca a prática de um crime por parte de um inocente e não de um criminoso. A Súmula nº 145 do STF (Não há crime, quando a preparação do flagrante pela polícia torna impossível a sua consumação) não é óbice para a sua aplicação, pois, além de antiga e ter analisado matéria legal, o Supremo vem temperando sua rigidez. No HC 67.908/SP, julgado pela 2ª Turma do STF em 08/03/1990, decidiu-se, cf. ementa, que 'denunciado o paciente pela guarda de baxixe, para comercialização, ato preexistente à venda ficta da substância entorpecente aos policiais — não há falar em crime impossível em face da provocação do flagrante'. O mesmo entendimento foi manifestado no HC 69.476/SP, julgado também pela 2ª Turma do STF em 04/08/1992 ('Posse de entorpecente pelo réu, que preexistia à atuação do agente provocador, ao manifestar interesse pela aquisição da droga, para fixar a prova pelo crime já consumado. Não é invocável, na espécie, a Súmula 145'). De teor semelhante, encontram-se ainda o HC 72.674/SP, julgado em 26/03/1996, pela 2ª Turma do STF; o HC 73.898/SP, julgado pela 2ª Turma do STF em 21/05/1996; o HC 74.510/SP, julgado pela 1ª Turma do STF em 08/10/1996; e o HC 81.970/SP, julgado pela 1ª Turma do STF em 28/06/2002.

10.2.7 Tráfico internacional de arma de fogo (art. 18º)

Art. 18 *Importar, exportar, favorecer a entrada ou saída do território nacional, a qualquer título, de arma de fogo, acessório ou munição, sem autorização da autoridade competente:*

Pena *– reclusão de 8 (oito) a 16 (dezesseis) anos, e multa. (Redação dada pela Lei nº 13.964/2019)*

Parágrafo único. *Incorre na mesma pena quem vende ou entrega arma de fogo, acessório ou munição, em operação de importação, sem autorização da autoridade competente, a agente policial disfarçado, quando presentes elementos probatórios razoáveis de conduta criminal preexistente. (Incluído pela Lei nº 13.964/2019)*

Descrição do crime

Sujeito ativo: pode ser praticado por qualquer pessoa, por isso se trata de crime comum. Por força da conduta "favorecer a qualquer título", agentes públicos, em serviço, também incorrerão no delito que, de qualquer forma, favorecerem (não evitarem ou buscar evitar, dolosamente). Se cometido por qualquer um dos agentes listados nos arts. 6º, 7º ou 8º, haverá aumento de metade da pena (art. 20).

Elemento subjetivo e conduta: é o dolo (não há conduta culposa) da internacionalidade de forma ilegal, atinge os interesses não só da coletividade (segurança pública), mas também da União pela ausência de pagamento dos tributos de importação ou exportação. Como possui 3 verbos, é considerado de conteúdo variado (multinuclear, tipo misto alternativo ou de ação múltipla).

Objeto material: arma de fogo, acessório ou munição, sem autorização da autoridade competente.

Forma simples *(caput)*: a punição na modalidade simples só é cabível ao objeto material de uso permitido (reclusão, de 8 a 16 anos, e multa).

Forma majorada: se a arma de fogo, acessório ou munição forem de uso proibido ou restrito, então haverá aumento de metade da pena (art. 19).

Consumação e tentativa: consuma-se no exato momento da entrada no território nacional ou da saída dele (delito instantâneo), não necessitando de efetiva entrega a seu destinatário, venda ou utilização dos objetos (crime formal). É admissível a tentativa (plurissubsistente).

Justiça Federal: os crimes previstos no Estatuto do Desarmamento, em regra, são de competência da Justiça Estadual, porém o tráfico internacional de armas compete à Justiça Federal, pois ofende os interesses da União (art. 21º, XXII, e art. 109, IV e V, da CF/1988) que exerce o controle alfandegário.

Delito hediondo: a Lei nº 13.964/2019, incluiu o tráfico internacional de armas de fogo no rol dos crimes hediondos (art. 1º, parágrafo único, IV, Lei nº 8.072/1990).

Inafiançável e insuscetível de graça, anistia e indulto: por se tratar de delito hediondo, não há possibilidade de fiança nem perdão pelos dispositivos da graça, da anistia e do indulto (art. 2º, caput, Lei nº 8.072/1990), mas ainda é suscetível de liberdade provisória (art. 2º, § 3º, Lei nº 8.072/1990).

Prisão por agente encoberto (par. único): a Lei nº 13.964/2019 (Pacote Anticrime) acrescentou a possibilidade de prisão em flagrante, por agente policial disfarçado, de quem vender ou entregar arma de fogo, acessório ou munição, desde que a conduta criminal seja preexistente. Não haverá crime impossível por obra do agente provocador, o chamado flagrante preparado (Súmula nº 145 – STF).

Conflito aparente de normas

Por força do princípio da especialidade, quando os crimes de contrabando (art. 334-A, CP) e a facilitação de contrabando ou descaminho (art. 318, CP) tiverem por objeto armas de fogo, acessórios e munições, então, incorrerá no art. 18 do Estatuto do Desarmamento.

Crime	Conflito	Prevalece
Contrabando	Art. 334-A do CP	Art. 18 (Est. do Desarmamento)
Facilitação de contrabando ou descaminho	Art. 318 do CP	Art. 18 (Est. do Desarmamento)

10.2.8 Aumento de pena (arts. 19 e 20)

Art. 19 *Nos crimes previstos nos arts. 17 e 18, a pena é aumentada da metade se a arma de fogo, acessório ou munição forem de uso proibido ou restrito.*

Art. 20 *Nos crimes previstos nos arts. 14, 15, 16, 17 e 18, a pena é aumentada da metade se:*

I – forem praticados por integrante dos órgãos e empresas referidas nos arts. 6º, 7º e 8º desta Lei; ou

II – o agente for reincidente específico em crimes dessa natureza. (Incluído pela Lei nº 13.964, de 24/12/2019)

▹ Basicamente, haverá aumento de metade da pena em duas situações:

- **Quanto ao objeto material:** de uso restrito ou proibido (nos arts. 17 e 18).
- **Quanto ao sujeito ativo:** agente listado nos arts. 6º, 7º e 8º; ou reincidente específico (nos arts. 14 a 18).

10.2.9 Liberdade provisória (art. 21)

Art. 21 *Os crimes previstos nos arts. 16, 17 e 18 são insuscetíveis de liberdade provisória.*

Tal artigo foi considerado inconstitucional pelo STF (ADI 3.112), bem como os parágrafos únicos dos arts. 14 e 15. Portanto, **todos** os crimes do Estatuto do Desarmamento **admitem a liberdade provisória** e, ressalvando os arts. 16, 17 e 18 (delitos hediondos), também admitem a fiança.

A ***proibição de estabelecimento de fiança*** *para os delitos de 'porte ilegal de arma de fogo de uso permitido' e de 'disparo de arma de fogo', mostra-se* ***desarrazoada****, porquanto são crimes de mera conduta, que não se equiparam aos crimes que acarretam lesão ou ameaça de lesão à vida ou à propriedade. [...]* ***Insusceptibilidade de liberdade provisória*** *quanto aos delitos elencados nos arts. 16, 17 e 18.* ***Inconstitucionalidade reconhecida****, visto que o texto magno não autoriza a prisão 'ex lege', em face dos princípios da presunção de inocência e da obrigatoriedade de fundamentação dos mandados de prisão pela autoridade judiciária competente. [...] Ação julgada procedente, em parte, para declarar a* ***inconstitucionalidade*** *dos* ***parágrafos únicos dos artigos 14 e 15 e do artigo 21*** *da Lei nº 10.826, de 22 de dezembro de 2003. STF, ADI 3.112/DF, Rel. Min. Ricardo Lewandowski, julgado em 02/05/2007, Tribunal Pleno, DJe 26/10/2007.*

11 ATIVIDADE DE INTELIGÊNCIA

De acordo com a Estratégia Nacional de Inteligência (ENINT) estabelecida pelo Decreto de 15 de dezembro de 2017 os países, em tempos de crise ou não, na condução das questões internas, externas e na garantia de sua segurança e de seus interesses, necessitam conhecer os possíveis cenários e as variáveis que os compõem, bem como suas implicações, desejadas ou indesejadas. Os tomadores de decisão necessitam de informações confiáveis, relevantes e oportunas que possam auxiliá-los na condução de suas atribuições.

O conjunto desses cenários moldam o ambiente estratégico no qual a atividade de Inteligência também atua e sobre o qual o Estado é instado a oferecer respostas tanto a desafios já identificados quanto àqueles inéditos, derivados das novas circunstâncias.

Para fazer frente a essa conjuntura tão dinâmica e difícil, ampliam-se os investimentos em Inteligência e Defesa no mundo. Os serviços e os sistemas de Inteligência se desenvolvem e se profissionalizam como reflexo do aumento da complexidade dos ambientes interno e externo, em consonância com as características de cada país, seu arranjo institucional, suas prioridades e suas necessidades de informações.

Nesse contexto, para o melhor desempenho da atividade de Inteligência, organismos de diversos países realizam, entre si, mais interações, apoiando ações e intercambiando informações, conforme os interesses, que, embora possam ser comuns sobre algumas temáticas, podem conflitar sobre outras que envolvam posicionamentos estratégicos específicos.

O aumento de tais interações é decorrente do desenvolvimento de pautas de interesse mundial, como o terrorismo internacional e os ilícitos transnacionais, e está sendo facilitado pelo avanço tecnológico que possibilita o intercâmbio ágil das informações.

O **avanço tecnológico** permeia e impacta qualquer processo desenvolvido na atualidade: **as informações circulam com menos intermediação e mais velocidade**; **os instrumentos tecnológicos e de comunicação são onipresentes graças à interconectividade e à convergência com as plataformas móveis**; a infraestrutura tecnológico-informacional está cada vez mais presente em produtos domésticos e industriais; o **ambiente virtual permite que conteúdos e aplicativos tenham ampliação do alcance e da eficiência; e a mobilidade se faz ainda mais presente pela disseminação de armazenamento baseado em servidores remotos (em nuvem).**

Os inegáveis benefícios e facilidades trazidos pela utilização da tecnologia são, contudo, acompanhados de vulnerabilidades. Como consequência, o mundo enfrenta o crescimento da espionagem cibernética, inclusive com fins econômicos e científicos. Da mesma forma, outros riscos surgem com a evolução tecnológica: a automatização e a interconectividade dos sistemas de infraestruturas críticas, por exemplo, tornam possíveis sabotagens pela via cibernética.

A disseminação das **ameaças cibernéticas** também resultou na intensificação das demandas por soluções capazes de ampliar o nível de segurança da informação, das comunicações e das infraestruturas críticas. Contudo, algumas das soluções de segurança, a exemplo dos recursos criptográficos, podem também ser utilizadas por grupos adversos aos interesses nacionais (como os ligados ao extremismo e ao crime) para a própria proteção. Esse uso dual torna ainda mais complexa a atuação do Estado no ambiente cibernético.

O cenário de evolução tecnológica implica também a crescente produção e armazenamento de grandes volumes de dados nos meios digitais (big data). A obtenção e a análise dessas quantidades massivas de dados ensejam oportunidades para a atividade de Inteligência, seja ela brasileira ou adversa. São os casos da utilização de aplicações para análise de vínculos, entendimento de contextos, localização de pessoas e de lugares e uso de inteligência artificial e de técnicas analíticas para grandes conjuntos de dados (analytics).

Junta-se a isso um ambiente internacional em que os fatos se multiplicam e adquirem grande imprevisibilidade. As fronteiras nacionais, a identidade nacional e os valores coletivos são desafiados diante das possibilidades de livre troca de informações, intercâmbio com uma comunidade mundial progressivamente mais conectada e trânsito de pessoas intenso.

Essa dinâmica configura um processo irrefreável de internacionalização do mundo, com um fluxo multidirecional, cada vez maior, de bens, transações, valores, informações e ideias.

O mundo vivencia o fortalecimento de novos atores não estatais que possuem ramificações em diversos países e apresentam considerável capacidade para influenciar políticas públicas. Tais atores se utilizam intensamente da tecnologia, conseguem se articular melhor e se estruturar em formato de redes, tornando-se, assim, mais flexíveis e resilientes.

As atuais estruturas que compõem o sistema internacional se encontram em rápida mutação, resultando em uma conjuntura complexa para a formulação de estratégias de inserção externa dos países, sendo difícil o surgimento de um paradigma hegemônico para a interpretação e a condução de ações bem-sucedidas no cenário internacional.

Nesse sistema, cabe ao Brasil enfrentar as ameaças globais à segurança, como as atividades ilícitas transnacionais, as ideologias extremistas e o terrorismo, que continuam se intensificando. Na outra ponta, o País precisa estar atento às oportunidades que favoreçam a consolidação de mercados tradicionais e que abram caminhos alternativos para um desenvolvimento econômico sustentável que melhore a qualidade de vida da população brasileira.

A atividade de Inteligência se insere no esforço de integração do Brasil com os demais países e, em especial, os da América do Sul, de forma a aumentar a eficácia no enfrentamento dos problemas econômicos, nos temas de segurança do Estado e da sociedade, nas questões de desenvolvimento humano e no fortalecimento dos valores democráticos.

No âmbito interno, há também as ameaças à segurança pública que, mesmo não dissociadas de questões internacionais, fazem-se mais presentes na realidade da população brasileira, com o aumento da violência, o agravamento dos problemas estruturais do sistema prisional e a crescente atuação do crime organizado, inclusive sobre as estruturas de Estado.

Os problemas de segurança internos e externos ao Brasil encontram-se, muitas vezes, nas próprias fronteiras territoriais. É determinante a necessidade de se manter uma fiscalização adequada das fronteiras para se controlar o trânsito de pessoas, além de evitar o fluxo de narcóticos, de armas e de produtos relacionados ao contrabando.

Ainda relativamente às questões internas do País, deve permanecer o esforço de combate à corrupção e à lavagem de dinheiro, associado a demandas por respostas político-sociais mais efetivas, com perspectivas de reformas do sistema político nacional. Por consequência do aumento da influência das redes sociais no comportamento humano, elas têm sido cada vez mais utilizadas como meio de mobilização social. Paralelamente, as redes também servem a outros grupos de influência, que podem se utilizar delas para incentivar radicalizações de quaisquer gêneros.

A necessidade de conciliar a preservação do meio ambiente com o desenvolvimento sustentável e a exploração racional dos recursos naturais serão pautas constantes nos próximos anos. Nesse contexto, o País deve estar atento e preparado para questões como desmatamento ilegal, pressões sobre biomas e busca por fontes eficientes de energia.

Na organização legal, o País enfrenta o desafio de harmonizar as múltiplas demandas e necessidades de uma população com tanta diversidade e obter um arcabouço que seja justo para todos os brasileiros.

Os instrumentos legais aplicados à atividade de Inteligência devem proporcionar as condições para que a Inteligência atue com a eficiência que os desafios impostos ao Brasil requerem.

Num ambiente estratégico de profundas e rápidas transformações, caberá à atividade de Inteligência um papel de suma importância na promoção e defesa dos interesses do Estado e da sociedade brasileira e para o desenvolvimento do País.

Da atividade de Inteligência do Brasil, cada vez mais, será cobrada uma atuação voltada para contribuir com um país que se fundamenta na cidadania, na dignidade da pessoa humana, nos valores sociais do trabalho e da livre iniciativa e no pluralismo político, e que rege suas relações internacionais pela solução pacífica dos conflitos, pela cooperação entre os povos para o progresso da humanidade, pela autodeterminação dos povos e pela prevalência dos direitos humanos.

Da análise do ambiente estratégico e das orientações emanadas da PNI foram identificadas e priorizadas, dentre outras, ameaças à integridade e à segurança do Estado e da sociedade brasileira e oportunidades que, se aproveitadas, podem alçar o País a um novo nível de desenvolvimento, conforme a seguir.

11.1 Ameaças

Consideram-se **principais ameaças aquelas que apresentam potencial capacidade de pôr em perigo a integridade da sociedade e do Estado e a segurança nacional.**

Segue um extrato da abordagem utilizada na PNI para cada ameaça:

Espionagem, que visa à obtenção de conhecimentos ou dados sensíveis para beneficiar Estados, grupos de países, organizações, facções, grupos de interesse, empresas ou indivíduos;

Sabotagem, que é a ação deliberada, com efeitos físicos, materiais ou psicológicos para destruir, danificar, comprometer ou inutilizar, total ou parcialmente, definitiva ou temporariamente, dados ou conhecimentos; ferramentas; materiais; matérias-primas; equipamentos; cadeias produtivas; instalações ou sistemas logísticos, sobretudo aqueles necessários ao funcionamento da infraestrutura crítica do País;

Interferência externa, que é a atuação deliberada de governos, grupos de interesse, pessoas físicas ou jurídicas que possam influenciar os rumos políticos do País com o objetivo de favorecer interesses estrangeiros em detrimento dos nacionais;

Ações contrárias à soberania nacional, que atentam contra a autodeterminação, a não ingerência nos assuntos internos e o respeito incondicional à Constituição e às leis;

Ataques cibernéticos, que são ações deliberadas com o emprego de recursos da tecnologia da informação para interromper, penetrar, adulterar ou destruir redes utilizadas por setores públicos e privados essenciais à sociedade e ao Estado, a exemplo daqueles pertencentes à infraestrutura crítica nacional;

Terrorismo, que é uma ameaça à paz e à segurança dos Estados. A temática é área de especial interesse e de acompanhamento sistemático pela Inteligência em âmbito mundial;

Atividades ilegais envolvendo bens de uso dual e tecnologias sensíveis, que atingem países produtores desses bens e detentores dessas tecnologias, em especial nas áreas química, biológica e nuclear;

Armas de destruição em massa, cuja potencial proliferação representa risco à paz mundial e aos países que abdicaram da opção por essas armas para sua defesa;

Criminalidade organizada, que ameaça a todos os Estados e cuja incidência, notadamente em sua vertente transnacional, reforça a necessidade de aprofundar a cooperação;

Corrupção, que é um fenômeno mundial capaz de produzir a erosão das instituições e o descrédito do Estado como agente a serviço do interesse nacional;

Ações contrárias ao Estado Democrático de Direito, que atentam contra o pacto federativo; os direitos e as garantias fundamentais; a dignidade da pessoa humana; o bem-estar e a saúde da população; o pluralismo político; o meio ambiente e as infraestruturas críticas do País, além de outros atos ou atividades que representem ou possam representar risco aos preceitos constitucionais relacionados à integridade do Estado.

11.2 Oportunidades

Consideram-se principais oportunidades aquelas que apresentam potencial capacidade de posicionar o País num outro patamar de competitividade e auxiliam na promoção e na defesa dos interesses do Estado e da sociedade brasileira:

11.2.1 Inserção do país no cenário internacional

Uma maior inserção internacional do Brasil tem potencial para ampliar a oferta de recursos tangíveis e intangíveis estratégicos para o desenvolvimento nacional. O acesso a tais recursos nem sempre ocorre de maneira automática. Cabe à Inteligência de Estado papel fundamental no sentido de mediar parte desse processo, elaborando análises prospectivas e gerando conhecimentos estratégicos que o viabilizem.

A maior exposição do País ao ambiente internacional exige, ainda, que a sociedade e o governo brasileiros estejam aptos a lidar com novas dinâmicas interestatais e com novos atores não estatais. Nesse sentido, o conhecimento produzido pelos órgãos que tratam da atividade de Inteligência auxilia no entendimento dessas realidades complexas.

11.2.2 Cooperação internacional

A interação externa proporciona, igualmente, oportunidades para a negociação de acordos nos mais variados temas, assim como para o debate e a resolução de problemas coletivos. À medida que se multiplicam fóruns que tratam de questões políticas, econômicas e diplomáticas, entre outras, que envolvem ou impactam o Brasil, a atividade de Inteligência será cada vez mais demandada a prestar assessoramento de alto nível às autoridades e às instituições brasileiras que participam desses mecanismos de articulação.

O crescimento da quantidade de iniciativas de cooperação internacional observado em diversas esferas das relações do Brasil com o mundo também é verificado na atividade de Inteligência. Nesse sentido, surgem oportunidades para o intercâmbio de informações em matérias de interesse comum com outros países, em especial os fronteiriços.

11.2.3 Desenvolvimento científico e tecnológico

O avanço da ciência e de suas aplicações práticas, por meio do desenvolvimento de novas tecnologias, estabelece os rumos em direção aos quais a realidade será transformada. Análises prospectivas permitirão ao País posicionar-se estrategicamente para extrair maiores benefícios para o seu desenvolvimento. Nesse contexto, a atividade de Inteligência assume missão importante na antecipação de movimentos e tendências mediante o acompanhamento da evolução científico-tecnológica.

Determinadas tecnologias podem representar ativos estratégicos para o desenvolvimento econômico nacional. Aparatos tecnológicos também podem prover novos instrumentos e ferramentas de trabalho para o próprio exercício da atividade de Inteligência. O acesso ao estado da arte em matéria científica e tecnológica é capaz de possibilitar ao País avançar no desenvolvimento socioeconômico e melhor posicionar-se em áreas em que atualmente não ocupa lugar de destaque.

11.3 Inteligência cibernética

O domínio das soluções tecnológicas mais avançadas para lidar com o espaço cibernético proporciona vantagens significativas às Nações. Nesse ambiente virtual de ameaças e oportunidades, países que se desenvolverem mais rapidamente se tornam mais aptos a alcançar os objetivos nacionais.

A adoção de atitudes não apenas defensivas, mas também proativas nessa área é capaz de proporcionar avanços significativos para os interesses do País.

Consolidação de rede logística e de infraestrutura de interesse nacional

A consolidação de rede logística e de infraestrutura possibilitará maior integração e desenvolvimento para o País, melhorando e ampliando o fluxo de bens, pessoas, recursos financeiros e informações entre as diversas localidades.

Por se tratar de empreendimentos estratégicos para o desenvolvimento nacional, a Inteligência pode contribuir para a melhor implantação dos projetos e a integridade das redes e das infraestruturas instaladas. Nesse sentido, análises estratégicas dos setores envolvidos, especialmente em relação às novas tecnologias utilizadas no mundo, serão produtos, cada vez mais, demandados para subsidiar o processo decisório em diferentes esferas governamentais.

11.4 Desafios

Tendo como base as orientações da PNI e a análise do ambiente estratégico, no contexto interno e externo, surgem os desafios, que representam as questões de caráter estratégico e de grande relevância para que a atividade de Inteligência atue com eficácia em prol da segurança e dos interesses do Estado e da sociedade brasileira.

Os desafios, relacionados a seguir, reúnem os elementos considerados essenciais para que o Sistema de Inteligência realize sua **Missão** e alcance sua **Visão**: fortalecimento da atuação integrada e coordenada da atividade de Inteligência

O aumento da demanda por conhecimentos e ações que possam auxiliar na defesa dos interesses do Estado e da sociedade brasileira requer atuação mais sinérgica do SISBIN.

O aprimoramento da atuação em rede se estabelece por meio de uma comunicação mais fluida, que favoreça o compartilhamento de conhecimentos para o alcance de objetivos comuns do Sistema. A definição mais clara e adequada de políticas, objetivos, responsabilidades e competências para o Sistema de Inteligência é fundamental para seu funcionamento mais eficaz.

Fortalecimento de cultura de proteção do conhecimento e de preservação do sigilo

A preservação do sigilo e a proteção das fontes, dos agentes e do conhecimento sensível são determinantes para o cumprimento dos objetivos da Inteligência.

A cultura de proteção, inerente à atividade Inteligência, se estende para um campo maior, dentro do qual se incluem os ativos estratégicos nacionais, tanto materiais quanto imateriais, que apoiam o desenvolvimento da sociedade brasileira. O fortalecimento da proteção dos ativos do Estado e da sociedade brasileira é fundamental para que interferências externas não comprometam o interesse nacional.

Ampliação e aperfeiçoamento do processo de capacitação para atuação na área de Inteligência

O desempenho consistente e efetivo da atividade de Inteligência exige profissionais qualificados e recursos compatíveis com os desafios que se apresentam.

A ampliação do processo de capacitação permite o aperfeiçoamento de técnicas, processos e competências, de modo a buscar a excelência e a inovação na atividade de Inteligência.

A capacidade de o Sistema de gerar valor depende diretamente da qualificação dos profissionais que nele atuam, viabilizada pelos investimentos em formação e atualização desses quadros.

Maior utilização de tecnologia de ponta, especialmente no campo cibernético.

A sociedade atual presencia crescente investimento em tecnologia da informação e comunicação (TIC). A virtualização do mundo e o desenvolvimento constante de todo aparato tecnológico são aspectos primordiais nas estratégias de atuação dos países. O investimento na atualização constante dos recursos tecnológicos necessários à atividade de Inteligência potencializa a eficácia do seu desempenho. Especialmente no espaço cibernético, tal investimento será decisivo para maior efetividade no combate às ameaças virtuais, na identificação de oportunidades e na antecipação de situações eventualmente danosas aos interesses nacionais.

Intensificação do uso de tecnologias de tratamento e análise de grandes volumes de dados (*big data e analytics*)

O avanço tecnológico levou ao crescimento exponencial da quantidade de dados e informações disponíveis. Porém, essa quantidade, a diversidade e, muitas vezes, a desorganização tornam a interpretação desses dados e informações extremamente complexa.

O esforço aplicado na organização e na análise desse material, por meio de modelos e ferramentas adequados, contribui para a produção de conhecimentos diferenciados, capazes de promover resultados mais efetivos para a atividade de Inteligência.

Ampliação da internacionalização da atividade de Inteligência brasileira

Para acompanhar a inserção internacional do País, oferecendo assessoramento tempestivo às demandas sobre temas de interesse no âmbito externo, a atividade de Inteligência deve ampliar a capacidade de representação e de realização de parcerias no exterior.

Essa internacionalização da atividade permite ainda maior interação com outros serviços congêneres, com benefícios importantes nos resultados finais.

Apoio ao fortalecimento da inserção do país no cenário internacional

O aumento das relações políticas e econômicas entre os países, por meio de ações multilaterais ou bilaterais, e o surgimento de novos polos econômicos e centros de poder são mudanças estruturais no cenário internacional.

Ao Brasil interessa avançar no protagonismo internacional, participando de modo cada vez mais intenso desse ambiente de complexa transformação. Essa atuação oferece perspectivas de acordos, parcerias e entendimentos, porém também permite o surgimento de atritos.

À atividade de Inteligência cabe o desafio de contribuir com análises e conhecimentos úteis para uma participação mais efetiva do País nas interações internacionais.

Apoio ao combate à corrupção, ao crime organizado, aos ilícitos transnacionais e ao terrorismo

A maior sofisticação da criminalidade, no âmbito nacional e internacional, e a dimensão mais global do terrorismo impõem desafios às ações de combate a essas ameaças, que muitas vezes ocorrem de forma articulada, inclusive compartilhando redes de atuação.

A capilaridade e as conexões das estruturas relacionadas a essas ameaças exigem soluções conjuntas, com a participação de diferentes atores governamentais. A produção de conhecimentos relevantes e oportunos pela atividade de Inteligência é condição para o sucesso do enfrentamento a essas ameaças.

Monitoramento e enfrentamento eficaz de ações adversas contra interesses nacionais

As ameaças contra os interesses nacionais, promovidas por atores governamentais ou não governamentais, crescem em escala, diversidade e complexidade, muito apoiadas pelas alternativas proporcionadas pelo uso da tecnologia.

As ações adversas sob patrocínios cada vez mais difusos atentam contra a segurança do Estado e da sociedade brasileira, ameaçando o funcionamento e o desenvolvimento da Nação.

A proteção dos ativos nacionais depende de uma atividade de Inteligência que se contraponha com eficácia às ações adversas.

Aprimoramento da legislação para a atividade de Inteligência

A legislação que trata da atividade de Inteligência deve proporcionar segurança a seus profissionais e beneficiários, além de garantias à sociedade em relação a seus direitos fundamentais.

O aprimoramento do conjunto normativo da atividade de Inteligência precisa combinar mecanismos indispensáveis para a prestação de contas com dispositivos apropriados para o exercício eficaz e responsável da atividade.

12 NOÇÕES DE PREVENÇÃO DE ACIDENTES E DE ORGANIZAÇÃO E DISCIPLINA GERAL DE PÚBLICO

12.1 Como proceder em casos de incêndios

Ao ser verificada a ocorrência de um incêndio, as medidas abaixo devem ser tomadas na ordem que se encontram:

- **Proteja seu corpo, isto é:** nunca tire a roupa. Ao contrário, acrescente outras peças umedecidas, se possível;
- Improvise um filtro protegendo o nariz e a boca;
- Dirija-se à saída de emergência, indo sempre junto às paredes;
- Desça sempre, isto é, ao chegar à saída de emergência procure descer até o andar térreo.

12.2 Afogamentos e brinquedos

Não deixe seu filho só na banheira por nenhuma razão.

Mesmo com água rasa é perigoso.

São necessários apenas alguns segundos para que ocorra um afogamento.

As crianças devem ser acompanhadas sempre por um adulto quando estiverem em piscinas, lagos ou lagoas.

Passeios aquáticos implicam em utilização de salva-vidas (boias) pessoais.

Devem ser grandes o bastante para não serem engolidos e resistentes para não quebrarem.

Não devem ter pontas nem arestas agudas.

Os brinquedos arredondados de material liso ou plástico são seguros.

Observe as especificações das faixas de idade na hora de comprar ou quando ganhar algum brinquedo.

12.3 Objetos pequenos e agudos

Mantenha alfinetes, botões, fósforos, tesouras, facas e outros objetos pequenos ou cortantes fora do alcance das crianças.

Use alfinetes de segurança de fralda com bainha plástica.

Remova móveis não fixos, de bordas cortantes e toalhas da área de brinquedo das crianças.

12.4 Dicas gerais

- ▷ Motorizado ou mesmo a pé, assim que ouvir as sirenes das viaturas do Corpo de Bombeiros, imediatamente facilite a passagem.
- ▷ Não estacione o seu carro junto ao hidrante de coluna ou em áreas reservadas para o Corpo de Bombeiros. Isso dificulta as manobras das viaturas.
- ▷ Evite arrombar janelas e portas em caso de incêndio antes da chegada dos bombeiros. A penetração do ar aumentará as chamas.
- ▷ Acabando de fumar, apague completamente o cigarro.
- ▷ Não atire pontas de cigarro a esmo.
- ▷ Lembre-se de que na época da seca o mato se queima com facilidade.
- ▷ Respeite as proibições de fumar e acender fósforos em locais sinalizados.
- ▷ Não esqueça panelas no fogo e nunca coloque cortinas próximas ao fogão.
- ▷ Evite o acúmulo de lixo em locais não apropriados.

- Ao utilizar materiais inflamáveis, faça-o em quantidades mínimas, armazenando-os sempre na posição vertical e na embalagem original.
- Observe as normas de segurança ao manipular produtos inflamáveis ou explosivos.
- Coloque os materiais de limpeza em recipientes próprios e identificados.
- Não utilize chama ou aparelho de solda perto de materiais inflamáveis.
- Guarde tesouras, facas e objetos quebráveis longe do alcance das crianças.
- Use tapetes não derrapantes na banheira.
- Remova móveis não fixos, de bordas cortantes e toalhas da área de brinquedo das crianças.

12.4.1 Conversa com os pais

Este guia de prevenção de acidentes enfoca os imprevistos mais frequentes de uma maneira geral.

No entanto é de fundamental importância que você pense também nos outros locais onde a criança fica e conheça bem a pessoa que possa porventura cuidar dela. Olhe para dentro da sua casa e procure locais em que sua criança pode se acidentar.

Mantenha a casa bonita para a criança e não para as visitas. Olhe no sorriso dela que quanto mais segura ela estiver mais ela vai se desenvolver.

Frequentemente as orientações são repetitivas porque muitos acidentes são comuns em diversas faixas de idade. E eles infelizmente acontecem.

12.5 O conjunto de ações preventivas no ambiente de trabalho é englobado no grande tema intitulado "segurança do trabalho"

A **segurança do trabalho** tem por objetivo proteger a integridade (física, psicológica e social) do trabalhador, principalmente no que se refere às doenças e aos acidentes ocupacionais.

> Apesar de ser um tema pouco conhecido para a maioria das pessoas, conhecer os aspectos da segurança no trabalho é de extrema importância, independentemente do ramo em que você trabalha.

12.5.1 O que são?

O acidente no trabalho, como o próprio nome sugere, é aquele que ocorre dentro (ou fora) da empresa, enquanto o funcionário exerce suas atividades cotidianas.

Suas principais consequências são: lesão corporal, perturbação funcional, perda (mesmo que temporária) da capacidade para exercer as suas atividades e morte nos casos mais graves.

Após acontecer o acidente no trabalho, o Instituto Nacional de Seguro Social (**INSS**) é o responsável por identificar suas causas e consequências, bem como encaminhar os procedimentos para que o trabalhador seja ressarcido pelo dano (previsto em lei).

Caso o acidente tenha sido provocado por algum descuido, cabe ao **INSS** e aos demais órgãos trabalhistas o dever de punir o responsável.

12.5.2 Causas

A Norma Brasileira de número 18 (NB 18/ ABNT) define que existem duas causas para os acidentes de trabalho, sendo elas: atos inseguros e condições inseguras.

Dentre as principais causas de acidente no ambiente de trabalho, as mais comuns são:

- **Negligência:** tem como principal característica a omissão voluntária do cuidado com a integridade do trabalhador – podendo, inclusive, ser causada por ele mesmo;
- **Imprudência:** tem como principal característica o descuido com as medidas de precaução e/ou segurança recomendadas para evitar o acidente;
- **Imperícia:** é caracterizada pela falta de aptidão, experiência ou habilidade no desenvolvimento de uma função.

Em suma, é importante que o acidente do trabalho seja visto como uma consequência de falta de segurança, independentemente da sua causa.

12.5.3 Prevenção

Como já mencionado, a segurança no trabalho traz uma série de recomendações técnicas para que acidentes no trabalho sejam prevenidos.

Dentre as principais formas de prevenção de acidentes no trabalho, **estão:**

- **Uso de Equipamento de Proteção Individual (EPI):** é uma das principais formas de mitigar e prevenir acidentes no ambiente de trabalho. Os EPIs devem seguir as recomendações técnicas específicas para cada ambiente de trabalho e é recomendada a aquisição de EPIs com selo do Inmetro.
- **Treinamento da equipe:** faz com que acidentes provocados por imperícia sejam evitados, pois os treinamentos auxiliam no conhecimento do trabalhador sobre suas funções e sobre os equipamentos que irá manusear;
- **Manutenção dos equipamentos de trabalho:** principalmente em fábricas, a manutenção dos equipamentos de trabalho evita os acidentes causados por negligência.

13 TEORIA DO FOGO

Como a existência de um incêndio está relacionada à presença de fogo, nosso estudo se inicia com a compreensão do fogo, seus componentes, fenômenos e inteirações.

O controle e a extinção de um incêndio requerem que os dados sobre as fontes de calor, a composição e característica dos combustíveis e as condições necessárias para a combustão sejam entendidos e relacionados entre si.

Muito embora os termos fogo, incêndio, queima e combustão sejam comumente tratados como se designassem a mesma coisa, precisamos ter em mente que seus conceitos podem divergir e, ainda que alguns deles configurem parte de um processo, é seu dever, a partir de agora, conhecer e saber diferenciar essas terminologias.

13.1 Situação

A humanidade incorporou o fogo à sua rotina há milhares de anos e, ao longo do tempo, foi estabelecendo melhores formas de controlá-lo e de lidar com ele de maneira a comprometer cada vez menos sua integridade.

Com isso, foram inseridas na prática humana e aperfeiçoadas tarefas como o aquecimento de alimentos, objetos e ambientes, a iluminação de locais, a incineração de resíduos e dejetos entre outras atividades que, em algum momento da história ou até hoje, utilizaram ou utilizam o fogo.

No entanto um dos desafios que ainda perduram é o pleno controle do fogo. Equipamentos foram desenvolvidos e estratégias elaboradas para que se previna o alastramento desenfreado das chamas, mas eventualmente elas fogem ao controle, e este episódio chamamos de Incêndio.

Incêndio, portanto, é o nome dado ao fogo que foge ao controle e consome aquilo a que não deveria consumir, podendo, pela ação das suas chamas, calor e/ou fumaça, proporcionar danos à vida, ao patrimônio e ao meio ambiente.

13.2 Combustão

A combustão é definida como uma reação química exotérmica que se processa entre um combustível e um comburente liberando luz e calor.

Para que esta reação aconteça e se mantenha, são necessários quatro elementos: o combustível, o comburente, o calor e a reação em cadeia.

Estes elementos são, didaticamente, simbolizados pelo **tetraedro** do fogo.

Um **tetraedro** é uma figura espacial que tem quatro lados e, por ter cada lado em forma de um triângulo, foi escolhido como melhor maneira de ensinar sobre os elementos da combustão, pois anteriormente a figura utilizada para demonstrar tais elementos era o **triângulo**, conhecido como o "**triângulo do fogo**", que não leva em consideração a reação em cadeia que mantém a combustão, mas se demonstrou como excelente ferramenta didática para o ensino de leigos no assunto.

13.3 Combustível

Entende-se como combustível toda substância capaz de queimar e propiciar a propagação do fogo.

Os **combustíveis** podem se apresentar em todos os estados da matéria: **sólido, líquido e gasoso.**

No caso da maioria dos combustíveis, o elemento quando aquecido, transforma-se em vapor antes de reagir com o oxigênio (comburente mais comum) para que se inicie a combustão.

Exemplos de Combustíveis:

- **Sólidos:** Madeira, tecido, papel.
- **Líquidos:** Gasolina, álcool.

Trata-se apenas de exemplos, há outros elementos em cada um dos estados físicos.

▹ **Gás Liquefeito de Petróleo** – Gás de Cozinha

No entanto, alguns sólidos, como ferro e parafina, transformam-se primeiramente em líquidos para, então, evaporarem e reagirem com o comburente para que ocorra a queima.

13.4 Comburente

Comburente é o elemento que, durante a combustão, dá vida às chamas e as torna mais intensas e brilhantes, além disso, a presença do comburente permite a elevação da temperatura e a ocorrência da combustão.

O Oxigênio é o mais comum dos comburentes, dado que sua constante presença na atmosfera (**21% no ar**) permite que a queima se desenvolva com velocidade e de maneira completa. No entanto, em ambientes cuja oferta de oxigênio é reduzida ou consumida durante a combustão observa-se um empobrecimento da combustão, com chamas menos entusiasmadas e com uma presença predominante de brasas quando a concentração está entre 15% e 9% e, finalmente, com a finalização da combustão ocorrendo em ambientes cuja oferta de oxigênio no ar é inferior a 9%.

Outros comburentes também são conhecidos, como o Cloro para determinadas situações, entretanto sua aplicação é específica e ele não abrange todo o espectro de situações e combustíveis dos quais o Oxigênio é capaz de possibilitar a combustão.

13.5 Calor

Calor, no estudo da teoria do fogo, é a energia capaz de iniciar, manter e propagar a reação entre o comburente e o combustível.

Especificamente, trata-se da energia transferida de um ambiente para o outro em virtude da diferença de temperatura entre eles.

São, **normalmente**, elementos que introduzem calor à reação de combustão, a chama de um palito de fósforo, um ferro elétrico aquecido, um cigarro aceso, uma descarga atmosférica, um curto-circuito, dentre outros.

13.6 Reação em cadeia

O último e mais recém estudado componente do "**Tetraedro do Fogo**" é a reação em cadeia. Depois de observar que a queima, em certo momento, torna-se autossustentável, observamos que o calor irradiado das chamas promove a decomposição do combustível em partículas que, combinadas com o comburente, queimam, irradiando calor novamente, que iniciará novamente este ciclo, o qual chamamos de reação em cadeia.

Sinteticamente, trata-se do desencadeamento de reações, que acontecem durante o fogo, que originarão, novamente, o calor que ativará a queima do combustível na presença do comburente, enquanto houver todos estes componentes à disposição.

14 FASES DO INCÊNDIO

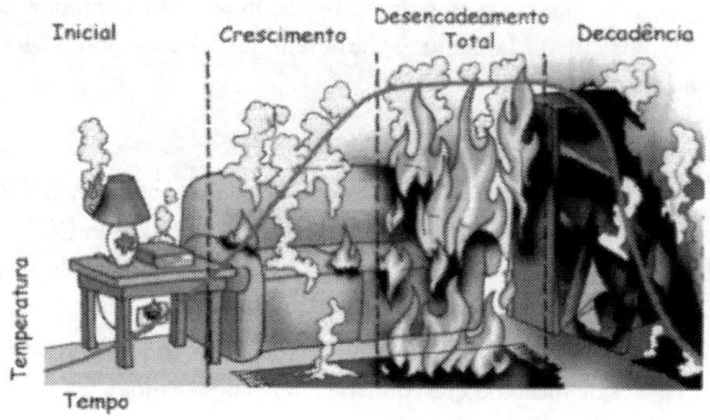

Se o fogo ocorrer em áreas ocupada por pessoas, há grande chance de que o fogo seja descoberto no início e a situação resolvida.

Mas se ocorrer quando a edificação estiver deserta e fechada, o fogo continuará crescendo até ganhar grandes proporções. Essa situação pode ser controlada com a aplicação dos procedimentos básicos de ventilação. A possibilidade de um foco de incêndio extinguiu ou evoluir para um grande incêndio depende, basicamente, dos seguintes fatores:

01. Quantidade, volume e espaçamento dos materiais combustíveis no local

02. Tamanho e situação das fontes da combustão

03. Área e locação das janelas

04. Velocidade e direção do vento

05. A forma e dimensão do local

O incêndio pode ser mais bem entendido se estudarmos seus três estágios de desenvolvimento.

14.1 Fase inicial

Nesta primeira fase, o oxigênio contido no ar não está significativamente reduzido e o fogo está produzindo vapor d'água (**H2O**), monóxido de carbono (**CO²**) e outros gases.

Grande parte do calor está sendo consumido no aquecimento dos combustíveis, e a temperatura do ambiente, neste estágio, está ainda pouco acima do normal.

O calor está sendo gerado e evoluirá com o aumento do fogo.

14.2 Queima livre

Durante esta fase, o ar, rico em oxigênio, é arrastado para dentro do ambiente pelo efeito da convecção, isto é: o ar quente sobe e sai do ambiente.

Isto força a entrada de ar fresco pelas aberturas nos pontos mais baixos do ambiente.

Os gases espalham-se preenchendo o ambiente e, de cima pra baixo, forçando o ar frio a permanecer junto ao solo – **eventualmente**, causam a ignição dos combustíveis nos níveis mais altos do ambiente. Este ar aquecido é uma das razões pelas quais bombeiros devem se manter sempre abaixados e usando equipamentos de proteção respiratório, bem como outros necessários.

14.3 Queima lenta

Como nas fases anteriores, o fogo continua a consumir oxigênio, até atingir um ponto onde o comburente é insuficiente para sustentar a combustão. Nessa fase, as chamas podem deixar de existir se não houver ar suficiente para mantê-las.

O fogo é **normalmente** reduzido a brasas, o ambiente torna-se completamente ocupado por fumaça densa e os gases se expandem.

Devido à pressão interna ser maior que a externa, os gases saem por todas as fendas em forma de lufadas, que podem ser observadas em todos os pontos do ambiente.

14.4 Classes de incêndio

Com o objetivo de agrupar os incêndios pelas propriedades dos materiais combustíveis e, com isto, tornar mais eficiente sua extinção, a **NFPA** elaborou uma classificação de incêndios que se divide em quatro classes e é adotada pela maioria dos Corpos de Bombeiros Militares do Brasil:

Classe "A": Combustíveis sólidos.

Classe "B": Combustíveis líquidos.

Classe "C": Equipamentos energizados.

Classe "D": Metais pirofóricos.

14.4.1 Classe A

Os combustíveis agrupados nesta classe são todos aqueles que são sólidos e comuns, tal como a madeira, o papel, o plástico, a borracha, dentre outros.

Estes **combustíveis** queimam em razão de sua largura, comprimento e profundidade e ainda deixam resíduos após sua queima.

Portanto, o método mais indicado para a extinção deste tipo de incêndio é o resfriamento com a utilização de água, embora já existam gases, pós e espumas capazes também de realizar esta extinção.

14.4.2 Classe B

Os combustíveis agrupados nesta classe são os líquidos inflamáveis, líquidos combustíveis e gases inflamáveis, dado que todos eles queimam em superfície e não deixam resíduos provenientes de sua queima.

Quando se trata de líquidos, os métodos de extinção mais utilizados são: o abafamento (**espumas**) e a quebra da reação em cadeia (pós), mas quando se trata de gases, o mais utilizado é o isolamento, ou seja, a retirada ou controle do material combustível (retirando as fontes ou fechando registros, por exemplo).

14.4.3 Classe C

São agrupados nesta classe os equipamentos que estão submetidos à energia elétrica, já que a utilização de água, nestes casos, pode resultar na condução da energia e em risco para quem combater o fogo.

Deve-se levar em consideração que, uma vez que o material não está mais energizado, se é sólido, assume características de incêndio **classe A**, mas caso possua capacitores ou equipamentos que mantêm a energia elétrica ainda que ele esteja desligado de uma fonte de energia, os procedimentos de extinção a serem observados são os prescritos para a **classe C**.

14.4.4 Classe D

Talvez os combustíveis com maior número de particularidades, os agrupados na **classe D** têm uma característica que inspira bastante cuidado: a impossibilidade de utilizar água como agente extintor, ou como parte dele.

Esta classe engloba os metais combustíveis (maioria alcalinos).

Muitos deles queimam de forma violenta, com elevada produção de luz e calor e, pelo explicado acima, o fogo oriundo desta queima exige pós especiais para sua extinção, que atuarão por abafamento e a quebra da reação em cadeia.

14.5 Métodos de extinção

Tipos mais comuns de extintores	CLASSES DE INCÊNDIO			
	A	B	C	D
Água	A	P	P	*O agente extintor deverá ser compatível com o metal*
Espuma	A	A	P	
CO_2	NR	A	A	
Pó BC	NR	A	A	
Pó ABC	A	A	A	

A – Adequado; P – Proibido; NR – Não recomendado

Agentes extintores são aqueles elementos encontrados na natureza ou sintetizados pelo homem, capazes de extinguir um incêndio pela sua ação em um ou mais dos componentes do tetraedro do fogo.

Já aparelhos extintores são equipamentos para a utilização humana que contém, em seu interior, um agente extintor e um método de expedição deste agente de forma a combater princípios de incêndio.

14.5.1 Água

A sua facilidade de obtenção e transporte e seu baixo custo fazem da água o agente extintor mais utilizado e conhecido. Sua indicação principal é para incêndios de classe A e seu método principal de extinção das chamas é o resfriamento, ou seja: sua ação de retirada do calor da reação de combustão.

Alta capacidade de absorção de calor

Para que a água evapore, é necessário que ela consuma o calor do ambiente. Por exemplo: ao elevar a temperatura de um litro de água de 0° para 100° serão consumidas 100 calorias.

Elevado grau de expansão

Além da energia (calor) que será absorvida do ambiente, o vapor d'água ocupará cada vez mais espaço no ambiente, tomando assim o lugar do comburente. Esclarecendo: para cada litro de água são produzidos 1.700 litros de vapor d'água.

Alta Tensão Superficial

A gota d'água nada mais é do que a capacidade de que as moléculas de água permaneçam juntas em razão da atração mútua.

Levando-se em consideração esta atração, sabemos que, por causa dela, a água tem sua capacidade de penetração prejudicada, no entanto ela se concentrará e se escorrerá com mais fluidez quão maior for a "coesão" entre as moléculas.

Condutibilidade elétrica

Da forma como é encontrada na natureza ou como sai em nosso Corpo de Bombeiros – Fundamentos de Combate a Incêndio torneiras e hidrantes, a água contém componentes que a tornarão condutora de eletricidade, por isso, deve ser considerado este risco nos combates a incêndios que envolverem sua utilização, que é, via de regra, desencorajada e desaconselhada.

Baixa viscosidade

A água escorre rapidamente nos locais em que é aplicada devido à sua baixa viscosidade, o que compromete sua capacidade de penetração nos corpos.

Uma vez que ela não fica estagnada, ou seja, não se fixa às superfícies onde é lançada, não tem toda sua capacidade de absorção de calor utilizada, nem sua capacidade abafamento totalmente aproveitada.

Reage com alguns elementos

A água reage com alguns materiais liberando gases inflamáveis e, por isso, nesses casos, é desaconselhado seu uso. Exemplos destes materiais são: o Magnésio, o Carbureto de Cálcio, o Sódio Metálico e o Lítio.

14.5.2 Pós químicos

São compostos de pós de pequenas partículas, geralmente de Bicarbonato de Sódio (NaHCO3), Bicarbonato de Potássio (KHCO3), Uréia-Bicarbonato de Potássio (KC2N2H3O3), Cloreto de Potássio (KCl) ou Fosfato de Amônia (NH4H2PO4).

Os Pós Químicos são, basicamente, classificados de acordo com as classes de incêndio que combatem e são destinados à utilização em incêndios de sólidos e líquidos.

Os mais comuns, ainda hoje em dia, são os Pós BC (utilizados para combate a incêndios das classes B e C), no entanto não é mais raro se encontrar Pós ABC (para incêndios das classes A, B e C), à base de fosfato de amônia.

Existem, também, pós para combate a incêndios de classe D.

Os pós químicos devem ser aplicados sobre as chamas e essas os extinguirão por:

Abafamento

O calor das chamas promoverá a decomposição térmica do pó, liberando dióxido de carbono e vapor d'água, que ocuparão o lugar do comburente no ambiente.

Resfriamento

Para sua decomposição, o pó absorverá parte do calor liberado pela combustão.

Quebra da reação em cadeia

Dada como a principal propriedade extintora do pó-químico, ocorre pela interferência que ele exerce na concentração de íons, provenientes da reação em cadeia, presentes na combustão, diminuindo o poder de reação com o comburente e extinguindo as chamas.

Proteção contra a irradiação do calor

A nuvem produzida pela aplicação do pó-químico torna opaco o ambiente nas proximidades do incêndio e dificulta a irradiação do calor.

14.5.3 Gás carbônico

Indicado para incêndios de **classe C** (equipamento elétrico energizado), por não ser condutor de eletricidade. Pode ser usado também em incêndios de **classes A e B**.

14.5.4 Espumas

A utilização de espuma para o combate a incêndio surgiu para satisfazer a necessidade de achar um método mais eficiente que a água para a aplicação em focos ocorridos em líquidos inflamáveis, uma vez que ela é menos densa e, por isso, tem maior probabilidade de permanecer na superfície dos líquidos.

A formação da espuma mecânica ocorre a partir da mistura de um líquido gerador de espuma (**LGE**) com a água. Esta mistura terá, ainda, a introdução de ar por meio de um processo mecânico para que seja, finalmente, formada a espuma que será utilizada no combate ao foco.

A espuma age por abafamento, separando o comburente do líquido que se incendeia pela formação de uma camada de espuma na superfície do líquido.

Para que, com a aplicação da espuma, o líquido em chamas não se espalhe, recomenda-se voltar os jatos para a parede do recipiente que contém o líquido, para que a espuma escorra e vá, gradualmente, cobrindo toda a superfície exposta do líquido. Pode também ser utilizada para o combate a incêndios em sólidos combustíveis.

O LGE, quando misturado com a água, reduz a tensão superficial da mistura final, e a espuma, uma vez formada, tem uma aderência maior e uma penetração maior no combustível, facilitando sua utilização para o resfriamento.

A espuma, portanto, é de utilização indicada para focos em líquidos combustíveis e sólidos combustíveis, embora, para este último, represente uma elevação no custo do combate.

14.5.5 Outros agentes extintores

Extintores de incêndio são equipamentos (normalmente na forma de cilindros) que são utilizados para o combate a princípios de incêndio por conterem pequenas quantidades de agente extintor sob pressão. Os extintores de incêndio possuem as seguintes características:

Vantagens	Eficácia
	Portabilidade
	Mobilidade

Classificação	**Portátil**: concebido para ser transportado, com peso inferior a 20kg;
	Sobre rodas: devido ao seu maior peso e maior quantidade de agente extintor, deve ter seu peso apoiado em rodas.

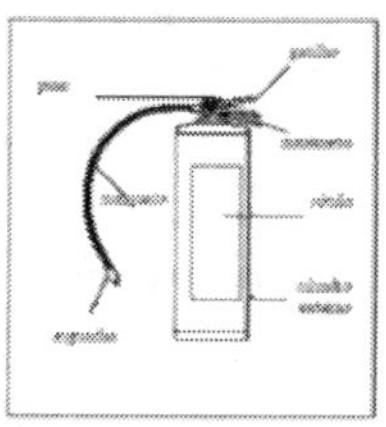

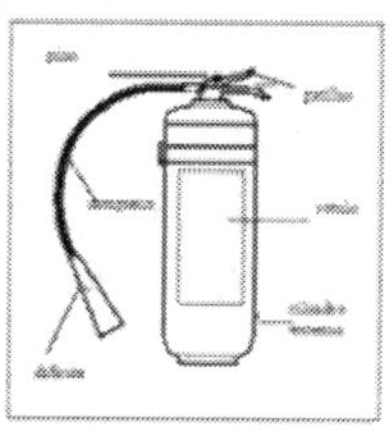

A **aplicação** do agente extintor deve ser feita de forma **correta**.	Limitações:
A **escolha** do agente deve ser **adequada** em razão da classe do incêndio.	*Todas relacionadas à baixa quantidade de agente extintor.*
A **utilização** deve ser feita apenas para **princípios** de incêndio.	

Halogenados (Halon, FM200, FE-36, NAF SIII, Halotron), Inergen, Argônio, Cloreto de Sódio e Limalha de Ferro Halogenados são produtos químicos compostos por elementos halogênios (Flúor, Cloro, Bromo e Iodo) que atuam como catalisadores positivos na quebra da reação em cadeia e, secundariamente, por abafamento.

Os compostos halogenados são ideais para combater incêndios em equipamentos elétricos e eletrônicos sensíveis, com uma eficiência superior à do CO2, dado que, inclusive, podem ser utilizados para incêndios das classes A e B, além da C.

Extintores de Incêndio são equipamentos (normalmente na forma de cilindros) que são utilizados para o combate a princípios de incêndio por conterem pequenas quantidades de agente extintor sob pressão.

15 EQUIPAMENTOS AUXILIARES E DE COMBATE

Para que o combate a incêndio seja viável e eficiente, é necessária a utilização de materiais e equipamentos adequados para as diversas operações.

BASICAMENTE, OS MATERIAIS E OS EQUIPAMENTOS E O COMBATE A INCÊNDIO COMPREENDEM:

- Mangueiras (via de regra, de 1 ½ e 2 ½ polegadas) e Mangotes;
- Esguichos para aplicação da água (universal, agulheta, regulável, pistola, canhão, lançador de espuma e proporcionador de espuma);
- Ferramentas (chaves de mangueira, de mangote e tipo "T");
- Acessórios hidráulicos (divisores, coletores, redutores, adaptadores e tampões); e
- Escadas (simples, prolongáveis, de gancho, de bombeiro e de crochê).

Os planos de emergência internos para edifícios ou recintos devem estabelecer como evacuar os ocupantes em risco, limitar a propagação e os danos dos incêndios usando meios próprios.

15.1 Planos de emergência e identificação

15.1.1 No plano de emergência interno deve ser constar

- Definição da organização a seguir em caso de emergências;
- Informação sobre as entidades internas e externas a serem contactadas em caso de emergência;
- Plano de atuaçao;
- Plano de evacuação;
- Instruções de segurança (em anexo);
- Plantas de emergência.

15.1.2 A organização em situação de emergência deve incluir

- Organogramas funcionais e hierárquicos do ssi (serviço de segurança contra incêndio) abrangendo as diversas fases que uma situação de emergência tem;
- Identificação das pessoas que participam nas diferentes equipes de intervenção e as suas responsabilidades e missões a concretizar em caso de emergência.

O plano de atuação deve ter a organização das operações a efetivar pelos delegados e agentes de segurança na eventualidade de ocorrência de situações perigosas e os procedimentos

- Conhecimento prévio dos riscos, especialmente para os locais de risco c, d e f;
- Procedimentos a serem adotados após a detecção ou percepção de um alarme de incêndio;
- Planificação da difusão dos alarmes (gerais e restritos) e a transmissão do alerta;
- Coordenação das operações estabelecidas no plano de evacuação;
- Ativação dos meios de primeira intervenção presentes nos edifícios, adequados para cada circunstância, incluindo explicação sobre como utilizar esses meios;

- Execução das manobras dos dispositivos de segurança, nomeadamente de corte do fornecimento de combustíveis e da alimentação de energia eléctrica, fecho de portas resistentes ao fogo e das instalações de controlo de fumo;
- Prestação de primeiros socorros;
- Proteção de locais de risco e de pontos chave da utilização-tipo;
- Acolhimento, orientação, informação e suporte dos bombeiros;
- Reposição das condições de segurança a seguir a uma situação de emergência.

O plano de evacuação deve incluir as instruções e os procedimentos que todo o pessoal da utilização-tipo deve obedecer, sobre a gestão das operações que garantam uma evacuação ordenada, parcial ou total, dos espaços considerados em risco pelo responsável de segurança e abranger:

- Encaminhamento seguro e rápido dos ocupantes para o exterior ou para zona segura, pela referenciação de vias de evacuação, pontos de encontro e zonas de refúgio;
- Auxílio a utilizadores com capacidades limitadas ou em dificuldade, de modo que ninguém fique bloqueado no edifício;
- Confirmação da total evacuação dos espaços e garantia de que ninguém regressará a esses.

As plantas de emergência, a elaborar para cada piso da utilização-tipo, quer para edifícios ou para recintos, devem:

- Ser afixadas em posições estratégicas perto dos acessos principais do piso a que se referem;
- Ser afixadas em locais de risco d e e nas zonas de refúgio.

16 PRODUTOS PERIGOSOS

16.1 Classificação dos produtos perigosos

Descrição das classes de risco de produtos perigosos, conforme definição definida pela Organização das Nações Unidas (ONU). De todos os segmentos que trabalham com produtos perigosos, segundo as estatísticas disponíveis no estado de São Paulo, as atividades realizadas no transporte rodoviário são as que mais têm contabilizado ocorrências envolvendo acidentes com vazamento de produtos perigosos para o meio ambiente. Estes veículos circulam por áreas densamente povoadas e vulneráveis do ponto de vista ambiental, agravando, assim, os impactos causados ao meio ambiente e à comunidade, quando dessas ocorrências.

Liberações acidentais de produtos químicos no meio ambiente, dependendo das características físicas, químicas e toxicológicas dessas substâncias, podem originar diferentes tipos de impacto, causando danos à saúde pública, ao meio ambiente, à segurança da população e ao patrimônio, público e privado. Assim, a legislação vigente determina que todos os veículos que transportam produtos perigosos devem portar informações que facilitem a identificação dos produtos transportados e de seus respectivos riscos. Uma das primeiras ações a serem executadas em um cenário acidental envolvendo o transporte rodoviário de produtos perigosos é o da pronta classificação e identificação dos produtos envolvidos.

O acesso às informações relativas às características físicas e químicas do produto irá subsidiar as equipes na imediata adoção das medidas de controle, reduzindo os riscos para a comunidade, aos próprios atendentes da ocorrência e ao meio ambiente.

Os produtos perigosos são classificados pela Organização das Nações Unidas (ONU) em nove classes de riscos e respectivas subclasses, conforme apresentado na Tabela 1.

Tabela 1 – Classificação ONU dos Riscos dos Produtos perigosos

Classificação	Subclasse	Definições
Classe 1 Explosivos	1.1	Substância e artigos com risco de explosão em massa.
	1.2	Substância e artigos com risco de projeção, mas sem risco de explosão em massa.
	1.3	Substâncias e artigos com risco de fogo e com pequeno risco de explosão ou de projeção, ou ambos, mas sem risco de explosão em massa.
	1.4	Substância e artigos que não apresentam risco significativo.
	1.5	Substâncias muito insensíveis, com risco de explosão em massa;
	1.6	Artigos extremamente insensíveis, sem risco de explosão em massa.
Classe 2 Gases	2.1	Gases inflamáveis: são gases que a 20°C e à pressão normal são inflamáveis quando em mistura de 13% ou menos, em volume, com o ar ou que apresentem faixa de inflamabilidade com o ar de, no mínimo 12%, independente do limite inferior de inflamabilidade.
	2.2	Gases não-inflamáveis, não tóxicos: são gases asfixiantes, oxidantes ou que não se enquadrem em

		outra subclasse.
	2.3	Gases tóxicos: são gases, reconhecidamente ou supostamente, tóxicos e corrosivos que constituam risco à saúde das pessoas.
Classe 3 Líquidos Inflamáveis	-	Líquidos inflamáveis: são líquidos, misturas de líquidos ou líquidos que contenham sólidos em solução ou suspensão, que produzam vapor inflamável a temperaturas de até 60,5°C, em ensaio de vaso fechado, ou até 65,6ºC, em ensaio de vaso aberto, ou ainda os explosivos líquidos insensibilizados dissolvidos ou suspensos em água ou outras substâncias líquidas.
Classe 4 Sólidos Inflamáveis; Substâncias sujeitas à combustão espontânea; substâncias que, em contato com água, emitem gases inflamáveis	4.1	Sólidos inflamáveis, substâncias auto-reagentes e explosivos sólidos insensibilizados: sólidos que, em condições de transporte, sejam facilmente combustíveis, ou que por atrito possam causar fogo ou contribuir para tal; substâncias auto-reagentes que possam sofrer reação fortemente exotérmica; explosivos sólidos insensibilizados que possam explodir se não estiverem suficientemente diluídos.
	4.2	Substâncias sujeitas à combustão espontânea: substâncias sujeitas a aquecimento espontâneo em condições normais de transporte, ou a aquecimento em contato com ar, podendo inflamar-se.
	4.3	Substâncias que, em contato com água, emitem gases inflamáveis: substâncias que, por interação com água, podem tornar-se espontaneamente inflamáveis ou liberar gases inflamáveis em quantidades perigosas.
Classe 9 Substâncias e Artigos Perigosos Diversos	-	São aqueles que apresentam, durante o transporte, um risco não abrangido por nenhuma das outras classes.

A classificação de uma substância numa das classes de risco acima apresentadas é realizada por meio de critérios técnicos, os quais estão definidos na legislação do transporte rodoviário de produtos perigosos.

16.2 Produtos perigosos

É todo produto relacionado na Resolução nº 420/04 da ANTT, ou que represente risco para a saúde das pessoas, para a segurança pública ou para o meio ambiente. A Resolução esclarece, além das informações gerais, os números ONU e de risco, a classe de risco e o risco subsidiário dos produtos.

16.2.1 Transporte de produtos perigosos

É o deslocamento de um produto perigoso de um ponto para outro com técnicas e cuidados especiais.

Os veículos que transportam produtos perigosos são identificados pelo uso de um retângulo de cor laranja, de tamanho 30 x 40 cm, chamado de painel de segurança, afixado nas laterais, na frente e na traseira e, em alguns casos, pelo porte de um losango de tamanho 30 x 30 cm, de cores e desenhos variados, chamado rótulo de risco, afixado nas laterais e traseira. Observe que os veículos que transportam combustível para os postos e gás de cozinha para as residências, possuem esses símbolos.

Observe também que não são apenas os caminhões tanque que transportam produtos perigosos. Os caminhões de carroceria aberta e fechada transportam tambores, bombonas, botijões e cilindros. Os rótulos de risco identificam a classe de risco do produto e os painéis de segurança, por meio de números. Quando o painel de segurança não portar números, significa que, no veículo, se encontram vários produtos embalados.

Se, durante a viagem, você encontrar um veículo com esses símbolos, envolvido em um acidente, faça o seguinte:

- ▷ Não se aproxime nem mesmo para tentar socorrer o motorista. Existem produtos que liberam gases incolores e inodoros e você corre o risco de se intoxicar gravemente, podendo ser fatal.
- ▷ Anote em um papel os números que estão no painel de segurança e a cor do rótulo de risco.
- ▷ Tenha o cuidado para não anotar errado, pois a inversão de apenas um número poderá prejudicar o atendimento de emergência por parte das equipes de socorro.
- ▷ Procure verificar se há vazamento de líquido ou gases.
- ▷ Tente avisar os motoristas que viajam no sentido contrário ao seu para que não se aproximem do local e avise a Policia Rodoviária e o Corpo de Bombeiros, pelos telefones 190 e 193, ou a primeira viatura que encontrar, informando os números anotados, a rodovia e o km exato do local do acidente.

- Se for possível, e com ajuda de outros motoristas, tente impedir a aproximação de curiosos, porém não permita que ocupem o acostamento da rodovia, pois as equipes que atenderam a emergência necessitam ter acesso livre ao local.
- Caso o motorista esteja consciente, lembre-o que ele deve manter em mãos um documento chamado Ficha de Emergência, a fim de entregá-lo às autoridades públicas, assim que chegarem.
- Após esse socorro inicial, afaste-se o mais distante possível do local.

O vento pode espalhar a nuvem tóxica. Adotando esses procedimentos, com certeza você estará salvando muitas vidas e contribuindo para o pronto atendimento da emergência. A Organização das Nações Unidas (ONU), preocupada com o crescente número de acidentes ambientais envolvendo produtos perigosos e a necessidade de uma padronização dos mesmos, atribuiu a cada um deles um número composto de quatro algarismos, conhecido por: número da ONU.

A relação completa dos produtos perigosos, em ordem numérica e alfabética, consta do Manual de Emergências da Associação Brasileira da Indústria Química e de Produtos Derivados (ABIQUIM).

Consideramos sistemas informais aqueles que permitem o reconhecimento da presença de produtos perigosos, quer por meio da apreciação das formas estruturais dos recipientes onde se encontram os produtos, sejam eles fixos ou de transporte, quer por meio da observação de marcas, cores, características de ocupação e localização.

16.3 Sistemas formais de identificação

Os sistemas formais de identificação são todos aqueles normatizados, de características similares e de uso massivo, que incorporam informações suficientes para uma identificação primária do produto perigoso com segurança.

A Associação é uma entidade de classe representativa do setor da indústria química no Brasil, fundada no ano de 1964. **A identificação formal de um produto perigoso poderá ser realizada por qualquer uma das seguintes maneiras:**

CLASSES DE RISCO E RÓTULOS

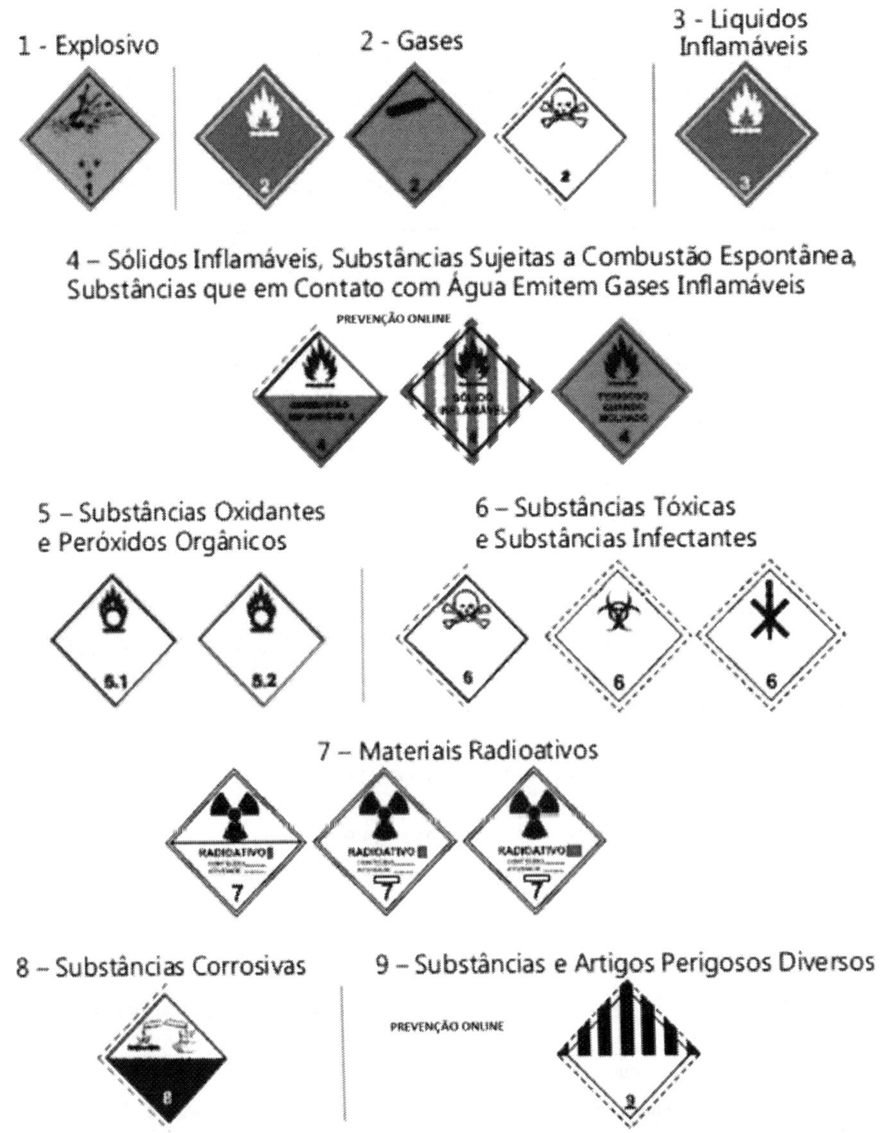

16.3.1 Número da onu

É o número de 4 algarismos (número da ONU) existente no painel de segurança (placa retangular de cor laranja) afixado nas laterais, na traseira e na dianteira do veículo de transporte.

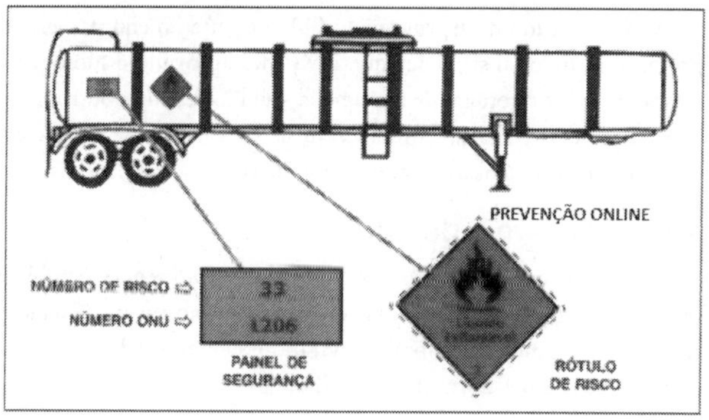

Na Ausência De Risco Subsidiário: deve ser colocado como segundo algarismo o número: zero; no caso de gás, nem sempre o primeiro algarismo significa o risco principal; e a duplicação ou triplicação dos algarismos significa uma intensificação do risco.

3 = inflamável;

33 = muito inflamável;

333 = altamente inflamável.

Significado do primeiro algarismo (risco principal do produto)

- Explosivo.
- Gás Líquido inflamável.
- Sólido inflamável.
- Substância oxidante ou peróxido orgânico.
- Substância tóxica.
- Substância radioativa.
- Substância corrosiva.

Significado do segundo e/ou terceiro algarismos (risco adicionais)

- Ausência de risco subsidiário.
- Explosivo.
- Emana gás.
- Inflamável.
- Fundido.
- Oxidante.
- Tóxico.
- Radioativo.
- Corrosivo.
- Perigo de reação violenta.

17 ESTOCAGEM DE LÍQUIDOS INFLAMÁVEIS E COMBUSTÍVEIS

Para realizar o levantamento visando à elaboração de um projeto, devem ser coletadas as informações referentes às características físico-químicas dos produtos armazenados, características construtivas dos tanques de armazenagem e área disponível para posicionar os tanques.

Após coletar as informações, devem-se identificar as distâncias mínimas estabelecidas pela Norma, considerando as propriedades físico-químicas dos produtos a serem estocados nos tanques. Os seguintes documentos devem estar disponíveis:

- Ficha de Informação de Segurança de Produtos Químicos (FISPQ) dos produtos que se deseja estocar no parque de tanques.
- Planta de situação onde seja possível identificar as distâncias entre os tanques, para a área de processo, limites da fábrica, presença de rodovias, local de passagem de pessoas, escritório, vestiários, acesso de caminhões de carregamento ou descarregamento, trânsito de empilhadeiras, painéis de comandos, sistema de transferência, entre outros.

Em paralelo ao projeto do parque de tanques, deve ser feito um estudo de área classificada **(NR 10 – Segurança em Instalações e Serviços em Eletricidade)** para garantir que o posicionamento do painel de comando das bombas atenda à classificação elétrica da área prevista na Norma **ABNT NBR 5418** ou em norma internacionalmente aceita, desde que atenda aos requisitos mínimos da legislação e das normas brasileiras.

Líquidos inflamáveis e combustíveis devem ser acondicionados em embalagens que sejam construídas conforme técnicas oficiais vigentes, ou seja, construídas e fechadas de forma a evitar que, por falta de estanqueidade, venham a permitir qualquer vazamento provocado por variações de temperatura, umidade ou pressão (resultantes de variações climáticas ou geográficas), em condições normais de transporte.

A parte externa das embalagens não deve estar contaminada com qualquer quantidade de produtos perigosos, sejam elas novas ou reutilizadas.

Numa embalagem reutilizada, devem ser tomadas todas as medidas necessárias para prevenir contaminação.

As partes da embalagem que entram em contato direto com os produtos não devem ser afetadas por ação química, ou outras ações daqueles produtos (se necessário, as embalagens devem ser providas de revestimento ou tratamento interno adequado) nem incorporar componentes que possam reagir com o conteúdo, formando com este combinações nocivas ou perigosas, ou enfraquecendo significativamente a embalagem. Exceto quando haja prescrição específica em contrário, os líquidos não devem encher completamente uma embalagem à temperatura de 55 °C, para prevenir vazamento ou deformação permanente da embalagem, em decorrência de uma expansão do líquido, provocada por temperaturas que podem ser observadas durante o transporte.

Embalagens internas devem ser acondicionadas e calçadas de forma a prevenir quebra, puncionamento ou vazamento dentro da embalagem externa, em condições normais de transporte. Além disso, embalagens frágeis (cerâmica, porcelana, vidro, alguns plásticos etc.) devem ser calçadas, nas embalagens externas, com materiais que absorvam os choques.

18 SELEÇÃO, USO, CUIDADOS E MANUSEIO DE EPI E EPR

18.1 Equipamentos de proteção individual

O Equipamento de Proteção Individual - EPI é todo dispositivo ou produto, de uso individual utilizado pelo trabalhador, destinado a proteção contra riscos capazes de ameaçar a sua segurança e a sua saúde.

O uso deste tipo de equipamento só deverá ser feito quando não for possível tomar medidas que permitam eliminar os riscos do ambiente em que se desenvolve a atividade, ou seja, quando as medidas de proteção coletiva não forem viáveis, eficientes e suficientes para a atenuação dos riscos e não oferecerem completa proteção contra os riscos de acidentes do trabalho e/ou de doenças profissionais e do trabalho.

Os equipamentos de proteção coletiva - EPC são dispositivos utilizados no ambiente de trabalho com o objetivo de proteger os trabalhadores dos riscos inerentes aos processos, tais como o enclausuramento acústico de fontes de ruído, a ventilação dos locais de trabalho, a proteção de partes móveis de máquinas e equipamentos, a sinalização de segurança, dentre outros. Como o EPC não depende da vontade do trabalhador para atender suas finalidades, este tem maior preferência pela utilização do EPI, já que colabora no processo minimizando os efeitos negativos de um ambiente de trabalho que apresenta diversos riscos ao trabalhador.

Portanto, o EPI será obrigatório somente se o EPC não atenuar os riscos completamente ou se oferecer proteção parcialmente.

Conforme dispõe a Norma Regulamentadora 6, a empresa é obrigada a fornecer aos empregados, gratuitamente, EPI adequado ao risco, em perfeito estado de conservação e funcionamento, nas seguintes circunstâncias:

- sempre que as medidas de ordem geral não ofereçam completa proteção contra os riscos de acidentes do trabalho ou de doenças profissionais e do trabalho;
- enquanto as medidas de proteção coletiva estiverem sendo implantadas; e
- para atender a situações de emergência

Os tipos de EPI´s utilizados podem variar dependendo do tipo de atividade ou de riscos que poderão ameaçar a segurança e a saúde do trabalhador e da parte do corpo que se pretende proteger, tais como:

- **Proteção auditiva:** abafadores de ruídos ou protetores auriculares;
- **Proteção respiratória:** máscaras e filtro;
- **Proteção visual e facial:** óculos e viseiras;
- **Proteção da cabeça:** capacetes;
- **Proteção de mãos e braços:** luvas e mangotes;
- **Proteção de pernas e pés:** sapatos, botas e botinas;
- **Proteção contra quedas:** cintos de segurança e cinturões.

O equipamento de proteção individual, de fabricação nacional ou importado, só poderá ser posto à venda ou utilizado com a indicação do Certificado de Aprovação - CA, expedido pelo órgão nacional competente em matéria de segurança e saúde no trabalho do Ministério do Trabalho e Emprego.

18.1.1 Importância do uso do equipamento de proteção individual

O Equipamento de Proteção Individual – EPI é todo dispositivo ou produto de uso individual a ser utilizado pelo trabalhador, que se destina a protegê-lo dos possíveis riscos que ameaçam a sua segurança e a sua saúde no trabalho. Podemos citar alguns exemplos de EPI's:

- Luvas de proteção e segurança;
- Protetor auricular;
- Capacetes de segurança;
- Óculos ou viseiras de segurança.

No entanto, as empresas devem primeiramente buscar implantar medidas de proteção coletiva, devido a sua maior eficiência em relação aos EPIs na eliminação ou a redução dos riscos presentes no ambiente de trabalho. As empresas são obrigadas a fornecerem aos seus empregados, gratuitamente, o equipamento de proteção individual em perfeito estado de conservação, funcionamento e adequado ao risco de cada atividade.

Além disso, as empresas e os profissionais da área de segurança e saúde do trabalho devem saber que todo equipamento de proteção individual, sendo de fabricação nacional ou importado, só poderá ser posto à venda ou utilizado com a indicação do Certificado de Aprovação – CA, expedido pelo órgão nacional competente em matéria de segurança e saúde no trabalho do Ministério do Trabalho e Emprego.

O Certificado de Aprovação – CA presente no equipamento de proteção individual significa que o EPI foi aprovado e submetido a inúmeros testes rigorosos de resistência, qualidade, entre outros requisitos. Todo esse trabalho é uma garantia que o EPI está em perfeitas condições e poderá usado tranquilamente sem riscos de falhas.

18.1.2 Objetivo do epi

Os Equipamentos de Proteção Individual – EPI tem como objetivo proteger o trabalhador dos possíveis riscos que ameaçam a sua segurança e a sua saúde no trabalho, evitando ou atenuando a gravidade das possíveis lesões durante o trabalho.

18.1.3 Responsabilidades do empregador

De acordo com o subitem 6.6.1 da norma regulamentadora nº 06, cabe ao empregador quanto ao EPI:

- adquirir o adequado ao risco de cada atividade;
- exigir seu uso;
- fornecer ao trabalhador somente o aprovado pelo órgão nacional competente em matéria de segurança e saúde no trabalho;
- orientar e treinar o trabalhador sobre o uso adequado, guarda e conservação;
- substituir imediatamente, quando danificado ou extraviado;
- responsabilizar-se pela higienização e manutenção periódica; e,
- comunicar ao MTE qualquer irregularidade observada.
- registrar o seu fornecimento ao trabalhador, podendo ser adotados livros, fichas ou sistema eletrônico."

18.1.4 Responsabilidades do trabalhador

Cabe ao empregado quanto ao EPI:

- usar, utilizando-o apenas para a finalidade a que se destina;
- responsabilizar-se pela guarda e conservação;
- comunicar ao empregador qualquer alteração que o torne impróprio para uso; e,
- cumprir as determinações do empregador sobre o uso adequado.

18.1.5 A importância do uso do epi

Como vimos anteriormente, trata-se de uma obrigação legal do empregador fornecer o equipamento de proteção individual, assim como do empregado utilizá-lo. A utilização do EPI torna o ambiente de trabalho mais seguro e saudável, evitando assim situações de perigo que possam colocar os empregados e empregadores em risco. O fornecimento, a orientação, a utilização e a fiscalização na utilização dos equipamentos de proteção individual é de fundamental importância para a conscientização dos funcionários e o êxito da empresa. O uso correto do EPI Além de fornecer o EPI, as empresas são responsáveis segundo o item 6.6.1 sobre o treinamento do uso correto do EPI.

Por isso, a INBEP desenvolveu uma plataforma especialmente para empresas que desejam capacitar os seus funcionários para o uso correto dos EPIs.

18.2 Equipamentos de proteção respiratória

A variedade de tarefas que são realizadas com proteção respiratória é demasiadamente grande para um único tipo universal de equipamento. Desenvolveu-se, portanto, para atender às inúmeras tarefas distintas, várias espécies diferentes de proteção respiratória. Pelo efeito de sua proteção os equipamentos de proteção respiratória são divididos em 2 grupos principais, assim temos "os dependentes" que dependem do efeito do ar atmosférico e "os independentes", aqueles que independem do efeito ao ar atmosférico ambiental.

Os filtros de respiração retêm os poluentes do ar respirado, porém não fornecem oxigênio. Em decorrência deste fato só poderão ser usados em atmosferas que contenham no mínimo 19,5% em volume de oxigênio. Os filtros de respiração aparecem nas mais variadas formas construtivas.

São concebidos como:

- filtros de encaixe;
- filtros de rosca;
- filtros de cartucho.

Em lugares com deficiência de oxigênio ou com elevadas concentrações de contaminantes, é obrigatório o uso de equipamentos que independem do meio atmosférico ambiental, tais como:

- equipamento de respiração com linha de ar;
- equipamentos autônomos de respiração a ar comprimido;
- equipamentos autônomos de respiração com oxigênio.

18.2.1 Equipamentos autônomos de respiração

O equipamento autônomo de respiração (ou de ar respirável), como é conhecido, consiste de um ou dois cilindros, contendo ar comprimido, montado num suporte, fixado por meio de uma cinta de rápida abertura. O suporte é fixado às costas do bombeiro, por intermédio de duas alças, uma em cada ombro, e um cinto ajustável na altura do abdômen. Os cilindros podem ser de aço, fibra de carbono ou alumínio revestido em kevlar.

Os equipamentos autônomos são constituídos de cinco peças principais:

- Máscara facial;
- Válvula de demanda;
- Regulador de pressão;
- Suporte com cinto e arreios; e
- Cilindro de ar respirável.

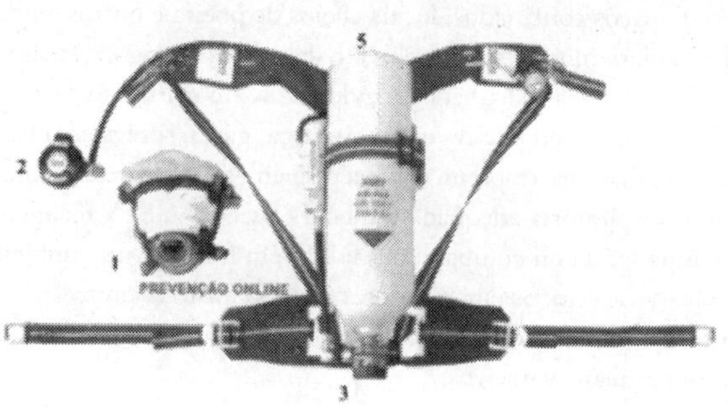

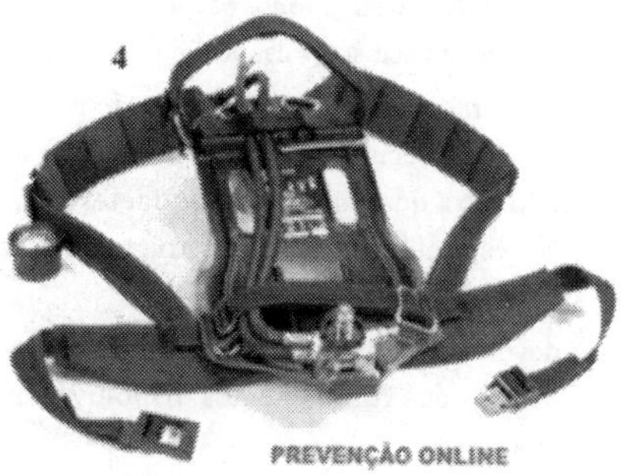

O equipamento autônomo de respiração é um equipamento que se caracteriza pela total mobilidade que fornece ao bombeiro, combinada com uma razoável autonomia de tempo para a execução de atividades de combate a incêndios, salvamento e atendimento a emergências químicas.

Para o tipo de trabalho desempenhado pelo corpo de bombeiros, recomenda-se apenas o uso de equipamento com suprimento de ar de pressão positiva, que mantém a atmosfera contaminada fora da máscara, ficando descartado o uso de equipamentos que utilizam o sistema de purificação de ar (máscara filtrante), por não oferecerem o grau de segurança suficiente para tais trabalhos. Alguns modelos de equipamentos autônomos de respiração oferecem a opção da instalação de uma ou duas máscaras para uso de vítimas (máscara do carona).

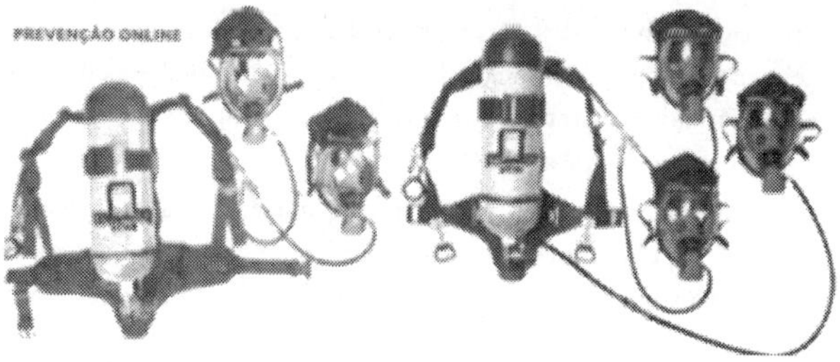

Os equipamentos de proteção respiratória (EPR) é um equipamento de proteção individual que serve para proteger o usuário individual contra a inalação de substâncias perigosas no ar do local de trabalho. O EPR deve ser usado apenas quando o controle adequado da exposição não puder ser alcançado por outros meios, ou seja, como último recurso dentro da hierarquia das medidas de controle: eliminação, substituição, controles de engenharia, controles administrativos, etc.

O ideal seria que as empresas devem primeiro tentar eliminar o risco na fonte e o EPR só deve ser usado após todas as outras medidas de controle razoavelmente praticáveis terem sido tomadas. O epi é considerado um último recurso porque protege apenas trabalhadores individuais, é propenso a falhas ou uso indevido, como usá-lo de forma inadequada no trabalho, sendo que aqueles que o usam podem ter uma falsa sensação de segurança.

Espaços confinados, locais cheios de poeira e outros ambientes que poderiam tornar o simples ato de respirar perigoso fazem parte do dia a dia dos trabalhadores industriais. Ao manter fora do ar contaminantes como poeira, névoa, fumaça, gases, sprays e/ou vapores, os trabalhadores respiram como a primeira linha de defesa, uma proteção respiratória adequada também é essencial. Se a reengenharia de uma tarefa ou equipamento falhar em fornecer um ambiente de trabalho seguro, os empregadores deverão fornecer proteção respiratória apropriada para todos os funcionários que possam estar expostos a contaminantes nocivos.

Para conformidade com a segurança da proteção respiratória, os empregadores devem seguir os requisitos dos regulamentos governamentais, incluindo os gerais que se aplicam a todos os locais de trabalho e os específicos para exposições em seu setor específico.

A seleção de respiradores requer saber qual o nível de proteção respiratória que os funcionários precisam, bem como qual o tamanho de respirador adequado para qualquer contorno facial e facial. Os dispositivos de proteção respiratória variam em projeto, aplicação e capacidade de proteção.

Portanto, o usuário deve avaliar o risco de inalação e entender as limitações específicas de uso dos equipamentos disponíveis para auxiliar na seleção adequada.

Os respiradores se enquadram em duas classificações: purificador de ar e suprimento de ar. Os primeiros são usados contra partículas, gases e vapores.

Eles são classificados como respiradores de pressão negativa que usam cartuchos e/ou filtros químicos; máscaras de gás; e unidades de pressão positiva, como respiradores purificadores de ar. Os respiradores purificadores de ar variam de simples máscaras descartáveis a máscaras faciais com pouca manutenção com cartuchos e/ou filtros e outras mais complexas com capas ou capuzes completos.

A escolha do tipo de proteção respiratória a ser utilizada deve ser determinada por uma avaliação de risco criteriosa, devendo levar em consideração a natureza do risco, incluindo as propriedades físicas, deficiência de oxigênio, efeitos fisiológicos sobre o organismo, concentração do material de risco ou nível de radioatividade, limites de exposição estabelecidos para os materiais químicos, concentração no meio ambiente; o (s) agente(s) de risco; o tipo de atividade ou ensaio a ser executado; características e limitações de cada tipo de respirador; o nível mínimo de proteção do equipamento.

A legislação brasileira estabelece alguns critérios que devem ser observados pelo empregador: o estabelecimento de procedimentos operacionais padrões específicos para a seleção e uso destes equipamentos, procedimentos emergenciais, treinamento do trabalhador/usuário, monitoramento ambiental periódico, etc.

19 PRIMEIROS SOCORROS

Se todos soubessem noções básicas de primeiros socorros, muitas vidas poderiam ser salvas. Apresentaremos alguns procedimentos que poderão auxiliá-lo em caso de emergência. O objetivo dos Primeiros Socorros é de manter o paciente com vida ou até a chegada de socorro médico apropriado ou até que o ferido chegue até um local onde possa ser dado o devido atendimento. É importante mencionar que a prestação de primeiros socorros não deve ser um ato que comprometa a sua vida ou a vida do paciente e, logicamente, não exclui a importância de um médico.

19.1 Ferimentos

Limpe as mãos com água e sabão, se possível utilize uma luva. Lave o ferimento com água, desinfete com água oxigenada. Se houver algum corpo estranho (caco de vidro, farpa, espinho etc.) remova-o com a pinça apenas se o objeto for pequeno e se puder removê-lo com facilidade, se não, deixe esta tarefa para o médico.

Depois da aplicação de água oxigenada, seque o ferimento com um pouco de algodão e aplique um anti-séptico (Povidine, por exemplo). Se o ferimento for pequeno cubra com um Band-Aid, se for maior coloque uma atadura de gaze esterilizada e prenda com esparadrapo.

19.2 Queimaduras

Denomina-se queimadura toda e qualquer lesão ocasionada no organismo humano pela ação curta ou prolongada de temperaturas extremas sobre o corpo humano. As queimaduras podem ser superficiais ou profundas, e é possível dividi-las em diferentes tipos, de acordo com a gravidade.

A gravidade de uma queimadura não se mede somente pelo grau de lesão, mas também pela extensão da área atingida. São consideradas grandes queimaduras aquelas que atingem mais de 15% do corpo, no caso de adultos. Para crianças de até 10 anos, são consideradas grandes queimaduras aquelas que atingem mais de 10% do corpo.

Para avaliar melhor a gravidade de uma queimadura, você pode adotar a tabela a seguir:

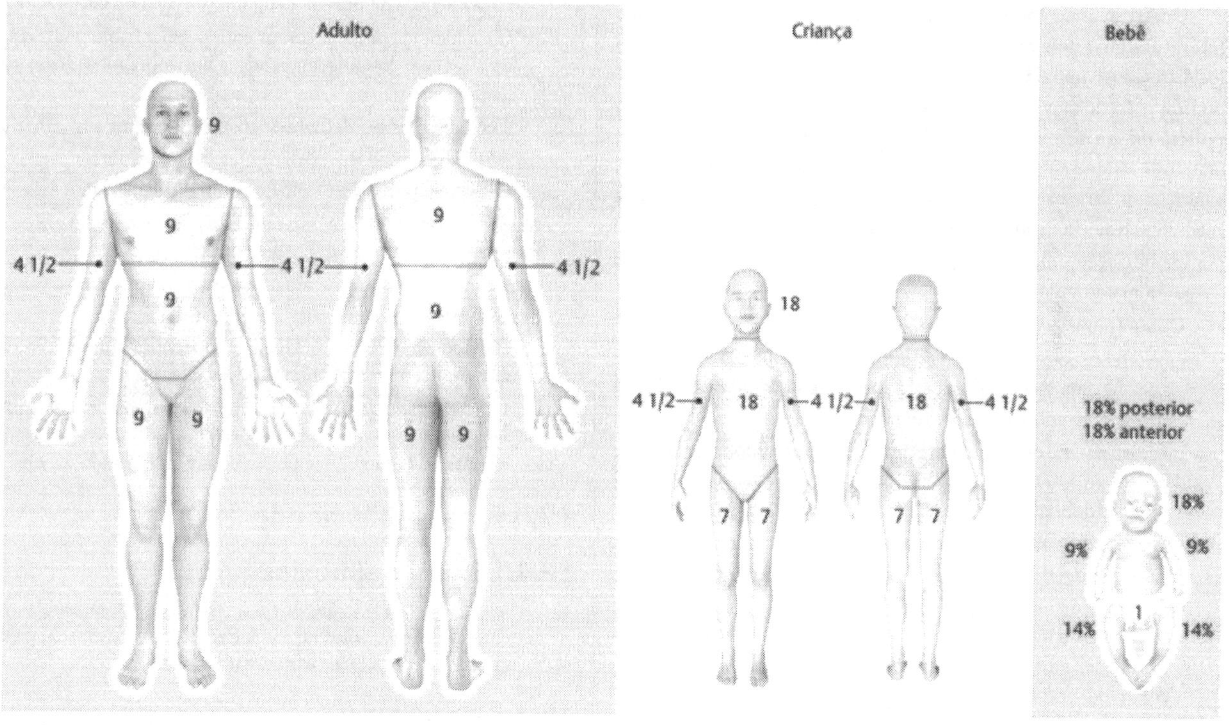

Fig. 5 Demonstração esquemática da regra dos nove para o cálculo da extensão das queimaduras. Considera-se que o corpo adulto pode ser dividido anatomicamente em onze áreas, cada uma compreendendo 9% da área total. Todas as áreas são múltiplos de nove (9 e 18%), mas podem variar entre adultos e crianças, como a região do períneo no adulto (1%) e o membro inferior na criança (14%).

Se o socorrista souber classificar uma grande queimadura e encaminhar a vítima para um pronto socorro, já será de grande valia. Vamos conhecer e especificar cada caso e saber como agir em cada um deles. Os primeiros socorros dependem muito da extensão e causa do ferimento, pequenas queimaduras podem ser colocadas sob água corrente apenas, o uso de óleos ou pomadas não é recomendado em nenhum caso. Também não se deve furar bolhas e, em acidentes automobilísticos, não se deve dar nenhum líquido sem antes avaliar outras possíveis lesões.

19.2.1 Queimadura por fogo

Quando a queimadura for causada por fogo e as roupas estiverem se incendiando, a primeira providência é, naturalmente, apagar o fogo. Dependendo do local do acidente e dos recursos disponíveis, de imediato pode-se usar um cobertor para sufocar as chamas ou rolar a vítima no chão. Se as queimaduras atingirem o tórax, o abdômen ou as costas, pode-se jogar água fria sobre as feridas, para aliviar as dores. Em seguida, remover a vítima para um hospital. Se a vítima estiver consciente, dê-lhe bastante líquido para beber: água, chá ou sucos. Anime-a e tranquilize-a.

19.2.2 Queimadura por substâncias químicas (tintas, ácidos, detergentes etc.)

Antes de cuidar dos ferimentos, é preciso verificar se a substância química não reage com água em vez de ser dissolvida por ela, só neste último caso é que molhamos todas as peças de roupa que estejam impregnadas pela substância para removê-las sem causar maiores danos. Isso porque o contato com a roupa pode gerar novas queimaduras. Depois, devemos lavar o local queimado com água em abundância, durante 10 a 15 minutos, para que não reste qualquer resíduo da substância química e, em seguida, proteger as feridas com gaze ou pano limpo. A queimadura nos olhos é um caso muito especial. A ação deve ser rápida, para evitar a perda parcial ou total da visão. Neste caso, devemos lavar o olho da vítima com bastante água. Depois que a ferida estiver limpa, deve-se colocar sobre ela um curativo de gaze ou pano limpo.

19.3 Fraturas

Fratura é uma lesão em que ocorre a quebra de um osso do esqueleto. Há dois tipos de fratura, a saber: a fratura interna e a fratura exposta.

19.3.1 Fratura interna (ou fechada)

Ocorre quando não há rompimento da pele. Suspeitamos de que há fratura quando a vítima apresenta: dor intensa; deformação do local afetado, comparado com a parte normal do corpo; incapacidade ou limitação de movimentos; edema (inchaço) no local; este inchaço poderá ter cor arroxeada, quando ocorre rompimentos de vasos e acúmulo sangue sob a pele (hematoma); crepitação, que provoca a sensação de atrito ao se tocar no local afetado. A providência mais recomendável a ser tomada nos casos de suspeita de fratura interna é a imobilização, impedindo o deslocamento dos ossos fraturados e evitando maiores danos.

Como Imobilizar:

- Não tente colocar o osso "no lugar"; movimente-o o menos possível. Mantenha o membro na posição mais natural possível, sem causar desconforto para a vítima.
- **Improvise talas com o material disponível no momento:** uma revista grossa, madeira, galhos de árvores, guarda-chuva, jornal grosso e dobrado.
- Acolchoar as talas com panos ou quaisquer materiais macios, a fim de não ferir a pele.
- O comprimento das talas deve ultrapassar as articulações acima ou abaixo do local da fratura e sustentar o membro atingido; elas devem ser amaradas com tiras de pano em torno do membro fraturado.
- Não amarrar no local da fratura.

Toda vez que for imobilizar um membro fraturado, deixe os dedos para fora, de modo a poder verificar se não estão inchados, roxos ou adormecidos.

Se estiverem roxos, inchados ou adormecidos, as tiras devem ser afrouxadas. Em alguns casos, como no da fratura do antebraço, por exemplo, deve-se utilizar uma tipoia, use uma bandagem triangular ou dobre um lenço em triângulo (seu lenço escoteiro, por exemplo), envolvendo o antebraço, e prenda as pontas deste atrás do pescoço da vítima. Muitos cuidados devem ser tomados com relação à vítima com perna fraturada. Não deixe que ela tente andar. Se for necessário transportá-la, improvise uma maca e solicite a ajuda de alguém para carregá-la.

19.3.2 Fratura exposta (ou aberta)

A fratura é exposta ou aberta quando o osso perfura a pele. Nesse caso, proteja o ferimento com gaze ou pano limpo antes de imobilizar, a fim de evitar a penetração de poeira ou quaisquer outras substâncias que favoreçam uma infecção. Não tente colocar os ossos no lugar. Ao contrário, evite qualquer movimento da vítima. Procure atendimento médico imediato.

- **Fraturas Especiais** – Há casos que exigem cuidados especiais. São as fraturas de crânio, coluna, costelas, bacia e fêmur. É muito importante que o socorrista saiba identificar os sintomas e sinais prováveis de cada uma dessas fraturas.
- **Fratura Do Crânio** – Dores, inconsciência, parada respiratória, hemorragia pelo nariz (Epistaxe), boca (Estomatorragia) ou ouvido (otorragia).
  - **Fratura De Coluna** – Dores, formigamento e incapacidade de movimento de membros (braços e pernas).
- **Fratura De Costelas** – Respiração difícil, dor a cada movimento respiratório.
- **Fratura De Fêmur E Bacia – Dor no local, dificuldade de movimentar-se e de andar. Ao suspeitar de uma dessas fraturas:**
  - **Primeiro Socorros:**
    - Mantenha a vítima imóvel e agasalhada.
    - Não mexa nem permita que ninguém mexa na posição da vítima até a chegada de pessoal habitado (médico ou enfermeiro).
    - Caso não seja possível contar com pessoal habitado, transporte a vítima sem dobrá-la, erguendo-a horizontalmente com a ajuda de três pessoas.
    - **Coloque a vítima deitada de costas sobre uma superfície dura, como:** maca, porta, tábuas etc.
    - Observe a respiração e verifique o pulso da vítima.
    - Se necessário, faça massagem cardíaca e respiração artificial.
    - No caso de fratura no crânio, os procedimentos devem ser os mesmos, mas com o cuidado de não movimentar a cabeça da vítima, de jeito nenhum.
    - Providencie transporte adequado e atendimento médico assim que tiver terminado a imobilização.
    - Lembre-se de que a vítima sempre deve ser transportada deitada. Durante o transporte, peça ao motorista para evitar freadas bruscas ou buracos, que poderão agravar o estado da vítima.

19.4 Estado de choque

19.4.1 Sinais e sintomas

Pele fria, sudorese, palidez de face, respiração curta, rápida e irregular, visão turva, pulso rápido e fraco, semiconsciência, vertigem ou queda ao chão, náuseas ou vômitos.

19.4.2 O que fazer

- Avaliar rapidamente o estado da vítima e estabelecer prioridades.
- Colocar a vítima em posição lateral de segurança (PLS) se possível com as pernas elevadas.
- Afrouxar as roupas e agasalhar a vítima.
- Lembre-se de manter a respiração. Fornecer ar puro, ou oxigênio, se possível.
- Se possível, dê-lhe líquidos como água, café ou chá.

19.4.3 O que pode causar

Queimaduras, ferimentos graves ou externos, esmagamentos, perda de sangue, envenenamento por produtos químicos, ataque cardíaco, exposições extremas ao calor ou frio, intoxicação por alimentos e fraturas.

19.5 Desmaio

Pode ser considerado um leve estado de choque.

19.5.1 Sinais e sintomas

Palidez, enjoo, suor constante, pulso e respiração fracos.

19.5.2 O que fazer

- Colocar a vítima em posição lateral de segurança com as pernas elevadas.
- Abaixar a cabeça e realizar leve pressão sobre a nuca.
- Desapertar as roupas que estejam apertadas.
- Nunca se deve dar de beber a uma pessoa desmaiada! Apenas quando recuperar o conhecimento (quando for capaz de segurar o copo por ela própria).

19.5.3 O que pode causar

Emoções súbitas, fadiga, ar sufocante, dor, fome ou nervosismo.

19.6 Infarto agudo do miocárdio

Infarto Agudo do Miocárdio (IAM) é uma condição em que ocorre a morte celular de uma determinada região do coração, neste caso o miocárdio. Essa condição ocorre, pois, há falta ou déficit acentuado de fluxo sanguíneo por uma das artérias coronárias, o que causa dor no peito e desconforto, entretanto muitas pessoas não procuram ajuda médica acreditando ser algo muscular ou passageiro, entretanto o quanto antes ocorrer o atendimento à vítima melhor, pois há chance de salvar as células cardíacas que ainda não morreram, preservando a função do miocárdio.

19.6.1 Sinais e sintomas

- Os sinais e sintomas são:
  - dores torácicas, geralmente intensas e prolongadas com sensação de aperto ou peso no peito, essa dor pode chegar às costas, mandíbula, braço esquerdo e às vezes o direito, e não melhora em repouso ou com uso de vasodilatadores.
  - Sudorese.
  - Náuseas e vômitos.
  - Ansiedade e agitação.
  - Palidez cutânea.
  - Pulso arrítmico.
  - Antecedentes de doenças cardíacas ou uso de medicação para o coração.

19.6.2 Como socorrer

- Verifique sinais vitais
- Inicie RCP, se necessário
- Mantenha a vítima em repouso absoluto
- Afrouxe as vestes
- Não ofereça líquido ou alimentos
- Hiperventile
- Preste apoio psicológico
- Transporte a vítima para o hospital

Os primeiros instantes após uma parada cardíaca ou um IAM são bastante decisivos, o quanto antes a vítima for atendida melhor será sua recuperação e menor serão os danos.

19.7 Obstrução respiratória

A presença de um corpo estranho nas vias respiratórias poderá impedir a vítima de respirar, o que se torna uma situação de emergência exigindo uma atuação imediata que visa a desobstrução da via aérea. As causas mais frequentes são a incorreta ingestão de alimentos, a queda de próteses dentárias ou fragmentos dentários para a via aérea, a colocação de objectos estranhos na boca (mais frequente nas crianças), engasgo com pastilha elástica, aspiração de material (vómito ou sangue).

Existem um conjunto de sinais que a vítima apresenta quando sofre de uma obstrução das vias aéreas:

- Tosse
- Dificuldade respiratória
- Respiração ruidosa
- Cianose (lábios, unhas e pele com coloração azulada, roxa)
- Não consegue falar - "Engasgado"
- Agarra a garganta com as mãos.

19.7.1 Como proceder

Incentivar a vítima a tossir, colocando-se ao seu lado e tentando acalmá-la.

19.7.2 Quando não for possível a vítima tossir

- Coloca-se ao lado da vítima, perpendicular a esta;
- Apoiar o tórax da vítima com uma das mãos, inclinando-a para a frente para facilitar a saída do corpo estranho;
- Aplicar 5 palmadas com a palma da mão livre, na região entre as omoplatas;
- Confirmar, após cada palmada, se existiu desobstrução da via aérea.

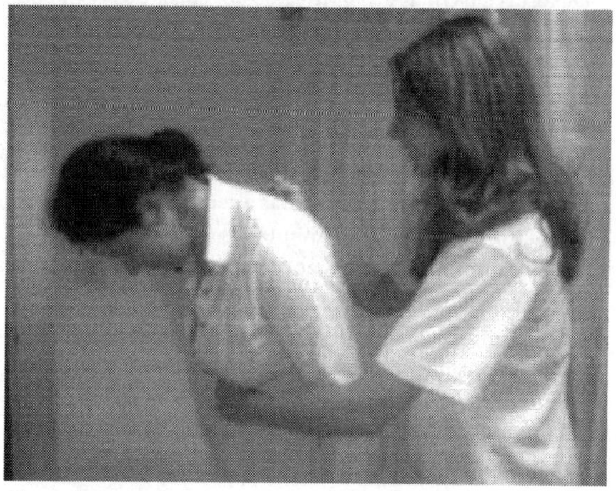

Se as 5 palmadas entre as omoplatas não desobstruírem as vias aéreas deve iniciar Manobra de Heimlich. Esta manobra consiste em realizar uma série de compressões na região abdominal superior, abaixo do esterno, com o objetivo de aumentar a pressão intratorácica e desta forma proporcionar a remoção da causa da obstrução.

Para tal:

- O socorrista coloca-se atrás da vítima com um braço em volta do abdómen posicionando a mão (fechada e com o polegar para dentro) abaixo do esterno. Fixar o punho com a outra mão.
- Iniciar compressões rápidas, para cima e para dentro, de forma a aumentar a pressão intratorácica e assim conseguir resolver a causa da obstrução
- Repetir até 5 vezes, se necessário
- Se a obstrução não resolver, continuar a manobra intercalando 5 compressões abdominais com 5 palmadas entre as omoplatas.

Se a respiração da vítima não for reposta rapidamente esta pode ficar inconsciente. Nesta situação deve colocá-la cuidadosamente no chão e ligar para 112.

19.8 Acidente vascular cerebral - AVC

Um Acidente Vascular Cerebral (AVC), por vezes também chamado de "trombose", é a consequência do entupimento ou rompimento súbito de uma artéria cerebral. As células da parte do cérebro que essa artéria alimenta começam rapidamente a morrer e a parte do corpo que essa região cerebral controla deixa de funcionar.

▹ **Assim, existem dois tipos de AVC:**

- AVC isquêmico – a irrigação sanguínea de parte do cérebro é interrompida por um entupimento provocado por um coágulo
- AVC hemorrágico – a irrigação sanguínea de parte do cérebro é interrompida por rompimento de uma artéria.

De forma a facilitar a identificação dos sinais do AVC, define-se que se deve estar atento à presença dos 5 F's:

- **Face: A face fica assimétrica subitamente:** um "canto da boca descaido" (desvio da comissura labial), uma das pálpebras parece "descaída ". Para identificar estas alterações peça para a pessoa sorrir.
- **Força: Perda súbita de força de um dos lados do corpo e falta de equilíbrio. Para avaliar estas alterações peça à pessoa:** para esticar ambos os braços, levantá-los à altura dos ombros e lhe apertar a mão, ou para tentar caminhar em linha reta - avaliar se os movimentos corporais são simétricos.
- **Fala:** Dificuldade em falar ou em articular as palavras. Dificuldade em compreender o que lhe é dito. De forma a identificar estes sintomas peça à pessoa para repetir uma frase ou para dizer o seu nome completo.
- **Falta de visão:** Perda de visão súbita de um ou de ambos os olhos. Ver a dobrar.
- **Forte dor de cabeça:** Dor de cabeça súbita e muito intensa.

Perante uma pessoa que apresente sinais de ter sofrido um AVC deve:

- Manter a vítima calma, num ambiente calmo e numa posição confortável
- Identificar corretamente as queixas, se este tem algum antecedente (hipertensão, problemas cardíacos) e se faz alguma medicação
- Ligar 112 e transmitir a informação recolhida
- Aguardar pela ajuda diferenciada
- **Se o doente ficar inconsciente, verificar se existe respiração espontânea eficaz e pulso, pela realização do VOS'P:**
- Se apresentar respiração espontânea e pulso colocar em Posição Lateral de Segurança (PLS)
- Se não apresentar respiração espontânea nem pulso iniciar Suporte Básico de Vida.

19.9 Crises hipotensiva e hipertensiva

19.9.1 Crise hipertensiva

Apesar dos atuais conhecimentos sobre a fisiopatologia e a terapêutica da doença hipertensiva, sua evolução é eventualmente marcada por episódio de elevação súbita e acentuada da pressão arterial, representando uma séria e grave ameaça à vida.

O aumento rápido e excessivo da pressão arterial pode evidenciar-se pelos seguintes sintomas:

- Encefalopatia.
- Cefaleia intensa, geralmente posterior e na nuca.
- Falta de ar.
- Sensação dos batimentos cardíacos (palpitação).
- Ansiedade, nervosismo.
- Perturbações neurológicas, tontura e instabilidade.
- Zumbido.
- Escotomas cintilantes (visão de pequenos objetos brilhantes).
- Náusea e vômito podem estar presentes.

Pessoas previamente hipertensas apresentam, na crise, níveis de pressão diastólica (ou mínima) de 140 ou 150 mm Hg ou mais. Em alguns casos, o aumento repentino tem mais importância do que a altura da pressão diastólica, surgindo sintomas com cifras mais baixas, em torno de 100 ou 110 mm Hg. Em ambos os casos as cifras sistólicas (ou máxima) apresentam-se elevadas. Abaixo, apresentamos as variações da pressão arterial normal e hipertensão, em adultos maiores de 18 anos, em mmHg:

Sistólica (ou máxima)	Diastólica (ou mínima)	Nível
<130	<85	Normal
130-139	85-89	Normal nos limites
140-159	90-99	Hipertensão leve
160-179	100-109	Hipertensão moderada
>179	>109	Hipertensão grave
>140	<90	Hipertensão sistólica ou máxima

Todos os sintomas e sinais de crise hipertensiva podem evoluir para acidente vascular cerebral, edema agudo do pulmão e encefalopatia. A encefalopatia é uma síndrome clínica de etiologia desconhecida. Ela é causada pela resposta anormal da auto regulação circulatória cerebral, em decorrência de elevação súbita ou acentuada da pressão arterial. Esta síndrome é geralmente caracterizada por cefaleia intensa, generalizada, de início súbito e recente; náusea; vômito; graus variados de distúrbios da consciência como sonolência, confusão mental, obnubilação e coma; distúrbios visuais e perturbações neurológicas transitórias como convulsões, afasia (ausência da fala), dislalia (dificuldade de falar), hemiparesia e movimentos mioclônicos nas extremidades.

19.9.2 Crise hipotensiva

É a conhecida pressão baixa, que acontece quando a força que o sangue exerce nas paredes dos vasos (veias e artérias) é insuficiente para manter o corpo funcionando corretamente.

A pressão arterial ideal para toda pessoa é em média 120mmHg x 80mmHg. Pequenas variações para mais ou para menos, dependendo de fatores de saúde individuais, ainda são aceitos como normais, mas quando a pressão cai muito, mostrando valores menores que 90mmHg x 60mmhg (nove por seis, ou 9×6), é considerado que a pessoa está tendo uma crise hipotensiva, portanto, sua pressão está baixa.

Isso pode acontecer por diversos motivos como alimentação inadequada (jejum prolongado, quantidade insuficiente de comida ingerida), esforço físico exagerado, desidratação, uso excessivo de medicamentos para pressão alta, remédios para perder peso, entre outros.

Quando a pressão arterial está muito baixa é normal sentir fraqueza, tontura, alteração de visão, perda de força, suor frio e batedeira no peito. Algumas vezes a pessoa pode até mesmo desmaiar.

Em situações como esta, o ideal é:

- Sentar ou deitar e esperar os sintomas passarem;
- É muito importante beber água durante todo o dia;
- Antes de usar um medicamento, verifique na bula as possíveis reações que ele pode causar;
- Realizar exercícios regularmente é fundamental, mas é importante respeitar seus limites, evitando exageros;
- Não pule refeições e não reduza muito a quantidade de comida ingerida, a menos que haja orientação médica para isso;
- Evite se levantar rapidamente quando estiver sentado ou deitado;
- Caso os episódios de pressão baixa sejam frequentes, é importante buscar avaliação médica, para acompanhamento da saúde.

19.9.3 Primeiros socorros

A gravidade potencial da crise hipertensiva exige tratamento imediato, já que a reversibilidade das possíveis complicações descritas está condicionada à presteza das medidas terapêutica. O objetivo inicial do tratamento a ser feito por médico é a rápida redução das cifras tensionais. O atendimento é essencialmente especializado e a principal atitude de quem for prestar os primeiros socorros é a rápida identificação da crise hipertensiva e remoção da vítima. Para identificar a crise, mesmo sem verificar a pressão arterial, deve-se conhecer os sintomas já descritos. Procurar saber se a vítima já é hipertensa, há quanto tempo, e que medicamentos usa. A remoção para atendimento especializado deve ser urgente.

19.10 Assistência a parto

Parto é um fato natural. Chame a assistência médica especializada. Providencie transporte para um hospital. No final da gestação, a parturiente começa a apresentar sinais e sintomas que são indicativos do início do trabalho de parto.

Identificação do parto iminente ou período expulsivo

- ▹ Contrações regulares a cada dois minutos
- ▹ Visualização da cabeça do bebê no canal de nascimento
- ▹ Ruptura da bolsa
- ▹ Gestante multípara, com vários partos normais.

19.10.1 Primeiros socorros

Existem alguns pontos que devem ser lembrados, caso uma pessoa se encontre diante da emergência de um parto e tenha que prestar auxílios à parturiente, por falta de recursos médicos imediatos ou de condições de transportá-la imediatamente a um hospital.

- ▹ Deixe a natureza agir. Seja paciente. Espere até que a criança nasça.
- ▹ Afaste os curiosos. Procurar ser o mais discreto possível e manter ao máximo a privacidade da gestante.
- ▹ Mantenha a calma.
- ▹ Não permitir que a parturiente vá ao banheiro se são constatados os sinais de parto iminente.
- ▹ Colocar a parturiente deitada de costas, com os joelhos elevados e as pernas afastadas uma da outra e pedir-lhe para conter a respiração, fazendo força de expulsão cada vez que sentir uma contração uterina.
- ▹ Lave bem as mãos. Conserve limpo tudo o que cerca a parturiente.
- ▹ À medida que o parto progride, ver-se-á cada vez mais a cabeça do feto em cada contração. Deve-se ter paciência e esperar que a natureza prossiga o parto; nunca se deve tentar puxar a cabeça da criança para apressar o parto.
- ▹ Somente ampare com as mãos a cabeça da criança que nasce, sem imprimir nenhum movimento, que não o de sustentação.
- ▹ Depois de sair totalmente, a cabeça fará um pequeno movimento de giro e, então, sairão rapidamente os ombros e o resto do corpo. Sustentá-lo com cuidado. Nunca puxar a criança, nem o cordão umbilical, deixar que a mãe expulse naturalmente o bebê e a placenta.
- ▹ Proteja a criança, evitando contato com locais sujos ou chão frio e úmido. Mantenha-a com a cabeça ligeiramente abaixada.
- ▹ Limpar o muco do nariz e da boca e assegure-se de que o bebê esteja respirando. Se a criança não chorar ou respirar, segurá-la de cabeça para baixo, pelas pernas, com cuidado para que não escorregue, e dar algumas tapinhas nas costas para estimular a respiração. Desta forma, todo o líquido que estiver impedindo a respiração sairá.
- ▹ Se o bebê não estiver respirando, aplicar a respiração artificial delicadamente, insuflando apenas o volume suficiente para elevar o tórax da criança, como ocorre em um movimento respiratório normal. Aja com delicadeza.
- ▹ O cordão umbilical sairá com a placenta, cerca de 20 minutos após o nascimento.
- ▹ **Não há necessidade de cortar o cordão umbilical, se o transporte para o hospital demorar menos de 30 minutos. Porém, se o tempo de transporte for superior a 30 minutos, deitar a criança de costas e, com um fio previamente fervido, fazer nós no cordão umbilical:** o primeiro a aproximadamente quatro dedos da criança (10 cm) e o segundo nó distante a 5 cm do primeiro. Cortar entre os dois nós com uma tesoura, lâmina ou outro objeto limpo. As extremidades do cordão não devem sangrar.
- ▹ Após a saída da placenta, deve-se fazer massagem suave sobre o abdômen da parturiente para provocar a contração do útero e diminuir a hemorragia que é normal após o parto.
- ▹ Colocar o bebê em contato com a mãe, em seu colo, assim que liberar a placenta (após cortar o cordão umbilical).
- ▹ Mantenha a mãe e o filho agasalhados.
- ▹ Transportar os dois ao hospital para atendimento médico. Deve-se também transportar a placenta para o médico avaliar se ela saiu completamente.

19.11 Hemostasia

Hemostasia: é o conjunto de procedimentos ou qualquer manobra que vise a conter a hemorragia durante os primeiros socorros.

Dentre essas técnicas para conter a hemorragia, podemos citar:

- ▹ **Compressão direta:** é também conhecida como tamponamento.

Funciona fazendo-se pressão direta (em cima do ferimento), utilizando uma gaze ou pano limpo. É importante não se retirar a gaze, mesmo que essa fique encharcada de sangue, para permitir a cicatrização desse ferimento.

- ▹ **Compressão indireta:** para ser realizada, depende da identificação correta do tipo de hemorragia (se a hemorragia é arterial, venosa ou capilar).

Consiste em comprimir o vaso num local acima do ferimento a fim de impedir uma maior perda de sangue. Não é muito aconselhada porque o socorrista precisa identificar o tipo de vaso lesado e, do ponto de vista anatômico, o tipo de hemorragia.

- **Torniquete:** seu uso só é justificado em última instância, em casos de amputação traumática e esmagamento de membros.

Deve ser realizada com muita cautela e atenção. Faz-se o torniquete envolvendo o membro afetado com uma bandagem de 10 cm ou com tiras de pano, amarrando-se junto com um graveto ou com tiras de pano, amarrando-se junto com um graveto ou com uma caneta de tal forma que este/a sirva como uma válvula para aliviar ou diminuir a pressão. É preciso tomar cuidado com a perfusão sanguínea, por isso é essencial que a cada 12 minutos o torniquete seja afrouxado.

19.12 Hemorragias

É a perda de sangue devido ao rompimento de um vaso sanguíneo, requer intervenção médica imediata.

19.12.1 Hemorragia externa

É resultante de um ferimento com exteriorização sanguínea.

Primeiros socorros

Compreensão da área afetada e elevação de membro. Ao contrário do que vemos em muitos filmes não se deve aplicar nenhuma forma de torniquete, a exceção é apenas quando um membro é amputado ou esmagado.

19.12.2 Hemorragia interna

É resultante de um ferimento profundo com lesão de órgão interno.

Sintomas: Pulso fraco e rápido; Pele fria; Sudorese; Sede; Tonteira.

Tipos de hemorragia interna

Estomatorragia – Hemorragia proveniente da boca.

Primeiros socorros

Dar líquidos gelados para a vítima beber.

Metrorragia – Hemorragia por via vaginal Sintomas: Perda anormal de sangue pela vagina entre os períodos menstruais.

Causas: Abortamento, gravidez ectópica (nas trompas); violência sexual; tumores; retenção de membrana placentárias no parto; ruptura urinária no parto; traumatismo no parto.

Primeiros socorros

Manter a vítima em repouso; aplicar compressas geladas ou bolsas de gelo sobre o baixo ventre; providenciar socorro médico.

Hemoptise – Hemorragia proveniente dos pulmões.

Sintomas: O sangue sai em golfadas pela boca, vermelho vivo e espumoso.

Primeiros socorros

Bolsa de gelo no tórax; deitar a vítima de forma que a cabeça fique mais baixa que o corpo; elevando os baços e pernas.

Hematêmese – Hemorragia proveniente do estômago.

Sintomas

O sangue sai pela boca como se fosse borra de café, pode vir ou não com restos de alimentos

Primeiros socorros

Bolsa de gelo abaixo do umbigo.

Otorragia – Hemorragia proveniente do ouvido.

Primeiros socorros

Compressão à distância (temporal ou facial). Tapar com algodão ou gaze seco composta.

TCE (traumatismo crânio encefálico) - Sangra pouco e o sangue sai com liquor.

Primeiros socorros

Lateralizar a cabeça de forma que o sangue saia.

Epistaxe - Hemorragia proveniente do nariz.

Primeiros socorros

Tapar com algodão ou gaze seco. Comprimir a narina.

19.13 Dispneias

Dispneia é a sensação de falta de ar, dificuldade de respirar ou respiração incompleta. Geralmente essa sensação é originada por doenças cardíacas e/ou pulmonares, mas pode ser causada por diversas outras condições.

A dispneia pode ser classificada em aguda, crônica, dispneia de esforço, de repouso e suspirosa.

19.13.1 Tipos de dispneia

Dispneia aguda (ou súbita)

A dispneia é chamada de aguda quando acontece de maneira súbita, é mais intensa e preocupante. Costuma ser desencadeada por quadro de infecção, trauma ou obstrução da via respiratória.

Dispneia crônica

A dispneia é chamada de crônica, quando o sintoma já tem mais de 3 meses, sempre com a mesma intensidade, ou com piora lenta e progressiva. Está mais associado a doenças crônicas, como enfisema, nos tabagistas, asma crônica ou insuficiência cardíaca.

Dispneia de esforço

Nome dado a falta de ar relacionada com a prática de esportes ou um esforço físico, por exemplo, em atividades esportivas de alto rendimento.

Dispneia de repouso

Sensação de dificuldade respiratória, mesmo durante o repouso. Essa situação é comum em pacientes idosos, com doenças cardíacas graves, como a insuficiência cardíaca congestiva, problemas pulmonares, como crise de asma, câncer de pulmão ou enfisema pulmonar.

Dispneia suspirosa

A dispneia suspirosa se caracteriza pela sensação de falta de ar com ritmo respiratório normal, e inspirações profundas. Comum nas crises de ansiedade ou emoção forte.

19.13.2 Causas de dispneia

A dificuldade em respirar pode ser decorrente de fatores como:

- Baixa concentração de oxigênio no ar, como em grandes altitudes;
- Obstrução das vias aéreas;
- Doença cardíaca;
- Problemas no pulmão;
- Doenças neurológicas;
- Medicamentos;
- Entre outras que levam a incapacidade de o sangue carrear o oxigênio pelo corpo, como na anemia grave, sangramentos e doenças hematológicas.

19.14 Atuação em acidentes com múltiplas vítimas

Esta é a primeira etapa básica na prestação de primeiros socorros. Ao chegar no local de um acidente, ou onde se encontra um acidentado, deve-se assumir o controle da situação e proceder a uma rápida e segura avaliação da ocorrência. Deve-se tentar obter o máximo de informações possíveis sobre o ocorrido. Dependendo das circunstâncias de cada acidente, é importante também:

- evitar o pânico e procurar a colaboração de outras pessoas, dando ordens breves, claras, objetivas e concisas;
- manter afastados os curiosos, para evitar confusão e para ter espaço em que se possa trabalhar da melhor maneira possível.

A proteção do acidentado deve ser feita com o mesmo rigor da avaliação da ocorrência e do afastamento de pessoas curiosas ou que visivelmente tenham perdido o autocontrole e possam prejudicar a prestação dos primeiros socorros. É importante observar rapidamente se existem perigos para o acidentado e para quem estiver prestando o socorro nas proximidades da ocorrência. Por exemplo: fios elétricos soltos e desencapados; tráfego de veículos; andaimes; vazamento de gás; máquinas funcionando. Devem-se identificar pessoas que possam ajudar. Deve-se desligar a corrente elétrica; evitar chamas, faíscas e fagulhas; afastar pessoas desprotegidas da presença de gás; retirar vítima de afogamento da água, desde que o faça com segurança para quem está socorrendo; evacuar área em risco iminente de explosão ou desmoronamento.

Avaliar o acidentado na posição em que ele se encontra, só mobilizá-lo com segurança (sem aumentar o trauma e os riscos), sempre que possível deve-se manter o acidentado deitado de costas até que seja examinada, e até que se saiba quais os danos sofridos. Não se deve alterar a posição em que se acha o acidentado, sem antes refletir cuidadosamente sobre o que aconteceu e qual a conduta mais adequada a ser tomada.

Se o acidentado estiver inconsciente, por sua cabeça em posição lateral antes de proceder à avaliação do seu estado geral.

É preciso tranquilizar o acidentado e transmitir-lhe segurança e conforto. A calma do acidentado desempenha um papel muito importante na prestação dos primeiros socorros. O estado geral do acidentado pode se agravar se ela estiver com medo, ansiosa e sem confiança em quem está cuidando.

19.14.1 Avaliação e exame do estado geral do acidentado

A avaliação e exame do estado geral de um acidentado de emergência clínica ou traumática é a segunda etapa básica na prestação dos primeiros socorros. Ela deve ser realizada simultaneamente ou imediatamente à "avaliação do acidente e proteção do acidentado". O exame deve ser rápido e sistemático, observando as seguintes prioridades:

- **Estado de consciência:** avaliação de respostas lógicas (nome, idade, etc).
- **Respiração:** movimentos torácicos e abdominais com entrada e saída de ar normalmente pelas narinas ou boca.
- **Hemorragia:** avaliar a quantidade, o volume e a qualidade do sangue que se perde. Se é arterial ou venoso.
- **Pupilas:** verificar o estado de dilatação e simetria (igualdade entre as pupilas).
- **Temperatura do corpo:** observação e sensação de tato na face e extremidades.

Deve-se ter sempre uma ideia bem clara do que se vai fazer, para não expor desnecessariamente o acidentado, verificando se há ferimento com o cuidado de não o movimentar excessivamente. Em seguida proceder a um exame rápido das diversas partes do corpo. Se o acidentado está consciente, perguntar por áreas dolorosas no corpo e incapacidade funcionais de mobilização. Pedir para apontar onde é a dor, pedir para movimentar as mãos, braços, etc.

19.14.2 Cabeça e pescoço

Sempre verificando o estado de consciência e a respiração do acidentado, apalpar, com cuidado, o crânio a procura de fratura, hemorragia ou depressão óssea. Proceder da mesma forma para o pescoço, procurando verificar o pulso na artéria carótida, observando frequência, ritmo e amplitude, correr os dedos pela coluna cervical, desde a base do crânio até os ombros, procurando alguma irregularidade.

Solicitar que o acidentado movimente lentamente o pescoço, verificar se há dor nessa região. Movimentar lenta e suavemente o pescoço, movendo-o de um lado para o outro. Em caso de dor pare qualquer mobilização desnecessária.

Perguntar a natureza do acidente, sobre a sensibilidade e a capacidade de movimentação dos membros visando confirmar suspeita de fratura na coluna cervical.

19.14.3 Coluna dorsal

Perguntar ao acidentado se sente dor. Na coluna dorsal correr a mão pela espinha do acidentado desde a nuca até o sacro. A presença de dor pode indicar lesão da coluna dorsal.

19.14.4 Tórax e membros

Verificar se há lesão no tórax, se há dor quando respira ou se há dor quando o tórax é levemente comprimido. Solicitar ao acidentado que movimente de leve os braços e verificar a existência de dor ou incapacidade funcional.

Localizar o local da dor e procurar deformação, edema e marcas de injeções. Verificar se há dor no abdome e procurar todo tipo de ferimento, mesmo pequeno. Muitas vezes um ferimento de bala é pequeno, não sangra e é profundo, com consequências graves.

Apertar cuidadosamente ambos os lados da bacia para verificar se há lesões. Solicitar à vítima que tente mover as pernas e verificar se há dor ou incapacidade funcional.

Não permitir que o acidentado de choque elétrico ou traumatismo violento tente levantar-se prontamente, achando que nada sofreu. Ele deve ser mantido imóvel, pelo menos para um rápido exame nas áreas que sofreram alguma lesão. O acidentado deve ficar deitado de costas ou na posição que mais conforto lhe ofereça.

19.14.5 Exame do acidentado inconsciente

O acidentado inconsciente é uma preocupação, pois além de se ter poucas informações sobre o seu estado podem surgir, complicações devido à inconsciência. O primeiro cuidado é manter as vias respiratórias superiores desimpedidas fazendo a extensão da cabeça, ou mantê-la em posição lateral para evitar aspiração de vômito. Limpar a cavidade bucal.

O exame do acidentado inconsciente deve ser igual ao do acidentado consciente, só que com cuidados redobrados, pois os parâmetros de força e capacidade funcional não poderão ser verificados. O mesmo ocorrendo com respostas a estímulos dolorosos.

É importante ter ciência que nos primeiros cuidados ao acidentado inconsciente a deverá ser mínima. A observação das seguintes alterações deve ter prioridade acima de qualquer outra iniciativa.

Ela pode salvar uma vida:

- Falta de respiração;
- Falta de circulação (pulso ausente);
- Hemorragia abundante;
- Perda dos sentidos

20 SEGURANÇA DE DIGNATÁRIOS

20.1 Conceitos iniciais

A segurança de autoridades, também chamada de segurança de dignatários, é a atividade de segurança desenvolvida para prover proteção as autoridades, pessoas que ocupam cargos, funções ou posições de elevado destaque na sociedade. As autoridades desempenham funções que as deixam expostas a riscos elevados, com potencial de causar danos físicos, financeiros, morais, a sua imagem ou as instituições a qual estão vinculadas.

A segurança de dignatários visa proteger a autoridade (sendo sua integridade, física, moral ou sua imagem) contra crimes contra roubo, espionagem, sabotagem entre outras ações delituosas. E para isso implementam medidas de segurança por profissionais capacitados.

- A **segurança pública** é uma segurança que é ofertada pelo poder público para a população em geral, e pode ser exercida pela Policia Militar, Polícia Civil, Guarda Municipal, Polícia Rodoviária Federal, Polícia Federal e outras.
- A **segurança privada ou corporativa é** uma segurança que é custeada e contratada por uma Pessoa física ou uma pessoa jurídica (não-pública) para a proteção de interesses particulares.

Quando uma empresa (privada) ou uma pessoa opta por contratar serviços particulares de segurança, é importante salientar que a segurança privada deve fazer uso da estrutura de segurança ofertada pelo estado para potencializar seus resultados, ou seja, a segurança privada pode e deve utilizar, sempre que possível, a segurança pública para auxiliar nas suas atividades.

Para executar segurança pessoal, o profissional deve, primordialmente, pautar suas ações com foco em evitar os problemas, ou seja, **usar técnicas de segurança preventiva.**

Vamos fazer uma diferenciação doutrinária:

- **Dignatário: é aquele que exerce função ou cargo de elevado destaque para a sociedade, também pode ser chamado de autoridade. Exemplos:** Presidente, Governantes, Deputados, Senadores, Juízes, Diplomatas, Comandantes militares, Ministros, entre outros.
- **VIPs (*Very Important Person*):** artistas, atores, jogadores.

O governo federal tem um ministério específico para cuidar da segurança do Presidente e Vice-presidente da República, o Gabinete de Segurança Institucional (GSI), composto por militares das Forças Armadas e oficiais da Agência Brasileira de Inteligência (Abin). Cabendo ao primeiro grupo fazer a proteção física direta e ao segundo o trabalho de inteligência.

20.2 Objeto e modus operandi

Os seguranças de dignatários trabalham, desenvolvendo suas atividades de forma preventiva, de 2 (duas) formas:

▹ **Atuação Caracterizada:**
- **Ostensiva:** quando ele está devidamente uniformizado, caracterizado como um agente de segurança;
- **Velado:** quando o agente não está uniformizado, usando roupas comuns, porém com sua atitude e comportamento está claramente desenvolvendo atividade de segurança;

▹ **Atuação Descaracterizada/secreta:** quando o agente está agindo secretamente, não se envolvendo na ação de segurança.

Ao modus operandi da operação da segurança das pessoas, de forma descaracterizada, os agentes agem secretamente sendo direcionados, preferencialmente, para a prevenção ou planejamento.

É muito comum que antes de um deslocamento de uma autoridade, uma equipe descaracterizada (chamada de **equipe percursora**) desloque ao local para verificar as condições do local e do público. Esse conhecimento situacional prévio, contribui para um bom planejamento.

A segurança de dignatários pode ser desenvolvida em equipes:

- **Equipe percursora:** conforme já vimos, possui a atribuição de identificar e informar de forma prévia como está a condição de deslocamento e local;
- **Equipe de segurança velada:** equipe não uniformizada (com roupa comum) atuando no local onde ocorre o evento ou no trajeto;
- **Equipe de segurança aproximada:** possui atribuição pela proteção imediata/aproximada do ativo, e é a equipe responsável pela retirada, em caso de emergência.

A segurança pessoal poderá atuar em duas áreas:

- Na **área privada**, trabalhando na segurança de um indivíduo ou em um grupo;
- Na **área corporativa**, trabalhando fazendo a segurança das empresas.

20.3 Técnicas, táticas e operacionalização

Perímetros de segurança é a estrutura de proteção que envolve a autoridade, e pode ser dividido em competências que envolvem cada equipe.

Nesse perímetro de segurança pode está ligado diretamente a proteção do ativo, controle de fluxo, e poderá utilizar forças de segurança pública para contribuir com a segurança.

O perímetro pode ser dividido em:

- Segurança avançada;
- Segurança velada;
- Segurança das instalações.

A **escolta** é formada por um grupo de seguranças armados e treinados para acompanhar e proteger o ativo, essa escolta poderá ser pessoal ou motorizada.

Itinerário é a definição do trajeto escolhido para o deslocamento do ativo, deve-se analisar o tempo e distância, as condições de fluxo e climáticas, segurança das rotas e definir um itinerário alternativo.

A **Evacuação**, que é uma saída emergencial e estratégica em uma situação crítica, com a finalidade da manutenção da sua integridade física e moral.

20.4 Análise de riscos

Antes de iniciarmos o assunto de análise de riscos vamos trabalhar com alguns conceitos importantes, que são definidos pela ABNT NBR ISO/IEC 27002 (gestão de ativos):

20.4.1 Ativo

▹ É qualquer coisa que tenha valor para a instituição.

Existem classificações quanto aos ativos:

▹ **de informação: ativos relacionados a informações importantes, que devem ser protegidos por meio de políticas e práticas que garantam a integridade, confidencialidade e disponibilidade dos dados. Exemplo:** documentos, contratos, pesquisas, planejamentos;

▹ **físicos: são ativos concretos, que possuem valor para as instituições. Exemplo:** equipamentos, pendrive, computadores, smartphones, entre outros.

▹ **serviços: são ativos relacionados a serviços que se forem interrompidos poderão causar incidentes graves. Exemplo:** Serviço de eletricidade, refrigeração, abastecimento de água.

- **pessoas:** está relacionado ao VIP que será protegido, suas qualificações.
- **intangível:** a proteção da reputação ou sua imagem;
- **de software:** é a proteção do código de um sistema computacional, aplicativos e outros que possuem valor para as instituições;

20.4.2 Vulnerabilidade

É uma fraqueza que um ativo pode enfrentar, a vulnerabilidade pode ser explorada por ameaças;

20.4.3 Danos

É quando um agente ou uma entidade pode explora vulnerabilidades **(dano potencial)**, provocando incidentes;

- **Dano potencial:** caso o agente explore a vulnerabilidade poderá ocorrer a perda, ou seja, a perda poderá ou não ser consolidada.

Considerando que uma ameaça tem a possibilidade de ocorrer, sendo uma questão probabilística, as instituições devem investir em medidas de segurança para reduzir tal possibilidade de ocorrência.

Outro ponto que devemos discorrer para ficar claro, como a ameaça é um dano potencial, caso ela venha ocorrer haverá uma possibilidade, e não uma certeza, de gerar uma perda.

20.4.4 Ameaça

É quando um agente ou uma entidade pode **(dano potencial)** explora vulnerabilidades, provocando incidentes;

- **Dano potencial:** Caso o agente explore a vulnerabilidade poderá ocorrer a perda, ou seja, a perda poderá ou não ser consolidada.

No contexto de segurança de dignatários, as ameaças podem ser perpetradas por diversas razões, vejamos:

- **Política:** quando a intensão é desestabilizar ou obter vantagens políticas;
- **Ideológica:** quando a intensão é obter vantagens ou confrontar alguma medida contra crenças;
- **Racial:** quando a intensão está baseada em crenças raciais ou para fazer vingança;
- **Econômica:** quando há a intensão de obter vantagens, ou evitar alguma política econômica de impacto contrário a sua própria crença;
- **Psicológica:** quando a intensão é desestabilizar psicologicamente ou emocionalmente uma outra pessoa.
- **Pessoais: quando a ação envolve intensões particulares, como:** inveja, vingança, entre outros.

20.4.5 Incidente

É decorrente da ação de uma ameaça;

20.4.6 Impacto

É o prejuízo financeiro ou a disponibilidade/integridade da informação;

20.4.7 Risco

Risco está diretamente ligado ao impacto e a probabilidade de um ameaça explorar uma vulnerabilidade, falando de uma outra forma, é o perigo potencial ou possibilidade de perigo, capaz de produzir perdas e danos reais.

Dano real: Caso o agente explore a vulnerabilidade haverá necessariamente uma perda;

$$\text{Risco} = \frac{\text{Impacto X Probabilidade}}{\text{Medida de Segurança}}$$

Quanto mais for o investimento em medidas de segurança, menor será a probabilidade de riscos, sendo assim, considerando que a segurança é uma atividade preventiva, deve-se ter como objetivo a diminuição dos riscos, aumentando as medidas de segurança.

O risco sempre vai existir, ou seja, não existe uma probabilidade 0 (zero) do risco ocorrer, nesse cenário o risco de algo ocorrer pode ser alto ou baixo, isso dependerá das medidas de segurança adotadas, que envolvem um conjunto de técnicas, recursos, procedimentos e conhecimento das atividades.

20.4.8 Perdas

É o fato de deixar de ter posse algo, que poderá gerar prejuízo, é a consequência de um dano.

As autoridades, pela função que ocupam, correm um nível de risco a sua integridade, e consequentemente a integridade da instituição a qual elas estão vinculadas. Nesse cenário as instituições devem tomar medidas de segurança para minimizar esses riscos.

Gerenciamento de riscos é o conjunto de atividades planejadas, coordenadas e permanente, fazendo uso de recursos humanos e materiais para diminuir a ocorrência de riscos.

A norma ISO 31000 (ABNT, 2009), fornece informações e recomenda técnicas para o processo de avaliação de riscos, que está dividido em:

- **Identificação de Riscos:** é a criação de uma lista com os riscos que podem ser enfrentados e identificá-los. Essa lista poderá ser incrementada a qualquer momento;
- **Análise de riscos:** é a compreensão sobre os riscos, apreciando a causa e os efeitos e definindo a probabilidade de ocorrência;
- **Avaliação de riscos:** comparar o nível de risco encontrado durante o processo de análise;
- **Tratamento de riscos:** seleção de uma ou mais opções para modificar os riscos e a implementação dessas opções;
- **Monitoramento de riscos:** é avaliar constantemente os riscos identificados e novos riscos que poderão surgir, envolvendo um processo de melhoria contínua.

20.5 Planejamento

20.5.1 Diagnóstico

É um processo analítico que detalha um **estudo sobre os riscos ou ameaças** que estão relacionados a uma autoridade ou a uma instituição.

Esse estudo tenta detalhar de maneira minuciosa, com base nas informações/recursos disponíveis, a real cenário dos riscos/ameaças enfrentados pelo ativo (as causas prováveis).

Após a elaboração do diagnóstico, deve-se consolidar as informações, em um relatório, detalhando como estão as possibilidades de danos enfrentados pelo ativo e quais as medidas que poderão ser tomadas para evita-los.

Nessa análise de diagnósticos podem ser verificados:

- áreas vulneráveis;
- utilizar argumentos estatísticos, científicos para fortalecer o diagnóstico;
- a chance de um risco/ameaça ocorrer (definição probabilística);

- as consequências caso que poderão ser geradas e o grau de criticidade da ocorrência;
- estudo dos dados históricos.

A análise de riscos pode eleger os graus de criticidade de uma ocorrência em:

- **Leves** – não geram efeitos diretamente sobre o ativo;
- **Mediatos** – imediatamente não produzem efeitos, mas posteriormente poderão causar;
- **Grave** – afeta as atividades, reduzindo o seu desempenho normal;
- **Gravíssimos** - interrupção do funcionamento da organização.

20.5.2 Aplicação de métodos

- **Método William T. Fine** – estabelecer prioridade de ação sobre os riscos, equacionando o grau de risco com a disponibilidade econômica.

Nº	RISCO	FATORES			Cx E x P	AÇÕES A TOMAR
		C	E	P	GC	
1	Roubo	50	5	6	1500	Correção Imediata
2	Furto	50	4	6	1200	Correção Imediata
3	Assalto	15	3	6	270	Correção Imediata
4	Fraude	15	3	3	135	Correção Urgente
5	Atentado	25	1	1	25	Eliminar Risco
6	Vandalismo	5	2	1	10	Eliminar Risco
7	Sequestro	5	3	3	45	Eliminar Risco
8	Sabotagem	25	4	4	400	Correção Imediata
9	Espionagem	25	4	5	500	Correção Urgente
10	Tráfico Droga	1	2	2	4	Eliminar Risco

https://gestaodesegurancaprivada.com.br/

- **Método Mosler** – utilizado para avaliar as ameaças que podem impactar na organização, possui a finalidade de classificar os riscos de acordo com suas gravidades.

ITEM	RISCO	ANÁLISE DE RISCO						AVALIAÇÃO DO RISCO					CLASSE RISCO
								I	D	C	PR	ER	
		F	S	P	E	A	V	FxS	PxE	I+D	AxV	CxPR	
1	Roubo	4	3	3	3	5	5	12	9	21	25	525	Médio
2	Furto	4	3	3	3	5	5	12	9	21	25	525	Médio
3	Assalto	3	4	3	3	4	4	12	9	21	16	336	Pequeno
4	Fraude	3	4	3	3	3	5	12	9	21	15	315	Pequeno
5	Atentado	3	2	3	3	2	3	6	9	15	6	90	Muito Pequeno
6	Vandalismo	4	2	3	3	2	3	8	9	17	6	102	Muito Pequeno
7	Sequestro	4	3	4	4	1	3	12	16	28	3	84	Muito Pequeno
8	Sabotagem	5	4	3	4	5	5	20	12	32	25	800	Grande
9	Espionagem	2	2	3	4	2	3	4	12	16	6	96	Muito Pequeno
10	Tráfico Droga	4	2	3	3	3	4	8	9	17	12	204	Muito Pequeno

https://gestaodesegurancaprivada.com.br/

- **Análise de SWOT (FOFA)** – identificação dos pontos fortes e fracos, da instituição, e das oportunidades e ameaças externas.
- **Diagrama de Pareto (80/20)** – utiliza um gráfico de colunas, ordenados por frequência de ocorrência, facilitando a análise dos problemas que causam mais impacto e dos que causam menos impacto;

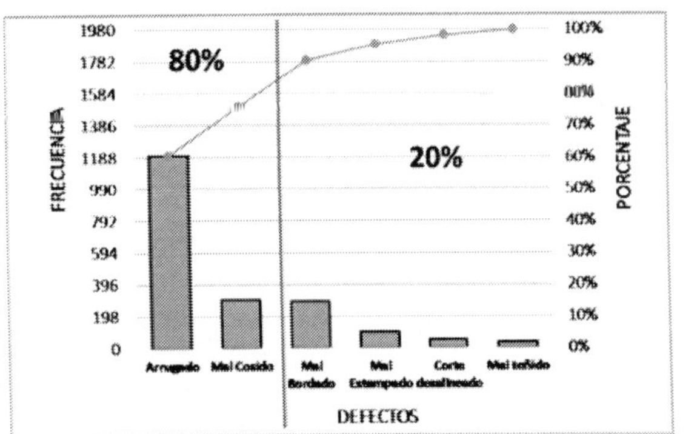

http://ingenieriaindustrialeasy.blogspot.com/

- **Brainstorming (tempestade de ideias)** – é uma dinâmica desenvolvida em grupo, que tem o foco ouvir as ideias dos membros de uma equipe (sem julgamento e sem ponderação), essas ideias são sintetizadas, podendo contribuir com a solução do problema;
- **Diagrama espinha de peixe (causa efeito ou Ishikawa)** – é uma ferramenta visual que ajuda a enxergar o problema e suas possíveis causas.

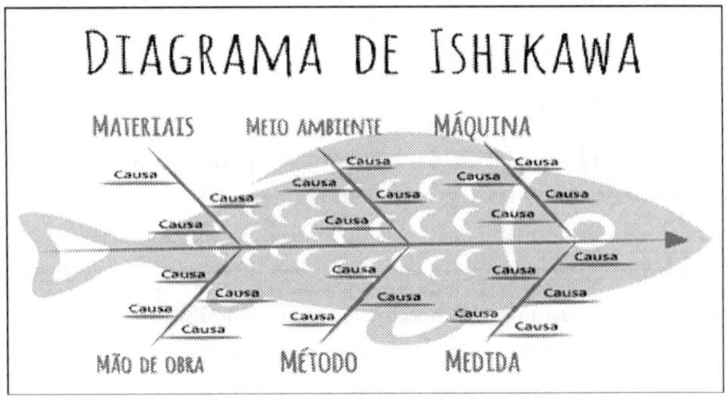

https://jorgenca.blogspot.com/

- **Matriz GUT ou de prioridades** (Gravidade, Urgência e Tendência) - é uma ferramenta de gestão utilizada para avaliar problemas e as prioridades orientar as tomadas de decisão.

20.5.3 Planejamento de contingências

O planejamento é uma atividade inerente a segurança de autoridades, que é um procedimento prévio que analisa, prepara e estrutura as possíveis ameaças / riscos que podem ser enfrentadas pela autoridade, pela instituição e por toda equipe de segurança.

Alguns objetivos que devem fazer parte de um bom planejamento:

- Objetivos da missão;
- Estudo situacional;
- Treinar a equipe;
- Definir a atribuição de cada integrante da equipe;
- Identificar, e analisar os riscos da missão;
- Identificar os recursos necessário;
- Definir itinerários para os deslocamentos;
- Definir medidas de tratamento de riscos;
- Estimar os custos;
- Planejamento de emergência;

Considerando que uma crise possui as características da **imprevisibilidade**, é indispensável que haja a **prevensão** de ocorrência de uma crise, definindo se **é possível evitá-la ou se não** é, quais medidas poderemos adotar para **suavisar suas consequências**.

Nesse ponto é fundamental conhecer os riscos que a instituição enfrenta caso uma crise ocorra, sendo assim, na fase de planejamento deve analisar as possíveis ameaçás a serem enfrentadas definindo as probabilidades e consequência de sua ocorrência.

Após **analisar** todos os riscos/ameaças deve-se **definir o grau de criticidade** de uma ocorrência.

21 GESTÃO DE CONFLITOS

Primeiramente precisamos definir o que é o conflito:

Segundo Stephenp Robbins conflito é: *"processo que tem início quando alguém percebe que outra parte afeta, ou pode afetar, negativamente alguma coisa que considera importante"*

Essa definição é muito abrangente e engloba qualquer interação humana que passe dos limites que gere um desconforto, uma quebra de espectativa ou até mesmo atos violentos.

A visão sobre conflito vem evoluindo com o passar do tempo, e precisamos estudá-las, vejamos:

- **Visão tradicional**

Robbins define conflito como:"**algo naturalmente ruim**, *como um problema no funcionamento da instituição.*"

Nessa visão todo o conflitos é ruim e **deveria ser evitado** a todo custo.

- **Visão das Relações Humanas**

Os conflitos são **inerentes da relação em sociedade**, sendo um **fato natual** e inevitável, portanto deveria ser **aceito e até encarados como positivo** a depender do contexto.

- **Visão Interacionista**

Os conflitos **deveriam serem aceitos**, até **encorajado**, pois seria necessário para que o desempenho do grupo seja positivo.

Considerando o que já trabalhamos a gestão de conflitos visa a conciliação entre duas ou mais partes com interesses opostos, a fim de alcançar uma solução vantajosa para todos os envolvidos.

21.1 Características da crise

21.1.1 Imprevisibilidade

É indispensável que haja a prevensão de ocorrência de uma crise, porém a qualquer momento pode surgir uma crise.

21.1.2 Compreensão do tempo (urgência)

Uma crise tem o carater emergencial, por isso todas as medidas e recursos necessários devem ser utilizados para que seja resolvida o mais rápido possível.

21.1.3 Ameaça a vida

A ameaça a vida está presente em um evento crítico, seja uma vítima, um refém ou o próprio causador do evento crítico, e é dever do estado preservar a vida.

21.2 Negociação

A negociação pode ser definida como um processo pelo qual duas ou mais partes que possuem relação, interdependência e algum conflito aparente se colocam dispostas a buscar um possível equilíbrio para a relação.

Considerando que o tema negociação pode ser abordado em várias áreas do saber, seja dentro das organizações (nas relações de trabalho), em uma transação de compra e venda, dentro do ambiente familia e até mesmo em situações mais críticas que envolvem a atividade policial e até mesmo reféns.

Vamos ver algumas definições de negociação que podem estar na sua prova:

Stephenp Robbins: *"o processo pelo qual duas ou mais partes inter-dependentes, com algum conflito aparente, decidem como alocar recursos escassos."*

R. B. Fisher:*"negociação é um processo de comunicação bilateral, com o objetivo de se chegar a uma decisão conjunta."*

F. L. Acuff: *"negociação é o processo de comunicação com o propósito de atingir um acordo agradável sobre diferentes ideias e necessidades."*

Academia do FBI *"um evento ou situação crucial que exige uma resposta especial da* Polícia, *a fim de assegurar uma solução aceitável. [...] processo de identificar, obter e aplicar os recursos necessários à antecipação, prevenção e resolução de uma crise"*

Ângelo Salignac (Policial Federal) *"Negociar é trazer as pessoas de volta à realidade."*

Os personagens envolvidos em uma crise

- **Causador:** é quem deu causa a situação de crise, também chamado de **CEC** (Causador do Evento Crítico);
- **Refém:** é a pessoa aleatória que é tomada como garantia pelo causador, usada como garantia;
- **Vítima:** pessoa escolhida intencionalmente, há uma relação sentimental ou fanatismo;
- **Negociador:** é o policial que mantém contato com o causador, servido como um interlocutor do diálogo;
- **Grupo tático:** grupo de policiais altamente treinados para trabalhar nesse tipo de situação (BOPE, GATE, COT e outros);
  - O grupo tático é formado por um grupo de assalto, atirador de precisão (*sniper*) e o comandante do grupo.
- **Gerente da crise:** é o comandante de toda a operação, ele é a autoridade máxima da crise

Quais eventos podem ser classificados como crise em uma atividade policial:

- Assalto com tomada de reféns;
- Sequestro de pessoas;
- Rebelião em Presídios;
- Ameaça de bombas;
- Atos terroristas;
- Sequestro de aeronaves, ônibus...

Características de uma crise

- Imprevisibilidade;
- Ameaça a vida;
- Urgência (tempo comprimido)

Quando uma crise surge, existem 2 (dois) objetivos principais com sua resolução: **Preservar vidas** e **aplicar a lei.**

21.2.1 Postura e critérios de ação

Negociar é abrir mão, e desde criança temos que aprender a negociar para nos encaixar na sociedade. Crianças que são extremamente mimadas (educadas sem limites), que sempre tiverão tudo não entendem o que é ceder, e uma criança que teve uma educação muito repressora não saberá facilmente se expor (castração social), dizer suas necessidades e desejos.

Na negociação os extremos são muito nossivo, precisa-se buscar um equilíbrio entre impor suas ideias e flexibilizar seus desejos.

O negociador deve exercitar constantemente o equilíbrio entre expor suas ideias pessoais e administrar suas fraquezas, e acima de tudo entender o limite do outro sem colocar seus interesses acima da negociação, ou seja, deve buscar sempre um ganho mútuo.

Postura X Tática
Tática é a forma de atingir um objetivo;
Postura é uma posição adotada sobre ganhar e perder.

Existem 4 posturas que podem ser adotadas na interlocução da negociação:

- **Postura ganha/perde:** é uma postura que faz uso de todos os recurso e táticas disponíveis para ganhar o máximo do seu "adversário". Essa postura podem levar a derrota, pois um negociador não está disposto a ceder ou contornar;
- **Postura perde/ganha:** é uma postura descrente, com desânimo por parte de quem está negociando, pois ele acredita que não tem poder para conquistar seus interesses;
- **Postura perde/perde:** é uma postura intransigênte adotada por ambos negociadores, essa postura visa que o outro negociador seja derrotado, pouco importando o quanto custará. É muito comum o sentimento de raiva nessas negociações);
- **Postura ganha/ganha:** é uma postura adotada por ambos negociadores, que possui a pré-disposição na criação de alternativas visando atender a necessidade do outro. Nesse tipo de postura o negociador enxerga o outro como parte para a solução do problema.

> Atente-se os negociadores não devem ser encarados como adversário, o termo utilizado foi a critérios didáticos. Pois a postura ideal em uma negociação é que o negociador enfrente o problema e não a pessoa, o foco deve ser em resolver e não em ganhar, portanto busquem a melhor solução juntos.

A postura mais recomendada que um negociador deve adotar é a postura ganha/ganha, pois saber adaptar-se ao ambiente e as situações a chave da negociação. Se no processo de negociação nenhum dos lados está disposto a mudar de posição, não termos acordos.

O poder da negociação está na capacidade em gerar alternativas para alcançar o objetivo de interesse, e algumas variáveis devem ser analisadas:

- **O tempo:** quem tem mais tempo consegue desenvolver mais alternativas para a negocação;
- **A necessidade:** quanto mais necessidade um negociador tem pela alternativa, mais disposto a ceder ele está;
- **O desejo:** em que intensidade um negociador tem por aquela alternativa?
- **Informações:** quem tem mais informações consegue conduzir melhor a negociação e conduzí-la para mais perto do seu objetivo;

21.2.2 Estratégias de negociação

Uma primeira estratégia que deve ser tomada em uma negociação é a identificação do real problema, após indentificá-lo deve-se focar todos esforços em resolvê-lo.

Após a identificação do problema foco, é fundamental diminuir toda a carga emocional envolvida nessa negociação, negociação não é uma disputa de posições.

Existem 2 (duas) abordagens que podem ser utilizadas para a negociação:

- **Negociação distributiva:** é uma abordagem que busca dividir uma quantia de recursos, sendo uma situação ganha-perde, situação essa que para um ganhar o outro perde;
- **Negociação integrativa:** é uma abordagem que busca resolver o conflito em uma condição que os lados sintam que ganharam algo, ou seja, solução ganha-ganha.

No gerenciamento de crises a estratégia ganha-ganha deve ser o foco, pois lembre-se que o objetivo principal de uma negociação é **preservar vidas** e **aplicar a lei**.

21.3 Habilidades avançadas de negociação

As habilidades que um negociador deve possuir podem ser inatas ou adquiridas com o treinamento correto.

A negociação exige habilidades e conhefimentos que permeiam todo momento de crise, que vai desde a fase do planejamento até depois que a negociação é concluida.

Existem vários pontos a serem anlisados quando falamos de habilidades de um negociador, e vários autores trazem habilidades diferentes, porém vamos elencar algumas características que são mais abordadas na doutrina:

- Empatia;
- Saber escutar;
- Concentrar-se nos objetivos e não nas pessoas;
- Proporcionar alternativas à outra parte;
- Saber interpretar a comunicação não verbal;
- Ter bom relacionamento interpessoal;
- Negociar com ética;
- Separar os relacionamentos pessoais dos interesses;
- Saber se comunicar;
- Criar opções para ganhos mútuos;
- Ser criativo;
- Ter consciência de que se negocia o tempo todo;
- Cumprir o que foi acordado.

Fisher, Ury e Patthon definem sete habilidades de um bom negociador, vejamos:

- Comunicação eficaz (capacidade de ouvir e contextualização);
- Ter bom relacionamento (credibilidade);
- Descobrir o interesse da outra parte (preparação e coleta de informações);
- Elaborar os diversos acordos possíveis (criar alternativas);
- Convencer a outra parte que está sendo tratada com justiça (ganha-ganha);
- Definir quais são as alternativas para o acordo (criar alternativas);
- Chegar ao compromisso final (cumprir o que foi acordado).

> Além das habilidades acima mencionadas o negociador deve portar-se da seguinte forma:
> a) não emita opniões;
> b) evite dar sermões;
> c) evite dar importância;
> d) evite ser moralista;
> e) evite dar conselhor.

Um negociador, um policial que possui treinamento específico, deve pautar a sua negociação nos objetivos abaixo:

- Ganhar tempo;
- Abrandar exigências;
- Colher informações;
- Levar o causador da crise à rendição sem o emprego de força física;
- Prover um suporte tático, quando da necessidade de se empregar as demais alternativas táticas.

AMATO, Homero, no seu livro **Como negociar: técnicas, estratégias e táticas para negociar melhor e obter vantagens** define 3 (três) estilos que podem ser adotados pelos negociadores:

- **Competitivo/racional:** é o estilo do indivíduo que coloca seus pontos de vista em destaque e menospreza os interesses e objetivos dos outros. (ganhar a qualquer custo).

- **Colaborativo/amigável:** é caracterizado pela atenção aos objetivos e interesses da outra parte;
- **Colaborativo-assertivo:** é aquele que considera e valoriza os objetivos e interesses dos outros, mas procura igualmente maximizar a realização dos seus

21.4 Elementos operacionais essenciais

Os personagens envolvidos em uma crise

- **Causador:** é quem deu causa a situação de crise, também chamado de **CEC** (Causador do Evento Crítico);
- **Refém:** é a pessoa aleatória que é tomada como garantia pelo causador, usada como garantia;
- **Vítima:** pessoa escolhida intencionalmente, há uma relação sentimental ou fanatismo;
- **Equipe de negociação:**
  - **Negociador principal:** é o policial que mantém contato com o causador, servido como um interlocutor do diálogo;
  - **Negociador secundário ou reserva:** Além de estar sempre pronto para substituir o negociador principal ele anota e grava todas as negociações, da auxílio com novos dados;
  - **Consultor:** especialista que irá analisar o comportamento e o estado psicológico do CEC;
  - **Chefe de Equipe:** Organiza o grupo, define tarefas e supervisiona as atividades. É o elo entre a equipe de negociação e o gerente da crise;
- **Grupo tático:** grupo de policiais altamente treinados para trabalhar nesse tipo de situação (BOPE, GATE, COT e outros);
  - O grupo tático é formado por um grupo de assalto, atirador de precisão (*sniper*) e o comandante do grupo.
- **Gerente da crise:** é o comandante de toda a operação, ele é a autoridade máxima da crise

21.5 Tipologia dos causadores

A doutrina do FBI classifica os causadores de eventos críticos em 3 (três) grupos:

21.5.1 Criminoso profissional

É o causador do evento crítico que leva uma vida dedicada ao crime, esse indivíduo causa uma crise quando está diante de um confronto inesperado com a polícia, causa a crise por acidente (não planejada).

Os momentos inciciais desse evento crítico são os mais complicados, pois na primeira hora o CEC está com forte tensão emocional, e quando ele voltar a raciocinar será conduzida a negociação de maneira fácil. Essa é a situação mais fácil de negociar, dentre os demais grupos.

21.5.2 Emocionalmente pertubado

É o causador do evento crítico que pode estar passando por algum problema familiar, no trabalho ou pode ser um psicopata. Esse tipo de causador não é fácil de negociar.

21.5.3 Fanáticos / terrorista

Esse causador de evento crítico pode está motivado por interesses políticos ou religiosos, identificar a causa e não mostrar indiferença é fundamental.

21.6 Critérios de ação e classificação dos graus de risco

É fundamental que o responsável paela gerenciamento do evento crítico classifique o grau de risco que a situação apresenta, pensando nisso a doutrina elencou 4 (quatro) níveis a saber:

Classificação	Tipos	Exemplos
1º GRAU	ALTO RISCO	Causador tenta tirar a própria vida, ou quando encontra-se barricado, mas sem vítimas ou reféns
2º GRAU	ALTÍSSIMO RISCO	Causador mantêm, sob cárcere, reféns ou vítimas
3º GRAU	AMEAÇA EXTRAORDINÁRIA	Terrorismo ou com o uso de equipamento explosivo, pondo em risco, grande número de pessoas
4º GRAU	AMEAÇA EXÓTICA	Causador possui material radioativo, biológico, químico

A própria doutrina estabelece os níveis de resposta que podem ser aplicados para cada grau de risco, vejamos:

- **Nível 1 (recursos Locais): a crise pode ser deliberada pelos policiais locais, exemplo:** o primeiro interventor;
- **Nível 2 (grupos táticos):** a situação exige recursos especializados, além daqueles destacados no nível 1;
- **Nível 3 (alto comando):** além dos recursos empregados no nível 1 e 2, deve se solicitar atuação do mais alto comando;
- **Nível 4:** além dos recursos nível 3, pode ser aplicados recursos estrangeiros ou **COT** (Comando de Operações Táticas – PF), **COMANDOS, F.E.** (Forças Especiais);

21.7 Tipologia dos causadores

A doutrina do FBI classifica os causadores de eventos críticos em 3 (três) grupos:

21.7.1 Criminoso profissional

É o causador do evento crítico que leva uma vida dedicada ao crime, esse indivíduo causa uma crise quando está diante de um confronto inesperado com a polícia, causa a crise por acidente (não planejada).

Os momentos inciciais desse evento crítico são os mais complicados, pois na primeira hora o CEC está com forte tensão emocional, e quando ele voltar a raciocinar será conduzida a negociação de maneira fácil. Essa é a situação mais fácil de negociar, dentre os demais grupos.

21.7.2 Emocionalmente pertubado

É o causador do evento crítico que pode estar passando por algum problema familiar, no trabalho ou pode ser um psicopata. Esse tipo de causador não é fácil de negociar.

21.7.3 Fanáticos / terrorista

Esse causador de evento crítico pode está motivado por interesses políticos ou religiosos, identificar a causa e não mostrar indiferença é fundamental.

21.8 Fases da negociação

Considerando que negociação é um processo que envolve o planejamento a execução e o controle, um bom planejamento contribui de forma substâncial para o sucesso de uma negociação, defini-se algumas fases envolvidas em uma negociação: pré-confrontação, resposta imediata, plano específico e resolução.

21.8.1 Pré-confrontação

Fase prévia ao evento crítico que consiste na preservação, preparação, treinamento da equipe policial e das organizações envolvidas, quanto mais treinados e organizado maior será a chance de resolução das crises.

21.8.2 Resposta imediata

A resposta imediata é a fase da confrontação, é o primeiro atendimento a ocorrência do evento crítico.

A primeira equipe que chegar ao local deve **conter, isolar** e **negociar** a situação.

- **Conter:** evitar que a situação se alastre, evitando que aumente o número de reféns, definindo um amplo perímetro de controle, a definição de posições seguras;
- **Isolar:** interromendo que o CEC e os reféns/vítimas se comuniquem com outras pessoas fora daquela situação. Também é nessa fase que são definidos os peímetros táticos (interno e externo);
- **Negociar:** coletar o maior número de informações com o CEC.

21.8.3 Perímetros táticos

Considerando que perímetro é o espaço territorial onde está acontecendo a crise, é fundamental que seja definido o perímetro interno e externo.

Perímetro interno (crítico, zona vermelha)

É o cordão de isolamento imediatamente onde ocorre o evento crítico (zona estéril), no perímetro interno só podem estar o CEC, reféns/vítimas, negociador e sua equipe e o grupo tático.

Perímetro externo (restrito, zona amarela)

No perímetro externo, é uma zona que está entre o perímetro interno e o público geral. É nesse perímetro onde está o posto de comando com gerente da crise e sua equipe, comandante do grupo tático, médicos, especialístas, bombeiros e outras equipes necessárias para a negociação.

21.8.4 Plano específico

Após as medidas imediatas serem tomadas (conter, isolar e negociar), surge a necessidade de elaborar um plano específico, fase essa que o comandante da crise elabora uma estratégia para resolver toda a situação.

Na fase do planejamento precisamos reunir o maior número de informações sobre o cenário que iremos infrentar, e precisamos possuir informações como:

- Qual o objeto a ser negociado?
- Quais o interesses estão envolvidos?
- Quantos CECs existem no local e quem são?
- Quem é CEC?
  - Ele tem autoridade para negociar?
  - O CEC entende o que está sendo dito?
  - Há clareza/assertividade nas suas reividicações?
  - Qual o estado emocional/psicológico do CEC?
- Há refens ou vítimas e quem são?
- Há armas se sim quantas e quais tipos?

> É recomendado que todas as informações que forem coletadas durante o diálogo seja anotadas para ter tudo organizado e não perder nenhuma informação útil. É possível designar uma outra pessoa para essa tarefa.

Não é fácil obter essas informações previamenta ao início da negociação, por isso o negociador deve conduzir sua conversa com objetivo de conseguí-las, então atente-se a isto:

- Ouça as reividicações com atenção e atente-se aos detalhes;
- Fale com clareza e conduza a conversa para coletar as informações e entender toda a situação;

O objetivo do gerente da crise deve estar sempre ligado há: **Preservar vidas** e **aplicar a lei**, e para isso ele pode utilizar todos os recursos que tem a sua dispoição:

- Tentar liberar o maior número de refens ou vítimas (se houver);
- Tentar negociar uma rendição de forma pacífica;
- Fazer o emprego de força menos letal;
- Neutralizar o CEC com o uso de sniper;
- Empregar o Grupo tático.

Síndrome de Estocolmo é Fenômeno psicológico de dependência e simpatia recíproca, que se desenvolve entre tomadores de reféns e suas vítimas, homiziados em determinado espaço e sob ameaça ou pressão policial;

Existem muitas estratégias que podem ser utilizadas na resolução de um conflito, porém a negociação é a rainha delas e deve ser utilizada até o útimo momento.

A utilização de Grupos táticos pode ser empregado em último caso quando há risco a vida dos reféns e a negociação não está seguindo um caminho desejável.

O emprego de grupos táticos coloca em risco a vida dos CECs, das vítimas e dos próprios policiais, e é considerada a ultima opção viável e deve fazer parte e utilizar o negociador como elemento fundamental quando for utilizado.

Os fundamentos básicos de um grupo de assalto são:

- Surpresa;
- Agressividade da ação;
- Rapidez (com segurança).

21.8.5 Resolução

É a fase em que o plano específico é executado, seja utilizando a negociação com a rendição dos CECs ou com o emprego do grupo tático.

Essa fase é a mais sensível do evento crítico por isso todos os recursos devem estar disponíveis e a atenção toda direcionada a ela.

21.9 Organização do posto de comando

O posto de comando (PC) é a estrutura física e o ponto de referência na gestão da crise, e deve está instalado no perímetro externo (entre o perímetro interno e público geral) nesse posto estão pessoas que desempenham papeis específicos para a gerência da crise:

Equipe de inteligência;

Equipe de apoio técnico;

Apoio operacional (ambulância, bombeiros)

Gerente da crise / Comandante da Cena de Ações;

Comandante do Grupamento Tático;

Autoridade que compõem o plano político;

Esse posto e seus integrantes devem estar afastados do público externo, para que suas decisões não sejam influenciadas por esses.

O comandante da cena de ações possui como principais encargos:

- Realizar reuiões com os negociadores e grupamento tático para realizar um diagnóstico da situação;
- Analisar e discutir com o Grupamento Tático as alternativas táticas disponíveis;
- Definir o papel de cada integrante, para que os objetivos fiquem claros;
- Comunicar-se com os meios de comunicação para passar algumas informações de como está a crise;

21.10 Táticas de negociação

Existem várias táticas que podem ser utilizadas na hora de uma negociação, iremos abordar o modelo desenvolvido por Fisher, Ury e Patthon, o modelo negociação por mérito descrito na sua obra *"Como chegar ao sim e supere o não negociando com pessoas difíceis"*.

21.10.1 Separe as pessoas do problema

As pessoas podem ser uma variável que prejudique toda a negociação, sentimentos como medo podem fazer concessões desnecessárias, pessoas agressivas ou com raiva podem pejudicar toda a negociação.

É fundamental conhecer conhecer quais os objetivos da outra parte, para estabelecer uma negociação ganha/ganha e pautada na visão de futuro, **para poder honrar com as exigências acordadas**.

- Ter uma postura empática;
- **Salve as aparências:** dê a importância devida as solicitações da outra parte;
- Reconheça as suas emoções e as emoções do interlocutor, não deixe que elas interfiram;

21.10.2 Concentre-se nos interesses, não nas posições

Em uma negociação o foco deve ser em atingir o objetivo (resolver o problema) e não em atender as posições pessoais de cada negociador.

É muito comum a existência de interesses pessoais obscuros, por isso quando popuesermos uma solução é recomendado pergunta "**porque não?**".

Exemplo de uma rodovia interditada porque os manifestantes querem a construção de uma passarela, e exigem atenção.

https://i.em.com.br/

21.10.3 Invente opções de ganhos mútuos

Um bom negociador é aquele que consegue cirar várias opções para resolver o conflito (alternativas), está sempre na busca de um pensamento que consiga atender os objetivos das duas partes.

Algumas práticas que podem contribuir com a criação de alternativas:

- Converse com pessoas sobre a situação, principalmente especialistas;
- Identifeque se há e quais interesses comuns;
- Fazer um brainstorming, sem julgamento, com sua equipe;

21.10.4 Insista em critérios objetivos

Trabalhe com alternativas objetivas, evite o subjetivismo, tente materializar aquela opção e a negociação vai acontecendo com base em uma opção palpável e possível.

> Impostante não perguntar o que o CEC quer, deixe que ele mesmo faça as exigências.

O Fuselier, G.D. & Noesner G.W na sua obra *"Confronting the terrorist hostage taker"*, elenca 15 regras básicas que devem ser observadas por todo negociador:

01. Estabilize e contenha a situação:

O negociador tem que focar seus esforços em desaquecer os ânimos da negociação, fazendo com que o outro tenha uma sensação psicológica que tem o domínio da situação;

02. Escolha a ocasião correta para fazer contato:

Saber o momento certo de iniciar uma negociação contribui para um bom diálogo e consequentemente uma boa noção situacional;

03. Procure ganhar tempo:

Isso contribui para o amadurecimento das alternativas, contribuindo com o processo decisório;

04. Aprenda a ouvir:

Saber ouvir é uma habilidade fundamental de uma negociador, por 2 (dois) motivos:

- O transgressor reduz sua ansiedade;
- É revelado várias informações úteis sobre a situação.

05. Não ofereça nada ao transgressor:

Saiba atender de forma estratégica as solicitações feitas pelo transgressor, para que ele não interprete que você está disposto a ceder a tudo que ele pedir. Se ele pediu um água não dê grandes quantidades, se pedir cigarro não entregue um maço;

O negociador não pode ter poder de decisão;

06. Evite diridir sua atenção às vítimas com muita frequênciaa e não as chame de reféns:

Procure evitar chamar os refens assim, tente saber o nome, qual função e se há algo que se relacione com o transgressor (se tem filhos, se tem esposa entre outras)

07. Seja tão honesto quanto possível e evite truques:

É fundamental a confiança mútua durante a negociação, é recomendado estabelecer um clima de harmonia e sinceridade entre ambos;

Caso o negociador perca a confiança do transgressor, deve ser substituido.

08. Procure evitar a palavra não:

O negociador deve deixar transparecer que ele é o interlocutor do transgressor com os tomadores de decisão. Sempre deve-se deixar

S E G J U R

claro que as exigências estão sendo anotadas e estão sendo levadas ao núcleo de decisão;

Por essa premissa que o gerente da crise não deve ser o negociador, pois ele têm poder de decisão.

09. Procure evitar a linguagem negativa:

O não é subjetivo para o cérebro. Se eu te digo "não pense na cor verde" em que você pensou? Por isso é recomendado que o negociador formule sua comunicação de outra forma, exemplo: se eu quero que o transgressor fique calmo, eu falo fique calmo e não "não fique nervoso".

10. Procure abrandar as exigências:

É papel do negociador abrandar as exigência, com isso poderemos ganhar prazo.

11. Nunca estabeleça um prazo final e procure não aceitar um;

12. Não faça sugestões alternativas:

Lembre-se o negociador não decide, ele é o interlocutor do transgressor;

13. Não envolva não-policiais no processo de negociação:

14. Não permita qualquer troca de reféns, principalmente não troque um negociador por refém;

15. Evite negociar cara a cara:

É uma exposição desnecessária para o negociador, considerando que o negociador deve mostrar-se desarmado, isso contribui com o estabelecimento de confiança.

22 USO PROGRESSIVO DA FORÇA

As atividades de segurança pública estão em notório contáto diário com a sociedade, talvez seja o serviço público mais presente no seu cotidiano. E essa interação do poder público com a sociedade poderá resultar desde um atendimento cortês e urbano até a um confronto com arma de fogo e o infrator venha a óbito.

Um agente de segurança pública exerce o papel de pacificador social, podendo ter uma ação coercitiva, independente de ordem judicial, agindo com critérios de coveniência e oportunidade embasados sempre na lei.

Portaria Interministerial n°4.226 de 2010 Define: *"Uso* Diferenciado *da Força: Seleção apropriada do nível de uso da força em resposta a uma ameaça real ou potencial visando limitar o recurso a meios que possam causar ferimentos ou mortes"*

Como define BETINI, SALES DUARTE e GRECO, no livro: Curso de Uso diferenciado da Força (UDF): *"A polícia mantém a ordem social com o uso legítimo da força, o uso da força é definido pela (IACP) como o esforço necessário, aplicado pela polícia, para obter a cooperação de um sujeito. Este esforço pode ser representado simplesmente pela presença policial ou pelo uso da força em níveis mais extremos."*

O SENASP define como: "*Consite na* seleção *adequada de opções de força pelo policial em resposta ao nível de submissão do indivíduo suspeito ou infrator a ser controlado.*"

Outro tema que poderemos encarar como evoluções doutrinárias é o **Uso Seletivo de Força** que nada mais é do que a seleção adequada dos níveis de força pelo policial em resposta ao nível de resistência do suspeito ou infrator a ser controlado.

22.1 Legislação aplicada ao uso da força

Em 1979, no âmbito da ONU, cria-se o Código de conduta dos Escarregados de Aplicação a Lei (**CCEAL**) também chamado de Resolução nº 34/1969, essa resolução propõe termos gerais para a atividade policial alinhada com os princípios de Direitos Humanos.

Posteriormente em 1999 a ONU estabelece parâmetros para uso da força pela polícia, chamado dos Princípios Básicos do Uso da Força e Arma de Fogo (**PBUFAF**).

Todos esses normativos e outros que surgiram posteriormente permeiam os princípios da Legalidade, Necessidade, Proporcionalidade e Ética.

No Brasil a Portaria Interministerial n°4.226/2010, que estabelece diretrizes sobre o uso da força pelos agentes de segurança pública.

> ***Art. 1º*** *Ficam estabelecidas Diretrizes sobre o Uso da Força pelos Agentes de Segurança Pública.*

A referida portaria em seu Anexo II define alguns termos que iremos trabalhar agora e ao longo desse material:

- **Força:** Intervenção coercitiva imposta à pessoa ou grupo de pessoas por parte do agente de segurança pública com a finalidade de preservar a ordem pública e a lei;
- **Nível do Uso da Força:** Intensidade da força escolhida pelo agente de segurança pública em resposta a uma **ameaça real ou potencial;**
- **Princípio da Moderação:** O emprego da força pelos agentes de segurança pública deve sempre que possível, além de proporcional, ser moderado, visando sempre reduzir o emprego da força.

O Código Processo Penal militar positiva o emprego de foça.

Art. 234 *O emprego de fôrça só é permitido quando indispensável, no caso de desobediência, resistência ou tentativa de fuga. Se houver resistência da parte de terceiros, poderão ser usados os meios necessários para vencê-la ou para defesa do executor e auxiliares seus, inclusive a prisão do ofensor. De tudo se lavrará auto subscrito pelo executor e por duas testemunhas.*

§ 1º O emprêgo de algemas deve ser evitado, desde que não haja perigo de fuga ou de agressão da parte do prêso [...].

§ 2º O recurso ao uso de armas só se justifica quando absolutamente necessário para vencer a resistência ou proteger a incolumidade do executor da prisão ou a de auxiliar seu.

22.2 Níveis de força

Segundo Portaria Interministerial n°4.226 de 2010 (anexo II) "Intensidade da força escolhida pelo agente de segurança pública em resposta a uma **ameaça real ou potencial;**"

É importante que você saiba que o nível de força empregada poderá ser elevada e reduzida, tudo isso depende do nível de cooperação do indivíduo suspeito. Vejamos os 6 (seis) níveis adotados pela SENASP:

- **Nivel 1: Presença física do agente**
- **Nível 2: Verbalização**
- **Nível 3: Controle de contato**, também chamado de controle de mãos livres;
  - Técnicas de imobilização, inclusive podendo utilizar algemas.
- **Nível 4: Técnicas de submissão (Controle Físico)**
  - **Técnicas para superar a resistência ativa do indivíduo:** Agentes químicos, cães.
- **Nível 5: Táticas defensivas não letais**
  - Forçamento de articulações, uso de instrumentos menos letais (Cassetetes, tonfas, munições de impacto controlado, dispositivo elétrico de controle e outros).
- **Nível 6: Força Letal**

Uso progressivo da força é a expressão utilizada para determinar, regular e disciplinar o dever legal do uso da força, atribuído ao Estado por meio da força policial. Consiste num **processo de avaliação prévia**

do policial em relação ao indivíduo suspeito ou infrator, passando pela **seleção adequada de opções de força** pelo policial, **em resposta ao nível de submissão daquele indivíduo**, findando na resposta do policial (SENASP, 2006).

O princípio da **proporcionalidade** diz que o nível da força utilizado deve sempre ser **compatível com a gravidade da ameaça** representada pela ação do opositor e com os objetivos pretendidos pelo agente de segurança pública.

22.3 Níveis de resistência (submissão)

A avaliação do nível de agressividade do infrator também deve ser analisado para que o agente de segurança consiga selecionar qual força proporcional deve aplicar. Existem 6 (seis) classificações do nível de resistência do infrator:

- **Normalidade:** Infrator normal, respeita a presença do policial;
- **Cooperativo:** Não apresenta resistência e acata as ordens dos policiais;
- **Resistência passiva:** É uma resistência sem agressão, o suspeiro não obedece as ordens;
- **Resistência ativa:** É a reação que visa impedir a ação policial. O infrator não possui o objetivo de agredir o policial e sim não quer cumprir as ordens legais;
- **Agressão não letal:** É quando o infrator age com agreção (sem risco de morte) contra os agentes da lei;
- **Agressão letal:** Quando a agressão feita pelo infrator visa a morte ou a lesão grave dos agentes que estão cumprindo a lei.

22.3.1 Uso progressivo x uso seletivo

"Apenas a título de aprendizado, há quem sustente a impropriedade da terminologia utilizada: uso progressivo da força, ao argumento de que a palavra "progressivo" (que avança lentamente, mas sem parar) levaria ao sentido da evolução do uso da força, passando por todos seus níveis e intensidades de forma obrigatória, independente do nível da agressão apresentada pelo suspeito. O mais correto seria utilizar a expressão "uso seletivo da força", entendido como a adequação do meio a ser utilizado pelo policial na contra reação ao nível de agressão oferecida pelo suspeito, podendo ocorrer a verbalização ou até o uso letal da força sem escalonamento, já num primeiro momento" (MIRANDA, 2009).

"Realmente, razão cabe a esta diferenciação. O uso da força na solução de conflitos por meio da intervenção policial ocorre de forma gradativa, devendo obedecer aos preceitos da legalidade, proporcionalidade, necessidade e conveniência. Contudo, não quer dizer que seja a progressão o único caminho a ser percorrido. Por exemplo, se o suspeito obedecer ao estado de cooperação inicial requerida pelo policial, o uso da força não irá aumentar, podendo ser mantido o mesmo nível de força usada ou até mesmo retroceder." (CONSEG, 2009, p. 28).

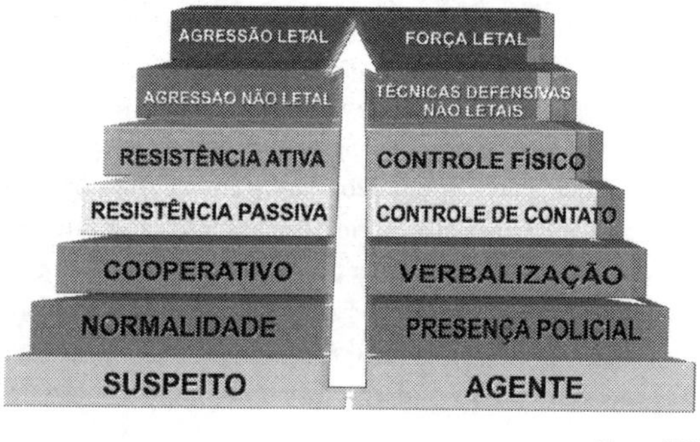

Fonte: SENASP

22.4 Princípios do uso da força

Os agentes de segurança pública, quando no uso da força deverão obedecer aos princípios da legalidade, necessidade, proporcionalidade, moderação e conveniência.

- **Legalidade:** Os agentes de segurança pública só poderão utilizar a força para a consecução de um objetivo legal e nos estritos limites da lei.
- **Necessidade:** Determinado nível de força só pode ser empregado quando níveis de menor intensidade não forem suficientes para atingir os objetivos legais pretendidos.
- **Proporcionalidade:** O nível da força utilizado deve sempre ser **compatível com a gravidade da ameaça** representada pela ação do opositor e com os objetivos pretendidos pelo agente de segurança pública.
- **Moderação:** O emprego da força pelos agentes de segurança pública deve sempre que possível, **além de proporcional, ser** moderado, visando sempre reduzir o emprego da força.
- **Conveniência (ética):** A força não poderá ser empregada quando, em função do contexto, possa ocasionar danos de maior relevância do que os objetivos legais pretendidos.

22.5 Instrumento de menor potencial ofencivo (IMPO)

- **Técnicas de menor potencial ofensivo (TeMPO):** Conjunto de procedimentos empregados em intervenções que demandem o uso da força, através do uso de instrumentos de menor potencial ofensivo, com intenção de preservar vidas e minimizar danos à integridade das pessoas.
- **Instrumentos de menor potencial ofensivo (IMPO): Conjunto de armas, munições e equipamentos desenvolvidos** com a finalidade de preservar vidas e minimizar danos à integridade das pessoas.
- **Munições de menor potencial ofensivo:** Munições projetadas e empregadas, especificamente, para conter, debilitar ou **incapacitar temporariamente** pessoas, preservando vidas e minimizando danos a integridade das pessoas envolvidas.
- **Armas de menor potencial ofensivo:** Armas projetadas e/ou empregadas, especificamente, com a finalidade de conter, debilitar ou incapacitar temporariamente pessoas, preservando vidas e minimizando danos à sua integridade.
- **Equipamentos de proteção:** Todo dispositivo ou produto, de uso individual (EPI) ou coletivo (EPC) destinado a redução de riscos à integridade física ou à vida dos agentes de segurança pública.

Nenhum agente de segurança pública deverá portar armas de fogo ou instrumento de menor potencial ofensivo para o qual não esteja devidamente habilitado e sempre que um novo tipo de arma ou instrumento de menor potencial ofensivo for introduzido na instituição deverá ser estabelecido um módulo de treinamento específico com vistas à habilitação do agente.

S E G J U R

23 PLANEJAMENTO DE SEGURANÇA

23.1 Planejamento estratégico

A definição da missão e visão da organização, assim como a utilização da matriz swot para a análise ambiental e posterior criação de cenários, serão a base para o Planejamento Estratégico, por esta razão podemos definir estas etapas e ferramentas, como os primeiros passos do Planejamento ou pré planejamento. Com a definição do planejamento estratégico, os departamentos desenvolvem o planejamento tático e para o desenvolvimento das funções técnico-administrativas, o planejamento operacional.

- **Responsáveis:** Quem é, dentro de uma organização, responsável pelo planejamento estratégico, é nível diretivo, os responsáveis pela organização.
- **Nível:** É sistêmico, porque diz respeito a toda organização e sinérgico, pois tem a função de juntas as diferentes forças existentes na organização para atingir os mesmos objetivos.
- **Prazo:** Como o planejamento estratégico definido, ele tem uma abrangência de longo prazo (6 anos).

23.2 Planejamento e processos

O Programa Nacional de Gestão Pública e Desburocratização (GesPública) foi criado em 2005 por meio do decreto

Segundo o próprio site www.gespública.gov.br, encontramos a definição formal da iniciativa. "Na busca de modelos de gestão que contemplem, de forma mais efetiva e eficaz, as novas e crescentes demandas da sociedade brasileira, a Secretaria de Gestão Pública – SEGEP, do Ministério do Planejamento, Orçamento e Gestão, revitaliza, em 2014, o Programa Nacional de Gestão Pública e

Desburocratização – GESPÚBLICA, com a finalidade de fortalecer a gestão pública, tendo como premissa o Modelo de Excelência em Gestão Pública - MEGP.

A estratégia para a implantação de um modelo referencial de gestão pública é desenvolver ações de apoio técnico aos órgãos e entidades da Administração Pública Federal, a fim de mobilizar, preparar e motivar para a atuação em prol da inovação e da melhoria da gestão.

Dentre as medidas adotadas para a implementação da estratégia, destacamos o desenvolvimento de uma das ferramentas do GESPÚBLICA - o Sistema Eletrônico de Autoavaliação da Gestão.

O Sistema possibilita uma avaliação da gestão prescritiva, por meio da identificação e análise das práticas de gestão adotadas e dos resultados da organização. A avaliação dos resultados permite um rápido diagnóstico, bem como a implantação de melhorias na governança que venham a promover o alcance dos melhores resultados institucionais.

Uma Gestão Pública participativa e democrática induz a resultados mais positivos, levando- se em conta que o processo de formação das normas administrativas e os mecanismos de ação e controle estarão sempre mais adequados e ajustados à realidade social.

O Programa GESPÚBLICA vem a ser um poderoso instrumento de cidadania, pois renova seu compromisso de engajamento e valorização das pessoas por meio de estratégias de mobilização da Administração Pública, contribuindo para a melhoria da qualidade dos serviços públicos prestados aos cidadãos e para o aumento da competitividade do País".

A Gespública apresenta um guia de gestão de processos que apresenta, segundo o próprio guia, as seguintes fases de processos desenvolvidos nas organizações públicas. (Fonte – gespública.gov.br)

Processos - Uma visão inicial conceitua processos como um "conjunto de recursos e ativida- des interrelacionadas ou interativas que transformam insumos (entradas) em serviços/ produtos (saídas), sendo realizado para agregar valor" . Também no âmbito do Programa GesPública, "um processo é um conjunto de decisões que transformam insumos em valores gerados ao

Ciclo de Gerenciamento de Processos - De acordo com o guia CBOK, a prática de gerenciamento de processos de negócio pode ser caracterizada como um ciclo de vida contínuo (processo) de atividades integradas. Tal ciclo pode ser sumarizado por meio do seguinte conjunto gradual e interativo de atividades:

Planejamento; Análise; Desenho e Modelagem; Implementação; Monitoramento e Refinamento.

Nessa etapa são vistas as necessidades de alinhamento estratégico dos processos. Segundo o Guia CBOK, devese desenvolver um plano e uma estratégia dirigida a processos para a organização, onde sejam analisadas suas estratégias e metas, fornecendo uma estrutura e o direcionamento para gerenciamento contínuo de processos centrados no cliente.

De acordo com o CBOK, a análise tem por objetivo entender os atuais processo organizacionais no contexto das metas e objetivos desejados. Ela reúne informações oriundas de planos estratégicos, modelos de processo, medições de desempenho, mudanças no ambiente externo e outros fatores, a fim de compreender os processos no escopo da organização como um todo.

Segundo o Guia CBoK, o desenho de processo consiste na "criação de especificações para, processos de negócio novos ou modificados dentro do contexto dos objetivos de negócio, objetivos de desempenho de processo, fluxo de trabalho, aplicações de negócio, plataformas tecnológicas, recursos de dados, controles financeiros e operacionais, e integração com outros processos

A etapa de implementação é definida pelo Guia CBOK como a fase que tem por objetivo realizar o desenho aprovado do processo de negócio na forma de procedimentos e fluxos de trabalho documentados, testados e operacionais; prevendo também a elaboração e execução de políticas

Gerenciamento de Desempenho - Segundo o Guia CBOK, é de suma importância a contínua medição e monitoramento dos processos de negócio, fornecendo informações-chave para os gestores de processo ajustarem recursos a fim de atingir os objetivos dos processos. Dessa forma, a etapa de implementação avalia o desempenho do processo através de métricas relacionadas às metas e ao valor para a organização, podendo resultar em atividades de melhoria, redesenho ou reengenharia.

23.3 Níveis de planejamento

23.3.1 Planejamento tático

Como fruto de todo o planejamento realizado que se inicia pela definição de visão e missão da organização, e posterior análise do ambiente externo e interno com vistas a criação de cenários prospectivos (Matriz Swot), a organização tem definido seu Planejamento Estratégico, que é de longo prazo, e é sistêmico, diz respeito a toda organização, e decorre deste, que diz respeito a organização em todos os seus níveis e setores, seu desdobramento para os respectivos departamentos de uma organização. O Conceito da reengenharia na administração, também chamado de método da folha em branco, é literalmente começar do zero, recomeçar um projeto com a definição de novas metas, objetivos e métodos, não sendo apenas um refinamento ou correção de rumos frente ao projeto que era desenvolvido.

A Reengenharia é aplicada no planejamento operacional e o tático, nas metas e projetos desenvolvidos dentro de uma organização, mas não no planejamento estratégico. Como desdobramento do planejamento estratégico temos em cada setor ou departamento de uma organização o Planejamento Tático, que tem as seguintes características.

- **Responsáveis:** Quem é, dentro de uma organização, responsável pelo planejamento tático, é o membro da organização que ocupa níveis intermediários, como o Gerente.
- **Nível:** É o desdobramento do planejamento estratégico dentro de cada departamento, sendo assim, seu escopo (abrangência) são as atividades desenvolvidas dentro de cada área. Uma organização tem o planejamento dos departamentos desenvolvido para que se alcance de forma plena em concordância com os objetivos definidos na estratégia da organização.
- Prazo. Como o planejamento tático é departamental, ele tem média duração, em geral de 1 ou 2 anos, pois deve, inclusive, ser adequado para momentos distintos do desenvolvimento do planejamento estratégico.

23.3.2 Planejamento operacional

Dentro de uma organização, pública ou privada, existem as atividades que justificam a razão de ser desta organização, aquelas atividades que o cliente-cidadão recebe como produto final e que estabelece a relação com a organização. A atividade-fim de uma escola é a aula que é ministrada, de uma fábrica é a produção final de seu produto, em um posto de atendimento da receita federal é o próprio atendimento desenvolvido.

A atividade-fim, portanto, pode ser a produção de algum bem ou ainda a prestação de algum serviço. Na Administração pública, pode até existir a produção de bens, de forma minoritária, porém é a prestação de serviços a atividade principal. Consideramos atividade meio, aquela é serve de base de apoio para uma organização. Se em uma escola a aula propriamente dita é a atividade-fim, a merenda escolar segurança escolar, limpeza do espaço são consideradas atividades-meio.

Como desdobramento do planejamento estratégico temos em cada setor ou departamento de uma organização o Planejamento Tático, e dentro dos departamentos temos atividades desenvolvidas pelos componentes daquela determinada área, e a ação executada, as tarefas concernidas são de responsabilidade do Planejamento Operacional que tem as seguintes características.

- **Operacional:** é o membro da organização que ocupa níveis operacionais, como o Administrativo, o Técnico e mesmo os servidores que executam atividades-fim.
- **Nível:** É a tradução na prática, no desenvolvimento de atividades, daquilo que foi definido através do planejamento estratégico de forma sistêmica, e daquilo que foi desdobrado para cada setor ou departamento através do planejamento tático. O planejamento operacional portanto, está relacionado a forma em que as tarefas são desenvolvidas no "chão da fábrica".
- **Prazo:** Como o planejamento operacional é de desenvolvimento de atividades, ele tem curta duração, em geral desde o momento posterior até 1 ano.

23.3.3 Balanced scorecard (bsc)

Ferramenta que nasceu nos anos 90 na Escola de Negócios da Universidade de Harvard e que foi adotada inicialmente como uma ferramenta de gestão do desempenho, hoje em dia é utilizada para vários fins dentro do serviço público como para apresentar resultado, metas e objetivos do planejamento estratégico.

O Balanced Scorecard devido à simplificação de documentos evitando relatórios densos e complexos pode ser incluído entre as ferramentas utilizadas na atual administração pública para a necessária desburocratização de procedimentos.

Como a atual administração pública tem uma característica sistêmica entendendo a correlação do microambiente com o macroambiente assim como entendendo os elementos internos e externos de uma organização, centralizados pelos valores e estratégia da organização, apresenta os seguintes aspectos:

- **Orçamento (Finanças):** que são as previsões financeiras das organizações para a execução de tarefas;
- **Processos Internos:** como os aspectos de gestão de pessoas, materiais e cultura organizacional guarda relação com os demais aspectos;
- **Sociedade (Cliente):** como os interessados que estão fora da organização (fornecedores, concorrentes, clientes e demais interessados) se relacionam com os demais aspectos da organização.
- **Treinamento ou educação corporativa (Aprendizado):** e sua consequência tanto interna quanto externa.

O BSC apresenta a criação de um único MAPA que apresenta para todos os departamentos, níveis hierárquico e técnicos os objetivos e funções de cada membro da organização. Este MAPA além de gerar a desburocratização também possibilita 3 aspectos abaixo apresentados:

- **Tradução:** ao utilizar linguagem técnica comedida, possibilita que todos os membros da organização independente de nível hierárquico ou de qualificação técnica possam facilmente entender o MAPA
- **Comunicação:** garantida a tradução com a informação podendo ser compreendida por todos os membros da organização o MAPA também garante a comunicação, através do diálogo em toda organização.
- **Alinhamento:** com a tradução fazendo-se entender a todos e a comunicação garantindo que a informação passe por todos níveis e departamentos o MAPA possibilita que os membros da organização se alinhem aos objetivos traçados.

23.4 Segurança corporativa estratégica

A abordagem sobre a gestão das áreas e instalações tem direta relação com a proteção física dos espaços públicos, como várias áreas, como a segurança institucional do Senado Federal não tem (por questões de segurança) divulgadas suas diretrizes de segurança, trabalharemos com exemplos correlatos de regras padronizadas de outros órgãos públicos, pois as regras e a abordagem em provas é padrão.

23.4.1 Segurança das áreas e instalações

A segurança de áreas e instalações constitui-se em um grupo de medidas orientadas para proteger o espaço físico sob responsabilidade onde se realizem atividades de interesse da Instituição, bem como seus perímetros, com a finalidade de salvaguardá-las. As medidas de segurança de áreas e instalações interagem com os demais grupos de medidas, integrando a segurança como um todo.

As aquisições, ocupação, uso, e os projetos de construção, adaptação e reforma de áreas e instalações de Unidades devem ser planejados e executados com a observância dos demais aspectos e diretrizes de segurança institucional, e com a integração dos demais setores da Instituição, de modo a reduzir as vulnerabilidades e riscos, e otimizar os meios de proteção. As áreas e instalações que abriguem informações sensíveis ou sigilosas e as consideradas vitais para o pleno funcionamento da Instituição serão objeto de especial proteção.

A execução da atividade de segurança desse grupo de medidas exige auditorias e fiscalização dos sistemas e serviços. Essas ações são implementadas para o efetivo cumprimento das normas de segurança.

A segurança de áreas e instalações é composta pelos seguintes sistemas:

- **Sistema Físico:** composto por vigilantes que executam diversos serviços de vigilância;
- **Sistema Eletrônico:** composto por equipamentos eletrônicos de segurança, como sensores, circuito fechado de televisão (CFTV), alarmes, fechaduras eletrônicas, sistemas de registro, catracas, cancelas, sistema de controle de acesso etc;
- **Sistema de Barreiras:** envolve as diversas barreiras para segurança dos perímetros.

23.4.2 Controle de acesso

As seguintes normas e orientações de controle de acesso vinculam o público interno e externo do Tribunal Regional do Trabalho:

- O atendimento ao público externo é realizado de segunda a sexta-feira, no período das 07h00min às 17h00min, conforme Resolução Administrativa TRT 13, nº 14, de 30 de março de 2017.
- Todo acesso às dependências do Tribunal Regional do Trabalho deverá obedecer os procedimentos de segurança;
- O ingresso nas dependências do Tribunal Regional do Trabalho fora do horário de expediente somente será permitido em situações excepcionais e com prévia autorização;
- É obrigatório o uso de crachá de identificação para o acesso às dependências do Tribunal Regional do Trabalho e permanência em seu interior, exceto para os magistrados que poderão utilizar outro modelo de identificação;
- Os portadores de marcapasso não serão submetidos ao detector de metais, mas deverão apresentar documentação que identifique sua situação, submetendo-se a outros meios de vistoria;
- Os serviços de entregas serão feitos ao solicitante nas recepções dos térreos, evitando assim o acesso frequente de pessoas estranhas ao Tribunal Regional do Trabalho;
- É vedado o ingresso de animais nas dependências do Tribunal Regional do Trabalho, salvo o cão-guia que acompanha pessoa com deficiência visual;
- É vedado o uso dos registros das cancelas e o uso das imagens do CFTV para controle de frequência de servidor;
- O acesso de visitantes deverá ser precedido de autorização do(a) magistrado ou servidor(a) e identificação pessoal;
- A circulação de visitantes é restrita ao setor e pavimento indicado no crachá;
- Os visitantes deverão seguir os procedimentos de segurança vigentes;
- Todos os veículos que utilizam os estacionamentos deverão usar credenciais de estacionamento, que deverão constar no cadastro de identificação;
- O controle de acesso ao estacionamento deverá ser efetuado pela Segurança;
- Deverá ser comunicada à segurança a perda ou extravio do CIF;
- Excepcionalmente, outros veículos poderão ter acesso à garagem, em função da condição de seus passageiros ou da característica da carga a ser manuseada. Nestes casos, a permanência estará limitada ao tempo necessário para embarque/desembarque e será fiscalizada pelo serviço de vigilância;
- As filmagens e fotografias realizadas nas dependências internas do Tribunal Regional do Trabalho deverão ser precedidas de autorização do setor responsável (Coordenadoria de Segurança Institucional
- Os profissionais da área de imprensa deverão cumprir as exigências de identificação, cadastro e revista;
- Os deficientes físicos, as gestantes, as lactantes, as acompanhadas por crianças de colo e as pessoas com idade igual ou superior a 60 anos terão atendimento prioritário.

23.4.3 Segurança de materiais

A segurança de materiais é um conjunto de medidas de segurança voltadas a proteger o patrimônio físico da Unidade, incluindo equipamentos, componentes, acessórios, mobiliários, veículos, matérias-primas e demais itens empregados nas atividades da Instituição.

Tem por objetivo salvaguardar a produção, o recebimento, a distribuição, o manuseio, o armazenamento, o transporte, o descarte, a doação e o acondicionamento dos materiais e equipamentos de posse ou sob a responsabilidade do Tribunal Regional do trabalho.

23.4.4 Sensores

A abordagem sobre a gestão das áreas e instalações tem direta relação com a proteção física dos espaços públicos, como várias áreas, como a segurança institucional do Senado Federal não tem (por questões de segurança) divulgadas suas diretrizes de segurança, trabalharemos com exemplos correlatos de regras padronizadas de outros órgãos públicos, pois as regras e a abordagem em provas é padrão.

23.4.5 Monitoramento remoto

Os serviços de monitoramento remoto serão prestados a partir de central a ser instalada nas dependências do Contratante, com o objetivo de realizar o acompanhamento permanente de violações, intrusões e outras ocorrências nas unidades que integram o escopo do contrato, tomando as providências contratadas, de acordo com as melhores práticas vigentes de segurança.

Entende-se por monitoramento o ato de efetivar a verificação ou a supervisão local ou remota de ações ou reações a partir de comparações com padrões pré-estabelecidos. Monitoramento Remoto é um serviço realizado por uma central de monitoramento à distância, que recepciona sinais, interpreta-os e procede conforme estabelecido na Ficha de Monitoramento.

A Ficha de Monitoramento contém procedimentos pré-estabelecidos entre a Contratada e o Contratante com relação à operação personalizada para cada evento monitorado, senha e contra-senha, visando a constatar ser ou não um evento real.

O meio de comunicação dos Painéis de Alarme com a Central de Monitoramento Remoto deverá utilizar rede IP Intragov como via principal e no caso de falha deste link, deve utilizar respectivamente GPRS e Linha Telefônica, sendo que esta última via deve encaminhar informações para ambas Centrais de Monitoramento Remoto.

A transmissão de imagens dos sistemas de CFTV para a Central de Monitoramento Remoto utilizará link de dados da rede Intragov, a ser disponibilizada pelo Contratante.

A Central de Monitoramento Remoto deverá possuir nível de segurança compatível com a atividade, a fim de que não haja interrupção dos serviços. Deve estar dotada, dentre outros itens, de:

Câmeras que permitam a visualização das áreas de acesso às instalações.

Sistema de detecção de intrusão por meio de sensores adequados às instalações.

Sistema de ar condicionado independente controlado no interior da sala.

No-break com estabilizador embutido e autonomia de no mínimo 2 (duas) horas para garantir o funcionamento de todo o sistema em eventuais falhas de energia elétrica.

Backup de endereço: as duas Centrais de Monitoramento Remoto deverão trabalhar em modo de backup uma da outra, a fim de manter a integridade do sistema 24 horas por dia. Diariamente a Contratada deverá replicar todos os dados coletados entre as duas Centrais de Monitoramento Remoto, podendo utilizar a rede IP Intragov para este fim.

Além dos elementos de segurança descritos acima, para a efetiva prestação dos serviços de vigilância eletrônica a Central de Monitoramento Remoto deve possuir:

Estação receptora de eventos/monitoramento de alarmes que receba informações dos Painéis de Alarme das unidades que integram o escopo do contrato pelos meios de comunicação utilizados nos endereços.

Servidor, com monitor, que permita a instalação de software de gerenciamento para monitoramento e controle de todos os eventos reportados pelos Painéis de Alarme, com identificação do local de instalação dos dispositivos, bem como impressora para emissão de relatórios, incluindo materiais e acessórios.

Estação receptora de sinais de imagens através de link de dados da rede Intragov, a ser disponibilizado pelo Contratante.

Servidor, com monitor, que permita a instalação de software de gerenciamento para monitoramento remoto das imagens.

Storage para armazenamento das imagens das ocorrências que foram monitoradas pela Central de Monitoramento Remoto e dos eventos gerados pelos Painéis de Alarme das unidades monitoradas.

Sistema de comunicação de sinais adequados, que seja capaz de se comunicar com todas as instalações que fazem parte do contrato, seja via linha telefônica, celular, Rádio Frequência, ou outra que atenda às necessidades do sistema. Todos os recursos tecnológicos deverão estar regularizados perante os órgãos competentes.

Duas ou mais vias de recepção de sinais dos Painéis de Alarme (redundância), já que uma linha telefônica fixa pode ser cortada perdendo a funcionalidade do sistema de alarme sem que a central identi fique o evento. No caso de interrupção da via principal de comunicação (rede IP Intragov), a Central de Monitoramento Remoto deve estar preparada para interpretar o fato como ocorrência e tomar as providências estabelecidas na ficha de monitoramento.

23.4.6 Sensor

Termo empregado para designar dispositivos sensíveis à alguma forma de energia do

ambiente que pode ser luminosa, térmica, cinética, relacionando informações sobre uma grandeza física que precisa ser mensurada (medida), como: temperatura, pressão, velocidade, corrente, aceleração, posição, etc.

Um sensor nem sempre tem as características elétricas necessárias para ser utilizado em um sistema de controle. Normalmente o sinal de saída deve ser manipulado antes da sua leitura no sistema de controle. Isso geralmente é realizado com um circuito de interface para produção de um sinal que possa ser lido pelo controlador.

Supondo que a saída de um sensor, ao ser sensibilizado por uma energia externa, é dada por um nível de tensão muito baixo, torna-se necessária a sua amplificação. Essa interface seria então um amplificador capaz de elevar o nível do sinal para sua efetiva utilização.

23.5 Sistemas de alarme, CFTV (circuito fechado de televisão)

O Circuito Fechado de TV CFTV, refere se a um circuito fechado de televisão, composto de câmeras, ligadas a um sistema de videomonitoramento e tratamento de imagem. O sistema é chamado de "circuito fechado de TV", porque a visualização das imagens capturadas são restrita a pessoas autorizadas.

O Circuito Fechado de TV CFTV, atualmente é muito empregado nas atividades de segurança privada e pública.

A sigla CFTV que significa Circuito Fechado de Televisão é uma versão traduzida da sigla em inglês mais conhecida CCTV (Closed-circuit Television).

23.5.1 Como funciona um sistema de segurança com alarmes?

O sistema de alarme é um circuito elétrico. O funcionamento básico desse depende de inúmeros sensores localizados em pontos estratégicos, e que são ligados à rede elétrica. Os sensores captam movimento, calor, ou abertura de portas e janelas.

O sistema é monitorado através de sinais enviados por linha telefônica, GPRS ou CDB a uma central. Estes sinais podem ser enviados à central de forma manual ou automática, quando são ativados pelos sensores instalados nos pontos de maior risco.

Possíveis problemas de um sistema de segurança com alarmes

Um dos principais problemas quando falamos sobre sistema de alarme são os alarmes falsos. A maioria deles é causada pelos próprios usuários e podem ser facilmente evitados através da adoção de algumas medidas básicas.

23.5.2 Central de alarme

Central de alarme monitorada com 18 zonas AMT 2018 E | Intelbras

A central de alarme é o cérebro de todo o sistema de alarme. Pode proteger um ou vários locais e ainda informar o local exato que ocorreu o evento através das zonas ou setores. A central recebe as informações dos sensores e periféricos disparando sirenes em casos de violações. Pode acionar também luzes e discar para números de telefone avisando sobre a ocorrência.

Os sensores são ligados na central e têm como função, informar a mesma o estado do setor, se houve violação ou não. Há vários modelos disponíveis como sensores passivos, sensores ativos, sensores quebra de vidro, sensores magnéticos, sensores de impacto, sensores de fumaça, etc.

23.5.3 Sirene

A sirene é responsável pelo sinal sonoro pode ser substituído por um sinal luminoso.

23.5.4 Bateria

A bateria é imprescindível no sistema de alarme, tendo como principal função evitar oscilações da rede elétrica, manter o sistema funcionando na falta de energia e fornecer corrente para o disparo da sirene.

A discadora é um dispositivo que, ao disparo do alarme, telefona para números gravados anteriormente (pelo instalador ou o próprio usuário) a fim de avisar que alarme foi disparado. O aviso pode ser tipo sirene ou mensagem gravada.

23.5.5 Fonte de alimentação

A fonte de alimentação é responsável pelo bom funcionamento do sistema, devendo manter carregada a bateria e alimentar todos os sensores.

23.5.6 A importância do uso dos sistemas de alarme

Obviamente, o argumento principal é a segurança. De acordo com pesquisas a maioria das tentativas de roubos em locais que são monitorados e possuem um sistema de alarme fracassam. Contudo, é comprovado que a utilização destes sistemas é eficiente para a proteção de qualquer patrimônio.

Outro fator importante ao qual deve-se atentar na hora de decidir sobre um bom sistema de segurança é a escolha de uma boa empresa para realizar o serviço de instalação. Este é um ponto fundamental para garantir os melhores resultados ao se adquirir um sistema de alarme.

24 RESOLUÇÃO CNJ Nº 4/2014

24.1 Disposições gerais

Esta Resolução regulamenta, no Poder Judiciário e no Ministério Público, os arts. 6º, inciso XI, e 7°-A, ambos da Lei nº 10.826, de 22 de dezembro de 2003, com as alterações promovidas pela Lei nº 12.694, de 24 de julho de 2012.

A presente Resolução é também aplicável ao Conselho Nacional de Justiça - CNJ e ao Conselho Nacional do Ministério Público - CNMP.

Nos termos desta Resolução, é autorizado ao Poder Judiciário e ao Ministério Público, para uso exclusivo de servidores de seus quadros pessoais que efetivamente estejam no exercício de funções de segurança, o porte de arma de fogo em todo o território nacional.

As funções de segurança serão definidas e regulamentadas em ato do Presidente do Tribunal e pelo Procurador-Geral de cada ramo do Ministério Público.

24.2 Aquisição, registro e autorização de porte de arma de fogo

As armas de fogo de que trata a presente Resolução serão de propriedade, responsabilidade e guarda das respectivas Instituições, somente podendo ser utilizadas pelos servidores indicados no art. 2º quando em serviço.

Cada Instituição deverá adotar as medidas necessárias para que sejam observadas as condições de uso e de armazenagem da arma de fogo de acordo com a legislação.

O certificado de registro e a autorização de porte da arma de fogo serão expedidos preferencialmente pela Polícia Federal em nome da respectiva Instituição, ou por esta própria, quando possuir estrutura administrativa para tanto e desde que observados os requisitos legais necessários.

O Presidente do Tribunal e o Procurador-Geral de cada ramo ou unidade do Ministério Público, designarão os servidores de seus quadros pessoais no exercício de funções de segurança que poderão portar arma de fogo, respeitado o limite máximo de 50% (cinquenta por cento) do número de servidores nessa função.

O limite indicado no parágrafo anterior será estabelecido a partir da soma total dos servidores dos quadros pessoais de cada Instituição que efetivamente estejam no exercício de funções de segurança, independentemente, para fins de cálculo, de sua unidade de lotação específica.

O limite indicado no § 3º, no que tange ao Ministério Público da União, será estabelecido a partir da soma total dos servidores dos quadros pessoais de cada ramo.

A listagem dos servidores das Instituições de que trata este artigo deverá ser atualizada semestralmente no Sistema Nacional de Armas – SINARM mediante provocação da chefia de segurança.

A autorização para o porte de arma de fogo de que trata este artigo independe do pagamento de taxa e restringe-se à arma de fogo institucional registrada em nome de cada Instituição.

A autorização para o porte de arma de fogo de que trata este artigo terá prazo máximo de validade de 3 (três) anos, podendo ser renovada, cumpridos os requisitos legais, e revogada, a qualquer tempo, por determinação do Presidente do Tribunal ou do Procurador-Geral de cada ramo do Ministério Público.

O porte de arma de fogo institucional dos servidores do Poder Judiciário e do Ministério Público fica condicionado à apresentação de documentação comprobatória do preenchimento dos requisitos constantes do art. 4º da Lei nº 10.826/2003, bem como à formação funcional em estabelecimentos de ensino de atividade policial, forças armadas ou cursos credenciados e à existência de mecanismos de fiscalização e de controle interno, nas condições estabelecidas na presente Resolução.

Compete à área de gestão de pessoas da Instituição a que o servidor estiver vinculado, em conjunto com o respectivo órgão de segurança institucional, adotar as providências necessárias à obtenção da documentação exigida à capacitação técnica e à aptidão psicológica dos servidores designados nos termos do § 3º do art. 3º da presente Resolução.

Entende-se por capacidade técnica a habilitação em curso específico para utilização de arma de fogo, promovido em estabelecimento de ensino de atividade policial, forças armadas ou cursos credenciados, nos termos da legislação pertinente.

Entende-se por aptidão psicológica o conjunto das capacidades intelectuais para o manuseio de arma de fogo aferidas em laudo conclusivo da própria Instituição, do Departamento de Polícia Federal, ou por profissional ou entidade credenciados.

O armamento, o modelo, o calibre e a munição a serem adquiridos pela Instituição devem ser definidos pelos respectivos Presidentes de Tribunal e Procuradores-Gerais, observando-se a legislação aplicável.

A aquisição de arma de fogo institucional e de equipamentos de segurança de que trata esta Resolução será submetida à prévia análise técnica do órgão de segurança institucional respectivo.

24.3 Uso, controle e fiscalização

As armas de fogo institucionais e seus respectivos registros deverão ser brasonadas e gravadas com inscrição que identifique a Instituição.

O órgão de segurança de cada Instituição será responsável pela guarda e manutenção adequada das armas de fogo institucionais, da munição e acessórios, devendo manter rigoroso controle de utilização que conste: o registro da arma, sua descrição, o número de série e calibre, a quantidade e o tipo de munição fornecida, a data e o horário de entrega e a descrição sucinta da atividade a ser desenvolvida pelo servidor.

Cada Instituição deverá providenciar local seguro e adequado para guarda e manutenção das armas de fogo institucionais, assim como da munição e dos acessórios respectivos, respeitadas às normas pertinentes.

Quando autorizada a utilização em serviço, a arma de fogo será entregue ao servidor designado mediante assinatura de cautela e a entrega dos documentos de registro e porte.

A arma de fogo institucional, o certificado de registro e o documento que autorize seu porte ficarão sob a guarda do órgão de segurança da Instituição quando o servidor não estiver em serviço.

O servidor, ao portar arma de fogo institucional, deverá fazê-lo acompanhado do respectivo certificado de registro, do documento institucional que autorize o porte, do distintivo regulamentar devidamente aprovado pela Instituição e da identidade funcional, com a observância de toda a legislação pertinente.

É expressamente proibida a utilização e o porte de arma institucional fora dos limites territoriais de atuação da respectiva Instituição, ressalvadas as situações previamente autorizadas.

É vedada ao servidor a guarda de arma de fogo em residência e em outros locais não regulamentados, salvo, mediante autorização do órgão de segurança institucional respectivo, quando:

- estiver de sobreaviso;
- excepcionalmente, for constatada a necessidade de proteção do próprio servidor, em razão do desempenho de sua função;
- a retirada da arma não puder ser feita no mesmo dia do início da missão;
- a devolução da arma não puder ser feita no mesmo dia do término da missão.

Nos casos não previstos no parágrafo anterior, o órgão de segurança institucional, após avaliar a necessidade, poderá conceder a autorização.

Ao servidor designado compete observar fielmente as leis e as normas concernentes ao uso e ao porte de arma de fogo, respondendo por quaisquer abusos ou omissões, sem prejuízo das sanções legais administrativas, cíveis e penais cabíveis.

Ao portar arma de fogo institucional, o servidor deverá fazê-lo de forma discreta, visando não colocar em risco sua integridade física e a de terceiros e, em caso de porte em aeronaves, deverá respeitar as disposições emanadas pela autoridade competente.

O porte da arma de fogo institucional poderá ser ostensivo, desde que o servidor, devidamente autorizado, esteja uniformizado e identificado, conforme padrão estabelecido pela Instituição.

Nos casos de perda, furto, roubo ou outras formas de extravio de arma de fogo, acessórios, munições, certificado de registro ou documento institucional de porte de arma que estavam sob a sua posse, o servidor deverá, imediatamente, registrar ocorrência policial e comunicar o fato ao órgão de segurança institucional.

A Instituição é obrigada a registrar ocorrência policial e a comunicar à Polícia Federal eventual perda, furto, roubo ou outras formas de extravio de armas de fogo, acessórios, munições, certificados de registro ou documentos institucionais de porte de arma que estejam sob sua guarda, nas primeiras 24 (vinte e quatro) horas depois de ocorrido o fato.

Os parágrafos anteriores também se aplicam no caso de recuperação dos objetos ali referidos.

Sem prejuízo da faculdade de revogação prevista no § 8º do art. 3º da presente Resolução, o servidor terá seu porte de arma suspenso ou cassado, nas seguintes situações:

- em cumprimento a decisão administrativa ou judicial;
- em caso de restrição médica ou psicológica para o porte de arma de fogo;
- quando portar arma de fogo em estado de embriaguez;
- quando fizer uso de substâncias que causem dependência física ou
- psíquica ou provoquem alteração no desempenho intelectual ou otor;
- após o recebimento da denúncia ou queixa pelo juiz;
- afastamento, provisório ou definitivo, do exercício de funções de segurança institucional;
- nas demais hipóteses previstas na legislação.

A suspensão ou cassação do porte de arma de fogo será aplicada sem prejuízo das sanções disciplinares cabíveis.

A revogação, suspensão ou cassação do porte de arma de fogo implicará o imediato recolhimento pelo órgão de segurança institucional da arma de fogo, acessórios, munições, certificados de registro e o documento de porte de arma que estejam sob a posse do servidor.

A atividade de segurança institucional, no Poder Judiciário, será fiscalizada diretamente pela Corregedoria do Tribunal respectivo, sob as diretrizes do Conselho Nacional de Justiça.

A atividade de segurança institucional, no Ministério Público será fiscalizada pelo órgão especificamente designado para tanto por ato do Procurador-Geral respectivo, sob as diretrizes do Conselho Nacional do Ministério Público.

Os casos omissos serão resolvidos pelo Presidente do Tribunal e pelo Procurador-Geral de cada ramo do Ministério Público.

25 LEI Nº 5.553/1968 – IDENTIFICAÇÃO PESSOAL

Pode-se compreender a "identificação pessoal" como um conjunto de medidas destinadas a individualizar determinada pessoa num contexto social, a qual se faz necessária para assegurar seus direitos e deveres, bem como, objetivam regulamentar o acesso das referidas às mais diversas instituições públicas e privadas.

A Lei nº 5.553/1968, a qual dispõe sobre a apresentação e uso de documentos de identificação pessoal, tem por **objeto material** ou **objeto jurídico** a proteção do indivíduo em face de atos abusivos praticados por pessoas jurídicas de direito público ou de direito privado, no tocante à **proibição** de retenção de qualquer documento de identificação pessoal, por ocasião da necessidade de eventual ato de identificação pessoal.

Documentos que não podem ser retidos: fotocópia autenticada ou pública-forma, inclusive comprovante de quitação com o serviço militar, título de eleitor, carteira profissional, certidão de registro de nascimento, certidão de casamento, comprovante de naturalização e carteira de identidade de estrangeiro.

As condutas, em tese, criminosas afiguram-se no ato das pessoas jurídicas de direito público ou privado efetivarem a **retenção indevida** do documento de identificação pessoal. **Exceção à regra:** quando, para a realização de determinado ato, for exigida a apresentação de documento de identificação, a pessoa que fizer a exigência fará extrair, no prazo de até 5 dias, os dados que interessarem devolvendo.

Importante lembrar que, além do prazo discriminado, somente por ordem judicial poderá ser retido qualquer documento de identificação pessoal.

Havendo eventualmente indícios de falsificação documental, o referido documento deverá ser objeto de exame de corpo de delito (laudo documentoscópico) e, assim, responder o autor na forma da lei.

Nesse compasso, a retenção indevida do documento de identificação afigura-se em contravenção penal punível com prisão simples ou multa, podendo figurar como sujeitos ativos pessoas jurídicas de direito público ou privado.

Havendo necessidade de apresentação do documento de identidade para a entrada de pessoa em órgãos públicos ou particulares, serão seus dados anotados no ato e devolvido o documento imediatamente ao interessado.

Quando a infração for praticada por preposto ou agente de pessoa jurídica, considerar-se-á responsável quem houver ordenado o ato que ensejou a retenção, a menos que haja, pelo executante, desobediência ou inobservância de ordens ou instruções expressas, quando, então, será este o infrator.

Lei nº 5.553/1968

Apresentação e uso de documentos de identificação pessoal

***Art. 1º** A nenhuma pessoa física, bem como a nenhuma pessoa jurídica, de direito público ou de direito privado, é lícito reter qualquer documento de identificação pessoal, ainda que apresentado por fotocópia autenticada ou pública-forma, inclusive comprovante de quitação com o serviço militar, título de eleitor, carteira profissional, certidão de registro de nascimento, certidão de casamento, comprovante de naturalização e carteira de identidade de estrangeiro.*

***Art. 2º** Quando, para a realização de determinado ato, for exigida a apresentação de documento de identificação, a pessoa que fizer a exigência fará extrair, no prazo de até 5 (cinco) dias, os dados que interessarem devolvendo em seguida o documento ao seu exibidor.*

§ 1º Além do prazo previsto neste artigo, somente por ordem judicial poderá ser retido qualquer documento de identificação pessoal.

§ 2º Quando o documento de identidade for indispensável para a entrada de pessoa em órgãos públicos ou particulares, serão seus dados anotados no ato e devolvido o documento imediatamente ao interessado.

***Art. 3º** Constitui contravenção penal, punível com pena de prisão simples de 1 (um) a 3 (três) meses ou multa de NCR$ 0,50 (cinqüenta centavos) a NCR$ 3,00 (três cruzeiros novos), a retenção de qualquer documento a que se refere esta Lei.*

***Parágrafo único.** Quando a infração for praticada por preposto ou agente de pessoa jurídica, considerar-se-á responsável quem houver ordenado o ato que ensejou a retenção, a menos que haja , pelo executante, desobediência ou inobservância de ordens ou instruções expressas, quando, então, será este o infrator.*

***Art. 4º** O Poder Executivo regulamentará a presente Lei dentro do prazo de 60 (sessenta) dias, a contar da data de sua publicação.*

***Art. 5º** Revogam-se as disposições em contrário.*

NOÇÕES DE DIREITOS HUMANOS

1 TEORIA GERAL DOS DIREITOS HUMANOS

1.1 Conceitos

A conceitualização dos Direitos Humanos não obedece a uma forma absoluta de definição universal. Muitos foram, e continuam sendo, os teóricos que refletem esse âmbito do Direito. Vejamos, a título de exemplos, alguns conceitos:

> *Compreendemos por Direitos Humanos os direitos que o homem possui pelo fato de ser homem, por sua própria natureza humana, pela dignidade que a ela é inerente. São direitos que não resultam de uma concessão da sociedade política. Pelo contrário, são direitos que a sociedade política tem o dever de consagrar.*
>
> *João Baptista Herkenhoff (advogado e escritor)*

> *O conjunto institucionalizado de direitos e garantias do ser humano que tem por finalidade básica o respeito à sua dignidade por meio de sua proteção contra o arbítrio do poder estatal e o estabelecimento de condições mínimas de vida e desenvolvimento da personalidade humana.*
>
> *Alexandre de Moraes (jurista, magistrado e atual ministro do Supremo Tribunal Federal - STF)*

> *A expressão Direitos Humanos refere-se obviamente ao homem, e como "direitos" só se pode designar aquilo que pertence à essência do homem, que não é puramente acidental, que não surge e desaparece com a mudança dos tempos, da moda, do estilo ou do sistema, deve ser algo que pertence ao homem como tal.*
>
> *Charlles Malik (relator da comissão de Direitos Humanos da ONU, 1947)*

Após analisarmos os conceitos dados, uma dúvida pode surgir: "Qual é a diferença entre **Direitos do Homem, Direitos Fundamentais e Direitos Humanos**?". Pode-se dizer que a principal diferença entre esses conceitos reside na positivação ou não dos referidos direitos, bem como o local onde se encontram positivados. Porém, as expressões têm sido, equivocadamente, usadas indistintamente como sinônimos. Observe:

- **Direitos do Homem:** é a universalidade de direitos naturais (caráter jusnaturalista) que garantem a proteção global do homem e válido em todos os tempos. Trata-se de direitos que não estão nos textos constitucionais, nem mesmo em tratados de proteção aos direitos humanos. Portanto, podemos caracterizar como direitos que:
  - condicionam ao ser humano exercer sua humanidade;
  - são universais, válidos em qualquer tempo e em qualquer lugar;
  - são naturais, inseparáveis e imprescindíveis a qualquer ser humano.
- **Direitos Fundamentais:** representam os direitos naturais positivados ou escritos no Texto Constitucional, ganhando uma conotação de direitos positivos constitucionais. Um exemplo é o Título II da CF/1988. É importante também ter cuidado para não confundir os direitos fundamentais com garantias fundamentais. A primeira espécie são os bens protegidos pela Constituição, já a segunda é aquela que visa proteger esses bens, ou seja, instrumentos constitucionais.
- **Direitos Humanos:** é a evolução dos direitos fundamentais, ou seja, quando esses direitos previstos nas normas internas passaram a ser regulados em tratados internacionais (seja no plano global ou regional).

Fique ligado

Um tratado é um acordo entre os Estados, que se comprometem com regras específicas. Tratados internacionais têm diferentes designações, como pactos, cartas, protocolos, convenções e acordos. Um tratado é legalmente vinculativo para os Estados que tenham consentido em se comprometer com as disposições do tratado – em outras palavras, que são parte do tratado.

1.2 Concepções

Ao analisarmos os Direitos Humanos, devemos nos perguntar quais as premissas filosóficas que os precedem e os projetam, e o alicerce sobre o qual estão levantadas as colunas que estruturam todos os direitos humanos e suas ramificações. Neste sentido, é possível afirmar as seguintes teorias basilares:

- **Naturalismo:** a pessoa humana é o fundamento atemporal dos Direitos Humanos, pois, a partir dela, verificamos a existência de direitos pré-concebidos e precedentes a qualquer modo de positivação estatal. A dignidade, não importa a cultura na qual a pessoa esteja imersa, deve ser objeto de zelo e amparo, pois está presente no homem enquanto homem. Neste sentido, os Direitos Humanos não são criados pelos homens, não são criados pelo Estado, mas resta a este o reconhecimento destes direitos.
- **Positivismo:** os Direitos Humanos não podem ser caracterizados como absolutos. Devem obedecer à ordem prática do Direito que, como fruto social, leva em consideração fatores culturais, morais e sociais, variáveis em sua constituição. Portanto, não poderíamos almejar uma fundamentação absoluta, ou caráter permanente para algo que necessariamente irá sofrer alterações. Isso gera uma tendência natural à positivação dos Direitos Humanos pelas Constituições nacionais.

Fique ligado

A dignidade pode ser definida como consciência do próprio valor, respeito que se tem para com a própria pessoa e o reconhecimento de suas próprias qualidades. Neste sentido, o ser capaz de reconhecimento de si e autoconsciência, inferindo valores a seu contexto social, artístico e cultural, capaz de dar sentido e promover a liberdade é o ser humano.

Não devemos estabelecer um ponto exato no nascimento dos Direitos Humanos, mas os perceber como fruto do tempo e das experiências. Eles nasceram fragmentados em resposta às atrocidades cometidas arbitrariamente sobre o ser humano durante guerras e conflitos. O direito à liberdade e à vida são exemplos de alguns desses direitos. Mesmo com perspectivas de fundamentação distintas, os Direitos Humanos permanecem tendo como horizonte de ação a **Dignidade do Homem**, que, na condição de humano, já merece respeito e dignidade, ambos inseparáveis de sua natureza.

1.3 Terminologia

Para darmos a terminologia da expressão "direitos humanos", precisamos explicar as expressões "direitos do homem" e "direitos fundamentais".

- **Direitos do homem:** expressão jusnaturalista que apresenta uma série de direitos naturais, os quais visam a proteção global do homem em todos os tempos. São direitos que não estão expressos na Constituição, nem nos tratados internacionais.
- **Direitos fundamentais:** expressão que apresenta a proteção interna dos cidadãos, trata-se dos direitos previstos na Constituição, garantidos e limitados no tempo e no espaço.
- **Direitos humanos:** o termo se refere aos direitos inscritos em tratados ou costumes internacionais, os quais já ultrapassaram as fronteiras estatais de proteção interna e passaram a garantir a proteção internacional.

1.4 Características

Os Direitos Humanos são caracterizados pela:

- **Historicidade:** não nasceram todos de uma única vez, em um único momento histórico. Surgiram de maneira gradual, resultado de lutas contra o poder vigente, evoluem com o tempo e obedecem a fluxos circunstanciais do contexto a que estão inseridos. São assegurados pela positivação jurídica dos Estados.

- **Universalidade:** destinam-se a todos os seres humanos. Não limitam, distinguem ou separam os homens por conta de sexo, orientação política, religião, cor ou nacionalidade. Almejam respeitar e considerar o princípio da liberdade e o princípio da dignidade presente em todo e qualquer ser humano só pelo fato de o sê-lo.
- **Inalienabilidade:** os direitos não podem ser alienados, não podem ser vendidos.
- **Inexauribilidade:** os Direitos Humanos não são esgotados em si mesmos, não assumem rol taxativo. É admissível ampliá-los e não os reduzir, respeitando-se sempre seu núcleo essencial.
- **Irrenunciabilidade:** os titulares desses direitos não podem renunciá-los. Eles são inerentes à existência humana e, tomando consciência disso, o Estado impede que os indivíduos deliberem sobre direitos de ordem natural.
- **Imprescritibilidade:** podem ser exercidos em qualquer tempo. Ainda que não tenham sido exigidos durante certo período, não significa que não possam mais ser exigidos.
- **Inviolabilidade:** os Direitos Humanos não podem ser violados e cabe ao Estado zelar para que a sua violação não ocorra.
- **Complementaridade:** a evolução dos Direitos Humanos é marcada pelo complemento que cada direito dá ao outro.
- **Efetividade:** a concretização, a realização no mundo real. Os direitos não permanecem somente ao plano teórico, mas se efetivam no mundo.
- **Concorrência:** os Direitos Humanos não têm efeito isoladamente. Eles coexistem entre si, ativam-se conjuntamente e um direito não anula o outro.
- **Limitabilidade:** os limites dos direitos são postos por outros direitos. A ponderação e o bom senso sobre determinadas situações confirmará que tipo de limitação será essa. Exemplo: direito de propriedade × direito à vida.
- **Vedação ao retrocesso:** compreende-se a ampliação dos Direitos Humanos enquanto Direitos Fundamentais, porém, não é permitido reduzir esses direitos.
- **Indivisibilidade:** os Direitos Humanos formam um todo, um conjunto de direitos que não podem ser analisados isoladamente.
- **Aplicabilidade imediata:** segundo o art. 5º, § 1º, da CF/1988, a aplicação desses direitos é de ordem imediata.
- **Essencialidade:** os Direitos Humanos são inerentes à natureza humana e fundamentam-se no princípio da dignidade de caráter supremo e inigualável.

2 AFIRMAÇÃO HISTÓRICA DOS DIREITOS HUMANOS

Devemos evitar anacronismos para melhor compreender a evolução dos direitos humanos na história, ou seja, é importante julgar os documentos e as decisões tomadas de acordo com a mentalidade do tempo histórico estudado.

> *Os direitos do homem nascem como direitos naturais universais, desenvolvem-se como direitos positivos particulares, para finalmente encontrarem sua plena realização como direitos positivos universais.*
> *Norberto Bobbio*

2.1 Principais documentos

A seguir serão apresentados os principais documentos que remetem à importância dos direitos humanos.

2.1.1 Magna Carta (1215)

Documento que limitava o poder monárquico inglês. Neste caso, o Rei João Sem-Terra o assinou, afastando qualquer possibilidade de absolutismo. Por meio deste documento, reconhecia que sua vontade estava sujeita à lei. A Magna Carta surge como o primeiro passo histórico no caminho para o Constitucionalismo.

2.1.2 Habeas Corpus (1679)

Bem anterior à Magna Carta, o *Habeas Corpus* já estava presente em território inglês, no caso de arbitrariedades cometidas pela justiça. Não havia muita eficácia na realização desse direito até a formulação da Lei de 1679.

2.1.3 Bill of Rights (1689)

O *Bill of Rights* ou lista de direitos, referentes à Declaração dos Direitos, foi uma proposta de lei aprovada em 1689, pelo Parlamento inglês, imposta aos monarcas Guilherme III e Maria II.

2.1.4 Declaração de Direitos do Povo da Virgínia (1776)

É um documento que emerge em um contexto de luta pela independência dos Estados Unidos. Possui em sua essência aspirações iluministas e contratualistas. Esse documento precede a Declaração de Independência dos Estados Unidos.

2.1.5 Declaração de Independência dos Estados Unidos (1776)

Promovido pelas treze colônias dos Estados Unidos da América, este documento surgiu em resposta à dominação da Grã-Bretanha, mobilizando a sociedade estadunidense em busca de sua independência.

2.1.6 Declaração dos Direitos do Homem e do Cidadão (1789)

Um dos legados mais importantes deixados pela Revolução Francesa. É um dos principais documentos da história garantidores de direitos essenciais ao homem e aplicados como garantias inalteráveis nas Constituições democráticas contemporâneas. A Declaração seria um tipo de preâmbulo para a futura Constituição Francesa e fundamentava-se nos princípios iluministas e nas declarações americanas. Pela primeira vez foi institucionalizada uma ordem baseada na liberdade, na igualdade e na fraternidade, que vai ao encontro dos direitos individuais, não apenas com aplicação para França, mas para qualquer Estado, oferecendo, assim, outro conceito de homem e de cidadão.

Como era a sociedade antecedente à Revolução Francesa?
Monárquica, absolutista, estamental, feudal; excessiva intervenção do Estado; insatisfação da burguesia e das massas populares; contato com ideais revolucionários iluministas e da revolução norte-americana.

Quais são as fases da Revolução Francesa?
Monarquia Constitucional (criada a Declaração dos Direitos do Homem e do Cidadão); Convenção Republicana; Terror; Diretório.

2.2 Declaração de Direitos do Homem e do Cidadão (destaques)

> ***Art. 1º*** *Os homens nascem e são livres e iguais em direitos. As distinções sociais só podem fundamentar-se na utilidade comum; [...]*
>
> ***Art. 2º*** *A finalidade de toda associação política é a conservação dos direitos naturais e imprescritíveis do homem; [...]*
>
> ***Art. 4º*** *A liberdade consiste em poder fazer tudo o que não prejudique o próximo. Assim, o exercício dos direitos naturais de cada homem não tem por limites senão aqueles que asseguram aos outros membros da sociedade o gozo dos mesmos direitos. Estes limites somente podem ser determinados pela lei; [...]*
>
> ***Art. 7º*** *Ninguém pode ser acusado preso ou detido senão nos casos determinados pela Lei e de acordo com as formas por esta prescrita. Os que solicitam, expedem, executam ou mandam executar ordens arbitrárias devem ser punidos. Mas qualquer cidadão convocado ou detido em virtude da lei deve obedecer imediatamente, caso contrário, torna-se culpado de resistências. [...]*
>
> ***Art. 9º*** *Todo acusado é considerado inocente até ser declarado culpado e, se julgar indispensável prendê-lo, todo rigor desnecessário à guarda da sua pessoa deverá ser severamente reprimido pela lei. [...]*
>
> ***Art. 11*** *A livre comunicação das ideias e das opiniões é um dos mais preciosos direitos do homem. Todo cidadão pode, portanto, falar, escrever, imprimir livremente, respondendo, todavia, pelos abusos desta liberdade nos termos previstos na lei. [...]*
>
> ***Art. 16*** *A sociedade em que não esteja assegurada a garantia dos direitos nem estabelecida a separação dos poderes não tem Constituição. [...]*

2.3 Convenções de Genebra

Sequência de tratados constituídos em Genebra, na Suíça. Em função dos Direitos Humanitários, as convenções contaram com apoio e liderança de Henri Durant, testemunha das atrocidades da Batalha de Solferino (os tratados foram elaborados entre 1864-1949).

- **1ª Convenção (1864):** criação da Cruz Vermelha.
- **2ª Convenção (1906):** olhar sobre as forças navais.
- **3ª Convenção (1929):** prisioneiros de guerra.
- **4ª Convenção (1949):** proteção dos civis durante a guerra.
- **Protocolo I (1977):** trata das vítimas de guerra em conflitos internacionais.
- **Protocolo II (1977):** trata das vítimas de guerras em conflitos não internacionais.
- **Protocolo III (2005):** adicional à Cruz Vermelha – Cristal Vermelho.

2.4 Tratado de Versalhes (1919)

Acordo de Paz assinado entre países europeus que pôs fim oficialmente à Primeira Guerra Mundial.

2.5 Liga das Nações (1919)

Organização internacional constituída por potências europeias vencedoras da Primeira Guerra Mundial idealizada em Paris. Um dos principais pontos foi a criação de uma organização com a função de promover e assegurar a paz no mundo.

2.6 Organização Internacional do Trabalho (OIT - 1919)

Visa a condições de trabalho que respeitem os direitos inerentes ao homem. Instituída pelo Tratado de Versalhes, configura a parte XIII do mesmo Tratado e tem como base argumentativa as vertentes humanitárias, políticas e econômicas.

2.7 Tribunal de Nuremberg/Carta das Nações Unidas (1945)

Série de julgamentos realizados pelos países da aliança vitoriosa pós-guerra contra lideranças da Alemanha Nazista. Ocorreram em Nuremberg na Alemanha. É possível evidenciar o Tribunal de Nuremberg, inclusive pelos erros, como um grande passo no processo de Internacionalização dos Direitos Humanos.

2.8 Organização das Nações Unidas (1945)

Nasceu em resposta à Segunda Guerra Mundial e ao fracasso da Liga das Nações. A Organização das Nações Unidas, em sua origem, contava com 51 estados membros. Atualmente, possui 193, com os seguintes objetivos: apoiar o desenvolvimento econômico; zelar pela segurança e paz mundial; promover os Direitos do Homem; estimular o progresso social e defender o meio ambiente. Alguns dos seus principais órgãos são:

2.8.1 Assembleia Geral

Composta por todos os Estados membros. É o órgão deliberativo máximo que tem como atribuições principais discutir, iniciar estudos e deliberar sobre qualquer questao que afete a paz e a segurança em qualquer âmbito, exceto quando ela estiver sendo debatida pelo Conselho de Segurança.

2.8.2 Conselho de Segurança

Composto por 15 Estados membros (5 permanentes e 10 temporários). Embora outros conselhos possam deliberar sobre questões de segurança, apenas este decide o que os países membros são obrigados a cumprir.

2.8.3 Conselho Econômico e Social

Composto por 54 membros. Coordena o trabalho econômico e social da ONU e das demais instituições integrantes, além de formular recomendações relacionadas a diversos setores.

2.8.4 Tribunal Internacional da Justiça

Órgão jurídico máximo da ONU que, por meio de convenções ou costumes internacionais, princípios gerais de direito reconhecidos pelas nações civilizadas, jurisprudência e pareceres ou por meio de acordos, tem o poder de decisão sobre qualquer litígio internacional, seja ele parte integrante de seu estatuto ou solicitado por qualquer país membro ou não membro (apenas países, não indivíduos), desde que, no último caso, obedeça a alguns critérios.

2.9 Carta das Nações Unidas (destaques)

> ***Art. 1º*** *Os propósitos das Nações Unidas são:*
>
> *1. Manter a paz e a segurança internacionais, e para esse fim: tomar coletivamente medidas efetivas para evitar ameaças à paz e reprimir os atos de agressão ou outra qualquer ruptura da paz e chegar, por meios pacíficos, e de conformidade com os princípios de Justiça e do direito internacional, a um ajuste ou solução das controvérsias ou situações que possam levar a uma perturbação da paz. [...]*
>
> *3. Conseguir uma cooperação internacional para resolver os problemas internacionais de caráter econômico, político, cultural ou humanitário, e para promover e estimular o respeito aos direitos humanos e às liberdades fundamentais para todos, sem distinção de raça, sexo, língua ou religião.*
>
> *4. Ser um centro destinado a harmonizar a ação das nações para a consecução desses objetivos comuns.*
>
> ***Art. 2º*** *A Organização e seus Membros, para a realização dos propósitos mencionados no Artigo 1, agirão de acordo com os seguintes princípios:*
>
> *1. A organização é baseada no princípio de igualdade de todos os seus membros.*

2.10 Vertentes da proteção internacional da pessoa humana

A proteção internacional da pessoa humana foi pautada no Direito Internacional e é caracterizada por três vertentes:

- Direito Humanitário;
- Direito Internacional dos Refugiados;
- Direito Internacional dos Direitos Humanos.

2.10.1 Direito Humanitário

É especialmente aplicado nos conflitos armados internacionais ou não internacionais, tem origem convencional e consuetudinário. Neste caso, os limites de práticas de guerra são limitados por princípios humanitários.

- **Convenções de Haia (1899 e 1907):** assim como as convenções de Genebra tratam sobre leis e crimes de guerra, os acordos das Convenções Haia versam sobre os limites das condutas procedidas pelos envolvidos militarmente na guerra.

2.10.2 Direito dos refugiados

Para o Direito Internacional, o conceito de refugiado corresponde àqueles que por receio bem fundamentado, contundente ameaça de perseguição por razões de raça, religião, opinião política ou grupo social, não podem ou não querem permanecer em seus Estados, pois essa permanência configura ameaça à vida.

Origem desta vertente:

- Criação do Alto Comissariado das Nações Unidas para Refugiados (ACNUR);
- Convenção de 1951 (especificações sobre a proteção dos refugiados).

A Convenção de 1951 é completada pelo Protocolo de 1967. Este último se preocupava em superar a conceitualização e a definição limitada de refugiado construída na Convenção de 1951.

2.10.3 Direito Internacional dos direitos humanos

É fundamentado na Declaração Universal dos Direitos Humanos, documento norteador dos direitos individuais e coletivos aperfeiçoados no decorrer do tempo.

Possui grande importância histórica, uma vez que nasce após a Segunda Guerra Mundial, na Assembleia Geral das Nações Unidas de 10 de dezembro de 1948, em que os países se comprometeram, entre outros tópicos, a fortalecer os direitos humanos e a cooperação internacional.

3 DIREITOS HUMANOS E RESPONSABILIDADE DO ESTADO

3.1 Estado, seu conceito e funções para os Direitos Humanos

O Estado é um corpo político administrativo, delimitado juridicamente e territorialmente, e constituído por forma de poder soberana com a função de garantir os direitos dos que o constituem e o bem-estar social. São três os pilares fundamentais que permitem sua articulação: os Poderes Executivo, Legislativo e Judiciário. O Estado tem responsabilidades nas áreas, política, econômica e social que devem garantir a eficiência, a estabilidade e equidade social.

O contrato social ou contratualismo indica uma classe de teorias que tentam explicar os caminhos que levam as pessoas a formarem Estados e/ou manterem a ordem social. Essa noção de contrato traz implícito que as pessoas renunciam a certos direitos para um governo ou outra autoridade a fim de obter as vantagens da ordem social. Sob esse prisma, o contrato social seria um acordo entre os membros da sociedade, pelo qual reconhecem a autoridade, igualmente sobre todos, de um conjunto de regras, de um regime político ou de um governante.

No entanto, ao falarmos de Direitos Humanos, o Estado surge como fenômeno garantidor e destrutivo, isto é, possui um lado positivo e outro negativo: **o Estado que garante é o mesmo que pode violar os Direitos Humanos. A Revolução Francesa foi um momento da História que**, além de marcar o início da Idade Contemporânea, **serve de exemplo para analisarmos as responsabilidades do Estado** e como esse Estado estabelecido em prol do bem comum pode se tornar autoritário e violar direitos diversos.

3.2 Gerações ou dimensões dos Direitos Humanos

Em 1979, Karel Vasak (primeiro secretário-geral do Instituto Internacional de Direitos Humanos em Estrasburgo), inspirado nos ideais da Revolução Francesa (liberdade, igualdade e fraternidade), foi o primeiro a propor uma divisão dos direitos humanos em gerações.

Alguns doutrinadores divergem sobre a terminologia mais coerente para se denominar o evento de evolução histórica dos direitos fundamentais, e isto acontece principalmente sobre o uso das expressões **gerações** e **dimensões**. É muito comum doutrinadores utilizarem gerações, porém parte da doutrina tem se posicionado contrária ao uso desse termo, defendendo o uso de dimensões, uma vez que gerações poderia desencadear a falsa ideia de que, conforme fossem evoluindo, ocorreria uma substituição de uma geração por outra.

- **Primeira geração ou dimensão:** referem-se às **liberdades negativas** ou clássicas. São chamados também de direitos de resistência ou de defesa. Enfatizam o princípio da liberdade, configurando direitos civis e políticos. A gênese dessa geração de direitos foi a resistência burguesa contra o Estado absolutista opressor, contra os privilégios da nobreza, contra o sistema feudal que oprimia a burguesia incipiente. Para a realização dos direitos de primeira geração, bastou o surgimento do Estado de Direito, em que a atuação dos entes estatais deveria ser feita mediante lei, suprimindo a vontade despótica do rei.

São direitos que surgiram com a Revolução Francesa e se afirmaram durante os séculos XVIII e XIX. Tinham como função limitar o poder estatal e garantir liberdade aos indivíduos ou grupos.

Fique ligado

A Constituição Imperial brasileira de 1824, em seu art. 179 (o último da Carta Magna), seguindo os passos da Declaração dos Direitos do Homem e do Cidadão, decretada pela Assembleia Nacional Francesa em 1789, afirmou que a inviolabilidade dos direitos civis e políticos tinha por base a liberdade, a segurança individual e a propriedade.

> ***Art. 179*** *A inviolabilidade dos Direitos Civis, e Políticos dos Cidadãos Brasileiros, que tem por base a liberdade, a segurança individual, e a propriedade, é garantida pela Constituição do Império, pela maneira seguinte.*
>
> *I – Nenhum Cidadão pode ser obrigado a fazer, ou deixar de fazer alguma cousa, senão em virtude da Lei. [...]*
>
> *V – Ninguém pode ser perseguido por motivo de Religião, uma vez que respeite a do Estado, e não ofenda a Moral Publica. [...]*
>
> *Trecho do texto original da Constituição de 1824.*

- **Segunda geração ou dimensão: direitos que se associam às liberdades positivas, reais ou concretas, assegurando o princípio da isonomia material entre os seres humanos. A Revolução Industrial foi o estopim da consagração dos direitos de segunda geração, a partir do século XIX, implicando na luta da classe proletária, na defesa de seus direitos básicos: alimentação, saúde e educação. O início do século XX é marcado pela Primeira Grande Guerra e pela fixação desses direitos, o que fica evidenciado, entre outros documentos, pela Constituição de Weimar e pelo Tratado de Versalhes, ambos de 1919. Surge com a queda do Estado Liberal e o aparecimento de um Estado de Bem-estar Social. O que está em jogo não são mais as individualidades, mas as categorias:** direitos do idoso, direitos dos trabalhadores.

A partir da Constituição de 1934, em meio à primeira passagem de Getúlio Vargas pelo poder, verifica-se maior inserção dos direitos de segunda geração nas Constituições brasileiras. Eles exigem do Estado mais participação para serem implementados, ou seja, é necessária uma atuação estatal positiva.

> ***Art. 148*** *Cabe à União, aos Estados e aos Municípios favorecer e animar o desenvolvimento das ciências, das artes, das letras e da cultura em geral, proteger os objetos de interesse histórico e o patrimônio artístico do País, bem como prestar assistência ao trabalhador intelectual. [...]*
>
> *Trecho do texto original da Constituição de 1934.*

- **Terceira geração ou dimensão:** baseada no princípio da fraternidade (ou solidariedade), os direitos dessa geração tendem a proteger interesses de titularidade coletiva ou difusa. Não se destinam especificamente à proteção dos interesses individuais, de um grupo ou de um determinado Estado, e demonstram grande preocupação com as gerações humanas, presentes e futuras. Essa geração possui origem na Revolução Técnico-científico-informacional ou Terceira Revolução Industrial.

Fique ligado

Em seu art. 225, a Constituição de 1988, a "Cidadã", enuncia que todos têm direito ao meio ambiente ecologicamente equilibrado, bem de uso comum do povo e essencial à sadia qualidade de vida, impondo-se ao poder público e à coletividade o dever de defendê-lo e de preservá-lo para as presentes e futuras gerações. Assim, é a primeira, dentre as Constituições brasileiras, que insere em seu texto um direito conhecido como de 3ª geração, ou seja, direito de solidariedade.

> ***Art. 225, CF/1988*** *Todos têm direito ao meio ambiente ecologicamente equilibrado, bem de uso comum do povo e essencial à sadia qualidade de vida, impondo-se ao Poder Público e à coletividade o dever de defendê-lo e preservá-lo para as presentes e futuras gerações.*

Atualmente, alguns doutrinadores defendem a existência dos direitos de quarta e quinta gerações ou dimensões, apesar de ainda não haver consenso na doutrina sobre o conteúdo dessa espécie de direito.

- **Quarta geração ou dimensão:** para Norberto Bobbio, são direitos relacionados à **engenharia genética**. Já para Paulo Bonavides, trata-se de aspectos introduzidos pela **globalização política**, relacionados à democracia, à informação e ao pluralismo. Além de Bobbio e de Bonavides, outros autores vêm promovendo o reconhecimento dos direitos de quarta geração ou dimensão.
- **Quinta geração ou dimensão:** Paulo Bonavides afirma em publicações recentes, que a **Paz** seria um direito de quinta geração.

3.3 Dimensão (ou eficácia) subjetiva e objetiva

- **Dimensão subjetiva:** nessa perspectiva, os direitos fundamentais geram direitos subjetivos aos seus titulares, permitindo que estes ordenem comportamentos (negativos ou positivos) dos destinatários. Constata-se que a referência aos direitos fundamentais como direitos subjetivos atribui a estes a característica de serem exigíveis judicialmente.
- **Dimensão objetiva:** os direitos fundamentais são dotados de certos valores que penetram por todo o ordenamento jurídico, condicionando e inspirando a interpretação e a aplicação de outras normas (**efeito irradiante**) e criando dever geral de proteção sobre aqueles bens jurídicos salvaguardados.

4 PROGRAMA NACIONAL DE DIREITOS HUMANOS (PNDH-3)

4.1 Contexto histórico e importância do Programa Nacional de Direitos Humanos

Os Programas Nacionais de Direitos Humanos brasileiros (PNDH-1/1996, PNDH-2/2002, PNDH-3/2009) tiveram origem na Declaração e Programa de Ação de Viena de 1993, organizada pela Organização das Nações Unidas (ONU). A preocupação, naquele momento histórico, era com o estímulo e a proteção dos direitos humanos nos diversos Estados membros da ONU. O Brasil se organizou e, por meio do Decreto nº 1.904/1996, inaugurou o primeiro PNDH brasileiro, focado em verificar e cumprir os direitos humanos em território nacional.

Em 2002, por meio do Decreto nº 4.229, o Brasil promoveu o segundo PNDH, dessa vez com ênfase nos direitos sociais e na democratização das oportunidades à população.

Já em 2009, com o Decreto nº 7.037, o governo lança o PNDH-3, que tem como base uma estrutura sistemática e que tenta englobar o máximo possível, com eficácia e eficiência, os pontos discutidos em todos os momentos que anteciparam sua formação, que foram:

6 eixos orientadores > 25 diretrizes > 82 objetivos estratégicos > 521 ações programáticas

Os objetivos estratégicos e as ações programáticas constam no anexo ao Decreto nº 7.037/2009.

4.2 Decreto nº 7.037/2009 e seus eixos orientadores

A seguir, apresentaremos o texto do Decreto nº 7.037/2009 na íntegra, com algumas contextualizações importantes para melhor compreensão de cada Eixo Orientador, retirados do anexo do próprio decreto:

> ***Decreto nº 7.037/2009***
>
> *Aprova o Programa Nacional de Direitos Humanos - PNDH-3 e dá outras providências.*
>
> *O PRESIDENTE DA REPÚBLICA, no uso da atribuição que lhe confere o art. 84, inciso VI, alínea "a", da Constituição,*
>
> *DECRETA:*
>
> ***Art. 1º*** *Fica aprovado o Programa Nacional de Direitos Humanos - PNDH-3, em consonância com as diretrizes, objetivos estratégicos e ações programáticas estabelecidos, na forma do Anexo deste Decreto.*
>
> ***Art. 2º*** *O PNDH-3 será implementado de acordo com os seguintes eixos orientadores e suas respectivas diretrizes:*

4.2.1 Eixo Orientador I – interação democrática entre Estado e sociedade civil

- **Diretriz 1:** interação democrática entre Estado e sociedade civil como instrumento de fortalecimento da democracia participativa.
- **Diretriz 2:** fortalecimento dos Direitos Humanos como instrumento transversal das políticas públicas e de interação democrática.
- **Diretriz 3:** interação e ampliação dos sistemas de informação em Direitos Humanos e construção de mecanismos de avaliação e monitoramento de sua efetivação.

6 objetivos – 28 ações programáticas

A partir da metade dos anos 1970, começam a ressurgir no Brasil iniciativas de rearticulação dos movimentos sociais, a despeito da repressão política e da ausência de canais democráticos de participação. Fortes protestos e a luta pela democracia marcaram esse período. Paralelamente, surgiram iniciativas populares nos bairros reivindicando direitos básicos como saúde, transporte, moradia e controle do custo de vida. Em um primeiro momento, eram iniciativas atomizadas que buscaram conquistas pontuais, mas que ao longo dos anos foram se caracterizando como movimentos sociais organizados.

Com o avanço da democratização do país, os movimentos sociais se multiplicaram. Alguns deles se institucionalizaram e passaram a ter expressão política. Os movimentos populares e sindicatos foram, no caso brasileiro, os principais promotores da mudança e da ruptura política em diversas épocas e contextos históricos. Com efeito, durante a etapa de elaboração da Constituição Cidadã de 1988, esses segmentos atuaram de forma especialmente articulada, afirmando-se como um dos pilares da democracia e influenciando diretamente nos rumos do país.

Nos anos que se seguiram, os movimentos passaram a se consolidar por meio de redes com abrangência regional ou nacional, firmando-se como sujeitos na formulação e no monitoramento das políticas públicas. Nos anos 1990, desempenharam papel fundamental na resistência a todas as orientações do neoliberalismo de flexibilização dos direitos sociais, privatizações, dogmatismo do mercado e enfraquecimento do Estado. Nesse mesmo período, multiplicaram-se pelo país experiências de gestão estadual e municipal em que lideranças desses movimentos, em larga escala, passaram a desempenhar funções de gestores públicos.

Com as eleições de 2002, alguns dos setores mais organizados da sociedade trouxeram reivindicações históricas acumuladas, passando a influenciar diretamente na atuação do governo e vivendo de perto suas contradições internas. Nesse novo cenário, o diálogo entre Estado e sociedade civil assumiu destaque, com a compreensão e a preservação do distinto papel de cada um dos segmentos no processo de gestão. A interação é desenhada por acordos e dissensos, debates de ideias e pela deliberação em torno de propostas. Esses requisitos são imprescindíveis ao pleno exercício da democracia, cabendo à sociedade civil exigir, pressionar, cobrar, criticar, propor e fiscalizar as ações do Estado.

Essa concepção de interação democrática construída entre os diversos órgãos do Estado e a sociedade civil trouxe consigo resultados práticos em termos de políticas públicas e avanços na interlocução de setores do poder público com toda a diversidade social, cultural, étnica e regional que caracteriza os movimentos sociais no Brasil. Avançou-se, fundamentalmente, na compreensão de que os Direitos Humanos constituem condição para a prevalência da dignidade humana, e que devem ser promovidos e protegidos por meio do esforço conjunto do Estado e da sociedade civil.

Dessa forma, uma das finalidades do PNDH-3 é dar continuidade à integração e ao aprimoramento dos mecanismos de participação existentes, além de criar novos meios de construção e monitoramento das políticas públicas sobre Direitos Humanos no Brasil. No âmbito institucional, o PNDH-3 amplia as conquistas na área de direitos e garantias fundamentais, pois internaliza a diretriz segundo a qual a primazia dos Direitos Humanos constitui princípio transversal a ser considerado em todas as políticas públicas.

Essas diretrizes discorrem sobre a importância de fortalecer a garantia e os instrumentos de participação social, o caráter transversal dos Direitos Humanos e a construção de mecanismos de avaliação e monitoramento de sua efetivação. Isso inclui a construção de um sistema de indicadores de Direitos Humanos e a articulação de políticas e instrumentos de monitoramento.

O Poder Executivo tem papel protagonista na coordenação e na implementação do PNDH-3, mas faz-se necessário definir responsabilidades compartilhadas entre União, Estados, Municípios e Distrito Federal na execução de políticas públicas, tanto quanto criar espaços de participação e controle social nos Poderes Judiciário e Legislativo, no Ministério Público e nas Defensorias, em ambiente de respeito, proteção e efetivação dos Direitos Humanos. O conjunto dos órgãos do Estado – não apenas no âmbito do Poder Executivo Federal – deve estar comprometido com a implementação e o monitoramento do PNDH-3.

Aperfeiçoar a interlocução entre Estado e sociedade civil depende da implementação de medidas que garantam à sociedade maior participação no acompanhamento e no monitoramento das políticas públicas em Direitos Humanos, num diálogo plural e transversal entre os vários atores sociais e deles com o Estado. Ampliar o controle externo dos órgãos públicos por meio de ouvidorias, monitorar os compromissos internacionais assumidos pelo Estado brasileiro, realizar conferências periódicas sobre a temática, fortalecer e apoiar a criação de conselhos nacional, distrital, estaduais e municipais de Direitos Humanos, garantindo-lhes eficiência, autonomia e independência são algumas das formas de assegurar o aperfeiçoamento das políticas públicas por meio de diálogo, de mecanismos de controle e das ações contínuas da sociedade civil.

Fortalecer as informações em Direitos Humanos com produção e seleção de indicadores para mensurar demandas, monitorar, avaliar, reformular e propor ações efetivas, garante e consolida o controle social e a transparência das ações governamentais. A adoção dessas medidas fortalece a democracia participativa, na qual o Estado atua como instância republicana da promoção e defesa dos Direitos Humanos e a sociedade civil como agente ativo – propositivo e reativo – de sua implementação.

4.2.2 Eixo Orientador II – desenvolvimento e Direitos Humanos

- **Diretriz 4:** efetivação de modelo de desenvolvimento sustentável, com inclusão social e econômica, ambientalmente equilibrado e tecnologicamente responsável, cultural e regionalmente diverso, participativo e não discriminatório.
- **Diretriz 5:** valorização da pessoa humana como sujeito central do processo de desenvolvimento.
- **Diretriz 6:** promover e proteger os direitos ambientais como Direitos Humanos, incluindo as gerações futuras como sujeitos de direitos.

8 objetivos - 54 ações programáticas

O tema "desenvolvimento" tem sido amplamente debatido por ser um conceito complexo e multidisciplinar. Não existe modelo único e preestabelecido de desenvolvimento, porém pressupõe-se que ele deva garantir a livre determinação dos povos, o reconhecimento de soberania sobre seus recursos e riquezas naturais, o respeito pleno à sua identidade cultural e a busca de equidade na distribuição das riquezas.

Durante muitos anos, o crescimento econômico, medido pela variação anual do Produto Interno Bruto (PIB), foi usado como indicador relevante para medir o avanço de um país. Acreditava-se que, uma vez garantido o aumento de bens e serviços, sua distribuição ocorreria de forma a satisfazer as necessidades de todas as pessoas. Constatou-se, porém, que, embora importante, o crescimento do PIB não é suficiente para causar, automaticamente, melhoria do bem-estar para todas as camadas sociais. Por isso, o conceito de desenvolvimento foi adotado por ser mais abrangente e refletir, de fato, melhorias nas condições de vida dos indivíduos.

A teoria predominante de desenvolvimento econômico o define como um processo que faz aumentar as possibilidades de acesso das pessoas a bens e serviços, propiciadas pela expansão da capacidade e do âmbito das atividades econômicas. O desenvolvimento seria a medida qualitativa do progresso da economia de um país, refletindo transições de estágios mais baixos para estágios mais altos, por meio da adoção de novas tecnologias que permitem e favorecem essa transição. Cresce nos últimos anos a assimilação das ideias desenvolvidas por Amartya Sen, que abordam o desenvolvimento como liberdade e seus resultados centrados no bem-estar social e, por conseguinte, nos direitos do ser humano.

São essenciais para o desenvolvimento: as liberdades e os direitos básicos como alimentação, saúde e educação.

As privações das liberdades não são apenas resultantes da escassez de recursos, mas das desigualdades inerentes aos mecanismos de distribuição, da ausência de serviços públicos e de assistência do Estado para a expansão das escolhas individuais. Esse conceito de desenvolvimento reconhece seu caráter pluralista e a tese de que a expansão das liberdades não representa somente um fim, mas também o meio para seu alcance. Como consequência, a sociedade deve pactuar as políticas sociais e os direitos coletivos de acesso e uso dos recursos. A partir de então, a medição de um índice de desenvolvimento humano veio substituir a medição de aumento do PIB, uma vez que o Índice de Desenvolvimento Humano (IDH) combina a riqueza per capita indicada pelo PIB aos aspectos de educação e expectativa de vida, permitindo, pela primeira vez, uma avaliação de aspectos sociais não mensurados pelos padrões econométricos.

No caso do Brasil, por muitos anos o crescimento econômico não levou à distribuição justa de renda e riqueza, mantendo-se elevados índices de desigualdade. As ações de Estado voltadas à conquista da igualdade socioeconômica requerem ainda políticas permanentes, de longa duração, para se verificar a plena proteção e promoção dos Direitos Humanos. É necessário que o modelo de desenvolvimento econômico se preocupe em aperfeiçoar os mecanismos de distribuição de renda e de oportunidades para todos os brasileiros, além de incorporar os valores de preservação ambiental.

Os debates sobre as mudanças climáticas e o aquecimento global, gerados pela preocupação com a maneira pela qual os países vêm explorando os recursos naturais e direcionando o progresso civilizatório, estão na agenda do dia. A discussão coloca em pauta os investimentos em infraestrutura e os modelos de desenvolvimento econômico na área rural, baseados, em grande parte, no agronegócio, sem a preocupação com a potencial violação dos direitos de pequenos e médios agricultores e das populações tradicionais.

O desenvolvimento pode ser garantido se as pessoas forem protagonistas do processo, pressupondo a garantia de acesso de todos os indivíduos aos direitos econômicos, sociais, culturais e ambientais, e incorporando a preocupação com a preservação e a sustentabilidade como eixos estruturantes de proposta renovada de progresso. Esses direitos têm como foco a distribuição da riqueza, dos bens e de serviços.

Todo esse debate traz desafios para a conceituação sobre os Direitos Humanos no sentido de incorporar o desenvolvimento como exigência fundamental. Nesse contexto, a perspectiva dos Direitos Humanos contribui para redimensionar o desenvolvimento. Motiva a deixar de ser a consideração de problemas individuais para se tornar questões de interesse comum, de bem-estar coletivo, o que alude novamente o Estado e o chama à corresponsabilidade social e à solidariedade.

Ressaltamos que a noção de desenvolvimento está sendo amadurecida como parte de um debate em curso na sociedade e no governo, incorporando a relação entre os direitos econômicos, sociais, culturais e ambientais, buscando a garantia do acesso ao trabalho, à saúde, à educação, à alimentação, à vida cultural, à moradia adequada, à previdência, à assistência social e a um meio ambiente sustentável. A inclusão do tema Desenvolvimento e Direitos Humanos foi feito na 11ª Conferência Nacional que reforçou as estratégias governamentais em sua proposta de desenvolvimento.

Assim, este tema do PNDH-3 propõe instrumentos de avanço e reforça propostas para políticas públicas de redução das desigualdades sociais concretizadas por meio de ações de transferência de renda, incentivo à economia solidária e ao cooperativismo, à expansão da reforma agrária, ao fomento da aquicultura, da pesca e do extrativismo e da promoção do turismo sustentável. O PNDH-3 inova ao incorporar o meio ambiente saudável e as cidades sustentáveis como Direitos Humanos, propõe a inclusão do item "direitos ambientais" nos relatórios de monitoramento sobre Direitos Humanos e do item "Direitos Humanos" nos relatórios ambientais, assim como fomenta pesquisas de tecnologias socialmente inclusivas.

Nos projetos e empreendimentos com grande impacto socioambiental, o PNDH-3 garante a participação efetiva das populações atingidas, além de prever ações mitigatórias e compensatórias. Considera fundamental fiscalizar o respeito aos Direitos Humanos nos projetos implementados pelas empresas transnacionais e seus impactos na manipulação das políticas de desenvolvimento. Nesse sentido, considera importante mensurar o impacto da biotecnologia aplicada aos alimentos, da nanotecnologia, dos poluentes orgânicos persistentes, metais pesados e outros poluentes inorgânicos em relação aos Direitos Humanos.

Alcançar o desenvolvimento com Direitos Humanos é capacitar as pessoas e as comunidades a exercerem a cidadania, com direitos e responsabilidades. É incorporar, nos projetos, a própria população brasileira, por meio de participação ativa nas decisões que afetam diretamente suas vidas. É assegurar a transparência dos grandes projetos de desenvolvimento econômico e mecanismos de compensação para a garantia dos Direitos Humanos das populações diretamente atingidas. Por fim, este PNDH-3 reforça o papel da equidade no Plano Plurianual, como instrumento de garantia de priorização orçamentária de programas sociais.

4.2.3 Eixo Orientador III – universalizar direitos em um contexto de desigualdades

- **Diretriz 7:** garantia dos Direitos Humanos de forma universal, indivisível e interdependente, assegurando a cidadania plena.
- **Diretriz 8:** promoção de direitos de crianças e adolescentes para o seu desenvolvimento integral, de forma não discriminatória assegurando seu direito de opinião e participação.
- **Diretriz 9:** combate às desigualdades estruturais.
- **Diretriz 10:** garantia da igualdade na diversidade.

25 objetivos – 213 ações programáticas

A Declaração Universal dos Direitos Humanos afirma em seu preâmbulo que o "reconhecimento da dignidade inerente a todos os membros da família humana e de seus direitos iguais e inalienáveis é o fundamento da liberdade, da justiça e da paz no mundo". No entanto, nas vicissitudes ocorridas no cumprimento da Declaração pelos Estados signatários, identificou-se a necessidade de reconhecer as diversidades e diferenças para concretização do princípio da igualdade.

No Brasil, ao longo das últimas décadas, os Direitos Humanos passaram a ocupar uma posição de destaque no ordenamento jurídico. O país avançou decisivamente na proteção e promoção do direito às diferenças. Porém o peso negativo do passado continua a projetar no presente uma situação de profunda iniquidade social. O acesso aos direitos fundamentais continua enfrentando barreiras estruturais, resquícios de um processo histórico, até secular, marcado pelo genocídio indígena, pela escravidão e por períodos ditatoriais, práticas que continuam a ecoar em comportamentos, leis e na realidade social.

O PNDH-3 assimila os grandes avanços conquistados ao longo dos últimos anos, tanto nas políticas de erradicação da miséria e da fome quanto na preocupação com a moradia e saúde, e aponta para a continuidade e ampliação do acesso a tais políticas, fundamentais para garantir o respeito à dignidade humana. Os objetivos estratégicos direcionados à promoção da cidadania plena preconizam a universalidade, a indivisibilidade e a interdependência dos Direitos Humanos, condições para sua efetivação integral e igualitária. O acesso aos direitos de registro civil, alimentação adequada, terra e moradia, trabalho decente, educação, participação política, cultura, lazer, esporte e saúde, deve considerar a pessoa humana em suas múltiplas dimensões de ator social e sujeito de cidadania.

À luz da história dos movimentos sociais e de programas de governo, o PNDH-3 orienta-se pela transversalidade, para que a implementação dos direitos civis e políticos transitem pelas diversas dimensões dos direitos econômicos, sociais, culturais e ambientais. Caso contrário, grupos sociais afetados pela pobreza, pelo racismo estrutural e pela discriminação dificilmente terão acesso a esses direitos.

As ações programáticas formuladas visam enfrentar o desafio de eliminar as desigualdades, levando em conta as dimensões de gênero e raça nas políticas públicas, desde o planejamento até a sua concretização e avaliação. Há, neste sentido, propostas de criação de indicadores que possam mensurar a efetivação progressiva dos direitos. Às desigualdades soma-se a persistência da discriminação, que muitas vezes se manifesta sob a forma de violência contra sujeitos histórica e estruturalmente vulneráveis.

O combate à discriminação mostra-se necessário, mas é insuficiente como medida isolada. Os pactos e as convenções que integram o sistema regional e internacional de proteção dos Direitos Humanos apontam para a necessidade de combinar essas medidas com políticas compensatórias que acelerem a construção da igualdade, como forma capaz de estimular a inclusão de grupos socialmente vulneráveis. Além disso, as ações afirmativas constituem medidas especiais e temporárias que buscam remediar um passado discriminatório. No rol de movimentos e grupos sociais que demandam políticas de inclusão social encontram-se, por exemplo, crianças, adolescentes, mulheres, pessoas idosas, lésbicas, gays, bissexuais, travestis, transexuais, pessoas com deficiência, pessoas moradoras de rua, povos indígenas, populações negras e quilombolas, ciganos, ribeirinhos, vazanteiros e pescadores.

Definem-se, nestas diretrizes, medidas e políticas que devem ser efetivadas para reconhecer e proteger os indivíduos como iguais na diferença, ou seja, para valorizar a diversidade presente na população brasileira para estabelecer acesso igualitário aos direitos fundamentais. Trata-se de reforçar os programas de governo e as resoluções pactuadas nas diversas conferências nacionais temáticas, sempre sob o foco dos Direitos Humanos, com a preocupação de assegurar o respeito às diferenças e o combate às desigualdades, para o efetivo acesso aos direitos.

Por fim, em respeito à primazia constitucional de proteção e promoção da infância, do adolescente e da juventude, o capítulo aponta suas diretrizes para o respeito e a garantia das gerações futuras. Como sujeitos de direitos, as crianças, os adolescentes e os jovens são frequentemente subestimados em sua participação política e em sua capacidade decisória. É dever assegurar-lhes, desde cedo, o direito de opinião e participação.

Marcadas pelas diferenças e por sua fragilidade temporal, as crianças, os adolescentes e os jovens estão sujeitos a discriminações e violências. As ações programáticas garantem espaços e investimentos que assegurem proteção contra qualquer forma de violência e discriminação, além da articulação entre família, sociedade e Estado para fortalecer a rede social de proteção que garante a efetividade de seus direitos.

4.2.4 Eixo Orientador IV – segurança pública, acesso à justiça e combate à violência

- **Diretriz 11:** democratização e modernização do sistema de segurança pública.
- **Diretriz 12:** transparência e participação popular no sistema de segurança pública e justiça criminal.
- **Diretriz 13:** prevenção da violência e da criminalidade e profissionalização da investigação de atos criminosos.
- **Diretriz 14:** combate à violência institucional, com ênfase na erradicação da tortura e na redução da letalidade policial e carcerária.
- **Diretriz 15:** garantia dos direitos das vítimas de crimes e de proteção das pessoas ameaçadas.
- **Diretriz 16:** modernização da política de execução penal, priorizando a aplicação de penas e medidas alternativas à privação de liberdade e melhoria do sistema penitenciário.
- **Diretriz 17:** promoção de sistema de justiça mais acessível, ágil e efetivo, para o conhecimento, a garantia e a defesa dos direitos.

29 objetivos – 161 ações programáticas

Por muito tempo, alguns segmentos da militância em Direitos Humanos mantiveram-se distantes do debate sobre as políticas públicas de segurança no Brasil. No processo de consolidação da democracia, por diferentes razões, movimentos sociais e entidades manifestaram dificuldade no tratamento do tema. Na base dessa dificuldade, estavam a memória dos enfrentamentos com o aparato repressivo ao longo de duas décadas de regime ditatorial, a postura violenta vigente, muitas vezes, em órgãos de segurança pública, a percepção do crime e da violência como meros subprodutos de uma ordem social injusta a ser transformada em seus próprios fundamentos.

Distanciamento análogo ocorreu nas universidades, que, com poucas exceções, não se debruçaram sobre o modelo de polícia legado ou sobre os desafios da segurança pública. As polícias brasileiras, nos termos de sua tradição institucional, pouco aproveitaram da reflexão teórica e dos aportes oferecidos pela criminologia moderna e demais ciências sociais, já disponíveis há algumas décadas às polícias e aos gestores de países desenvolvidos. A cultura arraigada de rejeitar as evidências acumuladas pela pesquisa e pela experiência de reforma das polícias no mundo era a mesma que expressava nostalgia de um passado de ausência de garantias individuais e que identificava na ideia dos Direitos Humanos não a mais generosa entre as promessas construídas pela modernidade, mas uma verdadeira ameaça.

Estavam postas as condições históricas, políticas e culturais para que houvesse um fosso aparentemente intransponível entre os temas da segurança pública e os Direitos Humanos. Nos últimos anos, contudo, esse processo de estranhamento mútuo passou a ser questionado. De um lado, articulações na sociedade civil assumiram o desafio de repensar a segurança pública a partir de diálogos com especialistas na área, policiais e gestores. De outro, começaram a ser implantadas as primeiras políticas públicas buscando caminhos alternativos de redução do crime e da violência, a partir de projetos centrados na prevenção e influenciados pela cultura de paz.

A proposição do Sistema Único de Segurança Pública, a modernização de parte das nossas estruturas policiais e a aprovação de novos regimentos e leis orgânicas das polícias, a consciência crescente de que políticas de segurança pública são realidades mais amplas e complexas do que as iniciativas possíveis às chamadas "forças da segurança", o surgimento de nova geração de policiais, disposta a repensar práticas e dogmas e, sobretudo, a cobrança da opinião pública e a maior fiscalização sobre o Estado, resultante do processo de democratização, têm tornado possível a construção de agenda de reformas na área.

O Programa Nacional de Segurança Pública com Cidadania (Pronasci) e os investimentos já realizados pelo Governo Federal na montagem de rede nacional de altos estudos em segurança pública, que têm beneficiado milhares de policiais em cada Estado, simbolizam, ao lado do processo de debates da 1ª Conferência Nacional de Segurança Pública, acúmulos históricos significativos, que apontam para novas e mais importantes mudanças.

As propostas elencadas neste eixo orientador do PNDH-3 articulam-se com esse processo histórico de transformação e exigem muito mais do que já foi alcançado. Para tanto, parte-se do pressuposto de que a realidade brasileira segue sendo gravemente marcada pela violência e por severos impasses estruturais na área da segurança pública.

Problemas antigos, como a ausência de diagnósticos, de planejamento e de definição formal de metas, a desvalorização profissional dos policiais e dos agentes penitenciários, o desperdício de recursos e a consagração de privilégios dentro das instituições, as práticas de abuso de autoridade e de violência policial contra grupos vulneráveis e a corrupção dos agentes de segurança pública demandam reformas tão urgentes quanto profundas.

As propostas sistematizadas no PNDH-3 agregam, nesse contexto, as contribuições oferecidas pelo processo da 11ª Conferência Nacional dos Direitos Humanos que passou a avançar sobre temas que não foram objeto de debate, trazendo para o PNDH-3 parte do acúmulo crítico que tem sido proposto ao país pelos especialistas e pesquisadores da área.

Em linhas gerais, o PNDH-3 aponta para a necessidade de ampla reforma no modelo de polícia e propõe o debate sobre a implantação do ciclo completo de policiamento às corporações estaduais. Prioriza transparência e participação popular, estimulando o aperfeiçoamento das estatísticas e a publicação de dados, assim como a reformulação do Conselho Nacional de Segurança Pública. Contempla a prevenção da violência e da criminalidade como diretriz, ampliando o controle sobre armas de fogo e indicando a necessidade de profissionalização da investigação criminal.

Com o objetivo de erradicar a tortura e reduzir a letalidade policial e carcerária, confere atenção especial a procedimentos operacionais padronizados, que previnam as ocorrências de abuso de autoridade e de violência institucional, e confiram maior segurança a policiais e agentes penitenciários. Reafirma a necessidade de criação de ouvidorias independentes em âmbito federal e, inspirado em tendências mais modernas de policiamento, estimula as iniciativas orientadas por resultados, o desenvolvimento do policiamento comunitário e voltado para a solução de problemas, elencando medidas que promovam a valorização dos trabalhadores em segurança pública. Contempla, ainda, a criação de um sistema federal que integre os atuais sistemas de proteção a vítimas e testemunhas, defensores de Direitos Humanos e crianças e adolescentes ameaçados de morte.

Também como diretriz, o PNDH-3 propõe uma profunda reforma da Lei de Execução Penal que introduza garantias fundamentais e novos regramentos para superar as práticas abusivas, hoje comuns. E trata as penas privativas de liberdade como última alternativa, propondo a redução da demanda por encarceramento e estimulando novas formas de tratamento dos conflitos, como as sugeridas pelo mecanismo da Justiça Restaurativa.

Reafirma-se a centralidade do direito universal de acesso à Justiça, com a possibilidade de acesso aos tribunais por toda a população, com o fortalecimento das defensorias públicas e a modernização da gestão judicial, de modo a garantir respostas judiciais mais céleres e eficazes. Destacam-se, ainda, o direito de acesso à Justiça em matéria de conflitos agrários e urbanos e o necessário estímulo aos meios de soluções pacíficas de controvérsias.

O PNDH-3 apresenta nesta eixo, fundamentalmente, propostas para que o Poder Público se aperfeiçoe no desenvolvimento de políticas públicas de prevenção ao crime e à violência, reforçando a noção de acesso universal à Justiça como direito fundamental, e sustentando que a democracia, os processos de participação e transparência, aliados ao uso de ferramentas científicas e à profissionalização de instituições e trabalhadores da segurança, assinalam os roteiros mais promissores para o Brasil avançar no caminho da paz pública.

4.2.5 Eixo Orientador V – educação e cultura em Direitos Humanos

- **Diretriz 18:** efetivação das diretrizes e dos princípios da política nacional de educação em Direitos Humanos para fortalecer cultura de direitos.
- **Diretriz 19:** fortalecimento dos princípios de democracia e dos Direitos Humanos nos sistemas de educação básica, nas instituições de ensino superior e nas instituições formadoras.
- **Diretriz 20:** reconhecimento da educação não formal como espaço de defesa e promoção dos Direitos Humanos.
- **Diretriz 21:** promoção da educação em Direitos Humanos no serviço público.
- **Diretriz 22:** garantia do direito à comunicação democrática e o acesso à informação para a consolidação de uma cultura em Direitos Humanos.

11 objetivos – 59 ações

A educação e a cultura em Direitos Humanos visam à formação de nova mentalidade coletiva para o exercício da solidariedade, do respeito às diversidades e da tolerância. Como processo sistemático e multidimensional que orienta a formação do sujeito de direitos, seu objetivo é combater o preconceito, a discriminação e a violência, promovendo a adoção de novos valores de liberdade, justiça e igualdade.

A educação em Direitos Humanos, como canal estratégico capaz de produzir uma sociedade igualitária, extrapola o direito à educação permanente e de qualidade. Trata-se de mecanismo que articula, dentre outros elementos:

- A apreensão de conhecimentos historicamente construídos sobre Direitos Humanos e a sua relação com os contextos internacional, regional, nacional e local;
- A afirmação de valores, atitudes e práticas sociais que expressem a cultura dos Direitos Humanos em todos os espaços da sociedade;
- A formação de consciência cidadã capaz de se fazer presente nos níveis cognitivo, social, ético e político;
- O desenvolvimento de processos metodológicos participativos e de construção coletiva, utilizando linguagens e materiais didáticos contextualizados;
- O fortalecimento de políticas que gerem ações e instrumentos em favor da promoção, da proteção e da defesa dos Direitos Humanos, bem como da reparação das violações.

O PNDH-3 dialoga com o Plano Nacional de Educação em Direitos Humanos (PNEDH) como referência para a política nacional de Educação e Cultura em Direitos Humanos, estabelecendo os alicerces a serem adotados nos âmbitos nacional, estadual, distrital e municipal. O PNEDH, refletido neste programa, se desdobra em cinco grandes áreas:

- Na **Educação Básica**, a ênfase do PNDH-3 é possibilitar, desde a infância, a formação de sujeitos de direito, priorizando as populações historicamente vulnerabilizadas. A troca de experiências entre crianças de diferentes raças e etnias, imigrantes, com deficiência física ou mental, fortalece, desde cedo, um sentimento de convivência pacífica. Conhecer o diferente, desde a mais tenra idade, é perder o medo do desconhecido, formar opinião respeitosa e combater o preconceito, às vezes arraigado na própria família.
- No PNDH-3, essa concepção se traduz em propostas de mudanças curriculares, incluindo a **educação transversal e permanente** nos temas ligados aos Direitos Humanos e, mais especificamente, o estudo de gênero e orientação sexual, das culturas indígena e afro-brasileira entre as disciplinas do ensino fundamental e médio.
- No **Ensino Superior**, as metas previstas visam a incluir os Direitos Humanos, por meio de diferentes modalidades como disciplinas, linhas de pesquisa, áreas de concentração, transversalização nos projetos acadêmicos dos diferentes cursos de graduação e pós-graduação, e em programas e projetos de extensão.
- A **educação não formal** em Direitos Humanos é orientada pelos princípios da emancipação e da autonomia, um processo de sensibilização e de formação da consciência crítica. Desta forma, o PNDH-3 propõe incluir o tema Educação em Direitos Humanos nos programas de capacitação de lideranças comunitárias e nos programas de qualificação profissional e de alfabetização de jovens e adultos. Volta-se, especialmente, para o estabelecimento de diálogo e parcerias permanentes como o vasto leque brasileiro de movimentos populares, sindicatos, igrejas, ONGs, clubes, entidades empresariais e toda sorte de agrupamentos da sociedade civil que desenvolvem atividades formativas em seu cotidiano.
- A **formação e a educação continuada** em Direitos Humanos, com recortes de gênero, relações étnico-raciais e de orientação sexual, em todo o serviço público, especialmente entre os agentes do sistema de Justiça de segurança pública, são fundamentais para consolidar o Estado Democrático e a proteção do direito à vida e à dignidade, garantindo tratamento igual a todos e o funcionamento de sistemas de Justiça que promovam os Direitos Humanos.

Aborda-se também o papel estratégico dos meios de comunicação de massa, no sentido de construir ou desconstruir ambiente nacional e cultura social de respeito e proteção aos Direitos Humanos. Daí a importância primordial de introduzir mudanças que assegurem ampla democratização desses meios, além de atuar permanentemente junto a todos os profissionais e as empresas do setor (seminários, debates, reportagens, pesquisas e conferências), buscando sensibilizar e conquistar seu compromisso ético com a afirmação histórica dos Direitos Humanos.

4.2.6 Eixo Orientador VI – direito à memória e à verdade

- **Diretriz 23:** reconhecimento da memória e da verdade como direito humano da cidadania e dever do Estado.
- **Diretriz 24:** preservação da memória histórica e a construção pública da verdade.
- **Diretriz 25:** modernização da legislação relacionada com a promoção do direito à memória e à verdade, fortalecendo a democracia.

3 objetivos – 11 ações

A investigação do passado é fundamental para a construção da cidadania. Estudar o passado, resgatar sua verdade e trazer à tona seus acontecimentos caracterizam forma de transmissão de experiência histórica essencial para a constituição da memória individual e coletiva.

O Brasil ainda processa com dificuldades o resgate da memória e da verdade sobre o que ocorreu com as vítimas atingidas pela repressão política durante o regime de 1964. A impossibilidade de acesso a todas as informações oficiais impede que familiares de mortos e desaparecidos possam conhecer os fatos relacionados aos crimes praticados e não permite à sociedade elaborar seus próprios conceitos sobre aquele período.

A história que não é transmitida de geração a geração torna-se esquecida e silenciada. O silêncio e o esquecimento das barbáries geram graves lacunas na experiência coletiva de construção da identidade nacional. Ao resgatar a memória e a verdade, o país adquire consciência superior sobre sua própria identidade, a democracia se fortalece. As tentações totalitárias são neutralizadas e crescem as possibilidades de se erradicar definitivamente alguns resquícios daquele período sombrio, como a tortura, por exemplo, ainda persistente no cotidiano brasileiro.

O trabalho de reconstituir a memória exige revisitar o passado e compartilhar experiências de dor, violência e mortes. Somente depois de lembrá-las e fazer seu luto, será possível superar o trauma histórico e seguir adiante. A vivência do sofrimento e das perdas não pode ser reduzida a conflito privado e subjetivo, uma vez que se inscreveu num contexto social, e não individual.

A compreensão do passado por intermédio da narrativa da herança histórica e pelo reconhecimento oficial dos acontecimentos possibilita aos cidadãos construírem os valores que indicarão sua atuação no presente. O acesso a todos os arquivos e documentos produzidos durante o regime militar é fundamental no âmbito das políticas de proteção dos Direitos Humanos.

As violações sistemáticas dos Direitos Humanos pelo Estado durante o regime ditatorial são desconhecidas pela maioria da população, em especial pelos jovens. A radiografia dos atingidos pela repressão política ainda está longe de ser concluída, mas calcula-se que pelo menos cinquenta mil pessoas foram presas somente nos primeiros meses de 1964; cerca de vinte mil brasileiros foram submetidos a torturas e cerca de quatrocentos cidadãos foram mortos ou estão desaparecidos. Ocorreram milhares de prisões políticas não registradas, 130 banimentos, 4.862 cassações de mandatos políticos, uma cifra incalculável de exílios e refugiados políticos.

As ações programáticas deste eixo orientador têm como finalidade assegurar o processamento democrático e republicano de todo esse período da história brasileira, para que se viabilize o desejável sentimento de reconciliação nacional. E para se construir consenso amplo no sentido de que as violações sistemáticas de Direitos Humanos registradas entre 1964 e 1985, assim como no período do Estado Novo, não voltem a ocorrer.

> ***Diretriz 25, parágrafo único.*** *A implementação do PNDH-3, além dos responsáveis nele indicados, envolve parcerias com outros órgãos federais relacionados com os temas tratados nos eixos orientadores e suas diretrizes.*
>
> ***Art. 3º*** *As metas, prazos e recursos necessários para a implementação do PNDH-3 serão definidos e aprovados em Planos de Ação de Direitos Humanos bianuais.*
>
> ***Art. 4º*** *(Revogado pelo Decreto nº 10.087/2019).*
>
> ***Art. 5º*** *Os Estados, o Distrito Federal, os Municípios e os órgãos do Poder Legislativo, do Poder Judiciário e do Ministério Público, serão convidados a aderir ao PNDH-3.*
>
> ***Art. 6º*** *Este Decreto entra em vigor na data de sua publicação.*
>
> ***Art. 7º*** *Fica revogado o Decreto nº 4.229/2002.*

As principais características de cada um dos eixos orientadores estudados são:

- **Eixo I:** diálogo entre Estado e sociedade civil; pressuposição de que a participação social monitora políticas públicas que garantem a realização dos Direitos Humanos e da legitimação da Democracia.
- **Eixo II:** evidencia a inclusão social; a ampliação do espaço da cidadania; levanta reflexões acerca das futuras gerações, além de atitudes que garantam os direitos dos cidadãos futuros.
- **Eixo III:** evidencia a necessidade de se reconhecer desigualdades; a concretização da igualdade frente a uma sociedade desigual; iniciativas para diminuir ou erradicar os problemas sociais que impeçam o desenvolvimento dos Direitos Humanos.
- **Eixo IV:** metas a serem traçadas no combate à violência; aplicação de medidas que promovam mais acesso à justiça; transparência da justiça e dos indivíduos que a ela promovem.
- **Eixo V:** atitudes relativas à ponte Educação – Direitos Humanos; atitudes com relação à ponte Cultura – Direitos Humanos;
- **Eixo VI:** valorização dos princípios históricos como valorização dos Direitos Humanos; reflexão acerca do processo histórico dos Direitos Humanos, evitando o retorno a momentos de violação desses direitos.

5 CONSTITUIÇÃO BRASILEIRA E TRATADOS DE DIREITOS HUMANOS

5.1 Contexto histórico

A Constituição da República Federativa do Brasil de 1988 apresenta em seu corpo, principalmente no Título I (Dos Princípios Fundamentais) e no Título II (Dos Direitos e Garantias Fundamentais), os conceitos de Direitos Humanos que foram historicamente construídos.

Para isso, os Tratados Internacionais de Direitos Humanos foram fundamentais na formação ideológica e sociocultural no contexto da Assembleia Nacional Constituinte de 1987, momento da gênese de nossa Carta Magna.

Antes de abordarmos os Tratados Internacionais de Direitos Humanos e sua relação com a Legislação brasileira e a Constituição, é necessário entendermos o que são Tratados Internacionais.

Fique ligado

Tratados Internacionais: segundo a Convenção de Viena (1969), configura um Tratado Internacional um acordo entre duas partes ou mais em âmbito internacional concretizado e formalizado por meio de texto escrito, com ciência de função de efeitos jurídicos no plano internacional. É o mecanismo pelo qual os Estados estabelecem obrigações para si em âmbito internacional e coparticipativo.

Na conjuntura histórica dos ataques à vida humana, das diversas atrocidades e atentados cometidos contra os seres humanos durante a Segunda Guerra Mundial e logo após seu fim, em guerras pontuais, a comunidade internacional passou a:

- Estabelecer ações que visavam punir os próprios Estados em casos de violação dos Direitos Humanos;
- Relativizar a Soberania dos Estados envolvidos que, a partir dos Tratados, colocavam seus acordos internacionais acima de suas vontades particulares.

Dentre as atrocidades ocorridas durante a Segunda Guerra Mundial estão:

- **Genocídio:** aproximadamente seis milhões de judeus mortos em campos de concentração.
- **Tortura e crueldade:** a polícia militar japonesa (*Kempeitai*) a serviço do Império, aplicava técnicas de tortura em prisioneiros como lascas de metal marteladas embaixo das unhas e ferro em brasa nas genitálias.
- **Crimes de guerra:** prisioneiros alemães na Noruega foram obrigados a limpar campos minados. O saldo foi de 392 feridos e 275 mortos.
- **Estupros:** o Exército Vermelho estuprou milhares de alemãs; os militares japoneses usavam mulheres capturadas em guerra como escravas sexuais.

O breve século XX fez emergir, então, o Direito Internacional dos Direitos Humanos. Era a resposta que a comunidade internacional daria:

- Aos Estados devastados pela guerra e que almejavam um futuro de paz;
- Às violações aos Direitos Humanos ocorridos em alta escala durante a guerra;
- Aos países como mecanismo de prevenção contra tentativas de uma nova guerra.

Apesar do movimento mundial pós-guerra, de todo empenho entre as nações para consolidar acordos e tratados que mantivessem o respeito à dignidade humana e aos Direitos Humanos e prevenissem outra "catástrofe bélica" como havia sido a Segunda Guerra Mundial, o Brasil só começou a participar intensamente do corpo internacional dos Direitos Humanos a partir de 1985, quando o país voltou a dar passos no retorno à Democracia.

Vários Tratados, Pactos e Convenções foram ratificados pelo Brasil. As propostas trazidas pela Carta Constitucional de 1988, evidenciando os Direitos Humanos como norteadores das relações internacionais, exibiram uma nova forma de compreensão a respeito desses direitos. Temos, então, uma clara relação entre Direitos Humanos e Processo de Democratização do Estado brasileiro.

5.2 Redemocratização e tratados internacionais de Direitos Humanos

Juntamente com a necessidade de afirmação democrática, em 1985, tem início no Brasil o processo de ratificação de diversos Tratados Internacionais de Direitos Humanos. Seu ponto inicial foi a ratificação em 1989 da Convenção contra a Tortura e outros Tratamentos cruéis, Desumanos ou Degradantes.

> ***Art. 5º, § 3º, CF/1988*** *Os tratados e as convenções internacionais sobre direitos humanos que forem aprovados, em cada Casa do Congresso Nacional, em dois turnos, por três quintos dos votos dos respectivos membros, serão equivalentes às emendas constitucionais.*

- **Problema:** os Tratados Internacionais anteriores à Emenda Constitucional nº 45/2004 teriam força de Emenda Constitucional com sistema de votação de maioria simples. Isto significa que haveria um ferimento no processo legislativo ao utilizar processo de votação para leis ordinárias elegendo Emendas Constitucionais.
- **Solução:** os tratados e as convenções internacionais sobre direitos humanos incorporados ao ordenamento jurídico brasileiro pela forma comum, ou seja, sem observar o disposto no art. 5º, § 3º, da Constituição Federal, possuem, segundo a posição que prevaleceu no Supremo Tribunal Federal, *status* supralegal, mas infraconstitucional.

Norma supralegal: está acima das leis, mas abaixo da Constituição Federal.
Rito ordinário: maioria simples (todos os tratados anteriores à EC nº 45/2004).
Rito de emenda: maioria qualificada (3/5, 2 turnos, 2 casas do Congresso Nacional).

O Direito Constitucional, depois de 1988, passou a contar com relações diferenciadas frente ao Direito Internacional dos Direitos Humanos. A visão da supralegalidade deste último encontra amparo em vários dispositivos constitucionais (art. 4º, art. 5º, §§ 2º ao 4º, CF/1988).

5.3 Localização dos Tratados Internacionais dos Direitos Humanos na Pirâmide de Hans Kelsen

A pirâmide de Hans Kelsen é uma teoria que caminha entre a Filosofia e o Direito e que se baseia na criação de uma hierarquia entre as leis. Dessa forma, quando houver um possível conflito legal, a pirâmide de Hans Kelsen pode ser utilizada para verificar o grau de prioridade das leis em discussão.

Dessa forma, os Tratados Internacionais dos Direitos Humanos, dentro de um contexto legal, também integram o *corpus* legislativo. Daí a importância de se entender como localizar e priorizar as diferentes leis sobre um determinado assunto.

A Constituição Federal de 1988 é um marco de ruptura com o processo jurídico ditatorial dos anos que a precederam. Neste sentido, os diversos vínculos nela existentes com os Direitos Humanos podem ser evidenciados em toda redação jurídica constitucional:

- **Dignidade da pessoa humana:** art. 1°, III.
- **Interação entre o direito brasileiro e os Tratados Internacionais de Direitos Humanos:** art. 5°, § 2°.
- **Sobre julgamento de causas relativas aos Direitos Humanos:** art. 109, V.

Ao considerarmos os Tratados Internacionais e seu encontro com a legislação constitucional brasileira, podemos extrair como conclusão de que a natureza do Direito encontrado no Tratado Internacional poderá gerar conflitos entre um TIDH e o Direito interno. Se, na existência de conflito entre um Direito interno e os Direitos Internacionais dos Direitos Humanos, a conclusão a que chegamos é a de que sempre prevalece a norma que melhor beneficia os direitos da pessoa humana.

5.3.1 Art. 5º, LXVII, CF/1988

Não haverá prisão civil por dívida, salvo a do responsável pelo inadimplemento voluntário e inescusável de obrigação alimentícia e a do depositário infiel.

- **Pacto de San José de Costa Rica (art. 7, VII):** ninguém deve ser detido por dívidas. Este princípio não limita os mandatos de autoridade judiciária competente expedidos em virtude de inadimplemento de obrigação alimentar.
- **Identificar-se com um direito já presente na Constituição. Exemplo: CF/1988 (art. 5°, III):** ninguém será submetido à tortura ou a tratamento desumano ou degradante.
- **Documentos Internacionais:**

> ***Art. 5°*** *Declaração Universal dos Direitos Humanos (1948).*
> ***Art. 7°*** *Pacto Internacional de Direitos Civis e Políticos (1966).*
> ***Art. 5°*** *Convenção Americana de Direitos Humanos (1969).*

5.4 Fases de incorporação

- **Primeira fase (celebração):** é o ato de celebração do tratado, convenção ou ato internacional, para posteriormente e internamente o parlamento decidir sobre sua viabilidade, conveniência e oportunidade. Essa etapa compete privativamente ao Presidente da República, pois a este cabe celebrar todos os tratados e atos internacionais (art. 84, VIII, CF/1988). No Brasil, concedem-se poderes de negociação de convenções internacionais a pessoas específicas, ou seja, aqueles considerados aptos para negociar em nome do Presidente da República: os Chefes de Missões Diplomáticas, sob a responsabilidade do Ministério das Relações Exteriores. Com isso, exime-se o Chefe de Estado de negociação corriqueira no âmbito das relações internacionais.
- **Segunda fase (aprovação parlamentar):** é de competência exclusiva do Congresso Nacional, pois cabe a este resolver definitivamente sobre tratados, acordos ou atos internacionais que acarretam encargos ou compromissos gravosos ao patrimônio nacional (art. 49, I, CF/1988). Se o Congresso Nacional concordar com a celebração do ato internacional, elabora-se um decreto legislativo, de acordo com o art. 59, VI da Constituição Federal, que é o instrumento adequado para referendar e aprovar a decisão do Chefe do Executivo, dando-se a este uma carta branca para ratificar ou aderir ao tratado.
- **Terceira fase (ratificação pelo presidente):** com o objetivo de incorporar o tratado e, a partir daí, passar a ter efeitos no ordenamento jurídico interno, é a fase em que o Presidente da República, mediante decreto, promulga o texto, publicando-o em português, em órgão da imprensa oficial, dando-se, pois, ciência e publicidade da ratificação da assinatura já lançada. Com a promulgação do tratado, esse ato normativo passa a ser aplicado de forma geral e obrigatória.

A doutrina mais moderna de direito internacional defende uma força mais expressiva dos tratados e convenções sobre a legislação infraconstitucional. Defende-se, inclusive, uma equivalência entre normas constitucionais e tratados, especialmente aqueles que versarem sobre direitos humanos, de maneira que, afora o controle de constitucionalidade, o intérprete deve ainda verificar se o caso sob análise está de acordo com a "legislação" internacional (controle de convencionalidade).

5.5 Declaração Universal dos Direitos Humanos (DUDH)

O período que sucedeu a Segunda Guerra Mundial carregou consigo a memória viva das grandes atrocidades experimentadas em um conflito sangrento e de proporções alarmantes. A barbárie imposta pelos nazistas, consolidada sobre a lógica da "supremacia racial", fez com que o mundo se colocasse diante de situações de absoluta desumanidade em que os direitos mais básicos do ser humano eram negados, restando-lhe a fome, a falta de liberdade, o trabalho forçado, o sofrimento e a morte. Contudo, a consolidação das potências bélicas, vitoriosas da grande guerra, resultou no encabeçamento de um movimento que traria respeito e segurança aos direitos humanos, garantindo-lhes proteção em qualquer tempo e lugar.

A Organização das Nações Unidas (ONU), constituída por 58 Estados-membros em sua origem, entre eles o Brasil, em 10 de dezembro de 1948 instituiu, por meio da Resolução 217-A (III), a Declaração Universal dos Direitos Humanos (DUDH). Quando foi editada, era apenas uma recomendação, não possuía força vinculante. Este posicionamento, no entanto, não é mais adequado porque décadas após a Resolução que criou a DUDH, os Tribunais Internacionais consideram que essa Resolução pode ser vista como espelho do costume internacional de proteção dos Direitos Humanos.

Constituído por 30 artigos, o documento traz a defesa dos direitos básicos para a promoção da dignidade humana. Sem distinção de cor, nacionalidade, orientação sexual, política ou religiosa, a Resolução visa impedir as arbitrariedades dos indivíduos e dos Estados que firam os Direitos Humanos:

> *Considerando que o reconhecimento da dignidade inerente a todos os membros da família humana e de seus direitos iguais e inalienáveis é o fundamento da liberdade, da justiça e da paz no mundo. [...]*
> *Considerando que o desprezo e o desrespeito pelos direitos humanos resultam em atos bárbaros que ultrajam a consciência da humanidade e que o advento de um mundo em que os homens gozem de liberdade de palavra, descrença e da liberdade de viverem a salvo do temor e da necessidade foi proclamado como a mais alta aspiração do homem comum, [...]*
> *Considerando que os povos das Nações Unidas reafirmaram, na Carta, sua fé nos direitos humanos fundamentais, na dignidade e no valor da pessoa humana e na igualdade de direitos dos homens e das mulheres, e que decidiram promover o progresso social e melhores condições de vida em uma liberdade mais ampla, [...]*
> *Considerando que uma compreensão comum desses direitos e liberdades é da mais alta importância para o pleno cumprimento desse compromisso.*
> *Trechos retirados do Preâmbulo da DUDH, 1948.*

Outros trechos da DUDH:

> *A presente Declaração Universal dos Direitos Humanos como o ideal comum a ser atingido por todos os povos e todas as nações, com o objetivo de que cada indivíduo e cada órgão da sociedade, tendo sempre em mente esta Declaração, se esforce, através do ensino e da educação, por promover o respeito a esses direitos e liberdades, e, pela adoção de medidas progressivas de caráter nacional e internacional, por assegurar o seu reconhecimento e a sua observância universal e efetiva, tanto entre os povos dos próprios Estados-Membros, quanto entre os povos dos territórios sob sua jurisdição.*

- **Medidas progressivas:** não é intenção da Declaração Universal dos Direitos Humanos que suas medidas sejam compreendidas e estabelecidas de maneira absoluta.
- **Declaração dos Direitos do Homem e do Cidadão (1789)**

> ***Artigo 1***
>
> *Todos os seres humanos nascem livres e iguais em dignidade e direitos. São dotados de razão e consciência e devem agir em relação uns aos outros com espírito de fraternidade.*

Nenhum pré-requisito é motivo de distinção entre cidadãos em relação ao direito.

> ***Artigo 2***
>
> *1. Todo ser humano tem capacidade para gozar os direitos e as liberdades estabelecidos nesta Declaração, sem distinção de qualquer espécie, seja de raça, cor, sexo, língua, religião, opinião política ou de outra natureza, origem nacional ou social, riqueza, nascimento, ou qualquer outra condição.*
>
> *2. Não será também feita nenhuma distinção fundada na condição política, jurídica ou internacional do país ou território a que pertença uma pessoa, quer se trate de um território independente, sob tutela, sem governo próprio, quer sujeito a qualquer outra limitação de soberania.*

- **Vedação à escravidão:** para alguns autores, temos um direito que se reveste de caráter absoluto.

> ***Artigo 4***
>
> *Ninguém será mantido em escravidão ou servidão; a escravidão e o tráfico de escravos serão proibidos em todas as suas formas.*

- **Base para os remédios constitucionais.**

> ***Artigo 8***
>
> *Todo ser humano tem direito a receber dos tribunais nacionais competentes remédio efetivo para os atos que violem os direitos fundamentais que lhe sejam reconhecidos pela constituição ou pela lei.*

- **Presunção de inocência e reserva legal.**

> ***Artigo 11***
>
> *1. Todo ser humano acusado de um ato delituoso tem o direito de ser presumido inocente até que a sua culpabilidade tenha sido provada de acordo com a lei, em julgamento público no qual lhe tenham sido asseguradas todas as garantias necessárias à sua defesa.*
>
> *2. Ninguém poderá ser culpado por qualquer ação ou omissão que, no momento, não constituíam delito perante o direito nacional ou internacional. Também não será imposta pena mais forte do que aquela que, no momento da prática, era aplicável ao ato delituoso.*

Em alguns artigos da DUDH, é possível verificar os principais **direitos tutelados** (grifos nossos):

> ***Artigo 5***
>
> ***Ninguém será submetido** à tortura nem a tratamento ou **castigo cruel, desumano** ou **degradante**.*
>
> ***Artigo 6***
>
> *Todo ser humano tem o direito de ser, em todos os lugares, reconhecido como pessoa perante a lei.*
>
> ***Artigo 7***
>
> ***Todos são iguais perante a lei** e têm direito, sem qualquer distinção, a igual proteção da lei. **Todos têm direito a igual proteção contra qualquer discriminação** que viole a presente Declaração e contra qualquer incitamento a tal discriminação.*
>
> ***Artigo 13***
>
> *1. Todo ser humano tem direito à **liberdade de locomoção** e residência dentro das fronteiras de cada Estado.*
>
> *2. Todo ser humano tem o direito de deixar qualquer país, inclusive o próprio, e a este regressar.*
>
> ***Artigo 14***
>
> *1. Todo ser humano, vítima de perseguição, **tem o direito de procurar e de gozar asilo em outros países**.*
>
> *2. Este direito **não pode ser invocado em caso de perseguição legitimamente motivada** por crimes de direito comum ou por atos contrários aos objetivos e princípios das Nações Unidas.*
>
> ***Artigo 15***
>
> *1. Todo ser humano tem **direito a uma nacionalidade**.*
>
> *2. Ninguém será arbitrariamente privado de sua nacionalidade, nem do direito de mudar de nacionalidade.*
>
> ***Artigo 16***
>
> *1. Os homens e mulheres de maior idade, sem qualquer restrição de raça, nacionalidade ou religião, têm o **direito de contrair matrimônio e fundar uma família**. Gozam de iguais direitos em relação ao casamento, sua duração e sua dissolução.*
>
> *2. O casamento não será válido senão com o livre e pleno consentimento dos nubentes.*
>
> *3. A **família** é o núcleo natural e fundamental da sociedade e **tem direito à proteção da sociedade e do Estado**.*
>
> ***Artigo 17***
>
> *1. Todo ser humano tem **direito à propriedade**, só ou em sociedade com outros.*
>
> *2. Ninguém será arbitrariamente privado de sua propriedade.*
>
> ***Artigo 20***
>
> *1. Todo ser humano tem direito à **liberdade de reunião e associação pacífica**.*
>
> *2. Ninguém pode ser obrigado a fazer parte de uma associação.*
>
> ***Artigo 21***
>
> *1. Todo ser humano tem o **direito de tomar parte no governo de seu** país diretamente ou por intermédio de representantes livremente escolhidos.*
>
> *2. Todo ser humano tem igual direito de **acesso ao serviço público** do seu país.*
>
> *3. A **vontade do povo** será a base da autoridade do governo; esta vontade será expressa em **eleições periódicas e legítimas**, por **sufrágio universal**, por **voto secreto** ou processo equivalente que assegure a liberdade de voto.*
>
> ***Artigo 26***
>
> *1. Todo ser humano tem **direito à instrução**. A instrução será **gratuita, pelo menos nos graus elementares** e **fundamentais**. A instrução elementar será **obrigatória**. **A instrução técnico-profissional será acessível a todos**, bem como a **instrução superior**, está **baseada no mérito**.*
>
> *2. A instrução **será orientada no sentido do pleno desenvolvimento da personalidade humana e do fortalecimento do respeito pelos direitos humanos e pelas liberdades fundamentais**. A instrução promoverá a compreensão, a tolerância e a amizade entre todas as nações e grupos raciais ou religiosos, e coadjuvará as atividades das Nações Unidas em prol da manutenção da paz.*

5.5.1 Considerações sobre a Declaração Universal dos Direitos Humanos

Quando a Declaração Universal dos Direitos Humanos começou a ser pensada, o mundo ainda sentia os efeitos da Segunda Guerra Mundial, encerrada em 1945.

Outros documentos já haviam sido redigidos em reação a tratamentos desumanos e injustiças, como a Declaração de Direitos Inglesa (elaborada em 1689, após as Guerras Civis Inglesas, para pregar a democracia) e a Declaração dos Direitos do Homem e do Cidadão (redigida em 1789, após a Revolução Francesa, a fim de proclamar a igualdade para todos).

Depois da Segunda Guerra e da criação da Organização das Nações Unidas (também em 1945), líderes mundiais decidiram complementar a promessa da comunidade internacional de nunca mais permitir atrocidades como as que haviam sido vistas na guerra. Assim, elaboraram um guia para garantir os direitos de todas as pessoas e em todos os lugares do globo.

O documento foi apresentado na primeira Assembleia Geral da ONU em 1946 e repassado à Comissão de Direitos Humanos para que fosse usado na preparação de uma declaração internacional de direitos. Na primeira sessão da comissão em 1947, seus membros foram autorizados a elaborar o que foi chamado de "esboço preliminar da Declaração Internacional dos Direitos Humanos".

Um comitê formado por membros de oito países recebeu a declaração e se reuniu pela primeira vez em 1947. Ele foi presidido por Eleanor Roosevelt, viúva do presidente americano Franklin D. Roosevelt. O responsável pelo primeiro esboço da declaração, o francês René Cassin, também participou.

O primeiro rascunho da Declaração Universal dos Direitos Humanos, que contou com a participação de mais de 50 países na redação, foi apresentado em setembro de 1948 e teve seu texto final redigido em menos de dois anos.

5.5.2 Declaração Universal dos Direitos Humanos e a legislação brasileira

Podemos afirmar que houve uma clara violação dos Direitos Humanos durante 21 anos (1964 a 1985).

Temos uma violação desigual que atinge a sociedade em diferentes níveis.

A Emenda Constitucional nº 01/1969 alterou o Texto Constitucional, formando, na prática, uma nova Constituição (referente a Constituição de 1967).

Em 1984, como resposta à repressão imposta pela Constituição de 1967 aos Direitos Políticos, surgiu o movimento "Diretas Já", que reivindicava a volta das eleições diretas no Brasil para eleger o Presidente da República. No primeiro momento, o movimento não logrou êxito plenamente, pois a primeira eleição após o regime militar foi indireta, realizada pelo Congresso. Entretanto, obteve bom resultado quando, nestas eleições, devolveu o governo à sociedade civil.

A Constituição de 1988, conhecida como "Constituição Cidadã", é a que melhor representa a harmonia do Brasil com os Direitos Humanos atualmente. Pela própria estrutura da Constituição, a forma pela qual é escrita e a organização dos artigos, percebemos maior destaque aos Direitos Humanos: eles aparecem logo nas primeiras linhas do texto constitucional, a demonstrar que o constituinte quis garanti-los e fazer deles a base para a sociedade que nascia a partir daquele momento.

Logo no primeiro artigo, encontramos como fundamento da República Federativa do Brasil a "dignidade da pessoa humana", os "valores sociais do trabalho e da livre iniciativa" e o "pluralismo político". Isto prova que a nova ordem social, acolhida e inaugurada pela Constituição, rompia com aquela criada em 1967, e valorizava os direitos sociais, trabalhistas e políticos. É, porém, no art. 5º da Carta de 1988, que encontramos o maior leque de direitos garantidos; são direitos individuais e coletivos, direitos civis e instrumentos de controle judiciário da vida social e de limitações ao direito estatal de punir. É um grande avanço comparado à Constituição anterior.

5.6 Convenção Americana de Direitos Humanos (Pacto de São José)

É um Tratado Internacional entre os países membros da Organização dos Estados Americanos (OEA) firmado durante a Conferência Interamericana Especializada de Direitos Humanos em 22 de novembro de 1969 na cidade de San José da Costa Rica (país).

Possui **82 artigos**, incluindo as disposições transitórias, que estabelecem os direitos fundamentais da pessoa humana, como o direito à vida, à liberdade, à dignidade, à integridade pessoal e moral, à educação, entre outros.

Tem como **objetivo** promover a garantia dos direitos fundamentais da pessoa humana: direito à liberdade, à vida, à dignidade, à integridade pessoal, proibir a escravidão e a servidão humana, afirmar a liberdade de consciência e liberdade de orientação religiosa, além de garantir os direitos e proteção da família.

Este Tratado busca afirmar que os direitos essenciais da dignidade humana resultam da condição humana e não de sua nacionalidade. Ou seja, em qualquer lugar, o ser humano possui os mesmos direitos essenciais, sem qualquer tipo de discriminação.

O governo brasileiro depositou a carta de adesão a essa convenção em 25 de setembro de 1992. Portanto, a Convenção Americana sobre Direitos Humanos (Pacto de São José) entrou em vigor, para o Brasil, em 25 de setembro de 1992, conforme o disposto no segundo parágrafo de seu art. 74. A promulgação veio com o Decreto nº 678, de 6 de novembro de 1992.

> ***Artigo 74, 2*** *A ratificação desta Convenção ou a adesão a ela efetuar-se-á mediante depósito de um instrumento de ratificação ou de adesão na Secretaria-Geral da Organização dos Estados Americanos. Esta Convenção entrará em vigor logo que onze Estados houverem depositado os seus respectivos instrumentos de ratificação ou de adesão.* ***Com referência a qualquer outro Estado que a ratificar ou que a ela aderir ulteriormente, a Convenção entrará em vigor na data do depósito do seu instrumento de ratificação ou de adesão.*** *(grifo nosso).*

Fique ligado

Segundo a Emenda Constitucional nº 45/2004, sobre a reforma no Poder Judiciário, os tratados referentes aos direitos humanos passam a vigorar imediatamente e tornam-se equiparados às normas constitucionais.

Modo de aprovação: três quintos dos votos na Câmara dos Deputados e no Senado, em dois turnos em cada casa. Vale lembrar que o Pacto de São José é anterior à referida emenda.

> ***PARTE I – DEVERES DOS ESTADOS E DIREITOS PROTEGIDOS***
> ***Capítulo I: Enumeração de Deveres***
> ***Art. 1º*** *Obrigação de respeitar os direitos.*
> ***Art. 2º*** *Dever de adotar disposições de direito interno.*
> ***Capítulo II: Direitos Civis e Políticos***
> ***Art. 3º*** *Direito ao reconhecimento da personalidade jurídica.*
> ***Art. 4º*** *Direito à vida.*
> ***Art. 5º*** *Direito à integridade pessoal.*
> ***Art. 6º*** *Proibição da escravidão e da servidão.*
> ***Art. 7º*** *Direito à liberdade pessoal.*
> ***Art. 8º*** *Garantias judiciais.*
> ***Art. 9º*** *Princípios da legalidade e da retroatividade.*
> ***Art. 10*** *Direito à indenização.*
> ***Art. 11*** *Proteção da honra e dignidade.*
> ***Art. 12*** *Liberdade de consciência e religião.*

Art. 13 *Liberdade de pensamento e de expressão.*
Art. 14 *Direito da retificação ou resposta.*
Art. 15 *Direito à reunião.*
Art. 16 *Liberdade de associação.*
Art. 17 *Proteção da família.*
Art. 18 *Direito ao nome.*
Art. 19 *Direitos da criança.*
Art. 20 *Direito à nacionalidade.*
Art. 21 *Direito à propriedade privada.*
Art. 22 *Direito de circulação e de residência.*
Art. 23 *Direitos políticos.*
Art. 24 *Igualdade perante a lei.*
Art. 25 *Proteção judicial.*
Capítulo III: Direitos Econômicos, Sociais e Culturais
Art. 26 *Desenvolvimento progressivo.*
Capítulo IV: Suspensão de Garantias, Garantias e Aplicação
Art. 27 *Suspensão de garantias.*
Art. 28 *Cláusula federal.*
Art. 29 *Normas de interpretação.*
Art. 30 *Alcance das restrições.*
Art. 31 *Reconhecimento de outros direitos.*
Capítulo V: Deveres das Pessoas
Art. 32 *Correlação entre deveres e direitos.*
PARTE II – MEIOS DA PROTEÇÃO
Capítulo VI: Órgãos Competentes
Art. 33 *São competentes para conhecer dos assuntos relacionados com o cumprimento dos compromissos assumidos pelos Estados-Partes dessa convenção:*
a) a Comissão Interamericana de Direitos Humanos, doravante denominada a Comissão; e
b) a Corte Interamericana de Direitos Humanos, doravante denominada a Corte.
Capítulo VII: Comissão Interamericana de Direitos Humanos (CIDH)
Art. 34 *A Comissão Interamericana de Direitos Humanos compor-se-á de sete membros, que deverão ser pessoas de alta autoridade moral e de reconhecido saber em matéria de direitos humanos.*
Art. 35 *A Comissão representa todos os membros da Organização dos Estados Americanos.*
Art. 36 *Dos membros da comissão.*
Art. 37 *Da Eleição dos membros da comissão e do tempo de mandato.*
Art. 38 *Das Vagas.*
Art. 39 *Do Estatuto da Comissão.*
Art. 40 *Dos servidores de secretaria da Comissão.*
Art. 41 *Da principal função da Comissão.*
Art. 42 *Dos relatórios dos Estados-Partes.*
Art. 43 *Das informações dos Estados-Partes.*
Art. 44 *Dos órgãos não governamentais.*
Art. 45 *Do reconhecimento da Comissão como representante dos Estados-Partes.*
Art. 46 *Dos requisitos para apresentação de petição à Comissão.*
Art. 47 *Da inadmissibilidade das petições apresentadas à Comissão.*
Art. 48 *Dos procedimentos após aceitação de petição pela Comissão.*
Art. 49 *Do procedimento (fim amistoso) pós-resolução de problemas pela Comissão.*
Art. 50 *Do procedimento (fim não amistoso) pós-resolução de problemas pela Comissão.*
Art. 51 *Dos procedimentos e limites temporais estabelecidos aos Estados pela Comissão.*
Capítulo VIII: Corte Interamericana de Direitos Humanos.
Art. 52 *Da composição da Corte.*
Art. 53 *Da eleição para juízes da Corte.*
Art. 54 *Do tempo de mandato dos juízes da corte.*
Art. 55 *Da Nacionalidade dos Juízes.*
Art. 56 *Da formação de quórum pelos juízes.*
Art. 57 *Da Comissão e da Corte.*
Art. 58 *Da Sede da Corte.*
Art. 59 *Da Secretaria da Corte.*
Art. 60 *Da elaboração do Estatuto pela Corte.*
Art. 61 *Do direito de submeter decisões à Corte.*
Art. 62 *Do reconhecimento da competência da Corte pelos Estados-Partes.*
Art. 63 *Das Garantias da Corte aos Estados-Partes.*
Art. 64 *Da relação entre Estados-Partes e a Corte.*
Art. 65 *Do relatório sobre as atividades da Corte.*
Art. 66 *Dos fundamentos de um processo na Corte.*
Art. 67 *Da Sentença da Corte.*
Art. 68 *Do Comprometimento com a Corte por parte dos Estados-Partes.*
Art. 69 *Das Sentenças da Corte.*
Capítulo IX: Disposições Comuns
Art. 70 *Das Condições de Juízes e da Corte.*
Art. 71 *Da incompatibilidade das atividades dos juízes com outras atividades.*
Art. 72 *Dos Gastos com Juízes e membros da Corte.*
Art. 73 *Das Sanções à Corte ou aos Juízes.*
PARTE III – DISPOSIÇÕES GERAIS E TRANSITÓRIAS
Capítulo X: Assinatura, Ratificação, Reserva, Emenda, Protocolo e Denúncia
Art. 74 *Da adesão e da Ratificação à Convenção.*
Art. 75 *Da Condição de objeto de reserva.*
Art. 76 *Das propostas de emenda à Convenção.*
Art. 77 *Dos projetos de protocolo por parte dos Estados- Partes.*
Art. 78 *Da Denúncia pelos Estados-Partes.*
Capítulo XI: Disposições Transitórias
Art. 79 *da apresentação dos membros dos Estados-Partes à convenção*
Art. 80 *Da eleição dos membros da comissão.*
Art. 81 *Da apresentação dos Estados-Partes.*
Art. 82 *Das eleições dos juízes da corte.*

Os Estados signatários da Convenção de São José se comprometem a respeitar os direitos e liberdades reconhecidas pela Convenção, algo essencial para o Direito Internacional e as relações diplomáticas entre os países.

Da mesma forma, os Estados Membros estão dispostos a tomar atitudes legais para que direitos acordados no Tratado sejam respeitados por todos os componentes.

A Convenção ainda estabelece um desenvolvimento progressivo dos direitos econômicos, sociais e culturais, de acordo com os recursos disponíveis. Esse é um meio encontrado para que as nações se tornem cada vez menos desiguais em um mundo cada vez mais globalizado.

O cumprimento e a proteção dos direitos humanos ficam sob a tutela de dois órgãos criados pela convenção: Comissão Interamericana dos Direitos Humanos e a Corte Interamericana dos Direitos Humanos.

5.7 Comissão Interamericana de Direitos Humanos (arts. 34 a 51)

A Comissão é o órgão principal da OEA, cuja função primordial é promover a observância e a defesa dos direitos humanos, além de servir como órgão consultivo nessa matéria, incorporando a sua estrutura básica por meio da sua inclusão na Carta da Organização. Compõe-se de sete membros que deverão ser pessoas de alta autoridade moral e de reconhecido saber em matéria de direitos humanos. Os membros da Comissão são eleitos a título pessoal, pela Assembleia Geral da Organização, de uma lista de candidatos propostos pelos governos dos Estados membros. Cada um dos referidos governos pode propor até três candidatos, nacionais do Estado que os propuser ou de qualquer outro Estado membro da Organização dos Estados Americanos. Quando proposta uma lista de três candidatos, pelo menos um deles deverá ser nacional de Estado diferente do proponente.

Os membros da Comissão são eleitos por quatro anos e só poderão ser reeleitos uma vez. Não pode integrar a Comissão mais de um nacional de um mesmo Estado. A Comissão tem a função principal de promover a observância e a defesa dos direitos humanos e, no exercício do seu mandato, tem as seguintes funções e atribuições:

Estimular a consciência dos direitos humanos nos povos da América.

Formular recomendações aos governos dos Estados membros, quando o considerar conveniente, no sentido de que adotem medidas progressivas em prol dos direitos humanos no âmbito de suas leis internas e seus preceitos constitucionais, bem como disposições apropriadas para promover o devido respeito a esses direitos.

Preparar os estudos ou relatórios que considerar convenientes para o desempenho de suas funções.

Solicitar aos governos dos Estados membros que lhe proporcionem informações sobre as medidas que adotarem em matéria de direitos humanos.

Atender às consultas que, por meio da Secretaria-Geral da Organização dos Estados Americanos, lhe formularem os Estados membros sobre questões relacionadas aos direitos humanos e, dentro de suas possibilidades, prestar-lhes o assessoramento que eles lhe solicitarem.

Atuar com respeito às petições e outras comunicações, no exercício de sua autoridade, conforme o disposto nos arts. 44 a 51 da Convenção Americana de Direitos Humanos.

Apresentar um relatório anual à Assembleia Geral da Organização dos Estados Americanos.

Qualquer pessoa ou grupo de pessoas, ou entidade não governamental legalmente reconhecida em um ou mais Estados membros da Organização, pode apresentar à Comissão petições que contenham denúncias ou queixas de violação desta Convenção por um Estado Parte.

5.8 Corte Interamericana de Direitos Humanos (arts. 52 a 73)

A Corte é um órgão de caráter jurisdicional criado pela Convenção com o objetivo de supervisionar o seu cumprimento, com uma função complementar àquela conferida pela mesma Convenção à Comissão. Com sede em San José, capital da Costa Rica, integra o Sistema Interamericano de Direitos Humanos. É um dos três Tribunais regionais de proteção dos Direitos Humanos, ao lado do Tribunal Europeu de Direitos Humanos e a Corte Africana de Direitos Humanos e dos Povos. Sua primeira reunião foi realizada em 1979, na sede da Organização dos Estados Americanos (OEA), em Washington, nos Estados Unidos.

A Corte é composta de sete juízes, nacionais dos Estados membros da Organização, eleitos a título pessoal dentre juristas da mais alta autoridade moral, de reconhecida competência em matéria de direitos humanos, que reúnam as condições requeridas para o exercício das mais elevadas funções judiciais, de acordo com a lei do Estado do qual sejam nacionais, ou do Estado que os propuser como candidatos. Não deve haver dois juízes da mesma nacionalidade.

Os juízes da Corte são eleitos, em votação secreta e pelo voto da maioria absoluta dos Estados Partes na Convenção, na Assembleia Geral da Organização, de uma lista de candidatos propostos pelos mesmos Estados. Cada um dos Estados Partes pode propor até três candidatos, nacionais do Estado que os propuser ou de qualquer outro Estado membro da Organização dos Estados Americanos. Quando se propuser uma lista de três candidatos, pelo menos um deles deverá ser nacional de Estado diferente do proponente. Os juízes da Corte serão eleitos por um período de seis anos e só poderão ser reeleitos uma vez. Somente os Estados Partes e a Comissão têm direito de submeter caso à decisão da Corte.

A Corte tem competência para conhecer de qualquer caso relativo à interpretação e aplicação das disposições da Convenção Americana de Direitos Humanos que lhe seja submetido, desde que os Estados Partes no caso tenham reconhecido ou reconheçam a referida competência. Quando decidir que houve violação de um direito ou liberdade protegidos nesta Convenção, a Corte determinará que se assegure ao prejudicado o gozo do seu direito ou liberdade violados. Determinará, também, se isso for procedente, que sejam reparadas as consequências da medida ou situação que haja configurado a violação desses direitos, além do pagamento de indenização justa à parte lesada.

Em casos de extrema gravidade e urgência, e quando se fizer necessário evitar danos irreparáveis às pessoas, a Corte, nos assuntos de que estiver conhecendo, poderá tomar as medidas provisórias consideradas pertinentes. Se se tratar de assuntos que ainda não estiverem submetidos ao seu conhecimento, poderá atuar a pedido da Comissão.

6 VULNERÁVEIS E MINORIAS

6.1 Princípio da igualdade

Em abordagem preliminar, precisamos lembrar do princípio da igualdade.

- **Igualdade formal:** perante a lei – imposição de tratamento isonômico (igual) a todos da mesma categoria.
- **Igualdade material:** igualdade real, de fato. Objetivo de reduzir as desigualdades fáticas por meio de concessão de direitos/vantagens. Por exemplo: sistema de cotas.
- **Igualdade na lei:** igualdade observada pelo legislador na edição de normas.
- **Igualdade perante a lei:** observada pelos intérpretes/aplicadores do Direito.

O princípio da igualdade não veda o tratamento discriminatório, mas apenas quando há razoabilidade para discriminação e na medida do razoável.

> ***Súmula Vinculante nº 37***
> *Não pode o Poder Judiciário, que não tem função legislativa, aumentar vencimentos a servidores com base na isonomia.*

Por exemplo, a Lei Maria da Penha traz uma diferença de tratamento entre homens e mulheres. Foi considerado constitucional pelo STF. Esta diferenciação é razoável. A própria CF/1988 faz diferenciações, como o caso de aposentadoria de mulheres mais cedo do que os homens.

Sobre a igualdade, temos o direito a ser iguais quando a nossa diferença nos inferioriza, e temos o direito a ser diferentes quando a nossa igualdade nos descaracteriza.

A igualdade material consiste em concretizar duas dimensões de justiça:

- **Justiça distributiva:** redistribuição de recursos socioeconômicos para grupos historicamente em desvantagens. Exemplo: ações afirmativas.
- **Justiça de reconhecimento de identidades:** grupos cujo fator de identidade os leva a situação de vulnerabilidade. Respeitar as pessoas nas suas diferenças. Decorre do pluralismo político, fundamento da República Federativa do Brasil (art. 1, IV, CF/1988).

Exemplo: constitucionalidade da Lei Maria da Penha, direito do transgênero de alterar o nome e sexo no registro civil independentemente de cirurgia de transgenitalização ou de tratamento hormonal (ADI nº 4.275, DF), ato de homofobia e transfobia foi considerado crime de racismo social para o STF, ADO nº 26. O STF reconheceu a união homoafetiva como entidade familiar (ADPF nº 132).

> ***Art. 3º*** *Constituem objetivos fundamentais da República Federativa do Brasil: [...]*
> *III – erradicar a pobreza e a marginalização e reduzir as desigualdades sociais e regionais fundamento da igualdade material na CF/1988.*

Exemplos de igualdade material na CF/1988:

> ***Art. 5º, L*** *– às presidiárias serão asseguradas condições para que possam permanecer com seus filhos durante o período de amamentação;*
> ***Art. 7º, XX*** *– proteção do mercado de trabalho da mulher, mediante incentivos específicos, nos termos da lei;*
> ***Art. 7º, XXX*** *– proibição de diferença de salários, de exercício de funções e de critério de admissão por motivo de sexo, idade, cor ou estado civil.*
> ***Súmula nº 683 – STF***
> *Oo limite de idade para inscrição em concurso público só se legitima quando possa ser justificado pelas naturezas das atribuições do cargo a ser preenchido. Além disso, a limitação deve estar prevista na lei.*

Fique ligado

O STF já entendeu que cargos de natureza intelectual não podem ter discriminação por idade. Por exemplo: magistratura.

> ***Art. 7º, XXXI*** *– proibição de qualquer discriminação no tocante a salário e critérios de admissão do trabalhador portador de deficiência;*
> ***Art. 12, § 2º*** *A lei não poderá estabelecer distinção entre brasileiros natos e naturalizados, salvo nos casos previstos nesta Constituição.*
> ***Art. 203*** *A assistência social será prestada a quem dela necessitar, independentemente de contribuição à seguridade social, e tem por objetivos:*
> *I – a proteção à família, à maternidade, à infância, à adolescência e à velhice;*
> *II – o amparo às crianças e adolescentes carentes;*
> *III – a promoção da integração ao mercado de trabalho;*
> *IV – a habilitação e reabilitação das pessoas portadoras de deficiência e a promoção de sua integração à vida comunitária;*
> *V – a garantia de um salário-mínimo de benefício mensal à pessoa portadora de deficiência e ao idoso que comprovem não possuir meios de prover à própria manutenção ou de tê-la provida por sua família, conforme dispuser a lei.*
> *VI – a redução da vulnerabilidade socioeconômica de famílias em situação de pobreza ou de extrema pobreza (Incluído pela Emenda Constitucional nº 114/2021).*

6.2 Ações afirmativas

Política social de redução da desigualdade fática. Também chamadas de discriminações positivas ou reversas. São medidas de compensação que buscam concretizar, ao menos em parte, uma igualdade de oportunidades com os demais indivíduos que não sofreram as mesmas restrições. As ações afirmativas são transitórias. É mecanismo de inclusão social.

6.2.1 Cotas raciais

O sistema de cotas em universidades públicas, com base em critério étnico-racial, é constitucional. No entanto, as políticas de ação afirmativa baseadas no critério racial possuem natureza transitória, conforme decidiu o STF. Plenário. ADPF 186/DF. Min. Ricardo Lewandowski julgado em 25 e 26/4/2012 (Info nº 663).

É constitucional a Lei nº 12.990/2014 que reserva 20% das vagas oferecidas nos concursos públicos para provimento de cargos efetivos e empregos públicos na administração pública direta e indireta federal. É legítima a utilização, além da autodeclaração, de critérios subsidiários de heteroidentificação, desde que respeitada a dignidade da pessoa humana e garantidos o contraditório e ampla defesa (ADC nº 41).

6.3 Heteroidentificação

É a utilização de outros critérios para identificar o candidato as cotas raciais, no intuito de se evitar fraudes.

É constitucional a Lei nº 12.990/2014, que reserva a pessoas negras 20% das vagas oferecidas nos concursos públicos para provimento de cargos efetivos e empregos públicos no âmbito da Administração Pública federal direta e indireta, por três fundamentos.

Em primeiro lugar, a desequiparação promovida pela política de ação afirmativa em questão está em consonância com o princípio da isonomia. Ela se funda na necessidade de superar o racismo estrutural e institucional ainda existente na sociedade brasileira, e garantir a igualdade material entre os cidadãos, por meio da distribuição mais equitativa de bens sociais e da promoção do reconhecimento da população afrodescendente.

Em segundo lugar, não há violação aos princípios do concurso público e da eficiência. A reserva de vagas para negros não os isenta da aprovação no concurso público. Como qualquer outro candidato, o beneficiário da política deve alcançar a nota necessária para que seja considerado apto a exercer, de forma adequada e eficiente, o cargo em questão. Além disso, a incorporação do fator "raça" como critério de seleção, ao invés de afetar o princípio da eficiência, contribui para sua realização em maior extensão, criando uma "burocracia representativa", capaz de garantir que os pontos de vista e interesses de toda a população sejam considerados na tomada de decisões estatais.

Em terceiro lugar, a medida observa o princípio da proporcionalidade em sua tríplice dimensão. A existência de uma política de cotas para o acesso de negros à educação superior não torna a reserva de vagas nos quadros da Administração Pública desnecessária ou desproporcional em sentido estrito. Isso porque: (i) nem todos os cargos e empregos públicos exigem curso superior; (ii) ainda quando haja essa exigência, os beneficiários da ação afirmativa no serviço público podem não ter sido beneficiários das cotas nas universidades públicas; e (iii) mesmo que o concorrente tenha ingressado em curso de ensino superior por meio de cotas, há outros fatores que impedem os negros de competir em pé de igualdade nos concursos públicos, justificando a política de ação afirmativa instituída pela Lei nº 12.990/2014.

Os direitos humanos se fundam em dois grandes sistemas: um sistema geral, aplicado a toda e qualquer pessoa, bastando ser humano para titularizar esses direitos e outro especial por considerar que nem todos os sujeitos de direito conseguem exercer de maneira efetiva os direitos previstos no sistema geral, razão pela qual necessitam de maiores doses de proteção, por estarem em posição de desvantagem na sociedade.

Estamos tratando de grupos vulneráveis e/ou minorias, daí a necessidade de entendermos a diferença entre minorias e grupos vulneráveis. Inicialmente, nem toda minoria é um grupo vulnerável, nem todo grupo vulnerável é minoria, mas é possível que a mesma categoria se encaixe nos dois grupos.

- **Minorias:** são grupos de pessoas que não têm a mesma representação política que os demais cidadãos ou sofrem histórica e crônica discriminação por guardarem entre si características essenciais à sua personalidade que demarcam sua singularidade no meio social e, portanto, existem em menor número.
- **Grupos vulneráveis:** são marginalizados em razão de um fator de identidade específica e não se constituem, necessariamente, em grupos menores.

Como exemplo, mulheres são grupos vulneráveis, eis que marginalizadas em uma cultura altamente machista, mas não são minorias, eis que existem em proporção até maior do que os homens.

De modo semelhante, os afrodescendentes são grupos vulneráveis, em razão da discriminação pelo legado da escravidão, mas não são minorias.

Por sua vez, os índios são minorias e pela posição altamente marginalizada, são, também, grupos vulneráveis, de igual forma a população em situação de rua, os quais são minorias e grupos vulneráveis.

A doutrina aponta minorias que não são grupos vulneráveis pessoas que exercem o direito de liberdade de maneira diversa ao hábito social geral. Por exemplo, os praticantes do candomblé, os ciganos e os nômades.

6.4 Violência de gênero

O direito à igualdade tem como uma de suas vertentes a igualdade entre os sexos. Nesse sentido, a CF/1988 dispõe que:

> ***Art. 5º*** *Todos são iguais perante a lei, sem distinção de qualquer natureza, garantindo-se aos brasileiros e aos estrangeiros residentes no País a inviolabilidade do direito à vida, à liberdade, à igualdade, à segurança e à propriedade, nos termos seguintes:*
>
> *I – homens e mulheres são iguais em direitos e obrigações, nos termos desta Constituição; [...]*

As mulheres são historicamente discriminadas, por isso, formam grupos vulneráveis. Suas conquistas são recentes na história, a exemplo do voto feminino no Brasil, que só foi aceito em 1932.

As mulheres são grupos vulneráveis, eis que marginalizadas em uma cultura altamente machista, mas não são minorias, eis que existem em proporção até maior do que os homens.

De toda forma, por serem grupos vulneráveis, necessitam de igualdade material sob o viés da justiça de reconhecimento de identidades.

A Lei Maria da Penha traz uma diferença de tratamento entre homens e mulheres. Foi considerada constitucional pelo STF. Esta diferenciação é razoável. A própria CF/1988 traz distinções, como no caso da aposentadoria de mulheres mais cedo que a dos homens.

6.4.1 Caso Maria da Penha Maia Fernandes – Lei nº 11.340/2006

Em maio e junho de 1983, em Fortaleza, no Estado do Ceará, Marco Antônio Heredia Viveiros praticou violência física contra a sua então esposa Maria da Penha Maia Fernandes. O fato configurou-se crime de homicídio tentado. Foram mais de 15 anos desde o início das investigações, sem sentença definitiva e sem reparação das consequências do delito.

Diante disso, em 20 de agosto de 1998, o Centro pela Justiça e pelo Direito Internacional (CEJIL) e o Comitê Latino-Americano de Defesa da Mulher (CLADEM) apresentaram petição à Comissão Interamericana de Direitos Humanos pela tolerância do Brasil em não ter tomado providências efetivas no caso.

O Relatório nº 54/2001 dispõe que:

> *A Comissão considera que as decisões judiciais internas neste caso apresentam uma ineficácia, negligência ou omissão por parte das autoridades judiciais brasileira e uma demora injustificada no julgamento de um acusado, bem como põem em risco definitivo a possibilidade de punir o acusado e indenizar a vítima, pela possível prescrição do delito. Demonstram que o Estado não foi capaz de organizar sua estrutura para garantir esses direitos. Tudo isso é uma violação independente dos artigos 8 e 25 da Convenção Americana sobre Direitos Humanos em relação com o artigo 1(1) da mesma, e dos artigos correspondentes da Declaração. [...]*
>
> ***VIII. RECOMENDAÇÕES***
>
> *61. A Comissão Interamericana de Direitos Humanos reitera ao Estado Brasileiro as seguintes recomendações:*
>
> *1. Completar rápida e efetivamente o processamento penal do responsável da agressão e tentativa de homicídio em prejuízo da Senhora Maria da Penha Fernandes Maia.*
>
> *2. Proceder a uma investigação séria, imparcial e exaustiva a fim de determinar a responsabilidade pelas irregularidades e atrasos injustificados que impediram o processamento rápido e efetivo do responsável, bem como tomar as medidas administrativas, legislativas e judiciárias correspondentes.*
>
> *3. Adotar, sem prejuízo das ações que possam ser instauradas contra o responsável civil da agressão, as medidas necessárias para que o Estado assegure à vítima adequada reparação simbólica e material pelas violações aqui estabelecidas, particularmente por sua falha em oferecer um recurso rápido e efetivo; por manter o caso na impunidade por mais de quinze anos; e por impedir com esse atraso a possibilidade oportuna de ação de reparação e indenização civil.*
>
> *4. Prosseguir e intensificar o processo de reforma que evite a tolerância estatal e o tratamento discriminatório com respeito à violência doméstica contra mulheres no Brasil. A Comissão recomenda particularmente o seguinte:*

a) Medidas de capacitação e sensibilização dos funcionários judiciais e policiais especializados para que compreendam a importância de não tolerar a violência doméstica;

b) Simplificar os procedimentos judiciais penais a fim de que possa ser reduzido o tempo processual, sem afetar os direitos e garantias de devido processo;

c) O estabelecimento de formas alternativas às judiciais, rápidas e efetivas de solução de conflitos intrafamiliares, bem como de sensibilização com respeito à sua gravidade e às consequências penais que gera;

d) Multiplicar o número de delegacias policiais especiais para a defesa dos direitos da mulher e dotá-las dos recursos especiais necessários à efetiva tramitação e investigação de todas as denúncias de violência doméstica, bem como prestar apoio ao Ministério Público na preparação de seus informes judiciais;

e) Incluir em seus planos pedagógicos unidades curriculares destinadas à compreensão da importância do respeito à mulher e a seus direitos reconhecidos na Convenção de Belém do Pará, bem como ao manejo dos conflitos intrafamiliares.

Em face dessas recomendações, o Poder Legislativo Federal editou a Lei nº 11.340/2006 para o respeito e garantia ao direito das mulheres vítimas de violência doméstica e familiar. O agressor foi condenado a 8 anos de reclusão após 19 anos do ocorrido.

Direitos na Lei nº 11.340/2006

A Lei nº 11.340/2006 cria mecanismos para coibir a violência doméstica e familiar contra a mulher, nos termos do § 8º do art. 226 da Constituição Federal, da Convenção sobre a Eliminação de Todas as Formas de Discriminação contra as Mulheres e da Convenção Interamericana para Prevenir, Punir e Erradicar a Violência contra a Mulher; dispõe sobre a criação dos Juizados de Violência Doméstica e Familiar contra a Mulher; altera o Código de Processo Penal, o Código Penal e a Lei de Execução Penal; e dá outras providências.

> ***Art. 5º*** *Para os efeitos desta Lei, configura violência doméstica e familiar contra a mulher qualquer ação ou omissão baseada no gênero que lhe cause morte, lesão, sofrimento físico, sexual ou psicológico e dano moral ou patrimonial:*
>
> *I – no âmbito da unidade doméstica, compreendida como o espaço de convívio permanente de pessoas, com ou sem vínculo familiar, inclusive as esporadicamente agregadas;*
>
> *II – no âmbito da família, compreendida como a comunidade formada por indivíduos que são ou se consideram aparentados, unidos por laços naturais, por afinidade ou por vontade expressa;*
>
> *III – em qualquer relação íntima de afeto, na qual o agressor conviva ou tenha convivido com a ofendida, independentemente de coabitação.*
>
> ***Parágrafo único.*** *As relações pessoais enunciadas neste artigo independem de orientação sexual.*
>
> ***Art. 6º*** *A violência doméstica e familiar contra a mulher constitui uma das formas de violação dos direitos humanos.*
>
> ***Art. 7º*** *São formas de violência doméstica e familiar contra a mulher, entre outras:*
>
> *I – a violência física, entendida como qualquer conduta que ofenda sua integridade ou saúde corporal;*
>
> *II – a violência psicológica, entendida como qualquer conduta que lhe cause dano emocional e diminuição da autoestima ou que lhe prejudique e perturbe o pleno desenvolvimento ou que vise degradar ou controlar suas ações, comportamentos, crenças e decisões, mediante ameaça, constrangimento, humilhação, manipulação, isolamento, vigilância constante, perseguição contumaz, insulto, chantagem, violação de sua intimidade, ridicularização, exploração e limitação do direito de ir e vir ou qualquer outro meio que lhe cause prejuízo à saúde psicológica e à autodeterminação; (Redação dada pela Lei nº 13.772/2018)*
>
> *III – a violência sexual, entendida como qualquer conduta que a constranja a presenciar, a manter ou a participar de relação sexual não desejada, mediante intimidação, ameaça, coação ou uso da força; que a induza a comercializar ou a utilizar, de qualquer modo, a sua sexualidade, que a impeça de usar qualquer método contraceptivo ou que a force ao matrimônio, à gravidez, ao aborto ou à prostituição, mediante coação, chantagem, suborno ou manipulação; ou que limite ou anule o exercício de seus direitos sexuais e reprodutivos;*
>
> *IV – a violência patrimonial, entendida como qualquer conduta que configure retenção, subtração, destruição parcial ou total de seus objetos, instrumentos de trabalho, documentos pessoais, bens, valores e direitos ou recursos econômicos, incluindo os destinados a satisfazer suas necessidades;*
>
> *V – a violência moral, entendida como qualquer conduta que configure calúnia, difamação ou injúria.*
>
> ***DO ATENDIMENTO PELA AUTORIDADE POLICIAL***
>
> ***Art. 10*** *Na hipótese da iminência ou da prática de violência doméstica e familiar contra a mulher, a autoridade policial que tomar conhecimento da ocorrência adotará, de imediato, as providências legais cabíveis.*
>
> ***Parágrafo único.*** *Aplica-se o disposto no caput deste artigo ao descumprimento de medida protetiva de urgência deferida.*
>
> ***Art. 10-A*** *É direito da mulher em situação de violência doméstica e familiar o atendimento policial e pericial especializado, ininterrupto e prestado por servidores - preferencialmente do sexo feminino - previamente capacitados.*
>
> *§ 1º A inquirição de mulher em situação de violência doméstica e familiar ou de testemunha de violência doméstica, quando se tratar de crime contra a mulher, obedecerá às seguintes diretrizes:*
>
> *I – salvaguarda da integridade física, psíquica e emocional da depoente, considerada a sua condição peculiar de pessoa em situação de violência doméstica e familiar;*
>
> *II – garantia de que, em nenhuma hipótese, a mulher em situação de violência doméstica e familiar, familiares e testemunhas terão contato direto com investigados ou suspeitos e pessoas a eles relacionadas;*
>
> *III – não revitimização da depoente, evitando sucessivas inquirições sobre o mesmo fato nos âmbitos criminal, cível e administrativo, bem como questionamentos sobre a vida privada. [...]*
>
> *§ 2º Na inquirição de mulher em situação de violência doméstica e familiar ou de testemunha de delitos de que trata esta Lei, adotar-se-á, preferencialmente, o seguinte procedimento:*
>
> *I – a inquirição será feita em recinto especialmente projetado para esse fim, o qual conterá os equipamentos próprios e adequados à idade da mulher em situação de violência doméstica e familiar ou testemunha e ao tipo e à gravidade da violência sofrida;*
>
> *II – quando for o caso, a inquirição será intermediada por profissional especializado em violência doméstica e familiar designado pela autoridade judiciária ou policial;*
>
> *III – o depoimento será registrado em meio eletrônico ou magnético, devendo a degravação e a mídia integrar o inquérito.*
>
> ***Art. 11*** *No atendimento à mulher em situação de violência doméstica e familiar, a autoridade policial deverá, entre outras providências:*
>
> *I – garantir proteção policial, quando necessário, comunicando de imediato ao Ministério Público e ao Poder Judiciário;*
>
> *II – encaminhar a ofendida ao hospital ou posto de saúde e ao Instituto Médico Legal;*
>
> *III – fornecer transporte para a ofendida e seus dependentes para abrigo ou local seguro, quando houver risco de vida;*
>
> *IV – se necessário, acompanhar a ofendida para assegurar a retirada de seus pertences do local da ocorrência ou do domicílio familiar;*
>
> *V – informar à ofendida os direitos a ela conferidos nesta Lei e os serviços disponíveis, inclusive os de assistência judiciária para o eventual ajuizamento perante o juízo competente da ação de separação judicial, de divórcio, de anulação de casamento ou de dissolução de união estável.*

Art. 12 *Em todos os casos de violência doméstica e familiar contra a mulher, feito o registro da ocorrência, deverá a autoridade policial adotar, de imediato, os seguintes procedimentos, sem prejuízo daqueles previstos no Código de Processo Penal:*

I – ouvir a ofendida, lavrar o boletim de ocorrência e tomar a representação a termo, se apresentada;

II – colher todas as provas que servirem para o esclarecimento do fato e de suas circunstâncias;

III – remeter, no prazo de 48 (quarenta e oito) horas, expediente apartado ao juiz com o pedido da ofendida, para a concessão de medidas protetivas de urgência;

IV – determinar que se proceda ao exame de corpo de delito da ofendida e requisitar outros exames periciais necessários;

V – ouvir o agressor e as testemunhas;

VI – ordenar a identificação do agressor e fazer juntar aos autos sua folha de antecedentes criminais, indicando a existência de mandado de prisão ou registro de outras ocorrências policiais contra ele;

VI-A – verificar se o agressor possui registro de porte ou posse de arma de fogo e, na hipótese de existência, juntar aos autos essa informação, bem como notificar a ocorrência à instituição responsável pela concessão do registro ou da emissão do porte, nos termos da Lei nº 10.826, de 22 de dezembro de 2003 (Estatuto do Desarmamento);

VII – remeter, no prazo legal, os autos do inquérito policial ao juiz e ao Ministério Público.

§ 1º O pedido da ofendida será tomado a termo pela autoridade policial e deverá conter:

I – qualificação da ofendida e do agressor;

II – nome e idade dos dependentes;

III – descrição sucinta do fato e das medidas protetivas solicitadas pela ofendida.

IV – informação sobre a condição de a ofendida ser pessoa com deficiência e se da violência sofrida resultou deficiência ou agravamento de deficiência preexistente. [...]

§ 2º A autoridade policial deverá anexar ao documento referido no § 1º o boletim de ocorrência e cópia de todos os documentos disponíveis em posse da ofendida.

§ 3º Serão admitidos como meios de prova os laudos ou prontuários médicos fornecidos por hospitais e postos de saúde.

Art. 12-A *Os Estados e o Distrito Federal, na formulação de suas políticas e planos de atendimento à mulher em situação de violência doméstica e familiar, darão prioridade, no âmbito da Polícia Civil, à criação de Delegacias Especializadas de Atendimento à Mulher (Deams), de Núcleos Investigativos de Feminicídio e de equipes especializadas para o atendimento e a investigação das violências graves contra a mulher. [...]*

§ 3º A autoridade policial poderá requisitar os serviços públicos necessários à defesa da mulher em situação de violência doméstica e familiar e de seus dependentes. [...]

Art. 12-C *Verificada a existência de risco atual ou iminente à vida ou à integridade física ou psicológica da mulher em situação de violência doméstica e familiar, ou de seus dependentes, o agressor será imediatamente afastado do lar, domicílio ou local de convivência com a ofendida:*

I – pela autoridade judicial;

II – pelo delegado de polícia, quando o Município não for sede de comarca;

III – pelo policial, quando o Município não for sede de comarca e não houver delegado disponível no momento da denúncia.

§ 1º Nas hipóteses dos incisos II e III do caput deste artigo, o juiz será comunicado no prazo máximo de 24 (vinte e quatro) horas e decidirá, em igual prazo, sobre a manutenção ou a revogação da medida aplicada, devendo dar ciência ao Ministério Público concomitantemente.

§ 2º Nos casos de risco à integridade física da ofendida ou à efetividade da medida protetiva de urgência, não será concedida liberdade provisória ao preso.

Do Crime de Descumprimento de Medidas Protetivas de Urgência

Descumprimento de Medidas Protetivas de Urgência

Art. 24-A *Descumprir decisão judicial que defere medidas protetivas de urgência previstas nesta Lei:*

Pena – detenção, de 3 (três) meses a 2 (dois) anos.

§ 1º A configuração do crime independe da competência civil ou criminal do juiz que deferiu as medidas.

§ 2º Na hipótese de prisão em flagrante, apenas a autoridade judicial poderá conceder fiança.

§ 3º O disposto neste artigo não exclui a aplicação de outras sanções cabíveis.

Constitucionalidade da Lei Maria da Penha

A Ação Declaratória nº 19 foi julgada procedente por unanimidade, ou seja, o STF declarou constitucional o art. 1º da Lei, afirmando que não há violação ao princípio da igualdade.

Dessa feita, conclui-se que a Lei Maria da Penha protege somente a mulher.

O homem até pode ser vítima de violência doméstica e familiar (exemplo: homem que apanha de sua esposa), no entanto, somente a mulher recebe uma proteção diferenciada. Ao homem cabe a proteção comum prevista no Código Penal.

A mulher, conforme o relator, ministro Marco Aurélio, é vulnerável quando se trata de constrangimentos físicos, morais e psicológicos sofridos em âmbito privado. "Não há dúvida sobre o histórico de discriminação por ela enfrentado na esfera afetiva. As agressões sofridas são significativamente maiores do que as que acontecem – se é que acontecem – contra homens em situação similar", avaliou.

O relator afirmou que a Lei Maria da Penha promove a igualdade em seu sentido material, sem restringir de maneira desarrazoada o direito das pessoas pertencentes ao gênero masculino.

Assim, trata-se de uma ação afirmativa (discriminação positiva) em favor da mulher.

O ministro Ayres Britto afirmou que a Lei está em consonância plena com o "constitucionalismo fraterno", que seria a filosofia de remoção de preconceitos contida na Constituição Federal de 1988.

O ministro Gilmar Mendes lembrou que não há inconstitucionalidade em legislação que dá proteção ao menor, ao adolescente, ao idoso e à mulher.

6.5 Homofobia, discriminação por orientação sexual e identidade de gênero

A proteção da diversidade sexual insere-se no tema de vedação da discriminação por qualquer motivo, direito amplamente protegido no Direito Internacional e no direito interno.

Segundo a ONU, pessoas cuja orientação sexual, identidade ou expressão de gênero diferem de normas vigentes podem enfrentar discriminação, rejeição e violência na sua comunidade ou na própria família.

Em muitos países, pessoas LGBTI enfrentam assédio ativo, discriminação e prisões e detenções arbitrárias por parte das autoridades governamentais, com base em sua orientação sexual ou identidade de gênero, incluindo os 73 Estados nos quais relações homossexuais consensuais são atualmente criminalizadas. Em alguns países, pessoas trans enfrentam também sanções penais e, em outros, crianças intersexo são submetidas a cirurgias e esterilização sem o seu consentimento.

LGBTQIA é a sigla para lésbicas, gays, bissexuais, pessoas trans, queer, intersexual, assexual.

A Constituição Federal protege a igualdade sem preconceito de sexo:

> ***Art. 5º*** *Todos são iguais perante a lei, sem distinção de qualquer natureza, garantindo-se aos brasileiros e aos estrangeiros residentes no País a inviolabilidade do direito à vida, à liberdade, à igualdade, à segurança e à propriedade, nos termos seguintes:*
>
> ***Art. 1º*** *A República Federativa do Brasil, formada pela união indissolúvel dos Estados e Municípios e do Distrito Federal, constitui-se em Estado Democrático de Direito e tem como fundamentos: [...]*
>
> *V – o pluralismo político.*
>
> ***Art. 3º*** *Constituem objetivos fundamentais da República Federativa do Brasil: [...]*
>
> *IV – promover o bem de todos, sem preconceitos de origem, raça, sexo, cor, idade e quaisquer outras formas de discriminação.*
>
> ***Resolução nº 348/2020 – CNJ***
>
> ***Art. 4º*** *O reconhecimento da pessoa como parte da população LGBTI será feito exclusivamente por meio de autodeclaração, que deverá ser colhida pelo magistrado em audiência, em qualquer fase do procedimento penal, incluindo a audiência de custódia, até a extinção da punibilidade pelo cumprimento da pena, garantidos os direitos à privacidade e à integridade da pessoa declarante.*
>
> ***Art. 6º*** *Pessoas autodeclaradas parte da população LGBTI submetidas à persecução penal têm o direito de ser tratadas pelo nome social, de acordo com sua identidade de gênero, mesmo que distinto do nome que conste de seu registro civil, como previsto na Resolução CNJ nº 270/2018.*
>
> ***Art. 7º, § 1º-A*** *A possibilidade de manifestação da preferência quanto ao local de privação de liberdade e de sua alteração deverá ser informada expressamente à pessoa pertencente à população LGBTI no momento da autodeclaração.*

6.6 Discriminação racial e racismo

> ***Art. 4º, CF/1988*** *A República Federativa do Brasil rege-se nas suas relações internacionais pelos seguintes princípios: [...]*
>
> *VIII – repúdio ao terrorismo e ao racismo;*
>
> ***Art. 5º, XLI*** *– a lei punirá qualquer discriminação atentatória dos direitos e liberdades fundamentais;*
>
> ***Art. 5º, XLII*** *– a prática do racismo constitui crime inafiançável e imprescritível, sujeito à pena de reclusão, nos termos da lei;*
>
> ***Declaração Universal dos Direitos Humanos***
>
> ***Artigo 2***
>
> *1. Todo ser humano tem capacidade para gozar os direitos e as liberdades estabelecidos nesta Declaração, sem distinção de qualquer espécie, seja de raça, cor, sexo, língua, religião, opinião política ou de outra natureza, origem nacional ou social, riqueza, nascimento, ou qualquer outra condição.*
>
> *2. Não será também feita nenhuma distinção fundada na condição política, jurídica ou internacional do país ou território a que pertença uma pessoa, quer se trate de um território independente, sob tutela, sem governo próprio, quer sujeito a qualquer outra limitação de soberania.*
>
> ***Pacto de São José***
>
> ***Artigo 1***
>
> ***Obrigação de Respeitar os Direitos***
>
> *1. Os Estados-Partes nesta Convenção comprometem-se a respeitar os direitos e liberdades nela reconhecidos e a garantir seu livre e pleno exercício a toda pessoa que esteja sujeita à sua jurisdição, sem discriminação alguma por motivo de raça, cor, sexo, idioma, religião, opiniões políticas ou de qualquer outra natureza, origem nacional ou social, posição econômica, nascimento ou qualquer outra condição social.*
>
> *2. Para os efeitos desta Convenção, pessoa é todo ser humano.*

6.6.1 Estatuto da Igualdade Racial (Lei nº 12.288/2010)

> ***Art. 1º*** *Esta Lei institui o Estatuto da Igualdade Racial, destinado a garantir à população negra a efetivação da igualdade de oportunidades, a defesa dos direitos étnicos individuais, coletivos e difusos e o combate à discriminação e às demais formas de intolerância étnica.*
>
> ***Parágrafo único.*** *Para efeito deste Estatuto, considera-se:*
>
> *I – discriminação racial ou étnico-racial: toda distinção, exclusão, restrição ou preferência baseada em raça, cor, descendência ou origem nacional ou étnica que tenha por objeto anular ou restringir o reconhecimento, gozo ou exercício, em igualdade de condições, de direitos humanos e liberdades fundamentais nos campos político, econômico, social, cultural ou em qualquer outro campo da vida pública ou privada;*
>
> *II – desigualdade racial: toda situação injustificada de diferenciação de acesso e fruição de bens, serviços e oportunidades, nas esferas pública e privada, em virtude de raça, cor, descendência ou origem nacional ou étnica;*
>
> *III – desigualdade de gênero e raça: assimetria existente no âmbito da sociedade que acentua a distância social entre mulheres negras e os demais segmentos sociais;*
>
> *IV – população negra: o conjunto de pessoas que se autodeclaram pretas e pardas, conforme o quesito cor ou raça usado pela Fundação Instituto Brasileiro de Geografia e Estatística (IBGE), ou que adotam autodefinição análoga;*
>
> *V – políticas públicas: as ações, iniciativas e programas adotados pelo Estado no cumprimento de suas atribuições institucionais;*
>
> *VI – ações afirmativas: os programas e medidas especiais adotados pelo Estado e pela iniciativa privada para a correção das desigualdades raciais e para a promoção da igualdade de oportunidades.*
>
> ***Art. 4º*** *A participação da população negra, em condição de igualdade de oportunidade, na vida econômica, social, política e cultural do País será promovida, prioritariamente, por meio de:*
>
> *I – inclusão nas políticas públicas de desenvolvimento econômico e social;*
>
> *II – adoção de medidas, programas e políticas de ação afirmativa;*
>
> *III – modificação das estruturas institucionais do Estado para o adequado enfrentamento e a superação das desigualdades étnicas decorrentes do preconceito e da discriminação étnica;*
>
> *IV – promoção de ajustes normativos para aperfeiçoar o combate à discriminação étnica e às desigualdades étnicas em todas as suas manifestações individuais, institucionais e estruturais;*
>
> *V – eliminação dos obstáculos históricos, socioculturais e institucionais que impedem a representação da diversidade étnica nas esferas pública e privada;*
>
> *VI – estímulo, apoio e fortalecimento de iniciativas oriundas da sociedade civil direcionadas à promoção da igualdade de oportunidades e ao combate às desigualdades étnicas, inclusive mediante a implementação de incentivos e critérios de condicionamento e prioridade no acesso aos recursos públicos;*
>
> *VII – implementação de programas de ação afirmativa destinados ao enfrentamento das desigualdades étnicas no tocante à educação, cultura, esporte e lazer, saúde, segurança, trabalho, moradia, meios de comunicação de massa, financiamentos públicos, acesso à terra, à Justiça, e outros.*
>
> ***Parágrafo único.*** *Os programas de ação afirmativa constituir-se-ão em políticas públicas destinadas a reparar as distorções e desigualdades sociais e demais práticas discriminatórias adotadas, nas esferas pública e privada, durante o processo de formação social do País.*

Racismo institucional é aquele que se configura no contexto de instituições públicas. Cabe a modificação na estrutura destas instituições em prol da igualdade racial, inclusive mediante adoção de políticas públicas afirmativas, entre as quais estão as cotas. O art. 4º, nos incisos III a V, estabelece o dever de combate ao racismo institucional.

São direitos fundamentais:

- direito à saúde;
- direitos à educação, cultura, esporte e lazer;
- educação;
- cultura;
- direito à liberdade de consciência, crença e livre exercício de cultos religiosos;
- acesso à terra e à moradia adequada;
- moradia;
- trabalho;
- meios de comunicação.

O art. 47 em diante trata do Sistema Nacional de Promoção da Igualdade Racial:

> ***Art. 47, Lei nº 12.288/2010*** *É instituído o Sistema Nacional de Promoção da Igualdade Racial (Sinapir) como forma de organização e de articulação voltadas à implementação do conjunto de políticas e serviços destinados a superar as desigualdades étnicas existentes no País, prestados pelo poder público federal.*

6.7 Proteção das pessoas com deficiência

A terminologia adequada ao tratamento dessas pessoas vulneráveis é pessoas com deficiência, eis que não escondem a deficiência, valorizando as diferenças e as necessidades decorrentes da deficiência, além de defenderem a igualdade, exigindo a equiparação de oportunidades em atendimento às diferenças individuais.

Não se deve utilizar a expressão "portador de deficiência", pois a condição de ter deficiência integra a pessoa, é inata a sua condição, não se pode abandonar ou deixar de lado a deficiência. No entanto, a própria Convenção Americana de Eliminação a todas as formas de deficiência de 2001 utiliza a expressão portador de deficiência.

O direito à igualdade tem como uma de suas vertentes a igualdade formal, a qual veda discriminações por qualquer motivo. Nesse sentido, a CF/1988 dispõe:

> ***Art. 5º*** *Todos são iguais perante a lei, sem distinção de qualquer natureza, garantindo-se aos brasileiros e aos estrangeiros residentes no País a inviolabilidade do direito à vida, à liberdade, à igualdade, à segurança e à propriedade, nos termos seguintes: [...]*
>
> ***Art. 7º*** *São direitos dos trabalhadores urbanos e rurais, além de outros que visem à melhoria de sua condição social: [...]*
>
> *XXXI – proibição de qualquer discriminação no tocante a salário e critérios de admissão do trabalhador portador de deficiência; [...]*
>
> ***Art. 23*** *É competência comum da União, dos Estados, do Distrito Federal e dos Municípios: [...]*
>
> *II – cuidar da saúde e assistência pública, da proteção e garantia das pessoas portadoras de deficiência; [...]*
>
> ***Art. 24*** *Compete à União, aos Estados e ao Distrito Federal legislar concorrentemente sobre: [...]*
>
> *XIV – proteção e integração social das pessoas portadoras de deficiência; [...]*
>
> ***Art. 37*** *A administração pública direta e indireta de qualquer dos Poderes da União, dos Estados, do Distrito Federal e dos Municípios obedecerá aos princípios de legalidade, impessoalidade, moralidade, publicidade e eficiência e, também, ao seguinte: [...]*
>
> *VIII – a lei reservará percentual dos cargos e empregos públicos para as pessoas portadoras de deficiência e definirá os critérios de sua admissão; [...]*
>
> ***Art. 203*** *A assistência social será prestada a quem dela necessitar, independentemente de contribuição à seguridade social, e tem por objetivos: [...]*
>
> *IV – a habilitação e reabilitação das pessoas portadoras de deficiência e a promoção de sua integração à vida comunitária; [...]*

A doutrina cita quatro fases no desenvolvimento da proteção das pessoas com deficiência:

- **Fase da intolerância:** a deficiência representava pecado ou castigo divino.
- **Fase da invisibilidade:** ignorava-se os direitos das pessoas com deficiência.
- **Fase assistencialista:** perspectiva médica de encontrar uma cura.
- **Fase humanista:** direitos à inclusão social para eliminar barreiras.

Nesses termos, a Convenção das Pessoas com Deficiência reconhece a deficiência como resultado da interação entre indivíduos e seu meio ambiente, não residindo apenas intrinsecamente no indivíduo.

Dessa forma, a noção de se proteger a pessoa com deficiência atual não é tratá-la como se fosse uma doença, mas entender que se trata de uma forma de manifestação da individualidade humana e garantir a proteção da liberdade dessas pessoas, sem exigir das pessoas com deficiência adaptação à sociedade.

6.7.1 Estatuto da Pessoa com Deficiência

> ***Art. 1º*** *É instituída a Lei Brasileira de Inclusão da Pessoa com Deficiência (Estatuto da Pessoa com Deficiência), destinada a assegurar e a promover, em condições de igualdade, o exercício dos direitos e das liberdades fundamentais por pessoa com deficiência, visando à sua inclusão social e cidadania.*
>
> ***Parágrafo único.*** *Esta Lei tem como base a Convenção sobre os Direitos das Pessoas com Deficiência e seu Protocolo Facultativo, ratificados pelo Congresso Nacional por meio do Decreto Legislativo nº 186, de 9 de julho de 2008, em conformidade com o procedimento previsto no § 3º do art. 5º da Constituição da República Federativa do Brasil, em vigor para o Brasil, no plano jurídico externo, desde 31 de agosto de 2008, e promulgados pelo Decreto nº 6.949, de 25 de agosto de 2009, data de início de sua vigência no plano interno.*
>
> *§ 1º A avaliação da deficiência, quando necessária, será biopsicossocial, realizada por equipe multiprofissional e interdisciplinar e considerará:*
>
> *I – os impedimentos nas funções e nas estruturas do corpo;*
>
> *II – os fatores socioambientais, psicológicos e pessoais;*
>
> *III – a limitação no desempenho de atividades; e*
>
> *IV – a restrição de participação.*
>
> ***Art. 6º*** *A deficiência não afeta a plena capacidade civil da pessoa, inclusive para:*
>
> *I – casar-se e constituir união estável;*
>
> *II – exercer direitos sexuais e reprodutivos;*
>
> *III – exercer o direito de decidir sobre o número de filhos e de ter acesso a informações adequadas sobre reprodução e planejamento familiar;*
>
> *IV – conservar sua fertilidade, sendo vedada a esterilização compulsória;*
>
> *V – exercer o direito à família e à convivência familiar e comunitária; e*
>
> *VI – exercer o direito à guarda, à tutela, à curatela e à adoção, como adotante ou adotando, em igualdade de oportunidades com as demais pessoas.*
>
> ***Art. 7º*** *É dever de todos comunicar à autoridade competente qualquer forma de ameaça ou de violação aos direitos da pessoa com deficiência.*
>
> ***Do Atendimento Prioritário***
>
> ***Art. 9º*** *A pessoa com deficiência tem direito a receber atendimento prioritário, sobretudo com a finalidade de:*
>
> *I – proteção e socorro em quaisquer circunstâncias;*
>
> *II – atendimento em todas as instituições e serviços de atendimento ao público;*
>
> *III – disponibilização de recursos, tanto humanos quanto tecnológicos, que garantam atendimento em igualdade de condições com as demais pessoas;*

IV – disponibilização de pontos de parada, estações e terminais acessíveis de transporte coletivo de passageiros e garantia de segurança no embarque e no desembarque;

V – acesso a informações e disponibilização de recursos de comunicação acessíveis;

VI – recebimento de restituição de imposto de renda;

VII – tramitação processual e procedimentos judiciais e administrativos em que for parte ou interessada, em todos os atos e diligências.

São direitos fundamentais previstos no Estatuto os direitos:

- à vida;
- à habilitação e à reabilitação;
- à saúde;
- à educação;
- à moradia;
- ao trabalho (habilitação, reabilitação profissional e da inclusão ao trabalho);
- à assistência social;
- à previdência social;
- à cultura, ao esporte, ao turismo e ao lazer;
- ao transporte e a mobilidade;
- à acessibilidade;
- à participação na vida pública e política.

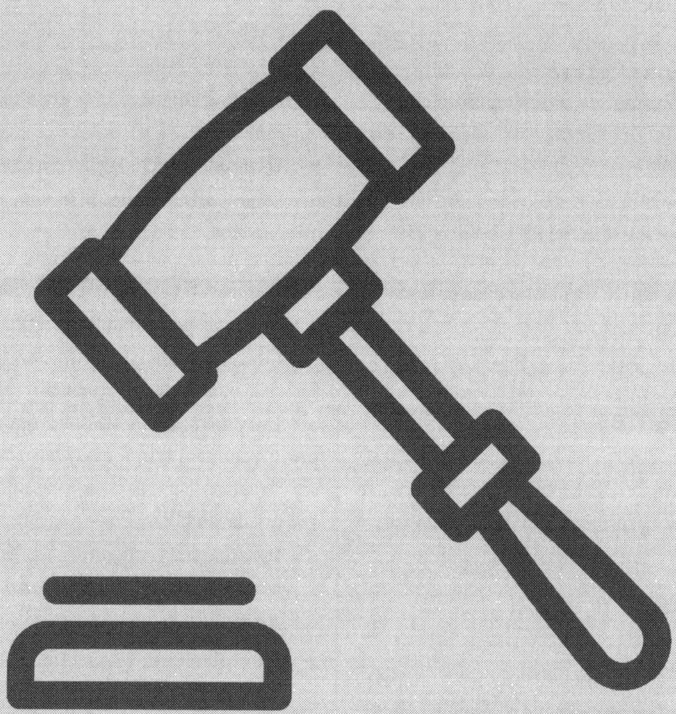

NOÇÕES DE DIREITO E PROCESSO PENAL

1 DA APLICAÇÃO DA LEI PENAL

O Direito Penal é o ramo do direito que repercute na esfera de liberdade do indivíduo. É, por excelência, o ramo do direito que prevê a tipificação de delitos (condutas proibidas, seguidas da aplicação da respectiva pena).

Porém, antes de adentrarmos especificamente nos crimes em espécie, é imprescindível repassarmos uma série de peculiaridades, conceitos e princípios que funcionam como verdadeiras matrizes, pelas quais toda a disciplina irá se desdobrar.

Seja como for, o Direito Penal tem como essência a proteção dos bens jurídicos mais importantes e necessários para a sobrevivência em sociedade.

Além disso, é mister dividir o Direito Penal em duas partes:

- Parte geral – dos arts. 1º ao 120.
- Parte especial – dos arts. 121 ao 361.

1.1 Conceitos importantes

A parte conceitual nunca teve grande relevância para as provas de concurso, entretanto, recentemente, a CESPE/CEBRASPE trouxe algumas questões envolvendo este aspecto, o que torna relevante a apresentação destas classificações.

1.1.1 Direito Penal objetivo e Direito Penal subjetivo

O Direito Penal objetivo consiste no conjunto de normas em vigor, o qual deve respeitar, naturalmente, o princípio da legalidade, estampado no art. 1º do Código Penal e art. 5º, XXXIX, da CF.

Por sua vez, o Direito Penal subjetivo traduz-se no chamado *jus puniendi*, ou seja, o direito de punir do Estado, representando a capacidade de produzir e fazer cumprir suas normas.

1.1.2 Direito Penal substantivo e Direito Penal adjetivo

O Direito Penal substantivo corresponde ao Direito material, que cria as figuras criminosas e contravencionais, enquanto o Direito Penal adjetivo é o direito processual que trata das normas destinadas a instrumentalizar a atuação do Estado diante da ocorrência de um crime.

1.1.3 Direito internacional penal e Direito Penal internacional

Conforme o estudo avançar, vamos perceber que o Direito Penal, como regra, é aplicado aos fatos ocorridos em território nacional. Porém, há a possibilidade de que a norma estrangeira seja aplicada a fato ocorrido dentro dos nossos limites territoriais. Quando a lei estrangeira regulamenta um fato ocorrido no Brasil, temos o fenômeno da **intraterritorialidade**, ou Direito internacional penal.

Noutro giro, existe também a possibilidade de a Lei Penal Brasileira regulamentar fatos que ocorram no estrangeiro, ao que se denomina **extraterritorialidade** ou Direito Penal internacional.

1.1.4 Direito Penal de emergência e Direito Penal simbólico

O Direito Penal de emergência consiste em situações em que uma lei é editada com a finalidade de atender aos reclames da sociedade ou pressões políticas. Pode também ser lembrado como um direito editado às pressas.

Já o Direito Penal simbólico pode ser tratado como um aleatório jurídico, na medida em que podemos ter a norma, porém sem efetividade jurídica, carecendo de regulamentação ou subsídios para sua implantação e aplicação.

1.2 Características da lei penal

- **Exclusividade:** somente a lei pode prever figuras criminosas e suas respectivas sanções.
- **Imperatividade:** é imposta a todos, independente da vontade do sujeito.
- **Generalidade:** todos devem respeitar a lei.
- **Impessoalidade:** destina-se a regulamentar fatos, não é direcionada à pessoa.

1.3 Classificação da lei penal

Lei penal incriminadora: define infrações e as respectivas sanções.

Obs.: a lei penal incriminadora subdivide-se em preceito primário (descrição da conduta) e preceito secundário (previsão de pena).

Lei penal não incriminadora: lei penal em sentido amplo. Não prevê a conduta criminosa. Desmembra-se em:

- **Permissiva justificante:** tornam lícitas determinadas condutas (Ex.: art. 25 do CP).
- **Permissiva exculpante:** elimina a culpabilidade (Ex.: embriaguez acidental completa – art. 28, § 1º, do CP).
- **Explicativa ou interpretativa:** norma conceitual (Ex.: art. 327 do CP).
- **Complementar:** aquela que delimita a aplicação da lei penal incriminadora.
- **Lei penal de extensão ou integrativa:** aquela utilizada para viabilizar a tipicidade de alguns fatos (Ex.: art. 14 do CP – tentativa).

Em muitos dispositivos da lei penal, temos menções que remetem à década de 40, quando o Código foi editado. Dessa forma, a interpretação das normas penais deve ser moderna e contemporânea à época em que é realizada.

Com relação às formas de interpretação, é preciso recordar alguns conceitos que podem induzir o candidato a erro, são os seguintes termos:

- **Interpretação extensiva:** situações em que a lei disse menos do que deveria, em razão disso, o intérprete amplia o significado da norma (Ex.: art. 186 do CP).
- **Interpretação restritiva:** a lei disse mais do que deveria, assim, o aplicador do direito deve enxugar o alcance da norma.
- **Interpretação analógica:** para esta modalidade, que destoa um pouco do conceito de interpretação, estamos diante de situações em que, em homenagem ao princípio da legalidade, o legislador traz algumas situações que de fato pretendeu regular, mas, na sequência, permite que aquilo que seja semelhante também seja abrangido pelo dispositivo (Ex.: quando o Código utiliza a expressão: "ou outro meio...", "ou por qualquer outro meio...", como acontece no art. 121, § 2º, I, do CP).

Também não se pode confundir métodos de interpretação com a analogia. Esta não é forma de interpretação, e, sim, de integração.

1.4 Princípios do Direito Penal

1.4.1 Legalidade

Indubitavelmente, trata-se da norma motriz, que permite o desenvolvimento de todo o Direito Penal, possibilitando a real identificação do plano sobre o qual o direito penal se desenvolve.

> ***Art. 1º, CP c/c art. 5º, XXXIX, CF*** *Não há crime sem lei anterior que o defina e não há pena sem prévia cominação legal.*

O princípio da legalidade visa a fornecer segurança jurídica em matéria penal, ou seja, dar às pessoas a garantia de que não sofrerão punição criminal, a não ser que pratiquem um comportamento descrito previamente em lei, com pena antecipadamente cominada.

Deste princípio matriz e balizador do Direito Penal, extraímos algumas regras:

- **Primeira regra:** proíbe a retroatividade de uma lei penal incriminadora (princípio da irretroatividade da lei penal). Entretanto, excepcionalmente permite-se a retroatividade da lei penal que beneficie o agente (art. 5º, XL, da CF).

A esta movimentação de leis no tempo damos o nome de extratividade.

A extratividade pode ser compreendida como um gênero do qual são espécies: a retroatividade (lei aplicada a período anterior à sua vigência – o que só ocorre *in bonam partem*); e a ultratividade (quando a lei é aplicada após o seu período de revogação, em homenagem ao *tempus regit actum*).

Art. 5º, XL – a lei penal não retroagirá, salvo para beneficiar o réu.

- **Segunda regra:** proíbe o uso da analogia, dos princípios gerais de direito ou costumes para incriminar determinadas condutas.

Permite-se, contudo, a aplicação da analogia *in bonam partem*. É importante conceituar **analogia**, pois usualmente seus termos são confundidos por outros institutos.

A analogia consiste em uma ferramenta de **integração** (não é interpretação), e em aplicar uma disposição prevista em lei para determinado caso, a outro caso semelhante, sem, contudo, ter previsão legal.

> **Ex.:** aplicação do perdão judicial constante no art. 121, § 5º, do CP ao homicídio culposo previsto no CTB.

Perceba que ambos os dispositivos tutelam a vida. Outrossim, um deles goza de um benefício e o outro não.

A lei penal, para produzir seus efeitos na prática, precisa ser: anterior ao fato, escrita, elaborada no seu sentido estrito e certa/determinada (ademais, deve respeitar o aspecto formal e material na sua elaboração).

- **Terceira regra:** consolida a ideia de proibição à criação a tipos penais vagos, abstratos, indeterminados, de modo que a lei penal deve ser determinada em seu conteúdo (taxatividade).

Importante mencionar que a norma penal em branco não se enquadra neste aspecto. A norma mencionada é aquela que depende de uma complementação normativa para que se possa compreender o âmbito de aplicação do preceito primário da norma.

Fique ligado

Ponto importante e que já foi tema de prova é que o princípio da legalidade é a soma do princípio da reserva legal (somente a lei pode criar crimes e prever penas) + princípio da anterioridade da lei penal (a lei deve ser anterior ao fato).

1.4.2 Intervenção mínima

Consagra a ideia de que o Direito Penal deve intervir minimamente na vida do indivíduo. Isso porque a regulamentação das condutas deve se limitar ao necessário e indispensável para manutenção da paz social. Assim, somente se deve recorrer à intervenção do Direito Penal em situações extremas, como a última saída (*ultima ratio*).

Este princípio é o responsável não só pela indicação dos bens de maior relevo, mas também se presta a fazer com que ocorra a chamada descriminalização.

Naturalmente, se é com base neste princípio que os bens são selecionados para permanecer sob a tutela do Direito Penal, porque são considerados como os de maior importância, também será com fundamento nele que o legislador fará retirar do nosso ordenamento jurídico penal certos tipos incriminadores.

Portanto, identifica-se que o Estado, a partir do Direito Penal, deve interferir o menos possível na vida em sociedade, devendo ser solicitado somente quando os demais ramos do direito, comprovadamente, não forem capazes de proteger aqueles de maior importância.

Tal princípio relaciona-se a duas características do Direito Penal: à **fragmentariedade e à subsidiariedade.**

A partir da ideia de intervenção mínima, temos dois desdobramentos:

- **Princípio da fragmentariedade:** caberá ao Direito Penal proteger os bens jurídicos mais importantes e punir os ataques mais graves, deixando de lado bens ou lesões de pouca importância.
- **Princípio da subsidiariedade:** o Direito Penal é direito de *ultima ratio*, isto é, só deve atuar nos casos em que os demais ramos do Direito forem insuficientes para resolver o problema.

1.4.3 Culpabilidade

Este princípio não encontra previsão expressa no texto constitucional, sendo um desdobramento lógico oriundo de critérios hermenêuticos (interpretativos).

Possui três sentidos fundamentais:

- Culpabilidade como elemento integrante do conceito analítico de crime;
- Culpabilidade como princípio medidor da pena;
- Culpabilidade como ferramenta *latu sensu*, que traz a ideia de responsabilidade.

O primeiro elemento corresponde a identificar se a culpabilidade é preenchida para fins de identificar se o critério trifásico para conceituar o crime encontra-se preenchido.

No segundo aspecto, a culpabilidade deve ser analisada sob o crivo de que o crime já existe, para tanto, no ato da aplicação de uma pena, o magistrado deve se ater ao **critério trifásico**, previsto no art. 59 do CP e ponderar qual é o grau de culpabilidade do agente, entendendo-se como o grau de participação do agente na prática da conduta.

Por derradeiro, o estudo da culpabilidade *latu sensu* consagra a ideia de que o sujeito só pode ser responsabilizado se sua conduta ofensiva for dolosa (quis o fato ou assumiu o risco de produzi-lo) ou culposa (deu causa ao resultado por imprudência, negligência ou imperícia), evitando-se, portanto, a chamada imputação objetiva.

Fique ligado

Embora a responsabilidade penal, em regra, seja subjetiva, no que diz respeito aos crimes ambientais e à responsabilidade civil do Estado, esta será objetiva.

Assim, a simples participação material no resultado não configura, por si só, responsabilidade penal.

1.4.4 Humanidade/dignidade da pessoa humana

A dignidade da pessoa humana configura valor transcendental e verdadeiro sobreprincípio, orientador de toda interpretação normativa, apta a influenciar a aplicação do ordenamento jurídico e nortear a atuação estatal em todos os seus setores.

Ciente desta importância, o legislador constituinte erigiu a dignidade humana como fundamento da República, o consagrando no art. 1º, III, da Constituição Federal de 1988:

> *Art. 1º, CF A República Federativa do Brasil, formada pela união indissolúvel dos Estados e Municípios e do Distrito Federal, constitui-se em Estado Democrático de Direito e tem como fundamentos:*
>
> *[...]*
>
> *III – a dignidade da pessoa humana.*

Por sua vez, preconiza o princípio da humanidade, as normas penais devem sempre dispensar tratamento humanizado aos sujeitos ativos de infrações penais, vedando-se a tortura, o tratamento desumano ou degradante penas de morte, de caráter perpétuo, cruéis, de banimento ou de trabalhos forçados.

Deve-se garantir ao indivíduo um mínimo existencial, um sentimento de autoestima e de respeitabilidade.

Penas proibidas: art. 5º, XLVII, da CF.

> *Art. 5º, XLVII, CF não haverá penas:*
>
> *a) de morte, salvo em caso de guerra declarada, nos termos do art. 84, XIX;*
>
> *b) de caráter perpétuo;*
>
> *c) de trabalhos forçados;*
>
> *d) de banimento;*
>
> *e) cruéis.*

Além disso, rotineiramente o Estado demonstra preocupação com este aspecto, como com a edição da Lei nº 13.769/2018, que estabelece regras especiais para a progressão de regime da mulher gestante, mãe ou responsável por pessoas ou crianças com deficiência.

A edição da referida norma consagra um entendimento firmado pelo STF no bojo do julgamento do HC nº 143.641/SP, no qual figuravam como pacientes todas as mulheres submetidas à prisão cautelar no sistema penitenciário nacional, que ostentassem a condição de gestante, puérperas (pouco tempo após o parto) ou mães com crianças de até 12 anos de idade sob sua responsabilidade.

1.4.5 Insignificância ou bagatela

Desenvolvido por Claus Roxin, o princípio da insignificância ou da bagatela estabelece que a finalidade do Direito Penal consiste na proteção subsidiária de bens jurídicos. Logo, comportamentos que produzam lesões insignificantes aos objetos jurídicos tutelados pela norma penal devem ser considerados penalmente irrelevantes. A aplicação do princípio produz fatos materialmente *atípicos*.

Assim, o Direito Penal deve procurar proteger a comunidade de crimes que tenham gravidade razoável, evitando punir os chamados crimes de bagatela (ninharia). Fundamenta-se no princípio da fragmentariedade, pois compete ao Direito Penal proteger bens jurídicos mais importantes, e não proteger as condutas irrelevantes no aspecto material. A conduta já nasce insignificante, atípica (excluída a tipicidade material).

> **Ex.:** acionar o aparato penal, porque um cidadão primário, sem antecedentes criminais, subtraiu, episodicamente, objeto em valor inferior a dez reais de um grande estabelecimento comercial, importaria na violação do princípio da insignificância (ou da bagatela própria).

Para sua incidência, a jurisprudência do STF e do STJ firmou entendimento de que é necessária a presença dos seguintes vetores:

- A mínima ofensividade da conduta do agente;
- Nenhuma periculosidade social da ação;
- O reduzidíssimo grau de reprovabilidade do comportamento;
- A inexpressividade da lesão jurídica provocada.

Para balizar a aplicação, vale também recortar que as circunstâncias subjetivas (pessoais) da vítima também devem ser levadas em consideração no que tange ao princípio da insignificância.

Assim, ainda que o bem seja de valor econômico irrelevante, não é possível aplicar o princípio da bagatela caso a lesão jurídica, do ponto de vista da vítima, seja considerável.

Por exemplo, um cão vira-latas, apesar de não apresentar valor econômico aferível, jamais será considerado insignificante para seu dono, razão pela qual não é possível aplicar o princípio da insignificância para o agente que furta o animal.

Acerca do assunto, merecem atenção as Súmulas nº 589, 599 e 606 do STJ:

> ***Súmula nº 589 – STJ***
>
> *É inaplicável o princípio da insignificância nos crimes ou contravenções penais praticados contra a mulher no âmbito das relações domésticas.*
>
> ***Súmula nº 599 – STJ***
>
> *O princípio da insignificância é inaplicável aos crimes contra a administração pública.*
>
> ***Súmula nº 606 – STJ***
>
> *Não se aplica o princípio da insignificância aos casos de transmissão clandestina de sinal de internet via radiofrequência que caracterizam o fato típico previsto no art. 183 da Lei nº 9.472/97.*

A jurisprudência também entende que não se aplica aos seguintes crimes: tráfico de drogas; roubo; moeda falsa; furto qualificado (em regra); estelionato previdenciário, crimes contra a administração pública; drogas; apropriação indébita previdenciária; contrabando.

Não bastasse, jurisprudência oscila (e muito) nesse aspecto. Nesse sentido, hoje prevalece o entendimento de que, ao indivíduo reincidente, analisando-se cada caso, pode ser aplicado o princípio em estudo. Entretanto, se estivermos de um criminoso contumaz, não se dará esta aplicação.

Vale destacar a aplicação do princípio no que tange ao crime de descaminho (art. 334 do CP).

Não obstante o crime de descaminho estar no capítulo dos crimes praticados por particular contra a Administração em geral, tanto o STF quanto o STJ admitem a aplicação do princípio da insignificância.

A justificativa passa pelo forte viés arrecadatório/tributário do tipo penal do art. 334 do CP, razão pela qual, como ocorre nos crimes tributários, admite-se a bagatela para o descaminho.

Fique ligado

Mesmo que soe como um contrassenso, o valor a ser considerado para fins de aplicação da insignificância no descaminho, é de R 20.000,00 (vinte mil reais).

1.4.6 *Ne bis in idem*

Este princípio não está previsto expressamente em nosso texto legal, mas, sim, no Estatuto de Roma, que criou o Tribunal Penal Internacional, e possui o seguinte enunciado:

> ***Art. 20*** *Ne bis in idem Salvo disposição em contrário do presente Estatuto, ninguém será julgado pelo Tribunal por condutas constitutivas de crimes pelos quais já tenha sido condenado ou absolvido pelo próprio Tribunal. Ninguém será julgado por outro tribunal por um crime previsto no art. 5º, pelo qual já tenha sido condenado ou absolvido pelo Tribunal. Ninguém que já tenha sido julgado por outro tribunal por uma conduta igualmente prevista nos arts. 6º, 7º ou 8º, será julgado pelo Tribunal pela mesma conduta, a menos que os procedimentos no outro tribunal: Tenham obedecido ao propósito de subtrair o acusado de sua responsabilidade penal por crimes sob a jurisdição do Tribunal; ou Não tenham sido conduzidos de forma independente ou imparcial, em conformidade com as normas do devido processo reconhecidas pelo direito internacional, mas de tal forma que, nas circunstâncias, era incompatível com a intenção de efetivamente submeter o indivíduo em questão à ação da justiça.*

Como decorrência de todo princípio, este também não é absoluto, constando com a exceção do próprio Estatuto de Roma, relativamente ao crime de genocídio. Em nosso ordenamento jurídico, a exceção fica por conta da possibilidade de dupla punição pelo mesmo fato quando estivermos diante de uma hipótese de **extraterritorialidade** incondicionada da Lei Penal Brasileira.

Para nosso estudo, devemos correlacionar referido princípio em três aspectos:

- No sentido de que ninguém poderá ser processado duas vezes pelo mesmo crime (fato).

Fique ligado

Para o STJ não ocorre bis in idem para a hipótese de instauração de processo penal no Brasil, enquanto ainda tramita processo pelo mesmo fato no exterior, tendo em vista que apenas a sentença pode provocar efeitos no Brasil.

- Refere-se à **matéria**, já que ninguém pode ser condenado pela segunda vez em razão do mesmo fato.
- Refere-se à etapa de **execução** de um processo, consiste na ideia de que ninguém poderá executar duas penas pelo mesmo fato.

> ***Súmula nº 241 – STJ***
> *A reincidência penal não pode ser considerada como circunstância agravante e, simultaneamente, como circunstância judicial.*

1.4.7 Presunção de inocência

A Constituição Federal consagrou a presunção de inocência em seu art. 5º, LVII:

> ***Art. 5º, LVII, CF*** *Ninguém será considerado culpado até o trânsito em julgado de sentença penal condenatória.*

No mesmo sentido, o princípio também se concretiza na **Convenção Americana sobre Direito Humanos:**

> ***Art. 8º, § 2º*** *Toda pessoa acusada de um delito tem direito a que se presuma sua inocência, enquanto não for legalmente comprovada sua culpa. Durante o processo, toda pessoa tem direito, em plena igualdade, às seguintes garantias mínimas.*

Pelo presente princípio, identificamos duas regras: a primeira, que configura o dever da acusação em demonstrar a responsabilidade do réu (e não a este comprovar sua inocência); e que a condenação deve derivar da certeza do julgador, sendo que qualquer dúvida deve ser interpretada em favor do réu (*in dubio pro reo*). A segunda refere-se ao tratamento do acusado, ou seja, dentro do processo a finalidade do princípio é fazer com o que juiz veja o acusado como um inocente, com a tendência de absolvê-lo quando a acusação não conseguir provar a sua culpa.

É importante registrar que a partir do julgamento das Ações Declaratórias de Constitucionalidade (ADCs) nº 43, 44 e 54, o STF reconheceu que a execução provisória de pena, baseada em acórdão penal condenatório proferido em grau de apelação, ainda que sujeito a recurso especial ou extraordinário, viola o princípio constitucional da presunção de inocência, não sendo permitida, portanto.

Fique ligado

Esta regra pode ser alterada dependendo da composição do STF.

1.4.8 Materialização do fato

Eventual pena a ser imposta, deve ser baseada por ter o agente praticado um fato lesivo a bem jurídico de terceiro e não em razão do modo de ser do sujeito.

1.4.9 Isonomia/igualdade

Consagrou-se o princípio da isonomia, ou da igualdade, como a obrigação de tratar igualmente aos iguais, e desigualmente aos desiguais, na medida de suas desigualdades.

1.4.10 Proporcionalidade

O princípio da proporcionalidade objetiva, de imediato, uma justa correlação entre a gravidade do fato perpetrado pelo agente e a sanção penal correspondente.

1.4.11 Confiança

Trata-se de construção jurisprudencial para enfrentar os problemas resultantes dos crimes praticados na direção de veículo automotor. Em resumo, o indivíduo deve pautar sua conduta imaginando e acreditando que os outros cidadãos também cumprirão com sua parcela de responsabilidade. Se ocorrer a violação de um dever de confiança por parte de terceira pessoa, não há que se falar em responsabilidade do agente que participou do resultado.

> Ex.: quando o indivíduo conduz seu veículo com prudência e cautela e, de repente, uma pessoa correndo atravessa a rua, é atropelada e morre. Ora, o condutor agiu amparado pelo princípio da confiança, não tendo culpa (responsabilidade), já que dirigia na expectativa de que os demais respeitariam as regras de sinalização e circulação.

1.4.12 Ofensividade/lesividade/ exclusiva proteção de bens jurídicos

O princípio da ofensividade, também chamado de princípio da lesividade (*nullum crimen sine injuria*), significa que não há crime sem que haja lesão ou perigo de lesão a um bem jurídico determinado.

Este princípio exige que, para que ocorra a atuação/intervenção da lei penal, é preciso que exista lesão ou perigo de lesão ao bem jurídico tutelado.

- **Dessa forma, do referido princípio extrai-se duas importantes consequências:** De uma parte, **impede a incriminação de mera atitude interna.** As ideias e convicções, os desejos, as aspirações e os sentimentos dos homens não podem constituir o fundamento de um tipo penal, nem mesmo quando se orientem para a prática de um crime. Também veda a incriminação **de simples estados ou condições existenciais,** ou seja, não se pode punir alguém pelo que é ou pela sua periculosidade, mas tão somente pelo que faz.
- **Delitos de perigo abstrato e perigo concreto:** nos primeiros, o perigo gerado pela conduta é presumido (porte de arma, porte de drogas para consumo...), enquanto que, no segundo, a situação de perigo é exigida pela Lei e, para que a conduta seja materializada, este perigo precisa ser comprovado (Ex.: art. 250 do CP).

A autolesão, ou a colocação em risco de um bem jurídico próprio, não configura crime, em razão do que determina o princípio da alteridade.

Pelo fato de se exigir a ofensa ao bem jurídico é que não se pune, como regra, os atos preparatórios ou a simples cogitação.

Condutas internas não exigem a intervenção do Direito Penal.

1.4.13 Adequação social

Para o princípio da adequação social, o Direito Penal há de ser produzido e aplicado com um mínimo de racionalidade. Não faz sentido incriminar comportamentos socialmente adequados. A lei não pode coibir condutas úteis para o corpo social.

Este princípio parte do pressuposto de que comportamentos historicamente desenvolvidos dentro de um contexto social positivo, adequados, portanto, aos valores éticos-sociais tutelados pelo direito, não poderão ser tidos como ilícitos, ainda que se amoldem formalmente a um tipo penal.

Tal princípio tem, por decorrência, duas funções: a primeira, de restringir o âmbito de abrangência do tipo penal, no sentido de que não devem ser punidas aquelas condutas que sejam socialmente aceitas. A segunda vertente corresponde à ideia de orientar o legislador acerca da seleção de bens jurídicos.

> ***Súmula nº 502 – STJ***
>
> *Presentes a materialidade e a autoria, afigura-se típica, em relação ao crime previsto no art. 184, § 2º, do CP, a conduta de expor à venda CDs e DVDs piratas.*

1.4.14 Individualização da pena

Deriva do art. 5º, XLVI, da CF, que traz a seguinte redação:

> ***Art. 5º, XLVI*** *– a lei regulará a individualização da pena e adotará, entre outras, as seguintes:*

- Privação ou restrição da liberdade;
- Perda de bens;
- Multa;
- Prestação social alternativa;
- Suspensão ou interdição de direitos.

A individualização da pena deverá ocorrer nas seguintes fases: cominação, aplicação e execução.

- **Fase legislativa:** escolha das espécies de penas que irão cominar determinado comportamento penal.
- **Fase judiciária:** consistente na operação jurídica de fixação da pena que será imposta ao autor do fato típico, ilícito e culpável.
- **Fase administrativa:** consistente no cumprimento da pena após o trânsito em julgado da sentença penal condenatória, nos termos regulados na Lei de Execução Penal.

1.4.15 Pessoalidade/intranscendência da pena

O referido princípio está positivado na Constituição Federal, em seu art. 5º, XLV, que estatui:

> ***Art. 5º, XLV, CF*** *Nenhuma pena passará da pessoa do condenado, podendo a obrigação de reparar o dano e a decretação do perdimento de bens ser, nos termos da lei, estendidas aos sucessores e contra eles executadas, até o limite do valor do patrimônio transferido.*

Este princípio traz um importante vetor de controle social, bem como a limitação da punição. Segundo este princípio, a pena não pode jamais transcender a pessoa que foi a autora ou partícipe do delito. Nesse contexto, diferentemente do que acontecia nos primórdios, sobretudo à época da vingança privada, a pena poderia passar para outra pessoa da família (ascendente, descendente ou colateral), entretanto, corroborado pelo princípio do direito penal do autor, somente quem pratica o fato é que pode sofrer os consectários lógicos decorrentes de uma conduta.

Se vincula, ainda, ao postulado da imputação subjetiva, de modo que apenas tem responsabilidade penal o agente que dolosa ou culposamente deu causa ao resultado, não se estendendo a terceiros as sanções daí decorrentes. Fundamenta-se na culpabilidade, pois, da mesma forma, apenas o agente que praticou o injusto e é reprovável por tal prática sofrerá a respectiva sanção penal.

A extensão para os limites patrimoniais, dizem respeito a uma possível indenização na seara cível, a título de reparação de danos.

1.5 Classificação e estrutura da lei penal

1.5.1 Lei penal incriminadora

É a norma penal por excelência. É aquela que define infrações e as respectivas sanções, efetivando o princípio da legalidade penal (art. 5º, XXXIX, da CF, e art. 1º do CP).

Fique ligado

A lei penal incriminadora se subdivide em **preceito primário** (descrição da conduta) e **preceito secundário** (previsão de pena).

1.5.2 Lei penal não incriminadora

É a denominada lei penal em sentido amplo, na medida em que não prevê a conduta criminosa, mas, sim, pode tornar lícita determinada conduta, ou apresentar descrições e conceitos gerais.

Desmembram-se em:

- **Permissiva justificante:** tornam lícitas determinadas condutas (Ex.: art. 25 do CP)
- **Permissiva exculpante:** elimina a culpabilidade (Ex.: embriaguez acidental completa – art. 28, § 1º, do CP).
- **Explicativa ou interpretativa:** norma conceitual (Ex.: art. 327 do CP – que nos traz o conceito de funcionário público).
- **Lei penal de extensão ou integrativa:** aquela utilizada para viabilizar a tipicidade de alguns fatos (Ex.: art. 14 do CP – tentativa).

Perceba que na utilização da norma relativa à tentativa, ela é quem permite a punição pelo respectivo fato. Seja como for, o indivíduo responde pela pena prevista para o delito, com a redução de 1 a 2/3.

Bom lembrar também quais são os crimes que **não** admitem tentativa, é o CCHOUP:

- **Crimes** culposos;
- **Contravenções** penais;
- Crimes **habituais**;
- Crimes **omissivos** próprios;
- Crimes **unissubsistentes**;
- Crimes **preterdolosos**.

1.5.3 Lei ou norma penal em branco ou incompleta ou primariamente remetida

É importante ressaltar que nem sempre o legislador consegue atingir todas as condutas a partir da edição de uma norma penal.

Nesse sentido, exsurge a chamada Lei Penal em Branco, ou também chamada de primariamente remetida.

Em linhas gerais, esta modalidade legislativa é aquela que depende de um **complemento normativo** para que se possa compreender o âmbito de alcance do preceito primário da norma.

Fique ligado

Ressalte-se que o preceito primário é aquele que descreve a conduta.

Para sua correta classificação e compreensão do instituto, deve-se observar com rigor a **fonte legislativa** (origem da norma).

1.5.4 Norma penal em branco homogênea/em sentido *lato sensu*/imprópria/homóloga

Chama-se norma penal em branco em sentido *lato* ou norma pena em branco homogênea aquela cujo complemento está no mesmo patamar que a norma incriminadora, ou seja, tem a mesma natureza jurídica (é, portanto, lei e não outro ato normativo) e provém do mesmo órgão (o Poder Legislativo Federal).

> Ex.: uma lei complementa outra lei.

A normas penais em branco homogêneas ainda podem ser subdivididas:

- **Homovitelinas:** o complemento normativo origina-se da mesma fonte legislativa e encontra-se dentro do mesmo ramo do ordenamento jurídico (Ex.: art. 338 do CP, que é complementado pelo art. 5º do mesmo CP).
- **Heterovitelinas:** o complemento normativo vem da mesma fonte, porém, o complemento está em outro diploma normativo (Ex.: arts. 236 e 237 do CP, que são complementados por artigos do Código Civil – arts. 1.521, 1.523, 1.577).

1.5.5 Heterogênea/sentido estrito/própria/heteróloga

Já a norma penal em branco em sentido estrito ou norma penal em branco heterogênea é aquela cujo complemento normativo advém de fonte legislativa **diversa** (portaria, decreto, regulamento), como ocorre com a Lei de Drogas, que é complementada pela Portaria nº 344 da SVS/MS, ou seja, uma norma elaborada pelo **Poder Legislativo**, sendo complementada por uma norma do **Poder Executivo**.

Da mesma forma, as condutas descritas nos arts. 268 e 269 do CP, que trata da infração de medida sanitária destinada a impedir a introdução ou propagação de doença contagiosa e a omissão de informação de doença de notificação compulsória. Porém, essas doenças, bem como as medidas de contenção, devem partir de resoluções ou outros atos normativos expedidos pela Anvisa.

Vale destacar que, em que pese ter havido grande embate acerca da constitucionalidade desta modalidade de lei, prevaleceu o entendimento de que **são constitucionais**, na medida em que possibilitam um melhor e mais seguro controle das substâncias ditas por ilícitas, sem a necessidade de um moroso procedimento legislativo para sua alteração.

1.5.6 Norma penal em branco secundariamente remetida, ao avesso ou ao revés

Trata-se de nova denominação trazida pela doutrina.

Aqui, haverá necessidade de "complementação" do preceito secundário da norma.

Deixamos o termo complementação entre aspas pois não será, necessariamente, um complemento normativo, a fim de facilitar a retórica, haverá, em verdade, uma remessa de pena.

Ou seja, o preceito primário da norma é claro, porém, no que concerne à pena, haverá a disposição de que a pena será "a mesma aplicada para outro delito", conforme exemplos abaixo.

> **Ex. 1:** Art. 304 – Fazer uso de qualquer dos papéis falsificados ou alterados, a que se referem os arts. 297 a 302:
>
> ***Pena – a cominada à falsificação ou à alteração.***

> **Ex. 2:** Lei nº 2.889/1956.
>
> ***Art. 1º*** *Quem, com a intenção de destruir, no todo ou em parte, grupo nacional, étnico, racial ou religioso, como tal:*
>
> *a) matar membros do grupo;*
>
> *b) causar lesão grave à integridade física ou mental de membros do grupo;*
>
> *c) submeter intencionalmente o grupo a condições de existência capazes de ocasionar-lhe a destruição física total ou parcial;*
>
> *d) adotar medidas destinadas a impedir os nascimentos no seio do grupo;*
>
> *e) efetuar a transferência forçada de crianças do grupo para outro grupo.*
>
> Será punido:
>
> Com as penas do art. 121, § 2º, do Código Penal, no caso da letra "a";
>
> Com as penas do art. 129, § 2º, no caso da letra "b";
>
> Com as penas do art. 270, no caso da letra "c";
>
> Com as penas do art. 125, no caso da letra "d";
>
> Com as penas do art. 148, no caso da letra "e".

1.6 Fontes do Direito Penal

Trata-se da origem da norma, de onde se pode extrair conteúdo de Direito Penal. As fontes subdividem-se em fontes materiais, substanciais ou de produção e em fontes formais, de conhecimento ou de cognição.

1.6.1 Fonte material/de produção

Diz respeito à produção da norma. Em nosso ordenamento jurídico, existe apenas uma fonte, que é a União, representada pelo Poder Legislativo, conforme o art. 22, I, da CF.

1.6.2 Fonte formal/de conhecimento

De onde extraímos o conteúdo Direito Penal (instrumento de exteriorização). Subdividem-se em imediatas e mediatas:

- **Imediatas:** lei, Constituição Federal (através dos mandados de criminalização – art. 5º, XLII, XLIII, XLIV), tratados e acordos internacionais de direitos humanos, jurisprudência, princípios e complementos normativos.

Note-se que todas essas fontes fornecem, de maneira direta ou imediata, o conteúdo de Direito Penal. Não existe a necessidade de se passar por um processo de interpretação (processo hermenêutico).

- **Mediatas:** doutrina, pois são aquelas que, necessariamente, passam por um processo de interpretação.
- **Informal:** costumes.

Fique ligado

Costume não cria nem revoga infração penal.

Além disso, o princípio pode ser utilizado *secundum legem*, hipótese em que funcionará como ferramenta de apoio à lei. E pode ser classificado como *prater legem*, que são situações em que serão utilizados para suprir a falta da lei.

1.7 Analogia

A analogia constitui **método de integração do ordenamento jurídico**. Trata-se de mecanismo utilizado para suprir lacunas. Consiste em "aplicar, a um caso não contemplado de modo direto ou específico por uma norma jurídica, uma norma prevista para uma hipótese distinta, mas semelhante ao caso não contemplado".

Vale destacar que no Direito Penal somente se admite a analogia *in bonam partem*, ou seja, aquela utilizada em benefício do sujeito ativo da infração penal. Proíbe-se, de outro lado, a analogia *in malam partem*, isto é, em prejuízo do sujeito ativo da infração penal, justamente por importar na criação de delitos não previstos em lei ou no agravamento da punição de fatos já disciplinados legalmente, atentando contra o princípio da legalidade.

Um bom exemplo pode ser extraído do art. 302 do CTB. Trata-se do homicídio culposo praticado na direção de veículo automotor. O dispositivo mencionado, tutela à vida.

No art. 121 do Código Penal também temos a tutela à vida. Ocorre que no § 3º do art. 121 temos o homicídio culposo. Mais adiante, no § 5º do mesmo art. 121, temos uma hipótese de perdão judicial.

Pelo texto da lei, quando uma pessoa praticar homicídio culposo, se a consequência da conduta for mais grave do que uma possível pena, o magistrado deixará de aplicá-la.

Entretanto, esta hipótese de perdão judicial não está prevista para o homicídio culposo do CTB. Por isso, como ambos tutelam o mesmo bem jurídico, devem ter a mesma regulamentação. A consequência é a aplicação do perdão judicial analogicamente à previsão contida no CTB.

1.8 Interpretação de lei penal

Quando se fala em interpretação da lei penal, uma grande polêmica surge. Isso porque existem diversos conceitos e práticas aplicadas para se extrair o conteúdo da norma.

Ocorre que, diferentemente daquilo que é empregado por muitos, não podemos falar em critérios corretos e equivocados de interpretação. E a razão é muito simples: não existe certo ou errado.

A busca pela interpretação, por meio dos critérios hermenêuticos, depende daquilo que se defende.

Além disso, devemos enfatizar que, em muitos dispositivos da lei penal, temos menções que remetem à década de 1940, quando o Código foi editado.

Dessa forma, a interpretação das normas penais deve ser moderna e contemporânea à época em que é realizada.

Para permitir uma correta compreensão dos institutos, devemos nos ater à interpretação em três momentos: quanto ao sujeito, quanto ao meio e quanto ao resultado.

> **Ex.:** uma pessoa emprega um mecanismo e chega a um resultado, utilizando as três etapas.

1.8.1 Mecanismos empregados

Quanto ao sujeito

Quanto à pessoa que interpreta, temos as seguintes formas:

- **Autêntica ou legislativa:** é aquele fornecida pelo próprio legislador no corpo da lei. Como vemos, por exemplo, no art. 327 do CP, que traz expressamente a classificação de funcionário público.
- **Doutrinária ou científica:** é aquela interpretação feita pelos estudiosos do direito, gerando as chamadas correntes doutrinárias.
- **Jurisprudencial:** trata-se da interpretação praticada pelos órgãos jurisdicionais.

Quanto ao meio/modo

- **Gramatical:** considera o sentido literal das palavras.
- **Teleológica:** diz respeito à vontade intrínseca da lei, atendendo-se aos seus fins e busca pelo seu real sentido, coadunando o dispositivo interpretado com as demais disposições vigentes no universo jurídico.
- **Histórica:** é aquela que indaga a origem da lei, identificando os reais fundamentos da sua edição.
- **Sistemática:** é aquela moderna, realizada de acordo com as premissas atuais, e não de acordo com o entendimento existente no ato de edição da norma.

Quanto ao resultado

No que concerne ao resultado, a interpretação pode ser:

- **Declarativa:** é aquela em que o texto da lei corresponde ao que o legislador quis dizer, como se observa nas hipóteses do art. 302 do CPP, por exemplo.
- **Interpretação restritiva:** nesta modalidade, a lei disse mais do que deveria, assim o aplicador do direito deve restringir o alcance da norma, é o que se vê em termos deveras aberto, como no art. 312 do CTB (expressão garantia da ordem pública).
- **Interpretação extensiva:** situações em que a lei disse menos do que deveria, em razão disso o intérprete amplia o significado da norma (Ex.: art. 176 do CP – outras fraudes).

É possível a interpretação extensiva contra o réu?

A resposta deriva do entendimento do STF que encampou entendimento proferido por Zaffaroni no seguinte sentido: é possível a interpretação extensiva contra réu sempre que outra forma de interpretação puder gerar um escândalo (entenda-se reiteração de condutas) por sua notória irracionalidade.

Em resumo, o entendimento é de que é possível a interpretação extensiva contra o réu.

1.8.2 Interpretação analógica

Para esta modalidade, que destoa um pouco do conceito de interpretação, estamos diante de situações em que, em homenagem ao princípio da legalidade, o legislador traz algumas situações que de fato pretendeu regular, mas, na sequência, permite que aquilo que seja semelhante também seja abrangido pelo dispositivo (Ex.: quando o Código utiliza a expressão: "ou outro meio...", "ou por qualquer outro meio...", como acontece no art. 121, § 2º, I, do CP).

> ***Art. 121, § 2º*** *Se o homicídio é cometido:*
>
> *I – mediante paga ou promessa de recompensa,* ***ou por outro motivo torpe;***
>
> *[...]*
>
> *III – com emprego de veneno, fogo, explosivo, asfixia, tortura* ***ou outro meio insidioso ou cruel, ou de que possa resultar perigo comum;***
>
> *IV – à traição, de emboscada, ou mediante dissimulação* ***ou outro recurso que dificulte ou torne impossível a defesa do ofendido.***

Fique ligado

Não se pode confundir a interpretação analógica com analogia. A primeira é interpretação; a segunda, é meio de integração utilizada em caso de lacuna de lei.

1.9 Lei penal no tempo

Como decorrência lógica do princípio da legalidade, aplica-se, em regra, a lei penal vigente ao tempo da realização do fato criminoso (*tempus regit actum*), ou seja, tão logo um fato seja praticado, a lei que estiver em vigência naquele momento, deve ser aplicada.

Excepcionalmente, no entanto, será permitida a retroatividade da lei penal para alcançar fatos passados, desde que benéfica ao réu, conforme assegura o art. 5º, XL, da CF:

> ***Art. 5º, XL*** *– A lei penal não retroagirá, salvo para beneficiar o réu.*

No mesmo sentido é a previsão do art. 2º do Código Penal:

> ***Art. 2º, CP*** *Ninguém pode ser punido por fato que lei posterior deixa de considerar crime, cessando em virtude dela a execução e os efeitos penais da sentença condenatória.*
>
> ***Parágrafo único.*** *A lei posterior, que de qualquer modo favorecer o agente, aplica-se aos fatos anteriores, ainda que decididos por sentença condenatória transitada em julgado.*

A esta possibilidade conferida à lei de movimentar-se no tempo (para beneficiar o réu) dá-se o nome de extra-atividade da lei penal.

A extra-atividade deve ser compreendida como gênero do qual são espécies:

- **Retroatividade**, capacidade que a lei penal tem de ser aplicada a fatos praticados antes da sua vigência; e
- **Ultratividade**, que representa a possibilidade de aplicação da lei penal mesmo depois de revogada.

1.9.1 Tempo do crime

> ***Art. 4º, CP*** *Considera-se praticado o crime no momento da ação ou omissão, ainda que outro seja o momento do resultado.*

Para a correta (e justa) aplicação da lei penal é imprescindível definir o tempo do crime, ou seja, quando um crime se considera praticado. A respeito disso, há diferentes teorias apontadas pela doutrina:

- **Teoria da atividade:** considera praticado o crime no momento da conduta (ação ou omissão), ainda que outro seja o momento do resultado. O CP adotou esta teoria (art. 4º).
- **Teoria do resultado:** considera o momento da produção do resultado (consumação).
- **Teoria mista (ou ubiquidade):** considera tanto o momento da conduta como o do resultado.

Crime permanente e imputabilidade: se uma pessoa menor de 18 anos inicia a prática de um crime permanente (Ex.: sequestro) e atinge a maioria enquanto não cessada a permanência, aplica-se a legislação penal, tendo em vista que passou a ser imputável durante a prática da conduta.

Fixação da imputabilidade: se um menor de 18 anos desfere facadas na vítima que vem a falecer dias depois, ocasião em que já atingiu a maioridade, aplica-se o Estatuto da Criança e do Adolescente (ECA) e não do Código Penal (CP), tendo em vista que o ato infracional foi praticado na época em que era inimputável (momento da conduta).

1.9.2 Sucessão de leis no tempo

Avaliando este tópico, é imprescindível ter em mente que, amparado pelo princípio da legalidade, diversos cenários podem aparecer para fins de validarem a substituição/sucessão legislativa. E, em decorrência disso, precisamos avaliar o disposto no art. 5º, XL, da CF.

Assim, no âmbito intertemporal, temos 4 situações distintas:

- ***Novatio legis* incriminadora:** trata-se de nova lei que aporta nova figura criminosa no ordenamento jurídico. Em resumo, um fato que não era criminalizado, com a vigência de determinada lei passa a ser.

  > **Ex.:** Lei nº 12.012/2009, que introduziu no CP a figura do art. 349-A, que consiste na figura de ingressar, promover, intermediar, auxiliar ou facilitar a entrada de aparelho telefônico de comunicação móvel, de rádio ou similar, sem autorização legal, em estabelecimento prisional, pratica o crime.

  Como se trata de lei nova prejudicial, não haverá retroatividade.

- ***Novatio legis in pejus:*** trata-se de lei nova que não cria um crime, mas que prejudica, de alguma forma, a situação do agente (Ex.: lei nova que aumenta a pena do delito).

  Como se trata de lei nova prejudicial, não haverá retroatividade.

- ***Novatio legis in mellius*:** trata-se de lei nova que surge com o intuito de melhorar, de alguma forma, a situação do agente (art. 2º, parágrafo único, do CP).

  Como se trata de lei nova benéfica, haverá retroatividade.

- ***Abolitio criminis*:** trata-se de lei nova que descriminaliza a conduta. É o melhor dos cenários para o agente, tendo em vista que, nesta modalidade, haverá a supressão da figura criminosa. Com isso, um fato que antes era considerado criminoso, deixará de ser. Sobrevindo *abolitio criminis* após o trânsito em julgado de sentença penal condenatória, cessa a execução da pena e extinguem-se todos os efeitos penais secundários da condenação, tais como a formação de condição para reincidência e a constituição de maus antecedentes.

  Como se trata de lei nova benéfica, haverá retroatividade.

- **Princípio da continuidade normativo-típica:** o conteúdo típico criminalizado migra para outro tipo penal.

  Não se trata de lei que extingue o crime. A lei continua com as mesmas disposições, porém, haverá tão somente a migração do conteúdo delitivo para outro dispositivo.

Acerca do tema **combinação de leis**, existe divergência doutrinária acerca da possibilidade, porém, a jurisprudência do STJ e a do STF já estão firmes no sentido de que a aplicação da norma não pode ser fracionada, devendo ser aplicada num todo.

Outrossim, merece destaque a Súmula nº 711 do STF, que discorre sobre a lei penal no caso de crimes permanentes ou continuados.

> ***Súmula nº 711 – STF***
>
> *A lei penal mais grave aplica-se ao crime continuado ou ao crime permanente, se a sua vigência é anterior à cessação da continuidade ou da permanência.*

1.9.3 Competência para a aplicação da lei mais benéfica após o trânsito em julgado

Em regra, é do juízo da execução, e não do Tribunal, mediante revisão criminal. Nesse sentido é o entendimento consolidado na jurisprudência:

> ***Súmula nº 611 – STF***
>
> *Transitada em julgado a sentença condenatória, compete ao juízo das execuções a aplicação da lei mais benigna.*

1.9.4 Retroatividade de lei penal mais benéfica

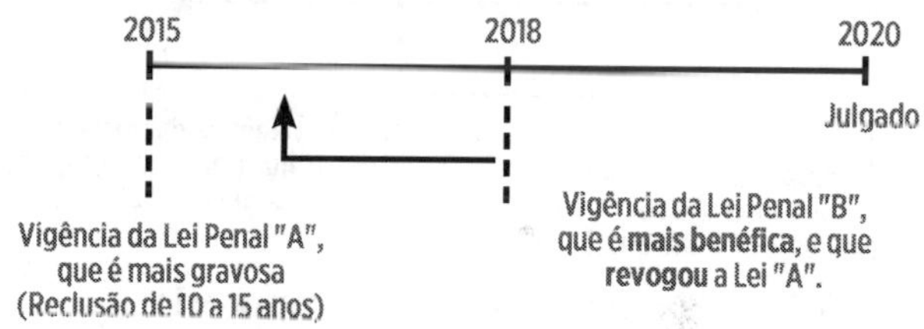

O sujeito ativo praticou o crime sob a vigência da Lei A. Entretanto, em 2018, **surgiu uma nova lei, uma lei mais benéfica que a Lei A**, que foi revogada. Nessa situação, será aplicada a **retroatividade** para **beneficiar o réu**, ainda que haja sentença condenatória transitada em julgado (sentença irrecorrível).

1.9.5 Ultratividade de lei mais benéfica

A ultratividade mais benéfica vai aplicar uma lei revogada que estava vigente na época do fato (*tempus regit actum*) e por ser mais benéfica que a lei nova.

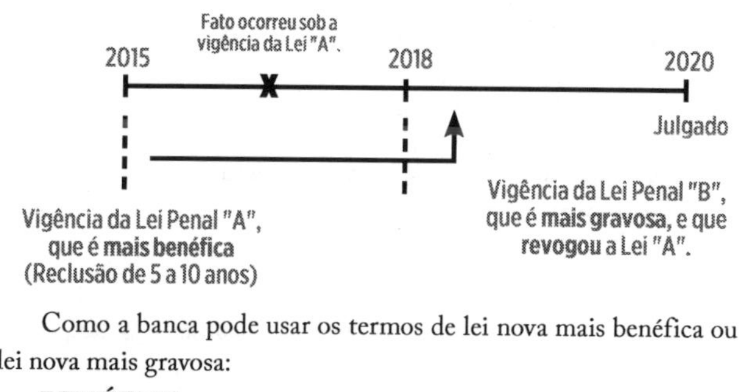

Como a banca pode usar os termos de lei nova mais benéfica ou lei nova mais gravosa:

- **BENÉFICA:**
  - ***Novatio legis in mellius*:** nova lei mais favorável, mais benéfica (**melhor**).
  - ***Abolitio criminis*.**

- **GRAVOSA:**
  - ***Novatio legis* incriminadora:** nova lei que torna um fato criminoso.
  - ***Novatio legis in pejus*:** nova lei mais gravosa (**pior**).

Existe ainda uma expressão chamada ***lex tertia***, que seria uma terceira lei, mas formada pela combinação de outras duas (**é vedada sua aplicação no ordenamento jurídico, ainda que para favorecer**).

1.10 Súmula nº 711 - STF

> ***Súmula nº 711 – STF***
>
> *A lei penal mais grave aplica-se ao crime continuado ou ao crime permanente, se a sua vigência é anterior à cessação da continuidade ou da permanência.*

De uma forma clara e objetiva, não há aplicação necessariamente de uma lei mais benéfica quando o caso estiver tratando de **crimes pernamente ou continuado**, dado o fato de que a Súmula nº 711 do STF determina que se aplique a lei que estiver vigente anteriormente à cessação da continuidade/permanência, **ainda que ela seja mais grave.** Em outros termos, aplica-se a lei que estiver valendo quando o indivíduo cessou o crime (sendo a lei mais benéfica ou mais gravosa).

> **Ex.:** "B", penalmente imputável, sequestrou "A". Se sobrevier uma LEI (AINDA QUE MAIS GRAVOSA) e "B" estiver na permanência desse crime, cerceando a liberdade de "A", essa lei será aplicada a ele. Isso porque o crime de sequestro é permanente, consumando-se enquanto a vítima estiver em privação de liberdade pelo autor

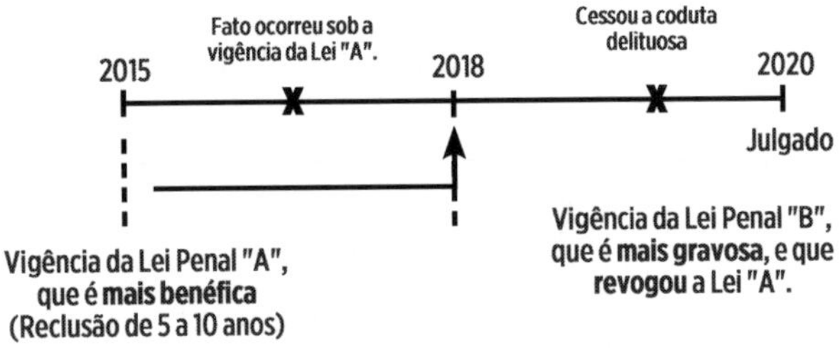

1.10.1 Lei excepcional e lei temporária

Segundo o art. 3º do CP, há a ultratividade da lei excepcional ou temporária: ela se aplica aos fatos havidos ao tempo de sua vigência, mesmo depois de decorrido o tempo de sua duração ou cessada a situação de excepcionalidade.

As leis excepcionais ou temporárias possuem duas características marcantes, quais sejam:

- **Ultrativas:** aplicam-se mesmo depois de revogadas.
- **Autorrevogáveis:** decorrido o prazo de duração ou a situação que autorizou a sua edição, a norma se extingue.

AMBAS:

- Efeito ULTRATIVO (MAIS GRAVOSO).

LEI TEMPORÁRIA:

- Tempo determinado para revogação (prazo certo).
- **Não** ocorre ***abolitio criminis*** em decorrência de sua *autorrevogação*, pois o autor será responsabilizado pelos atos praticados durante o império dela.

LEI EXCEPCIONAL:

- Não há um tempo certo fixado, pois são circunstâncias excepcionais que determinaram a criação da lei.
- **São exemplos de circunstâncias excepcionais:** estado de calamidade, guerra, situações fáticas que não há como determinar um prazo certo (pandemia).

Portanto, se a banca não afirmar tempo determinado, período determinado (prazo certo), estará falando da lei excepcional.

Em determinado momento de escassez de água, em razão da ausência de chuvas, entrou em vigor nova lei penal que tornou crime a conduta de lavar carros e/ou calçadas, enquanto **perdurasse o período de racionamento** de água (AOCP – Lei Excepcional).

1.11 Lei penal no espaço

Não basta que se determine em que momento a lei penal brasileira pode ser aplicada. Para que a lei cumpra as suas funções, é necessário que seja determinado em quais locais poderá o judiciário brasileiro exercer sua competência. Sobre o assunto, o Código Penal estabelece os critérios gerais para que a lei possa alcançar fatos cuja persecução penal seja do interesse do Estado brasileiro.

Por intermédio de tais critérios, pretende-se basicamente evitar que ocorram lacunas de impunidade a respeito de ilícitos que atinjam bens jurídicos tutelados, direta ou indiretamente, pelo ordenamento jurídico brasileiro. Por esta mesma razão, a generalidade dos Estados adota também critérios de incidência para as suas respectivas leis penais, criando-se, assim, uma espécie de "malha" de leis penais, circunstância esta que redunda na quase impossibilidade de "conflitos negativos de jurisdições", ou seja, o surgimento de "paraísos penais".

A matéria envolve, portanto, o chamado Direito Penal Internacional, ou seja, o ramo do Direito que define os crimes internacionais, próprios ou impróprios, as regras relativas à aplicação territorial e extraterritorial do Direito Penal, a imunidade de pessoas especialmente protegidas, a cooperação penal internacional em todos os seus níveis, as extradições, as transferências de condenados entre países, a determinação da forma e dos limites de execução de sentença penal estrangeira, a existência e funcionamento de tribunais penais internacionais ou regionais, bem como as demais questões jurídicas que envolvam a imputação criminal de fatos que possam surgir no plano internacional.

Especificamente no que diz respeito à aplicação da lei penal, ou seja, à prerrogativa de investigar, processar e julgar fatos no âmbito espacial, a doutrina elaborou alguns princípios gerais, que foram acolhidos, em maior ou menor extensão, pelos legisladores dos diversos países.

1.11.1 Princípios

Territorialidade

A lei penal aplica-se no território onde se exerce a soberania do Estado, independentemente da nacionalidade do agente ou da vítima ou do titular do bem jurídico atingido. O princípio da territorialidade é o preponderante na lei brasileira e é consequência direta da soberania estatal (art. 5º do CP).

Personalidade ou nacionalidade

A lei penal nacional pode ser aplicada ao cidadão onde quer que se encontre, devendo ser considerada apenas a nacionalidade do agente ou da vítima. Segundo tal princípio, a lei penal aplica-se aos fatos praticados pelo ou contra nacional de um Estado, independentemente do local da ocorrência do fato ou da procedência do bem jurídico lesado por tal conduta.

O princípio da personalidade se subdivide em ativo, referente, exatamente, ao autor do delito, e passivo, que também leva em consideração a nacionalidade da vítima.

Ressalte-se que os nacionais têm deveres para com o seu país, não sendo, portanto, aceitável, que, no estrangeiro, perpetrem fatos delituosos e contem com a impunidade ao retornarem à terra natal.

Ademais, como a maioria dos Estados não concede extradição de seus nacionais, justifica-se plenamente a existência desse princípio.

Defesa, real ou da proteção

A lei penal deve incidir tutelando determinados bens jurídicos de suma relevância para o Estado (vida, liberdade, patrimônio, fé pública etc.), onde quer que eles se encontrem, independentemente da nacionalidade do sujeito ativo da ameaça ou lesão de tais bens jurídicos.

O ordenamento jurídico brasileiro adota o princípio da defesa em três situações:

Crimes contra a vida ou liberdade do Presidente da República. É a primeira situação de extraterritorialidade incondicionada;

Crimes contra o patrimônio ou a fé pública da União, Distrito Federal, Estado, Município, empresa pública, sociedade de economia mista, fundação pública. É também hipótese de extraterritorialidade incondicionada; e

Crimes praticados contra a administração por quem está a seu serviço.

Por este princípio pune-se, por exemplo, o falsificador de moeda que opere no estrangeiro ou o estelionatário que acarrete um dano material nas finanças públicas fora do território nacional.

Justiça universal

A lei penal aplica-se a todo e qualquer fato punível, seja qual for a nacionalidade do agente ou do bem jurídico lesado ou posto em perigo e qualquer que tenha sido o lugar onde tenha sido o fato praticado. Por intermédio deste postulado, os Estados acordam em reprimir os fatos quem mais atentam contra a consciência universal, independentemente do lugar onde ocorram ou da nacionalidade do seu autor.

O ordenamento jurídico brasileiro reconhece o princípio da justiça universal em dois casos:

- **Crimes de genocídio:** ainda aqui a extraterritorialidade é incondicionada, embora seja exigido, para a aplicação da lei brasileira, um requisito: que o agente seja brasileiro ou domiciliado no Brasil; e
- **Crimes que, por tratado ou convenção, o Brasil se obrigou a reprimir:** trata-se também de situação na qual o parâmetro que determina a aplicação da lei brasileira é a necessidade de cooperação internacional, mas, ao contrário da primeira, a extraterritorialidade aqui é condicionada à presença cumulativa das condições já mencionadas.

Representação ou bandeira

Cuida-se de levar em conta, para efeito de aplicação da lei penal brasileira, a bandeira da embarcação ou aeronave no interior da qual o fato foi praticado. No caso, releva saber a natureza da aeronave ou embarcação (pública ou privada), bem como o lugar onde ela se encontre.

1.11.2 Classificações

Trata-se de normas que nos auxiliam a identificar quando a lei penal brasileira terá incidência.

O art. 5º do CP estabelece que, ressalvadas as disposições constantes em convenções, tratados e regras de direito internacional, aplica-se a lei brasileira ao crime cometido em território nacional.

Para fins de compreensão do território nacional, devemos entender que neste se compreende:

- **Território físico ou geográfico:** compreende o solo, subsolo, rios, lagos, mar territorial e o espaço aéreo correspondente.

> **Fique ligado**
>
> Para fins de definição do mar territorial, considera-se uma linha de 12 milhas náuticas contadas da linha de baixa-mar (art. 1º da Lei nº 8.617/1993).

- **Território jurídico ou por equiparação** (art. 5º, §§ 1º e 2º):
  - As embarcações e aeronaves brasileiras, de natureza pública ou a serviço do governo brasileiro onde quer que se encontrem;
  - As aeronaves e as embarcações brasileiras, mercantes ou de propriedade privada, que se encontrem, respectivamente, no espaço aéreo correspondente ou em alto-mar; e
  - Aeronaves ou embarcações estrangeiras de propriedade privada, achando-se aquelas em pouso no território nacional ou em voo no espaço aéreo correspondente, e estas em porto ou mar territorial do Brasil.

1.11.3 Disposições gerais

Diferentemente do que ocorre com o **tempo do crime**, aqui temos outro critério. Isso porque, aqui, relativamente ao **espaço** de aplicação da lei penal, tem-se por objetivo evitar o que a doutrina chama de "lacunas de impunidade", e fazer com que a lei penal alcance condutas que transcendam as fronteiras do território nacional.

A ideia aqui é fazer com que a lei brasileira possa ser aplicada aos chamados "crimes à distância", que são aqueles em que a conduta começa em um país e tem seu resultado em outro.

Para resolver o impasse, o CP adotou em seu art. 6º a chamada **teoria da ubiquidade** (mista, híbrida ou da unidade), que é aquela em que se considera praticado o crime no momento da ação ou da omissão, no todo ou em parte, bem como onde se produziu ou deveria produzir-se o resultado.

A adoção da teoria da ubiquidade impede a formação de vazios ou "pontos cegos", situação que poderia apresentar-se caso o país no qual foi praticada a conduta acolhesse a teoria do resultado, e aquele em que ocorreu o resultado acolhesse a teoria da atividade.

> **Exs.:**
>
> "A" é alvejado por disparo de arma de fogo no Brasil e vem a falecer após cruzar a fronteira com o Paraguai.
>
> "B" despacha um pacote contendo uma bomba-relógio que deveria ser detonada quando o destinatário, residente no Brasil, a abrisse, sendo certo que o artefato foi descoberto e desativado em alto-mar.

1.12 Extraterritorialidade da lei penal brasileira

Extraterritorialidade é o fenômeno pelo qual a lei penal brasileira se aplica a fatos ocorridos fora do território nacional, ou seja, pratica-se um crime em algum lugar estranho ao território brasileiro e, por determinação do nosso Código Penal, esse fato fica sujeito à aplicação da nossa lei penal.

Embora a regra em nosso ordenamento seja de que a lei penal será aplicada aos fatos que ocorrerem em território nacional, o art. 7º apresenta uma série de situações em que a lei penal brasileira pode ser aplicada a fatos ocorridos fora dos limites territoriais brasileiros.

O Código Penal prevê três **espécies** de extraterritorialidade. Os casos mais graves são os de extraterritorialidade **incondicionada**, em que a lei penal brasileira se aplica aos fatos praticados no exterior, independentemente de qualquer condição (art. 7º, I e § 1º). Por outro lado, existem as hipóteses de extraterritorialidade **condicionada**, em que a aplicação da lei penal brasileira depende do concurso de diversas condições (art. 7º, II e §§ 2º e 3º).

Por fim, há a extraterritorialidade **hipercondicionada**, prevista no art. 7º, § 3º, do CP, em que o legislador faz ainda mais exigências para a incidência da lei penal, do que para as hipóteses de extraterritorialidade condicionada. Vejamos cada uma das modalidades:

1.12.1 Extraterritorialidade incondicionada

Dar-se-á a extraterritorialidade incondicionada nas seguintes hipóteses:

> ***Art. 7º*** *Ficam sujeitos à lei brasileira, embora cometidos no estrangeiro:*
>
> *I – os crimes:*
>
> *a) contra a vida ou a liberdade do Presidente da República;*
>
> *b) contra o patrimônio ou a fé pública da União, do Distrito Federal, de Estado, de Território, de Município, de empresa pública, sociedade de economia mista, autarquia ou fundação instituída pelo Poder Público;*
>
> *c) contra a administração pública, por quem está a seu serviço;*
>
> *d) de genocídio, quando o agente for brasileiro ou domiciliado no Brasil;*
>
> *§ 1º Nos casos do inciso I, o agente é punido segundo a lei brasileira, ainda que absolvido ou condenado no estrangeiro.*

Veja-se que todas as hipóteses constantes do art. 7º consubstanciam fatos cuja gravidade reclama a adoção de providências, nos termos da legislação penal brasileira, independentemente de qualquer condição.

Vemos aqui verdadeira exceção ao *bis in idem*, isso porque, além de não ser necessário o preenchimento de nenhuma condição para a incidência da lei brasileira, o agente será punido mesmo que condenado no estrangeiro.

Eventual condenação aplicada no estrangeiro será detraída/descontada da condenação do Brasil, vide art. 8º do CP.

Para sua prova, os exemplos virão da maneira mais complexa possível. Entretanto, a resolução da questão depende exclusivamente do texto de lei.

1.12.2 Extraterritorialidade condicionada

A extraterritorialidade condicionada ocorre em relação às seguintes infrações:

> ***Art. 7º*** *Ficam sujeitos à lei brasileira, embora cometidos no estrangeiro: [...]*
>
> *II – os crimes:*
>
> *a) que, por tratado ou convenção, o Brasil se obrigou a reprimir;*
>
> *b) praticados por brasileiro;*
>
> *c) praticados em aeronaves ou embarcações brasileiras, mercantes ou de propriedade privada, quando em território estrangeiro e aí não sejam julgados. [...]*
>
> *§ 2º Nos casos do inciso II, a aplicação da lei brasileira depende do concurso das seguintes condições:*
>
> *a) entrar o agente no território nacional;*
>
> *b) ser o fato punível também no país em que foi praticado;*
>
> *c) estar o crime incluído entre aqueles pelos quais a lei brasileira autoriza a extradição;*
>
> *d) não ter sido o agente absolvido no estrangeiro ou não ter aí cumprido a pena;*
>
> *e) não ter sido o agente perdoado no estrangeiro ou, por outro motivo, não estar extinta a punibilidade, segundo a lei mais favorável.*

Para esta segunda hipótese de extraterritorialidade, vale mencionar que é necessária a ocorrência de um dos crimes descritos no inciso II do art. 7º, **mais** o preenchimento de todas as condições previstas no § 2º do mesmo dispositivo.

Além disso, a lei penal brasileira somente será aplicada aos crimes aqui destacados na hipótese de o agente não ter sido processado no estrangeiro.

Perceba que, na extraterritorialidade **incondicionada**, o agente será submetido ao julgamento de acordo com a lei brasileira independentemente de qualquer condição. Já na extraterritorialidade **condicionada**, é mister (obrigatória) a presença de todas as condições legalmente previstas.

É relevante mencionar que, nos casos de extraterritorialidade condicionada, não existirá a possibilidade de ocorrer *bis in idem*, haja vista que se o agente tiver sido absolvido ou condenado e cumprido pena no estrangeiro, ficará afastada a possibilidade de aplicação extraterritorial de nossa lei penal.

1.12.3 Extraterritorialidade hipercondicionada

Quando se tratar de crime praticado por estrangeiro, contra brasileiro, fora do nosso território, além das cinco condições previstas no § 2º, do art. 7º, anteriormente citadas, exigem-se outras duas, previstas no § 3º do mesmo dispositivo:

> ***Art. 7º, § 3º*** *A lei brasileira aplica-se também ao crime cometido por estrangeiro contra brasileiro fora do Brasil, se, reunidas as condições previstas no parágrafo anterior (§ 2º do art. 7º, II, do CP):*
>
> *a) não foi pedida ou foi negada a extradição;*
>
> *b) houve requisição do Ministro da Justiça.*

Com certeza esta é a hipótese que demonstra maior grau de excepcionalidade para a aplicação da lei brasileira, pois, para a sua aplicação, além das condições estabelecidas no § 2º do art. 7º, ainda se faz necessária a presença das outras duas condições.

1.13 Pena cumprida no estrangeiro

> ***Art. 8º*** *A pena cumprida no estrangeiro atenua a pena imposta no Brasil pelo mesmo crime, quando diversas, ou nela é computada, quando idênticas.*

O regramento contido neste dispositivo tem relação com as hipóteses de extraterritorialidade incondicionada da lei penal brasileira. Nesta toada, se o indivíduo cumpriu pena por um determinado fato no estrangeiro e caso seja hipótese de aplicação da nossa lei, a pena por ele cumprida no estrangeiro deve atenuar ou ser computada na pena imposta no Brasil.

1.14 Eficácia de sentença estrangeira

O art. 9º do CP estabelece as hipóteses em que a sentença penal estrangeira precisa ser homologada para que produza efeitos no Brasil. São as seguintes:

> ***Art. 9º*** *A sentença estrangeira, quando a aplicação da lei brasileira produz na espécie as mesmas consequências, pode ser homologada no Brasil para:*
>
> *I – obrigar o condenado à reparação do dano, a restituições e a outros efeitos civis;*
>
> *II – sujeitá-lo a medida de segurança*
>
> ***Parágrafo único.*** *A homologação depende:*
>
> *a) para os efeitos previstos no inciso I, de pedido da parte interessada;*
>
> *b) para os outros efeitos, da existência de tratado de extradição com o país de cuja autoridade judiciária emanou a sentença, ou, na falta de tratado, de requisição do Ministro da Justiça.*

Segundo o art. 9º do CP, a sentença estrangeira, quando a aplicação da lei brasileira produz na espécie as mesmas consequências – dupla tipicidade –, pode ser homologada para: (1) obrigar o condenado à reparação do dano, restituição da coisa ou a outros efeitos civis; e

(2) sujeitá-lo à medida de segurança, no caso de inimputável ou semi-imputável que necessite de especial tratamento.

Não obstante, o parágrafo único do art. 9º do CP estabelece os requisitos para a homologação da sentença penal estrangeira, sendo certo que a competência para tanto é do Superior Tribunal de Justiça, conforme o art. 105, I, "i", da CF, com a redação da Emenda Constitucional nº 45/2004.

Fique ligado

Antes da referida emenda, a competência era do STF.

Extrai-se, desse dispositivo que não é possível a homologação da sentença penal estrangeira para que no Brasil venha surtir a imposição de pena. Como visto, admitia-se a homologação tão somente para efeitos secundários e – acresça-se – de difícil verificação na prática, não sendo possível a incidência de um dos principais mecanismos de cooperação penal internacional, a teor do art. 9º do CP.

Porém, com a edição da Lei nº 13.445/2017 (Lei de Migração), houve parcial revogação do art. 9º do CP (derrogação).

Como dito, a Lei de Migração adotou o instituto da homologação da sentença penal estrangeira, sob a denominação de "transferência de execução de pena".

Segundo o art. 100, da Lei de Migração, nas hipóteses em que couber solicitação de extradição executória, a autoridade competente poderá solicitar ou autorizar a transferência de execução da pena, desde que observado o princípio do *non bis in idem*. Conforme o parágrafo único daquele dispositivo, sem prejuízo do disposto no Código Penal – vale dizer, sem prejuízo da homologação da sentença estrangeira para os efeitos secundários acima apontados –, a transferência de execução de pena será possível quando:

- O condenado em território estrangeiro for nacional ou tiver residência habitual ou vínculo pessoal no Brasil;
- A sentença tiver transitado em julgado;
- A duração da condenação a cumprir ou que restar para cumprir for de, pelo menos, um ano, na data de apresentação do pedido ao Estado da condenação;
- O fato que originou a condenação constituir infração penal perante a lei de ambas as partes; e
- Houver tratado ou promessa de reciprocidade de tratamento.

Demais disso, o pedido passivo de transferência da execução da pena formulado por Estado estrangeiro deve ser encaminhado pela via diplomática ou por via de autoridades centrais, se houver tratado nessa matéria, sendo certo que, após o recebimento pela autoridade responsável do Poder Executivo, ele deve ser encaminhado ao STJ para decisão quanto a sua homologação (art. 105, I, "i", da CF, c/c art. 101 e §§, da Lei nº 13.445/2017). Caso o STJ decida pelo preenchimento dos pressupostos legais para a homologação, deve a sentença estrangeira ser encaminhada para a respectiva vara de execução penal da Justiça Federal do local onde se encontra a pessoa que irá cumprir a pena (art. 102 da Lei nº 13.445/2017).

Por fim, vale destacar que a sentença estrangeira não depende de homologação para produzir reincidência, impedir a obtenção de *sursis* ou para aumentar o período para concessão de livramento condicional.

1.15 Contagem de prazo

> ***Art. 10*** *O dia do começo inclui-se no cômputo do prazo.*

Contam-se os dias, os meses e os anos pelo calendário comum.

Este dispositivo, embora pareça simples e não tenha a devida importância, deve ser enfatizado, na medida em que permite a aplicação de uma série de benefícios ao acusado.

Não se pode confundir o prazo de natureza penal com o prazo de natureza processual. Este possui previsão no art. 798, § 1º, do CPP e, para ele, não se computará no prazo o dia do começo, incluindo-se, porém, o do vencimento.

Ao contrário do que ocorre com os prazos processuais, os penais contam-se, incluindo-se o dia do começo. Não importa a hora do dia em que o evento que dá início ao prazo ocorreu. Conta-se o dia como um todo.

São prazos penais, por exemplo, o tempo de cumprimento de pena, o prazo decadencial e o prazo prescricional.

Por fim, os prazos penais são contínuos, não se prorrogam nem se suspendem em virtude de férias ou feriados.

1.16 Frações não computáveis da pena

> ***Art. 11*** *Desprezam-se, nas penas privativas de liberdade e nas restritivas de direitos, as frações de dia, e, na pena de multa, as frações de cruzeiro.*

No ato do cálculo da pena, se, ao final, o magistrado não obtiver um número inteiro, ele deverá desprezar as frações de dia nas penas privativas de liberdade e restritiva de direitos e, na pena de multa, desprezar as frações de real.

1.17 Conflito aparente de normas

Denomina-se conflito ou concurso aparente de normas a circunstância de duas ou mais normas penais incriminadoras regularem, em tese, o mesmo caso concreto, sendo que, efetivamente, somente uma deverá ser aplicada, em homenagem à vedação trazida pelo princípio do *ne bis in idem*.

O conflito aparente de normas possui as seguintes características:

- Unidade de fato;
- Aplicação (aparente) de mais de uma norma;
- Vigência simultânea dessas normas.

1.17.1 Critérios para resolver o conflito aparente de normas

Não há em nosso ordenamento jurídico critérios orientadores expressos sobre qual tipo penal preferir quando mais de um aparentemente for aplicável. A doutrina e a jurisprudência, porém, desenvolveram parâmetros norteadores, chamados comumente de "princípios", voltados à solução do conflito aparente de normas.

É importante destacar que para a existência de um verdadeiro conflito aparente de normas, três pressupostos devem ser identificados:

Fique ligado

Antes da referida emenda, a competência era do STF.

- **Unidade de fato:** é necessário que o agente tenha praticado efetivamente um único fato delituoso, pois, do contrário, haverá concurso de crimes (arts. 69 a 71 do CP);
- **Incidência aparente de dois ou mais tipos penais:** isso porque a aplicação de mais de um tipo penal a um único comportamento viola o princípio do *ne bis in idem*, de tal modo que a constatação de o fato configurar simultaneamente dois ou mais tipos penais deve ser apenas aparente, isto é, à primeira vista, pois cabe ao aplicador da lei identificar, dentre estes, qual deve prevalecer; e
- **Vigência simultânea dos tipos penais aparentemente aplicáveis:** é necessário que todos os tipos penais incidentes estejam em plena vigência, pois se um deles houver sido revogado por outro, não há conflito aparente de normas, mas **conflito de leis penais no tempo**, o qual deve ser solucionado por critérios próprios (*abolitio criminis, novatio legis in mellius, novatio legis in pejus* e *novatio legis* incriminadora).

Vejamos, a seguir, os critérios ou "princípios" utilizados na solução do conflito aparente de normas.

Princípio da especialidade

A aplicação da lei especial exclui a aplicação da lei geral.

> ***Art. 12, CP*** *As regras gerais deste Código aplicam-se aos fatos incriminados por lei especial, se esta não dispuser de modo diverso.*

Em suma, este princípio se faz pertinente para resolução do conflito aparente quando uma norma possua, em sua definição, todos os elementos típicos de outra, mais alguns denominados especializantes.

Se a hipótese a ser subsumida apresentar os elementos da norma particular, esta irá preponderar sobre aquela. Alude-se, nesse sentido, ao adágio latino: *lex specialis derogat legi generali.*

Princípio da subsidiariedade

O tipo penal prevalece sobre o tipo subsidiário. Também chamado de "soldado de reserva". Utiliza-se deste princípio quando não existir previsão legal para tanto, bem como quando não for possível caracterizar uma infração principal. Esses casos podem ser observados quando o legislador utiliza o termo "se o fato não constitui crime mais grave".

| Exs.: arts. 132, 238 e 307 do CP.

Embora de compreensão menos fácil do que o anterior, o princípio da subsidiariedade também é utilizado para a resolução do conflito aparente de normas. No caso, a relação que se estabelece não é a de exclusão entre o geral e o especial, mas, sim, entre normas primária e secundária.

> ***Art. 132*** *Expor a vida ou a saúde de outrem a perigo direto e iminente:*
> *Pena – detenção, de três meses a um ano, se o fato não constitui crime mais grave.*
> *Simulação de autoridade para celebração de casamento*
> ***Art. 238*** *Atribuir-se falsamente autoridade para celebração de casamento:*
> *Pena – detenção, de um a três anos, se o fato não constitui crime mais grave.*
> *Falsa identidade*
> ***Art. 307*** *Atribuir-se ou atribuir a terceiro falsa identidade para obter vantagem, em proveito próprio ou alheio, ou para causar dano a outrem:*
> *Pena – detenção, de três meses a um ano, ou multa, se o fato não constitui elemento de crime mais grave.*

Princípio da consunção/absorção

O crime-fim prevalece (absorve) sobre o crime-meio. Será utilizado quando a conduta definida na norma penal também está abrangida por outra mais ampla. Há uma relação entre continente e conteúdo.

Quando um crime for meio para um resultado, o crime-meio fica absorvido pelo crime-fim.

| **Ex.:** o agente tem a finalidade de matar uma determinada pessoa a socos e pontapés. Para a execução do delito, o indivíduo pratica diversas lesões corporais até chegar ao resultado. As lesões corporais foram o meio para a consumação, devendo ser, portando, absorvidas pelo homicídio.

Não obstante, justamente neste aspecto, vale destacar a Súmula nº 17 do STJ, que estabelece uma especial relação entre o crime de falsidade e estelionato, nesse sentido:

> ***Súmula nº 17 – STJ***
> *Quando o falso se exaure no estelionato, sem mais potencialidade lesiva, é por este absorvido.*

Princípio da alternatividade/tipo misto alternativo

Quando o agente comete mais de uma ação ou omissão, todas previstas no mesmo tipo penal, incorre em um único crime. Neste espeque, temos as situações envolvendo os chamados crimes de ação múltipla, ou, simplesmente, tipo misto alternativo.

Consiste naquelas condutas em que o tipo penal é composto por diversos núcleos (verbos).

Assim, a prática de mais de um verbo dentro de um mesmo contexto fático representa crime único.

Exemplo clássico é a Lei de Drogas, que traz em seu bojo 18 ações nucleares, conforme abaixo:

> ***Art. 33*** *Importar, exportar, remeter, preparar, produzir, fabricar, adquirir, vender, expor à venda, oferecer, ter em depósito, transportar, trazer consigo, guardar, prescrever, ministrar, entregar a consumo ou fornecer drogas, ainda que gratuitamente, sem autorização ou em desacordo com determinação legal ou regulamentar:*
> *Pena – reclusão de 5 (cinco) a 15 (quinze) anos e pagamento de 500 (quinhentos) a 1.500 (mil e quinhentos) dias-multa.*

2 TEORIA DO CRIME

2.1 Classificação de crimes e contravenções

No ordenamento jurídico brasileiro quando se fala em infração penal, estamos falando de crime e contravenção penal. Então, o termo **infração penal** é usado como um gênero do qual os crimes e contravenções são espécies.

Você poderia perfeitamente perguntar: mas e os delitos? Não existem os delitos? Existem países em que há três tipos de infrações penais, três espécies: os crimes, os delitos e as contravenções, sendo que os delitos ficariam entre os crimes e as contravenções, menos graves que os crimes e mais graves que as contravenções.

No Brasil, quando o vocábulo delito é sinônimo de crime. Aqui não há essa terceira espécie; só temos duas: crimes ou delitos e contravenções.

Poderíamos nos questionar: será que de fato existe alguma diferença entre crime e contravenção? Se olharmos a essência, os substratos, a substância, não há diferenças. Não há nada, nenhum elemento numa determinada conduta que diga que ela tem que ser uma contravenção ou crime. Não há diferença de natureza ontológica.

A diferença consiste no bem jurídico tutelado. O legislador reserva aos crimes a titulação das ofensas mais graves, inerentes aos bens jurídicos mais importantes para o convívio social. Por outro lado, reserva às condutas que não são consideradas tão importantes ou graves a condição de contravenção penal. Mas isso é apenas uma opção do legislador, por questão de política criminal. Tanto é assim que muitas condutas, que um dia foram classificadas como contravenções penais, hoje são tipificadas como crimes.

> **Exs.:** pode-se citar a questão da arma de fogo, cujo porte e posse até 1997 eram condutas tipificadas como contravenção penal e, a partir de 1997, passaram a ser catalogadas como crimes na Lei nº 10.826/2003, por uma opção do legislador.

Também há a questão dos maus-tratos aos animais. Até 1998, antes da Lei nº 9.605/1998 (Lei de Crimes Ambientais), a conduta de maus-tratos caracterizava conduta meramente contravencional. A partir da novel Lei, a conduta passou a ser tipificada como crime, conforme previsão do art. 32 da Lei nº 9.605/1998. No mesmo sentido, tem-se o racismo, que já foi contravenção penal, no entanto hoje é crime. Veja-se, portanto, que a questão é de opção legislativa, de política criminal, do que é mais ou menos grave, a depender do contexto social.

O examinador pode questionar se uma contravenção penal pode ser convertida em crime. Sim, você já sabe que pode, porque é uma opção legislativa. A diferença situa-se apenas no grau de reprovação, a depender do tempo histórico e dos valores de determinada sociedade. Mas por quê? Porque não há diferença de essência nem natureza, a diferença é apenas de reprovação da conduta.

2.2 Infração penal

É possível definir infração penal como toda conduta previamente tipificada na legislação como sendo ilícita.

Como afirma a doutrina, a infração penal é um gênero cujas espécies são: CRIME e CONTRAVENÇÃO.

2.2.1 Espécies

Crime

Trata-se de infração de maior potencial ofensivo, punida com pena de reclusão ou detenção, podendo, também, ser cominada a pena de multa, seja cumulativa ou alternativamente.

- Há algum conceito legal de crime?

  A resposta é **SIM**.

O conceito legal de crime encontra-se no art. 1º do Decreto-lei nº 3.914/1941 (Lei de Introdução ao Código Penal), nos seguintes termos:

> ***Art. 1º*** *Considera-se crime a infração penal que a lei comina pena de reclusão ou de detenção, quer isoladamente, quer alternativa ou cumulativamente com a pena de multa [...].*

- Considerando que o art. 28 da Lei nº 11.343/2006 (Lei de Drogas) não prevê pena de reclusão ou detenção, houve descriminalização da conduta?

  A resposta é **NÃO**.

Segundo o STF, apesar de não prever pena de prisão (reclusão ou detenção), o tipo penal do art. 28 da Lei de Drogas ainda é crime, havendo, apenas, a despenalização.

Art. 28 da Lei de Drogas
Despenalização

Demais peculiaridades do crime

- Os crimes podem ser de ação penal pública, condicionada ou incondicionada, ou de ação penal privada (art. 100 do CP);
- Os crimes admitem a tentativa (art. 14, II, do CP);
- Os crimes podem ser dolosos ou culposos;
- A lei penal brasileira se aplica tanto aos crimes praticados no Brasil (art. 5º do CP) como àqueles cometidos no exterior (art. 7º do CP);
- O limite de cumprimento das penas privativas de liberdade decorrentes de crime é de 40 anos (art. 75 do CP).

Contravenção

Por outro lado, a contravenção penal pode ser definida como infração de menor potencial ofensivo, sendo punida com prisão simples ou multa.

O conceito legal de contravenção também se encontra no art. 1º do Decreto-lei nº 3.914/1941 (Lei de Introdução ao Código Penal), nos seguintes termos:

> ***Art. 1º*** *[...] contravenção, a infração penal a que a lei comina, isoladamente, pena de prisão simples ou de multa, ou ambas, alternativa ou cumulativamente.*

As contravenções são tipificadas no Decreto-lei nº 3.688/1941, também conhecida como Lei das Contravenções Penais.

Peculiaridades das contravenções penais

- São sempre de ação penal pública incondicionada (art. 17 da LCP);
- As contravenções não admitem tentativa (art. 4º da LCP);
- A lei penal brasileira aplica-se somente às contravenções cometidas em território nacional (art. 2º da LCP);
- O limite de cumprimento da pena de contravenção (prisão simples) penal é de cinco anos (art. 10 da LCP).

Fique ligado
Cuidado para não confundir crime de menor potencial ofensivo (cuja pena máxima é igual ou inferior a dois anos) e infração de menor potencial ofensivo (contravenção).

Crime de menor potencial ofensivo	Infração de menor potencial ofensivo
Crime	Contravenção
Pena máxima igual ou inferior a 2 anos	

2.3 Sujeitos

2.3.1 Sujeito ativo

É aquele que ofende o bem jurídico protegido pelo Direito Penal, ou seja, é o agente que comete a infração penal.

Responsabilidade da pessoa jurídica

Sem dúvidas, a responsabilidade penal das pessoas jurídicas pela prática de crimes ambientais é um dos temas mais debatidos e questionados em concursos públicos.

Inicialmente, é importante destacar o art. 225, § 3º, da CF, com a seguinte redação:

> ***Art. 225, § 3º*** *As condutas e atividades consideradas lesivas ao meio ambiente sujeitarão os infratores, pessoas físicas ou* ***jurídicas****, a sanções penais e administrativas, independentemente da obrigação de reparar os danos causados.*

Por outro lado, o art. 3º da Lei nº 9.605/1998 também traz previsão expressa no mesmo sentido:

> ***Art. 3º*** *As pessoas jurídicas serão responsabilizadas administrativa, civil e penalmente conforme o disposto nesta Lei, nos casos em que a infração seja cometida por decisão de seu representante legal ou contratual, ou de seu órgão colegiado, no interesse ou benefício da sua entidade.*
>
> ***Parágrafo único.*** *A responsabilidade das pessoas jurídicas não exclui a das pessoas físicas, autoras, coautoras ou partícipes do mesmo fato.*

A doutrina sempre apresentou resistência a possibilidade de responsabilização penal da pessoa jurídica, já que o ente carece de voluntariedade, característica essencial da conduta considerada criminosa.

De fato, do ponto de vista lógico-jurídico, qualquer ação praticada pela pessoa jurídica, certamente, surge da vontade da(s) pessoa(s) físicas que a determina(m).

Contudo, a Constituição Federal trouxe, expressamente, a possibilidade de responsabilização penal da pessoa jurídica em seu art. 225, § 3º, razão pela qual, hoje, é amplamente admitida.

Pessoa jurídica
↓
Responsabilidade por crimes ambientais

▹ O que é teoria da dupla imputação?

Segundo a teoria da dupla imputação, para a responsabilização penal da pessoa jurídica é necessária a responsabilização (imputação), também, da pessoa física que a determina (comanda).

Teoria da dupla imputação	
Pessoa física	Pessoa jurídica

É importante ressaltar que a teoria da dupla imputação, antes exigida pelo STJ, não é mais aceita para os crimes ambientais.

Dessa forma, é plenamente possível que a pessoa jurídica seja denunciada e, inclusive, condenada sem que seja necessária a condenação da pessoa física que a administrava.

Por exemplo, é possível que a empresa Vale S/A seja condenada por crime ambiental sem que seja necessária a condenação de qualquer de seus funcionários ou administradores.

2.3.2 Sujeito passivo

É o titular do bem jurídico ofendido, ou seja, é aquele que foi lesado pela infração penal cometida pelo sujeito ativo.

Apesar de não ser frequentemente cobrado, há uma classificação quanto ao sujeito passivo, que pode ser exigida em provas de concurso público:

Sujeito passivo formal	Sujeito passivo material
O Estado, que sempre será atingido pela prática da infração penal	O titular do bem jurídico atingido

2.4 Critério de crime

Inicialmente, é importante destacar que o conceito de crime não é único e pode ser definido de diversas formas a depender do enfoque adotado.

Nesse sentido, a doutrina apresenta 3 critérios bastante comuns:

Critérios
↓
Material
↓
Formal
↓
Analítico

2.4.1 Critério material

Para tal critério, o crime é toda ação ou omissão que causa lesão ao bem jurídico penalmente tutelado.

Nas provas de concurso público, é bastante comum associar o critério material com um conceito pré-jurídico, ou seja, o crime seria tudo aquilo que atenta contra os interesses da sociedade e que é reprimido por meio do Direito Penal.

2.4.2 Critério formal

Por outro lado, para o critério formal, leva-se em consideração um conceito legal de crime.

Nesse sentido, como visto anteriormente, o conceito legal de crime é previsto no art. 1º do Decreto-lei nº 3.914/1941 (Lei de Introdução ao Código Penal), nos seguintes termos:

> ***Art. 1º*** *Considera-se crime a infração penal que a lei comina pena de reclusão ou de detenção, quer isoladamente, quer alternativa ou cumulativamente com a pena de multa[....].*

2.4.3 Critério analítico

Não há dúvidas de que é o critério mais exigido nos concursos públicos.

Inicialmente, é importante chamar atenção ao fato de que será adotada a **Teoria Tripartite**, aceita pela maioria das bancas de concurso público.

Assim, para o critério analítico, é possível conceituar o crime como sendo um fato típico, ilícito e culpável.

Critério analítico (Teoria tripartite)
↓
Fato típico
↓
Ilicitude
↓
Culpabilidade

> **Fique ligado**
>
> Alguns doutrinadores adotam a **Teoria Bipartite.** Para tal corrente, a **culpabilidade** não seria um elemento do crime, mas um pressuposto de aplicação da pena.

"Escada" do crime

É importante destacar que, no critério analítico, só é possível falar em crime caso estejam presentes todos os elementos (tipicidade, ilicitude e culpabilidade).

> "A" atira contra "B", que vem a morrer por conta dos disparos de arma de fogo.

No exemplo acima, não é possível, *a priori*, afirmar a existência do crime de homicídio.

Assim, com as informações apresentadas, há como apontar, apenas, que houve um fato típico, previsto no art. 121 do Código Penal.

Com a escassez de informações, não há como saber se "A", por exemplo, agiu em legítima defesa, hipótese de exclusão da ilicitude.

Nesse caso, não há dúvidas da inexistência de crime, já que ausente o 2º elemento (ilicitude).

Tudo isso que foi dito pode ser resumido no seguinte esquema, denominado "escada do crime":

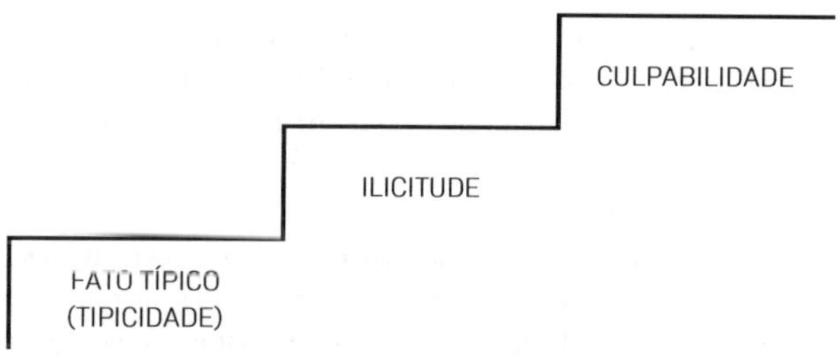

> **Fique ligado**
>
> Em suma, para a existência do crime, é necessária a presença de todos os elementos, de forma que cada um, na ordem apresentada, seja pressuposto do antecessor.

2.5 Fato típico

É todo fato jurídico decorrente da conduta de um indivíduo que atenta contra um bem jurídico e, por essa razão, o legislador resolveu reprimir por meio da criação de um tipo penal.

Por exemplo, cita-se o tipo penal do art. 121 do CP, conhecido como homicídio, que visa proteger a vida (bem jurídico).

> **Fique ligado**
>
> **Tipo penal** é a descrição, em lei, de uma conduta proibida e que enseja a cominação de uma pena.

2.5.1 Elementos do fato típico

Da mesma forma que o crime é formado por seus elementos (fato típico, ilicitude e culpabilidade), cada um deles será composto por outros elementos.

Em relação ao fato típico, os elementos são:

Fato típico

↓

Conduta

↓

Resultado

↓

Nexo Causal

↓

Tipicidade

Assim, até o momento, é possível apresentar o seguinte esquema:

	CRIME	
Fato típico	Culpabilidade	Ilicitude
↓		
Conduta		
Resultado		
Nexo Causal		
Tipicidade		

2.5.2 Resultado

Há uma classificação bem conhecida no Direito Penal que leva em consideração a relação entre o resultado naturalístico e a consumação do crime.

Dessa forma, os crimes podem ser classificados em:

Fato típico

↓

Material

↓

Formal

↓

Mera conduta

Crime material

O crime material é aquele em que há previsão no tipo penal de um resultado naturalístico e que tal circunstância precisa ocorrer para que se tenha a modalidade consumada.

Por exemplo, o homicídio é classificado como crime material, já que há no art. 121 do CP a previsão de que o resultado naturalístico (morte) é condição necessária para a consumação, ou seja, se não ocorrer o resultado morte, o homicídio restará praticado na modalidade tentada.

Crime material	
Previsão de resultado naturalístico	O resultado naturalístico é necessário para a consumação do crime

Crime formal

O crime formal é aquele em que há previsão no tipo penal de um resultado naturalístico, mas sua ausência no caso concreto não interfere na consumação do crime.

Por exemplo, o crime de extorsão (art. 158) prevê um resultado naturalístico, que é a obtenção da vantagem indevida pelo agente.

Contudo, a consumação da extorsão independe do recebimento dessa vantagem, já que esta se dá quando o agente a exige, ou seja, a obtenção do lucro ilícito é mero exaurimento do delito.

Crime formal	
Previsão de resultado naturalístico	O resultado naturalístico **não** é necessário para a consumação do crime

Crime de mera conduta

O crime de mera conduta é aquele em que não há previsão no tipo penal de um resultado naturalístico, ou seja, praticada a conduta descrita no tipo penal, o crime estará consumado.

A doutrina apresenta diversos exemplos de crimes de mera conduta, como a violação de domicílio (CP, art. 150).

Assim, uma vez violado o domicílio, o crime já estará consumado, até porque não há previsão de um resultado naturalístico em sua descrição, ou seja, basta que o agente adentre na residência sem autorização:

> ***Art. 150*** *Entrar ou permanecer, clandestina ou astuciosamente, ou contra a vontade expressa ou tácita de quem de direito, em casa alheia ou em suas dependências:*
>
> *Pena – detenção, de um a três meses, ou multa.*

Crime de mera conduta
Não há previsão de resultado naturalístico

2.5.3 Conduta

A doutrina atual, com origem na década de 1930, e que veio a se incorporar na legislação brasileira, classifica a conduta como o **comportamento humano voluntário psiquicamente dirigido a um fim.**

A conduta, pois, pressupõe um movimento humano voluntário (que seja dotado de vontade), que cause repercussão no mundo exterior. Por isso que, **como regra**, não se pune a cogitação e os atos preparatórios.

Assim, podemos traduzir dois elementos da conduta:

- Comportamento voluntário; e
- Exteriorização da vontade.

Exclusão da conduta

- **Caso fortuito e força maior:** decorre de atos imprevisíveis, fenômenos naturais, situações que tiveram a causa desconhecida. Para Zaffaroni, é um resultado que se produz fora do controle da vontade.
- **Involuntariedade:** atos praticados sem intenção.
    - **Estado de inconsciência completa:** sonambulismo, hipnose, ataque de epilepsia.
    - **Movimentos reflexos:** são atos originados a partir de uma reação automática do agente.
- **Coação física irresistível:** uma força física externa conduz o agente a praticar um fato ou o impossibilita de evitar o resultado.

Fique ligado
Este elemento não pode ser confundido com a coação moral irresistível, pois esta, além de ser uma situação à culpabilidade, o agente tinha a opção entre o agir/não agir, mas uma força psicológica (grave ameaça), retira a liberdade de escolha do cidadão.

Nexo causal

É o vínculo, a ponte que une a conduta ao resultado. Em resumo, trata-se da análise da vinculação do resultado ao agente.

O Código Penal dispõe sobre o nexo de causalidade no *caput* do art. 13, ao assim dispor:

> ***Art. 13*** *O resultado, de que depende a existência do crime, somente é imputável a quem lhe deu causa. Considera-se causa a ação ou omissão sem a qual o resultado não teria ocorrido.*

A nossa legislação adotou a chamada Teoria da Equivalência dos Antecedentes Causais (*conditio sine qua non*). Para essa teoria, reitere-se, todos os antecedentes do resultado, ainda que sobre ele tenham exercido mínima influência, serão considerados como sua "causa".

Essa teoria deve ser somada à teoria da eliminação hipotética dos antecedentes causais para se apurar quais são, de fato, as causas determinantes para o resultado. Mas cuidado para não regredir ao infinito!

Concausas

No caso concreto, é possível que exista mais de uma causa motivadora do resultado. É o que se denomina tecnicamente de concausa.

> **Ex.:** Pedro, desfere 4 tiros em seu desafeto, pretendendo matá-lo. Porém, o desafeto havia sido vítima de ministração de veneno por sua esposa minutos antes. O desafeto morre em decorrência do envenenamento.

Nesse caso, existem duas causas concorrendo para o evento morte. Entretanto, aplicando-se o método da eliminação hipotética, Pedro não pode ser responsabilizado pelo resultado, pois este aconteceria independentemente de sua conduta. Resta, pois, sua responsabilização por tentativa de homicídio.

A doutrina trata das **causas dependentes e independentes.** As primeiras seriam as que têm origem na conduta do sujeito e inserem-se dentro da sua linha de desdobramento causal natural, esperada. Já as causas independentes são as que, originando-se ou não da conduta do agente, produzem por si só o resultado. Elas configuram um fator que está fora do desdobramento do que normalmente aconteceria com a conduta praticada. São eventos inusitados, inesperados.

Ainda, a respeito das **causas independentes**, faz-se necessário distingui-las entre as causas **absolutamente** e as **relativamente** independentes da conduta.

As causas absolutamente independentes dizem respeito às que produzem por si só o resultado, não possuindo qualquer origem ou relação com a conduta praticada. Nesse caso, o resultado ocorreria de qualquer modo, com ou sem o comportamento realizado (eliminação hipotética), motivo pelo qual fica afastado o nexo de causalidade (fazendo com que não se possa imputar o resultado ao autor da conduta). O agente, desse modo, só responde pelos atos praticados, excluindo-se de seu âmbito a imputação do resultado.

As causas **absolutamente independentes** se dividem em:

- **Preexistentes:** a causa do resultado antecede o comportamento concorrente. Trata-se da situação do exemplo acima.
- **Concomitantes:** as causas concorrentes para o resultado são simultâneas.
- **Supervenientes:** a causa do resultado é posterior ao comportamento concorrente.

Para todas estas hipóteses, em se tratando de concausa absolutamente independente, não importa a espécie, o comportamento concorrente será punido na modalidade tentada.

Noutro giro, na **causa relativamente independente**, a origem efetiva do resultado se origina do comportamento concorrente, ocorrendo uma fusão entre as causas para produzir o resultado final. Possuem a mesma subclassificação.

Preexistente: o elemento que se conjuga para produzir ao resultado é anterior à causa concorrente.

> **Ex.:** indivíduo que é portador de hemofilia, vítima de uma pequena facada, que morre em razão da dificuldade para estancar o sangue. O autor dessa facada responde pelo crime consumado.

Concomitante: a causa efetiva do resultado se conjuga simultaneamente com a concausa.

> **Ex.:** "A" querendo matar "B" desfere-lhe um tiro. Por circunstâncias alheias, o tiro não atinge a vítima, mas esta, em razão do susto, tem um ataque cardíaco e morre. O agente "A" responde pelo crime doloso, na medida em que, se não tivesse atirado, "B" não morreria.

Superveniente: o elemento propulsor que se soma à concausa acontece após a causa concorrente. Trata-se de situação descrita no art. 13, § 1º, do CP.

> *Art. 13, § 1º A superveniência de causa relativamente independente exclui a imputação quando, por si só, produziu o resultado; os fatos anteriores, entretanto, imputam-se a quem os praticou.*

Formas de conduta

Quando se analisa a conduta, é importante analisar a voluntariedade do agente, que consiste em ter consciência do ato praticado.

Para tanto, é imprescindível analisar se a conduta foi dolosa (praticada intencionalmente) ou culposa (sem intenção de produzir o resultado), praticada por ação (conduta positiva/agir – ou também chamado de crime comissivo) ou por omissão (conduta negativa, deixar de fazer).

- ▷ **Crime doloso:** nos termos do art. 18, I, do CP, diz-se doloso o crime que o agente quis o resultado ou assumiu o risco de produzi-lo. Trata-se, pois da vontade consciente dirigida a praticar um crime. **O dolo apresenta dois elementos:** o volitivo, que consiste na vontade de praticar a conduta, e o intelectivo, que representa a consciência do resultado.
- ▷ **Crime culposo:** tem previsão no art. 18, II, do CP, e diz respeito às condutas praticadas com a quebra de um dever objetivo de cuidado. Ou seja, consiste em uma conduta não pretendida pelo autor do fato, que poderia ter sido evitado se as cautelas necessárias fossem observadas.

Nesta modalidade, o agente pratica uma conduta eivado de voluntariedade. Espera que seu resultado seja lícito, porém, pela quebra do dever objetivo de cuidado, falha.

Quebra do dever objetivo de cuidado

- ▷ **Imprudência:** consiste em uma conduta positiva, que deságua no resultado não pretendido.
- ▷ **Negligência:** abstenção, conduta negativa, deixar de fazer.
- ▷ **Imperícia:** falta de aptidão técnica.

Em suma, para a configuração do crime culposo, é necessário o preenchimento dos seguintes requisitos:

- ▷ Conduta humana e voluntária;
- ▷ Violação do dever objetivo de cuidado;
- ▷ Resultado (naturalístico) involuntário;
- ▷ Nexo de causalidade;
- ▷ Resultado involuntário previsível;
- ▷ Previsão legal para crime culposo.

Espécies de culpa

- ▷ **Culpa consciente:** o agente prevê o resultado, mas espera que ele não ocorra, supondo poder evitá-lo com sua habilidade.
- ▷ **Culpa inconsciente ou própria:** o agente não prevê o resultado, que era previsível. Qualquer outro cidadão, nas mesmas condições, poderia prever. O agente não quer e não assume o risco de produzir o resultado, mas falha relativamente ao dever de cuidado objetivo.
- ▷ **Culpa imprópria:** quando o dolo na conduta é tratado como culpa, em razão de um erro evitável (art. 20, § 1º, do CP).

Obs.: É elementar para o seu concurso diferenciar de maneira clara a culpa consciente do dolo eventual. Na primeira situação, o agente prevê o resultado, mas acredita que com sua habilidade ele é capaz de evitar o resultado. Já no dolo eventual, o agente prevê o resultado e assume o risco de sua ocorrência, agindo com descaso (com indiferença) em relação ao bem jurídico tutelado.

- ▷ **Crime comissivo:** é o crime praticado por ação, quando há subsunção de uma conduta a um núcleo de um tipo penal.
- ▷ **Crime omissivo:** trata-se de situações em que há uma abstenção de conduta, um deixar de fazer.
  - **Crime omissivo próprio:** é o crime omissivo por excelência, aquele em que já contém no tipo penal a ideia de não fazer, constando expressamente em seu núcleo o vocábulo "deixar de".

  > Ex.: arts. 135, 244 e 269 do CP.

  - **Crime omissivo impróprio ou comissivo por omissão (existem ainda os sinônimos: espúrio, impuro):** aqui não se leva em consideração apenas a abstenção de comportamento. Deve ser levado em consideração para esta classificação que a omissão a ser analisada é quando o agente tinha um dever jurídico para evitar a ocorrência do resultado.

Fique ligado

Trazendo uma rápida diferenciação: na **omissão própria**, o agente tem um dever genérico de agir, enquanto na **omissão imprópria**, o indivíduo tem um dever jurídico que o vincula ao resultado caso seja omisso. Além disso, na **omissão própria** o agente responde por omissão pura, enquanto na **omissão imprópria**, o agente responde por crime comissivo praticado por omissão.

A omissão imprópria tem sua previsão no art. 13, § 2º, do CP:

> *§ 2º A omissão é penalmente relevante quando o omitente devia e podia agir para evitar o resultado. O dever de agir incumbe a quem:*
> *a) tenha por lei obrigação de cuidado, proteção ou vigilância;*
> *b) de outra forma, assumiu a responsabilidade de impedir o resultado;*
> *c) com seu comportamento anterior, criou o risco da ocorrência do resultado.*

Crime preterdoloso

Além das espécies de crimes já estudados (doloso e culposo), reconhece-se o crime preterdoloso ou preterintencional, em que o resultado vai além da intenção do agente. O crime preterdoloso é uma das espécies de crime qualificado pelo resultado (gênero).

O agente quer um resultado e o atinge, mas sua conduta enseja outro evento, por ele não desejado (obtido culposamente).

> **Ex.:** lesão corporal seguida de morte (art. 129, § 3º, do CP). Ocorre "dolo no antecedente e culpa no consequente". Importante assinalar que o agente só responderá pelo resultado que agrava a pena se para ele concorrer, ao menos, culposamente (CP, art. 19).

PRO PEN

2.6 Etapas da realização do delito - *iter criminis*

Aqui estamos diante do caminho do crime, os atos que são usualmente praticados até que alcancemos um resultado (jurídico ou naturalístico).

Ademais, estuda-se também a consumação e tentativa, tendo em vista que existe reflexo jurídico distinto em cada uma das situações.

Acerca das etapas, apresentamos as quatro:

- Cogitação;
- Atos preparatórios;
- Atos executórios;
- Consumação.

Fique ligado

O **exaurimento** não integra o *iter criminis*, mas serve de importante critério para solução de questões envolvendo sucessão de leis no tempo. Também pode recair em fato que aumenta a reprovabilidade da conduta.

2.6.1 Cogitação

Consiste na fase interna, o mero pensamento, antecipação mental. Mostra-se irrelevante aos fins de direito na medida em que não houve o exercício ou violação de bem jurídico alheio.

2.6.2 Atos preparatórios

Momento anterior ao início da execução e posterior à cogitação. Os atos preparatórios verificam-se quando a ideia passa da esfera mental e se materializa mediante condutas voltadas ao cometimento do crime.

Via de regra, os atos preparatórios são impuníveis, mas existem exceções.

Fique ligado

As exceções aparecem nos arts. 288 e 291 do CP, bem como no art. 34 da Lei de Drogas, e art. 5º da Lei nº 13.260/2016.

2.6.3 Atos executórios

Aqui, efetivamente, dá-se início à violação ao bem jurídico alheio. São as ações ou omissões diretamente dirigidas ao intento criminoso.

2.6.4 Consumação

É a fase conclusiva do *iter criminis*. O delito encontra-se consumado quando estiverem reunidos todos os elementos da definição legal do delito (art. 14, I, do CP). Com a consumação, alcança-se o resultado, o que faz preencher a figura típica.

O exaurimento não faz parte do *iter criminis*. Cuida-se, em verdade, de momento posterior à consumação, sendo, em regra, por ela absorvido.

2.7 Situações que impedem a responsabilização do agente pelo resultado

2.7.1 Tentativa

Também chamada de *conatus*, é denominada uma norma de extensão (regra ampliativa da tipicidade penal), que permite a aplicação de pena mesmo quando não há a consumação delitiva.

> ***Art. 14*** *Diz-se o crime:*
>
> ***Crime consumado***
>
> *I – consumado, quando nele se reúnem todos os elementos de sua definição legal;*
>
> ***Tentativa***
>
> *II – tentado, quando, iniciada a execução, não se consuma por circunstâncias alheias à vontade do agente.*
>
> ***Parágrafo único.*** *Salvo disposição em contrário, pune-se a tentativa com a pena correspondente ao crime consumado, diminuída de um a dois terços.*

A tentativa pode se desmembrar em:

- **Tentativa perfeita ou inacabada (crime falho):** o agente percorre todo o *iter criminis*, esgotando o processo executório que tinha por objetivo, mas a consumação não ocorre por fatores involuntários (circunstâncias alheais à sua vontade).
- **Tentativa imperfeita ou inacabada:** aqui o agente não consegue levar adiante todo o plano criminoso. O processo de execução delitiva sofre interferência antes mesmo da realização do itinerário previsto.
- **Tentativa vermelha ou cruenta:** a vítima sofre lesões, mas o fato não se consuma.
- **Tentativa branca ou incruenta:** a vítima não chega a ser fisicamente atingida.

Não admitem tentativa:

- Crimes de atentado;
- Crimes culposos;
- Crimes preterdolosos;
- Crimes omissivos próprios;
- Crimes unissubsistentes;
- Crimes habituais;
- Contravenções penais.

2.7.2 Desistência voluntária e arrependimento eficaz (tentativa abandonada ou qualificada)

As hipóteses relacionadas à chamada tentativa qualificada encontram respaldo no art. 15 do CP, que são os institutos da desistência voluntária e do arrependimento eficaz, também classificados como "ponte de ouro". São duas as espécies: a desistência voluntária e o arrependimento eficaz.

> ***Art. 15*** *O agente que, voluntariamente, desiste de prosseguir na execução ou impede que o resultado se produza, só responde pelos atos já praticados.*

A **desistência voluntária** está prevista na primeira parte do art. 15 do Código Penal, e consiste na prática em que o agente, durante a execução do delito, **desiste de prosseguir na execução quando lhe era possível.**

Assim, o agente que voluntariamente (não precisa ser espontaneamente) desiste de prosseguir na execução responde tão somente pelos atos já praticados.

Por outro lado, no **arrependimento eficaz**, os atos executórios já foram praticados, mas o agente, agindo em sentindo contrário, evita o resultado do crime.

> **Ex.:** OREIA, com intuito de matar, dispara os cinco tiros possíveis em NARIGA. Na sequência, se arrepende e socorre a vítima, levando-a ao hospital. Por conta do tratamento médico, NARIGA sobrevive.

Perceba que nesta segunda hipótese o agente evita a produção do resultado. E, para ser agraciado com a aplicação do instituto, o resultado não pode se produzir.

Além disso, perceba que neste instituto o agente termina de praticar **todos** os atos de execução.

Segundo o entendimento dominante na doutrina, as figuras do art. 15 do CP são excludentes da tipicidade tentada. Isso porque "tanto na desistência voluntária quanto no arrependimento eficaz não se atinge o momento consumativo do crime 'por vontade do agente'. Isso torna evidente a falta de adequação típica pela inocorrência do segundo elemento da tentativa, que é a não consumação do crime por circunstâncias independentes da vontade do agente".

2.7.3 Arrependimento posterior

> ***Art. 16*** *Nos crimes cometidos sem violência ou grave ameaça à pessoa, reparado o dano ou restituída a coisa, até o recebimento da denúncia ou da queixa, por ato voluntário do agente, a pena será reduzida de um a dois terços.*

Essa modalidade de "interferência" no *iter criminis* corresponde a uma hipótese em que o agente se arrepende da prática delitiva após a consumação do delito.

Nesse sentido, nos termos do art. 16 do CP, que também é conhecido como "Ponte de Prata", **nos crimes sem violência ou grave ameaça**, se o agente **repara o dano ou restitui a coisa** (por ato voluntário – não necessariamente espontâneo) **até o recebimento da denúncia**, tem sua pena reduzida de 1/3 a 2/3.

Obs. 1: Embora o *caput* do art. 16 estabeleça que o instituto é aplicado aos crimes sem violência ou grave ameaça, temos os seguintes entendimentos:

- É aplicável este instituto aos crimes de lesões corporais culposas, tendo em vista que, neste caso, a lesão está no resultado, e não no meio empregado.
- **Também se aplica o arrependimento posterior ao crime praticado com violência imprópria** (Ex.: quando há redução de capacidade de resistência da vítima), na medida em que inexiste violência física.

Obs. 2: Os **crimes contra a fé pública**, assim como os demais **crimes** não patrimoniais em geral, são incompatíveis com o instituto do **arrependimento posterior**, dada a impossibilidade material de haver reparação do dano causado ou a restituição da coisa subtraída.

2.7.4 Crime impossível

> ***Art. 17*** *Não se pune a tentativa quando, por ineficácia absoluta do meio ou por absoluta impropriedade do objeto, é impossível consumar-se o crime.*

Configura-se o crime impossível quando, após a prática do fato, constata-se que a consumação jamais poderia ter sido realmente alcançada.

Este instituto se materializa e, consequentemente, não permite a punição pela tentativa quando o meio for absolutamente ineficaz (Ex.: tentar matar alguém por um ato de bruxaria ou com uma arma de brinquedo) ou pela impropriedade do objeto (Ex.: atirar contra um cadáver; tomar medicação abortiva sem estar grávida).

É relevante destacar que o meio (absolutamente ineficaz) a que alude o Código é o meio executório e o objeto (absolutamente impróprio) a que faz referência é o objeto material.

Por fim, vale mencionar o chamado crime impossível por obra do agente provocador, que se dá quando a Polícia induz o agente a praticar o fato, assegurando-se, em paralelo, que será impossível consumá-lo. Essa hipótese decorre do entendimento jurisprudencial do STF:

> ***Súmula nº 145 – STF***
>
> *Não há crime, quando a preparação do flagrante pela polícia torna impossível a sua consumação.*

Tomemos como exemplo o fato de a Polícia, pretendendo identificar o autor de crimes contra o patrimônio em local de grande circulação de pessoas, colocar um policial ostentando diversas joias de ouro, fazendo-se passar pela vítima preferencial do investigado, com o intuito de servir de isca, para induzi-lo à prática do crime e, ao mesmo tempo, são colocados diversos policiais à paisana. Quando o agente tentar praticar o delito, será preso em flagrante pelos policiais. Veja-se que, nesse exemplo, a preparação do flagrante pela polícia torna impossível a consumação do delito.

2.8 Teoria do erro

Ainda dentro do campo da conduta, situação que gera boa discussão sobre o tema é a teoria do erro, prevista no art. 20 do CP, que traz a seguinte redação:

> ***Art. 20*** *O erro sobre elemento constitutivo do tipo legal de crime exclui o dolo, mas permite a punição por crime culposo, se previsto em lei.*

Erro, em Direito Penal, corresponde a uma *falsa percepção da realidade*. O erro pode interferir na responsabilidade penal do agente, retirando do fato seu caráter criminoso ou eximindo de culpa o autor do crime.

No *caput* do art. 20 temos a figura do erro de tipo, hipótese em que o agente ignora ou tem uma falsa percepção da realidade que o circunda, ou seja, ele não capta corretamente os eventos que ocorrem ao seu redor. O sujeito se confunde, trocando um fato por outros.

Por exemplo, incorre em erro de tipo a pessoa que, ao sair de um supermercado, dirige-se ao estacionamento e, diante de um automóvel idêntico ao seu (mesma cor e modelo), nele ingressa e, com sua chave, o aciona e deixa o local. A falsa percepção da realidade incidiu sobre um dado fático previsto como elementar do tipo penal do art. 155 do CP (no caso, desconhecia que o bem era "coisa alheia" e acreditava, de boa-fé, que se tratava de "coisa própria").

O erro de tipo pode ser desmembrado em: **essencial** e **acidental**.

O erro de tipo **essencial** recai sobre os dados principais do crime e pode ser inevitável ou evitável.

- **Inevitável/escusável/justificável/invencível:** é o erro imprevisível, que exclui o dolo (ausência de consciência) e a culpa (sem previsibilidade do resultado).
- **Evitável/inescusável/injustificável/vencível:** erro previsível. Exclui somente o dolo (falta de consciência) e pune-se a culpa, se prevista em lei.

Já o erro acidental recai sobre dados secundários do crime. Pode se dar de seis formas:

2.8.1 Erro sobre o objeto

O agente confunde o objeto material. A consequência é que o agente responde de acordo com o bem jurídico efetivamente atingido. Não há que se falar em exclusão do dolo nem da culpa.

2.8.2 Erro sobre a pessoa

Aqui, há o erro com relação à pessoa sobre a qual recai a conduta. Aqui, existe uma vítima real (que recebe a conduta), e uma virtual (a que deveria receber). A consequência, conforme prevê o art. 20, § 3º, do CP é que o agente responde pelo crime de acordo com as condições da vítima a que se pretendia atingir.

2.8.3 Erro na execução/*aberratio ictus*

Quando, por acidente ou erro no uso dos meios de execução, o agente, ao invés de atingir a pessoa que pretendia ofender, atinge pessoa diversa, responde como se tivesse praticado o crime contra aquela, atendendo-se ao disposto no § 3º do art. 20 deste Código. No caso de ser também atingida a pessoa que o agente pretendia ofender, aplica-se a regra do art. 70 deste Código.

2.8.4 Resultado diverso do pretendido/ *aberratio criminis ou delicti*

> ***Art. 74*** *Fora dos casos do artigo anterior, quando, por acidente ou erro na execução do crime, sobrevém resultado diverso do pretendido, o agente responde por culpa, se o fato é previsto como crime culposo; se ocorre também o resultado pretendido, aplica-se a regra do art. 70 deste Código.*

2.8.5 Erro provocado por terceiro

> ***Art. 20, § 2º*** *Responde pelo crime o terceiro que determina o erro.*

2.8.6 Erro sobre o nexo causal

Erro sobre o nexo causal é aquele em que o resultado almejado pelo agente é alcançado, mas se produz com nexo causal diverso, de maneira não quista pelo agente.

Divide-se em duas espécies:

- **A primeira é o erro sobre o nexo causal em sentido estrito:** ocorre quando o agente, mediante um só ato, provoca o resultado visado, porém com outro nexo de causalidade.

> **Ex.:** "A" empurra "B" de uma montanha para que ele morra afogado, porém, durante a queda, "B" bate a cabeça contra uma rocha e morre em razão das múltiplas lesões.

- **A segunda é o dolo geral ou *aberratio causae:*** nesta situação, o agente realiza uma pluralidade de atos, provocando o resultado pretendido, porém com outro liame (nexo causal).

> **Ex.:** Caio, com intenção de matar, desfere três tiros contra seu desafeto, Getúlio, acreditando tê-lo matado. Ato contínuo, desova o cadáver em uma distante lagoa da região, porém, Getúlio acaba morrendo por afogamento. Dessa forma, o agente será responsabilizado por crime único onde irá ser considerado, o nexo ocorrido (e não o pretendido inicialme

Erro de tipo essencial

O erro de tipo essencial é previsto no art. 20 do Código Penal, nos seguintes termos:

> ***Art. 20*** *O erro sobre elemento constitutivo do tipo legal de crime exclui o dolo, mas permite a punição por crime culposo, se previsto em lei.*

Dessa forma, o erro de tipo essencial ocorre quando a falsa percepção recai sobre elementares do tipo penal.

Fique ligado
Elementares do tipo penal: São os elementos do tipo penal que, se suprimidos, desclassificam o crime (leva a outro tipo penal) ou tornam a conduta atípica.

O caso concreto anteriormente apresentado é um exemplo de erro de tipo essencial, já que ser "menor de 14 anos" é elementar do tipo penal.

> ***Art. 217-A*** *Ter conjunção carnal ou praticar outro ato libidinoso com* ***menor de 14 (catorze) anos:***
>
> *Pena – reclusão, de 8 (oito) a 15 (quinze) anos.*

Exclusão do dolo

A principal consequência do erro de tipo essencial é a **exclusão do dolo.**

O motivo é bastante simples.

Como o indivíduo age sob falsa percepção da realidade, a voluntariedade (dolo) de sua conduta é viciada, ou seja, ele não tinha a intenção de praticar o ilícito, aliás, teria, até mesmo, a evitado.

Apesar das terminologias semelhantes, é na consequência que se verifica a maior distinção entre o erro de tipo e o erro de proibição:

Erro de tipo	Erro de tipo
Exclusão do dolo	Exclusão da culpabilidade

Erro de tipo essencial: escusável x inescusável

Dentro do erro de tipo essencial, há a classificação em: 1) ESCUSÁVEL e 2) INESCUSÁVEL.

O erro de tipo **essencial escusável (inevitável)** ocorre quando o agente toma as devidas cautelas, mas, ainda assim, pratica a conduta com base em falsa percepção dos fatos, ou seja, qualquer outra pessoa agiria da mesma forma.

> "A", maior, conhece "B" em uma boate e a convida para passar a noite em sua casa. Contudo, "B" é menor e possui menos de 14 anos, apesar de sua compleição física aparentar mais idade (exemplo já apresentado).

Por outro lado, o **erro de tipo essencial inescusável (evitável)** ocorre quando o agente age sem tomar os cuidados adequados ao caso concreto, ou seja, age com **culpa.**

> "A", caçador, atira em direção a um arbusto que se movimentava, sem se preocupar em verificar se era, de fato, uma presa. Após o disparo, "A" descobre que atingiu "B", um outro caçador que se encontrava no local.

- O erro de tipo essencial sempre exclui o dolo?

A resposta é **SIM.**

Não importa se o erro de tipo essencial é escusável ou inescusável, pois se o agente agiu com falsa percepção dos fatos (realidade), sua intenção (dolo) é viciada.

Dessa forma, o Direito Penal, corretamente, exclui o dolo.

- Mas qual a diferença prática entre as modalidades do erro de tipo essencial?

Como no erro de tipo essencial inescusável (evitável) o agente age com culpa, haverá responsabilização penal caso a conduta corresponda a um tipo penal que admita a modalidade culposa.

Por exemplo, se o indivíduo pratica um homicídio incorrendo em erro de tipo essencial escusável, deverá responder pelo crime de homicídio culposo, já que o tipo penal admite a modalidade culposa.

Escusável	Inescusável
Exclui o dolo	Exclui o dolo
↓	↓
Exclui a culpa	Responde pela culpa se prevista a modalidade culposa

2.8.7 Erro de proibição

No erro de proibição, ao contrário do erro de tipo, a pessoa tem plena noção da realidade que se passa a seu redor.

Não há confusão mental sobre o que está acontecendo diante de seus olhos. O sujeito, portanto, sabe exatamente o que faz. Seu equívoco recai sobre a compreensão acerca de uma regra de conduta. Com seu comportamento, o agente viola alguma proibição contida em norma penal que desconhece por absoluto. Em outras palavras, ele sabe o que faz, só não sabe que o que faz é proibido.

O instituto está previsto no art. 21 do Código Penal:

> ***Art. 21*** *O desconhecimento da lei é inescusável. O erro sobre a ilicitude do fato, se inevitável, isenta de pena; se evitável, poderá diminuí-la de um sexto a um terço.*

É importante mencionar que não se pode confundir erro de proibição com o desconhecimento da lei. Isso porque a maioria da população desconhece a legislação, muito menos o Código Penal, contudo, as pessoas sabem bem que matar, roubar, sequestrar, ofender a honra etc. são crimes. Se o desconhecimento da lei isentasse a população de responsabilidade penal por seus atos, quase todos teriam um "alvará" para cometer os mais variados crimes, prejudicando terceiros, sem sofrer qualquer punição.

2.9 Descriminantes putativas

De início, registra-se que descriminante é sinônimo de causa de exclusão de ilicitude, que estão elencadas no art. 23 do Código Penal:

> ***Art. 23*** *Não há crime quando o agente pratica o fato:*
> *I – em estado de necessidade;*
> *II – em legítima defesa;*
> *III – em estrito cumprimento de dever legal ou no exercício regular de direito.*

O termo "putativa" está relacionado à ausência de realidade, ou seja, descriminante putativa é uma situação que somente aparenta ser uma causa de excludente de ilicitude.

As descriminantes putativas estão previstas no art. 20, § 1º, do CP, nos seguintes termos:

> ***Art. 20, § 1º*** *É isento de pena quem, por erro plenamente justificado pelas circunstâncias, supõe situação de fato que, se existisse, tornaria a ação legítima. Não há isenção de pena quando o erro deriva de culpa e o fato é punível como crime culposo.*

2.9.1 Espécies

Inicialmente, o tema requer muita atenção do aluno, bem como o domínio dos institutos: erro de proibição e erro de tipo.

Apesar do Código Penal não mencionar, são reconhecidas 2 (duas) espécies de descriminantes putativas:

Descriminantes putativas	
Falsa percepção dos fatos (pressupostos fáticos)	Erro sobre existência ou limite da descrimintante

2.10 Ilicitude

Também denominada antijuridicidade, é o segundo elemento do conceito analítico de crime. A ilicitude consiste na contrariedade do fato com o ordenamento jurídico, por meio da exposição a perigo de dano ou da lesão a um bem jurídico tutelado.

Ao examinar uma conduta, que é, em verdade, casuística, pois não é possível universalizar os fatos, é preciso analisar se o agente praticou esta conduta amparado por alguma situação que tornou a ação legítima ou não.

Se ele agir amparado por uma causa que torne lícita sua conduta, estaremos diante da exclusão da ilicitude e, como decorrência, do crime em si.

As causas excludentes de ilicitude podem ser chamadas de Descriminantes ou Justificantes.

A ilicitude, também denominada de antijuridicidade, é a relação de contrariedade entre o fato humano e as exigências do ordenamento jurídico.

2.10.1 Causas excludentes de ilicitude em espécie

São situações nas quais o ordenamento jurídico autoriza, excepcionalmente, a prática de fatos típicos. As excludentes de ilicitude são previstas no art. 23 do Código Penal. De acordo com o texto, são quatro as causas de justificação:

> ***Art. 23*** *Não há crime quando o agente pratica o fato:*
> *I – em estado de necessidade;*
> *II – em legítima defesa*
> *III – em estrito cumprimento de dever legal ou no exercício regular de direito.*
> *Excesso punível*
> ***Parágrafo único.*** *O agente, em qualquer das hipóteses deste artigo, responderá pelo excesso doloso ou culposo.*

Sendo o fato praticado nessas circunstâncias, não haverá crime.

Estado de necessidade

> ***Art. 24*** *Considera-se em estado de necessidade quem pratica o fato para salvar de perigo atual, que não provocou por sua vontade, nem podia de outro modo evitar, direito próprio ou alheio, cujo sacrifício, nas circunstâncias, não era razoável exigir-se.*
> *§ 1º Não pode alegar estado de necessidade quem tinha o dever legal de enfrentar o perigo.*
> *§ 2º Embora seja razoável exigir-se o sacrifício do direito ameaçado, a pena poderá ser reduzida de um a dois terços.*

Nesta modalidade de descriminante, verificamos situação em que dois bens jurídicos correm risco de perecer. Nesse contexto, a Lei permite que um deles seja sacrificado em detrimento de outrem, já que não seria possível a preservação de ambos.

Requisitos:

- **Perigo atual:** é o risco presente, real, gerado por fato humano, **comportamento de animal** (não provocado pelo dono) ou fato da natureza.
- A situação de perigo não pode ter sido causada pelo agente.
- Salvar direito próprio ou alheio.
- Inexistência de dever legal de enfrentar o perigo.
- Impossibilidade da prática de outro ato de salvaguarda.

Dentro do estado de necessidade, muito se discute acerca do furto famélico.

Hodiernamente, a jurisprudência encara esta situação como estado de necessidade, desde que preenchidos os seguintes requisitos:

- Fato praticado em razão de extrema miserabilidade do agente.
- Que o crime seja o único/último recurso possível.
- Subtração de coisa capaz de solucionar a situação de emergência.
- Falta de recursos ou impossibilidade de trabalhar.

Além disso, merece ênfase o exemplo do **ataque animal.**

Se o ataque animal se dá "por conta" do instinto deste, e, posteriormente, há o sacrifício de direito alheio (Ex.: morte do cachorro, invasão de domicílio ou deterioração de parte de carro), estaremos diante do estado de necessidade.

Por outro lado, se o animal for utilizado como uma ferramenta para ataque (como uma arma), eventual repulsa será considerada como a excludente da legítima defesa.

Legítima defesa

> ***Art. 25*** *Entende-se em legítima defesa quem, usando moderadamente dos meios necessários, repele injusta agressão, atual ou iminente, a direito seu ou de outrem.*
> ***Parágrafo único.*** *Observados os requisitos previstos no caput deste artigo, considera-se também em legítima defesa o agente de segurança pública que repele agressão ou risco de agressão a vítima mantida refém durante a prática de crimes.*

É a figura clássica quando se fala em excludente de ilicitude.

Requisitos:

- **Agressão injusta:** trata-se de uma agressão imotivada, ou seja, a conduta humana que lesa ou expõe a perigo o bem jurídico alheio.

Uma vez identificada a agressão injusta, o titular do bem que pode ser violado pode repeli-la, valendo-se da utilização dos meios necessários. Registre-se, que a saída do local para buscar uma arma, com o posterior regresso, afasta a ocorrência de legítima defesa.

É importante mencionar que contra o ataque de animal cabe estado de necessidade (a não ser que alguém provoque deliberadamente o animal, de modo que ele sirva como instrumento do ataque de um ser humano).

- **Atual ou iminente:** atual é a agressão presente, enquanto iminente é a que está para acontecer.
- **Uso moderado dos meios necessários:** deve haver um juízo de proporcionalidade ao se repelir a conduta.
- **Proteção de direito próprio ou de outrem:** a legítima defesa pode ser utilizada como instrumento para a proteção de direito próprio ou de terceiro.

Fique ligado

O pacote anticrime inseriu no art. 25 do CP a legítima defesa de agente de segurança pública.

Porém, trata-se dos mesmos requisitos daqueles previstos no *caput*. Assim, vale a pena conferir a letra da lei.

Por fim, vale destacar que a mera provocação enseja à legítima defesa. Ao reagir a uma provocação por parte da vítima, o agente responderá pelo crime, podendo ser reconhecida em seu favor uma atenuante genérica (art. 65, III, "b") ou um privilégio, como no crime de homicídio (art. 121, § 1º).

Estrito cumprimento do dever legal

Os agentes públicos, no curso de suas atuações, eventualmente podem violar bem jurídico alheio (Ex.: prisão).

Assim, se a intervenção é praticada de maneira legal, não há que se falar em ato ilícito, pois há respaldo da própria lei.

Nesse sentido, para não inviabilizar o desempenho das atividades inerentes ao cargo público, o Direito Penal criou uma hipótese de exclusão de ilicitude que autoriza o agente público a praticar condutas típicas, porém, não ilícitas.

Para que o cumprimento do dever legal exclua a ilicitude da conduta é preciso que obedeça aos seguintes requisitos:

- Existência prévia de um dever legal;
- Atitude pautada pelos estritos limites do dever; e
- Conduta, como regra, de agente público e, excepcionalmente, de particular.

Exercício regular de direito

Todo aquele que exerce um direito assegurado por lei não pratica ato ilícito. Quando o ordenamento jurídico, por meio de qualquer de seus ramos, autoriza determinada conduta, sua licitude reflete-se na seara penal, configurando excludente de ilicitude: exercício regular de um direito (art. 23, III, do CP).

Se a parte age em uma situação legítima, respaldada por um direito, não há que se falar em ilícito.

É o que ocorre, por exemplo, quando um civil efetua uma prisão em flagrante, conforme autorização do art. 301 do CPP.

Outro exemplo bastante difundido é o chamado desforço pessoal possessório (defesa da posse), regulado pela lei civil, efetivado depois de consumado o esbulho.

Atente-se que, durante a perturbação da posse, a reação do possuidor será legítima defesa. Porém, concretizado o esbulho, poderá o titular do direito (o possuidor) reavê-lo, reação esta que configurará o exercício regular de direito.

Consentimento do ofendido

Trata-se de causa supralegal de exclusão de ilicitude, que poderá ser reconhecida desde que: o não consentimento não pode integrar o tipo penal; o ofendido tem que ser capaz; o consentimento deve ser válido; o bem deve ser disponível; o bem deve ser próprio; o consentimento deve ser anterior à lesão e deve ser expresso.

É importante destacar que o art. 23 do CP apresenta um rol exemplificativo, ou seja, é possível identificar outras causas de exclusão da ilicitude no ordenamento jurídico.

Por exemplo, a doutrina entende que as hipóteses elencadas no art. 128 do CP – aborto terapêutico e aborto humanitário – são espécies de exclusão da ilicitude no crime de aborto.

Também é pacífico o entendimento de que há, inclusive, causas supralegais de exclusão de ilicitude, ou seja, situações em que, mesmo diante da ausência de lei específica, não haverá crime na conduta do agente.

Fique ligado

O consentimento, hipótese supralegal de exclusão da ilicitude, pode ser posterior à conduta do agente? A resposta é **NÃO**. Segundo a jurisprudência dos Tribunais Superiores, o consentimento da suposta vítima deve ser prévio ou, no mínimo, concomitante à conduta do agente.

2.10.2 Excesso no uso das excludentes

O excesso configura-se com a desnecessária intensificação de uma conduta inicialmente legítima. Predomina na doutrina o entendimento de que o excesso decorre tanto do emprego do meio desnecessário como da falta de moderação.

Havendo excesso durante a prática de uma excludente de ilicitude, a Lei permite que haja punição por excesso **doloso ou culposo** (art. 23, parágrafo único, do CP).

3 CULPABILIDADE

Este elemento do crime tem como pressuposto lógico a liberdade de escolha do indivíduo no ato da prática de uma conduta. A doutrina conceitua como "a capacidade antropológica de se determinar no sentido da norma jurídica".

Evidentemente, a responsabilidade penal só pode recair sobre aquele que possui aptidão de dominar os seus instintos (físicos e psíquicos) para praticar uma conduta. Em resumo, o indivíduo precisa ser livre para decidir (livre-arbítrio).

Como fator preponderante na análise dos elementos do crime, é imperioso, diante do caso concreto, formalizar a seguinte indagação: "Poderia o agente agir de outra forma?".

Assim, a culpabilidade constitui o **juízo de reprovação** que recai sobre o autor de um fato típico e antijurídico, resultando da soma dos seguintes elementos: imputabilidade, potencial consciência da ilicitude e exigibilidade de conduta diversa.

3.1 Elementos da culpabilidade

3.1.1 Imputabilidade

No ordenamento jurídico brasileiro, todos os maiores de 18 anos presumem-se imputáveis, salvo se possuírem qualquer anormalidade psíquica, duradoura ou transitória, que lhes retire a capacidade. Já para os menores de 18 anos, a presunção é inversa e não admite prova em contrário: por força de lei, são sempre considerados inimputáveis.

Consiste na capacidade de autodeterminação, ou o conjunto de condições que permitem ao agente a faculdade de atuar de modo distinto, permitindo que a responsabilidade penal possa recair sobre quem praticou a conduta.

A nossa construção legislativa não laborou no sentido de apresentar um conceito claro de imputabilidade, mas apresenta diretamente hipóteses de **inimputabilidade.**

No parágrafo único do art. 26 do Código Penal, há hipótese de semi-imputabilidade, na medida em que o agente é dotado de parcial capacidade para compreender a reprovabilidade do fato. A consequência da semi-imputabilidade é a aplicação de pena reduzida ou medida de segurança.

> ***Art. 26*** *É isento de pena o agente que, por doença mental ou desenvolvimento mental incompleto ou retardado, era, ao tempo da ação ou da omissão, inteiramente incapaz de entender o caráter ilícito do fato ou de determinar-se de acordo com esse entendimento.*
>
> *Redução de pena*
>
> ***Parágrafo único.*** *A pena pode ser reduzida de um a dois terços, se o agente, em virtude de perturbação de saúde mental ou por desenvolvimento mental incompleto ou retardado não era inteiramente capaz de entender o caráter ilícito do fato ou de determinar-se de acordo com esse entendimento.*
>
> *Menores de 18 anos*
>
> ***Art. 27*** *Os menores de 18 (dezoito) anos são penalmente inimputáveis, ficando sujeitos às normas estabelecidas na legislação especial*

3.1.2 Causas de exclusão da imputabilidade

Anomalia psíquica

A doença mental, ou desenvolvimento mental incompleto ou retardado, se aliada à falta de capacidade de compreender o caráter ilícito do fato e de determinar-se de acordo com esse entendimento, produz a inimputabilidade.

A expressão **doença mental** empregada pelo legislador deve ser tomada em seu sentido amplo ou lato, entendida como qualquer condição física ou psíquica, orgânica ou funcional, congênita ou adquirida, transitória ou permanente, que comprometa a capacidade de entendimento ou autodeterminação do sujeito.

De acordo com o art. 26 do CP, se, em virtude da doença mental, desenvolvimento mental incompleto ou retardado o agente era, ao tempo da ação ou omissão, inteiramente incapaz de entender o caráter ilícito do fato ou de determinar-se de acordo com esse entendimento, será considerado inimputável.

Por outro lado, estabelece o parágrafo único do art. 26 do CP que, se em virtude da perturbação mental ou desenvolvimento mental incompleto ou retardado o agente tem meramente diminuída a capacidade de entendimento ou determinação, o agente será considerado semi-imputável

Menoridade

No ordenamento jurídico brasileiro, a menoridade é a condição de toda pessoa que ainda não completou 18 anos de idade. O fundamento da inimputabilidade penal dos menores de 18 anos, além de prevista no art. 27 do CP, encontra-se determinada no art. 228 da CF.

> ***Art. 27, CP*** *Os menores de 18 (dezoito) anos são penalmente inimputáveis, ficando sujeitos às normas estabelecidas na legislação especial.*
>
> ***Art. 228, CF*** *São penalmente inimputáveis os menores de 18 (dezoito) anos, sujeitos às normas da legislação especial.*

Vale destacar que a idade do agente deve ser verificada no momento da conduta, pouco importando qual seja no momento do resultado, em virtude da adoção da teoria da atividade com relação ao tempo do crime, adotada pelo art. 4º do CP.

Por fim, é importante ressaltar que o adolescente (pessoa com mais de 12 e menos de 18 anos completos) que pratica um fato definido como crime ou contravenção penal incorre em ato infracional, nos termos da Lei nº 8.069/1990 – Estatuto da Criança e do Adolescente, ficando sujeito às chamadas medidas socioeducativas (internação, semiliberdade etc.).

A criança que cometer semelhante ato, por sua vez, pode receber a aplicação de uma medida protetiva (encaminhamento aos pais ou responsável, mediante termo de responsabilidade; orientação, apoio e acompanhamento temporários; matrícula e frequência obrigatórias em estabeecimento oficial de ensino fundamental etc.), nos termos do referido Estatuto

Emoção e paixão

Conforme previsão expressa do art. 28, I, do CP, não excluem a imputabilidade penal a emoção e a paixão.

Emoção e paixão não se confundem. Por **emoção** entende-se **a forte e transitória perturbação da afetividade** ou a viva excitação do sentimento. Cuida-se de um estado momentâneo. A paixão, por outro lado, corresponde a um forte sentimento de caráter duradouro.

Vale lembrar que a emoção, muito embora não isente o agente de pena, pode influenciar na sua dosimetria, beneficiando o agente com uma sanção reduzida.

É o caso, por exemplo, se o agente praticar um homicídio sob o **domínio de violenta emoção, logo em seguida a injusta provocação da vítima,** sua pena será reduzida de um sexto a um terço (art. 121, § 1º, do CP).

Ainda, aquele que praticar a infração penal sob *a influência* de violenta emoção provocada por ato injusto do ofendido receberá uma atenuante genérica, conforme previsão do art. 65, III, "c", do Código Penal

Embriaguez

A embriaguez consiste na intoxicação transitória e aguda, provocada por álcool ou substância de efeitos análogos.

Neste ponto, é imprescindível cuidado especial. Perceba, o inciso II do art. 28 do CP estabelece com propriedade que a **embriaguez voluntária ou culposa** também **não tem o condão de excluir** a imputabilidade penal.

A única forma de se excluir a imputabilidade em razão da embriaguez é aquela completa e fortuita ou acidental. Porém, exige-se que ela conduza o agente a estado em que seja inteiramente incapaz de entender o caráter criminoso do fato e de determinar-se de acordo com seu entendimento.

> ***Art. 28, CP** [...]*
>
> *§ 1º É isento de pena o agente que, por embriaguez completa, proveniente de caso fortuito ou força maior, era, ao tempo da ação ou da omissão, inteiramente incapaz de entender o caráter ilícito do fato ou de determinar-se de acordo com esse entendimento.*
>
> *§ 2º A pena pode ser reduzida de um a dois terços, se o agente, por embriaguez, proveniente de caso fortuito ou força maior, não possuía, ao tempo da ação ou da omissão, a plena capacidade de entender o caráter ilícito do fato ou de determinar-se de acordo com esse entendimento.*

A doutrina identifica três estágios de embriaguez: excitação, depressão e sono (letargia). Considera-se completa a embriaguez nas duas últimas fases, pois ela retira por completo a capacidade de discernimento do agente.

A embriaguez completa e involuntária enseja absolvição própria, por exclusão da culpabilidade (inimputabilidade penal). Se o comprometimento da capacidade de compreensão ou autodeterminação for apenas parcial, incidirá uma causa de diminuição de pena, de um a dois terços (art. 28, § 2º) ("semi-imputabilidade" penal).

Embriaguez fortuita ou acidental

É a embriaguez que ocorre a partir de um fato não previsível.

> **Fique ligado**
>
> Acerca da situação do alcoólatra, não enquadramos a situação no art. 28 do CP, mas sim na hipótese de doente mental do art. 26 do mesmo códex.

Embriaguez voluntária (dolosa ou culposa)

Na primeira vertente, estamos diante da situação em que o agente voluntariamente se embriaga (Ex.: pedindo várias rodadas de drinks) ou quando ele consome bebida em excesso e alcança o estado de embriaguez sem intenção.

A embriaguez voluntária possui três subdivisões: culposa; dolosa e preordenada.

- A **embriaguez culposa** consiste no excesso imprudente no consumo da bebida, ou seja, a pessoa não age com o propósito de embriagar-se, mas exagera na dose e se alcooliza.
- A **embriaguez dolosa**, por sua vez, se dá quando o indivíduo tem intenção prévia de se inebriar com álcool. Além do eventual prazer decorrente do consumo da bebida, ele almeja atingir o estágio de ebriez.
- A **preordenada**, por fim, ocorre quando o sujeito pretende se embriagar para cometer algum delito, ou seja, o agente, desde o início, atua com dolo de realizar algum comportamento criminoso, de modo que a bebida atua como possível fator de desinibição ou encorajamento para a prática do crime. Nesse caso, a embriaguez preordenada é constitui agravante genérica expressamente prevista no art. 61, II, "l", do Código Penal.

Em todas as situações acima retratadas, o agente responde pelo fato, aplicando-se a teoria da *actio libera in causa*, situação em que o sujeito pratica um comportamento criminoso sendo inimputável ou incapaz de agir, mas, em momento anterior, ele próprio se colocou nesta situação de ausência de imputabilidade ou de capacidade de ação, de maneira propositada ou, pelo menos, previsível.

É fundamental, nesse sentido, que o resultado posteriormente produzido tenha sido desejado ou seja, ao menos, previsível, no momento em que se realizou o ato livre, causador da futura inimputabilidade ou falta de ação

3.1.3 Potencial consciência da ilicitude

Para que o fato típico e contrário ao Direito possa ser reprovado ao agente que o praticou, é necessário que ele conheça ou possa conhecer justamente tal natureza ilícita.

Em resumo, o juízo de censura pressupõe que o agente saiba ou possa atingir a percepção de que o fato que praticou era antijurídico. Se não detiver o necessário conhecimento da proibição (que não se confunde com desconhecimento da lei, o qual é inescusável), sua ação ou omissão não terá a mesma reprovabilidade.

Não se pode confundir a imputabilidade com a consciência da ilicitude. É preciso atentar para a diferença, notadamente no que diz respeito à imputabilidade enquanto capacidade de entender o caráter ilícito do fato. Esta diz respeito a condições *mentais*, ao passo que a possibilidade de conhecer o caráter ilícito do fato (ou potencial consciência da ilicitude) refere-se a condições *culturais*

Erro de proibição

O erro de proibição é o equívoco que incide sobre o juízo de ilicitude de um comportamento criminoso. O agente tem perfeitamente formada a representação da sua conduta, mas acredita que o comportamento não constitui crime.

A ausência ou a errônea compreensão acerca da natureza ilícita do fato acarreta aquilo que se denomina de erro sobre o que é proibido (erro de proibição). A culpabilidade só restará afastada se o agente, além de não dispor do conhecimento da proibição, nem ao menos detiver capacidade para adquirir tal entendimento (careça de possibilidade – ou potencial – consciência da ilicitude). Assim dispõe o art. 21 do CP, em sua parte final:

> ***Art. 21** O desconhecimento da lei é inescusável. O erro sobre a ilicitude do fato, se inevitável, isenta de pena; se evitável, poderá diminuí-la de um sexto a um terço.*
>
> ***Parágrafo único.** Considera-se evitável o erro se o agente atua ou se omite sem a consciência da ilicitude do fato, quando lhe era possível, nas circunstâncias, ter ou atingir essa consciência.*

O erro de proibição que interfere, como visto, na consciência da ilicitude classifica-se em evitável (vencível ou inescusável) e inevitável (invencível ou escusável):

- **Inevitável:** isenta de pena, por excluir a culpabilidade em virtude da ausência de potencial conhecimento da ilicitude.
- **Evitável:** não isenta de pena nem exclui a culpabilidade, visto que o agente, embora não tivesse o real conhecimento, tinha o potencial conhecimento da ilicitude. A pena, entanto, será reduzida de 1/6 a 1/3.

3.1.4 Exigibilidade de conduta diversa

Neste requisito, deve-se analisar sobre a viabilidade e a possibilidade de o agente ter agido de outra forma, ou seja, se o agente poderia agir de acordo com o direito e não praticar uma conduta antijurídica.

Como nosso raciocínio para (des)construção da teoria do crime é inverso, é imperioso analisar os fatores que ensejam no afastamento deste requisito, quando se identifica na casuística que o agente não poderia agir de outra forma (o que se denomina de inexigibilidade de conduta diversa).

A Lei Penal apresenta duas figuras neste espeque:

- A coação moral irresistível;
- Obediência hierárquica a ordem não manifestamente ilegal.

> ***Art. 22** Se o fato é cometido sob coação irresistível ou em estrita obediência a ordem, não manifestamente ilegal, de superior hierárquico, só é punível o autor da coação ou da ord*

Coação moral irresistível

Trata-se de situação que não permite ao indivíduo agir de outra forma, uma vez que a prática da conduta se deu de modo em que não se poderia exigir do agente comportamento diverso.

Aqui, o comportamento do agente é viciado pois ele age impelido por uma ameaça de mal sério (*vis compulsiva*).

A coação deve ser irresistível quando não pode ser superada, senão com uma energia extraordinária, portanto, juridicamente inexigível.

Excluída a culpabilidade do fato, deverá o coator responder pelo delito.

Aqui, estamos diante do que se denomina de autoria mediata. Quando caracterizada a coação moral irresistível, somente será punível o autor da coação. O coagido será isento de pena. Apesar de haver duas pessoas envolvidas na consecução do fato, o coator e o coagido, não se há de falar em concurso de pessoas. O coagido é mero instrumento nas mãos do coator. Por isso fala-se em autoria mediata.

Fique ligado
A coação **moral** irresistível exclui a culpabilidade, enquanto a coação **física** irresistível representa uma causa de exclusão da conduta, afastando, pois, o **fato típico.**

3.1.5 Coação física irrestível x coação moral irresistível

Um dos temas mais relevantes da culpabilidade é a distinção entre coação física irresistível e coação moral irresistível.

Apesar de o resultado ser idêntico (inexistência de crime), são diversas as causas.

Coação física irresistível	Coação moral irresistível
Atipicidade	Exclusão da culpabilidade

Obediência hierárquica

Dá-se a obediência hierárquica quando alguém detentor de função pública, cumpre ordem de autoridade superior, revestida de caráter criminoso, desconhecendo a ilicitude de tal comando que, ademais, não pode ser manifestamente ilegal.

Trata-se também de hipótese de inexigibilidade de conduta diversa por não ser exigível que o funcionário público subordinado proceda a um minucioso exame de legalidade das ordens que recebe de seu superior hierárquico antes de cumpri-las.

Nesse requisito, deparamo-nos com a situação de hierarquia entre superior e subordinado. Dessa forma, não pode o funcionário questionar a determinação recebida pelo superior, salvo se claramente ilegal.

Os requisitos da excludente são:

- Relação de hierarquia em sentido estrito;
- Existência de uma ordem legal;
- Ilegalidade não manifesta; e
- Cumprimento nos estritos limites da ordem.

Se a ordem for não manifestamente ilegal, resta excluída a culpabilidade do agente, desde que sua obediência tenha se adstrito aos limites da ordem. Por outro lado, se a ordem for manifestamente ilegal, torna-se exigível que o subordinado se negue ao cumprimento, de forma que não há incidência da exculpante, mas, tão somente, atenuação da pena nos termos do art. 65, III, do CP.

4 CRIMES CONTRA A PESSOA

4.1 Crimes contra vida

4.1.1 Homicídio

Art. 121 Matar alguém:

Pena – reclusão, de seis a vinte anos.

A primeira figura delitiva, disposta na parte especial do Código Penal, diz respeito ao homicídio: morte injusta de uma pessoa (humana) praticada por outrem.

Atente-se: o crime do *caput* não é hediondo, **assim,** é **considerado apenas quando praticado em atividade típica de grupo de extermínio (ainda que por um só agente)**, tampouco, homicídio qualificado.

Vale destacar que a tipificação do tipo penal do art. 121, *caput*, determina-se por exclusão, isto é, constitui homicídio simples aquele que não é **privilegiado** (art. 121, § 1º) ou **qualificado** (art. 121, §2º).

O tipo penal do art. 121 visa à tutela da vida humana, a qual se inicia com a primeira contração expulsiva do feto e vai até o instante que antecede a morte cerebral. Quanto ao sujeito ativo, o homicídio é crime comum, podendo ser praticado por qualquer pessoa. De igual modo, qualquer pessoa pode ser classificada como sujeito passivo do homicídio, desde o início do nascimento.

No que tange à conduta, a prática do homicídio consiste em tirar a vida[1] de alguém e pode ser praticada de maneira comissiva ou omissiva. Recaindo a conduta sobre pessoa já sem vida, só podemos falar em crime impossível, dada a absoluta impropriedade do objeto (art. 17, CP).

Fique ligado

Portador de HIV que, intencionalmente, transmite a doença à parceira que não tinha ciência da condição do parceiro: para o STJ, restou decidido que a transmissão consciente do HIV caracteriza lesão corporal gravíssima, enquadrando-se a enfermidade no conceito de doença incurável (art. 129, § 2º, II, CP). Ainda, foi entendido que a ausência de manifestação dos sintomas não exclui o crime.

O homicídio é crime material, pois somente é consumado com a morte da vítima. Inclusive, considera-se como delito plurissubsistente, uma vez que a execução pode ser fracionada, admitindo-se a tentativa.

O delito insere-se na categoria dos **crimes que deixam vestígios.** Aplica-se, portanto, o disposto no art. 158 do CPP, tornando obrigatória a realização do exame de corpo de delito.

Homicídio privilegiado

Causa de diminuição de pena

§ 1º Se o agente comete o crime impelido por motivo de relevante valor social ou moral, ou sob o domínio de violenta emoção, logo em seguida a injusta provocação da vítima, o juiz pode reduzir a pena de um sexto a um terço.

De acordo com o § 1º, a pena será reduzida de um sexto até um terço, isto é, embora se tenha convencionado denominar de "homicídio privilegiado", cuida-se de causa da diminuição de pena.

Aqui, podemos extrair três hipóteses para a aplicação da redução da pena – são as chamadas causas privilegiadoras:

- **Relevante valor social (interesses coletivos):** o valor social refere-se ao motivo nobre ligado a questões de interesse coletivo;

  > **Ex.:** indivíduo que espanca até a morte pessoa que vinha cometendo vários latrocínios na comunidade.

- Relevante valor moral (interesses particulares do agente, fazendo valer sentimento de piedade): por valor moral entende-se aquele que diz respeito aos interesses pessoais do agente e merece apoio da moralidade média das pessoas;

  > **Ex.:** pai que mata o estuprador da filha.

- **Domínio de violenta emoção após injusta provocação da vítima:** ocorre a perda do autocontrole – o agente está em choque emocional.

Fique ligado

Não basta estar influenciado pela violenta emoção, e, sim, estar **dominado**.

O domínio da violenta emoção consiste num estado anímico diferenciado, em que o agente atua de maneira impulsiva. Para caracterizá-la, é preciso que haja reação imediata após a injusta provocação, sem nenhum tipo de intervalo.

O privilégio, ora discutido, tem natureza jurídica de **direito subjetivo do indivíduo**, e, uma vez reconhecido, a redução da pena é obrigatória. Outro ponto de destaque que deve ser enfatizado diz respeito à possibilidade de cumulação do privilégio com as qualificadoras. Prevalece a orientação de que o privilégio (causa subjetiva) somente é compatível com as qualificadoras de ordem **objetivas.**

Homicídio qualificado

Aqui, já avançamos ao campo de um crime considerado hediondo (o *quantum* de pena migra para 12 a 30 anos). As qualificadoras podem ser de natureza subjetiva ou objetiva:

- **Subjetiva:** são aquelas relacionadas aos motivos do crime, relacionadas à **"depravação espiritual do agente"** e estão previstas nos incisos I, II, V, VII quando expressam que o crime é praticado contra a autoridade ou agente de segurança em decorrência da função ou contra cônjuge, companheiro ou parente consanguíneo até terceiro grau, em razão dessa condição;
- **Objetivas:** são aquelas relacionadas ao **modo de execução,** constantes dos incisos III, IV, VI, VII e IX quando estabelecem que o crime é praticado contra autoridade ou agente de segurança no exercício da função.

Fique ligado

A vertente atual é a de que a qualificadora do feminicídio é de ordem objetiva, seguindo os parâmetros estabelecidos pela jurisprudência do STJ.

Assim, o homicídio qualificado pode se dar:

- **Mediante paga ou promessa de recompensa, ou por outro motivo torpe:** a primeira parte, corresponde ao homicídio mercenário ou por mandato remunerado. Quando o agente pratica o delito almejando o lucro ou uma recompensa prometida.

Fique ligado

A recompensa não necessita ser de ordem patrimonial, basta que seja qualquer tipo de vantagem.
Ademais, importante destacar que a qualificadora se materializa mesmo que a vantagem não chegue a ser percebida pelo agente.

Para a análise desta qualificadora, é imprescindível destacar que temos duas figuras presentes: o mandante e o executor.

A doutrina e a jurisprudência ensinam que a comunicação desta qualificadora não se dá de maneira automática ao mandante.

---

1 Considera-se que a vida extrauterina de um indivíduo se inicia com o parto (início das contrações expulsivas ou, quando ocorrer por intervenção cirúrgica, a partir do momento em que se inicia a cirurgia para retirada).

Fique ligado

Imagine que um pai de família simples resida com sua família em uma localidade dominada por uma milícia local. Um dos milicianos estupra a filha de 15 anos.
O pai, consternado, solicita a um justiceiro que mate o traficante, mediante promessa de pagamento, o que ocorre.
Nesse caso, o executor responde pelo crime qualificado, enquanto que o pai responde pelo crime na forma simples, com aplicação do privilégio, pelo relevante valor moral.

Por motivo torpe entende-se aquele repugnante, que causa asco, nojo.

Na primeira parte do dispositivo, o delito é de concurso necessário, pois é indispensável a participação do mandante e do executor.

Fique ligado

A vingança pode ou não constituir motivo torpe, depende da causa que a originou (nem mesmo os tribunais possuem uniformidade).

▹ **Por motivo fútil:** aqui verifica-se total desproporção entre o delito e sua causa moral. Trata-se do motivo que é pequeno demais para que se justifique. É o motivo realmente insignificante.

Como exemplo, temos o cliente que mata o garçom, pois esse lhe entregou o troco errado; aquele que mata por dívidas irrisórias.

Enfim, no motivo fútil há um imenso abismo entre a motivação e o comportamento praticado pelo agente.

É a qualificadora que indica a percepção de que a motivação decorre de um fator insuficiente para conduzir alguém a delinquir.

▹ **Com emprego de veneno, fogo, explosivo, asfixia, tortura ou outro meio insidioso ou cruel, ou de que possa resultar perigo comum:** a utilização do veneno pode também ser chamada de venefício.

Veneno é um meio insidioso por excelência, pois a pessoa não sabe que está sendo morta. Cuida-se de qualquer substância gasosa, mineral, vegetal ou animal que, introduzida no organismo, é idônea a alterar ou destruir as funções vitais, levando a óbito. É, de fato, meio costumeiramente imperceptível, como ocorre com "vidro moído", adicionado a um suco ou alimento a ser ingerido pela vítima.

Fique ligado

Para caracterizar o venefício, seguindo o entendimento doutrinário e jurisprudencial, é imprescindível que o consumo do veneno seja desconhecido pela vítima.
Caso a vítima seja obrigada a ingerir substância que, sabidamente, está envenenada, poderá incidir a qualificadora do meio cruel.

O uso do fogo ou explosivo pode ser facilmente identificado a partir da casuística. Seja o agente ateando fogo ou inserindo artefato explosivo na vítima, ou em seu carro, sempre dominado pela vontade de matar.

Por asfixia entende-se todo impedimento, por qualquer meio (mecânico – enforcamento, afogamento, estrangulamento, esganadura ou sufocação – ou tóxico – produzido por gases) da passagem do ar pelas vias respiratórias e pulmões da pessoa.

Matar sob tortura significa infligir intenso mal para dar a morte a alguém. Tortura é, portanto, o excesso de dor, de angústia, de sofrimento desnecessário. Ela pode ser física ou mental, como ocorre, por exemplo, quando o agente emprega "terror" por ocasião da conduta homicida.

Fique ligado

Não há que se confundir o homicídio qualificado pela tortura com a tortura com resultado morte, mormente porque, na primeira hipótese, a intenção do agente é matar, enquanto que, na segunda, o resultado morte não é querido pelo agente, mas ocorre a título de preterdolo.

▹ **À traição, de emboscada, ou mediante dissimulação ou outro recurso que dificulte ou torne impossível a defesa do ofendido:** trata-se de uma qualificadora que representa uma forma covarde de tirar a vida de outrem. Está relacionada a uma conduta desleal ou com abuso de boa-fé da vítima.

| **Ex.:** matar a vítima enquanto está dormindo.

Na traição, há a quebra da confiança depositada pelo lesado. Isso porque, o agente constrói ou tira vantagem da confiança alheia.

A emboscada representa a armadilha, esconder-se para atacar o desafeto.

Na dissimulação, temos a aplicação de um disfarce, que tem o intuito de facilitar a aproximação do autor com a vítima.

Para identificar as demais hipóteses em que se torna impossível a defesa da vítima, estamos diante da utilização da interpretação analógica, que dependerá do casuísmo para sua qualificação.

▹ **Para assegurar a execução, a ocultação, a impunidade ou vantagem de outro crime:** a primeira parte do dispositivo denomina-se de homicídio **teleológico (assegurar a execução)**, já a segunda, **consequencial (assegurar a execução, impunidade ou vantagem de outro crime).**

No homicídio teleológico, o ato é praticado no intuito de permitir ao agente a prática de outra conduta.

| **Ex.:** agente mata o marido para estuprar sua mulher.

Já no homicídio consequencial, há a prática do crime para ocultar o outro crime, por exemplo: matar uma testemunha ocular de um fato.

Garantir a impunidade diz respeito à conduta de praticar homicídio para sagrar-se ileso. Ex.: matar o oficial de justiça que iria cumprir seu mandado de prisão.

Por fim, assegurar a vantagem de outro crime consiste em ter o proveito do crime anterior de maneira isolada.

Assim, podemos imaginar dois indivíduos que praticam um roubo. No intuito de permanecer sozinho com o proveito do crime, um dos coautores mata o outro, permanecendo assim, sozinho com todo o produto do crime.

▹ **Contra a mulher por razões da condição de sexo feminino** (art. 121, § 2°, VI,) – Feminicídio: trata-se de disposição inserida pela Lei nº 13.104/2015 que apresentou uma nova qualificadora para o delito de homicídio.

A disposição - que deve ser considerada como uma *novatio legis incriminadora* – está prevista no art. 121, § 2°, VI e tem sua conceituação no art. 121 e o § 2°-A. Não obstante, é importante conjugar as disposições mencionadas com o art. 121, §7°, que nos traz uma causa de aumento de pena, que adiante será abordado.

Fique ligado

O feminicídio consiste numa qualificadora do homicídio, logo, é considerado CRIME HEDIONDO (Lei nº 8.072/1990). Todavia, ao analisar o texto da referida lei, não se encontrará a disposição expressa do feminicídio, apenas do homicídio qualificado.

Outro ponto de relevância diz respeito à diferenciação entre os termos femicídio e feminicídio. O primeiro consiste na morte de uma mulher. Já o segundo, por sua vez, é uma espécie de femicídio, que consiste em tirar a vida da mulher por menosprezo ou discriminação à condição de mulher ou em decorrência de violência doméstica.

Nesse contexto, vale mencionar que todo feminicídio é um homicídio, mas nem todo homicídio de mulher é um feminicídio.

> **Ex.:** a morte, ainda que violenta, de uma mulher, por exemplo, decorrente de um acidente de trabalho, em nada se relaciona a sua condição de mulher.

A lei é taxativa ao designar a mulher como sujeito passivo desse crime.

Em resumo, temos dois elementos para caracterizar o feminicídio: 1) situação de violência doméstica; ou 2) discriminação ou menosprezo à condição de mulher.

Na primeira hipótese, violência doméstica e familiar se faz referência à Lei nº 11.340/2006 (Lei Maria da Penha). Nesse sentido, o art. 5º da Lei Maria da Penha define a violência doméstica e familiar. É importante ressaltar que a configuração da violência doméstica não exige, necessariamente, a coabitação, conforme o disposto na Súmula nº 600, do STJ.

Na segunda situação apresentada, faz-se necessário que a vítima seja mulher. Entretanto, considerando as atuais disposições envolvendo diversidade de gênero, a lei tem sido interpretada extensivamente para considerar como sujeito passivo do feminicídio também a pessoa transgênero, desde que seja demonstrado que o fato se deu por menosprezo ou discriminação à condição de gênero da vítima.

Menosprezo significa depreciação, desdém, indiferença, e discriminação é o ato de tratar de forma injusta, desigual. Nesse inciso, especificamente, não há necessidade de vínculo afetivo entre a mulher e o agente misógino, diferentemente da hipótese anterior.

Evidentemente, que diante de um caso concreto, é necessária uma profunda identificação para que se constate a real motivação do fato.

Fique ligado

Por fim, é importante ressaltar que, de acordo com o entendimento atual, o feminicídio é uma qualificadora de natureza objetiva, logo, compatível com o privilégio.

Causas de aumento de pena no feminicídio: vale destacar que a Lei nº 13.104/2015, além de dispor sobre o feminicídio, também trouxe causas de aumento da pena no referido crime, quando o fato for praticado: 1º) durante a gestação ou nos três meses posteriores ao parto; 2º) contra mulher menor de 14 anos, maior de 60 ou com reduzida capacidade de desistência; e 3º) na presença física ou virtual de descendente ou de ascendente da vítima.

Fique ligado

Os parentes colaterais (irmãos, tios, sobrinhos...) não foram incluídos no referido rol, razão porque não podem ser aqui enquadrados, pena de configurar analogia ***in malam partem***.

Como se pode verificar, cuidar-se-iam de situações nas quais a morte por razões da condição de sexo feminino guardaria maior reprovabilidade.

- **Contra autoridade ou agente de segurança pública (art. 121, § 2º, VII):** Trata-se do chamado homicídio funcional, circunstância qualificadora do delito de homicídio quando o crime é praticado contra autoridade ou agente das Forças Armadas, da segurança pública, integrantes do sistema prisional ou da Força Nacional de Segurança Pública, no exercício da função ou em decorrência dela, ou contra seu cônjuge, companheiro ou parente consanguíneo **até terceiro grau**, em razão dessa condição – atenção, relativamente aos parentes, é necessário que haja relação com a função do agente.

Fique ligado

Embora a letra de lei traga o termo "parentes consanguíneos", é imperioso aplicar uma interpretação sistemática, podendo aqui também considerar o filho adotivo, por exemplo.

Registra-se que esta qualificadora faz expressa referência a dois dispositivos da Constituição Federal de 1988: o art. 142 e o art. 144. O primeiro dispõe sobre as Forças Armadas e diz: as Forças Armadas, constituídas pela Marinha, pelo Exército e pela Aeronáutica, são instituições nacionais permanentes e regulares, organizadas com base na hierarquia e na disciplina, sob a autoridade suprema do Presidente da República, e destinam-se à defesa da Pátria, à garantia dos poderes constitucionais e, por iniciativa de qualquer destes, da lei e da ordem."

Por sua vez, o art. 144 dispõe sobre as autoridades e agentes de segurança pública: a segurança pública, dever do Estado, direito e responsabilidade de todos, é exercida para a preservação da ordem pública e da incolumidade das pessoas e do patrimônio, por meio dos seguintes órgãos:

- Polícia federal;
- Polícia rodoviária federal;
- Polícia ferroviária federal;
- Polícias civis;
- Polícias militares e corpos de bombeiros militares.
- Polícias penais federal, estaduais e distrital.

Cumpre mencionar que o § 8º, do art. 144, da Constituição, faz referência à guarda municipal e o § 10 refere-se à segurança viária. Considerando que a qualificadora não faz menção somente ao *caput* do art. 144 da Constituição Federal, deve-se entender que ela abarcaria, igualmente, as autoridades e agentes da guarda municipal e da segurança viária, bem como as pessoas a eles relacionados, o que ampliaria sobremodo, o raio de incidência dessa qualificadora.

Por outro lado, como visto, os integrantes do sistema prisional também são mencionados pela qualificadora em estudo.

- **Homicídio qualificado pelo emprego de arma de uso restrito ou proibido (art. 121, § 2º, VIII):** Trata-se de uma nova qualificadora, que havia sido vetada originalmente pelo Presidente da República, veto este que fora cassado pelo Congresso Nacional.

No ato da vedação, o Presidente da República entendeu que referido dispositivo violava o princípio da proporcionalidade, na medida em que não haveria coerência, pois se o fato fosse praticado com uso de uma arma branca ou com arma de fogo de uso permitida, a pena poderia ser mais branda.

Usou como argumento também o fato que a qualificadora poderia representar uma insegurança jurídica, tendo em vista que o fogo da referida qualificadora seriam os agentes de segurança pública.

Sua redação é bastante simples e qualifica o homicídio, elevando a pena-base para um patamar de 12 a 30 anos quando o homicídio é praticado mediante emprego de arma de fogo de uso **restrito** ou **proibido**.

A qualificadora é de natureza objetiva, pois se refere ao modo de execução do crime. Logo, é compatível com a forma privilegiada do homicídio. Assim como as demais hipóteses de homicídio qualificado, trata-se de crime hediondo, submetido aos rigores da Lei nº 8.072/1990.

De plano, vale ressaltar que se trata de uma norma penal em branco heterogênea, na medida em que depende de complementação normativa para se compreender o âmbito de alcance de seu preceito primário. Em linhas gerais, o complemento normativo será utilizado para classificar as armas de uso restrito ou proibido (Decreto nº 9.847/2019, art. 2º).

Apenas em linhas gerais, vale destacar que arma de fogo de uso restrito é aquela cujo uso é exclusivo das forças de segurança pública, enquanto que as armas de fogo de uso proibido são as armas dissimuladas que não possuem, em um primeiro momento, aparência de arma de fogo (Ex.: uma caneta que é dotada de dispositivos que permitem a expulsão de um projétil a partir da queima de gases).

Fique ligado

Outra questão importante é que a natureza jurídica da referida qualificadora é de ordem **objetiva**.

Importante frisar, igualmente, que referido dispositivo não faz menção acerca de o agente ter ou não o registro de cautela ou porte da referida arma. Para tanto, pessoa que ostente o porte ou registro e pratique crime doloso com arma de fogo de uso restrito ou proibido, responderá pelo delito de acordo com essa qualificadora.

A título de recapitulação, vale frisar que os decretos que regulamentam e classificam as armas de fogo de uso restrito e proibido não têm incidência em concursos policiais federais, justamente pelo fato de possuírem questões estritamente técnicas e voltadas ao estudo da estrutura e composição da arma, assim como a potência por ela proferida no ato do disparo.

Ditos regulamentos são dotados de complexidade e, por serem expedidos via Decreto, possuem fácil grau de revogação e edição.

Outro ponto que merece atenção, já que seus conceitos têm sido cobrados, diz respeito à classificação da norma. Como vimos, trata-se de norma penal em branco. Acerca disso, é importante ressaltar que nem sempre o legislador consegue atingir todas as condutas a partir da edição de uma norma penal.

Nesse sentido, exsurge a chamada Lei Penal em Branco, também chamada de primariamente remetida.

Em linhas gerais, essa modalidade legislativa é aquela que depende de um complemento normativo para que se possa compreender o âmbito de alcance do preceito primário da norma.

Fique ligado

Ressalte-se que o preceito primário é aquele que descreve a conduta.

Para sua correta classificação e compreensão do instituto, deve-se observar com rigor a **fonte legislativa** (origem da norma).

Divide-se em:

- **Norma penal em branco homogênea/em sentido *lato sensu*/imprópria/homóloga:** o complemento normativo advém da mesma fonte legislativa (Ex.: uma lei complementa outra lei).

A normas penais em branco homogêneas ainda podem ser subdivididas:

- **Homovitelinas: o complemento normativo vem da mesma fonte legislativa e se encontra dentro do mesmo ramo do ordenamento jurídico (Ex.:** art. 338 do CP, que é complementado pelo art. 5º do mesmo CP);
- **Heterovitelinas: o complemento normativo vem da mesma fonte, porém, o complemento está em outro diploma normativo (Ex.:** art. 236 e 237 do CP, que são complementados por artigos do Código Civil – arts. 1.521, 1.523, 1.577).

- **Heterogênea/sentido estrito/própria/heteróloga:** o complemento normativo vem de fonte legislativa **diversa**, como ocorre com a Lei de Drogas, que é complementada pela Portaria nº 344 da SVS/MS, ou seja, uma norma elaborada pelo Poder Legislativo, complementada por uma norma do Poder Executivo.

Da mesma forma, as condutas descritas nos arts. 268 e 269 do CP, que tratam da infração de medida sanitária destinada a impedir a introdução ou propagação de doença contagiosa e a omissão de informação de doença de notificação compulsória. Porém, essas doenças, bem como as medidas de contenção, devem partir de resoluções ou outros atos normativos expedidos pela Anvisa.

Vale destacar que, em que pese ter havido grande embate acerca da constitucionalidade dessa modalidade de lei, prevaleceu o entendimento de que **são constitucionais**, na medida em que possibilitam um melhor e mais seguro controle das substâncias ditas ilícitas, sem a necessidade de um moroso procedimento legislativo para sua alteração.

- **Norma penal em branco secundariamente remetida, ao avesso ou ao revés:** trata-se de nova denominação trazida pela doutrina, aqui, haverá necessidade de "complementação" do preceito secundário da norma.

O termo "complementação" foi grafado entre aspas, pois não será, necessariamente, um complemento normativo. A fim de facilitar a retórica, haverá, em verdade, uma remessa de pena, ou seja, o preceito primário da norma é claro, porém, no que concerne à pena, haverá a disposição de que a pena será "a mesma aplicada para outro delito", conforme exemplos a seguir.

> **Ex. 1:** *Art. 304 Fazer uso de qualquer dos papéis falsificados ou alterados, a que se referem os arts. 297 a 302:*
>
> ***Pena** - a cominada à falsificação ou à alteração.*

> **Ex. 2:**Lei nº 2.889/1956
>
> *Art. 1º Quem, com a intenção de destruir, no todo ou em parte, grupo nacional, étnico, racial ou religioso, como tal:*
>
> *a) matar membros do grupo;*
>
> *b) causar lesão grave à integridade física ou mental de membros do grupo;*
>
> *c) submeter intencionalmente o grupo a condições de existência capazes de ocasionar-lhe a destruição física total ou parcial;*
>
> *d) adotar medidas destinadas a impedir os nascimentos no seio do grupo;*
>
> *e) efetuar a transferência forçada de crianças do grupo para outro grupo.*
>
> ***Será punido:***
>
> ***Com as penas do art. 121, § 2º, do Código Penal, no caso da letra a;***
>
> ***Com as penas do art. 129, § 2º, no caso da letra b;***
>
> ***Com as penas do art. 270, no caso da letra c;***
>
> ***Com as penas do art. 125, no caso da letra d;***
>
> ***Com as penas do art. 148, no caso da letra e.***

- **Homicídio contra menor de 14 (quatorze) anos (art. 121, §2º, IX):** trata-se de qualificadora acrescida pela Lei Henry Borel – Lei nº14.344/2022. A inovação legislativa prevê circunstância mais gravosa para os homicídios praticados contra menor de 14 (quatorze) anos, de modo que a pena atribuída a esses casos é de 12 a 30 anos, assim como as demais hipóteses qualificadoras previstas no §2º, do art. 121, do CP.

O nome da lei é uma homenagem a Henry Borel, menino de quatro anos que foi espancado e morto no apartamento em que morava com a mãe o padrasto, no dia 8 de março de 2021, no Rio de Janeiro.

Trata-se de qualificadora de natureza objetiva, relacionada à qualidade da vítima, absolutamente conectada com as disposições constitucionais previstas no art. 227 da CF, cujo dispositivo veicula como dever do Estado assegurar à criança e ao adolescente, com absoluta prioridade, o direito à vida.

Ademais, para a incidência da nova qualificadora, é necessário que o agente tenha consciência sobre a idade da vítima por ocasião do cometimento do crime, já que o Direito Penal é regido pelo princípio da responsabilidade subjetiva (ou princípio da culpabilidade), não havendo falar-se, assim, em responsabilidade penal objetiva.

A idade da vítima deve ser verificada no momento da prática da conduta, por força da adoção da teoria da atividade (art. 4º, CP).

Assim, o assassinato de crianças e adolescentes menores de 14 anos é considerado homicídio qualificado e crime hediondo, tendo em vista que a novel lei também alterou o art. I, da Lei nº 8.072/1990 para atribuir o caráter hediondo ao delito.

Ademais, a Lei nº14.344/2022 também acrescentou o § 2°-B ao art. 121, do CP, prevendo novas majorantes para o homicídio qualificado praticado contra menor de 14 anos.

De acordo com o inciso I do aludido dispositivo, a pena é aumentada de 1/3 (um terço) até a metade se o homicídio é praticado contra menor de 14 (quatorze) anos, com deficiência ou com doença que implique o aumento de sua vulnerabilidade. O inciso II prevê circunstância mais gravosa para os casos de homicídio contra menor de 14 (quatorze) anos nas situações, por exemplo, em que o autor seja ascendente, padrasto ou madrasta, da vítima. Nessas hipóteses, a pena será aumentada de 2/3 (dois terços).

Assim, o homicídio contra menor de menor de 14 (quatorze) anos, além de qualificar o delito, iniciando o cálculo da dosimetria da pena já em 12 anos, poderá ter a sanção penal aumentada com as novas circunstâncias previstas no novo § 2°-B, do art. 121, do CP.

A fim de clarificar e facilitar a memorização, vejamos a nova disposição legal:

> ***Art. 121** Matar alguém:*
>
> *Homicídio qualificado*
>
> *§ 2º Se o homicídio é cometido:*
>
> *[...]*
>
> *IX - contra menor de 14 (quatorze) anos:*
>
> ***Pena** - reclusão, de doze a trinta anos.*
>
> *[...]*
>
> *§ 2º-B. A pena do homicídio contra menor de 14 (qutorze) anos é aumentada de: (Incluído pela Lei nº 14.344, de 2022)*
>
> *I - 1/3 (um terço) até a metade se a vítima é pessoa com deficiência ou com doença que implique o aumento de sua vulnerabilidade; (Incluído pela Lei nº 14.344, de 2022)*
>
> *II - 2/3 (dois terços) se o autor é ascendente, padrasto ou madrasta, tio, irmão, cônjuge, companheiro, tutor, curador, preceptor ou empregador da vítima ou por qualquer outro título tiver autoridade sobre ela.*

Homicídio privilegiado-qualificado

Discute-se sobre a possibilidade do chamado homicídio privilegiado-qualificado.

> **Ex.:** Carlos, já não mais suportando o estado de saúde de sua genitora, que há anos batalha contra um câncer, e já em estado terminal, decide abreviar o seu sofrimento, adicionando, sem o seu conhecimento, uma dose excessiva de medicamento em seu soro, levando-a a óbito.

Na hipótese, evidente que o agente praticou o homicídio por relevante valor moral, porém, utilizou-se de meio insidioso para praticar o crime.

Sobre o tema, prevalece o entendimento de que é possível a coexistência do homicídio privilegiado **(natureza jurídica subjetiva)** com os tipos qualificados do § 2º, **desde que se tratem de hipóteses objetivas**, tais como o meio – como o meio insidioso, referido no exemplo – ou o modo de execução que dificulte ou impossibilite a defesa do ofendido.

Em resumo, o privilégio pode coexistir com as qualificadoras objetivas. Admite- se homicídio eutanásico cometido mediante veneno. A circunstância do relevante valor moral (subjetivo) não repele o elemento exasperador objetivo. O mesmo se diga do fato de alguém matar de emboscada e impelido por esse motivo.

A jurisprudência considera possível o homicídio privilegiado--qualificado: *A jurisprudência do STF admite a possibilidade de homicídio privilegiado-qualificado, desde que não haja incompatibilidade entre as circunstâncias do caso. O recurso utilizado para atingir a vítima 'é realidade objetiva, pertinente à mecânica do agir do infrator' (HC 77.347, HC 69.524, HC 61.074).* Daí a inexistência de contradição no reconhecimento da qualificadora, cujo caráter é objetivo (modo de execução do crime), e do privilégio, afinal reconhecido (sempre de natureza subjetiva).

Por outro lado, considera-se inadmissível a coexistência de homicídio privilegiado e qualificado, quando decorrentes de fatores ou motivações de natureza subjetiva – tais como a torpeza ou a futilidade –, uma vez que motivações nobres e reprováveis se excluem reciprocamente.

Homicídio culposo

> *§ 3º Se o homicídio é culposo:*
>
> *Pena - detenção, de um a três anos.*

Por se tratar de crime **culposo**, a punição é de detenção, menos rigorosa do que a previsão de pena para o crime doloso.

No homicídio culposo, observa-se que o resultado causado – a morte de um ser humano – não decorre de um comportamento doloso, mas, sim, da violação de um dever de cuidado exigido pela norma penal, ante a previsibilidade objetiva do fato desvalioso.

> **Fique ligado**
>
> Quando o resultado morte for causado na modalidade culpa na condução de veículo automotor a punição será regida pelo art. 302 do CTB (Lei nº9.503/1997).

Trata-se da situação em que o agente **não quis o resultado**, atuando por imprudência, negligência ou imperícia, quando o resultado jamais era aceito ou quisto pelo agente.

Relativamente às causas de aumento, temos a seguinte disposição:

> *Aumento de pena*
>
> *§ 4o No homicídio culposo, a pena é aumentada de 1/3 (um terço), se o crime resulta de inobservância de regra técnica de profissão, arte ou ofício, ou se o agente deixa de prestar imediato socorro à vítima, não procura diminuir as consequências do seu ato, ou foge para evitar prisão em flagrante. Sendo doloso o homicídio, a pena é aumentada de 1/3 (um terço) se o crime é praticado contra pessoa menor de 14 (quatorze) ou maior de 60 (sessenta) anos.*

A primeira parte do §4º do art. 121 do CP traz algumas situações majorantes para o homicídio culposo.

a) Quando é praticado em inobservância de regra técnica de profissão, arte ou ofício, também chamada de **culpa profissional**;

b) Quando ocorrer omissão de socorro;

c) Quando não procura diminuir as consequências do seu ato; ou

d) Quando o agente foge para evitar prisão em flagrante.

A segunda parte do § 4º prevê circunstâncias majorantes para a pena do homicídio doloso. De início, é importante destacar que a inclusão da qualificadora do inciso IX, do § 2º (contra menor de 14 anos), pela novel Lei nº14.344/2022, revogou tácita e parcialmente a segunda parte do § 4º do art. 121, do Código Penal, de modo que o homicídio praticado contra pessoa menor de 14 (quatorze) não mais pode servir como causa de aumento de pena, devendo agora, qualificar o delito doloso contra a vida.

Portanto, remanesce como causa de aumento de pena (1/3) somente a hipótese em que o crime de homicídio é praticado contra pessoa maior de 60 (sessenta) anos.

Vale destacar que para a incidência da majorante é necessário que o agente conheça (ou seja previsível) que se trata de idoso.

- **Perdão judicial:** ponto de fundamental destaque é que o homicídio **culposo** pode ter a possibilidade de perdão judicial.

> *§ 5º Na hipótese de homicídio culposo, o juiz poderá deixar de aplicar a pena, se as consequências da infração atingirem o próprio agente de forma tão grave que a sanção penal se torne desnecessária.*

O perdão judicial constitui **causa extintiva da punibilidade**, por meio da qual o Estado, mediante a presença de certos requisitos, renuncia ao direito de punir, geralmente fundado na desnecessidade da pena.

No homicídio culposo, a causa extintiva da punibilidade se dá quando as consequências da infração atingirem o próprio agente de forma tão grave que a sanção penal se torne desnecessária.

Em resumo, se, por um descuido, da conduta do agente ocorre o resultado morte, a depender das consequências (quando a consequência da infração atinge o próprio autor do fato de maneira tão gravosa), é possível perdoá-lo.

Fique ligado

Por exemplo, o pai que, por descuido, deixa a arma de fogo cair no chão e provoca um disparo que acerta seu filho, que vem a óbito. Ou a mãe que esquece seu filho recém-nascido no interior do automóvel, causando a morte da criança por desidratação em razão da exposição do veículo ao sol por várias horas.

Evidentemente, que nos exemplos narrados, não se fará necessária a imposição de pena, já que o sofrimento decorrente da perda do filho é muito mais gravosa ao agente do que qualquer tipo de sanção.

No que se refere à natureza jurídica da sentença que concede o perdão judicial, o entendimento é de que não se trata de decisão absolutória e nem condenatória, mas **declaratória de extinção da punibilidade.** Vejamos o entendimento sumulado pelo STJ:

> ***Súmula nº 18 – STJ***
>
> *A sentença concessiva do perdão judicial é declaratória da extinção da punibilidade, não subsistindo qualquer efeito condenatório.*

4.1.2 Induzimento, instigação ou auxílio a suicídio ou à automutilação

> ***Art. 122*** *Induzir ou instigar alguém a suicidar-se ou a praticar automutilação ou prestar-lhe auxílio material para que o faça:*
>
> *Pena – reclusão, de 6 (seis) meses a 2 (dois) anos.*
>
> *§ 1º Se da automutilação ou da tentativa de suicídio resulta lesão corporal de natureza grave ou gravíssima, nos termos dos §§ 1º e 2º do art. 129 deste Código*
>
> *Pena – reclusão, de 1 (um) a 3 (três) anos.*
>
> *§ 2º Se o suicídio se consuma ou se da automutilação resulta morte:*
>
> *Pena – reclusão, de 2 (dois) a 6 (seis) anos.*
>
> *§ 3º A pena é duplicada:*
>
> *I – se o crime é praticado por motivo egoístico, torpe ou fútil;*
>
> *II – se a vítima é menor ou tem diminuída, por qualquer causa, a capacidade de resistência.*
>
> *§ 4º A pena é aumentada até o dobro se a conduta é realizada por meio da rede de computadores, de rede social ou transmitida em tempo real.*
>
> *§ 5º Aumenta-se a pena em metade se o agente é líder ou coordenador de grupo ou de rede virtual.*
>
> *§ 6º Se o crime de que trata o § 1º deste artigo resulta em lesão corporal de natureza gravíssima e é cometido contra menor de 14 (quatorze) anos ou contra quem, por enfermidade ou deficiência mental, não tem o necessário discernimento para a prática do ato, ou que, por qualquer outra causa, não pode oferecer resistência, responde o agente pelo crime descrito no § 2º do art. 129 deste Código.*
>
> *§ 7º Se o crime de que trata o § 2º deste artigo é cometido contra menor de 14 (quatorze) anos ou contra quem não tem o necessário discernimento para a prática do ato, ou que, por qualquer outra causa, não pode oferecer resistência, responde o agente pelo crime de homicídio, nos termos do art. 121 deste Código.*

A Lei nº 13.968/2019 trouxe importantes inovações para o delito previsto no art. 122, do CP, cuja redação anterior não era capaz de atender à modernidade das técnicas de induzimento ao suicídio ou automutilação. Porém, com todo respeito, o legislador errou ao inserir um crime contra a vida e um crime contra a integridade física dentro de um mesmo dispositivo, considerando, inclusive, o mesmo *quantum* de pena para as duas condutas, o que se revela desproporcional, já que os resultados oriundos da conduta podem ser distintos. Inclusive, a distinção é importante, pois a instigação, o induzimento ou o auxílio ao suicídio serão de competência do Tribunal do Júri, enquanto a instigação, o induzimento ou o auxílio à automutilação serão de competência do Juizado Especial Criminal (somente a figura do *caput*).

Nas condutas que direcionam ao suicídio (art. 122, 1ª parte, CP), qualquer pessoa pode ser caracterizada como sujeito ativo do crime, admitindo-se concurso eventual. Já o sujeito passivo deve ser apenas a pessoa capaz, uma vez que, se o "suicida" for incapaz de entender o significado de sua ação e de determinar-se de acordo com seu próprio entendimento, o agente responderá por homicídio, pois a incapacidade da vítima é um instrumento daquele que lhe provocou a morte (art. 122, § 7º, CP).

Já na figura das condutas que direcionam à automutilação (art. 122, 2ª parte), qualquer pessoa pode ser sujeito ativo. Quanto ao sujeito passivo, deve ser pessoa capaz, tendo em vista que, sendo a vítima menor de quatorze anos ou que não tenha capacidade de oferecer resistência, se da automutilação resulta morte (culposa, pois não era o resultado querido pelo agente), o agente responde por homicídio. Porém, *in factu*, este dispositivo sofre severas críticas, por não poder o agente responder por crime doloso contra a vida, sendo que a morte ocorreu de forma culposa. A doutrina tem caminhado no sentido de que, nesses casos, o agente deve responder por lesão corporal seguida de morte.

Pela atual sistemática, não se exige nenhum resultado lesivo, bastando a prática do núcleo do tipo para que a ação se consume.

Fique ligado

O crime é classificado como formal, na medida em que inexiste necessidade de resultado naturalístico para sua consumação. Assim, se o agente induz/instiga/auxilia materialmente a vítima a cometer suicídio ou a automutilar-se, incorre no delito do art. 122, caput. Não há necessidade nem mesmo de a vítima tentar se matar ou se automutilar, pois a conduta de induzir ou instigar já é suficiente para consumar o delito.

As condutas aqui previstas consistem em **instigar** (fomentar ideia existente), **induzir** (construir a ideia) ou **auxiliar** (prestação de auxílio). Este crime só é punido a título de dolo.

A conduta aqui praticada deve recair sobre uma pessoa específica ou grupo determinado de pessoas. Por esta razão, a disseminação ou a apologia da prática de suicídio para um grupo indistinto de pessoas, não será considerada crime.

- **Formas qualificadas (§ 1º e § 2º):** se da automutilação ou da tentativa de suicídio resultar lesão corporal grave ou gravíssima, haverá a punição do agente que induziu, instigou ou auxiliou em reclusão de um a três anos. Noutro giro, se o suicídio se consuma ou se da automutilação resultar morte, haverá pena de reclusão de dois a seis anos.
- **Causas de aumento de pena:** a pena para o crime será duplicada se o fato for praticado por motivo egoístico (interesses pessoais), torpe (motivo desprezível, repugnante) ou fútil (desproporcional), ou se a vítima é menor de idade ou tem diminuída, por qualquer causa, a capacidade de resistência.

A pena será aumentada também até o dobro (§ 4º) se a conduta é realizada por meio da rede de computadores, de rede social ou transmitida em tempo real. Ademais, poderá ocorrer o aumento da pena em até metade, se o agente é líder ou coordenador de grupo ou de rede virtual (§ 5º).

§ 6º Se o crime de que trata o § 1º deste artigo resulta em lesão corporal de natureza gravíssima e é cometido contra menor de 14 (quatorze) anos ou contra quem, por enfermidade ou deficiência mental, não tem o necessário discernimento para a prática do ato, ou que, por qualquer outra causa, não pode oferecer resistência, responde o agente pelo crime descrito no § 2º do art. 129 deste Código.

§ 7º Se o crime de que trata o § 2º deste artigo é cometido contra menor de 14 (quatorze) anos ou contra quem não tem o necessário discernimento para a prática do ato, ou que, por qualquer outra causa, não pode oferecer resistência, responde o agente pelo crime de homicídio, nos termos do art. 121 deste Código.

Aqui temos duas situações inusitadas que merecem destaque pela redação adotada. Se do crime previsto no § 1º do art. 122 ocorrer lesão corporal gravíssima e for praticado contra menor de 14 anos ou pessoa que, por enfermidade ou falta de discernimento para compreender os seus atos, o agente que instiga auxilia ou induz, responderá diretamente pela lesão corporal gravíssima, na medida em que a vulnerabilidade da vítima foi explorada para a prática do crime.

O mesmo raciocínio se aplica ao crime do art. 122, § 2º. Na hipótese, se praticado contra menor de 14 anos ou contra quem não tenha o necessário discernimento para a prática do ato, ou quem por qualquer outra causa não possa oferecer resistência, o agente que induz, instiga ou auxilia, responderá pelo crime de homicídio, ante a exploração da vulnerabilidade da vítima.

4.1.3 Infanticídio

Art. 123 *Matar, sob a influência do estado puerperal, o próprio filho, durante o parto ou logo após:*

Pena - detenção, de dois a seis anos.

A conduta aqui prevista é aquela em que a mãe mata o próprio filho, **influenciada pelo estado puerperal**, durante o parto ou logo após.

A figura aqui prevista é uma hipótese de homicídio privilegiado em que, por circunstâncias particulares e especiais, o legislador resolveu conferir tratamento mais brando à autora do delito, reduzindo as penas mínimas e máxima do delito. O puerpério é o período que se estende do início do parto até a volta da mulher às condições pré-gravidez. Momento em que a mãe sofre profundas alterações psíquicas e físicas, que chegam a transtorná-la, deixando-a sem plenas condições de entender o que está fazendo.

A influência do estado puerperal (estado originado a partir da profusão hormonal) deve ser constatado por laudo médico.

O período "logo após" é de difícil conceituação. Entretanto, prevalece que este lapso temporal compreende todo o período do puerpério.

A conduta só se pune a título de dolo.

Trata-se de delito próprio, pois só pode ser cometido por agente especial, no caso a mãe do recém-nascido.

O delito admite tentativa. Inclusive, vários casos de agressões contra recém-nascidos terminam não se consumando.

Fique ligado

Atualmente, existe o entendimento de que é possível a participação de outra pessoa na prática do crime, não se admitindo, no entanto, a coautoria.

4.1.4 Aborto provocado pela gestante ou com seu consentimento

Art. 124 *Provocar aborto em si mesma ou consentir que outrem lhe provoque:*

Pena - detenção, de um a três anos.

Tecnicamente, consiste na interrupção da gravidez com a destruição do produto da concepção. Na ótica jurídica, o termo inicial da gestação é a implantação do embrião no endométrio.

A hipótese do art. 124 traz duas hipóteses, o autoaborto e o aborto praticado por terceiro com o consentimento da gestante.

No autoaborto, o delito pode ser cometido por qualquer meio (crime de forma livre). É necessário que a gestante provoque em si própria (dê causa, produza, realize) a morte do produto do nascituro. No aborto consentido, um terceiro, com o consentimento válido da gestante, pratica o fato.

Quanto ao elemento subjetivo, o tipo penal é doloso, isto é, o ato deve ser praticado de modo consciente e voluntário, tendente à interrupção da vida humana intrauterina. Não se pune a forma culposa.

Fique ligado

Acerca do crime de aborto, é importante recordar que o STF possui precedente de que não haverá crime se o aborto for praticado até o terceiro mês da gestação. (HC nº 124.306)

4.1.5 Aborto provocado por terceiro sem o consentimento da gestante

Art. 125 *Provocar aborto, sem o consentimento da gestante:*

Pena - reclusão, de três a dez anos.

Trata-se da forma mais cruel de aborto, na medida em que a gestante é pega de surpresa, ou seja, tem a sua gestação interrompida sem o seu consentimento.

Dessa forma, tem-se a conduta punida com maior rigor do que as demais formas do abordo.

A conduta típica é semelhante àquela contida no art. 124, isto é, dá-se quando o agente provocar aborto, **sem o consentimento da mulher** ou **mediante consentimento inválido.**

Aborto provocado por terceiro com consentimento da gestante

Art. 126 *Provocar aborto com o consentimento da gestante:*

Pena - reclusão, de um a quatro anos.

Parágrafo único. *Aplica-se a pena do artigo anterior, se a gestante não é maior de quatorze anos, ou é alienada ou débil mental, ou se o consentimento é obtido mediante fraude, grave ameaça ou violência.*

A conduta típica é semelhante àquela contida nos arts. 124 e 125, isto é, provocar aborto. Exige-se, todavia, que ocorra o **consentimento válido da gestante**.

Trata-se de crime que se manifesta como exceção à teoria monista, na medida em que, quem praticar o crime, com consentimento da gestante, responde por este crime, enquanto que, a gestante que consente para a sua prática responde pelo crime do art. 124 do CP.

Fique ligado

Se a gestante não é maior de 14 anos ou possui algum tipo de comprometimento mental ou, ainda, se o consentimento é obtido mediante fraude, o agente que pratica o aborto responde pela pena prevista do art. 125, na medida em que não se trata de consentimento válido.

4.1.6 Aborto majorado pelo resultado

Art. 127 *As penas cominadas nos dois artigos anteriores são aumentadas de um terço, se, em consequência do aborto ou dos meios empregados para provocá-lo, a gestante sofre lesão corporal de natureza grave; e são duplicadas, se, por qualquer dessas causas, lhe sobrevém a morte.*

Haverá aumento de pena em um terço se, em decorrência do aborto praticado por terceiro, com ou sem o consentimento da gestante, ocorrer lesão corporal de natureza grave ou gravíssima.

A pena aplicada será duplicada se houver a morte da gestante.

As causas de aumento de pena aqui previstas não alcançam a figura do art. 124 (da própria gestante), pois, em homenagem ao princípio da lesividade, não se pune a autolesão.

4.1.7 Aborto legal

> *Art. 128 Não se pune o aborto praticado por médico:*
> *Aborto necessário*
> *I - se não há outro meio de salvar a vida da gestante;*
> *Aborto no caso de gravidez resultante de estupro*
> *II - se a gravidez resulta de estupro e o aborto é precedido de consentimento da gestante ou, quando incapaz, de seu representante legal.*

O art. 128 prevê duas hipóteses em que a provocação do aborto não é considerada crime. Esses dispositivos têm natureza jurídica de causas especiais de exclusão da ilicitude. As figuras em que o aborto é legal são chamadas de aborto necessário (terapêutico) e sentimental (humanitário).

No inciso I, prevê-se o aborto necessário ou terapêutico, e, no inciso II, tem-se o denominado aborto sentimental ou humanitário ou ético.

Para a caracterização do inciso I, é imprescindível três requisitos:

- Ser praticado por médico;

Se for necessária a realização por pessoa sem habilitação profissional, poderá haver a incidência do estado de necessidade.

- Perigo de vida da gestante;
- A impossibilidade de outro meio de salvaguarda.

Para a caracterização da hipótese do inciso II, são necessários os seguintes requisitos:

- Ser praticado por médico;

Se for necessária a realização por pessoa sem habilitação profissional, poderá haver a incidência do estado de necessidade.

- Gravidez decorrente de estupro;
- Consentimento da gestante ou do representante legal.

Vale recordar que, além das hipóteses previstas, em 2012, ao julgar a ADPF n 54, o STF entendeu ser cabível mais uma forma de aborto, o que restou denominado de aborto terapêutico de feto anencéfalo. A anencefalia consiste na malformação do tubo neural, a caracterizar-se pela ausência parcial do encéfalo e do crânio, resultante de defeito no fechamento do tubo neural durante o desenvolvimento embrionário.

4.2 Lesões corporais

4.2.1 Lesão corporal leve

> *Art. 129 Ofender a integridade corporal ou a saúde de outrem:*
> *Pena - detenção, de três meses a um ano.*

No capítulo II da parte especial, o CP trata das condutas criminosas que afetam a integridade física ou a saúde do corpo humano. Para a configuração do núcleo do tipo é preciso que a vítima sofra dano em seu corpo, com alguma alteração interna ou externa. Também é aceito, para fins de tipificação desta conduta, qualquer ofensa que provoque abalo ou prejuízo às funções orgânicas.

Objeto jurídico deste delito é a incolumidade pessoal (física do indivíduo), especialmente, no aspecto corporal, fisiológico e mental.

São dois os critérios de análise da lesão corporal, no primeiro aspecto, subdividem-se em:

- Simples (*caput*);
- Dolosa qualificada (§§1º, 2º e 3º);
- Dolosa privilegiada (§§4º e 5º);
- Culposa (§6º).

No segundo critério, leva-se em consideração o grau da lesão, desmembrando-se em:

- Leve;
- Grave;
- Gravíssima;
- Seguida de morte.

Qualquer pessoa pode ser o sujeito ativo do crime, enquanto que sujeito passivo é toda pessoa viva. Excepcionalmente, quando da lesão puder ocorrer aceleração de parto ou aborto, o sujeito passivo é a mulher grávida.

A punição, quanto à voluntariedade, dá-se a título de dolo, culpa e preterdolo.

A lesão leve pode ser considerada um crime subsidiário, pois, se não for possível classificá-la como uma lesão grave ou gravíssima, a tipificação permanece na conduta do *caput*.

Ademais, as lesões corporais de natureza leve e lesões culposas são suscetíveis de ação penal pública condicionada à representação do ofendido e serão processadas perante o Juizado Especial Criminal.

4.2.2 Lesão corporal grave

> *§ 1º Se resulta:*
> *I - Incapacidade para as ocupações habituais, por mais de trinta dias;*
> *II - perigo de vida;*
> *III - debilidade permanente de membro, sentido ou função;*
> *IV - aceleração de parto:*
> *Pena - reclusão, de um a cinco anos.*

Avançando ao campo das qualificadoras, no inciso I, considera-se qualificada a lesão que causa incapacidade física ou mental do agente em praticar suas atividades habituais por mais de 30 dias.

Por atividade ou ocupação habitual entende-se qualquer atividade costumeira, não necessariamente ligada ao trabalho ou ocupação lucrativa –, mas deve ser uma atividade lícita.

A gravidade da lesão será aferida por perícia médica após o trigésimo dia (art. 168, §2º, CPP), que, entretanto, poderá ser suprido pela prova testemunhal (art. 168, §3º, CPP).

No inciso II, trabalha-se com o perigo de vida, consistente no alto grau de probabilidade de um resultado fatal. O perigo deve ser presente, não presumido, e será atestado por laudo médico.

- Frise-se que o perigo de vida deve ser gerado a partir do preterdolo, uma vez que, se o agente tinha a intenção de matar e este resultado não ocorre, é imperiosa a punição por tentativa de homicídio.

A hipótese aventada no inciso III corresponde à diminuição/redução ou enfraquecimento da capacidade dos membros, sentidos (visão, audição, tato, paladar) ou função (capacidade respiratória, digestiva etc.).

Cuidado, a debilidade permanente não exige perpetuidade, mas somente que seja incerto o prazo de recuperação.

Fique ligado

Atente-se também que, no caso de órgãos duplos (olhos, rins, pulmões, dedos), a perda de um deles, com preservação da atividade do outro, caracteriza-se aqui, na **debilidade permanente.**

Por derradeiro, a hipótese do inciso IV tata da aceleração de parto. Mas cuidado! Se o feto é expulso sem vida ou, mesmo se, com vida logo vem a morrer em razão dos ferimentos, a lesão corporal será gravíssima.

Para caracterizar a qualificadora do inciso IV, é imprescindível que o agente saiba do estado gravídico da ofensora.

Em arremate, a doutrina de Cezar Roberto Bitencourt ensina que todas as qualificadoras contidas no §1º são de natureza **objetiva**.

4.2.3 Lesão corporal gravíssima

No §2º trataremos de situações que são, via de regra, irreparáveis.

§ 2º Se resulta:

Pena - reclusão, de dois a oito anos.

I - Incapacidade permanente para o trabalho;

A incapacidade aqui mencionada deve se dar para qualquer tipo de trabalho, e não, especificamente, para a função que até então era exercida pela vítima.

II - enfermidade incurável;

Para esta classificação, podemos configurar como a transmissão intencional de uma doença para qual não existe cura ou também o desenvolvimento de um processo patológico incurável após a prática da conduta ofensiva (Ex.: desenvolvimento de convulsão a partir de um traumatismo cranioencefálico).

Fique ligado

Para o STJ, restou decidido que a transmissão consciente do HIV caracteriza lesão corporal gravíssima, enquadrando-se a enfermidade no conceito de doença incurável (art. 129, §2º, II, CP). Ainda, entendeu que a ausência de manifestação dos sintomas não exclui o crime.

III - perda ou inutilização do membro, sentido ou função;

Aqui, trata-se de amputação, mutilação ou inutilização de mão, pé, braço...

IV - deformidade permanente;

Trata-se do dano estético irreparável. Além disso, a presente qualificadora abrange todo o corpo, não somente as regiões visíveis.

As questões da organizadora CESPE/CEBRASPE tendem a confundir o candidato entre as hipóteses de debilidade permanente e deformidade permanente de acordo com o grau da lesão (grave ou gravíssima).

Fique ligado

Para facilitar:

→ de**B**ilidade → Lesão **grave**: Pela ordem alfabética, o B vem antes do F, logo, está para a lesão GRAVE, que também é estudada antes da gravíssima.

→ de**F**ormidade → Lesão **gravíssima**: F depois do B.

V - aborto:

Indispensável que o agente tenha conhecimento do estado da vítima. Aqui, pune-se a lesão a título de dolo e o abortamento a título de culpa (crime preterdoloso ou preterintencional).

4.2.4 Lesão corporal seguida de morte

§ 3º Se resulta morte e as circunstâncias evidenciam que o agente não quis o resultado, nem assumiu o risco de produzi-lo:

Pena - reclusão, de quatro a doze anos.

Cuida-se do chamado "homicídio preterdoloso".

Em resumo, pune-se a morte causada culposamente. Conforme consta do dispositivo, é necessário que as circunstâncias do caso concreto indiquem que o sujeito não quis a morte, nem assumiu o risco de produzi-la, pena de responder pelo crime de homicídio culposo.

Em apertada síntese, pode-se dizer que o evento "morte" pode ter sido:

- **Previsto e querido:** homicídio doloso com dolo direto de 1º grau (homicídio doloso);
- **Previsto, não querido, mas aceito como efeito secundário necessário:** homicídio doloso com dolo direto de 2º grau (homicídio com dolo de consequência necessária);
- **Previsto, não querido, mas aceito ou tolerado:** homicídio doloso com dolo eventual;
- **Previsto, não querido, não aceito ou tolerado:** lesões corporais seguidas de morte com culpa consciente;
- **Não previsto, embora previsível:** lesões corporais seguidas de morte com culpa inconsciente;
- **Não previsto e não previsível:** exclusão da responsabilidade pela morte (art. 19, do CP).

4.2.5 Hipótese de diminuição de pena/lesão corporal privilegiada

§ 4º Se o agente comete o crime impelido por motivo de relevante valor social ou moral ou sob o domínio de violenta emoção, logo em seguida a injusta provocação da vítima, o juiz pode reduzir a pena de um sexto a um terço.

Tal como verificado no homicídio, há uma causa de redução de pena (de 1/6 a 1/3) quando o agente comete o crime impelido **por motivo de relevante valor social ou moral ou sob o domínio de violenta emoção, logo em seguida à injusta provocação da vítima.**

Assim, a causa de diminuição abrange fatores de cunho pessoal, subjetivo, incomunicável, portanto, no concurso de pessoas.

4.2.6 Substituição da pena

§ 5º O juiz, não sendo graves as lesões, pode ainda substituir a pena de detenção pela de multa, de duzentos mil réis a dois contos de réis:

I - se ocorre qualquer das hipóteses do parágrafo anterior;

II - se as lesões são recíprocas.

Incidente somente nas lesões corporais de natureza leve, a substituição da detenção por multa se dá quando presente a motivação privilegiada (§ 4º) ou na hipótese de lesões recíprocas.

Fique ligado

No caso de violência recíproca, cumpre verificar se um dos contendores agiu em legítima defesa, hipótese em que haverá excludente de ilicitude àquele que repele a injusta agressão.

4.2.7 Lesão corporal culposa

§ 6º Se a lesão é culposa:

***Pena** - detenção, de dois meses a um ano.*

Trata-se de situação em que a ofensa à integridade física ou à saúde da vítima decorre de comportamento em que há a violação do dever de cuidado. Compreende, pois, a culpa consciente ou inconsciente.

A gravidade das lesões corporais é irrelevante para a tipificação do delito de lesões corporais de natureza culposa, podendo ser levada em consideração na dosimetria da pena, haja vista a circunstância judicial das consequências do crime.

Fique ligado

A lesão corporal culposa não é desmembrada em leve, grave ou gravíssima.
O que se valora é a intenção ou não em produzir o resultado. Se dolosa, haverá a gradação, se culposa, não.
Vale destacar que as lesões corporais culposas praticadas na condução de veículo automotor tipificam o delito do art. 303, do CTB.

4.2.8 Aumento de pena

§ 7º Aumenta-se a pena de 1/3 (um terço) se ocorrer qualquer das hipóteses dos §§ 4º e 6º do art. 121 deste Código.

Haverá aumento de pena em 1/3, quando a lesão corporal culposa representar violação de regra técnica de arte, profissão ou ofício; ausência de socorro imediato ou fuga para evitar a prisão; ou lesão corporal dolosa contra criança ou idoso.

Ademais, haverá aumento de pena, se a lesão é praticada por milícia privada ou sob o pretexto de prestação de serviço de segurança ou, ainda, por grupo de extermínio.

4.2.9 Perdão judicial

§ 8º Aplica-se à lesão culposa o disposto no § 5º do art. 121.

Trata-se de hipótese de perdão judicial idêntica a existente para o homicídio culposo (art. 121, § 5º).

4.2.10 Violência doméstica

§ 9º Se a lesão for praticada contra ascendente, descendente, irmão, cônjuge ou companheiro, ou com quem conviva ou tenha convivido, ou, ainda, prevalecendo-se o agente das relações domésticas, de coabitação ou de hospitalidade:

Pena - detenção, de 3 (três) meses a 3 (três) anos.

§ 10 Nos casos previstos nos §§ 1º a 3º deste artigo, se as circunstâncias são as indicadas no § 9º deste artigo, aumenta-se a pena em 1/3 (um terço).

§ 11 Na hipótese do § 9º deste artigo, a pena será aumentada de um terço se o crime for cometido contra pessoa portadora de deficiência.

A pena máxima cominada para essa qualificadora foi triplicada pela Lei nº 11.340/2006 com o objetivo de retirar a violência doméstica e familiar contra a mulher (lesões leves) do âmbito das infrações de menor potencial ofensivo, vedando-se, inclusive, a pena alternativa das cestas básicas (art. 17, da Lei Maria da Penha).

Haverá o aumento da pena em 1/3 quando ocorrer o resultado lesões grave, gravíssima ou seguida de morte havidas contra ascendente, descendente, irmão, cônjuge ou companheiro, ou com quem conviva ou tenha convivido, ou, ainda, prevalecendo-se o agente das relações domésticas, de coabitação ou de hospitalidade.

Fique ligado

Vale frisar que, para que se caracterize a violência doméstica, não há a necessidade de coabitação entre autor do fato e vítima.

Na hipótese de violência doméstica (art. 129, § 9º), quando a vítima for pessoa portadora de deficiência, a pena sofrerá acréscimo de 1/3.

Cumpre observar que, quando da incidência de duas ou mais causas de aumento – ou de duas ou mais causas de diminuição –, contempladas na Parte Especial do Código, deve-se aplicar a regra constaste do art. 68, parágrafo único, do CP.

Quando a mulher figurar como vítima das lesões corporais será preciso verificar se o fato foi ou não resultante de violência doméstica ou familiar. Em caso positivo, e, sendo lesão corporal leve, o fato se subsumirá ao art. 129, § 9º, agravado pelo art. 61, II, f, p. final. Caso contrário, a lesão corporal leve fora do âmbito doméstico ou familiar caracterizará o art. 129, *caput*, c/c art. 61, II, f, parte final. Cuidando-se de lesão corporal grave e lesão corporal seguida de morte, incidirá a majorante do § 10, quando oriunda de violência doméstica ou familiar, c/c art. 61, II, f, parte final. A tipificação corresponderá ao art. 129, §§ 1º, 2º e 3º, c/c art. 61, II, f, p. final, quando as lesões forem resultantes de violência fora do ambiente familiar ou doméstico.

Em resumo, fez-se inserir a qualificadora da lesão corporal praticada em razão de discriminação à condição de mulher ou em situação de violência doméstica.

O próprio texto da lei faz a remessa específica ao § 2-A do art. 121, do CP.

Para compreender de maneira correta aquilo que se entende por violência doméstica, é imprescindível que se analise o que dispõem os arts. 5º e 7º da Lei nº 11.340/2006:

Art. 5º *Para os efeitos desta Lei, configura violência doméstica e familiar contra a mulher qualquer ação ou omissão baseada no gênero que lhe cause morte, lesão, sofrimento físico, sexual ou psicológico e dano moral ou patrimonial:*

I - no âmbito da unidade doméstica, compreendida como o espaço de convívio permanente de pessoas, com ou sem vínculo familiar, inclusive as esporadicamente agregadas;

II - no âmbito da família, compreendida como a comunidade formada por indivíduos que são ou se consideram aparentados, unidos por laços naturais, por afinidade ou por vontade expressa;

III - em qualquer relação íntima de afeto, na qual o agressor conviva ou tenha convivido com a ofendida, independentemente de coabitação.

Parágrafo único. *As relações pessoais enunciadas neste artigo independem de orientação sexual.*

Art. 7º *São formas de violência doméstica e familiar contra a mulher, entre outras:*

I - a violência física, entendida como qualquer conduta que ofenda sua integridade ou saúde corporal;

II - a violência psicológica, entendida como qualquer conduta que lhe cause dano emocional e diminuição da autoestima ou que lhe prejudique e perturbe o pleno desenvolvimento ou que vise degradar ou controlar suas ações, comportamentos, crenças e decisões, mediante ameaça, constrangimento, humilhação, manipulação, isolamento, vigilância constante, perseguição contumaz, insulto, chantagem, violação de sua intimidade, ridicularização, exploração e limitação do direito de ir e vir ou qualquer outro meio que lhe cause prejuízo à saúde psicológica e à autodeterminação;

III - a violência sexual, entendida como qualquer conduta que a constranja a presenciar, a manter ou a participar de relação sexual não desejada, mediante intimidação, ameaça, coação ou uso da força; que a induza a comercializar ou a utilizar, de qualquer modo, a sua sexualidade, que a impeça de usar qualquer método contraceptivo ou que a force ao matrimônio, à gravidez, ao aborto ou à prostituição, mediante coação, chantagem, suborno ou manipulação; ou que limite ou anule o exercício de seus direitos sexuais e reprodutivos;

IV - a violência patrimonial, entendida como qualquer conduta que configure retenção, subtração, destruição parcial ou total de seus objetos, instrumentos de trabalho, documentos pessoais, bens, valores e direitos ou recursos econômicos, incluindo os destinados a satisfazer suas necessidades;

V - a violência moral, entendida como qualquer conduta que configure calúnia, difamação ou injúria.

Desse modo, conclui-se que, mesmo no caso de lesão corporal praticada no contexto de violência doméstica e familiar, é indispensável que o crime envolva o gênero ("razões de condição de sexo feminino").

Ex. 1: convivente que pratica lesão corporal contra a mulher por alegar que ela "não tem direito de se separar dele".

Ex. 2: marido que pratica lesão corporal contra a esposa pelo fato de a mesma não preparar o jantar.

É importante destacar, igualmente, que existem hipóteses em que a vítima pode ser mulher, mas não haverá, necessariamente, o deslocamento para esta figura qualificada se não existir, no caso concreto, uma motivação baseada no gênero.

| **Ex.:** irmã que lesiona a outra numa disputa por herança.

Veja que nesse caso, por mais que a lesão tenha ocorrido em um ambiente doméstico, não houve a prática do delito em razão de menosprezo à condição de mulher ou em situação de violência doméstica, não há embasamento nas razões de gênero, e sim, discussão essencialmente patrimonial.

Por fim, impende destacar que o parágrafo em questão será aplicado apenas para a lesão corporal de natureza leve, na medida em que, sendo grave ou gravíssima, haverá o deslocamento da figura típica para este dispositivo.

Fique ligado

Haverá a aplicação da nova qualificadora para a mulher transgênero, ainda que não tenha se submetido à cirurgia de alteração de sexo.

4.2.11 Lesão corporal funcional

§ 12 Se a lesão for praticada contra autoridade ou agente descrito nos arts. 142 e 144 da Constituição Federal, integrantes do sistema prisional e da Força Nacional de Segurança Pública, no exercício da função ou em decorrência dela, ou contra seu cônjuge, companheiro ou parente consanguíneo até terceiro grau, em razão dessa condição, a pena é aumentada de um a dois terços.

A Lei nº 13.142/2015 alterou não somente o crime de homicídio, como também determinou o aumento de pena de um a dois terços, no caso de lesão corporal praticada contra autoridade ou agente, que seja integrante do sistema prisional ou da força nacional de segurança pública, no exercício da função ou em decorrência dela.

Assim, a referida causa de aumento tem incidência quando qualquer crime de lesão corporal dolosa (leve, grave, gravíssima ou seguida de morte) for cometido contra: integrante das Forças Armadas (art. 142, CF), integrante das forças de segurança pública (art. 144, CF), do sistema prisional, da Força Nacional de Segurança Pública.

É pressuposto da causa de aumento que a vítima esteja no exercício de suas funções no momento do delito ou que esse tenha sido cometido em decorrência delas. Quem agride policial que está de folga em razão, por exemplo, de uma discussão de trânsito não incorre na causa de aumento.

A referida majorante é também aplicável no caso de a violência ser cometida contra cônjuge ou companheiro ou parente consanguíneo de **até terceiro grau** da referida autoridade ou agente, igualmente em razão dessa condição.

Fique ligado

Neste aspecto, vale destacar o art. 1º, I-A da Lei nº 8.072/1990 que dispõe ser crime hediondo lesão corporal dolosa de natureza gravíssima (art. 129, § 2º) e lesão corporal seguida de morte (art. 129, § 3º), quando praticadas contra autoridade ou agente descrito nos arts. 142 e 144 da Constituição Federal, integrantes do sistema prisional e da Força Nacional de Segurança Pública, no exercício da função ou em decorrência dela, ou contra seu cônjuge, companheiro ou parente consanguíneo até terceiro grau, em razão dessa condição.

4.2.12 Lesão corporal praticada contra mulher por razões da condição do sexo feminino

§ 13 Se a lesão for praticada contra a mulher, por razões da condição do sexo feminino, nos termos do § 2º-A do art. 121 deste Código:

***Pena** - reclusão, de 1 (um) a 4 (quatro anos)*

A Lei nº 14.188/2021 acrescentou o § 13 ao art. 129, prevendo a modalidade de lesão corporal em cenário de violência de gênero contra a mulher. Essa figura difere da "violência doméstica", descrita no art. 129, § 9º, que pode ter como sujeito passivo tanto o homem quanto a mulher. Já a nova modalidade qualificada, de sua parte, só admite a mulher como vítima do crime, exigindo, também, que a conduta seja praticada "por razões da condição do sexo feminino".

Por exemplo, se um homem, menosprezando a vítima por sua condição de mulher, a agride para provar sua superioridade física, causando-lhe lesão leve, incorre na qualificadora prevista no § 13.

Assim, com a inclusão do § 13º no art. 129 do CP, que se apresenta em relação de especialidade para com o § 9º, lesões leves cometidas contra mulheres em situação de violência doméstica ou mediante menosprezo ou discriminação à condição de mulher, ainda que perpetradas por descendente, ascendente, irmão, cônjuge, companheiro etc., não mais se enquadram no § 9º.

4.2.13 Ação penal

A lesão corporal de natureza leve é punida com detenção, de 3 meses a 1 ano. Por sua vez, a lesão corporal de natureza grave é sancionada com pena de reclusão, de 1 a 5 anos. A lesão gravíssima tem pena de reclusão, de 2 a 8 anos. Caso se trate de lesão corporal seguida de morte, a pena é de reclusão, de 4 a 12 anos. A lesão corporal culposa contém pena de detenção, de 2 meses a 1 ano. Na hipótese de violência doméstica, a pena é de detenção, de 6 meses a 1 ano.

A ação penal é pública, porém condicionada nas hipóteses de lesões de natureza leve e culposa, conforme o art. 88, da Lei nº 9.099/1995.

Nas demais hipóteses, a ação penal será pública incondicionada.

Fique ligado

No tocante à ação penal pública condicionada em delitos de violência doméstica e familiar contra a mulher, o art. 16, da Lei Maria da Penha só admite a "renúncia" ao direito de representação em audiência especial perante o Juiz e o membro do Ministério Público.

O art. 17, da mesma lei, veda a aplicação da pena substitutiva de cesta básica ou outras de prestação pecuniária, bem como a aplicação substitutiva de pagamento isolado de multa.

Ademais, em se tratando de lesão corporal, ainda que leve ou culposa, praticada no âmbito de violência doméstica e familiar, a ação penal sempre será pública incondicionada.

4.2.14 Periclitação da vida e da saúde

4.2.15 Perigo de contágio venéreo

***Art. 130** Expor alguém, por meio de relações sexuais ou qualquer ato libidinoso, a contágio de moléstia venérea, de que sabe ou deve saber que está contaminado:*

Pena - detenção, de três meses a um ano, ou multa.

§ 1º Se é intenção do agente transmitir a moléstia:

Pena - reclusão, de um a quatro anos, e multa.

§ 2º Somente se procede mediante representação.

A partir deste capítulo, serão analisados tipos penais que tratam de um perigo individual.

Também são tipos penais dotados de subsidiariedade. Ora tácita, ora expressa.

O crime é comum, na medida que pode ser praticado por qualquer pessoa.

A conduta pressupõe "expor alguém" a partir de relações sexuais ou qualquer ato libidinoso – conjunção carnal ou qualquer outro ato com conotação sexual, por exemplo, sexo oral -, a contágio de moléstia venérea, essa, podendo ser interpretada como uma Doença Sexualmente Transmissível (herpes, sífilis, gonorreia etc.).

A doutrina sustenta que a AIDS não é doença venérea, embora possa ser também transmitida por relações sexuais desprotegidas, como ocorre com o vírus da Hepatite B.

De modo que, a questão da AIDS, na dogmática penal, sempre foi envolta em grande polêmica. Em regra geral, se o agente sabe ou deve saber estar infectado com o vírus HIV (exame positivo ou sinais visíveis da moléstia) e mantém relação sexual com parceiro insciente desse fato, ele responde pelo ato em si, pelo crime do art. 131.

Se da relação sexual desprotegida, o parceiro contrai a AIDS, há uma mudança de tipificação, ou seja, o agente responderá por lesões corporais gravíssimas (art. 129, § 2º, II), de acordo com o posicionamento do STF – situação de extrema dificuldade em se comprovar.

Por outro lado, se o agente informa ao parceiro ser portador do vírus e esse consente livremente em manter relações sexuais sem proteção (sem preservativos), há a incidência do princípio da autocolocação em risco que exclui a tipicidade do ato.

Atente que o crime é formal ou de consumação antecipada, tendo em vista que a mera exposição da vítima ao perigo de contágio já basta para a sua tipificação.

O crime somente se pratica mediante dolo (direto ou eventual).

No §1º há a presença de uma qualificadora e o §2º estabelece que o crime somente se processa mediante ação penal pública condicionada à representação.

4.2.16 Perigo de contágio de moléstia grave

> ***Art. 131*** *Praticar, com o fim de transmitir a outrem moléstia grave de que está contaminado, ato capaz de produzir o contágio:*
>
> *Pena - reclusão, de um a quatro anos, e multa.*

Trata-se de crime comum, podendo ser praticado por qualquer pessoa que pratique um determinado ato com a finalidade de transmitir moléstia grave de que está contaminado, sujeita a produzir contágio para terceiros, seja por contato direto, ou indireto.

Veja que o crime se consuma independente do contágio.

Basta imaginar um agente que, sabendo ser portador de pneumonia bacteriana, espalha, intencionalmente, sua saliva em um corrimão de um shopping center.

Mesmo que não ocorra o efetivo contágio por terceiros, houve risco de contágio para terceiros, estando consumado o delito.

4.2.17 Perigo para a vida ou saúde de outrem

> ***Art. 132*** *Expor a vida ou a saúde de outrem a perigo direto e iminente:*
>
> *Pena - detenção, de três meses a um ano, se o fato não constitui crime mais grave.*
>
> ***Parágrafo único.*** *A pena é aumentada de um sexto a um terço se a exposição da vida ou da saúde de outrem a perigo decorre do transporte de pessoas para a prestação de serviços em estabelecimentos de qualquer natureza, em desacordo com as normas legais.*

Trata-se, igualmente, de crime comum, no qual a conduta pressupõe a colocação da vida ou da saúde de outrem em situação de perigo direto e iminente (prestes a ocorrer).

Podemos exemplificar com a conduta de um motorista de ônibus, que desce uma serra em alta velocidade, expondo os passageiros a uma situação clara de perigo.

O tipo é expressamente subsidiário, na medida em que, se o fato constituir crime mais grave, esse prevalecerá.

O crime somente se processa mediante dolo.

No parágrafo único, há uma causa de aumento de pena (de 1/6 a 1/3) se a exposição da vida ou da saúde de outrem decorre de transporte de pessoas para a prestação de serviços de qualquer natureza. Assim, haverá a incidência desta causa de aumento, independentemente, de serviço público ou privado.

4.2.18 Abandono de incapaz

> ***Art. 133*** *Abandonar pessoa que está sob seu cuidado, guarda, vigilância ou autoridade, e, por qualquer motivo, incapaz de defender-se dos riscos resultantes do abandono:*
>
> *§ 1º Se do abandono resulta lesão corporal de natureza grave:*
>
> *Pena - reclusão, de um a cinco anos.*
>
> *§ 2º Se resulta a morte:*
>
> *Pena - reclusão, de quatro a doze anos.*
>
> *Aumento de pena*
>
> *§ 3º As penas cominadas neste artigo aumentam-se de um terço:*
>
> *I - se o abandono ocorre em lugar ermo;*
>
> *II - se o agente é ascendente ou descendente, cônjuge, irmão, tutor ou curador da vítima.*
>
> *III – se a vítima é maior de 60 (sessenta) anos.*

Aqui, estaremos diante de crime próprio, na medida em que só poderá praticá-lo aquele que tem o dever de proteger a pessoa que está sob seu cuidado.

Trata-se de crime contra a vida e saúde de pessoa certa, tutelando-se também a proteção daquele que está sob a guarda ou responsabilidade de outrem.

O crime pressupõe o ato de abandonar, deixar sem amparo, assistência, auxílio a pessoa que está sob seu cuidado, sendo esta pessoa incapaz de se proteger dos riscos deste abandono.

O crime somente se pratica mediante dolo de abandono.

> **Fique ligado**
>
> Caso o agente promova o abandono com a intenção de matar, haverá dolo de homicídio, sendo que o crime contra a vida absorverá o crime em tela.

Os §§1º e 2º trazem qualificadoras quando, do abandono, decorre lesão grave ou morte, havendo uma previsão abstrata de pena maior para esta última situação.

No §3º há causas de aumento de pena (1/3) caso:

- O abandono ocorra em local ermo;
- Se o agente é ascendente, descendente, cônjuge, irmão, tutor ou curador da vítima;
- Se a vítima é maior de 60 anos.

4.2.19 Exposição ou abandono de recém-nascido

> ***Art. 134*** *Expor ou abandonar recém-nascido, para ocultar desonra própria:*
>
> *Pena - detenção, de seis meses a dois anos.*
>
> *§ 1º Se do fato resulta lesão corporal de natureza grave:*
>
> *Pena - detenção, de um a três anos.*
>
> *§ 2º Se resulta a morte:*
>
> *Pena - detenção, de dois a seis anos.*

Neste crime, estaremos diante de uma forma especial do abandono de incapaz.

O crime é próprio, pois somente o pai ou mãe biológicos podem ser sujeitos ativos.

O tipo objetivo alude, de forma alternativa, a "expor" ou "abandonar" recém-nascido, o que significa deixar o infante sem assistência, desamparado do cuidado maternal.

Percebe-se, ainda, a intenção de ocultar "desonra própria".

Para a maioria da doutrina, a honra que se pretende ocultar é a de cunho sexual, ou seja, visa-se "abafar" o nascimento da criança para manter a reputação, a boa-fama, a decência, enfim, de que gozaria o autor ou autora do crime. Segundo Damásio de Jesus, se se tratar de outro motivo, que não o de natureza sexual, por exemplo, miséria, excesso de prole, receio de um filho doentio etc., o fato constitui abandono de incapaz.

O crime é punido mediante dolo e se consuma com a real exposição à situação de perigo.

Os §§1º e 2º trazem previsões de figuras qualificadas pelo resultado (lesão grave ou morte).

4.2.20 Omissão de socorro

> ***Art. 135*** *Deixar de prestar assistência, quando possível fazê-lo sem risco pessoal, à criança abandonada ou extraviada, ou à pessoa inválida ou ferida, ao desamparo ou em grave e iminente perigo; ou não pedir, nesses casos, o socorro da autoridade pública:*
>
> *Pena - detenção, de um a seis meses, ou multa.*
>
> ***Parágrafo único.*** *A pena é aumentada de metade, se da omissão resulta lesão corporal de natureza grave, e triplicada, se resulta a morte.*

Trata-se de crime comum, omissivo por si só. A razão da incriminação e chancela pelo direito penal reside num dever social e moral de solidariedade para aqueles que estão em situação que reclama ajuda.

A omissão de socorro exige que a situação de perigo não tenha sido criada pelo próprio omitente. Se, ao contrário, o agente criou o perigo com um comportamento precedente (ingerência), responderá pelo resultado normativo nos termos do art. 13, § 2º.

O crime pode ser praticado de duas formas:

- **Diretamente**, ou seja, com o deixar de prestar socorro; ou
- **Indiretamente**, vale dizer, com o não pedido de assistência às autoridades públicas.

Atente-se, todavia, que em primeiro lugar o agente deve prestar imediata assistência. Caso não possa, deverá, então, procurar por socorro.

É o que ocorre, por exemplo, com a vítima que está a se afogar. Caso o agente não saiba ou não possa nadar por alguma circunstância, deverá acionar o Corpo de Bombeiros (ou outro órgão de proteção).

A autoridade pública, mencionada no tipo, é o servidor público em geral, isto é, policial civil, policial militar, bombeiro militar, guarda municipal etc.

A expressão **sem risco pessoal** consiste em agir sem risco à sua vida ou integridade física. A lei penal não exige heroísmo ou martírio, mas tão somente o possível, podendo e devendo o agente optar em chamar por socorro quando não tiver condições de agir pessoalmente. Ademais, o crime de omissão de socorro não admite tentativa, porquanto constitui infração instantânea, consumando-se no instante em que o sujeito omite a prestação de socorro. A falta de socorro quando a vítima está evidentemente morta não constitui crime, sendo considerada hipótese de crime impossível, pois não há socorro a ser prestado.

Por fim, o parágrafo único prevê que a pena será aumentada de metade (1/2) se da omissão resultar lesão corporal de natureza grave, ou triplicada, se houver o resultado morte. Aqui, o resultado não decorre diretamente da omissão, e sim, da causa originária que fez surgir a necessidade do socorro. Assim, a majorante somente será aplicada se ficar provado que, caso o agente tivesse socorrido a vítima, poderia ter-se evitado a ocorrência do resultado mais grave.

4.2.21 Condicionamento de atendimento médico hospitalar emergencial

> ***Art. 135-A*** *Exigir cheque-caução, nota promissória ou qualquer garantia, bem como o preenchimento prévio de formulários administrativos, como condição para o atendimento médico-hospitalar emergencial:*
>
> *Pena - detenção, de 3 (três) meses a 1 (um) ano, e multa.*
>
> ***Parágrafo único.*** *A pena é aumentada até o dobro se da negativa de atendimento resulta lesão corporal de natureza grave, e até o triplo se resulta a morte.*

A Lei nº 12.653/2012 introduziu, no Código Penal, no art. 135-A:

Segundo a dicção da lei, passou-se a tipificar a mencionada conduta comissiva, ao lado do tipo omissivo da omissão de socorro (art. 135, do CP), com o objetivo de obrigar dirigentes e empregados de estabelecimentos de saúde do tipo "pronto-socorro" **a não exigir** "cheques-caução", "nota promissória", ou qualquer outra garantia similar, bem como o preenchimento prévio de formulário administrativo, como *conditio sine qua non* para o atendimento médico-hospitalar emergencial.

Antes da referida inovação legal, não era frequente que aquele que procurasse atendimento médico-hospitalar emergencial, para si ou para terceiros, fosse instado, logo na recepção do nosocômio, a assinar um cheque em um determinado valor – o chamado "cheque-caução" – ou, alternativamente, a preencher um formulário administrativo. Tais providências, prévias e condicionantes do socorro médico, tinha por finalidade acautelar ou "proteger" financeiramente o estabelecimento hospitalar, na hipótese de o indivíduo não ter plano de saúde ou, caso fosse possuidor, que o mesmo não autorizasse, no todo ou em parte, a respectiva intervenção médica.

Superado o burocrático, com a autorização do respectivo plano de saúde, o cheque ou outro título de crédito deixado em caução, bem como o formulário administrativo, eram desconsiderados e devolvidos ao interessado. Caso o plano de saúde não autorizasse, por alguma razão, a cobertura financeira dos serviços médico-hospitalares, podia acontecer de o estabelecimento recusar o atendimento do necessitado ou, alternativamente, atendê-lo e cobrar o respectivo valor, descontando o cheque ou executando diretamente a dívida.

4.2.22 Maus-tratos

> ***Art. 136*** *Expor a perigo a vida ou a saúde de pessoa sob sua autoridade, guarda ou vigilância, para fim de educação, ensino, tratamento ou custódia, quer privando-a de alimentação ou cuidados indispensáveis, quer sujeitando-a a trabalho excessivo ou inadequado, quer abusando de meios de correção ou disciplina:*
>
> *Pena - detenção, de dois meses a um ano, ou multa.*
>
> *§ 1º Se do fato resulta lesão corporal de natureza grave:*
>
> *Pena - reclusão, de um a quatro anos.*
>
> *§ 2º Se resulta a morte:*
>
> *Pena - reclusão, de quatro a doze anos.*
>
> *§ 3º Aumenta-se a pena de um terço, se o crime é praticado contra pessoa menor de 14 (catorze) anos.*

Com a evolução dos costumes, a profissionalização da educação e a constatação de que inúmeros abusos de prerrogativas acarretavam perigos para a saúde ou mesmo a vida da pessoa em processo de educação, passou-se a ter como intolerável certos abusos daquele direito-dever.

Nesse sentido, o Código de Menores, promulgado em 1927, criminalizou os abusos corretivos, então denominados "castigos imoderados".

O bem jurídico tutelado pelo delito de maus-tratos é a vida e saúde humana, especialmente, daqueles submetidos à autoridade, à guarda, à vigilância, para fins de educação, ensino, tratamento ou custódia.

Saliente-se que o pátrio poder – ou melhor, o poder familiar – não é mais tido como um "direito absoluto", visto ser, unicamente, um meio para exercer direito à educação, dentre outros *munus*.

Em síntese, há de ser punido o excesso perpetrado pelos pais ou quaisquer outros responsáveis pela educação, ensino, tratamento ou custódia de pessoa determinada.

Com relação ao tipo objetivo, o primeiro destaque que deve ser dado diz respeito à relação subordinativa existente entre sujeito ativo e passivo. Exige-se uma relação de autoridade, guarda, vigilância para fins de educação, ensino, tratamento ou custódia.

Cuida-se de elementar típica especializante, acarretando, como dito, a figura do crime próprio. Os maus-tratos pressupõem determinadas condutas típicas.

O delito de maus-tratos se consuma com a exposição da vítima a perigo efetivo, ou seja, à probabilidade real de sofrer lesões. Trata-se de crime de perigo concreto, devendo-se comprovar a exposição ao risco de dano.

Dessa maneira, o mero empurrão, palmada ou beliscão, por mais antipedagógico que se apresente, não caracteriza, a princípio, o delito.

Anote-se que o crime é permanente nas três primeiras figuras típicas; e instantâneo na última.

Com relação à tentativa, em tese, é possível. Contudo, na prática, parece difícil se verificar a tentativa. Assim, em tese, se o agente é detido quando estava prestes a desferir uma surra de vara no filho, poderá responder pelo art. 136, do CP, na forma tentada.

De toda sorte, nas hipóteses de privação de alimentos ou dos cuidados básicos, não será possível a tentativa.

O crime somente se pratica mediante dolo.

Fique ligado

Não confundir o crime de maus-tratos com a tortura castigo.

É importante destacar que o delito de maus-tratos não se confunde com o tipo penal previsto no art. 1°, inciso II, da Lei nº9.455/1997 (Lei de Tortura). A diferença fundamental reside no **elemento subjetivo**. Nos maus-tratos, a intenção é obrigatoriamente a de educar, ensinar, tratar ou custodiar. **Na tortura, o objetivo não é educar, mas aplicar o castigo, que ganha importância como um fim em si mesmo. Além disso, neste delito os meios empregados produzem *intenso sofrimento físico ou mental*.** Configurará tortura, por exemplo, acorrentar o tutelado no porão da residência como forma de aplicar castigo. Haverá maus-tratos, de outra parte, se a medida consistir em privá-lo de alimentação por uma semana, visando educá-lo ou ensinar-lhe algo.

Nos §§1º e 2º há causas qualificadoras em decorrência do resultado culposo (lesão grave ou morte).

Se do crime de maus-tratos resultar **lesão corporal grave** ou **morte**, a conduta típica passa a ser qualificada, isto é, punida mais severamente. Tratam-se de qualificadoras exclusivamente **preterdolosas,** pois se o dolo do agente for de lesionar ou matar, não há que se falar no crime do art. 136, CP. No §3º, por fim, há causa de aumento de 1/3, se o crime é praticado contra pessoa menor de 14 (catorze) anos.

4.3 Rixa

> ***Art. 137*** *Participar de rixa, salvo para separar os contendores:*
>
> *Pena - detenção, de quinze dias a dois meses, ou multa.*
>
> ***Parágrafo único.*** *Se ocorre morte ou lesão corporal de natureza grave, aplica-se, pelo fato da participação na rixa, a pena de detenção, de seis meses a dois anos.*

Trata-se de crime comum, também denominado de crime de concurso necessário, já que se exige a presença de, pelo menos, três pessoas, para que o crime em estudo se consume.

Fundamentalmente, o ilícito consiste na briga entre várias pessoas, que se agridem reciprocamente.

Como ocorre em situações desse nível, é muito difícil apurar a responsabilidade pormenorizada das lesões havidas em brigas e confusões entre várias pessoas. Dessa forma, para rebarbar a impunidade por falta de provas, decidiu-se criminalizar o fato em si, ou seja, a rixa, posto que geradora de perigo para a saúde ou a vida individual. Numa palavra, rixa é confusão, baderna, desordem, distribuição indiscriminada de socos, tapas, empurrões, pontapés, arremesso de objetos etc.

Deve-se atentar para a sistemática da autonomia da rixa. Em outras palavras, pune-se a participação em rixa, de forma independente da imputação de lesões graves ou mesmo a morte. Restando apurada a autoria das lesões graves ou mesmo da morte, o agente também responderá, na forma do concurso formal, pelos crimes do art. 129 ou art. 121, respectivamente. No caso, não há incidência da forma qualificada da rixa (vedação do *bis in idem*). Os demais rixosos responderão pela forma qualificada do delito.

O bem jurídico protegido no crime de rixa é a incolumidade da pessoa física, mas, por via indireta, objetiva-se também proteger a coletividade. Tutela-se, portanto, a incolumidade privada e pública.

Tratando-se de crime de perigo abstrato, a rixa se consuma por ocasião das agressões, ou seja, com a eclosão da briga generalizada.

Tratando-se de crime de perigo abstrato, a rixa se consuma por ocasião das agressões, ou seja, com a eclosão da briga generalizada.

O crime somente se pratica mediante dolo.

4.4 Crimes contra a honra

4.4.1 Calúnia

> ***Art. 138*** *Caluniar alguém, imputando-lhe falsamente fato definido como crime:*
>
> *Pena – detenção, de seis meses a dois anos, e multa.*
>
> *§ 1º Na mesma pena incorre quem, sabendo falsa a imputação, a propala ou divulga.*
>
> *§ 2º É punível a calúnia contra os mortos.*
>
> *Exceção da verdade*
>
> *§ 3º Admite-se a prova da verdade, salvo:*
>
> *I – se, constituindo o fato imputado crime de ação privada, o ofendido não foi condenado por sentença irrecorrível;*
>
> *II – se o fato é imputado a qualquer das pessoas indicadas no nº I do art. 141;*
>
> *III – se do crime imputado, embora de ação pública, o ofendido foi absolvido por sentença irrecorrível.*

Trata-se da conduta de imputar falsamente a outra pessoa, fato esse definido como **crime**.

Fique ligado

Não há previsão para imputação falsa de contravenção. Se isso ocorrer, poderemos estar diante do crime de difamação.

A conduta aqui prevista viola a honra objetiva do sujeito e está relacionada com a reputação e a boa fama do cidadão. Para sua consumação é imprescindível o conhecimento de terceiros. Qualquer pessoa pode ser o sujeito ativo deste crime (exceto as autoridades que gozam de inviolabilidade – senadores, deputados, vereadores).

Fique ligado

Ressaltamos que não existe autocalúnia. Se o agente, perante a autoridade, assumir a prática de crime inexistente, dando ensejo a investigações inúteis, responderá por autoacusação falsa (art. 341 do CP).

Haverá a calúnia quando o fato imputado jamais ocorreu, ou, quando o fato existiu e não foi a pessoa apontada seu autor. A conduta é praticada com dolo de ofender a honra da vítima. Não se admite a modalidade culposa.

Consuma-se no momento em que terceiro toma conhecimento da imputação criminosa feita à vítima. O crime é formal, pois consuma-se independentemente do dano à reputação da vítima. A tentativa se limita à modalidade escrita.

Fique ligado

Em defesa do interesse público, o CP admite a chamada exceção da verdade, ou seja, a prova da verdade da imputação, o que gera a atipia da conduta. Trata-se de um incidente processual, no qual o acusado de ter praticado calúnia pretende provar a veracidade do que alegou.

Existe também a chamada exceção de notoriedade, que consiste na oportunidade facultada ao demandado de demonstrar que suas afirmações são de domínio público. A exceção de notoriedade é cabível nos crimes de calúnia e de difamação. Ela se aplica sob o fundamento de que, se o fato é de domínio público, não há como se atentar contra a honra objetiva.

4.4.2 Difamação

> ***Art. 139*** *Difamar alguém, imputando-lhe fato ofensivo à sua reputação:*
>
> *Pena – detenção, de três meses a um ano, e multa.*
>
> *Exceção da verdade*
>
> ***Parágrafo único.*** *A exceção da verdade somente se admite se o ofendido é funcionário público e a ofensa é relativa ao exercício de suas funções.*

Consiste no ato de imputar a alguém fato não criminoso, mas ofensivo à sua reputação. O crime aqui previsto lesa a honra objetiva do autor. Para sua consumação, é imprescindível o conhecimento de terceiros.

Qualquer pessoa pode ser o sujeito ativo desta conduta (ressalvadas aquelas que possuem imunidade). O sujeito passivo também pode ser qualquer pessoa, inclusive a pessoa jurídica.

Fique ligado

Os mortos não podem ser difamados.

O crime se consuma quando um terceiro (ainda que um só) conhece da imputação desonrosa. É fundamental que a ofensa seja comunicada a terceiro. A exceção da verdade somente se admite se o ofendido é funcionário público e a ofensa é relativa ao exercício de suas funções.

> ***Súmula nº 714 – STF***
>
> *É concorrente a legitimidade do ofendido, mediante queixa, e do ministério público, condicionada à representação do ofendido, para a ação penal por crime contra a honra de servidor público em razão do exercício de suas funções.*

Para a difamação, admite-se a exceção de notoriedade.

4.4.3 Injúria

> ***Art. 140*** *Injuriar alguém, ofendendo-lhe a dignidade ou o decoro:*
>
> *Pena – detenção, de um a seis meses, ou multa.*
>
> *§ 1º O juiz pode deixar de aplicar a pena:*
>
> *I – quando o ofendido, de forma reprovável, provocou diretamente a injúria;*
>
> *II – no caso de retorsão imediata, que consista em outra injúria.*
>
> *§ 2º Se a injúria consiste em violência ou vias de fato, que, por sua natureza ou pelo meio empregado, se considerem aviltantes:*
>
> *Pena – detenção, de três meses a um ano, e multa, além da pena correspondente à violência.*
>
> *§ 3º Se a injúria consiste na utilização de elementos referentes à religião ou à condição de pessoa idosa ou com deficiência (Redação dada pela Lei nº 14.532, de 2023):*
>
> *Pena – reclusão de um a três anos, e multa.*

Diferentemente das modalidades anteriores, aqui o indivíduo tem atribuído qualidades negativas ou defeitos contra si. O crime aqui previsto viola a **honra subjetiva** do cidadão, que é aquela relacionada à dignidade e ao decoro pessoal. É o juízo que cada indivíduo tem de si (relacionado à autoestima).

Para sua consumação não é imprescindível o conhecimento de terceiros. Qualquer pessoa pode ser o sujeito ativo ou passivo deste crime. A pessoa jurídica, por não possuir honra subjetiva, não pode ser sujeito passivo deste crime.

A autoinjúria não constitui delito. Na injúria, como não existe a imputação de um fato, mas somente a opinião de um agente sobre o ofendido, não se admite a exceção da verdade nem a de notoriedade.

As hipóteses previstas no §1º consistem em formas de perdão judicial. Embora conste o verbo "poderá", é uniforme a ideia de que se trata de direito subjetivo do acusado. A qualificadora do § 2º é também denominada de injúria real.

A lei exige que a violência seja aviltante, agindo o agente com o propósito de ofender, humilhar a vítima (Ex.: cusparada, tapa na face). Nas palavras de Nelson Hungria, atinge-se a alma do agente e não somente a integridade física (puxão de orelha, cuspe no rosto, tapa na cara etc.).

Já a qualificadora do § 3º foi alterada pela Lei nº14.532/2023, de modo que a denominada injúria racial migrou do Código Penal para a Lei de Racismo (Lei nº 7.716/1989), sendo, então, equiparada ao crime de racismo. Agora, a ofensa motivada pela "raça, cor, etnia e origem" não mais consta do § 3º, do art. 140. Assim, os xingamentos envolvendo a raça, cor, etnia e origem passam a ser tipificados no art. 2º-A, da Lei nº 7.161989, com pena de dois a cinco anos de reclusão. É importante destacar que o termo "origem", anteriormente previsto no §3º, passou a ser denominado de "procedência nacional", configurando a injúria preconceituosa de origem interna, ou seja, para pessoas pertencentes a determinados estados da federação. Com alteração promovida pela Lei nº14.532/2023, a injúria racial deve sofrer as mesmas consequências do crime de racismo, quais sejam, a condição de crime inafiançável, imprescritível e de ação penal pública incondicionada.

É importante destacar que a conduta de injúria preconceituosa não pode ser confundida com o crime de racismo previsto no art. 20 da Lei nº 7.716/1989. Nessa, pressupõe-se a ocorrência de segregação em função da raça ou da cor, situação em que a segregação é utilizada com o intuito de criar, por meio de ações concretas, efetiva divisão dos cidadãos, baseado em preconceito de raça ou cor. Na injúria racial, o crime é praticado contra agente específico, por meio de xingamentos, com intuito de ofender moralmente o indivíduo.

Portanto, a injúria praticada contra a pessoa em razão da raça, cor, etnia ou procedência nacional torna-se, legalmente, espécie de racismo.

Fique ligado

Agora, com as alterações promovidas pela Lei nº14.532/2023, a injúria praticada contra a pessoa em razão da raça, cor, etnia ou procedência nacional torna-se, legalmente, espécie de racismo.

4.4.4 Disposições comuns aos crimes contra a honra

Causas de aumento de pena

Art. 141 As penas cominadas neste Capítulo aumentam-se de um terço, se qualquer dos crimes é cometido:

I - contra o Presidente da República, ou contra chefe de governo estrangeiro;

II - contra funcionário público, em razão de suas funções;

III - na presença de várias pessoas, ou por meio que facilite a divulgação da calúnia, da difamação ou da injúria.

IV - contra criança, adolescente, pessoa maior de 60 (sessenta) anos ou pessoa com deficiência, exceto na hipótese prevista no § 3º do art. 140 deste Código (Redação da pela Lei nº 14.344/2022).

*§ 1º - Se o crime é cometido mediante paga ou promessa de recompensa, aplica-se a pena em dobro. (**também chamado de ofensa mercenária**).*

§ 2º Se o crime é cometido ou divulgado em quaisquer modalidades das redes sociais da rede mundial de computadores, aplica-se em triplo a pena.

O art. 141 apresenta situações em que os crimes contra honra têm a pena aumentada de 1/3. Merece destaque a alteração promovida pela Lei nº14.344/2022, quanto à causa de aumento prevista no inciso IV, do art. 141. Anteriormente, não havia previsão de causa de aumento no caso de crimes contra honra praticado contra criança ou adolescente. Com a novel Lei, os crimes de calúnia, injúria e difamação praticados contra criança ou adolescente serão punidos mais severamente. Vale destacar que o inciso IV alerta, ao final, que a majorante não coexiste com a injúria qualificada pelo preconceito, evitando-se *bis in idem*.

Das disposições apresentadas, a que merece ressalva é a constante do § 2º, tendo em vista que havia sido vetada pelo Presidente da República, mas tal veto fora completamente afastado pelo Congresso Nacional, existindo agora, portanto, disposição que eleva a pena ao triplo.

Exclusão do crime

Art. 142 Não constituem injúria ou difamação punível:

I - a ofensa irrogada em juízo, na discussão da causa, pela parte ou por seu procurador;

II - a opinião desfavorável da crítica literária, artística ou científica, salvo quando inequívoca a intenção de injuriar ou difamar;

III - o conceito desfavorável emitido por funcionário público, em apreciação ou informação que preste no cumprimento de dever do ofício.

***Parágrafo único.** Nos casos dos Ins. I e III, responde pela injúria ou pela difamação quem lhe dá publicidade.*

Não será considerado crime a injúria ou a difamação (exclui-se a calúnia) quando o fato for praticado em juízo, na discussão dos interesses dos envolvidos, alcançando a parte e seu procurador.

Ainda, a opinião da crítica, desde que não tenha a intenção clara de difamar ou de injuriar.

Também, o conceito desfavorável prestado por servidor público, em análise ou informação que preste no exercício da função.

Fique ligado

Na hipótese dos incisos I e III do art. 142, responderá pela injúria ou pela difamação aquele que lhe der publicidade.

Retratação

Art. 143 O querelado que, antes da sentença, se retrata cabalmente da calúnia ou da difamação, fica isento de pena.

***Parágrafo único.** Nos casos em que o querelado tenha praticado a calúnia ou a difamação utilizando-se de meios de comunicação, a retratação dar-se-á, se assim desejar o ofendido, pelos mesmos meios em que se praticou a ofensa.*

A retratação é um ato unilateral, não depende de aceitação do ofendido.

Fique ligado

Não confundir retratação com o perdão do ofendido.

Como possui caráter subjetivo, a retratação de um dos querelados não se estende aos demais.

Ademais, a retratação só é cabível nos crimes de calúnia e difamação. E o momento em que se pode realizar a retratação é **até o proferimento da sentença.**

Pedido de explicações em juízo

Art. 144 Se, de referências, alusões ou frases, se infere calúnia, difamação ou injúria, quem se julga ofendido pode pedir explicações em juízo. Aquele que se recusa a dá-las ou, a critério do juiz, não as dá satisfatórias, responde pela ofensa.

Havendo ofensas equívocas, aquelas com duplo sentido, vagas, é dado ao suposto ofendido o direito de pedir explicações em juízo, funcionando como uma medida preparatória e facultativa para o oferecimento da inicial.

O juízo competente para o processamento do pedido de explicações é o juiz da vara criminal, onde irá tramitar a suposta ação penal privada.

Fique ligado

Vale destacar que se a parte se recusar a dar explicações ou as der de maneira não satisfatória, responderá pelo conteúdo da ofensa.

Ação penal

Art. 145 Nos crimes previstos neste Capítulo somente se procede mediante queixa, salvo quando, no caso do art. 140, § 2º, da violência resulta lesão corporal.

***Parágrafo único.** Procede-se mediante requisição do Ministro da Justiça, no caso do inciso I do caput do art. 141 deste Código, e mediante representação do ofendido, no caso do inciso II do mesmo artigo, bem como no caso do § 3º do art. 140 deste Código.*

Nos crimes contra a honra, a regra é que se adote a ação penal privada. Porém, se do crime de injúria resulta lesão corporal, a ação será pública incondicionada. **Ainda, com o advento da Lei nº 9.099/1995, existe doutrina que sustenta o crime ser de ação penal pública condicionada se a lesão for leve.**

Somado a isso, será pública condicionada a representação no caso de o delito ser cometido contra funcionário público, no exercício de suas funções e, também, pública condicionada à requisição do Ministro da Justiça, caso o crime seja praticado contra o Presidente da República ou chefe de governo estrangeiro.

Súmula nº 714 – STF

É concorrente a legitimidade do ofendido, mediante queixa, e do Ministério Público, condicionada à representação do ofendido, para a ação penal por crime contra a honra de servidor público em razão do exercício de suas funções.

4.5 Crimes contra a liberdade individual

4.5.1 Crimes contra a liberdade pessoal

Constrangimento ilegal

Art. 146 Constranger alguém, mediante violência ou grave ameaça, ou depois de lhe haver reduzido, por qualquer outro meio, a capacidade de resistência, a não fazer o que a lei permite, ou a fazer o que ela não manda:

***Pena** - detenção, de três meses a um ano, ou multa.*

Aumento de pena

§ 1º As penas aplicam-se cumulativamente e em dobro, quando, para a execução do crime, se reúnem mais de três pessoas, ou há emprego de armas.

§ 2º Além das penas cominadas, aplicam-se as correspondentes à violência.

§ 3º Não se compreendem na disposição deste artigo:

I - a intervenção médica ou cirúrgica, sem o consentimento do paciente ou de seu representante legal, se justificada por iminente perigo de vida;

II - a coação exercida para impedir suicídio.

A liberdade individual pode também ser chamada de "liberdade pública" – que consiste no direito de livre manifestação da vontade, a liberdade ambulatorial, a dignidade da pessoa humana, a privacidade, a intimidade, além de outras garantias do cidadão.

No caso em tela, a lei penal visa proteger a liberdade de autodeterminação, ou seja, o direito de a pessoa fazer ou não fazer o que lhe for permitido por lei.

Trata-se do direito de externar livremente sua vontade, direito de resistir àquilo que não deseja fazer ou se abster, salvo quando obrigada por força de uma norma geral e abstrata, ou seja, pela lei.

O crime em estudo é manifestamente subsidiário.

O sujeito ativo pode ser qualquer pessoa.

O núcleo do tipo é "constranger", que representa a ideia de coagir, compelir, forçar alguém a fazer ou não fazer o que não está obrigado por força de lei.

> **Ex.:** confessar um crime, escrever uma carta, entregar um documento etc.

A finalidade da coação pode ser a prestação de qualquer natureza, desde que não constitua outra infração penal (absorção). Em suma, trata-se de pretensão ilegítima, por exemplo, ingerir bebida alcoólica, ir ou não ir a determinado espetáculo, assistir ou não assistir a um programa de televisão, faltar a aulas na escola etc.

Não é necessário para satisfazer o tipo penal que o sujeito passivo resista à violência, ameaça ou a qualquer outro meio capaz de reduzir a sua resistência. O sujeito passivo pode anuir, viciosamente, claro, a fazer ou deixar de fazer o que lhe é impingido.

É elementar do tipo penal que a conduta seja praticada mediante violência ou grave ameaça.

O constrangimento ilegal se consuma com a efetiva adoção, por parte da vítima, total ou parcial, do comportamento impingido pelo agente.

A tentativa restará caracterizada quando, inobstante o emprego de violência física ou grave ameaça, não se realiza a ação pretendida, ou quando a vítima não se intimida, ou bem resiste heroicamente à agressão/ameaça sofrida.

O art. 146, § 1º contempla hipótese de aplicação da pena cumulativamente (detenção e multa) e em dobro quando, no momento da execução do crime, reúnem-se quatro ou mais pessoas, dado o excessivo acréscimo de temor. Na contagem dos concorrentes, computam-se menores e/ou terceiros não identificados.

Aplica-se, ainda, o disposto nesse parágrafo, na hipótese de emprego de armas. Atente-se que a palavra "armas", no plural, indica gênero e não a exigência de mais de um artefato.

Pode, portanto, ser uma arma legítima ou uma arma branca.

O art. 146, § 2º, do CP, determina que, em havendo o constrangimento com violência, haverá cúmulo material de infrações.

As hipóteses do § 3º do art. 146, do CP, representam excludentes de tipicidade. Assim, não haverá crime das hipóteses destacadas.

Ameaça

***Art. 147** Ameaçar alguém, por palavra, escrito ou gesto, ou qualquer outro meio simbólico, de causar-lhe mal injusto e grave:*

Pena - detenção, de um a seis meses, ou multa.

***Parágrafo único.** Somente se procede mediante representação.*

A ação nuclear consiste em *ameaçar*, isto é, intimidar, difundir o medo na vítima.

- É necessário que a ameaça seja idônea, isto é, capaz de inspirar temor e, dessa forma, atingir a vítima psicologicamente. Se for empregada de maneira vaga, deixará de ser idônea (Ex.: "você vai se arrepender"). Crime de menor potencial ofensivo: aplica-se a lei dos juizados (Lei nº 9.099/1995).
- Ação penal condicionada à representação.
- Meio simbólico: muro do indivíduo está marcado de sangue.

Fique ligado

É necessário que o mal seja injusto e grave.

Quanto ao elemento subjetivo, a infração é punida exclusivamente na forma **dolosa**. O fim do agente é intimidar o sujeito passivo **(elemento subjetivo específico)**. Se o autor pretender que a vítima faça ou deixe de fazer algo, ilegitimamente (sem amparo na lei), o crime será de constrangimento ilegal.

Tudo aquilo que tem que ser decidido pela justiça, não é considerado mal injusto, mas sim mal justo. Logo, não será considerado crime de ameaça.

Se for funcionário público constrangendo alguém pode caracterizar o crime de abuso de autoridade específica.

Perseguição (*stalking*)

***Art. 147-A** Perseguir alguém, reiteradamente e por qualquer meio, ameaçando-lhe a integridade física ou psicológica, restringindo-lhe a capacidade de locomoção ou, de qualquer forma, invadindo ou perturbando sua esfera de liberdade ou privacidade.*

Pena – reclusão, de 6 (seis) meses a 2 (dois) anos, e multa.

§ 1º A pena é aumentada de metade se o crime é cometido:

I – contra criança, adolescente ou idoso;

II – contra mulher por razões da condição de sexo feminino, nos termos do § 2º-A do art. 121 deste Código;

III – mediante concurso de 2 (duas) ou mais pessoas ou com o emprego de arma.

§ 2º As penas deste artigo são aplicáveis sem prejuízo das correspondentes à violência.

§ 3º Somente se procede mediante representação.

O crime de perseguição foi tipificado recentemente por meio da Lei nº 14.132/2021, incriminando a conduta de qualquer pessoa que **persegue** alguém (vítima determinada), **reiteradamente** e por qualquer meio, **ameaçando-lhe** a integridade física ou psicológica, **restringindo-lhe** a capacidade de **locomoção** ou, de qualquer forma, **invadindo** ou **perturbando** sua esfera de **liberdade** ou **privacidade**.

- Ameaçando-lhe a integridade: **física ou psicológica;** ou
- Restringindo-lhe a capacidade: **locomoção;** ou
- Invadindo/perturbando: **liberdade ou privacidade.**

O crime exige a prática reiterada (pluralidade), que pode se dar por meio de uma perseguição real (*stalking* presencial) ou remota (*stalking* virtual), esta última também chamada de *cyberstalking*, ocorrendo por meio de redes sociais, mensagens de texto, chamadas via telefone, *WhatsApp* etc.

Aumenta-se a pena se o crime é cometido:

- Contra criança, adolescente ou idoso;
- Mediante concurso de duas ou mais pessoas;
- Emprego de **arma (genérica);**
- Contra mulher por razões da condição de sexo feminino, nos termos do § 2º-A do art. 121 deste Código.

Consideram-se razões da condição de sexo feminino: violência doméstica e familiar; menosprezo ou discriminação à condição de mulher.

Além disso, pune-se também o agente com as penas correspondentes à violência. Por exemplo, crime de lesão corporal.

Fique ligado

O crime somente se processa mediante representação da vítima ou do ofendido. Trata-se, portanto, de crime de ação penal pública **condicionada.**

Violência psicológica contra a mulher

> ***Art. 147-B Causar dano emocional à mulher** que a prejudique e perturbe seu pleno desenvolvimento ou que vise a degradar ou a controlar suas ações, comportamentos, crenças e decisões, **mediante** ameaça, constrangimento, humilhação, manipulação, isolamento, chantagem, ridicularização, limitação do direito de ir e vir ou qualquer outro meio que cause prejuízo à sua saúde psicológica e autodeterminação:*
>
> *Pena - **reclusão,** de 6 (seis) meses a 2 (dois) anos, e multa, **se a conduta não constitui crime mais grave.***

A Lei nº 14.188/2021, "Lei do Sinal Vermelho", criou a conduta incriminadora Violência psicológica contra a mulher, tipificada no art. 147-B do Código Penal, dentro dos crimes contra a liberdade pessoal, tutelando-se, assim, a liberdade da mulher. Diante disso, reforça a ideia de que a violência contra a mulher não é somente física, conforme prevê o art. 7º da Lei Maria da Penha (Lei nº11.340/2006). Agora, surge em âmbito penal, a fim de suprir a deficiência legislativa que apenas trazia conceitos e formas dessa agressão.

O tipo penal visa proteger a integridade psíquica da mulher, seu bem-estar psicológico, sua autoestima e, ainda, sua liberdade e capacidade de autodeterminação.

É possível a **tentativa**, pois trata-se de crime plurissubsistente. Se o agente, por exemplo, de forma dolosa, ridiculariza ou humilha a vítima, mas não o suficiente para abalá-la emocionalmente, não alcançando este resultado por circunstâncias alheias à sua vontade, responde por crime tentado.

Fique ligado

Trata-se de um tipo penal **subsidiário**, afastando-se sua incidência se houver um crime mais grave.
O tipo penal é processado mediante ação penal pública **incondicionada.**

A descrição do tipo traz consigo um resultado naturalístico (**dano emocional**). Além disso, destaca-se que se trata de **crime comum em relação ao sujeito ativo,** mas não se faz necessária a motivação específica de gênero tipificada no art. 121, § 2º-A, **bastando que a vítima seja mulher.** Portanto, o vínculo familiar, o doméstico ou o afetivo estão dispensados para caracterização do delito.

Fique ligado

A prática do crime, **por si só**, não afasta a incidência da Lei nº 9.099/1995, exceto quando envolve violência doméstica ou familiar.

Conflito entre perseguição motivada por gênero x violência psicológica contra a mulher:

O crime do art. 147-B funciona como um "soldado reserva", atuando quando o fato não constitui um crime mais grave. Nesse caso, havendo perseguição **reiterada** contra uma mulher, considerando-se as razões de gênero do 121, § 2º-A, aplica-se o crime de **perseguição com aumento de pena em metade (art. 147-A, § 1, II)** por ser mais grave.

É possível que haja concurso de crimes, desde que as condutas sejam praticadas em contextos fáticos distintos.

Sequestro e cárcere privado

> ***Art. 148** Privar alguém de sua liberdade, mediante seqüestro ou cárcere privado:*
>
> *Pena - reclusão, de um a três anos.*
>
> *§ 1º A pena é de reclusão, de dois a cinco anos:*
>
> *I – se a vítima é ascendente, descendente, cônjuge ou companheiro do agente ou maior de 60 (sessenta) anos;*
>
> *II - se o crime é praticado mediante internação da vítima em casa de saúde ou hospital;*
>
> *III - se a privação da liberdade dura mais de quinze dias.*
>
> *IV – se o crime é praticado contra menor de 18 (dezoito) anos;*
>
> *V – se o crime é praticado com fins libidinosos.*
>
> *§ 2º Se resulta à vítima, em razão de maus-tratos ou da natureza da detenção, grave sofrimento físico ou moral:*
>
> *Pena - reclusão, de dois a oito anos.*

Este delito sofreu significativas alterações por conta de várias reformas legislativas. Porém, sua essência nunca deixou de existir, sendo representada por uma conduta que se assemelha ao constrangimento ilegal, mas com privação de liberdade.

O sujeito ativo pode ser qualquer pessoa. No entanto, sendo o agente funcionário público, poderá responder por delito de abuso de autoridade. Caso o agente tenha laços de família com a vítima, poderá responder pelo delito na forma qualificada.

Terminologicamente, sequestro difere de cárcere privado. A primeira modalidade é gênero, enquanto a segunda é espécie. Explicamos: cárcere privado é o confinamento em recinto fechado (quarto, banheiro, mala do carro etc.), enquanto que, no sequestro há a supressão da liberdade em qualquer lugar.

| **Ex.:** nas dependências de uma área rural.

A diferenciação reside apenas no plano teórico, eis que as situações recebem o mesmo tratamento jurídico.

É imprescindível que a privação ocorra por espaço de tempo juridicamente relevante, não se exigindo que a impossibilidade de superação das barreiras à locomoção seja absoluta, caracterizando, assim, o crime quando a "fuga" for arriscada ou extremamente vexatória (deixar uma mulher despida num banheiro público, por exemplo).

O crime somente se pratica mediante dolo.

O delito se consuma quando a vítima fica privada de sua liberdade de locomoção, isto é, no momento em que não possa exercitar o direito de ir ou vir.

Por outro giro, admite-se a tentativa. Isso porque se trata de delito material. É o que ocorre na hipótese de alguém ser surpreendido prestes a trancafiar a vítima num determinado cômodo.

No art. 148, § 1º, do CP, temos a previsão das formas qualificadas. A primeira diz respeito à condição da vítima: ascendente, descendente, cônjuge ou companheiro do agente.

A segunda qualificadora é a da vítima maior de 60 anos. Cuida-se de disposição inserida pelo Estatuto do Idoso, objetivando uma maior tutela desse grupo especial de pessoas. Não se desconhece que, em razão da saúde frágil, muitos idosos são inescrupulosamente privados da liberdade ambulatorial. Se a pessoa completa 60 anos durante o cativeiro, também incidirá a qualificadora.

A qualificadora seguinte trata do crime praticado mediante a internação. No caso, a internação ou a manutenção sob internação se dá de forma fraudulenta, como forma de mascarar o real propósito do agente.

A forma qualificada da duração de mais de 15 dias de privação da liberdade denota a maior reprovabilidade da conduta.

Há ainda a previsão da figura qualificada quando o crime for praticado contra menor de 18 anos ou quando o crime for praticado com fins libidinosos.

Fique ligado

Há que se recordar que se trata de crime permanente, ou seja, a qualificadora persiste ainda que a vítima venha a completar 18 anos no cárcere.

Redução à condição análoga a de escravo

Art. 149 *Reduzir alguém a condição análoga à de escravo, quer submetendo-o a trabalhos forçados ou a jornada exaustiva, quer sujeitando-o a condições degradantes de trabalho, quer restringindo, por qualquer meio, sua locomoção em razão de dívida contraída com o empregador ou preposto:*

Pena - reclusão, de dois a oito anos, e multa, além da pena correspondente à violência.

§ 1º Nas mesmas penas incorre quem:

I – cerceia o uso de qualquer meio de transporte por parte do trabalhador, com o fim de retê-lo no local de trabalho;

II – mantém vigilância ostensiva no local de trabalho ou se apodera de documentos ou objetos pessoais do trabalhador, com o fim de retê-lo no local de trabalho

§ 2º A pena é aumentada de metade, se o crime é cometido:

I – contra criança ou adolescente;

II – por motivo de preconceito de raça, cor, etnia, religião ou origem.

O crime de redução à condição análoga à de escravo (*plagium*[2]), contemplava um tipo aberto. Todavia, como a quase unanimidade dos casos dizia respeito aos lamentáveis episódios envolvendo pessoas exploradas economicamente, depois de alterações normativas, o tipo penal passou a ostentar redação específica sobre a exploração desumana de trabalhadores brasileiros ou estrangeiros, no campo ou na cidade.

Atente-se, ainda, que a presente infração penal denota um maior desprezo pela pessoa humana. Viola-se, por conseguinte, normas e de princípios inscritos na Constituição Federal de 1988, bem como em tratados e convenções internacionais.

Tutela-se a liberdade pessoal, com especial relação ao *status libertatis*. Busca-se evitar que uma pessoa seja submetida à servidão de outrem. A lei penal quer prevenir e reprimir a completa sujeição de uma pessoa ao poder de outra.

Fique ligado

Nesse particular, o hipotético consentimento do ofendido é irrelevante. Não há a exclusão do delito se o próprio sujeito concorda com a inteira supressão de sua liberdade pessoal, já que isso importaria em anulação da personalidade, o que é vedado pelo ordenamento jurídico.

Qualquer pessoa pode ser autora do crime sob consideração, assim como a vítima.

2 Expressão que vem do Direito Romano e consistia na imposição indevida de um cidadão à condição de escravo.

O tipo objetivo descreve a submissão total do sujeito passivo, suprimindo seu *status libertatis*. Em resumo, a vítima é forçada a sujeitar-se a uma situação atentatória aos seus mais básicos direitos. Para a tipicidade do fato, não é necessário que a vítima seja transportada ou transferida de um lugar para o outro, nem que seja enclausurada, ou sofra maus-tratos, desde que haja privações ao seu direito de ir e vir. Esse estado de submissão deve ter alguma duração temporal, caso contrário poderá ser crime de sequestro.

No Brasil, é comum encontrar-se essa situação tanto nas capitais como no interior dos Estados, onde indivíduos são contratados para prestar serviços em colheitas nas fazendas, mas acabam se tornando devedores de seus patrões que arcam com sua condução, hospedagem, alimentação etc. Até que quitem a dívida, esses indivíduos são forçados a trabalhar sem receber nada em troca.

Com a Lei nº 10.803/2003 foram elencadas modalidades específicas de redução à condução análoga de escravo:

- Submissão a trabalhos forçados ou a jornada exaustiva: sujeitar, subjugar a vítima, forçando-a trabalhos forçados ou exaustivos, quando a vítima não consegue oferecer recusa, em face do emprego de violência, grave ameaça ou fraude;
- Sujeição a condições degradantes de trabalho: o indivíduo é obrigado a trabalhar em condições violadoras de sua dignidade, sem possibilidade ou meios de interromper ou de se recusar a cumprir as ordens;
- Mediante restrição, por qualquer meio, de sua locomoção em razão de dívida contraída com o empregador ou preposto – em decorrência da dívida, há verdadeira restrição da liberdade de locomoção, sendo cerceada a liberdade de ir e vir do indivíduo.

A vítima é obrigada a trabalhar sem permissão para deixar o local até quitar a dívida contraída com o patrão ou preposto.

Tais ações podem ser praticadas por qualquer meio (crime de forma livre), inclusive mediante o emprego de fraude, ameaça ou violência. Trata-se de norma penal especial em relação aos delitos do art. 146 (constrangimento ilegal), art. 147 (ameaça) e art. 148 (cárcere privado), se forem meios para a prática do delito do art. 149, todos do CP. Porém, haverá concurso material se houver homicídio, lesões ou estupro, dentre outras figuras que tutelam bens jurídicos distintos.

O crime é praticado mediante dolo e se aperfeiçoa quando o agente reduz a vítima à condição semelhante à de escravo com a prática de alguma das condutas descritas no tipo.

A tentativa é, em tese, cabível, por tratar-se de crime material, embora, na prática, de difícil verificação. Alude-se ao exemplo do agente ser detido numa *blitz* policial no momento em que conduzia trabalhadores rurais para uma fazenda, onde ficariam sem oportunidade de transporte de volta.

Tráfico de pessoas

Art. 149-A *Agenciar, aliciar, recrutar, transportar, transferir, comprar, alojar ou acolher pessoa, mediante grave ameaça, violência, coação, fraude ou abuso, com a finalidade de:*

I - remover-lhe órgãos, tecidos ou partes do corpo;

II - submetê-la a trabalho em condições análogas à de escravo;

III - submetê-la a qualquer tipo de servidão;

IV - adoção ilegal; ou

V - exploração sexual.

Pena - reclusão, de 4 (quatro) a 8 (oito) anos, e multa.

§ 1º A pena é aumentada de um terço até a metade se:

I - o crime for cometido por funcionário público no exercício de suas funções ou a pretexto de exercê-las;

II - o crime for cometido contra criança, adolescente ou pessoa idosa ou com deficiência;

III - o agente se prevalecer de relações de parentesco, domésticas, de coabitação, de hospitalidade, de dependência econômica, de autoridade ou de superioridade hierárquica inerente ao exercício de emprego, cargo ou função; ou

IV - a vítima do tráfico de pessoas for retirada do território nacional.

§ 2º A pena é reduzida de um a dois terços se o agente for primário e não integrar organização criminosa.

O crime pode ser praticado por qualquer pessoa, cuida-se de crime comum. Contudo, na prática, observa-se o concurso de pessoas – na forma de associação ou organização criminosa – para a realização do delito. Com efeito, trata-se de um dos delitos controlados pelo crime organizado transnacional.

Por sua vez, o sujeito passivo é qualquer pessoa.

O tráfico de pessoas para fins de adoção ilegal pressupõe, via de regra, que a vítima seja criança ou adolescente.

Cuida-se de tipo de ação múltipla ou conteúdo variado. Os verbos são agenciar (tratar, cuidar, promover), aliciar (atrair, seduzir, cooptar), recrutar (trazer ou angariar adeptos), transportar (levar de um local para outro), transferir (fazer passar, deslocar), comprar (adquirir de forma onerosa), alojar (recolher ou acomodar) ou acolher (dar acolhida ou hospedar). A ação perpetrada por tais verbos recai sobre pessoa (homem, mulher ou criança) e deve ser empregada mediante grave ameaça (vis compulsiva), violência (vis absoluta), coação moral (que pode ser resistível ou irresistível), fraude (engano, artifício, ardil ou qualquer expediente capaz de induzir ou manter a vítima em erro) ou abuso (uso incorreto ou ilícito de um determinado direito ou de uma autoridade ou, ainda, tirar proveito da situação vulnerável da vítima, conforme as considerações acima apresentadas).

A finalidade objetivada com a conduta é a da remoção de órgãos, tecidos ou partes do corpo; submissão a trabalho em condições análogas à de escravo; submissão a qualquer tipo de servidão; adoção ilegal; ou exploração sexual.

Para existir, o tráfico de pessoas não exige mais o requisito da entrada ou a saída da vítima do território nacional. Todavia, é certo que o cruzar as fronteiras do país constitui-se uma das causas de aumento de pena, consoante o art. 149-A, § 1º, IV, do CP.

A anuência da vítima não descaracteriza o crime em questão.

O crime é praticado por dolo, agregado do especial fim de agir consubstanciado no propósito de remoção de órgãos, tecidos ou partes do corpo, submissão a trabalho em condições análogas à de escravo, submissão a qualquer tipo de servidão, adoção ilegal; ou exploração sexual.

A consumação ocorre com a realização das condutas de agenciar, aliciar, recrutar, transportar, transferir, comprar, alojar ou acolher pessoa, desde que empregada a violência física ou moral, a fraude ou o abuso de direito ou de autoridade. A finalidade objetivada pelo agente (remoção de órgãos, tecidos ou partes do corpo, submissão a trabalho em condições análogas à de escravo, submissão a qualquer tipo de servidão, adoção ilegal; ou exploração sexual) não necessita se verificar para fins de consumação.

A tentativa é cabível, por se tratar de crime plurissubsistente.

Segundo o § 1º, do art. 149-A, do CP, a pena é aumentada de um terço até a metade se o crime for cometido por funcionário público no exercício de suas funções, ou, a pretexto de exercê-las; se a vítima for criança, adolescente ou pessoa idosa ou com deficiência; se o agente se prevalecer de relações de parentesco, domésticas, de coabitação, de hospitalidade, de dependência econômica, de autoridade ou de superioridade hierárquica inerente ao exercício de emprego, cargo ou função; ou se a vítima for para o exterior.

No primeiro caso, além de ir contra a política criminal global de coibir o tráfico de pessoas, o funcionário público (cuja a definição para fins penais está contida no art. 327, do CP) infringe os deveres de probidade e de moralidade inerentes à administração pública federal, estadual ou municipal. Na hipótese de a vítima ser criança, adolescente ou pessoa idosa ou com deficiência, evidencia-se a situação de maior vulnerabilidade, justificando-se, assim, o reforço punitivo. No caso de aproveitamento dos vínculos especiais de parentesco, hospitalidade etc., é indiscutível o maior desvalor da conduta, devendo-se atentar para não incorrer em *bis in idem* no caso de funcionário público valer-se do exercício do seu cargo, emprego ou função nos quadros da administração pública. Por fim, a retirada da vítima do território nacional aprofunda tanto a gravidade da conduta como a do resultado, não raro colocando a vida da pessoa traficada ao risco de morte ou lesões corporais de natureza grave.

Nos termos do § 2º, do art. 149-A, do CP, a pena é reduzida de um até dois terços se o agente for primário e não integrar organização criminosa. Cuida-se de minorante inspirada na causa de diminuição existente em outra modalidade de tráfico, qual seja, no art. 33, § 4º, da Lei nº 11.343/2006 (Lei de Drogas), embora não contemple os requisitos adicionais de bons antecedentes e de não se dedicar às atividades criminosas.

De toda sorte, faz jus a redução de pena aquele que, de fato, além de não ser reincidente (art. 65, do CP), não estiver vinculado a nenhuma rede, esquema ou grupo de tráfico de pessoas, perpetrando-o de maneira episódica, restando, enfim, comprovado que não faz de tal crime um "meio de vida".

Se se tratar da conduta de recrutar trabalhadores, mediante fraude, com o fim de levá-los para território estrangeiro, o crime será do art. 206, do CP, e não tráfico de pessoas. Da mesma forma, se se tratar de aliciamento de trabalhadores de um local para outro do território nacional, estará caracterizado o crime do art. 207, do CP.

Não se confunde, igualmente, com o tráfico de pessoas, a conduta do "coiote", ou seja, daquele que promove, por qualquer meio, com o fim de obter vantagem econômica, a entrada ilegal em território nacional ou de brasileiro em país estrangeiro (art. 232-A, do CP, introduzido pela Lei nº 13.445/2017).

A pena é de quatro a oito anos de reclusão, além de multa na forma básica.

A ação é pública incondicionada. Quanto ao tráfico de pessoas, quando transnacional, a competência será da Justiça Federal (art. 109, V, da CF).

4.5.2 Crimes contra a inviolabilidade do domicílio

Violação de domicílio

***Art. 150** Entrar ou permanecer, clandestina ou astuciosamente, ou contra a vontade expressa ou tácita de quem de direito, em casa alheia ou em suas dependências:*

Pena - detenção, de um a três meses, ou multa.

§ 1º Se o crime é cometido durante a noite, ou em lugar ermo, ou com o emprego de violência ou de arma, ou por duas ou mais pessoas:

Pena - detenção, de seis meses a dois anos, além da pena correspondente à violência.

§ 3º Não constitui crime a entrada ou permanência em casa alheia ou em suas dependências:

I - durante o dia, com observância das formalidades legais, para efetuar prisão ou outra diligência;

II - a qualquer hora do dia ou da noite, quando algum crime está sendo ali praticado ou na iminência de o ser.

§ 4º A expressão "casa" compreende:

I - qualquer compartimento habitado;

II - aposento ocupado de habitação coletiva;

III - compartimento não aberto ao público, onde alguém exerce profissão ou atividade.

§ 5º Não se compreendem na expressão "casa":

I - hospedaria, estalagem ou qualquer outra habitação coletiva, enquanto aberta, salvo a restrição do n.º II do parágrafo anterior;

II - taverna, casa de jogo e outras do mesmo gênero.

Segundo o art. 5º, XI, CF, a casa é asilo inviolável do indivíduo. Protege-se, assim, a liberdade privada, especialmente da inviolabilidade do domicílio, do direito à tranquilidade doméstica e a paz íntima dos moradores (liberdade individual: inviolabilidade da habitação).

Qualquer pessoa pode praticar o crime em tela, inclusive o proprietário, quando o imóvel estiver legitimamente com terceiros. Idem, havendo divórcio, ficando um dos dois no antigo imóvel.

O sujeito ativo é o morador, aquele que pode permitir ou impedir a entrada de outrem em seu domicílio, seja ele proprietário, locador etc.

Prédio de apartamentos: qualquer morador, não só no seu imóvel, mas também nas áreas de uso comum.

Não há crime quando o agente entra a convite de um dos moradores, mesmo com o dissenso do outro, como ocorre em caso de infidelidade conjugal.

Os verbos são entrar ou permanecer na casa sem consentimento de quem de direito. Entrar significa ingressar, invadir, transpor os limites da casa ou suas dependências. O corpo do agente tem de transpor por inteiro a fronteira da casa com o mundo exterior. Por sua vez, permanecer é não sair quando, tendo ingressado legitimamente, recusa-se a se retirar (resistência de certa duração, que é algo mais do que mera hesitação).

Entrada ou permanência deve ser clandestina, astuciosa ou franca. Clandestina é a sorrateira, às escondidas do morador. Astuciosa ocorre quando o agente se utiliza de meios fraudulentos para induzir ou manter o morador em erro. Por exemplo, um falso entregador de pizza ou prestador de serviços ou empregado demitido que finge estar doente para não se locomover e permanecer, indevidamente, no imóvel. Franca, quando o agente contraria abertamente a vontade do morador, ou seja, força a entrada ou a sua permanência contra o dissenso explícito ou tácito do sujeito passivo.

O dissenso tácito se dá com as portas e janelas fechadas. Por sua vez, o expresso ocorre com gestos ou palavras do morador.

O "domicílio" para fins penais não se confunde com o "domicílio" do direito civil. Para esse último, entende-se como domicílio o lugar onde a pessoa estabelece sua residência com ânimo definitivo, o centro de suas ocupações habituais ou o centro de seus negócios. Para o Direito Penal, domicílio é todo lugar de habitação ou de atividade privada (Ex.: quarto de hotel ocupado por hóspede).

O conceito de casa compreende qualquer espaço delimitado habitado por alguém, uma construção materialmente isolada a que se aplica propriamente essa denominação ou qualquer aposento dentro dela que constitua a morada de outrem, quarto de hotel ou hospedaria, compartimento que esteja servindo, de maneira permanente ou transitória, de local de residência, ou mesmo a gruta que alguém tenha disposto para a sua moradia ou qualquer refúgio transformado em habitação.

O fato de um motel receber rotineiramente casais para encontros amorosos não desnatura a condição de habitação coletiva, e seus quartos, quando ocupados, constituem "casa" no sentido legal.

Importa considerar que o recinto deve estar separado do mundo exterior e que seja o espaço físico reservado a outrem.

Dependências da casa são os lugares que complementam a moradia (o *hall* do elevador do apartamento, o terraço, o quintal, o jardim, a garagem etc.). É necessário que haja certa conexão com a casa. Por exemplo, não é crime invadir o pasto de uma fazenda, ainda que isto possa configurar esbulho possessório.

Compartimento não aberto ao público, onde alguém exerce profissão ou atividade (art. 150, § 4º, III, do CP) compreende os escritórios de advocacia ou engenharia, consultório médico, gabinete odontológico, *atelier* de arte ou costura etc.

Segundo o art. 150 § 5º, do CP, não se compreendem na expressão "casa", a hospedaria ou qualquer outra habitação coletiva, enquanto aberta, salvo o aposento ocupado, bem como a taberna, casa de jogo etc. Esses locais não estão protegidos por serem abertos ao público e, consequentemente, não terem destinação de servir de espaço reservado da vida de alguém.

Pelo mesmo motivo, também não são considerados casa: restaurantes, boates, danceterias etc. Repartições públicas, ainda que com restrições de acesso, bem como salas de aula, também não são entendidas como casa.

Por fim, registre-se que é necessário que a casa seja habitada, ainda que os moradores estejam ausentes (Ex.: casa de campo, casa de praia).

O crime é praticado com dolo, ou seja, a vontade de ingressar ou permanecer na casa contra a vontade de quem de direito. Dispensa a finalidade contrária ao direito, basta o dolo genérico.

Não há dolo em episódio acidental, por exemplo, invadir uma casa para fugir de uma briga ou confusão na rua ou, ainda, por engano, ao errar a numeração de um apartamento.

O crime se consuma com a entrada efetiva, transposto pelo agente o limite que separa o domicílio do mundo externo, ou com a permanência ou persistência durante determinado lapso de tempo juridicamente apreciável. Trata-se de crime de mera conduta, que não reclama, assim, qualquer resultado naturalístico, bastando o perigo presumido na conduta do agente para aperfeiçoá-lo.

Tentativa: para a doutrina nada impede, apesar de ser crime de mera conduta.

> Ex.: forçar a entrada, sem sucesso; ser detido quando escalava o muro; manifestar propósito de permanecer sendo, contudo, expulso logo em seguida.

Segundo o art. 150, § 1º, do CP, qualifica-se o crime quando cometido "durante a noite". Isso quer dizer depois do entardecer, quando há ausência de luz solar. Durante a noite é o período compreendido entre o pôr-do-sol e o seu nascer. Cuida-se de uma concepção diferente de "repouso noturno", presente no crime de furto.

Qualifica-se, ainda, quando perpetrado em "lugar ermo". Cuida-se de lugar habitualmente desabitado, despovoado, pouco frequentado; a ausência de habitante torna mais fácil o crime.

O emprego de violência também qualifica a violação de domicílio. Violência pode ser definida como a força física utilizada contra pessoa ou coisa, como ocorre no caso de arrombamento ou agressões ao morador.

Outra qualificadora consiste no emprego de arma ou quando cometido por duas ou mais pessoas. Em ambas as hipóteses, evidencia-se a maior periculosidade da conduta, o que justifica sua majoração.

Qualifica, por fim, o crime, quando perpetrado por funcionário público, fora dos casos legais ou com inobservância das formalidades de estilo. Em se tratando, ainda, de autoridade pública, pode ser caracterizado o abuso de autoridade.

As formalidades em questão estão disciplinadas no art. 150, § 3º, do CP.

É lícita a violação do domicílio quando praticada nas condições estipuladas no § 3º do art. 150, vale dizer, não constitui crime o ingresso ou permanência nas seguintes hipóteses:

- Durante o dia, com observância das formalidades legais, para efetuar prisão ou outra diligência judicial (penhora, busca e apreensão etc.) ou administrativa (inspeções sanitárias etc.);
- A qualquer hora do dia ou da noite, quando algum crime está sendo praticado ou na iminência de o ser.

Aduz-se que a própria Constituição Federal contém semelhante permissiva, prevendo a hipótese do ingresso autorizado judicialmente, durante ou dia, ou em caso de flagrante delito, legítima defesa de terceiro, e, ainda, "em caso de desastre ou para prestar socorro" (art. 5º, XI, da CF).

A ação penal é pública incondicionada. Cabe transação penal ou suspensão condicional do processo.

4.5.3 Crimes contra a inviolabilidade dos segredos

Divulgação de segredo

> ***Art. 153*** *Divulgar alguém, sem justa causa, conteúdo de documento particular ou de correspondência confidencial, de que é destinatário ou detentor, e cuja divulgação possa produzir dano a outrem:*
>
> *Pena - detenção, de um a seis meses, ou multa, de trezentos mil réis a dois contos de réis.*
>
> *§ 1º Somente se procede mediante representação.*
>
> *§ 1º-A Divulgar, sem justa causa, informações sigilosas ou reservadas, assim definidas em lei, contidas ou não nos sistemas de informações ou banco de dados da Administração Pública:*
>
> *Pena – detenção, de 1 (um) a 4 (quatro) anos, e multa.*
>
> *§ 2º Quando resultar prejuízo para a Administração Pública, a ação penal será incondicionada.*

O art. 153 tipifica a conduta daquele que divulga, sem justa causa, conteúdo de documento particular ou de correspondência confidencial, de que é destinatário ou detentor, que tenha a possibilidade de produzir dano a outrem.

Trata-se de crime próprio, pois o tipo penal exige uma qualidade especial do sujeito ativo, qual seja, a de destinatário ou detentor do documento particular ou de correspondência confidencial.

Supondo que a divulgação do segredo não pode causar dano, nesse caso, não há crime.

Crime de menor potencial ofensivo.

> **Fique ligado**
>
> Não se confunde com o art.325, do CP (tem como sujeito ativo o funcionário público). Logo, o art.153 § 1º serve para as pessoas que não sejam funcionários públicos.

Violação do segredo profissional

> ***Art. 154*** *Revelar alguém, sem justa causa, segredo, de que tem ciência em razão de função, ministério, ofício ou profissão, e cuja revelação possa produzir dano a outrem:*
>
> *Pena – detenção, de três meses a um ano, ou multa de um conto a dez contos de réis.*
>
> ***Parágrafo único.*** *Somente se procede mediante representação.*

A privacidade da pessoa, sua intimidade, no que concerne ao sigilo daquelas informações particulares que confia apenas ao confidente necessário.

É crime **próprio**, já que o autor do crime deve ser titular de uma função, ministério, ofício ou profissão que toma conhecimento do segredo confiado em razão de um daqueles atributos. O autor deve estar no exercício da função quando obtiver a informação.

O sujeito passivo é aquele que for exposto a perigo de dano com a divulgação do segredo, podendo ser qualquer pessoa.

O agente deve revelar, **sem justa causa**, segredo, de que tem ciência em razão de função, ministério, ofício ou profissão, e cuja revelação possa produzir dano a alguém.

Elemento subjetivo: é doloso, não se exigindo que o agente tenha a intenção de prejudicar a vítima. Não se admite a modalidade culposa.

Por se tratar de crime formal, consuma-se com a mera divulgação do segredo, dispensando a ocorrência do dano para a consumação do delito. Admite-se a tentativa (se for praticado pela forma escrita).

A ação penal é pública condicionada à representação do ofendido.

Invasão de dispositivo informático

> ***Art. 154-A*** *Invadir dispositivo informático de uso alheio, conectado ou não à rede de computadores, com o fim de obter, adulterar ou destruir dados ou informações sem autorização expressa ou tácita do usuário do dispositivo ou de instalar vulnerabilidades para obter vantagem ilícita:*
>
> *Pena – reclusão, de 1 (um) a 4 (quatro) anos, e multa.*
>
> *§ 1º Na mesma pena incorre quem produz, oferece, distribui, vende ou difunde dispositivo ou programa de computador com o intuito de permitir a prática da conduta definida no caput.*
>
> *§ 2º Aumenta-se a pena de 1/3 (um terço) a 2/3 (dois terços) se da invasão resulta prejuízo econômico.*
>
> *§ 3º Se da invasão resultar a obtenção de conteúdo de comunicações eletrônicas privadas, segredos comerciais ou industriais, informações sigilosas, assim definidas em lei, ou o controle remoto não autorizado do dispositivo invadido:*
>
> *Pena – reclusão, de 2 (dois) a 5 (cinco) anos, e multa.*
>
> *§ 4º Na hipótese do § 3º, aumenta-se a pena de um a dois terços se houver divulgação, comercialização ou transmissão a terceiro, a qualquer título, dos dados ou informações obtidos.*
>
> *§ 5º Aumenta-se a pena de um terço à metade se o crime for praticado contra:*
>
> *I - Presidente da República, governadores e prefeitos;*
>
> *II - Presidente do Supremo Tribunal Federal;*
>
> *III - Presidente da Câmara dos Deputados, do Senado Federal, de Assembleia Legislativa de Estado, da Câmara Legislativa do Distrito Federal ou de Câmara Municipal; ou*
>
> *IV - dirigente máximo da administração direta e indireta federal, estadual, municipal ou do Distrito Federal.*
>
> *Ação penal*
>
> ***Art. 154-B*** *Nos crimes definidos no art. 154-A, somente se procede mediante representação, salvo se o crime é cometido contra a administração pública direta ou indireta de qualquer dos Poderes da União, Estados, Distrito Federal ou Municípios ou contra empresas concessionárias de serviços públicos*

A Lei nº 14.155/2021 apresentou significativa alteração no que diz respeito à conduta prevista no art. 154-A do Código Penal. Isso porque a nova redação tem por objetivo proteger os dispositivos pessoais que possibilitam o armazenamento de informações pessoais e sigilosas.

Antes de adentrarmos na análise específica, é prudente analisar os tipos penais antes e depois da Lei nº 14.155/2021, vejamos:

Redação original	Redação após a Lei nº 14.155/2021
*Art. 154-A Invadir dispositivo informático alheio, conectado ou não à rede de computadores, **Mediante Violação Indevida De Mecanismos De Segurança** e com o fim de obter, adulterar ou destruir dados ou informações sem autorização expressa ou tática **do titular do dispositivo** ou instalar vulnerabilidades para obter vantagem ilícita:* ***Pena** – detenção, de **3 (três) meses a 1 (um) ano**, e multa.*	*Art. 154-A Invadir dispositivo informático alheio, conectado ou não à rede de computadores, com o fim de obter, adulterar ou destruir dados ou informações sem autorização expressa ou tática **do usuário do dispositivo** ou de instalar vulnerabilidades para obter vantagem ilícita:* ***Pena** – reclusão, de **1 (um) a 4 (um) ano**, e multa.*

PRO PEN

Pela redação original, era necessário a invasão de dispositivo alheio **mediante a violação de mecanismo de segurança** (Ex.: senha, biometria, reconhecimento facial ou outro meio fraudulento). Tal exigência fora retirada do texto legal.

Pela atual redação, basta haver a invasão de dispositivo alheio, ainda que não tenha senha. Seguindo o que preceitua a doutrina, pela redação original, o crime era de ação vinculada, mas passou a ser de ação livre.

Destaque-se também que pela redação primária, era necessário que o bem invadido fosse de propriedade de outra pessoa. Com a reforma legislativa, basta que o equipamento seja de uso de outrem. Em resumo, o próprio dono do bem pode ser sujeito ativo do crime, desde que o uso do equipamento seja franqueado a outrem.

A pena também foi majorada. O delito foi afastado da esfera do JECRIM e passou a ser de competência da Justiça Comum Estadual.

Considerando apenas o já exposto, temos que a Lei nº 14.155/2021 deve ser considerada como uma *novatio legis in pejus*.

Nesse contexto, qualquer pessoa que tenha praticado o crime antes da vigência do referido diploma normativo será responsabilizada pela lei da data do fato (*tempus regit actum)*, enquanto que só serão responsabilizados pela nova lei os indivíduos que praticarem as condutas após o início de vigência das novas disposições, que se deu em 27 de maio de 2021.

Avançando aos parágrafos, insta salientar que incorrerá na mesma pena prevista no *caput* (reclusão de 1 a 4 anos) aquele que produz, oferece, distribui, vende ou difunde dispositivo ou programa de computador que permita a invasão de dispositivo informático de uso alheio.

Resumindo, para que o agente seja responsabilizado pelo crime em questão, ele não necessita ser o invasor. Caso ele, de alguma forma, permita ou possibilite que outra pessoa invada o dispositivo, responderá pela mesma pena.

Havendo prejuízo econômico com a invasão, a pena será majorada no intervalo de 1 a 2/3.

O § 3º traz uma forma qualificada, aumentando o intervalo de pena para 2 a 5 anos quando da invasão resultar a obtenção de conteúdo de comunicações eletrônicas privadas, segredos comerciais ou industriais, informações sigilosas, assim definidas em lei, ou o controle remoto não autorizado do dispositivo invadido.

À luz desse dispositivo, percebe-se que a figura do *caput* é classificada como crime formal, na medida em que a mera invasão já é suficiente para configurar o crime.

No § 4º temos uma majorante referente à forma qualificada, sendo que a pena será aumentada de 1 a 2/3 quando houver comercialização ou transmissão dos dados ou informações obtidos. Haverá aumento de pena mesmo que a divulgação não seja onerosa.

O § 5º prevê outra causa de aumento, no intervalo de 1/3 à metade quando o crime for praticado contra:

- Presidente da República, governadores e prefeitos;
- Presidente do Supremo Tribunal Federal;
- Presidente da Câmara dos Deputados, do Senado Federal, de Assembleia Legislativa de Estado, da Câmara Legislativa do Distrito Federal ou de Câmara Municipal; ou
- Dirigente máximo da administração direta e indireta federal, estadual, municipal ou do Distrito Federal.

Por derradeiro, vale destacar que os crimes previstos no art. 154-A serão processados mediante representação do ofendido, ou seja, ação penal pública condicionada, exceto se o crime for praticado contra a Administração Pública Direta ou Indireta de qualquer dos poderes da União, Estados, Distrito Federal ou Municípios ou, ainda, contra empresas concessionárias de serviços públicos.

5 CRIMES CONTRA O PATRIMÔNIO

5.1 Furto

Art. 155 Subtrair, para si ou para outrem, coisa alheia móvel: Pena – reclusão, de um a quatro anos, e multa.

§ 1º A pena aumenta-se de um terço, se o crime é praticado durante o repouso noturno.

§ 2º Se o criminoso é primário, e é de pequeno valor a coisa furtada, o juiz pode substituir a pena de reclusão pela de detenção, diminuí-la de um a dois terços, ou aplicar somente a pena de multa.

§ 3º Equipara-se à coisa móvel a energia elétrica ou qualquer outra que tenha valor econômico.

Furto qualificado

§ 4º A pena é de reclusão de dois a oito anos, e multa, se o crime é cometido:

I – com destruição ou rompimento de obstáculo à subtração da coisa;

II – com abuso de confiança, ou mediante fraude, escalada ou destreza;

III – com emprego de chave falsa;

IV – mediante concurso de duas ou mais pessoas.

§ 4º-A A pena é de reclusão de 4 (quatro) a 10 (dez) anos e multa, se houver emprego de explosivo ou de artefato análogo que cause perigo comum.

§ 4º-B A pena é de reclusão, de 4 (quatro) a 8 (oito) anos, e multa, se o furto mediante fraude é cometido por meio de dispositivo eletrônico ou informático, conectado ou não à rede de computadores, com ou sem a violação de mecanismo de segurança ou a utilização de programa malicioso, ou por qualquer outro meio fraudulento análogo.

§ 4º-C A pena prevista no § 4º-B deste artigo, considerada a relevância do resultado gravoso:

I – aumenta-se de 1/3 (um terço) a 2/3 (dois terços), se o crime é praticado mediante a utilização de servidor mantido fora do território nacional;

II – aumenta-se de 1/3 (um terço) ao dobro, se o crime é praticado contra idoso ou vulnerável.

§ 5º A pena é de reclusão de três a oito anos, se a subtração for de veículo automotor que venha a ser transportado para outro Estado ou para o exterior.

§ 6º A pena é de reclusão de 2 (dois) a 5 (cinco) anos se a subtração for de semovente domesticável de produção, ainda que abatido ou dividido em partes no local da subtração.

§ 7º A pena é de reclusão de 4 (quatro) a 10 (dez) anos e multa, se a subtração for de substâncias explosivas ou de acessórios que, conjunta ou isoladamente, possibilitem sua fabricação, montagem ou emprego.

Trata-se de delito que tutela o patrimônio e a propriedade de coisa móvel. Os bens imóveis, independentemente do tratamento que lhes é dado pelo Código Civil, não podem ser objeto de furto. Qualquer pessoa pode ser o sujeito ativo deste crime. O objeto material é a coisa alheia móvel que suporta a conduta criminosa. O verbo núcleo do tipo penal é "subtrair", que significa inverter o título da posse.

Além disso, admite-se a tentativa em todas as modalidades de furto (simples, privilegiado e qualificado).

Segundo a doutrina, a coisa necessariamente deve ser alheia. Portanto, a coisa de **ninguém** (nunca teve dono) e a coisa abandonada (dispensada) não são objetos materiais deste crime.

Diferentemente do que ocorre com a coisa perdida (pertence a alguém), portanto, quem apropria-se de achado que pertence a outrem, incorre na conduta do art. 169, parágrafo único, II, do CP.

Outro ponto de destaque diz respeito ao fato de que o sujeito ativo deve ter a intenção de não devolver a coisa à vítima, deve existir o chamado "ânimo de assenhoramento definitivo". Hipoteticamente, se a subtração se der apenas para uso momentâneo, com a restituição da *res* logo em seguida, ao que se denomina *FURTO DE USO*, estaremos diante de atipicidade da conduta.

Portanto, quanto ao elemento subjetivo, o furto é punido somente na forma dolosa (dolo direto ou eventual).

Fique ligado

E o **furto famélico** (furto para alimentação)? Neste caso, reconhece-se a excludente do estado de necessidade (art. 24, CP), desde que preenchidos os requisitos.

Para a consumação do delito, embora existam correntes diversas, os Tribunais Superiores encamparam a Teoria da *amotio ou apprehensio*, que estabelece a consumação no momento em que ocorrer a inversão da posse – mesmo que por um pequeno espaço de tempo ou por meio de posse mansa e pacífica.

Assim, a consumação do furto se dá quando a vítima perde, ainda que momentaneamente, a livre disponibilidade sobre o bem, não se exigindo que o agente tenha a posse mansa e pacífica do objeto material. Nesse sentido, vale destacar a tese firmada pelo STJ:

> *Consuma-se o crime de furto com a posse de fato da res furtiva, ainda que por breve espaço de tempo e seguida de perseguição ao agente, sendo prescindível a posse mansa e pacífica ou desvigiada (Tema nº 934).*

A presença de sistema de vigilância ou a presença de seguranças, em estabelecimentos comerciais, não torna o crime impossível. Nesse sentido, foi editada a Súmula nº 567 do STJ, que estabelece:

> *Sistema de vigilância realizado por monitoramento eletrônico ou por existência de segurança no interior de estabelecimento comercial, por si só, não torna impossível a configuração do crime de furto.*

5.1.1 Furto majorado

O § 1º do art. 155 estabelece uma causa de aumento em razão do **repouso noturno.** A expressão destacada é que gera controvérsia para conceituação – eis que temos dispositivos em leis distintas com considerações que não convergem.

De qualquer forma, a orientação a ser adotada deve levar em conta o casuísmo, entendendo como repouso noturno aquele momento em que, presumidamente, a vítima encontra-se repousando. Assim, tal critério é variável, pois deve ser considerado o tempo em que as pessoas de determinado local costumeiramente recolhem-se para repouso, o que é diferente em uma grande cidade como São Paulo, diante de um pequeno município do interior.

O STJ admitiu a aplicação da causa de aumento em caso de furto praticado contra estabelecimento comercial ou residência desabitada, em razão da maior vulnerabilidade do patrimônio.

Além disso, no que tange à aplicabilidade da causa de aumento de pena do repouso noturno no crime de furto qualificado, o atual entendimento do STJ (Tema Repetitivo 1.087) é no sentido de que **o repouso noturno (§1º) é incompatível com o furto qualificado, pois a majorante, aplicada somente ao furto simples, não pode ser utilizada para redimensionar a dosimetria do delito, cujas penas previstas já são superiores e mais gravosas.** Vejamos a tese fixada (Tema Repetitivo nº 1.087):

> *A causa de aumento prevista no § 1º do art. 155 do Código Penal (prática do crime de furto no período noturno) não incide no crime de furto na sua forma qualificada (§ 4º).*

5.1.2 Furto privilegiado ou mínimo

O § 2º, do art. 155, prevê hipótese de causa de diminuição de pena, chamada pela doutrina de "furto privilegiado". A benesse trata-se de norma penal não incriminadora, e foi instituída, a fim de beneficiar os autores primários e que subtraem coisa de valor de pequeno valor. Assim, para a incidência do privilégio, temos duas situações:

- Primariedade do agente;
- Coisa de pequeno valor (aquela que não ultrapassa um salário mínimo).

Acerca da aplicação do privilégio ao furto qualificado, após muitos embates, editou-se a Súmula nº 511 do STJ:

> *É possível o reconhecimento do privilégio previsto no § 2º do art. 155 do CP nos casos de crime de furto qualificado, se estiverem presentes a primariedade do agente, o pequeno valor da coisa e a qualificadora for de ordem objetiva.*

Para o próprio tribunal, portanto, a qualificadora não se coaduna com o furto praticado mediante abuso de confiança e fraude, que ostentam a natureza subjetiva.

5.1.3 Cláusula de equiparação

O § 3º do art. 155 traz bens móveis por equiparação, qual seja, a energia elétrica ou qualquer outra com valor econômico (elétrica, radioativa, térmica etc.).

Acerca do sinal de TV a cabo, o STF julgou pela atipicidade da conduta, tendo em vista que, diferentemente da energia, que é um recurso findável, o sinal de TV a cabo não se esgota, nem diminui.

Contudo, o STJ já entendeu em sentido contrário.

Outro ponto de enfoque, que não merece ser confundido, diz respeito ao agente que altera (frauda) o medidor de energia, a fim de que o equipamento perca a perfeita funcionalidade e demonstre um resultado menor do consumo – esta conduta é tratada como estelionato (art. 171, CP), e não furto.

5.1.4 Furto qualificado

O § 4º do artigo 155 prevê as figuras qualificadas do furto, situações em que a pena mínima passa a ser de **2 a 8 anos de reclusão**, se o crime é praticado nas situações abaixo descritas.

Destruição ou rompimento de obstáculo

Trata-se do furto cometido mediante violência contra a coisa, por meio da degradação, do arrombamento, do rompimento, da demolição, da destruição total ou parcial de quaisquer objetos ou construções (cadeados, cofres, correntes, muro, teto, janela, portas etc.), que dificultem a subtração da coisa visada pelo agente.

O rompimento aqui mencionado, apto a qualificar o furto, deve ser exterior à coisa subtraída. Nesse contexto, se o agente quebra o vidro para subtrair o próprio veículo, **não haverá incidência da qualificadora.** Contudo, se ocorrer a quebra do vidro para subtrair um bem interno (Ex.: aparelho de som), **haverá a incidência da qualificadora.**

Outro ponto de destaque é que, embora o STJ já tenha reconhecido a aplicação do princípio da insignificância ao furto praticado mediante rompimento de obstáculo, a jurisprudência da corte é firme no sentido de que a escalada, o arrombamento, o rompimento de obstáculo, o concurso de agentes – ou quando o paciente é reincidente ou possuidor de maus antecedentes –, a reprovabilidade do comportamento está demonstrada, afastando a aplicação do princípio da insignificância.

Abuso de confiança

É uma circunstância subjetiva, reveladora de maior periculosidade do agente, que se aproveita de uma relação de confiança nele depositada. É importante frisar que esta qualificadora exige um especial vínculo de lealdade, não sendo considerada pela mera relação de emprego ou hospitalidade. Assim, para sua incidência, a vítima deve depositar, por algum motivo, **especial confiança no agente** (amizade, parentesco, relações ou referências profissionais etc.), **o qual dela se aproveita**

> Ex.: um amigo visita outro e, aproveitando-se da confiança depositada, subtrai algum bem sem que o proprietário perceba ou mesmo suspeite de suas intenções.

Em resumo, o sujeito ativo tem acesso à coisa em razão da confiança nele depositada. Portanto, se qualquer pessoa também puder praticar o fato, mesmo que com a relação de confiança, a qualificadora deverá ser afastada.

Fique ligado

O STJ considera inviável e incompatível o princípio da insignificância com o abuso de confiança.

Além disso, essa causa é a única que não se compatibiliza com o privilégio descrito no art. 155, § 2º, tendo em vista que ambos possuem natureza subjetiva, o que destoa do contido na Súmula nº 511 do STJ.

> ***Súmula nº 511 – STJ***
>
> *É possível o reconhecimento do privilégio previsto no § 2º do art. 155 do CP nos casos de crime de furto qualificado, se estiverem presentes a primariedade do agente, o pequeno valor da coisa e a qualificadora for de ordem objetiva.*

Fraude

É o emprego de artifício, meio enganoso, capaz de iludir a vigilância do ofendido e permitir maior facilidade na subtração pelo agente. É importante não confundir o furto mediante fraude com o estelionato, pois nesta modalidade a fraude empregada visa enganar a vítima, fazendo-a incidir em erro, para que entregue o objeto espontaneamente ao agente. Já no furto mediante fraude, a artimanha é utilizada para diminuir a vigilância da vítima sobre o bem, viabilizando sua retirada pelo agente, sem que o ofendido se dê conta disso.

Escalada

É o uso de via anormal para que o agente ingresse no local onde se encontra a coisa pretendida.

A confecção de um túnel para acesso pode ser classificada como escalada, a partir de uma interpretação extensiva. De acordo com o Superior Tribunal de Justiça, "a escalada pressupõe a entrada em um local por um meio anormal, exigindo do agente esforço físico incomum, como saltar um muro de 1,80 m de altura".

Destreza

Trata-se do indivíduo que aplica técnicas sorrateiras, físicas ou manuais, de maneira que o agente pratica o fato sem que a vítima perceba. A jurisprudência condiciona a aplicação desta qualificadora à vítima trazer o bem junto ao corpo, pressuposto lógico para se avaliar a habilidade.

Chave falsa

Trata-se de todo instrumento com ou sem forma de chave, destinado a abrir fechaduras, sem arrombá-las (grampos, tesouras, mixas, chave de fenda, etc.).

A ligação direta não foi prevista em lei, razão pela qual não se pode equipará-la à chave falsa ou ao rompimento de obstáculo. Registre-se, porém, que existem decisões (posicionamento minoritário) considerando a ligação direta como qualificadora mediante rompimento de obstáculo.

Concurso de pessoas

Basta a participação de mais de uma pessoa, ainda que a outra seja inimputável, para configurar a qualificadora. Vale destacar que não é necessário que todos os agentes estejam no local da subtração.

Fique ligado

Vale recordar a Súmula nº 442 do STJ, que veta a aplicação da majorante do concurso de agentes prevista para o crime de roubo.

Emprego de explosivo

Prevista no §4º-A, a qualificadora foi introduzida pela Lei nº 13.654/2018, a fim de estabelecer uma punição mais eficaz e proporcional para o crime de furto quando cometido com emprego de explosivo ou artefato similar, especialmente a ação de criminosos que explodem caixas eletrônicos para subtrair o dinheiro existente na máquina, uma vez que a explosão pode gerar perigo comum para a população nas imediações do local.

Fique ligado

Registre-se que o furto mediante uso de substância explosiva migrou à condição de crime hediondo.

Furto de veículo automotor

O § 5º estabelece que o furto será qualificado se o veículo for transportado para outro estado ou para o exterior. Vale destacar que a aplicação da qualificadora pressupõe a prévia intenção do agente de transportar o veículo para outro Estado ou para o exterior e a efetiva transposição de fronteiras.

Furto de animal

O § 6º prevê a figura qualificada denominada de abigeato. Esse tipo qualificado é destinado à análise da subtração de animais vivos.

Todavia, para que se enquadre nesta hipótese, é preciso que o animal seja domesticável e destinado à reprodução.

Entende-se por semovente o animal (irracional) que possui condições de se deslocar por conta própria. É fundamental que se cuide de semovente domesticável; significa que o animal deve ter o condão de ser domesticado, sendo desnecessário que já o tenha sido.

Furto de substância explosiva

Também introduzida pela Lei nº 13.654/2018, a qualificadora prevista no § 7º pune com maior rigor a subtração do explosivo ou de acessórios, independentemente de sua utilização. Nesse caso, o que qualifica o furto é a natureza do objeto material subtraído.

Portanto, difere da hipótese do §4º-A, tendo em vista que, lá, ocorre o **emprego da substância explosiva como meio para acessar o patrimônio.** A hipótese do §7º consiste em praticar o furto da própria substância explosiva.

Nova qualificadora do furto (eletrônico ou informático)

A Lei nº 14.155/2021 trouxe novas figuras no intuito de sancionar com maior rigor algumas situações envolvendo o furto.

A primeira modalidade é a prevista no § 4º-B, que qualifica o furto quando a fraude é empregada por meio de dispositivo eletrônico ou informático, estando ou não conectado à Internet, com ou sem violação de mecanismo de segurança. Será também qualificado se houver a utilização de programa malicioso ou qualquer outra ferramenta similar.

Fique ligado

Perceba que, aqui, o legislador optou por utilizar a técnica da interpretação analógica, para fins de classificar "outro meio fraudulento análogo".

Podemos dizer também que o parágrafo em estudo é a qualificadora da qualificadora. Isso porque este parágrafo traz uma forma qualificada para o furto (qualificado) mediante fraude.

Na sequência, faz-se prudente analisar o § 4º-C, que traz também algumas causas de aumento (majorantes) para o furto mediante fraude eletrônica previsto no § 4º-B. Nessa toada, o inciso I do parágrafo acima mencionado dispõe que a pena será elevada de 1/3 até 2/3, caso o crime seja praticado mediante utilização de servidor mantido fora do território nacional.

Como se sabe, o crime organizado tem investido em servidores internacionais (externos) para promover a invasão de dispositivos informáticos alheios, e, com isso, dificultar o trabalho da investigação, rastreamento de IPs etc., para dificultar a responsabilização do criminoso.

Fique ligado

Cuidado, pois aqui não haverá, via de regra, o deslocamento do feito à Justiça Federal, já que esta competência está prevista em um rol taxativo (art. 109 da CF).

Também haverá aumento de pena de 1/3 até o dobro se o crime é praticado contra idoso ou vulnerável, conforme estabelece o inciso II, do § 4º-C. Naturalmente, aqui o aumento se justifica em razão da ignorância da vítima, que, muitas vezes, não dispõe de um conhecimento tecnológico razoável para proteger seu sistema operacional (computador, celular, tablet, entre outros) de qualquer vulnerabilidade.

Contextualizando, esta nova Lei representa uma *novatio legis in pejus*, tendo em vista que prejudica a situação do agente. Dessa forma, não possui aplicação retroativa, sendo que as condutas que se assemelhem ao tipo legal somente terão aplicação após o início de vigência da norma, ou seja, 27 de maio de 2021.

Outro ponto de destaque é que agora existe compatibilidade da conduta com a norma positivada, na medida em que, com o avançar da tecnologia, muito se discutia acerca do uso de dispositivo para facilitar o acesso a contas bancárias, por exemplo.

Havia divergência sobre a tipificação da conduta, entre estelionato e furto mediante fraude, porém, com a nova disposição, não há mais discussão neste aspecto.

É relevante apresentar também que o artifício ardil é empregado para facilitar a **subtração** da coisa, razão pela qual não há que se falar em estelionato, já que, neste, o agente aplica a fraude para que a vítima entregue a vantagem indevida.

5.1.5 Ação penal

No furto, a ação penal é pública incondicionada, ressalvadas as observações do art. 182 do CP (escusas relativas), quando o crime é praticado entre cônjuges separados judicialmente ou desquitados, entre irmãos ou entre tio e sobrinho, se houver, nesse caso, coabitação, situações em que a ação penal se torna pública condicionada à representação do ofendido:

> ***Art. 182*** *Somente se procede mediante representação, se o crime previsto neste título é cometido em prejuízo:*
>
> *I – do cônjuge desquitado ou judicialmente separado;*
>
> *II – de irmão, legítimo ou ilegítimo;*
>
> *III – de tio ou sobrinho, com quem o agente coabita.*

5.2 Furto de coisa comum

> ***Art. 156*** *Subtrair o condômino, co-herdeiro ou sócio, para si ou para outrem, a quem legitimamente a detém, a coisa comum:*
>
> ***Pena*** *– detenção, de seis meses a dois anos, ou multa.*
>
> *§ 1º Somente se procede mediante representação.*
>
> *§ 2º Não é punível a subtração de coisa comum fungível, cujo valor não excede a quota a que tem direito o agente.*

Aqui, temos uma forma menos grave do crime de furto, uma modalidade específica. Não obstante, a conduta recai sobre objeto comum (e não alheio) a várias pessoas (condôminos, coerdeiros ou sócios). Este crime é próprio, pois só pode ser praticado pelo condômino.

A ação penal para este delito é condicionada à representação da vítima ou do representante legal (art. 155, § 1º).

Além disso, não haverá a punição para a hipótese de existir subtração de coisa substituível cujo valor não exceda a quota parte (fração ideal) a que o agente tenha direito.

5.3 Roubo e extorsão

5.3.1 Roubo

> ***Art. 157*** *Subtrair coisa móvel alheia, para si ou para outrem, mediante grave ameaça ou violência a pessoa, ou depois de havê-la, por qualquer meio, reduzido à impossibilidade de resistência:*
>
> *Pena - reclusão, de quatro a dez anos, e multa.*
>
> *§ 1º Na mesma pena incorre quem, logo depois de subtraída a coisa, emprega violência contra pessoa ou grave ameaça, a fim de assegurar a impunidade do crime ou a detenção da coisa para si ou para terceiro.*
>
> *§ 2º A pena aumenta-se de 1/3 (um terço) até metade:*
>
> *I – (revogado);*
>
> *II – se há o concurso de duas ou mais pessoas;*
>
> *III – se a vítima está em serviço de transporte de valores e o agente conhece tal circunstância;*
>
> *IV – se a subtração for de veículo automotor que venha a ser transportado para outro Estado ou para o exterior;*
>
> *V – se o agente mantém a vítima em seu poder, restringindo sua liberdade;*
>
> *VI – se a subtração for de substâncias explosivas ou de acessórios que, conjunta ou isoladamente, possibilitem sua fabricação, montagem ou emprego;*
>
> *VII – se a violência ou grave ameaça é exercida com emprego de arma branca.*
>
> *§ 2º-A A pena aumenta-se de 2/3 (dois terços):*
>
> *I – se a violência ou ameaça é exercida com emprego de arma de fogo;*
>
> *II – se há destruição ou rompimento de obstáculo mediante o emprego de explosivo ou de artefato análogo que cause perigo comum.*
>
> *§ 2º-B Se a violência ou grave ameaça é exercida com emprego de arma de fogo de uso restrito ou proibido, aplica-se em dobro a pena prevista no caput deste artigo.*
>
> *§ 3º Se da violência resulta:*
>
> *I – lesão corporal grave, a pena é de reclusão de 7 (sete) a 18 (dezoito) anos, e multa;*
>
> *II – morte, a pena é de reclusão de 20 (vinte) a 30 (trinta) anos, e multa.*

Neste artigo, abordaremos uma modalidade de crime complexo (tipo que se materializa pela junção de dois tipos penais: furto e constrangimento ilegal), que tutela o patrimônio, a liberdade individual e a integridade física do agente.

Entre as condutas previstas, é considerado hediondo o roubo cometido com restrição à liberdade de locomoção da vítima, com emprego de arma de fogo (uso permitido, restrito ou proibido) ou do qual resulte lesão corporal grave ou morte (art. 1º, II, "a", "b" ou "c", da Lei nº8.072/1990).

Trata-se de delito que pode ser praticado por qualquer pessoa, exceto o proprietário do objeto. O sujeito passivo é o possuidor/proprietário do bem.

A figura prevista no *caput* é descrita como "roubo próprio", aquela conduta em que o agente, para se apropriar do patrimônio alheio, aplica violência; grave ameaça; ou qualquer outro meio capaz de impossibilitar a vítima de resistir ou defender-se (esta última hipótese também é chamada de violência imprópria.

> Ex.: emprego de drogas, sonífero, hipnose, trancar a vítima em um cômodo.

No § 1º, temos a figura do roubo impróprio ou roubo por aproximação, que se configura quando o agente da violência ou grave ameaça não age para subtrair a coisa, mas para assegurar a impunidade do crime ou a detenção da coisa que já está na sua posse.

É importante colacionar dois entendimentos:

- Não cabe a aplicação do princípio da insignificância ao crime de roubo;
- É típica a conduta de roubar bem ilícito, pois a *res furtiva* tem relevância econômica para a vítima.

Para a consumação do delito, da mesma forma como acontece no furto, não há a necessidade de posse mansa e pacífica do bem. Adotou-se também a teoria da *amotio* (*apprehensio*). Nesse sentido, veja-se o entendimento jurisprudencial consolidado na Súmula nº 582 do STJ: *Consuma-se o crime de roubo com a inversão da posse do bem mediante emprego de violência ou grave ameaça, ainda que por breve tempo e em seguida à perseguição imediata ao agente e recuperação da coisa roubada, sendo prescindível a posse mansa e pacífica ou desvigiada.*

No que se refere à pluralidade de vítimas, o entendimento do STF é no sentido de que, se o roubo é cometido contra mais de uma pessoa e o agente subtrai bens de várias vítimas no mesmo contexto fático, caracteriza concurso formal de crimes. O STJ ratificou este entendimento. Inclusive, o fato de as pessoas serem da mesma família não torna o crime único.

Por outro lado, se o agente emprega grave ameaça ou violência contra duas pessoas, mas subtrai objeto de só uma delas, há crime único, porquanto apenas um patrimônio foi lesado.

A ocasional inexistência de valores em poder da vítima de assalto, inviabilizando sua consumação, traduz-se em caso de impropriedade **relativa** do objeto, o que caracteriza a tentativa, e não a figura de crime impossível.

Majorantes e qualificadoras

O §2º do art. 157 prevê circunstâncias majorantes, em que a pena será aumentada de 1/3 (um terço) até a 1/2 (metade).

O inciso I, que tratava sobre o emprego de arma, foi revogado pela Lei nº13.654/2018, tendo em vista que agora existem causas de aumento distintas para o emprego de arma branca e para o emprego de arma de fogo.

O inciso II faz referência ao concurso de pessoas. Para sua incidência, é imprescindível que os agentes pratiquem o núcleo do tipo e, ainda, que haja um mínimo de duas pessoas, devendo-se considerar possíveis inimputáveis ou agentes não identificados.

O inciso III traz a causa de aumento para situações em que o agente está em situação de transporte de valores.

O STJ tem decidido que o roubo cometido contra os Correios atrai esta majorante (REsp 1.309.966/RJ, j. 26/08/2014).

Redobre a atenção aqui, pois, neste caso, nos termos do art. 109, IV, da CF, a competência para julgamento será da Justiça Federal. Mas isso nem sempre será assim. Como é notório, os Correios também atuam em sistema de agências franqueadas – pessoas jurídicas de direito privado que alçam esse *status* por conta de processo licitatório. Dessa forma, se o fato atingir uma empresa franqueada, a competência será da Justiça Estadual – mas este entendimento diz respeito ao patrimônio da agência propriamente dita. Se a conduta atingir os bens transportados por SEDEX – ainda que por agente terceirizado –, o STF considera crime contra o serviço postal, atraindo a competência da Justiça Federal.

No inciso IV, temos a figura majorada do roubo quando o agente realiza a subtração de veículo e tem por objetivo o deslocamento da coisa para outro Estado da Federação ou para outro País. Vale destacar que a efetiva transposição da fronteira é necessária para incidência da aludida majorante.

O inciso V aumenta a pena para a hipótese em que o agente mantém a vítima em seu poder. São hipóteses em que o agente, para consumar o crime de roubo ou garantir o sucesso da fuga, mantém a vítima com restrição da liberdade. Por exemplo, se o agente mantém as vítimas confinadas e amarradas em um cômodo da casa, restringindo-lhes a liberdade por espaço de tempo suficiente à subtração dos bens objeto do roubo, incide o aumento de pena previsto no § 2º, V, do art. 157 do CP. Essa hipótese agora é considerada crime hediondo (art. 1º, II, "a", da Lei nº8.072/1990).

O inciso VI majora a pena se a subtração for de substâncias explosivas ou de acessórios que, conjunta ou isoladamente, possibilitem sua fabricação, montagem ou emprego.

Por fim, o inciso VII foi incluído pela Lei nº 13.964/2019 (Pacote Anticrime) prevendo como causa de aumento de pena o roubo cometido com emprego de arma branca (tais como: faca de cozinha, tesoura, navalha, pedra, vidro etc.).

O §2º-A lei também consagra uma causa de aumento de pena (*quantum* de 2/3) nas seguintes hipóteses:

> *I – violência ou ameaça é exercida com* ***emprego*** *(não bastando o mero porte) de arma de fogo;*

Acerca do uso da arma de brinquedo, deve-se destacar que a Súmula nº 174 do STJ já foi há muito revogada (ano de 2001).

Além disso, o STJ e STF entendem que, para a configuração da majorante, é desnecessária a apreensão da arma, desde que sua utilização seja ratificada por outros meios de prova (por exemplo, a palavra da vítima, que atestou que o agente efetuou disparos).

Entretanto, se a arma de fogo usada no crime for apreendida, periciada e se constatar sua ineficiência, não haverá que se falar na incidência da majorante.

Vale mencionar que o Pacote Anticrime – Lei nº13.964/2019 incluiu o roubo majorado pelo emprego de arma de fogo, inclusive de uso permitido, no rol dos delitos hediondos (alínea b do inciso II do art. 1º da Lei n. 8.072/90). II – se há destruição ou rompimento de obstáculo mediante o emprego de explosivo ou de artefato análogo que cause perigo comum.

Destacamos que o legislador não incluiu este inciso como crime hediondo. Isso se torna curioso, na medida em que o fez com relação ao furto praticado da mesma forma. A doutrina trata o tema como uma "omissão terrível".

O §2º-B prevê que a pena é aplicada **em dobro** se a violência ou a grave ameaça é exercida com emprego de arma de fogo de uso restrito ou proibido. A circunstância majorante, foi criada pela Lei Anticrime (Lei nº 13.964/2019).

Deve-se destacar que, nesse caso, o crime de roubo também é hediondo, tendo em vista que a Lei Anticrime, expressamente, o inclui no respectivo rol (alínea *b* do inciso II do art. 1º da Lei nº 8.072/1990).

Para a análise geral das causas de aumento, é imperioso ressaltar a Súmula nº 443 do STJ, a qual estabelece que a aplicação das causas de aumento deve ser devidamente fundamentada, não bastando a mera indicação do número de majorantes.

Por derradeiro, o §3º traz duas figuras que qualificam o crime de roubo: a primeira trata sobre lesão corporal de natureza grave ou gravíssima (pena de reclusão de 7 a 18 anos); e a segunda hipótese trata do resultado morte – o popular latrocínio (pena de 20 a 30 anos).

Para a ocorrência das qualificadoras, o resultado deve ter sido causado ao menos culposamente.

É relevante atinar, de igual forma, que as majorantes dos §§ 2º, 2º-A e 2º-B têm exclusiva aplicação aos crimes de roubo próprio e impróprio, não se aplicando para as hipóteses de roubo qualificado.

Acerca do latrocínio, impende ressaltar:

Morte consumada	Subtração consumada	Latrocínio consumado
Morte tentada	Subtração tentada	Latrocínio tentado
Morte consumada	Subtração tentada	**Latrocínio consumado (vide Súmula nº 610, STF)**
Morte tentada	Subtração consumada	Latrocínio tentado

Em resumo, se há a consumação da morte – ainda que a subtração não se materialize (tentativa) –, estaremos diante do latrocínio consumado, conforme entendimento do STF, nos termos da Súmulanº610: *Há crime de latrocínio, quando o homicídio se consuma, ainda que não realize o agente a subtração de bens da vítima.*

O processamento do roubo, em todas as suas modalidades, opera-se mediante ação penal pública incondicionada.

Segundo entendimento prevalente, na hipótese de latrocínio com vítimas distintas, o agente responderá pelos crimes na modalidade de concurso formal impróprio ou imperfeito (art. 70, 2ª parte do CP).

O latrocínio também é crime hediondo, previsto no art. 1º, inciso II, "c", da Lei nº8.072/1990.

Por fim, é importante destacar que a competência para julgamento do latrocínio será do **juiz singular** e não do Tribunal do Júri (Súmula nº 603 do STF).

5.3.2 Extorsão

> ***Art. 158*** *Constranger alguém, mediante violência ou grave ameaça, e com o intuito de obter para si ou para outrem indevida vantagem econômica, a fazer, tolerar que se faça ou deixar de fazer alguma coisa:*
>
> *Pena – reclusão, de quatro a dez anos, e multa.*
>
> *§ 1º Se o crime é cometido por duas ou mais pessoas, ou com emprego de arma, aumenta-se a pena de um terço até metade.*
>
> *§ 2º Aplica-se à extorsão praticada mediante violência o disposto no § 3º do artigo anterior.*
>
> *§ 3º Se o crime é cometido mediante a restrição da liberdade da vítima, e essa condição é necessária para a obtenção da vantagem econômica, a pena é de reclusão, de 6 (seis) a 12 (doze) anos, além da multa; se resulta lesão corporal grave ou morte, aplicam-se as penas previstas no art. 159, §§ 2º e 3º, respectivamente.*

Esse delito pune, num primeiro momento, o patrimônio da vítima, e, num segundo plano, a integridade física, a psíquica, a liberdade individual e a vida da pessoa.

O objetivo do agente na extorsão é a obtenção de uma indevida vantagem econômica, para si ou para outrem (o núcleo do tipo é o verbo "constranger", que possui como sinônimo: obrigar, coagir, exigir...). Todavia, estamos diante de um delito formal[1], que se consuma no instante em que a violência ou a grave ameaça é empregada, independentemente da obtenção da vantagem indevida.

Conforme já mencionado, a vantagem, além de ser econômica (cunho patrimonial), deve ser indevida (elemento normativo do tipo). Caso a vantagem seja devida, não há que se falar no delito de extorsão, mas sim no crime de exercício arbitrário das próprias razões, sem prejuízo da violência (CP, art. 345).

O crime pode ser praticado por qualquer pessoa, assim como qualquer pessoa pode ser a vítima. Há entendimento, inclusive, que a pessoa jurídica pode ser vítima de extorsão.

1 Súmula nº 96 do STJ: *O crime de extorsão consuma-se independentemente da obtenção da vantagem indevida.*

Fique ligado

Se a exigência da vantagem indevida partir de um servidor público, não teremos o crime de extorsão, mais sim o de concussão (art. 316, CP).

Não há de se confundir o delito de extorsão com o roubo, pois neste, o agente emprega a violência ou grave ameaça para subtrair o bem, buscando imediata vantagem, dispensando a participação da vítima. Já no delito de extorsão, há o constrangimento mediante emprego de violência ou grave ameaça para fazer com que a vítima lhe conceda uma vantagem econômica indevida. Assim, a diferença é que no roubo o agente atua sem a participação da vítima, ao passo que na extorsão o ofendido colabora com o criminoso.

Logo, não há de se confundir os delitos.

Vale a ressalva de que o entendimento do STJ e do STF é no sentido da possibilidade de cumulação material das infrações (art. 69, do CP), na hipótese em que o agente, após subtrair os bens da vítima mediante violência ou grave ameaça, a constrange a entregar o cartão bancário e a respectiva senha para sacar dinheiro de sua conta (STJ, AgRg no AREsp 323.029/DF – 01/09/2016).

Quanto ao elemento subjetivo, a extorsão somente se consuma mediante dolo, sendo imprescindível que o agente tenha consciência e vontade de realizar a conduta descrita no tipo penal.

O § 1° do art. 158 prevê hipótese de causa de aumento de pena, equivalente a 1/3 até metade, se o crime é cometido por duas ou mais pessoas ou com o emprego de arma, frisando que inimputáveis ou pessoas não identificadas servem para a contabilização do número de agentes.

Fique ligado

Como a lei não fez distinção acerca do que se entende por arma, tanto a doutrina quanto os tribunais entendem que se aplica aqui o sentido amplo de arma, considerando-se como tal tudo aquilo capaz de causar temor à vítima.

Se da extorsão resulta lesão corporal grave, gravíssima ou morte, aplicam-se os regramentos do § 3° do art. 157, com as respectivas proporções. Essas modalidades previstas no § 3° são consideradas como crimes hediondos (art. 1°, III, da Lei n°8.072/1990).

Para arrematar o art. 158, cabe destacar a figura prevista no § 3° do referido artigo, que contempla a hipótese de sequestro relâmpago.

Haverá a incidência da referida qualificadora quando o crime é cometido mediante a restrição da liberdade da vítima, e essa condição é necessária para a obtenção da vantagem econômica (pena de reclusão de 6 a 12 anos). Se da prática do crime resulta lesão corporal grave ou morte, aplicam-se as penas previstas no art. 159, §§ 2º e 3º (pena de reclusão de 24 a 30 anos).

O STJ, a seu turno, considerou aplicáveis a esta qualificadora as causas de aumento do § 1° do art. 158 do Código Penal. Assim, é possível que o juiz condene o agente por extorsão pela restrição da liberdade da vítima, e, na terceira fase da dosimetria da pena, aumente-a de um terço até metade, se o crime foi cometido por duas ou mais pessoas ou com emprego de arma.

Em razão da gravidade do delito, a ação penal será sempre pública incondicionada.

5.3.3 Extorsão mediante sequestro

> ***Art. 159*** *Sequestrar pessoa com o fim de obter, para si ou para outrem, qualquer vantagem, como condição ou preço do resgate:*
>
> *Pena – reclusão, de oito a quinze anos.*
>
> *§ 1° Se o sequestro dura mais de 24 (vinte e quatro) horas, se o sequestrado é menor de 18 (dezoito) ou maior de 60 (sessenta) anos, ou se o crime é cometido por bando ou quadrilha.*
>
> *Pena – reclusão, de doze a vinte anos.*
>
> *§ 2° Se do fato resulta lesão corporal de natureza grave:*
>
> *Pena – reclusão, de dezesseis a vinte e quatro anos.*
>
> *§ 3° Se resulta a morte:*
>
> *Pena – reclusão, de vinte e quatro a trinta anos.*
>
> *§ 4° Se o crime é cometido em concurso, o concorrente que o denunciar à autoridade, facilitando a libertação do sequestrado, terá sua pena reduzida de um a dois terços.*

Neste crime, analisamos a conduta em que a privação da liberdade é meio necessário para a obtenção da vantagem indevida. Além disso, as figuras aqui contidas, tanto em sua forma simples quando nas qualificadas, são todas denominadas hediondas.

Qualquer pessoa pode figurar no polo ativo. No polo passivo, igualmente, qualquer pessoa pode ser vítima. Inclusive, o entendimento predominante é que a pessoa jurídica também pode ser vítima, por exemplo, quando um dos sócios é sequestrado e o pagamento do resgate é feito com o patrimônio da empresa.

Se ocorrer a privação de liberdade de um animal, constrangendo-se seu dono, mediante grave ameaça a pagar resgate, haverá a figura da extorsão simples.

Para a configuração do presente crime, basta o autor exigir qualquer vantagem (diferentemente dos anteriores, em que a vantagem deveria ser indevida).

O delito é permanente, admitindo a prisão em flagrante em qualquer momento durante a privação da liberdade da vítima. Também é crime formal, porquanto se consuma com privação da liberdade da vítima, sendo o recebimento do resgate mero exaurimento do crime.

O crime é qualificado se o sequestro durar mais de 24 horas ou se o agente tem menos de 18 anos ou mais de 60 e, ainda, se o crime é praticado por associação criminosa (neste último caso, não haverá *bis in idem* se for processado e condenado pela extorsão qualificada + associação criminosa).

Fique ligado

Deve-se destacar que, se a pessoa forjar o próprio sequestro com o intuito de receber pelo resgate, estaremos diante do crime de extorsão (art. 158, CP).

O § 3° remete às mesmas condições previstas para o art. 157, § 3°, a qual fazemos remessa.

Por derradeiro, o § 4° apresenta uma hipótese de delação premiada, laborando em uma causa especial de redução de pena.

Assim, a pena será reduzida no patamar de 1/3 a 2/3 se o agente que concorreu para a prática delitiva denunciar o fato à autoridade e, em decorrência da delação houver a facilitação na libertação do sequestrado.

Pela gravidade e, ainda, por ser considerado hediondo, naturalmente a ação penal será pública incondicionada.

5.3.4 Extorsão indireta

> ***Art. 160*** *Exigir ou receber, como garantia de dívida, abusando da situação de alguém, documento que pode dar causa a procedimento criminal contra a vítima ou contra terceiro:*
>
> *Pena – reclusão, de um a três anos, e multa.*

Trata-se de infração que não costuma ser trabalhada pelas bancas de concurso, entretanto, *ad cautelam*, faremos breve análise.

O tipo em estudo é uma infração que tem por objetivo a proteção patrimonial nas relações entre credores e devedores.

O sujeito ativo será qualquer pessoa. Já o sujeito passivo é aquele que entrega o documento.

O documento entregue pela vítima deve ser suficiente para desaguar na propositura de um procedimento criminal, caso contrário, inexistirá o crime. O exemplo é a exigência da entrega de um cheque que, sabidamente, não possui fundos ou um cheque em branco.

A conduta só se pratica mediante dolo, exigindo-se que o sujeito ativo tenha plena consciência de que está abusando da situação financeira aflitiva do ofendido.

Na modalidade exigir, o crime é formal, enquanto que na conduta de receber é material.

O crime se consuma, independentemente, da instauração do procedimento criminal contra a vítima, basta que seja possível.

O crime processa-se mediante ação penal pública incondicionada.

5.4 Dano

> ***Art. 163** Destruir, inutilizar ou deteriorar coisa alheia:*
>
> *Pena - detenção, de um a seis meses, ou multa.*
>
> *Dano qualificado*
>
> ***Parágrafo único.** Se o crime é cometido:*
>
> *I - com violência à pessoa ou grave ameaça;*
>
> *II - com emprego de substância inflamável ou explosiva, se o fato não constitui crime mais grave;*
>
> *III - contra o patrimônio da União, Estado, Município, empresa concessionária de serviços públicos ou sociedade de economia mista;*
>
> *IV - por motivo egoístico ou com prejuízo considerável para a vítima:*
>
> *Pena - detenção, de seis meses a três anos, e multa, além da pena correspondente à violência.*

- ▹ O tipo penal do art. 163 do CP tutela a propriedade de coisas móveis e imóveis. O verbo núcleo do tipo descreve as ações de destruir, inutilizar ou deteriorar o bem alheio.
- ▹ **Destruir** significa arruinar, extinguir ou eliminar;
- ▹ **Inutilizar** significa tornar inútil ou imprestável alguma coisa para os fins a qual se destina;
- ▹ **Deteriorar** significa estragar ou corromper alguma coisa parcialmente.

No que se refere ao elemento subjetivo, o crime de dano só é punido na forma dolosa, pois o dano causado culposamente constitui mero ilícito civil. Assim, é imprescindível que exista vontade e consciência do agente em destruir, inutilizar ou deteriorar coisa alheia.

Por fim, é importante destacar que quando se tratar de **bem especialmente protegido** por lei, ato administrativo ou decisão judicial, arquivo, registro, museu, biblioteca, pinacoteca, instalação científica ou similar, a conduta se subsumirá ao **art. 62 da Lei n. 9.605/98 (Lei de Crimes Ambientais).**

5.4.1 Ação penal

> ***Art. 167** Nos casos do art. 163, do inciso IV do seu parágrafo e do art. 164, somente se procede mediante queixa.*

Em sua forma simples (art. 163, *caput),* e na forma qualificada pelo motivo egoístico ou considerável prejuízo da vítima, o delito é processado mediante ação penal privada (queixa). Nos demais casos, a ação penal é pública incondicionada. A reparação do dano pode ensejar a aplicação do art. 16 do CP (arrependimento posterior) no caso do dano qualificado (§1°).

5.5 Apropriação indébita

> ***Art. 168** Apropriar-se de coisa alheia móvel, de que tem a posse ou a detenção:*
>
> *Pena - reclusão, de um a quatro anos, e multa.*
>
> *Aumento de pena*
>
> *§ 1° A pena é aumentada de um terço, quando o agente recebeu a coisa:*
>
> *I - em depósito necessário;*
>
> *II - na qualidade de tutor, curador, síndico, liquidatário, inventariante, testamenteiro ou depositário judicial;*
>
> *III - em razão de ofício, emprego ou profissão.*

Trata-se de mais um delito que protege o patrimônio e a posse sobre coisas móveis.

O crime pode ser praticado por qualquer pessoa. O sujeito passivo é o proprietário que teve a coisa indevidamente apropriada por outrem.

O verbo núcleo do tipo é "apropriar-se". Assim, o que consubstancia o delito é a apropriação, entendida como a conduta do agente que legitimamente detém algum objeto, em nome alheio, e, a partir de um certo momento, passa a agir como se dono da coisa fosse.

O crime só se pratica mediante dolo e, para sua ocorrência, é necessária a ocorrência dos seguintes requisitos: a) a vítima deve entregar voluntariamente o bem, ou seja, a posse do sujeito deve ser legítima; b) a posse deve ser confiada sem necessidade de vigilância; c) a conduta recai sobre bem alheio móvel; c) inversão do *animus* da posse, ou seja, o sujeito que detinha a coisa passa a tratá-la como sua.

Fique ligado

Constamos a ressalva de que o STJ entendeu que, mesmo que o bem seja fungível (possa ser substituído por outro de igual qualidade), haverá o crime.

Ainda, de acordo com o entendimento do STJ, é aplicável o princípio da insignificância ao delito em questão. Além disso, o ressarcimento do dano não exclui a tipicidade, apenas configura causa de redução de pena (arrependimento posterior), desde que preenchidos os requisitos do art. 16 do CP.

O § 1° prevê a chamada apropriação indébita circunstanciada. A pena será aumentada em 1/3 (um terço) quando o agente recebeu a coisa: em depósito necessário; na qualidade de tutor, curador, síndico, liquidatário, inventariante, testamenteiro ou depósito judicial; ou em razão de ofício, emprego ou profissão.

- ▹ Quanto às causas de aumento, a questão envolvendo o agente que recebe a coisa em depósito necessário tem sido controvertida, pois o depósito necessário será endossado a um servidor público que, se se apropria da coisa, pratica peculato.
- ▹ As demais situações são de fácil constatação.
- ▹ A ação penal será pública incondicionada.

5.5.1 Apropriação indébita previdenciária

> ***Art. 168-A** Deixar de repassar à previdência social as contribuições recolhidas dos contribuintes, no prazo e forma legal ou convencional:*
>
> *Pena – reclusão, de 2 (dois) a 5 (cinco) anos, e multa.*
>
> *§ 1° Nas mesmas penas incorre quem deixar de:*
>
> *I – recolher, no prazo legal, contribuição ou outra importância destinada à previdência social que tenha sido descontada de pagamento efetuado a segurados, a terceiros ou arrecadada do público;*
>
> *II – recolher contribuições devidas à previdência social que tenham integrado despesas contábeis ou custos relativos à venda de produtos ou à prestação de serviços;*
>
> *III - pagar benefício devido a segurado, quando as respectivas cotas ou valores já tiverem sido reembolsados à empresa pela previdência social.*
>
> *§ 2° É extinta a punibilidade se o agente, espontaneamente, declara, confessa e efetua o pagamento das contribuições, importâncias ou valores e presta as informações devidas à previdência social, na forma definida em lei ou regulamento, antes do início da ação fiscal.*
>
> *§ 3° É facultado ao juiz deixar de aplicar a pena ou aplicar somente a de multa se o agente for primário e de bons antecedentes, desde que:*
>
> *I – tenha promovido, após o início da ação fiscal e antes de oferecida a denúncia, o pagamento da contribuição social previdenciária, inclusive acessórios; ou*

II – o valor das contribuições devidas, inclusive acessórios, seja igual ou inferior àquele estabelecido pela previdência social, administrativamente, como sendo o mínimo para o ajuizamento de suas execuções fiscais.

§ 4º A faculdade prevista no § 3º deste artigo não se aplica aos casos de parcelamento de contribuições cujo valor, inclusive dos acessórios, seja superior àquele estabelecido, administrativamente, como sendo o mínimo para o ajuizamento de suas execuções fiscais.

O delito do art. 168-A trata da chamada apropriação indébita previdenciária, o qual visa tutelar a previdência social, gerida e administrada pela União. Portanto, é de competência da Justiça Federal.

O sujeito ativo é a pessoa que tem o dever legal de repassar à Previdência Social a contribuição devida e os respectivos recolhimentos. O sujeito passivo é a previdência social, existindo também entendimento de que se trata da União.

A conduta criminosa consiste na omissão de deixar de recolher os valores devidos à Previdência Social.

Fique ligado

Hipoteticamente, se o agente pratica a conduta de forma reiterada, o entendimento sedimentado é que responde em continuidade delitiva, ainda que se trate da gestão de empresas diferentes.

O crime somente se pratica mediante dolo e não há a necessidade de uma finalidade especial por parte do agente.

Segundo entendimento majoritário da doutrina, o crime é formal. Porém, **o STF entende que o crime é material, tendo em vista que, quando há a omissão daquele que deveria repassar o valor,** o agente enriquece ilicitamente, em detrimento da Previdência.

Como o crime é omissivo próprio, unissubsistente, não há de se falar em tentativa.

O importante e relevante de se analisar, diz respeito à hipótese de extinção da punibilidade prevista no §2º, o qual prevê que se o agente, espontaneamente, declarar, confessar e efetuar o pagamento das contribuições, importâncias ou valores e, ainda, prestar as informações devidas à previdência social, na forma definida em lei ou regulamento, antes do início da ação fiscal, extingue-se a punibilidade.

O § 3º prevê a hipótese de **perdão judicial** ou **privilégio.** Nessa situação, o juiz poderá deixar de aplicar a pena ou impor somente a multa, desde que presentes os requisitos genéricos e específicos alternativos.

Quanto aos requisitos genéricos, o agente deve ser primário e de bons antecedentes. Já quanto aos requisitos alternativos, o agente deve ter promovido, após o início da ação fiscal e antes de oferecida a denúncia, o pagamento da contribuição social previdenciária, inclusive acessórios; ou o valor das contribuições devidas, inclusive acessórios, seja igual ou inferior àquele estabelecido pela previdência social, administrativamente, como sendo o mínimo para o ajuizamento de suas execuções fiscais.

Relativamente aos valores utilizados como parâmetro, existe divergência, a jurisprudência do STJ entendia que o valor a ser aplicado seria o de R$ 10.000,00, desconsiderando a Portaria nº 75/2012 do Ministério da Fazenda (que estabelece R$ 20.000,00).

Porém, em recente decisão, datada de 22/05/2019, no AgRg na RvCr 4.881/RJ, a terceira turma entendeu que não se aplica o princípio da insignificância à apropriação indébita previdenciária e de sonegação de contribuição previdenciária, ratificando entendimento exarado pelo STF, no sentido de que a Previdência Social é bem supraindividual, que representa um interesse público, sendo, portanto, insuscetível de aplicação do princípio da bagatela.

5.5.2 Outras formas de apropriação

Apropriação de coisa havida por erro, caso fortuito ou força da natureza

Art. 169 *Apropriar-se alguém de coisa alheia vinda ao seu poder por erro, caso fortuito ou força da natureza:*

Pena – detenção, de um mês a um ano, ou multa.

Parágrafo único. *Na mesma pena incorre:*

Apropriação de tesouro

I – quem acha tesouro em prédio alheio e se apropria, no todo ou em parte, da quota a que tem direito o proprietário do prédio;

Apropriação de coisa achada

II – quem acha coisa alheia perdida e dela se apropria, total ou parcialmente, deixando de restituí-la ao dono ou legítimo possuidor ou de entregá-la à autoridade competente, dentro no prazo de quinze dias.

Art. 170 *Nos crimes previstos neste Capítulo, aplica-se o disposto no art. 155, § 2º.*

Os dispositivos em questão não possuem histórico de cobrança em concursos policiais, razão pela qual trazemos apenas sua redação, tendo em vista que não exigem grandes esforços hermenêuticos.

5.6 Estelionato e outras fraudes

5.6.1 Estelionato

Art. 171 *Obter, para si ou para outrem, vantagem ilícita, em prejuízo alheio, induzindo ou mantendo alguém em erro, mediante artifício, ardil, ou qualquer outro meio fraudulento:*

Pena – reclusão, de um a cinco anos, e multa, de quinhentos mil réis a dez contos de réis.

§ 1º Se o criminoso é primário, e é de pequeno valor o prejuízo, o juiz pode aplicar a pena conforme o disposto no art. 155, § 2º.

§ 2º Nas mesmas penas incorre quem:

Disposição de coisa alheia como própria

I – vende, permuta, dá em pagamento, em locação ou em garantia coisa alheia como própria;

Alienação ou oneração fraudulenta de coisa própria

II – vende, permuta, dá em pagamento ou em garantia coisa própria inalienável, gravada de ônus ou litigiosa, ou imóvel que prometeu vender a terceiro, mediante pagamento em prestações, silenciando sobre qualquer dessas circunstâncias;

Defraudação de penhor

III – defrauda, mediante alienação não consentida pelo credor ou por outro modo, a garantia pignoratícia, quando tem a posse do objeto empenhado;

Fraude na entrega de coisa

IV – defrauda substância, qualidade ou quantidade de coisa que deve entregar a alguém;

Fraude para recebimento de indenização ou valor de seguro

V – destrói, total ou parcialmente, ou oculta coisa própria, ou lesa o próprio corpo ou a saúde, ou agrava as consequências da lesão ou doença, com o intuito de haver indenização ou valor de seguro.

Fraude no pagamento por meio de cheque

VI – emite cheque, sem suficiente provisão de fundos em poder do sacado, ou lhe frustra o pagamento.

Fraude eletrônica

§ 2º-A *A pena é de reclusão, de 4 (quatro) a 8 (oito) anos, e multa, se a fraude é cometida com a utilização de informações fornecidas pela vítima ou por terceiro induzido a erro por meio de redes sociais, contatos telefônicos ou envio de correio eletrônico fraudulento, ou por qualquer outro meio fraudulento análogo.*

§ 2º-B *A pena prevista no § 2º-A deste artigo, considerada a relevância do resultado gravoso, aumenta-se de 1/3 (um terço) a 2/3 (dois terços), se o crime é praticado mediante a utilização de servidor mantido fora do território nacional.*

§ 3º A pena aumenta-se de um terço, se o crime é cometido em detrimento de entidade de direito público ou de instituto de economia popular, assistência social ou beneficência.

Estelionato contra idoso ou vulnerável

§ 4º A pena aumenta-se de 1/3 (um terço) ao dobro, se o crime é cometido contra idoso ou vulnerável, considerada a relevância do resultado gravoso.

§ 5º Somente se procede mediante representação, salvo se a vítima for:

I - a Administração Pública, direta ou indireta;

II - criança ou adolescente;

III - pessoa com deficiência mental; ou

IV - maior de 70 (setenta) anos de idade ou incapaz.

Neste título, analisaremos o crime de estelionato, espécie de delito patrimonial em que a fraude constitui elemento fundamento para da conduta típica. A fraude é aquilo que vicia a vontade alheia, que induz a vítima em erro, ou seja, o estelionato é perpetrado por intermédio da astúcia, do engodo, do embuste, da trapaça do agente, que objetiva induzir ou manter alguém em erro, a fim de obter indevida vantagem econômica.

Sobre a caracterização do tipo penal do art. 171, do CP, entende-se que o crime se configura quando o agente emprega qualquer meio fraudulento, induzindo alguém em erro ou mantendo-o nessa situação, e, conseguindo, assim, uma vantagem indevida para si ou para outrem, como lesão patrimonial alheia. A fraude é, portanto, o núcleo do delito. É o meio fraudulento que faz com que a vítima, enganada, entregue a coisa ao estelionatário.

O bem jurídico protegido é o patrimônio alheio, e ainda, protege-se, também, a boa-fé e a confiança recíproca.

O crime de estelionato pode ser praticado por qualquer pessoa, sendo classificado como crime comum, admitindo-se o concurso eventual de pessoas.

É a pessoa física ou jurídica que sofre a lesão patrimonial; normalmente, é aquele que vem a ser enganado, nada impedindo, porém, que seja terceira pessoa. Nesse sentido, a expressão "prejuízo alheio".

O núcleo da conduta é o verbo "obter", que significa receber ou adquirir vantagem em prejuízo alheio. Observe-se que esse verbo não se confunde com as ações de "subtrair" (art. 155, do CP) ou "apropriar-se" (art. 168, do CP). A forma se de obter a vantagem é por meio do "expediente fraudulento", desde que idôneo para lesar o bem jurídico. O próprio dispositivo exemplifica meios fraudulentos: artifício, ardil ou comportamento similar.

Fique ligado

Não confunda o estelionato com o furto qualificado pelo emprego da fraude. No primeiro, a vítima é induzida e mantida em erro e, voluntariamente, entrega o patrimônio ao estelionatário. No furto mediante fraude, haverá o emprego da fraude para permitir a subtração.

Como sempre saliento, é imprescindível recordar os verbos (ações nucleares), a fim de contextualizar com o caso concreto e permitir uma correta tipificação do delito.

A seu turno, induzir ou manter alguém em erro, significa que, no induzir, o agente conduz o lesado a errar, leva-o à falsa representação da realidade. Ao passo que no manter, o erro preexiste ao estelionatário, que, na verdade, dele se aproveita, não desfazendo o equívoco alheio.

O tipo menciona, ainda, "vantagem ilícita". Diversamente do furto ou da apropriação indébita, que aludem à "coisa alheia", ao estelionato basta a "vantagem ilícita", vale dizer, qualquer benefício de caráter econômico ou patrimonial.

O elemento subjetivo do crime é o dolo, consistente na vontade do agente de induzir ou manter alguém em erro, a fim de obter indevida vantagem, para si ou para outrem.

Cuida-se de crime material, consumando-se, portanto, com a ocorrência do resultado naturalístico, qual seja, a obtenção da vantagem econômica ilícita e o correspondente prejuízo alheio. O delito de estelionato consuma-se com a obtenção de vantagem ilícita em prejuízo alheio, desde que o agente desfrute, durante algum tempo desta vantagem, não desaparecendo o crime pelo ressarcimento do dano.

A tentativa é perfeitamente possível, por exemplo, no golpe de apresentar-se como suposto titular de uma conta bancária, mas não conseguir sacar valores depositados por conta da diligente intervenção do gerente daquela instituição bancária.

5.6.2 Estelionato privilegiado

No art. 171, § 1º, temos a figura do estelionato privilegiado, hipótese em que, sendo o réu primário e pequeno o valor do prejuízo, haverá a possibilidade de substituição da pena de reclusão pela detenção; ou a redução da pena de 1 a 2/3 ou, ainda, a possibilidade de aplicação apenas da pena de multa.

Perceba que o dispositivo fala em pequeno prejuízo e não em pequeno valor da coisa. Assim, valor do prejuízo deve ser apurado no caso concreto, a fim de se verificar se foi de grande ou pequena monta.

No § 2º, do art. 171, temos as condutas equiparadas ao estelionato. Vejamos uma a uma.

5.6.3 Disposição de coisa alheia como própria

Prevista no inciso I, do § 2º, esta modalidade pune a conduta de vender, permutar, dar em pagamento, em locação ou em garantia coisa alheia como própria. O verbo "vender" significa alienar por quantia certa. "Permutar" é sinônimo de trocar.

Por sua vez, "dar em pagamento" se refere ao instituto da "dação em pagamento", próprio do Direito Civil. Conforme o art. 356 do Código Civil, a dação em pagamento significa "acordo liberatório, feito entre credor e devedor, em que o credor consente na entrega de uma coisa diversa da avençada". Na hipótese em comento, a tal "coisa diversa da avençada" não seria do devedor, e sim, de pessoa alheia, mas o estelionatário dá em pagamento ao credor como se fosse dele próprio.

"Dar em locação" seria ceder a outrem, "por tempo determinado ou não, o uso e gozo de coisa não fungível, mediante certa retribuição", nos moldes do art. 565 do Código Civil. Na hipótese em comento, a coisa não fungível cedida seria de outra pessoa, mas o estelionatário a coloca como se fosse própria.

Por fim, "dar em garantia" se refere aos direitos reais como o penhor, a anticrese e a hipoteca, nos moldes dos arts. 1.419 e seguintes do Código Civil.

5.6.4 Alienação ou oneração fraudulenta de coisa própria (inalienável)

Prevista no inciso II, do §2º, a segunda modalidade especial é "vender, permutar, dar em pagamento ou em garantia coisa própria inalienável, gravada de ônus ou litigiosa, ou imóvel que prometeu vender a terceiro, mediante pagamento em prestações, silenciando sobre qualquer dessas circunstâncias.

Esta conduta se distingue da anterior porque aqui é o próprio dono da coisa que pratica o ilícito penal. Sua conduta é reprovada porque tenta vender, permutar, dar em pagamento ou em garantia coisa inalienável, seja por cláusula de inalienabilidade, ônus gravado, litígio sobre a coisa ou promessa de venda.

Para a configuração, natural que se obedeça ao regramento geral contido no *caput*.

5.6.5 Defraudação de penhor

Prevista no inciso III, do § 2º, a defraudação de penhor consiste em defraudar, mediante alienação não consentida pelo credor ou por outro modo, a garantia pignoratícia, quando tem a posse do objeto empenhado.

Cumpre observar que, em regra, o penhor implica na transferência efetiva do bem móvel. Entretanto, algumas vezes, por efeito da cláusula *constituti (constituto possessório)*, não há a tradição, permanecendo a coisa com o devedor (Ex.: o penhor de uma máquina industrial).

Nas hipóteses em que isso acontece e o devedor aliena a coisa sem consentimento, ocorre o preenchimento da figura típica em questão. Sobre o tema, decidiu-se que "caracteriza-se a defraudação de penhor pela pretensão de obter vantagem ilícita, decorrente diretamente da violação do direito do credor pela venda, permuta, dação, locação, dissipação ou escondimento do bem dado em garantia."

Em suma, a garantia pignoratícia deve ser sempre respeitada pelo devedor.

5.6.6 Fraude na entrega da coisa

Previsto no inciso IV, do § 2°, o tipo pressupõe defraudar substância, qualidade ou quantidade de coisa que deve entregar a alguém, ou seja, que o sujeito ativo tem a obrigação de entregar a outrem. Ex.: entrega de ouro de 18 quilates ao invés de 24 quilates.

5.6.7 Fraude para o recebimento de indenização ou valor de seguro

Prevista no inciso V, do § 2°, a fraude para o recebimento de indenização ou valor de seguro consiste em qualquer uma das várias condutas a seguir: destruir, total ou parcialmente, ou ocultar coisa própria, ou lesar o próprio corpo ou a saúde, ou agravar as consequências da lesão ou doença, com o intuito de haver indenização ou valor de seguro.

Trata-se de crime próprio, pois o sujeito ativo é quem tem o seguro a receber, admitindo-se, porém, a coautoria ou participação. A figura se desdobra em várias condutas: 1ª destruir total ou parcialmente coisa própria; 2ª ocultar coisa própria; 3ª lesar o próprio corpo ou a saúde (autolesão) que, no caso, é punível porque afeta o patrimônio de outrem; e 4ª agravar lesão ou doença já existente.

A modalidade é crime formal, ou de consumação antecipada, pois não se exige a efetiva obtenção da indenização ou do valor do seguro. De modo que o recebimento efetivo da indenização ou do valor do seguro representa **mero exaurimento** da atividade criminosa, vez que ele somente se refere ao elemento pessoal da conduta.

5.6.8 Fraude no pagamento por meio de cheque

Prevista no inciso VI, do § 2°, é a mais relevante das figuras equiparadas constantes do art. 171, do CP, em razão da grande incidência de casos dessa natureza. A primeira observação a ser feita é a de que o título de crédito denominado "cheque" constitui ordem de pagamento à vista.

Sobre o sujeito ativo, tem-se que vem a ser aquele que emite o cheque sem a correspondente provisão de fundos ou, alternativamente, aquele que frustra o seu pagamento. A seu turno, o sujeito passivo pode ser qualquer pessoa que venha a receber o título de crédito para pagamento de dívida.

O tipo objetivo contempla duas condutas: "emitir", que significa colocar em circulação; e "frustrar", que significa obstar o desconto na respectiva conta bancária, o popular **sustar.**

Na conduta de frustrar, observa-se que, no momento da emissão, não houve dolo, pois havia fundos suficientes à cobertura do cheque. Entretanto, em um segundo momento, o agente obsta-lhe o pagamento, por meio de contraordem ao gerente, retirando, a posterior, os valores existentes, comunicando fraudulentamente um suposto "furto de talonário"etc.

Se o estabelecimento bancário compensa o cheque por meio do limite bancário (cheque especial), não há crime. Se, todavia, o valor emitido superar o referido limite, o delito restará caracterizado. Nesse sentido, decidiu-se que ainda que se trate de cheque especial, pode configurar-se estelionato quando a emissão excede em muito o crédito que a instituição financeira concede ao agente.

Para a configuração desta modalidade, é imprescindível a demonstração de que o agente tinha a manifesta intenção de lesar e de obter o benefício.

5.6.9 Fraude eletrônica

A Lei nº14.155/2021 também trouxe inovações semelhantes às do crime de furto relativamente ao estelionato praticado por meio de redes sociais (*Facebook, Instagram, Whatsapp*) ou qualquer outro tipo de correspondência – física ou virtual –, que permita a aplicação de golpes. A nova lei inseriu os §§ 2°-A e 2°-B ao art. 171, prevendo a figura qualificada do estelionato quando a fraude for eletrônica.

Prevê o § 2°-A que a pena do estelionato será de 04 (quatro) a 08 (oito) anos de reclusão, e multa, se a fraude for cometida com a utilização de informações fornecidas pela vítima ou por terceiro induzido a erro por meio de dispositivo eletrônico ou informático (celular/computador/telefone), ou por qualquer outro meio fraudulento análogo.

De acordo com o §2°-B, se a fraude eletrônica for perpetrada com utilização de servidor mantido fora do território nacional, a pena será aumentada de um a dois terços. Vale destacar que a causa de aumento de pena do art. 171, § 2º-B é idêntica à do art. 155, § 4º-C.

Para elucidar qualquer tipo de dúvida que porventura exista, no furto mediante fraude, o agente emprega artifício ardil com o intuito de **subtrair.** Já no estelionato, há o emprego de fraude para que a vítima entregue "voluntariamente" – movida pelo erro – a coisa.

Exemplo dessa fraude é o caso clássico do SMS do "caminhão do Faustão" ou *e-mails* que anunciam o recebimento de prêmios. Outro exemplo recorrente, que faz milhares de vítimas, é o golpe do *WhatsApp*, em que o sujeito convence o ofendido, mediante ardil, a lhe passar os dados e o controle do aplicativo e, depois de obter o controle, age como se fosse a vítima e manda mensagens a seus contatos pedindo dinheiro "emprestado".

5.6.10 Causa de aumento de pena

O § 3° do art. 171 prevê hipóteses em que a pena aumenta de 1/3 (um terço) quando o estelionato é praticado em prejuízo de entidade de direito público ou de instituto de economia popular, assistência social ou beneficência. Tratando-se do patrimônio da Previdência Social, vide a Súmula n º24, do STJ.

Importante registrar que, no caso de percepção reiterada de benefícios previdenciários fraudulentos, ou seja, praticado "mês a mês", o entendimento jurisprudencial prevalente é de que, para o beneficiário, o estelionato é encarado como crime permanente. Esse entendimento é importante, dentre outras razões, porque influenciará na contagem do prazo prescricional.

No entanto, para aquele que habilita fraudulentamente (geralmente um funcionário do INSS), mercê de vantagem indevida, a conduta é instantânea. Nesse sentido, o STF decidiu que o agente que perpetra a fraude contra a Previdência Social recebe tratamento jurídico-penal diverso daquele que, ciente da fraude, figura como beneficiário das parcelas. O primeiro pratica crime instantâneo de efeitos permanentes; já o segundo pratica crime de natureza permanente, cuja execução se prolonga no tempo, renovando-se a cada parcela recebida da Previdência.

Por fim, destaca-se a previsão do § 4º de que a pena do estelionato será majorada de um terço até o dobro se o crime é praticado contra idoso ou vulnerável, considerada a relevância do resultado gravoso.

5.6.11 Distinções relevantes

Conforme já mencionado quando tratávamos do furto, distingue-se o estelionato do furto mediante fraude. Com efeito, no estelionato há entrega espontânea da coisa pela vítima e, no art. 155, § 4º, há subtração. No furto, a fraude é para "amortecer" a esfera de vigilância, e, no estelionato, para "viciar" a vontade.

Distingue-se, ainda, o estelionato da apropriação indébita. Nesta, não há má-fé desde o início, mas aquilo que se denomina – sem muita técnica – de "dolo subsequente", ou seja, a "malícia" do agente sobrevém à posse de boa-fé. Ao revés, no estelionato, a má-fé existe desde o início da conduta.

Impende destacar que, quando o crime de falsificação de documento, sem maior potencialidade lesiva, se exaure no estelionato, este absorve aquele.

5.6.12 Ação penal

Em 2019, houve alteração acerca da natureza jurídica da ação penal aplicável ao estelionato.

Até a vigência da Lei nº 13.964/2019 (Pacote Anticrime), a ação penal era pública incondicionada.

Porém, com as alterações trazidas pela nova lei, a ação penal do estelionato, em regra, passou a ser pública condicionada à representação da vítima. No entanto, a ação continua sendo pública incondicionada quando o estelionato for praticado contra:

- Administração pública, direta ou indireta;
- Criança ou adolescente;
- Pessoa com deficiência mental;
- Maior de 70 anos de idade ou incapaz.

5.7 Receptação

> ***Art. 180*** *Adquirir, receber, transportar, conduzir ou ocultar, em proveito próprio ou alheio, coisa que sabe ser produto de crime, ou influir para que terceiro, de boa-fé, a adquira, receba ou oculte:*
>
> *Pena – reclusão, de um a quatro anos, e multa.*
>
> *Receptação qualificada*
>
> *§ 1º Adquirir, receber, transportar, conduzir, ocultar, ter em depósito, desmontar, montar, remontar, vender, expor à venda, ou de qualquer forma utilizar, em proveito próprio ou alheio, no exercício de atividade comercial ou industrial, coisa que deve saber ser produto de crime:*
>
> *Pena – reclusão, de três a oito anos, e multa.*
>
> *§ 2º Equipara-se à atividade comercial, para efeito do parágrafo anterior, qualquer forma de comércio irregular ou clandestino, inclusive o exercício em residência.*
>
> *§ 3º Adquirir ou receber coisa que, por sua natureza ou pela desproporção entre o valor e o preço, ou pela condição de quem a oferece, deve presumir-se obtida por meio criminoso:*
>
> *Pena – detenção, de um mês a um ano, ou multa, ou ambas as penas.*
>
> *§ 4º A receptação é punível, ainda que desconhecido ou isento de pena o autor do crime de que proveio a coisa.*
>
> *§ 5º Na hipótese do § 3º, se o criminoso é primário, pode o juiz, tendo em consideração as circunstâncias, deixar de aplicar a pena. Na receptação dolosa aplica-se o disposto no § 2º do art. 155.*
>
> *§ 6º Tratando-se de bens do patrimônio da União, de Estado, do Distrito Federal, de Município ou de autarquia, fundação pública, empresa pública, sociedade de economia mista ou empresa concessionária de serviços públicos, aplica-se em dobro a pena prevista no caput deste artigo.*

Antes de sua tipificação, a receptação era conhecida como *post factum* impunível em crime contra o patrimônio (furto, roubo, estelionato etc.), razão pela qual recebia a mesma pena deste último. Com o passar do tempo e diante da disseminação da prática delitiva, ganhou contornos de crime autônomo.

Ademais, a receptação não se vincula, necessariamente, a um anterior crime contra o patrimônio. O delito pode existir, inclusive, em hipóteses de crimes de outra natureza, como peculato, tráfico de armas, contrabando, descaminho etc.

Denomina-se a receptação de "delito parasitário" ou acessório, na medida em que está relacionada a um crime anterior.

Qualquer pessoa pode praticar a receptação, menos o autor, coautor ou partícipe do delito antecedente.

É questionado se o proprietário pode também ser sujeito ativo da receptação. Tem-se que, a princípio, sim. Isso porque o tipo não exige a qualidade de coisa alheia. Pressupõe-se, porém, que haja a intermediação fática de um terceiro prejudicado.

> **Ex.:** "A" dá uma joia em penhor a "B", que vem a ser roubado. Algum tempo depois, "A" identifica sua joia, exposta à venda em um local mal afamado, adquirindo-a por preço ínfimo, lesando, indiretamente, a garantia pignoratícia do credor "B".

No exemplo, constata-se que, apesar de "A" ser o proprietário da joia, na verdade foi "B" quem sofreu prejuízo com o roubo da coisa, na medida em que, além de ser roubado, ele perdeu a garantia. Portanto, no exemplo, "A" praticou o crime de receptação de coisa própria. Ao revés, se "A" tivesse sido vítima de um delito, readquirindo sua joia, direta ou indiretamente, de um criminoso, sem prejudicar "B" ou qualquer outra pessoa, não haverá o delito em análise. No máximo, uma questão de natureza ética ou moral (transacionar com um infrator).

De acordo com o art. 180, do CP, a receptação pode ser: própria (1ª parte) ou imprópria (2ª parte).

Na receptação dolosa própria, o delito se consuma com a prática de algum dos verbos constantes do tipo, mediante a conduta de adquirir, ou seja, obter a coisa a título de domínio; ou receber, guardar, depositar; ou ocultar, esconder; ou transportar, levar o objeto de um lugar ao outro; ou conduzir (hipóteses que configuram crime permanente).

Fique ligado

Temos, pois, um tipo misto alternativo, na medida em que constam vários verbos na sua composição. Assim, a conduta incidente em mais de um verbo não enseja concurso de crimes, mas crime único. Dessa forma, o agente que adquire e, posteriormente, oculta o bem receptado, comete uma só infração penal.

Na receptação dolosa imprópria, a conduta consiste em "influir" para que terceiro de boa-fé adquira, receba ou oculte o bem que o agente sabe ser produto de crime. O agente influi (faz uma espécie de intermediação) junto ao terceiro de boa-fé, para que ele adquira, receba ou oculte a coisa produto de crime.

Cumpre dizer que o objeto material da receptação é a coisa produto do crime anterior.

Por sua vez, em respeito ao princípio da legalidade, a coisa precisa ser produto de crime, não abrangendo a figura das contravenções penais. Por essa razão, o crime anterior precisa ser provado, ainda que não se exija a condenação do autor do crime antecedente.

O STF entende ser incompatível o princípio da insignificância com o delito em questão, embora já o tenha aplicado em situações pontuais, especialmente, quando preenchidos todos os requisitos.

5.7.1 Elemento subjetivo

A receptação pressupõe o dolo direto, visto que o tipo alude à coisa que sabe ser produto de crime. Ao lado do dolo, há a exigência do especial fim de agir: **proveito próprio ou alheio** (elemento subjetivo específico).

5.7.2 Receptação qualificada

A receptação será punida de maneira mais gravosa quando houver a prática de algum dos núcleos descritos no §1º no exercício de atividade comercial ou industrial. Embora esteja prevista como receptação qualificada, há entendimento na doutrina de que se trata de crime autônomo, porquanto o dispositivo prevê seis novos verbos núcleos a mais que a figura do *caput*.

A figura do § 1º objetiva combater, reprimir de forma mais severa a ação de receptadores profissionais, especialmente, aqueles indivíduos que atuam sistematicamente com a receptação de veículos, os chamados "desmanches".

As condutas previstas no § 1º devem, necessariamente, se dar no exercício de atividade comercial ou industrial.

Além disso, o §2º considera como atividade comercial qualquer forma de comércio irregular ou clandestino, ainda que exercido, exclusivamente, em residência.

5.7.3 Receptação culposa

No § 3º do art. 180, o delito é punido a título de culpa. A receptação é o único crime patrimonial punido tanto na forma dolosa quanto culposa. Utiliza-se, o legislador, da expressão "coisa que deve presumir-se obtida por meio criminoso" para indicar que o agente atua violando o dever de cuidado exigido na conduta. A culpa pode ser consciente ou inconsciente.

Cumpre, ainda, observar que se trata de um raro caso de tipo culposo fechado, pois o dispositivo indica em que consiste o referido cuidado violado: natureza do objeto, desproporção entre valor ou preço do produto, condição de quem oferece.

Haverá, pois, a modalidade culposa da receptação quando houver manifesta desproporção entre o valor e o preço, ou pela desconfiança da condição de quem a oferece.

Segundo o § 4º do art. 180, para que possa haver receptação, é imprescindível a prática de um crime anterior, havendo, pois, uma acessoriedade material. Não é preciso, porém, a punição do delito antecedente, bastando tão somente a certeza jurídica de sua existência.

Por esta razão, o receptador será punido, ainda que desconhecido ou isento de pena o autor do crime anterior.

Fique ligado

Embora a Lei traga a expressão "crime anterior", admite-se o ato infracional anterior.

5.7.4 Perdão judicial e receptação privilegiada

O §5º traz importantes considerações.

A primeira delas é que, em se tratando de receptação culposa, dependendo das circunstâncias, o magistrado poderá **deixar de aplicar a pena**, concedendo ao réu o perdão judicial (art. 107, IX, CP).

Além disso, no que tange à receptação dolosa, admite-se a aplicação da figura da receptação privilegiada, que segue o mesmo regramento do furto privilegiado, ou seja, sendo o réu primário e de pequeno valor a coisa receptada, o magistrado poderá: a) substituir a pena de reclusão pela pena de detenção; b) reduzir a pena de 1 a 2/3 ou; c) aplicar somente a pena de multa.

5.7.5 Receptação de bens públicos

Conforme o disposto no § 6º, do art. 180, do CP, em se tratando de receptação de bens do patrimônio da União, de Estado, do Distrito Federal, de Município ou de autarquia, fundação pública, empresa pública, sociedade de economia mista ou empresa concessionária de serviços públicas, a pena deverá ser **aplicada em dobro.**

5.7.6 Ação penal

A ação penal é pública incondicionada.

5.7.7 Receptação de animal

Visando proteger as atividades campesinas, sobretudo o agronegócio, a Lei nº 13.330/2016 alterou não apenas o furto, para prever o crime de abigeato, como também, acrescentou ao nosso ordenamento a figura penal da receptação de animal.

Assim, a conduta prevista no art. 180-A é basicamente a mesma prevista no *caput* do art. 180, porém, quem recepta a coisa, deve fazê-la no exercício de atividade comercial e consta como objeto material o **semovente domesticável de produção, ainda que abatido ou dividido em partes,** cuja parte deva saber se tratar ser objeto de crime anterior.

> **Ex.:** João chega até o açougue de Zé e lhe oferece partes de carne (bovina) em que afirma que fora subtraída da propriedade de Carlos. Em razão do preço e da qualidade da carne, Zé adquire o produto e expõe à venda em seu estabelecimento.

O sujeito ativo é qualquer pessoa, desde que não seja o executor do crime anterior. O sujeito passivo também pode ser qualquer pessoa, sendo no caso a vítima do crime antecedente.

O crime se consuma quando o agente pratica algum dos verbos alternativamente previstos no tipo.

Na conduta consistente em ocultar, o crime será permanente, nas demais, por se tratar de crime material, consuma-se com a tradição. Admite-se, em qualquer caso, a tentativa.

A pena é de reclusão, de 2 (dois) a 5 (cinco) anos, e multa. A ação penal é pública incondicionada.

6 CRIMES CONTRA A FÉ PÚBLICA

No Título X do Código Penal (crimes contra a fé pública), tutela-se a fé pública e a credibilidade da autenticidade e o valor dos documentos e atos prescritos para as relações em sociedade. Conforme ensina Nélson Hungria, "a fé pública é a expressão da certeza jurídica, é a confiança geral na verdade de certos atos, símbolos ou formas (testemunho, moeda, documento) a que a lei atribui valor jurídico".

Sem a fé pública, seria impossível a vida em sociedade, pois inexistiria a confiança em determinados atos, documentos, sinais e símbolos, que regem as relações diárias.

6.1 Moeda falsa

> ***Art. 289*** *Falsificar, fabricando-a ou alterando-a, moeda metálica ou papel-moeda de curso legal no país ou no estrangeiro:*
>
> *Pena – reclusão, de três a doze anos, e multa.*
>
> *§ 1º Nas mesmas penas incorre quem, por conta própria ou alheia, importa ou exporta, adquire, vende, troca, cede, empresta, guarda ou introduz na circulação moeda falsa.*
>
> *§ 2º Quem, tendo recebido de boa-fé, como verdadeira, moeda falsa ou alterada, a restitui à circulação, depois de conhecer a falsidade, é punido com detenção, de seis meses a dois anos, e multa.*
>
> *§ 3º É punido com reclusão, de três a quinze anos, e multa, o funcionário público ou diretor, gerente, ou fiscal de banco de emissão que fabrica, emite ou autoriza a fabricação ou emissão:*
>
> *I – de moeda com título ou peso inferior ao determinado em lei;*
>
> *II – de papel-moeda em quantidade superior à autorizada.*
>
> *§ 4º Nas mesmas penas incorre quem desvia e faz circular moeda, cuja circulação não estava ainda autorizada.*
>
> *Crimes assimilados ao de moeda falsa*
>
> ***Art. 290*** *Formar cédula, nota ou bilhete representativo de moeda com fragmentos de cédulas, notas ou bilhetes verdadeiros; suprimir, em nota, cédula ou bilhete recolhidos, para o fim de restituí-los à circulação, sinal indicativo de sua inutilização; restituir à circulação cédula, nota ou bilhete em tais condições, ou já recolhidos para o fim de inutilização:*
>
> *Pena – reclusão, de dois a oito anos, e multa.*
>
> ***Parágrafo único.*** *O máximo da reclusão é elevado a doze anos e multa, se o crime é cometido por funcionário que trabalha na repartição onde o dinheiro se achava recolhido, ou nela tem fácil ingresso, em razão do cargo.*

O crime em estudo é comum, na medida em que pode ser praticado por qualquer pessoa. As condutas descritas no *caput* do art. 289 e em seu § 1º dizem respeito ao ato específico de falsificar o papel moeda ou a moeda metálica (falsificar significa conferir aparência de moeda verdadeira, seja nacional, seja estrangeira).

Como um dos núcleos, tem-se a **alteração**, que consiste em atribuir valor diverso ao papel moeda, por exemplo, transformar uma nota de 10,00 em uma de 100,00.

Segundo a doutrina, somente se configura o crime, se a alteração foi no sentido de atribuir maior valor à cédula ou à moeda metálica.

Trata-se de crime formal, de perigo abstrato, já que não há a necessidade de prejuízo a terceiro para que o delito se consuma.

O elemento subjetivo do tipo é o dolo, consistente na vontade e consciência de falsificar a moeda e de colocá-la em circulação.

O crime se consuma no momento da fabricação ou alteração, sendo perfeitamente admissível a tentativa, haja vista que o núcleo do tipo permite o fracionamento da conduta.

Outro ponto que merece realce é que, para que o crime se consuma, a falsificação deve ser convincente, ou seja, apta a confundir ou ludibriar pessoa capaz, não caracterizando o crime do art. 289 a falsificação grosseira, na medida em que se trata de crime impossível.

Todavia, mesmo se tratando de crime impossível no que tange à fé pública, poderá ocorrer o crime de estelionato (art. 171, CP), conforme preconiza a Súmula nº73, do STJ:

> *A utilização de papel-moeda grosseiramente falsificado configura, em tese, o crime de estelionato, de competência da Justiça Estadual.*

Para a configuração do crime em questão, não é necessário que o agente coloque os produtos falsificados em circulação. Por fim, seguindo precedentes jurisprudenciais (Informativo nº 554, do STJ), o instituto do arrependimento posterior não é compatível com o delito de moeda falsa.

No que se refere ao princípio da insignificância, o entendimento predominante é pela sua não aplicabilidade, ainda que ínfimo o valor, tendo em vista que a credibilidade do papel moeda que circula no País está em foco.

6.1.1 Circulação de moeda falsa

O § 1º prevê a forma equiparada do delito, que pune com a mesma pena do *caput* aquele que importa, exporta, vende, adquire, cede, empresta, guarda ou introduz em circulação moeda falsa.

6.1.2 Figura privilegiada

No § 2º, do art. 289, do CP, temos a figura privilegiada do delito de moeda falsa, que consiste na conduta do indivíduo que, após receber uma moeda falsa, e, com o manifesto intuito de minimizar seu prejuízo, reintroduz a moeda falsa em circulação.

O pressuposto para a incidência do privilégio é que o agente tenha recebido o dinheiro como se fosse legítimo, ignorando a sua falsidade. Não obstante, restitui a moeda à circulação, passando para outro terceiro de boa-fé, depois de conhecer a falsidade.

A pena prevista para esta modalidade é mais branda, quando comparada com a figura do *caput*, punindo o agente com pena de detenção, de seis meses a dois anos, e multa. O fundamento do privilégio é a menor reprovabilidade da conduta, pois o agente é vítima da falsidade anterior.

6.1.3 Forma qualificada

Por sua vez, o § 3º, do art. 289, prevê a figura qualificada do delito, que é classificado como crime próprio, pois é praticado pelo funcionário público ou diretor, gerente, ou fiscal do banco emissor, responsável por emitir ou autorizar a fabricação da moeda com título ou peso inferior ao determinado em lei ou de papel-moeda em quantidade superior à autorizada.

Ao contrário do que ocorre na figura do *caput* e nos §§ 1º e 2º, o objeto material não é a moeda falsa ou alterada (de curso legal no País ou no estrangeiro), e, sim, a moeda verdadeira, mas cujo título ou peso esteja abaixo do determinado em lei (inciso I) ou mesmo o papel-moeda em quantidade superior à autorizada (inciso II).

Para esclarecimento sobre o tema, "título" corresponde às substâncias contidas na moeda metálica, por exemplo, estanho, cobre etc. A doutrina chama atenção ao inciso II, em que não consta a moeda metálica. Dessa forma, caso o agente fabrique moeda metálica em quantidade superior à autorizada, a conduta será atípica.

6.1.4 Desvio e circulação indevida

O § 4º prevê outra figura equiparada à qualificada, que consiste em permitir a circulação de moeda que ainda dependa de autorização.

Trata-se de crime próprio, pois somente pode ser praticado pelo funcionário público, responsável pela guarda e liberação de circulação da moeda.

Portanto, a autorização de circulação da moeda constitui o elemento normativo do tipo, porquanto se autorizada a circulação, não haverá a figura típica do § 4º.

6.1.5 Crimes assimilados

O art. 290 prevê o crime assimilado ao de moeda falsa, criminalizando a conduta do o agente que, utilizando fragmentos de moeda legítima, forma nova cédula de papel moeda, com o fim de colocá-la em circulação; ou daquele que suprime o sinal indicador de que a cédula havia sido retirada de circulação, ou, ainda, recolocar em circulação moeda ou papel moeda que já havia sido recolhida para inutilização.

Para a configuração do delito é necessário que haja potencialidade lesiva na conduta do agente, isto é, a capacidade de enganar um número indeterminado de pessoas, de modo que a moeda passa a circular como se legítima fosse.

O parágrafo único do art. 290 prevê a forma qualificada do delito, quando o crime é praticado por funcionário que trabalhe na repartição, onde o dinheiro se achava recolhido, ou possui, em razão do cargo, fácil acesso às cédulas.

Fique ligado

Neste último caso, o crime será próprio, pois o criminoso se vale das facilidades que o cargo lhe proporciona.

6.1.6 Petrechos para falsificação de moeda

O crime de petrechos para falsificação de moeda está previsto no art. 291, do Código Penal, nos seguintes termos:

> ***Art. 291*** *Fabricar, adquirir, fornecer, a título oneroso ou gratuito, possuir ou guardar maquinismo, aparelho, instrumento ou qualquer objeto especialmente destinado à falsificação de moeda:*
>
> *Pena – reclusão, de dois a seis anos, e multa.*

O tipo penal pune a conduta do agente que pratica um dos verbos núcleos (fabricar, adquirir, fornecer ou possuir) referentes ao objeto destinado à falsificação de moeda. Trata-se de tipo misto alternativo, que visa coibir a disseminação e a prática de crimes do agente que auxilia a fomentar a produção de moeda falsa.

Em regra, as condutas são punidas a partir dos atos executórios. Contudo, temos aqui uma exceção à regra. Trata-se de ato meramente preparatório, que recebe a chancela do direito penal. Inclusive, impende destacar que, para a consumação do delito, não se faz necessário o efetivo uso do maquinário, sendo suficiente o agente possui-lo ou tê-lo guardado para que o crime reste consumado.

Segundo a jurisprudência pacificada nos Tribunais Superiores, não é possível o concurso de crimes entre os delitos do art. 289 e 291, caso o agente, efetivamente, utilize os petrechos (instrumentos) para falsificar a moeda. Isso porque, o delito do art. 291 será absorvido (crime subsidiário), devendo o autor responder apenas pelo tipo penal do art. 289, do Código Penal. Ex.: durante cumprimento de mandado de busca e apreensão, a equipe policial logrou encontrar na residência de "A" grande quantidade de cédulas falsas, bem como impressora jato de tinta de alta performance e arquivos digitais contendo moldes de cédulas correntes.

Segundo o STJ, o objeto especialmente destinado à falsificação não se trata de equipamento desenvolvido exclusivamente para a falsificação de moeda, já que tal entendimento esvaziaria o tipo penal. Dessa forma, entende-se como objeto especialmente destinado à falsificação de moeda, aquele em que o agente dá uso à essa contrafação. Ex.: "[...] a posse de impressora, ainda que manufaturada visando ao uso doméstico, mas com o propósito de a utilizar precipuamente para contrafação da moeda, incorre no referido crime".

6.2 Falsidade documental

Antes de analisarmos os dispositivos que tutelam os crimes relacionados à falsidade documental, é imperioso destacar que existem 3 tipos de falsidades relevantes para o Direito Penal:

A falsidade material, que consiste em falsificar a estrutura de um documento público;

A falsidade ideológica, que corresponde à conduta de inserir informações falsas em um documento legítimo;

Por último, a falsidade pessoal, que corresponde ao ato de se passar por outra pessoa.

6.2.1 Falsificação de documento público

> ***Art. 297*** *Falsificar, no todo ou em parte, documento público, ou alterar documento público verdadeiro:*
>
> *Pena - reclusão, de dois a seis anos, e multa.*
>
> *§ 1º Se o agente é funcionário público, e comete o crime prevalecendo-se do cargo, aumenta-se a pena de sexta parte.*
>
> *§ 2º Para os efeitos penais, equiparam-se a documento público o emanado de entidade paraestatal, o título ao portador ou transmissível por endosso, as ações de sociedade comercial, os livros mercantis e o testamento particular.*
>
> *§ 3º Nas mesmas penas incorre quem insere ou faz inserir:*
>
> *I – na folha de pagamento ou em documento de informações que seja destinado a fazer prova perante a previdência social, pessoa que não possua a qualidade de segurado obrigatório;*
>
> *II – na Carteira de Trabalho e Previdência Social do empregado ou em documento que deva produzir efeito perante a previdência social, declaração falsa ou diversa da que deveria ter sido escrita;*
>
> *III – em documento contábil ou em qualquer outro documento relacionado com as obrigações da empresa perante a previdência social, declaração falsa ou diversa da que deveria ter constado.*
>
> *§ 4º Nas mesmas penas incorre quem omite, nos documentos mencionados no § 3º, nome do segurado e seus dados pessoais, a remuneração, a vigência do contrato de trabalho ou de prestação de serviços.*

O delito do art. 297 tutela a fé pública, especialmente, a autenticidade dos documentos.

Trata-se de tipo penal que busca reprimir a conduta do agente que falsifica documento emanado pela Administração Pública (ou equiparado) ou altera documento público verdadeiro.

O art. 297 pune a falsidade material, ou seja, aquela que diz respeito à forma (estrutura) do documento. Em resumo, o agente CRIA um documento público. Exemplo: agente que, possuindo uma impressora com alta capacidade, imprime uma cédula de identidade.

Fique ligado

A substituição da foto no documento de identidade é classificada como crime de falsidade de documento.

Para a constatação da falsificação de documento público, não se exige a perícia, embora a regra seja a sua realização.

A consumação do delito ocorre com a efetiva falsificação ou adulteração, indepedente da ocorrência de qualquer resultado. Trata-se, portanto, de crime formal.

Ademais, é imprescindível que a falsificação seja idônea para enganar indeterminado número de pessoas, pois o falso grosseiro não traz perigo à fé pública.

Vale destacar o teor da Súmula nº 17, do STJ: *quando o falso se exaure no estelionato, sem mais potencialidade lesiva, é por este absorvido.* Conforme este entendimento, quando o crime de falsificação se exaure no estelionato, aplica-se o princípio da consunção, em vista de que o crime de falso serviu como meio necessário para a consumação do estelionato.

Em razão da súmula apresentada, destacamos que nem sempre o crime fim possuirá pena mais elevada.

O § 1º do art. 297 prevê causa especial de aumento de pena quando o agente é funcionário público e comete o crime utilizando-se do cargo, caso em que a pena será aumentada de 1/6.

O §2º, por sua vez, trata dos documentos públicos por equiparação. O dispositivo apresenta um rol de documentos particulares que, para fins penais, são equiparados a documento público, sendo eles: documento emanado de entidade paraestatal, o título ao portador ou transmissível por endosso (cheque, nota promissória, duplicata etc.), as ações de sociedade comercial, os livros mercantis e o testamento particular.

Os §§ 3º e 4º, do art. 297, do Código Penal, apresentam os tipos penais equiparados à falsificação de documento público. O § 3º, em seus incisos, tipifica a conduta do agente que insere informação falsa ou diversa da que deveria constar, na folha de pagamento ou em documento de informações que seja destinado a fazer prova perante a previdência social; na CTPS do empregado ou em documento destinado à previdência social, ou em documento contábil relacionado com as obrigações da empresa perante a previdência social.

Ao contrário do *caput*, a falsidade empregada pelo agente no § 3º é a ideológica, que se refere ao conteúdo do documento.

O § 4º prevê a figura equiparada que incrimina condutas omissivas, punindo com as mesmas penas do *caput* aquele que omitir, nos mesmos documentos elencados no § 3º, as seguintes informações: o nome do segurado e seus dados pessoais, a remuneração, a vigência do contrato de trabalho ou de prestação de serviços.

Conforme se observa, o art. 297, §4º, do Código Penal, trata da omissão de anotação de vínculo empregatício na CTPS. Assim, questiona-se: qual é o **juízo competente** para julgar o crime do art. 297, §4º, do Código Penal?

Duas correntes existem sobre o tema. Para o STJ (em posição majoritária), o sujeito passivo do tipo penal é a Previdência Social, pois a omissão na CTPS leva ao não recolhimento de contribuições sociais devidas pelo vínculo empregatício. Dessa forma, a competência seria da Justiça Federal.

Contudo, em sentido contrário, a 1ª Turma do STF firmou entendimento de que não haveria lesão a bem ou interesse da União, suficiente o bastante, a potencializar a atração da competência da Justiça Federal, sendo, portanto, de competência da Justiça Estadual.

6.2.2 Falsificação de documento particular

> ***Art. 298*** *Falsificar, no todo ou em parte, documento particular ou alterar documento particular verdadeiro:*
>
> *Pena - reclusão, de um a cinco anos, e multa.*
>
> *Falsificação de cartão*
>
> ***Parágrafo único.*** *Para fins do disposto no caput, equipara-se a documento particular o cartão de crédito ou débito.*

Trata-se de tipo penal que busca reprimir a conduta do agente que falsifica ou altera documento particular.

Assim como delito do art. 297, a falsidade que se pune é a material, ou seja, aquela que diz respeito à forma do documento. O delito do art. 298 pune duas condutas, a de falsificar, no todo ou em parte, documento particular, ou alterar documento particular verdadeiro.

Vale destacar que a falsificação deve ser idônea, apta a enganar um número indeterminado de pessoas, pois o falso grosseiro não traz perigo a fé pública.

Ademais, o conceito de documento particular é alcançado por exclusão, ou seja, será particular todo documento que não se amoldar ao conceito de documento público ou equiparado.

É importante destacar que a Lei nº 12.737/2012, consolidando o que já era aplicado pela jurisprudência, acrescentou o parágrafo único ao art. 298, sedimentando a ideia de que o cartão de crédito ou débito é equiparado a documento particular.

6.2.3 Falsidade ideológica

> ***Art. 299*** *Omitir, em documento público ou particular, declaração que dele devia constar, ou nele inserir ou fazer inserir declaração falsa ou diversa da que devia ser escrita, com o fim de prejudicar direito, criar obrigação ou alterar a verdade sobre fato juridicamente relevante:*
>
> *Pena - reclusão, de um a cinco anos, e multa, se o documento é público, e reclusão de um a três anos, e multa, de quinhentos mil réis a cinco contos de réis, se o documento é particular.*
>
> ***Parágrafo único.*** *Se o agente é funcionário público, e comete o crime prevalecendo-se do cargo, ou se a falsificação ou alteração é de assentamento de registro civil, aumenta-se a pena de sexta parte.*

Ao contrário dos tipos penais vistos anteriormente, a conduta do art. 299, do CP, é classificada como um falso ideológico. É importante distinguir os conceitos de falsidade material e falsidade ideológica.

Na falsidade material, o que se frauda é a própria forma do documento, que é alterada, no todo ou em parte, ou é forjada pelo agente, que cria um documento novo. Já na falsidade ideológica, ao contrário, a forma do documento é verdadeira, mas seu conteúdo é falso, isto é, a ideia ou declaração que o documento contém não corresponde à verdade.

Repise-se que nos crimes anteriores (arts. 297 e 298), a falsidade recai sobre o próprio documento (sua parte exterior), enquanto a ideológica diz respeito ao seu conteúdo, tratado no art. 299, do CP.

No delito do art. 299 pune-se a conduta daquele que omite em documento público ou particular, declaração que dele devia constar, ou nele inserir ou fazer inserir declaração falsa ou diversa da que devia ser escrita.

Exemplos das condutas:

- Indicação de condutor diverso do que conduzia o veículo no momento da infração de trânsito;
- Declarações inverídicas no Imposto de Renda;
- Preenchimento de declaração de ITCMD com valores que não correspondem ao real.

Fique ligado

A falsa declaração de pobreza para obter a gratuidade de Justiça configura o crime de falsidade ideológica, segundo o entendimento do STJ.

Para a consumação do delito de falsidade ideológica exige-se que o documento com informações inverídicas tenha a aptidão de fazer prova por si mesmo.

Ademais, para a consumação do delito não basta que o agente insira ou omita a informação falsa no documento público ou particular, é necessário que atue com a intenção de prejudicar direito, criar obrigação ou alterar a verdade sobre fato juridicamente relevante.

Conforme determina o parágrafo único, haverá aumento de pena em 1/6 se o agente for funcionário público, e, comete o crime prevalecendo-se do cargo, ou se a falsificação ou alteração é de assentamento de registro civil.

6.2.4 Falso reconhecimento de firma ou letra

> ***Art. 300*** *Reconhecer, como verdadeira, no exercício de função pública, firma ou letra que o não seja:*
>
> *Pena – reclusão, de um a cinco anos, e multa, se o documento é público; e de um a três anos, e multa, se o documento é particular.*

O delito do art. 300 tutela a fé pública, mormente o fato da legitimidade dos documentos produzidos pelos tabeliães.

O crime é próprio, pois só pode ser praticado pelo agente público que goza de poderes específicos para promover o reconhecimento de firma (assinatura) ou letra (manuscrito).

A conduta suscetível de punição é o reconhecimento como verdadeira de firma ou letra que não seja autêntica.

A pena será mais gravosa se o reconhecimento for em documento público.

6.2.5 Certidão ou atestado ideologicamente falso

> ***Art. 301*** *Atestar ou certificar falsamente, em razão de função pública, fato ou circunstância que habilite alguém a obter cargo público, isenção de ônus ou de serviço de caráter público, ou qualquer outra vantagem:*
>
> *Pena – detenção, de dois meses a um ano.*

Este delito tutela a autenticidade de atestados emitidos com a finalidade de habilitar uma pessoa a obter cargo público ou isentá-la de qualquer ônus.

Trata-se de crime próprio, tendo em vista que o *caput* prevê expressamente que o crime somente pode ser praticado pelo funcionário público, quando age em razão de seu ofício.

O elemento subjetivo do tipo é o dolo, configurando-se o crime quando o agente atua com vontade livre de atestar falsamente, com consciência de que poderá propiciar vantagem a outrem.

Fique ligado

Para a consumação do crime é indispensável que o documento seja idôneo para habilitar, de fato, a pessoa para a função pública.

Falsidade material de atestado ou certidão

> *§ 1º Falsificar, no todo ou em parte, atestado ou certidão, ou alterar o teor de certidão ou de atestado verdadeiro, para prova de fato ou circunstância que habilite alguém a obter cargo público, isenção de ônus ou de serviço de caráter público, ou qualquer outra vantagem:*
>
> *Pena – detenção, de três meses a dois anos.*
>
> *§ 2º Se o crime é praticado com o fim de lucro, aplica-se, além da pena privativa de liberdade, a de multa.*

Trata-se de modalidade específica de falsidade, que consiste na conduta de falsificar atestado ou certidão ou alterar teor de documento verdadeiro para provar falsamente que alguém se encontra apto a obter cargo público, para se isentar de alguma sanção.

Enquanto no *caput* pune-se o falso ideológico (relativo ao conteúdo do documento), nesta modalidade a falsidade é material (relativa à forma), pois aqui o agente falsifica, no todo ou em parte, ou altera o teor de certidão ou atestado verdadeiro.

Ainda, se o crime é praticado com finalidade de lucro também será aplicada a pena de multa.

O crime é formal, ou seja, consuma-se com o simples ato da falsificação, sem a necessidade de obtenção de lucro pelo agente.

6.2.6 Falsidade de atestado médico

> ***Art. 302*** *Dar o médico, no exercício da sua profissão, atestado falso:*
>
> *Pena – detenção, de um mês a um ano.*
>
> ***Parágrafo único.*** *Se o crime é cometido com o fim de lucro, aplica-se também multa.*

Trata-se de um tipo especial de falsidade ideológica que é praticado pelo médico (crime próprio).

Fique ligado

Se o atestado for emitido por um dentista, médico veterinário ou outro profissional da área da saúde, não estaremos diante da conduta do art. 302, em razão da proibição da analogia ***in malam partem***. Como consequência, poderá haver a responsabilização pelo crime de falsidade ideológica.

O verbo núcleo do delito é "dar", no sentido de "fornecer, entregar", o atestado falso.

O crime se consuma no momento em que o médico fornece ou entrega o atestado para a pessoa que fará uso daquele documento.

Importante destacar que o atestado médico deve corresponder a situações clínicas (de saúde), ainda que de outra área de especialidade do paciente.

> **Ex.:** um médico cardiologista pode conceder um atestado médico acerca de uma condição clínica de uma gestante.

Nesse contexto, não haverá crime se o médico atesta acerca da conduta social do agente.

Ademais, é necessário que a falsidade seja referente a fato juridicamente relevante, devendo haver potencialidade de dano no atestado falso.

Caso o médico que forneça o atestado seja funcionário público, responderá pelo crime do art. 301, do CP, em razão do princípio da especialidade.

6.2.7 Reprodução ou adulteração de selo ou peça filatélica

> ***Art. 303*** *Reproduzir ou alterar selo ou peça filatélica que tenha valor para coleção, salvo quando a reprodução ou a alteração está visivelmente anotada na face ou no verso do selo ou peça:*
>
> *Pena – detenção, de um a três anos, e multa.*
>
> ***Parágrafo único.*** *Na mesma pena incorre quem, para fins de comércio, faz uso do selo ou peça filatélica.*

Esse tipo penal, embora conste do Código Penal, foi revogado tacitamente pelo art. 39 e parágrafo único da Lei nº 6.535/1978.

Todavia, o tipo penal visa coibir a posse do selo ou de peça filatélica (são selos ou carimbos comemorativos) para fins de comércio. Sem esse fim, o fato será atípico.

6.2.8 Uso de documento falso

> ***Art. 304*** *Fazer uso de qualquer dos papéis falsificados ou alterados, a que se referem os arts. 297 a 302:*
>
> *Pena – a cominada à falsificação ou à alteração.*

O tipo penal do art. 304 pune a conduta do agente que utiliza o documento público ou particular falso.

O crime de uso de documento falso se consuma com a simples utilização de documento comprovadamente falso, sendo considerado um crime formal.

A pena para o crime em estudo, depende da natureza do documento utilizado.

Fique ligado

Segundo o STJ (Info 553), é possível a condenação pelo crime de uso de documento falso com outros elementos de prova que não seja necessariamente a prova pericial.

O art. 304 do Código Penal não se configura caso o agente tenha sido o responsável pela falsificação do documento utilizado, hipótese em que o agente responderá pelo falso, sendo a utilização do documento mero exaurimento do crime.

Em relação à competência para julgamento do delito em estudo, há o entendimento sumulado do STJ:

> ***Súmula nº 546 - STJ***
>
> *A competência para processar e julgar o crime de uso de documento falso é firmada em razão da entidade ou órgão ao qual foi apresentado o documento público, não importando a qualificação do órgão expedidor.*

> **Ex.:** João apresenta uma CNH falsa para uma equipe de policiais rodoviários federais. Nesse caso, a competência será da Justiça Federal, em razão do agente público a quem foi apresentado o documento falso.

Ponto de fundamental relevância diz respeito ao encontro **fortuito do documento falso,** por exemplo, numa situação de abordagem e revista pessoal, por parte da equipe policial.

Imagine que, após a abordagem policial, o servidor solicita do condutor do automóvel o seu documento de identificação, esse apresenta seu RG e, após ser solicitada a apresentação de sua CNH, o sujeito afirma não possuir – embora possua uma falsificada em sua carteira. Desconfiado, o policial rodoviário realiza revista pessoal no condutor e encontra uma CNH falsa em sua carteira.

Para o exemplo narrado, entende-se que o encontro casual do documento falso em poder de alguém (como ocorre por ocasião de uma revista policial) não é suficiente para configurar o tipo penal, tendo em vista que o núcleo do tipo corresponde à conduta de "FAZER USO", e, no caso narrado, inexiste o elemento volitivo do agente, consistente na vontade de usar o documento, com consciência da falsidade.

6.2.9 Supressão de documento

> ***Art. 305*** *Destruir, suprimir ou ocultar, em benefício próprio ou de outrem, ou em prejuízo alheio, documento público ou particular verdadeiro, de que não podia dispor:*
>
> *Pena - reclusão, de dois a seis anos, e multa, se o documento é público, e reclusão, de um a cinco anos, e multa, se o documento é particular.*

O crime em estudo diz respeito à conduta daquele que destrói (danifica totalmente), suprime (retira parte do conteúdo) ou oculta, em benefício próprio ou de terceiros ou em prejuízo de terceiro, documento público ou particular (objeto material), legítimos, de que não poderia dispor. Assim, não é típica a conduta se o agente pode, livremente, desfazer-se do documento.

Cuidado, pois a sanção será distinta para os delitos a depender da natureza do documento. A pena será mais grave se o documento é público.

Se o documento é público, reclusão, de dois a seis anos, e multa; se o documento é particular, reclusão, de um a cinco anos, e multa.

A ação penal é pública incondicionada.

6.2.10 Falsa identidade

O crime de falsidade identidade está previsto no art. 307, do Código Penal, nos seguintes termos:

> ***Art. 307*** *Atribuir-se ou atribuir a terceiro falsa identidade para obter vantagem, em proveito próprio ou alheio, ou para causar dano a outrem:*
>
> *Pena - detenção, de três meses a um ano, ou multa, se o fato não constitui elemento de crime mais grave.*

Inicialmente, é importante destacar a diferença entre a falsa identidade (CP, art. 307) e o uso de documento falso (CP, art. 304).

A **falsa identidade** não envolve a apresentação de documento falso, ou seja, o agente apenas atribui-lhe um nome falso.

> **Ex.:** "A", ao ser preso em flagrante pela prática de um crime, informa aos policiais que seu nome é "B".

Falsa identidade	Uso de documento falso
O agente atribui-se um nome falso	O agente apresenta um documento de identidade falso

O art. 307 incrimina, assim, a ação de quem, verbalmente ou por escrito, imputa, a si próprio ou a terceira pessoa, identidade que não é a verdadeira.

O elemento subjetivo é o dolo, consistente na vontade consciente de atribuir-se falsa identidade com o especial fim de agir (para obter vantagem em proveito próprio ou alheio, ou causar prejuízo a outrem).

Trata-se de crime formal, ocorrendo a sua consumação com a simples atribuição da falsa identidade.

A tentativa não é possível, por tratar-se de crime unissubsistente.

A ação penal é pública incondicionada.

Falsa identidade x autodefesa

O Direito Penal assegura ao acusado o direito de não produzir prova contra si mesmo (princípio do *nemu tenetur se detegere*).

Contudo, o STF entende que tal prerrogativa não alcança a conduta do agente que se atribui falsa identidade, sendo, portanto, considerada uma conduta típica.

O entendimento acima apresentado, inclusive, é corroborado pelo STJ na seguinte súmula:

> ***Súmula nº 522 – STJ***
>
> *A conduta de atribuir-se falsa identidade perante autoridade policial é típica, ainda que em situação de alegada autodefesa.*

No mesmo sentido, em sede de repercussão geral, veja-se o Tema 478: "O princípio constitucional da autodefesa (art. 5º, LXIII, da CF) não alcança aquele que atribui falsa identidade perante autoridade policial com o intento de ocultar maus antecedentes, sendo, portanto, típica a conduta praticada pelo agente (art. 307 do CP)".

6.2.11 Uso de documento de identificação civil de terceiro

O crime de uso de documento de identificação civil de terceiro está previsto no art. 308 do Código Penal nos seguintes termos:

> ***Art. 308*** *Usar, como próprio, passaporte, título de eleitor, caderneta de reservista ou qualquer documento de identidade alheia ou ceder a outrem, para que dele se utilize, documento dessa natureza, próprio ou de terceiro:*
>
> *Pena - detenção, de quatro meses a dois anos, e multa, se o fato não constitui elemento de crime mais grave.*

São duas as condutas típicas previstas no art. 308: usar, como próprio, documento de identificação alheio; e ceder a outrem, para que dele se utilize, documento dessa natureza. A primeira conduta consiste no emprego ou utilização, pelo agente, de documento de terceira pessoa, como se fosse seu. A segunda, por sua vez, consiste na entrega, no fornecimento, do documento pessoal para que outrem utilize como se fosse seu.

Ademais, é importante destacar a diferença entre o uso de documento de identificação civil de terceiro (CP, art. 308) e o uso de documento falso (CP, art. 304).

O **uso de documento de identificação civil de terceiro** não envolve um documento falso, mas de terceiro, legítimo.

> **Ex.:** "A", portando o RG de seu irmão "B", apresenta tal documento à equipe policial quando é preso em flagrante.

Uso de documento de i dentificação civil de terceiro	Uso de documento falso
Apresenta um documento de identidade de terceiro	Apresenta um documento de identidade falso

Por outro lado, há distinção do tipo penal do art. 308 com o crime de falsa identidade (art. 307), pois neste não há a apresentação de qualquer documento.

Uso de documento de identificação civil de terceiro	Falsa identidade
Apresenta um documento de identidade de terceiro	Apenas atribui um nome falso

6.2.12 Adulteração de sinal identificador de veículo automotor

O crime de adulteração de sinal identificador de veículo automotor está previsto no art. 311 do Código Penal nos seguintes termos:

> ***Art. 311** Adulterar ou remarcar número de chassi ou qualquer sinal identificador de veículo automotor, de seu componente ou equipamento:*
> *Pena - reclusão, de três a seis anos, e multa.*

A conduta punida pelo art. 311 é adulterar (falsificar, contrafazer) ou remarcar (marcar de novo) número de chassi ou qualquer sinal identificador de veículo automotor, de seu componente ou equipamento.

O elemento subjetivo do tipo é o dolo, consistente vontade livre e consciente do agente de adulterar ou remarcar, sabendo da falsidade do novo número ou sinal. A consumação do delito se dá com a adulteração ou remarcação idônea a dissimular a identificação do veículo.

Em relação ao meio executório, questiona-se: configura o crime do art. 311 a conduta do agente consistente em colocar fita adesiva na placa do automóvel?

A resposta é **SIM.**

Apesar de corrente doutrinária em sentido contrário, a jurisprudência dos Tribunais Superiores tem entendimento no sentido de se tratar de fato típico a conduta do agente que coloca fita adesiva para alterar letras ou números da placa do automóvel.

Configura o crime do art. 311 do Código Penal a conduta do agente de adulterar a placa de veículo reboque ou semirreboque?

A resposta é **NÃO.**

O art. 311 do Código Penal menciona o termo "veículo automotor", que, nos termos do CTB, pode ser conceituado como:

> *VEÍCULO AUTOMOTOR - todo veículo a motor de propulsão que circule por seus próprios meios, e que serve normalmente para o transporte viário de pessoas e coisas, ou para a tração viária de veículos utilizados para o transporte de pessoas e coisas. O termo compreende os veículos conectados a uma linha elétrica e que não circulam sobre trilhos (ônibus elétrico).*

Dessa forma, os reboques e semirreboques não se enquadram na definição acima, razão pela qual a conduta de adulterar sua placa é considerada **atípica.**

Causa de aumento de pena

O art. 311, §1º, do Código Penal, apresenta uma causa de aumento de pena:

> *§ 1º Se o agente comete o crime no exercício da função pública ou em razão dela, a pena é aumentada de um terço.*

Nesta hipótese, em que o agente age como autor do crime, a função pública deve, de alguma forma, propiciar ou facilitar a prática da conduta incriminada.

Forma equiparada

O art. 311, §2º, do Código Penal, apresenta a forma equiparada:

> *§ 2º Incorre nas mesmas penas o funcionário público que contribui para o licenciamento ou registro do veículo remarcado ou adulterado, fornecendo indevidamente material ou informação oficial.*

Neste caso, o agente pode responder tanto como coautor quanto partícipe. O fornecimento de material ou informação oficial deve ser indevido, isto é, realizado em desacordo com as normas vigentes.

6.3 Fraudes em certames de interesse público

> ***Art. 311-A** Utilizar ou divulgar, indevidamente, com o fim de beneficiar a si ou a outrem, ou de comprometer a credibilidade do certame, conteúdo sigiloso de:*
> *I - concurso público;*
> *II - avaliação ou exame públicos;*
> *III - processo seletivo para ingresso no ensino superior; ou*
> *IV - exame ou processo seletivo previstos em lei:*
> *Pena - reclusão, de 1 (um) a 4 (quatro) anos, e multa.*
> *§ 1º Nas mesmas penas incorre quem permite ou facilita, por qualquer meio, o acesso de pessoas não autorizadas às informações mencionadas no caput.*
> *§ 2º Se da ação ou omissão resulta dano à administração pública:*
> *Pena - reclusão, de 2 (dois) a 6 (seis) anos, e multa.*
> *§ 3º Aumenta-se a pena de 1/3 (um terço) se o fato é cometido por funcionário público.*

As disposições relativas a este dispositivo foram inseridas pela Lei nº 12.550/2011, prevendo punição para os indivíduos que fraudem certames de interesse público ou de acesso ao nível superior ou qualquer outro exame para acesso a determinado cargo (concurso público, ENEM, vestibular, Exame da OAB etc.).

Objetivamente, o legislador procurou suprir uma lacuna, tendo em vista que referida conduta, com o avanço da tecnologia, não encontrava respaldo no ordenamento jurídico.

Por muito tempo, os Tribunais Superiores discutiam acerca da "cola eletrônica". Para alguns julgadores, a conduta consistia no crime de estelionato, para outros, falsidade ideológica e, para uma terceira posição, seria fato atípico.

Com a ausência de disposição específica, prevaleceu a posição de que o fato seria atípico por violação ao princípio da taxatividade.

O sujeito ativo pode ser qualquer pessoa. O tipo não requer nenhuma condição ou qualidade pessoal e, em se tratando de funcionário público, há incidência da causa de aumento de pena do § 3º, do art. 311-A, do CP.

Trata-se de crime comum, pois pode ser praticado por qualquer pessoa, enquanto o sujeito passivo é o Estado, titular do bem jurídico, fé pública. Secundariamente, entende-se que pode ser vítima do delito o concorrente prejudicado com a fraude ou a instituição que promove o certame.

Os núcleos do tipo consistem em utilizar ou divulgar o **conteúdo sigiloso** de concurso público; avaliação ou exame público; processo seletivo para ingresso no ensino superior; ou o exame ou processo seletivo previsto em lei.

Registre-se, **por exemplo,** que, aquele que vaza o gabarito de um certame, uma prova de concurso, pratica o crime em questão.

Por outro lado, se há a utilização de ponto, no qual o participante do concurso repassa as questões para que um terceiro, "expert", a realize e devolva o gabarito, estaremos diante de fato atípico.

Todavia, se quem passa as informações leva ao candidato o conteúdo sigiloso do gabarito, haverá o crime em tela.

O crime em questão somente se pratica mediante dolo, devendo existir especial fim de agir, consistente em beneficiar a si ou terceiro ou de comprometer a lisura do certame.

Trata-se de crime formal, razão pela qual o crime se consuma, independentemente, de prejuízo. O caminho do crime (*iter criminis)* pode ser fracionado, admitindo-se a tentativa.

O § 1º, do art. 311-A, prevê a figura equiparada do delito, aplicando a mesma pena do *caput* para quem permite ou facilita, por qualquer meio, o acesso de pessoas não autorizadas às informações sigilosas de certames de interesse público.

Prevê o § 2° a forma qualificada do delito, estabelecendo que se da ação ou omissão resultar dano à administração pública, a pena é de reclusão, de dois a seis anos e multa.

Há ainda, previsão de causa de aumento de pena (1/3), quando quem pratica o núcleo do tipo é funcionário público, prevalecendo-se de suas funções.

A ação penal é pública incondicionada.

7 INTRODUÇÃO AO DIREITO PROCESSUAL PENAL

Toda vez que ocorre a prática de um delito, nasce para o Estado o *jus puniendi*, ou seja, o direito de punir do Estado, sempre pautado no devido processo legal. Tal mandamento deriva do Estado Democrático de Direito. Cumpre frisar que o Estado não pode simplesmente aplicar qualquer pena, mas, sim, seguir o mandamento constitucional previsto no art. 5º, XLVII:

> ***Art. 5º, CF/1988*** *[...]*
>
> *XLVII – não haverá penas:*
>
> *a) de morte, salvo em caso de guerra declarada, nos termos do art. 84, XIX;*
>
> *b) de caráter perpétuo;*
>
> *c) de trabalhos forçados;*
>
> *d) de banimento;*
>
> *e) cruéis.*

Assim, visa-se respeitar a dignidade da pessoa humana, harmonizando-a com as medidas legais pertinentes à elucidação de um delito, bem como a consequente aplicação posterior da pena.

Desse modo, definimos o processo penal como um conjunto de normas jurídicas tendentes a direcionar a atuação da polícia judiciária, assim como de todo o Poder Judiciário criminal, objetivando uma investigação, um processo e uma sentença justa, que se fundamentem na verdade dos fatos, a fim de respeitar todos os direitos constitucionais do homem, a ampla defesa, a presunção de inocência, dentre outros. Nesse sentido, verificamos nos comandos a seguir relacionados, previstos no art. 5º da CF/1988:

> ***Art. 5º, CF/1988*** *[...]*
>
> *III – ninguém será processado nem sentenciado senão pela autoridade competente;*
>
> *LIV – ninguém será privado da liberdade ou de seus bens sem o devido processo legal;*
>
> *LV – aos litigantes, em processo judicial ou administrativo, e aos acusados em geral são assegurados o contraditório e ampla defesa, com os meios e recursos a ela inerentes;*
>
> *LVI – são inadmissíveis, no processo, as provas obtidas por meios ilícitos;*
>
> *LVII – ninguém será considerado culpado até o trânsito em julgado de sentença penal condenatória.*

Por fim, cabe ressaltar que a prisão ocorre no Brasil conforme mandamento também presente no inciso LXI do art. 5º da CF/1988:

> ***Art. 5º, LXI, CF/1988*** *Ninguém será preso senão em flagrante delito ou por ordem escrita e fundamentada de autoridade judiciária competente, salvo nos casos de transgressão militar ou crime propriamente militar, definidos em lei.*

7.1 Lei Processual Penal no espaço

O Código de Processo Penal, em seu art. 1º, estabelece o princípio da territorialidade da Lei Processual Penal *(Locus Regit Actum ou Lex Fori)*, de modo que se aplicam em território brasileiro as normas de cunho processual penal a todas as infrações penais relacionadas com o Estado brasileiro, de maneira a não haver hipóteses de extraterritorialidade de Lei Processual Penal.

> ***Art. 1º, CPP*** *O processo penal reger-se-á, em todo o território brasileiro, por este Código, ressalvados:*
>
> *I – os tratados, as convenções e regras de Direito Internacional;*
>
> *II – as prerrogativas constitucionais do presidente da República, dos ministros de Estado, nos crimes conexos com os do presidente da República, e dos ministros do Supremo Tribunal Federal, nos crimes de responsabilidade;*
>
> *III – os processos da competência da Justiça Militar;*
>
> *IV – os processos da competência do tribunal especial;*
>
> *V – os processos por crimes de imprensa.*
>
> ***Parágrafo único.*** *Aplicar-se-á, entretanto, este Código aos processos referidos nºs IV e V, quando as leis especiais que os regulam não dispuserem de modo diverso.*

Ao falar sobre território, faz-se necessário buscar seu conceito na própria lei, ou seja, no Código Penal Brasileiro, conforme esculpido definição presente no em seu art. 5º:

> ***Art. 5º, CP*** *Aplica-se a lei brasileira, sem prejuízo de convenções, tratados e regras de direito internacional, ao crime cometido no território nacional.*
>
> *§ 1º Para os efeitos penais, consideram-se como extensão do território nacional as embarcações e aeronaves brasileiras, de natureza pública ou a serviço do governo brasileiro onde quer que se encontrem, bem como as aeronaves e as embarcações brasileiras, mercantes ou de propriedade privada, que se achem, respectivamente, no espaço aéreo correspondente ou em alto-mar.*
>
> *§ 2º É também aplicável a lei brasileira aos crimes praticados a bordo de aeronaves ou embarcações estrangeiras de propriedade privada, achando-se aquelas em pouso no território nacional ou em voo no espaço aéreo correspondente, e estas em porto ou mar territorial do Brasil.*

7.2 Lei Processual Penal no tempo

> ***Art. 2º, CPP*** *A lei processual penal aplicar-se-á desde logo, sem prejuízo da validade dos atos realizados sob a vigência da lei anterior.*

Este artigo contempla o princípio da aplicação imediata (*tempus regit actum*). Deste princípio derivam duas regras fundamentais:

- A lei genuinamente processual tem aplicação imediata;
- A vigência dessa nova lei não invalida os atos processuais anteriores já praticados.

7.3 Interpretação da Lei Processual Penal

> ***Art. 3º, CPP*** *A lei processual penal admitirá interpretação extensiva e aplicação analógica, bem como o suplemento dos princípios gerais de direito.*

A aplicação da Lei Processual Penal segue as mesmas regras de hermenêutica que disciplinam a interpretação da legislação em geral. Interpretar significa definir o sentido e o alcance de determinado conceito.

Em função da impossibilidade de se poder escrever na lei todo seu significado ou, ainda, de se prever todas as situações possíveis de ocorrer efetivamente, o art. 3º do Código de Processo Penal prevê que a Lei Processual Penal admitirá:

- Interpretação extensiva;
- Aplicação analógica;
- Suplemento dos princípios gerais de Direito.

8 INQUÉRITO POLICIAL

A persecução criminal apresenta dois momentos distintos: o da investigação e o da ação penal. A investigação é a atividade preparatória da ação penal, de caráter preliminar e informativo. Já a ação penal consiste no pedido de julgamento da pretensão punitiva.

Em outros termos, a persecução penal estatal se constitui de duas etapas:

- **Investigação preliminar:** gênero do qual é espécie o inquérito policial, cujo objetivo é formar lastro probatório mínimo para a deflagração válida da fase seguinte;
- **Processo penal:** é desencadeado pela propositura de ação penal perante o judiciário.

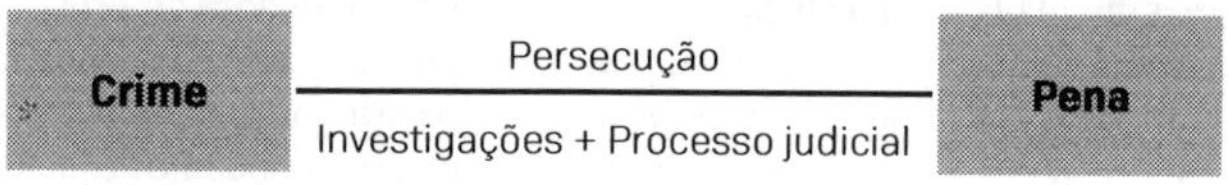

8.1 Conceito de inquérito policial

Inquérito policial (IP) é um **procedimento administrativo** inquisitivo, anterior ao processo, presidido pela autoridade policial (delegado de Polícia) que conduz diligências, as quais objetivam apurar: autoria (responsável pelo crime); materialidade (existência) e circunstâncias com a finalidade de possibilitar que o titular da ação penal possa ingressar em juízo.

8.2 Natureza jurídica

Trata-se de um **procedimento administrativo**, quando verificamos o quesito Procedimento – uma vez que não se trata de processo judicial nem de processo administrativo, porquanto dele não resulta a imposição direta de nenhuma sanção.

O IP é um procedimento administrativo, porque é realizado pela polícia judiciária, que é um órgão do Poder Executivo, que tem como função típica administrar a coisa pública.

8.3 Características do inquérito policial

8.3.1 Inquisitivo

No inquérito policial não há partes, acusação e defesa; temos somente o delegado de Polícia investigando um crime e, consequentemente, um suspeito. Nele, não há contraditório nem ampla defesa.

A investigação não observa o contraditório, pois a Polícia não tem a obrigação de avisar um suspeito que o está investigando; e não há ampla defesa, porque o inquérito não pode, em regra, fundamentar uma sentença condenatória, tendo o suspeito possibilidade de se defender durante o processo.

> ***Art. 5º, LV, CF/1988*** *Aos litigantes, em processo judicial ou administrativo, e aos acusados em geral são assegurados o contraditório e ampla defesa, com os meios e recursos a ela inerentes.*

Como na fase da investigação não existe nenhuma acusação nem partes, não há que se falar em contraditório e ampla defesa, pois o Direito Constitucional previsto no art. 5º, LV, da CF/1988 é válido para as partes de um processo. Além do inquérito policial não ter partes, é um procedimento e não um processo, conforme descrito na Constituição Federal.

8.3.2 Escrito

Todas as diligências realizadas no curso de um inquérito policial devem ser passadas a termo (escritas), para que seja facilitada a troca de informações entre os órgãos responsáveis pela persecução penal.

O delegado de Polícia tem a faculdade de filmar ou gravar diligências realizadas, mas isso não afasta a obrigação de transcrever todas por escrito.

> ***Art. 405, § 1º, CPP*** *Sempre que possível, o registro dos depoimentos do investigado, indiciado, ofendido e testemunhas será feito pelos meios ou recursos de gravação magnética, estenotipia, digital ou técnica similar, inclusive audiovisual, destinada a obter maior fidelidade das informações.*

Assim, é possível que o delegado, havendo meios, documente os atos do IP por meio das tecnologias existentes, inclusive captação de som e imagem.

8.3.3 Discricionário

Discricionariedade é a liberdade dentro da lei (esta determina ou autoriza a atuação do Estado). Assim, o delegado tem liberdade para a adoção e condução das diligências adotadas no curso de um inquérito policial.

O art. 6º do CPP traz um rol de possíveis procedimentos que podem ser adotados pela Polícia na condução de um inquérito; ele não é taxativo, pois a Polícia pode adotar qualquer uma daquelas diligências na ordem que entender melhor, ou seja, o rol é exemplificativo.

Não podemos entender discricionariedade como uma faculdade do delegado de iniciar ou não uma investigação, porque, conforme veremos adiante, em alguns casos a investigação é obrigatória. A discricionariedade refere-se ao fato de o delegado, sendo obrigado ou não a investigar, poder adotar as diligências que considere convenientes para a solução do crime, desde que esteja prevista tal diligência na lei.

Explica essa regra o fato de que cada crime é um acontecimento único no mundo e, assim, a solução deles não tem uma receita certa, devendo a autoridade policial saber utilizar, dentre os meios disponíveis, aqueles adequados à solução do caso.

8.3.4 Oficial

A realização do inquérito policial é atribuição de um órgão oficial do Estado (Polícia Judiciária), com a presidência deste incumbida à autoridade policial do respectivo órgão (delegado de Polícia – art. 2º, § 1º, Lei nº 12.830/2013).

> ***Art. 2º, Lei nº 12.830/2013*** *As funções de polícia judiciária e a apuração de infrações penais exercidas pelo delegado de polícia são de natureza jurídica, essenciais e exclusivas de Estado.*

8.3.5 Oficioso

Ao tomar conhecimento de notícia de crime de ação penal pública incondicionada, a autoridade policial é obrigada a agir de ofício, independentemente de provocação da vítima e/ou qualquer outra pessoa.

Deve instaurar o inquérito policial de ofício, nos termos do art. 5º, I, do CPP, procedendo, então, às diligências investigatórias para obter elementos de informação quanto à infração penal e sua autoria.

No caso de crimes de ação penal pública condicionada à representação e de ação penal de iniciativa privada, a instauração do IP está condicionada à manifestação da vítima ou de seu representante legal.

8.3.6 Sigiloso

Ao contrário do que ocorre no processo, o inquérito não comporta publicidade, sendo procedimento essencialmente sigiloso, disciplinando o art. 20, do CPP:

> ***Art. 20, CPP*** *A autoridade assegurará no inquérito o sigilo necessário à elucidação do fato ou exigido pelo interesse da sociedade.*

Classificação do sigilo:

- **Sigilo externo:** destinado aos terceiros desinteressados e à imprensa;
- **Sigilo Interno:** destinado aos interessados no processo.

O sigilo do IP não atinge o juiz e o membro do Ministério Público.

Quanto ao advogado do investigado, o Estatuto da OAB traz, em art. 7º, XIV, a seguinte redação:

> ***Art. 7º, EOAB*** *São direitos do advogado: [...]*
>
> *XIV – examinar, em qualquer instituição responsável por conduzir investigação, mesmo sem procuração, autos de flagrante e de investigações de qualquer natureza, findos ou em andamento, ainda que conclusos à autoridade, podendo copiar peças e tomar apontamentos, em meio físico ou digital.*

Súmula Vinculante nº 14 – STF

É direito do defensor, no interesse do representado, ter acesso amplo aos elementos de prova que, já documentados em procedimento investigatório realizado por órgão com competência de polícia judiciária, digam respeito ao exercício do direito de defesa.

8.3.7 Indisponível

A persecução criminal é de ordem pública e, uma vez iniciado o inquérito, o delegado de Polícia não pode dispor dele. Se diante de uma circunstância fática o delegado percebe que não houve crime, nem em tese, não deve iniciar o inquérito policial. Contudo, uma vez iniciado o procedimento investigativo, deve levá-lo até o final, não podendo arquivá-lo em virtude de expressa vedação contida no art. 17 do CPP.

Art. 17, CPP *A autoridade policial não poderá mandar arquivar autos de inquérito.*

8.3.8 Dispensável

Da leitura de dispositivos que regem a persecução penal preliminar, a exemplo art. 39, § 5º, do CPP, podemos concluir que o inquérito não é imprescindível para a propositura da ação penal.

Art. 39, § 5º, CPP *O órgão do Ministério Público dispensará o inquérito, se com a representação forem oferecidos elementos que o habilitem a promover a ação penal, e, neste caso, oferecerá a denúncia no prazo de quinze dias.*

O inquérito visa coletar indícios de autoria e materialidade do crime para que o titular da ação penal possa ingressar em juízo. Assim, se ele tiver esses indícios colhidos por outros meios, como por um inquérito não policial, o inquérito policial se torna dispensável.

Súmula nº 234 – STJ

A participação de membro do Ministério Público na fase investigatória criminal não acarreta seu impedimento ou suspeição para o oferecimento da denúncia.

8.4 Valor probatório do inquérito policial

O inquérito policial tem valor probatório relativo, pois ele serve para embasar o início do processo, mas não tem a força de, sozinho, sustentar uma sentença condenatória, porque as provas colhidas durante o IP não se submeteram ao contraditório e à ampla defesa. Enfatizamos que o valor probatório é relativo, uma vez que não fundamenta uma decisão judicial, porém pode dar margem à abertura de um processo criminal contra alguém.

Art. 155, CPP *O juiz formará sua convicção pela livre apreciação da prova produzida em contraditório judicial, não podendo fundamentar sua decisão exclusivamente nos elementos informativos colhidos na investigação, ressalvadas as provas cautelares, não repetíveis e antecipadas.*

8.4.1 Provas cautelares, não repetíveis e antecipadas

São as provas extraídas do inquérito policial e que têm a força de, eventualmente, sustentar uma sentença condenatória, conforme orienta o art. 155 do CPP.

Provas cautelares

São aquelas em que existe um risco de desaparecimento do objeto pelo decurso do tempo. Justificam-se pela necessidade, pela urgência.

Provas não renováveis ou irrepetíveis

São colhidas na fase investigatória, porque não podem ser produzidas novamente na fase processual devido ao seu fácil perecimento.

Perícia nos vestígios do crime: para que essas provas tenham valor probatório de justificar uma sentença na fase processual, é necessário que elas sejam submetidas à ampla defesa e ao contraditório diferido ou postergado, ou seja, durante a fase processual.

Prova antecipada

Aqui, referimo-nos às provas que, em regra, deveriam ser colhidas durante o curso do processo, e não durante o inquérito policial. Em alguns casos, é possível que o juiz antecipe a oitiva de uma testemunha para a fase das investigações, quando houver receio de que ela morra (idade avançada ou doença grave) ou, então, que a vítima se mude definitivamente para outro lugar, inviabilizando sua audição.

Art. 225, CPP *Se qualquer testemunha houver de ausentar-se, ou, por enfermidade ou por velhice, inspirar receio de que ao tempo da instrução criminal já não exista, o juiz poderá, de ofício ou a requerimento de qualquer das partes, tomar-lhe antecipadamente o depoimento.*

8.5 Vícios

Os vícios do inquérito policial são seus defeitos ou suas nulidades, e a dúvida é se aqueles podem ou não causar nulidades ao processo futuro. A resposta é negativa, pois o IP não tem a força de condenar ninguém; assim, seus defeitos serão apurados pelos órgãos competentes (Corregedoria, Ministério Público). Dessa forma, podemos concluir que o delegado não pode ser considerado impedido ou suspeito de presidir o IP pelas futuras partes.

8.6 Procedimento investigatório face aos servidores vinculados aos órgãos da segurança da pública (art. 144, CF/1988)

A Lei nº 13.964/2019 (Pacote Anticrime) incluiu o art. 14-A ao Código de Processo Penal, com a seguinte redação:

Art. 14-A, CPP *Nos casos em que servidores vinculados às instituições dispostas no art. 144 da Constituição Federal figurarem como investigados em inquéritos policiais, inquéritos policiais militares e demais procedimentos extrajudiciais, cujo objeto for a investigação de fatos relacionados ao uso da força letal praticados no exercício profissional, de forma consumada ou tentada, incluindo as situações dispostas no art. 23 do Decreto-lei nº 2.848, de 7 de dezembro de 1940 (Código Penal), o indiciado poderá constituir defensor.*

§ 1º Para os casos previstos no caput deste artigo, o investigado deverá ser citado da instauração do procedimento investigatório, podendo constituir defensor no prazo de até 48 (quarenta e oito) horas a contar do recebimento da citação.

§ 2º Esgotado o prazo disposto no § 1º deste artigo com ausência de nomeação de defensor pelo investigado, a autoridade responsável pela investigação deverá intimar a instituição a que estava vinculado o investigado à época da ocorrência dos fatos, para que essa, no prazo de 48 (quarenta e oito) horas, indique defensor para a representação do investigado.

§ 3º Havendo necessidade de indicação de defensor nos termos do § 2º deste artigo, a defesa caberá preferencialmente à Defensoria Pública, e, nos locais em que ela não estiver instalada, a União ou a Unidade da Federação correspondente à respectiva competência territorial do procedimento instaurado deverá disponibilizar profissional para acompanhamento e realização de todos os atos relacionados à defesa administrativa do investigado.

§ 4º A indicação do profissional a que se refere o § 3º deste artigo deverá ser precedida de manifestação de que não existe defensor público lotado na área territorial onde tramita o inquérito e com atribuição para nele atuar, hipótese em que poderá ser indicado profissional que não integre os quadros próprios da Administração.

§ 5º Na hipótese de não atuação da Defensoria Pública, os custos com o patrocínio dos interesses dos investigados nos procedimentos de que trata este artigo correrão por conta do orçamento próprio da instituição a que este esteja vinculado à época da ocorrência dos fatos investigados.

§ 6º As disposições constantes deste artigo se aplicam aos servidores militares vinculados às instituições dispostas no art. 142 da Constituição Federal, desde que os fatos investigados digam respeito a missões para a Garantia da Lei e da Ordem.

8.7 Incomunicabilidade

É importante saber que a incomunicabilidade não foi recepcionada pela CF/1988 e está tacitamente sem efeitos, mas suas regras são cobradas em questão de concurso.

> ***Art. 21, CPP*** *A incomunicabilidade do indiciado dependerá sempre de despacho nos autos e somente será permitida quando o interesse da sociedade ou a conveniência da investigação o exigir.*
>
> ***Parágrafo único.*** *A incomunicabilidade, que não excederá de três dias, será decretada por despacho fundamentado do Juiz, a requerimento da autoridade policial, ou do órgão do Ministério Público, respeitado, em qualquer hipótese, o disposto no artigo 89, inciso III, do Estatuto da Ordem dos Advogados do Brasil.*

8.8 Notícia crime

Notícia crime (*notitia criminis*) é o conhecimento espontâneo ou provocado por parte da autoridade policial de um fato aparentemente criminoso. Por meio dela, a autoridade policial dará início às investigações.

8.8.1 Classificação da notícia crime

Ela é classificada em direta ou indireta, conforme veremos a seguir:

- **Notícia crime direta (cognição imediata ou espontânea):** a autoridade policial toma conhecimento de um fato supostamente criminoso por meio da atuação da própria Polícia, quando noticiado o crime pela imprensa ou comunicado anonimamente por um particular.
- **Notícia crime indireta (cognição mediata ou provocada):** a Polícia Judiciária toma conhecimento do crime por meio da comunicação de um terceiro identificado.

8.8.2 Espécies de notícia crime indireta

Requerimento

É a comunicação de um fato supostamente criminoso, realizado pela vítima ou por seu representante legal. Além de comunicar o crime, também serve como um pedido para que a Polícia inicie as investigações.

Segundo o CPP, diante de um requerimento, o delegado pode recusar-se a iniciar as investigações e, nesse caso, é cabível recurso ao chefe de Polícia (art. 5º, § 2º, CPP).

> ***Art. 5º, § 2º, CPP*** *Do despacho que indeferir o requerimento de abertura de inquérito caberá recurso para o chefe de Polícia.*

Requisição

É a comunicação do crime feita à autoridade policial pelo promotor ou pelo juiz e uma determinação para o início das investigações. O delegado não pode se recusar a cumprir uma requisição.

> ***Art. 13, CPP*** *Incumbirá ainda à autoridade policial:*
>
> *I – fornecer às autoridades judiciárias as informações necessárias à instrução e julgamento dos processos;*
>
> ***II – realizar as diligências requisitadas pelo juiz ou pelo Ministério Público;***
>
> *III – cumprir os mandados de prisão expedidos pelas autoridades judiciárias;*
>
> *IV – representar acerca da prisão preventiva.*

Representação

É a comunicação do crime e, também, uma autorização para que o Estado atue, seja investigando e/ou processando o possível autor. A representação é apresentada pela vítima ou por seu representante legal nos crimes de ação penal pública condicionada a ela.

É importante saber que a falta da representação nos casos em que a investigação dependa dela impede a atuação do Estado, ou seja, a Polícia não pode investigar o fato, não pode lavrar um auto de prisão em flagrante e não haverá processo.

Requisição do ministro da justiça

É a comunicação do crime e, também, uma autorização política para que o delegado inicie as investigações. Será necessária especificamente em crimes de ação penal pública condicionada à requisição do Ministro da Justiça, a qual não tem caráter de ordem como a do juiz ou do promotor. O nome requisição foi adotado, porque o ato é praticado por uma autoridade da alta cúpula do Poder Executivo.

8.8.3 Notícia crime com força coercitiva ou notícia crime por apresentação

É comunicação de um crime decorrente de uma prisão em flagrante, porque a notícia crime manifesta-se com a simples apresentação do autor do delito à autoridade policial, pela pessoa que realizou a prisão.

8.9 Prazos para conclusão do inquérito policial

O inquérito policial não pode se estender indefinidamente (é temporário), dispondo o Código de Processo Penal e a legislação extravagante acerca dos prazos de sua conclusão.

8.9.1 Regra geral

Como regra geral, para os crimes da atribuição da Polícia Civil estadual, o prazo para a conclusão do inquérito é de 10 dias, estando o indiciado preso (prazo improrrogável), e de 30 dias, se o agente está solto. Este prazo comporta prorrogação, a requerimento do delegado e mediante autorização do juiz (art. 10, CPP), não especificando a lei qual o tempo de prorrogação nem quantas vezes poderá ocorrer, o que nos leva a crer que esta se dá em razão da natureza das diligências necessárias e a complexidade da investigação.

> ***Art. 10, CPP*** *O inquérito deverá terminar no prazo de 10 dias, se o indiciado tiver sido preso em flagrante, ou estiver preso preventivamente, contado o prazo, nesta hipótese, a partir do dia em que se executar a ordem de prisão, ou no prazo de 30 dias, quando estiver solto, mediante fiança ou sem ela.*

Com o advento da Lei nº 13.964/2019, foi acrescentado o art. 3º-B ao CPP, o qual se encontra no tópico "Juiz das Garantias", passando a dispor, dentre as várias competências do juiz das garantias, a possibilidade de que este possa prorrogar o inquérito policial quando o investigado estiver preso.

> ***Art. 3º-B, § 2º, CPP*** *Se o investigado estiver preso, o juiz das garantias poderá, mediante representação da autoridade policial e ouvido o Ministério Público, prorrogar, uma única vez, a duração do **inquérito por até 15 (quinze) dias**, após o que, se ainda assim a investigação não for concluída, a prisão será imediatamente relaxada.*

Reprodução simulada do fato

> ***Art. 7º, CPP*** *Para verificar a possibilidade de haver a infração sido praticada de determinado modo, a autoridade policial poderá proceder à reprodução simulada dos fatos, desde que esta não contrarie a moralidade ou a ordem pública.*

A reprodução simulada do fato é a famosa reconstituição do crime; tem a finalidade de verificar se a infração foi praticada de determinado modo. Nesse caso, o suspeito não é obrigado a contribuir com a diligência, mas é obrigado a comparecer.

Indiciamento

É o ato da autoridade policial que comunica a uma pessoa que ela é a suspeita de ter praticado determinado crime e está sendo investigada em um inquérito policial. O indiciamento não é um ato discricionário, pois se fundamenta nas provas colhidas durante as diligências. Se as provas apontam um suspeito, ele deve ser indiciado; se não apontam, o delegado não pode indiciar ninguém.

> ***Art. 2º, § 6º, Lei nº 12.830/2013*** *O indiciamento, privativo do delegado de polícia, dar-se-á por ato fundamentado, mediante análise técnico-jurídica do fato, que deverá indicar a autoria, materialidade e suas circunstâncias.*

Procedimento especial no CPP

> ***Art. 13-A, CPP*** *Nos crimes previstos nos arts. 148, 149 e 149-A, no § 3º do art. 158 e no art. 159 do Decreto-lei nº 2.848, de 7 de dezembro de 1940 (Código Penal), e no art. 239 da Lei nº 8.069, de 13 de julho de 1990 (Estatuto da Criança e do Adolescente), o membro do Ministério Público ou o delegado de polícia poderá requisitar, de quaisquer órgãos do poder público ou de empresas da iniciativa privada, dados e informações cadastrais da vítima ou de suspeitos.*
>
> ***Parágrafo único.*** *A requisição, que será atendida no prazo de 24 (vinte e quatro) horas, conterá:*
>
> *I – o nome da autoridade requisitante;*
>
> *II – o número do inquérito policial; e*
>
> *III – a identificação da unidade de polícia judiciária responsável pela investigação.*
>
> ***Art. 13-B*** *Se necessário à prevenção e à repressão dos crimes relacionados ao tráfico de pessoas, o membro do Ministério Público ou o delegado de polícia poderão requisitar, mediante autorização judicial, às empresas prestadoras de serviço de telecomunicações e/ou telemática que disponibilizem imediatamente os meios técnicos adequados – como sinais, informações e outros – que permitam a localização da vítima ou dos suspeitos do delito em curso.*
>
> *§ 1º Para os efeitos deste artigo, sinal significa posicionamento da estação de cobertura, setorização e intensidade de radiofrequência.*
>
> *§ 2º Na hipótese de que trata o caput, o sinal:*
>
> *I – não permitirá acesso ao conteúdo da comunicação de qualquer natureza, que dependerá de autorização judicial, conforme disposto em lei;*
>
> *II – deverá ser fornecido pela prestadora de telefonia móvel celular por período não superior a 30 (trinta) dias, renovável por uma única vez, por igual período;*
>
> *III – para períodos superiores àquele de que trata o inciso II, será necessária a apresentação de ordem judicial.*
>
> *§ 3º Na hipótese prevista neste artigo, o inquérito policial deverá ser instaurado no prazo máximo de 72 (setenta e duas) horas, contado do registro da respectiva ocorrência policial.*
>
> *§ 4º Não havendo manifestação judicial no prazo de 12 (doze) horas, a autoridade competente requisitará às empresas prestadoras de serviço de telecomunicações e/ou telemática que disponibilizem imediatamente os meios técnicos adequados – como sinais, informações e outros – que permitam a localização da vítima ou dos suspeitos do delito em curso, com imediata comunicação ao juiz.*

Final do inquérito policial

O inquérito policial é finalizado com a produção de um documento chamado relatório. Nele, o delegado relatará as diligências realizadas.

O delegado não deve emitir opinião no relatório – ressalva feita à Lei nº 11.343/2006 (Lei de Drogas), prevendo que, na elaboração do relatório, a autoridade policial deva justificar as razões que a levaram à classificação do delito (art. 52).

Após a confecção do relatório, o IP estará concluído.

Destino dos autos do inquérito policial

Os autos do inquérito, integrados ao relatório, serão remetidos ao Judiciário (art. 10, § 1º, CPP), para que sejam acessados pelo titular da ação penal.

> ***Art. 10, § 1º, CPP*** *A autoridade fará minucioso relatório do que tiver sido apurado e enviará autos ao juiz competente.*

Arquivamento do inquérito

> ***Art. 28, CPP*** *Ordenado o arquivamento do inquérito policial ou de quaisquer elementos informativos da mesma natureza, o órgão do Ministério Público comunicará à vítima, ao investigado e à autoridade policial e encaminhará os autos para a instância de revisão ministerial para fins de homologação, na forma da lei. (Redação dada pela Lei nº 13.964/2019)*

Ordenado o arquivamento do IP, o membro do Ministério Público comunicará à vítima, ao investigado e à autoridade policial, devendo, ainda, encaminhar os autos para a instância de revisão ministerial para fins de homologação.

Assim, atualmente, o controle do arquivamento é feito pelo próprio órgão ministerial (MP) e não mais pelo juiz.

Efeitos do arquivamento do inquérito policial

Arquivado o inquérito policial, por despacho do juiz, a requerimento do promotor de Justiça, não pode a ação penal ser iniciada sem novas provas (Súmula nº 524 – STF). Assim, o arquivamento do IP veda o oferecimento da denúncia para a promoção da ação penal, mas tal vedação não é absoluta, pois, se surgirem novas provas, a acusação poderá ser oferecida e ser iniciada a ação penal.

> ***Art. 18, CPP*** *Depois de ordenado o arquivamento do inquérito pela autoridade judiciária, por falta de base para a denúncia, a autoridade policial poderá proceder a novas pesquisas, se de outras provas tiver notícia.*

9 PROVAS

9.1 Conceito

É tudo aquilo que é apresentado ao juiz com o objetivo de contribuir na formação da sua opinião quanto aos fatos ou atos do processo que sejam relevantes para auxiliá-lo a chegar à sentença.

9.2 Cadeia de custódia

Cadeia de custódia da prova consiste no caminho que deve ser percorrido pela prova até sua análise pelo magistrado, sendo certo que qualquer interferência indevida durante esse trâmite processual pode resultar na sua imprestabilidade.

Note que o tema "cadeia de custódia" é um tema totalmente novo incluído pelo Pacote Anticrime (Lei nº 13.721/2018), portanto, a probabilidade de constar em provas será enorme. Atente à letra da lei, pois, sendo novidade e como não há jurisprudência envolvendo o tema ainda, assim, as bancas devem abusar a lei seca.

Considera-se cadeia de custódia o conjunto de todos os procedimentos utilizados para manter e documentar a história cronológica do vestígio coletado em locais ou em vítimas de crimes, para rastrear sua posse e manuseio a partir de seu reconhecimento até o descarte.

Início da cadeia de custódia: dá-se com a preservação do local de crime ou com procedimentos policiais ou periciais nos quais seja detectada a existência de vestígio.

O agente público que reconhecer um elemento como de potencial interesse para a produção da prova pericial **fica responsável por sua preservação.**

A coleta dos vestígios deverá ser realizada **preferencialmente** por perito oficial.

É proibida a entrada em locais isolados, bem como a remoção de quaisquer vestígios de locais de crime antes da liberação por parte do perito responsável, **sendo tipificada como fraude processual a sua realização.**

> ***Art. 158-A, CPP*** *Considera-se cadeia de custódia o conjunto de todos os procedimentos utilizados para manter e documentar a história cronológica do vestígio coletado em locais ou em vítimas de crimes, para rastrear sua posse e manuseio a partir de seu reconhecimento até o descarte.*
>
> *§ 1º O início da cadeia de custódia dá-se com a preservação do local de crime ou com procedimentos policiais ou periciais nos quais seja detectada a existência de vestígio.*
>
> *§ 2º O agente público que reconhecer um elemento como de potencial interesse para a produção da prova pericial fica responsável por sua preservação.*
>
> *§ 3º Vestígio é todo objeto ou material bruto, visível ou latente, constatado ou recolhido, que se relaciona à infração penal.*
>
> ***Art. 158-B*** *A cadeia de custódia compreende o rastreamento do vestígio nas seguintes etapas:*
>
> *I – reconhecimento: ato de distinguir um elemento como de potencial interesse para a produção da prova pericial;*
>
> *II – isolamento: ato de evitar que se altere o estado das coisas, devendo isolar e preservar o ambiente imediato, mediato e relacionado aos vestígios e local de crime;*
>
> *III – fixação: descrição detalhada do vestígio conforme se encontra no local de crime ou no corpo de delito, e a sua posição na área de exames, podendo ser ilustrada por fotografias, filmagens ou croqui, sendo indispensável a sua descrição no laudo pericial produzido pelo perito responsável pelo atendimento;*
>
> *IV – coleta: ato de recolher o vestígio que será submetido à análise pericial, respeitando suas características e natureza;*
>
> *V – acondicionamento: procedimento por meio do qual cada vestígio coletado é embalado de forma individualizada, de acordo com suas características físicas, químicas e biológicas, para posterior análise, com anotação da data, hora e nome de quem realizou a coleta e o acondicionamento;*
>
> *VI – transporte: ato de transferir o vestígio de um local para o outro, utilizando as condições adequadas (embalagens, veículos, temperatura, entre outras), de modo a garantir a manutenção de suas características originais, bem como o controle de sua posse;*
>
> *VII – recebimento: ato formal de transferência da posse do vestígio, que deve ser documentado com, no mínimo, informações referentes ao número de procedimento e unidade de polícia judiciária relacionada, local de origem, nome de quem transportou o vestígio, código de rastreamento, natureza do exame, tipo do vestígio, protocolo, assinatura e identificação de quem o recebeu;*
>
> *VIII – processamento: exame pericial em si, manipulação do vestígio de acordo com a metodologia adequada às suas características biológicas, físicas e químicas, a fim de se obter o resultado desejado, que deverá ser formalizado em laudo produzido por perito;*
>
> *IX – armazenamento: procedimento referente à guarda, em condições adequadas, do material a ser processado, guardado para realização de contraperícia, descartado ou transportado, com vinculação ao número do laudo correspondente;*
>
> *X – descarte: procedimento referente à liberação do vestígio, respeitando a legislação vigente e, quando pertinente, mediante autorização judicial.*
>
> ***Art. 158-C*** *A coleta dos vestígios deverá ser realizada preferencialmente por perito oficial, que dará o encaminhamento necessário para a central de custódia, mesmo quando for necessária a realização de exames complementares.*
>
> *§ 1º Todos os vestígios coletados no decurso do inquérito ou processo devem ser tratados como descrito nesta Lei, ficando órgão central de perícia oficial de natureza criminal responsável por detalhar a forma do seu cumprimento.*
>
> *§ 2º É proibida a entrada em locais isolados bem como a remoção de quaisquer vestígios de locais de crime antes da liberação por parte do perito responsável, sendo tipificada como fraude processual a sua realização.*
>
> ***Art. 158-D*** *O recipiente para acondicionamento do vestígio será determinado pela natureza do material.*
>
> *§ 1º Todos os recipientes deverão ser selados com lacres, com numeração individualizada, de forma a garantir a inviolabilidade e a idoneidade do vestígio durante o transporte.*
>
> *§ 2º O recipiente deverá individualizar o vestígio, preservar suas características, impedir contaminação e vazamento, ter grau de resistência adequado e espaço para registro de informações sobre seu conteúdo.*
>
> *§ 3º O recipiente só poderá ser aberto pelo perito que vai proceder à análise e, motivadamente, por pessoa autorizada.*
>
> *§ 4º Após cada rompimento de lacre, deve se fazer constar na ficha de acompanhamento de vestígio o nome e a matrícula do responsável, a data, o local, a finalidade, bem como as informações referentes ao novo lacre utilizado.*
>
> *§ 5º O lacre rompido deverá ser acondicionado no interior do novo recipiente.*
>
> ***Art. 158-E*** *Todos os Institutos de Criminalística deverão ter uma central de custódia destinada à guarda e controle dos vestígios, e sua gestão deve ser vinculada diretamente ao órgão central de perícia oficial de natureza criminal.*
>
> *§ 1º Toda central de custódia deve possuir os serviços de protocolo, com local para conferência, recepção, devolução de materiais e documentos, possibilitando a seleção, a classificação e a distribuição de materiais, devendo ser um espaço seguro e apresentar condições ambientais que não interfiram nas características do vestígio.*
>
> *§ 2º Na central de custódia, a entrada e a saída de vestígio deverão ser protocoladas, consignando-se informações sobre a ocorrência no inquérito que a eles se relacionam.*
>
> *§ 3º Todas as pessoas que tiverem acesso ao vestígio armazenado deverão ser identificadas e deverão ser registradas a data e a hora do acesso.*
>
> *§ 4º Por ocasião da tramitação do vestígio armazenado, todas as ações deverão ser registradas, consignando-se a identificação do responsável pela tramitação, a destinação, a data e horário da ação.*

Art. 158-F Após a realização da perícia, o material deverá ser devolvido à central de custódia, devendo nela permanecer.

Parágrafo único. *Caso a central de custódia não possua espaço ou condições de armazenar determinado material, deverá a autoridade policial ou judiciária determinar as condições de depósito do referido material em local diverso, mediante requerimento do diretor do órgão central de perícia oficial de natureza criminal.*

9.3 Classificação das provas

9.3.1 Provas nominadas

São aquelas cujo meio de produção está previsto em lei (arts. 158 a 250, CPP).

Art. 226, CPP *Quando houver necessidade de fazer-se o reconhecimento de pessoa, proceder-se-á pela seguinte forma:*

I – a pessoa que tiver de fazer o reconhecimento será convidada a descrever a pessoa que deva ser reconhecida;

II – a pessoa, cujo reconhecimento se pretender, será colocada, se possível, ao lado de outras que com ela tiverem qualquer semelhança, convidando-se quem tiver de fazer o reconhecimento a apontá-la;

III – se houver razão para recear que a pessoa chamada para o reconhecimento, por efeito de intimidação ou outra influência, não diga a verdade em face da pessoa que deve ser reconhecida, a autoridade providenciará para que esta não veja aquela;

IV – do ato de reconhecimento lavrar-se-á auto pormenorizado, subscrito pela autoridade, pela pessoa chamada para proceder ao reconhecimento e por duas testemunhas presenciais.

9.3.2 Provas inominadas

São aquelas cujos meios de produção não estão previstos na lei. Por exemplo: recognição visuográfica de local de crime.

9.3.3 Princípio da liberdade na produção de provas

É possível a utilização de qualquer uma das duas modalidades de provas anteriormente descritas, ou seja, as nominadas e as inominadas, em razão do princípio da liberdade na produção da prova.

Não há nenhuma hierarquia entre as provas, ou seja, tanto as nominadas quanto as inominadas têm o mesmo valor. Tal princípio encontra exceção na seguinte hipótese: estado civil das pessoas.

Art. 155, parágrafo único, CPP *Somente quanto ao estado das pessoas serão observadas as restrições estabelecidas na lei civil.*

Para provar o estado civil, é necessária a apresentação de certidão, não admitindo nenhum outro modo, como a prova testemunhal.

9.3.4 Provas ilícitas

Recebem conceituação diferente pelo Código de Processo Penal e, também, pela doutrina.

- **Conceito de provas ilícitas dentro do CPP:** não há distinção entre as provas ilícitas e ilegítimas, sendo todas elas espécies de provas ilícitas, ou seja, estas, para o CPP, são aquelas que ferem normas constitucionais e infraconstitucionais. Assim, tanto faz se fere norma de Direito Penal ou de Direito Processual Penal.

  Art. 157, CPP *São inadmissíveis, devendo ser desentranhadas do processo, as provas ilícitas, assim entendidas as obtidas em violação a normas constitucionais ou legais.*

- **Conceito de provas ilícitas para a doutrina: as provas ilícitas recebem uma subclassificação:** ilícitas e ilegítimas.
  - **Provas ilícitas: são as que ofendem o direito material (Código Penal ou legislação penal extravagante) e aquelas que ofendem os princípios constitucionais penais. Por exemplo:** violar uma correspondência para conseguir uma prova.
  - **Provas Ilegítimas: são as provas que ofendem o direito formal, processual, ou seja, o Código de Processo Penal e a legislação processual penal extravagante. Também são aquelas que violam os princípios constitucionais processuais penais. Por exemplo:** laudo pericial confeccionado somente por um perito não oficial.

Distinção entre prova ilícita e prova ilegítima

- **Prova ilícita:** é aquela produzida mediante a violação de norma de direito material prevista na Constituição Federal ou em lei ordinária.
- **Prova ilegítima:** é aquela produzida mediante violação de norma de direito processual.

  Art. 479, CPP *Durante o julgamento não será permitida a leitura de documento ou a exibição de objeto que não tiver sido juntado aos autos com a antecedência mínima de 3 (três) dias úteis, dando-se ciência à outra parte.*

Inutilização da prova Ilícitas

Art. 157, CPP São inadmissíveis*, devendo ser desentranhadas do processo, as provas ilícitas, assim entendidas as obtidas em violação a normas constitucionais ou legais. [...]*

§ 3º Preclusa a decisão de desentranhamento da prova declarada inadmissível, ***esta será inutilizada por decisão judicial, facultado às partes acompanhar o incidente.***

Teoria dos frutos da árvore envenenada (*fruits of the poisonous tree*): teoria da prova ilícita por derivação.

Art. 157, § 1º, 1ª parte, CPP *São também inadmissíveis as provas derivadas das ilícitas.*

As provas que decorrem de uma ilícita também estarão contaminadas, não devendo ser utilizadas no processo.

- **Teoria da descoberta inevitável:** prova originária de fonte independente.

  Art. 157, §§ 1º e 2º, CPP *São também inadmissíveis as provas derivadas das ilícitas, salvo quando não evidenciado o nexo de causalidade entre umas e outras, ou quando as derivadas puderem ser obtidas por uma fonte independente das primeiras. Considera-se fonte independente aquela que por si só, seguindo os trâmites típicos e de praxe, próprios da investigação ou instrução criminal, seria capaz de conduzir ao fato objeto da prova.*

A prova derivada de uma ilícita poderá ser utilizada quando, seguindo os trâmites típicos e de praxe da investigação, ou da instrução criminal, pudermos chegar à mesma prova obtida por meio de uma ilícita.

Por meio de uma escuta ilegal, obtém-se a localização de um documento incriminador em relação ao indiciado. Ocorre que uma testemunha, depondo regularmente, também indicou à Polícia o lugar onde se encontrava a referida prova. Podemos concluir que mesmo que esse documento não fosse confeccionado por meio de um procedimento ilegal, ele seria produzido após o interrogatório, por fonte independente.

- Teoria da prova absolutamente independente:

  Art. 157, § 3º, CPP *Preclusa a decisão de desentranhamento da prova declarada inadmissível, esta será inutilizada por decisão judicial, facultado às partes acompanhar o incidente.*

A mera existência de uma prova ilícita no processo não necessariamente o contamina, pois, havendo outras provas lícitas absolutamente independentes da ilícita no processo serão aproveitadas.

A prova declarada ilícita pelo juiz será desentranhada dos autos e destruída com a presença facultativa das partes.

9.3.5 Ônus da prova

Art. 156, CPP *A prova da alegação incumbirá a quem a fizer.*

- **Prova emprestada:** é aceita no Brasil e é aquela produzida em outro processo.
- **Requisitos:** ser entre as partes envolvidas e ser colhida perante o juiz.

9.3.6 Exame de corpo delito

> ***Art. 158, CPP*** *Quando a infração deixar vestígios, será indispensável o exame de corpo de delito, direto ou indireto, não podendo supri-lo a confissão do acusado.*
>
> ***Parágrafo único.*** *Dar-se-á prioridade à realização do exame de corpo de delito quando se tratar de crime que envolva:*
>
> *I – violência doméstica e familiar contra mulher;*
>
> *II – violência contra criança, adolescente, idoso ou pessoa com deficiência.*

- **Obrigatoriedade do exame de corpo de delito:** quando ocorrer infrações que deixam vestígios.

Não podendo supri-lo a confissão do acusado:

- **Prioridade à realização do exame de corpo de delito:** violência doméstica e familiar contra a mulher, contra criança, adolescente, idoso ou pessoa com deficiência.

O exame de corpo de delito pode ser negado pelo juiz ou delegado?

> ***Art. 184, CPP*** ***Salvo o caso de exame de corpo de delito****, o juiz ou a autoridade policial* ***negará a perícia requerida pelas partes****, quando não for necessária ao esclarecimento da verdade.*

Diferença entre corpo de delito e exame de corpo de delito

- **Corpo de delito:** é um conjunto de vestígios deixados, pode ser qualquer coisa, como corpo, documentos etc.
- **Exame de corpo de delito:** é a perícia que será realizada nos vestígios.

> ***Art. 158, CPP*** *Quando a infração deixar vestígios, será indispensável o exame de corpo de delito, direto ou indireto, não podendo supri-lo a confissão do acusado.*

Diferença entre corpo de delito direto e indireto

- **Direto:** é aquele realizado exatamente nos vestígios deixados pelo crime.
- **Indireto: é aquele realizado por outros meios, pois não foi possível fazer o direto, uma vez que ocorreu desaparecimento (por exemplo:** prontuários médicos, atestados).

É possível a prova testemunhal no exame de corpo de delito indireto?

> ***Art. 167, CPP*** *Não sendo possível o exame de corpo de delito, por haverem desaparecido os vestígios, a prova testemunhal poderá suprir-lhe a falta.*

9.3.7 Peritos

> ***Art. 159, CPP*** *O exame de corpo de delito e outras perícias serão realizados por perito oficial, portador de diploma de curso superior.*

O exame de corpo de delito e outras perícias serão realizadas por **perito oficial**, portador de diploma de curso superior.

> ***Art. 159, § 1º, CPP*** *Na falta de perito oficial, o exame será realizado por 2 (duas) pessoas idôneas, portadoras de diploma de curso superior preferencialmente na área específica, dentre as que tiverem habilitação técnica relacionada com a natureza do exame.*
>
> *§ 2º Os peritos não oficiais prestarão o compromisso de bem e fielmente desempenhar o encargo.*

Portanto, o perito não oficial deve:

- Ser pessoa idônea (obrigatório);
- Ser portador de curso superior (obrigatório);
- Estar **preferencialmente** na área específica da matéria examinada.

9.3.8 Reconhecimento de pessoas e objetos

É o meio de prova que tem por finalidade identificar se determinada pessoa ou objeto teve algum tipo de ligação com o crime apurado no processo. Assim, alguém que já tenha visto uma coisa ou outra será chamado a identificá-lo.

Reconhecimento de pessoas

Por meio deste expediente, busca-se identificar não somente o infrator, mas, em alguns casos, até mesmo a vítima e as testemunhas.

> ***Art. 226, CPP*** *[...]*
>
> *I – A pessoa que tiver de fazer o reconhecimento será convidada a descrever a pessoa que deva ser reconhecida;*
>
> *II – A pessoa, cujo reconhecimento se pretender, será colocada, se possível, ao lado de outras que com ela tiverem qualquer semelhança, convidando-se quem tiver de fazer o reconhecimento a apontá-la;*

Reconhecimento de objetos

Se for necessário proceder ao reconhecimento de objetos que tenham algum tipo de vínculo com o crime, será adotará adotado o mesmo procedimento realizado para reconhecer uma pessoa.

> ***Art. 227, CPP*** *No reconhecimento de objeto, proceder-se-á com as cautelas estabelecidas no artigo anterior, no que for aplicável.*

É possível o reconhecimento de pessoas tanto por fotografias como pela voz (modalidade de provas inominadas).

Acareação

É o meio de prova que tem por finalidade esclarecer divergências nas declarações de qualquer cidadão sobre fatos ou circunstâncias relevantes. A acareação pode se dar tanto entre acusados, acusado e testemunha etc.

> ***Art. 229, CPP*** *A acareação será admitida entre acusados, entre acusado e testemunha, entre testemunhas, entre acusado ou testemunha e a pessoa ofendida, e entre as pessoas ofendidas, sempre que divergirem, em suas declarações, sobre fatos ou circunstâncias relevantes.*

Natureza: meio de prova

- **Pressupostos:** divergência substancial sobre fato ou circunstância relevante, prestada previamente pelos confrontantes.
- **Procedimento:** os acareados serão convocados à presença da autoridade (juiz ou delegado). Na sequência, serão provocados pela autoridade a mudar ou ratificar o depoimento anteriormente prestado.

Documentos

É o papel ou meio digital, fotográfico etc., que tem por finalidade transmitir uma informação. É o documento produzido com a finalidade de provar algo. Por exemplo: um comprovante de pagamento, declaração do IR.

Documentos eventuais

Não possuem a finalidade de provar nada, mas, excepcionalmente, podem funcionar como prova. Por exemplo: uma foto familiar.

Tradução

Os documentos em língua estrangeira poderão ser traduzidos para que se obtenha a exata compreensão.

Segundo a doutrina, o que estiver escrito em língua estrangeira, para que tenha valor de prova, deve ser traduzido para o português, respeitando-se o princípio da publicidade.

Restituição

Após a sentença transitar em julgado, será possível a devolução dos documentos originais ao proprietário, adotando-se o seguinte procedimento:

- Requerimento do proprietário;
- Prévia oitiva do MP antes da decisão juiz;
- Se o juiz deferir o pedido, deve ficar cópia nos autos.

> ***Art. 238, CPP*** *Os documentos originais, juntos a processo findo, quando não exista motivo relevante que justifique a sua conservação nos autos, poderão, mediante requerimento, e ouvido o Ministério Público, ser entregues à parte que os produziu, ficando traslado nos autos.*

Indícios

Art. 239, CPP Considera-se indício a circunstância conhecida e provada, que, tendo relação com o fato, autorize, por indução, concluir-se a existência de outra ou outras circunstâncias.

Por exemplo: alguém passeia pela rua e depara-se com uma pessoa com a roupa suja de sangue e uma faca na mão. Essa pessoa passa pela outra correndo e, após alguns metros, encontra um cidadão caído no chão com várias facadas no corpo. Pode-se concluir, logicamente, que aquela primeira que passou com a faca cometeu a agressão, mesmo que não se tenha visto o crime acontecer.

Busca e apreensão

- **Busca:** é a procura de determinada pessoa ou objeto do rol do art. 240 do CPP.
- **Apreensão:** é resultante da busca bem-sucedida, em que se apreende a respectiva pessoa ou objeto procurado.

Para a doutrina moderna, a busca e apreensão seria uma medida cautelar que tem por finalidade prospectar objetos ou pessoas.

- **Momento:** pode ser produzida a qualquer momento, antes, durante ou até mesmo após a persecução penal, ou seja, durante a execução da pena.

Laudo pericial (art. 160, CPP)

Art. 160, CPP Os peritos elaborarão o laudo pericial, onde descreverão minuciosamente o que examinarem, e responderão aos quesitos formulados.

Parágrafo único. O laudo pericial será elaborado no prazo máximo de 10 dias, podendo este prazo ser prorrogado, em casos excepcionais, a requerimento dos peritos.

É um documento por meio do qual o perito expõe suas conclusões e deve conter:

- Informações detalhadas do objeto periciado;
- Respostas elaboradas para os quesitos formulados pelas partes;
- Conclusões.

Art. 161 O exame de corpo de delito poderá ser feito em qualquer dia e a qualquer hora.

Autopsia é obrigatória?

Art. 16, parágrafo único, CPP Nos casos de morte violenta, bastará o simples exame externo do cadáver, quando não houver infração penal que apurar, ou quando as lesões externas permitirem precisar a causa da morte e não houver necessidade de exame interno para a verificação de alguma circunstância relevante.

Interrogatório

- Trata-se de um meio de prova e um meio de defesa;
- Ato personalíssimo do réu.

Via de regra será oral. As exceções estão previstas nos arts. 192 e 193 do CPP:

Art. 192, CPP O interrogatório do mudo, do surdo ou do surdo-mudo será feito pela forma seguinte:

I – ao surdo serão apresentadas por escrito as perguntas, que ele responderá oralmente

II – ao mudo as perguntas serão feitas oralmente, respondendo-as por escrito

III – ao surdo-mudo as perguntas serão formuladas por escrito e do mesmo modo dará as respostas

Parágrafo único. Caso o interrogando não saiba ler ou escrever, intervirá no ato, como intérprete e sob compromisso, pessoa habilitada a entendê-lo

Art. 193 Quando o interrogando não falar a língua nacional, o interrogatório será feito por meio de intérprete.

Individualidade

Art. 191 Havendo mais de um acusado, serão interrogados separadamente.

Procedimentos

Art. 185 O acusado que comparecer perante a autoridade judiciária, no curso do processo penal, será qualificado e interrogado na presença de seu defensor, constituído ou nomeado. [...]

§ 5º Em qualquer modalidade de interrogatório, o juiz garantirá ao réu o direito de entrevista prévia e reservada com o seu defensor; [...]

§ 10 Do interrogatório deverá constar a informação sobre a existência de filhos, respectivas idades e se possuem alguma deficiência e o nome e o contato de eventual responsável pelos cuidados dos filhos, indicado pela pessoa presa

Qualificação – 2 fases

Art. 187 O interrogatório será constituído de duas partes: sobre a pessoa do acusado e sobre os fatos

§ 1º Na primeira parte o interrogando será perguntado sobre a residência, meios de vida ou profissão, oportunidades sociais, lugar onde exerce a sua atividade, vida pregressa, notadamente se foi preso ou processado alguma vez e, em caso afirmativo, qual o juízo do processo, se houve suspensão condicional ou condenação, qual a pena imposta, se a cumpriu e outros dados familiares e sociais

§ 2º Na segunda parte será perguntado sobre:

I – ser verdadeira a acusação que lhe é feita;

II – não sendo verdadeira a acusação, se tem algum motivo particular a que atribuí-la, se conhece a pessoa ou pessoas a quem deva ser imputada a prática do crime, e quais sejam, e se com elas esteve antes da prática da infração ou depois dela;

III – onde estava ao tempo em que foi cometida a infração e se teve notícia desta;

IV – as provas já apuradas;

V – se conhece as vítimas e testemunhas já inquiridas ou por inquirir, e desde quando, e se tem o que alegar contra elas;

VI – se conhece o instrumento com que foi praticada a infração, ou qualquer objeto que com esta se relacione e tenha sido apreendido;

VII – todos os demais fatos e pormenores que conduzam à elucidação dos antecedentes e circunstâncias da infração;

VIII – se tem algo mais a alegar em sua defesa.

Pode ser invocado o *nemo tenetur se detegere* no interrogatório?

Art. 186, CPP Depois de devidamente qualificado e cientificado do inteiro teor da acusação, o acusado será informado pelo juiz, antes de iniciar o interrogatório, do seu direito de permanecer calado e de não responder perguntas que lhe forem formuladas.

Parágrafo único. O silêncio, que não importará em confissão, não poderá ser interpretado em prejuízo da defesa.

Uma vez interrogado o acusado, ele pode ser inquirido novamente?

Art. 196, CPP A todo tempo o juiz poderá proceder a novo interrogatório de ofício ou a pedido fundamentado de qualquer das partes.

Interrogatório por videoconferência

Art. 185, § 2º, CPP Excepcionalmente, o juiz, por decisão fundamentada, de ofício ou a requerimento das partes, poderá realizar o interrogatório do réu preso por sistema de videoconferência ou outro recurso tecnológico de transmissão de sons e imagens em tempo real, desde que a medida seja necessária para atender a uma das seguintes finalidades:

I – prevenir risco à segurança pública, quando exista fundada suspeita de que o preso integre organização criminosa ou de que, por outra razão, possa fugir durante o deslocamento;

II – viabilizar a participação do réu no referido ato processual, quando haja relevante dificuldade para seu comparecimento em juízo, por enfermidade ou outra circunstância pessoal;

III – impedir a influência do réu no ânimo de testemunha ou da vítima, desde que não seja possível colher o depoimento destas por videoconferência, nos termos do art. 217 deste Código;

IV – responder à gravíssima questão de ordem pública.

§ 3º Da decisão que determinar a realização de interrogatório por videoconferência, as partes serão intimadas com 10 (dez) dias de antecedência

§ 4º Antes do interrogatório por videoconferência, o preso poderá acompanhar, pelo mesmo sistema tecnológico, a realização de todos os atos da audiência única de instrução e julgamento

§ 6º A sala reservada no estabelecimento prisional para a realização de atos processuais por sistema de videoconferência será fiscalizada pelos corregedores e pelo juiz de cada causa, como também pelo Ministério Público e pela Ordem dos Advogados do Brasil.

Confissão

Art. 197, CPP *O valor da confissão se aferirá pelos critérios adotados para os outros elementos de prova, e para a sua apreciação o juiz deverá confrontá-la com as demais provas do processo, verificando se entre ela e estas existe compatibilidade ou concordância.*

Art. 198 *O silêncio do acusado não importará confissão, mas poderá constituir elemento para a formação do convencimento do juiz.*

Art. 199 *A confissão, quando feita fora do interrogatório, será tomada por termo nos autos, observado o disposto no art. 195.*

Art. 200 *A confissão será divisível e retratável, sem prejuízo do livre convencimento do juiz, fundado no exame das provas em conjunto.*

10 PRISÕES

10.1 Conceito

Prisão é uma restrição à liberdade de ir e vir (liberdade ambulatorial ou de locomoção), por meio do recolhimento ao cárcere por ordem fundamentada do juiz ou derivada da prisão em flagrante.

10.2 Espécies de prisão cautelar

Atualmente, existem três espécies de prisão cautelar: 1) prisão em flagrante, 2) preventiva e 3) temporária.

10.2.1 Prisão preventiva

É a medida cautelar de constrição da liberdade pessoal, cabível durante toda a persecução penal (inquérito policial + processo), decretada pelo juiz *ex-officio* no curso da ação penal, ou a requerimento do MP, do querelante, do assistente ou por representação da autoridade policial. Não tem prazo e justifica-se na presença dos requisitos estabelecidos na lei.

Note que a prisão preventiva teve alterações consideráveis conforme o Pacote Anticrime.

Tempo da prisão preventiva

Não há prazo definido em lei acerca da duração dela e estende-se no tempo enquanto houver necessidade, que é dosada pela presença de seus requisitos legais. Se eventualmente estes desaparecem, a prisão preventiva será revogada e nada impede que ela seja decretada novamente, caso algum dos requisitos reapareça.

Por sua vez, se ela se estende no tempo de maneira desproporcional, transforma-se em prisão ilegal e, nesse caso, merecerá relaxamento.

Cabimento

Será possível tanto na investigação policial como no processo.

> ***Art. 311, CPP*** *Em qualquer fase da investigação policial ou do processo penal, caberá a prisão preventiva decretada pelo juiz, a requerimento do Ministério Público, do querelante ou do assistente, ou por representação da autoridade policial.*

Decretação

> ***Art. 312, CPP*** *A prisão preventiva poderá ser decretada como garantia da ordem pública, da ordem econômica, por conveniência da instrução criminal ou para assegurar a aplicação da lei penal, quando houver prova da existência do crime e indício suficiente de autoria e de perigo gerado pelo estado de liberdade do imputado.*
>
> *§ 1º A prisão preventiva também poderá ser decretada em caso de descumprimento de qualquer das obrigações impostas por força de outras medidas cautelares (art. 282, § 4º).*
>
> *§ 2º A decisão que decretar a prisão preventiva deve ser motivada e fundamentada em receio de perigo e existência concreta de fatos novos ou contemporâneos que justifiquem a aplicação da medida adotada.*

Admissibilidade

> ***Art. 313, CPP*** *Nos termos do* ***art. 312 deste Código****, será admitida a decretação da prisão preventiva:*
>
> *I – nos crimes dolosos punidos com pena privativa de liberdade máxima superior a 4 (quatro) anos.*
>
> *II – se tiver sido condenado por outro crime doloso, em sentença transitada em julgado, ressalvado o disposto no inciso I do caput do art. 64 do Decreto-lei nº 2.848, de 7 de dezembro de 1940 – Código Penal.*
>
> *III – se o crime envolver violência doméstica e familiar contra a mulher, criança, adolescente, idoso, enfermo ou pessoa com deficiência, para garantir a execução das medidas protetivas de urgência.*
>
> *§ 1º Também será admitida a prisão preventiva quando houver dúvida sobre a identidade civil da pessoa ou quando esta não fornecer elementos suficientes para esclarecê-la, devendo o preso ser colocado imediatamente em liberdade após a identificação, salvo se outra hipótese recomendar a manutenção da medida.*
>
> *§ 2º Não será admitida a decretação da prisão preventiva com a finalidade de antecipação de cumprimento de pena ou como decorrência imediata de investigação criminal ou da apresentação ou recebimento de denúncia.*

Excludentes de ilicitude

> ***Art. 314, CPP*** *A prisão preventiva em nenhum caso será decretada se o juiz verificar pelas provas constantes dos autos ter o agente praticado o fato nas condições previstas nos incisos I, II e III do caput do art. 23 do Decreto-lei nº 2.848, de 7 de dezembro de 1940 – Código Penal.*

Motivação

> ***Art. 315, CPP*** *A decisão que decretar, substituir ou denegar a prisão preventiva será sempre motivada e fundamentada.*
>
> *§ 1º Na motivação da decretação da prisão preventiva ou de qualquer outra cautelar, o juiz deverá indicar concretamente a existência de fatos novos ou contemporâneos que justifiquem a aplicação da medida adotada.*
>
> *§ 2º Não se considera fundamentada qualquer decisão judicial, seja ela interlocutória, sentença ou acórdão, que:*
>
> *I – limitar-se à indicação, à reprodução ou à paráfrase de ato normativo, sem explicar sua relação com a causa ou a questão decidida.*
>
> *II – empregar conceitos jurídicos indeterminados, sem explicar o motivo concreto de sua incidência no caso.*
>
> *III – invocar motivos que se prestariam a justificar qualquer outra decisão.*
>
> *IV – não enfrentar todos os argumentos deduzidos no processo capazes de, em tese, infirmar a conclusão adotada pelo julgador.*
>
> *V – limitar-se a invocar precedente ou enunciado de súmula, sem identificar seus fundamentos determinantes nem demonstrar que o caso sob julgamento se ajusta àqueles fundamentos.*
>
> *VI – deixar de seguir enunciado de súmula, jurisprudência ou precedente invocado pela parte, sem demonstrar a existência de distinção no caso em julgamento ou a superação do entendimento.*
>
> ***Art. 316*** *O juiz poderá, de ofício ou a pedido das partes, revogar a prisão preventiva se, no correr da investigação ou do processo, verificar a falta de motivo para que ela subsista, bem como novamente decretá-la, se sobrevierem razões que a justifiquem.*
>
> ***Parágrafo único.*** *Decretada a prisão preventiva, deverá o órgão emissor da decisão revisar a necessidade de sua manutenção a cada 90 (noventa) dias, mediante decisão fundamentada, de ofício, sob pena de tornar a prisão ilegal.*

10.2.2 Prisão temporária

É a prisão cautelar cabível apenas ao longo do inquérito policial, decretada pelo juiz a requerimento do MP ou por representação da autoridade policial (o juiz não pode decretar a medida de ofício e não pode ser requerida pelo querelante nos casos de ação penal privada), com prazo pré-estabelecido em lei, uma vez presente os requisitos do art. 1º da Lei nº 7.960/1989.

Prisão temporária

- É a prisão cautelar;
- Cabível apenas ao longo do IP;
- Decretada pelo juiz;
- Requerida pelo MP ou pelo delegado;
- Com prazo pré-estabelecido em lei;
- Uma vez presente os seus requisitos.

Cabimento

> ***Art. 1º, Lei nº 7.960/1989*** *Caberá prisão temporária:*
>
> *I – quando imprescindível para as investigações do inquérito policial;*
>
> *II – quando o indicado não tiver residência fixa ou não fornecer elementos necessários ao esclarecimento de sua identidade;*

III – quando houver fundadas razões, de acordo com qualquer prova admitida na legislação penal, de autoria ou participação do indiciado nos seguintes crimes:

a) homicídio doloso (art. 121, caput, e seu § 2º);

b) sequestro ou cárcere privado (art. 148, caput, e seus §§ 1º e 2º);

c) roubo (art. 157, caput, e seus §§ 1º, 2º e 3º);

d) extorsão (art. 158, caput, e seus §§ 1º e 2º.);

e) extorsão mediante sequestro (art. 159, caput, e seus §§ 1º, 2º e 3º);

f) estupro (art. 213, caput, e sua combinação com o art. 223, caput, e parágrafo único);

g) atentado violento ao pudor (art. 214, caput, e sua combinação com o art. 223, caput, e parágrafo único);

h) rapto violento (art. 219, e sua combinação com o art. 223, caput, e parágrafo único);

i) epidemia com resultado de morte (art. 267, § 1º);

j) envenenamento de água potável ou substância alimentícia ou medicinal qualificado pela morte (art. 270, caput, combinado com art. 285);

l) quadrilha ou bando (art. 288), todos do Código Penal;

m) genocídio (arts. 1º, 2º e 3º da Lei nº 2.889, de 1º de outubro de 1956), em qualquer de suas formas típicas;

n) tráfico de drogas (art. 12 da Lei nº 6.368, de 21 de outubro de 1976);

o) crimes contra o sistema financeiro (Lei nº 7.492, de 16 de junho de 1986).

p) crimes previstos na Lei de Terrorismo.

O rol de crimes descrito é taxativo, o que significa que somente esses delitos comportam a medida e mais nenhum.

10.2.3 Prisão em flagrante

É a prisão cautelar de natureza administrativa que funciona como ferramenta de preservação social, autorizando a captura daquele que é surpreendido no instante em que pratica ou termina de concluir a infração penal. Caracteriza-se pela imediatidade entre o crime e a prisão. Essa modalidade de prisão comporta várias delas e, a seguir, exemplificaremos cada hipótese de flagrante, conforme o que vem sendo cobrado nos principais concursos do país.

Modalidades de flagrante

- **Flagrante obrigatório/coercitivo:** é aquele flagrante das autoridades policiais e seus agentes. A autoridade policial não tem qualquer discricionariedade quanto a prisão em flagrante ou não.

> ***Art. 301, CPP*** *Qualquer do povo poderá e as autoridades policiais e seus agentes deverão prender quem quer que seja encontrado em flagrante delito.*

Flagrante obrigátorio

↓

Autoridade Policial ou seus Agentes

↓

Tem o dever de efetuar a prisão

- **Flagrante facultativo:** é o flagrante que se aplica a qualquer pessoa do povo, não tendo o sujeito a obrigação de agir.

> ***Art. 301, CPP*** *Qualquer do povo poderá e as autoridades policiais e seus agentes deverão prender quem quer que seja encontrado em flagrante delito.*

Flagrante facultativo

↓

Qualquer pessoa do povo

↓

Poderá realizar o flagrante

Esquematizando o tema:

Art. 301	Espécie de flagrante
Qualquer do povo PODERÁ	FACULTATIVO
As autoridades policiais e seus agentes DEVERÃO	OBRIGATÓRIO

Excludente de licitude	Infração em tese
Exercício regular do direito	Constrangimento ilegal
Estrito cumprimento do dever legal	Abuso de autoridade

- **Flagrante próprio (real/perfeito/propriamente dito)** tem cabimento em duas hipóteses:
  - Quando o agente está cometendo o delito, ou seja, está em plena prática dos atos executórios;
  - Acaba de cometer o delito, isto é, o agente terminou de concluir a prática da infração penal, ficando evidente que é o autor do crime.

> ***Art. 302, CPP*** *Considera-se em flagrante delito quem:*
> *I – Está cometendo a infração penal;*
> *II – Acaba de cometê-la;*

- **Flagrante impróprio (irreal/imperfeito/quase flagrante):** é a espécie de flagrante que ocorre quando o criminoso conclui o crime ou é interrompido pela chegada de terceiros e foge, sem ser preso no local, fazendo com que se inicie uma perseguição, seja pela polícia, pela vítima ou por terceiro.

> ***Art. 302*** *Considera-se em flagrante delito quem: [...]*
> *III – É perseguido, logo após, pela autoridade, pelo ofendido ou por qualquer pessoa, em situação que faça presumir ser autor da infração.*

- **Flagrante presumido (ficto ou assimilado):** o criminoso é encontrado logo depois de praticar o crime, com objetos, armas ou papéis que faça presumir ser ele o autor do delito. Nesse caso, não há perseguição.

> ***Art. 302*** *Considera-se em flagrante delito quem: [...]*
> *IV – É encontrado, logo depois, com instrumentos, armas, objetos ou papéis que façam presumir ser ele autor da infração.*

- **Flagrante forjado:** é o flagrante realizado para incriminar um inocente. A prisão é ilegal e o forjador responderá criminalmente por denunciação caluniosa (art. 339, CP).

- **Flagrante esperado:** ocorre quando a Polícia toma conhecimento da possibilidade da ocorrência de um crime, então, fica em campana, aguardando que se iniciem os primeiros atos executórios, na expectativa de concretizar a captura. Devido à falta de previsão legal do flagrante esperado, quando a tomada se concretiza, ele se transforma em flagrante próprio. Assim, essa é uma modalidade viável para autorizar a prisão em flagrante.

No flagrante esperado, a Polícia em nada contribui com a prática do delito; ela simplesmente toma conhecimento do crime que está por vir e aguarda o delito acontecer para realizar a prisão. Não confundir com o flagrante preparado.

- **Flagrante preparado (provocado/delito putativo por obra do agente provocador):** ocorre quando o agente provocador (em regra, a Polícia, podendo também ser terceiro) induz ou instiga alguém a cometer um crime. Não é admitida no Brasil a prisão – é ilegal –, e o fato praticado não constitui crime, pois é atípico, sendo a consumação da ação impossível, haja vista que, durante os atos executórios, haverá a prisão.

> ***Súmula nº 145 – STF***
> *Não há crime, quando a preparação do flagrante pela polícia torna impossível a sua consumação.*

- **Flagrante postergado (diferido/estratégico/ação controlada):** caracteriza-se pela possibilidade que a Polícia – e somente ela – tem de retardar a prisão em flagrante, na expectativa de realizá-la em um momento mais adequado para a colheita de provas, para a captura do maior número de infratores e, também, a fim de conseguir o enquadramento no delito principal da facção criminosa. Ele é possível no **art. 53, Lei nº 11.343/2006.**

> ***Art. 53, Lei nº 11.343/2006*** *Em qualquer fase da persecução criminal relativa aos crimes previstos nesta Lei, são permitidos, além dos previstos em lei, mediante autorização judicial e ouvido o Ministério Público, os seguintes procedimentos investigatórios:*
>
> *I – A infiltração por agentes de polícia, em tarefas de investigação, constituída pelos órgãos especializados pertinentes;*
>
> *II – A não atuação policial sobre os portadores de drogas, seus precursores químicos ou outros produtos utilizados em sua produção, que se encontrem no território brasileiro, com a finalidade de identificar e responsabilizar maior número de integrantes de operações de tráfico e distribuição, sem prejuízo da ação penal cabível.*
>
> ***Parágrafo único.*** *Na hipótese do inciso II deste artigo, a autorização será concedida desde que sejam conhecidos o itinerário provável e a identificação dos agentes do delito ou de colaboradores.*

Fases da prisão em flagrante

- **Captura:** emprego da força – a força pode ser utilizada, porém com moderação. Referente ao tema, importante o teor constante do art. 292 do CPP.

> ***Art. 292, CPP*** *Se houver, ainda que por parte de terceiros, resistência à prisão em flagrante ou à determinada por autoridade competente, o executor e as pessoas que o auxiliarem poderão usar dos meios necessários para defender-se ou para vencer a resistência, do que tudo se lavrará auto subscrito também por duas testemunhas.*
>
> ***Uso de algemas***
>
> *Trata-se de uma medida de natureza excepcional, devendo ser utilizado utilizada quando houver risco de fuga OU agressão do preso contra policiais, membros da sociedade ou até a si mesmo.*
>
> ***Súmula Vinculante nº 11 – STF***
>
> *Só é lícito o uso de algemas em casos de resistência e de fundado receio de fuga ou de perigo à integridade física própria ou alheia, por parte do preso ou de terceiros, justificada a excepcionalidade por escrito, sob pena de responsabilidade disciplinar, civil e penal do agente ou da autoridade e de nulidade da prisão ou do ato processual a que se refere, sem prejuízo da responsabilidade civil do Estado.*
>
> ***Art. 292, parágrafo único, CPP*** *É vedado o uso de algemas em mulheres grávidas durante os atos médico-hospitalares preparatórios para a realização do parto e durante o trabalho de parto, bem como em mulheres durante o período de puerpério imediato.*

- **Condução coercitiva:** não se imporá prisão em flagrante.
  - Lei dos Juizados Especiais Criminais;
  - Porte de drogas para consumo pessoal;
  - CTB.
- **Lavratura do auto de prisão em flagrante:** possibilidade de concessão de fiança pela própria autoridade policial, nos moldes previstos pelo art. 322 do CPP.

> ***Art. 322, CPP*** *A autoridade policial **somente** poderá conceder fiança nos casos de infração cuja pena privativa de liberdade máxima não seja superior a 4 (quatro) anos.*
>
> ***Parágrafo único.*** *Nos demais casos, a fiança será requerida ao juiz, que decidirá em 48 (quarenta e oito) horas.*

- **Convalidação judicial da prisão em flagrante:** essa convalidação judicial constitui-se no procedimento que deverá ser observado pelo juiz quando do recebimento do auto de prisão em flagrante.

Cumpre recordarmos que a obrigatoriedade de comunicação da prisão ao juiz encontra-se prevista na legislação ao teor do art. 306, do Código de Processo Penal, o que dispõe:

> ***Art. 306*** *A prisão de qualquer pessoa e local onde se encontre serão comunicados imediatamente ao juiz competente, ao Ministério Público e a família do preso ou a pessoa por ele indicada.*
>
> *§ 1º Em até 24 (vinte e quatro horas) após a realização da prisão, será encaminhado ao juiz competente o auto de prisão em flagrante e, caso o autuado não informe o nome de seu advogado, cópia integral para Defensoria Pública.*
>
> *§ 2º No mesmo prazo, será entregue ao preso, mediante recibo, a nota de culpa (termo de ciência das garantias constitucionais), assinada pela autoridade, com o motivo da prisão, o nome do condutor e os das testemunhas.*

Audiência de custódia: audiência de custódia consiste no direito que a pessoa presa em flagrante possui de ser conduzida (levada), sem demora, à presença de uma autoridade judicial (magistrado) que analisará se os direitos fundamentais dessa pessoa foram respeitados (por exemplo: se não houve tortura), se a prisão em flagrante foi legal e se a prisão cautelar deve ser decretada ou se o preso poderá receber a liberdade provisória ou medida cautelar diversa da prisão.

> ***Art. 310, CPP*** *Após receber o auto de prisão em flagrante, no prazo máximo de até 24 (vinte e quatro) horas após a realização da prisão, o juiz deverá promover audiência de custódia com a presença do acusado, seu advogado constituído ou membro da Defensoria Pública e o membro do Ministério Público, e, nessa audiência, o juiz deverá, fundamentadamente.*
>
> *I – relaxar a prisão ilegal; o.*
>
> *II – converter a prisão em flagrante em preventiva, quando presentes os requisitos constantes do art. 312 deste Código, e se revelarem inadequadas ou insuficientes as medidas cautelares diversas da prisão; o.*
>
> *III – conceder liberdade provisória, com ou sem fiança.*
>
> *§ 1º Se o juiz verificar, pelo auto de prisão em flagrante, que o agente praticou o fato em qualquer das condições constantes dos incisos I, II ou III do caput do art. 23 do Decreto-lei nº 2.848, de 7 de dezembro de 1940 (Código Penal), poderá, fundamentadamente, conceder ao acusado liberdade provisória, mediante termo de comparecimento obrigatório a todos os atos processuais, sob pena de revogação.*
>
> *§ 2º Se o juiz verificar que o agente é reincidente ou que integra organização criminosa armada ou milícia, ou que porta arma de fogo de uso restrito, deverá denegar a liberdade provisória, com ou sem medidas cautelares.*
>
> *§ 3º A autoridade que deu causa, sem motivação idônea, à não realização da audiência de custódia no prazo estabelecido no caput deste artigo responderá administrativa, civil e penalmente pela omissão.*
>
> *§ 4º Transcorridas 24 (vinte e quatro) horas após o decurso do prazo estabelecido no caput deste artigo, a não realização de audiência de custódia sem motivação idônea ensejará também a ilegalidade da prisão, a ser relaxada pela autoridade competente, sem prejuízo da possibilidade de imediata decretação de prisão preventiva.*

QUESTÕES

1 QUESTÕES

01. A permanência da criança e do adolescente em programa de acolhimento institucional não se prolongará por mais de doze meses, salvo comprovada necessidade que atenda ao seu superior interesse, devidamente fundamentada pelo juiz.

Certo ( ) Errado ( )

02. Família natural é a comunidade formada pelos pais ou qualquer deles e seus descendentes.

Certo ( ) Errado ( )

03. Família extensa ou ampliada é aquela formada por parentes próximos com os quais a criança ou adolescente convive e mantém vínculos de afinidade e afetividade.

Certo ( ) Errado ( )

Texto para as próximas 10 questões.

Texto CB4A1AAA

As discussões em torno de questões como "o que é justiça?" ou "quais são os mecanismos disponíveis para produzir situações cada vez mais justas ao conjunto da sociedade?" não são novidade. Autores do século XIX já procuravam construir análises para identificar qual o sentido exato do termo justiça e quais formas de promovê-la eram possíveis e desejáveis ao conjunto da sociedade à época.

O debate se enquadra em torno de três principais ideias: bem-estar; liberdade e desenvolvimento; e promoção de formas democráticas de participação. Autores importantes do campo da ciência política e da filosofia política e moral se debruçaram intensamente em torno dessa questão ao longo do século XX, e chegaram a conclusões diversas uns dos outros. Embora a perspectiva analítica de cada um desses autores divirja entre si, eles estão preocupados em desenvolver formas de promoção de situações de justiça social e têm hipóteses concretas para se chegar a esse estado de coisas.

Para Amartya Sen, por exemplo, a injustiça é percebida e mensurada por meio da distribuição e do alcance social das liberdades. Para Rawls, ela se manifesta principalmente nas estruturas básicas da sociedade e sua solução depende de uma nova forma de contrato social e de uma definição de princípios básicos que criem condições de promoção de justiça. Já para Habermas, a questão gira em torno da manifestação no campo da ação comunicativa, na qual a fragilidade de uma ação coletiva que tenha pouco debate ou pouca representação pode enfraquecer a qualidade da democracia e, portanto, interferir no seu pleno funcionamento, tendo, por consequência, desdobramentos sociais injustos.

Em síntese, os autores argumentam a favor de instrumentos variados para a solução da injustiça, os quais dependem da interpretação de cada um deles acerca do conceito de justiça.

RINALDI, Augusto Leal. Justiça, liberdade e democracia. Pensamento Plural, Pelotas, n. 12, p. 57-74, jan.-jun./2013 (com adaptações).

Julgue os seguintes itens, relativos aos sentidos e às ideias do texto CB4A1AAA.

04. Depreende-se do texto que o debate acerca da justiça se organiza em torno de parâmetros básicos, mas que não há consenso quanto ao conceito de justiça e às formas concretas para alcançá-la entre filósofos e cientistas políticos do século XX.

Certo ( ) Errado ( )

05. Para o autor do texto, uma correta definição do termo "justiça" e a compreensão de sua manifestação social são imprescindíveis para que se possam traçar soluções adequadas a cada tipo de sociedade.

Certo ( ) Errado ( )

06. Os autores mencionados no segundo parágrafo apresentam ideias contrárias acerca da noção de injustiça: Amartya Sen a relaciona à liberdade na sociedade; Rawls entende injustiça como uma questão de contratos civis; e Habermas, como uma manifestação linguística e de ação coletiva.

Certo ( ) Errado ( )

07. O verbo **enquadrar**, no trecho "O debate se enquadra em torno de três principais ideias" (L.8), foi empregado com o sentido de **circunscrever**.

Certo ( ) Errado ( )

08. A expressão "estado de coisas" (L.17) refere-se a "situações de justiça social" (L.16).

Certo ( ) Errado ( )

09. Embora haja semelhança de sentido entre os verbos **divergir** e **diferir**, a substituição da forma verbal "divirja" (L.14) por **difere** prejudicaria a correção gramatical do texto.

Certo ( ) Errado ( )

10. O sujeito da forma verbal "têm" (L.16) está elíptico e retoma "cada um desses autores" (L.14).

Certo ( ) Errado ( )

11. Nos trechos "se debruçaram" (L.11) e "se chegar" (L.17), a partícula "se" recebe classificações distintas.

Certo ( ) Errado ( )

12. A correção gramatical e os sentidos do texto seriam preservados se o seu último período fosse reescrito da seguinte maneira: "Em síntese, os autores argumentam a favor de instrumentos variados para a solução da injustiça e dependem da interpretação de cada um desses instrumentos relativos ao conceito de justiça".

Certo ( ) Errado ( )

13. A correção gramatical do texto seria mantida caso se empregasse o acento indicativo de crase no vocábulo "a" em "a esse estado de coisas" (L.17).

Certo ( ) Errado ( )

14. A respeito do que dispõe a Constituição Federal de 1988 (CF) sobre o regime jurídico da administração pública e o Poder Judiciário, julgue o item seguinte.

Um quinto das vagas de magistrados de todos os tribunais superiores é destinado a membros da advocacia, eleitos por meio de lista tríplice indicada pela Ordem dos Advogados do Brasil.

Certo ( ) Errado ( )

15. Considerando os conceitos, princípios e valores da ética e da moral, bem como o disposto na Lei nº 8.429/1992, julgue o item a seguir.

As sanções aplicáveis nos casos de enriquecimento ilícito são cabíveis apenas para agentes públicos, excluindo-se a possibilidade de responsabilização administrativa de pessoa que não exerça mandato, cargo, emprego ou função administrativa.

Certo ( ) Errado ( )

16. Considerando os conceitos, princípios e valores da ética e da moral, bem como o disposto na Lei nº 8.429/1992, julgue o item a seguir.

O servidor público que atrasa a realização de ato que deveria promover de ofício não atenta contra os princípios da administração pública, ao contrário do que ocorre com aqueles que deixam de praticar o referido ato.

Certo ( ) Errado ( )

17. Acerca dos poderes da administração pública e da responsabilidade civil do Estado, julgue o item a seguir.

O poder disciplinar, decorrente da hierarquia, tem sua discricionariedade limitada, tendo em vista que a administração pública se vincula ao dever de punir.

Certo ( ) Errado ( )

18. Acerca dos poderes da administração pública e da responsabilidade civil do Estado, julgue o item a seguir.

Em razão da discricionariedade do poder hierárquico, não são considerados abuso de poder eventuais excessos que o agente público, em exercício, sem dolo, venha a cometer.

Certo ( ) Errado ( )

19. Acerca dos poderes da administração pública e da responsabilidade civil do Estado, julgue o item a seguir.

É objetiva a responsabilidade do agente público em exercício que, por ato doloso, cause danos a terceiros.

Certo ( ) Errado ( )

20. Acerca dos poderes da administração pública e da responsabilidade civil do Estado, julgue o item a seguir.

Força maior, culpa de terceiros e caso fortuito constituem causas atenuantes da responsabilidade do Estado por danos.

Certo ( ) Errado ( )

21. Julgue o item que se segue, a respeito dos atos da administração pública.

Todos os fatos alegados pela administração pública são considerados verdadeiros, bem como todos os atos administrativos são considerados emitidos conforme a lei, em decorrência das presunções de veracidade e de legitimidade, respectivamente.

Certo ( ) Errado ( )

22. Julgue o item que se segue, a respeito dos atos da administração pública.

A motivação do ato administrativo pode não ser obrigatória, entretanto, se a administração pública o motivar, este ficará vinculado aos motivos expostos.

Certo ( ) Errado ( )

23. Acerca da licitação e do processo administrativo no âmbito da administração pública federal, julgue o seguinte item.

Entidades privadas no exercício da função pública, ainda que tenham personalidade jurídica de direito privado, sujeitam-se ao processo licitatório para celebrar contratos administrativos.

Certo ( ) Errado ( )

24. Acerca da licitação e do processo administrativo no âmbito da administração pública federal, julgue o seguinte item.

O leilão é a modalidade de licitação para a aquisição de bens e serviços comuns, independentemente do valor estimado da contratação. Nessa modalidade, a disputa entre os licitantes é realizada mediante propostas e lances em sessão pública.

Certo ( ) Errado ( )

25. Acerca da licitação e do processo administrativo no âmbito da administração pública federal, julgue o seguinte item.

O processo administrativo pode ser iniciado de ofício ou a requerimento do interessado, devendo tal requerimento ser formulado por escrito, ressalvados os casos em que se admitir a solicitação oral.

Certo ( ) Errado ( )

26. Julgue o seguinte item de acordo com as disposições constitucionais e legais acerca dos agentes públicos.

A reversão constitui a reinvestidura do servidor estável no cargo anteriormente ocupado, e ocorre quando é invalidada a demissão do servidor por decisão judicial ou administrativa. Nesse caso, o servidor deve ser ressarcido de todas as vantagens que deixou de perceber durante o período demissório.

Certo ( ) Errado ( )

27. Julgue o item que se segue, relativo à imputabilidade penal.

Pessoas doentes mentais, que tenham dezoito ou mais anos de idade, mesmo que sejam inteiramente incapazes de entender o caráter ilícito da conduta criminosa ou de determinar-se de acordo com esse entendimento, são penalmente imputáveis.

Certo ( ) Errado ( )

28. Julgue o item que se segue, relativo à imputabilidade penal.

A embriaguez completa provocada por caso fortuito é causa de inimputabilidade do agente.

Certo ( ) Errado ( )

29. No que diz respeito à extinção da punibilidade, julgue o item seguinte.

A contagem do prazo prescricional se inicia no dia em que transita em julgado definitivamente a sentença condenatória.

Certo ( ) Errado ( )

30. No que diz respeito à extinção da punibilidade, julgue o item seguinte.

Situação hipotética: Jorge foi condenado a treze anos de reclusão, cujo prazo prescricional para execução da pena é de vinte anos. Após cumprir seis anos de pena, ele fugiu. **Assertiva**: Nessa situação, o prazo prescricional da execução da pena de Jorge deverá ser contado com base nos anos que faltavam ser cumpridos.

Certo ( ) Errado ( )

31. No que diz respeito à extinção da punibilidade, julgue o item seguinte.

A extinção da punibilidade pela prática do crime de furto alcança o crime de receptação, haja vista que este último só foi possível em razão do primeiro.

Certo ( ) Errado ( )

32. Julgue o item subsequente, relativo aos delitos praticados em concurso de pessoas.

Para a configuração do concurso de pessoas, é necessário que três ou mais agentes se auxiliem mutuamente na prática do ilícito penal.

Certo ( ) Errado ( )

33. Julgue o item subsequente, relativo aos delitos praticados em concurso de pessoas.

Partícipe é o agente que concorre para cometer o ato criminoso sem, contudo, praticar o núcleo do tipo penal, ou seja, a sua participação é de menor importância e, por essa razão, sua pena pode ser diminuída.

Certo ( ) Errado ( )

34. Considerando que crime é fato típico, ilícito e culpável, julgue o item a seguir.

São causas excludentes de culpabilidade o estado de necessidade, a legítima defesa e o estrito cumprimento do dever legal.

Certo ( ) Errado ( )

35. Considerando que crime é fato típico, ilícito e culpável, julgue o item a seguir.

Crime doloso é aquele em que o sujeito passivo age com imprudência, negligência ou imperícia.

Certo ( ) Errado ( )

36. Considerando que crime é fato típico, ilícito e culpável, julgue o item a seguir.

O crime é dito impossível quando não há, em razão da ineficácia do meio empregado, violação, tampouco perigo de violação, do bem jurídico tutelado pelo tipo penal.

Certo ( ) Errado ( )

37. No que se refere aos tipos de prisão e aos meios processuais para assegurar a liberdade, julgue o seguinte item.

A comunicação de prisão em flagrante deverá ocorrer em até vinte e quatro horas após a sua efetivação: o auto de prisão deverá ser encaminhado ao juízo competente para análise da possibilidade de relaxamento da prisão, de conversão da prisão em liberdade provisória ou de decretação de prisão preventiva.

Certo ( ) Errado ( )

38. No que se refere aos tipos de prisão e aos meios processuais para assegurar a liberdade, julgue o seguinte item.

A prisão preventiva poderá ser decretada no curso da investigação criminal ou em qualquer fase do processo penal apenas se houver requerimento do Ministério Público ou da autoridade policial.

Certo ( ) Errado ( )

39. No que se refere aos tipos de prisão e aos meios processuais para assegurar a liberdade, julgue o seguinte item.

Situação hipotética: Pedro teve a prisão temporária decretada no curso de uma investigação criminal. Ao final de cinco dias, o Ministério Público requereu a conversão de sua segregação em prisão preventiva. Assertiva: Nessa situação, o prazo para o término do inquérito policial será contado da data em que a prisão temporária tiver sido convertida em prisão preventiva.

Certo ( ) Errado ( )

40. A respeito dos procedimentos de investigação, julgue o item que se segue.

Notitia criminis é o meio pelo qual a vítima de delito ou o seu representante legal manifesta sua vontade a respeito da instauração do inquérito policial e do posterior oferecimento de denúncia, nas hipóteses de ação penal pública condicionada.

Certo ( ) Errado ( )

41. A respeito dos procedimentos de investigação, julgue o item que se segue.

O inquérito policial tem caráter inquisitório, dispensando a ampla defesa e o contraditório, motivo pelo qual os elementos de informação nele documentados não são disponibilizados ao defensor do investigado.

Certo ( ) Errado ( )

42. Acerca do ônus da prova, julgue o próximo item.

A exigência de realização do exame de corpo de delito no caso de infrações que deixem vestígios pode ser dispensada na hipótese de confissão do acusado.

Certo ( ) Errado ( )

Texto para as próximas 6 questões.

Texto CB4A1AAA

Narração é diferente de narrativa, uma vez que mantém algo da ideia de acompanhar os fatos à medida que eles acontecem. A narrativa é uma totalidade de acontecimentos encadeados, uma espécie de soma final, e está presente em tudo: na sequência de entrada, prato principal e sobremesa de um jantar; em mitos, romances, contos, novelas, peças, poemas; no Curriculum vitae; na história dos nossos corpos; nas notícias; em relatórios médicos; em conversas, desenhos, sonhos, filmes, fábulas, fotografias. Está nas óperas, nos videoclipes, videogames e jogos de tabuleiro. A narração, por sua vez, é basicamente aquilo que um narrador enuncia.

Uma contagem de palavras na base de dados do Google mostra uma mudança nos usos de narrativa. A palavra vem sendo cada vez mais empregada nas últimas décadas, mas seu sentido vem mudando.

A expressão disputa de narrativas, que teve um boom dos anos 80 do século XX para cá, não costuma dizer respeito à acepção mais literária do termo, como narrativa de um romance. Fala antes sobre trazer a público diferentes formas de narrar o mundo, para que narrativas plurais possam ser elaboradas e disputadas. É um uso do termo que talvez aproxime narrativa de narração, porque sugere que toda narrativa histórica e cultural carrega em si um processo e um movimento e que dentro dela há sempre sinais deixados pelas escolhas de um narrador.

NESTROVSKI, Sofia. Narrativa. Internet: www.nexojornal.com.br (com adaptações).

Com relação às ideias e aos aspectos linguísticos do texto CB4A1AAA, julgue os itens a seguir.

43. O texto pode ser considerado informal pela presença dos vocábulos "videoclipes", "*videogames*" e da expressão "jogos de tabuleiro" no primeiro parágrafo.

Certo ( ) Errado ( )

44. A autora utiliza o termo "tudo" (L. 5) para se referir a uma ampla quantidade de experiências, objetos e produtos que constituem e(ou) comportam uma sequência articulada de eventos.

Certo ( ) Errado ( )

45. O vocábulo "antes" (L.19) indica, no contexto em que se insere, circunstância temporal.

Certo ( ) Errado ( )

46. Há cerca de três décadas, em contextos históricos, culturais e literários, o termo narrativa passou a ser considerado um sinônimo de narração.

Certo ( ) Errado ( )

47. Sem prejuízo à correção gramatical e aos sentidos originais do texto, o termo "encadeados" (L. 4) poderia ser substituído pela oração **que se encadeiam**.

Certo ( ) Errado ( )

48. Dadas a temática apresentada e a presença de referências temporais, como as expressões "nas últimas décadas" (L.14) e "dos anos 80 do século XX para cá" (L.17), o texto classifica-se como narrativo.

Certo ( ) Errado ( )

Texto para as próximas 6 questões.

Texto CB4A1BBB

O Zoológico de Sapucaia do Sul abrigou um dia um macaco chamado Alemão. Em um domingo de Sol, Alemão conseguiu abrir o cadeado de sua jaula e escapou. O largo horizonte do mundo estava à sua espera. As árvores do bosque estavam ao alcance de seus dedos. Ele passara a vida tentando abrir aquele cadeado. Quando conseguiu, em vez de mergulhar na liberdade, desconhecida e sem garantias, Alemão caminhou até o restaurante lotado de visitantes. Pegou uma cerveja e ficou bebericando no balcão.

Um zoológico serve para muitas coisas, algumas delas edificantes. Mas um zoológico serve, principalmente, para que o homem tenha a chance de, diante da jaula do outro, certificar-se de sua liberdade e da superioridade de sua espécie. Ele pode então voltar para o apartamento financiado em quinze anos satisfeito com sua vida. Pode abrir as grades da porta contente com seu molho de chaves e se aboletar no sofá em frente à TV; acordar na segunda-feira feliz para o batente.

Há duas maneiras de se visitar um zoológico: com ou sem inocência. A primeira é a mais fácil e a única com satisfação garantida. A outra pode ser uma jornada sombria para dentro do espelho, sem glamour e também sem volta.

Os tigres-de-bengala são reis de fantasia. Têm voz, possuem músculos, são magníficos. Mas, nascidos em cativeiro, já chegaram ao mundo sem essência. São um desejo que nunca se tornará realidade. Adivinham as selvas úmidas da Ásia, mas nem sequer reconhecem as estrelas. Quando o Sol escorrega sobre a região metropolitana, são trancafiados em furnas de pedra, claustrofóbicas. De nada servem as presas a caçadores que comem carne de cavalo abatido em frigorífico. De nada serve a sanha a quem dorme enrodilhado, exilado não do que foi, mas do que poderia ter sido.

BRUM, Eliane. O cativeiro. In: A vida que ninguém vê. Porto Alegre: Arquipélago, 2006. p. 53-4 (com adaptações).

Com relação aos sentidos e aos aspectos gramaticais do texto CB4A1BBB, julgue os itens que se seguem.

49. Ao narrar a história do macaco Alemão e ao comentar a vida dos tigres-de-bengala nascidos em cativeiro, a autora remete à perspectiva de visitar zoológicos que ela classifica como "sem inocência" (L.19).

Certo ( ) Errado ( )

50. A forma verbal "passara" (L. 5) denota um fato ocorrido antes de duas outras ações também já concluídas, as quais são descritas nos dois períodos imediatamente anteriores ao período em que ela se insere.

Certo ( ) Errado ( )

51. Sem prejudicar a correção gramatical tampouco alterar o sentido do trecho, a expressão "serve para" (L.10) poderia ser substituída por **convém à.**

Certo ( ) Errado ( )

52. A correção gramatical e o sentido original do texto seriam preservados caso o período "Ele pode então (...) sua vida" (L. 14 e 15) fosse assim reescrito: Para o apartamento financiado em quinze anos, pode ele voltar então, contente com sua vida.

Certo ( ) Errado ( )

53. Ao mencionar o "que poderia ter sido" (L. 31), a autora refere-se a uma vida de liberdade, na natureza, na qual, entre outras ações, os tigres-de-bengala poderiam caçar sua própria comida.

Certo ( ) Errado ( )

54. Ao empregar o termo "nem sequer" (L. 26), a autora reforça a contraposição entre adivinhar "as selvas úmidas da Ásia" (L. 25 e 26) e não reconhecer as estrelas.

Certo ( ) Errado ( )

55. Conforme a Lei de Improbidade Administrativa — Lei nº 8.429/1992 —, o agente público que revelar, para pessoa de sua confiança, fato de que tem ciência em razão de suas atribuições e sobre o qual deveria manter segredo cometerá conduta antiética, não se configurando, nesse caso, ato de improbidade administrativa.

Certo ( ) Errado ( )

56. Conforme a Lei de Improbidade Administrativa — Lei nº 8.429/1992 —, se um agente público regularmente processado e condenado por ter causado lesão ao patrimônio público vier a falecer antes de submeter-se às penalidades que lhe tiverem sido impostas, estas não poderão afetar os seus sucessores, tampouco atingir a herança.

Certo ( ) Errado ( )

57. Acerca do direito administrativo, dos atos administrativos e dos agentes públicos, julgue o item a seguir.

Entre os objetos do direito administrativo, ramo do direito público, está a atividade jurídica não contenciosa.

Certo ( ) Errado ( )

58. Acerca do direito administrativo, dos atos administrativos e dos agentes públicos, julgue o item a seguir.

Em razão do princípio da tipicidade, é vedado à administração celebrar contratos inominados.

Certo ( ) Errado ( )

59. Acerca do direito administrativo, dos atos administrativos e dos agentes públicos, julgue o item a seguir.

A finalidade que um ato administrativo deve alcançar é determinada pela lei, inexistindo, nesse aspecto, liberdade de opção para a autoridade administrativa.

Certo ( ) Errado ( )

60. Acerca do direito administrativo, dos atos administrativos e dos agentes públicos, julgue o item a seguir.

Em que pese ocuparem cargos eletivos, as pessoas físicas que compõem o Poder Legislativo são consideradas agentes públicos.

Certo ( ) Errado ( )

61. Acerca do direito administrativo, dos atos administrativos e dos agentes públicos, julgue o item a seguir.

Os empregados das empresas públicas submetem-se ao regime celetista e, por isso, estão fora do rol de agentes públicos.

Certo ( ) Errado ( )

62. A respeito dos princípios da administração pública, de noções de organização administrativa e da administração direta e indireta, julgue o item que se segue.

As autarquias são pessoas jurídicas criadas por lei e possuem liberdade administrativa, não sendo subordinadas a órgãos estatais.

Certo ( ) Errado ( )

63. A respeito dos princípios da administração pública, de noções de organização administrativa e da administração direta e indireta, julgue o item que se segue.

A descentralização administrativa consiste na distribuição interna de competências agrupadas em unidades individualizadas.

Certo ( ) Errado ( )

64. A respeito dos princípios da administração pública, de noções de organização administrativa e da administração direta e indireta, julgue o item que se segue.

O princípio da impessoalidade está diretamente relacionado à obrigação de que a autoridade pública não dispense os preceitos éticos, os quais devem estar presentes em sua conduta.

Certo ( ) Errado ( )

65. A respeito dos princípios da administração pública, de noções de organização administrativa e da administração direta e indireta, julgue o item que se segue.

Embora não estejam previstos expressamente na Constituição vigente, os princípios da indisponibilidade, da razoabilidade e da segurança jurídica devem orientar a atividade da administração pública.

Certo ( ) Errado ( )

66. A respeito dos princípios da administração pública, de noções de organização administrativa e da administração direta e indireta, julgue o item que se segue.

A competência pública conferida para o exercício das atribuições dos agentes públicos é intransferível, mas renunciável a qualquer tempo.

Certo ( ) Errado ( )

67. A respeito dos poderes administrativos, de licitações e contratos e do processo administrativo, julgue o item subsequente.

Por lei, permite-se que a contratação de serviços de limpeza ocorra mediante pregão, desde que atestado que os padrões de desempenho e qualidade desses serviços possam ser objetivamente definidos pelo edital, por meio de especificações usuais no mercado.

Certo ( ) Errado ( )

68. A respeito dos poderes administrativos, de licitações e contratos e do processo administrativo, julgue o item subsequente.

Embora o poder de polícia da administração seja coercitivo, o uso da força para o cumprimento de seus atos demanda decisão judicial.

Certo ( ) Errado ( )

69. A respeito dos poderes administrativos, de licitações e contratos e do processo administrativo, julgue o item subsequente.

Na hipótese de rescisão de contrato administrativo de execução de obra, estando esta inacabada, a lei permite que outro prestador de serviços seja contratado mediante dispensa de licitação.

Certo ( ) Errado ( )

70. A respeito dos poderes administrativos, de licitações e contratos e do processo administrativo, julgue o item subsequente.

A fim de evitar a anulação de processo administrativo, em regra, deverá ser exigido que os documentos juntados aos autos tenham firmas reconhecidas.

Certo ( ) Errado ( )

Texto para as próximas 14 questões.

Texto CB1A1-I

Em 1996, no artigo Contratos inteligentes, o criptógrafo Nick Szabo predizia que a Internet mudaria para sempre a natureza dos sistemas legais. A justiça do futuro, dizia, estaria baseada em uma tecnologia chamada contratos inteligentes. Os contratos legais com que habitualmente trabalham os advogados estão escritos em linguagem frequentemente ambígua e sujeita a interpretações diversas. Um contrato inteligente é um acordo escrito em código de software, que, como linguagem de programação, é claro e objetivo. O contrato se executa de maneira automática quando se cumprem as condições acordadas. Ambas as partes podem ter certeza quase total de que o acordo se cumprirá tal como foi combinado. E tudo ocorre em uma rede descentralizada de computadores. Não há nada que as partes possam fazer para evitar o cumprimento do contrato.

Imaginemos que Alice compre um automóvel com um crédito bancário, mas deixe de pagar suas prestações. Uma manhã, introduz sua chave digital no veículo, e a porta não abre. Foi bloqueada por falta de cumprimento do contrato. Minutos depois, chega o funcionário do banco com outra chave digital. Abre a porta, liga o motor e parte com o veículo.

O contrato inteligente bloqueou, de maneira automática, o uso do dispositivo digital por Alice, porque ela não cumpriu o contrato. O banco recupera o veículo, sem perder tempo com advogados.

Szabo propôs os contratos inteligentes nos anos 90 do século passado. Mas, durante muito tempo, a proposta ficou só na ideia. Até que, em 2014, um jovem russo-canadense de 19 anos de idade, Vitalik Buterin, lançou a Ethereum, uma legaltech que mantém registro compartilhado com a rede bitcoin, mas tem linguagem de programação mais sofisticada que permite a gravação de contratos inteligentes. Os contratos inteligentes prometem automatizar muitas das ações que historicamente se fizeram por meio de sistemas legais, com redução de seus custos e aumento de sua velocidade e segurança. Ainda que o segmento esteja em fase inicial, aos poucos vão surgindo mais legaltechs para aplicar contratos inteligentes em diferentes setores da economia. Um dos principais desafios está no ambiente regulatório — em particular, no reconhecimento legal desses contratos. "Hoje contamos com projetos de implementação de contratos inteligentes com validade legal, como OpenLaw, da ConsenSys (Estados Unidos da América – EUA), Accord Project (EUA e Reino Unido), Agrello (Estônia) e dezenas de pequenos empreendimentos pelo mundo", afirma o advogado especializado em novas tecnologias Albi Rodriguez Jaramillo, cofundador da comunidade LegalBlock.

Um segundo desafio é desenvolver a infraestrutura necessária para que os contratos inteligentes possam ser executados. Isso inclui a criação de fechaduras inteligentes que respondam às ordens desses contratos. Elas farão a hipotética devedora Alice não conseguir abrir o carro por ter deixado de pagar as prestações. A empresa Slock.it desenvolve uma rede universal de compartilhamento (universal sharing network) na qual, espera-se, vão interagir carros, casas e outros ativos da economia compartilhada. Será uma peça fundamental para o desenvolvimento dos contratos inteligentes na nova economia.

Federico Ast. Como faremos justiça? – A chegada dos contratos inteligentes. In: ÉPOCA negócios. 9/12/2018. Internet: epocanegocios.globo.com/ (com adaptações).

Tendo como referência as ideias do texto CB1A1-I, julgue os itens.

71. Desde 1996, o criptógrafo Nick Szabo defende a ideia de que sistemas legais, sem alteração de sua essência, podem ser aperfeiçoados com recursos da tecnologia da informação.

Certo ( ) Errado ( )

72. Os contratos inteligentes diferem dos contratos legais clássicos, entre outras razões, por não utilizarem linguagem imprecisa.

Certo ( ) Errado ( )

73. A tecnologia abre possibilidades para que os contratos sejam cumpridos em função da ação rápida de advogados.

Certo ( ) Errado ( )

74. As soluções de aperfeiçoamento de contratos legais baseadas em tecnologia da informação tornam mais dispendioso o acompanhamento do cumprimento das cláusulas contratuais.

Certo ( ) Errado ( )

75. O texto indica dois desafios para a implantação dos contratos inteligentes: a falta de desenvolvimento de pesquisas na área da economia compartilhada e o ambiente regulatório do setor.

Certo ( ) Errado ( )

76. Infere-se do texto que Nick Szabo somente concretizou sua proposta de contratos inteligentes em 2014.

Certo ( ) Errado ( )

77. Conforme o último parágrafo do texto, ainda não há certeza de que carros, casas e outros ativos da economia compartilhada realmente vão interagir com a rede universal de compartilhamento desenvolvida pela Slock.it.

Certo ( ) Errado ( )

78. Embora o texto seja predominantemente dissertativo, seu terceiro parágrafo é essencialmente narrativo.

Certo ( ) Errado ( )

79. A correção gramatical do texto seria mantida se o vocábulo "porque" (L.23) fosse substituído por **por que**.

Certo ( ) Errado ( )

80. O segmento "E tudo ocorre em uma rede descentralizada de computadores" (linhas 13 e 14) expressa conclusão no parágrafo em que aparece.

Certo ( ) Errado ( )

81. Infere-se das informações do terceiro parágrafo do texto que o segmento "Foi bloqueada" (L.19) refere-se a "chave digital" (L.18).

Certo ( ) Errado ( )

82. A inserção do sinal indicativo de crase em "a interpretações" (L.7) ocasionaria erro gramatical no texto.

Certo ( ) Errado ( )

83. A substituição da forma verbal "estaria" (L.4) por **estava** não modificaria os sentidos originais do texto.

Certo ( ) Errado ( )

84. As vírgulas empregadas logo após as expressões "Uma manhã" (L. 17 e 18) e "Minutos depois" (L.20) justificam-se pela mesma regra de pontuação.

Certo ( ) Errado ( )

85. No que se refere a atos administrativos, julgue o item.

As certidões emitidas pela administração pública possuem fé pública, pois um dos atributos dos atos administrativos é a sua presunção de veracidade.

Certo ( ) Errado ( )

86. No que se refere a atos administrativos, julgue o item.

Em razão do exercício da sua prerrogativa de autotutela, a administração poderá revogar seus atos administrativos válidos, com efeitos *ex tunc*.

Certo ( ) Errado ( )

87. No que se refere a atos administrativos, julgue o item.

De acordo com a teoria dos motivos determinantes, a validade de um ato administrativo vincula-se aos motivos indicados como seus fundamentos, de modo que, se inexistentes ou falsos os motivos, o ato torna-se nulo.

Certo ( ) Errado ( )

88. No que se refere a atos administrativos, julgue o item.

A homologação é ato administrativo unilateral e vinculado, praticado *a posteriori*, pelo qual a administração pública reconhece a legalidade de um ato jurídico, tal como ocorre na homologação de procedimento licitatório.

Certo ( ) Errado ( )

89. O prefeito de um município, agindo dolosamente, deixou de prestar as contas devidas em relação aos recursos financeiros que havia recebido em virtude de convênio firmado com o governo do estado.

A partir dessa situação hipotética, considerando o que dispõe a Lei nº 8.429/1992, julgue o item.

Quando agiu com dolo ao deixar de prestar as contas, o prefeito praticou ato de improbidade administrativa atentatório aos princípios da administração pública.

Certo ( ) Errado ( )

90. O prefeito de um município, agindo dolosamente, deixou de prestar as contas devidas em relação aos recursos financeiros que havia recebido em virtude de convênio firmado com o governo do estado.

A partir dessa situação hipotética, considerando o que dispõe a Lei nº 8.429/1992, julgue o item.

Em virtude da gravidade de sua conduta, o prefeito está sujeito às sanções de suspensão dos direitos políticos, pelo prazo de oito anos a dez anos, e perda de eventuais valores acrescidos ilicitamente ao seu patrimônio.

Certo ( ) Errado ( )

91. O prefeito de um município, agindo dolosamente, deixou de prestar as contas devidas em relação aos recursos financeiros que havia recebido em virtude de convênio firmado com o governo do estado.

A partir dessa situação hipotética, considerando o que dispõe a Lei nº 8.429/1992, julgue o item.

A ação principal de improbidade administrativa pode ser ajuizada pelo Ministério Público, pelo ente federativo prejudicado ou por terceiro interessado.

Certo ( ) Errado ( )

92. Acerca de licitações e contratos administrativos, julgue o item.

No âmbito do regime diferenciado de contratações públicas (RDC), o regime de execução indireta de empreitada integral é admitido para obras, ainda que não exista o respectivo projeto executivo.

Certo ( ) Errado ( )

93. Acerca de licitações e contratos administrativos, julgue o item.

A Lei nº 8.666/1993 autoriza a administração pública a modificar, unilateralmente, contratos administrativos para melhor adequação às finalidades do interesse público, respeitados os direitos do contratado.

Certo ( ) Errado ( )

94. A administração pública pretende celebrar parceria, sem repasse de recursos financeiros, com determinada organização da sociedade civil, para a consecução de finalidades de interesse público e recíproco no âmbito da educação pública.

Com relação a essa situação hipotética, julgue o item, de acordo com a Lei nº 13.019/2014.

O instrumento adequado para a referida parceria é o acordo de cooperação.

Certo ( ) Errado ( )

95. Acerca da responsabilidade civil do Estado, julgue o item.

O Estado não é civilmente responsável por danos causados por seus agentes se existente causa excludente de ilicitude penal.

Certo ( ) Errado ( )

96. Acerca da responsabilidade civil do Estado, julgue o item.

Em caso de aplicação de lei de efeitos concretos que gere danos ou prejuízos a pessoas determinadas, é possível a responsabilização civil do Estado.

Certo ( ) Errado ( )

97. Júnia, de quatorze anos de idade, acusa Pierre, de dezoito anos de idade, de ter praticado crime de natureza sexual consistente em conjunção carnal forçada no dia do último aniversário da jovem. Pierre, contudo, alega que o ato sexual foi consentido.

A respeito dessa situação hipotética, julgue o item, tendo como referência aspectos legais e jurisprudenciais a ela relacionados.

Se comprovada a prática do crime, Pierre responderá por estupro de vulnerável, haja vista a idade da vítima.

Certo ( ) Errado ( )

98. Júnia, de quatorze anos de idade, acusa Pierre, de dezoito anos de idade, de ter praticado crime de natureza sexual consistente em conjunção carnal forçada no dia do último aniversário da jovem. Pierre, contudo, alega que o ato sexual foi consentido.

A respeito dessa situação hipotética, julgue o item, tendo como referência aspectos legais e jurisprudenciais a ela relacionados.

Caso fique comprovado o consentimento de Júnia para a prática do ato sexual, a conduta de Pierre será considerada atípica.

Certo ( ) Errado ( )

99. Júnia, de quatorze anos de idade, acusa Pierre, de dezoito anos de idade, de ter praticado crime de natureza sexual consistente em conjunção carnal forçada no dia do último aniversário da jovem. Pierre, contudo, alega que o ato sexual foi consentido.

A respeito dessa situação hipotética, julgue o item, tendo como referência aspectos legais e jurisprudenciais a ela relacionados.

No caso em questão, se comprovada a prática do crime, a ação penal cabível será pública incondicionada, pois não há previsão de ação pública condicionada à representação em crimes contra a dignidade sexual.

Certo ( ) Errado ( )

100. Júnia, de quatorze anos de idade, acusa Pierre, de dezoito anos de idade, de ter praticado crime de natureza sexual consistente em conjunção carnal forçada no dia do último aniversário da jovem. Pierre, contudo, alega que o ato sexual foi consentido.

A respeito dessa situação hipotética, julgue o item, tendo como referência aspectos legais e jurisprudenciais a ela relacionados.

Se Pierre for condenado por estupro, o regime de cumprimento de pena será integralmente fechado, por se tratar de crime hediondo.

Certo ( ) Errado ( )

101. Relativo a pena, sua aplicação e a medidas de segurança, julgue o item.

Condenado a pena de quatro anos de reclusão que não seja reincidente deverá cumpri-la, desde o início, no regime semiaberto.

Certo ( ) Errado ( )

102. Relativo a pena, sua aplicação e a medidas de segurança, julgue o item.

No concurso formal, caso o agente tenha praticado dois crimes mediante uma ação dolosa, devem-se aplicar cumulativamente as penas se os crimes concorrentes resultarem de desígnios autônomos.

Certo ( ) Errado ( )

103. Relativo a pena, sua aplicação e a medidas de segurança, julgue o item.

É possível submeter o agente inimputável a tratamento ambulatorial se o ato criminoso por ele praticado for punível com pena de detenção.

Certo ( ) Errado ( )

104. Pedro, com vinte e dois anos de idade, e Paulo, com vinte anos de idade, foram denunciados pela prática de furto contra Ana. A defesa de Pedro alegou inimputabilidade. Paulo confessou o crime, tendo afirmado que escolhera a vítima porque, além de idosa, ela era sua tia.

Com relação a essa situação hipotética, julgue o item, a respeito de imputabilidade penal, crimes contra o patrimônio, punibilidade e causas de extinção e aplicação de pena.

Pedro será condenado se comprovado que, no momento do furto, por caso fortuito, estava completamente embriagado.

Certo ( ) Errado ( )

105. Pedro, com vinte e dois anos de idade, e Paulo, com vinte anos de idade, foram denunciados pela prática de furto contra Ana. A defesa de Pedro alegou inimputabilidade. Paulo confessou o crime, tendo afirmado que escolhera a vítima porque, além de idosa, ela era sua tia.

Com relação a essa situação hipotética, julgue o item, a respeito de imputabilidade penal, crimes contra o patrimônio, punibilidade e causas de extinção e aplicação de pena.

Se, em virtude de perturbação de saúde mental, Pedro não for inteiramente capaz de entender o caráter ilícito do seu ato ou de determinar-se de acordo com esse entendimento, a pena imposta a ele poderá ser reduzida.

Certo ( ) Errado ( )

106. Pedro, com vinte e dois anos de idade, e Paulo, com vinte anos de idade, foram denunciados pela prática de furto contra Ana. A defesa de Pedro alegou inimputabilidade. Paulo confessou o crime, tendo afirmado que escolhera a vítima porque, além de idosa, ela era sua tia.

Com relação a essa situação hipotética, julgue o item, a respeito de imputabilidade penal, crimes contra o patrimônio, punibilidade e causas de extinção e aplicação de pena.

Uma vez que a vítima é tia de Paulo, a ação penal será pública condicionada a representação.

Certo ( ) Errado ( )

107. Pedro, com vinte e dois anos de idade, e Paulo, com vinte anos de idade, foram denunciados pela prática de furto contra Ana. A defesa de Pedro alegou inimputabilidade. Paulo confessou o crime, tendo afirmado que escolhera a vítima porque, além de idosa, ela era sua tia.

Com relação a essa situação hipotética, julgue o item, a respeito de imputabilidade penal, crimes contra o patrimônio, punibilidade e causas de extinção e aplicação de pena.

Em relação a Paulo, o prazo prescricional será reduzido à metade.

Certo ( ) Errado ( )

108. Pedro, com vinte e dois anos de idade, e Paulo, com vinte anos de idade, foram denunciados pela prática de furto contra Ana. A defesa de Pedro alegou inimputabilidade. Paulo confessou o crime, tendo afirmado que escolhera a vítima porque, além de idosa, ela era sua tia.

Com relação a essa situação hipotética, julgue o item, a respeito de imputabilidade penal, crimes contra o patrimônio, punibilidade e causas de extinção e aplicação de pena.

Na dosimetria da pena, Pedro e Paulo farão jus a circunstância atenuante.

Certo ( ) Errado ( )

109. Lúcio é investigado pela prática de latrocínio. Durante a investigação, apurou-se a participação de Carlos no crime, tendo sido decretada de ofício a sua prisão temporária.

A partir dessa situação hipotética e do que dispõe a legislação, julgue o item.

Como Lúcio está solto, o inquérito policial não terá prazo para ser concluído.

Certo ( ) Errado ( )

110. Lúcio é investigado pela prática de latrocínio. Durante a investigação, apurou-se a participação de Carlos no crime, tendo sido decretada de ofício a sua prisão temporária.

A partir dessa situação hipotética e do que dispõe a legislação, julgue o item.

É ilegal a prisão temporária de Carlos, porque, apesar de o crime de latrocínio admiti-la, não poderia ter sido decretada de ofício pelo juiz.

Certo ( ) Errado ( )

111. Lúcio é investigado pela prática de latrocínio. Durante a investigação, apurou-se a participação de Carlos no crime, tendo sido decretada de ofício a sua prisão temporária.

A partir dessa situação hipotética e do que dispõe a legislação, julgue o item.

Recebida a denúncia, não será mais cabível prisão temporária para Lúcio e Carlos.

Certo ( ) Errado ( )

112. Relativo a citação, intimação, nulidade, interceptação telefônica e prazos processuais, julgue o item.

Não havendo autorização do juízo competente, a interceptação de comunicações telefônicas será prova ilícita.

Certo ( ) Errado ( )

113. Hugo é investigado pela prática de lesão corporal seguida de morte contra Márcia, crime esse cometido em Manaus. A autoridade policial realizou interceptação telefônica e tomou conhecimento de que Hugo havia confessado ser o autor do crime ao irmão da vítima, Miguel.

Acerca dessa situação hipotética, julgue o item, com base no que dispõe a legislação de regência.

Por se tratar de crime de lesão corporal seguida de morte, não se admite o emprego de interceptação telefônica nas investigações.

Certo ( ) Errado ( )

Texto para as próximas 14 questões.

Texto CB3A1-I

O maior desafio do Poder Judiciário no Brasil é tornar-se cada vez mais acessível às pessoas, até mesmo a quem não pode arcar com o custo financeiro de um processo.

De um modo amplo, o acesso à justiça significa a garantia de amparo aos direitos do cidadão por meio de uma ordem jurídica justa e, caso tais direitos sejam violados, a possibilidade de ele buscar a devida reparação. Para tornar efetivo esse direito fundamental e popularizá-lo, foram feitas várias mudanças na lei ao longo dos anos. Esse movimento de inclusão é conhecido como ondas renovatórias. Atualmente, já se fala no surgimento da quarta onda, que está relacionada aos avanços da tecnologia.

Na primeira onda renovatória, buscou-se superar as barreiras econômicas do acesso à justiça. No Brasil, as medidas para garantir a assistência judiciária a quem não pode arcar com as custas de um processo ou ser assistido por um advogado particular foram efetivadas principalmente pela Lei nº 1.060, de 1950, e pela criação da Defensoria Pública da União, em 1994, que atende muitos segurados do INSS que têm de recorrer ao Poder Judiciário para conseguir um benefício.

A segunda onda renovatória enfrentou os desafios de tornar o processo judicial acessível a interesses coletivos, de grupos indeterminados, e não apenas limitado a ser um instrumento de demandas individuais. Para assegurar a tutela dos direitos difusos, que dizem respeito à sociedade em geral, foram criados instrumentos para estimular a democracia participativa. Os principais avanços ocorreram com a entrada em vigor da Lei da Ação Civil Pública, em 1985, e do Código de Defesa do Consumidor, em 1990, que, conjuntamente, formaram o microssistema processual para assegurar os interesses da população.

A terceira onda encorajou uma ampla variedade de reformas na estrutura e na organização dos tribunais, o que possibilitou a simplificação de procedimentos e, consequentemente, do processo. Entendeu-se que cada tipo de conflito tem uma forma adequada de solução: a decisão final para uma controvérsia pode ser tomada por um juiz, árbitro ou pelas próprias partes, com ou sem o auxílio de terceiros neutros, como mediadores e conciliadores.

Hoje, na quarta onda renovatória, a chamada revolução digital e suas mudanças rápidas aceleraram a engrenagem judicial. Esse processo de transição do analógico para o digital não se resume apenas à virtualização dos tribunais com a chegada do processo eletrônico. As tecnologias da informação e comunicação oferecem infinitas possibilidades para redesenhar o que se entende por justiça.

As plataformas digitais de solução de conflitos popularizaram serviços antes tidos como caros e pouco acessíveis. Hoje existe até a oferta de experiências de cortes online, nas quais as pessoas têm acesso aos tribunais com um clique, sem sair de casa.

Mariana Faria. O que tecnologia tem a ver com acesso à justiça? 13/6/2018. Internet: www.dacordo.com.br (com adaptações).

Julgue os itens a seguir com base nas ideias do texto CB3A1-I.

114. A ampliação do acesso à justiça no Brasil é um processo que se iniciou com a revolução digital.

Certo ( ) Errado ( )

115. As ondas renovatórias estão estreitamente relacionadas com a criação e modificação de leis para impulsionar a popularização do acesso à justiça.

Certo ( ) Errado ( )

116. A primeira onda renovatória caracteriza-se pela busca da promoção do acesso à justiça para os mais desfavorecidos economicamente.

Certo ( ) Errado ( )

117. A segunda onda renovatória é marcada pelo estímulo à participação dos cidadãos para a reivindicação democrática de interesses coletivos.

Certo ( ) Errado ( )

118. A terceira onda renovatória restringe tipos de acesso à justiça garantidos na segunda onda renovatória.

Certo ( ) Errado ( )

119. Virtualização e celeridade são atributos da quarta onda renovatória.

Certo ( ) Errado ( )

120. O autor levanta argumentos para defender a ideia de que a quarta onda renovatória supera as anteriores.

Certo ( ) Errado ( )

121. Como o texto elenca fatos ocorridos ao longo da história da justiça brasileira, é correto classificá-lo como predominantemente narrativo.

Certo ( ) Errado ( )

122. A inserção do sinal indicativo de crase em "a quem" (L.3) não comprometeria a correção gramatical do texto.

Certo ( ) Errado ( )

123. A expressão "esse direito fundamental" (L.8) refere-se a "o acesso à justiça" (L.4).

Certo ( ) Errado ( )

124. A correção gramatical do texto seria preservada caso se inserisse a preposição **a** imediatamente após "atende" (L.19) – atende a.

Certo ( ) Errado ( )

125. A eliminação da vírgula empregada imediatamente após "difusos" (L.25) não comprometeria a correção gramatical do texto, mas alteraria os seus sentidos originais.

Certo ( ) Errado ( )

126. No trecho "A terceira onda encorajou uma ampla variedade de reformas na estrutura e na organização dos tribunais" (L. 32 e 33), o verbo **encorajar** tem o mesmo sentido de **incentivar**.

Certo ( ) Errado ( )

127. O vocábulo "que" (L.29) poderia ser substituído por **o qual**, sem alteração dos sentidos e da correção gramatical do texto.

Certo ( ) Errado ( )

128. A respeito da organização administrativa da administração pública, julgue o item a seguir.

O Poder Executivo exerce função administrativa com caráter infralegal e com prerrogativas instrumentais.

Certo ( ) Errado ( )

129. A respeito da organização administrativa da administração pública, julgue o item a seguir.

Atividades privadas de interesse público e de fomento incluem-se entre as atividades precípuas da administração pública.

Certo ( ) Errado ( )

130. A respeito da organização administrativa da administração pública, julgue o item a seguir.

A relação entre a administração pública e seus administrados é caracterizada pela verticalidade.

Certo ( ) Errado ( )

131. Acerca dos atos administrativos, julgue o item a seguir.

São irrevogáveis os atos administrativos que, instituídos por lei, confiram direito adquirido.

Certo ( ) Errado ( )

132. Acerca dos atos administrativos, julgue o item a seguir.

A ab-rogação extingue os efeitos próprios e impróprios do ato administrativo.

Certo ( ) Errado ( )

133. Com base na Lei nº 9.784/1999, julgue o seguinte item, acerca de processo administrativo.

Decai em cinco anos o direito da administração de anular os atos administrativos que tenham produzido efeitos favoráveis aos administrados.

Certo ( ) Errado ( )

134. No que se refere aos agentes públicos, julgue o item a seguir.

A remuneração dos agentes políticos inclui o subsídio e eventuais gratificações por desempenho no cargo ou por metas de arrecadação.

Certo ( ) Errado ( )

135. No que se refere aos agentes públicos, julgue o item a seguir.

Emprego público é aquele exercido por vínculo estatutário na administração pública por empregados temporários ou interinos.

Certo ( ) Errado ( )

136. Considerando os conceitos doutrinários acerca da polícia judiciária e da polícia administrativa, julgue o próximo item.

A polícia judiciária é repressiva e está adstrita aos órgãos e agentes do Poder Judiciário, enquanto a polícia administrativa é preventiva e está disseminada pelos órgãos da administração pública.

Certo ( ) Errado ( )

137. No que concerne à responsabilidade do Estado, julgue o item a seguir.

Ato antijurídico é aquele estritamente derivado de uma ilicitude do agente.

Certo ( ) Errado ( )

138. No que concerne à responsabilidade do Estado, julgue o item a seguir.

Servidor público que, no exercício de suas atribuições, causar dano a terceiro será responsabilizado em ação regressiva.

Certo ( ) Errado ( )

139. No que concerne à responsabilidade do Estado, julgue o item a seguir.

Em processos contra a fazenda pública, a prescrição quinquenal abrange a administração direta e indireta, desde que pessoas jurídicas de direito público, a qualquer título.

Certo ( ) Errado ( )

Texto para as próximas 5 questões.

Jaime foi preso em flagrante por ter furtado uma bicicleta havia dois meses. Conduzido à delegacia, Jaime, em depoimento ao delegado, no auto de prisão em flagrante, confessou que era o autor do furto. Na audiência de custódia, o Ministério Público requereu a conversão da prisão em flagrante em prisão preventiva, sob o argumento da gravidade abstrata do delito praticado. No entanto, após ouvir a defesa, o juiz relaxou a prisão em flagrante, com fundamento de que não estava presente o requisito legal da atualidade do flagrante, em razão do lapso temporal de dois meses entre a consumação do crime e a prisão do autor. Dias depois, em nova diligência no inquérito policial instaurado pelo delegado para apurar o caso, Jaime, já em liberdade, retratou-se da confissão, alegando que havia pegado a bicicleta de Abel como forma de pagamento de uma dívida. Ao ser ouvido, Abel confirmou a narrativa de Jaime e afirmou, ainda, que registrou boletim de ocorrência do furto da bicicleta em retaliação à conduta de Jaime, seu credor. Por fim, o juiz competente arquivou o inquérito policial a requerimento de membro do Ministério Público, por atipicidade material da conduta, sob o fundamento de ter havido entendimento mútuo e pacífico entre Jaime e Abel acerca da questão, nos termos do relatório final produzido pelo delegado.

A respeito da situação hipotética precedente, julgue os itens a seguir.

140. O delegado de polícia não poderia deixar de lavrar o auto de prisão em flagrante de Jaime, mesmo que tivesse observado a ausência da atualidade do flagrante, nem caberia a ele sugerir o arquivamento do inquérito em relatório final, uma vez que a ação do delegado em sede de investigações policiais é regida pelo princípio do *in dubio pro societate* e deve fazer prevalecer o interesse público sobre o individual.

Certo ( ) Errado ( )

141. O relaxamento da prisão em flagrante de Jaime implica, por derivação, a ilicitude das provas produzidas diretamente em decorrência do flagrante.

Certo ( ) Errado ( )

142. Na hipótese de decretação de prisão preventiva de Jaime, não bastaria que o juiz fundamentasse a decisão apenas na gravidade abstrata do delito, sendo imprescindível também a demonstração de insuficiência da aplicação de medida cautelar diversa da prisão.

Certo ( ) Errado ( )

143. Sendo a confissão retratável e divisível, o delegado ou o juízo não poderiam deixar de registrar a retratação de Jaime nos autos.

Certo ( ) Errado ( )

144. A decisão de arquivamento do inquérito por atipicidade impede que Jaime seja denunciado posteriormente pela mesma conduta, ainda que sobrevenham novos elementos de informação.

Certo ( ) Errado ( )

145. A respeito de ação penal e do disposto na Lei de Juizados Especiais Cíveis e Criminais (Lei nº 9.099/1995), julgue o item a seguir.

O inquérito policial é dispensável para a promoção da ação penal desde que a denúncia esteja minimamente consubstanciada nos elementos exigidos em lei.

Certo ( ) Errado ( )

146. Acerca de prisão, medidas cautelares e liberdade provisória, julgue o item a seguir.

É vedada a concessão de liberdade provisória a autor de crime inafiançável.

Certo ( ) Errado ( )

147. Com relação a provas, julgue o item a seguir.

Provas obtidas por meios ilícitos podem excepcionalmente ser admitidas se beneficiarem o réu.

Certo ( ) Errado ( )

148. Com relação a provas, julgue o item a seguir.

O depoimento de policial em juízo é dotado de fé pública, exceção de prova tarifada dentro do sistema adotado no processo penal brasileiro da persuasão racional do juiz.

Certo ( ) Errado ( )

2 GABARITOS

01	ERRADO	75	ERRADO
02	CERTO	76	ERRADO
03	CERTO	77	CERTO
04	CERTO	78	CERTO
05	ERRADO	79	ERRADO
06	ERRADO	80	ERRADO
07	CERTO	81	CERTO
08	CERTO	82	CERTO
09	CERTO	83	ERRADO
10	ERRADO	84	CERTO
11	CERTO	85	CERTO
12	ERRADO	86	ERRADO
13	ERRADO	87	CERTO
14	ERRADO	88	CERTO
15	ERRADO	89	CERTO
16	ERRADO	90	ERRADO
17	CERTO	91	ERRADO
18	ERRADO	92	ERRADO
19	ERRADO	93	CERTO
20	ERRADO	94	CERTO
21	CERTO	95	ERRADO
22	CERTO	96	CERTO
23	CERTO	97	ERRADO
24	ERRADO	98	CERTO
25	CERTO	99	CERTO
26	ERRADO	100	ERRADO
27	ERRADO	101	ERRADO
28	CERTO	102	CERTO
29	ERRADO	103	CERTO
30	CERTO	104	ERRADO
31	ERRADO	105	CERTO
32	ERRADO	106	ERRADO
33	CERTO	107	CERTO
34	ERRADO	108	ERRADO
35	ERRADO	109	ERRADO
36	CERTO	110	CERTO
37	CERTO	111	CERTO
38	ERRADO	112	CERTO
39	CERTO	113	ERRADO
40	ERRADO	114	ERRADO

41	ERRADO	115	CERTO
42	ERRADO	116	CERTO
43	ERRADO	117	CERTO
44	CERTO	118	ERRADO
45	ERRADO	119	CERTO
46	ERRADO	120	ERRADO
47	CERTO	121	ERRADO
48	ERRADO	122	ERRADO
49	CERTO	123	CERTO
50	ERRADO	124	CERTO
51	ERRADO	125	CERTO
52	CERTO	126	CERTO
53	CERTO	127	ERRADO
54	CERTO	128	CERTO
55	ERRADO	129	CERTO
56	ERRADO	130	CERTO
57	CERTO	131	ERRADO
58	ERRADO	132	CERTO
59	CERTO	133	CERTO
60	CERTO	134	ERRADO
61	ERRADO	135	ERRADO
62	CERTO	136	ERRADO
63	ERRADO	137	ERRADO
64	ERRADO	138	CERTO
65	CERTO	139	ERRADO
66	ERRADO	140	ERRADO
67	CERTO	141	CERTO
68	ERRADO	142	CERTO
69	CERTO	143	CERTO
70	ERRADO	144	CERTO
71	ERRADO	145	CERTO
72	CERTO	146	ERRADO
73	ERRADO	147	CERTO
74	ERRADO	148	ERRADO